HARPER COLLINS

| ESPAÑOL- INGLÉS ◆ INGLÉS- ESPAÑOL | SPANISH- ENGLISH ◆ ENGLISH- SPANISH |

DICCIONARIO

◆

HarperPaperbacks

Una division de HarperCollinsPublishers

HarperPaperbacks   *A Division of* HarperCollins*Publishers*
10 East 53rd Street, New York, N.Y. 10022

This book was published in Great Britain in 1990 by
William Collins Sons & Co. Ltd.

First HarperPaperbacks printing: August 1991
First Spanish language edition: September 1992

Printed in the United States of America

10 9 8 7 6 5 4 3

INTRODUCCIÓN

Este diccionario Español-Inglés ha sido diseñado para proveer al usuario con variedad de vocablos además de contener una actualizada cobertura de los dos idiomas lo que le hace ideal tanto para escuelas como para referencia en general.

La característica de los diccionarios de HarperCollins es la amplitud de significados en ambos idiomas, guiando al usuario con la apropiada traducción en un contexto dado. Esperamos que usted lo encuentre de fácil utilidad.

ABREVIATURAS

ABBREVIATIONS

adjetivo, locución adjetiva	a	adjective, adjectival phrase
abreviatura	ab(b)r	abbreviation
adverbio, locución adverbial	ad	adverb, adverbial phrase
administración, lengua administrativa	ADMIN	administration
agricultura	AGR	agriculture
América Latina	AM	Latin America
anatomía	ANAT	anatomy
arquitectura	ARQ, ARCH	architecture
astrología, astronomía	ASTRO	astrology, astronomy
el automóvil	AUT(O)	the motor car and motoring
aviación, viajes aéreos	AVIAT	flying, air travel
biología	BIO(L)	biology
botánica, flores	BOT	botany
inglés británico	Brit	British English
química	CHEM	chemistry
lengua familiar (! vulgar)	col(!)	colloquial usage (! particularly offensive)
comercio, finanzas, banca	COM(M)	commerce, finance, banking
informática	COMPUT	computers
conjunción	conj	conjunction
construcción	CONSTR	building
compuesto	cpd	compound element
cocina	CULIN	cookery
economía	ECON	economics
electricidad, electrónica	ELEC	electricity, electronics
enseñanza, sistema escolar y universitario	ESCOL	schooling, schools and universities
España	Esp	Spain
especialmente	esp	especially
exclamación, interjección	excl	exclamation, interjection
femenino	f	feminine
lengua familiar (! vulgar)	fam(!)	colloquial usage (! particularly offensive)
ferrocarril	FERRO	railways
uso figurado	fig	figurative use
fotografía	FOTO	photography
(verbo inglés) del cual la partícula es inseparable	fus	(phrasal verb) where the particle is inseparable
generalmente	gen	generally
geografía, geología	GEO	geography, geology
geometría	GEOM	geometry
infinitivo	inf	infinitive
informática	INFORM	computers
invariable	inv	invariable
irregular	irg	irregular
lo jurídico	JUR	law
América Latina	LAm	Latin America
gramática, lingüística	LING	grammar, linguistics
masculino	m	masculine

ABREVIATURAS

ABBREVIATIONS

matemáticas	MAT(H)	mathematics
medicina	MED	medical term, medicine
masculino/femenino	m/f	masculine/feminine
lo militar, ejército	MIL	military matters
música	MUS	music
sustantivo, nombre	n	noun
navegación, náutica	NAUT	sailing, navigation
sustantivo numérico	num	numeral noun
complemento	obj	(grammatical) object
	o.s.	oneself
peyorativo	pey, pej	derogatory, pejorative
fotografía	PHOT	photography
fisiología	PHYSIOL	physiology
plural	pl	plural
política	POL	politics
participio de pasado	pp	past participle
prefijo	pref	prefix
preposición	prep	preposition
pronombre	pron	pronoun
psicología, psiquiatría	PSICO, PSYCH	psychology, psychiatry
	pt	past tense
sustantivo no empleado en el plural	q	collective (uncountable) noun, not used in plural
química	QUIM	chemistry
ferrocarril	RAIL	railways
religión, lo eclesiástico	REL	religion, church service
	sb	somebody
enseñanza, sistema escolar y universitario	SCOL	schooling, schools and universities
singular	sg	singular
España	Sp	Spain
	sth	something
sujeto	su(b)j	(grammatical) subject
subjuntivo	subjun	subjunctive
sufijo	suff	suffix
tauromaquia	TAUR	bullfighting
también	tb	also
técnica, tecnología	TEC(H)	technical term, technology
telecomunicaciones	TELEC, TEL	telecommunications
televisión	TV	television
imprenta, tipografía	TIP, TYP	typography, printing
inglés norteamericano	US	American English
verbo	vb	verb
verbo intransitivo	vi	intransitive verb
verbo pronominal	vr	reflexive verb
verbo transitivo	vt	transitive verb
zoología, animales	ZOOL	zoology
marca registrada	®	registered trademark
indica un equivalente cultural	≈	introduces a cultural equivalent

SPANISH PRONUNCIATION

Consonants

b	[b, ß]	boda, bomba, labor	see notes on *v* below
c	[k]	caja	*c* before *a*, *o* or *u* is pronounced as in cat
ce, ci	[θe, θi]	cero cielo	*c* before *e* or *i* is pronounced as in thin
ch	[tʃ]	chiste	*ch* is pronounced as *ch* in chair
d	[d, ð]	danés ciudad	at the beginning of a phrase or after *l* or *n*, *d* is pronounced as in English. In any other position it is pronounced like *th* in the
g	[g, ɣ]	gafas paga	*g* before *a*, *o* or *u* is pronounced as in gap, if at the beginning of a phrase or after *n*. In other positions the sound is softened
ge, gi	[xe, xi]	gente girar	*g* before *e* or *i* is pronounced similar to *ch* in Scottish loch
h		haber	*h* is always silent in Spanish
j	[x]	jugar	*j* is pronounced similar to *ch* in Scottish loch
ll	[ʎ]	talle	*ll* is pronounced like the *lli* in million
ñ	[ɲ]	niño	*ñ* is pronounced like the *ni* in onion
q	[k]	que	*q* is pronounced as *k* in king
r, rr	[r, rr]	quitar garra	*r* is always pronounced in Spanish, unlike the silent *r* in dancer. *rr* is trilled, like a Scottish *r*
s	[s]	quizás isla	*s* is usually pronounced as in pass, but before *b*, *d*, *g*, *l*, *m* or *n* it is pronounced as in rose
v	[b, ß]	vía dividir	Spanish *v* and *b* are pronounced in the same way. At the beginning of a phrase or after *m* or *n* they are pronounced as *b* in boy. In any other position the sound is softened and the lips do not meet
z	[θ]	tenaz	*z* is pronounced as *th* in thin

f, k, l, m, n, p, t and x are pronounced as in English.

Vowels

a	[a]	p*a*t*a*	not as long as *a* in f*a*r. When followed by a consonant in the same syllable (i.e. in a closed syllable), as in am*a*nte, the *a* is short, as in b*a*t
e	[e]	m*e*	like *e* in th*e*y. In a closed syllable, as in g*e*nte, the *e* is short as in p*e*t
i	[i]	p*i*no	as in m*ea*n or mach*i*ne
o	[o]	l*o*	as in l*o*cal. In a closed syllable, as in c*o*ntrol, the *o* is short as in c*o*t
u	[u]	l*u*nes	as in r*u*le. It is silent after *q*, and in g*u*e, g*u*i, unless marked g*ü*e, g*ü*i e.g. antig*ü*edad, when it is pronounced like *w* in *w*olf

Semivowels

i, y	[j]	b*i*en h*i*elo *y*unta	pronounced like *y* in *y*es
u	[w]	h*u*evo f*u*ente antig*ü*edad	unstressed *u* between consonant and vowel is pronounced like *w* in *w*ell. See also notes on *u* above

Diphthongs

ai, ay	[ai]	b*ai*le	as *i* in r*i*de
au	[au]	*au*to	as *ou* in sh*ou*t
ei, ey	[ei]	bu*ey*	as *ey* in gr*ey*
eu	[eu]	d*eu*da	both elements pronounced independently [e]+[u]
oi, oy	[oi]	h*oy*	as *oy* in t*oy*

Stress

The rules of stress in Spanish are as follows:

(a) when a word ends in a vowel or in *n* or *s*, the second last syllable is stressed: pat*a*ta, pat*a*tas, c*o*me, c*o*men
(b) when a word ends in a consonant other than *n* or *s*, the stress falls on the last syllable: par*e*d, habl*a*r
(c) when the rules set out in a and b are not applied, an acute accent appears over the stressed vowel: com*ú*n, geograf*í*a, ingl*é*s

In the phonetic transcription, the symbol ['] precedes the syllable on which the stress falls.

PRONUNCIACIÓN INGLESA

Vocales y diptongos

	Ejemplo inglés	*Ejemplo español/explicación*
ɑː	f*a*ther	Entre *a* de p*a*dre y *o* de n*o*che
ʌ	b*u*t, c*o*me	*a* muy breve
æ	m*a*n, c*a*t	Con los labios en la posición de *e* en pena se pronuncia el sonido *a* parecido a la *a* de c*a*rro
ə	f*a*ther, *a*go	Vocal neutra parecida a una *e* u *o* casi mudas
əː	b*i*rd, h*ea*rd	Entre *e* abierta, y *o* cerrada, sonido alargado
ɛ	g*e*t, b*e*d	Como en p*e*rro
ɪ	*i*t, b*i*g	Más breve que en s*i*
iː	t*ea*, s*ee*	Como en f*i*no
ɔ	h*o*t, w*a*sh	Como en t*o*rre
ɔː	s*a*w, *a*ll	Como en p*o*r
u	p*u*t, b*oo*k	Sonido breve, más cerrado que b*u*rro
uː	t*oo*, y*o*u	Sonido largo, como en *u*no
aɪ	fl*y*, h*i*gh	Como en fr*ai*le
au	h*o*w, h*o*use	Como en p*au*sa
ɛə	th*ere*, b*ear*	Casi como en v*ea*, pero el segundo elemento es la vocal neutra [ə]
eɪ	d*ay*, ob*ey*	*e* cerrada seguida por una *i* débil
ɪə	h*ere*, h*ear*	Como en man*ía*, mezclándose el sonido *a* con la vocal neutra [ə]
əu	g*o*, n*o*te	[ə] seguido por una breve *u*
ɔɪ	b*oy*, *oi*l	Como en v*oy*
uə	p*oor*, s*ure*	*u* bastante larga más la vocal neutra [ə]

Consonantes

	Ejemplo inglés	*Ejemplo español/explicación*
b	*b*ig, lob*b*y	Como en tum*b*a
d	men*ded*	Como en con*d*e, an*d*ar
g	*g*o, *g*et, bi*g*	Como en *g*rande, *g*ol
dʒ	*g*in, *judge*	Como en la *ll* andaluza y en *G*eneralitat (catalán)
ŋ	si*ng*	Como en ví*n*culo
h	*h*ouse, *h*e	Como la jota hispanoamericana
j	*y*oung, *y*es	Como en *y*a
k	*c*ome, mo*ck*	Como en *c*aña, Es*c*ocia
r	*r*ed, t*r*ead	Se pronuncia con la punta de la lengua hacia atrás y sin hacerla vibrar
s	*s*and, ye*s*	Como en ca*s*a, *s*esión
z	ro*s*e, *z*ebra	Como en de*s*de, mi*s*mo
ʃ	*sh*e, ma*ch*ine	Como en *ch*ambre (francés), ro*x*o (portugués)
tʃ	*ch*in, ri*ch*	Como en *ch*ocolate
v	*v*alley	Como en f, pero se retiran los dientes superiores vibrándolos contra el labio inferior
w	*w*ater, *wh*ich	Como en la *u* de h*u*evo, p*u*ede
ʒ	vi*s*ion	Como en *j*ournal (francés)
θ	*th*ink, my*th*	Como en re*c*eta, *z*apato
ð	*th*is, *th*e	Como en la *d* de habla*d*o, verda*d*

p, f, m, n, l, t iguales que en español
El signo ★ indica que la r final escrita apenas se pronuncia en inglés británico cuando la palabra siguiente empieza con vocal. El signo ['] indica la sílaba acentuada.

A

a [a] *prep* (*a + el = al*) **1** (*dirección*) to; **fueron ~ Madrid/Grecia** they went to Madrid/Greece; **me voy ~ casa** I'm going home **2** (*distancia*): **está ~ 15 km de aquí** it's 15 kms from here **3** (*posición*): **estar ~ la mesa** to be at table; **al lado de** next to, beside; **ver** *tb* **puerta 4** (*tiempo*): **~ las 10/~ medianoche** at 10/midnight; **~ la mañana siguiente** the following morning; **~ los pocos días** after a few days; **estamos ~ 9 de julio** it's the ninth of July; **~ los 24 años** at the age of 24; **al año/~ la semana** (*AM*) a year/week later **5** (*manera*): **~ la francesa** the French way; **~ caballo** on horseback; **~ oscuras** in the dark **6** (*medio, instrumento*): **~ lápiz** in pencil; **~ mano** by hand; **cocina ~ gas** gas stove **7** (*razón*): **~ 30 ptas el kilo** at 30 pesetas a kilo; **~ más de 50 km/h** at more than 50 kms per hour **8** (*dativo*): **se lo di ~ él** I gave it to him; **vi al policía** I saw the policeman; **se lo compré ~ él** I bought it from him **9** (*tras ciertos verbos*): **voy ~ verle** I'm going to see him; **empezó ~ trabajar** he started working *o* to work **10** (+ *infinitivo*): **al verle, le reconocí inmediatamente** when I saw him I recognized him at once; **el camino ~ recorrer** the distance we (*etc*) have to travel; **¡~ callar!** keep quiet!; **¡~ comer!** let's eat!

abad, esa [a'ßað, 'ðesa] *nm/f* abbot/abbess; **~ía** *nf* abbey.

abajo [a'βaxo] *ad* (*situación*) (down) below, underneath; (*en edificio*) downstairs; (*dirección*) down, downwards; **~ de** *prep* below, under; **el piso de ~** the downstairs flat; **la parte de ~** the lower part; **¡~ el gobierno!** down with the government!; **cuesta/río ~** downhill/downstream; **de arriba ~** from top to bottom; **el ~ firmante** the undersigned; **más ~** lower *o* further down.

abalorios [aßa'lorjos] *nmpl* (*chucherías*) trinkets.

abalanzarse [aßalan'θarse] *vr*: **~ sobre** *o* **contra** to throw o.s. at.

abanderado [aßande'raðo] *nm* standard bearer.

abandonado, a [aßando'naðo, a] *a* derelict; (*desatendido*) abandoned; (*desierto*) deserted; (*descuidado*) neglected.

abandonar [aßando'nar] *vt* to leave; (*persona*) to abandon, desert; (*cosa*) to abandon, leave behind; (*descuidar*) to neglect; (*renunciar a*) to give up; (*INFORM*) to quit; **~se** *vr*: **~se a** to abandon o.s. to; **abandono** *nm* (*acto*) desertion, abandonment; (*estado*) abandon, neglect; (*renuncia*) withdrawal, retirement; **ganar por ~** to win by default.

abanicar [aßani'kar] *vt* to fan; **abanico** *nm* fan; (*NAUT*) derrick.

abaratar [aßara'tar] *vt* to lower the price of // *vi*, **~se** *vr* to go *o* come down in price.

abarcar [aßar'kar] *vt* to include, embrace; (*AM*) to monopolize.

abarrotado, a [aßarro'taðo, a] *a* packed.

abarrote [aßa'rrote] *nm* packing; **~s** *nmpl* (*AM*) groceries, provisions; **~ro, a** *nm/f* (*AM*) grocer.

abastecer [aßaste'θer] *vt* to supply; **abastecimiento** *nm* supply.

abasto [a'ßasto] *nm* supply; (*abundancia*) abundance; **no dar ~ a** to be unable to cope with.

abatido, a [aßa'tiðo, a] *a* dejected, downcast.

abatimiento [aßati'mjento] *nm* (*depresión*) dejection, depression.

abatir [aßa'tir] *vt* (*muro*) to demolish; (*pájaro*) to shoot *o* bring down; (*fig*) to depress; **~se** *vr* to get depressed; **~se sobre** to swoop *o* pounce on.

abdicación [aßðika'θjon] *nf* abdication.

abdicar [aßði'kar] *vi* to abdicate.

abdomen [aß'ðomen] *nm* abdomen.

abecedario [aßeθe'ðarjo] *nm* alphabet.

abedul [aße'ðul] *nm* birch.

abeja [a'ßexa] *nf* bee.

abejorro [aße'xorro] *nm* bumblebee.

aberración [aßerra'θjon] *nf* aberration.

abertura [aßer'tura] *nf* = **apertura**.

abeto [a'ßeto] *nm* fir.

abierto, a *pp de* **abrir** // [a'ßjerto, a] *a* open; (*AM*) generous.

abigarrado, a [aßiɣa'rraðo, a] *a* multicoloured.

abismal [aßis'mal] *a* (*fig*) vast, enormous.

abismar [aßis'mar] *vt* to humble, cast down; **~se** *vr* to sink; **~se en** (*fig*) to be plunged into.

abismo [a'ßismo] *nm* abyss.

abjurar [aβxu'rar] *vi*: ~ de to abjure, forswear.

ablandar [aβlan'dar] *vt* to soften // *vi*, ~se *vr* to get softer.

abnegación [aβneɣa'θjon] *nf* self-denial.

abnegado, a [aβne'ɣaðo, a] *a* self-sacrificing.

abocado, a [aβo'kaðo, a] *a*: verse ~ al desastre to be heading for disaster.

abochornar [aβotʃor'nar] *vt* to embarrass; ~se *vr* to get flustered; (*BOT*) to wilt.

abofetear [aβofete'ar] *vt* to slap (in the face).

abogacía [aβoɣa'θia] *nf* legal profession; (*ejercicio*) practice of the law.

abogado, a [aβo'ɣaðo, a] *nm/f* lawyer; (*notario*) solicitor; (*en tribunal*) barrister (*Brit*), attorney (*US*); ~ defensor defence lawyer *o* attorney (*US*).

abogar [aβo'ɣar] *vi*: ~ por to plead for; (*fig*) to advocate.

abolengo [aβo'lengo] *nm* ancestry, lineage.

abolición [aβoli'θjon] *nf* abolition.

abolir [aβo'lir] *vt* to abolish; (*cancelar*) to cancel.

abolladura [aβoʎa'ðura] *nf* dent.

abollar [aβo'ʎar] *vt* to dent.

abominable [aβomi'naβle] *a* abominable.

abominación [aβomina'θjon] *nf* abomination.

abonado, a [aβo'naðo, a] *a* (*deuda*) paid(-up) // *nm/f* subscriber.

abonar [aβo'nar] *vt* (*deuda*) to settle; (*terreno*) to fertilize; (*idea*) to endorse; ~se *vr* to subscribe; **abono** *nm* payment; fertilizer; subscription.

abordar [aβor'ðar] *vt* (*barco*) to board; (*asunto*) to broach.

aborigen [aβo'rixen] *nm/f* aborigine.

aborrecer [aβorre'θer] *vt* to hate, loathe.

abortar [aβor'tar] *vi* (*malparir*) to have a miscarriage; (*deliberadamente*) to have an abortion; **aborto** *nm* miscarriage; abortion.

abotagado, a [aβota'ɣaðo, a] *a* swollen.

abotonar [aβoto'nar] *vt* to button (up), do up.

abovedado, a [aβoβe'ðaðo, a] *a* vaulted, domed.

abrasar [aβra'sar] *vt* to burn (up); (*AGR*) to dry up, parch.

abrazadera [aβraθa'ðera] *nf* bracket.

abrazar [aβra'θar] *vt* to embrace, hug.

abrazo [a'βraθo] *nm* embrace, hug; un ~ (*en carta*) with best wishes.

abrebotellas [aβreβo'teʎas] *nm inv* bottle opener.

abrecartas [aβre'kartas] *nm inv* letter opener.

abrelatas [aβre'latas] *nm inv* tin (*Brit*) *o* can opener.

abreviar [aβre'βjar] *vt* to abbreviate; (*texto*) to abridge; (*plazo*) to reduce;

abreviatura *nf* abbreviation.

abridor [aβri'ðor] *nm* bottle opener; (*de latas*) tin (*Brit*) *o* can opener.

abrigar [aβri'ɣar] *vt* (*proteger*) to shelter; (*suj: ropa*) to keep warm; (*fig*) to cherish.

abrigo [a'βriɣo] *nm* (*prenda*) coat, overcoat; (*lugar protegido*) shelter.

abril [a'βril] *nm* April.

abrillantar [aβriʎan'tar] *vt* to polish.

abrir [a'βrir] *vt* to open (up) // *vi* to open; ~se *vr* to open (up); (*extenderse*) to open out; (*cielo*) to clear; ~se paso to find *o* force a way through.

abrochar [aβro'tʃar] *vt* (*con botones*) to button (up); (*zapato, con broche*) to do up.

abrumar [aβru'mar] *vt* to overwhelm; (*sobrecargar*) to weigh down.

abrupto, a [a'βrupto, a] *a* abrupt; (*empinado*) steep.

absceso [aβs'θeso] *nm* abscess.

absentismo [aβsen'tismo] *nm* absenteeism.

absolución [aβsolu'θjon] *nf* (*REL*) absolution; (*JUR*) acquittal.

absoluto, a [aβso'luto, a] *a* absolute; en ~ *ad* not at all.

absolver [aβsol'βer] *vt* to absolve; (*JUR*) to pardon; (: *acusado*) to acquit.

absorbente [aβsor'βente] *a* absorbent; (*interesante*) absorbing.

absorber [aβsor'βer] *vt* to absorb; (*embeber*) to soak up.

absorción [aβsor'θjon] *nf* absorption; (*COM*) takeover.

absorto, a [aβ'sorto, a] *pp de* **absorber** // *a* absorbed, engrossed.

abstemio, a [aβs'temjo, a] *a* teetotal.

abstención [aβsten'θjon] *nf* abstention.

abstenerse [aβste'nerse] *vr*: ~ (de) to abstain *o* refrain (from).

abstinencia [aβsti'nenθja] *nf* abstinence; (*ayuno*) fasting.

abstracción [aβstrak'θjon] *nf* abstraction.

abstracto, a [aβ'strakto, a] *a* abstract.

abstraer [aβstra'er] *vt* to abstract; ~se *vr* to be *o* become absorbed.

abstraído, a [aβstra'iðo, a] *a* absentminded.

absuelto [aβ'swelto] *pp de* **absolver**.

absurdo, a [aβ'surðo, a] *a* absurd.

abuelo, a [a'βwelo, a] *nm/f* grandfather/mother; ~s *nmpl* grandparents.

abulia [a'βulja] *nf* lethargy.

abultado, a [aβul'taðo, a] *a* bulky.

abultar [aβul'tar] *vt* to enlarge; (*aumentar*) to increase; (*fig*) to exaggerate // *vi* to be bulky.

abundancia [aβun'danθja] *nf*: una ~ de plenty of; **abundante** *a* abundant, plentiful; **abundar** *vi* to abound, be plentiful.

aburguesarse [aβurɣe'sarse] *vr* to

become middle-class.

aburrido, a [aβu'rriðo, a] a (hastiado) bored; (que aburre) boring; **aburrimiento** nm boredom, tedium.

aburrir [aβu'rrir] vt to bore; **~se** vr to be bored, get bored.

abusar [aβu'sar] vi to go too far; **~ de** to abuse; **abuso** nm abuse.

abusivo, a [aβu'siβo, a] a (precio) exorbitant.

abyecto, a [aβ'jekto, a] a wretched, abject.

A.C. abr (= Año de Cristo) A.D.

a/c abr (= al cuidado de) c/o.

acá [a'ka] ad (lugar) here; **¿de cuándo ~?** since when?

acabado, a [aka'βaðo, a] a finished, complete; (perfecto) perfect; (agotado) worn out; (fig) masterly // nm finish.

acabar [aka'βar] vt (llevar a su fin) to finish, complete; (consumir) to use up; (rematar) to finish off // vi to finish, end; **~se** vr to finish, stop; (terminarse) to be over; (agotarse) to run out; **~ con** to put an end to; **~ de llegar** to have just arrived; **~ por hacer** to end (up) by doing; **¡se acabó!** it's all over!; **(¡basta!)** that's enough!

acabóse [aka'βose] nm: **esto es el ~** this is the last straw.

academia [aka'ðemja] nf academy; **académico, a** a academic.

acaecer [akae'θer] vi to happen, occur.

acalorado, a [akalo'raðo, a] a (discusión) heated.

acalorarse [akalo'rarse] vr (fig) to get heated.

acampar [akam'par] vi to camp.

acanalar [akana'lar] vt to groove; (ondular) to corrugate.

acantilado [akanti'laðo] nm cliff.

acaparar [akapa'rar] vt to monopolize; (acumular) to hoard.

acariciar [akari'θjar] vt to caress; (esperanza) to cherish.

acarrear [akarre'ar] vt to transport; (fig) to cause, result in.

acaso [a'kaso] ad perhaps, maybe // nm chance; **(por) si ~** (just) in case.

acatamiento [akata'mjento] nm respect; (de la ley) observance.

acatar [aka'tar] vt to respect, obey.

acatarrarse [akata'rrarse] vr to catch a cold.

acaudalado, a [akauða'laðo, a] a well-off.

acaudillar [akauði'ʎar] vt to lead, command.

acceder [akθe'ðer] vi: **~ a** (petición etc) to agree to; (tener acceso a) to have access to; (INFORM) to access.

accesible [akθe'siβle] a accessible.

acceso [ak'θeso] nm access, entry; (camino) access, approach; (MED) attack, fit.

accesorio, a [akθe'sorjo, a] a, nm accessory.

accidentado, a [akθiðen'taðo, a] a uneven; (montañoso) hilly; (azaroso) eventful // nm/f accident victim.

accidental [akθiðen'tal] a accidental; **accidentarse** vr to have an accident.

accidente [akθi'ðente] nm accident.

acción [ak'θjon] nf action; (acto) action, act; (COM) share; (JUR) action, lawsuit; **~ ordinaria/preferente** ordinary/preference share; **accionar** vt to work, operate; (INFORM) to drive.

accionista [akθjo'nista] nm/f shareholder, stockholder.

acebo [a'θeβo] nm holly; (árbol) holly tree.

acechanza [aθe'tʃanθa] nf = acecho.

acechar [aθe'tʃar] vt to spy on; (aguardar) to lie in wait for; **acecho** nm: **estar al acecho (de)** to lie in wait (for).

aceitar [aθei'tar] vt to oil, lubricate.

aceite [a'θeite] nm oil; (de oliva) olive oil; **~ra** nf oilcan; **aceitoso, a** a oily.

aceituna [aθei'tuna] nf olive.

acelerador [aθelera'ðor] nm accelerator.

acelerar [aθele'rar] vt to accelerate.

acelga [a'θelxa] nf chard, beet.

acento [a'θento] nm accent; (acentuación) stress.

acentuar [aθen'twar] vt to accent; to stress; (fig) to accentuate.

acepción [aθep'θjon] nf meaning.

aceptable [aθep'taβle] a acceptable.

aceptación [aθepta'θjon] nf acceptance; (aprobación) approval.

aceptar [aθep'tar] vt to accept; (aprobar) to approve.

acequia [a'θekja] nf irrigation ditch.

acera [a'θera] nf pavement (Brit), sidewalk (US).

acerado, a [aθe'raðo, a] a steel; (afilado) sharp; (fig: duro) steely; (: mordaz) biting.

acerbo, a [a'θerβo, a] a bitter; (fig) harsh.

acerca [a'θerka]: **~ de** prep about, concerning.

acercar [aθer'kar] vt to bring o move nearer; **~se** vr to approach, come near.

acerico [aθe'riko] nm pincushion.

acero [a'θero] nm steel.

acérrimo, a [a'θerrimo, a] a (partidario) staunch; (enemigo) bitter.

acertado, a [aθer'taðo, a] a correct; (apropiado) apt; (sensato) sensible.

acertar [aθer'tar] vt (blanco) to hit; (solución) to get right; (adivinar) to guess // vi to get it right, be right; **~ a** to manage to; **~ con** to happen o hit on.

acertijo [aθer'tixo] nm riddle, puzzle.

acervo [a'θerβo] nm heap; **~ común** undivided estate.

aciago, a [a'θjaɣo, a] a ill-fated, fateful.

acicalar [aθika'lar] vt to polish; (persona) to dress up; ~se vr to get dressed up.

acicate [aθi'kate] nm spur.

acidez [aθi'ðeθ] nf acidity.

ácido, a ['aθiðo, a] a sour, acid // nm acid.

acierto etc vb ver **acertar** // [a'θjerto] nm success; (buen paso) wise move; (solución) solution; (habilidad) skill, ability.

aclamación [aklama'θjon] nf acclamation; (aplausos) applause.

aclamar [akla'mar] vt to acclaim; (aplaudir) to applaud.

aclaración [aklara'θjon] nf clarification, explanation.

aclarar [akla'rar] vt to clarify, explain; (ropa) to rinse // vi to clear up; ~se vr (explicarse) to understand; ~se la garganta to clear one's throat.

aclaratorio, a [aklara'torjo, a] a explanatory.

aclimatación [aklimata'θjon] nf acclimatization; **aclimatar** vt to acclimatize; **aclimatarse** vr to become acclimatized.

acné [ak'ne] nm acne.

acobardar [akoβar'ðar] vt to intimidate.

acodarse [ako'ðarse] vr: ~ en to lean on.

acogedor, a [akoxe'ðor, a] a welcoming; (hospitalario) hospitable.

acoger [ako'xer] vt to welcome; (abrigar) to shelter; ~se vr to take refuge.

acogida [ako'xiða] nf reception; refuge.

acolchar [akol'tʃar] vt to pad; (fig) to cushion.

acometer [akome'ter] vt to attack; (emprender) to undertake; **acometida** nf attack, assault.

acomodado, a [akomo'ðaðo, a] a (persona) well-to-do.

acomodador, a [akomoða'ðor, a] nm/f usher(ette).

acomodar [akomo'ðar] vt to adjust; (alojar) to accommodate; ~se vr to conform; (instalarse) to install o.s.; (adaptarse): ~se (a) to adapt (to).

acomodaticio, a [akomoða'tiθjo, a] a (pey) accommodating, obliging; (manejable) pliable.

acompañar [akompa'ɲar] vt to accompany; (documentos) to enclose.

acondicionar [akondiθjo'nar] vt to arrange, prepare; (pelo) to condition.

acongojar [akongo'xar] vt to distress, grieve.

aconsejar [akonse'xar] vt to advise, counsel; ~se vr: ~se con to consult.

acontecer [akonte'θer] vi to happen, occur; **acontecimiento** nm event.

acopio [a'kopjo] nm store, stock.

acoplamiento [akopla'mjento] nm coupling, joint; **acoplar** vt to fit; (ELEC) to connect; (vagones) to couple.

acorazado, a [akora'θaðo, a] a armour-plated, armoured // nm battleship.

acordar [akor'ðar] vt (resolver) to agree, resolve; (recordar) to remind; ~se vr to agree; ~se (de algo) to remember sth; **acorde** a (MUS) harmonious; acorde con (medidas etc) in keeping with // nm chord.

acordeón [akorðe'on] nm accordion.

acordonado, a [akorðo'naðo, a] a (calle) cordoned-off.

acorralar [akorra'lar] vt to round up, corral.

acortar [akor'tar] vt to shorten; (duración) to cut short; (cantidad) to reduce; ~se vr to become shorter.

acosar [ako'sar] vt to pursue relentlessly; (fig) to hound, pester.

acostar [akos'tar] vt (en cama) to put to bed; (en suelo) to lay down; (barco) to bring alongside; ~se vr to go to bed; to lie down.

acostumbrado, a [akostum'braðo, a] a usual; ~ a used to.

acostumbrar [akostum'brar] vt: ~ a uno a algo to get sb used to sth // vi: ~ (a) hacer to be in the habit of doing; ~se vr: ~se a to get used to.

acotación [akota'θjon] nf marginal note; (GEO) elevation mark; (de límite) boundary mark; (TEATRO) stage direction.

ácrata ['akrata] a, nm/f anarchist.

acre ['akre] a (sabor) sharp, bitter; (olor) acrid; (fig) biting // nm acre.

acrecentar [akreθen'tar] vt to increase, augment.

acreditar [akreði'tar] vt (garantizar) to vouch for, guarantee; (autorizar) to authorize; (dar prueba de) to prove; (COM: abonar) to credit; (embajador) to accredit; ~se vr to become famous.

acreedor, a [akree'ðor, a] a: ~ a worthy of // nm/f creditor.

acribillar [akriβi'ʎar] vt: ~ a balazos to riddle with bullets.

acrimonia [akri'monja], **acritud** [akri'tuð] nf acrimony.

acróbata [a'kroβata] nm/f acrobat.

acta ['akta] nf certificate; (de comisión) minutes pl, record; ~ de nacimiento/de matrimonio birth/marriage certificate; ~ notarial affidavit.

actitud [akti'tuð] nf attitude; (postura) posture.

activar [akti'βar] vt to activate; (acelerar) to speed up.

actividad [aktiβi'ðað] nf activity.

activo, a [ak'tiβo, a] a active; (vivo) lively // nm (COM) assets pl.

acto ['akto] nm act, action; (ceremonia) ceremony; (TEATRO) act; en el ~ immediately.

actor [ak'tor] nm actor; (JUR) plaintiff // a: parte ~a prosecution.

actriz [ak'triθ] nf actress.

actuación [aktwa'θjon] *nf* action; (*comportamiento*) conduct, behaviour; (*JUR*) proceedings *pl*; (*desempeño*) performance.

actual [ak'twal] *a* present(-day), current; **~idad** *nf* present; **~idades** *nfpl* news *sg*; **en la ~idad** at present; (*hoy día*) nowadays.

actualizar [aktwali'θar] *vt* to update, modernize.

actualmente [aktwal'mente] *ad* at present; (*hoy día*) nowadays.

actuar [ak'twar] *vi* (*obrar*) to work, operate; (*actor*) to act, perform // *vt* to work, operate; **~ de** to act as.

actuario, a [ak'twarjo, a] *nm/f* clerk; (*COM*) actuary.

acuarela [akwa'rela] *nf* watercolour.

acuario [a'kwarjo] *nm* aquarium; A~ Aquarius.

acuartelar [akwarte'lar] *vt* (*MIL: disciplinar*) to confine to barracks.

acuático, a [a'kwatiko, a] *a* aquatic.

acuciar [aku'θjar] *vt* to urge on.

acuclillarse [akukli'ʎarse] *vr* to crouch down.

acuchillar [akutʃi'ʎar] *vt* (*TEC*) to plane (down), smooth.

acudir [aku'ðir] *vi* (*asistir*) to attend; (*ir*) to go; **~ a** (*fig*) to turn to; **~ en ayuda de** to go to the aid of.

acuerdo *etc vb ver* **acordar** // [a'kwerðo] *nm* agreement; **¡de ~!** agreed!; **de ~ con** (*persona*) in agreement with; (*acción, documento*) in accordance with; **estar de ~** to be agreed, agree.

acumular [akumu'lar] *vt* to accumulate, collect.

acuñar [aku'ɲar] *vt* (*moneda*) to mint; (*frase*) to coin.

acuoso, a [a'kwoso, a] *a* watery.

acurrucarse [akurru'karse] *vr* to crouch; (*ovillarse*) to curl up.

acusación [akusa'θjon] *nf* accusation; **acusar** *vt* to accuse; (*revelar*) to reveal; (*denunciar*) to denounce.

acuse [a'kuse] *nm*: **~ de recibo** acknowledgement of receipt.

acústico, a [a'kustiko, a] *a* acoustic // *nf* (*de una sala etc*) acoustics *pl*.

achacar [atʃa'kar] *vt* to attribute.

achacoso, a [atʃa'koso, a] *a* sickly.

achantar [atʃan'tar] *vt* (*fam*) to scare, frighten; **~se** *vr* to back down.

achaque *etc vb ver* **achacar** // [a'tʃake] *nm* ailment.

achicar [atʃi'kar] *vt* to reduce; (*humillar*) to humiliate; (*NAUT*) to bale out.

achicoria [atʃi'korja] *nf* chicory.

achicharrar [atʃitʃa'rrar] *vt* to scorch, burn.

adagio [a'ðaxjo] *nm* adage; (*MUS*) adagio.

adaptación [aðapta'θjon] *nf* adaptation.

adaptador [aðapta'ðor] *nm* (*ELEC*) adapter.

adaptar [aðap'tar] *vt* to adapt; (*acomodar*) to fit.

adecuado, a [aðe'kwaðo, a] *a* (*apto*) suitable; (*oportuno*) appropriate.

adecuar [aðe'kwar] *vt* to adapt; to make suitable.

a. de J.C. *abr* (= *antes de Jesucristo*) B.C.

adelantado, a [aðelan'taðo, a] *a* advanced; (*reloj*) fast; **pagar por ~** to pay in advance.

adelantamiento [aðelanta'mjento] *nm* advance, advancement; (*AUTO*) overtaking.

adelantar [aðelan'tar] *vt* to move forward; (*avanzar*) to advance; (*acelerar*) to speed up; (*AUTO*) to overtake // *vi*, **~se** *vr* to go forward, advance.

adelante [aðe'lante] *ad* forward(s), ahead // *excl* come in!; **de hoy en ~** from now on; **más ~** later on; (*más allá*) further on.

adelanto [aðe'lanto] *nm* advance; (*mejora*) improvement; (*progreso*) progress.

adelgazar [aðelɣa'θar] *vt* to thin (down) // *vi* to get thin; (*con régimen*) to slim down, lose weight.

ademán [aðe'man] *nm* gesture; **ademanes** *nmpl* manners; **en ~ de** as if to.

además [aðe'mas] *ad* besides; (*por otra parte*) moreover; (*también*) also; **~ de** besides, in addition to.

adentrarse [aðen'trarse] *vr*: **~ en** to go into, get inside; (*penetrar*) to penetrate (into).

adentro [a'ðentro] *ad* inside, in; **mar ~** out at sea; **tierra ~** inland.

adepto, a [a'ðepto, a] *nm/f* supporter.

aderezar [aðere'θar] *vt* (*ensalada*) to dress; (*comida*) to season; **aderezo** *nm* dressing; seasoning.

adeudar [aðeu'ðar] *vt* to owe; **~se** *vr* to run into debt.

adherirse [aðe'rirse] *vr*: **~ a** to adhere to; (*partido*) to join.

adhesión [aðe'sjon] *nf* adhesion; (*fig*) adherence.

adición [aði'θjon] *nf* addition.

adicionar [aðiθjo'nar] *vt* to add.

adicto, a [a'ðikto, a] *a*: **~ a** addicted to; (*dedicado*) devoted to // *nm/f* supporter, follower; (*toxicómano etc*) addict.

adiestrar [aðjes'trar] *vt* to train, teach; (*conducir*) to guide, lead; **~se** *vr* to practise; (*enseñarse*) to train o.s.

adinerado, a [aðine'raðo, a] *a* wealthy.

adiós [a'ðjos] *excl* (*para despedirse*) goodbye!, cheerio!; (*al pasar*) hello!

aditivo [aði'tiβo] *nm* additive.

adivinanza [aðiβi'nanθa] *nf* riddle; **adivinar** *vt* to prophesy; (*conjeturar*) to guess; **adivino, a** *nm/f* fortune-teller.

adj *abr* (= *adjunto*) encl.

adjetivo [aðxe'tiβo] *nm* adjective.
adjudicación [aðxuðika'θjon] *nf* award; adjudication.
adjudicar [aðxuði'kar] *vt* to award; ~se *vr*: ~se algo to appropriate sth.
adjuntar [aðxun'tar] *vt* to attach, enclose; **adjunto, a** *a* attached, enclosed // *nm/f* assistant.
administración [aðministra'θjon] *nf* administration; (*dirección*) management; **administrador, a** *nm/f* administrator; manager(ess).
administrar [aðminis'trar] *vt* to administer; **administrativo, a** *a* administrative.
admirable [aðmi'raβle] *a* admirable.
admiración [aðmira'θjon] *nf* admiration; (*asombro*) wonder; (*LING*) exclamation mark.
admirar [aðmi'rar] *vt* to admire; (*extrañar*) to surprise; ~se *vr* to be surprised.
admisible [aðmi'siβle] *a* admissible.
admisión [aðmi'sjon] *nf* admission; (*reconocimiento*) acceptance.
admitir [aðmi'tir] *vt* to admit; (*aceptar*) to accept.
admonición [aðmoni'θjon] *nf* warning.
adobar [aðo'βar] *vt* (*CULIN*) to season.
adobe [a'ðoβe] *nm* adobe, sun-dried brick.
adoctrinar [aðoktri'nar] *vt*: ~ en to indoctrinate with.
adolecer [aðole'θer] *vi*: ~ de to suffer from.
adolescente [aðoles'θente] *nm/f* adolescent, teenager.
adonde [a'ðonðe] *conj* (to) where.
adónde [a'ðonðe] *ad* = **dónde**.
adopción [aðop'θjon] *nf* adoption.
adoptar [aðop'tar] *vt* to adopt.
adoptivo, a [aðop'tiβo, a] *a* (*padres*) adoptive; (*hijo*) adopted.
adoquín [aðo'kin] *nm* paving stone.
adorar [aðo'rar] *vt* to adore.
adormecer [aðorme'θer] *vt* to put to sleep; ~se *vr* to become sleepy; (*dormirse*) to fall asleep.
adornar [aðor'nar] *vt* to adorn.
adorno [a'ðorno] *nm* adornment; (*decoración*) decoration.
adosado, a [aðo'saðo, a] *a*: casa adosada semi-detached house.
adquiero *etc vb ver* **adquirir**.
adquirir [aðki'rir] *vt* to acquire, obtain.
adquisición [aðkisi'θjon] *nf* acquisition.
adrede [a'ðreðe] *ad* on purpose.
adscribir [aðskri'βir] *vt* to appoint.
adscrito *pp de* **adscribir**.
aduana [a'ðwana] *nf* customs *pl*.
aduanero, a [aðwa'nero, a] *a* customs *cpd* // *nm/f* customs officer.
aducir [aðu'θir] *vt* to adduce; (*dar como prueba*) to offer as proof.
adueñarse [aðwe'narse] *vr*: ~ de to take possession of.

adulación [aðula'θjon] *nf* flattery.
adular [aðu'lar] *vt* to flatter.
adulterar [aðulte'rar] *vt* to adulterate // *vi* to commit adultery.
adulterio [aðul'terjo] *nm* adultery.
adúltero, a [a'ðultero, a] *a* adulterous // *nm/f* adulterer/adulteress.
adulto, a [a'ðulto, a] *a, nm/f* adult.
adusto, a [a'ðusto, a] *a* stern; (*austero*) austere.
advenedizo, a [aðβene'ðiθo, a] *nm/f* upstart.
advenimiento [aðβeni'mjento] *nm* arrival; (*al trono*) accession.
adverbio [að'βerβjo] *nm* adverb.
adversario, a [aðβer'sarjo, a] *nm/f* adversary.
adversidad [aðβersi'ðað] *nf* adversity; (*contratiempo*) setback.
adverso, a [að'βerso, a] *a* adverse.
advertencia [aðβer'tenθja] *nf* warning; (*prefacio*) preface, foreword.
advertir [aðβer'tir] *vt* to notice; (*avisar*): ~ a uno de to warn sb about o of.
Adviento [að'βjento] *nm* Advent.
advierto *etc*, **advirtiendo** *etc vb ver* **advertir**.
adyacente [aðja'θente] *a* adjacent.
aéreo, a [a'ereo, a] *a* aerial.
aerobic [ae'roβik] *nm* aerobics *sg*.
aerodeslizador [aeroðesliða'ðor], **aerodeslizante** [aeroðesli'θante] *nm* hovercraft.
aeromozo, a [aero'moθo, a] *nm/f* (*AM*) air steward(ess).
aeronáutica [aero'nautika] *nf* aeronautics *sg*.
aeronave [aero'naβe] *nm* spaceship.
aeroplano [aero'plano] *nm* aeroplane.
aeropuerto [aero'pwerto] *nm* airport.
aerosol [aero'sol] *nm* aerosol.
afabilidad [afaβili'ðað] *nf* friendliness; **afable** *a* affable.
afamado, a [afa'maðo, a] *a* famous.
afán [a'fan] *nm* hard work; (*deseo*) desire.
afanar [afa'nar] *vt* to harass; (*fam*) to pinch; ~se *vr*: ~se por hacer to strive to do; **afanoso, a** *a* (*trabajo*) hard; (*trabajador*) industrious.
afear [afe'ar] *vt* to disfigure.
afección [afek'θjon] *nf* (*MED*) disease.
afectación [afekta'θjon] *nf* affectation; **afectado, a** *a* affected; **afectar** *vt* to affect.
afectísimo, a [afek'tisimo, a] *a* affectionate; ~ suyo yours truly.
afectivo, a [afek'tiβo, a] *a* (*problema etc*) emotional.
afecto [a'fekto] *nm* affection; tenerle ~ a uno to be fond of sb.
afectuoso, a [afek'twoso, a] *a* affectionate.
afeitar [afei'tar] *vt* to shave; ~se *vr* to shave.

afeminado, a [afemi'naðo, a] *a* effeminate.

aferrado, a [afeˈrraðo, a] *a* stubborn.

aferrar [afeˈrrar] *vt* to grasp; (*barco*) to moor // *vi* to moor.

Afganistán [afvanisˈtan] *nm* Afghanistan.

afianzamiento [afjanθaˈmjento] *nm* strengthening; security; **afianzar** *vt* to strengthen; to secure; **afianzarse** *vr* to become established.

afición [afiˈθjon] *nf* fondness, liking; **la ~** the fans *pl*; **pinto por ~** I paint as a hobby; **aficionado, a** *a* keen, enthusiastic; (*no profesional*) amateur; **ser ~ a algo** to be very keen on o fond of sth // *nm/f* enthusiast, fan; amateur.

aficionar [afiθjoˈnar] *vt*: **~ a uno a algo** to make sb like sth; **~se** *vr*: **~se a algo** to grow fond of sth.

afiche [aˈfitʃe] *nm* (*AM*) poster.

afilado, a [afiˈlaðo, a] *a* sharp.

afilar [afiˈlar] *vt* to sharpen.

afiliarse [afiˈljarse] *vr* to affiliate.

afín [aˈfin] *a* (*parecido*) similar; (*conexo*) related.

afinar [afiˈnar] *vt* (*TEC*) to refine; (*MUS*) to tune // *vi* to play/sing in tune.

afincarse [afinˈkarse] *vr* to settle.

afinidad [afiniˈðað] *nf* affinity; (*parentesco*) relationship; **por ~** by marriage.

afirmación [afirmaˈθjon] *nf* affirmation; **afirmar** *vt* to affirm, state; (*reforzar*) to strengthen; **afirmativo, a** *a* affirmative.

aflicción [aflikˈθjon] *nf* affliction; (*dolor*) grief.

afligir [afliˈxir] *vt* to afflict; (*apenar*) to distress; **~se** *vr* to grieve.

aflojar [afloˈxar] *vt* to slacken; (*desatar*) to loosen, undo; (*relajar*) to relax // *vi* to drop; (*bajar*) to go down; **~se** *vr* to relax.

aflorar [afloˈrar] *vi* to come to the surface, emerge.

afluente [afluˈente] *a* flowing // *nm* tributary.

afluir [afluˈir] *vi* to flow.

afmo, a *abr* (= *afectísimo(a) suyo(a)*) Yours.

afónico, a [aˈfoniko, a] *a*: **estar ~** to have a sore throat; to have lost one's voice.

aforo [aˈforo] *nm* (*de teatro etc*) capacity.

afortunado, a [afortuˈnaðo, a] *a* fortunate, lucky.

afrancesado, a [afranθeˈsaðo, a] *a* francophile; (*pey*) Frenchified.

afrenta [aˈfrenta] *nf* affront, insult; (*deshonra*) dishonour, shame.

África [ˈafrika] *nf* Africa; **~ del Sur** South Africa; **africano, a** *a, nm/f* African.

afrontar [afronˈtar] *vt* to confront; (*poner cara a cara*) to bring face to face.

afuera [aˈfwera] *ad* out, outside; **~s** *nfpl* outskirts.

agachar [avaˈtʃar] *vt* to bend, bow; **~se** *vr* to stoop, bend.

agalla [aˈvaʎa] *nf* (*ZOOL*) gill; **~s** *nfpl* (*MED*) tonsillitis *sg*; (*ANAT*) tonsils; **tener ~s** (*fam*) to have guts.

agarradera [avarraˈðera] *nf* (*AM*), **agarradero** [avarraˈðero] *nm* handle; **~s** *npl* pull *sg*, influence *sg*.

agarrado, a [avaˈrraðo, a] *a* mean, stingy.

agarrar [avaˈrrar] *vt* to grasp, grab; (*AM*) to take, catch; (*recoger*) to pick up // *vi* (*planta*) to take root; **~se** *vr* to hold on (tightly).

agarrotar [avarroˈtar] *vt* (*lío*) to tie tightly; (*persona*) to squeeze tightly; (*reo*) to garrotte; **~se** *vr* (*motor*) to seize up; (*MED*) to stiffen.

agasajar [avasaˈxar] *vt* to treat well, fête.

agencia [aˈxenθja] *nf* agency; **~ inmobiliaria** estate (*Brit*) o real estate (*US*) agent's (office); **~ matrimonial** marriage bureau; **~ de viajes** travel agency.

agenciarse [axenˈθjarse] *vr* to obtain, procure.

agenda [aˈxenda] *nf* diary.

agente [aˈxente] *nm* agent; **~ femenino** policewoman; **~ inmobiliario** estate agent (*Brit*), realtor (*US*); **~ de bolsa** stockbroker; **~ de seguros** insurance agent.

ágil [ˈaxil] *a* agile, nimble; **agilidad** *nf* agility, nimbleness.

agitación [axitaˈθjon] *nf* (*de mano etc*) shaking, waving; (*de líquido etc*) stirring; (*fig*) agitation.

agitar [axiˈtar] *vt* to wave, shake; (*líquido*) to stir; (*fig*) to stir up, excite; **~se** *vr* to get excited; (*inquietarse*) to get worried o upset.

aglomeración [avlomeraˈθjon] *nf*: **~ de tráfico/gente** traffic jam/mass of people.

aglomerar [avlomeˈrar] *vt*, **aglomerarse** *vr* to crowd together.

agnóstico, a [avˈnostiko, a] *a, nm/f* agnostic.

agobiar [avoˈβjar] *vt* to weigh down; (*oprimir*) to oppress; (*cargar*) to burden.

agolparse [avolˈparse] *vr* to crowd together.

agonía [avoˈnia] *nf* death throes *pl*; (*fig*) agony, anguish.

agonizante [avoniˈθante] *a* dying.

agonizar [avoniˈθar] *vi* (*tb*: **estar agonizando**) to be dying.

agosto [aˈvosto] *nm* August.

agotado, a [avoˈtaðo, a] *a* (*persona*) exhausted; (*libros*) out of print; (*acabado*) finished; (*COM*) sold out.

agotador, a [avotaˈðor, a] *a* exhausting.

agotamiento [avotaˈmjento] *nm* exhaustion.

agotar [aɣo'tar] *vt* to exhaust; (*consumir*) to drain; (*recursos*) to use up, deplete; ~**se** *vr* to be exhausted; (*acabarse*) to run out; (*libro*) to go out of print.

agraciado, a [aɣra'θjaðo, a] *a* (*atractivo*) attractive; (*en sorteo etc*) lucky.

agraciar [aɣra'θjar] *vt* (*JUR*) to pardon; (*con premio*) to reward.

agradable [aɣra'ðaßle] *a* pleasant, nice.

agradar [aɣra'ðar] *vt*: él me agrada I like him.

agradecer [aɣraðe'θer] *vt* to thank; (*favor etc*) to be grateful for; **agradecido, a** *a* grateful; ¡muy ~! thanks a lot!; **agradecimiento** *nm* thanks *pl*; gratitude.

agradezco *etc vb ver* **agradecer**.

agrado [a'ɣraðo] *nm*: ser de tu *etc* ~ to be to your *etc* liking.

agrandar [aɣran'dar] *vt* to enlarge; (*fig*) to exaggerate; ~**se** *vr* to get bigger.

agrario, a [a'ɣrarjo, a] *a* agrarian, land *cpd*; (*política*) agricultural, farming.

agravante [aɣra'ßante] *a* aggravating // *nf*: con la ~ de que ... with the further difficulty that ...

agravar [aɣra'ßar] *vt* (*pesar sobre*) to make heavier; (*irritar*) to aggravate; ~**se** *vr* to worsen, get worse.

agraviar [aɣra'ßjar] *vt* to offend; (*ser injusto con*) to wrong; ~**se** *vr* to take offence; **agravio** *nm* offence; wrong; (*JUR*) grievance.

agredir [aɣre'ðir] *vt* to attack.

agregado [aɣre'ɣaðo] *nm* aggregate; (*persona*) attaché.

agregar [aɣre'var] *vt* to gather; (*añadir*) to add; (*persona*) to appoint.

agresión [aɣre'sjon] *nf* aggression.

agresivo, a [aɣre'sißo, a] *a* aggressive.

agriar [a'ɣrjar] *vt* to (turn) sour; ~**se** *vr* to turn sour.

agrícola [a'ɣrikola] *a* farming *cpd*, agricultural.

agricultor, a [aɣrikul'tor, a] *nm/f* farmer.

agricultura [aɣrikul'tura] *nf* agriculture, farming.

agridulce [aɣri'ðulθe] *a* bittersweet; (*CULIN*) sweet and sour.

agrietarse [aɣrje'tarse] *vr* to crack; (*piel*) to chap.

agrimensor, a [aɣrimen'sor, a] *nm/f* surveyor.

agrio, a [a'ɣrjo, a] *a* bitter.

agronomía [aɣrono'mia] *nf* agronomy, agriculture.

agropecuario, a [aɣrope'kwarjo, a] *a* farming *cpd*, agricultural.

agrupación [aɣrupa'θjon] *nf* group; (*acto*) grouping.

agrupar [aɣru'par] *vt* to group.

agua ['aɣwa] *nf* water; (*NAUT*) wake; (*ARQ*) slope of a roof; ~**s** *nfpl* (*de piedra*) water *sg*, sparkle *sg*; (*MED*) water *sg*, urine *sg*; (*NAUT*) waters; ~**s abajo/arriba** downstream/upstream; ~ **bendita/destilada/potable** holy/distilled/drinking water; ~ **caliente** hot water; ~ **corriente** running water; ~ **de colonia** eau de cologne; ~ **mineral (con/sin gas)** (fizzy/non-fizzy) mineral water; ~**s jurisdiccionales** territorial waters; ~**s mayores** excrement *sg*.

aguacate [aɣwa'kate] *nm* avocado pear.

aguacero [aɣwa'θero] *nm* (heavy) shower, downpour.

aguado, a [a'ɣwaðo, a] *a* watery, watered down // *nf* (*AGR*) watering place; (*NAUT*) water supply; (*ARTE*) watercolour.

aguafiestas [aɣwa'fjestas] *nm/f inv* spoilsport, killjoy.

aguafuerte [aɣwa'fwerte] *nm o f* etching.

aguamanil [aɣwama'nil] *nm* (*jofaina*) washbasin.

aguanieve [aɣwa'njeße] *nf* sleet.

aguantar [aɣwan'tar] *vt* to bear, put up with; (*sostener*) to hold up // *vi* to last; ~**se** *vr* to restrain o.s.; **aguante** *nm* (*paciencia*) patience; (*resistencia*) endurance.

aguar [a'ɣwar] *vt* to water down.

aguardar [aɣwar'ðar] *vt* to wait for.

aguardiente [aɣwar'ðjente] *nm* brandy, liquor.

aguarrás [aɣwa'rras] *nm* turpentine.

agudeza [aɣu'ðeθa] *nf* sharpness; (*ingenio*) wit.

agudizar [aɣuði'θar] *vt* (*crisis*) to make worse; ~**se** *vr* to get worse.

agudo, a [a'ɣuðo, a] *a* sharp; (*voz*) high-pitched, piercing; (*dolor, enfermedad*) acute.

agüero [a'ɣwero] *nm*: buen/mal ~ good/bad omen.

aguijar [aɣi'xar] *vt* to goad; (*incitar*) to urge on // *vi* to hurry along.

aguijón [aɣi'xon] *nm* sting; (*fig*) spur; **aguijonear** *vt* = **aguijar**.

águila ['aɣila] *nf* eagle; (*fig*) genius.

aguileño, a [aɣi'leɲo, a] *a* (*nariz*) aquiline; (*rostro*) sharp-featured.

aguinaldo [aɣi'naldo] *nm* Christmas box.

aguja [a'ɣuxa] *nf* needle; (*de reloj*) hand; (*ARQ*) spire; (*TEC*) firing-pin; ~**s** *nfpl* (*ZOOL*) ribs; (*FERRO*) points.

agujerear [aɣuxere'ar] *vt* to make holes in.

agujero [aɣu'xero] *nm* hole.

agujetas [aɣu'xetas] *nfpl* stitch *sg*; (*rigidez*) stiffness *sg*.

aguzar [aɣu'θar] *vt* to sharpen; (*fig*) to incite.

ahí [a'i] *ad* there; de ~ que so that, with the result that; ~ **llega** here he comes; **por** ~ that way; (*allá*) over there; 200 o **por** ~ 200 or so.

ahijado, a [ai'xaðo, a] *nm/f* godson/ daughter.

ahínco [a'inko] *nm* earnestness.

ahíto, a [a'ito, a] *a:* **estoy ~** I'm full up.

ahogar [ao'xar] *vt* to drown; *(asfixiar)* to suffocate, smother; *(fuego)* to put out; **~se** *vr* (*en el agua*) to drown; *(por asfixia)* to suffocate.

ahogo [a'oɣo] *nm* breathlessness; *(fig)* financial difficulty.

ahondar [aon'dar] *vt* to deepen, make deeper; *(fig)* to study thoroughly // *vi:* **~ en** to study thoroughly.

ahora [a'ora] *ad* now; *(hace poco)* a moment ago, just now; *(dentro de poco)* in a moment; **~ voy** I'm coming; **~ mismo** right now; **~ bien** now then; **por ~** for the present.

ahorcar [aor'kar] *vt* to hang; **~se** *vr* to hang o.s.

ahorita [ao'rita] *ad (fam)* right now.

ahorrar [ao'rrar] *vt (dinero)* to save; *(esfuerzos)* to save, avoid; **ahorro** *nm (acto)* saving; *(frugalidad)* thrift; **ahorros** *nmpl* savings.

ahuecar [awe'kar] *vt* to hollow (out); *(voz)* to deepen; **~se** *vr* to give o.s. airs.

ahumar [au'mar] *vt* to smoke, cure; *(llenar de humo)* to fill with smoke // *vi* to smoke; **~se** *vr* to fill with smoke.

ahuyentar [aujen'tar] *vt* to drive off, frighten off; *(fig)* to dispel.

airado, a [ai'raðo, a] *a* angry; **airar** *vt* to anger; **airarse** *vr* to get angry.

aire ['aire] *nm* air; *(viento)* wind; *(corriente)* draught; *(MUS)* tune; **~s** *nmpl:* **darse ~s** to give o.s. airs; **al ~ libre** in the open air; **~ acondicionado** air conditioning; **airoso, a** *a* windy; draughty; *(fig)* graceful.

aislado, a [ais'laðo, a] *a* isolated; *(in-comunicado)* cut-off; *(ELEC)* insulated.

aislar [ais'lar] *vt* to isolate; *(ELEC)* to insulate.

ajar [a'xar] *vt* to spoil; *(fig)* to abuse.

ajardinado, a [axarði'naðo, a] *a* land-scaped.

ajedrez [axe'ðreθ] *nm* chess.

ajeno, a [a'xeno, a] *a (que pertenece a otro)* somebody else's; **~ a** a foreign to; **~** de free from, devoid of.

ajetreado, a [axetre'aðo, a] *a* busy.

ajetreo [axe'treo] *nm* bustle.

ají [a'xi] *nm* chili, red pepper; *(salsa)* chili sauce.

ajo ['axo] *nm* garlic.

ajorca [a'xorka] *nf* bracelet.

ajuar [a'xwar] *nm* household furnishings *pl*; *(de novia)* trousseau; *(de niño)* lay-ette.

ajustado, a [axus'taðo, a] *a (tornillo)* tight; *(cálculo)* right; *(ropa)* tight (-fitting); *(DEPORTE: resultado)* close.

ajustar [axus'tar] *vt (adaptar)* to adjust; *(encajar)* to fit; *(TEC)* to engage; *(IMPRENTA)* to make up; *(apretar)* to tighten; *(concertar)* to agree (on); *(re-conciliar)* to reconcile; *(cuenta, deudas)* to settle // *vi* to fit.

ajuste [a'xuste] *nm* adjustment; *(COSTURA)* fitting; *(acuerdo)* compromise; *(de cuenta)* settlement.

al [al] = **a + el**, *ver* **a.**

ala ['ala] *nf* wing; *(de sombrero)* brim; *(futbolista)* winger.

alabanza [ala'ßanθa] *nf* praise.

alabar [ala'ßar] *vt* to praise.

alacena [ala'θena] *nf* kitchen cupboard *(Brit)*, kitchen closet *(US)*.

alacrán [ala'kran] *nm* scorpion.

alado, a [a'laðo, a] *a* winged.

alambique [alam'bike] *nm* still.

alambrada [alam'braða] *nf*, **alambrado** [alam'braðo] *nm* wire fence; *(red)* wire netting.

alambre [a'lambre] *nm* wire; **~ de púas** barbed wire; **alambrista** *nm/f* tightrope walker.

alameda [ala'meða] *nf (plantío)* poplar grove; *(lugar de paseo)* avenue, boulevard.

álamo ['alamo] *nm* poplar; **~ temblón** aspen.

alano [a'lano] *nm* mastiff.

alarde [a'larðe] *nm* show, display; **hacer ~ de** to boast of.

alargador [alarxa'ðor] *nm (ELEC)* exten-sion lead.

alargar [alar'xar] *vt* to lengthen, extend; *(paso)* to hasten; *(brazo)* to stretch out; *(cuerda)* to pay out; *(conversación)* to spin out; **~se** *vr* to get longer.

alarido [ala'riðo] *nm* shriek.

alarma [a'larma] *nf* alarm.

alarmante [alar'mante] *a* alarming.

alazán [ala'θan] *nm* sorrel.

alba ['alßa] *nf* dawn.

albacea [alßa'θea] *nm/f* executor/ executrix.

albahaca [al'ßaka] *nf* basil.

Albania [al'ßanja] *nf* Albania.

albañal [alßa'ñal] *nm* drain, sewer.

albañil [alßa'ñil] *nm* bricklayer; *(cantero)* mason.

albarán [alßa'ran] *nm (COM)* delivery note, invoice.

albaricoque [alßari'koke] *nm* apricot.

albedrío [alße'ðrio] *nm:* **libre ~** free will.

alberca [al'ßerka] *nf* reservoir; *(AM)* swimming pool.

albergar [alßer'xar] *vt* to shelter.

albergue *etc vb ver* **albergar** // [al'ßerxe] *nm* shelter, refuge; **~ de juventud** youth hostel.

albóndiga [al'ßondixa] *nf* meatball.

albor [al'ßor] *nm* whiteness; *(amanecer)* dawn; **~ada** *nf* dawn; *(diana)* reveille; **~ear** *vi* to dawn.

albornoz [alßor'noθ] *nm (de los árabes)* burnous; *(para el baño)* bathrobe.

alborotar [alβoro'tar] *vi* to make a row // *vt* to agitate, stir up; ~**se** *vr* to get excited; (*mar*) to get rough; **alboroto** *nm* row, uproar.

alborozar [alβoro'θar] *vt* to gladden; ~**se** *vr* to rejoice.

alborozo [alβo'roθo] *nm* joy.

albricias [al'βriθjas] *nfpl*: ¡~! good news!

álbum ['alβum] (*pl* ~**s**, ~**es**) *nm* album; ~ **de recortes** scrapbook.

albumen [al'βumen] *nm* egg white, albumen.

alcachofa [alka'tʃofa] *nf* artichoke.

alcalde, esa [al'kalde, esa] *nm/f* mayor(ess).

alcaldía [alkal'dia] *nf* mayoralty; (*lugar*) mayor's office.

alcance *etc vb ver* **alcanzar** // [al'kanθe] *nm* reach; (*COM*) adverse balance.

alcancía [alkan'θia] *nf* money box.

alcantarilla [alkanta'riʎa] *nf* (*de aguas cloacales*) sewer; (*en la calle*) gutter.

alcanzar [alkan'θar] *vt* (*algo: con la mano, el pie*) to reach; (*alguien: en el camino etc*) to catch up (with); (*autobús*) to catch; (*suj: bala*) to hit, strike // *vi* (*ser suficiente*) to be enough; ~ **a hacer** to manage to do.

alcaparra [alka'parra] *nf* caper.

alcatraz [alka'traθ] *nm* gannet.

alcayata [alka'jata] *nf* hook.

alcázar [al'kaθar] *nm* fortress; (*NAUT*) quarter-deck.

alcoba [al'koβa] *nf* bedroom.

alcohol [al'kol] *nm* alcohol; ~ **metílico** methylated spirits *pl* (*Brit*), wood alcohol (*US*); **alcohólico, a** *a*, *nm/f* alcoholic.

alcoholímetro [alko'limetro] *nm* Breathalyser ® (*Brit*), drunkometer (*US*).

alcoholismo [alko'lismo] *nm* alcoholism.

alcornoque [alkor'noke] *nm* cork tree; (*fam*) idiot.

aldaba [al'daβa] *nf* (door) knocker.

aldea [al'dea] *nf* village; ~**no, a** *a* village *cpd* // *nm/f* villager.

ale ['ale] *excl* come on!, let's go!

aleación [alea'θjon] *nf* alloy.

aleatorio, a [alea'torjo, a] *a* random.

aleccionar [alekθjo'nar] *vt* to instruct; (*adiestrar*) to train.

alegación [aleɣa'θjon] *nf* allegation; **alegar** *vt* to allege; (*JUR*) to plead // *vi* (*AM*) to argue.

alegato [ale'ɣato] *nm* (*JUR*) allegation; (*AM*) argument.

alegoría [aleɣo'ria] *nf* allegory.

alegrar [ale'ɣrar] *vt* (*causar alegría*) to cheer (up); (*fuego*) to poke; (*fiesta*) to liven up; ~**se** *vr* (*fam*) to get merry or tight; ~**se de** to be glad about.

alegre [a'leɣre] *a* happy, cheerful; (*fam*) merry, tight; (*chiste*) risqué, blue; **alegría** *nf* happiness; merriment.

alejamiento [alexa'mjento] *nm* removal;

(*distancia*) remoteness.

alejar [ale'xar] *vt* to remove; (*fig*) to estrange; ~**se** *vr* to move away.

alemán, ana [ale'man, ana] *a*, *nm/f* German // *nm* (*LING*) German.

Alemania [ale'manja] *nf*: ~ **Occidental/Oriental** West/East Germany.

alentador, a [alenta'ðor, a] *a* encouraging.

alentar [alen'tar] *vt* to encourage.

alergia [a'lerxja] *nf* allergy.

alero [a'lero] *nm* (*de tejado*) eaves *pl*; (*de carruaje*) mudguard.

alerta [a'lerta] *a*, *nm* alert.

aleta [a'leta] *nf* (*de pez*) fin; (*de ave*) wing; (*de foca, DEPORTE*) flipper; (*AUTO*) mudguard.

aletargar [aletar'ɣar] *vt* to make drowsy; (*entumecer*) to make numb; ~**se** *vr* to grow drowsy; to become numb.

aletear [alete'ar] *vi* to flutter.

alevín [ale'βin], **alevino** [ale'βino] *nm* fry, young fish.

alevosía [aleβo'sia] *nf* treachery.

alfabeto [alfa'βeto] *nm* alphabet.

alfalfa [al'falfa] *nf* alfalfa, lucerne.

alfarería [alfare'ria] *nf* pottery; (*tienda*) pottery shop; **alfarero, a** *nm/f* potter.

alféizar [al'feiθar] *nm* window-sill.

alférez [al'fereθ] *nm* (*MIL*) second lieutenant; (*NAUT*) ensign.

alfil [al'fil] *nm* (*AJEDREZ*) bishop.

alfiler [alfi'ler] *nm* pin; (*broche*) clip; (*pinza*) clothes peg.

alfiletero [alfile'tero] *nm* needlecase.

alfombra [al'fombra] *nf* carpet; (*más pequeña*) rug; **alfombrar** *vt* to carpet; **alfombrilla** *nf* rug, mat.

alforja [al'forxa] *nf* saddlebag.

alforza [al'forθa] *nf* pleat.

algarabía [alɣara'βia] *nf* (*fam*) gibberish.

algarrobo [alɣa'rroβo] *nm* carob tree.

algas ['alɣas] *nfpl* seaweed.

algazara [alɣa'θara] *nf* din, uproar.

álgebra ['alxeβra] *nf* algebra.

álgido, a ['alxiðo] *a* icy, chilly; (*momento etc*) crucial, decisive.

algo ['alɣo] *pron* something; anything // *ad* somewhat, rather; ¿~ **más?** anything else?; (*en tienda*) is that all?; **por** ~ **será** there must be some reason for it.

algodón [alɣo'ðon] *nm* cotton; (*planta*) cotton plant; ~ **de azúcar** candy floss (*Brit*), cotton candy (*US*); ~ **hidrófilo** cotton wool (*Brit*), absorbent cotton (*US*).

algodonero, a [alɣoðo'nero, a] *a* cotton *cpd* // *nm/f* cotton grower // *nm* cotton plant.

alguacil [alɣwa'θil] *nm* bailiff; (*TAUR*) mounted official.

alguien ['alɣjen] *pron* someone, somebody; (*en frases interrogativas*) anyone, anybody.

alguno, a [al'ɣuno, a] *a* (*delante de nm*:

algún some; (*después de n*): **no tiene talento alguno** he has no talent, he doesn't have any talent // *pron* (*alguien*) someone, somebody; **algún que otro libro** some book or other; **algún día iré** I'll go one *o* some day; **sin interés** ~ without the slightest interest; ~ **que otro** an occasional one; ~**s piensan** some (people) think.

alhaja [a'laxa] *nf* jewel; (*tesoro*) precious object, treasure.

alhelí [ale'li] *nm* wallflower, stock.

aliado, a [a'ljaðo, a] *a* allied.

alianza [a'ljanθa] *nf* alliance; (*anillo*) wedding ring.

aliar [a'ljar] *vt* to ally; ~**se** *vr* to form an alliance.

alias ['aljas] *ad* alias.

alicates [ali'kates] *nmpl* pliers; ~ **de uñas** nail clippers.

aliciente [ali'θjente] *nm* incentive; (*atracción*) attraction.

alienación [aljena'θjon] *nf* alienation.

aliento [a'ljento] *nm* breath; (*respiración*) breathing; **sin** ~ breathless.

aligerar [alixe'rar] *vt* to lighten; (*reducir*) to shorten; (*aliviar*) to alleviate; (*mitigar*) to ease; (*paso*) to quicken.

alimaña [ali'maɲa] *nf* pest.

alimentación [alimenta'θjon] *nf* (*comida*) food; (*acción*) feeding; (*tienda*) grocer's (shop); **alimentador** *nm*: **alimentador de papel** sheet-feeder; **alimentar** *vt* to feed; (*nutrir*) to nourish; **alimentarse** *vr* to feed.

alimenticio, a [alimen'tiθjo, a] *a* food *cpd*; (*nutritivo*) nourishing, nutritious.

alimento [ali'mento] *nm* food; (*nutrición*) nourishment; ~**s** *nmpl* (*JUR*) alimony *sg*.

alineación [alinea'θjon] *nf* alignment; (*DEPORTE*) line-up.

alinear [aline'ar] *vt* to align; ~**se** *vr* (*DEPORTE*) to line up; ~**se en** to fall in with.

aliñar [ali'ɲar] *vt* (*CULIN*) to season; **aliño** *nm* (*CULIN*) dressing.

alisar [ali'sar] *vt* to smooth.

aliso [a'liso] *nm* alder.

alistarse [alis'tarse] *vr* to enlist; (*inscribirse*) to enrol.

aliviar [ali'ßjar] *vt* (*carga*) to lighten; (*persona*) to relieve; (*dolor*) to relieve, alleviate.

alivio [a'lißjo] *nm* alleviation, relief.

aljibe [al'xiße] *nm* cistern.

alma ['alma] *nf* soul; (*persona*) person; (*TEC*) core.

almacén [alma'θen] *nm* (*depósito*) warehouse, store; (*MIL*) magazine; (*AM*) shop; (**grandes**) **almacenes** *nmpl* department store *sg*; **almacenaje** *nm* storage; **almacenaje secundaria** (*INFORM*) backing storage.

almacenar [almaθe'nar] *vt* to store, put

in storage; (*proveerse*) to stock up with; **almacenero** *nm* warehouseman; (*AM*) shopkeeper.

almanaque [alma'nake] *nm* almanac.

almeja [al'mexa] *nf* clam.

almendra [al'mendra] *nf* almond; **almendro** *nm* almond tree.

almiar [al'mjar] *nm* haystack.

almíbar [al'mißar] *nm* syrup.

almidón [almi'ðon] *nm* starch; **almidonar** *vt* to starch.

almirantazgo [almiran'taðɣo] *nm* admiralty.

almirante [almi'rante] *nm* admiral.

almirez [almi'reθ] *nm* mortar.

almizcle [al'miθkle] *nm* musk.

almohada [almo'aða] *nf* pillow; (*funda*) pillowcase; **almohadilla** *nf* cushion; (*TEC*) pad; (*AM*) pincushion.

almohadón [almoa'ðon] *nm* large pillow; bolster.

almorranas [almo'rranas] *nfpl* piles, haemorrhoids.

almorzar [almor'θar] *vt*: ~ **una tortilla** to have an omelette for lunch // *vi* to (have) lunch.

almuerzo *etc vb ver* **almorzar** // [al'mwerθo] *nm* lunch.

alocado, a [alo'kaðo, a] *a* crazy.

alojamiento [aloxa'mjento] *nm* lodging(s) (*pl*); (*viviendas*) housing.

alojar [alo'xar] *vt* to lodge; ~**se** *vr* to lodge, stay.

alondra [a'londra] *nf* lark, skylark.

alpargata [alpar'ɣata] *nf* rope-soled sandal, espadrille.

Alpes ['alpes] *nmpl*: **los** ~ **the** Alps.

alpinismo [alpi'nismo] *nm* mountaineering, climbing; **alpinista** *nm/f* mountaineer, climber.

alpiste [al'piste] *nm* birdseed.

alquería [alke'ria] *nf* farmhouse.

alquilar [alki'lar] *vt* (*suj: propietario: inmuebles*) to let, rent (out); (: *coche*) to hire out; (: *TV*) to rent (out); (*suj: alquilador: inmuebles, TV*) to rent; (: *coche*) to hire; '**se alquila casa**' 'house to let (*Brit*) *o* to rent' (*US*).

alquiler [alki'ler] *nm* renting; letting; hiring; (*arriendo*) rent; hire charge; ~ **de automóviles** car hire; **de** ~ for hire.

alquimia [al'kimja] *nf* alchemy.

alquitrán [alki'tran] *nm* tar.

alrededor [alreðe'ðor] *ad* around, about; ~**es** *nmpl* surroundings; ~ **de** *prep* around, about; **mirar a su** ~ to look (round) about one.

alta ['alta] *nf ver* **alto**.

altanería [altane'ria] *nf* haughtiness, arrogance; **altanero, a** *a* arrogant, haughty.

altar [al'tar] *nm* altar.

altavoz [alta'ßoθ] *nm* loudspeaker; (*amplificador*) amplifier.

alteración [altera'θjon] *nf* alteration;

(alboroto) disturbance.

alterar [alte'rar] *vt* to alter; to disturb; ~**se** *vr (persona)* to get upset.

altercado [alter'kaðo] *nm* argument.

alternar [alter'nar] *vt* to alternate // *vi*, ~**se** *vr* to alternate; *(turnar)* to take turns; ~ **con** to mix with; **alternativo**, **a** *a* alternative; *(alterno)* alternating // *nf* alternative; *(elección)* choice; **alterno, a** *a* alternate; *(ELEC)* alternating.

Alteza [al'teθa] *nf (tratamiento)* Highness.

altibajos [alti'βaxos] *nmpl* ups and downs.

altiplanicie [altipla'niθje] *nf*, **altiplano** [alti'plano] *nm* high plateau.

altisonante [altiso'nante] *a* high-flown, high-sounding.

altitud [alti'tuð] *nf* height; *(AVIAT, GEO)* altitude.

altivez [alti'βeθ] *nf* haughtiness, arrogance; **altivo, a** *a* haughty, arrogant.

alto, a [alto, a] *a* high; *(persona)* tall; *(sonido)* high, sharp; *(noble)* high, lofty // *nm* halt; *(MUS)* alto; *(GEO)* hill; *(AM)* pile // *ad (de sitio)* high; *(de sonido)* loud, loudly // *nf (certificate of)* discharge // *excl* halt!; **la pared tiene 2 metros de** ~ the wall is 2 metres high; **en alta mar** on the high seas; **en voz alta** in a loud voice; **las altas horas de la noche** the small *o* wee hours; **en lo** ~ **de** at the top of; **pasar por** ~ to overlook; **dar de alta** to discharge.

altoparlante [altopar'lante] *nm (AM)* loudspeaker.

altura [al'tura] *nf* height; *(NAUT)* depth; *(GEO)* latitude; **la pared tiene 1.80 de** ~ the wall is 1 metre 80cm high; **a estas** ~**s** at this stage; **a estas** ~**s del año** at this time of the year.

alubia [a'luβja] *nf* French bean, kidney bean.

alucinación [aluθina'θjon] *nf* hallucination; **alucinar** *vi* to hallucinate // *vt* to deceive; *(fascinar)* to fascinate.

alud [a'luð] *nm* avalanche; *(fig)* flood.

aludir [alu'ðir] *vi:* ~ **a** to allude to; **darse por aludido** to take the hint.

alumbrado [alum'braðo] *nm* lighting; **alumbramiento** *nm* lighting; *(MED)* childbirth, delivery.

alumbrar [alum'brar] *vt* to light (up) // *vi (MED)* to give birth.

aluminio [alu'minjo] *nm* aluminium *(Brit)*, aluminum *(US)*.

alumno, a [a'lumno, a] *nm/f* pupil, student.

alunizar [aluni'θar] *vi* to land on the moon.

alusión [alu'sjon] *nf* allusion.

alusivo, a [alu'siβo, a] *a* allusive.

aluvión [alu'βjon] *nm* alluvium; *(fig)*

flood.

alverja [al'βerxa] *nf (AM)* pea.

alza [ˈalθa] *nf* rise; *(MIL)* sight.

alzada [al'θaða] *nf (de caballos)* height; *(JUR)* appeal.

alzamiento [alθa'mjento] *nm (aumento)* rise, increase; *(acción)* lifting, raising; *(mejor postura)* higher bid; *(rebelión)* rising; *(COM)* fraudulent bankruptcy.

alzar [al'θar] *vt* to lift (up); *(precio, muro)* to raise; *(cuello de abrigo)* to turn up; *(AGR)* to gather in; *(IMPRENTA)* to gather; ~**se** *vr* to get up, rise; *(rebelarse)* to revolt; *(COM)* to go fraudulently bankrupt; *(JUR)* to appeal.

allá [a'ʎa] *ad (lugar)* there; *(por ahí)* over there; *(tiempo)* then; ~ **abajo** down there; **más** ~ further on; **más** ~ **de** beyond; **¡~ tú!** that's your problem!

allanamiento [aʎana'mjento] *nm:* ~ **de morada** burglary.

allanar [aʎa'nar] *vt* to flatten, level (out); *(igualar)* to smooth (out); *(fig)* to subdue; *(JUR)* to burgle, break into; ~**se** *vr* to fall down; ~**se a** to submit to, accept.

allegado, a [aʎe'xaðo, a] *a* near, close // *nm/f* relation.

allí [a'ʎi] *ad* there; ~ **mismo** right there; **por** ~ over there; *(por ese camino)* that way.

ama [ˈama] *nf* lady of the house; *(dueña)* owner; *(institutriz)* governess; *(madre adoptiva)* foster mother; ~ **de casa** housewife; ~ **de cría** *o* **de leche** wet-nurse; ~ **de llaves** housekeeper.

amabilidad [amaβili'ðað] *nf* kindness; *(simpatía)* niceness; **amable** *a* kind; nice; **es Vd muy** ~ that's very kind of you.

amaestrado, a [amaes'traðo, a] *a (animal: en circo etc)* performing.

amaestrar [amaes'trar] *vt* to train.

amagar [ama'xar] *vt, vi* to threaten; *(DEPORTE, MIL)* to feint; **amago** *nm* threat; *(gesto)* threatening gesture; *(MED)* symptom.

amalgama [amal'xama] *nf* amalgam; **amalgamar** *vt* to amalgamate; *(combinar)* to combine, mix.

amamantar [amaman'tar] *vt* to suckle, nurse.

amanecer [amane'θer] *vi* to dawn // *nm* dawn; **el niño amaneció afiebrado** the child woke up with a fever.

amanerado, a [amane'raðo, a] *a* affected.

amansar [aman'sar] *vt* to tame; *(persona)* to subdue; ~**se** *vr (persona)* to calm down.

amante [a'mante] *a:* ~ **de** fond of // *nm/f* lover.

amapola [ama'pola] *nf* poppy.

amar [a'mar] *vt* to love.

amarar [ama'rar] *vi (avión)* to land (on the sea).

amargado, a [amar'xaðo, a] *a* bitter.

amargar [amar'xar] *vt* to make bitter; (*fig*) to embitter; **~se** *vr* to become embittered.

amargo, a [a'marxo, a] *a* bitter; **amargura** *nf* bitterness.

amarillento, a [amari'ʎento, a] *a* yellowish; (*tez*) sallow; **amarillo, a** *a, nm* yellow.

amarrar [ama'rrar] *vt* to moor; (*sujetar*) to tie up.

amarras [a'marras] *nfpl*: **soltar ~** to set sail.

amartillar [amarti'ʎar] *vt* (*fusil*) to cock.

amasar [ama'sar] *vt* (*masa*) to knead; (*mezclar*) to mix, prepare; (*confeccionar*) to concoct; **amasijo** *nm* kneading; mixing; (*fig*) hotchpotch.

amateur ['amatur] *nm/f* amateur.

amatista [ama'tista] *nf* amethyst.

amazona [ama'θona] *nf* horsewoman; **A~s** *nm*: **el A~s** the Amazon.

ambages [am'baxes] *nmpl*: **sin ~** in plain language.

ámbar ['ambar] *nm* amber.

ambición [ambi'θjon] *nf* ambition; **ambicionar** *vt* to aspire to; **ambicioso, a** *a* ambitious.

ambidextro, a [ambi'ðekstro, a] *a* ambidextrous.

ambientación [ambjenta'θjon] *nf* (*CINE, TEATRO etc*) setting; (*RADIO*) sound effects.

ambiente [am'bjente] *nm* (*tb fig*) atmosphere; (*medio*) environment.

ambigüedad [ambixwe'ðað] *nf* ambiguity; **ambigüo, a** *a* ambiguous.

ámbito ['ambito] *nm* (*campo*) field; (*fig*) scope.

ambos, as ['ambos, as] *apl, pron pl* both.

ambulancia [ambu'lanθja] *nf* ambulance.

ambulante [ambu'lante] *a* travelling *cpd*, itinerant.

ambulatorio [ambula'torjo] *nm* state health-service clinic.

ameba [a'meßa] *nf* amoeba.

amedrentar [ameðren'tar] *vt* to scare.

amén [a'men] *excl* amen; **~ de** besides.

amenaza [ame'naθa] *nf* threat.

amenazar [amena'θar] *vt* to threaten // *vi*: **~ con hacer** to threaten to do.

amenguar [amen'ywar] *vt* to diminish; (*fig*) to dishonour.

amenidad [ameni'ðað] *nf* pleasantness.

ameno, a [a'meno, a] *a* pleasant.

América [a'merika] *nf* America; **~ del Norte/del Sur** North/South America; **~ Central/Latina** Central/Latin America; **americano, a** *a, nm/f* American // *nf* coat, jacket.

amerizar [ameri'θar] *vi* (*avión*) to land (on the sea).

ametralladora [ametraʎa'ðora] *nf* machine gun.

amianto [a'mjanto] *nm* asbestos.

amigable [ami'yaßle] *a* friendly.

amigdala [a'miɣðala] *nf* tonsil; **amigdalitis** *nf* tonsillitis.

amigo, a [a'miɣo, a] *a* friendly // *nm/f* friend; (*amante*) lover; **ser ~ de algo** to be fond of sth; **ser muy ~s** to be close friends.

amilanar [amila'nar] *vt* to scare; **~se** *vr* to get scared.

aminorar [amino'rar] *vt* to diminish; (*reducir*) to reduce; **~ la marcha** to slow down.

amistad [amis'tað] *nf* friendship; **~es** *nfpl* friends; **amistoso, a** *a* friendly.

amnesia [am'nesja] *nf* amnesia.

amnistía [amnis'tia] *nf* amnesty.

amo ['amo] *nm* owner; (*jefe*) boss.

amodorrarse [amoðo'rrarse] *vr* to get sleepy.

amolar [amo'lar] *vt* (*perseguir*) to annoy.

amoldar [amol'dar] *vt* to mould; (*adaptar*) to adapt.

amonestación [amonesta'θjon] *nf* warning; **amonestaciones** *nfpl* marriage banns.

amonestar [amones'tar] *vt* to warn; (*REL*) to publish the banns of.

amontonar [amonto'nar] *vt* to collect, pile up; **~se** *vr* to crowd together; (*acumularse*) to pile up.

amor [a'mor] *nm* love; (*amante*) lover; **hacer el ~** to make love.

amoratado, a [amora'taðo, a] *a* purple.

amordazar [amorða'θar] *vt* to muzzle; (*fig*) to gag.

amorfo, a [a'morfo, a] *a* amorphous, shapeless.

amorío [amo'rio] *nm* (*fam*) love affair.

amoroso, a [amo'roso, a] *a* affectionate, loving.

amortajar [amorta'xar] *vt* to shroud.

amortiguador [amortigwa'ðor] *nm* shock absorber; (*parachoques*) bumper; **~es** *nmpl* (*AUTO*) suspension *sg*.

amortiguar [amorti'ywar] *vt* to deaden; (*ruido*) to muffle; (*color*) to soften.

amortización [amortiθa'θjon] *nf* (*de deuda*) repayment; (*de bono*) redemption.

amotinar [amoti'nar] *vt* to stir up, incite (to riot); **~se** *vr* to mutiny.

amparar [ampa'rar] *vt* to protect; **~se** *vr* to seek protection; (*de la lluvia etc*) to shelter; **amparo** *nm* help, protection; **al amparo de** under the protection of.

amperio [am'perjo] *nm* ampère, amp.

ampliación [amplja'θjon] *nf* enlargement; (*extensión*) extension; **ampliar** *vt* to enlarge; to extend.

amplificación [amplifika'θjon] *nf* enlargement; **amplificador** *nm* amplifier.

amplificar [amplifi'kar] *vt* to amplify.

amplio, a [a'ampljo, a] *a* spacious; (*de falda etc*) full; (*extenso*) extensive; (*ancho*) wide; **amplitud** *nf* spacious-

ness; extent; (*fig*) amplitude.
ampolla [am'poʎa] *nf* blister; (*MED*)
ampoule.
ampuloso, a [ampu'loso, a] *a* bombastic, pompous.
amputar [ampu'tar] *vt* to cut off,
amputate.
amueblar [amwe'ßlar] *vt* to furnish.
amurallar [amura'ʎar] *vt* to wall up *o* in.
anacronismo [anakro'nismo] *nm*
anachronism.
ánade [a'naðe] *nm* duck.
anadear [anaðe'ar] *vi* to waddle.
anales [a'nales] *nmpl* annals.
analfabetismo [analfaße'tismo] *nm*
illiteracy; **analfabeto, a** *a, nm/f* illiterate.
analgésico [anal'xesiko] *nm* painkiller,
analgesic.
análisis [a'nalisis] *nm inv* analysis.
analista [ana'lista] *nm/f* (*gen*) analyst.
analizar [anali'θar] *vt* to analyse.
analogía [analo'xia] *nf* analogy.
analógico, a [ana'loxiko, a] *a* (*INFORM*)
analog; (*reloj*) analogue (*Brit*), analog
(*US*).
análogo, a [a'nalovo, a] *a* analogous,
similar (*a* to).
ananá(s) [ana'na(s)] *nm* pineapple.
anaquel [ana'kel] *nm* shelf.
anarquía [anar'kia] *nf* anarchy;
anarquismo *nm* anarchism;
anarquista *nm/f* anarchist.
anatomía [anato'mia] *nf* anatomy.
anca ['anka] *nf* rump, haunch; ~s *nfpl*
(*fam*) behind *sg*.
anciano, a [an'θjano, a] *a* old, aged //
nm/f old man/woman // *nm/f* elder.
ancla ['ankla] *nf* anchor; ~**dero** *nm*
anchorage; **anclar** *vi* to (drop) anchor.
ancho, a ['antʃo, a] *a* wide; (*falda*) full;
(*fig*) liberal // *nm* width; (*FERRO*) gauge;
ponerse ~ to get conceited; **estar a sus
anchas** to be at one's ease.
anchoa [an'tʃoa] *nf* anchovy.
anchura [an'tʃura] *nf* width; (*extensión*)
wideness.
andaderas [anda'ðeras] *nfpl* baby walker
sg.
andadura [anda'ðura] *nf* gait; (*de
caballo*) pace.
Andalucía [andalu'θia] *nf* Andalusia;
andaluz, a *a, nm/f* Andalusian.
andamio [an'damjo], **andamiaje**
[anda'mjaxe] *nm* scaffold(ing).
andar [an'dar] *vt* to go, cover, travel // *vi*
to go, walk, travel; (*funcionar*) to go,
work; (*estar*) to be // *nm* walk, gait,
pace; ~**se** *vr* to go away; ~ **a pie/a
caballo/en bicicleta** to go on foot/on
horseback/by bicycle; ~ **haciendo algo** to
be doing sth; **¡anda!**, (*sorpresa*) go on!;
anda por *o* **en los 40** he's about 40.
andariego, a [anda'rjevo, a] *a* (*itinerante*) wandering.

andén [an'den] *nm* (*FERRO*) platform;
(*NAUT*) quayside; (*AM: de la calle*)
pavement (*Brit*), sidewalk (*US*).
Andes ['andes] *nmpl*: **los** ~ the Andes.
Andorra [an'dorra] *nf* Andorra.
andrajo [an'draxo] *nm* rag; ~**so, a** *a*
ragged.
andurriales [andu'rrjales] *nmpl* wilds
npl.
anduve, anduviera *etc vb ver* **andar**.
anécdota [a'nekðota] *nf* anecdote, story.
anegar [ane'var] *vt* to flood; (*ahogar*) to
drown; ~**se** *vr* to drown; (*hundirse*) to
sink.
anejo, a [a'nexo, a] *a, nm* = **anexo**.
anemia [a'nemja] *nf* anaemia.
anestésico [anes'tesiko] *nm* anaesthetic.
anexar [anek'sar] *vt* to annex;
(*documento*) to attach; **anexión** *nf*,
anexionamiento *nm* annexation;
anexo, a *a* attached // *nm* annexe.
anfibio, a [an'fißjo, a] *a* amphibious //
nm amphibian.
anfiteatro [anfite'atro] *nm* amphitheatre;
(*TEATRO*) dress circle.
anfitrión, ona [anfi'trjon, ona] *nm/f*
host(ess).
ángel ['anxel] *nm* angel; ~ **de la guarda**
guardian angel; **tener** ~ to be charming;
angélico, a, angelical *a* angelic(al).
angina [an'xina] *nf* (*MED*) inflammation
of the throat; ~ **de pecho** angina; **tener**
~**s** to have tonsillitis.
anglicano, a [angli'kano, a] *a, nm/f*
Anglican.
angosto, a [an'gosto, a] *a* narrow.
anguila [an'gila] *nf* eel; ~**s** *nfpl* (*NAUT*)
slipway *sg*.
angula [an'gula] *nf* elver, baby eel.
ángulo ['angulo] *nm* angle; (*esquina*)
corner; (*curva*) bend.
angustia [an'gustja] *nf* anguish;
angustiar *vt* to distress, grieve.
anhelante [ane'lante] *a* eager; (*deseoso*)
longing.
anhelar [ane'lar] *vt* to be eager for; to
long for, desire // *vi* to pant, gasp;
anhelo *nm* eagerness; desire.
anidar [ani'ðar] *vi* to nest.
anillo [a'niʎo] *nm* ring; ~ **de boda**
wedding ring.
ánima ['anima] *nf* soul; **las** ~**s** the
Angelus (bell) *sg*.
animación [anima'θjon] *nf* liveliness;
(*vitalidad*) life; (*actividad*) activity;
bustle.
animado, a [ani'maðo, a] *a* lively;
(*vivaz*) animated; **animador, a** *nm/f*
(*TV*) host(ess), compère; (*DEPORTE*)
cheerleader.
animadversión [animaðßer'sjon] *nf* illwill, antagonism.
animal [ani'mal] *a* animal; (*fig*) stupid //
nm animal; (*fig*) fool; (*bestia*) brute.
animar [ani'mar] *vt* (*BIO*) to animate,

give life to; (*fig*) to liven up, brighten up, cheer up; (*estimular*) to stimulate; ~**se** *vr* to cheer up; to feel encouraged; (*decidirse*) to make up one's mind.

ánimo ['animo] *nm* (*alma*) soul; (*mente*) mind; (*valentía*) courage // *excl* cheer up!

animoso, a [ani'moso, a] *a* brave; (*vivo*) lively.

aniquilar [aniki'lar] *vt* to annihilate, destroy.

anís [a'nis] *nm* aniseed; (*licor*) anisette.

aniversario [aniβer'sarjo] *nm* anniversary.

anoche [a'notʃe] *ad* last night; **antes de** ~ the night before last.

anochecer [anotʃe'θer] *vi* to get dark // *nm* nightfall, dark; **al** ~ at nightfall.

anodino, a [ano'ðino, a] *a* dull, anodyne.

anomalía [anoma'lia] *nf* anomaly.

anonimato [anoni'mato] *nm* anonymity.

anónimo, a [a'nonimo, a] *a* anonymous; (*COM*) limited // *nm* (*carta*) anonymous letter; (: *maliciosa*) poison-pen letter.

anormal [anor'mal] *a* abnormal.

anotación [anota'θjon] *nf* note; annotation.

anotar [ano'tar] *vt* to note down; (*comentar*) to annotate.

anquilosamiento [ankilosa'mjento] *nm* (*fig*) paralysis; stagnation.

ansia ['ansja] *nf* anxiety; (*añoranza*) yearning; **ansiar** *vt* to long for.

ansiedad [ansje'ðað] *nf* anxiety.

ansioso, a [an'sjoso, a] *a* anxious; (*anhelante*) eager; ~ **de** o **por algo** greedy for sth.

antagónico, a [anta'voniko, a] *a* antagonistic; (*opuesto*) contrasting; **antagonista** *nm/f* antagonist.

antaño [an'taɲo] *ad* long ago, formerly.

Antártico [an'tartiko] *nm*: **el** ~ the Antarctic.

ante ['ante] *prep* before, in the presence of; (*encarado con*) faced with // *nm* (*piel*) suede; ~ **todo** above all.

anteanoche [antea'notʃe] *ad* the night before last.

anteayer [antea'jer] *ad* the day before yesterday.

antebrazo [ante'βraθo] *nm* forearm.

antecedente [anteθe'ðente] *a* previous // *nm* antecedent; ~**s** *nmpl* record *sg*; background *sg*.

anteceder [anteθe'ðer] *vt* to precede, go before.

antecesor, a [anteθe'sor, a] *nm/f* predecessor.

antedicho, a [ante'ðitʃo, a] *a* aforementioned.

antelación [antela'θjon] *nf*: **con** ~ in advance.

antemano [ante'mano]: **de** ~ *ad* beforehand, in advance.

antena [an'tena] *nf* antenna; (*de*

televisión *etc*) aerial.

anteojo [ante'oxo] *nm* eyeglass; ~**s** *nmpl* (*AM*) glasses, spectacles.

antepasados [antepa'saðos] *nmpl* ancestors.

antepecho [ante'petʃo] *nm* guardrail, parapet; (*repisa*) ledge, sill.

anteponer [antepo'ner] *vt* to place in front; (*fig*) to prefer.

anteproyecto [antepro'jekto] *nm* preliminary sketch; (*fig*) blueprint.

anterior [ante'rjor] *a* preceding, previous; ~**idad** *nf*: **con** ~**idad a** prior to, before.

antes ['antes] *ad* (*con prioridad*) before // *prep*: ~ **de** before // *conj*: ~ **de ir/de que te vayas** before going/before you go; ~ **bien** (but) rather; **dos días** ~ two days before o previously; **no quiso venir** ~ she didn't want to come any earlier; **tomo el avión** ~ **que el barco** I take the plane rather than the boat; ~ **que yo** before me; **lo** ~ **posible** as soon as possible; **cuanto** ~ **mejor** the sooner the better.

antesala [ante'sala] *nf* anteroom.

antiaéreo, a [antia'ereo, a] *a* antiaircraft.

antibalas [anti'βalas] *a inv*: **chaleco** ~ bullet-proof jacket.

antibiótico [anti'βjotiko] *nm* antibiotic.

anticiclón [antiθi'klon] *nm* anticyclone.

anticipación [antiθipa'θjon] *nf* anticipation; **con 10 minutos de** ~ 10 minutes early.

anticipado, a [antiθi'paðo, a] *a* (in) advance.

anticipar [antiθi'par] *vt* to anticipate; (*adelantar*) to bring forward; (*COM*) to advance; ~**se** *vr*: ~**se a su época** to be ahead of one's time.

anticipo [anti'θipo] *nm* (*COM*) advance.

anticonceptivo, a [antikonθep'tiβo, a] *a, nm* contraceptive.

anticongelante [antikonxe'lante] *nm* antifreeze.

anticuado, a [anti'kwaðo, a] *a* out-of-date, old-fashioned; (*desusado*) obsolete.

anticuario [anti'kwarjo] *nm* antique dealer.

anticuerpo [anti'kwerpo] *nm* (*MED*) antibody.

antídoto [an'tiðoto] *nm* antidote.

antiestético, a [anties'tetiko, a] *a* unsightly.

antifaz [anti'faθ] *nm* mask; (*velo*) veil.

antigualla [anti'vwaʎa] *nf* antique; (*reliquia*) relic.

antiguamente [antivwa'mente] *ad* formerly; (*hace mucho tiempo*) long ago.

antigüedad [antivwe'ðað] *nf* antiquity; (*artículo*) antique; (*rango*) seniority.

antiguo, a [an'tivwo, a] *a* old, ancient; (*que fue*) former.

antílope [an'tilope] *nm* antelope.

antillano, a [anti'ʎano, a] *a, nm/f* West

Indian.

Antillas [an'tiʎas] *nfpl*: las ~ the West Indies.

antinatural [antinatu'ral] *a* unnatural.

antipatía [antipa'tia] *nf* antipathy, dislike; **antipático, a** *a* disagreeable, unpleasant.

antirrobo [anti'rroβo] *a inv* (*alarma etc*) anti-theft.

antisemita [antise'mita] *a* anti-Semitic // *nm/f* anti-Semite.

antiséptico, a [anti'septiko, a] *a* antiseptic // *nm* antiseptic.

antítesis [an'titesis] *nf inv* antithesis.

antojadizo, a [antoxa'ðiθo, a] *a* capricious.

antojarse [anto'xarse] *vr* (*desear*): se me antoja comprarlo I have a mind to buy it; (*pensar*): se me antoja que I have a feeling that.

antojo [an'toxo] *nm* caprice, whim; (*rosa*) birthmark; (*lunar*) mole.

antología [antolo'xia] *nf* anthology.

antorcha [an'tortʃa] *nf* torch.

antro ['antro] *nm* cavern.

antropófago, a [antro'pofaɣo, a] *a, nm/f* cannibal.

antropología [antropolo'xia] *nf* anthropology.

anual [a'nwal] *a* annual; **~idad** [anwali'ðað] *nf* annuity.

anuario [a'nwarjo] *nm* yearbook.

anudar [anu'ðar] *vt* to knot, tie; (*unir*) to join; **~se** *vr* to get tied up.

anulación [anula'θjon] *nf* annulment; (*cancelación*) cancellation.

anular [anu'lar] *vt* (*contrato*) to annul, cancel; (*ley*) to revoke, repeal; (*suscripción*) to cancel // *nm* ring finger.

anunciación [anunθja'θjon] *nf* announcement; **A~** (*REL*) Annunciation.

anunciante [anun'θjante] *nm/f* (*COM*) advertiser.

anunciar [anun'θjar] *vt* to announce; (*proclamar*) to proclaim; (*COM*) to advertise.

anuncio [a'nunθjo] *nm* announcement; (*señal*) sign; (*COM*) advertisement; (*cartel*) poster.

anzuelo [an'θwelo] *nm* hook; (*para pescar*) fish hook.

añadidura [aɲaði'ðura] *nf* addition, extra; por ~ besides, in addition.

añadir [aɲa'ðir] *vt* to add.

añejo, a [a'ɲexo, a] *a* old; (*vino*) mellow.

añicos [a'ɲikos] *nmpl*: hacer ~ to smash, shatter.

añil [a'ɲil] *nm* (*BOT, color*) indigo.

año ['aɲo] *nm* year; ¡Feliz A~ Nuevo! Happy New Year!; tener 15 ~s to be 15 (years old); los ~s 80 the eighties; ~ bisiesto/escolar leap/school year; el ~ que viene next year.

añoranza [aɲo'ranθa] *nf* nostalgia;

(*anhelo*) longing.

apabullar [apaβu'ʎar] *vt* (*tb fig*) to crush, squash.

apacentar [apaθen'tar] *vt* to pasture, graze.

apacible [apa'θiβle] *a* gentle, mild.

apaciguar [apaθi'ɣwar] *vt* to pacify, calm (down).

apadrinar [apaðri'nar] *vt* to sponsor, support; (*REL*) to be godfather to.

apagado, a [apa'xaðo, a] *a* (*volcán*) extinct; (*color*) dull; (*voz*) quiet; (*sonido*) muted, muffled; (*persona*: *apático*) listless; estar ~ (*fuego, luz*) to be out; (*RADIO, TV etc*) to be off.

apagar [apa'xar] *vt* to put out; (*ELEC, RADIO, TV*) to turn off; (*sonido*) to silence, muffle; (*sed*) to quench.

apagón [apa'xon] *nm* blackout; power cut.

apalabrar [apala'βrar] *vt* to agree to; (*contratar*) to engage.

apalear [apale'ar] *vt* to beat, thrash; (*AGR*) to winnow.

apañar [apa'ɲar] *vt* to pick up; (*asir*) to take hold of, grasp; (*reparar*) to mend, patch up; **~se** *vr* to manage, get along.

aparador [apara'ðor] *nm* sideboard; (*escaparate*) shop window.

aparato [apa'rato] *nm* apparatus; (*máquina*) machine; (*doméstico*) appliance; (*boato*) ostentation; **~ de facsímil** facsimile (machine), fax; **~so, a** *a* showy, ostentatious.

aparcamiento [aparka'mjento] *nm* car park (*Brit*), parking lot (*US*).

aparcar [apar'kar] *vt, vi* to park.

aparear [apare'ar] *vt* (*objetos*) to pair, match; (*animales*) to mate; **~se** *vr* to make a pair; to mate.

aparecer [apare'θer] *vi*, **aparecerse** *vr* to appear.

aparejado, a [apare'xaðo, a] *a* fit, suitable; llevar o traer ~ to involve.

aparejo [apa'rexo] *nm* preparation; harness; rigging; (*de poleas*) block and tackle.

aparentar [aparen'tar] *vt* (*edad*) to look; (*fingir*): **~ tristeza** to pretend to be sad.

aparente [apa'rente] *a* apparent; (*adecuado*) suitable.

aparezco *etc vb ver* **aparecer.**

aparición [apari'θjon] *nf* appearance; (*de libro*) publication; (*espectro*) apparition.

apariencia [apa'rjenθja] *nf* (outward) appearance; en ~ outwardly, seemingly.

apartado, a [apar'taðo, a] *a* separate; (*lejano*) remote // *nm* (*tipográfico*) paragraph; **~ (de correos)** post office box.

apartamento [aparta'mento] *nm* apartment, flat (*Brit*).

apartamiento [aparta'mjento] *nm* separation; (*aislamiento*) remoteness, isolation; (*AM*) apartment, flat (*Brit*).

apartar [apar'tar] *vt* to separate; (*quitar*)

to remove; (*MINEROLOGIA*) to extract; ~se *vr* to separate, part; (*irse*) to move away; to keep away.

aparte [a'parte] *ad* (*separadamente*) separately; (*además*) besides // *nm* aside; (*tipográfico*) new paragraph.

apasionado, a [a'pasjo'naðo, a] *a* passionate; biassed, prejudiced.

apasionar [apasjo'nar] *vt* to excite; le apasiona el fútbol she's crazy about football; ~se *vr* to get excited.

apatía [apa'tia] *nf* apathy.

apático, a [a'patiko, a] *a* apathetic.

apátrida [a'patriða] *a* stateless.

Apdo *abr* (= Apartado (de Correos)) PO Box.

apeadero [apea'ðero] *nm* halt, stop, stopping place.

apearse [ape'arse] *vr* (*jinete*) to dismount; (*bajarse*) to get down o out; (*AUTO, FERRO*) to get off o out.

apechugar [apetʃu'ɣar] *vr*: ~ con algo to face up to sth.

apedrear [apeðre'ar] *vt* to stone.

apegarse [ape'ɣarse] *vr*. ~se a to become attached to; **apego** *nm* attachment, devotion.

apelación [apela'θjon] *nf* appeal.

apelar [ape'lar] *vi* to appeal; ~ a (*fig*) to resort to.

apellidar [apeʎi'ðar] *vt* to call, name; ~se *vr*: se apellida Pérez her (sur)name's Pérez.

apellido [ape'ʎiðo] *nm* surname.

apenar [ape'nar] *vt* to grieve, trouble; (*AM: avergonzar*) to embarrass; ~se *vr* to grieve; (*AM*) to be embarrassed.

apenas [a'penas] *ad* scarcely, hardly // *conj* as soon as, no sooner.

apéndice [a'pendiθe] *nm* appendix; **apendicitis** *nf* appendicitis.

apercibirse [aperθi'βirse] *vr*: ~ de to notice.

aperitivo [aperi'tiβo] *nm* (*bebida*) aperitif; (*comida*) appetizer.

apero [a'pero] *nm* (*AGR*) implement; ~s *nmpl* farm equipment *sg*.

apertura [aper'tura] *nf* opening; (*POL*) liberalization.

apesadumbrar [apesaðum'brar] *vt* to grieve, sadden; ~se *vr* to distress o.s.

apestar [apes'tar] *vt* to infect // *vi*: ~ (a) to stink (of).

apetecer [apete'θer] *vt*: ¿te apetece una tortilla? do you fancy an omelette?; **apetecible** *a* desirable; (*comida*) appetizing.

apetito [ape'tito] *nm* appetite; ~so, a *a* appetizing; (*fig*) tempting.

apiadarse [apja'ðarse] *vr*: ~ de to take pity on.

ápice ['apiθe] *nm* apex; (*fig*) whit, iota.

apilar [api'lar] *vt* to pile o heap up; ~se *vr* to pile up.

apiñarse [api'narse] *vr* to crowd o press

together.

apio ['apjo] *nm* celery.

apisonadora [apisona'ðora] *nf* (*máquina*) steamroller.

aplacar [apla'kar] *vt* to placate; ~se *vr* to calm down.

aplanar [apla'nar] *vt* to smooth, level; (*allanar*) to roll flat, flatten.

aplastar [aplas'tar] *vt* to squash (flat); (*fig*) to crush.

aplatanarse [aplata'narse] *vr* to get lethargic.

aplaudir [aplau'ðir] *vt* to applaud.

aplauso [a'plauso] *nm* applause; (*fig*) approval, acclaim.

aplazamiento [aplaθa'mjento] *nm* postponement.

aplazar [apla'θar] *vt* to postpone, defer.

aplicación [aplika'θjon] *nf* application; (*esfuerzo*) effort.

aplicado, a [apli'kaðo, a] *a* diligent, hard-working.

aplicar [apli'kar] *vt* (*ejecutar*) to apply; ~se *vr* to apply o.s.

aplique *etc vb ver* aplicar // [a'plike] *nm* wall light.

aplomo [a'plomo] *nm* aplomb, self-assurance.

apocado, a [apo'kaðo, a] *a* timid.

apocamiento [apoka'mjento] *nm* timidity; (*depresión*) depression.

apocarse [apo'karse] *vr* to feel small o humiliated.

apodar [apo'ðar] *vt* to nickname.

apoderado [apoðe'raðo] *nm* agent, representative.

apoderar [apoðe'rar] *vt* to authorize, empower; (*JUR*) to grant (a) power of attorney to; ~se *vr*: ~se de to take possession of.

apodo [a'poðo] *nm* nickname.

apogeo [apo'xeo] *nm* peak, summit.

apolillarse [apoli'ʎarse] *vr* to get motheaten.

apología [apolo'xia] *nf* eulogy; (*defensa*) defence.

apoltronarse [apoltro'narse] *vr* to get lazy.

apoplejía [apople'xia] *nf* apoplexy, stroke.

apoquinar [apoki'nar] *vt* (*fam*) to fork out, cough up.

aporrear [aporre'ar] *vt* to beat (up).

aportar [apor'tar] *vt* to contribute // *vi* to reach port; ~se *vr* (*AM*) to arrive, come.

aposentar [aposen'tar] *vt* to lodge, put up; **aposento** *nm* lodging; (*habitación*) room.

apósito [a'posito] *nm* (*MED*) dressing.

apostar [apos'tar] *vt* to bet, stake; (*tropas etc*) to station, post // *vi* to bet.

apostilla [apos'tiʎa] *nf* note, comment.

apóstol [a'postol] *nm* apostle.

apóstrofo [a'postrofo] *nm* apostrophe.

apostura [apos'tura] *nf* neatness; (*elegancia*) elegance.

apoyar [apo'jar] *vt* to lean, rest; (*fig*) to support, back; ~se *vr*: ~se en to lean on; **apoyo** *nm* (*gen*) support; backing, help.

apreciable [apre'θjaßle] *a* considerable; (*fig*) esteemed.

apreciación [apreθja'θjon] *nf* appreciation; (*COM*) valuation.

apreciar [apre'θjar] *vt* to evaluate, assess; (*COM*) to appreciate, value.

aprecio [apre'θjo] *nm* valuation, estimate; (*fig*) appreciation.

aprehender [apreen'der] *vt* to apprehend, detain; **aprehensión** *nf* detention, capture.

apremiante [apre'mjante] *a* urgent, pressing.

apremiar [apre'mjar] *vt* to compel, force // *vi* to be urgent, press; **apremio** *nm* urgency.

aprender [apren'der] *vt, vi* to learn.

aprendiz, a [apren'diθ, a] *nm/f* apprentice; (*principiante*) learner; ~**aje** *nm* apprenticeship.

aprensión [apren'sjon] *nm* apprehension, fear; **aprensivo, a** *a* apprehensive.

apresar [apre'sar] *vt* to seize; (*capturar*) to capture.

aprestar [apres'tar] *vt* to prepare, get ready; (*TEC*) to prime, size; ~se *vr* to get ready.

apresurado, a [apresu'raðo, a] *a* hurried, hasty; **apresuramiento** *nm* hurry, haste.

apresurar [apresu'rar] *vt* to hurry, accelerate; ~se *vr* to hurry, make haste.

apretado, a [apre'taðo, a] *a* tight; (*escritura*) cramped.

apretar [apre'tar] *vt* to squeeze; (*TEC*) to tighten; (*presionar*) to press together, pack // *vi* to be too tight.

apretón [apre'ton] *nm* squeeze; ~ de **manos** handshake.

aprieto [a'prjeto] *nm* squeeze; (*dificultad*) difficulty, jam; **estar en un** ~ to be in a fix.

aprisa [a'prisa] *ad* quickly, hurriedly.

aprisionar [aprisjo'nar] *vt* to imprison.

aprobación [aproßa'θjon] *nf* approval.

aprobar [apro'ßar] *vt* to approve (of); (*examen, materia*) to pass // *vi* to pass.

apropiación [apropja'θjon] *nf* appropriation.

apropiado, a [apro'pjaðo, a] *a* appropriate.

apropiarse [apro'pjarse] *vr*: ~ de to appropriate.

aprovechado, a [aproße'tʃaðo, a] *a* industrious, hardworking; (*económico*) thrifty; (*pey*) unscrupulous; **aprovechamiento** *nm* use; exploitation.

aprovechar [aproße'tʃar] *vt* to use; (*explotar*) to exploit; (*experiencia*) to profit from; (*oferta, oportunidad*) to take advantage of // *vi* to progress, improve; ~se *vr*: ~se de to make use of; to take advantage of; ¡que aproveche! enjoy your meal!

aproximación [aproksima'θjon] *nf* approximation; (*de lotería*) consolation prize; **aproximado, a** *a* approximate.

aproximar [aproksi'mar] *vt* to bring nearer; ~se *vr* to come near, approach.

apruebo *etc vb ver* **aprobar.**

aptitud [apti'tuð] *nf* aptitude.

apto, a [ˈapto, a] *a* suitable.

apuesto, a [a'pwesto, a] *a* neat, elegant // *nf* bet, wager.

apuntador [apunta'ðor] *nm* prompter.

apuntalar [apunta'lar] *vt* to prop up.

apuntar [apun'tar] *vt* (*con arma*) to aim at; (*con dedo*) to point at o to; (*anotar*) to note (down); (*TEATRO*) to prompt; ~se *vr* (*DEPORTE*: *tanto, victoria*) to score; (*ESCOL*) to enrol.

apunte [a'punte] *nm* note.

apuñalar [apuɲa'lar] *vt* to stab.

apurado, a [apu'raðo, a] *a* needy; (*difícil*) difficult; (*peligroso*) dangerous; (*AM*) hurried, rushed.

apurar [apu'rar] *vt* (*agotar*) to drain; (*recursos*) to use up; (*molestar*) to annoy; ~se *vr* (*preocuparse*) to worry; (*darse prisa*) to hurry.

apuro [a'puro] *nm* (*aprieto*) fix, jam; (*escasez*) want, hardship; (*vergüenza*) embarrassment; (*AM*) haste, urgency.

aquejado, a [ake'xaðo, a] *a*: ~ de (*MED*) afflicted by.

aquel, aquella, aquellos, as [a'kel, a'keʎa, a'keʎos, as] *a* that; (*pl*) those.

aquél, aquélla, aquéllos, as [a'kel, a'keʎa, a'keʎos, as] *pron* that (one); (*pl*) those (ones).

aquello [a'keʎo] *pron* that, that business.

aquí [a'ki] *ad* (*lugar*) here; (*tiempo*) now; ~ **arriba** up here; ~ **mismo** right here; ~ **yace** here lies; **de** ~ **a siete días** a week from now.

aquietar [akje'tar] *vt* to quieten (down), calm (down).

ara [ˈara] *nf*: **en** ~s **de** for the sake of.

árabe [ˈaraße] *a, nm/f* Arab // *nm* (*LING*) Arabic.

Arabia [a'raßja] *nf*: ~ **Saudi** o **Saudita** Saudi Arabia.

arado [a'raðo] *nm* plough.

Aragón [ara'xon] *nm* Aragon; **aragonés, esa** *a, nm/f* Aragonese.

arancel [aran'θel] *nm* tariff, duty; ~ **de aduanas** customs (duty).

arandela [aran'dela] *nf* (*TEC*) washer.

araña [a'raɲa] *nf* (*ZOOL*) spider; (*lámpara*) chandelier.

arañar [ara'ɲar] *vt* to scratch.

arañazo [ara'ɲaθo] *nm* scratch.

arar [a'rar] *vt* to plough, till.

arbitraje [arßi'traxe] *nm* arbitration.

arbitrar [arβi'trar] *vt* to arbitrate in; (*DEPORTE*) to referee // *vi* to arbitrate.

arbitrariedad [arβitrarje'ðað] *nf* arbitrariness; (*acto*) arbitrary act; **arbitrario, a** *a* arbitrary.

arbitrio [ar'βitrjo] *nm* free will; (*JUR*) adjudication, decision.

árbitro ['arβitro] *nm* arbitrator; (*DEPORTE*) referee; (*TENIS*) umpire.

árbol [ar'βol] *nm* (*BOT*) tree; (*NAUT*) mast; (*TEC*) axle, shaft; **arbolado, a** *a* wooded; (*camino etc*) tree-lined // *nm* woodland.

arboladura [arβola'ðura] *nf* rigging.

arbolar [arβo'lar] *vt* to hoist, raise.

arboleda [arβo'leða] *nf* grove, plantation.

arbusto [ar'βusto] *nm* bush, shrub.

arca ['arka] *nf* chest, box.

arcada [ar'kaða] *nf* arcade; (*de puente*) arch, span; ~s *nfpl* retching *sg*.

arcaico, a [ar'kaiko, a] *a* archaic.

arce ['arθe] *nm* maple tree.

arcén [ar'θen] *nm* (*de autopista*) hard shoulder; (*de carretera*) verge.

arcilla [ar'θiʎa] *nf* clay.

arco ['arko] *nm* arch; (*MAT*) arc; (*MIL*, *MUS*) bow; ~ **iris** rainbow.

archipiélago [artʃi'pjelaγo] *nm* archipelago.

archivador [artʃiβa'ðor] *nm* filing cabinet.

archivar [artʃi'βar] *vt* to file (away); **archivo** *nm* file, archive(s) (*pl*).

arder [ar'ðer] *vi* to burn; **estar que arde** (*persona*) to fume.

ardid [ar'ðið] *nm* ploy, trick.

ardiente [ar'ðjente] *a* burning, ardent.

ardilla [ar'ðiʎa] *nf* squirrel.

ardor [ar'ðor] *nm* (*calor*) heat; (*fig*) ardour; ~ **de estómago** heartburn.

arduo, a ['arðwo, a] *a* arduous.

área ['area] *nf* area; (*DEPORTE*) penalty area.

arena [a'rena] *nf* sand; (*de una lucha*) arena.

arenal [are'nal] *nm* (*arena movediza*) quicksand.

arengar [aren'gar] *vt* to harangue.

arenisca [are'niska] *nf* sandstone; (*cascajo*) grit.

arenoso, a [are'noso, a] *a* sandy.

arenque [a'renke] *nm* herring.

arete [a'rete] *nm* earring.

argamasa [arγa'masa] *nf* mortar, plaster.

Argel [ar'xel] *nm* Algiers; ~**ia** *nf* Algeria; **argelino, a** *a a*, *nm/f* Algerian.

Argentina [arxen'tina] *nf*: (**la**) A~ Argentina.

argentino, a [arxen'tino, a] *a* Argentinian; (*de plata*) silvery // *nm/f* Argentinian.

argolla [ar'γoʎa] *nf* (large) ring.

argot [ar'γo] (*pl* ~**s**) *nm* slang.

argucia [ar'γuθja] *nf* subtlety, sophistry.

argüir [ar'ɣwir] *vt* to deduce; (*discutir*) to argue; (*indicar*) to indicate, imply; (*censurar*) to reproach // *vi* to argue.

argumentación [arγumenta'θjon] *nf* (line of) argument.

argumentar [arγumen'tar] *vt*, *vi* to argue.

argumento [arγu'mento] *nm* argument; (*razonamiento*) reasoning; (*de novela etc*) plot; (*CINE*, *TV*) storyline.

aria ['arja] *nf* aria.

aridez [ari'ðeθ] *nf* aridity, dryness.

árido, a ['ariðo, a] *a* arid, dry; ~s *nmpl* dry goods.

Aries ['arjes] *nm* Aries.

ariete [a'rjete] *nm* battering ram.

ario, a ['arjo, a] *a* Aryan.

arisco, a [a'risko, a] *a* surly; (*insociable*) unsociable.

aristócrata [aris'tokrata] *nm/f* aristocrat.

aritmética [arit'metika] *nf* arithmetic.

arma ['arma] *nf* arm; ~s *nfpl* arms; ~ **blanca** blade, knife; (*espada*) sword; ~ **de fuego** firearm; ~s **cortas** small arms.

armadillo [arma'ðiʎo] *nm* armadillo.

armado, a [ar'maðo, a] *a* armed; (*TEC*) reinforced // *nf* armada; (*flota*) fleet.

armadura [arma'ðura] *nf* (*MIL*) armour; (*TEC*) framework; (*ZOOL*) skeleton; (*FISICA*) armature.

armamento [arma'mento] *nm* armament; (*NAUT*) fitting-out.

armar [ar'mar] *vt* (*soldado*) to arm; (*máquina*) to assemble; (*navío*) to fit out; ~**la**, ~ **un lío** to start a row, kick up a fuss.

armario [ar'marjo] *nm* wardrobe.

armatoste [arma'toste] *nm* (*mueble*) monstrosity; (*máquina*) contraption.

armazón [arma'θon] *nf o m* body, chassis; (*de mueble etc*) frame; (*ARQ*) skeleton.

armería [arme'ria] *nf* (*museo*) military museum; (*tienda*) gunsmith's.

armiño [ar'miño] *nm* stoat; (*piel*) ermine.

armisticio [armis'tiθjo] *nm* armistice.

armonía [armo'nia] *nf* harmony.

armónica [ar'monika] *nf* harmonica.

armonioso, a [armo'njoso, a] *a* harmonious.

armonizar [armoni'θar] *vt* to harmonize; (*diferencias*) to reconcile // *vi*: ~ **con** (*fig*) to be in keeping with; (*colores*) to tone in with, blend.

arnés [ar'nes] *nm* armour; **arneses** *nmpl* harness *sg*.

aro ['aro] *nm* ring; (*tejo*) quoit; (*AM*: *pendiente*) earring.

aroma [a'roma] *nm* aroma, scent.

aromático, a [aro'matiko, a] *a* aromatic.

arpa ['arpa] *nf* harp.

arpía [ar'pia] *nf* shrew.

arpillera [arpi'ʎera] *nf* sacking, sack-cloth.

arpón [ar'pon] *nm* harpoon.

arquear [arke'ar] *vt* to arch, bend; ~**se** *vr* to arch, bend; **arqueo** *nm* (*gen*) arching; (*NAUT*) tonnage.

arqueología [arkeolo'xia] *nf* archaeology; **arqueólogo, a** *nm/f* archaeologist.

arquero [ar'kero] *nm* archer, bowman.

arquetipo [arke'tipo] *nm* archetype.

arquitecto [arki'tekto] *nm* architect; **arquitectura** *nf* architecture.

arrabal [arra'βal] *nm* suburb; (*AM*) slum; ~**es** *nmpl* outskirts.

arraigado, a [arrai'γaðo, a] *a* deeprooted; (*fig*) established.

arraigar [arrai'var] *vt* to establish // *vi*, ~**se** *vr* to take root; (*persona*) to settle.

arrancar [arran'kar] *vt* (*sacar*) to extract, pull out; (*arrebatar*) to snatch (away); (*INFORM*) to boot; (*fig*) to extract // *vi* (*AUTO, máquina*) to start; (*ponerse en marcha*) to get going; ~ **de** to stem from.

arranque *etc vb ver* **arrancar** // [a'rranke] *nm* sudden start; (*AUTO*) start; (*fig*) fit, outburst.

arras ['arras] *nfpl* pledge *sg*, security *sg*.

arrasar [arra'sar] *vt* (*aplanar*) to level, flatten; (*destruir*) to demolish.

arrastrado, a [arras'traðo, a] *a* poor, wretched; (*AM*) servile.

arrastrar [arras'trar] *vt* to drag (along); (*fig*) to drag down, degrade; (*suj: agua, viento*) to carry away // *vi* to drag, trail on the ground; ~**se** *vr* to crawl; (*fig*) to grovel; **llevar algo arrastrado** to drag sth along.

arrastre [a'rrastre] *nm* drag, dragging.

arrayán [arra'jan] *nm* myrtle.

arre ['arre] *excl* gee up!

arrear [arre'ar] *vt* to drive on, urge on // *vi* to hurry along.

arrebatado, a [arreβa'taðo, a] *a* rash, impetuous; (*repentino*) sudden, hasty.

arrebatar [arreβa'tar] *vt* to snatch (away), seize; (*fig*) to captivate; ~**se** *vr* to get carried away, get excited.

arrebato [arre'βato] *nm* fit of rage, fury; (*éxtasis*) rapture.

arreglado, a [arre'vlaðo, a] *a* (*ordenado*) neat, orderly; (*moderado*) moderate, reasonable.

arreglar [arre'vlar] *vt* (*poner orden*) to tidy up; (*algo roto*) to fix, repair; (*problema*) to solve; ~**se** *vr* to reach an understanding; **arreglárselas** (*fam*) to get by, manage.

arreglo [a'rrevlo] *nm* settlement; (*orden*) order; (*acuerdo*) agreement; (*MUS*) arrangement, setting.

arremangar [arreman'gar] *vt* to roll up, turn up; ~**se** *vr* to roll up one's sleeves.

arremeter [arreme'ter] *vt* to attack, assault.

arrendador, a [arrenda'ðor, a] *nm/f* landlord/lady.

arrendamiento [arrenda'mjento] *nm* letting; (*alquilar*) hiring; (*contrato*) lease; (*alquiler*) rent; **arrendar** *vt* to let, lease; to rent; **arrendatario, a** *nm/f* tenant.

arreo [a'rreo] *nm* adornment; ~**s** *nmpl* harness *sg*, trappings.

arrepentimiento [arrepenti'mjento] *nm* regret, repentance.

arrepentirse [arrepen'tirse] *vr* to repent; ~ **de** to regret.

arrestar [arres'tar] *vt* to arrest; (*encarcelar*) to imprison; **arresto** *nm* arrest; (*MIL*) detention; (*audacia*) boldness, daring; **arresto domiciliario** house arrest.

arriar [a'rrjar] *vt* (*velas*) to haul down; (*bandera*) to lower, strike; (*un cable*) to pay out.

arriba [a'rriβa] ♦ **1** *ad* (*posición*) above; **desde** ~ from above; ~ **de todo** at the very top, right on top; **Juan está** ~ Juan is upstairs; **lo** ~ **mencionado** the aforementioned

2 (*dirección*): **calle** ~ up the street

3: **de** ~ **abajo** from top to bottom; **mirar a uno de** ~ **abajo** to look sb up and down

4: **para** ~: **de 5000 pesetas para** ~ from 5000 pesetas up(wards)

♦ *a*: **de** ~: **el piso de** ~ the upstairs flat (*Brit*) *o* apartment; **la parte de** ~ the top *o* upper part

♦ *prep*: ~ **de** (*AM*) above; ~ **de 200 pesetas** more than 200 pesetas

♦ *excl*: ¡~! *up!*; ¡**manos** ~! hands up!; ¡~ **España**! long live Spain!

arribar [arri'βar] *vi* to put into port; (*llegar*) to arrive.

arribista [arri'βista] *nm/f* parvenu(e), upstart.

arriendo *etc vb ver* **arrendar** // [a'rrjendo] *nm* = **arrendamiento**.

arriero [a'rrjero] *nm* muleteer.

arriesgado, a [arrjes'vaðo, a] *a* (*peligroso*) risky; (*audaz*) bold, daring.

arriesgar [arrjes'var] *vt* to risk; (*poner en peligro*) to endanger; ~**se** *vr* to take a risk.

arrimar [arri'mar] *vt* (*acercar*) to bring close; (*poner de lado*) to set aside; ~**se** *vr* to come close *o* closer; ~**se a** to lean on.

arrinconar [arrinko'nar] *vt* (*colocar*) to put in a corner; (*enemigo*) to corner; (*fig*) to put on one side; (*abandonar*) to push aside.

arrobado, a [arro'βaðo, a] *a* entranced, enchanted.

arrodillarse [arroði'ʎarse] *vr* to kneel (down).

arrogancia [arro'vanθja] *nf* arrogance; **arrogante** *a* arrogant.

arrojar [arro'xar] *vt* to throw, hurl; (*humo*) to emit, give out; (*COM*) to yield, produce; ~**se** *vr* to throw *o* hurl o.s.

arrojo [a'rroxo] *nm* daring.

arrollador, a [arroʎa'ðor, a] *a* crushing, overwhelming.

arrollar [arro'ʎar] *vt* (*AUTO etc*) to run over, knock down; (*DEPORTE*) to crush.

arropar [arro'par] *vt* to cover, wrap up; ~se *vr* to wrap o.s. up.

arrostrar [arros'trar] *vt* to face (up to); ~se *vr*: ~se con uno to face up to sb.

arroyo [a'rrojo] *nm* stream; (*de la calle*) gutter.

arroz [a'rroθ] *nm* rice; ~ con leche rice pudding.

arruga [a'rruxa] *nf* fold; (*de cara*) wrinkle; (*de vestido*) crease.

arrugar [arru'xar] *vt* to fold; to wrinkle; to crease; ~se *vr* to get creased.

arruinar [arrwi'nar] *vt* to ruin, wreck; ~se *vr* to be ruined, go bankrupt.

arrullar [arru'ʎar] *vi* to coo // *vt* to lull to sleep.

arrumaco [arru'mako] *nm* (*caricia*) caress; (*halago*) piece of flattery.

arsenal [arse'nal] *nm* naval dockyard; (*MIL*) arsenal.

arsénico [ar'seniko] *nm* arsenic.

arte ['arte] *nm* (*gen m en sg y siempre f en pl*) art; (*maña*) skill, guile; ~s *nfpl* arts.

artefacto [arte'fakto] *nm* appliance; (*ARQUEOLOGIA*) artefact.

arteria [ar'terja] *nf* artery.

artesanía [artesa'nia] *nf* craftsmanship; (*artículos*) handicrafts *pl*; **artesano, a** *nm/f* artisan, craftsman/woman.

ártico, a ['artiko, a] *a* Arctic // *nm*: el Á~ the Arctic.

articulación [artikula'θjon] *nf* articulation; (*MED, TEC*) joint; **articulado, a** *a* articulated; jointed.

articular [artiku'lar] *vt* to articulate; to join together.

artículo [ar'tikulo] *nm* article; (*cosa*) thing, article; ~s *nmpl* goods.

artífice [ar'tifiθe] *nm/f* artist, craftsman/woman; (*fig*) architect.

artificial [artifi'θjal] *a* artificial.

artificio [arti'fiθjo] *nm* art, skill; (*artesanía*) craftsmanship; (*astucia*) cunning.

artillería [artiʎe'ria] *nf* artillery.

artillero [arti'ʎero] *nm* artilleryman, gunner.

artimaña [arti'maɲa] *nf* trap, snare; (*astucia*) cunning.

artista [ar'tista] *nm/f* (*pintor*) artist, painter; (*TEATRO*) artist, artiste; **artístico, a** *a* artistic.

artritis [ar'tritis] *nf* arthritis.

arveja [ar'βexa] *nf* (*AM*) pea.

arzobispo [arθo'βispo] *nm* archbishop.

as [as] *nm* ace.

asa ['asa] *nf* handle; (*fig*) lever.

asado [a'saðo] *nm* roast (meat); (*AM*) barbecue.

asador [asa'ðor] *nm* spit.

asadura [asa'ðura] *nf* entrails *pl*, offal.

asalariado, a [asala'rjaðo, a] *a* paid, salaried // *nm/f* wage earner.

asaltador, a [asalta'ðor, a], **asaltante** [asal'tante] *nm/f* assailant.

asaltar [asal'tar] *vt* to attack, assault; (*fig*) to assail; **asalto** *nm* attack, assault; (*DEPORTE*) round.

asamblea [asam'blea] *nf* assembly; (*reunión*) meeting.

asar [a'sar] *vt* to roast.

asbesto [as'βesto] *nm* asbestos.

ascendencia [asθen'denθja] *nf* ancestry; (*AM*) ascendancy; de ~ francesa of French origin.

ascender [asθen'der] *vi* (*subir*) to ascend, rise; (*ser promovido*) to gain promotion // *vt* to promote; ~ a to amount to; **ascendiente** *nm* influence // *nm/f* ancestor.

ascensión [asθen'sjon] *nf* ascent; la A~ (*REL*) the Ascension.

ascenso [as'θenso] *nm* ascent; (*promoción*) promotion.

ascensor [asθen'sor] *nm* lift (*Brit*), elevator (*US*).

ascético, a [as'θetiko, a] *a* ascetic.

asco ['asko] *nm*: ¡qué ~! how revolting o disgusting; el ajo me da ~ I hate o loathe garlic; estar hecho un ~ to be filthy.

ascua ['askwa] *nf* ember; estar en ~s to be on tenterhooks.

aseado, a [ase'aðo, a] *a* clean; (*arreglado*) tidy; (*pulcro*) smart.

asear [ase'ar] *vt* to clean, wash; to tidy (up).

asediar [ase'ðjar] *vt* (*MIL*) to besiege, lay siege to; (*fig*) to chase, pester; **asedio** *nm* siege; (*COM*) run.

asegurado, a [asexu'raðo, a] *a* insured; **asegurador, a** *nm/f* insurer.

asegurar [asexu'rar] *vt* (*consolidar*) to secure, fasten; (*dar garantía de*) to guarantee; (*preservar*) to safeguard; (*afirmar, dar por cierto*) to assure, affirm; (*tranquilizar*) to reassure; (*tomar un seguro*) to insure; ~se *vr* to assure o.s., make sure.

asemejarse [aseme'xarse] *vr* to be alike; ~ a to be like, resemble.

asentado, a [asen'taðo, a] *a* established, settled.

asentar [asen'tar] *vt* (*sentar*) to seat, sit down; (*poner*) to place, establish; (*alisar*) to level, smooth down o out; (*anotar*) to note down // *vi* to be suitable, suit.

asentir [asen'tir] *vi* to assent, agree; ~ con la cabeza to nod (one's head).

aseo [a'seo] *nm* cleanliness; ~s *nmpl* toilet *sg* (*Brit*), cloakroom *sg* (*Brit*), restroom *sg* (*US*).

aséptico, a [a'septiko, a] *a* germ-free, free from infection.

asequible [ase'kiβle] *a* (*precio*) reasonable; (*meta*) attainable; (*persona*) approachable.

aserradero [aserra'ðero] *nm* sawmill; **aserrar** *vt* to saw.

aserrín [ase'rrin] *nm* sawdust.

asesinar [asesi'nar] *vt* to murder; (*POL*) to assassinate; **asesinato** *nm* murder; assassination.

asesino, a [ase'sino, a] *nm/f* murderer, killer; (*POL*) assassin.

asesor, a [ase'sor, a] *nm/f* adviser, consultant.

asesorar [aseso'rar] *vt* (*JUR*) to advise, give legal advice to; (*COM*) to act as consultant to; **~se** *vr:* **~se con o de** to take advice from, consult; **~ía** *nf* (*cargo*) consultancy; (*oficina*) consultant's office.

asestar [ases'tar] *vt* (*golpe*) to deal, strike; (*arma*) to aim; (*tiro*) to fire.

asfalto [as'falto] *nm* asphalt.

asfixia [as'fiksja] *nf* asphyxia, suffocation.

asfixiar [asfik'sjar] *vt* to asphyxiate, suffocate; **~se** *vr* to be asphyxiated, suffocate.

asgo *etc vb ver* **asir.**

así [a'si] *ad* (*de esta manera*) in this way, like this, thus; (*aunque*) although; (*tan pronto como*) as soon as; **~ que** so; **~ como** as well as; **~ y todo** even so; **¿no es ~?** isn't it?, didn't you? *etc*; **~ de grande** this big.

Asia ['asja] *nf* Asia; **asiático, a** *a, nm/f* Asian, Asiatic.

asidero [asi'ðero] *nm* handle.

asiduidad [asiðwi'ðað] *nf* assiduousness; **asiduo, a** *a* assiduous; (*frecuente*) frequent // *nm/f* regular (customer).

asiento [a'sjento] *nm* (*mueble*) seat, chair; (*de coche, en tribunal etc*) seat; (*localidad*) seat, place; (*fundamento*) site; **~ delantero/trasero** front/back seat.

asignación [asixna'θjon] *nf* (*atribución*) assignment; (*reparto*) allocation; (*sueldo*) salary; **~ (semanal)** pocket money.

asignar [asix'nar] *vt* to assign, allocate.

asignatura [asixna'tura] *nf* subject; course.

asilado, a [asi'laðo, a] *nm/f* inmate; (*POL*) refugee.

asilo [a'silo] *nm* (*refugio*) asylum, refuge; (*establecimiento*) home, institution; **~ político** political asylum.

asimilación [asimila'θjon] *nf* assimilation.

asimilar [asimi'lar] *vt* to assimilate.

asimismo [asi'mismo] *ad* in the same way, likewise.

asir [a'sir] *vt* to seize, grasp.

asistencia [asis'tenθja] *nf* audience; (*MED*) attendance; (*ayuda*) assistance;

asistente *nm/f* assistant; **los ~s** those present.

asistido, a [asis'tiðo, a] *a:* **~ por ordenador** computer-assisted.

asistir [asis'tir] *vt* to assist, help // *vi:* **~ a** to attend, be present at.

asma ['asma] *nf* asthma.

asno ['asno] *nm* donkey; (*fig*) ass.

asociación [asoθja'θjon] *nf* association; (*COM*) partnership; **asociado, a** *a* associate // *nm/f* associate; (*COM*) partner.

asociar [aso'θjar] *vt* to associate.

asolar [aso'lar] *vt* to destroy.

asolear [asole'ar] *vt* to put in the sun; **~se** *vr* to sunbathe.

asomar [aso'mar] *vt* to show, stick out // *vi* to appear; **~se** *vr* to appear, show up; **~ la cabeza por la ventana** to put one's head out of the window.

asombrar [asom'brar] *vt* to amaze, astonish; **~se** *vr* (*sorprenderse*) to be amazed; (*asustarse*) to get a fright; **asombro** *nm* amazement, astonishment; (*susto*) fright; **asombroso, a** *a* astonishing, amazing.

asomo [a'somo] *nm* hint, sign.

aspa ['aspa] *nf* (*cruz*) cross; (*de molino*) sail; **en ~** X-shaped.

aspaviento [aspa'βjento] *nm* exaggerated display of feeling; (*fam*) fuss.

aspecto [as'pekto] *nm* (*apariencia*) look, appearance; (*fig*) aspect.

aspereza [aspe'reθa] *nf* roughness; (*agrura*) sourness; (*de carácter*) surliness; **áspero, a** *a* rough; bitter, sour; harsh.

aspersión [asper'sjon] *nf* sprinkling.

aspiración [aspira'θjon] *nf* breath, inhalation; (*MUS*) short pause; **aspiraciones** *nfpl* aspirations.

aspiradora [aspira'ðora] *nf* vacuum cleaner, Hoover ®.

aspirante [aspi'rante] *nm/f* (*candidato*) candidate; (*DEPORTE*) contender.

aspirar [aspi'rar] *vt* to breathe in // *vi:* **~ a** to aspire to.

aspirina [aspi'rina] *nf* aspirin.

asquear [aske'ar] *vt* to sicken // *vi* to be sickening; **~se** *vr* to feel disgusted; **asqueroso, a** *a* disgusting, sickening.

asta ['asta] *nf* lance; (*arpón*) spear; (*mango*) shaft, handle; (*ZOOL*) horn; **a media ~** at half mast.

astado, a [as'taðo, a] *a* horned // *nm* bull.

asterisco [aste'risko] *nm* asterisk.

astilla [as'tiʎa] *nf* splinter; (*pedacito*) chip; **~s** *nfpl* firewood *sg.*

astillero [asti'ʎero] *nm* shipyard.

astringente [astrin'xente] *a, nm* astringent.

astro ['astro] *nm* star.

astrología [astrolo'xia] *nf* astrology; **as-**

trólogo, a *nm/f* astrologer.
astronauta [astro'nauta] *nm/f* astronaut.
astronave [astro'naβe] *nm* spaceship.
astronomía [astrono'mia] *nf* astronomy; **astrónomo, a** *nm/f* astronomer.
astucia [as'tuθja] *nf* astuteness; (*ardid*) clever trick; **astuto, a** *a* astute; (*taimado*) cunning.
asueto [a'sweto] *nm* holiday; (*tiempo libre*) time off *q*.
asumir [asu'mir] *vt* to assume.
asunción [asun'θjon] *nf* assumption; (*REL*): A~ Assumption.
asunto [a'sunto] *nm* (*tema*) matter, subject; (*negocio*) business.
asustar [asus'tar] *vt* to frighten; ~se *vr* to be/become frightened.
atacar [ata'kar] *vt* to attack.
atadura [ata'ðura] *nf* bond, tie.
atajo [a'taxo] *nm* short cut; (*DEPORTE*) tackle.
atañer [ata'ɲer] *vi*: ~ a to concern.
ataque *etc vb ver* **atacar** // [a'take] *nm* attack; ~ cardíaco heart attack.
atar [a'tar] *vt* to tie, tie up.
atardecer [atarðe'θer] *vi* to get dark // *nm* evening; (*crepúsculo*) dusk.
atareado, a [atare'aðo, a] *a* busy.
atascar [atas'kar] *vt* to clog up; (*obstruir*) to jam; (*fig*) to hinder; ~se *vr* to stall; (*cañería*) to get blocked up; **atasco** *nm* obstruction; (*AUTO*) traffic jam.
ataúd [ata'uð] *nm* coffin.
ataviar [ata'βjar] *vt* to deck, array; ~se *vr* to dress up.
atavío [ata'βio] *nm* attire, dress; ~s *nmpl* finery *vq*.
atemorizar [atemori'θar] *vt* to frighten, scare; ~se *vr* to get scared.
Atenas [a'tenas] *n* Athens.
atención [aten'θjon] *nf* attention; (*bondad*) kindness // *excl* (be) careful!, look out!
atender [aten'der] *vt* to attend to, look after // *vi* to pay attention.
atenerse [ate'nerse] *vr*: ~ a to abide by, adhere to.
atentado [aten'taðo] *nm* crime, illegal act; (*asalto*) assault; ~ contra la vida de uno attempt on sb's life.
atentamente [atenta'mente] *ad*: Le saluda ~ Yours faithfully.
atentar [aten'tar] *vi*: ~ a o contra to commit an outrage against.
atento, a [a'tento, a] *a* attentive, observant; (*cortés*) polite, thoughtful.
atenuante [ate'nwante] *a* attenuating, extenuating.
atenuar [ate'nwar] *vt* to attenuate; (*disminuir*) to lessen, minimize.
ateo, a [a'teo, a] *a* atheistic // *nm/f* atheist.
aterciopelado, a [aterθjope'laðo, a] *a* velvety.

aterido, a [ate'riðo, a] *a*: ~ de frío frozen stiff.
aterrador, a [aterra'ðor, a] *a* frightening.
aterrar [ate'rrar] *vt* to frighten; to terrify; ~se *vr* to be frightened; to be terrified.
aterrizaje [aterri'θaxe] *nm* (*AVIAT*) landing.
aterrizar [aterri'θar] *vi* to land.
aterrorizar [aterrori'θar] *vt* to terrify.
atesorar [ateso'rar] *vt* to hoard, store up.
atestado, a [ates'taðo, a] *a* packed // *nm* (*JUR*) affidavit.
atestar [ates'tar] *vt* to pack, stuff; (*JUR*) to attest, testify to.
atestiguar [atesti'ɣwar] *vt* to testify to, bear witness to.
atiborrar [atiβo'rrar] *vt* to fill, stuff; ~se *vr* to stuff o.s.
ático ['atiko] *nm* attic; ~ de lujo penthouse (flat (*Brit*) o apartment).
atildar [atil'dar] *vt* to criticize; ~se *vr* to spruce o.s. up.
atinado, a [ati'naðo, a] *a* (*sensato*) wise; (*correcto*) right, correct.
atisbar [atis'βar] *vt* to spy on; (*echar una ojeada*) to peep at.
atizar [ati'θar] *vt* to poke; (*horno etc*) to stoke; (*fig*) to stir up, rouse.
atlántico, a [at'lantiko, a] *a* Atlantic // *nm*: el (océano) A~ the Atlantic (Ocean).
atlas ['atlas] *nm* atlas.
atleta [at'leta] *nm* athlete; **atlético, a** *a* athletic; **atletismo** *nm* athletics *sg*.
atmósfera [at'mosfera] *nf* atmosphere.
atolondramiento [atolondra'mjento] *nm* bewilderment; (*insensatez*) silliness.
atollar [ato'ʎar] *vi*, **atollarse** *vr* to get stuck; (*fig*) to get into a jam.
atómico, a [a'tomiko, a] *a* atomic.
atomizador [atomiθa'ðor] *nm* atomizer; (*de perfume*) spray.
átomo ['atomo] *nm* atom.
atónito, a [a'tonito, a] *a* astonished, amazed.
atontado, a [aton'taðo, a] *a* stunned; (*bobo*) silly, daft.
atontar [aton'tar] *vt* to stun; ~se *vr* to become confused.
atormentar [atormen'tar] *vt* to torture; (*molestar*) to torment; (*acosar*) to plague, harass.
atornillar [atorni'ʎar] *vt* to screw on o down.
atracador, a [atraka'ðor, a] *nm/f* robber.
atracar [atra'kar] *vt* (*NAUT*) to moor; (*robar*) to hold up, rob // *vi* to moor; ~se *vr*: ~se (de) to stuff o.s. (with).
atracción [atrak'θjon] *nf* attraction.
atraco [a'trako] *nm* holdup, robbery.
atractivo, a [atrak'tiβo, a] *a* attractive // *nm* attraction; (*belleza*) attractiveness.
atraer [atra'er] *vt* to attract.
atragantarse [atraɣan'tarse] *vr*: ~ (con)

to choke (on); **se me ha atragantado el chico** I can't stand the boy.

atrancar [atran'kar] *vt* (*puerta*) to bar, bolt.

atrapar [atra'par] *vt* to trap; (*resfriado etc*) to catch.

atrás [a'tras] *ad* (*movimiento*) back(wards); (*lugar*) behind; (*tiempo*) previously; **ir hacia ~** to go back(wards); to go to the rear; **estar ~** to be behind *o* at the back.

atrasado, a [atra'saðo, a] *a* slow; (*pago*) overdue, late; (*país*) backward.

atrasar [atra'sar] *vi* to be slow; **~se** *vr* to remain behind; (*tren*) to be *o* run late; **atraso** *nm* slowness; lateness, delay; (*de país*) backwardness; **atrasos** *nmpl* arrears.

atravesar [atraße'sar] *vt* (*cruzar*) to cross (over); (*traspasar*) to pierce; to go through; (*poner al través*) to lay *o* put across; **~se** *vr* to come in between; (*intervenir*) to interfere.

atravieso *etc vb ver* **atravesar.**

atrayente [atra'jente] *a* attractive.

atreverse [atre'ßerse] *vr* to dare; (*insolentarse*) to be insolent; **atrevido, a** *a* daring; insolent; **atrevimiento** *nm* daring; insolence.

atribución [atrißu'θjon] *nf*: **atribuciones** (*POL*) powers; (*ADMIN*) responsibilities.

atribuir [atrißu'ir] *vt* to attribute; (*funciones*) to confer.

atribular [atrißu'lar] *vt* to afflict, distress.

atributo [atri'ßuto] *nm* attribute.

atrocidad [atroθi'ðað] *nf* atrocity, outrage.

atropellar [atrope'ʎar] *vt* (*derribar*) to knock over *o* down; (*empujar*) to push (aside); (*AUTO*) to run over, run down; (*agraviar*) to insult; **~se** *vr* to act hastily; **atropello** *nm* (*AUTO*) accident; (*empujón*) push; (*agravio*) wrong; (*atrocidad*) outrage.

atroz [a'troθ] *a* atrocious, awful.

atto. *a abr* = **atento.**

atuendo [a'twendo] *nm* attire.

atún [a'tun] *nm* tuna.

aturdir [atur'ðir] *vt* to stun; (*de ruido*) to deafen; (*fig*) to dumbfound, bewilder.

atusar [atu'sar] *vt* to smooth (down).

audacia [au'ðaθja] *nf* boldness, audacity; **audaz** *a* bold, audacious.

audible [au'ðißle] *a* audible.

audición [auði'θjon] *nf* hearing; (*TEATRO*) audition.

audiencia [au'ðjenθja] *nf* audience; **A~** (*JUR*) High Court.

auditor [auði'tor] *nm* (*JUR*) judge-advocate; (*COM*) auditor.

auditorio [auði'torjo] *nm* audience; (*sala*) auditorium.

auge [auxe] *nm* boom; (*clímax*) climax.

augurar [auxu'rar] *vt* to predict; (*presagiar*) to portend.

augurio [au'xurjo] *nm* omen.

aula ['aula] *nf* classroom; (*en universidad etc*) lecture room.

aullar [au'ʎar] *vi* to howl, yell.

aullido [au'ʎiðo] *nm* howl, yell.

aumentar [aumen'tar] *vt* to increase; (*precios*) to put up; (*producción*) to step up; (*con microscopio, anteojos*) to magnify // *vi*, **~se** *vr* to increase, be on the increase; **aumento** *nm* increase; rise.

aun [a'un] *ad* even; **~ así** even so; **~ más** even *o* yet more.

aún [a'un] *ad*: **~ está aquí** he's still here; **~ no lo sabemos** we don't know yet; **¿no ha venido ~?** hasn't she come yet?

aunque [a'unke] *conj* though, although, even though.

aúpa [a'upa] *excl* come on!

aureola [aure'ola] *nf* halo.

auricular [auriku'lar] *nm* (*TEL*) earpiece, receiver; **~es** *nmpl* headphones.

aurora [au'rora] *nf* dawn.

auscultar [auskul'tar] *vt* (*MED*: *pecho*) to listen to, sound.

ausencia [au'senθja] *nf* absence.

ausentarse [ausen'tarse] *vr* to go away; (*por poco tiempo*) to go out.

ausente [au'sente] *a* absent.

auspicios [aus'piθjos] *nmpl* auspices; (*protección*) protection *sg*.

austeridad [austeri'ðað] *nf* austerity; **austero, a** *a* austere.

austral [aus'tral] *a* southern // *nm* monetary unit of Argentina.

Australia [aus'tralja] *nf* Australia; **australiano, a** *a, nm/f* Australian.

Austria ['austrja] *nf* Austria; **austríaco, a** *a, nm/f* Austrian.

autenticar [autenti'kar] *vt* to authenticate; **auténtico, a** *a* authentic.

auto ['auto] *nm* (*JUR*) edict, decree; (: *orden*) writ; (*AUTO*) car; **~s** *nmpl* (*JUR*) proceedings; (: *acta*) court record *sg*.

autoadhesivo [autoaðe'sißo] *a* self-adhesive; (*sobre*) self-sealing.

autobiografía [autoßjovra'fia] *nf* autobiography.

autobús [auto'ßus] *nm* bus.

autocar [auto'kar] *nm* coach (*Brit*), (passenger) bus (*US*).

autóctono, a [au'toktono, a] *a* native, indigenous.

autodefensa [autoðe'fensa] *nf* self-defence.

autodeterminación [autoðetermina'θjon] *nf* self-determination.

autoescuela [autoes'kwela] *nf* driving school.

autógrafo [au'toɣrafo] *nm* autograph.

automación [automa'θjon] *nf* = **automatización.**

autómata [au'tomata] *nm* automaton.

automático, a [auto'matiko, a] *a* automatic // *nm* press stud.

automatización [automatiθa'θjon] *nf* automation.

automotor, triz [automo'tor, 'triθ] *a* self-propelled // *nm* diesel train.

automóvil [auto'moβil] *nm* (motor) car (*Brit*), automobile (*US*); **automovilismo** *nm* (*actividad*) motoring; (*DEPORTE*) (sports)car racing; **automovilista** *nm/f* motorist, driver; **automovilístico, a** *a* (*industria*) car *cpd*.

autonomía [autono'mia] *nf* autonomy; **autónomo, a, autonómico, a** (*Esp POL*) *a* autonomous.

autopista [auto'pista] *nf* motorway (*Brit*), freeway (*US*).

autopsia [au'topsja] *nf* autopsy, post-mortem.

autor, a [au'tor, a] *nm/f* author.

autoridad [autori'ðað] *nf* authority; **autoritario, a** *a* authoritarian.

autorización [autoriθa'θjon] *nf* authorization; **autorizado, a** *a* authorized; (*aprobado*) approved.

autorizar [autori'θar] *vt* to authorize; (*aprobar*) to approve.

autorretrato [autorre'trato] *nm* self-portrait.

autoservicio [autoser'βiθjo] *nm* (*tienda*) self-service shop (*Brit*) *o* store (*US*); (*restaurante*) self-service restaurant.

autostop [auto'stop] *nm* hitch-hiking; **hacer ~** to hitch-hike; **~ista** *nm/f* hitch-hiker.

autosuficiencia [autosufi'θjenθja] *nf* self-sufficiency.

autovía [auto'βia] *nf* ≈ A-road (*Brit*), state highway (*US*).

auxiliar [auksi'ljar] *vt* to help // *nm/f* assistant, auxiliary // *nm* assistance, help; **primeros auxilios** first aid *sg*.

Av *abr* (= *Avenida*) Av(e).

aval [a'βal] *nm* guarantee; (*persona*) guarantor.

avalancha [aβa'lantʃa] *nf* avalanche.

avance [a'βanθe] *nm* advance; (*pago*) advance payment; (*CINE*) trailer.

avanzar [aβan'θar] *vt, vi* to advance.

avaricia [aβa'riθja] *nf* avarice, greed; **avaricioso, a** *a* avaricious, greedy.

avaro, a [a'βaro, a] *a* miserly, mean // *nm/f* miser.

avasallar [aβasa'ʎar] *vt* to subdue, subjugate.

Avda *abr* (= *Avenida*) Av(e).

ave ['aβe] *nf* bird; **~ de rapiña** bird of prey.

avecinarse [aβeθi'narse] *vr* (*tormenta, fig*) to be on the way.

avellana [aβe'ʎana] *nf* hazelnut; **avellano** *nm* hazel tree.

avemaría [aβema'ria] *nm* Hail Mary, Ave Maria.

avena [a'βena] *nf* oats *pl*.

avenida [aβe'niða] *nf* (*calle*) avenue.

avenir [aβe'nir] *vt* to reconcile; **~se** *vr* to come to an agreement, reach a compromise.

aventajado, a [aβenta'xaðo, a] *a* outstanding.

aventajar [aβenta'xar] *vt* (*sobrepasar*) to surpass, outstrip.

aventar [aβen'tar] *vt* to fan, blow; (*grano*) to winnow.

aventura [aβen'tura] *nf* adventure; **aventurado, a** *a* risky; **aventurero, a** *a* adventurous.

avergonzar [aβeryon'θar] *vt* to shame; (*desconcertar*) to embarrass; **~se** *vr* to be ashamed; to be embarrassed.

avería [aβe'ria] *nf* (*TEC*) breakdown, fault.

averiado, a [aβe'rjaðo, a] *a* broken down; **'~'** 'out of order'.

averiguación [aβerixwa'θjon] *nf* investigation; (*descubrimiento*) ascertainment.

averiguar [aβeri'ɣwar] *vt* to investigate; (*descubrir*) to find out, ascertain.

aversión [aβer'sjon] *nf* aversion, dislike.

avestruz [aβes'truθ] *nm* ostrich.

aviación [aβja'θjon] *nf* aviation; (*fuerzas aéreas*) air force.

aviador, a [aβja'ðor, a] *a* *nm/f* aviator, airman/woman.

aviar [a'βjar] *vt* to prepare; **estar aviado** (*fig*) to be in a mess.

avicultura [aβikul'tura] *nf* poultry farming.

avidez [aβi'ðeθ] *nf* avidity, eagerness; **ávido, a** *a* avid, eager.

avinagrado, a [aβina'ɣraðo, a] *a* sour, acid.

avinagrarse [aβina'ɣrarse] *vr* to go *o* turn sour.

avío [a'βio] *nm* preparation; **~s** *nmpl* gear *sg*, kit *sg*.

avión [a'βjon] *nm* aeroplane; (*ave*) martin; **~ de reacción** jet (plane).

avioneta [aβjo'neta] *nf* light aircraft.

avisar [aβi'sar] *vt* (*advertir*) to warn, notify; (*informar*) to tell; (*aconsejar*) to advise, counsel; **aviso** *nm* warning; (*noticia*) notice.

avispa [a'βispa] *nf* wasp.

avispado, a [aβis'paðo, a] *a* sharp, clever.

avispero [aβis'pero] *nm* wasp's nest.

avispón [aβis'pon] *nm* hornet.

avistar [aβis'tar] *vt* to sight, spot.

avituallar [aβitwa'ʎar] *vt* to supply with food.

avivar [aβi'βar] *vt* to strengthen, intensify; **~se** *vr* to revive, acquire new life.

axila [ak'sila] *nf* armpit.

axioma [ak'sjoma] *nm* axiom.

ay [ai] *excl* (*dolor*) ow!, ouch!; (*aflicción*) oh!, oh dear!; **¡~ de mí!** poor me!

aya ['aja] *nf* governess; (*niñera*) nanny.

ayer [a'jer] *ad, nm* yesterday; **antes de ~** the day before yesterday.
ayo ['ajo] *nm* tutor.
ayote [a'jote] *nm* (*AM*) pumpkin.
ayuda [a'juða] *nf* help, assistance // *nm* page; **ayudante, a** *nm/f* assistant, helper; (*ESCOL*) assistant; (*MIL*) adjutant.
ayudar [aju'ðar] *vt* to help, assist.
ayunar [aju'nar] *vi* to fast; **ayunas** *nfpl*: **estar en ayunas** (*no haber comido*) to be fasting; (*ignorar*) to be in the dark; **ayuno** *nm* fasting.
ayuntamiento [ajunta'mjento] *nm* (*consejo*) town (*o* city) council; (*edificio*) town (*o* city) hall.
azabache [aθa'βatʃe] *nm* jet.
azada [a'θaða] *nf* hoe.
azafata [aθa'fata] *nf* air stewardess.
azafrán [aθa'fran] *nm* saffron.
azahar [aθa'ar] *nm* orange/lemon blossom.
azar [a'θar] *nm* (*casualidad*) chance, fate; (*desgracia*) misfortune, accident; **por ~** by chance; **al ~** at random.
azogue [a'θoɣe] *nm* mercury.
azoramiento [aθora'mjento] *nm* alarm; (*confusión*) confusion.
azorar [aθo'rar] *vt* to alarm; **~se** *vr* to get alarmed.
Azores [a'θores] *nfpl*: **las ~** the Azores.
azotar [aθo'tar] *vt* to whip, beat; (*pegar*) to spank; **azote** *nm* (*látigo*) whip; (*latigazo*) lash, stroke; (*en las nalgas*) spank; (*calamidad*) calamity.
azotea [aθo'tea] *nf* (flat) roof.
azteca [aθ'teka] *a, nm/f* Aztec.
azúcar [a'θukar] *nm* sugar; **azucarado, a** *a* sugary, sweet.
azucarero, a [aθuka'rero, a] *a* sugar *cpd* // *nm* sugar bowl.
azucena [aθu'θena] *nf* white lily.
azufre [a'θufre] *nm* sulphur.
azul [a'θul] *a, nm* blue.
azulejo [aθu'lexo] *nm* tile.
azuzar [aθu'θar] *vt* to incite, egg on.

B

B.A. *abr* (= *Buenos Aires*) B.A.
baba ['baβa] *nf* spittle, saliva; **babear** *vi* to drool, slaver.
babel [ba'βel] *nm o f* bedlam.
babero [ba'βero] *nm* bib.
babor [ba'βor] *nm* port (side).
baboso, a [ba'βoso, a] *a* (*AM fam*) silly.
babucha [ba'βutʃa] *nf* slipper.
baca ['baka] *nf* (*AUTO*) luggage *o* roof rack.
bacalao [baka'lao] *nm* cod(fish).
bacinica [baθi'nika] *nf*, **bacinilla** [baθi'niʎa] *nf* chamber pot.
bacteria [bak'terja] *nf* bacterium, germ.
báculo ['bakulo] *nm* stick, staff.

bache ['batʃe] *nm* pothole, rut; (*fig*) bad patch.
bachillerato [batʃiʎe'rato] *nm* (*ESCOL*) school-leaving examination (*Brit*), bachelor's degree (*US*), baccalaureate (*US*).
bagaje [ba'ɣaxe] *nm* baggage, luggage.
bagatela [baɣa'tela] *nf* trinket, trifle.
Bahama [ba'ama]: **las (Islas) ~** the Bahamas.
bahía [ba'ia] *nf* bay.
bailar [bai'lar] *vt, vi* to dance; **~ín, ina** *nm/f* (ballet) dancer; **baile** *nm* dance; (*formal*) ball.
baja ['baxa] *nf ver* **bajo**.
bajada [ba'xaða] *nf* descent; (*camino*) slope; (*de aguas*) ebb.
bajamar [baxa'mar] *nf* low tide.
bajar [ba'xar] *vi* to go down, come down; (*temperatura, precios*) to drop, fall // *vt* (*cabeza*) to bow, bend; (*escalera*) to go down, come down; (*precio, voz*) to lower; (*llevar abajo*) to take down; **~se** *vr* to get out of; to get off; **~ de** (*coche*) to get out of; (*autobus*) to get off.
bajeza [ba'xeθa] *nf* baseness *q*; (*una ~*) vile deed.
bajío [ba'xio] *nm* shoal, sandbank; (*AM*) lowlands *pl*.
bajo, a ['baxo, a] *a* (*mueble, número, precio*) low; (*piso*) ground; (*de estatura*) small, short; (*color*) pale; (*sonido*) faint, soft, low; (*voz: en tono*) deep; (*metal*) base; (*humilde*) low, humble // *ad* (*hablar*) softly, quietly; (*volar*) low // *prep* under, below, underneath // *nm* (*MUS*) bass // *nf* drop, fall; (*MIL*) casualty; **~ la lluvia** in the rain; **dar de baja** (*soldado*) to discharge; (*empleado*) to dismiss, sack.
bajón [ba'xon] *nm* fall, drop.
bala ['bala] *nf* bullet.
baladí [bala'ði] *a* trivial.
baladronada [balaðro'naða] *nf* (*dicho*) boast, brag; (*hecho*) piece of bravado.
balance [ba'lanθe] *nm* (*COM*) balance; (: *libro*) balance sheet; (: *cuenta general*) stocktaking.
balancear [balanθe'ar] *vt* to balance // *vi*, **~se** *vr* to swing (to and fro); (*vacilar*) to hesitate; **balanceo** *nm* swinging.
balanza [ba'lanθa] *nf* scales *pl*, balance; **~ comercial** balance of trade; **~ de pagos** balance of payments; (*ASTROLOGIA*) **B~** Libra.
balar [ba'lar] *vi* to bleat.
balaustrada [balaus'traða] *nf* balustrade; (*pasamanos*) banisters *pl*.
balazo [ba'laθo] *nm* (*golpe*) shot; (*herida*) bullet wound.
balbucear [balβuθe'ar] *vi, vt* to stammer, stutter; **balbuceo** *nm* stammering, stuttering.
balbucir [balβu'θir] *vi, vt* to stammer, stutter.

balcón [bal'kon] *nm* balcony.
baldar [bal'dar] *vt* to cripple.
balde ['balde] *nm* bucket, pail; **de ~** *ad* (for) free, for nothing; **en ~** *ad* in vain.
baldío, a [bal'dio, a] *a* uncultivated; (*terreno*) waste // *nm* waste land.
baldosa [bal'dosa] *nf* (*azulejo*) floor tile; (*grande*) flagstone.
Baleares [bale'ares] *nfpl*: **las (Islas) ~** the Balearic Islands.
balido [ba'liðo] *nm* bleat, bleating.
balín [ba'lin] *nm* pellet; **balines** *nmpl* buckshot *sg*.
balística [ba'listika] *nf* ballistics *pl*.
baliza [ba'liθa] *nf* (*AVIAT*) beacon; (*NAUT*) buoy.
balneario, a [balne'arjo, a] *a*: **estación balnearia** (bathing) resort // *nm* spa, health resort.
balón [ba'lon] *nm* ball.
baloncesto [balon'θesto] *nm* basketball.
balonmano [balon'mano] *nm* handball.
balonvolea [balombo'lea] *nm* volleyball.
balsa ['balsa] *nf* raft; (*BOT*) balsa wood.
bálsamo ['balsamo] *nm* balsam, balm.
baluarte [ba'lwarte] *nm* bastion, bulwark.
ballena [ba'ʎena] *nf* whale.
ballesta [ba'ʎesta] *nf* crossbow; (*AUTO*) spring.
ballet [ba'le] *nm* ballet.
bambolear [bambole'ar] *vi*, **bambolearse** *vr* to swing, sway; (*silla*) to wobble; **bamboleo** *nm* swinging, swaying; wobbling.
bambú [bam'bu] *nm* bamboo.
banana [ba'nana] *nf* (*AM*) banana; **banano** *nm* (*AM*) banana tree.
banca ['banka] *nf* (*asiento*) bench; (*COM*) banking.
bancario, a [ban'karjo, a] *a* banking *cpd*, bank *cpd*.
bancarrota [banka'rrota] *nf* bankruptcy; **hacer ~** to go bankrupt.
banco ['banko] *nm* bench; (*ESCOL*) desk; (*COM*) bank; (*GEO*) stratum; **~ de crédito/de ahorros** credit/savings bank; **~ de arena** sandbank; **~ de hielo** iceberg.
banda ['banda] *nf* band; (*pandilla*) gang; (*NAUT*) side, edge; **la B~ Oriental** Uruguay; **~ sonora** soundtrack.
bandada [ban'daða] *nf* (*de pájaros*) flock; (*de peces*) shoal.
bandeja [ban'dexa] *nf* tray.
bandera [ban'dera] *nf* (*de tela*) flag; (*estandarte*) banner.
banderilla [bande'riʎa] *nf* banderilla.
banderín [bande'rin] *nm* pennant, small flag.
banderola [bande'rola] *nf* banderole; (*MIL*) pennant.
bandido [ban'diðo] *nm* bandit.
bando ['bando] *nm* (*edicto*) edict, proclamation; (*facción*) faction; **los ~s** the banns.

bandolero [bando'lero] *nm* bandit, brigand.
banquero [ban'kero] *nm* banker.
banqueta [ban'keta] *nf* stool; (*AM: en la calle*) pavement (*Brit*), sidewalk (*US*).
banquete [ban'kete] *nm* banquet; (*para convidados*) formal dinner.
banquillo [ban'kiʎo] *nm* (*JUR*) dock, prisoner's bench; (*banco*) bench; (*para los pies*) footstool.
bañador [baɲa'ðor] *nm* swimming costume (*Brit*), bathing suit (*US*).
bañar [ba'ɲar] *vt* to bath, bathe; (*objeto*) to dip; (*de barniz*) to coat; **~se** *vr* (*en el mar*) to bathe, swim; (*en la bañera*) to bath, have a bath.
bañera [ba'ɲera] *nf* bath(tub).
bañero [ba'ɲero] *nm* lifeguard.
bañista [ba'ɲista] *nm/f* bather.
baño ['baɲo] *nm* (*en bañera*) bath; (*en río*) dip, swim; (*cuarto*) bathroom; (*bañera*) bath(tub); (*capa*) coating.
baptista [bap'tista] *nm/f* Baptist.
baqueta [ba'keta] *nf* (*MUS*) drumstick.
bar [bar] *nm* bar.
barahúnda [bara'unda] *nf* uproar, hubbub.
baraja [ba'raxa] *nf* pack (of cards); **barajar** *vt* (*naipes*) to shuffle; (*fig*) to jumble up.
baranda [ba'randa], **barandilla** [baran'diʎa] *nf* rail, railing.
baratija [bara'tixa] *nf* trinket.
baratillo [bara'tiʎo] *nm* (*tienda*) junkshop; (*subasta*) bargain sale; (*conjunto de cosas*) secondhand goods *pl*.
barato, a [ba'rato, a] *a* cheap // *ad* cheap, cheaply.
baraúnda [bara'unda] *nf* = **barahúnda**.
barba ['barβa] *nf* (*mentón*) chin; (*pelo*) beard.
barbacoa [barβa'koa] *nf* (*parrilla*) barbecue; (*carne*) barbecued meat.
barbaridad [barβari'ðað] *nf* barbarity; (*acto*) barbarism; (*atrocidad*) outrage; **una ~** (*fam*) loads *pl*; **¡qué ~!** (*fam*) how awful!
barbarie [bar'βarje] *nf*, **barbarismo** [barβa'rismo] *nm* barbarism, savagery; (*crueldad*) barbarity.
bárbaro, a ['barβaro, a] *a* barbarous, cruel; (*grosero*) rough, uncouth // *nm/f* barbarian // *ad*: **lo pasamos ~** (*fam*) we had a great time; **¡qué ~!** (*fam*) how marvellous!; **un éxito ~** (*fam*) a terrific success; **es un tipo ~** (*fam*) he's a great bloke.
barbecho [bar'βetʃo] *nm* fallow land.
barbero [bar'βero] *nm* barber, hairdresser.
barbilampiño [barβilam'piɲo] *a* clean-shaven, smooth-faced; (*fig*) inexperienced.
barbilla [bar'βiʎa] *nf* chin, tip of the chin.
barbo ['barβo] *nm*: **~ de mar** red mullet.

barbotar [barβo'tar], **barbotear** [barβote'ar] vt, vi to mutter, mumble.
barbudo, a [bar'βuðo, a] a bearded.
barca ['barka] nf (small) boat; ~ **pesquera** fishing boat; ~ **de pasaje** ferry; **~za** nf barge; **~za de desembarco** landing craft.
Barcelona [barθe'lona] nf Barcelona.
barcelonés, esa [barθelo'nes, esa] a of o from Barcelona.
barco ['barko] nm boat; (buque) ship; ~ **de carga** cargo boat.
barítono [ba'ritono] nm baritone.
Barna. abr = **Barcelona**.
barniz [bar'niθ] nm varnish; (en la loza) glaze; (fig) veneer; **~ar** vt to varnish; (loza) to glaze.
barómetro [ba'rometro] nm barometer.
barquero [bar'kero] nm boatman.
barquillo [bar'kiʎo] nm cone, cornet.
barra ['barra] nf bar, rod; (de un bar, café) bar; (de pan) French loaf; (palanca) lever; ~ **de carmín** o **de labios** lipstick.
barraca [ba'rraka] nf hut, cabin.
barranca [ba'rranka] nf ravine, gully; **barranco** nm ravine; (fig) difficulty.
barrena [ba'rrena] nf drill; **barrenar** vt to drill (through), bore; **barreno** nm large drill.
barrer [ba'rrer] vt to sweep; (quitar) to sweep away.
barrera [ba'rrera] nf barrier.
barriada [ba'rrjaða] nf quarter, district.
barricada [barri'kaða] nf barricade.
barrido [ba'rriðo] nm, **barrida** [ba'rriða] nf sweep, sweeping.
barriga [ba'rriɣa] nf belly; (panza) paunch; **barrigón, ona, barrigudo, a** a potbellied.
barril [ba'rril] nm barrel, cask.
barrio ['barrjo] nm (vecindad) area, neighborhood (US); (en las afueras) suburb; ~ **chino** red-light district.
barro ['barro] nm (lodo) mud; (objetos) earthenware; (MED) pimple.
barroco, a [ba'rroko, a] a, nm baroque.
barrote [ba'rrote] nm (de ventana) bar.
barruntar [barrun'tar] vt (conjeturar) to guess; (presentir) to suspect; **barrunto** nm guess; suspicion.
bartola [bar'tola]: a la ~ ad: tirarse a la ~ to take it easy, be lazy.
bártulos ['bartulos] nmpl things, belongings.
barullo [ba'ruʎo] nm row, uproar.
basamento [basa'mento] nm base, plinth.
basar [ba'sar] vt to base; **~se** vr: **~se en** to be based on.
basca ['baska] nf nausea.
báscula ['baskula] nf (platform) scales pl.
base ['base] nf base; a ~ **de** on the basis

of; (mediante) by means of; ~ **de datos** (INFORM) database.
básico, a ['basiko, a] a basic.
basílica [ba'silika] nf basilica.
bastante [bas'tante] ♦ a **1** (suficiente) enough; ~ **dinero** enough o sufficient money; **~s libros** enough books
2 (valor intensivo): ~ **gente** quite a lot of people; **tener** ~ **calor** to be rather hot ♦ ad: ~ **bueno/malo** quite good/rather bad; ~ **rico** pretty rich; (lo) **inteligente (como) para hacer algo** clever enough o sufficiently clever to do sth.
bastar [bas'tar] vi to be enough o sufficient; **~se** vr to be self-sufficient; ~ **para** to be enough to; ¡**basta!** (that's) enough!
bastardilla [bastar'ðiʎa] nf italics pl.
bastardo, a [bas'tarðo, a] a, nm/f bastard.
bastidor [basti'ðor] nm frame; (de coche) chassis; (TEATRO) wing; **entre ~es** (fig) behind the scenes.
basto, a ['basto, a] a coarse, rough; **~s** nmpl (NAIPES) ≈ clubs.
bastón [bas'ton] nm stick, staff; (para pasear) walking stick.
basura [ba'sura] nf rubbish (Brit), garbage (US).
basurero [basu'rero] nm (hombre) dustman (Brit), garbage man (US); (lugar) dump; (cubo) (rubbish) bin (Brit), trash can (US).
bata ['bata] nf (gen) dressing gown; (cubretodo) smock, overall; (MED, TEC etc) lab(oratory) coat.
batalla [ba'taʎa] nf battle; **de** ~ for everyday use.
batallar [bata'ʎar] vi to fight.
batallón [bata'ʎon] nm battalion.
batata [ba'tata] nf (AM) sweet potato.
bate ['bate] nm bat; **~ador** nm (AM) batter, batsman.
batería [bate'ria] nf battery; (MUS) drums pl; ~ **de cocina** kitchen utensils pl.
batido, a [ba'tiðo, a] a (camino) beaten, well-trodden // nm (CULIN): ~ **(de leche)** milk shake.
batidora [bati'ðora] nf beater, mixer; **eléctrica** food mixer, blender.
batir [ba'tir] vt to beat, strike; (vencer) to beat, defeat; (revolver) to beat, mix; **~se** vr to fight; ~ **palmas** to clap, applaud.
batuta [ba'tuta] nf baton; **llevar la** ~ (fig) to be the boss, be in charge.
baúl [ba'ul] nm trunk; (AUTO) boot (Brit), trunk (US).
bautismo [bau'tismo] nm baptism, christening.
bautizar [bauti'θar] vt to baptize, christen; (fam: diluir) to water down; **bautizo** nm baptism, christening.

bayeta [ba'jeta] nf floorcloth.
bayo, a ['bajo, a] a bay // nf berry.
bayoneta [bajo'neta] nf bayonet.
baza ['baθa] nf trick; **meter ~** to butt in.
bazar [ba'θar] nm bazaar.
bazofia [ba'θofja] nf pigswill (Brit), hogwash (US); (libros etc) trash.
beato, a [be'ato, a] a blessed; (piadoso) pious.
bebé [be'βe] nm baby.
bebedero [beβe'ðero] nm (para animales) drinking trough.
bebedizo, a [beβe'ðiθo, a] a drinkable // nm potion.
bebedor, a [beβe'ðor, a] a hard-drinking.
beber [be'βer] vt, vi to drink.
bebida [be'βiða] nf drink.
beca ['beka] nf grant, scholarship.
befarse [be'farse] vr: **~ de algo** to scoff at sth.
beldad [bel'dað] nf beauty.
Belén [be'len] nm Bethlehem; **b~** nm (de navidad) nativity scene, crib.
belga ['belɣa] a, nm/f Belgian.
Bélgica ['belxika] nf Belgium.
Belice [be'liθe] nm Belize.
bélico, a ['beliko, a] a (actitud) warlike; **belicoso, a** (guerrero) warlike; (agresivo) aggressive, bellicose.
beligerante [belixe'rante] a belligerent.
bellaco, a [be'ʎako, a] a sly, cunning // nm villain, rogue; **bellaquería** nf (acción) dirty trick; (calidad) wickedness.
belleza [be'ʎeθa] nf beauty.
bello, a ['beʎo, a] a beautiful, lovely; **Bellas Artes** Fine Art.
bellota [be'ʎota] nf acorn.
bemol [be'mol] nm (MUS) flat; **esto tiene ~es** (fam) this is a tough one.
bencina [ben'θina] nf (AM: gasolina) petrol (Brit), gasoline (US).
bendecir [bende'θir] vt to bless.
bendición [bendi'θjon] nf blessing.
bendito, a [ben'dito, a] pp de **bendecir** // a holy; (afortunado) lucky; (feliz) happy; (sencillo) simple // nm/f simple soul.
benedictino, a [beneðik'tino, a] a, nm Benedictine.
beneficencia [benefi'θenθja] nf charity.
beneficiar [benefi'θjar] vt to benefit, be of benefit to; **~se** vr to benefit, profit; **~io, a** nm/f beneficiary.
beneficio [bene'fiθjo] nm (bien) benefit, advantage; (ganancia) profit, gain; **~so, a** a beneficial.
benéfico, a [be'nefiko, a] a charitable.
beneplácito [bene'plaθito] nm approval, consent.
benevolencia [beneβo'lenθja] nf benevolence, kindness; **benévolo, a** a benevolent, kind.
benigno, a [be'niɣno, a] a kind; (suave)

mild; (MED: tumor) benign, non-malignant.
beodo, a [be'oðo, a] a drunk.
berenjena [beren'xena] nf aubergine (Brit), eggplant (US).
Berlín [ber'lin] n Berlin; **berlinés, esa** a of o from Berlin // nm/f Berliner.
bermejo, a [ber'mexo, a] a red.
berrear [berre'ar] vi to bellow, low.
berrido [be'rriðo] nm bellow(ing).
berrinche [be'rrintʃe] nm (fam) temper, tantrum.
berro ['berro] nm watercress.
berza ['berθa] nf cabbage.
besamel [besa'mel] nf (CULIN) white sauce, bechamel sauce.
besar [be'sar] vt to kiss; (fig: tocar) to graze; **~se** vr to kiss (one another); **beso** nm kiss.
bestia ['bestja] nf beast, animal; (fig) idiot; **~ de carga** beast of burden.
bestial [bes'tjal] a bestial; (fam) terrific; **~idad** nf bestiality; (fam) stupidity.
besugo [be'suɣo] nm sea bream; (fam) idiot.
besuquear [besuke'ar] vt to cover with kisses; **~se** vr to kiss and cuddle.
betún [be'tun] nm shoe polish; (QUIMICA) bitumen.
biberón [biβe'ron] nm feeding bottle.
Biblia ['biβlja] nf Bible.
bibliografía [biβljoɣra'fia] nf bibliography.
biblioteca [biβljo'teka] nf library; (mueble) bookshelves pl; **~ de consulta** reference library; **~rio, a** nm/f librarian.
B.I.C. nf abr (= Brigada de Investigación Criminal) CID (Brit), FBI (US).
bicarbonato [bikarβo'nato] nm bicarbonate.
bici ['biθi] nf (fam) bike.
bicicleta [biθi'kleta] nf bicycle, cycle.
bicho ['bitʃo] nm (animal) small animal; (sabandija) bug, insect; (TAUR) bull.
bidé [bi'ðe] nm bidet.
bien [bjen] ♦ nm 1 (bienestar) good; **te lo digo por tu ~** I'm telling you for your own good; **el ~ y el mal** good and evil 2 (posesión): **~es** goods; **~es de consumo** consumer goods; **~es inmuebles** o **raíces/~es muebles** real estate sg/ personal property sg
♦ ad 1 (de manera satisfactoria, correcta etc) well; **trabaja/come ~** she works/eats well; **contestó ~** he answered correctly; **me siento ~** I feel fine; **no me siento ~** I don't feel very well; **se está ~ aquí** it's nice here
2 (frases): **hiciste ~ en llamarme** you were right to call me
3 (valor intensivo) very; **un cuarto ~ caliente** a nice warm room; **~ se ve que ...** it's quite clear that ...

4: estar ~: estoy muy bien aquí I feel very happy here; está bien que vengan it's alright for them to come; ¡está bien! lo haré oh alright, I'll do it
5 (de buena gana): yo ~ que iría pero ... I'd gladly go but ...
♦ excl: ¡~! (aprobación) O.K!; ¡muy ~! well done!
♦ a inv (matiz despectivo): niño ~ rich kid; gente ~ posh people
♦ conj **1**: ~ ... ~: ~ en coche ~ en tren either by car or by train
2: no ~ (esp AM): no ~ llegue te llamaré as soon as I arrive I'll call you
3: si ~ even though; ver tb más.
bienal [bje'nal] a biennial.
bienaventurado, a [bjenaßentu'raðo, a] a (feliz) happy, fortunate.
bienestar [bjenes'tar] nm well-being, welfare.
bienhechor, a [bjene'tʃor, a] a beneficent // nm/f benefactor/benefactress.
bienvenida [bjembe'niða] nf welcome; dar la ~ a uno to welcome sb.
bienvenido [bjembe'niðo] excl welcome!
bife ['bife] nm (AM) steak.
bifurcación [bifurka'θjon] nf fork.
bigamia [bi'vamja] nf bigamy; **bígamo, a** a bigamous // nm/f bigamist.
bigote [bi'vote] nm moustache; **bigotudo, a** a with a big moustache.
bikini [bi'kini] nm bikini; (CULIN) toasted ham and cheese sandwich.
bilingüe [bi'lingwe] a bilingual.
billar [bi'ʎar] nm billiards sg; (lugar) billiard hall; (mini-casino) amusement arcade.
billete [bi'ʎete] nm ticket; (de banco) banknote (Brit), bill (US); (carta) note; ~ sencillo, ~ de ida solamente/de ida y vuelta single (Brit) o one-way (US) ticket/return (Brit) o round-trip (US) ticket; ~ de 20 libras £20 note.
billetera [biʎe'tera] nf, **billetero** [biʎe'tero] nm wallet.
billón [bi'ʎon] nm billion.
bimensual [bimen'swal] a twice monthly.
bimotor [bimo'tor] a twin-engined // nm twin-engined plane.
binóculo [bi'nokulo] nm pince-nez.
biografía [bjovra'fia] nf biography; **biógrafo, a** nm/f biographer.
biología [bjolo'xia] nf biology; **biológico, a** a biological; **biólogo, a** nm/f biologist.
biombo ['bjombo] nm (folding) screen.
biopsia [bi'opsja] nf biopsy.
birlar [bir'lar] vt (fam) to pinch.
Birmania [bir'manja] nf Burma.
bis [bis] excl encore! // ad: viven en el 27 ~ they live at 27a.
bisabuelo, a [bisa'ßwelo, a] nm/f great-grandfather/mother.
bisagra [bi'savra] nf hinge.
bisbisar [bisßi'sar], **bisbisear** [bisßise'ar]

vt to mutter, mumble.
bisiesto [bi'sjesto] a: año ~ leap year.
bisnieto, a [bis'njeto, a] nm/f greatgrandson/daughter.
bisonte [bi'sonte] nm bison.
bistec [bis'tek], **bisté** [bis'te] nm steak.
bisturí [bistu'ri] nm scalpel.
bisutería [bisute'ria] nf imitation o costume jewellery.
bit [bit] nm (INFORM) bit.
bizcar [biθ'kar] vi to squint.
bizco, a ['biθko, a] a cross-eyed.
bizcocho [biθ'kotʃo] nm (CULIN) sponge cake.
bizquear [biθke'ar] vi to squint.
blanco, a ['blanko, a] a white // nm/f white man/woman, white // nm (color) white; (en texto) blank; (MIL, fig) target // nf (MUS) minim; en ~ blank; noche en ~ sleepless night; estar sin ~ to be broke.
blancura [blan'kura] nf whiteness.
blandir [blan'dir] vt to brandish.
blando, a ['blando, a] a soft; (tierno) tender, gentle; (carácter) mild; (fam) cowardly; **blandura** nf softness; tenderness; mildness.
blanquear [blanke'ar] vt to whiten; (fachada) to whitewash; (paño) to bleach // vi to turn white; **blanquecino, a** a whitish.
blasfemar [blasfe'mar] vi to blaspheme, curse; **blasfemia** nf blasphemy.
blasón [bla'son] nm coat of arms; (fig) honour; **blasonar** vt to emblazon // vi to boast, brag.
bledo ['bleðo] nm: me importa un ~ I couldn't care less.
blindado, a [blin'daðo, a] a (MIL) armour-plated; (antibala) bullet-proof; coche (Esp) o carro (AM) ~ armoured car.
blindaje [blin'daxe] nm armour, armourplating.
bloc [blok] (pl ~s) nm writing pad.
bloque ['bloke] nm block; (POL) bloc; ~ de cilindros cylinder block.
bloquear [bloke'ar] vt to blockade; **bloqueo** nm blockade; (COM) freezing, blocking.
blusa ['blusa] nf blouse.
boato [bo'ato] nm show, ostentation.
bobada [bo'ßaða], **bobería** [boße'ria] nf foolish action; foolish statement; decir bobadas to talk nonsense.
bobina [bo'ßina] nf (TEC) bobbin; (FOTO) spool; (ELEC) coil.
bobo, a ['boßo, a] a (tonto) daft, silly; (cándido) naïve // nm/f fool, idiot // nm (TEATRO) clown, funny man.
boca ['boka] nf mouth; (de crustáceo) pincer; (de cañón) muzzle; (entrada) mouth, entrance; ~s nfpl (de río) mouth sg; ~ abajo/arriba face down/up; a ~jarro point-blank; se me hace agua la

~ my mouth is watering.

bocacalle [boka'kaʎe] *nf* (entrance to a) street; **la primera** ~ the first turning *o* street.

bocadillo [boka'ðiʎo] *nm* sandwich.

bocado [bo'kaðo] *nm* mouthful, bite; (*de caballo*) bridle; ~ **de Adán** Adam's apple.

bocanada [boka'naða] *nf* (*de vino*) mouthful, swallow; (*de aire*) gust, puff.

bocazas [bo'kaθas] *nm inv* (*fam*) big-mouth.

boceto [bo'θeto] *nm* sketch, outline.

bocina [bo'θina] *nf* (*MUS*) trumpet; (*AUTO*) horn; (*para hablar*) megaphone.

bocha ['botʃa] *nf* bowl; ~**s** *nfpl* bowls *sg*.

bochinche [bo'tʃintʃe] *nm* (*fam*) uproar.

bochorno [bo'tʃorno] *nm* (*vergüenza*) embarrassment; (*calor*): **hace** ~ it's very muggy; //**so, a** *a* muggy; embarrassing.

boda ['boða] *nf* (*tb*: ~**s**) wedding, marriage; (*fiesta*) wedding reception; ~**s de plata/de oro** silver/golden wedding.

bodega [bo'ðeɣa] *nf* (*de vino*) (wine) cellar; (*depósito*) storeroom; (*de barco*) hold.

bodegón [boðe'ɣon] *nm* (*ARTE*) still life.

bofe ['bofe] *nm* (*tb*: ~**s**: *de res*) lights.

bofetada [bofe'taða] *nf*, **bofetón** [bofe'ton] *nm* slap (in the face).

boga ['boɣa] *nf*: **en** ~ (*fig*) in vogue.

bogar [bo'ɣar] *vi* (*remar*) to row; (*navegar*) to sail.

Bogotá [boɣo'ta] *n* Bogotá; **bogotano, a** *a o* from Bogotá.

bohemio, a [bo'emjo, a] *a, nm/f* Bohemian.

boicot [boi'kot] (*pl* ~**s**) *nm* boycott; ~**ear** *vt* to boycott; ~**eo** *nm* boycott.

boina ['boina] *nf* beret.

bola ['bola] *nf* ball; (*canica*) marble; (*NAIPES*) (grand) slam; (*betún*) shoe polish; (*mentira*) tale, story; ~**s** *nfpl* (*AM*) bolas *sg*; ~ **de billar** billiard ball; ~ **de nieve** snowball.

bolchevique [boltʃe'βike] *a, nm/f* Bolshevik.

boleadoras [bolea'ðoras] *nfpl* (*AM*) bolas *sg*.

bolera [bo'lera] *nf* skittle *o* bowling alley.

boleta [bo'leta] *nf* (*AM*: *billete*) ticket; (: *permiso*) pass, permit.

boletería [bolete'ria] *nf* (*AM*) ticket office.

boletín [bole'tin] *nm* bulletin; (*periódico*) journal, review; ~ **escolar** (*Esp*) school report; ~ **de noticias** news bulletin; ~ **de pedido** application form; ~ **de precios** price list; ~ **de prensa** press release.

boleto [bo'leto] *nm* ticket.

boli ['boli] *nm* (*fam*) Biro ®, pen.

boliche [bo'litʃe] *nm* (*bola*) jack; (*juego*) bowls *sg*; (*lugar*) bowling alley.

bolígrafo [bo'liɣrafo] *nm* ball-point pen,

Biro ®.

bolívar [bo'liβar] *nm monetary unit of Venezuela.*

Bolivia [bo'liβja] *nf* Bolivia; **boliviano, a** *a, nm/f* Bolivian.

bolo ['bolo] *nm* skittle; (*píldora*) (large) pill; (*juego de*) ~**s** *nmpl* skittles *sg*.

bolsa ['bolsa] *nf* (*cartera*) purse; (*saco*) bag; (*AM*) pocket; (*ANAT*) cavity, sac; (*COM*) stock exchange; (*MINERIA*) pocket; ~ **de agua caliente** hot water bottle; ~ **de aire** air pocket; ~ **de papel** paper bag; ~ **de plástico** plastic bag.

bolsillo [bol'siʎo] *nm* pocket; (*cartera*) purse; **de** ~ pocket(-size).

bolsista [bol'sista] *nm/f* stockbroker.

bolso ['bolso] *nm* (*bolsa*) bag; (*de mujer*) handbag.

bollo ['boʎo] *nm* (*pan*) roll; (*bulto*) bump, lump; (*abolladura*) dent.

bomba ['bomba] *nf* (*MIL*) bomb; (*TEC*) pump // *a* (*fam*): **noticia** ~ bombshell // *ad* (*fam*): **pasarlo** ~ to have a great time; ~ **atómica/de humo/de retardo** atomic/smoke/time bomb; ~ **de gasolina** petrol pump.

bombardear [bombarðe'ar] *vt* to bombard; (*MIL*) to bomb; **bombardeo** *nm* bombardment; bombing.

bombardero [bombar'ðero] *nm* bomber.

bombear [bombe'ar] *vt* (*agua*) to pump (out *o* up); (*MIL*) to bomb; ~**se** *vr* to warp.

bombero [bom'bero] *nm* fireman.

bombilla [bom'biʎa] *nf* (*Esp*) (light) bulb.

bombín [bom'bin] *nm* bowler hat.

bombo ['bombo] *nm* (*MUS*) bass drum; (*TEC*) drum.

bombón [bom'bon] *nm* chocolate.

bonachón, ona [bona'tʃon, ona] *a* good-natured, easy-going.

bonaerense [bonae'rense] *a o f* from Buenos Aires.

bonanza [bo'nanθa] *nf* (*NAUT*) fair weather; (*fig*) bonanza; (*MINERIA*) rich pocket *o* vein.

bondad [bon'dað] *nf* goodness, kindness; **tenga la** ~ **de** (please) be good enough to; ~**oso, a** *a* good, kind.

bonito, a [bo'nito, a] *a* pretty; (*agradable*) nice // *nm* (*atún*) tuna (fish).

bono ['bono] *nm* voucher; (*FINANZAS*) bond.

bonobús [bono'βus] *nm* (*Esp*) bus pass.

boquear [boke'ar] *vi* to gasp.

boquerón [boke'ron] *nm* (*pez*) (kind of) anchovy; (*agujero*) large hole.

boquete [bo'kete] *nm* gap, hole.

boquiabierto, a [bokja'βjerto, a] *a*: **quedar** ~ to be amazed *o* flabbergasted.

boquilla [bo'kiʎa] *nf* (*para riego*) nozzle; (*para cigarro*) cigarette holder; (*MUS*) mouthpiece.

borbollar [borβo'ʎar], **borbollear**

[borβoλe'ar], **borbotar** [borβo'tar] vi to bubble.

borbotón [borβo'ton] nm: **salir a borbotones** to gush out.

bordado [bor'δaδo] nm embroidery.

bordar [bor'δar] vt to embroider.

borde ['borδe] nm edge, border; (de camino etc) side; (en la costura) hem; **al ~ de** (fig) on the verge o brink of; **ser ~** (Esp: fam) to be a pain (in the neck); **~ar** vt to border.

bordillo [bor'δiλo] nm kerb (Brit), curb (US).

bordo ['borδo] nm (NAUT) side; **a ~ on board**.

borinqueño, a [borin'kenjo, a] a, nm/f Puerto Rican.

borra ['borra] nf (pelusa) fluff; (sedimento) sediment.

borrachera [borra'tʃera] nf (ebriedad) drunkenness; (orgía) spree, binge.

borracho, a [bo'rratʃo, a] a drunk // nm/f (que bebe mucho) drunkard, drunk; (temporalmente) drunk, drunk man/woman.

borrador [borra'δor] nm (escritura) first draft, rough sketch; (cuaderno) scribbling pad; (goma) rubber (Brit), eraser.

borrajear [borraxe'ar] vt, vi to scribble.

borrar [bo'rrar] vt to erase, rub out.

borrasca [bo'rraska] nf storm.

borrico [bo'rriko, a] nm/f donkey/she-donkey; (fig) stupid man/woman.

borrón [bo'rron] nm (mancha) stain.

borroso, a [bo'rroso, a] a vague, unclear; (escritura) illegible.

bosque ['boske] nm wood; (grande) forest.

bosquejar [boske'xar] vt to sketch; **bosquejo** nm sketch.

bosta ['bosta] nf dung; (abono) manure.

bostezar [boste'θar] vi to yawn; **bostezo** nm yawn.

bota ['bota] nf (calzado) boot; (saco) leather wine bottle.

botánico, a [bo'taniko, a] a botanical // nm/f botanist // nf botany.

botar [bo'tar] vt to throw, hurl; (NAUT) to launch; (fam) to throw out // vi to bounce.

bote ['bote] nm (salto) bounce; (golpe) thrust; (vasija) tin, can; (embarcación) boat; **de ~ en ~** packed, jammed full; **~ salvavidas** lifeboat; **~ de la basura** (AM) dustbin (Brit), trashcan (US).

botella [bo'teλa] nf bottle.

botica [bo'tika] nf chemist's (shop) (Brit), pharmacy; **~rio, a** nm/f chemist (Brit), pharmacist.

botijo [bo'tixo] nm (earthenware) jug.

botín [bo'tin] nm (calzado) half boot; (polaina) spat; (MIL) booty.

botiquín [boti'kin] nm (armario) medicine cabinet; (portátil) first-aid kit.

botón [bo'ton] nm button; (BOT) bud;

(de florete) tip; **~ de oro** buttercup.

botones [bo'tones] nm inv bellboy (Brit), bellhop (US).

bóveda [bo'βeδa] nf (ARQ) vault.

boxeador [boksea'δor] nm boxer.

boxeo [bok'seo] nm boxing.

boya ['boja] nf (NAUT) buoy; (flotador) float.

bozal [bo'θal] nm (de caballo) halter; (de perro) muzzle.

bracear [braθe'ar] vi (agitar los brazos) to wave one's arms.

bracero [bra'θero] nm labourer; (en el campo) farmhand.

bracete [bra'θete]: **de ~** ad arm in arm.

braga ['braɣa] nf (cuerda) sling, rope; (de bebé) nappy (Brit), diaper (US); **~s** nfpl (de mujer) panties, knickers (Brit).

bragueta [bra'ɣeta] nf fly, flies pl.

braille [breil] nm braille.

bramar [bra'mar] vi to bellow, roar; **bramido** nm bellow, roar.

brasa ['brasa] nf live o hot coal.

brasero [bra'sero] nm brazier.

Brasil [bra'sil] nm: **(el) ~** Brazil; **brasileño, a** a, nm/f Brazilian.

bravata [bra'βata] nf boast.

braveza [bra'βeθa] nf (valor) bravery; (ferocidad) ferocity.

bravío, a [bra'βio, a] a wild; (feroz) fierce.

bravo, a ['braβo, a] a (valiente) brave; (bueno) fine, splendid; (feroz) ferocious; (salvaje) wild; (mar etc) rough, stormy // excl bravo!; **bravura** nf bravery; ferocity; (pey) boast.

braza ['braθa] nf fathom; **nadar a la ~** to swim (the) breast-stroke.

brazada [bra'θaδa] nf stroke.

brazado [bra'θaδo] nm armful.

brazalete [braθa'lete] nm (pulsera) bracelet; (banda) armband.

brazo ['braθo] nm arm; (ZOOL) foreleg; (BOT) limb, branch; **luchar a ~ partido** to fight hand-to-hand; **ir del ~** to walk arm in arm.

brea ['brea] nf pitch, tar.

brebaje [bre'βaxe] nm potion.

brecha ['bretʃa] nf (hoyo, vacío) gap, opening; (MIL, fig) breach.

brega ['breɣa] nf (lucha) struggle; (trabajo) hard work.

breve ['breβe] a short, brief // nf (MUS) breve; **~dad** nf brevity, shortness.

brezal [bre'θal] nm moor(land), heath; **brezo** nm heather.

bribón, ona [bri'βon, ona] a idle, lazy // nm/f (vagabundo) vagabond; (pícaro) rascal, rogue.

bricolaje [briko'laxe] nm do-it-yourself, DIY.

brida ['briδa] nf bridle, rein; (TEC) clamp; **a toda ~** at top speed.

bridge [britʃ] nm bridge.

brigada [bri'ɣaδa] nf (unidad) brigade;

(*trabajadores*) squad, gang // *nm* ≈ staff-sergeant, sergeant-major.

brillante [bri'ʎante] *a* brilliant // *nm* diamond.

brillar [bri'ʎar] *vi* (*tb fig*) to shine; (*joyas*) to sparkle.

brillo ['briʎo] *nm* shine; (*brillantez*) brilliance; (*fig*) splendour; **sacar** ~ **a** to polish.

brincar [brin'kar] *vi* to skip about, hop about, jump about; **está que brinca** he's hopping mad.

brinco ['brinko] *nm* jump, leap.

brindar [brin'dar] *vi*: ~ **a** *o* **por** to drink (a toast) to // *vt* to offer, present.

brindis ['brindis] *nm* toast; (*TAUR*) (ceremony of) dedication.

brío ['brio] *nm* spirit, dash; **brioso, a** *a* spirited, dashing.

brisa ['brisa] *nf* breeze.

británico, a [bri'taniko, a] *a* British // *nm/f* Briton, British person.

brocal [bro'kal] *nm* rim.

brocha ['brotʃa] *nf* (*large*) paintbrush; ~ **de afeitar** shaving brush.

broche ['brotʃe] *nm* brooch.

broma ['broma] *nf* joke; **en** ~ in fun, as a joke; **bromear** *vi* to joke.

bromista [bro'mista] *a* fond of joking // *nm/f* joker, wag.

bronca ['bronka] *nf* row; **echar una** ~ **a uno** to tick sb off.

bronce ['bronθe] *nm* bronze; ~**ado, a** *a* bronze; (*por el sol*) tanned // *nm* (*sun*)tan; (*TEC*) bronzing.

broncearse [bronθe'arse] *vr* to get a suntan.

bronco, a ['bronko, a] *a* (*manera*) rude, surly; (*voz*) harsh.

bronquitis [bron'kitis] *nf* bronchitis.

brotar [bro'tar] *vi* (*BOT*) to sprout; (*aguas*) to gush (forth); (*MED*) to break out.

brote ['brote] *nm* (*BOT*) shoot; (*MED, fig*) outbreak.

bruces ['bruθes]: **de** ~ *ad*: **caer** *o* **dar de** ~ to fall headlong, fall flat.

bruja ['bruxa] *nf* witch; **brujería** *nf* witchcraft.

brujo ['bruxo] *nm* wizard, magician.

brújula ['bruxula] *nf* compass.

bruma ['bruma] *nf* mist; **brumoso, a** *a* misty.

bruñido [bru'niðo] *nm* polish; **bruñir** *vt* to polish.

brusco, a ['brusko, a] *a* (*súbito*) sudden; (*áspero*) brusque.

Bruselas [bru'selas] *n* Brussels.

brutal [bru'tal] *a* brutal.

brutalidad [brutali'ðað] *nf* brutality.

bruto, a ['bruto, a] *a* (*idiota*) stupid; (*bestial*) brutish; (*peso*) gross; **en** ~ raw, unworked.

Bs.As. *abr* (= *Buenos Aires*) B.A.

bucal [bu'kal] *a* oral; **por vía** ~ orally.

bucear [buθe'ar] *vi* to dive // *vt* to explore; **buceo** *nm* diving; (*fig*) investigation.

bucle ['bukle] *nm* curl.

budismo [bu'ðismo] *nm* Buddhism.

buen [bwen] *am ver* **bueno**.

buenamente [bwena'mente] *ad* (*fácilmente*) easily; (*voluntariamente*) willingly.

buenaventura [bwenaßen'tura] *nf* (*suerte*) good luck; (*adivinación*) fortune.

bueno, a ['bweno, a] ♦ *a* (*antes de nmsg*: **buen**) **1** (*excelente etc*) good; **es un libro** *o* **es un buen libro** it's a good book; **hace** ~, **hace buen tiempo** the weather is *o* it is fine; **el** ~ **de Paco** good old Paco; **fue muy** ~ **conmigo** he was very nice *o* kind to me

2 (*apropiado*): **ser bueno/a para** to be good for; **creo que vamos por buen camino** I think we're on the right track

3 (*irónico*): **le di un buen rapapolvo** I gave him a good *o* real ticking off; **¡buen conductor estás hecho!** some *o* a fine driver you are!; **¡estaría** ~ **que ...!** a fine thing it would be if ...!

4 (*atractivo, sabroso*): **está bueno este bizcocho** this sponge is delicious; **Carmen está muy buena** Carmen is looking good

5 (*saludos*): **¡buen día!, ¡buenos días!** good morning!; **¡buenas (tardes)!** (good) afternoon!; (*más tarde*) (good) evening!; **¡buenas noches!** good night!

6 (*otras locuciones*): **estar de buenas** to be in a good mood; **por las buenas** *o* **por las malas** by hook or by crook; **de buenas a primeras** all of a sudden

♦ *excl*: **¡~!** all right!; ~, **¿y qué?** well, so what?

Buenos Aires *nm* Buenos Aires.

buey [bwei] *nm* ox.

búfalo ['bufalo] *nm* buffalo.

bufanda [bu'fanda] *nf* scarf.

bufar [bu'far] *vi* to snort.

bufete [bu'fete] *nm* (*despacho de abogado*) lawyer's office.

buffer ['bufer] *nm* (*INFORM*) buffer.

bufón [bu'fon, ona] *nm* clown.

buhardilla [buar'ðiʎa] *nf* (*desván*) attic.

búho ['buo] *nm* owl; (*fig*) hermit, recluse.

buhonero [buo'nero] *nm* pedlar.

buitre ['bwitre] *nm* vulture.

bujía [bu'xia] *nf* (*vela*) candle; (*ELEC*) candle (power); (*AUTO*) spark plug.

bula ['bula] *nf* (*papal*) bull.

bulbo ['bulßo] *nm* bulb.

bulevar [bule'ßar] *nm* boulevard.

Bulgaria [bul'ɣarja] *nf* Bulgaria; **búlgaro, a** *a, nm/f* Bulgarian.

bulto ['bulto] *nm* (*paquete*) package; (*fardo*) bundle; (*tamaño*) size, bulkiness; (*MED*) swelling, lump; (*silueta*) vague shape; (*estatua*) bust, statue.

bulla ['buʎa] *nf* (*ruido*) uproar; (*de gente*) crowd.

bullicio [bu'ʎiθjo] *nm* (*ruido*) uproar; (*movimiento*) bustle.

bullir [bu'ʎir] *vi* (*hervir*) to boil; (*burbujear*) to bubble; (*mover*) to move, stir.

buñuelo [bu'ɲwelo] *nm* ≈ doughnut (*Brit*), donut (*US*); (*fruta de sartén*) fritter.

BUP [bup] *nm abr* (*Esp* = *Bachillerato Unificado Polivalente*) secondary education and leaving certificate for 14-17 age group.

buque ['buke] *nm* ship, vessel.

burbuja [bur'ßuxa] *nf* bubble; **burbujear** *vi* to bubble.

burdel [bur'ðel] *nm* brothel.

burdo, a ['burðo, a] *a* coarse, rough.

burgués, esa [bur'ɣes, esa] *a* middle-class, bourgeois; **burguesía** *nf* middle class, bourgeoisie.

burla ['burla] *nf* (*mofa*) gibe; (*broma*) joke; (*engaño*) trick.

burladero [burla'ðero] *nm* (bullfighter's) refuge.

burlador, a [burla'ðor, a] *a* mocking // *nm/f* (*bromista*) joker // *nm* (*libertino*) seducer.

burlar [bur'lar] *vt* (*engañar*) to deceive; (*seducir*) to seduce // *vi*, **~se** *vr* to joke; **~se de** to make fun of.

burlesco, a [bur'lesko, a] *a* burlesque.

burlón, ona [bur'lon, ona] *a* mocking.

burocracia [buro'kraθja] *nf* civil service; (*pey*) bureaucracy.

burócrata [bu'rokrata] *nm/f* civil servant; (*pey*) bureaucrat.

buromática [buro'matika] *nf* office automation.

burro, a ['burro] *nm/f* donkey/she-donkey; (*fig*) ass, idiot.

bursátil [bur'satil] *a* stock-exchange *cpd*.

bus [bus] *nm* bus.

busca ['buska] *nf* search, hunt // *nm* (*TEL*) bleeper; **en ~ de** in search of.

buscapleitos [buska'pleitos] *nm/f inv* troublemaker.

buscar [bus'kar] *vt* to look for, search for, seek // *vi* to look, search, seek; **se busca secretaria** secretary wanted.

buscón, ona [bus'kon, ona] *a* thieving // *nm* petty thief // *nf* whore.

busilis [bu'silis] *nm* (*fam*) snag.

busque *etc vb ver* **buscar.**

búsqueda ['buskeða] *nf* = **busca.**

busto ['busto] *nm* (*ANAT, ARTE*) bust.

butaca [bu'taka] *nf* armchair; (*de cine, teatro*) stall, seat.

butano [bu'tano] *nm* butane (gas).

buzo ['buθo] *nm* diver.

buzón [bu'θon] *nm* (*en puerta*) letter box; (*en la calle*) pillar box.

C

C. *abr* (= *centígrado*) C; (= *compañía*) Co.

c. *abr* (= *capítulo*) ch.

C/ *abr* (= *calle*) St.

c.a. *abr* (= *corriente alterna*) AC.

cabal [ka'ßal] *a* (*exacto*) exact; (*correcto*) right, proper; (*acabado*) finished, complete; **~es** *nmpl*: **estar en sus ~es** to be in one's right mind.

cabalgadura [kaßalxa'ðura] *nf* mount, horse.

cabalgar [kaßal'ɣar] *vt, vi* to ride.

cabalgata [kaßal'ɣata] *nf* procession.

caballa [ka'ßaʎa] *nf* mackerel.

caballeresco, a [kaßaʎe'resko, a] *a* noble, chivalrous.

caballería [kaßaʎe'ria] *nf* mount; (*MIL*) cavalry.

caballeriza [kaßaʎe'riθa] *nf* stable; **caballerizo** *nm* groom, stableman.

caballero [kaßa'ʎero] *nm* (*hombre galante*) gentleman; (*de la orden de caballería*) knight; (*trato directo*) sir.

caballerosidad [kaßaʎerosi'ðað] *nf* chivalry.

caballete [kaßa'ʎete] *nm* (*ARTE*) easel; (*TEC*) trestle.

caballito [kaßa'ʎito] *nm* (*caballo pequeño*) small horse, pony; **~s** *nmpl* (*en verbena*) roundabout *sg*, merry-go-round.

caballo [ka'ßaʎo] *nm* horse; (*AJEDREZ*) knight; (*NAIPES*) queen; **~ de vapor** o **de fuerza** horsepower.

cabaña [ka'ßaɲa] *nf* (*casita*) hut, cabin.

cabaré, cabaret [kaßa're] (*pl* **cabarés, cabarets**) *nm* cabaret.

cabecear [kaßeθe'ar] *vt, vi* to nod.

cabecera [kaße'θera] *nf* head; (*de distrito*) chief town; (*IMPRENTA*) headline.

cabecilla [kaße'θiʎa] *nm/f* ringleader.

cabellera [kaße'ʎera] *nf* (head of) hair; (*de cometa*) tail.

cabello [ka'ßeʎo] *nm* (*tb*: **~s**) hair *sg*.

caber [ka'ßer] *vi* (*entrar*) to fit, go; **caben 3 más** there's room for 3 more.

cabestrillo [kaßes'triʎo] *nm* sling.

cabestro [ka'ßestro] *nm* halter.

cabeza [ka'ßeθa] *nf* head; (*POL*) chief, leader; **~da** *nf* (*golpe*) butt; **dar ~das** to nod off.

cabida [ka'ßiða] *nf* space.

cabildo [ka'ßildo] *nm* (*de iglesia*) chapter; (*POL*) town council.

cabina [ka'ßina] *nf* cabin; (*de camión*) cab; **~ telefónica** telephone box (*Brit*) o booth.

cabizbajo, a [kaßiθ'ßaxo, a] *a* crestfallen, dejected.

cable ['kaßle] *nm* cable.

cabo ['kaßo] *nm* (*de objeto*) end,

extremity; (*MIL*) corporal; (*NAUT*) rope, cable; (*GEO*) cape; **al ~ de 3 días** after 3 days.

cabra [ˈkaβra] *nf* goat.

cabré *etc vb ver* **caber**.

cabrío, a [kaˈβrio, a] *a* goatish; **macho ~** (he-)goat, billy goat.

cabriola [kaˈβrjola] *nf* caper.

cabritilla [kaβriˈtiʎa] *nf* kid, kidskin.

cabrito [kaˈβrito] *nm* kid.

cabrón [kaˈβron] *nm* cuckold; (*fam!*) bastard (!).

cacahuete [kakaˈwete] *nm* (*Esp*) peanut.

cacao [kaˈkao] *nm* cocoa; (*BOT*) cacao.

cacarear [kakareˈar] *vi* (*persona*) to boast; (*gallina*) to crow.

cacería [kaθeˈria] *nf* hunt.

cacerola [kaθeˈrola] *nf* pan, saucepan.

cacique [kaˈθike] *nm* chief, local ruler; (*POL*) local party boss; **caciquismo** *nm* system of dominance by the local boss.

caco [ˈkako] *nm* pickpocket.

cacto [ˈkakto] *nm*, **cactus** [ˈkaktus] *nm inv* cactus.

cacharro [kaˈtʃarro] *nm* earthenware pot; **~s** *nmpl* pots and pans.

cachear [katʃeˈar] *vt* to search, frisk.

cachemir [katʃeˈmir] *nm* cashmere.

cacheo [kaˈtʃeo] *nm* searching, frisking.

cachete [kaˈtʃete] *nm* (*ANAT*) cheek; (*bofetada*) slap (in the face).

cachimba [kaˈtʃimba] *nf* pipe.

cachiporra [katʃiˈporra] *nf* truncheon.

cachivache [katʃiˈβatʃe] *nm* (*trasto*) piece of junk; **~s** *nmpl* junk *sg*.

cacho [ˈkatʃo, a] *nm* (small) bit; (*AM: cuerno*) horn.

cachondeo [katʃonˈdeo] *nm* (*fam*) farce, joke.

cachondo, a [kaˈtʃondo, a] *a* (*ZOOL*) on heat; (*fam*) randy, sexy; (*gracioso*) funny.

cachorro, a [kaˈtʃorro, a] *nm/f* (*perro*) pup, puppy; (*león*) cub.

cada [ˈkaða] *a inv* each; (*antes de número*) every; **~ día** each day, every day; **~ dos días** every other day; **~ uno/a** each one, every one; **~ vez más** more and more; **uno de ~ diez** one out of every ten.

cadalso [kaˈðalso] *nm* scaffold.

cadáver [kaˈðaβer] *nm* (dead) body, corpse.

cadena [kaˈðena] *nf* chain; (*TV*) channel; **trabajo en ~** assembly line work.

cadencia [kaˈðenθja] *nf* cadence, rhythm.

cadera [kaˈðera] *nf* hip.

cadete [kaˈðete] *nm* cadet.

caducar [kaðuˈkar] *vi* to expire; **caduco, a** *a* expired; (*persona*) very old.

C.A.E. *abr* (= *cóbrese al entregar*) COD.

caer [kaˈer] *vi*, **caerse** *vr* to fall (down); **me cae bien/mal** I get on well with him/I can't stand him; **~ en la cuenta** to catch on; **su cumpleaños cae en viernes** her birthday falls on a Friday.

café [kaˈfe] (*pl ~s*) *nm* (*bebida, planta*) coffee; (*lugar*) café // *a* (*color*) brown; **~ con leche** white coffee; **~ solo** black coffee; **cafetal** *nm* coffee plantation.

cafetería [kafeteˈria] *nf* (*gen*) café.

cafetero, a [kafeˈtero, a] *a* coffee *cpd*; **ser muy ~** to be a coffee addict // *nf* coffee pot.

cagar [kaˈɣar] *vt* (*fam!*) to shit (!); to bungle, mess up // *vi* to have a shit (!).

caída [kaˈiða] *nf* fall; (*declive*) slope; (*disminución*) fall, drop.

caiga *etc vb ver* **caer**.

caimán [kaiˈman] *nm* alligator.

caja [ˈkaxa] *nf* box; (*para reloj*) case; (*de ascensor*) shaft; (*COM*) cashbox; (*donde se hacen los pagos*) cashdesk; (: *en supermercado*) checkout, till; **~ de ahorros** savings bank; **~ de cambios** gearbox; **~ fuerte, ~ de caudales** safe, strongbox.

cajero, a [kaˈxero, a] *nm/f* cashier.

cajetilla [kaxeˈtiʎa] *nf* (*de cigarrillos*) packet.

cajón [kaˈxon] *nm* big box; (*de mueble*) drawer.

cal [kal] *nf* lime.

cala [ˈkala] *nf* (*GEO*) cove, inlet; (*de barco*) hold.

calabacín [kalaβaˈθin] *nm* (*BOT*) baby marrow; (: *más pequeño*) courgette (*Brit*), zucchini (*US*).

calabacita [kalaβaˈθita] *nf* (*AM*) courgette (*Brit*), zucchini (*US*).

calabaza [kalaˈβaθa] *nf* (*BOT*) pumpkin.

calabozo [kalaˈβoθo] *nm* (*cárcel*) prison; (*celda*) cell.

calado, a [kaˈlaðo, a] *a* (*prenda*) lace *cpd* // *nm* (*NAUT*) draught // *nf* (*de cigarrillo*) puff.

calamar [kalaˈmar] *nm* squid.

calambre [kaˈlambre] *nm* (*tb: ~s*) cramp.

calamidad [kalamiˈðað] *nf* calamity, disaster.

calamina [kalaˈmina] *nf* calamine.

calaña [kaˈlaɲa] *nf* model, pattern.

calar [kaˈlar] *vt* to soak, drench; (*penetrar*) to pierce, penetrate; (*comprender*) to see through; (*vela, red*) to lower; **~se** *vr* (*AUTO*) to stall; **~se las gafas** to stick one's glasses on.

calavera [kalaˈβera] *nf* skull.

calcañal [kalkaˈɲal], **calcañar** [kalkaˈɲar], **calcaño** [kalˈkaɲo] *nm* heel.

calcar [kalˈkar] *vt* (*reproducir*) to trace; (*imitar*) to copy.

calceta [kalˈθeta] *nf* (knee-length) stocking; **hacer ~** to knit.

calcetín [kalθeˈtin] *nm* sock.

calcinar [kalθiˈnar] *vt* to burn, blacken.

calcio [ˈkalθjo] *nm* calcium.

calco [ˈkalko] *nm* tracing.

calcomanía [kalkomaˈnia] *nf* transfer.

calculadora [kalkula'ðora] *nf* calculator.
calcular [kalku'lar] *vt* (*MAT*) to calculate, compute; ~ *que* ... to reckon that ...; **cálculo** *nm* calculation.
caldear [kalde'ar] *vt* to warm (up), heat (up).
caldera [kal'dera] *nf* boiler.
calderilla [kalde'riʎa] *nf* (*moneda*) small change.
caldero [kal'dero] *nm* small boiler.
caldo ['kaldo] *nm* stock; (*consomé*) consommé.
calefacción [kalefak'θjon] *nf* heating; ~ **central** central heating.
calendario [kalen'darjo] *nm* calendar.
calentador [kalenta'ðor] *nm* heater.
calentar [kalen'tar] *vt* to heat (up); ~**se** *vr* to heat up, warm up; (*fig*: *discusión etc*) to get heated.
calentura [kalen'tura] *nf* (*MED*) fever, (high) temperature.
calibrar [kali'βrar] *vt* to gauge, measure; **calibre** *nm* (*de cañón*) calibre, bore; (*diámetro*) diameter; (*fig*) calibre.
calidad [kali'ðað] *nf* quality; **de** ~ quality *cpd*; **en** ~ **de** in the capacity of, as.
cálido, a ['kaliðo, a] *a* hot; (*fig*) warm.
caliente *etc vb ver* **calentar** // [ka'ljente] *a* hot; (*fig*) fiery; (*disputa*) heated; (*fam*: *cachondo*) randy.
calificación [kalifika'θjon] *nf* qualification; (*de alumno*) grade, mark.
calificar [kalifi'kar] *vt* to qualify; (*alumno*) to grade, mark; ~ **de** to describe as.
calizo, a [ka'liθo, a] *a* lime *cpd* // *nf* limestone.
calma ['kalma] *nf* calm; (*pachorra*) slowness.
calmante [kal'mante] *nm* sedative, tranquillizer.
calmar [kal'mar] *vt* to calm, calm down // *vi* (*tempestad*) to abate; (*mente etc*) to become calm.
calmoso, a [kal'moso, a] *a* calm, quiet.
calor [ka'lor] *nm* heat; (~ *agradable*) warmth.
caloría [kalo'ria] *nf* calorie.
calorífero, a [kalo'rifero, a] *a* heat-producing, heat-giving // *nm* heating system.
calumnia [ka'lumnja] *nf* calumny, slander; **calumnioso, a** *a* slanderous.
caluroso, a [kalu'roso, a] *a* hot; (*sin exceso*) warm; (*fig*) enthusiastic.
calvario [kal'βarjo] *nm* stations *pl* of the cross.
calvicie [kal'βiθje] *nf* baldness.
calvo, a ['kalβo, a] *a* bald; (*terreno*) bare, barren; (*tejido*) threadbare // *nf* bald patch; (*en bosque*) clearing.
calza ['kalθa] *nf* wedge, chock.
calzado, a [kal'θaðo, a] *a* shod // *nm* footwear // *nf* roadway, highway.
calzador [kalθa'ðor] *nm* shoehorn.

calzar [kal'θar] *vt* (*zapatos etc*) to wear; (*un mueble*) to put a wedge under; ~**se** *vr*: ~**se los zapatos** to put on one's shoes; ¿**qué (número) calza?** what size do you take?
calzón [kal'θon] *nm* (*tb*: **calzones** *nmpl*) shorts *pl*; (*AM*: *de hombre*) pants, (: *de mujer*) panties.
calzoncillos [kalθon'θiʎos] *nmpl* underpants.
callado, a [ka'ʎaðo, a] *a* quiet.
callar [ka'ʎar] *vt* (*asunto delicado*) to keep quiet about, say nothing about; (*persona, opinión*) to silence // *vi*, ~**se** *vr* to keep quiet, be silent; ¡**cállate!** be quiet!, shut up!
calle ['kaʎe] *nf* street; (*DEPORTE*) lane; ~ **arriba/abajo** up/down the street; ~ **de un solo sentido** one-way street.
calleja [ka'ʎexa] *nf* alley, narrow street; **callejear** *vi* to wander (about) the streets; **callejero, a** *a* street *cpd* // *nm* street map; **callejón** *nm* alley, passage; **callejón sin salida** cul-de-sac; **callejuela** *nf* side-street, alley.
callista [ka'ʎista] *nm/f* chiropodist.
callo [ka'ʎo] *nm* callus; (*en el pie*) corn; ~**s** *nmpl* (*CULIN*) tripe *sg*; ~**so, a** *a* horny, rough.
cama ['kama] *nf* bed; (*GEO*) stratum; ~ **individual/de matrimonio** single/double bed.
camada [ka'maða] *nf* litter; (*de personas*) gang, band.
camafeo [kama'feo] *nm* cameo.
cámara ['kamara] *nf* chamber; (*habitación*) room; (*sala*) hall; (*CINE*) cine camera; (*fotográfica*) camera; ~ **de aire** inner tube.
camarada [kama'raða] *nm* comrade, companion.
camarera [kama'rera] *nf* (*en restaurante*) waitress; (*en casa, hotel*) maid.
camarero [kama'rero] *nm* waiter.
camarilla [kama'riʎa] *nf* (*clan*) clique; (*POL*) lobby.
camarín [kama'rin] *nm* dressing room.
camarón [kama'ron] *nm* shrimp.
camarote [kama'rote] *nm* cabin.
cambiable [kam'bjaßle] *a* (*variable*) changeable, variable; (*intercambiable*) interchangeable.
cambiante [kam'bjante] *a* variable.
cambiar [kam'bjar] *vt* to change; (*dinero*) to exchange // *vi* to change; ~**se** *vr* (*mudarse*) to move; (*de ropa*) to change; ~ **de idea** to change one's mind; ~ **de ropa** to change (one's clothes).
cambiazo [kam'bjaθo] *nm*: **dar el** ~ **a uno** to swindle sb.
cambio ['kambjo] *nm* change; (*trueque*) exchange; (*COM*) rate of exchange; (*oficina*) bureau de change; (*dinero menudo*) small change; **en** ~ on the other hand; (*en lugar de*) instead; ~ **de**

divisas foreign exchange; ~ de velocidades gear lever; ~ de vía points pl.

cambista [kam'bista] nm (COM) exchange broker.

camelar [kame'lar] vt (con mujer) to flirt with; (persuadir) to cajole.

camello [ka'meʎo] nm camel; (fam: traficante) pusher.

camilla [ka'miʎa] nf (MED) stretcher.

caminante [kami'nante] nm/f traveller.

caminar [kami'nar] vi (marchar) to walk, go; (viajar) to travel, journey // vt (recorrer) to cover, travel.

caminata [kami'nata] nf long walk; (por el campo) hike.

camino [ka'mino] nm way, road; (sendero) track; a medio ~ halfway (there); en el ~ on the way, en route; ~ de on the way to; ~ particular private road.

camión [ka'mjon] nm lorry (Brit), truck (US); **camionero, a** nm/f lorry o truck driver.

camioneta [kamjo'neta] nf van, light truck.

camisa [ka'misa] nf shirt; (BOT) skin; ~ de dormir nightdress; ~ de fuerza straitjacket; **camisería** nf outfitter's (shop).

camiseta [kami'seta] nf (prenda) tee-shirt; (: ropa interior) vest; (de deportista) top.

camisón [kami'son] nm nightdress, nightgown.

camorra [ka'morra] nf: armar o buscar ~ to look for trouble, kick up a fuss.

campamento [kampa'mento] nm camp.

campana [kam'pana] nf bell; ~da nf peal; ~rio nm belfry.

campanilla [kampa'niʎa] nf small bell.

campaña [kam'paɲa] nf (MIL, POL) campaign.

campechano, a [kampe'tʃano, a] a (franco) open.

campeón, ona [kampe'on, ona] nm/f champion; **campeonato** nm championship.

campesino, a [kampe'sino, a] a country cpd, rural; (gente) peasant cpd // nm/f countryman/woman; (agricultor) farmer.

campestre [kam'pestre] a country cpd, rural.

camping ['kampin] nm camping; (lugar) campsite; ir de o hacer ~ to go camping.

campiña [kam'piɲa] nf countryside.

campo ['kampo] nm (fuera de la ciudad) country, countryside; (AGR, ELEC) field; (de fútbol) pitch; (de golf) course; (MIL) camp.

camposanto [kampo'santo] nm cemetery.

camuflaje [kamu'flaxe] nm camouflage.

cana ['kana] nf ver **cano**.

Canadá [kana'ða] nm Canada; **canadiense** a, nm/f Canadian // nf fur-lined jacket.

canal [ka'nal] nm canal; (GEO) channel, strait; (de televisión) channel; (de tejado) gutter; ~ de Panamá Panama Canal; **~izar** vt to channel.

canalón [kana'lon] nm (conducto vertical) drainpipe; (del tejado) gutter.

canalla [ka'naʎa] nf rabble, mob // nm swine.

canapé [kana'pe] (pl ~s) nm sofa, settee; (CULIN) canapé.

Canarias [ka'narjas] nfpl: (las Islas) ~ the Canary Islands, the Canaries.

canario, a [ka'narjo, a] a, nm/f (native) of the Canary Isles // nm (ZOOL) canary.

canasta [ka'nasta] nf (round) basket; **canastilla** [-'tiʎa] nf small basket; (de niño) layette.

canasto [ka'nasto] nm large basket.

cancela [kan'θela] nf gate.

cancelación [kanθela'θjon] nf cancellation.

cancelar [kanθe'lar] vt to cancel; (una deuda) to write off.

cáncer ['kanθer] nm (MED) cancer; C~ (ASTROLOGÍA) Cancer.

canciller [kanθi'ʎer] nm chancellor.

canción [kan'θjon] nf song; ~ de cuna lullaby; **cancionero** nm song book.

cancha ['kantʃa] nf (de baloncesto, tenis etc) court; (AM: de fútbol) pitch.

candado [kan'daðo] nm padlock.

candela [kan'dela] nf candle.

candelero [kande'lero] nm (para vela) candlestick; (de aceite) oil lamp.

candente [kan'dente] a red-hot; (fig: tema) burning.

candidato, a [kandi'ðato, a] nm/f candidate.

candidez [kandi'ðeθ] nf (sencillez) simplicity; (simpleza) naiveté; **cándido, a** a simple; naive.

candil [kan'dil] nm oil lamp; **~ejas** [-'lexas] nfpl (TEATRO) footlights.

candor [kan'dor] nm (sinceridad) frankness; (inocencia) innocence.

canela [ka'nela] nf cinnamon.

cangrejo [kaŋ'grexo] nm crab.

canguro [kaŋ'guro] nm kangaroo; hacer de ~ to babysit.

caníbal [ka'niβal] a, nm/f cannibal.

canica [ka'nika] nf marble.

canijo, a [ka'nixo, a] a frail, sickly.

canino, a [ka'nino, a] a canine // nm canine (tooth).

canjear [kanxe'ar] vt to exchange.

cano, a ['kano, a] a grey-haired, white-haired // nf white o grey hair; tener canas to be going grey.

canoa [ka'noa] nf canoe.

canon ['kanon] nm canon; (pensión) rent; (COM) tax.

canónigo [ka'noniɣo] *nm* canon.

canonizar [kanoni'θar] *vt* to canonize.

cansado, a [kan'saðo, a] *a* tired, weary; (*tedioso*) tedious, boring.

cansancio [kan'sanθjo] *nm* tiredness, fatigue.

cansar [kan'sar] *vt* (*fatigar*) to tire, tire out; (*aburrir*) to bore; (*fastidiar*) to bother; ~**se** *vr* to tire, get tired; (*aburrirse*) to get bored.

cantábrico, a [kan'taßriko, a] *a* Cantabrian; **mar C~** ≈ Bay of Biscay.

cantante [kan'tante] *a* singing // *nm/f* singer.

cantar [kan'tar] *vt* to sing // *vi* to sing; (*insecto*) to chirp; (*rechinar*) to squeak // *nm* (*acción*) singing; (*canción*) song; (*poema*) poem.

cántara ['kantara] *nf* large pitcher.

cántaro ['kantaro] *nm* pitcher, jug; **llover a ~s** to rain cats and dogs.

cante ['kante] *nm*: ~ **jondo** flamenco singing.

cantera [kan'tera] *nf* quarry.

cantidad [kanti'ðað] *nf* quantity, amount.

cantilena [kanti'lena] *nf* = **cantinela**.

cantimplora [kantim'plora] *nf* (*frasco*) water bottle, canteen.

cantina [kan'tina] *nf* canteen; (*de estación*) buffet.

cantinela [kanti'nela] *nf* ballad, song.

canto ['kanto] *nm* singing; (*canción*) song; (*borde*) edge, rim; (*de un cuchillo*) back; ~ **rodado** boulder.

cantor, a [kan'tor, a] *nm/f* singer.

canturrear [kanturre'ar] *vi* to sing softly.

canuto [ka'nuto] *nm* (*tubo*) small tube; (*fam: droga*) joint.

caña ['kaɲa] *nf* (*BOT: tallo*) stem, stalk; (*carrizo*) reed; (*vaso*) tumbler; (*de cerveza*) glass of beer; (*ANAT*) shinbone; ~ **de azúcar** sugar cane; ~ **de pescar** fishing rod.

cañada [ka'ɲaða] *nf* (*entre dos montañas*) gully, ravine; (*camino*) cattle track.

cáñamo ['kaɲamo] *nm* hemp.

caño [ka'ɲo] *nm* (*tubo*) tube, pipe; (*de albañal*) sewer; (*MUS*) pipe; (*de fuente*) jet.

cañón [ka'ɲon] *nm* (*MIL*) cannon; (*de fusil*) barrel; (*GEO*) canyon, gorge.

cañonera [kaɲo'nera] *nf* (*tb: lancha* ~) gunboat.

caoba [ka'oßa] *nf* mahogany.

caos ['kaos] *nm* chaos.

cap. *abr* (= *capítulo*) ch.

capa ['kapa] *nf* cloak, cape; (*GEO*) layer, stratum; **so** ~ **de** under the pretext of.

capacidad [kapaθi'ðað] *nf* (*medida*) capacity; (*aptitud*) capacity, ability.

capacitación [kapaθita'θjon] *nf* training.

capar [ka'par] *vt* to castrate, geld.

caparazón [kapara'θon] *nm* shell.

capataz [kapa'taθ] *nm* foreman.

capaz [ka'paθ] *a* able, capable; (*amplio*) capacious, roomy.

capcioso, a [kap'θjoso, a] *a* wily, deceitful.

capellán [kape'ʎan] *nm* chaplain; (*sacerdote*) priest.

caperuza [kape'ruθa] *nf* hood.

capilla [ka'piʎa] *nf* chapel.

capital [kapi'tal] *a* capital // *nm* (*COM*) capital // *nf* (*ciudad*) capital; ~ **social** share capital.

capitalismo [kapita'lismo] *nm* capitalism; **capitalista** *a, nm/f* capitalist.

capitalizar [kapitali'θar] *vt* to capitalize.

capitán [kapi'tan] *nm* captain.

capitanear [kapitane'ar] *vt* to captain.

capitolio [kapi'toljo] *nm* capitol.

capitulación [kapitula'θjon] *nf* (*rendición*) capitulation, surrender; (*acuerdo*) agreement, pact; **capitulaciones** (*matrimoniales*) *nfpl* marriage contract *sg*.

capitular [kapitu'lar] *vi* to come to terms, make an agreement.

capítulo [ka'pitulo] *nm* chapter.

capó [ka'po] *nm* (*AUTO*) bonnet.

capón [ka'pon] *nm* (*gallo*) capon.

caporal [kapo'ral] *nm* chief, leader.

capota [ka'pota] *nf* (*de mujer*) bonnet; (*AUTO*) hood (*Brit*), top (*US*).

capote [ka'pote] *nm* (*abrigo: de militar*) greatcoat; (: *de torero*) cloak.

Capricornio [kapri'kornjo] *nm* Capricorn.

capricho [ka'pritʃo] *nm* whim, caprice; ~**so, a** *a* capricious.

cápsula ['kapsula] *nf* capsule.

captar [kap'tar] *vt* (*comprender*) to understand; (*RADIO*) to pick up; (*atención, apoyo*) to attract.

captura [kap'tura] *nf* capture; (*JUR*) arrest; **capturar** *vt* to capture; to arrest.

capucha [ka'putʃa] *nf* hood, cowl.

capullo [ka'puʎo] *nm* (*BOT*) bud; (*ZOOL*) cocoon; (*fam*) idiot.

caqui ['kaki] *nm* khaki.

cara ['kara] *nf* (*ANAT, de moneda*) face; (*aspecto*) appearance; (*de disco*) side; (*fig*) boldness; ~ **a** *ad* facing; **de** ~ **a** opposite, facing; **dar la** ~ to face the consequences; **¿~ o cruz?** heads or tails?; **¡qué** ~ **más dura!** what a nerve!

carabina [kara'ßina] *nf* carbine, rifle; (*persona*) chaperone.

Caracas [ka'rakas] *n* Caracas.

caracol [kara'kol] *nm* (*ZOOL*) snail; (*concha*) (sea) shell.

caracolear [karakole'ar] *vi* (*caballo*) to prance about.

carácter [ka'rakter] (*pl* **caracteres**) *nm* character; **tener buen/mal** ~ to be good natured/bad tempered.

característico, a [karakte'ristiko, a] *a* characteristic // *nf* characteristic.

caracterizar [karakteri'θar] *vt* (*distinguir*) to characterize, typify; (*honrar*) to confer (a) distinction on.

caradura [kara'ðura] *nm/f*: **es un ~** he's got a nerve.

carajo [ka'raxo] *nm* (*fam!*): **¡~!** shit! (*!*).

caramba [ka'ramba] *excl* good gracious!

carámbano [ka'rambano] *nm* icicle.

caramelo [kara'melo] *nm* (*dulce*) sweet; (*azúcar fundida*) caramel.

carapacho [kara'patʃo] *nm* shell, carapace.

caraqueño, a [kara'keɲo, a] *a, nm/f* of *o* from Caracas.

carátula [ka'ratula] *nf* (*careta, máscara*) mask; (*TEATRO*): **la ~** the stage.

caravana [kara'ßana] *nf* caravan; (*fig*) group; (*AUTO*) tailback.

carbón [kar'ßon] *nm* coal; **papel ~** carbon paper; **carboncillo** *nm* (*ARTE*) charcoal; **carbonero, a** *nm/f* coal merchant; **carbonilla** [-'niʎa] *nf* coal dust.

carbonizar [karßoni'θar] *vt* to carbonize; (*quemar*) to char.

carbono [kar'ßono] *nm* carbon.

carburador [karßura'ðor] *nm* carburettor.

carcajada [karka'xaða] *nf* (loud) laugh, guffaw.

cárcel [ˈkarθel] *nf* prison, jail; (*TEC*) clamp; **carcelero, a** *a* prison *cpd* // *nm/f* warder.

carcomer [karko'mer] *vt* to bore into, eat into; (*fig*) to undermine; **~se** *vr* to become worm-eaten; (*fig*) to decay; **carcomido, a** *a* worm-eaten; (*fig*) rotten.

cardenal [karðe'nal] *nm* (*REL*) cardinal; (*MED*) bruise.

cárdeno, a [ˈkarðeno, a] *a* purple; (*lívido*) livid.

cardíaco, a [kar'ðiako, a] *a* cardiac, heart *cpd*.

cardinal [karði'nal] *a* cardinal.

cardo [ˈkarðo] *nm* thistle.

carear [kare'ar] *vt* to bring face to face; (*comparar*) to compare; **~se** *vr* to come face to face, meet.

carecer [kare'θer] *vi*: **~ de** to lack, be in need of.

carencia [ka'renθja] *nf* lack; (*escasez*) shortage; (*MED*) deficiency.

carente [ka'rente] *a*: **~ de** lacking in, devoid of.

carestía [kares'tia] *nf* (*escasez*) scarcity, shortage; (*COM*) high cost.

careta [ka'reta] *nf* mask.

carga [ˈkarva] *nf* (*peso, ELEC*) load; (*de barco*) cargo, freight; (*MIL*) charge; (*obligación, responsabilidad*) duty, obligation.

cargado, a [kar'xaðo, a] *a* loaded; (*ELEC*) live; (*café, té*) strong; (*cielo*) overcast.

cargamento [karva'mento] *nm* (*acción*) loading; (*mercancías*) load, cargo.

cargar [kar'xar] *vt* (*barco, arma*) to load; (*ELEC*) to charge; (*COM: algo en cuenta*) to charge; (*INFORM*) to load // *vi* (*MIL: enemigo*) to charge; (*AUTO*) to load (up); (*inclinarse*) to lean; **~ con** to pick up, carry away; (*peso, fig*) to shoulder, bear; **~se** *vr* (*fam: estropear*) to break; (: *matar*) to bump off.

cargo [ˈkarxo] *nm* (*puesto*) post, office; (*responsabilidad*) duty, obligation; (*fig*) weight, burden; (*JUR*) charge; **hacerse ~ de** to take charge of *o* responsibility for.

carguero [kar'vero] *nm* freighter, cargo boat; (*avión*) freight plane.

Caribe [ka'riße] *nm*: **el ~** the Caribbean; **del ~** Caribbean.

caribeño, a [kari'ßeɲo, a] *a* Caribbean.

caricatura [karika'tura] *nf* caricature.

caricia [ka'riθja] *nf* caress.

caridad [kari'ðað] *nf* charity.

caries [ˈkarjes] *nf inv* (*MED*) tooth decay.

cariño [ka'riɲo] *nm* affection, love; (*caricia*) caress; (*en carta*) love...; **~so, a** *a* affectionate.

caritativo, a [karita'tißo, a] *a* charitable.

cariz [ka'riθ] *nm*: **tener** *o* **tomar buen/mal ~** to look good/bad.

carmesí [karme'si] *a, nm* crimson.

carmín [kar'min] *nm* lipstick.

carnal [kar'nal] *a* carnal; **primo ~** first cousin.

carnaval [karna'ßal] *nm* carnival.

carne [ˈkarne] *nf* flesh; (*CULIN*) meat; **~ de cerdo/cordero/ternera/vaca** pork/lamb/veal/beef.

carné [kar'ne] *nm*: **~ de conducir** driving licence (*Brit*), driver's license (*US*); **~ de identidad** identity card.

carnero [kar'nero] *nm* sheep; ram; (*carne*) mutton.

carnet [kar'ne(t)] *nm* = **carné**.

carnicería [karniθe'ria] *nf* butcher's (shop); (*fig: matanza*) carnage, slaughter.

carnicero, a [karni'θero, a] *a* carnivorous // *nm/f* (*tb fig*) butcher; (*carnívoro*) carnivore.

carnívoro, a [kar'nißoro, a] *a* carnivorous.

carnoso, a [kar'noso, a] *a* beefy, fat.

caro, a [ˈkaro, a] *a* dear; (*COM*) dear, expensive // *ad* dear, dearly.

carpa [ˈkarpa] *nf* (*pez*) carp; (*de circo*) big top; (*AM: de camping*) tent.

carpeta [kar'peta] *nf* folder, file.

carpintería [karpinte'ria] *nf* carpentry, joinery; **carpintero** *nm* carpenter.

carraspera [karras'pera] *nf* hoarseness.

carrera [ka'rrera] *nf* (*acción*) run(ning); (*espacio recorrido*) run; (*certamen*) race; (*trayecto*) course; (*profesión*) career; (*ESCOL*) course.

carreta [ka'rreta] *nf* wagon, cart.

carrete [ka'rrete] *nm* reel, spool; (*TEC*) coil.

carretera [karre'tera] *nf* (main) road, highway; ~ **de circunvalación** ring road; ~ **nacional** ≈ A road (*Brit*), state highway (*US*).

carretilla [karre'tiʎa] *nf* trolley; (*AGR*) (wheel)barrow.

carril [ka'rril] *nm* furrow; (*de autopista*) lane; (*FERRO*) rail.

carrillo [ka'rriʎo] *nm* (*ANAT*) cheek; (*TEC*) pulley.

carrizo [ka'rriθo] *nm* reed.

carro ['karro] *nm* cart, wagon; (*MIL*) tank; (*AM: coche*) car.

carrocería [karroθe'ria] *nf* bodywork, coachwork.

carroña [ka'rroɲa] *nf* carrion *q*.

carrusel [karru'sel] *nm* merry-go-round, roundabout.

carta ['karta] *nf* letter; (*CULIN*) menu; (*naipe*) card; (*mapa*) map; (*JUR*) document; ~ **de crédito** credit card; ~ **certificada** registered letter; ~ **marítima** chart; ~ **verde** (*AUTO*) green card.

cartel [kar'tel] *nm* (*anuncio*) poster, placard; (*ESCOL*) wall chart; (*COM*) cartel; ~**era** *nf* hoarding, billboard; (*en periódico etc*) entertainments guide; '**en** ~**era**' 'showing'.

cartera [kar'tera] *nf* (*de bolsillo*) wallet; (*de colegial, cobrador*) satchel; (*de señora*) handbag; (*para documentos*) briefcase; (*COM*) portfolio; **ocupa la** ~ **de Agricultura** she is Minister of Agriculture.

carterista [karte'rista] *nm/f* pickpocket.

cartero [kar'tero] *nm* postman.

cartilla [kar'tiʎa] *nf* primer, first reading book; ~ **de ahorros** savings book.

cartón [kar'ton] *nm* cardboard.

cartucho [kar'tutʃo] *nm* (*MIL*) cartridge.

casa ['kasa] *nf* house; (*hogar*) home; (*edificio*) building; (*COM*) firm, company; ~ **consistorial** town hall; ~ **de huéspedes** boarding house; ~ **de socorro** first aid post.

casadero, a [kasa'ðero, a] *a* of marrying age.

casado, a [ka'saðo, a] *a* married // *nm/f* married man/woman.

casamiento [kasa'mjento] *nm* marriage, wedding.

casar [ka'sar] *vt* to marry; (*JUR*) to quash, annul; ~**se** *vr* to marry, get married.

cascabel [kaska'ßel] *nm* (small) bell.

cascada [kas'kaða] *nf* waterfall.

cascanueces [kaska'nweθes] *nm inv* nutcrackers.

cascar [kas'kar] *vt*, **cascarse** *vr* to crack, split, break (open).

cáscara ['kaskara] *nf* (*de huevo, fruta seca*) shell; (*de fruta*) skin; (*de limón*)

peel.

casco ['kasko] *nm* (*de bombero, soldado*) helmet; (*NAUT: de barco*) hull; (*ZOOL: de caballo*) hoof; (*botella*) empty bottle; (*de ciudad*): **el** ~ **antiguo** the old part; **el** ~ **urbano** the town centre.

cascote [kas'kote] *nm* rubble.

caserío [kase'rio] *nm* hamlet; (*casa*) country house.

casero, a [ka'sero, a] *a* (*pan etc*) homemade // *nm/f* (*propietario*) landlord/lady; (*COM*) house agent; **ser muy** ~ to be home-loving; '**comida casera**' 'home cooking'.

caseta [ka'seta] *nf* hut; (*para bañista*) cubicle; (*de feria*) stall.

casete [ka'sete] *nm o f* cassette.

casi ['kasi] *ad* almost, nearly; ~ **nada** hardly anything; ~ **nunca** hardly ever, almost never; ~ **te caes** you almost fell.

casilla [ka'siʎa] *nf* (*casita*) hut, cabin; (*TEATRO*) box office; (*AJEDREZ*) square; (*para cartas*) pigeonhole.

casino [ka'sino] *nm* club; (*de juego*) casino.

caso ['kaso] *nm* case; **en** ~ **de...** in case of...; **el** ~ **es que** the fact is that; **en ese** ~ in that case; **hacer** ~ **a** to pay attention to; **hacer** *o* **venir al** ~ to be relevant.

caspa ['kaspa] *nf* dandruff.

cassette [ka'sete] *nm o f* = **casete.**

casta ['kasta] *nf* caste; (*raza*) breed; (*linaje*) lineage.

castaña [kas'taɲa] *nf* chestnut.

castañetear [kastaɲete'ar] *vi* (*dientes*) to chatter.

castaño, a [kas'taɲo, a] *a* chestnut (-coloured), brown // *nm* chestnut tree.

castañuelas [kastaɲ'nwelas] *nfpl* castanets.

castellano, a [kaste'ʎano, a] *a* Castilian // *nm* (*LING*) Castilian, Spanish.

castidad [kasti'ðað] *nf* chastity, purity.

castigar [kasti'yar] *vt* to punish; (*DEPORTE*) to penalize; (*afligir*) to afflict; **castigo** *nm* punishment; (*DEPORTE*) penalty.

Castilla [kas'tiʎa] *nf* Castille.

castillo [kas'tiʎo] *nm* castle.

castizo, a [kas'tiθo, a] *a* (*LING*) pure; (*de buena casta*) purebred, pedigree.

casto, a ['kasto, a] *a* chaste, pure.

castor [kas'tor] *nm* beaver.

castrar [kas'trar] *vt* to castrate.

casual [ka'swal] *a* chance, accidental; ~**idad** *nf* chance, accident; (*combinación de circunstancias*) coincidence; **¡qué** ~**idad!** what a coincidence!

cataclismo [kata'klismo] *nm* cataclysm.

catador, a [kata'ðor, a] *nm/f* wine taster.

catalán, ana [kata'lan, ana] *a, nm/f* Catalan // *nm* (*LING*) Catalan.

catalizador [kataliθa'ðor] *nm* catalyst.

catálogo [ka'taloyo] *nm* catalogue.

Cataluña [kata'luɲa] nf Catalonia.

catar [ka'tar] vt to taste, sample.

catarata [kata'rata] nf (GEO) waterfall; (MED) cataract.

catarro [ka'tarro] nm catarrh; (constipado) cold.

catástrofe [ka'tastrofe] nf catastrophe.

catedral [kate'ðral] nf cathedral.

catedrático, a [kate'ðratiko, a] nm/f professor.

categoría [kateɣo'ria] nf category; (rango) rank, standing; (calidad) quality; de ~ (hotel) top-class.

categórico, a [kate'ɣoriko, a] a categorical.

catolicismo [katoli'θismo] nm Catholicism.

católico, a [ka'toliko, a] a, nm/f Catholic.

catorce [ka'torθe] num fourteen.

cauce ['kauθe] nm (de río) riverbed; (fig) channel.

caución [kau'θjon] nf bail; **caucionar** vt (JUR) to bail, go bail for.

caucho ['kautʃo] nm rubber; (AM: llanta) tyre.

caudal [kau'ðal] nm (de río) volume, flow; (fortuna) wealth; (abundancia) abundance; ~**oso, a** a (río) large; (persona) wealthy, rich.

caudillo [kau'ðiʎo] nm leader, chief.

causa ['kausa] nf (causa, razón) reason; (JUR) lawsuit, case; a ~ de because of.

causar [kau'sar] vt to cause.

cautela [kau'tela] nf caution, cautiousness; **cauteloso, a** a cautious, wary.

cautivar [kauti'βar] vt to capture; (fig) to captivate.

cautiverio [kauti'βerjo] nm, **cautividad** [kautiβi'ðað] nf captivity.

cautivo, a [kau'tiβo, a] a, nm/f captive.

cauto, a ['kauto, a] a cautious, careful.

cava ['kaβa] nm champagne-type wine.

cavar [ka'βar] vt to dig.

caverna [ka'βerna] nf cave, cavern.

cavidad [kaβi'ðað] nf cavity.

cavilar [kaβi'lar] vt to ponder.

cayado [ka'jaðo] nm (de pastor) crook; (de obispo) crozier.

cayendo etc vb ver **caer.**

caza ['kaθa] nf (acción: gen) hunting; (: con fusil) shooting; (una ~) hunt, chase; (animales) game // nm (AVIAT) fighter.

cazador, a [kaθa'ðor, a] nm/f hunter // nf jacket.

cazar [ka'θar] vt to hunt; (perseguir) to chase; (prender) to catch.

cazo ['kaθo] nm saucepan.

cazuela [ka'θwela] nf (vasija) pan; (guisado) casserole.

cebada [θe'βaða] nf barley.

cebar [θe'βar] vt (animal) to fatten (up); (anzuelo) to bait; (MIL, TEC) to prime.

cebo ['θeβo] nm (para animales) feed, food; (para peces, fig) bait; (de arma) charge.

cebolla [θe'βoʎa] nf onion; **cebollín** nm spring onion.

cebra ['θeβra] nf zebra.

cecear [θeθe'ar] vi to lisp; **ceceo** nm lisp.

cedazo [θe'ðaθo] nm sieve.

ceder [θe'ðer] vt to hand over, give up, part with // vi (renunciar) to give in, yield; (disminuir) to diminish, decline; (romperse) to give way.

cedro ['θeðro] nm cedar.

cédula ['θeðula] nf certificate, document.

CEE nf abr (= Comunidad Económica Europea) EEC.

cegar [θe'ɣar] vt to blind; (tubería etc) to block up, stop up // vi to go blind; ~**se** vr: ~**se (de)** to be blinded (by).

ceguera [θe'ɣera] nf blindness.

ceja ['θexa] nf eyebrow.

cejar [θe'xar] vi (fig) to back down.

celada [θe'laða] nf ambush, trap.

celador, a [θela'ðor, a] nm/f (de edificio) watchman; (de museo etc) attendant.

celda ['θelda] nf cell.

celebración [θeleβra'θjon] nf celebration.

celebrar [θele'βrar] vt to celebrate; (alabar) to praise // vi to be glad; ~**se** vr to occur, take place.

célebre ['θelebre] a famous.

celebridad [θeleβri'ðað] nf fame; (persona) celebrity.

celeste [θe'leste] a sky-blué; (ASTRO) celestial, heavenly.

celestial [θeles'tjal] a celestial, heavenly.

celibato [θeli'βato] nm celibacy.

célibe ['θeliβe] a, nm/f celibate.

celo ['θelo] nm zeal; (REL) fervour; (ZOOL): en ~ on heat; ~**s** nmpl jealousy sg; tener ~**s** to be jealous.

celofán [θelo'fan] nm cellophane.

celoso, a [θe'loso, a] a (envidioso) jealous; (trabajador) zealous; (desconfiado) suspicious.

celta ['θelta] a Celtic // nm/f Celt.

célula ['θelula] nf cell.

celuloide [θelu'loiðe] nm celluloid.

cementerio [θemen'terjo] nm cemetery, graveyard.

cemento [θe'mento] nm cement; (hormigón) concrete; (AM: cola) glue.

cena ['θena] nf evening meal, dinner.

cenagal [θena'ɣal] nm bog, quagmire.

cenar [θe'nar] vt to have for dinner // vi to have dinner.

cenicero [θeni'θero] nm ashtray.

cenit [θe'nit] nm zenith.

ceniza [θe'niθa] nf ash, ashes pl.

censo ['θenso] nm census; ~ **electoral** electoral roll.

censura [θen'sura] nf (POL) censorship; (moral) censure, criticism.

censurar [θensu'rar] vt (idea) to censure; (cortar: película) to censor.

centella [θen'teʎa] nf spark.

centellear [θente'ʎe'ar] vi (metal) to gleam; (estrella) to twinkle; (fig) to sparkle; **centelleo** nm gleam(ing); twinkling; sparkling.

centenar [θente'nar] nm hundred.

centenario, a [θente'narjo, a] a centenary; hundred-year-old // nm centenary.

centésimo, a [θen'tesimo, a] a hundredth.

centígrado [θen'tiγraðo] a centigrade.

centímetro [θen'timetro] nm centimetre (Brit), centimeter (US).

céntimo ['θentimo] nm cent.

centinela [θenti'nela] nm sentry, guard.

centollo [θen'toʎo] nm spider crab.

central [θen'tral] a central // nf head office; (TEC) plant; (TEL) exchange; ~ nuclear nuclear power station.

centralización [θentraliθa'θjon] nf centralization.

centralizar [θentrali'θar] vt to centralize.

centrar [θen'trar] vt to centre.

céntrico, a [θ'θentriko, a] a central.

centrista [θen'trista] a centre cpd.

centro ['θentro] nm centre; ~ comercial shopping centre; ~ juvenil youth club.

centroamericano, a [θentroameri'kano, a] a, nm/f Central American.

ceñir [θe'ɲir] vt (rodear) to encircle, surround; (ajustar) to fit (tightly); (apretar) to tighten.

ceño ['θeɲo] nm frown, scowl; fruncir el ~ to frown, knit one's brow.

CEOE nf abr (Esp = Confederación Española de Organizaciones Empresariales) ≈ CBI (Brit), employers' organization.

cepillar [θepi'ʎar] vt to brush; (madera) to plane (down).

cepillo [θe'piʎo] nm brush; (para madera) plane.

cera ['θera] nf wax.

cerámica [θe'ramika] nf ceramics sg, pottery.

cerca ['θerka] nf fence // ad near, nearby, close; ~s nmpl foreground sg; ~ de prep near, close to.

cercanía [θerka'nia] nf nearness, closeness; ~s nfpl outskirts, suburbs.

cercano, a [θer'kano, a] a close, near.

cercar [θer'kar] vt to fence in; (rodear) to surround.

cerciorar [θerθjo'rar] vt (asegurar) to assure; ~se vr (descubrir) to find out; (asegurarse) to make sure.

cerco ['θerko] nm (AGR) enclosure; (AM) fence; (MIL) siege.

cerdo ['θerðo] nm pig.

cereal [θere'al] nm cereal; ~es nmpl cereals, grain sg.

cerebro [θe'reβro] nm brain; (fig) brains pl.

ceremonia [θere'monja] nf ceremony; **ceremonial** a, nm ceremonial;

ceremonioso, a a ceremonious; (cumplido) formal.

cereza [θe'reθa] nf cherry.

cerilla [θe'riʎa] nf (fósforo) match.

cernerse [θer'nerse] vr to hover.

cernidor [θerni'ðor] nm sieve.

cero ['θero] nm nothing, zero.

cerrado, a [θe'rraðo, a] a closed, shut; (con llave) locked; (tiempo) cloudy, overcast; (curva) sharp; (acento) thick, broad.

cerradura [θerra'ðura] nf (acción) closing; (mecanismo) lock.

cerrajero [θerra'xero] nm locksmith.

cerrar [θe'rrar] vt to close, shut; (paso, carretera) to close; (grifo) to turn off; (cuenta, negocio) to close // vi to close, shut; (la noche) to come down; ~se vr to close, shut; ~ con llave to lock; ~ un trato to strike a bargain.

cerro ['θerro] nm hill.

cerrojo [θe'rroxo] nm (herramienta) bolt; (de puerta) latch.

certamen [θer'tamen] nm competition, contest.

certero, a [θer'tero, a] a (gen) accurate.

certeza [θer'teθa], **certidumbre** [θerti'ðumbre] nf certainty.

certificado [θertifi'kaðo] nm certificate.

certificar [θertifi'kar] vt (asegurar, atestar) to certify.

cervatillo [θerβa'tiʎo] nm fawn.

cervecería [θerβeθe'ria] nf (fábrica) brewery; (bar) public house, pub.

cerveza [θer'βeθa] nf beer.

cesación [θesa'θjon] nf cessation, suspension.

cesante [θe'sante] a redundant.

cesantía [θesan'tia] nf unemployment.

cesar [θe'sar] vi to cease, stop // vt (funcionario) to remove from office.

cese ['θese] nm (de trabajo) dismissal; (de pago) suspension.

césped ['θespeð] nm grass, lawn.

cesta ['θesta] nf basket.

cesto ['θesto] nm (large) basket, hamper.

cetro ['θetro] nm sceptre.

cfr abr (= confróntese) cf.

ch... ver bajo la letra CH, después de C.

Cía abr (= compañía) Co.

cianuro [θja'nuro] nm cyanide.

cicatriz [θika'triθ] nf scar; ~ar vt to heal; ~arse vr to heal (up), form a scar.

ciclismo [θi'klismo] nm cycling.

ciclo ['θiklo] nm cycle.

ciclón [θi'klon] nm cyclone.

ciego, a ['θjeγo, a] a blind // nm/f blind man/woman.

cielo ['θjelo] nm sky; (REL) heaven; ¡~s! good heavens!

ciempiés [θjem'pjes] nm inv centipede.

cien [θjen] num ver ciento.

ciénaga ['θjenaγa] nf marsh, swamp.

ciencia ['θjenθja] nf science; ~s nfpl

(*ESCOL*) science *sg*; **~-ficción** *nf* science fiction.

cieno ['θjeno] *nm* mud, mire.

científico, a [θjen'tifiko, a] *a* scientific // *nm/f* scientist.

ciento ['θjento], **cien** *num* hundred; **pagar al 10 por ~** to pay at 10 per cent.

cierne ['θjerne] *nm*: **en ~** in blossom.

cierre *etc vb ver* **cerrar** // ['θjerre] *nm* closing, shutting; (*con llave*) locking; **~ de cremallera** zip (fastener).

cierro *etc vb ver* **cerrar**.

cierto, a ['θjerto, a] *a* sure, certain; (*un tal*) a certain; (*correcto*) right, correct; **~ hombre** a certain man; **ciertas personas** certain *o* some people; **sí, es ~** yes, that's correct.

ciervo ['θjerβo] *nm* (*ZOOL*) deer; (: *macho*) stag.

cierzo ['θjerθo] *nm* north wind.

cifra ['θifra] *nf* number, numeral; (*cantidad*) number, quantity; (*secreta*) code.

cifrar [θi'frar] *vt* to code, write in code; (*resumir*) to abridge.

cigala [θi'vala] *nf* Norway lobster.

cigarra [θi'varra] *nf* cicada.

cigarrera [θiva'rrera] *nf* cigar case.

cigarrillo [θiva'rriʎo] *nm* cigarette.

cigarro [θi'varro] *nm* cigarette; (*puro*) cigar.

cigüeña [θi'ɣweɲa] *nf* stork.

cilíndrico, a [θi'lindriko, a] *a* cylindrical.

cilindro [θi'lindro] *nm* cylinder.

cima ['θima] *nf* (*de montaña*) top, peak; (*de árbol*) top; (*fig*) height.

címbalo ['θimbalo] *nm* cymbal.

cimbrar [θim'brar], **cimbrear** [θimbre'ar] *vt* to brandish; **~se** *vr* to sway.

cimentar [θimen'tar] *vt* to lay the foundations of; (*fig: fundar*) to found.

cimiento [θi'mjento] *nm* foundation.

cinc [θink] *nm* zinc.

cincel [θin'θel] *nm* chisel; **~ar** *vt* to chisel.

cinco ['θinko] *num* five.

cincuenta [θin'kwenta] *num* fifty.

cine ['θine] *nm* cinema.

cineasta [θine'asta] *nm/f* (*director de cine*) film director.

cinematográfico, a [θinemato'vrafiko, a] *a* cine-, film *cpd*.

cínico, a ['θiniko, a] *a* cynical // *nm/f* cynic.

cinismo [θi'nismo] *nm* cynicism.

cinta ['θinta] *nf* band, strip; (*de tela*) ribbon; (*película*) reel; (*de máquina de escribir*) ribbon; **~ adhesiva** sticky tape; **~ magnetofónica** tape; **~ métrica** tape measure.

cinto ['θinto] *nm* belt.

cintura [θin'tura] *nf* waist.

cinturón [θintu'ron] *nm* belt; **~ de seguridad** safety belt.

ciprés [θi'pres] *nm* cypress (tree).

circo ['θirko] *nm* circus.

circuito [θir'kwito] *nm* circuit.

circulación [θirkula'θjon] *nf* circulation; (*AUTO*) traffic.

circular [θirku'lar] *a, nf* circular // *vi, vt* to circulate // *vi.* (*AUTO*) to drive; 'circule por la derecha' 'keep (to the) right'.

círculo ['θirkulo] *nm* circle.

circuncidar [θirkunθi'dar] *vt* to circumcise.

circundar [θirkun'dar] *vt* to surround.

circunferencia [θirkunfe'renθja] *nf* circumference.

circunscribir [θirkunskri'βir] *vt* to circumscribe; **~se** *vr* to be limited.

circunscripción [θirkunskrip'θjon] *nf* division; (*POL*) constituency.

circunspecto, a [θirkuns'pekto, a] *a* circumspect, cautious.

circunstancia [θirkuns'tanθja] *nf* circumstance.

circunstante [θirkuns'tante] *nm/f* onlooker, bystander.

cirio ['θirjo] *nm* (wax) candle.

ciruela [θi'rwela] *nf* plum; **~ pasa** prune.

cirugía [θiru'xia] *nf* surgery; **~ estética** *o* **plástica** plastic surgery.

cirujano [θiru'xano] *nm* surgeon.

cisne ['θisne] *nm* swan.

cisterna [θis'terna] *nf* cistern, tank.

cita ['θita] *nf* appointment, meeting; (*de novios*) date; (*referencia*) quotation.

citación [θita'θjon] *nf* (*JUR*) summons *sg*.

citar [θi'tar] *vt* (*gen*) to make an appointment with; (*JUR*) to summons; (*un autor, texto*) to quote; **~se** *vr*: **se citaron en el cine** they arranged to meet at the cinema.

cítricos ['θitrikos] *nmpl* citrus fruit(s).

ciudad [θju'ðað] *nf* town; (*más grande*) city; **~anía** *nf* citizenship; **~ano, a** *nm/f* citizen.

cívico, a ['θiβiko, a] *a* civic.

civil [θi'βil] *a* civil // *nm* (*guardia*) policeman.

civilización [θiβiliθa'θjon] *nf* civilization.

civilizar [θiβili'θar] *vt* to civilize.

civismo [θi'βismo] *nm* public spirit.

cizaña [θi'θaɲa] *nf* (*fig*) discord.

cl. *abr* (= *centilitro*) cl.

clamar [kla'mar] *vt* to clamour for, cry out for // *vi* to cry out, clamour.

clamor [kla'mor] *nm* (*grito*) cry, shout; (*fig*) clamour, protest.

clandestino, a [klandes'tino, a] *a* clandestine; (*POL*) underground.

clara ['klara] *nf* (*de huevo*) egg white.

claraboya [klara'βoja] *nf* skylight.

clarear [klare'ar] *vi* (*el día*) to dawn; (*el cielo*) to clear up, brighten up; **~se** *vr* to be transparent.

clarete [kla'rete] *nm* rosé (wine).

claridad [klari'ðað] *nf* (*del día*) brightness; (*de estilo*) clarity.

clarificar [klarifi'kar] *vt* to clarify.
clarín [kla'rin] *nm* bugle.
clarinete [klari'nete] *nm* clarinet.
clarividencia [klariβi'ðenθja] *nf* clairvoyance; (*fig*) far-sightedness.
claro, a ['klaro, a] *a* clear; (*luminoso*) bright; (*color*) light; (*evidente*) clear, evident; (*poco espeso*) thin // *nm* (*en bosque*) clearing // *ad* clearly // *excl* of course!
clase ['klase] *nf* class; ~ **alta/media/obrera** upper/middle/working class.
clásico, a ['klasiko, a] *a* classical; (*fig*) classic.
clasificación [klasifika'θjon] *nf* classification; (*DEPORTE*) league (table).
clasificar [klasifi'kar] *vt* to classify.
claudia ['klauðja] *nf* greengage.
claudicar [klauði'kar] *vi* (*fig*) to back down.
claustro ['klaustro] *nm* cloister.
cláusula ['klausula] *nf* clause.
clausura [klau'sura] *nf* closing, closure; **clausurar** *vt* (*congreso etc*) to bring to a close.
clavar [kla'βar] *vt* (*clavo*) to hammer in; (*cuchillo*) to stick, thrust; (*tablas etc*) to nail (together).
clave ['klaβe] *nf* key; (*MUS*) clef.
clavel [kla'βel] *nm* carnation.
clavícula [kla'βikula] *nf* collar bone.
clavija [kla'βixa] *nf* peg, dowel, pin; (*ELEC*) plug.
clavo ['klaβo] *nm* (*de metal*) nail; (*BOT*) clove.
claxon ['klakson] (*pl* ~s) *nm* horn.
clemencia [kle'menθja] *nf* mercy, clemency.
cleptómano, a [klep'tomano, a] *nm/f* kleptomaniac.
clerical [kleri'kal] *a* clerical.
clérigo ['kleriɣo] *nm* clergyman.
clero ['klero] *nm* clergy.
cliché [kli'tʃe] *nm* cliché; (*FOTO*) negative.
cliente, a ['kljente, a] *nm/f* client, customer.
clientela [kljen'tela] *nf* clientele, customers *pl*.
clima ['klima] *nm* climate.
climatizado, a [klimati'θaðo, a] *a* air-conditioned.
clínica ['klinika] *nf* clinic; (*particular*) private hospital.
clip [klip] (*pl* ~s) *nm* paper clip.
clorhídrico, a [klo'riðriko, a] *a* hydrochloric.
club [klub] (*pl* ~s o ~es) *nm* club; ~ **de jóvenes** youth club.
cm *abr* (= *centímetro, centímetros*) cm.
C.N.T. *abr* (*Esp*) = *Confederación Nacional de Trabajo*.
coacción [koak'θjon] *nf* coercion, compulsion.
coagular [koaɣu'lar] *vt*, **coagularse** *vr*

(*leche, sangre*) to clot; **coágulo** *nm* clot.
coalición [koali'θjon] *nf* coalition.
coartada [koar'taða] *nf* alibi.
coartar [koar'tar] *vt* to limit, restrict.
coba ['koβa] *nf*: **dar** ~ **a uno** to soft-soap sb.
cobarde [ko'βarðe] *a* cowardly // *nm* coward; **cobardía** *nf* cowardice.
cobaya [ko'βaja] *nf*, **cobayo** [ko'βajo] *nm* guinea pig.
cobertizo [koβer'tiθo] *nm* shelter.
cobertor [koβer'tor] *nm* bedspread.
cobertura [koβer'tura] *nf* cover.
cobija [ko'βixa] *nf* (*AM*) blanket.
cobijar [koβi'xar] *vt* (*cubrir*) to cover; (*abrigar*) to shelter; **cobijo** *nm* shelter.
cobra ['koβra] *nf* cobra.
cobrador, a [koβra'ðor, a] *nm/f* (*de autobús*) conductor/conductress; (*de impuestos, gas*) collector.
cobrar [ko'βrar] *vt* (*cheque*) to cash; (*sueldo*) to collect, draw; (*objeto*) to recover; (*precio*) to charge; (*deuda*) to collect // *vi* to draw one's pay; ~**se** *vr* to recover, get well; **cóbrese al entregar** cash on delivery (COD).
cobre ['koβre] *nm* copper; ~**s** *nmpl* brass instruments.
cobro ['koβro] *nm* (*de cheque*) cashing; (*pago*) payment; **presentar al** ~ to cash.
Coca-Cola ['koka'kola] *nf* ® Coca-Cola ®.
cocaína [koka'ina] *nf* cocaine.
cocción [kok'θjon] *nf* (*CULIN*) cooking; (: *el hervir*) boiling.
cocear [koθe'ar] *vi* to kick.
cocer [ko'θer] *vt, vi* to cook; (*en agua*) to boil; (*en horno*) to bake.
cocido [ko'θiðo] *nm* stew.
cocina [ko'θina] *nf* kitchen; (*aparato*) cooker, stove; (*acto*) cookery; ~ **eléctrica/de gas** electric/gas cooker; ~ **francesa** French cuisine; **cocinar** *vt, vi* to cook.
cocinero, a [koθi'nero, a] *nm/f* cook.
coco ['koko] *nm* coconut; ~**tero** *nm* coconut palm.
cocodrilo [koko'ðrilo] *nm* crocodile.
coche ['kotʃe] *nm* (*AUTO*) car (*Brit*), automobile (*US*); (*de tren, de caballos*) coach, carriage; (*para niños*) pram (*Brit*), baby carriage (*US*); ~ **celular** Black Maria, prison van; ~ **fúnebre** hearse; **coche-cama** (*pl* **coches-camas**) *nm* (*FERRO*) sleeping car, sleeper.
cochera [ko'tʃera] *nf* garage; (*de autobuses, trenes*) depot.
coche restaurante (*pl* **coches restaurante**) *nm* (*FERRO*) dining car, diner.
cochino, a [ko'tʃino, a] *a* filthy, dirty // *nm/f* pig.
codazo [ko'ðaθo] *nm*: **dar un** ~ **a uno** to nudge sb.
codear [koðe'ar] *vi* to elbow, nudge; ~**se**

vr: ~se con to rub shoulders with.

codicia [ko'ðiθja] *nf* greed; *(fig)* lust; **codiciar** *vt* to covet; **codicioso, a** *a* covetous.

código ['koðivo] *nm* code; ~ **de barras** bar code; ~ **civil** common law.

codillo [ko'ðiʎo] *nm* (*ZOOL*) knee; (*TEC*) elbow (joint).

codo ['koðo] *nm* (*ANAT, de tubo*) elbow; (*ZOOL*) knee.

codorniz [koðor'niθ] *nf* quail.

coerción [koer'θjon] *nf* coercion.

coetáneo, a [koe'taneo, a] *a, nm/f* contemporary.

coexistir [koe(k)sis'tir] *vi* to coexist.

cofradía [kofra'ðia] *nf* brotherhood, fraternity.

coger [ko'xer] *vt* (*Esp*) to take (hold of); *(objeto caído)* to pick up; *(frutas)* to pick, harvest; *(resfriado, ladrón, pelota)* to catch // *vi*: ~ **por el buen camino** to take the right road; ~se *vr* (*el dedo*) to catch; ~se **a algo** to get hold of sth.

cogollo [ko'voʎo] *nm* (*de lechuga*) heart.

cogote [ko'vote] *nm* back *o* nape of the neck.

cohabitar [koaßi'tar] *vi* to live together, cohabit.

cohecho [ko'etʃo] *nm* *(acción)* bribery; *(soborno)* bribe.

coherente [koe'rente] *a* coherent.

cohesión [koe'sjon] *nm* cohesion.

cohete [ko'ete] *nm* rocket.

cohibido, a [koi'ßiðo, a] *a* (*PSICO*) inhibited; *(tímido)* shy.

cohibir [koi'ßir] *vt* to restrain, restrict.

coima [ko'ima] *nf* (*AM*) bribe.

coincidencia [koinθi'ðenθja] *nf* coincidence.

coincidir [koinθi'ðir] *vi* (*en idea*) to coincide, agree; (*en lugar*) to coincide.

coito ['koito] *nm* intercourse, coitus.

coja *etc vb ver* **coger.**

cojear [koxe'ar] *vi* (*persona*) to limp, hobble; *(mueble)* to wobble, rock.

cojera [ko'xera] *nf* lameness; *(andar cojo)* limp.

cojín [ko'xin] *nm* cushion; **cojinete** *nm* small cushion, pad; (*TEC*) ball bearing.

cojo, a *etc vb ver* **coger** // ['koxo, a] *a* (*que no puede andar*) lame, crippled; *(mueble)* wobbly // *nm/f* lame person, cripple.

cojón [ko'xon] *nm*: ¡**cojones!** *(fam!)* shit! (!); **cojonudo, a** *a* (*fam*) great, fantastic.

col [kol] *nf* cabbage; ~es **de Bruselas** Brussels sprouts.

cola ['kola] *nf* tail; (*de gente*) queue; *(lugar)* end, last place; *(para pegar)* glue, gum; **hacer** ~ to queue (up).

colaborador, a [kolaßora'ðor, a] *nm/f* collaborator.

colaborar [kolaßo'rar] *vi* to collaborate.

colada [ko'laða] *nf*: **hacer la** ~ to do the washing.

colador [kola'ðor] *nm* (*de té*) strainer; *(para verduras etc)* colander.

colapso [ko'lapso] *nm* collapse; ~ **nervioso** nervous breakdown.

colar [ko'lar] *vt* *(líquido)* to strain off; *(metal)* to cast // *vi* to ooze, seep (through); ~se *vr* to jump the queue; ~se **en** to get into without paying; *(fiesta)* to gatecrash.

colateral [kolate'ral] *nm* collateral.

colcha ['koltʃa] *nf* bedspread.

colchón [kol'tʃon] *nm* mattress.

colchoneta [koltʃo'neta] *nf* (*en gimnasio*) mattress.

colear [kole'ar] *vi* (*perro*) to wag its tail.

colección [kolek'θjon] *nf* collection; **coleccionar** *vt* to collect; **coleccionista** *nm/f* collector.

colecta [ko'lekta] *nf* collection.

colectivo, a [kolek'tißo, a] *a* collective, joint // *nm* (*AM*) (small) bus.

colector [kolek'tor] *nm* collector; *(sumidero)* sewer.

colega [ko'leva] *nm/f* colleague.

colegial, a [kole'xjal, a] *nm/f* schoolboy/girl.

colegio [ko'lexjo] *nm* college; *(escuela)* school; *(de abogados etc)* association.

colegir [kole'xir] *vt* (*juntar*) to collect, gather; *(deducir)* to infer, conclude.

cólera ['kolera] *nf* (*ira*) anger; (*MED*) cholera; **colérico, a** [ko'leriko, a] *a* irascible, bad-tempered.

colesterol [koleste'rol] *nm* cholesterol.

coleta [ko'leta] *nf* pigtail.

colgante [kol'vante] *a* hanging // *nm* (*joya*) pendant.

colgar [kol'var] *vt* to hang (up); *(ropa)* to hang out // *vi* to hang; *(teléfono)* to hang up.

coliflor [koli'flor] *nf* cauliflower.

colilla [ko'liʎa] *nf* cigarette end, butt.

colina [ko'lina] *nf* hill.

colindante [kolin'dante] *a* adjacent, neighbouring.

colindar [kolin'dar] *vi* to adjoin, be adjacent.

colisión [koli'sjon] *nf* collision; ~ **de frente** head-on crash.

colmado, a [kol'maðo, a] *a* full.

colmar [kol'mar] *vt* to fill to the brim; *(fig)* to fulfil, realize.

colmena [kol'mena] *nf* beehive.

colmillo [kol'miʎo] *nm* (*diente*) eye tooth; *(de elefante)* tusk; *(de perro)* fang.

colmo ['kolmo] *nm* height, summit; ¡**es el** ~! it's the limit!

colocación [koloka'θjon] *nf* (*acto*) placing; *(empleo)* job, position; *(situación)* place, position.

colocar [kolo'kar] *vt* to place, put, position; *(dinero)* to invest; *(poner en* *empleo)* to find a job for; **~se** *vr* to get a job.

Colombia [ko'lombja] *nf* Colombia; **colombiano, a** *a, nm/f* Colombian.

colonia [ko'lonja] *nf* colony; *(de casas)* housing estate; *(agua de ~)* cologne.

colonización [koloniθa'θjon] *nf* colonization; **colonizador, a** [koloniθa'ðor, a] *a* colonizing // *nm/f* colonist, settler.

colonizar [koloni'θar] *vt* to colonize.

coloquio [ko'lokjo] *nm* conversation; *(congreso)* conference.

color [ko'lor] *nm* colour.

colorado, a [kolo'raðo, a] *a (rojo)* red; *(chiste)* rude.

colorante [kolo'rante] *nm* colouring.

colorar [kolo'rar] *vt* to colour; *(teñir)* to dye.

colorear [kolore'ar] *vt* to colour.

colorete [kolo'rete] *nm* blusher.

colorido [kolo'riðo] *nm* colouring.

columna [ko'lumna] *nf* column; *(pilar)* pillar; *(apoyo)* support.

columpiar [kolum'pjar] *vt*, **columpiarse** *vr* to swing; **columpio** *nm* swing.

collar [ko'ʎar] *nm* necklace; *(de perro)* collar.

coma ['koma] *nf* comma // *nm (MED)* coma.

comadre [ko'maðre] *nf (madrina)* godmother; *(vecina)* neighbour; *(chismosa)* gossip; **~ar** *vi* to gossip.

comandancia [koman'danθja] *nf* command.

comandante [koman'dante] *nm* commandant.

comandar [koman'dar] *vt* to command.

comarca [ko'marka] *nf* region.

comba ['komba] *nf (curva)* curve; *(cuerda)* skipping rope; **saltar a la ~** to skip.

combar [kom'bar] *vt* to bend, curve.

combate [kom'bate] *nm* fight; *(fig)* battle; **combatiente** *nm* combatant.

combatir [komba'tir] *vt* to fight, combat.

combinación [kombina'θjon] *nf* combination; *(QUIMICA)* compound; *(bebida)* cocktail; *(plan)* scheme, setup; *(prenda)* slip.

combinar [kombi'nar] *vt* to combine.

combustible [kombus'tiβle] *nm* fuel.

combustión [kombus'tjon] *nf* combustion.

comedia [ko'meðja] *nf* comedy; *(TEA-TRO)* play, drama.

comediante [kome'ðjante] *nm/f (comic)* actor/actress.

comedido, a [kome'ðiðo, a] *a* moderate.

comedor, a [kome'ðor, a] *nm/f (persona)* glutton // *nm (habitación)* dining room; *(restaurante)* restaurant; *(cantina)* canteen.

comensal [komen'sal] *nm/f* fellow guest *(o* diner*)*.

comentar [komen'tar] *vt* to comment on;

(fam) to discuss.

comentario [komen'tarjo] *nm* comment, remark; *(literario)* commentary; **~s** *nmpl* gossip *sg.*

comentarista [komenta'rista] *nm/f* commentator.

comenzar [komen'θar] *vt, vi* to begin, start, commence; **~ a hacer algo** to begin *o* start doing sth.

comer [ko'mer] *vt* to eat; *(DAMAS, AJEDREZ)* to take, capture // *vi* to eat; *(almorzar)* to have lunch; **~se** *vr* to eat up.

comercial [komer'θjal] *a* commercial; *(relativo al negocio)* business *cpd.*

comerciante [komer'θjante] *nm/f* trader, merchant.

comerciar [komer'θjar] *vi* to trade, do business.

comercio [ko'merθjo] *nm* commerce, trade; *(negocio)* business; *(fig)* dealings *pl.*

comestible [komes'tiβle] *a* eatable, edible; **~s** *nmpl* food *sg*, foodstuffs.

cometa [ko'meta] *nm* comet // *nf* kite.

cometer [kome'ter] *vt* to commit.

cometido [kome'tiðo] *nm (misión)* task, assignment; *(deber)* commitment.

comezón [kome'θon] *nf* itch, itching.

comicios [ko'miθjos] *nmpl* elections.

cómico, a ['komiko, a] *a* comic(al) // *nm/f* comedian; *(de teatro)* (comic) actor/actress.

comida [ko'miða] *nf (alimento)* food; *(almuerzo, cena)* meal; *(de mediodía)* lunch.

comidilla [komi'ðiʎa] *nf:* **ser la ~ de la ciudad** to be the talk of the town.

comienzo *etc vb ver* **comenzar** // [ko'mjenθo] *nm* beginning, start.

comilona [komi'lona] *nf (fam)* blow-out.

comillas [ko'miʎas] *nfpl* quotation marks.

comino [ko'mino] *nm:* **(no) me importa un ~** I don't give a damn.

comisaría [komisa'ria] *nf (de policía)* police station; *(MIL)* commissariat.

comisario [komi'sarjo] *nm (MIL etc)* commissary; *(POL)* commissar.

comisión [komi'sjon] *nf* commission.

comité [komi'te] *(pl* **~s**) *nm* committee.

como ['komo] *ad* as; *(tal ~)* like; *(aproximadamente)* about, approximately // *conj (ya que, puesto que)* as, since; *(en cuanto)* as soon as; **¡~ no!** of course!; **~ no lo haga hoy** unless he does it today; **~ si** as if; **es tan alto ~ ancho** it is as high as it is wide.

cómo ['komo] *ad* how?, why? // *excl* what?, I beg your pardon? // *nm:* **el ~ y el porqué** the whys and wherefores.

cómoda ['komoða] *nf* chest of drawers.

comodidad [komoði'ðað] *nf* comfort; **venga a su ~** come at your convenience.

comodín [komo'ðin] *nm* joker.

cómodo, a ['komoðo, a] *a* comfortable; (*práctico, de fácil uso*) convenient.

compacto, a [kom'pakto, a] *a* compact.

compadecer [kompaðe'θer] *vt* to pity, be sorry for; ~**se** *vr*: ~**se de** to pity, be *o* feel sorry for.

compadre [kom'paðre] *nm* (*padrino*) godfather; (*amigo*) friend, pal.

compañero, a [kompa'ɲero, a] *nm/f* companion; (*novio*) boy/girlfriend; ~ **de clase** classmate.

compañía [kompa'ɲia] *nf* company.

comparación [kompara'θjon] *nf* comparison; **en** ~ **con** in comparison with.

comparar [kompa'rar] *vt* to compare.

comparativo, a [kompara'tiβo, a] *a* comparative.

comparecer [kompare'θer] *vi* to appear (in court).

comparsa [kom'parsa] *nm/f* (*TEATRO*) extra.

compartimiento [komparti'mjento] *nm* (*FERRO*) compartment.

compartir [kompar'tir] *vt* to divide (up), share (out).

compás [kom'pas] *nm* (*MUS*) beat, rhythm; (*MAT*) compasses *pl*; (*NAUT etc*) compass.

compasión [kompa'sjon] *nf* compassion, pity.

compasivo, a [kompa'siβo, a] *a* compassionate.

compatibilidad [kompatiβili'ðað] *nf* compatibility.

compatible [kompa'tiβle] *a* compatible.

compatriota [kompa'trjota] *nm/f* compatriot, fellow countryman/woman.

compendiar [kompen'djar] *vt* to summarize; (*libro*) to abridge; **compendio** *nm* summary; abridgement.

compensación [kompensa'θjon] *nf* compensation.

compensar [kompen'sar] *vt* to compensate.

competencia [kompe'tenθja] *nf* (*incumbencia*) domain, field; (*JUR, habilidad*) competence; (*rivalidad*) competition.

competente [kompe'tente] *a* (*JUR, persona*) competent; (*conveniente*) suitable.

competición [kompeti'θjon] *nf* competition.

competir [kompe'tir] *vi* to compete.

compilar [kompi'lar] *vt* to compile.

complacencia [kompla'θenθja] *nf* (*placer*) pleasure; (*tolerancia excesiva*) complacency.

complacer [kompla'θer] *vt* to please; ~**se** *vr* to be pleased.

complaciente [kompla'θjente] *a* kind, obliging, helpful.

complejo, a [kom'plexo, a] *a, nm* complex.

complementario, a [komplemen'tarjo, a] *a* complementary.

completar [komple'tar] *vt* to complete.

completo, a [kom'pleto, a] *a* complete; (*perfecto*) perfect; (*lleno*) full // *nm* full complement.

complicado, a [kompli'kaðo, a] *a* complicated; **estar** ~ **en** to be mixed up in.

complicar [kompli'kar] *vt* to complicate.

cómplice ['kompliθe] *nm/f* accomplice.

complot [kom'plo(t)] (*pl* ~**s**) *nm* plot; (*conspiración*) conspiracy.

componer [kompo'ner] *vt* to make up, put together; (*MUS, LITERATURA, IMPRENTA*) to compose; (*algo roto*) to mend, repair; (*arreglar*) to arrange; ~**se** *vr*: ~**se de** to consist of; **componérselas para hacer algo** to manage to do sth.

comportamiento [komporta'mjento] *nm* behaviour, conduct.

comportarse [kompor'tarse] *vr* to behave.

composición [komposi'θjon] *nf* composition.

compositor, a [komposi'tor, a] *a* *nm/f* composer.

compostura [kompos'tura] *nf* (*composición*) composition; (*reparación*) mending, repair; (*acuerdo*) agreement; (*actitud*) composure.

compra ['kompra] *nf* purchase; ~**s** *nfpl* purchases, shopping *sg*; **ir de** ~**s** to go shopping; **comprador, a** *nm/f* buyer, purchaser.

comprar [kom'prar] *vt* to buy, purchase.

comprender [kompren'der] *vt* to understand; (*incluir*) to comprise, include.

comprensión [kompren'sjon] *nf* understanding; (*totalidad*) comprehensiveness; **comprensivo, a** *a* comprehensive; (*actitud*) understanding.

compresa [kom'presa] *nf*: ~ **higiénica** sanitary towel (*Brit*) *o* napkin (*US*).

comprimido, a [kompri'miðo, a] *a* compressed // *nm* (*MED*) pill, tablet.

comprimir [kompri'mir] *vt* to compress; (*fig*) to control.

comprobante [kompro'βante] *nm* proof; (*COM*) voucher; ~ **de recibo** receipt.

comprobar [kompro'βar] *vt* to check; (*probar*) to prove; (*TEC*) to check, test.

comprometer [komprome'ter] *vt* to compromise; (*exponer*) to endanger; ~**se** *vr* to compromise o.s.; (*involucrarse*) to get involved.

compromiso [kompro'miso] *nm* (*obligación*) obligation; (*cometido*) commitment; (*convenio*) agreement; (*dificultad*) awkward situation.

compuesto, a [kom'pwesto, a] *a*: ~ **de** composed of, made up of // *nm* compound.

computador [komputa'ðor] *nm*, **computadora** [komputa'ðora] *nf* computer;

~ central mainframe computer; ~ personal personal computer.

cómputo ['komputo] *nm* calculation.

comulgar [komul'ɣar] *vi* to receive communion.

común [ko'mun] *a* common // *nm*: el ~ the community.

comunicación [komunika'θjon] *nf* communication; (*informe*) report.

comunicado [komuni'kaðo] *nm* announcement; ~ de prensa press release.

comunicar [komuni'kar] *vt, vi*, **comunicarse** *vr* to communicate; está comunicando (*TEL*) the line's engaged (*Brit*) o busy (*US*); **comunicativo, a** *a* communicative.

comunidad [komuni'ðað] *nf* community.

comunión [komu'njon] *nf* communion.

comunismo [komu'nismo] *nm* communism; **comunista** *a, nm/f* communist.

con [kon] ♦ *prep* **1** (*medio, compañía*) with; **comer ~ cuchara** to eat with a spoon; **atar algo ~ cuerda** to tie sth up with string; **pasear ~ uno** to go for a walk with sb
2 (*a pesar de*): ~ todo, merece nuestros respetos all the same, he deserves our respect
3 (*para ~*): es muy bueno para ~ los niños he's very good with (the) children
4 (*infin*): ~ llegar tan tarde se quedó sin comer by arriving so late he missed out on eating
♦ *conj*: ~ que: será suficiente ~ que le escribas it will be sufficient if you write to her.

conato [ko'nato] *nm* attempt; ~ de robo attempted robbery.

concebir [konθe'βir] *vt, vi* to conceive.

conceder [konθe'ðer] *vt* to concede.

concejal, a [konθe'xal, a] *nm/f* town councillor.

concejo [kon'θexo] *nm* council.

concentración [konθentra'θjon] *nf* concentration.

concentrar [konθen'trar] *vt*, **concentrarse** *vr* to concentrate.

concepción [konθep'θjon] *nf* conception.

concepto [kon'θepto] *nm* concept.

concertar [konθer'tar] *vt* (*MUS*) to harmonize; (*acordar: precio*) to agree; (: *tratado*) to conclude; (*trato*) to arrange, fix up; (*combinar: esfuerzos*) to coordinate; (*reconciliar: personas*) to reconcile // *vi* to harmonize, be in tune.

concesión [konθe'sjon] *nf* concession.

concesionario [konθesjo'narjo] *nm* (licensed) dealer, agent.

conciencia [kon'θjenθja] *nf* conscience; tener/tomar ~ de to be/become aware of; tener la ~ limpia/tranquila to have a clear conscience.

concienciar [konθjen'θjar] *vt* to make aware; ~se *vr* to become aware.

concienzudo, a [konθjen'θuðo, a] *a* conscientious.

concierto etc *vb* ver **concertar** // [kon'θjerto] *nm* concert; (*obra*) concerto.

conciliar [konθi'ljar] *vt* to reconcile.

concilio [kon'θiljo] *nm* council.

conciso, a [kon'θiso, a] *a* concise.

conciudadano, a [konθjuða'ðano, a] *nm/f* fellow citizen.

concluir [konklu'ir] *vt, vi*, **concluirse** *vr* to conclude.

conclusión [konklu'sjon] *nf* conclusion.

concluyente [konklu'jente] *a* (*prueba, información*) conclusive.

concordar [konkor'ðar] *vt* to reconcile // *vi* to agree, tally.

concordia [kon'korðja] *nf* harmony.

concretar [konkre'tar] *vt* to make concrete, make more specific; ~se *vr* to become more definite.

concreto, a [kon'kreto, a] *a, nm* (*AM*) concrete; en ~ (*en resumen*) to sum up; (*específicamente*) specifically; no hay nada en ~ there's nothing definite.

concurrencia [konku'rrenθja] *nf* turnout.

concurrido, a [konku'rriðo, a] *a* (*calle*) busy; (*local, reunión*) crowded.

concurrir [konku'rrir] *vi* (*juntarse: ríos*) to meet, come together; (: *personas*) to gather, meet.

concursante [konkur'sante] *nm/f* competitor.

concurso [kon'kurso] *nm* (*de público*) crowd; (*ESCOL, DEPORTE, competencia*) competition; (*ayuda*) help, cooperation.

concha ['kontʃa] *nf* shell.

conde ['konde] *nm* count; **condal** *a*: la ciudad condal Barcelona.

condecoración [kondekora'θjon] *nf* (*MIL*) medal.

condecorar [kondeko'rar] *vt* (*MIL*) to decorate.

condena [kon'dena] *nf* sentence.

condenación [kondena'θjon] *nf* condemnation; (*REL*) damnation.

condenar [konde'nar] *vt* to condemn; (*JUR*) to convict; ~se *vr* (*JUR*) to confess (one's guilt); (*REL*) to be damned.

condensar [konden'sar] *vt* to condense.

condesa [kon'desa] *nf* countess.

condescender [kondesθen'der] *vi* to acquiesce, comply.

condición [kondi'θjon] *nf* condition; **condicional** *a* conditional.

condicionar [kondiθjo'nar] *vt* (*acondicionar*) to condition; ~ algo a to make sth conditional on.

condimento [kondi'mento] *nm* seasoning.

condolerse [kondo'lerse] *vr* to sympathize.

condón [kon'don] *nm* condom.

conducir [kondu'θir] *vt* to take, convey; (*AUTO*) to drive // *vi* to drive; (*fig*) to lead; ~se *vr* to behave.

conducta [kon'dukta] *nf* conduct, behaviour.

conducto [kon'dukto] *nm* pipe, tube; *(fig)* channel.

conductor, a [konduk'tor, a] *a* leading, guiding // *nm (FISICA)* conductor; *(de vehículo)* driver.

conduje *etc vb ver* **conducir**.

conduzco *etc vb ver* **conducir**.

conectado, a [konek'taðo, a] *a (IN-FORM)* on-line.

conectar [konek'tar] *vt* to connect (up); *(enchufar)* plug in.

conejo [ko'nexo] *nm* rabbit.

conexión [konek'sjon] *nf* connection.

confección [konfe(k)'θjon] *nf* preparation; *(industria)* clothing industry.

confeccionar [konfekθjo'nar] *vt* to make (up).

confederación [konfeðera'θjon] *nf* confederation.

conferencia [konfe'renθja] *nf* conference; *(lección)* lecture; *(TEL)* call.

conferir [konfe'rir] *vt* to award.

confesar [konfe'sar] *vt* to confess, admit.

confesión [konfe'sjon] *nf* confession.

confesionario [konfesjo'narjo] *nm* confessional.

confeti [kon'feti] *nm* confetti.

confiado, a [kon'fjaðo, a] *a (crédulo)* trusting; *(seguro)* confident; *(presumido)* conceited, vain.

confianza [kon'fjanθa] *nf* trust; *(aliento, confidencia)* confidence; *(familiaridad)* intimacy, familiarity; *(pey)* vanity, conceit.

confiar [kon'fjar] *vt* to entrust // *vi* to trust.

confidencia [konfi'ðenθja] *nf* confidence.

confidencial [konfiðen'θjal] *a* confidential.

confidente [konfi'ðente] *nm/f* confidant/e; *(policía)* informer.

configurar [konfiɣu'rar] *vt* to shape, form.

confín [kon'fin] *nm* limit; ~**es** *nmpl* confines, limits.

confinar [konfi'nar] *vi* to confine; *(desterrar)* to banish.

confirmar [konfir'mar] *vt* to confirm.

confiscar [konfis'kar] *vt* to confiscate.

confite [kon'fite] *nm* sweet *(Brit)*, candy *(US)*.

confitería [konfite'ria] *nf* confectionery; *(tienda)* confectioner's (shop).

confitura [konfi'tura] *nf* jam.

conflictivo, a [konflik'tiβo, a] *a (asunto, propuesta)* controversial; *(país, situación)* troubled.

conflicto [kon'flikto] *nm* conflict; *(fig)* clash.

confluir [kon'flwir] *vi (ríos)* to meet; *(gente)* to gather.

conformar [konfor'mar] *vt* to shape, fashion // *vi* to agree; ~**se** *vr* to conform;

(resignarse) to resign o.s.

conforme [kon'forme] *a* alike, similar; *(de acuerdo)* agreed, in agreement // *ad* as // *excl* agreed! // *nm* agreement // *prep:* ~ **a** in accordance with.

conformidad [konformi'ðað] *nf (semejanza)* similarity; *(acuerdo)* agreement; *(resignación)* resignation; **conformista** *a, nm/f* conformist.

confortable [konfor'taβle] *a* comfortable.

confortar [konfor'tar] *vt* to comfort.

confrontar [konfron'tar] *vt* to confront; *(dos personas)* to bring face to face; *(cotejar)* to compare // *vi* to border.

confundir [konfun'dir] *vt (borrar)* to blur; *(equivocar)* to mistake, confuse; *(mezclar)* to mix; *(turbar)* to confuse; ~**se** *vr (hacerse borroso)* to become blurred; *(turbarse)* to get confused; *(equivocarse)* to make a mistake; *(mezclarse)* to mix.

confusión [konfu'sjon] *nf* confusion.

confuso, a [kon'fuso, a] *a* confused.

congelado, a [konxe'laðo, a] *a* frozen; ~**s** *nmpl* frozen food(s); **congelador** *nm*, **congeladora** *nf (aparato)* freezer, deep freeze.

congelar [konxe'lar] *vt* to freeze; ~**se** *vr (sangre, grasa)* to congeal.

congeniar [konxe'njar] *vi* to get on *(Brit)* o along *(US)* well.

congestionar [konxestjo'nar] *vt* to congest; ~**se** *vr:* se le congestionó la cara his face became flushed.

congoja [kon'goxa] *nf* distress, grief.

congraciarse [kongra'θjarse] *vr* to ingratiate o.s.

congratular [kongratu'lar] *vt* to congratulate.

congregación [kongreɣa'θjon] *nf* congregation.

congregar [kongre'ɣar] *vt*, **congregarse** *vr* to gather together.

congresista [kongre'sista] *nm/f* delegate, congressman/woman.

congreso [kon'greso] *nm* congress.

conjetura [konxe'tura] *nf* guess; **conjeturar** *vt* to guess.

conjugar [konxu'ɣar] *vt* to combine, fit together; *(LING)* to conjugate.

conjunción [konxun'θjon] *nf* conjunction.

conjunto, a [kon'xunto, a] *a* joint, united // *nm* whole; *(MUS)* band; **en** ~ as a whole.

conjurar [konxu'rar] *vt (REL)* to exorcise; *(fig)* to ward off // *vi* to plot.

conmemoración [konmemora'θjon] *nf* commemoration.

conmemorar [konmemo'rar] *vt* to commemorate.

conmigo [kon'miɣo] *pron* with me.

conminar [konmi'nar] *vt* to threaten.

conmoción [konmo'θjon] *nf* shock; *(fig)* upheaval; ~ **cerebral** *(MED)* concussion.

conmovedor, a [konmoβe'ðor, a] *a*

touching, moving; (*emocionante*) exciting.

conmover [konmo'βer] *vt* to shake, disturb; (*fig*) to move.

conmutador [konmuta'ðor] *nm* switch; (*AM TEL*: *centralita*) switchboard; (: *central*) telephone exchange.

cono ['kono] *nm* cone.

conocedor, a [konoθe'ðor, a] *a* expert, knowledgeable // *nm/f* expert.

conocer [kono'θer] *vt* to know; (*por primera vez*) to meet, get to know; (*entender*) to know about; (*reconocer*) to recognize; ~**se** *vr* (*una persona*) to know o.s.; (*dos personas*) to (get to) know each other.

conocido, a [kono'θiðo, a] *a* (well-) known // *nm/f* acquaintance.

conocimiento [konoθi'mjento] *nm* knowledge; (*MED*) consciousness; ~**s** *nmpl* (*personas*) acquaintances; (*saber*) knowledge *sg*.

conozco *etc vb ver* **conocer**.

conque ['konke] *conj* and so, so then.

conquista [kon'kista] *nf* conquest; **conquistador, a** *a* conquering // *nm* conqueror.

conquistar [konkis'tar] *vt* to conquer.

consagrar [konsa'xrar] *vt* (*REL*) to consecrate; (*fig*) to devote.

consciente [kons'θjente] *a* conscious.

consecución [konseku'θjon] *nf* acquisition; (*de fin*) attainment.

consecuencia [konse'kwenθja] *nf* consequence, outcome; (*firmeza*) consistency.

consecuente [konse'kwente] *a* consistent.

consecutivo, a [konseku'tiβo, a] *a* consecutive.

conseguir [konse'vir] *vt* to get, obtain; (*sus fines*) to attain.

consejero, a [konse'xero, a] *nm/f* adviser, consultant; (*POL*) councillor.

consejo [kon'sexo] *nm* advice; (*POL*) council.

consenso [kon'senso] *nm* consensus.

consentimiento [konsenti'mjento] *nm* consent.

consentir [konsen'tir] *vt* (*permitir, tolerar*) to consent to; (*mimar*) to pamper, spoil; (*aguantar*) to put up with // *vi* to agree, consent; ~ **que uno haga algo** to allow sb to do sth.

conserje [kon'serxe] *nm* caretaker; (*portero*) porter.

conservación [konserβa'θjon] *nf* conservation; (*de alimentos, vida*) preservation.

conservador, a [konserβa'ðor, a] *a* (*POL*) conservative // *nm/f* conservative.

conservante [konser'βante] *nm* preservative.

conservar [konser'βar] *vt* to conserve, keep; (*alimentos, vida*) to preserve; ~**se**

vr to survive.

conservas [kon'serβas] *nfpl* canned food(s).

conservatorio [konserβa'torjo] *nm* (*MUS*) conservatoire.

considerable [konsiðe'raβle] *a* considerable.

consideración [konsiðera'θjon] *nf* consideration; (*estimación*) respect.

considerado, a [konsiðe'raðo, a] *a* (*atento*) considerate; (*respetado*) respected.

considerar [konsiðe'rar] *vt* to consider.

consigna [kon'sivna] *nf* (*orden*) order, instruction; (*para equipajes*) left-luggage office.

consigo *etc vb ver* **conseguir** // [kon'sivo] *pron* (*m*) with him; (*f*) with her; (*Vd.*) with you; (*reflexivo*) with o.s.

consiguiendo *etc vb ver* **conseguir**.

consiguiente [konsi'vjente] *a* consequent; **por ~** and so, therefore, consequently.

consistente [konsis'tente] *a* consistent; (*sólido*) solid, firm; (*válido*) sound.

consistir [konsis'tir] *vi*: ~ **en** (*componerse de*) to consist of; (*ser resultado de*) to be due to.

consola [kon'sola] *nf* control panel.

consolación [konsola'θjon] *nf* consolation.

consolar [konso'lar] *vt* to console.

consolidar [konsoli'ðar] *vt* to consolidate.

consomé [konso'me] (*pl* ~**s**) *nm* consommé, clear soup.

consonante [konso'nante] *a* consonant, harmonious // *nf* consonant.

consorcio [kon'sorθjo] *nm* consortium.

conspiración [konspira'θjon] *nf* conspiracy.

conspirador, a [konspira'ðor, a] *nm/f* conspirator.

conspirar [konspi'rar] *vi* to conspire.

constancia [kons'tanθja] *nf* constancy; **dejar ~ de** to put on record.

constante [kons'tante] *a, nf* constant.

constar [kons'tar] *vi* (*evidenciarse*) to be clear *o* evident; ~ **de** to consist of.

constatar [konsta'tar] *vt* (*controlar*) to check; (*observar*) to note.

consternación [konsterna'θjon] *nf* consternation.

constipado, a [konsti'paðo, a] *a*: **estar ~** to have a cold // *nm* cold.

constitución [konstitu'θjon] *nf* constitution; **constitucional** *a* constitutional.

constituir [konstitu'ir] *vt* (*formar, componer*) to constitute, make up; (*fundar, erigir, ordenar*) to constitute, establish.

constitutivo, a [konstitu'tiβo, a] *a* constitutive, constituent.

constituyente [konstitu'jente] *a* constituent.

constreñir [konstre'ɲir] vt (restringir) to restrict.

construcción [konstruk'θjon] nf construction, building.

constructor, a [konstruk'tor, a] nm/f builder.

construir [konstru'ir] vt to build, construct.

construyendo etc vb ver **construir**.

consuelo [kon'swelo] nm consolation, solace.

cónsul ['konsul] nm consul; **consulado** nm consulate.

consulta [kon'sulta] nf consultation; (MED): **horas de ~** surgery hours.

consultar [konsul'tar] vt to consult.

consultorio [konsul'torjo] nm (MED) surgery.

consumar [konsu'mar] vt to complete, carry out; (crimen) to commit; (sentencia) to carry out.

consumición [konsumi'θjon] nf consumption; (bebida) drink; (comida) food; ~ **mínima** cover charge.

consumidor, a [konsumi'ðor, a] nm/f consumer.

consumir [konsu'mir] vt to consume; ~**se** vr to be consumed; (persona) to waste away.

consumismo [konsu'mismo] nm consumerism.

consumo [kon'sumo] nm consumption.

contabilidad [kontaβili'ðað] nf accounting, book-keeping; (profesión) accountancy; **contable** nm/f accountant.

contacto [kon'takto] nm contact; (AUTO) ignition.

contado, a [kon'taðo, a] a: ~**s** (escasos) numbered, scarce, few // nm: **pagar al** ~ to pay (in) cash.

contador [konta'ðor] nm (aparato) meter; (AM: contante) accountant.

contagiar [konta'xjar] vt (enfermedad) to pass on, transmit; (persona) to infect; ~**se** vr to become infected.

contagio [kon'taxjo] nm infection; **contagioso, a** a infectious; (fig) catching.

contaminación [kontamina'θjon] nf contamination; (polución) pollution.

contaminar [kontami'nar] vt to contaminate; (aire, agua) to pollute.

contante [kon'tante] a: **dinero** ~ (y **sonante**) cash.

contar [kon'tar] vt (páginas, dinero) to count; (anécdota, chiste etc) to tell // vi to count; ~ **con** to rely on, count on.

contemplación [kontempla'θjon] nf contemplation.

contemplar [kontem'plar] vt to contemplate; (mirar) to look at.

contemporáneo, a [kontempo'raneo, a] a, nm/f contemporary.

contendiente [konten'djente] nm/f contestant.

contenedor [kontene'ðor] nm container.

contener [konte'ner] vt to contain, hold; (retener) to hold back, contain; ~**se** vr to control o restrain o.s.

contenido, a [konte'niðo, a] a (moderado) restrained; (risa etc) suppressed // nm contents pl, content.

contentar [konten'tar] vt (satisfacer) to satisfy; (complacer) to please; ~**se** vr to be satisfied.

contento, a [kon'tento, a] a contented, content; (alegre) pleased; (feliz) happy.

contestación [kontesta'θjon] nf answer, reply.

contestador [kontesta'ðor] nm: ~ **automático** answering machine.

contestar [kontes'tar] vt to answer, reply; (JUR) to corroborate, confirm.

contexto [kon'te(k)sto] nm context.

contienda [kon'tjenda] nf contest.

contigo [kon'tixo] pron with you.

contiguo, a [kon'tixwo, a] a (de al lado) next; (vecino) adjacent, adjoining.

continente [konti'nente] a, nm continent.

contingencia [kontin'xenθja] nf contingency; (riesgo) risk; **contingente** a, nm contingent.

continuación [kontinwa'θjon] nf continuation; **a** ~ then, next.

continuar [konti'nwar] vt to continue, go on with // vi to continue, go on; ~ **hablando** to continue talking o to talk.

continuidad [kontinwi'ðað] nf continuity.

continuo, a [kon'tinwo, a] a (sin interrupción) continuous; (acción perseverante) continual.

contorno [kon'torno] nm outline; (GEO) contour; ~**s** nmpl neighbourhood sg, surrounding area sg.

contorsión [kontor'sjon] nf contortion.

contra ['kontra] prep, ad against // nm inv con // nf: **la C**~ (Nicaragua) the Contras pl.

contraataque [kontraa'take] nm counter-attack.

contrabajo [kontra'βaxo] nm double bass.

contrabandista [kontraβan'dista] nm/f smuggler.

contrabando [kontra'βando] nm (acción) smuggling; (mercancías) contraband.

contracción [kontrak'θjon] nf contraction.

contrachapado [kontratʃa'paðo] nm plywood.

contradecir [kontraðe'θir] vt to contradict.

contradicción [kontraðik'θjon] nf contradiction.

contradictorio, a [kontraðik'torjo, a] a contradictory.

contraer [kontra'er] vt to contract; (limitar) to restrict; ~**se** vr to contract; (limitarse) to limit o.s.

contragolpe [kontra'γolpe] *nm* backlash.

contraluz [kontra'luθ] *nf*: **a ~** against the light.

contramaestre [kontrama'estre] *nm* foreman.

contrapartida [kontrapar'tiða] *nf*: **como ~ (de)** in return (for).

contrapelo [kontra'pelo]: **a ~** *ad* the wrong way.

contrapesar [kontrape'sar] *vt* to counterbalance; (*fig*) to offset; **contrapeso** *nm* counterweight.

contraproducente [kontraproðu'θente] *a* counterproductive.

contrariar [kontra'rjar] *vt* (*oponerse*) to oppose; (*poner obstáculo*) to impede; (*enfadar*) to vex.

contrariedad [kontrarje'ðað] *nf* (*oposición*) opposition; (*obstáculo*) obstacle, setback; (*disgusto*) vexation, annoyance.

contrario, a [kon'trarjo, a] *a* contrary; (*persona*) opposed; (*sentido, lado*) opposite // *nm/f* enemy, adversary; (*DEPORTE*) opponent; **al/por el ~** on the contrary; **de lo ~** otherwise.

contrarrestar [kontrarres'tar] *vt* to counteract.

contrasentido [kontrasen'tiðo] *nm*: **es un ~ que él ...** it doesn't make sense for him to ....

contraseña [kontra'seɲa] *nf* (*INFORM*) password.

contrastar [kontras'tar] *vt* to resist // *vi* to contrast.

contraste [kon'traste] *nm* contrast.

contratar [kontra'tar] *vt* (*firmar un acuerdo para*) to contract for; (*empleados, obreros*) to hire, engage; **~se** *vr* to sign on.

contratiempo [kontra'tjempo] *nm* setback.

contratista [kontra'tista] *nm/f* contractor.

contrato [kon'trato] *nm* contract.

contravenir [kontraβe'nir] *vi*: **~ a** to contravene, violate.

contraventana [kontraβen'tana] *nf* shutter.

contribución [kontriβu'θjon] *nf* (*municipal etc*) tax; (*ayuda*) contribution.

contribuir [kontriβu'ir] *vt, vi* to contribute; (*COM*) to pay (in taxes).

contribuyente [kontriβu'jente] *nm/f* (*COM*) taxpayer; (*que ayuda*) contributor.

control [kon'trol] *nm* control; (*inspección*) inspection, check; **~ador, a** *nm/f* controller; **controlador aéreo** air-traffic controller.

controlar [kontro'lar] *vt* to control; (*inspeccionar*) to inspect, check.

controversia [kontro'βersja] *nf* controversy.

contundente [kontun'dente] *a* (*instrumento*) blunt; (*argumento, derrota*) overwhelming.

contusión [kontu'sjon] *nf* bruise.

convalecencia [konβale'θenθja] *nf* convalescence.

convalecer [konβale'θer] *vi* to convalesce, get better.

convaleciente [konβale'θjente] *a, nm/f* convalescent.

convalidar [konβali'ðar] *vt* (*título*) to recognize.

convencer [konβen'θer] *vt* to convince; (*persuadir*) to persuade.

convencimiento [konβenθi'mjento] *nm* (*acción*) convincing; (*persuasión*) persuasion; (*certidumbre*) conviction.

convención [konβen'θjon] *nf* convention.

conveniencia [konβe'njenθja] *nf* suitability; (*conformidad*) agreement; (*utilidad, provecho*) usefulness; **~s** *nfpl* conventions; (*COM*) property *sg*.

conveniente [konβe'njente] *a* suitable; (*útil*) useful.

convenio [kon'βenjo] *nm* agreement, treaty.

convenir [konβe'nir] *vi* (*estar de acuerdo*) to agree; (*ser conveniente*) to suit, be suitable.

convento [kon'βento] *nm* convent.

convenza *etc vb ver* **convencer**.

converger [konβer'xer], **convergir** [konβer'xir] *vi* to converge.

conversación [konβersa'θjon] *nf* conversation.

conversar [konβer'sar] *vi* to talk, converse.

conversión [konβer'sjon] *nf* conversion.

convertir [konβer'tir] *vt* to convert.

convicción [konβik'θjon] *nf* conviction.

convicto, a [kon'βikto, a] *a* convicted, found guilty; (*condenado*) condemned.

convidado, a [konβi'ðaðo, a] *nm/f* guest.

convidar [konβi'ðar] *vt* to invite.

convincente [konβin'θente] *a* convincing.

convite [kon'βite] *nm* invitation; (*banquete*) banquet.

convivencia [konβi'βenθja] *nf* coexistence, living together.

convocar [konβo'kar] *vt* to summon, call (together).

convulsión [konβul'sjon] *nf* convulsion.

conyugal [konju'γal] *a* conjugal; **cónyuge** ['konjuxe] *nm/f* spouse.

coñac [ko'ɲak] (*pl* **~s**) *nm* cognac, brandy.

coño ['koɲo] *excl* (*fam!*: *enfado*) shit! (*!*); (: *sorpresa*) bloody hell! (*!*).

cooperación [koopera'θjon] *nf* cooperation.

cooperar [koope'rar] *vi* to cooperate.

cooperativa [koopera'tiβa] *nf* cooperative.

coordinadora [koorðina'ðora] *nf* (*comité*) coordinating committee.

coordinar [koorði'nar] *vt* to coordinate.

copa ['kopa] *nf* cup; (*vaso*) glass; (*de árbol*) top; (*de sombrero*) crown; ~s *nfpl* (*NAIPES*) ≈ hearts; (**tomar una**) ~ (to have a) drink.

copia ['kopja] *nf* copy; ~ **de respaldo** *o* **seguridad** (*INFORM*) back-up copy; **copiar** *vt* to copy.

copioso, a [ko'pjoso, a] *a* copious, plentiful.

copla ['kopla] *nf* verse; (*canción*) (popular) song.

copo ['kopo] *nm*: ~ **de nieve** snowflake; ~**s de maíz** cornflakes.

copropietarios [kopropje'tarjos] *nmpl* joint owners.

coqueta [ko'keta] *a* flirtatious, coquettish; **coquetear** *vi* to flirt.

coraje [ko'raxe] *nm* courage; (*ánimo*) spirit; (*ira*) anger.

coral [ko'ral] *a* choral // *nf* (*MUS*) choir // *nm* (*ZOOL*) coral.

coraza [ko'raθa] *nf* (*armadura*) armour; (*blindaje*) armour-plating.

corazón [kora'θon] *nm* heart.

corazonada [koraθo'naða] *nf* impulse; (*presentimiento*) hunch.

corbata [kor'βata] *nf* tie.

corchete [kor'tʃete] *nm* catch, clasp.

corcho ['kortʃo] *nm* cork; (*PESCA*) float.

cordel [kor'ðel] *nm* cord, line.

cordero [kor'ðero] *nm* lamb.

cordial [kor'ðjal] *a* cordial; ~**idad** *nf* warmth, cordiality.

cordillera [korði'ʎera] *nf* range (of mountains).

Córdoba ['korðoβa] *n* Cordova.

cordón [kor'ðon] *nm* (*cuerda*) cord, string; (*de zapatos*) lace; (*MIL etc*) cordon.

corneta [kor'neta] *nf* bugle.

coro ['koro] *nm* chorus; (*conjunto de cantores*) choir.

corona [ko'rona] *nf* crown; (*de flores*) garland; ~**ción** *nf* coronation; **coronar** *vt* to crown.

coronel [koro'nel] *nm* colonel.

coronilla [koro'niʎa] *nf* (*ANAT*) crown (of the head).

corporación [korpora'θjon] *nf* corporation.

corporal [korpo'ral] *a* corporal, bodily.

corpulento, a [korpu'lento a] *a* (*persona*) heavily-built.

corral [ko'rral] *nm* farmyard.

correa [ko'rrea] *nf* strap; (*cinturón*) belt; (*de perro*) lead, leash.

corrección [korrek'θjon] *nf* correction; (*reprensión*) rebuke; **correccional** *nm* reformatory.

correcto, a [ko'rrekto, a] *a* correct; (*persona*) well-mannered.

corredizo, a [korre'ðiθo, a] *a* (*puerta etc*) sliding.

corredor, a [korre'ðor, a] *a* running //

nm (*pasillo*) corridor; (*balcón corrido*) gallery; (*COM*) agent, broker // *nm/f* (*DEPORTE*) runner.

corregir [korre'xir] *vt* (*error*) to correct; (*amonestar, reprender*) to rebuke, reprimand; ~**se** *vr* to reform.

correo [ko'rreo] *nm* post, mail; (*persona*) courier; C~**s** Post Office *sg*; ~ **aéreo** airmail.

correr [ko'rrer] *vt* to run; (*viajar*) to cover, travel; (*cortinas*) to draw; (*cerrojo*) to shoot // *vi* to run; (*líquido*) to run, flow; ~**se** *vr* to slide, move; (*colores*) to run.

correspondencia [korrespon'denθja] *nf* correspondence; (*FERRO*) connection.

corresponder [korrespon'der] *vi* to correspond; (*convenir*) to be suitable; (*pertenecer*) to belong; (*tocar*) to concern; ~**se** *vr* (*por escrito*) to correspond; (*amarse*) to love one another.

correspondiente [korrespon'djente] *a* corresponding.

corresponsal [korrespon'sal] *nm/f* correspondent.

corrido, a [ko'rriðo, a] *a* (*avergonzado*) abashed // *nf* (*de toros*) bullfight; **3 noches corridas** 3 nights running; **un kilo** ~ a good kilo.

corriente [ko'rrjente] *a* (*agua*) running; (*fig*) flowing; (*dinero etc*) current; (*común*) ordinary, normal // *nf* current // *nm* current month; ~ **eléctrica** electric current.

corrija *etc vb ver* **corregir**.

corrillo [ko'rriʎo] *nm* ring, circle (of people); (*fig*) clique.

corro ['korro] *nm* ring, circle (of people).

corroborar [korroβo'rar] *vt* to corroborate.

corroer [korro'er] *vt* to corrode; (*GEO*) to erode.

corromper [korrom'per] *vt* (*madera*) to rot; (*fig*) to corrupt.

corrosivo, a [korro'siβo, a] *a* corrosive.

corrupción [korrup'θjon] *nf* rot, decay; (*fig*) corruption.

corsé [kor'se] *nm* corset.

cortacésped [korta'θespeð] *nm* lawn mower.

cortado, a [kor'taðo, a] *a* (*gen*) cut; (*leche*) sour; (*confuso*) confused; (*desconcertado*) embarrassed // *nm* coffee (with a little milk).

cortar [kor'tar] *vt* to cut; (*suministro*) to cut off; (*un pasaje*) to cut out // *vi* to cut; ~**se** *vr* (*turbarse*) to become embarrassed; (*leche*) to turn, curdle; ~**se el pelo** to have one's hair cut.

cortauñas [korta'uɲas] *nm inv* nail clippers *pl*.

corte ['korte] *nm* cut, cutting; (*de tela*) piece, length; **las** C~**s** the Spanish Parliament; ~ **y confección** dressmaking; ~ **de luz** power cut.

cortedad [korte'ðað] nf shortness; (fig) bashfulness, timidity.

cortejar [korte'xar] vt to court.

cortejo [kor'texo] nm entourage; ~ fúnebre funeral procession.

cortés [kor'tes] a courteous, polite.

cortesía [korte'sia] nf courtesy.

corteza [kor'teθa] nf (de árbol) bark; (de pan) crust.

cortina [kor'tina] nf curtain.

corto, a [korto, a] a (breve) short; (tímido) bashful; ~ de luces not very bright; ~ de vista short-sighted; estar ~ de fondos to be short of funds; ~circuito nm short circuit.

corvo, a ['korβo, a] a curved.

cosa ['kosa] nf thing; (asunto) affair; ~ de about; eso es ~ mía that's my business.

cosecha [ko'setʃa] nf (AGR) harvest; (de vino) vintage.

cosechar [kose'tʃar] vt to harvest, gather (in).

coser [ko'ser] vt to sew.

cosmético, a [kos'metiko, a] a, nm cosmetic.

cosquillas [kos'kiʎas] nfpl: hacer ~ to tickle; tener ~ to be ticklish.

costa ['kosta] nf (GEO) coast; C~ Brava Costa Brava; C~ Cantábrica Cantabrian Coast; C~ del Sol Costa del Sol; a toda ~ at any price.

costado [kos'taðo] nm side.

costal [kos'tal] nm sack.

costar [kos'tar] vt (valer) to cost; (necesitar) to require, need; me cuesta hablarle I find it hard to talk to him.

Costa Rica nf Costa Rica; **costarricense, costarriqueño, a** a, nm/f Costa Rican.

coste ['koste] nm = costo.

costear [koste'ar] vt to pay for.

costilla [kos'tiʎa] nf rib; (CULIN) cutlet.

costo ['kosto] nm cost, price; ~ de la vida cost of living; ~so, a a costly, expensive.

costra ['kostra] nf (corteza) crust; (MED) scab.

costumbre [kos'tumbre] nf custom, habit.

costura [kos'tura] nf sewing, needlework; (zurcido) seam.

costurera [kostu'rera] nf dressmaker.

costurero [kostu'rero] nm sewing box o case.

cotejar [kote'xar] vt to compare.

cotidiano, a [koti'ðjano, a] a daily, day to day.

cotización [kotiθa'θjon] nf (COM) quotation, price; (de club) dues pl.

cotizar [koti'θar] vt (COM) to quote, price; ~se vr: ~se a to sell at, fetch; (BOLSA) to stand at, be quoted at.

coto ['koto] nm (terreno cercado) enclosure; (de caza) reserve.

cotorra [ko'torra] nf parrot.

COU [kou] nm abr (Esp) = Curso de Orientación Universitaria.

coyote [ko'jote] nm coyote, prairie wolf.

coyuntura [kojun'tura] nf (ANAT) joint; (fig) juncture, occasion.

coz [koθ] nf kick.

cráneo ['kraneo] nm skull, cranium.

cráter ['krater] nm crater.

creación [krea'θjon] nf creation.

creador, a [krea'ðor, a] a creative // nm/f creator.

crear [kre'ar] vt to create, make.

crecer [kre'θer] vi to grow; (precio) to rise.

creces ['kreθes]: con ~ ad amply, fully.

crecido, a [kre'θiðo, a] a (persona, planta) full-grown; (cantidad) large.

creciente [kre'θjente] a growing; (cantidad) increasing; (luna) crescent // nm crescent.

crecimiento [kreθi'mjento] nm growth; (aumento) increase.

credenciales [kreðen'θjales] nfpl credentials.

crédito ['kreðito] nm credit.

credo ['kreðo] nm creed.

crédulo, a ['kreðulo, a] a credulous.

creencia [kre'enθja] nf belief.

creer [kre'er] vt, vi to think, believe; ~se vr to believe o.s. (to be); ~ en to believe in; ¡ya lo creo! I should think so!

creíble [kre'iβle] a credible, believable.

creído, a [kre'iðo, a] a (engreído) conceited.

crema ['krema] nf cream; (natillas) custard.

cremallera [krema'ʎera] nf zip (fastener).

crepitar [krepi'tar] vi to crackle.

crepúsculo [kre'puskulo] nm twilight, dusk.

crespo, a ['krespo, a] a (pelo) curly.

crespón [kres'pon] nm crêpe.

cresta ['kresta] nf (GEO, ZOOL) crest.

creyendo vb ver **creer**.

creyente [kre'jente] nm/f believer.

creyó etc vb ver **creer**.

crezco etc vb ver **crecer**.

cría etc vb ver **criar** // ['kria] nf (de animales) rearing, breeding; (animal) young; ver tb **crío**.

criadero [kria'ðero] nm nursery; (ZOOL) breeding place.

criado, a [kri'aðo, a] nm servant // nf servant, maid.

criador [kria'ðor] nm breeder.

crianza [kri'anθa] nf rearing, breeding; (fig) breeding.

criar [kri'ar] vt (amamantar) to suckle, feed; (educar) to bring up; (producir) to grow, produce; (animales) to breed.

criatura [kria'tura] nf creature; (niño) baby, (small) child.

criba ['kriβa] nf sieve; **cribar** vt to sieve.

crimen ['krimen] nm crime.

criminal [krimi'nal] a, nm/f criminal.

crin [krin] nf (tb: ~es nfpl) mane.

crío, a ['krio, a] nm/f (fam) kid.

crisis ['krisis] nf inv crisis; ~ **nerviosa** nervous breakdown.

crispar [kris'par] vt (músculo) to tense (up); (nervios) to set on edge.

cristal [kris'tal] nm crystal; (de ventana) glass, pane; (lente) lens; ~**ino, a** a crystalline; (fig) clear // nm lens of the eye; ~**izar** vt, vi to crystallize.

cristiandad [kristjan'daθ] nf Christendom.

cristianismo [kristja'nismo] nm Christianity.

cristiano, a [kris'tjano, a] a, nm/f Christian.

Cristo ['kristo] nm (Dios) Christ; (crucifijo) crucifix.

criterio [kri'terjo] nm criterion; (juicio) judgement.

criticar [kriti'kar] vt to criticize.

crítico, a ['kritiko, a] a critical // nm/f critic // nf criticism.

croar [kro'ar] vi to croak.

cromo ['kromo] nm chrome.

crónico, a ['kroniko, a] a chronic // nf chronicle, account.

cronómetro [kro'nometro] nm (DEPORTE) stopwatch.

cruce etc vb ver **cruzar** // ['kruθe] nm crossing; (de carreteras) crossroads.

crucificar [kruθifi'kar] vt to crucify.

crucifijo [kruθi'fixo] nm crucifix.

crucigrama [kruθi'γrama] nm crossword (puzzle).

crudo, a ['kruðo, a] a raw; (no maduro) unripe; (petróleo) crude; (rudo, cruel) cruel // nm crude (oil).

cruel [krwel] a cruel; ~**dad** nf cruelty.

crujido [kru'xiðo] nm (de madera etc) creak.

crujiente [kru'xjente] a (galleta etc) crunchy.

crujir [kru'xir] vi (madera etc) to creak; (dedos) to crack; (dientes) to grind; (nieve, arena) to crunch.

cruz [kruθ] nf cross; (de moneda) tails sg.

cruzado, a [kru'θaðo, a] a crossed // nm crusader // nf crusade.

cruzar [kru'θar] vt to cross; ~**se** vr (líneas etc) to cross; (personas) to pass each other.

Cruz Roja nf Red Cross.

cuaderno [kwa'ðerno] nm notebook; (de escuela) exercise book; (NAUT) logbook.

cuadra ['kwaðra] nf (caballeriza) stable; (AM) block.

cuadrado, a [kwa'ðraðo, a] a square // nm (MAT) square.

cuadrar [kwa'ðrar] vt to square // vi: ~ **con** to square with, tally with; ~**se** vr (soldado) to stand to attention.

cuadrilátero [kwaðri'latero] nm (DEPORTE) boxing ring; (GEOM) quadrilateral.

cuadrilla [kwa'ðriʎa] nf party, group.

cuadro ['kwaðro] nm square; (ARTE) painting; (TEATRO) scene; (diagrama) chart; (DEPORTE, MED) team; (POL) executive; **tela a ~s** checked (Brit) o chequered (US) material.

cuádruplo, a ['kwaðruplo, a], **cuádruple** ['kwaðruple] a quadruple.

cuajar [kwa'xar] vt to thicken; (leche) to curdle; (sangre) to congeal; (adornar) to adorn; (CULIN) to set; ~**se** vr to curdle; to congeal; to set; (llenarse) to fill up.

cual [kwal] ad like, as // pron: **el ~** etc which; (persona: sujeto) who; (: objeto) whom // a such as; **cada ~** each one; **tal ~** just as it is.

cuál [kwal] pron interr which (one).

cualesquier(a) [kwales'kjer(a)] pl de **cualquier(a).**

cualidad [kwali'ðað] nf quality.

cualquier [kwal'kjer], pl **cualesquier(a)** a (indefinido) any; ~ **día de éstos** any day now; (después de n: ~a): **no es un hombre** ~**a** he isn't an ordinary man, he isn't just anybody; pron: ~**a: eso** ~**a lo sabe hacer** anybody can do that; **es un** ~**a** he's a nobody.

cuando ['kwando] ad when; (aún si) if, even if // conj (puesto que) since // prep: **yo,** ~ **niño...** when I was a child...; ~ **no sea así** even if it is not so; ~ **más** at (the) most; ~ **menos** at least; ~ **no** if not, otherwise; **de** ~ **en** ~ from time to time.

cuándo ['kwando] ad when; **¿desde** ~?, **¿de** ~ **acá?** since when?

cuantioso, a [kwan'tjoso, a] a substantial.

cuanto, a ['kwanto, a] ♦ a 1 (todo): **tiene todo** ~ **desea** he's got everything he wants; **le daremos** ~**s ejemplares necesite** we'll give him as many copies as o all the copies he needs; ~**s hombres la ven** all the men who see her
2: **unos** ~**s: había unos** ~**s periodistas** there were (quite) a few journalists
3 (+ más): ~ **más vino bebes peor te sentirás** the more wine you drink the worse you'll feel
♦ pron: **tiene** ~ **desea** he has everything he wants; **tome** ~/~**s quiera** take as much/many as you want
♦ ad: **en** ~: **en** ~ **profesor** as a teacher; **en** ~ **a mí** as for me; ver tb **antes**
♦ conj 1: ~ **más gana menos gasta** the more he earns the less he spends; ~ **más joven se es más se es confiado** the younger you are the more trusting you are
2: **en** ~: **en** ~ **llegue/llegué** as soon as I arrive/arrived

cuánto, a ['kwanto, a] a (exclamación)

what a lot of; (interr: sg) how much?; (: pl) how many?; // pron, ad how; (interr: sg) how much?; (: pl) how many?; ¡~a gente! what a lot of people!; ¿~ cuesta? how much does it cost?; ¿a ~s estamos? what's the date?; Señor no sé ~s Mr. So-and-So.

cuarenta [kwa'renta] num forty.

cuarentena [kwaren'tena] nf quarantine.

cuaresma [kwa'resma] nf Lent.

cuartear [kwarte'ar] vt to quarter; (dividir) to divide up; ~se vr to crack, split.

cuartel [kwar'tel] nm (de ciudad) quarter, district; (MIL) barracks pl; ~ general headquarters pl.

cuarteto [kwar'teto] nm quartet.

cuarto, a ['kwarto, a] a fourth // nm (MAT) quarter, fourth; (habitación) room // nf (MAT) quarter, fourth; (palmo) span; ~ de baño bathroom; ~ de estar living room; ~ de hora quarter (of an) hour; ~ de kilo quarter kilo.

cuatro ['kwatro] num four.

cuba ['kuβa] nf cask, barrel.

Cuba ['kuβa] nf Cuba; **cubano, a** a, nm/f Cuban.

cúbico, a ['kuβiko, a] a cubic.

cubierto, a [ku'βjerto, a] pp de cubrir // a covered // nm cover; (en la mesa) place; ~s nmpl cutlery sg // nf cover, covering; (neumático) tyre; (NAUT) deck; a ~ de covered with o in.

cubil [ku'βil] nm den; **~ete** nm (en juegos) cup.

cubo ['kuβo] nm cube; (balde) bucket, tub; (TEC) drum.

cubrecama [kuβre'kama] nm bedspread.

cubrir [ku'βrir] vt to cover; ~se vr (cielo) to become overcast.

cucaracha [kuka'ratʃa] nf cockroach.

cuco, a ['kuko, a] a pretty; (astuto) sharp // nm cuckoo.

cucurucho [kuku'rutʃo] nm cornet.

cuchara [ku'tʃara] nf spoon; (TEC) scoop; **~da** nf spoonful; **~dita** nf teaspoonful.

cucharita [kutʃa'rita] nf teaspoon.

cucharón [kutʃa'ron] nm ladle.

cuchichear [kutʃitʃe'ar] vi to whisper.

cuchilla [ku'tʃiʎa] nf (large) knife; (de arma blanca) blade; ~ de afeitar razor blade.

cuchillo [ku'tʃiʎo] nm knife.

cuchitril [kutʃi'tril] nm hovel; (habitación etc) pigsty.

cuello ['kweʎo] nm (ANAT) neck; (de vestido, camisa) collar.

cuenca ['kwenka] nf (ANAT) eye socket; (GEO) bowl, deep valley.

cuenta etc vb ver **contar** // ['kwenta] nf (cálculo) count, counting; (en café, restaurante) bill; (COM) account; (de collar) bead; (fig) account; a fin de ~s in the end; caer en la ~ to catch on;

darse ~ de to realize; tener en ~ to bear in mind; echar ~s to take stock; ~ corriente/de ahorros current/savings account; **~kilómetros** nm inv ≈ milometer; (de velocidad) speedometer.

cuento etc vb ver **contar** // ['kwento] nm story.

cuerda ['kwerða] nf rope; (hilo) string; (de reloj) spring; dar ~ a un reloj to wind up a clock.

cuerdo, a ['kwerðo, a] a sane; (prudente) wise, sensible.

cuerno ['kwerno] nm horn.

cuero ['kwero] nm (ZOOL) skin, hide; (TEC) leather; en ~s stark naked; ~ cabelludo scalp.

cuerpo ['kwerpo] nm body.

cuervo ['kwerβo] nm crow.

cuesta etc vb ver **costar** // ['kwesta] nf slope; (en camino etc) hill; ~ arriba/abajo uphill/downhill; a ~s on one's back.

cueste etc vb ver **costar**.

cuestión [kwes'tjon] nf matter, question, issue; (riña) quarrel, dispute.

cueva ['kweβa] nf cave.

cuidado [kwi'ðaðo] nm care, carefulness; (preocupación) care, worry // excl careful!, look out!

cuidadoso, a [kwiða'ðoso, a] a careful; (preocupado) anxious.

cuidar [kwi'ðar] vt (MED) to care for; (ocuparse de) to take care of, look after // vi: ~ de to take care of, look after; ~se vr to look after o.s.; ~se de hacer algo to take care to do sth.

culata [ku'lata] nf (de fusil) butt.

culebra [ku'leβra] nf snake.

culinario, a [kuli'narjo, a] a culinary, cooking cpd.

culminación [kulmina'θjon] nf culmination.

culo ['kulo] nm bottom, backside; (de vaso, botella) bottom.

culpa ['kulpa] nf fault; (JUR) guilt; por ~ de because of, through; tener la ~ (de) to be to blame (for); **~bilidad** nf guilt; **~ble** a guilty // nm/f culprit.

culpar [kul'par] vt to blame; (acusar) to accuse.

cultivar [kulti'βar] vt to cultivate.

cultivo [kul'tiβo] nm (acto) cultivation; (plantas) crop.

culto, a ['kulto, a] a (cultivado) cultivated; (que tiene cultura) cultured, educated // nm (homenaje) worship; (religión) cult.

cultura [kul'tura] nf culture.

cumbre ['kumbre] nf summit, top.

cumpleaños [kumple'aɲos] nm inv birthday.

cumplido, a [kum'pliðo, a] a complete, perfect; (abundante) plentiful; (cortés) courteous // nm compliment; visita de ~ courtesy call.

cumplidor, a [kumpli'ðor, a] a reliable.
cumplimentar [kumplimen'tar] vt to congratulate.
cumplimiento [kumpli'mjento] nm (de un deber) fulfilment; (acabamiento) completion.
cumplir [kum'plir] vt (orden) to carry out, obey; (promesa) to carry out, fulfil; (condena) to serve; (años) to reach, attain // vi: ~ con (deberes) to carry out, fulfil; ~se vr (plazo) to expire; hoy cumple dieciocho años he is eighteen today.
cúmulo ['kumulo] nm heap.
cuna ['kuna] nf cradle, cot.
cundir [kun'dir] vi (noticia, rumor, pánico) to spread; (rendir) to go a long way.
cuneta [ku'neta] nf ditch.
cuña ['kuɲa] nf wedge.
cuñado, a [ku'ɲaðo, a] nm/f brother/sister-in-law.
cuota ['kwota] nf (parte proporcional) share; (cotización) fee, dues pl.
cupe, cupiera etc vb ver **caber**.
cupo vb ver **caber** // ['kupo] nm quota.
cupón [ku'pon] nm coupon.
cúpula ['kupula] nf dome.
cura ['kura] nf (curación) cure; (método curativo) treatment // nm priest.
curación [kura'θjon] nf cure; (acción) curing.
curar [ku'rar] vt (MED: herida) to treat, dress; (: enfermo) to cure; (CULIN) to cure, salt; (cuero) to tan // vi, ~se vr to get well, recover.
curiosear [kurjose'ar] vt to glance at, look over // vi to look round, wander round; (explorar) to poke about.
curiosidad [kurjosi'ðað] nf curiosity.
curioso, a [ku'rjoso, a] a curious // nm/f bystander, onlooker.
currante [ku'rrante] nm/f (fam) worker.
currar [ku'rrar], **currelar** [kurre'lar] vi (fam) to work; **curro** nm (fam) work, job.
currículo [ku'rrikolo], **currículum** [ku'rrikulum] nm curriculum vitae.
cursi ['kursi] a (fam) pretentious; (: amanerado) affected.
cursiva [kur'siβa] nf italics pl.
curso ['kurso] nm course; en ~ (año) current; (proceso) going on, under way.
cursor [kur'sor] nm (INFORM) cursor.
curtido, a [kur'tiðo, a] a (cara etc) weather-beaten; (fig: persona) experienced.
curtir [kur'tir] vt (cuero etc) to tan.
curvo, a ['kurβo, a] a (gen) curved; (torcido) bent // nf (gen) curve, bend.
cúspide ['kuspiðe] nf (GEO) peak; (fig) top.
custodia [kus'toðja] nf safekeeping; custody; **custodiar** vt (conservar) to take care of; (vigilar) to guard.
custodio [kus'toðjo] nm guardian,

keeper.
cutícula [ku'tikula] nf cuticle.
cutis ['kutis] nm inv skin, complexion.
cutre ['kutre] a (fam: lugar) grotty; (: persona) naff.
cuyo, a ['kujo, a] pron (de quien) whose; (de que) whose, of which; **en ~ caso** in which case.
C.V. abr (= caballos de vapor) H.P.

CH

chabacano, a [tʃaβa'kano, a] a vulgar, coarse.
chabola [tʃa'βola] nf shack; ~s nfpl shanty town sg.
chacal [tʃa'kal] nm jackal.
chacra ['tʃakra] nf (AM) smallholding.
chacha ['tʃatʃa] nf (fam) maid.
cháchara ['tʃatʃara] nf chatter; **estar de ~** to chatter away.
chafar [tʃa'far] vt (aplastar) to crush; (arruinar) to ruin.
chal [tʃal] nm shawl.
chalado, a [tʃa'lado, a] a (fam) crazy.
chalé, chalet [tʃa'le] (pl chalés, chalets) nm villa, ≈ detached house.
chaleco [tʃa'leko] nm waistcoat, vest (US); ~ **salvavidas** life jacket.
chalupa [tʃa'lupa] nf launch, boat.
champán [tʃam'pan], **champaña** [tʃam'paɲa] nm champagne.
champiñón [tʃampi'ɲon] nm mushroom.
champú [tʃam'pu] (pl **champúes**, **champús**) nm shampoo.
chamuscar [tʃamus'kar] vt to scorch, sear, singe.
chance ['tʃanθe] nm (AM) chance.
chancho, a ['tʃantʃo, a] nm/f (AM) pig.
chanchullo [tʃan'tʃuʎo] nm (fam) fiddle.
chantaje [tʃan'taxe] nm blackmail.
chapa ['tʃapa] nf (de metal) plate, sheet; (de madera) board, panel; (AM AUTO) number (Brit) o license (US) plate.
chaparrón [tʃapa'rron] nm downpour, cloudburst.
chapotear [tʃapote'ar] vt to sponge down // vi (fam) to splash about.
chapucero, a [tʃapu'θero, a] a rough, crude // nm/f bungler.
chapurrear [tʃapurre'ar] vt (idioma) to speak badly.
chapuza [tʃa'puθa] nf botched job.
chaqueta [tʃa'keta] nf jacket.
charca ['tʃarka] nf pond, pool.
charco ['tʃarko] nm pool, puddle.
charcutería [tʃarkute'ria] nf (tienda) shop selling chiefly pork meat products; (productos) cooked pork meats pl.
charla ['tʃarla] nf talk, chat; (conferencia) lecture.
charlar [tʃar'lar] vi to talk, chat.
charlatán, ana [tʃarla'tan, ana] nm/f chatterbox; (estafador) trickster.

charol [tʃa'rol] *nm* varnish; (*cuero*) patent leather.

chascarrillo [tʃaska'rriʎo] *nm* (*fam*) funny story.

chasco [tʃasko] *nm* (*broma*) trick, joke; (*desengaño*) disappointment.

chasis [tʃasis] *nm inv* chassis.

chasquear [tʃaske'ar] *vt* (*látigo*) to crack; (*lengua*) to click; **chasquido** *nm* (*de lengua*) click; (*de látigo*) crack.

chatarra [tʃa'tarra] *nf* scrap (metal).

chato, a ['tʃato, a] *a* flat; (*nariz*) snub.

chaval, a [tʃa'βal, a] *nm/f* kid, lad/lass.

checo(e)slovaco, a [tʃeko(e)slo'βako, a] *a, nm/f* Czech, Czechoslovak.

Checo(e)slovaquia [tʃeko(e)slo'βakja] *nf* Czechoslovakia.

cheque ['tʃeke] *nm* cheque (*Brit*), check (*US*); ~ **de viajero** traveller's cheque (*Brit*), traveler's check (*US*).

chequeo [tʃe'keo] *nm* (*MED*) check-up; (*AUTO*) service.

chequera [tʃe'kera] *nf* (*AM*) chequebook (*Brit*), checkbook (*US*).

chicano, a [tʃi'kano, a] *a nm/f* chicano.

chicle ['tʃikle] *nm* chewing gum.

chico, a ['tʃiko, a] *a* small, little // *nm/f* (*niño*) child; (*muchacho*) boy/girl.

chícharo ['tʃitʃaro] *nm* (*AM*) pea.

chicharrón [tʃitʃa'rron] *nm* (pork) crackling.

chichón [tʃi'tʃon] *nm* bump, lump.

chiflado, a [tʃi'flaðo, a] *a* crazy.

chiflar [tʃi'flar] *vt* to hiss, boo.

chile ['tʃile] *nm* chilli pepper.

Chile ['tʃile] *nm* Chile; **chileno, a** *a, nm/f* Chilean.

chillar [tʃi'ʎar] *vi* (*persona*) to yell, scream; (*animal salvaje*) to howl; (*cerdo*) to squeal; (*puerta*) to creak.

chillido [tʃi'ʎiðo] *nm* (*de persona*) yell, scream; (*de animal*) howl; (*de frenos*) screech(ing).

chillón, ona [tʃi'ʎon, ona] *a* (*niño*) noisy; (*color*) loud, gaudy.

chimenea [tʃime'nea] *nf* chimney; (*hogar*) fireplace.

China ['tʃina] *nf*: (la) ~ China.

chinche ['tʃintʃe] *nf* (*insecto*) (bed)bug; (*TEC*) drawing pin (*Brit*), thumbtack (*US*) // *nm/f* nuisance, pest.

chincheta [tʃin'tʃeta] *nf* drawing pin (*Brit*), thumbtack (*US*).

chino, a ['tʃino, a] *a, nm/f* Chinese // *nm* (*LING*) Chinese.

Chipre ['tʃipre] *nf* Cyprus; **chipriota, chipriote** *a, nm/f* Cypriot.

chiquito, a [tʃi'kito, a] *a* very small, tiny // *nm/f* kid.

chiripa [tʃi'ripa] *nf* fluke.

chirriar [tʃi'rrjar] *vi* (*goznes etc*) to creak, squeak; (*pájaros*) to chirp, sing.

chirrido [tʃi'rriðo] *nm* creak(ing), squeak(ing); (*de pájaro*) chirp(ing).

chis [tʃis] *excl* sh!

chisme ['tʃisme] *nm* (*habladurías*) piece of gossip; (*fam: objeto*) thingummyjig.

chismoso, a [tʃis'moso, a] *a* gossiping // *nm/f* gossip.

chispa ['tʃispa] *nf* spark; (*fig*) sparkle; (*ingenio*) wit; (*fam*) drunkenness.

chispeante [tʃispe'ante] *a* sparkling.

chispear [tʃispe'ar] *vi* to spark; (*lloviznar*) to drizzle.

chisporrotear [tʃisporrote'ar] *vi* (*fuego*) to throw out sparks; (*leña*) to crackle; (*aceite*) to hiss, splutter.

chiste ['tʃiste] *nm* joke, funny story.

chistoso, a [tʃis'toso, a] *a* (*gracioso*) funny, amusing; (*bromista*) witty.

chivo, a ['tʃiβo, a] *nm/f* (billy-/nanny-) goat; ~ **expiatorio** scapegoat.

chocante [tʃo'kante] *a* startling; (*extraño*) odd; (*ofensivo*) shocking.

chocar [tʃo'kar] *vi* (*coches etc*) to collide, crash // *vt* to shock; (*sorprender*) to startle; ~ **con** to collide with; (*fig*) to run into, run up against; ¡**chócala**! (*fam*) put it there!

chocolate [tʃoko'late] *a, nm* chocolate.

chochear [tʃotʃe'ar] *vi* to dodder, be senile.

chocho, a ['tʃotʃo, a] *a* doddering, senile; (*fig*) soft, doting.

chófer ['tʃofer], **chofer** [tʃo'fer] *nm* driver.

chollo ['tʃoʎo] *nm* (*fam*) bargain, snip.

choque *etc vb ver* **chocar** // ['tʃoke] *nm* (*impacto*) impact; (*golpe*) jolt; (*AUTO*) crash; (*fig*) conflict.

chorizo [tʃo'riθo] *nm* hard pork sausage, (type of) salami.

chorrear [tʃorre'ar] *vi* to gush (out), spout (out); (*gotear*) to drip, trickle.

chorro ['tʃorro] *nm* jet; (*fig*) stream.

choza ['tʃoθa] *nf* hut, shack.

chubasco [tʃu'βasko] *nm* squall.

chuleta [tʃu'leta] *nf* chop, cutlet.

chulo ['tʃulo] *nm* (*pícaro*) rascal; (*rufián*) pimp.

chupado, a [tʃu'paðo, a] *a* (*delgado*) skinny, gaunt.

chupete [tʃu'pete] *nm* dummy (*Brit*), pacifier (*US*).

chupar [tʃu'par] *vt* to suck; (*absorber*) to absorb; ~**se** *vr* to grow thin.

churro, a ['tʃurro, a] *a* coarse // *nm* (type of) fritter.

chusco, a ['tʃusko, a] *a* funny.

chusma ['tʃusma] *nf* rabble, mob.

chutar [tʃu'tar] *vi* (*DEPORTE*) to shoot (at goal).

D

D. *abr* (= **Don**) Esq.

Da. *abr* = **Doña**.

dactilógrafo, a [dakti'loɤrafo, a] *nm/f* typist.

dádiva ['daðiβa] nf (donación) donation; (regalo) gift; **dadivoso, a** a generous.

dado, a ['daðo, a] pp de **dar** // nm die; ~s nmpl dice; ~ que conj given that.

daltónico, a [dal'toniko, a] a colour-blind.

dama ['dama] nf (gen) lady; (AJEDREZ) queen; ~s nfpl (juego) draughts.

damasco [da'masko] nm damask.

damnificar [damnifi'kar] vt to harm; (persona) to injure.

danés, esa [da'nes, esa] a Danish // nm/f Dane.

danzar [dan'θar] vt, vi to dance.

dañar [da'ɲar] vt (objeto) to damage; (persona) to hurt; ~se vr (objeto) to get damaged.

dañino, a [da'ɲino, a] a harmful.

daño ['daɲo] nm (a un objeto) damage; (a una persona) harm, injury; ~s y perjuicios (JUR) damages; **hacer** ~ a to damage; (persona) to hurt, injure; **hacerse** ~ to hurt o.s.

dar [dar] ♦ vt 1 (gen) to give; (obra de teatro) to put on; (film) to show; (fiesta) to hold; ~ algo a uno to give sb sth o sth to sb; ~ de beber a uno to give sb a drink

2 (producir: intereses) to yield; (fruta) to produce

3 (locuciones + n): da gusto escucharle it's a pleasure to listen to him; ver tb **paseo** y otros n

4 (+ n: = perífrasis de verbo): me da pena/asco it frightens/sickens me

5 (considerar): ~ algo por descontado/entendido to take sth for granted/as read; ~ algo por concluido to consider sth finished

6 (hora): el reloj dio las 6 the clock struck 6 (o'clock)

7: me da lo mismo it's all the same to me; ver tb **igual**, **más**

♦ vi 1: ~ con: dimos con él dos horas más tarde we came across him two hours later; al final di con la solución I eventually came up with the answer

2: ~ en: ~ en (blanco, suelo) to hit; el sol me da en la cara the sun is shining (right) on my face

3: ~ de sí (zapatos etc) to stretch, give

♦ ~se vr 1: ~se por: ~se por vencido to give up

2 (ocurrir): se han dado muchos casos there have been a lot of cases

3: ~se a: se ha dado a la bebida he's taken to drinking

4: se me dan bien/mal las ciencias I'm good/bad at science

5: dárselas de: se las da de experto he fancies himself o poses as an expert.

dardo ['darðo] nm dart.

dársena ['darsena] nf dock.

datar [da'tar] vi: ~ de to date from.

dátil ['datil] nm date.

dato ['dato] nm fact, piece of informa-tion.

dcha. abr (= derecha) r.h.

d. de J.C. abr (= después de Jesucristo) A.D.

de [de] prep (de + el = del) 1 (posesión) of; la casa ~ Isabel/mis padres Isabel's/my parents' house; es ~ ellos it's theirs

2 (origen, distancia, con números) from; soy ~ Gijón I'm from Gijón; ~ 8 a 20 from 8 to 20; salir del cine to go out of o leave the cinema; ~ ... en ... from ... to ...; ~ 2 en 2 by 2, 2 at a time

3 (valor descriptivo): una copa ~ vino a glass of wine; la mesa ~ la cocina the kitchen table; un billete ~ 1000 pesetas a 1000 peseta note; un niño ~ tres años a three-year-old (child); una máquina ~ coser a sewing machine; ir vestido ~ gris to be dressed in grey; la niña del vestido azul the girl in the blue dress; trabaja ~ profesora she works as a teacher; ~ lado sideways; ~ atrás/delante rear/front

4 (hora, tiempo): a las 8 ~ la mañana at 8 o'clock in the morning; ~ día/noche by day/night; ~ hoy en ocho días a week from now; ~ niño era gordo as a child he was fat

5 (comparaciones): más/menos ~ cien personas more/less than a hundred people; el más caro ~ la tienda the most expensive in the shop; menos/más ~ lo pensado less/more than expected

6 (causa): del calor from the heat; ~ puro tonto out of sheer stupidity

7 (tema) about; clases ~ inglés English classes; ¿sabes algo ~ él? do you know anything about him?; un libro ~ física a physics book

8 (adjetivo + de + infin): fácil ~ entender easy to understand

9 (oraciones pasivas): fue respetado ~ todos he was loved by all

10 (condicional + infin) if; ~ ser posible if possible; ~ no terminarlo hoy if I etc don't finish it today.

dé vb ver **dar**.

deambular [deambu'lar] vi to stroll, wander.

debajo [de'βaxo] ad underneath; ~ de below, under; por ~ de beneath.

debate [de'βate] nm debate; **debatir** vt to debate.

deber [de'βer] nm duty // vt to owe // vi: debe (de) it must, it should; ~es nmpl (ESCOL) homework; debo hacerlo I must do it; debe de ir he should go; ~se vr: ~se a to be owing o due to.

debido, a [de'βiðo, a] a proper, just; ~ a due to, because of.

débil ['deβil] a (persona, carácter) weak; (luz) dim; **debilidad** nf weakness; dimness.

debilitar [deβili'tar] vt to weaken; ~se vr to grow weak.

debutar [deβu'tar] *vi* to make one's debut.

década ['dekaða] *nf* decade.

decadencia [deka'ðenθja] *nf* (*estado*) decadence; (*proceso*) decline, decay.

decaer [deka'er] *vi* (*declinar*) to decline; (*debilitarse*) to weaken.

decaído, a [deka'iðo, a] *a*: **estar ~** (*abatido*) to be down.

decaimiento [dekai'mjento] *nm* (*declinación*) decline; (*desaliento*) discouragement; (*MED: estado débil*) weakness.

decano, a [de'kano, a] *nm/f* (*de universidad etc*) dean.

decapitar [dekapi'tar] *vt* to behead.

decena [de'θena] *nf*: **una ~** ten (or so).

decencia [de'θenθja] *nf* (*modestia*) modesty; (*honestidad*) respectability.

decente [de'θente] *a* (*correcto*) seemly, proper; (*honesto*) respectable.

decepción [deθep'θjon] *nf* disappointment.

decepcionar [deθepθjo'nar] *vt* to disappoint.

decidir [deθi'ðir] *vt* (*persuadir*) to convince, persuade; (*resolver*) to decide // *vi* to decide; **~se** *vr*: **~se a** to make up one's mind to.

décimo, a ['deθimo, a] *a* tenth // *nm* tenth.

decir [de'θir] *vt* (*expresar*) to say; (*contar*) to tell; (*hablar*) to speak // *nm* saying; **~se** *vr*: **se dice que** it is said that; **~ para *o* entre sí** to say to o.s.; **querer ~** to mean; **¡dígame!** (*TEL*) hello!; (*en tienda*) can I help you?

decisión [deθi'sjon] *nf* (*resolución*) decision; (*firmeza*) decisiveness.

decisivo, a [deθi'siβo, a] *a* decisive.

declamar [dekla'mar] *vt*, *vi* to declaim.

declaración [deklara'θjon] *nf* (*manifestación*) statement; (*explicación*) explanation.

declarar [dekla'rar] *vt* to declare, state; to explain // *vi* to declare; (*JUR*) to testify; **~se** *vr* to propose.

declinar [dekli'nar] *vt* (*gen*) to decline; (*JUR*) to reject // *vi* (*el día*) to draw to a close.

declive [de'kliβe] *nm* (*cuesta*) slope; (*fig*) decline.

decolorarse [dekolo'rarse] *vr* to become discoloured.

decoración [dekora'θjon] *nf* decoration.

decorado [deko'raðo] *nm* (*CINE, TEATRO*) scenery, set.

decorar [deko'rar] *vt* to decorate; **decorativo, a** *a* ornamental, decorative.

decoro [de'koro] *nm* (*respeto*) respect; (*dignidad*) decency; (*recato*) propriety; **~so, a** *a* (*decente*) decent; (*modesto*) modest; (*digno*) proper.

decrecer [dekre'θer] *vi* to decrease, diminish.

decrépito, a [de'krepito, a] *a* decrepit.

decretar [dekre'tar] *vt* to decree; **decreto** *nm* decree.

dedal [de'ðal] *nm* thimble.

dedicación [deðika'θjon] *nf* dedication; **dedicar** *vt* (*libro*) to dedicate; (*tiempo, dinero*) to devote; (*palabras: decir, consagrar*) to dedicate, devote; **dedicatoria** *nf* (*de libro*) dedication.

dedo ['deðo] *nm* finger; **~ (del pie)** toe; **~ pulgar** thumb; **~ índice** index finger; **~ mayor *o* cordial** middle finger; **~ anular** ring finger; **~ meñique** little finger; **hacer ~** (*fam*) to hitch (a lift).

deducción [deðuk'θjon] *nf* deduction.

deducir [deðu'θir] *vt* (*concluir*) to deduce, infer; (*COM*) to deduct.

defecto [de'fekto] *nm* defect, flaw; **defectuoso, a** *a* defective, faulty.

defender [defen'der] *vt* to defend.

defensa [de'fensa] *nf* defence // *nm* (*DEPORTE*) defender, back; **defensivo, a** *a* defensive // *nf*: **a la defensiva** on the defensive.

defensor, a [defen'sor, a] *a* defending // *nm/f* (*abogado* **~**) defending counsel; (*protector*) protector.

deficiencia [defi'θjenθja] *nf* deficiency.

deficiente [defi'θjente] *a* (*defectuoso*) defective; **~ en** lacking *o* deficient in; **ser un ~ mental** to be mentally handicapped.

déficit ['defiθit] (*pl* **~s**) *nm* deficit.

definir [defi'nir] *vt* (*determinar*) to determine, establish; (*decidir*) to define; (*aclarar*) to clarify; **definitivo, a** *a* definitive; **en definitiva** definitively; (*en resumen*) in short.

deformación [deforma'θjon] *nf* (*alteración*) deformation; (*RADIO etc*) distortion.

deformar [defor'mar] *vt* (*gen*) to deform; **~se** *vr* to become deformed; **deforme** *a* (*informe*) deformed; (*feo*) ugly; (*malhecho*) misshapen.

defraudar [defrau'ðar] *vt* (*decepcionar*) to disappoint; (*estafar*) to cheat; to defraud.

defunción [defun'θjon] *nf* death, demise.

degeneración [dexenera'θjon] *nf* (*de las células*) degeneration; (*moral*) degeneracy.

degenerar [dexene'rar] *vi* to degenerate.

degollar [dexo'ʎar] *vt* to behead; (*fig*) to slaughter.

degradar [deγra'ðar] *vt* to debase, degrade; **~se** *vr* to demean o.s.

degustación [deγusta'θjon] *nf* sampling, tasting.

deificar [deifi'kar] *vt* (*persona*) to deify.

dejadez [dexa'ðeθ] *nf* (*negligencia*) neglect; (*descuido*) untidiness, carelessness; **dejado, a** *a* (*negligente*) careless; (*indolente*) lazy.

dejar [de'xar] *vt* to leave; (*permitir*) to allow, let; (*abandonar*) to abandon, for-

sake; (*beneficios*) to produce, yield // *vi*:
~ de (*parar*) to stop; (*no hacer*) to fail
to; **no dejes de comprar un billete** make
sure you buy a ticket; ~ **a un lado** to
leave *o* set aside.

dejo ['dexo] *nm* (*LING*) accent.

del [del] = **de** + **el**, *ver* **de**.

delantal [delan'tal] *nm* apron.

delante [de'lante] *ad* in front, (*enfrente*)
opposite; (*adelante*) ahead; ~ **de** in
front of, before.

delantero, a [delan'tero, a] *a* front // *nm*
(*DEPORTE*) forward, striker // *nf* (*de
vestido, casa etc*) front part; (*DEPORTE*)
forward line; **llevar la delantera (a uno)**
to be ahead (of sb).

delatar [dela'tar] *vt* to inform on *o*
against, betray; **delator, a** *nm/f* informer.

delegación [deleɣa'θjon] *nf* (*acción,
delegados*) delegation; (*COM: oficina*)
office, branch; ~ **de policía** police
station.

delegado, a [dele'ɣaðo, a] *nm/f*
delegate; (*COM*) agent.

delegar [dele'ɣar] *vt* to delegate.

deletrear [deletre'ar] *vt* to spell (out).

deleznable [deleθ'naßle] *a* brittle;
(*excusa, idea*) feeble.

delfín [del'fin] *nm* dolphin.

delgadez [delɣa'ðeθ] *nf* thinness, slim-
ness.

delgado, a [del'ɣaðo, a] *a* thin;
(*persona*) slim, thin; (*tierra*) poor; (*tela
etc*) light, delicate.

deliberación [delißera'θjon] *nf* delibera-
tion.

deliberar [delibe'rar] *vt* to debate, discuss.

delicadeza [delika'ðeθa] *nf* (*gen*)
delicacy; (*refinamiento, sutileza*) refinement.

delicado, a [deli'kaðo, a] *a* (*gen*)
delicate; (*sensible*) sensitive;
(*quisquilloso*) touchy.

delicia [de'liθja] *nf* delight.

delicioso, a [deli'θjoso, a] *a* (*gracioso*)
delightful; (*exquisito*) delicious.

delincuencia [delin'kwenθja] *nf*
delinquency; **delincuente** *nm/f*
delinquent; (*criminal*) criminal.

delineante [deline'ante] *nm/f*
draughtsman/woman.

delinear [deline'ar] *vt* (*dibujo*) to draw;
(*fig, contornos*) to outline.

delinquir [delin'kir] *vi* to commit an
offence.

delirante [deli'rante] *a* delirious.

delirar [deli'rar] *vi* to be delirious, rave.

delirio [de'lirjo] *nm* (*MED*) delirium;
(*palabras insensatas*) ravings *pl*.

delito [de'lito] *nm* (*gen*) crime; (*infracción*) offence.

demacrado, a [dema'krado, a] *a*: **estar
~** to look pale and drawn, be wasted

away.

demagogo, a [dema'ɣoɣo, a] *nm/f*
demagogue.

demanda [de'manda] *nf* (*pedido, COM*)
demand; (*petición*) request; (*JUR*)
action, lawsuit.

demandante [deman'dante] *nm/f*
claimant.

demandar [deman'dar] *vt* (*gen*) to
demand; (*JUR*) to sue, file a lawsuit
against.

demarcación [demarka'θjon] *nf* (*de
terreno*) demarcation.

demás [de'mas] *a*: **los ~ niños** the other
children, the remaining children // *pron*:
los/las ~ the others, the rest (of them);
lo ~ the rest (of it).

demasía [dema'sia] *nf* (*exceso*) excess,
surplus; **comer en ~** to eat to excess.

demasiado, a [dema'sjaðo, a] *a* too, too
much; **~s too many** // *ad* too, too much;
¡es ~! it's too much!; **¡qué ~!** (*fam*)
great!

demencia [de'menθja] *nf* (*locura*) madness; **demente** *nm/f* lunatic // *a* mad,
insane.

democracia [demo'kraθja] *nf* democracy.

demócrata [de'mokrata] *nm/f* democrat;
democrático, a *a* democratic.

demoler [demo'ler] *vt* to demolish;
demolición *nf* demolition.

demonio [de'monjo] *nm* devil, demon;
¡~s! hell!, damn!; **¿cómo ~s?** how the
hell?

demora [de'mora] *nf* delay; **demorar** *vt*
(*retardar*) to delay, hold back; (*detener*)
to hold up // *vi* to linger, stay on; **~se** *vr*
to be delayed.

demos *vb ver* **dar**.

demostración [demostra'θjon] *nf* (*de
teorema*) demonstration; (*de afecto*)
show, display.

demostrar [demos'trar] *vt* (*probar*) to
prove; (*mostrar*) to show; (*manifestar*)
to demonstrate; **demostrativo, a** *a*
demonstrative.

demudado, a [demu'ðaðo, a] *a* (*rostro*)
pale.

den *vb ver* **dar**.

denegar [dene'ɣar] *vt* (*rechazar*) to refuse; (*JUR*) to reject.

denigrar [deni'ɣrar] *vt* (*desacreditar, in-
famar*) to denigrate; (*injuriar*) to insult.

denominación [denomina'θjon] *nf* (*de
clase*) denomination.

denotar [deno'tar] *vt* (*indicar*) to indicate; (*significar*) to denote.

densidad [densi'ðað] *nf* (*FÍSICA*)
density; (*fig*) thickness.

denso, a ['denso, a] *a* (*apretado*) solid;
(*espeso, pastoso*) thick; (*fig*) heavy.

dentadura [denta'ðura] *nf* (set of) teeth
pl; ~ **postiza** false teeth *pl*.

dentera [den'tera] *nf* (*sensación desagradable*) the shivers *pl*.

dentífrico, a [den'tifriko, a] *a* dental // *nm* toothpaste.

dentista [den'tista] *nm/f* dentist.

dentro ['dentro] *ad* inside // *prep:* ~ **de** in, inside, within; **mirar por** ~ to look inside; ~ **de tres meses** within three months.

denuncia [de'nunθja] *nf* (*delación*) denunciation; (*acusación*) accusation; (*de accidente*) report; **denunciar** *vt* to report; (*delatar*) to inform on *o* against.

departamento [departa'mento] *nm* (*sección administrativa*) department, section; (*AM: piso*) flat (*Brit*), apartment.

departir [depar'tir] *vi* to converse.

dependencia [depen'denθja] *nf* dependence; (*POL*) dependency; (*COM*) office, section.

depender [depen'der] *vi:* ~ **de** to depend on.

dependienta [depen'djenta] *nf* saleswoman, shop assistant.

dependiente [depen'djente] *a* dependent // *nm* salesman, shop assistant.

depilar [depi'lar] *vt* (*con cera*) to wax; (*cejas*) to pluck; **depilatorio** *nm* hair remover.

deplorable [deplo'raβle] *a* deplorable.

deplorar [deplo'rar] *vt* to deplore.

deponer [depo'ner] *vt* to lay down // *vi* (*JUR*) to give evidence; (*declarar*) to make a statement.

deportar [depor'tar] *vt* to deport.

deporte [de'porte] *nm* sport; **deportista** *a* sports *cpd* // *nm/f* sportsman/woman; **deportivo, a** *a* (*club, periódico*) sports *cpd* // *nm* sports car.

depositante [deposi'tante], **depositador, a** [deposita'ðor, a] *nm/f* depositor.

depositar [deposi'tar] *vt* (*dinero*) to deposit; (*mercaderías*) to put away, store; (*persona*) to confide; ~**se** *vr* to settle; ~**io, a** *nm/f* trustee.

depósito [de'posito] *nm* (*gen*) deposit; (*de mercaderías*) warehouse, store; (*de agua, gasolina etc*) tank.

depravar [depra'βar] *vt* to deprave, corrupt; ~**se** *vr* to become depraved.

depreciar [depre'θjar] *vt* to depreciate, reduce the value of; ~**se** *vr* to depreciate, lose value.

depredador, a [depreða'ðor, a] *a* (*ZOOL*) predatory // *nm* (*ZOOL*) predator.

depresión [depre'sjon] *nf* depression.

deprimido, a [depri'miðo, a] *a* depressed.

deprimir [depri'mir] *vt* to depress; ~**se** *vr* (*persona*) to become depressed.

deprisa [de'prisa] *ad* quickly, hurriedly.

depuración [depura'θjon] *nf* purification; (*POL*) purge; **depurar** *vt* to purify; (*purgar*) to purge.

derecha [de'retʃa] *nf* right(-hand) side; (*POL*) right; **a la** ~ (*estar*) on the right; (*torcer etc*) (to the) right.

derecho, a [de'retʃo, a] *a* right, right-hand // *nm* (*privilegio*) right; (*lado*) right(-hand) side; (*leyes*) law // *ad* straight, directly; ~**s** *nmpl* (*de aduana*) duty *sg*; (*de autor*) royalties; **tener** ~ **a** to have a right to.

deriva [de'riβa] *nf:* **ir** *o* **estar a la** ~ to drift, be adrift.

derivado [deri'βaðo] *nm* (*COM*) by-product.

derivar [deri'βar] *vt* to derive; (*desviar*) to direct // *vi*, ~**se** *vr* to derive, be derived; (*NAUT*) to drift.

derramamiento [derrama'mjento] *nm* (*dispersión*) spilling; ~ **de sangre** bloodshed.

derramar [derra'mar] *vt* to spill; (*verter*) to pour out; (*esparcir*) to scatter; ~**se** *vr* to pour out; ~ **lágrimas** to weep.

derrame [de'rrame] *nm* (*de líquido*) spilling; (*de sangre*) shedding; (*de tubo etc*) overflow; (*pérdida*) leakage; (*MED*) discharge; (*declive*) slope.

derredor [derre'ðor] *ad:* **al** *o* **en** ~ **de** around, about.

derretido, a [derre'tiðo, a] *a* melted; (*metal*) molten.

derretir [derre'tir] *vt* (*gen*) to melt; (*nieve*) to thaw; (*fig*) to squander; ~**se** *vr* to melt.

derribar [derri'βar] *vt* to knock down; (*construcción*) to demolish; (*persona, gobierno, político*) to bring down.

derrocar [derro'kar] *vt* (*gobierno*) to bring down, overthrow.

derrochar [derro'tʃar] *vt* to squander; **derroche** *nm* (*despilfarro*) waste, squandering.

derrota [de'rrota] *nf* (*NAUT*) course; (*MIL, DEPORTE etc*) defeat, rout; **derrotar** *vt* (*gen*) to defeat; **derrotero** *nm* (*rumbo*) course.

derrumbar [derrum'bar] *vt* (*edificio*) to knock down; ~**se** *vr* to collapse.

des *vb ver* **dar.**

desabotonar [desaβoto'nar] *vt* to unbutton, undo // *vi* (*flores*) to bloom; ~**se** *vr* to come undone.

desabrido, a [desa'βriðo, a] *a* (*comida*) insipid, tasteless; (*persona*) rude, surly; (*respuesta*) sharp; (*tiempo*) unpleasant.

desabrochar [desaβro'tʃar] *vt* (*botones, broches*) to undo, unfasten; ~**se** *vr* (*ropa etc*) to come undone.

desacato [desa'kato] *nm* (*falta de respeto*) disrespect; (*JUR*) contempt.

desacertado, a [desaθer'taðo, a] *a* (*equivocado*) mistaken; (*inoportuno*) unwise.

desacierto [desa'θjerto] *nm* mistake, error.

desaconsejado, a [desakonse'xaðo, a] *a*

ill-advised.

desaconsejar [desakonse'xar] *vt* to advise against.

desacorde [desa'korðe] *a* discordant; **estar ~ con algo** to disagree with sth.

desacreditar [desakreði'tar] *vt* (*desprestigiar*) to discredit, bring into disrepute; (*denigrar*) to run down.

desacuerdo [desa'kwerðo] *nm* (*conflicto*) disagreement, discord; (*error*) error, blunder.

desafiar [desa'fjar] *vt* (*retar*) to challenge; (*enfrentarse a*) to defy.

desafilado, a [desafi'laðo, a] *a* blunt.

desafinado, a [desafi'naðo, a] *a*: **estar ~** to be out of tune.

desafinarse [desafi'narse] *vr* to go out of tune.

desafío *etc vb ver* **desafiar** // [desa'fio] *nm* (*reto*) challenge; (*combate*) duel; (*resistencia*) defiance.

desaforado, a [desafo'raðo, a] *a* (*grito*) ear-splitting; (*comportamiento*) outrageous.

desafortunadamente [desafortunaða'mente] *ad* unfortunately.

desafortunado, a [desafortu'naðo, a] *a* (*desgraciado*) unfortunate, unlucky.

desagradable [desaɣra'ðaßle] *a* (*fastidioso, enojoso*) unpleasant; (*irritante*) disagreeable.

desagradar [desaɣra'ðar] *vi* (*disgustar*) to displease; (*molestar*) to bother.

desagradecido, a [desaɣraðe'θiðo, a] *a* ungrateful.

desagrado [desa'ɣraðo] *nm* (*disgusto*) displeasure; (*contrariedad*) dissatisfaction.

desagraviar [desaɣra'ßjar] *vt* to make amends to; **desagravio** *nm* (*satisfacción*) amends; (*compensación*) compensation.

desagüe [des'aɣwe] *nm* (*de un líquido*) drainage; (*cañería*) drainpipe; (*salida*) outlet, drain.

desaguisado, a [desaɣi'saðo, a] *a* illegal // *nm* outrage.

desahogado, a [desao'ɣaðo, a] *a* (*holgado*) comfortable; (*espacioso*) roomy, large.

desahogar [desao'ɣar] *vt* (*aliviar*) to ease, relieve; (*ira*) to vent; **~se** *vr* (*relajarse*) to relax; (*desfogarse*) to let off steam.

desahogo [desa'oɣo] *nm* (*alivio*) relief; (*comodidad*) comfort, ease.

desahuciar [desau'θjar] *vt* (*enfermo*) to give up hope for; (*inquilino*) to evict; **desahucio** *nm* eviction.

desairar [desai'rar] *vt* (*menospreciar*) to slight, snub; (*cosa*) to disregard.

desaire [des'aire] *nm* (*menosprecio*) slight; (*falta de garbo*) unattractiveness.

desajustar [desaxus'tar] *vt* (*desarreglar*) to disarrange; (*desconcertar*) to throw

off balance; **~se** *vr* to get out of order; (*aflojarse*) to loosen.

desajuste [desa'xuste] *nm* (*de máquina*) disorder; (*situación*) imbalance.

desalentador, a [desalenta'ðor, a] *a* disheartening.

desalentar [desalen'tar] *vt* (*desanimar*) to discourage.

desaliento *etc vb ver* **desalentar** // [desa'ljento] *nm* discouragement.

desaliño [desa'liɲo] *nm* (*negligencia*) slovenliness.

desalmado, a [desal'maðo, a] *a* (*cruel*) cruel, heartless.

desalojar [desalo'xar] *vt* (*expulsar, echar*) to eject; (*abandonar*) to move out of // *vi* to move out.

desamarrar [desama'rrar] *vt* to untie; (*NAUT*) to cast off.

desamor [desa'mor] *nm* (*frialdad*) indifference; (*odio*) dislike.

desamparado, a [desampa'raðo, a] *a* (*persona*) helpless; (*lugar: expuesto*) exposed; (*desierto*) deserted.

desamparar [desampa'rar] *vt* (*abandonar*) to desert, abandon; (*JUR*) to leave defenceless; (*barco*) to abandon.

desandar [desan'dar] *vt*: **~ lo andado** *o* **el camino** to retrace one's steps.

desangrar [desan'grar] *vt* to bleed; (*fig: persona*) to bleed dry; **~se** *vr* to lose a lot of blood.

desanimado, a [desani'maðo, a] *a* (*persona*) downhearted; (*espectáculo, fiesta*) dull.

desanimar [desani'mar] *vt* (*desalentar*) to discourage; (*deprimir*) to depress; **~se** *vr* to lose heart.

desapacible [desapa'θißle] *a* (*gen*) unpleasant.

desaparecer [desapare'θer] *vi* (*gen*) to disappear; (*el sol, la luz*) to vanish; **desaparecido, a** *a* missing; **desaparecidos** *nmpl* (*en accidente*) people missing; **desaparición** *nf* disappearance.

desapasionado, a [desapasjo'naðo, a] *a* dispassionate, impartial.

desapego [desa'peɣo] *nm* (*frialdad*) coolness; (*distancia*) detachment.

desapercibido, a [desaperθi'ßiðo, a] *a* (*desprevenido*) unprepared; **pasar ~** to go unnoticed.

desaplicado, a [desapli'kaðo, a] *a* slack, lazy.

desaprensivo, a [desapren'sißo, a] *a* unscrupulous.

desaprobar [desapro'ßar] *vt* (*reprobar*) to disapprove of; (*condenar*) to condemn; (*no consentir*) to reject.

desaprovechado, a [desaproße'tʃaðo, a] *a* (*oportunidad, tiempo*) wasted; (*estudiante*) slack.

desaprovechar [desaproße'tʃar] *vt* to waste.

desarmar [desar'mar] vt (MIL, fig) to disarm; (TEC) to take apart, dismantle; **desarme** nm disarmament.

desarraigar [desarrai'ɣar] vt to uproot; **desarraigo** nm uprooting.

desarreglado, a [desarre'ɣlaðo, a] a (desordenado) disorderly, untidy.

desarreglar [desarre'ɣlar] vt (desordenar) to disarrange; (trastocar) to upset, disturb.

desarreglo [desa'rreɣlo] nm (de casa, persona) untidiness; (desorden) disorder.

desarrollar [desarro'ʎar] vt (gen) to develop; (extender) to unfold; ~se vr to develop; (extenderse) to open (out); (FOTO) to develop; **desarrollo** nm development.

desarticular [desartiku'lar] vt (hueso) to dislocate; (objeto) to take apart; (fig) to break up.

desaseo [desa'seo] nm (suciedad) slovenliness; (desarreglo) untidiness.

desasir [desa'sir] vt to loosen; ~se vr to extricate o.s.; ~se de to let go, give up.

desasosegar [desasose'ɣar] vt (inquietar) to disturb, make uneasy; ~se vr to become uneasy.

desasosiego etc vb ver desasosegar // [desaso'sjeɣo] nm (intranquilidad) uneasiness, restlessness; (ansiedad) anxiety.

desastrado, a [desas'traðo, a] a (desaliñado) shabby; (sucio) dirty.

desastre [de'sastre] nm disaster; **desastroso, a** a disastrous.

desatado, a [desa'taðo, a] a (desligado) untied; (violento) violent, wild.

desatar [desa'tar] vt (nudo) to untie; (paquete) to undo; (separar) to detach; ~se vr (zapatos) to come untied; (tormenta) to break.

desatascar [desatas'kar] vt (cañería) to unblock, clear.

desatender [desaten'der] vt (no prestar atención a) to disregard; (abandonar) to neglect.

desatento, a [desa'tento, a] a (distraído) inattentive; (descortés) discourteous.

desatinado, a [desati'naðo, a] a foolish, silly; **desatino** nm (idiotez) foolishness, folly; (error) blunder.

desatornillar [desatorni'ʎar] vt to unscrew.

desautorizado, a [desautori'θaðo, a] a unauthorized.

desautorizar [desautori'θar] vt (oficial) to deprive of authority; (informe) to deny.

desavenencia [desaβe'nenθja] nf (desacuerdo) disagreement; (discrepancia) quarrel.

desaventajado, a [desaβenta'xaðo, a] a (inferior) inferior; (poco ventajoso) disadvantageous.

desayunar [desaju'nar] vi to have breakfast // vt to have for breakfast; **desayuno** nm breakfast.

desazón [desa'θon] nf (angustia) anxiety; (fig) annoyance.

desazonar [desaθo'nar] vt (fig) to annoy, upset; ~se vr (enojarse) to be annoyed; (preocuparse) to worry, be anxious.

desbandarse [desβan'darse] vr (MIL) to disband; (fig) to flee in disorder.

desbarajuste [desβara'xuste] nm confusion, disorder.

desbaratar [desβara'tar] vt (deshacer, destruir) to ruin.

desbloquear [desβloke'ar] vt (negociaciones, tráfico) to get going again; (COM: cuenta) to unfreeze.

desbocado, a [desβo'kaðo, a] a (caballo) runaway.

desbordar [desβor'ðar] vt (sobrepasar) to go beyond; (exceder) to exceed // vi, ~se vr (río) to overflow; (entusiasmo) to erupt.

descabalgar [deskaβal'ɣar] vi to dismount.

descabellado, a [deskaβe'ʎaðo, a] a (disparatado) wild, crazy.

descabellar [deskaβe'ʎar] vt to ruffle; (TAUR: toro) to give the coup de grace to.

descafeinado, a [deskafei'naðo, a] a decaffeinated // nm decaffeinated coffee.

descalabro [deska'laβro] nm blow; (desgracia) misfortune.

descalificar [deskalifi'kar] vt to disqualify; (desacreditar) to discredit.

descalzar [deskal'θar] vt (zapato) to take off; **descalzo, a** a barefoot(ed); (fig) destitute.

descambiar [deskam'bjar] vt to exchange.

descaminado, a [deskami'naðo, a] a (equivocado) on the wrong road; (fig) misguided.

descampado [deskam'paðo] nm open space.

descansado, a [deskan'saðo, a] a (gen) rested; (que tranquiliza) restful.

descansar [deskan'sar] vt (gen) to rest // vi to rest, have a rest; (echarse) to lie down.

descansillo [deskan'siʎo] nm (de escalera) landing.

descanso [des'kanso] nm (reposo) rest; (alivio) relief; (pausa) break; (DEPORTE) interval, half time.

descapotable [deskapo'taβle] nm (tb: coche ~) convertible.

descarado, a [deska'raðo, a] a (sin vergüenza) shameless; (insolente) cheeky.

descarga [des'karɣa] nf (ARQ, ELEC, MIL) discharge; (NAUT) unloading.

descargar [deskar'ɣar] vt to unload; (golpe) to let fly; ~se vr to unburden o.s.; **descargo** nm (COM) receipt; (JUR) evidence.

descarnado, a [deskar'naðo, a] a scrawny; (fig) bare.

descaro [des'karo] nm nerve.

descarriar [deska'rrjar] vt (descaminar) to misdirect; (fig) to lead astray; ~se vr (perderse) to lose one's way; (separarse) to stray; (pervertirse) to err, go astray.

descarrilamiento [deskarrila'mjento] nm (de tren) derailment.

descarrilar [deskarri'lar] vi to be derailed.

descartar [deskar'tar] vt (rechazar) to reject; (eliminar) to rule out; ~se vr (NAIPES) to discard; ~se de to shirk.

descascarillado, a [deskaskari'ʎaðo, a] a (paredes) peeling.

descendencia [desθen'denθja] nf (origen) origin, descent; (hijos) offspring.

descender [desθen'der] vt (bajar: escalera) to go down // vi to descend; (temperatura, nivel) to fall, drop; ~ de to be descended from.

descendiente [desθen'djente] nm/f descendant.

descenso [des'θenso] nm descent; (de temperatura) drop.

descifrar [desθi'frar] vt to decipher; (mensaje) to decode.

descolgar [deskol'ɣar] vt (bajar) to take down; (teléfono) to pick up; ~se vr to let o.s. down.

descolorido, a [deskolo'riðo, a] a faded; (pálido) pale.

descompaginar [deskompaxi'nar] vt (desordenar) to disarrange, mess up.

descompasado, a [deskompa'saðo, a] a (sin proporción) out of all proportion; (excesivo) excessive.

descomponer [deskompo'ner] vt (desordenar) to disarrange, disturb; (TEC) to put out of order; (dividir) to break down (into parts); (fig) to provoke; ~se vr (corromperse) to rot, decompose; (el tiempo) to change (for the worse); (TEC) to break down.

descomposición [deskomposi'θjon] nf (gen) breakdown; (de fruta etc) decomposition.

descompostura [deskompos'tura] nf (TEC) breakdown; (desorganización) disorganization; (desorden) untidiness.

descompuesto, a [deskom'pwesto, a] a (corrompido) decomposed; (roto) broken.

descomunal [deskomu'nal] a (enorme) huge.

desconcertado, a [deskonθer'taðo, a] a disconcerted, bewildered.

desconcertar [deskonθer'tar] vt (confundir) to baffle; (incomodar) to upset, put out; ~se vr (turbarse) to be upset.

desconchado, a [deskon'tʃaðo, a] a (pintura) peeling.

desconcierto etc vb ver **desconcertar** // [deskon'θjerto] nm (gen) disorder; (desorientación) uncertainty; (inquietud) uneasiness.

desconectar [deskonek'tar] vt to disconnect.

desconfianza [deskon'fjanθa] nf distrust.

desconfiar [deskon'fjar] vi to be distrustful; ~ de to distrust, suspect.

descongelar [deskonxe'lar] vt to defrost; (COM, POL) to unfreeze.

descongestionar [deskonxestjo'nar] vt (cabeza, tráfico) to clear.

desconocer [deskono'θer] vt (ignorar) not to know, be ignorant of; (no aceptar) to deny; (repudiar) to disown.

desconocido, a [deskono'θiðo, a] a unknown // nm/f stranger.

desconocimiento [deskonoθi'mjento] nm (falta de conocimientos) ignorance; (repudio) disregard.

desconsiderado, a [deskonsiðe'raðo, a] a (descuidado) inconsiderate; (insensible) thoughtless.

desconsolar [deskonso'lar] vt to distress; ~se vr to despair.

desconsuelo etc vb ver **desconsolar** // [deskon'swelo] nm (tristeza) distress; (desesperación) despair.

descontado, a [deskon'taðo, a] a: dar por ~ (que) to take (it) for granted (that).

descontar [deskon'tar] vt (deducir) to take away, deduct; (rebajar) to discount.

descontento, a [deskon'tento, a] a dissatisfied // nm dissatisfaction, discontent.

descorazonar [deskoraθo'nar] vt to discourage, dishearten.

descorchar [deskor'tʃar] vt to uncork.

descorrer [desko'rrer] vt (cortinas, cerrojo) to draw back.

descortés [deskor'tes] a (mal educado) discourteous; (grosero) rude.

descoser [desko'ser] vt to unstitch; ~se vr to come apart (at the seams).

descosido, a [desko'siðo, a] a (COSTURA) unstitched; (desordenado) disjointed.

descrédito [des'kreðito] nm discredit.

descreído, a [deskre'iðo, a] a (incrédulo) incredulous; (falto de fe) unbelieving.

descremado, a [deskre'maðo, a] a skimmed.

describir [deskri'βir] vt to describe; **descripción** [deskrip'θjon] nf description.

descrito [des'krito] pp de **describir**.

descuartizar [deskwarti'θar] vt (animal) to cut up.

descubierto, a pp de **descubrir** // [desku'βjerto, a] a uncovered, bare; (persona) bareheaded // nm (bancario) overdraft; al ~ in the open.

descubrimiento [deskußri'mjento] *nm* (*hallazgo*) discovery; (*revelación*) revelation.

descubrir [desku'ßrir] *vt* to discover, find; (*inaugurar*) to unveil; (*vislumbrar*) to detect; (*revelar*) to reveal, show; (*destapar*) to uncover; ~**se** *vr* to reveal o.s.; (*quitarse sombrero*) to take off one's hat; (*confesar*) to confess.

descuento *etc vb ver* **descontar** // [des'kwento] *nm* discount.

descuidado, a [deskwi'ðaðo, a] *a* (*sin cuidado*) careless; (*desordenado*) untidy; (*olvidadizo*) forgetful; (*dejado*) neglected; (*desprevenido*) unprepared.

descuidar [deskwi'ðar] *vt* (*dejar*) to neglect; (*olvidar*) to overlook // *vi*, ~**se** *vr* (*distraerse*) to be careless; (*estar desaliñado*) to let o.s. go; (*desprevenirse*) to drop one's guard; ¡**descuida**! don't worry!; **descuido** *nm* (*dejadez*) carelessness; (*olvido*) negligence.

desde ['desðe] ♦ *prep* **1** (*lugar*) from; ~ Burgos hasta mi casa hay 30 km it's 30 kms from Burgos to my house

2 (*posición*): hablaba ~ el balcón she was speaking from the balcony

3 (*tiempo:* + *ad, n*): ~ ahora from now on; ~ la boda since the wedding; ~ niño since I *etc* was a child; ~ **3 años atrás** since 3 years ago

4 (*tiempo:* + *vb*) since; for; nos conocemos ~ 1978/hace 20 años we've known each other since 1978/for 20 years; no le veo ~ 1983/~ hace 5 años I haven't seen him since 1983/for 5 years

5 (*gama*): ~ los más lujosos hasta los más económicos from the most luxurious to the most reasonably priced

6: ~ luego (que no) of course (not)

♦ *conj*: ~ que: ~ que recuerdo for as long as *o* ever since I can remember; ~ que llegó no ha salido he hasn't been out since he arrived.

desdecirse [desðe'θirse] *vr* to retract; ~ de to go back on.

desdén [des'ðen] *nm* scorn.

desdeñar [desðe'ɲar] *vt* (*despreciar*) to scorn.

desdicha [des'ðitʃa] *nf* (*desgracia*) misfortune; (*infelicidad*) unhappiness; **desdichado, a** *a* (*sin suerte*) unlucky; (*infeliz*) unhappy.

desdoblar [desðo'ßlar] *vt* (*extender*) to spread out; (*desplegar*) to unfold.

desear [dese'ar] *vt* to want, desire, wish for.

desecar [dese'kar] *vt*, **desecarse** *vr* to dry up.

desechar [dese'tʃar] *vt* (*basura*) to throw out *o* away; (*ideas*) to reject, discard; **desechos** *nmpl* rubbish *sg*, waste *sg*.

desembalar [desemba'lar] *vt* to unpack.

desembarazado, a [desembara'θaðo, a]

a (*libre*) clear, free; (*desenvuelto*) free and easy.

desembarazar [desembara'θar] *vt* (*desocupar*) to clear; (*desenredar*) to free; ~**se** *vr*: ~**se de** to free o.s. of, get rid of.

desembarcar [desembar'kar] *vt* (*mercancías etc*) to unload // *vi*, ~**se** *vr* to disembark.

desembocadura [desemboka'ðura] *nf* (*de río*) mouth; (*de calle*) opening.

desembocar [desembo'kar] *vi* to flow into; (*fig*) to result in.

desembolso [desem'bolso] *nm* payment.

desembragar [desembra'xar] *vi* to declutch.

desemejanza [deseme'xanθa] *nf* dissimilarity.

desempatar [desempa'tar] *vi* to replay, hold a play-off; **desempate** *nm* (*FÚTBOL*) replay, play-off; (*TENIS*) tie-break(er).

desempeñar [desempe'ɲar] *vt* (*cargo*) to hold; (*papel*) to perform; (*lo empeñado*) to redeem; ~**se** *vr* to get out of debt; ~ **un papel** (*fig*) to play (a role).

desempeño [desem'peɲo] *nm* redeeming; (*de cargo*) occupation.

desempleado, a [desemple'aðo, a] *nm/f* unemployed person; **desempleo** *nm* unemployment.

desempolvar [desempol'ßar] *vt* (*muebles etc*) to dust; (*lo olvidado*) to revive.

desencadenar [desenkaðe'nar] *vt* to unchain; (*ira*) to unleash; ~**se** *vr* to break loose; (*tormenta*) to burst; (*guerra*) to break out.

desencajar [desenka'xar] *vt* (*hueso*) to put out of joint; (*mandíbula*) to dislocate; (*mecanismo, pieza*) to disconnect, disengage.

desencanto [desen'kanto] *nm* disillusionment.

desenchufar [desentʃu'far] *vt* to unplug.

desenfadado, a [desenfa'ðaðo, a] *a* (*desenvuelto*) uninhibited; (*descarado*) forward; **desenfado** *nm* (*libertad*) freedom; (*comportamiento*) free and easy manner; (*descaro*) forwardness.

desenfocado, a [desenfo'kaðo, a] *a* (*FOTO*) out of focus.

desenfrenado, a [desenfre'naðo, a] *a* (*descontrolado*) uncontrolled; (*inmoderado*) unbridled; **desenfreno** *nm* (*vicio*) wildness; (*de las pasiones*) lack of self-control.

desenganchar [desengan'tʃar] *vt* (*gen*) to unhook; (*FERRO*) to uncouple.

desengañar [desenga'ɲar] *vt* to disillusion; ~**se** *vr* to become disillusioned; **desengaño** *nm* disillusionment; (*decepción*) disappointment.

desenlace [desen'laθe] *nm* outcome.

desenmarañar [desenmara'ɲar] *vt* (*fig*) to unravel.

desenmascarar [desenmaska'rar] *vt* to unmask.

desenredar [desenre'ðar] *vt* (*pelo*) to untangle; (*problema*) to sort out.

desentenderse [desenten'derse] *vr*: ~ **de** to pretend not to know about; (*apartarse*) to have nothing to do with.

desenterrar [desente'rrar] *vt* to exhume; (*tesoro, fig*) to unearth, dig up.

desentonar [desento'nar] *vi* (*MUS*) to sing (o play) out of tune; (*color*) to clash.

desentrañar [desentra'nar] *vt* (*misterio*) to unravel.

desentumecer [desentume'θer] *vt* (*pierna etc*) to stretch; (*DEPORTE*) to loosen up.

desenvoltura [desenβol'tura] *nf* (*libertad, gracia*) ease; (*descaro*) free and easy manner.

desenvolver [desenβol'βer] *vt* (*paquete*) to unwrap; (*fig*) to develop; ~**se** *vr* (*desarrollarse*) to unfold, develop; (*arreglárselas*) to cope.

deseo [de'seo] *nm* desire, wish; ~**so, a** *a*: **estar ~so de** to be anxious to.

desequilibrado, a [desekili'βraðo, a] *a* unbalanced.

desertar [deser'tar] *vi* to desert.

desértico, a [de'sertiko, a] *a* desert *cpd*.

desesperación [desespera'θjon] *nf* (*impaciencia*) desperation, despair; (*irritación*) fury.

desesperar [desespe'rar] *vt* to drive to despair; (*exasperar*) to drive to distraction // *vi*: ~ **de** to despair of; ~**se** *vr* to despair, lose hope.

desestabilizar [desestaβili'θar] *vt* to destabilize.

desestimar [desesti'mar] *vt* (*menospreciar*) to have a low opinion of; (*rechazar*) to reject.

desfachatez [desfatʃa'teθ] *nf* (*insolencia*) impudence; (*descaro*) rudeness.

desfalco [des'falko] *nm* embezzlement.

desfallecer [desfaʎe'θer] *vi* (*perder las fuerzas*) to become weak; (*desvanecerse*) to faint.

desfasado, a [desfa'saðo, a] *a* (*anticuado*) old-fashioned; **desfase** *nm* (*diferencia*) gap.

desfavorable [desfaβo'raβle] *a* unfavourable.

desfigurar [desfiɣu'rar] *vt* (*cara*) to disfigure; (*cuerpo*) to deform.

desfiladero [desfila'ðero] *nm* gorge.

desfilar [desfi'lar] *vi* to parade; **desfile** *nm* procession.

desfogarse [desfo'ɣarse] *vr* (*fig*) to let off steam.

desgajar [desɣa'xar] *vt* (*arrancar*) to tear off; (*romper*) to break off; ~**se** *vr* to come off.

desgana [des'ɣana] *nf* (*falta de apetito*) loss of appetite; (*renuencia*) unwillingness; ~**do, a** *a*: **estar ~do** (*sin apetito*) to have no appetite; (*sin entusiasmo*) to have lost interest.

desgarrador, a [desɣarra'ðor, a] *a* (*fig*) heartrending.

desgarrar [desɣa'rrar] *vt* to tear (up); (*fig*) to shatter; **desgarro** *nm* (*en tela*) tear; (*aflicción*) grief; (*descaro*) impudence.

desgastar [desɣas'tar] *vt* (*deteriorar*) to wear away *o* down; (*estropear*) to spoil; ~**se** *vr* to get worn out; **desgaste** *nm* wear (and tear).

desgracia [des'ɣraθja] *nf* misfortune; (*accidente*) accident; (*vergüenza*) disgrace; (*contratiempo*) setback; **por** ~ unfortunately.

desgraciado, a [desɣra'θjaðo, a] *a* (*sin suerte*) unlucky, unfortunate; (*miserable*) wretched; (*infeliz*) miserable.

desgreñado, a [desɣre'naðo, a] *a* dishevelled.

deshabitado, a [desaβi'taðo, a] *a* uninhabited.

deshacer [desa'θer] *vt* (*casa*) to break up; (*TEC*) to take apart; (*enemigo*) to defeat; (*diluir*) to melt; (*contrato*) to break; (*intriga*) to solve; ~**se** *vr* (*disolverse*) to melt; (*despedazarse*) to come apart *o* undone; ~**se de** to get rid of; ~**se en lágrimas** to burst into tears.

deshecho, a [des'etʃo, a] *a* undone; (*roto*) smashed; **estar** ~ (*persona*) to be shattered.

desheredar [desere'ðar] *vt* to disinherit.

deshidratar [desiðra'tar] *vt* to dehydrate.

deshielo [des'jelo] *nm* thaw.

deshonesto, a [deso'nesto, a] *a* indecent.

deshonra [des'onra] *nf* (*deshonor*) dishonour; (*vergüenza*) shame; **deshonrar** *vt* to dishonour.

deshora [des'ora]: **a** ~ *ad* at the wrong time.

deshuesar [deswe'sar] *vt* (*carne*) to bone; (*fruta*) to stone.

desierto, a [de'sjerto, a] *a* (*casa, calle, negocio*) deserted // *nm* desert.

designar [desiɣ'nar] *vt* (*nombrar*) to designate; (*indicar*) to fix.

designio [de'siɣnjo] *nm* plan.

desigual [desi'ɣwal] *a* (*terreno*) uneven; (*lucha etc*) unequal.

desilusión [desilu'sjon] *nf* disillusionment; (*decepción*) disappointment; **desilusionar** *vt* to disillusion; to disappoint; **desilusionarse** *vr* to become disillusioned.

desinfectar [desinfek'tar] *vt* to disinfect.

desinflar [desin'flar] *vt* to deflate.

desintegración [desinteɣra'θjon] *nf* disintegration.

desinterés [desinte'res] *nm* (*objetividad*) disinterestedness; (*altruismo*) unselfishness.

desistir [desis'tir] vi (*renunciar*) to stop, desist.

desleal [desle'al] a (*infiel*) disloyal; (COM: *competencia*) unfair; **~tad** nf disloyalty.

desleír [desle'ir] vt (*líquido*) to dilute; (*sólido*) to dissolve.

deslenguado, a [deslen'gwaðo, a] a (*grosero*) foul-mouthed.

desligar [desli'xar] vt (*desatar*) to untie, undo; (*separar*) to separate; **~se** vr (*de un compromiso*) to extricate o.s.

desliz [des'liθ] nm (*fig*) lapse; **~ar** vt to slip, slide; **~arse** vr (*escurrirse*: *persona*) to slip, slide; (*coche*) to skid; (*aguas mansas*) to flow gently; (*error*) to creep in.

deslucido, a [deslu'θiðo, a] a dull; (*torpe*) awkward, graceless; (*deslustrado*) tarnished.

deslumbrar [deslum'brar] vt to dazzle.

desmán [des'man] nm (*exceso*) outrage; (*abuso de poder*) abuse.

desmandarse [desman'darse] vr (*portarse mal*) to behave badly; (*excederse*) to get out of hand; (*caballo*) to bolt.

desmantelar [desmante'lar] vt (*deshacer*) to dismantle; (*casa*) to strip.

desmaquillador [desmakiʎa'ðor] nm make-up remover.

desmayado, a [desma'jaðo, a] a (*sin sentido*) unconscious; (*carácter*) dull; (*débil*) faint, weak.

desmayar [desma'jar] vi to lose heart; **~se** vr (MED) to faint; **desmayo** nm (MED: *acto*) faint; (: *estado*) unconsciousness; (*depresión*) dejection.

desmedido, a [desme'ðiðo, a] a excessive.

desmejorar [desmexo'rar] vt (*dañar*) to impair, spoil; (MED) to weaken.

desmembrar [desmem'brar] vt (MED) to dismember; (*fig*) to separate.

desmemoriado, a [desmemo'rjaðo, a] a forgetful.

desmentir [desmen'tir] vt (*contradecir*) to contradict; (*refutar*) to deny // vi: ~ de to refute; **~se** vr to contradict o.s.

desmenuzar [desmenu'θar] vt (*deshacer*) to crumble; (*carne*) to chop; (*examinar*) to examine closely.

desmerecer [desmere'θer] vt to be unworthy of // vi (*deteriorarse*) to deteriorate.

desmesurado, a [desmesu'raðo, a] a disproportionate.

desmontar [desmon'tar] vt (*deshacer*) to dismantle; (*tierra*) to level // vi to dismount.

desmoralizar [desmorali'θar] vt to demoralize.

desmoronar [desmoro'nar] vt to wear away, erode; **~se** vr (*edificio, dique*) to fall into disrepair; (*economía*) to decline.

desnatado, a [desna'taðo, a] a skimmed.

desnivel [desni'βel] nm (*de terreno*) unevenness.

desnudar [desnu'ðar] vt (*desvestir*) to undress; (*despojar*) to strip; **~se** vr (*desvestirse*) to get undressed; **desnudo, a** a naked // nm/f nude; **desnudo de devoid o bereft of**.

desnutrición [desnutri'θjon] nf malnutrition; **desnutrido, a** a undernourished.

desobedecer [desoβeðe'θer] vt, vi to disobey; **desobediencia** nf disobedience.

desocupado, a [desoku'paðo, a] a at leisure; (*desempleado*) unemployed; (*deshabitado*) empty, vacant.

desocupar [desoku'par] vt to vacate.

desodorante [desoðo'rante] nm deodorant.

desolación [desola'θjon] nf (*lugar*) desolation; (*fig*) grief.

desolar [deso'lar] vt to ruin, lay waste.

desorden [des'orðen] nm confusion; (*político*) disorder, unrest.

desorganizar [desorxani'θar] vt (*desordenar*) to disorganize.

desorientar [desorjen'tar] vt (*extraviar*) to mislead; (*confundir, desconcertar*) to confuse; **~se** vr (*perderse*) to lose one's way.

desovar [deso'βar] vi (*peces*) to spawn; (*insectos*) to lay eggs.

despabilado, a [despaβi'laðo, a] a (*despierto*) wide-awake; (*fig*) alert, sharp.

despabilar [despaβi'lar] vt (*el ingenio*) to sharpen // vi, **~se** vr to wake up; (*fig*) to get a move on.

despacio [des'paθjo] ad slowly.

despachar [despa'tʃar] vt (*negocio*) to do, complete; (*enviar*) to send, dispatch; (*vender*) to sell, deal in; (*billete*) to issue; (*mandar ir*) to send away.

despacho [des'patʃo] nm (*oficina*) office; (*de paquetes*) dispatch; (*venta*) sale; (*comunicación*) message.

desparpajo [despar'paxo] nm self-confidence; (*pey*) nerve.

desparramar [desparra'mar] vt (*esparcir*) to scatter; (*líquido*) to spill.

despavorido, a [despaβo'riðo, a] a terrified.

despectivo, a [despek'tiβo, a] a (*despreciativo*) derogatory; (LING) pejorative.

despecho [des'petʃo] nm spite; a ~ de in spite of.

despedazar [despeða'θar] vt to tear to pieces.

despedida [despe'ðiða] nf (*adiós*) farewell; (*de obrero*) sacking.

despedir [despe'ðir] vt (*visita*) to see off, show out; (*empleado*) to dismiss; (*inquilino*) to evict; (*objeto*) to hurl; (*olor etc*) to give out o off; **~se** vr: **~se de** to say goodbye to.

despegar [despe'ɣar] vt to unstick // vi (avión) to take off; ~se vr to come loose, come unstuck; **despego** nm detachment.

despegue etc vb ver **despegar** // [des'peɣe] nm takeoff.

despeinado, a [despei'naðo, a] a dishevelled, unkempt.

despejado, a [despe'xaðo, a] a (lugar) clear, free; (cielo) clear; (persona) wide-awake, bright.

despejar [despe'xar] vt (gen) to clear; (misterio) to clear up // vi (el tiempo) to clear; ~se vr (tiempo, cielo) to clear (up); (misterio) to become clearer; (cabeza) to clear.

despellejar [despeʎe'xar] vt (animal) to skin.

despensa [des'pensa] nf larder.

despeñadero [despeɲa'ðero] nm (GEO) cliff, precipice.

desperdicio [desper'ðiθjo] nm (despilfarro) squandering; ~s nmpl (basura) rubbish sg (Brit), garbage sg (US); (residuos) waste sg.

desperezarse [despere'θarse] vr to stretch (o.s.).

desperfecto [desper'fekto] nm (deterioro) slight damage; (defecto) flaw, imperfection.

despertador [desperta'ðor] nm alarm clock.

despertar [desper'tar] vt (persona) to wake up; (recuerdos) to revive; (sentimiento) to arouse // vi, ~se vr to awaken, wake up // nm awakening.

despiadado, a [despja'ðaðo, a] a (ataque) merciless; (persona) heartless.

despido etc vb ver **despedir** // [des'piðo] nm dismissal, sacking.

despierto, a etc vb ver **despertar** // [des'pjerto, a] a awake; (fig) sharp, alert.

despilfarro [despil'farro] nm (derroche) squandering; (lujo desmedido) extravagance.

despistar [despis'tar] vt to throw off the track o scent; (fig) to mislead, confuse; ~se vr to take the wrong road; (fig) to become confused.

desplazamiento [desplaθa'mjento] nm displacement.

desplazar [despla'θar] vt to move; (NAUT) to displace; (INFORM) to scroll; (fig) to oust; ~se vr (persona) to travel.

desplegar [desple'ɣar] vt (tela, papel) to unfold, open out; (bandera) to unfurl; **despliegue** vb etc ver **desplegar** // [des'pljeɣe] nm display.

desplomarse [desplo'marse] vr (edificio, gobierno, persona) to collapse.

desplumar [desplu'mar] vt (ave) to pluck; (fam: estafar) to fleece.

despoblado, a [despo'βlaðo, a] a (sin habitantes) uninhabited.

despojar [despo'xar] vt (alguien: de sus bienes) to divest of, deprive of; (casa) to strip, leave bare; (alguien: de su cargo) to strip of.

despojo [des'poxo] nm (acto) plundering; (objetos) plunder, loot; ~s nmpl (de ave, res) offal sg.

desposado, a [despo'saðo, a] a, nm/f newly-wed.

desposeer [despose'er] vt: ~ a uno de (puesto, autoridad) to strip sb of.

déspota ['despota] nm/f despot.

despreciar [despre'θjar] vt (desdeñar) to despise, scorn; (afrentar) to slight; **desprecio** nm scorn, contempt; slight.

desprender [despren'der] vt (separar) to separate; (desatar) to unfasten; (olor) to give off; ~se vr (botón: caerse) to fall off; (: abrirse) to unfasten; (olor, perfume) to be given off; ~se de to follow from; se **desprende que** it transpires that.

desprendimiento [desprendi'mjento] nm (gen) loosening; (generosidad) disinterestedness; (indiferencia) detachment; (de gas) leak; (de tierra, rocas) landslide.

despreocupado, a [despreoku'paðo, a] a (sin preocupación) unworried, nonchalant; (negligente) careless.

despreocuparse [despreoku'parse] vr to be carefree; ~ de to have no interest in.

desprestigiar [despresti'xjar] vt (criticar) to run down; (desacreditar) to discredit.

desprevenido, a [despreβe'niðo, a] a (no preparado) unprepared, unready.

desproporcionado, a [despropor-θjo'naðo, a] a disproportionate, out of proportion.

después [des'pwes] ad afterwards, later; (próximo paso) next; ~ de comer after lunch; un año ~ a year later; ~ se debatió el tema next the matter was discussed; ~ de corregido el texto after the text had been corrected; ~ de todo after all.

desquite [des'kite] nm (satisfacción) satisfaction; (venganza) revenge.

destacar [desta'kar] vt to emphasize, point up; (MIL) to detach, detail // vi, ~se vr (resaltarse) to stand out; (persona) to be outstanding o exceptional.

destajo [des'taxo] nm: trabajar a ~ to do piecework.

destapar [desta'par] vt (botella) to open; (cacerola) to take the lid off; (descubrir) uncover; ~se vr (revelarse) to reveal one's true character.

destartalado, a [destarta'laðo, a] a (desordenado) untidy; (ruinoso) tumbledown.

destello [des'teʎo] nm (de estrella)

twinkle; (de faro) signal light.

destemplado, a [destem'plaðo, a] a (MUS) out of tune; (voz) harsh; (MED) out of sorts; (tiempo) unpleasant, nasty.

desteñir [deste'nir] vt to fade // vi, ~se vr to fade; **esta tela no destiñe** this fabric will not fade.

desternillarse [desterni'ʎarse] vr: ~ **de risa** to split one's sides laughing.

desterrar [deste'rrar] vt (exilar) to exile; (fig) to banish, dismiss.

destetar [deste'tar] vt to wean.

destierro etc vb ver **desterrar** // [des'tjerro] nm exile.

destilar [desti'lar] vt to distil; **destilería** nf distillery.

destinar [desti'nar] vt (funcionario) to appoint, assign; (fondos) to set aside (a for).

destinatario, a [destina'tarjo, a] nm/f addressee.

destino [des'tino] nm (suerte) destiny; (de avión, viajero) destination.

destituir [destitu'ir] vt to dismiss.

destornillador [destorniʎa'ðor] nm screwdriver.

destornillar [destorni'ʎar] vt, **destornillarse** vr (tornillo) to unscrew.

destreza [des'treθa] nf (habilidad) skill; (maña) dexterity.

destrozar [destro'θar] vt (romper) to smash, break (up); (estropear) to ruin; (nervios) to shatter.

destrozo [des'troθo] nm (acción) destruction; (desastre) smashing; ~s nmpl (pedazos) pieces; (daños) havoc sg.

destrucción [destruk'θjon] nf destruction.

destruir [destru'ir] vt to destroy.

desuso [des'uso] nm disuse; **caer en ~** to become obsolete.

desvalido, a [desβa'liðo, a] a (desprotegido) destitute; (sin fuerzas) helpless.

desvalijar [desβali'xar] vt (persona) to rob; (casa, tienda) to burgle; (coche) to break into.

desván [des'βan] nm attic.

desvanecer [desβane'θer] vt (disipar) to dispel; (borrar) to blur; ~se vr (humo etc) to vanish, disappear; (color) to fade; (recuerdo, sonido) to fade away; (MED) to pass out; (duda) to be dispelled.

desvanecimiento [desβaneθi'mjento] nm (desaparición) disappearance; (de colores) fading; (evaporación) evaporation; (MED) fainting fit.

desvariar [desβa'rjar] vi (enfermo) to be delirious; **desvarío** nm delirium.

desvelar [desβe'lar] vt to keep awake; ~se vr (no poder dormir) to stay awake; (vigilar) to be vigilant o watchful.

desvencijado, a [desβenθi'xaðo, a] a

(silla) rickety; (máquina) broken-down.

desventaja [desβen'taxa] nf disadvantage.

desventura [desβen'tura] nf misfortune.

desvergonzado, a [desβerɣon'θaðo, a] a shameless.

desvergüenza [desβer'ɣwenθa] nf (descaro) shamelessness; (insolencia) impudence; (mala conducta) effrontery.

desvestir [desβes'tir] vt, **desvestirse** vr to undress.

desviación [desβja'θjon] nf deviation; (AUTO) diversion, detour.

desviar [des'βjar] vt to turn aside; (río) to alter the course of; (navío) to divert, re-route; (conversación) to sidetrack; ~se vr (apartarse del camino) to turn aside; (: barco) to go off course.

desvío etc vb ver **desviar** // [des'βio] nm (desviación) detour, diversion; (fig) indifference.

desvirtuar [desβir'twar] vt, **desvirtuarse** vr to spoil.

desvivirse [desβi'βirse] vr: ~ **por** (anhelar) to long for, crave for; (hacer lo posible por) to do one's utmost for.

detallar [deta'ʎar] vt to detail.

detalle [de'taʎe] nm detail; (fig) gesture, token; **al ~** in detail; (COM) retail.

detallista [deta'ʎista] nm/f retailer.

detener [dete'ner] vt (gen) to stop; (JUR) to arrest; (objeto) to keep; ~se vr to stop; (demorarse) ~se en to delay over, linger over.

detenidamente [deteniða'mente] ad (minuciosamente) carefully; (extensamente) at great length.

detenido, a [dete'niðo, a] a (arrestado) under arrest; (minucioso) detailed // nm/f person under arrest, prisoner.

detergente [deter'xente] nm detergent.

deteriorar [deterjo'rar] vt to spoil, damage; ~se vr to deteriorate; **deterioro** nm deterioration.

determinación [determina'θjon] nf (empeño) determination; (decisión) decision.

determinar [determi'nar] vt (plazo) to fix; (precio) to settle; ~se vr to decide.

detestar [detes'tar] vt to detest.

detonar [deto'nar] vi to detonate.

detrás [de'tras] ad behind; (atrás) at the back; ~ **de** behind.

detrimento [detri'mento] nm: **en ~ de** to the detriment of.

deuda ['deuða] nf (condición) indebtedness, debt; (cantidad) debt.

deudor, a [deu'ðor, a] nm/f debtor.

devaluación [deβalwa'θjon] nf devaluation.

devastar [deβas'tar] vt (destruir) to devastate.

devengar [deβen'gar] vt (COM) to accrue, earn.

devoción [deβo'θjon] nf devotion.

devolución [deβolu'θjon] *nf (reenvío)* return, sending back; *(reembolso)* repayment; *(JUR)* devolution.

devolver [deβol'βer] *vt* to return; *(lo extraviado, lo prestado)* to give back; *(carta al correo)* to send back; *(COM)* to repay, refund; *(visita, la palabra)* to return // *vi (fam)* to be sick.

devorar [deβo'rar] *vt* to devour.

devoto, a [de'βoto, a] *a* devout // *nm/f* admirer.

devuelto, devuelva *etc vb ver* **devolver**.

di *vb ver* **dar; decir.**

día ['dia] *nm* day; ¿qué ~ es? what's the date?; estar/poner al ~ to be/keep up to date; el ~ de hoy/de mañana today/tomorrow; al ~ siguiente (on) the following day; vivir al ~ to live from hand to mouth; de ~ by day, in daylight; en pleno ~ in full daylight; ~ festivo *(Esp)* o feriado *(AM)* holiday; ~ libre day off.

diablo ['djaβlo] *nm* devil; **diablura** *nf* prank.

diafragma [dja'fraɣma] *nm* diaphragm.

diagnosis [djaɣ'nosis] *nf inv,* **diagnóstico** [djaɣ'nostiko] *nm* diagnosis.

diagrama [dja'ɣrama] *nm* diagram; ~ de flujo flowchart.

dialecto [dja'lekto] *nm* dialect.

dialogar [djalo'ɣar] *vi:* ~ con *(POL)* to hold talks with.

diálogo ['djaloɣo] *nm* dialogue.

diamante [dja'mante] *nm* diamond.

diana ['djana] *nf (MIL)* reveille; *(de blanco)* centre, bull's-eye.

diapositiva [djaposi'tiβa] *nf (FOTO)* slide, transparency.

diario, a ['djarjo, a] *a* daily // *nm* newspaper; a ~ daily; de ~ everyday.

diarrea [dja'rrea] *nf* diarrhoea.

dibujar [diβu'xar] *vt* to draw, sketch; **dibujo** *nm* drawing; **dibujos animados** cartoons.

diccionario [dikθjo'narjo] *nm* dictionary.

dice *etc vb ver* **decir.**

diciembre [di'θjembre] *nm* December.

dictado [dik'taðo] *nm* dictation.

dictador [dikta'ðor] *nm* dictator; **dictadura** *nf* dictatorship.

dictamen [dik'tamen] *nm (opinión)* opinion; *(juicio)* judgment; *(informe)* report.

dictar [dik'tar] *vt (carta)* to dictate; *(JUR: sentencia)* to pronounce; *(decreto)* to issue; *(AM: clase)* to give.

dicho, a ['ditʃo, a] *pp de* **decir** // *a:* en ~s países in the aforementioned countries // *nm* saying.

diecinueve [djeθi'nweβe] *num* nineteen.

dieciocho [djeθi'otʃo] *num* eighteen.

dieciséis [djeθi'seis] *num* sixteen.

diecisiete [djeθi'sjete] *num* seventeen.

diente ['djente] *nm (ANAT, TEC)* tooth; *(ZOOL)* fang; *(: de elefante)* tusk; *(de* ajo) clove; **hablar entre** ~s to mutter, mumble.

diera, dieron *etc vb ver* **dar.**

diesel ['disel] *a:* motor ~ diesel engine.

dieta ['djeta] *nf* diet.

diez [djeθ] *num* ten.

difamar [difa'mar] *vt (JUR: hablando)* to slander; (: *por escrito)* to libel.

diferencia [dife'renθja] *nf* difference; **diferenciar** *vt* to differentiate between // *vi* to differ; **diferenciarse** *vr* to differ, be different; *(distinguirse)* to distinguish o.s.

diferente [dife'rente] *a* different.

diferido [dife'riðo] *nm:* en ~ *(TV etc)* recorded.

difícil [di'fiθil] *a* difficult.

dificultad [difikul'taθ] *nf* difficulty; *(problema)* trouble; *(objeción)* objection.

dificultar [difikul'tar] *vt (complicar)* to complicate, make difficult; *(estorbar)* to obstruct.

difundir [difun'dir] *vt (calor, luz)* to diffuse; *(RADIO, TV)* to broadcast; ~ una noticia to spread a piece of news; ~se *vr* to spread (out).

difunto, a [di'funto, a] *a* dead, deceased // *nm/f* deceased (person).

diga *etc vb ver* **decir.**

digerir [dixe'rir] *vt* to digest; *(fig)* to absorb.

digital [dixi'tal] *a (INFORM)* digital.

dignarse [diɣ'narse] *vr* to deign to.

digno, a ['diɣno, a] *a* worthy.

digo *etc vb ver* **decir.**

dije *etc vb ver* **decir.**

dilatado, a [dila'taðo, a] *a* dilated; *(período)* long drawn-out; *(extenso)* extensive.

dilatar [dila'tar] *vt (cuerpo)* to dilate; *(prolongar)* to prolong; *(aplazar)* to delay.

dilema [di'lema] *nm* dilemma.

diligencia [dili'xenθja] *nf* diligence; *(ocupación)* errand, job; ~s *nfpl (JUR)* formalities; **diligente** *a* diligent.

diluir [dilu'ir] *vt* to dilute.

diluvio [di'luβjo] *nm* deluge, flood.

dimensión [dimen'sjon] *nf* dimension.

diminuto, a [dimi'nuto, a] *a* tiny, diminutive.

dimitir [dimi'tir] *vi* to resign.

dimos *vb ver* **dar.**

Dinamarca [dina'marka] *nf* Denmark; **dinamarqués, esa** *a* Danish // *nm/f* Dane.

dinámico, a [di'namiko, a] *a* dynamic.

dinamita [dina'mita] *nf* dynamite.

dínamo ['dinamo] *nf* dynamo.

dineral [dine'ral] *nm* large sum of money, fortune.

dinero [di'nero] *nm* money; ~ contante, ~ efectivo cash, ready cash.

dio *vb ver* **dar.**

dios [djos] *nm* god; ¡D~ mío! (oh,) my

God!
diosa ['djosa] *nf* goddess.
diploma [di'ploma] *nm* diploma.
diplomacia [diplo'maθja] *nf* diplomacy; *(fig)* tact.
diplomado, a [diplo'maðo, a] *a* qualified.
diplomático, a [diplo'matiko, a] *a* diplomatic // *nm/f* diplomat.
diputado, a [dipu'taðo, a] *nm/f* delegate; *(POL)* ≈ member of parliament *(Brit)*, ≈ representative *(US)*.
dique ['dike] *nm* dyke.
diré *etc vb ver* **decir**.
dirección [direk'θjon] *nf* direction; *(señas)* address; *(AUTO)* steering; *(gerencia)* management; *(POL)* leadership; **~ única/prohibida** one-way street/no entry.
directo, a [di'rekto, a] *a* direct; *(RADIO, TV)* live; **transmitir en ~** to broadcast live.
director, a [direk'tor, a] *a* leading // *nm/f* director; *(ESCOL)* head(teacher) *(Brit)*, principal *(US)*; *(gerente)* manager(ess); *(PRENSA)* editor; **~ de cine** film director; **~ general** managing director.
dirigir [diri'xir] *vt* to direct; *(carta)* to address; *(obra de teatro, film)* to direct; *(MUS)* to conduct; *(comercio)* to manage; **~se** *vr:* **~se a** to go towards, make one's way towards; *(hablar con)* to speak to.
dirija *etc vb ver* **dirigir**.
discernir [disθer'nir] *vt* *(distinguir, discriminar)* to discern.
disciplina [disθi'plina] *nf* discipline.
discípulo, a [dis'θipulo, a] *nm/f* disciple.
disco ['disko] *nm* disc; *(DEPORTE)* discus; *(TEL)* dial; *(AUTO: semáforo)* light; *(MUS)* record; **~ compacto/de larga duración** compact disc/long-playing record (L.P.); **~ de freno** brake disc; *(INFORM)*: **~ flexible/rígido** floppy/hard disk.
disconforme [diskon'forme] *a* differing; **estar ~ (con)** to be in disagreement (with).
discordia [dis'korðja] *nf* discord.
discoteca [disko'teka] *nf* disco(theque).
discreción [diskre'θjon] *nf* discretion; *(reserva)* prudence; **comer a ~** to eat as much as one wishes; **discrecional** *(facultativo)* discretionary.
discrepancia [diskre'panθja] *nf* *(diferencia)* discrepancy; *(desacuerdo)* disagreement.
discreto, a [dis'kreto, a] *a* *(diplomático)* discreet; *(sensato)* sensible; *(reservado)* quiet; *(sobrio)* sober.
discriminación [diskrimina'θjon] *nf* discrimination.
disculpa [dis'kulpa] *nf* excuse; *(pedir perdón)* apology; **pedir ~s a/por** to apologize to/for; **disculpar** *vt* to excuse,

pardon; **disculparse** *vr* to excuse o.s.; to apologize.
discurrir [disku'rrir] *vi* *(pensar, reflexionar)* to think, meditate; *(recorrer)* to roam, wander; *(el tiempo)* to pass, flow by.
discurso [dis'kurso] *nm* speech.
discutir [disku'tir] *vt* *(debatir)* to discuss; *(pelear)* to argue about; *(contradecir)* to argue against // *vi* to discuss; *(disputar)* to argue.
disecar [dise'kar] *vt* *(conservar: animal)* to stuff; *(: planta)* to dry.
diseminar [disemi'nar] *vt* to disseminate, spread.
diseño [di'seɲo] *nm* design; *(ARTE)* drawing.
disfraz [dis'fraθ] *nm* *(máscara)* disguise; *(excusa)* pretext; **~ar** *vt* to disguise; **~arse** *vr:* **~arse de** to disguise o.s. as.
disfrutar [disfru'tar] *vt* to enjoy // *vi* to enjoy o.s.; **~ de** to enjoy, possess.
disgustar [disɣus'tar] *vt* *(no gustar)* to displease; *(contrariar, enojar)* to annoy, upset; **~se** *vr* to be annoyed; *(dos personas)* to fall out.
disgusto [dis'ɣusto] *nm* *(repugnancia)* disgust; *(contrariedad)* annoyance; *(tristeza)* grief; *(riña)* quarrel; *(avería)* misfortune.
disidente [disi'ðente] *nm* dissident.
disimular [disimu'lar] *vt* *(ocultar)* to hide, conceal // *vi* to dissemble.
disipar [disi'par] *vt* to dispel; *(fortuna)* to squander; **~se** *vr (nubes)* to vanish; *(indisciplinarse)* to dissipate.
disminución [disminu'θjon] *nf* decrease, reduction.
disminuir [disminu'ir] *vt* *(acortar)* to decrease; *(achicar)* to diminish; *(estrechar)* to lessen.
disolver [disol'ßer] *vt* *(gen)* to dissolve; **~se** *vr* to dissolve; *(COM)* to go into liquidation.
disparar [dispa'rar] *vt, vi* to shoot, fire.
disparate [dispa'rate] *nm* *(tontería)* foolish remark; *(error)* blunder; **decir ~s** to talk nonsense.
disparo [dis'paro] *nm* shot.
dispensar [dispen'sar] *vt* to dispense; *(disculpar)* to excuse.
dispersar [disper'sar] *vt* to disperse; **~se** *vr* to scatter.
disponer [dispo'ner] *vt* *(arreglar)* to arrange; *(ordenar)* to put in order; *(preparar)* to prepare, get ready // *vi:* **~ de** to have, own; **~se** *vr:* **~se para** to prepare to, prepare for.
disponible [dispo'nißle] *a* available.
disposición [disposi'θjon] *nf* arrangement, disposition; *(aptitud)* aptitude; *(INFORM)* layout; **a la ~ de** at the disposal of.
dispositivo [disposi'tißo] *nm* device, mechanism.

dispuesto, a pp de **disponer** // [dis'pwesto, a] a (arreglado) arranged; (preparado) disposed.

disputar [dispu'tar] vt (discutir) to dispute, question; (contender) to contend for // vi to argue.

disquete [dis'kete] nm floppy disk, diskette.

distancia [dis'tanθja] nf distance.

distanciar [distan'θjar] vt to space out; ~se vr to become estranged.

distante [dis'tante] a distant.

diste, disteis vb ver **dar**.

distinción [distin'θjon] nf distinction; (elegancia) elegance; (honor) honour.

distinguido, a [distin'giðo, a] a distinguished.

distinguir [distin'gir] vt to distinguish; (escoger) to single out; ~se vr to be distinguished.

distinto, a [dis'tinto, a] a different; (claro) clear.

distracción [distrak'θjon] nf distraction; (pasatiempo) hobby, pastime; (olvido) absent-mindedness, distraction.

distraer [distra'er] vt (atención) to distract; (divertir) to amuse; (fondos) to embezzle; ~se vr (entretenerse) to amuse o.s.; (perder la concentración) to allow one's attention to wander.

distraído, a [distra'iðo, a] a (gen) absent-minded; (entretenido) amusing.

distribuir [distriβu'ir] vt to distribute.

distrito [dis'trito] nm (sector, territorio) region; (barrio) district.

disturbio [dis'turβjo] nm disturbance; (desorden) riot.

disuadir [diswa'ðir] vt to dissuade.

disuelto [di'swelto] pp de **disolver**.

DIU nm abr (= dispositivo intrauterino) IUD.

diurno, a ['djurno, a] a day cpd.

divagar [diβa'var] vi (desviarse) to digress.

diván [di'βan] nm divan.

divergencia [diβer'xenθja] nf divergence.

diversidad [diβersi'ðað] nf diversity, variety.

diversificar [diβersifi'kar] vt to diversify.

diversión [diβer'sjon] nf (gen) entertainment; (actividad) hobby, pastime.

diverso, a [di'βerso, a] a diverse; ~s nmpl sundries; ~s libros several books.

divertido, a [diβer'tiðo, a] a (chiste) amusing; (fiesta etc) enjoyable.

divertir [diβer'tir] vt (entretener, recrear) to amuse; ~se vr (pasarlo bien) to have a good time; (distraerse) to amuse o.s.

dividir [diβi'ðir] vt (gen) to divide; (separar) to separate; (distribuir) to distribute, share out.

divierta etc vb ver **divertir**.

divino, a [di'βino, a] a divine.

divirtiendo etc vb ver **divertir**.

divisa [di'βisa] nf (emblema, moneda) emblem, badge; ~s nfpl foreign exchange sg.

divisar [diβi'sar] vt to make out, distinguish.

división [diβi'sjon] nf (gen) division; (de partido) split; (de país) partition.

divorciar [diβor'θjar] vt to divorce; ~se vr to get divorced; **divorcio** nm divorce.

divulgar [diβul'xar] vt (desparramar) to spread; (hacer circular) to divulge, circulate; ~se vr to leak out.

DNI nm abr (Esp: = Documento Nacional de Identidad) national identity card.

dobladillo [doβla'ðiλo] nm (de vestido) hem; (de pantalón: vuelta) turn-up (Brit), cuff (US).

doblar [do'βlar] vt to double; (papel) to fold; (caño) to bend; (la esquina) to turn, go round; (film) to dub // vi to turn; (campana) to toll; ~se vr (plegarse) to fold (up), crease; (encorvarse) to bend.

doble ['doβle] a double; (de dos aspectos) dual; (fig) two-faced // nm double; ~s nmpl (DEPORTE) doubles sg // nm/f (TEATRO) double, stand-in; con sentido ~ with a double meaning.

doblegar [doβle'var] vt to fold, crease; ~se vr to yield.

doce ['doθe] num twelve; ~na nf dozen.

docente [do'θente] a: centro/personal ~ teaching establishment/staff.

dócil ['doθil] a (pasivo) docile; (obediente) obedient.

doctor, a [dok'tor, a] nm/f doctor.

doctrina [dok'trina] nf doctrine, teaching.

documentación [dokumenta'θjon] nf documentation, papers pl.

documento [doku'mento] nm (certificado) document; **documental** a, nm documentary.

dólar ['dolar] nm dollar.

doler [do'ler] vt, vi to hurt; (fig) to grieve; ~se vr (de su situación) to grieve, feel sorry; (de las desgracias ajenas) to sympathize; me duele el brazo my arm hurts.

dolor [do'lor] nm pain; (fig) grief, sorrow; ~ de cabeza headache; ~ de estómago stomachache.

domar [do'mar], **domesticar** [domesti'kar] vt to tame.

domiciliación [domiθilia'θjon] nf: ~ de pagos (COM) standing order.

domicilio [domi'θiljo] nm home; ~ particular private residence; ~ social (COM) head office; sin ~ fijo of no fixed abode.

dominante [domi'nante] a dominant; (persona) domineering.

dominar [domi'nar] vt (gen) to dominate; (idiomas) to be fluent in // vi to dominate, prevail; ~se vr to control o.s.

domingo [do'miŋgo] nm Sunday.

dominio [do'minjo] nm (tierras) domain; (autoridad) power, authority; (de las pasiones) grip, hold; (de varios idiomas) command.

don [don] nm (talento) gift; ~ Juan Gómez Mr Juan Gomez o Juan Gomez Esq.

donaire [do'naire] nm charm.

donar [do'nar] vt to donate.

doncella [don'θeʎa] nf (criada) maid.

donde ['donde] ad where // prep: el coche está allí ~ el farol the car is over there by the lamppost o where the lamppost is; por ~ through which; en ~ where, in which.

dónde ['donde] ad interr where?; ¿a ~ vas? where are you going (to)?; ¿de ~ vienes? where have you come from?; ¿por ~? where?, whereabouts?

dondequiera [donde'kjera] ad anywhere; por ~ everywhere, all over the place // conj: ~ que wherever.

doña ['doɲa] nf: ~ Alicia Alicia; ~ Victoria Benito Mrs Victoria Benito.

dorado, a [do'raðo, a] a (color) golden; (TEC) gilt.

dormir [dor'mir] vt: ~ la siesta por la tarde to have an afternoon nap // vi to sleep; ~se vr to fall asleep.

dormitar [dormi'tar] vi to doze.

dormitorio [dormi'torjo] nm bedroom; ~ común dormitory.

dorsal [dor'sal] nm (DEPORTE) number.

dos [dos] num two.

dosis ['dosis] nf inv dose, dosage.

dotado, a [do'taðo, a] a gifted; ~ de endowed with.

dotar [do'tar] vt to endow; **dote** nf dowry; **dotes** nfpl (talentos) gifts.

doy vb ver **dar**.

drama ['drama] nm drama.

dramaturgo [drama'turvo] nm dramatist, playwright.

droga ['droɣa] nf drug.

drogadicto, a [droɣa'ðikto, a] nm/f drug addict.

droguería [droɣe'ria] nf hardware shop (Brit) o store (US).

ducha ['dutʃa] nf (baño) shower; (MED) douche; **ducharse** vr to take a shower.

duda ['duða] nf doubt; **dudar** vt, vi to doubt; **dudoso, a** a (incierto) hesitant; (sospechoso) doubtful.

duela etc vb ver **doler**.

duelo vb ver **doler** // ['dwelo] nm (combate) duel; (luto) mourning.

duende ['dwende] nm imp, goblin.

dueño, a ['dweɲo, a] nm/f (propietario) owner; (de pensión, taberna) landlord/lady; (empresario) employer.

duermo etc vb ver **dormir**.

dulce ['dulθe] a sweet // ad gently, softly // nm sweet; **~ría** nf (AM) confectioner's.

dulzura [dul'θura] nf sweetness; (ternura) gentleness.

duplicar [dupli'kar] vt (hacer el doble de) to duplicate; ~se vr to double.

duque ['duke] nm duke; ~sa nf duchess.

duración [dura'θjon] nf duration.

duradero, a [dura'ðero, a] a (tela) hard-wearing; (fe, paz) lasting.

durante [du'rante] prep during.

durar [du'rar] vi (permanecer) to last; (recuerdo) to remain.

durazno [du'raθno] nm (AM: fruta) peach; (: árbol) peach tree.

durex ['dureks] nm (AM: tira adhesiva) Sellotape ® (Brit), Scotch tape ® (US).

dureza [du'reθa] nf (calidad) hardness.

durmiente [dur'mjente] nm/f sleeper.

duro, a ['duro, a] a hard; (carácter) tough // ad hard // nm (moneda) five peseta coin o piece.

E

e [e] conj and.

E abr (= este) E.

ebanista [eßa'nista] nm/f cabinetmaker.

ébano ['eßano] nm ebony.

ebrio, a ['eßrjo, a] a drunk.

ebullición [eßuʎi'θjon] nf boiling.

eccema [ek'θema] nf (MED) eczema.

eclesiástico, a [ekle'sjastiko, a] a ecclesiastical.

eclipse [e'klipse] nm eclipse.

eco ['eko] nm echo; **tener** ~ to catch on.

ecología [ekolo'xia] nf ecology.

economato [ekono'mato] nm cooperative store.

economía [ekono'mia] nf (sistema) economy; (cualidad) thrift.

económico, a [eko'nomiko, a] a (barato) cheap, economical; (persona) thrifty; (COM: año etc) financial; (: situación) economic.

economista [ekono'mista] nm/f economist.

ecuador [ekwa'ðor] nm equator; (el) E~ Ecuador.

ecuánime [e'kwanime] a (carácter) level-headed; (estado) calm.

ecuatoriano, a [ekwato'rjano, a] a, nm/f Ecuadorian.

ecuestre [e'kwestre] a equestrian.

echar [e'tʃar] vt to throw; (agua, vino) to pour (out); (empleado: despedir) to fire, sack; (hojas) to sprout; (cartas) to post; (humo) to emit, give out // vi: ~ a correr/llorar to run off/burst into tears; ~se vr to lie down; ~ llave a to lock (up); ~ abajo (gobierno) to overthrow; (edificio) to demolish; ~ mano a to lay hands on; ~ una mano a uno (ayudar) to give sb a hand; ~ de menos to miss.

edad [e'ðað] nf age; ¿qué ~ tienes? how

old are you?; **tiene ocho años de ~** he is eight (years old); **de ~ mediana/ avanzada** middle-aged/advanced in years; **la E~** Media the Middle Ages.

edición [eði'θjon] *nf* (*acto*) publication; (*ejemplar*) edition.

edicto [e'ðikto] *nm* edict, proclamation.

edificio [eði'fiθjo] *nm* building; (*fig*) edifice, structure.

Edimburgo [eðim'burɣo] *nm* Edinburgh.

editar [eði'tar] *vt* (*publicar*) to publish; (*preparar textos*) to edit.

editor, a [eði'tor, a] *nm/f* (*que publica*) publisher; (*redactor*) editor // *a*: **casa ~a** a publishing house, publisher; **~ial** *a* editorial // *nm* leading article, editorial; **casa ~ial** publishing house, publisher.

educación [eðuka'θjon] *nf* education; (*crianza*) upbringing; (*modales*) (good) manners *pl*.

educar [eðu'kar] *vt* to educate; (*criar*) to bring up; (*voz*) to train.

EE. UU. *nmpl abr* = **Estados Unidos**.

efectista [efek'tista] *a* sensationalist.

efectivamente [efectiβa'mente] *ad* (*como respuesta*) exactly, precisely; (*verdaderamente*) really; (*de hecho*) in fact.

efectivo, a [efek'tiβo, a] *a* effective; (*real*) actual, real // *nm*: **pagar en ~** to pay (in) cash; **hacer ~ un cheque** to cash a cheque.

efecto [e'fekto] *nm* effect, result; **~s** *nmpl* (**~s personales**) effects; (*bienes*) goods; (*COM*) assets; **en ~** in fact; (*respuesta*) exactly, indeed.

efectuar [efek'twar] *vt* to carry out; (*viaje*) to make.

eficacia [efi'kaθja] *nf* (*de persona*) efficiency; (*de medicamento etc*) effectiveness.

eficaz [efi'kaθ] *a* (*persona*) efficient; (*acción*) effective.

efusivo, a [efu'siβo, a] *a* effusive; **mis más efusivas gracias** my warmest thanks.

EGB *nf abr* (*Esp ESCOL*) = *Educación General Básica*.

egipcio, a [e'xipθjo, a] *a, nm/f* Egyptian.

Egipto [e'xipto] *nm* Egypt.

egoísmo [eɣo'ismo] *nm* egoism.

egoísta [eɣo'ista] *a* egoistical, selfish // *nm/f* egoist.

egregio, a [e'ɣrexjo, a] *a* eminent, distinguished.

Eire ['eire] *nm* Eire.

ej. *abr* (= *ejemplo*) eg.

eje ['exe] *nm* (*GEO, MAT*) axis; (*de rueda*) axle; (*de máquina*) shaft, spindle.

ejecución [exeku'θjon] *nf* execution; (*cumplimiento*) fulfilment; (*actuación*) performance; (*JUR: embargo de deudor*) attachment.

ejecutar [exeku'tar] *vt* to execute, carry out; (*matar*) to execute; (*cumplir*) to fulfil; (*MUS*) to perform; (*JUR: embargar*) to attach, distrain (on).

ejecutivo, a [exeku'tiβo, a] *a* executive; **el (poder) ~** the executive (power).

ejemplar [exem'plar] *a* exemplary // *nm* example; (*ZOOL*) specimen; (*de libro*) copy; (*de periódico*) number, issue.

ejemplo [e'xemplo] *nm* example; **por ~** for example.

ejercer [exer'θer] *vt* to exercise; (*influencia*) to exert; (*un oficio*) to practise // *vi* (*practicar*) to practise (*de* as); (*tener oficio*) to hold office.

ejercicio [exer'θiθjo] *nm* exercise; (*período*) tenure; **~ comercial** financial year.

ejército [e'xerθito] *nm* army; **entrar en el ~** to join the army, join up.

ejote [e'xote] *nm* (*AM*) green bean.

el, la, los, las, lo [el, la, los, las, lo] ♦ *artículo definido* **1** the; **el libro/la mesa/ los estudiantes** the book/table/students

2 (*con n abstracto: no se traduce*): **el amor/la juventud** love/youth

3 (*posesión: se traduce a menudo por a posesivo*): **romperse el brazo** to break one's arm; **levantó la mano** he put his hand up; **se puso el sombrero** she put her hat on

4 (*valor descriptivo*): **tener la boca grande/los ojos azules** to have a big mouth/blue eyes

5 (*con días*) on; **me iré el viernes** I'll leave on Friday; **los domingos suelo ir a nadar** on Sundays I generally go swimming

6 (*lo + a*): **lo difícil/caro** what is difficult/expensive; (= *cuán*): **no se da cuenta de lo pesado que es** he doesn't realise how boring he is

♦ *pron demostrativo* **1**: **mi libro y el de usted** my book and yours; **las de Pepe son mejores** Pepe's are better; **no la(s) blanca(s) sino la(s) gris(es)** not the white one(s) but the grey one(s)

2: **lo de**: **lo de ayer** what happened yesterday; **lo de las facturas** that business about the invoices

♦ *pron relativo*: **el que** *etc* **1** (*indefinido*): **el (los) que quiera(n) que se vaya(n)** anyone who wants to leave; **llévese el que más le guste** take the one you like best

2 (*definido*): **el que compré ayer** the one I bought yesterday; **los que se van** those who leave

3: **lo que**: **lo que pienso yo/más me gusta** what I think/like most

♦ *conj*: **el que**: **el que lo diga** the fact that he says so; **el que sea tan vago me molesta** his being so lazy bothers me

♦ *excl*: **¡el susto que me diste!** what a fright you gave me!

♦ *pron personal* **1** (*persona: m*) him; (:

f) her; (: *pl*) them; **lo/las** veo I can see him/them
2 (*animal, cosa: sg*) it; (: *pl*) them; **lo** (o **la**) veo I can see it; **los** (o **las**) veo I can see them
3: **lo** (*como sustituto de frase*): **no lo sabía** I didn't know; **ya lo entiendo** I understand now.

él [el] *pron* (*persona*) he; (*cosa*) it; (*después de prep: persona*) him; (: *cosa*) it.

elaborar [elaβo'rar] *vt* (*producto*) to make, manufacture; (*preparar*) to prepare; (*madera, metal etc*) to work; (*proyecto etc*) to work on o out.

elasticidad [elastiθi'ðað] *nf* elasticity.

elástico, a [e'lastiko, a] *a* elastic; (*flexible*) flexible // *nm* elastic; (*un ~*) elastic band.

elección [elek'θjon] *nf* election; (*selección*) choice, selection.

electorado [elekto'raðo] *nm* electorate, voters *pl*.

electricidad [elektriθi'ðað] *nf* electricity.

electricista [elektri'θista] *nm/f* electrician.

eléctrico, a [e'lektriko, a] *a* electric.

electrizar [elektri'θar] *vt* to electrify.

electro... [elektro] *pref* electro...; **~cución** *nf* electrocution; **~cutar** *vt* to electrocute; **electrodo** *nm* electrode; **~domésticos** *nmpl* (electrical) household appliances; **~imán** *nm* electromagnet; **~magnético, a** *a* electromagnetic.

electrónico, a [elek'troniko, a] *a* electronic // *nf* electronics *sg*.

electrotecnia [elektro'teknja] *nf* electrical engineering; **electrotécnico, a,** *nm/f* electrical engineer.

electrotermo [elektro'termo] *nm* immersion heater.

elefante [ele'fante] *nm* elephant.

elegancia [ele'xanθja] *nf* elegance, grace; (*estilo*) stylishness.

elegante [ele'xante] *a* elegant, graceful; (*estiloso*) stylish, fashionable.

elegía [ele'xia] *nf* elegy.

elegir [ele'xir] *vt* (*escoger*) to choose, select; (*optar*) to opt for; (*presidente*) to elect.

elemental [elemen'tal] *a* (*claro, obvio*) elementary; (*fundamental*) elemental, fundamental.

elemento [ele'mento] *nm* element; (*fig*) ingredient; **~s** *nmpl* elements, rudiments.

elevación [eleβa'θjon] *nf* elevation; (*acto*) raising, lifting; (*de precios*) rise; (*GEO etc*) height, altitude; (*de persona*) loftiness.

elevar [ele'βar] *vt* to raise, lift (up); (*precio*) to put up; **~se** *vr* (*edificio*) to rise; (*precios*) to go up; (*transportarse, enajenarse*) to get carried away.

eligiendo *etc vb ver* **elegir**.

elija *etc vb ver* **elegir**.

eliminar [elimi'nar] *vt* to eliminate, remove.

eliminatoria [elimina'torja] *nf* heat, preliminary (round).

elite [e'lite] *nf* elite.

elocuencia [elo'kwenθja] *nf* eloquence.

elogiar [elo'xjar] *vt* to praise, eulogize; **elogio** *nm* praise.

elote [e'lote] *nm* (*AM*) corn on the cob.

eludir [elu'ðir] *vt* (*evitar*) to avoid, evade; (*escapar*) to escape, elude.

ella ['eʎa] *pron* (*persona*) she; (*cosa*) it; (*después de prep: persona*) her; (: *cosa*) it.

ellas ['eʎas] *pron* (*personas y cosas*) they; (*después de prep*) them.

ello ['eʎo] *pron* it.

ellos ['eʎos] *pron* they; (*después de prep*) them.

emanar [ema'nar] *vi*: **~ de** to emanate from, come from; (*derivar de*) to originate in.

emancipar [emanθi'par] *vt* to emancipate; **~se** *vr* to become emancipated, free o.s.

embadurnar [embaður'nar] *vt* to smear.

embajada [emba'xaða] *nf* embassy.

embajador, a [embaxa'ðor, a] *nm/f* ambassador/ambassadress.

embalar [emba'lar] *vt* (*envolver*) to parcel, wrap (up); (*envasar*) to package // *vi* to sprint.

embalsamar [embalsa'mar] *vt* to embalm.

embalse [em'balse] *nm* (*presa*) dam; (*lago*) reservoir.

embarazada [embara'θaða] *a* pregnant // *nf* pregnant woman.

embarazar [embara'θar] *vt* to obstruct, hamper; **~se** *vr* (*aturdirse*) to become embarrassed; (*confundirse*) to get into a mess.

embarazo [emba'raθo] *nm* (*de mujer*) pregnancy; (*impedimento*) obstacle, obstruction; (*timidez*) embarrassment.

embarcación [embarka'θjon] *nf* (*barco*) boat, craft; (*acto*) embarkation, boarding.

embarcadero [embarka'ðero] *nm* pier, landing stage.

embarcar [embar'kar] *vt* (*cargamento*) to ship, stow; (*persona*) to embark, put on board; **~se** *vr* to embark, go on board.

embargar [embar'xar] *vt* (*JUR*) to seize, impound.

embarque *etc vb ver* **embarcar** // [em'barke] *nm* shipment, loading.

embaucar [embau'kar] *vt* to trick, fool.

embeber [embe'βer] *vt* (*absorber*) to absorb, soak up; (*empapar*) to saturate // *vi* to shrink; **~se** *vr*: **~se en la lectura** to be engrossed o absorbed in a book.

embellecer [embeʎe'θer] *vt* to embellish,

beautify.

embestida [embes'tiða] *nf* attack, onslaught; (*carga*) charge; **embestir** *vt* to attack, assault; to charge, attack // *vi* to attack.

emblema [em'blema] *nm* emblem.

embobado, a [embo'ßaðo, a] *a* (*atontado*) stunned, bewildered.

émbolo ['embolo] *nm* (*AUTO*) piston.

embolsar [embol'sar] *vt* to pocket, put in one's pocket.

emborrachar [emborra'tʃar] *vt* to make drunk, intoxicate; ~**se** *vr* to get drunk.

emboscada [embos'kaða] *nf* (*celada*) ambush.

embotar [embo'tar] *vt* to blunt, dull; ~**se** *vr* (*adormecerse*) to go numb.

embotellamiento [emboteʎa'mjento] *nm* (*AUTO*) traffic jam.

embotellar [embote'ʎar] *vt* to bottle; ~**se** *vr* (*circulación*) to get into a jam.

embrague [em'braße] *nm* (*tb*: **pedal de** ~) clutch.

embriagar [embrja'ɣar] *vt* (*emborrachar*) to make drunk; (*alegrar*) to delight; ~**se** *vr* (*emborracharse*) to get drunk.

embriaguez [embrja'ɣeθ] *nf* (*borrachera*) drunkenness.

embrión [em'brjon] *nm* embryo.

embrollar [embro'ʎar] *vt* (*el asunto*) to confuse, complicate; (*persona*) to involve, embroil; ~**se** *vr* (*confundirse*) to get into a muddle o mess.

embrollo [em'broʎo] *nm* (*enredo*) muddle, confusion; (*aprieto*) fix, jam.

embromar [embro'mar] *vt* (*burlarse de*) to tease, make fun of.

embrujado, a [embru'xaðo, a] *a* bewitched; **casa embrujada** haunted house.

embrutecer [embrute'θer] *vt* (*atontar*) to stupefy; ~**se** *vr* to be stupefied.

embudo [em'buðo] *nm* funnel.

embuste [em'buste] *nm* trick; (*mentira*) lie; (*hum*) fib; ~**ro, a** *a* lying, deceitful // *nm/f* (*tramposo*) cheat; (*mentiroso*) liar; (*hum*) fibber.

embutido [embu'tiðo] *nm* (*CULIN*) sausage; (*TEC*) inlay.

embutir [embu'tir] *vt* (*TEC*) to inlay; (*llenar*) to pack tight, cram.

emergencia [emer'xenθja] *nf* emergency; (*surgimiento*) emergence.

emerger [emer'xer] *vi* to emerge, appear.

emigración [emiɣra'θjon] *nf* emigration; (*de pájaros*) migration.

emigrar [emi'ɣrar] *vi* (*personas*) to emigrate; (*pájaros*) to migrate.

eminencia [emi'nenθja] *nf* eminence; **eminente** *a* eminent, distinguished; (*elevado*) high.

emisario [emi'sarjo] *nm* emissary.

emisión [emi'sjon] *nf* (*acto*) emission;

(*COM etc*) issue; (*RADIO, TV: acto*) broadcasting; (: *programa*) broadcast, programme (*Brit*), program (*US*).

emisora [emi'sora] *nf* radio o broadcasting station.

emitir [emi'tir] *vt* (*olor etc*) to emit, give off; (*moneda etc*) to issue; (*opinión*) to express; (*RADIO*) to broadcast.

emoción [emo'θjon] *nf* emotion; (*excitación*) excitement; (*sentimiento*) feeling.

emocionante [emoθjo'nante] *a* (*excitante*) exciting, thrilling.

emocionar [emoθjo'nar] *vt* (*excitar*) to excite, thrill; (*conmover*) to move, touch; (*impresionar*) to impress.

emotivo, a [emo'tißo, a] *a* emotional.

empacar [empa'kar] *vt* (*gen*) to pack; (*en caja*) to bale, crate.

empacho [em'patʃo] *nm* (*MED*) indigestion; (*fig*) embarrassment.

empadronarse [empaðro'narse] *vr* (*POL: como elector*) to register.

empalagoso, a [empala'ɣoso, a] *a* cloying; (*fig*) tiresome.

empalmar [empal'mar] *vt* to join, connect // *vi* (*dos caminos*) to meet, join; **empalme** *nm* joint, connection; junction; (*de trenes*) connection.

empanada [empa'naða] *nf* pie, pasty.

empantanarse [empanta'narse] *vr* to get swamped; (*fig*) to get bogged down.

empañarse [empa'narse] *vr* (*nublarse*) to get misty, steam up.

empapar [empa'par] *vt* (*mojar*) to soak, saturate; (*absorber*) to soak up, absorb; ~**se** *vr*: ~**se de** to soak up.

empapelar [empape'lar] *vt* (*paredes*) to paper.

empaquetar [empake'tar] *vt* to pack, parcel up.

emparedado [empare'ðaðo] *nm* sandwich.

empastar [empas'tar] *vt* (*embadurnar*) to paste; (*diente*) to fill.

empaste [em'paste] *nm* (*de diente*) filling.

empatar [empa'tar] *vi* to draw, tie; **empate** *nm* draw, tie.

empecé, empecemos *vb ver* **empezar**.

empedernido, a [empeðer'niðo, a] *a* hard, heartless; (*fijado*) hardened, inveterate.

empedrado, a [empe'ðraðo, a] *a* paved // *nm* paving.

empedrar [empe'ðrar] *vt* to pave.

empeine [em'peine] *nm* (*de pie, zapato*) instep.

empeñado, a [empe'ɲaðo, a] *a* (*persona*) determined; (*objeto*) pawned.

empeñar [empe'ɲar] *vt* (*objeto*) to pawn, pledge; (*persona*) to compel; ~**se** *vr* (*obligarse*) to bind o.s., pledge o.s.; (*endeudarse*) to get into debt; ~**se en** to set on, be determined to.

empeño [em'peɲo] nm (determinación, insistencia) determination, insistence; (cosa prendada) pledge; **casa de ~s** pawnshop.

empeorar [empeo'rar] vt to make worse, worsen // vi to get worse, deteriorate.

empequeñecer [empekeɲe'θer] vt to dwarf; (fig) to belittle.

emperador [empera'ðor] nm emperor.

emperatriz [empera'triθ] nf empress.

empezar [empe'θar] vt, vi to begin, start.

empiece etc vb ver **empezar**.

empiezo etc vb ver **empezar**.

empinar [empi'nar] vt to raise; **~se** vr (persona) to stand on tiptoe; (animal) to rear up; (camino) to climb steeply.

empírico, a [em'piriko, a] a empirical.

emplasto [em'plasto], **emplaste** [em'plaste] nm (MED) plaster.

emplazamiento [emplaθa'mjento] nm site, location; (JUR) summons sg.

emplazar [empla'θar] vt (ubicar) to site, place, locate; (JUR) to summons; (convocar) to summon.

empleado, a [emple'aðo, a] nm/f (gen) employee; (de banco etc) clerk.

emplear [emple'ar] vt (usar) to use, employ; (dar trabajo a) to employ; **~se** vr (conseguir trabajo) to be employed; (ocuparse) to occupy o.s.

empleo [em'pleo] nm (puesto) job; (puestos: colectivamente) employment; (uso) use, employment.

empobrecer [empoβre'θer] vt to impoverish; **~se** vr to become poor o impoverished.

empollar [empo'ʎar] vt, vi (fam) to swot (up); **empollón, ona** nm/f (fam) swot.

emporio [em'porjo] nm emporium, trading centre; (AM: gran almacén) department store.

empotrado, a [empo'traðo, a] a (armario etc) built-in.

emprender [empren'der] vt (empezar) to begin, embark on; (acometer) to tackle, take on.

empresa [em'presa] nf (de espíritu etc) enterprise; (COM) company, firm; **~rio, a** nm/f (COM) manager.

empréstito [em'prestito] nm (public) loan.

empujar [empu'xar] vt to push, shove; **empuje** nm thrust; (presión) pressure; (fig) vigour, drive.

empujón [empu'xon] nm push, shove.

empuñar [empu'ɲar] vt (asir) to grasp, take (firm) hold of.

emular [emu'lar] vt to emulate; (rivalizar) to rival.

en [en] prep **1** (posición) in; (: sobre) on; **está ~ el cajón** it's in the drawer; **~ Argentina/La Paz** in Argentina/La Paz; **~ la oficina/el colegio** at the office/school; **está ~ el suelo/quinto piso** it's on the floor/the fifth floor

2 (dirección) into; **entró ~ el aula** she went into the classroom; **meter algo ~ el bolso** to put sth into one's bag

3 (tiempo) in; on; **~ 1605/3 semanas/invierno** in 1605/3 weeks/winter; **~** (el mes de) **enero** in (the month of) January; **~ aquella ocasión/aquella época** on that occasion/at that time

4 (precio) for; **lo vendió ~ 20 dólares** he sold it for 20 dollars

5 (diferencia) by; **reducir/aumentar ~ una tercera parte/un 20 por ciento** to reduce/increase by a third/20 per cent

6 (manera): **~ avión/autobús** by plane/bus; **escrito ~ inglés** written in English

7 (después de vb que indica gastar etc) on; **han cobrado demasiado ~ dietas** they've charged too much to expenses; **se le va la mitad del sueldo ~ comida** he spends half his salary on food

8 (tema, ocupación): **experto ~ la materia** expert on the subject; **trabaja ~ la construcción** he works in the building industry

9 (a + ~ + infinitivo): **lento ~ reaccionar** slow to react.

enajenación [enaxena'θjon] nf, **enajenamiento** [enaxena'mjento] nm alienation; (fig: distracción) absent-mindedness; (: embelesamiento) rapture, trance.

enajenar [enaxe'nar] vt to alienate; (fig) to carry away.

enamorado, a [enamo'raðo, a] a in love // nm/f lover.

enamorar [enamo'rar] vt to win the love of; **~se** vr: **~se de alguien** to fall in love with sb.

enano, a [e'nano, a] a tiny // nm/f dwarf.

enardecer [enarðe'θer] vt (pasiones) to fire, inflame; (persona) to fill with enthusiasm; **~se** vr: **~ por** to get excited about; (entusiasmarse) to get enthusiastic about.

encabezamiento [enkaβeθa'mjento] nm (de carta) heading; (de periódico) headline; (preámbulo) foreword, preface.

encabezar [enkaβe'θar] vt (movimiento, revolución) to lead, head; (lista) to head, be at the top of; (carta) to put a heading to; (libro) to entitle.

encadenar [enkaðe'nar] vt to chain (together); (poner grilletes a) to shackle.

encajar [enka'xar] vt (ajustar): **~ (en)** to fit (into); (fam: golpe) to give, deal; (entrometer) to insert // vi to fit (well); (fig: corresponder a) to match; **~se** vr: **~se en un sillón** to squeeze into a chair.

encaje [en'kaxe] nm (labor) lace.

encalar [enka'lar] vt (pared) to whitewash.

encallar [enka'ʎar] vi (NAUT) to run aground.

encaminar [enkami'nar] vt to direct,

send; ~se vr: ~se a to set out for.
encandilar [enkandi'lar] vt to dazzle.
encantado, a [enkan'taðo, a] a
(hechizado) bewitched; (muy contento)
delighted; ¡~! how do you do!, pleased
to meet you.
encantador, a [enkanta'ðor, a] a charming, lovely // nm/f magician, enchanter/
enchantress.
encantar [enkan'tar] vt to charm,
delight; (hechizar) to bewitch, cast a
spell on; **encanto** nm (magia) spell,
charm; (fig) charm, delight.
encarcelar [enkarθe'lar] vt to imprison,
jail.
encarecer [enkare'θer] vt to put up the
price of // vi, ~se vr to get dearer.
encarecimiento [enkareθi'mjento] nm
price increase.
encargado, a [enkar'yaðo, a] a in
charge // nm/f agent, representative;
(responsable) person in charge.
encargar [enkar'yar] vt to entrust; (recomendar) to urge, recommend; ~se vr:
~se de to look after, take charge of.
encargo [enkar'yo] nm (pedido) assignment, job; (responsabilidad) responsibility; (recomendación) recommendation; (COM) order.
encariñarse [enkari'narse] vr: ~ con to
grow fond of, get attached to.
encarnación [enkarna'θjon] nf incarnation, embodiment.
encarnizado, a [enkarni'θaðo, a] a
(lucha) bloody, fierce.
encarrilar [enkarri'lar] vt (tren) to put
back on the rails; (fig) to correct, put on
the right track.
encasillar [enkasi'ʎar] vt (tb: fig) to
pigeonhole; (actor) to typecast.
encauzar [enkau'θar] vt to channel.
encendedor [enθende'ðor] nm lighter.
encender [enθen'der] vt (con fuego) to
light; (incendiar) to set fire to; (luz,
radio) to put on, switch on; (avivar:
pasiones) to inflame; ~se vr to catch
fire; (excitarse) to get excited; (de
cólera) to flare up; (el rostro) to blush.
encendido [enθen'diðo] nm (AUTO) ignition.
encerado [enθe'raðo] nm (ESCOL) blackboard.
encerar [enθe'rar] vt (suelo) to wax, polish.
encerrar [enθe'rrar] vt (confinar) to shut
in, shut up; (comprender, incluir) to include, contain.
encía [en'θia] nf gum.
encienda etc vb ver **encender**.
encierro etc vb ver **encerrar** //
[en'θjerro] nm shutting in, shutting up;
(calabozo) prison.
encima [en'θima] ad (sobre) above,
over; (además) besides; ~ de (en) on,
on top of; (sobre) above, over; (además

de) besides, on top of; por ~ de over;
¿llevas dinero ~? have you (got) any
money on you?; se me vino ~ it got on
top of me.
encinta [en'θinta] a pregnant.
enclenque [en'klenke] a weak, sickly.
encoger [enko'xer] vt to shrink, contract; (fig: asustar) to scare; ~se vr to
shrink, contract; (fig) to cringe; ~se de
hombros to shrug one's shoulders.
encolar [enko'lar] vt (engomar) to glue,
paste; (pegar) to stick down.
encolerizar [enkoleri'θar] vt to anger,
provoke; ~se vr to get angry.
encomendar [enkomen'dar] vt to entrust, commend; ~se vr: ~se a to put
one's trust in.
encomiar [enko'mjar] vt to praise, pay
tribute to.
encomienda etc vb ver **encomendar** //
[enko'mjenda] nf (encargo) charge,
commission; (elogio) tribute; ~ postal
(AM) parcel post.
encono [en'kono] nm (rencor) rancour,
spite.
encontrado, a [enkon'traðo, a] a (contrario) contrary, conflicting; (hostil)
hostile.
encontrar [enkon'trar] vt (hallar) to
find; (inesperadamente) to meet, run
into; ~se vr to meet (each other);
(situarse) to be (situated); (entrar en
conflicto) to crash, collide; ~se con to
meet; ~se bien (de salud) to feel well.
encorvar [enkor'βar] vt to curve; (inclinar) to bend (down); ~se vr to bend
down, bend over.
encrespar [enkres'par] vt (cabellos) to
curl; (fig) to anger, irritate; ~se vr (el
mar) to get rough; (fig) to get cross, get
irritated.
encrucijada [enkruθi'xaða] nf crossroads
sg; (empalme) junction.
encuadernación [enkwaðerna'θjon] nf
binding.
encuadernador, a [enkwaðerna'ðor, a]
nm/f bookbinder.
encuadrar [enkwa'ðrar] vt (retrato) to
frame; (ajustar) to fit, insert; (encerrar) to contain.
encubrir [enku'βrir] vt (ocultar) to hide,
conceal; (criminal) to harbour, shelter.
encuentro etc vb ver **encontrar** //
[en'kwentro] nm (de personas) meeting;
(AUTO etc) collision, crash; (DEPORTE)
match, game; (MIL) encounter.
encuesta [en'kwesta] nf inquiry, investigation; (sondeo) (public) opinion poll; ~
judicial post mortem.
encumbrado, a [enkum'braðo, a] a
eminent, distinguished.
encumbrar [enkum'brar] vt (persona) to
exalt; ~se vr (fig) to become conceited.
encharcado, a [entʃar'kaðo, a] a
(terreno) flooded.

enchufar [entʃu'far] vt (ELEC) to plug in; (TEC) to connect, fit together; **enchufe** nm (ELEC: clavija) plug; (: toma) socket; (de dos tubos) joint, connection; (fam: influencia) contact, connection; (: puesto) cushy job.

endeble [en'deβle] a (argumento, excusa, persona) weak.

endemoniado, a [endemo'njaðo, a] a possessed (of the devil); (travieso) devilish.

enderezar [endere'θar] vt (poner derecho) to straighten (out); (: verticalmente) to set upright; (fig) to straighten o sort out; (dirigir) to direct; ~se vr to straighten up.

endeudarse [endeu'ðarse] vr to get into debt.

endiablado, a [endja'βlaðo, a] a devilish, diabolical; (hum) mischievous.

endilgar [endil'yar] vt (fam): ~le algo a uno to lumber sb with sth; ~le un sermón a uno to lecture sb.

endomingarse [endomiŋ'garse] vr to dress up, put on one's best clothes.

endosar [endo'sar] vt (cheque etc) to endorse.

endulzar [endul'θar] vt to sweeten; (suavizar) to soften.

endurecer [endure'θer] vt to harden; ~se vr to harden, grow hard.

endurecido, a [endure'θiðo, a] a (duro) hard; (fig) hardy, tough; **estar ~ a algo** to be hardened o used to sth.

enemigo, a [ene'miyo, a] a enemy, hostile // nm/f enemy.

enemistad [enemis'tað] nf enmity.

enemistar [enemis'tar] vt to make enemies of, cause a rift between; ~se vr to become enemies; (amigos) to fall out.

energía [ener'xia] nf (vigor) energy, drive; (empuje) push; (TEC, ELEC) energy, power.

enérgico, a [e'nerxiko, a] a (gen) energetic; (voz, modales) forceful.

energúmeno, a [ener'yumeno, a] nm/f (fig fam) madman/woman.

enero [e'nero] nm January.

enfadado, a [enfa'ðaðo, a] a angry, annoyed.

enfadar [enfa'ðar] vt to anger, annoy; ~se vr to get angry o annoyed.

enfado [en'faðo] nm (enojo) anger, annoyance; (disgusto) trouble, bother.

énfasis ['enfasis] nm emphasis, stress.

enfático, a [en'fatiko, a] a emphatic.

enfermar [enfer'mar] vt to make ill // vi to fall ill, be taken ill.

enfermedad [enferme'ðað] nf illness; ~ venérea venereal disease.

enfermera [enfer'mera] nf nurse.

enfermería [enferme'ria] nf infirmary; (de colegio etc) sick bay.

enfermero [enfer'mero] nm male nurse.

enfermizo, a [enfer'miθo, a] a (persona) sickly, unhealthy; (fig) unhealthy.

enfermo, a [en'fermo, a] a ill, sick // nm/f invalid, sick person; (en hospital) patient.

enflaquecer [enflake'θer] vt (adelgazar) to make thin; (debilitar) to weaken.

enfocar [enfo'kar] vt (foto etc) to focus; (problema etc) to consider, look at.

enfoque etc vb ver **enfocar** // [en'foke] nm focus.

enfrentar [enfren'tar] vt (peligro) to face (up to), confront; (oponer, carear) to put face to face; ~se vr (dos personas) to face o confront each other; (DEPORTE: dos equipos) to meet; ~se a o con to face up to, confront.

enfrente [en'frente] ad opposite; **la casa de ~** the house opposite, the house across the street; **~ de** prep opposite, facing.

enfriamiento [enfria'mjento] nm chilling, refrigeration; (MED) cold, chill.

enfriar [enfri'ar] vt (alimentos) to cool, chill; (algo caliente) to cool down; (habitación) to air, freshen; ~se vr to cool down; (MED) to catch a chill; (amistad) to cool.

enfurecer [enfure'θer] vt to enrage, madden; ~se vr to become furious, fly into a rage; (mar) to get rough.

engalanar [engala'nar] vt (adornar) to adorn; (ciudad) to decorate; ~se vr to get dressed up.

enganchar [engan'tʃar] vt to hook; (ropa) to hang up; (dos vagones) to hitch up; (TEC) to couple, connect; (MIL) to recruit; (fam: persona) to rope in; ~se vr (MIL) to enlist, join up.

enganche [en'gantʃe] nm hook; (TEC) coupling, connection; (acto) hooking (up); (MIL) recruitment, enlistment; (AM: depósito) deposit.

engañar [enga'nar] vt to deceive; (estafar) to cheat, swindle; ~se vr (equivocarse) to be wrong; (disimular la verdad) to deceive o kid o.s.

engaño [en'gano] nm deceit; (estafa) trick, swindle; (error) mistake, misunderstanding; (ilusión) delusion; ~so, a a (tramposo) crooked; (mentiroso) dishonest, deceitful; (aspecto) deceptive; (consejo) misleading.

engarzar [engar'θar] vt (joya) to set, mount; (fig) to link, connect.

engatusar [engatu'sar] vt (fam) to coax.

engendrar [enxen'drar] vt to breed; (procrear) to beget; (fig) to cause, produce; **engendro** nm (BIO) foetus; (fig) monstrosity; (idea) brainchild.

englobar [englo'βar] vt (incluir) to include, comprise.

engomar [engo'mar] vt to glue, stick.

engordar [engor'ðar] vt to fatten // vi to get fat, put on weight.

engorroso, a [engo'rroso, a] a bothersome, trying.

engranaje [engra'naxe] *nm* (AUTO) gear.

engrandecer [engrande'θer] *vt* to enlarge, magnify; (*alabar*) to praise, speak highly of; (*exagerar*) to exaggerate.

engrasar [engra'sar] *vt* (TEC: *poner grasa*) to grease; (: *lubricar*) to lubricate, oil; (*manchar*) to make greasy.

engreído, a [engre'iðo, a] *a* vain, conceited.

engrosar [engro'sar] *vt* (*ensanchar*) to enlarge; (*aumentar*) to increase; (*hinchar*) to swell.

enhebrar [ene'βrar] *vt* to thread.

enhorabuena [enora'ßwena] *nf* congratulations *pl* // *ad* well and good.

enigma [e'niɣma] *nm* enigma; (*problema*) puzzle; (*misterio*) mystery.

enjabonar [enxaβo'nar] *vt* to soap; (*fam: adular*) to soft-soap; (: *regañar*) to tick off.

enjambre [en'xamβre] *nm* swarm.

enjaular [enxau'lar] *vt* to (put in a) cage; (*fam*) to jail, lock up.

enjuagar [enxwa'ɣar] *vt* (*ropa*) to rinse (out).

enjuague *etc vb ver* **enjuagar** // [en'xwaɣe] *nm* (MED) mouthwash; (*de ropa*) rinse, rinsing.

enjugar [enxu'ɣar] *vt* to wipe (off); (*lágrimas*) to dry; (*déficit*) to wipe out.

enjuiciar [enxwi'θjar] *vt* (JUR: *procesar*) to prosecute, try; (*fig*) to judge.

enjuto, a [en'xuto, a] *a* dry, dried up; (*fig*) lean, skinny.

enlace [en'laθe] *nm* link, connection; (*relación*) relationship; (*tb:* ~ **matrimonial**) marriage; (*de carretera, trenes*) connection; ~ **sindical** shop steward.

enlazar [enla'θar] *vt* (*unir con lazos*) to bind together; (*atar*) to tie; (*conectar*) to link, connect; (AM) to lasso.

enlodar [enlo'ðar] *vt* to cover in mud; (*fig: manchar*) to stain; (: *rebajar*) to debase.

enloquecer [enloke'θer] *vt* to drive mad // *vi*, ~**se** *vr* to go mad.

enlutado, a [enlu'taðo, a] *a* (*persona*) in mourning.

enmarañar [enmara'nar] *vt* (*enredar*) to tangle (up), entangle; (*complicar*) to complicate; (*confundir*) to confuse; ~**se** *vr* (*enredarse*) to become entangled; (*confundirse*) to get confused.

enmarcar [enmar'kar] *vt* (*cuadro*) to frame.

enmascarar [enmaska'rar] *vt* to mask; ~**se** *vr* to put on a mask.

enmendar [enmen'dar] *vt* to emend, correct; (*constitución etc*) to amend; (*comportamiento*) to reform; ~**se** *vr* to reform, mend one's ways; **enmienda** *nf* correction; amendment; reform.

enmohecerse [enmoe'θerse] *vr* (*metal*) to rust, go rusty; (*muro, plantas*) to get mouldy.

enmudecer [enmuðe'θer] *vi*, **enmudecerse** *vr* (*perder el habla*) to fall silent; (*guardar silencio*) to remain silent.

ennegrecer [enneɣre'θer] *vt* (*poner negro*) to blacken; (*oscurecer*) to darken; ~**se** *vr* to turn black; (*oscurecerse*) to get dark, darken.

ennoblecer [ennoßle'θer] *vt* to ennoble.

enojadizo, a [enoxa'ðiθo, a] *a* irritable, short-tempered.

enojar [eno'xar] *vt* (*encolerizar*) to anger; (*disgustar*) to annoy, upset; ~**se** *vr* to get angry; to get annoyed.

enojo [e'noxo] *nm* (*cólera*) anger; (*irritación*) annoyance; ~**so, a** *a* annoying.

enorgullecerse [enorʋuʎe'θerse] *vr* to be proud; ~ **de** to pride o.s. on, be proud of.

enorme [e'norme] *a* enormous, huge; (*fig*) monstrous; **enormidad** *nf* hugeness, immensity.

enraizar [enrai'θar] *vi* to take root.

enredadera [enreða'ðera] *nf* (BOT) creeper, climbing plant.

enredar [enre'ðar] *vt* (*cables, hilos etc*) to tangle (up), entangle; (*situación*) to complicate, confuse; (*meter cizaña*) to sow discord among *o* between; (*implicar*) to embroil, implicate; ~**se** *vr* to get entangled, get tangled (up); (*situación*) to get complicated; (*persona*) to get embroiled; (AM: *fam*) to meddle.

enredo [en'reðo] *nm* (*maraña*) tangle; (*confusión*) mix-up, confusion; (*intriga*) intrigue.

enrevesado, a [enreße'saðo, a] *a* (*asunto*) complicated, involved.

enriquecer [enrike'θer] *vt* to make rich, enrich; ~**se** *vr* to get rich.

enrojecer [enroxe'θer] *vt* to redden // *vi*, ~**se** *vr* (*persona*) to blush.

enrolar [enro'lar] *vt* (MIL) to enlist; (*reclutar*) to recruit; ~**se** *vr* (MIL) to join up; (*afiliarse*) to enrol.

enrollar [enro'ʎar] *vt* to roll (up), wind (up).

enroscar [enros'kar] *vt* (*torcer, doblar*) to coil (round), wind; (*tornillo, rosca*) to screw in; ~**se** *vr* to coil, wind.

ensalada [ensa'laða] *nf* salad; **ensaladilla (rusa)** *nf* Russian salad.

ensalzar [ensal'θar] *vt* (*alabar*) to praise, extol; (*exaltar*) to exalt.

ensambladura [ensambla'ðura] *nf*, **ensamblaje** [ensam'blaxe] *nm* assembly; (TEC) joint.

ensamblar [ensam'blar] *vt* to assemble.

ensanchar [ensan'tʃar] *vt* (*hacer más ancho*) to widen; (*agrandar*) to enlarge, expand; (COSTURA) to let out; ~**se** *vr* to get wider, expand; (*pey*) to give o.s.

airs; **ensanche** nm (de calle) widening; (de negocio) expansion.

ensangrentar [ensangren'tar] vt to stain with blood.

ensañar [ensa'ɲar] vt to enrage; ~se vr: ~se con to treat brutally.

ensartar [ensar'tar] vt (cuentas, perlas etc) to string (together).

ensayar [ensa'jar] vt to test, try (out); (TEATRO) to rehearse.

ensayista [ensa'jista] nm/f essayist.

ensayo [en'sajo] nm test, trial; (QUIMICA) experiment; (TEATRO) rehearsal; (DEPORTE) try; (ESCOL, LITERATURA) essay.

ensenada [ense'naða] nf inlet, cove.

enseñanza [ense'naɲθa] nf (educación) education; (acción) teaching; (doctrina) teaching, doctrine.

enseñar [ense'ɲar] vt (educar) to teach; (instruir) to teach, instruct; (mostrar, señalar) to show.

enseres [en'seres] nmpl belongings.

ensillar [ensi'ʎar] vt to saddle (up).

ensimismarse [ensimis'marse] vr (abstraerse) to become lost in thought; (estar absorto) to be lost in thought; (AM) to become conceited.

ensordecer [ensorðe'θer] vt to deafen // vi to go deaf.

ensortijado, a [ensorti'xaðo, a] (pelo) curly.

ensuciar [ensu'θjar] vt (manchar) to dirty, soil; (fig) to defile; ~se vr (mancharse) to get dirty; (fig) to dirty o.s., wet o.s.

ensueño [en'sweɲo] nm (sueño) dream, fantasy; (ilusión) illusion; (soñando despierto) daydream.

entablado [enta'βlaðo] nm (piso) floorboards pl; (armazón) boarding.

entablar [enta'βlar] vt (recubrir) to board (up); (AJEDREZ, DAMAS) to set up; (conversación) to strike up; (JUR) to file // vi to draw.

entablillar [entaβli'ʎar] vt (MED) to (put in a) splint.

entallar [enta'ʎar] vt (traje) to tailor // vi: el traje entalla bien the suit fits well.

ente ['ente] nm (organización) body, organization; (fam: persona) odd character.

entender [enten'der] vt (comprender) to understand; (darse cuenta) to realize; (querer decir) to mean // vi to understand; (creer) to think, believe; ~ de to know all about; ~ algo de to know a little about; ~ en to deal with, have to do with; ~se vr (comprenderse) to be understood; (2 personas) to get on together; (ponerse de acuerdo) to agree, reach an agreement; ~se mal (2 personas) to get on badly.

entendido, a [enten'diðo, a] a (comprendido) understood; (hábil) skilled; (inteligente) knowledgeable // nm/f (experto) expert // excl agreed!; **entendimiento** nm (comprensión) understanding; (inteligencia) mind, intellect; (juicio) judgement.

enterado, a [ente'raðo, a] a well-informed; estar ~ de to know about, be aware of.

enteramente [entera'mente] ad entirely, completely.

enterar [ente'rar] vt (informar) to inform, tell; ~se vr to find out, get to know.

entereza [ente'reθa] nf (totalidad) entirety; (fig: carácter) strength of mind; (: honradez) integrity.

enternecer [enterne'θer] vt (ablandar) to soften; (apiadar) to touch, move; ~se vr to be touched, be moved.

entero, a [en'tero, a] a (total) whole, entire; (fig: recto) honest; (: firme) firm, resolute // nm (COM: punto) point; (AM: pago) payment.

enterrador [enterra'ðor] nm gravedigger.

enterrar [ente'rrar] vt to bury.

entibiar [enti'βjar] vt (enfriar) to cool; (calentar) to warm; ~se vr (fig) to cool.

entidad [enti'ðað] nf (empresa) firm, company; (organismo) body; (sociedad) society; (FILOSOFIA) entity.

entiendo etc vb ver **entender**.

entierro [en'tjerro] nm (acción) burial; (funeral) funeral.

entomología [entomolo'xia] nf entomology.

entonación [entona'θjon] nf (LING) intonation; (fig) conceit.

entonar [ento'nar] vt (canción) to intone; (colores) to tone; (MED) to tone up // vi to be in tune; ~se vr (engreírse) to give o.s. airs.

entonces [en'tonθes] ad then, at that time; desde ~ since then; en aquel ~ at that time; (pues) ~ and so.

entornar [entor'nar] vt (puerta, ventana) to half close, leave ajar; (los ojos) to screw up.

entorpecer [entorpe'θer] vt (entendimiento) to dull; (impedir) to obstruct, hinder; (: tránsito) to slow down, delay.

entrada [en'traða] nf (acción) entry, access; (sitio) entrance, way in; (INFORM) input; (COM) receipts pl, takings pl; (CULIN) entrée; (DEPORTE) innings sg; (TEATRO) house, audience; (para el cine etc) ticket; (COM): ~s y salidas income and expenditure; (TEC): ~ de aire air intake o inlet; de ~ from the outset.

entrado, a [en'traðo, a] a: ~ en años elderly; una vez ~ el verano in the summer(time), when summer comes.

entrante [en'trante] a next, coming; mes/año ~ next month/year.

entraña [en'traɲa] nf (fig: centro) heart, core; (raíz) root; ~s nfpl (ANAT) entrails; (fig) heart sg; **entrañable** a close, intimate.

entrar [en'trar] vt (introducir) to bring in; (INFORM) to input // vi (meterse) to go in, come in, enter; (comenzar): ~ diciendo to begin by saying; **no me entra** I can't get the hang of it.

entre [entre] prep (dos) between; (más de dos) among(st).

entreabrir [entrea'ßrir] vt to half-open, open halfway.

entrecejo [entre'θexo] nm: **fruncir el** ~ to frown.

entrecortado, a [entrekor'taðo, a] a (respiración) difficult; (habla) faltering.

entredicho [entre'ðitʃo] nm (JUR) injunction; **poner en** ~ to cast doubt on; **estar en** ~ to be banned.

entrega [en'treɣa] nf (de mercancías) delivery; (de novela etc) instalment.

entregar [entre'ɣar] vt (dar) to hand (over), deliver; ~se vr (rendirse) to surrender, give in, submit; (dedicarse) to devote o.s.

entrelazar [entrela'θar] vt to entwine.

entremeses [entre'meses] nmpl hors d'œuvres.

entremeter [entreme'ter] vt to insert, put in; ~se vr to meddle, interfere; **entremetido, a** a meddling, interfering.

entremezclar [entremeθ'klar] vt, **entremezclarse** vr to intermingle.

entrenador, a [entrena'ðor, a] nm/f trainer, coach.

entrenarse [entre'narse] vr to train.

entrepierna [entre'pjerna] nf crotch.

entresacar [entresa'kar] vt to pick out, select.

entresuelo [entre'swelo] nm mezzanine, entresol.

entretanto [entre'tanto] ad meanwhile, meantime.

entretejer [entrete'xer] vt to interweave.

entretener [entrete'ner] vt (divertir) to entertain, amuse; (detener) to hold up, delay; (mantener) to maintain; ~se vr (divertirse) to amuse o.s.; (retrasarse) to delay, linger; **entretenido, a** a entertaining, amusing; **entretenimiento** nm entertainment, amusement; (mantenimiento) upkeep, maintenance.

entrever [entre'ßer] vt to glimpse, catch a glimpse of.

entrevista [entre'ßista] nf interview; **entrevistar** vt to interview; **entrevistarse** vr to have an interview.

entristecer [entriste'θer] vt to sadden, grieve; ~se vr to grow sad.

entrometer [entrome'ter] vt etc = **entremeter** etc.

entroncar [entron'kar] vi to be connected o related.

entumecer [entume'θer] vt to numb, benumb; ~se vr (por el frío) to go o become numb; **entumecido, a** a numb, stiff.

enturbiar [entur'ßjar] vt (el agua) to make cloudy; (fig) to confuse; ~se vr (oscurecerse) to become cloudy; (fig) to get confused, become obscure.

entusiasmar [entusjas'mar] vt to excite, fill with enthusiasm; (gustar mucho) to delight; ~se vr: ~se con o por to get enthusiastic o excited about.

entusiasmo [entu'sjasmo] nm enthusiasm; (excitación) excitement.

entusiasta [entu'sjasta] a enthusiastic // nm/f enthusiast.

enumerar [enume'rar] vt to enumerate.

enunciación [enunθja'θjon] nf, **enunciado** [enun'θjaðo] nm enunciation; (declaración) declaration, statement.

envainar [enßai'nar] vt to sheathe.

envalentonar [enßalento'nar] vt to give courage to; ~se vr (pey: jactarse) to boast, brag.

envanecer [enßane'θer] vt to make conceited; ~se vr to grow conceited.

envasar [enßa'sar] vt (empaquetar) to pack, wrap; (enfrascar) to bottle; (enlatar) to can; (embolsar) to pocket.

envase [en'ßase] nm (en paquete) packing, wrapping; (en botella) bottling; (en lata) canning; (recipiente) container; (paquete) package; (botella) bottle; (lata) tin (Brit), can.

envejecer [enßexe'θer] vt to make old, age // vi, ~se vr (volverse viejo) to grow old; (parecer viejo) to age.

envenenar [enßene'nar] vt to poison; (fig) to embitter.

envergadura [enßerɣa'ðura] nf (fig) scope, compass.

envés [en'ßes] nm (de tela) back, wrong side.

enviar [en'ßjar] vt to send.

envidia [en'ßiðja] nf (deseo ferviente) envy; (celos) jealousy; **envidiar** vt (desear) to envy; (tener celos de) to be jealous of.

envío [en'ßio] nm (acción) sending; (de mercancías) consignment; (de dinero) remittance.

enviudar [enßju'ðar] vi to be widowed.

envoltura [enßol'tura] nf (cobertura) cover; (embalaje) wrapper, wrapping.

envolver [enßol'ßer] vt to wrap (up); (cubrir) to cover; (enemigo) to surround; (implicar) to involve, implicate.

envuelto [en'ßwelto] pp de **envolver**.

enyesar [enje'sar] vt (pared) to plaster; (MED) to put in plaster.

épico, a ['epiko, a] a epic // nf epic.

epidemia [epi'ðemja] nf epidemic.

epilepsia [epi'lepsja] nf epilepsy.

epílogo [e'piloɣo] nm epilogue.

episodio [epi'soðjo] nm episode.

epístola [e'pistola] *nf* epistle.

época ['epoka] *nf* period, time; (*HISTORIA*) age, epoch; **hacer** ~ to be epoch-making.

equidad [eki'ðað] *nf* equity.

equilibrar [ekili'βrar] *vt* to balance; **equilibrio** *nm* balance, equilibrium; **equilibrista** *nm/f* (*funámbulo*) tightrope walker; (*acróbata*) acrobat.

equipaje [eki'paxe] *nm* luggage; (*avíos*) equipment, kit; ~ **de mano** hand luggage.

equipar [eki'par] *vt* (*proveer*) to equip.

equipararse [ekipa'rarse] *vr*: ~ **con** to be on a level with.

equipo [e'kipo] *nm* (*conjunto de cosas*) equipment; (*DEPORTE, grupo*) team; (: *de obreros*) shift.

equis ['ekis] *nf inv* (the letter) X.

equitación [ekita'θjon] *nf* (*acto*) riding; (*arte*) horsemanship.

equitativo, a [ekita'tiβo, a] *a* equitable, fair.

equivalente [ekiβa'lente] *a, nm* equivalent.

equivaler [ekiβa'ler] *vi* to be equivalent *o* equal.

equivocación [ekiβoka'θjon] *nf* mistake, error.

equivocado, a [ekiβo'kaðo, a] *a* wrong, mistaken.

equivocarse [ekiβo'karse] *vr* to be wrong, make a mistake; ~ **de camino** to take the wrong road.

equívoco, a [e'kiβoko, a] *a* (*dudoso*) suspect; (*ambiguo*) ambiguous // *nm* ambiguity; (*malentendido*) misunderstanding.

era *vb ver* **ser** // ['era] *nf* era, age.

erais *vb ver* **ser**.

éramos *vb ver* **ser**.

eran *vb ver* **ser**.

erario [e'rarjo] *nm* exchequer (*Brit*), treasury.

eras *vb ver* **ser**.

eres *vb ver* **ser**.

erguir [er'xir] *vt* to raise, lift; (*poner derecho*) to straighten; ~**se** *vr* to straighten up.

erigir [eri'xir] *vt* to erect, build; ~**se** *vr*: ~**se en** to set o.s. up as.

erizado, a [eri'θaðo, a] *a* bristly.

erizarse [eri'θarse] *vr* (*pelo: de perro*) to bristle; (: *de persona*) to stand on end.

erizo [e'riðo] *nm* (*ZOOL*) hedgehog; (*tb*: ~ **de mar**) sea-urchin.

ermitaño, a [ermi'taɲo, a] *nm/f* hermit.

erosionar [erosjo'nar] *vt* to erode.

erótico, a [e'rotiko, a] *a* erotic; **erotismo** *nm* eroticism.

erradicar [erraði'kar] *vt* to eradicate.

errante [e'rrante] *a* wandering, errant.

errar [e'rrar] *vi* (*vagar*) to wander, roam; (*equivocarse*) to be mistaken // *vt*: ~ **el camino** to take the wrong road; ~ **el tiro**

to miss.

erróneo, a [e'rroneo, a] *a* (*equivocado*) wrong, mistaken; (*falso*) false, untrue.

error [e'rror] *nm* error, mistake; (*INFORM*) bug; ~ **de imprenta** misprint.

eructar [eruk'tar] *vt* to belch, burp.

erudito, a [eru'ðito, a] *a* erudite, learned.

erupción [erup'θjon] *nf* eruption; (*MED*) rash.

es *vb ver* **ser**.

esa, esas *a demostrativo ver* **ese**.

ésa, ésas *pron ver* **ése**.

esbelto, a [es'βelto, a] *a* slim, slender.

esbozo [es'βoθo] *nm* sketch, outline.

escabeche [eska'βetʃe] *nm* brine; (*de aceitunas etc*) pickle; **en** ~ pickled.

escabroso, a [eska'βroso, a] *a* (*accidentado*) rough, uneven; (*fig*) tough, difficult; (: *atrevido*) risqué.

escabullirse [eskaβu'ʎirse] *vr* to slip away, to clear out.

escafandra [eska'fandra] *nf* (*buzo*) diving suit; (~ **espacial**) space suit.

escala [es'kala] *nf* (*proporción, MUS*) scale; (*de mano*) ladder; (*AVIAT*) stopover; **hacer** ~ **en** to stop *o* call in at.

escalafón [eskala'fon] *nm* (*escala de salarios*) salary scale, wage scale.

escalar [eska'lar] *vt* to climb, scale.

escalera [eska'lera] *nf* stairs *pl*, staircase; (*escala*) ladder; (*NAIPES*) run; ~ **mecánica** escalator; ~ **de caracol** spiral staircase.

escalfar [eskal'far] *vt* (*huevos*) to poach.

escalinata [eskali'nata] *nf* staircase.

escalofrío [eskalo'frio] *nm* (*MED*) chill; ~**s** *nmpl* (*fig*) shivers; **escalofriante** *a* chilling.

escalón [eska'lon] *nm* step, stair; (*de escalera*) rung.

escalope [eska'lope] *nm* (*CULIN*) escalope.

escama [es'kama] *nf* (*de pez, serpiente*) scale; (*de jabón*) flake; (*fig*) resentment.

escamotear [eskamote'ar] *vt* (*fam: robar*) to lift, swipe; (*hacer desaparecer*) to make disappear.

escampar [eskam'par] *vb impersonal* to stop raining.

escandalizar [eskandali'θar] *vt* to scandalize, shock; ~**se** *vr* to be shocked; (*ofenderse*) to be offended.

escándalo [es'kandalo] *nm* scandal; (*alboroto, tumulto*) row, uproar; **escandaloso, a** *a* scandalous, shocking.

escandinavo, a [eskandi'naβo, a] *a, nm/f* Scandinavian.

escaño [es'kaɲo] *nm* bench; (*POL*) seat.

escapar [eska'par] *vi* (*gen*) to escape, run away; (*DEPORTE*) to break away; ~**se** *vr* to escape, get away; (*agua, gas*) to leak (out).

escaparate [eskapa'rate] *nm* shop window.

escape [es'kape] *nm* (*de agua, gas*) leak; (*de motor*) exhaust; (*de persona*) escape.

escarabajo [eskara'βaxo] *nm* beetle.

escaramuza [eskara'muθa] *nf* skirmish; (*fig*) brush.

escarbar [eskar'βar] *vt* (*gallina*) to scratch; (*fig*) to inquire into, investigate.

escarcha [es'kartʃa] *nf* frost.

escarlata [eskar'lata] *a inv* scarlet; **escarlatina** *nf* scarlet fever.

escarmentar [eskarmen'tar] *vt* to punish severely // *vi* to learn one's lesson.

escarmiento *etc vb ver* **escarmentar** // [eskar'mjento] *nm* (*ejemplo*) lesson; (*castigo*) punishment.

escarnio [es'karnjo] *nm* mockery; (*injuria*) insult.

escarola [eska'rola] *nf* endive.

escarpado, a [eskar'paðo, a] *a* (*pendiente*) sheer, steep; (*rocas*) craggy.

escasear [eskase'ar] *vi* to be scarce.

escasez [eska'seθ] *nf* (*falta*) shortage, scarcity; (*pobreza*) poverty.

escaso, a [es'kaso, a] *a* (*poco*) scarce; (*raro*) rare; (*ralo*) thin, sparse; (*limitado*) limited.

escatimar [eskati'mar] *vt* (*limitar*) to skimp (on), be sparing with.

escena [es'θena] *nf* scene.

escenario [esθe'narjo] *nm* (*TEATRO*) stage; (*CINE*) set; (*fig*) scene; **escenografía** *nf* set design.

escepticismo [esθepti'θismo] *nm* scepticism; **escéptico, a** *a* sceptical // *nm/f* sceptic.

esclarecer [esklare'θer] *vt* (*iluminar*) to light up, illuminate; (*misterio, problema*) to shed light on.

esclavitud [esklaβi'tuð] *nf* slavery.

esclavizar [esklaβi'θar] *vt* to enslave.

esclavo, a [es'klaβo, a] *nm/f* slave.

esclusa [es'klusa] *nf* (*de canal*) lock; (*compuerta*) floodgate.

escoba [es'koβa] *nf* broom.

escocer [esko'θer] *vi* to burn, sting; **~se** *vr* to chafe, get chafed.

escocés, esa [esko'θes, esa] *a* Scottish // *nm/f* Scotsman/woman, Scot.

Escocia [es'koθja] *nf* Scotland.

escoger [esko'xer] *vt* to choose, pick, select; **escogido, a** *a* chosen, selected; (*calidad*) choice, select.

escolar [esko'lar] *a* school *cpd* // *nm/f* schoolboy/girl, pupil.

escolta [es'kolta] *nf* escort; **escoltar** *vt* to escort.

escombros [es'kombros] *nmpl* (*basura*) rubbish *sg*; (*restos*) debris *sg*.

esconder [eskon'der] *vt* to hide, conceal; **~se** *vr* to hide; **escondite** *nm* hiding place; (*juego*) hide-and-seek; **escondrijo** *nm* hiding place, hideout.

escopeta [esko'peta] *nf* shotgun.

escoria [es'korja] *nf* (*de alto horno*) slag; (*fig*) scum, dregs *pl*.

Escorpio [es'korpjo] *nm* Scorpio.

escorpión [eskor'pjon] *nm* scorpion.

escotado, a [esko'taðo, a] *a* low-cut.

escote [es'kote] *nm* (*de vestido*) low neck; **pagar a ~** to share the expenses.

escotilla [esko'tiʎa] *nf* (*NAUT*) hatch(way).

escozor [esko'θor] *nm* (*dolor*) sting(ing).

escribano, a [eskri'βano, a], **escribiente** [eskri'βjente] *nm/f* clerk.

escribir [eskri'βir] *vt, vi* to write; **~ a máquina** to type; **¿cómo se escribe?** how do you spell it?

escrito, a [es'krito, a] *pp de* **escribir** // *nm* (*documento*) document; (*manuscrito*) text, manuscript; **por ~** in writing.

escritor, a [eskri'tor, a] *nm/f* writer.

escritorio [eskri'torjo] *nm* desk; (*oficina*) office.

escritura [eskri'tura] *nf* (*acción*) writing; (*caligrafía*) (hand)writing; (*JUR: documento*) deed.

escrúpulo [es'krupulo] *nm* scruple; (*minuciosidad*) scrupulousness; **escrupuloso, a** *a* scrupulous.

escrutar [eskru'tar] *vt* to scrutinize, examine; (*votos*) to count.

escrutinio [eskru'tinjo] *nm* (*examen atento*) scrutiny; (*POL: recuento de votos*) count(ing).

escuadra [es'kwaðra] *nf* (*MIL etc*) squad; (*NAUT*) squadron; (*de coches etc*) fleet; **escuadrilla** *nf* (*de aviones*) squadron; (*AM: de obreros*) gang.

escuadrón [eskwa'ðron] *nm* squadron.

escuálido, a [es'kwaliðo, a] *a* skinny, scraggy; (*sucio*) squalid.

escuchar [esku'tʃar] *vt* to listen to // *vi* to listen.

escudilla [esku'ðiʎa] *nf* bowl, basin.

escudo [es'kuðo] *nm* shield.

escudriñar [eskuðri'nar] *vt* (*examinar*) to investigate, scrutinize; (*mirar de lejos*) to scan.

escuela [es'kwela] *nf* school; **~ de artes y oficios** (*Esp*) ≈ technical college; **~ normal** teacher training college.

escueto, a [es'kweto, a] *a* plain; (*estilo*) simple.

escuincle [es'kwinkle] *nm/f* (*AM fam*) kid.

esculpir [eskul'pir] *vt* to sculpt; (*grabar*) to engrave; (*tallar*) to carve; **escultor, a** *nm/f* sculptor/tress; **escultura** *nf* sculpture.

escupidera [eskupi'ðera] *nf* spittoon.

escupir [esku'pir] *vt, vi* to spit (out).

escurreplatos [eskurre'platos] *nm inv* plate rack.

escurridizo, a [eskurri'ðiθo, a] *a* slippery.

escurrir [esku'rrir] *vt* (*ropa*) to wring

out; *(verduras, platos)* to drain // *vi (los líquidos)* to drip; **~se** *vr (secarse)* to drain; *(resbalarse)* to slip, slide; *(escaparse)* to slip away.

ese, esa, esos, esas ['esc, 'esa, 'esos, 'esas] *a demostrativo (sg)* that; *(pl)* those.

ése, ésa, ésos, ésas ['esc, 'esa, 'esos, 'esas] *pron (sg)* that (one); *(pl)* those (ones); **~... éste...** the former... the latter...; **no me vengas con ésas** don't give me any more of that nonsense.

esencia [e'senθja] *nf* essence; **esencial** *a* essential.

esfera [es'fera] *nf* sphere; *(de reloj)* face; **esférico, a** *a* spherical.

esforzado, a [esfor'θaðo, a] *a (enérgico)* energetic, vigorous.

esforzarse [esfor'θarse] *vr* to exert o.s., make an effort.

esfuerzo *etc vb ver* **esforzar** // [es'fwerθo] *nm* effort.

esfumarse [esfu'marse] *vr (apoyo, esperanzas)* to fade away.

esgrima [es'ɣrima] *nf* fencing.

esguince [es'ɣinθe] *nm (MED)* sprain.

eslabón [esla'ßon] *nm* link.

esmaltar [esmal'tar] *vt* to enamel; **esmalte** *nm* enamel; **esmalte de uñas** nail varnish o polish.

esmerado, a [esme'raðo, a] *a* careful, neat.

esmeralda [esme'ralda] *nf* emerald.

esmerarse [esme'rarse] *vr (aplicarse)* to take great pains, exercise great care; *(afanarse)* to work hard.

esmero [es'mero] *nm* (great) care.

esnob [es'noß] *a inv (persona)* snobbish; *(coche etc)* posh // *(pl ~s)* *nm/f* snob; **~ismo** *nm* snobbery.

eso ['eso] *pron* that, that thing o matter; **~ de su coche** that business about his car; **~ de ir al cine** all that about going to the cinema; **a ~ de las cinco** at about five o'clock; **en ~** thereupon, at that point; **~ es** that's it; **¡~ sí que es vida!** now that is really living!; **por ~ te lo dije** that's why I told you; **y ~ que llovía** in spite of the fact it was raining.

esos ['esos] *a demostrativo ver* **ese.**

ésos ['esos] *pron ver* **ése.**

espabilar [espaßi'lar] *vt*, **espabilarse** *vr* = **despabilar.**

espacial [espa'θjal] *a (del espacio)* space *cpd.*

espaciar [espa'θjar] *vt* to space (out).

espacio [es'paθjo] *nm* space; *(MUS)* interval; *(RADIO, TV)* programme *(Brit)*, program *(US)*; **el ~ space; ~so, a** *a* spacious, roomy.

espada [es'paða] *nf* sword; **~s** *nfpl (NAIPES)* spades.

espaguetis [espa'ɣetis] *nmpl* spaghetti *sg.*

espalda [es'palda] *nf (gen)* back; **~s** *nfpl*

(hombros) shoulders; **a ~s de uno** behind sb's back; **tenderse de ~s** to lie (down) on one's back; **volver la ~ a alguien** to cold-shoulder sb.

espaldilla [espal'ðiʎa] *nf* shoulder blade.

espantadizo, a [espanta'ðiθo, a] *a* timid, easily frightened.

espantajo [espan'taxo] *nm*, **espantapájaros** [espanta'paxaros] *nm inv* scarecrow.

espantar [espan'tar] *vt (asustar)* to frighten, scare; *(ahuyentar)* to frighten off; *(asombrar)* to horrify, appal; **~se** *vr* to get frightened o scared; to be appalled.

espanto [es'panto] *nm (susto)* fright; *(terror)* terror; *(asombro)* astonishment; **~so, a** *a* frightening; terrifying; astonishing.

España [es'paɲa] *nf* Spain; **español, a** *a* Spanish // *nm/f* Spaniard // *nm (LING)* Spanish.

esparadrapo [espara'ðrapo] *nm* (sticking) plaster *(Brit)*, adhesive tape *(US)*.

esparcimiento [esparθi'mjento] *nm (dispersión)* spreading; *(derramamiento)* scattering; *(fig)* cheerfulness.

esparcir [espar'θir] *vt* to spread; *(derramar)* to scatter; **~se** *vr* to spread (out); to scatter; *(divertirse)* to enjoy o.s.

espárrago [es'parraɣo] *nm* asparagus.

espasmo [es'pasmo] *nm* spasm.

espátula [es'patula] *nf* spatula.

especia [es'peθja] *nf* spice.

especial [espe'θjal] *a* special; **~idad** *nf* speciality *(Brit)*, specialty *(US)*.

especie [es'peθje] *nf (BIO)* species; *(clase)* kind, sort; **en ~** in kind.

especificar [espeθifi'kar] *vt* to specify; **específico, a** *a* specific.

espécimen [es'peθimen] *(pl* **especímenes)** *nm* specimen.

espectáculo [espek'takulo] *nm (gen)* spectacle; *(TEATRO etc)* show.

espectador, a [espekta'ðor, a] *nm/f* spectator.

espectro [es'pektro] *nm* ghost; *(fig)* spectre.

especular [espeku'lar] *vt, vi* to speculate.

espejismo [espe'xismo] *nm* mirage.

espejo [es'pexo] *nm* mirror; *(fig)* model; **~ retrovisor** rear-view mirror.

espeluznante [espeluθ'nante] *a* horrifying, hair-raising.

espera [es'pera] *nf (pausa, intervalo)* wait; *(JUR: plazo)* respite; **en ~ de** waiting for; *(con expectativa)* expecting.

esperanza [espe'ranθa] *nf (confianza)* hope; *(expectativa)* expectation; **hay pocas ~s de que venga** there is little prospect of his coming; **esperanzar** *vt* to give hope to.

esperar [espe'rar] *vt (aguardar)* to wait for; *(tener expectativa de)* to expect;

(*desear*) to hope for // *vi* to wait; to expect; to hope.

esperma [es'perma] *nf* sperm.

espesar [espe'sar] *vt* to thicken; ~**se** *vr* to thicken, get thicker.

espeso, a [es'peso, a] *a* thick; **espesor** *nm* thickness.

espía [es'pia] *nm/f* spy; **espiar** *vt* (*observar*) to spy on // *vi*: espiar para to spy for.

espiga [es'piɣa] *nf* (*BOT: de trigo etc*) ear.

espina [es'pina] *nf* thorn; (*de pez*) bone; ~ **dorsal** (*ANAT*) spine.

espinaca [espi'naka] *nf* spinach.

espinazo [espi'naθo] *nm* spine, backbone.

espinilla [espi'niʎa] *nf* (*ANAT: tibia*) shin(bone); (*grano*) blackhead.

espino [es'pino] *nm* hawthorn.

espinoso, a [espi'noso, a] *a* (*planta*) thorny, prickly; (*fig*) difficult.

espionaje [espjo'naxe] *nm* spying, espionage.

espiral [espi'ral] *a, nf* spiral.

espirar [espi'rar] *vt* to breathe out, exhale.

espiritista [espiri'tista] *a, nm/f* spiritualist.

espíritu [es'piritu] *nm* spirit; **espiritual** *a* spiritual.

espita [es'pita] *nf* tap.

espléndido, a [es'plendiðo, a] *a* (*magnífico*) magnificent, splendid; (*generoso*) generous.

esplendor [esplen'dor] *nm* splendour.

espolear [espole'ar] *vt* to spur on.

espoleta [espo'leta] *nf* (*de bomba*) fuse.

espolvorear [espolβore'ar] *vt* to dust, sprinkle.

esponja [es'ponxa] *nf* sponge; (*fig*) sponger; **esponjoso, a** *a* spongy.

espontaneidad [espontanei'ðað] *nf* spontaneity; **espontáneo, a** *a* spontaneous.

esposa [es'posa] *nf* wife; ~**s** *nfpl* handcuffs; **esposar** *vt* to handcuff.

esposo [es'poso] *nm* husband.

espuela [es'pwela] *nf* spur.

espuma [es'puma] *nf* foam; (*de cerveza*) froth, head; (*de jabón*) lather; **espumoso, a** *a* frothy, foamy; (*vino*) sparkling.

esqueje [es'kexe] *nm* (*de planta*) cutting.

esqueleto [eske'leto] *nm* skeleton.

esquema [es'kema] *nm* (*diagrama*) diagram; (*dibujo*) plan; (*plan*) scheme; (*FILOSOFIA*) schema.

esquí [es'ki] (*pl* ~**s**) *nm* (*objeto*) ski; (*DEPORTE*) skiing; ~ **acuático** waterskiing; **esquiar** *vi* to ski.

esquilar [eski'lar] *vt* to shear.

esquimal [eski'mal] *a, nm/f* Eskimo.

esquina [es'kina] *nf* corner.

esquirol [eski'rol] *nm* blackleg.

esquivar [eski'βar] *vt* to avoid; (*evadir*) to dodge, elude.

esquivo, a [es'kiβo, a] *a* (*tímido*) reserved; (*huraño*) unsociable.

esta ['esta] *a demostrativo ver* **este**.

ésta ['esta] *pron ver* **éste**.

está *vb ver* **estar**.

estabilidad [estaβili'ðað] *nf* stability; **estable** *a* stable.

establecer [estaβle'θer] *vt* to establish; ~**se** *vr* to establish o.s.; (*echar raíces*) to settle (down); **establecimiento** *nm* establishment.

estaca [es'taka] *nf* stake, post; (*de tienda de campaña*) peg.

estacada [esta'kaða] *nf* (*cerca*) fence, fencing; (*palenque*) stockade.

estación [esta'θjon] *nf* station; (*del año*) season; ~ **de autobuses** bus station; ~ **balnearia** seaside resort; ~ **de servicio** service station.

estacionamiento [estaθjona'mjento] *nm* (*AUTO*) parking; (*MIL*) stationing.

estacionar [estaθjo'nar] *vt* (*AUTO*) to park; (*MIL*) to station; ~**io, a** *a* stationary; (*COM: mercado*) slack.

estadio [es'taðjo] *nm* (*fase*) stage, phase; (*DEPORTE*) stadium.

estadista [esta'ðista] *nm* (*POL*) statesman; (*ESTADISTICA*) statistician.

estadística [esta'ðistika] *nf* (*una* ~) figure, statistic; (*ciencia*) statistics *sg*.

estado [es'taðo] *nm* (*POL: condición*) state; ~ **de cuenta** bank statement; ~ **civil** marital status; ~ **mayor** staff; **estar en** ~ to be pregnant; **E~s Unidos** (**EE.UU.**) *nmpl* United States (of America) (USA) *sg*.

estadounidense [estaðouni'ðense] *a* United States *cpd*, American // *nm/f* American.

estafa [es'tafa] *nf* swindle, trick; **estafar** *vt* to swindle, defraud.

estafeta [esta'feta] *nf* (*oficina de correos*) post office; ~ **diplomática** diplomatic bag.

estáis *vb ver* **estar**.

estallar [esta'ʎar] *vi* to burst; (*bomba*) to explode, go off; (*epidemia, guerra, rebelión*) to break out; ~ **en llanto** to burst into tears; **estallido** *nm* explosion; (*fig*) outbreak.

estampa [es'tampa] *nf* (*impresión, imprenta*) print, engraving; (*imagen, figura: de persona*) appearance.

estampado, a [estam'paðo, a] *a* printed // *nm* (*impresión: acción*) printing; (: *efecto*) print; (*marca*) stamping.

estampar [estam'par] *vt* (*imprimir*) to print; (*marcar*) to stamp; (*metal*) to engrave; (*poner sello en*) to stamp; (*fig*) to stamp, imprint.

estampida [estam'piða] *nf* stampede.

estampido [estam'piðo] *nm* bang, report.

estampilla [estam'piʎa] *nf* stamp.

están *vb ver* **estar**.

estancado, a [estan'kaðo, a] *a* stagnant.

estancar [estan'kar] *vt* (*aguas*) to hold up, hold back; (*COM*) to monopolize; (*fig*) to block, hold up; **~se** *vr* to stagnate.

estancia [es'tanθja] *nf* (*permanencia*) stay; (*sala*) room; (*AM*) farm, ranch; **estanciero** *nm* (*AM*) farmer, rancher.

estanco, a [es'tanko, a] *a* watertight // *nm* tobacconist's (shop).

estándar [es'tandar] *a, nm* standard; **estandarizar** *vt* to standardize.

estandarte [estan'darte] *nm* banner, standard.

estanque [es'tanke] *nm* (*lago*) pool, pond; (*AGR*) reservoir.

estanquero, a [estan'kero, a] *nm/f* tobacconist.

estante [es'tante] *nm* (*armario*) rack, stand; (*biblioteca*) bookcase; (*anaquel*) shelf; (*AM*) prop; **estantería** *nf* shelving, shelves *pl*.

estaño [es'taɲo] *nm* tin.

estar [es'tar] ♦ *vi* 1 (*posición*) to be; **está en la plaza** it's in the square; **¿está Juan?** is Juan in?; **estamos a 30 km de Junín** we're 30 kms from Junín

2 (+ *adjetivo*: *estado*) to be; **~ enfermo** to be ill; **está muy elegante** he's looking very smart; **¿cómo estás?** how are you keeping?

3 (+ *gerundio*) to be; **estoy leyendo** I'm reading

4 (*uso pasivo*): **está condenado a muerte** he's been condemned to death; **está envasado en ...** it's packed in ...

5 (*con fechas*): **¿a cuántos estamos?** what's the date today?; **estamos a 5 de mayo** it's the 5th of May

6 (*locuciones*): **¿estamos?** (*¿de acuerdo?*) okay?; (*¿listo?*) ready?; **¡ya está bien!** that's enough!

7: **~ de**: **~ de vacaciones/viaje** to be on holiday/away *o* on a trip; **está de camarero** he's working as a waiter

8: **~ para**: **está para salir** he's about to leave; **no estoy para bromas** I'm not in the mood for jokes

9: **~ por** (*propuesta etc*) to be in favour of; (*persona etc*) to support, side with; **está por limpiar** it still has to be cleaned

10: **~ sin**: **~ sin dinero** to have no money; **está sin terminar** it isn't finished yet

♦ *vr*: **~se**: **se estuvo en la cama toda la tarde** he stayed in bed all afternoon.

estas ['estas] *a ver* **este**.

éstas ['estas] *pron ver* **éste**.

estatal [esta'tal] *a* state *cpd*.

estático, a [es'tatiko, a] *a* static.

estatua [es'tatwa] *nf* statue.

estatura [esta'tura] *nf* stature, height.

estatuto [esta'tuto] *nm* (*JUR*) statute;

(*de ciudad*) bye-law; (*de comité*) rule.

este ['este] *nm* east.

este, esta, estos, estas ['este, 'esta, 'estos, 'estas] *a demostrativo* (*sg*) this; (*pl*) these.

éste, ésta, éstos, éstas ['este, 'esta, 'estos, 'estas] *pron* (*sg*) this (one); (*pl*) these (ones); **ése** ... **~** ... the former ... the latter....

esté *etc vb ver* **estar**.

estela [es'tela] *nf* wake, wash; (*fig*) trail.

estén *etc vb ver* **estar**.

estenografía [estenoɣra'fia] *nf* shorthand.

estera [es'tera] *nf* mat(ting).

estéreo [es'tereo] *a inv, nm* stereo; **estereotipo** *nm* stereotype.

estéril [es'teril] *a* sterile, barren; (*fig*) vain, futile.

esterlina [ester'lina] *a*: **libra ~** pound sterling.

estés *etc vb ver* **estar**.

estético, a [es'tetiko, a] *a* aesthetic // *nf* aesthetics *sg*.

estiércol [es'tjerkol] *nm* dung, manure.

estigma [es'tiɣma] *nm* stigma.

estilar [esti'lar] *vi*, **estilarse** *vr* (*estar de moda*) to be in fashion; (*usarse*) to be used.

estilo [es'tilo] *nm* style; (*TEC*) stylus; (*NATACIÓN*) stroke; **algo por el ~** something along those lines.

estima [es'tima] *nf* esteem, respect.

estimación [estima'θjon] *nf* (*evaluación*) estimation; (*aprecio, afecto*) esteem, regard.

estimar [esti'mar] *vt* (*evaluar*) to estimate; (*valorar*) to value; (*apreciar*) to esteem, respect; (*pensar, considerar*) to think, reckon.

estimulante [estimu'lante] *a* stimulating // *nm* stimulant.

estimular [estimu'lar] *vt* to stimulate; (*excitar*) to excite.

estímulo [es'timulo] *nm* stimulus; (*ánimo*) encouragement.

estío [es'tio] *nm* summer.

estipulación [estipula'θjon] *nf* stipulation, condition; **estipular** *vt* to stipulate.

estirado, a [esti'raðo, a] *a* (*tenso*) (stretched *o* drawn) tight; (*fig: persona*) stiff, pompous.

estirar [esti'rar] *vt* to stretch; (*dinero, suma etc*) to stretch out; **~se** *vr* to stretch.

estirón [esti'ron] *nm* pull, tug; (*crecimiento*) spurt, sudden growth; **dar un ~** (*niño*) to shoot up.

estirpe [es'tirpe] *nf* stock, lineage.

estival [esti'βal] *a* summer *cpd*.

esto ['esto] *pron* this, this thing *o* matter; **~ de la boda** this business about the wedding.

Estocolmo [esto'kolmo] *nm* Stockholm.

estofa [es'tofa] *nf*: **de baja ~** poor-

quality.
estofado [esto'faðo] nm (CULIN) stew.
estofar [esto'far] vt (CULIN) to stew.
estómago [es'tomaɣo] nm stomach; **tener ~** to be thick-skinned.
estorbar [estor'βar] vt to hinder, obstruct; (fig) to bother, disturb // vi to be in the way; **estorbo** nm (molestia) bother, nuisance; (obstáculo) hindrance, obstacle.
estornudar [estornu'ðar] vi to sneeze.
estos ['estos] a demostrativo ver **este**.
éstos ['estos] pron ver **éste**.
estoy vb ver **estar**.
estrafalario, a [estrafa'larjo, a] a odd, eccentric; (desarreglado) slovenly, sloppy.
estrago [es'traɣo] nm ruin, destruction; **hacer ~s en** to wreak havoc among.
estragón [estra'ɣon] nm tarragon.
estrangulador, a [estrangula'ðor, a] nm/f strangler // nm (TEC) throttle; (AUTO) choke.
estrangulamiento [estrangula'mjento] nm (AUTO) bottleneck.
estrangular [estrangu'lar] vt (persona) to strangle; (MED) to strangulate.
estraperlo [estra'perlo] nm black market.
estratagema [estrata'xema] nf (MIL) stratagem; (astucia) cunning.
estrategia [estra'texja] nf strategy; **estratégico, a** a strategic.
estratificar [estratifi'kar] vt to stratify.
estrato [es'trato] nm stratum, layer.
estrechar [estre'tʃar] vt (reducir) to narrow; (COSTURA) to take in; (persona) to hug, embrace; **~se** vr (reducirse) to narrow, grow narrow; (2 personas) to embrace; **~ la mano** to shake hands.
estrechez [estre'tʃeθ] nf narrowness; (de ropa) tightness; (intimidad) intimacy; (COM) want o shortage of money; **estrecheces** nfpl financial difficulties.
estrecho, a [es'tretʃo, a] a narrow; (apretado) tight; (íntimo) close, intimate; (miserable) mean // nm strait; **~ de miras** narrow-minded.
estrella [es'treʎa] nf star.
estrellar [estre'ʎar] vt (hacer añicos) to smash (to pieces); (huevos) to fry; **~se** vr to smash; (chocarse) to crash; (fracasar) to fail.
estremecer [estreme'θer] vt to shake; **~se** vr to shake, tremble; **estremecimiento** nm (temblor) trembling, shaking.
estrenar [estre'nar] vt (vestido) to wear for the first time; (casa) to move into; (película, obra de teatro) to première; **~se** vr (persona) to make one's début; **estreno** nm (primer uso) first use; (CINE etc) première.
estreñido, a [estre'niðo, a] a con-

stipated.
estreñimiento [estreɲi'mjento] nm constipation.
estrépito [es'trepito] nm noise, racket; (fig) fuss; **estrepitoso, a** a noisy; (fiesta) rowdy.
estría [es'tria] nf groove.
estribar [estri'βar] vi: **~ en** to rest on, be supported by.
estribillo [estri'βiʎo] nm (LITERATURA) refrain; (MUS) chorus.
estribo [es'triβo] nm (de jinete) stirrup; (de coche, tren) step; (de puente) support; (GEO) spur; **perder los ~s** to fly off the handle.
estribor [estri'βor] nm (NAUT) starboard.
estricnina [estrik'nina] nf strychnine.
estricto, a [es'trikto, a] a (riguroso) strict; (severo) severe.
estropajo [estro'paxo] nm scourer.
estropear [estrope'ar] vt (arruinar) to spoil; (dañar) to damage; **~se** vr (objeto) to get damaged; (persona: la piel etc) to be ruined.
estructura [estruk'tura] nf structure.
estruendo [es'trwendo] nm (ruido) racket, din; (fig: alboroto) uproar, turmoil.
estrujar [estru'xar] vt (apretar) to squeeze; (aplastar) to crush; (fig) to drain, bleed.
estuario [es'twarjo] nm estuary.
estuche [es'tutʃe] nm box, case.
estudiante [estu'ðjante] nm/f student; **estudiantil** a student cpd.
estudiar [estu'ðjar] vt to study.
estudio [es'tuðjo] nm study; (CINE, ARTE, RADIO) studio; **~s** nmpl studies; (erudición) learning sg; **~so, a** a studious.
estufa [es'tufa] nf heater, fire.
estupefaciente [estupefa'θjente] nm drug, narcotic.
estupefacto, a [estupe'fakto, a] a speechless, thunderstruck.
estupendo, a [estu'pendo, a] a wonderful, terrific; (fam) great; **¡~!** that's great!, fantastic!
estupidez [estupi'ðeθ] nf (torpeza) stupidity; (acto) stupid thing (to do).
estúpido, a [es'tupiðo, a] a stupid, silly.
estupor [estu'por] nm stupor; (fig) astonishment, amazement.
estupro [es'tupro] nm rape.
estuve etc vb ver **estar**.
esvástica [es'βastika] nf swastika.
ETA ['eta] nf abr (Esp) ETA.
etapa [e'tapa] nf (de viaje) stage; (DEPORTE) leg; (parada) stopping place; (fig) stage, phase.
etarra [e'tarra] nm/f member of ETA.
etc. abr (= etcétera) etc.
etcétera [et'θetera] ad etcetera.
eternidad [eterni'ðað] nf eternity; **eterno, a** a eternal, everlasting.
ético, a ['etiko, a] a ethical // nf ethics

pl.

etiqueta [eti'keta] *nf* (*modales*) etiquette; (*rótulo*) label, tag.

Eucaristía [eukaris'tia] *nf* Eucharist.

eufemismo [eufe'mismo] *nm* euphemism.

euforia [eu'forja] *nf* euphoria.

eunuco [eu'nuko] *nm* eunuch.

Europa [eu'ropa] *nf* Europe; **europeo, a** *a, nm/f* European.

éuscaro, a ['euskaro, a] *a* Basque // *nm* (*LING*) Basque.

Euskadi [eus'kaði] *nm* the Basque Country *o* Provinces *pl*.

euskera [eus'kera] *nm* (*LING*) Basque.

evacuación [eßakwa'θjon] *nf* evacuation; **evacuar** *vt* to evacuate.

evadir [eßa'ðir] *vt* to evade, avoid; ~se *vr* to escape.

evaluar [eßa'lwar] *vt* to evaluate.

evangélico, a [eßan'xeliko, a] *a* evangelic(al).

evangelio [eßan'xeljo] *nm* gospel.

evaporar [eßapo'rar] *vt* to evaporate; ~se *vr* to vanish.

evasión [eßa'sjon] *nf* escape, flight; (*fig*) evasion.

evasivo, a [eßa'sißo, a] *a* evasive, noncommittal // *nf* (*pretexto*) excuse.

evento [e'ßento] *nm* event.

eventual [eßen'twal] *a* possible, conditional (upon circumstances); (*trabajador*) casual, temporary.

evidencia [eßi'ðenθja] *nf* evidence, proof; **evidenciar** *vt* (*hacer patente*) to make evident; (*probar*) to prove, show; **evidenciarse** *vr* to be evident.

evidente [eßi'ðente] *a* obvious, clear, evident.

evitar [eßi'tar] *vt* (*evadir*) to avoid; (*impedir*) to prevent.

evocar [eßo'kar] *vt* to evoke, call forth.

evolución [eßolu'θjon] *nf* (*desarrollo*) evolution, development; (*cambio*) change; (*MIL*) manoeuvre; **evolucionar** *vi* to evolve; to manoeuvre.

ex [eks] *a* ex-; **el ~ ministro** the former minister, the ex-minister.

exacerbar [eksaθer'ßar] *vt* to irritate, annoy.

exactamente [eksakta'mente] *ad* exactly.

exactitud [eksakti'tuð] *nf* exactness; (*precisión*) accuracy; (*puntualidad*) punctuality; **exacto, a** *a* exact; accurate; punctual; ¡**exacto!** exactly!

exageración [eksaxera'θjon] *nf* exaggeration; **exagerar** *vt, vi* to exaggerate.

exaltado, a [eksal'taðo, a] *a* (*apasionado*) over-excited, worked-up; (*exagerado*) extreme.

exaltar [eksal'tar] *vt* to exalt, glorify; ~se *vr* (*excitarse*) to get excited *o* worked-up.

examen [ek'samen] *nm* examination.

examinar [eksami'nar] *vt* to examine; ~se *vr* to be examined, take an examination.

exasperar [eksaspe'rar] *vt* to exasperate; ~se *vr* to get exasperated, lose patience.

Exca. *abr* = **Excelencia.**

excavadora [ekskaßa'ðora] *nf* excavator.

excavar [ekska'ßar] *vt* to excavate.

excedente [eksθe'ðente] *a, nm* excess, surplus.

exceder [eksθe'ðer] *vt* to exceed, surpass; ~se *vr* (*extralimitarse*) to go too far; (*sobrepasarse*) to excel o.s.

excelencia [eksθe'lenθja] *nf* excellence; **E~** Excellency; **excelente** *a* excellent.

excelso, a [eks'θelso, a] *a* lofty, sublime.

excentricidad [eksθentriθi'ðað] *nf* eccentricity; **excéntrico, a** *a, nm/f* eccentric.

excepción [eksθep'θjon] *nf* exception; **excepcional** *a* exceptional.

excepto [eks'θepto] *ad* excepting, except (for).

exceptuar [eksθep'twar] *vt* to except, exclude.

excesivo, a [eksθe'sißo, a] *a* excessive.

exceso [eks'θeso] *nm* (*gen*) excess; (*COM*) surplus; ~ **de equipaje/peso** excess luggage/weight.

excitación [eksθita'θjon] *nf* (*sensación*) excitement; (*acción*) excitation.

excitado, a [eksθi'taðo, a] *a* excited; (*emociones*) aroused.

excitar [eksθi'tar] *vt* to excite; (*incitar*) to urge; ~se *vr* to get excited.

exclamación [eksklama'θjon] *nf* exclamation; **exclamar** *vi* to exclaim.

excluir [eksklu'ir] *vt* to exclude; (*dejar fuera*) to shut out; (*descartar*) to reject; **exclusión** *nf* exclusion.

exclusiva [eksklu'sißa] *nf* (*PRENSA*) exclusive, scoop; (*COM*) sole right.

exclusivo, a [eksklu'sißo, a] *a* exclusive; **derecho ~** sole *o* exclusive right.

Excmo. *abr* = *excelentísimo.*

excomulgar [ekskomul'xar] *vt* (*REL*) to excommunicate.

excomunión [ekskomu'njon] *nf* excommunication.

excursión [ekskur'sjon] *nf* excursion, outing; **excursionista** *nm/f* (*turista*) sightseer.

excusa [eks'kusa] *nf* excuse; (*disculpa*) apology.

excusar [eksku'sar] *vt* to excuse; (*evitar*) to avoid, prevent; ~se *vr* (*disculparse*) to apologize.

exento, a [ek'sento, a] *a* exempt.

exequias [ek'sekjas] *nfpl* funeral rites.

exhalar [eksa'lar] *vt* to exhale, breathe out; (*olor etc*) to give off; (*suspiro*) to breathe, heave.

exhausto, a [ek'sausto, a] *a* exhausted.

exhibición [eksißi'θjon] *nf* exhibition, display, show.

exhibir [eksi'ßir] vt to exhibit, display, show.

exhortación [eksorta'θjon] nf exhortation; **exhortar** vt: **exhortar a** to exhort to.

exigencia [eksi'xenθja] nf demand, requirement; **exigente** a demanding.

exigir [eksi'xir] vt (gen) to demand, require; **~ el pago** to demand payment.

exiliado, a [eksi'ljaðo, a] a exiled // nm/f exile.

exilio [ek'siljo] nm exile.

eximio, a [ek'simjo, a] a (eminente) distinguished, eminent.

eximir [eksi'mir] vt to exempt.

existencia [eksis'tenθja] nf existence; **~s** nfpl stock(s) (pl).

existir [eksis'tir] vi to exist, be.

éxito ['eksito] nm (resultado) result, outcome; (triunfo) success; (MUS etc) hit; **tener ~** to be successful.

exonerar [eksone'rar] vt to exonerate; **~ de una obligación** to free from an obligation.

exorcizar [eksorθi'θar] vt to exorcize.

exótico, a [ek'sotiko, a] a exotic.

expandir [ekspan'dir] vt to expand.

expansión [ekspan'sjon] nf expansion.

expatriarse [ekspa'trjarse] vr to emigrate; (POL) to go into exile.

expectativa [ekspekta'tißa] nf (espera) expectation; (perspectiva) prospect.

expedición [ekspeði'θjon] nf (excursión) expedition.

expediente [ekspe'ðjente] nm expedient; (JUR: procedimento) action, proceedings pl; (: papeles) dossier, file, record.

expedir [ekspe'ðir] vt (despachar) to send, forward; (pasaporte) to issue.

expedito, a [ekspe'ðito, a] a (libre) clear, free.

expendedor, a [ekspende'ðor, a] nm/f (vendedor) dealer; (aparato) (vending) machine; **~ de cigarrillos** cigarette machine.

expendeduría [ekspendedu'ria] nf (estanco) tobacconist's (shop).

expensas [eks'pensas] nfpl: **a ~ de** at the expense of.

experiencia [ekspe'rjenθja] nf experience.

experimentado, a [eksperimen'taðo, a] a experienced.

experimentar [eksperimen'tar] vt (en laboratorio) to experiment with; (probar) to test, try out; (notar, observar) to experience; (deterioro, pérdida) to suffer; **experimento** nm experiment.

experto, a [eks'perto, a] a expert, skilled // nm/f expert.

expiar [ekspi'ar] vt to atone for.

expirar [ekspi'rar] vi to expire.

explayarse [ekspla'jarse] vr (en discurso) to speak at length; **~ con uno** to confide in sb.

explicación [eksplika'θjon] nf explanation; **explicar** vt to explain; **explicarse** vr to explain (o.s.).

explícito, a [eks'pliθito, a] a explicit.

explique etc vb ver **explicar**.

explorador, a [eksplora'ðor, a] nm/f (pionero) explorer; (MIL) scout // nm (MED) probe; (TEC) (radar) scanner.

explorar [eksplo'rar] vt to explore; (MED) to probe; (radar) to scan.

explosión [eksplo'sjon] nf explosion; **explosivo, a** a explosive.

explotación [eksplota'θjon] nf exploitation; (de planta etc) running.

explotar [eksplo'tar] vt to exploit; to run, operate // vi to explode.

exponer [ekspo'ner] vt to expose; (cuadro) to display; (vida) to risk; (idea) to explain; **~se** vr: **~se a (hacer) algo** to run the risk of (doing) sth.

exportación [eksporta'θjon] nf (acción) export; (mercancías) exports pl; **exportar** vt to export.

exposición [eksposi'θjon] nf (gen) exposure; (de arte) show, exhibition; (explicación) explanation; (narración) account, statement.

expresar [ekspre'sar] vt to express; **expresión** nf expression.

expreso, a [eks'preso, a] pp de **expresar** // [eks'preso, a] a (explícito) express; (claro) specific, clear; (tren) fast // nm: **mandar ~** to send by express (delivery).

express [eks'pres] ad (AM): **enviar algo ~** to send sth special delivery.

exprimidor [eksprimi'ðor] nm squeezer.

exprimir [ekspri'mir] vt (fruta) to squeeze; (zumo) to squeeze out.

expropiar [ekspro'pjar] vt to expropriate.

expuesto, a [eks'pwesto, a] a exposed; (cuadro etc) on show, on display.

expulsar [ekspul'sar] vt (echar) to eject, throw out; (alumno) to expel; (despedir) to sack, fire; (DEPORTE) to send off; **expulsión** nf expulsion; sending-off.

exquisito, a [ekski'sito, a] a exquisite; (comida) delicious.

éxtasis ['ekstasis] nm ecstasy.

extender [eksten'der] vt to extend; (los brazos) to stretch out, hold out; (mapa, tela) to spread (out), open (out); (mantequilla) to spread; (certificado) to issue; (cheque, recibo) to make out; (documento) to draw up; **~se** vr (gen) to extend; (persona: en el suelo) to stretch out; (epidemia) to spread; **extendido, a** a (abierto) spread out, open; (brazos) outstretched; (prevaleciente) widespread.

extensión [eksten'sjon] nf (de terreno, mar) expanse, stretch; (de tiempo) length, duration; (TEL) extension; **en toda la ~ de la palabra** in every sense of the word.

extenso, a [eks'tenso, a] *a* extensive.

extenuar [ekste'nwar] *vt* (*debilitar*) to weaken.

exterior [ekste'rjor] *a* (*de fuera*) external; (*afuera*) outside, exterior; (*apariencia*) outward; (*deuda, relaciones*) foreign // *nm* (*gen*) exterior, outside; (*aspecto*) outward appearance; (*DEPORTE*) wing(er); (*países extranjeros*) abroad; **en el ~** abroad; **al ~** outwardly, on the surface.

exterminar [ekstermi'nar] *vt* to exterminate; **exterminio** *nm* extermination.

externo, a [eks'terno, a] *a* (*exterior*) external, outside; (*superficial*) outward // *nm/f* day pupil.

extinguir [ekstin'gir] *vt* (*fuego*) to extinguish, put out; (*raza, población*) to wipe out; **~se** *vr* (*fuego*) to go out; (*BIO*) to die out, become extinct.

extinto, a [eks'tinto, a] *a* extinct.

extintor [ekstin'tor] *nm* (fire) extinguisher.

extra ['ekstra] *a inv* (*tiempo*) extra; (*chocolate, vino*) good-quality // *nm/f* extra // *nm* extra; (*bono*) bonus.

extracción [ekstrak'θjon] *nf* extraction; (*en lotería*) draw.

extracto [eks'trakto] *nm* extract.

extraer [ekstra'er] *vt* to extract, take out.

extralimitarse [ekstralimi'tarse] *vr* to go too far.

extranjero, a [ekstran'xero, a] *a* foreign // *nm/f* foreigner // *nm* foreign countries *pl*; **en el ~** abroad.

extrañar [ekstra'ɲar] *vt* (*sorprender*) to find strange *o* odd; (*echar de menos*) to miss; **~se** *vr* (*sorprenderse*) to be amazed, be surprised; (*distanciarse*) to become estranged, grow apart.

extrañeza [ekstra'ɲeθa] *nf* (*rareza*) strangeness, oddness; (*asombro*) amazement, surprise.

extraño, a [eks'traɲo, a] *a* (*extranjero*) foreign; (*raro, sorprendente*) strange, odd.

extraordinario, a [ekstraorði'narjo, a] *a* extraordinary; (*edición, número*) special // *nm* (*de periódico*) special edition; **horas extraordinarias** overtime *sg*.

extrarradio [ekstra'rraðjo] *nm* poor suburban area.

extravagancia [ekstraβa'γanθja] *nf* oddness; outlandishness; **extravagante** *a* (*excéntrico*) eccentric; (*estrafalario*) outlandish.

extraviado, a [ekstra'βjaðo, a] *a* lost, missing.

extraviar [ekstra'βjar] *vt* (*persona: desorientar*) to mislead, misdirect; (*perder*) to lose, misplace; **~se** *vr* to lose one's way, get lost; **extravío** *nm* loss; (*fig*) deviation.

extremar [ekstre'mar] *vt* to carry to extremes; **~se** *vr* to do one's utmost, make every effort.

extremaunción [ekstremaun'θjon] *nf* extreme unction.

extremidad [ekstremi'ðað] *nf* (*punta*) extremity; (*fila*) edge; **~es** *nfpl* (*ANAT*) extremities.

extremo, a [eks'tremo, a] *a* extreme; (*último*) last // *nm* end; (*límite, grado sumo*) extreme; **en último ~** as a last resort.

extrovertido, a [ekstroβer'tiðo, a] *a, nm/f* extrovert.

exuberancia [eksuβe'ranθja] *nf* exuberance; **exuberante** *a* exuberant; (*fig*) luxuriant, lush.

eyacular [ejaku'lar] *vt, vi* to ejaculate.

F

f.a.b. *abr* (= *franco a bordo*) f.o.b.

fábrica ['faβrika] *nf* factory; **marca de ~** trademark; **precio de ~** factory price.

fabricación [faβrika'θjon] *nf* (*manufactura*) manufacture; (*producción*) production; **de ~ casera** home-made; **~ en serie** mass production.

fabricante [faβri'kante] *nm/f* manufacturer.

fabricar [faβri'kar] *vt* (*manufacturar*) to manufacture, make; (*construir*) to build; (*cuento*) to fabricate, devise.

fábula ['faβula] *nf* (*cuento*) fable; (*chisme*) rumour; (*mentira*) fib.

facción [fak'θjon] *nf* (*POL*) faction; **facciones** *nfpl* (*del rostro*) features.

fácil ['faθil] *a* (*simple*) easy; (*probable*) likely.

facilidad [faθili'ðað] *nf* (*capacidad*) ease; (*sencillez*) simplicity; (*de palabra*) fluency; **~es** *nfpl* facilities.

facilitar [faθili'tar] *vt* (*hacer fácil*) to make easy; (*proporcionar*) to provide.

fácilmente ['faθilmente] *ad* easily.

facsímil [fak'simil] *nm* facsimile, fax.

factible [fak'tiβle] *a* feasible.

factor [fak'tor] *nm* factor.

factura [fak'tura] *nf* (*cuenta*) bill; (*hechura*) manufacture; **facturar** *vt* (*COM*) to invoice, charge for; (*equipaje*) to register (*Brit*), check (*US*).

facultad [fakul'tað] *nf* (*aptitud, ESCOL etc*) faculty; (*poder*) power.

facha ['fatʃa] *nf* (*fam: aspecto*) look; (: *cara*) face.

fachada [fa'tʃaða] *nf* (*ARQ*) façade, front.

faena [fa'ena] *nf* (*trabajo*) work; (*quehacer*) task, job.

fagot [fa'γot] (*pl* **~es**) [fa'γot] *nm* (*MUS*) bassoon.

faisán [fai'san] *nm* pheasant.

faja ['faxa] *nf* (*para la cintura*) sash; (*de mujer*) corset; (*de tierra*) strip.

fajo ['faxo] *nm* (*de papeles*) bundle; (*de*

billetes) wad.
Falange [fa'lanxe] *nf* (*POL*) Falange.
falda ['falda] *nf* (*prenda de vestir*) skirt.
falo ['falo] *nm* phallus.
falsedad [false'ðað] *nf* falseness; (*hipocresía*) hypocrisy; (*mentira*) falsehood.
falsificar [falsifi'kar] *vt* (*firma etc*) to forge; (*voto etc*) to rig; (*moneda*) to counterfeit.
falso, a ['falso, a] *a* false; (*erróneo*) mistaken; (*documento, moneda etc*) fake; **en ~** falsely.
falta ['falta] *nf* (*defecto*) fault, flaw; (*privación*) lack, want; (*ausencia*) absence; (*carencia*) shortage; (*equivocación*) mistake; (*DEPORTE*) foul; **echar en ~** to miss; **hacer ~** hacer algo to be necessary to do sth; **me hace falta una pluma** I need a pen.
faltar [fal'tar] *vi* (*escasear*) to be lacking, be wanting; (*ausentarse*) to be absent, be missing; **faltan 2 horas para llegar** there are 2 hours to go till arrival; **~ al respeto a uno** to be disrespectful to sb; **¡no faltaba más!** that's the last straw!
falto, a ['falto, a] *a* (*desposeído*) deficient, lacking; (*necesitado*) poor, wretched.
falla ['faʎa] *nf* (*defecto*) fault, flaw.
fallar [fa'ʎar] *vt* (*JUR*) to pronounce sentence on // *vi* (*memoria*) to fail; (*motor*) to miss.
fallecer [faʎe'θer] *vi* to pass away, die; **fallecimiento** *nm* decease, demise.
fallido, a [fa'ʎiðo] *a* (*gen*) frustrated, unsuccessful.
fallo ['faʎo] *nm* (*JUR*) verdict, ruling; (*fracaso*) failure.
fama ['fama] *nf* (*renombre*) fame; (*reputación*) reputation.
famélico, a [fa'meliko, a] *a* starving.
familia [fa'milja] *nf* family.
familiar [fami'ljar] *a* (*relativo a la familia*) family *cpd*; (*conocido, informal*) familiar // *nm* relative, relation; **~idad** *nf* (*gen*) familiarity; (*informalidad*) homeliness; **~izarse** *vr*: **~izarse con** to familiarize o.s. with.
famoso, a [fa'moso, a] *a* (*renombrado*) famous.
fanático, a [fa'natiko, a] *a* fanatical // *nm/f* fanatic; (*CINE, DEPORTE*) fan; **fanatismo** *nm* fanaticism.
fanfarrón, ona [fanfa'rron, ona] *a* boastful; (*pey*) showy.
fango ['fango] *nm* mud; **~so, a** *a* muddy.
fantasía [fanta'sia] *nf* fantasy, imagination; **joyas de ~** imitation jewellery *sg*.
fantasma [fan'tasma] *nm* (*espectro*) ghost, apparition; (*presumido*) show-off.
fantástico, a [fan'tastiko, a] *a* (*irreal, fam*) fantastic.
farmacéutico, a [farma'θeutiko, a] *a*

pharmaceutical // *nm/f* chemist (*Brit*), pharmacist.
farmacia [far'maθja] *nf* chemist's (shop) (*Brit*), pharmacy; **~ de turno** duty chemist.
fármaco ['farmako] *nm* drug.
faro ['faro] *nm* (*NAUT: torre*) lighthouse; (*AUTO*) headlamp; (*foco*) floodlight; **~s antiniebla** fog lamps; **~s delanteros/traseros** headlights/rear lights.
farol [fa'rol] *nm* lantern, lamp.
farola [fa'rola] *nf* street lamp (*Brit*) o light (*US*).
farsa ['farsa] *nf* (*gen*) farce.
farsante [far'sante] *nm/f* fraud, fake.
fascículo [fas'θikulo] *nm* (*de revista*) part, instalment.
fascinar [fasθi'nar] *vt* (*gen*) to fascinate.
fascismo [fas'θismo] *nm* fascism; **fascista** *a*, *nm/f* fascist.
fase ['fase] *nf* phase.
fastidiar [fasti'ðjar] *vt* (*disgustar*) to annoy, bother; (*estropear*) to spoil; **~se** *vr* (*disgustarse*) to get annoyed o cross; **¡que se fastidie!** (*fam*) he'll just have to put up with it!
fastidio [fas'tiðjo] *nm* (*disgusto*) annoyance; **~so, a** *a* (*molesto*) annoying.
fatal [fa'tal] *a* (*gen*) fatal; (*desgraciado*) ill-fated; (*fam: malo, pésimo*) awful; **~idad** *nf* (*destino*) fate; (*mala suerte*) misfortune.
fatiga [fa'tiva] *nf* (*cansancio*) fatigue, weariness.
fatigar [fati'var] *vt* to tire, weary; **~se** *vr* to get tired.
fatigoso, a [fati'voso, a] *a* (*cansador*) tiring.
fatuo, a ['fatwo, a] *a* (*vano*) fatuous; (*presuntuoso*) conceited.
fauces ['fauθes] *nfpl* jaws, mouth *sg*.
favor [fa'βor] *nm* favour; **estar a ~ de** to be in favour of; **haga el ~ de...** would you be so good as to..., kindly...; **por ~** please; **~able** *a* favourable.
favorecer [faβore'θer] *vt* to favour; (*vestido etc*) to become, flatter; **este peinado le favorece** this hairstyle suits him.
favorito, a [faβo'rito, a] *a*, *nm/f* favourite.
faz [faθ] *nf* face; **la ~ de la tierra** the face of the earth.
fe [fe] *nf* (*REL*) faith; (*confianza*) belief; (*documento*) certificate; **prestar ~ a** to believe, credit; **actuar con buena/mala ~** to act in good/bad faith; **dar ~ de** to bear witness to.
fealdad [feal'dað] *nf* ugliness.
febrero [fe'βrero] *nm* February.
fecundar [fekun'dar] *vt* (*generar*) to fertilize, make fertile; **fecundo, a** *a* (*fértil*) fertile; (*fig*) prolific; (*productivo*) productive.

fecha ['fetʃa] nf date; ~ **de caducidad, ~ límite de venta** (de producto alimenticio) sell-by date; **en ~ próxima** soon; **hasta la ~** to date, so far; **poner ~** to date; **fechar** vt to date.

federación [federa'θjon] nf federation.

federal [feðe'ral] a federal.

felicidad [feliθi'ðað] nf (satisfacción, contento) happiness; **~es** nfpl best wishes, congratulations.

felicitación [feliθita'θjon] nf: **¡felicitaciones!** congratulations!

felicitar [feliθi'tar] vt to congratulate.

feligrés, esa [feli'γres, esa] nm/f parishioner.

feliz [fe'liθ] a (contento) happy; (afortunado) lucky.

felpudo [fel'puðo] nm doormat.

femenino, a [feme'nino, a] a, nm feminine.

feminista [femi'nista] a, nm/f feminist.

fenómeno [fe'nomeno] nm phenomenon; (fig) freak, accident // a great // excl great!, marvellous!

feo, a ['feo, a] a (gen) ugly; (desagradable) bad, nasty.

féretro ['feretro] nm (ataúd) coffin; (sarcófago) bier.

feria ['ferja] nf (gen) fair; (descanso) holiday, rest day; (AM: mercado) village market; (: cambio) loose o small change.

fermentar [fermen'tar] vi to ferment.

ferocidad [feroθi'ðað] nf fierceness, ferocity.

feroz [fe'roθ] a (cruel) cruel; (salvaje) fierce.

férreo, a ['ferreo, a] a iron.

ferretería [ferrete'ria] nf (tienda) ironmonger's (shop) (Brit), hardware store.

ferrocarril [ferroka'rril] nm railway.

ferroviario, a [ferro'βjarjo, a] a rail cpd.

fértil ['fertil] a (productivo) fertile; (rico) rich; **fertilidad** nf (gen) fertility; (productividad) fruitfulness.

fertilizar [fertili'θar] vt to fertilize.

fervor [fer'βor] nm fervour; **~oso, a** a fervent.

festejar [feste'xar] vt (agasajar) to wine and dine; (galantear) to court; (celebrar) to celebrate; **festejo** nm (diversión) entertainment; (galanteo) courtship; (fiesta) celebration.

festividad [festiβi'ðað] nf festivity.

festivo, a [fes'tiβo, a] a (de fiesta) festive; (fig) witty; (CINE, LITERATURA) humorous; **día ~** holiday.

fétido, a ['fetiðo, a] a (hediondo) foul-smelling.

feto ['feto] nm foetus.

fiable ['fjaβle] a (persona) trustworthy; (máquina) reliable.

fiador, a [fja'ðor, a] nm/f (JUR) surety, guarantor; (COM) backer; **salir ~ por alguien** to stand bail for sb.

fiambre ['fjambre] nm cold meat.

fianza ['fjanθa] nf surety; (JUR): **libertad bajo ~** release on bail.

fiar [fi'ar] vt (salir garante de) to guarantee; (vender a crédito) to sell on credit; (secreto) to confide (a to) // vi to trust; **~se** vr to trust (in), rely on; **~se de uno** to rely on sb.

fibra ['fiβra] nf fibre; **~ óptica** optical fibre.

ficción [fik'θjon] nf fiction.

ficticio, a [fik'tiθjo, a] a (imaginario) fictitious; (falso) fabricated.

ficha ['fitʃa] nf (TEL) token; (en juegos) counter, marker; (tarjeta) (index) card; **fichar** vt (archivar) to file, index; (DEPORTE) to sign; **estar fichado** to have a record; **fichero** nm box file; (INFORM) file.

fidelidad [fiðeli'ðað] nf (lealtad) fidelity, loyalty; **alta ~** high fidelity, hi-fi.

fideos [fi'ðeos] nmpl noodles.

fiebre ['fjeβre] nf (MED) fever; (fig) fever, excitement; **~ amarilla/del heno** yellow/hay fever; **~ palúdica** malaria; **tener ~** to have a temperature.

fiel [fjel] a (leal) faithful, loyal; (fiable) reliable; (exacto) accurate, faithful // nm: **los ~s** the faithful.

fieltro ['fjeltro] nm felt.

fiero, a ['fjero, a] a (cruel) cruel; (feroz) fierce; (duro) harsh // nf (animal feroz) wild animal o beast; (fig) dragon // nm/f (fig) fiend.

fiesta ['fjesta] nf party; (de pueblo) festival; (vacaciones, tb: **~s**) holiday sg; (REL): **~ de guardar** day of obligation.

figura [fi'γura] nf (gen) figure; (forma, imagen) shape, form; (NAIPES) face card.

figurar [fiγu'rar] vt (representar) to represent; (fingir) to figure // vi to figure; **~se** vr (imaginarse) to imagine; (suponer) to suppose.

fijador [fixa'ðor] nm (FOTO etc) fixative; (de pelo) gel.

fijar [fi'xar] vt (gen) to fix; (estampilla) to affix, stick (on); (fig) to settle (on), decide; **~se** vr: **~se en** to notice.

fijo, a ['fixo, a] a (gen) fixed; (firme) firm; (permanente) permanent // ad: **mirar ~** to stare.

fila ['fila] nf row; (MIL) rank; (cadena) line; **ponerse en ~** to line up, get into line.

filántropo, a [fi'lantropo, a] nm/f philanthropist.

filatelia [fila'telja] nf philately, stamp collecting.

filete [fi'lete] nm (carne) fillet steak; (pescado) fillet.

filial [fi'ljal] a filial // nf subsidiary.

Filipinas [fili'pinas] nfpl: **las ~** the Philippines; **filipino, a** a, nm/f

Philippine.

filmar [fil'mar] *vt* to film, shoot.

filo ['filo] *nm* (*gen*) edge; **sacar ~ a** to sharpen; **al ~ del mediodía** at about midday; **de doble ~** double-edged.

filón [fi'lon] *nm* (*MINERÍA*) vein, lode; (*fig*) goldmine.

filosofía [filoso'fia] *nf* philosophy; **filósofo, a** *nm/f* philosopher.

filtrar [fil'trar] *vt, vi* to filter, strain; **~se** *vr* to filter; (*fig: dinero*) to dwindle; **filtro** *nm* (*TEC, utensilio*) filter.

fin [fin] *nm* end; (*objetivo*) aim, purpose; **al ~ y al cabo** when all's said and done; **a ~ de** in order to; **por ~** finally; **en ~** in short; **~ de semana** weekend.

final [fi'nal] *a* final // *nm* end, conclusion // *nf* final; **~idad** *nf* (*propósito*) purpose, intention; **~ista** *nm/f* finalist; **~izar** *vt* to end, finish; (*INFORM*) to log out o off // *vi* to end, come to an end.

financiar [finan'θjar] *vt* to finance; **financiero, a** *a* financial // *nm/f* financier.

finca ['finka] *nf* country estate; (*AM*) farm.

fingir [fin'xir] *vt* (*simular*) to simulate, feign; (*pretextar*) to sham, fake // *vi* (*aparentar*) to pretend; **~se** *vr* to pretend to be.

finlandés, esa [finlan'des, esa] *a* Finnish // *nm/f* Finn // *nm* (*LING*) Finnish.
Finlandia [fin'landja] *nf* Finland.

fino, a ['fino, a] *a* fine; (*delgado*) slender; (*de buenas maneras*) polite, refined; (*jerez*) fino, dry.

firma ['firma] *nf* signature; (*COM*) firm, company; **firmar** *vt* to sign.

firme ['firme] *a* firm; (*estable*) stable; (*sólido*) solid; (*constante*) steady; (*decidido*) resolute // *nm* road (surface); **~mente** *ad* firmly; **~za** *nf* firmness; (*constancia*) steadiness; (*solidez*) solidity.

fiscal [fis'kal] *a* fiscal // *nm/f* public prosecutor; **año ~** tax o fiscal year.

fisco ['fisko] *nm* (*hacienda*) treasury, exchequer (*Brit*).

fisgar [fis'xar] *vt* to pry into.

físico, a ['fisiko, a] *a* physical // *nm* physique // *nm/f* physicist // *nf* physics *sg*.

flaco, a ['flako, a] *a* (*muy delgado*) skinny, thin; (*débil*) weak, feeble.

flagrante [fla'vrante] *a* flagrant.

flamante [fla'mante] *a* (*fam*) brilliant; (: *nuevo*) brand-new.

flamenco, a [fla'menko, a] *a* (*de Flandes*) Flemish; (*baile, música*) flamenco // *nm* (*baile, música*) flamenco.

flan [flan] *nm* creme caramel.

flaqueza [fla'keθa] *nf* (*delgadez*) thinness, leanness; (*fig*) weakness.

flash [flaʃ] (*pl* **~s** o **~es**) *nm* (*FOTO*) flash.

flauta ['flauta] *nf* (*MUS*) flute.

fleco ['fleko] *nm* fringe.

flecha ['fletʃa] *nf* arrow.

flema ['flema] *nm* phlegm.

flequillo [fle'kiʎo] *nm* (*pelo*) fringe.

flete ['flete] *nm* (*carga*) freight; (*alquiler*) charter; (*precio*) freightage.

flexible [flek'sißle] *a* flexible.

flipper ['fliper] *nm* pinball (machine).

flojera [flo'xera] *nf* (*AM fam*): **me da ~** I can't be bothered.

flojo, a ['floxo, a] *a* (*gen*) loose; (*sin fuerzas*) limp; (*débil*) weak.

flor [flor] *nf* flower; (*piropo*) compliment; **a ~ de** on the surface of; **~ecer** *vi* (*BOT*) to flower, bloom; (*fig*) to flourish; **~eciente** *a* (*BOT*) in flower, flowering; (*fig*) thriving; **~ero** *nm* vase; **~ista** *nm/f* florist.

flota ['flota] *nf* fleet.

flotador [flota'ðor] *nm* (*gen*) float; (*para nadar*) rubber ring.

flotar [flo'tar] *vi* (*gen*) to float; **flote** *nm*: **a flote** afloat; **salir a flote** (*fig*) to get back on one's feet.

fluctuar [fluk'twar] *vi* (*oscilar*) to fluctuate.

fluidez [flui'ðeθ] *nf* fluidity; (*fig*) fluency.

flúido, a [flu'iðo, a] *a, nm* fluid.

fluir [flu'ir] *vi* to flow.

flujo ['fluxo] *nm* flow; **~ y reflujo** ebb and flow; **~ de sangre** (*MED*) loss of blood; **~grama** *nm* flowchart.

foca ['foka] *nf* seal.

foco ['foko] *nm* focus; (*ELEC*) floodlight; (*AM*) (light) bulb.

fogón [fo'ɣon] *nm* (*de cocina*) ring, burner.

fogoso, a [fo'ɣoso, a] *a* spirited.

follaje [fo'ʎaxe] *nm* foliage.

folleto [fo'ʎeto] *nm* pamphlet.

follón [fo'ʎon] *nm* (*fam: lío*) mess; (: *conmoción*) fuss; **armar un ~** to kick up a row.

fomentar [fomen'tar] *vt* (*MED*) to foment; **fomento** *nm* (*promoción*) promotion.

fonda ['fonda] *nf* inn.

fondo ['fondo] *nm* (*de mar*) bottom; (*de coche, sala*) back; (*ARTE etc*) background; (*reserva*) fund; **~s** *nmpl* (*COM*) funds, resources; **una investigación a ~** a thorough investigation; **en el ~** at bottom, deep down.

fono ['fono] *nm* (*AM*) telephone number.

fontanería [fontane'ria] *nf* plumbing; **fontanero, a** *nm/f* plumber.

forastero, a [foras'tero, a] *nm/f* stranger.

forcejear [forθexe'ar] *vi* (*luchar*) to struggle.

forjar [for'xar] *vt* to forge.

forma ['forma] *nf* (*figura*) form, shape; (*molde*) mould, pattern; (*MED*) fitness; (*método*) way, means; **las ~s** the conventions; **estar en ~** to be fit.

formación [forma'θjon] *nf* (*gen*) formation; (*educación*) education; **~ profesional** vocational training.

formal [for'mal] *a* (*gen*) formal; (*fig: persona*) serious; (: *de fiar*) reliable; **~idad** *nf* formality; seriousness; **~izar** *vt* (*JUR*) to formalize; (*situación*) to put in order, regularize; **~izarse** *vr* (*situación*) to be put in order, be regularized.

formar [for'mar] *vt* (*componer*) to form, shape; (*constituir*) to make up, constitute; (*ESCOL*) to train, educate; **~se** *vr* (*ESCOL*) to be trained, educated; (*cobrar forma*) to form, take form; (*desarrollarse*) to develop.

formatear [formate'ar] *vt* to format.

formidable [formi'ðaßle] *a* (*temible*) formidable; (*asombroso*) tremendous.

formulario [formu'larjo] *nm* form.

fornido, a [for'niðo, a] *a* well-built.

foro ['foro] *nm* (*gen*) forum; (*JUR*) court.

forrar [fo'rrar] *vt* (*abrigo*) to line; (*libro*) to cover; **forro** *nm* (*de cuaderno*) cover; (*COSTURA*) lining; (*de sillón*) upholstery.

fortalecer [fortale'θer] *vt* to strengthen.

fortaleza [forta'leθa] *nf* (*MIL*) fortress, stronghold; (*fuerza*) strength; (*determinación*) resolution.

fortuito, a [for'twito, a] *a* accidental.

fortuna [for'tuna] *nf* (*suerte*) fortune, (good) luck; (*riqueza*) fortune, wealth.

forzar [for'θar] *vt* (*puerta*) to force (open); (*compeler*) to compel.

forzoso, a [for'θoso, a] *a* necessary.

fosa ['fosa] *nf* (*sepultura*) grave; (*en tierra*) pit; (*MED*) cavity.

fósforo ['fosforo] *nm* (*QUIMICA*) phosphorus; (*AM*) match.

foso ['foso] *nm* ditch; (*TEATRO*) pit; (*AUTO*): **~ de reconocimiento** inspection pit.

foto ['foto] *nf* photo, snap(shot); **sacar una ~** to take a photo o picture.

fotocopia [foto'kopja] *nf* photocopy; **fotocopiadora** *nf* photocopier; **fotocopiar** *vt* to photocopy.

fotografía [fotoɣra'fia] *nf* (*ARTE*) photography; (*una ~*) photograph; **fotografiar** *vt* to photograph.

fotógrafo, a [fo'toɣrafo, a] *nm/f* photographer.

fracaso [fra'kaso] *nm* (*desgracia, revés*) failure; **fracasar** *vi* (*gen*) to fail.

fracción [frak'θjon] *nf* fraction; (*POL*) faction; **fraccionamiento** *nm* (*AM*) housing estate.

fractura [frak'tura] *nf* fracture, break.

fragancia [fra'ɣanθja] *nf* (*olor*) fragrance, perfume.

frágil ['fraxil] *a* (*débil*) fragile; (*COM*) breakable.

fragmento [fraɣ'mento] *nm* (*pedazo*) fragment.

fragua ['fraɣwa] *nf* forge; **fraguar** *vt* to

forge; (*fig*) to concoct // *vi* to harden.

fraile ['fraile] *nm* (*REL*) friar; (: *monje*) monk.

frambuesa [fram'bwesa] *nf* raspberry.

francés, esa [fran'θes, esa] *a* French // *nm/f* Frenchman/woman // *nm* (*LING*) French.

Francia ['franθja] *nf* France.

franco, a ['franko, a] *a* (*cándido*) frank, open; (*COM: exento*) free // *nm* (*moneda*) franc.

francotirador, a [frankotira'ðor, a] *nm/f* sniper.

franela [fra'nela] *nf* flannel.

franja ['franxa] *nf* fringe.

franquear [franke'ar] *vt* (*camino*) to clear; (*carta, paquete postal*) to frank, stamp; (*obstáculo*) to overcome.

franqueo [fran'keo] *nm* postage.

franqueza [fran'keθa] *nf* (*candor*) frankness.

frasco ['frasko] *nm* bottle, flask; **~ al vacío** (vacuum) flask.

frase ['frase] *nf* sentence; **~ hecha** set phrase; (*pey*) stock phrase.

fraude ['frauðe] *nm* (*cualidad*) dishonesty; (*acto*) fraud; **fraudulento, a** *a* fraudulent.

frazada [fra'saða] *nf* (*AM*) blanket.

frecuencia [fre'kwenθja] *nf* frequency; **con ~** frequently, often.

fregadero [freɣa'ðero] *nm* (kitchen) sink.

fregar [fre'ɣar] *vt* (*frotar*) to scrub; (*platos*) to wash (up); (*AM*) to annoy.

fregona [fre'ɣona] *nf* (*utensilio*) mop; (*pey: sirvienta*) skivvy.

freír [fre'ir] *vt* to fry.

frenar [fre'nar] *vt* to brake; (*fig*) to check.

frenesí [frene'si] *nm* frenzy; **frenético, a** *a* frantic.

freno ['freno] *nm* (*TEC, AUTO*) brake; (*de cabalgadura*) bit; (*fig*) check.

frente ['frente] *nm* (*ARQ, POL*) front; (*de objeto*) front part // *nf* forehead, brow; **~ a** in front of; (*en situación opuesta de*) opposite; **al ~ de** (*fig*) at the head of; **chocar de ~** to crash head-on; **hacer ~ a** to face up to.

fresa ['fresa] *nf* (*Esp*) strawberry.

fresco, a ['fresko, a] *a* (*nuevo*) fresh; (*frío*) cool; (*descarado*) cheeky // *nm* (*aire*) fresh air; (*ARTE*) fresco; (*AM: jugo*) fruit drink // *nm/f* (*fam*): **ser un ~** to have a nerve; **tomar el ~** to get some fresh air; **frescura** *nf* freshness; (*descaro*) cheek, nerve; (*calma*) calmness.

frialdad [frial'daθ] *nf* (*gen*) coldness; (*indiferencia*) indifference.

fricción [frik'θjon] *nf* (*gen*) friction; (*acto*) rub(bing); (*MED*) massage.

frigidez [frixi'ðeθ] *nf* frigidity.

frigorífico [friɣo'rifiko] *nm* refrigerator.

frijol [fri'xol] *nm* kidney bean.

frío, a *etc vb ver* **freír** // ['frio, a] *a* cold; (*indiferente*) indifferent // *nm* cold; indifference; **tener ~** to be cold.

frito, a ['frito, a] *a* fried; **me trae ~ ese hombre** I'm sick and tired of that man.

frívolo, a ['friβolo, a] *a* frivolous.

frontera [fron'tera] *nf* frontier; **fronterizo, a** *a* frontier *cpd*; (*contiguo*) bordering.

frontón [fron'ton] *nm* (*DEPORTE: cancha*) pelota court; (*: juego*) pelota.

frotar [fro'tar] *vt* to rub; **~se** *vr*: **~se las manos** to rub one's hands.

fructífero, a [fruk'tifero, a] *a* fruitful.

frugal [fru'γal] *a* frugal.

fruncir [frun'θir] *vt* to pucker; (*COSTURA*) to pleat; **~ el ceño** to knit one's brow.

frustrar [frus'trar] *vt* to frustrate.

fruta ['fruta] *nf* fruit; **frutería** *nf* fruit shop; **frutero, a** *a* fruit *cpd* // *nm/f* fruiterer // *nm* fruit bowl.

frutilla [fru'tiʎa] *nf* (*AM*) strawberry.

fue *vb ver* **ser, ir**.

fuego ['fweγo] *nm* (*gen*) fire; **a ~ lento** on a low flame *o* gas; **¿tienes ~?** have you (got) a light?

fuente ['fwente] *nf* fountain; (*manantial, fig*) spring; (*origen*) source; (*plato*) large dish.

fuera *etc vb ver* **ser, ir** // ['fwera] *ad* out(side); (*en otra parte*) away; (*excepto, salvo*) except, save // *prep*: **~ de** outside; (*fig*) besides; **~ de sí** beside o.s.

fuerte ['fwerte] *a* strong; (*golpe*) hard; (*ruido*) loud; (*comida*) rich; (*lluvia*) heavy; (*dolor*) intense // *ad* strongly; hard; loud(ly).

fuerza *etc vb ver* **forzar** // ['fwerθa] *nf* (*fortaleza*) strength; (*TEC, ELEC*) power; (*coacción*) force; (*MIL: tb: ~s*) forces *pl*; **a ~ de** by dint of; **cobrar ~s** to recover one's strength; **tener ~s para** to have the strength to; **a la ~** forcibly, by force; **por ~** of necessity.

fuga ['fuγa] *nf* (*huida*) flight, escape; (*de gas etc*) leak.

fugarse [fu'γarse] *vr* to flee, escape.

fugaz [fu'γaθ] *a* fleeting.

fugitivo, a [fuxi'tiβo, a] *a, nm/f* fugitive.

fui *vb ver* **ser, ir**.

fulano, a [fu'lano, a] *nm/f* so-and-so, what's-his-name/what's-her-name.

fulgor [ful'γor] *nm* brilliance.

fumador, a [fuma'ðor, a] *nm/f* smoker.

fumar [fu'mar] *vt, vi* to smoke; **~se** *vr* (*disipar*) to squander; **~ en pipa** to smoke a pipe.

funambulista [funambu'lista] *nm/f* tightrope walker.

función [fun'θjon] *nf* function; (*de puesto*) duties *pl*; (*espectáculo*) show; **entrar en funciones** to take up one's duties.

funcionar [funθjo'nar] *vi* (*gen*) to function; (*máquina*) to work; **'no funciona'** 'out of order'.

funcionario, a [funθjo'narjo, a] *nm/f* official; (*público*) civil servant.

funda ['funda] *nf* (*gen*) cover; (*de almohada*) pillowcase.

fundación [funda'θjon] *nf* foundation.

fundamental [fundamen'tal] *a* fundamental, basic.

fundamentar [fundamen'tar] *vt* (*poner base*) to lay the foundations of; (*establecer*) to found; (*fig*) to base; **fundamento** *nm* (*base*) foundation.

fundar [fun'dar] *vt* to found; **~se** *vr*: **~se en** to be founded on.

fundición [fundi'θjon] *nf* fusing; (*fábrica*) foundry.

fundir [fun'dir] *vt* (*gen*) to fuse; (*metal*) to smelt, melt down; (*nieve etc*) to melt; (*COM*) to merge; (*estatua*) to cast; **~se** *vr* (*colores etc*) to merge, blend; (*unirse*) to fuse together; (*ELEC: fusible, lámpara etc*) to fuse, blow; (*nieve etc*) to melt.

fúnebre ['funeβre] *a* funeral *cpd*, funereal.

funeral [fune'ral] *nm* funeral.

furgón [fur'γon] *nm* wagon; **furgoneta** *nf* (*AUTO, COM*) (transit) van (*Brit*), pick-up (truck) (*US*).

furia ['furja] *nf* (*ira*) fury; (*violencia*) violence; **furibundo, a** *a* furious; **furioso, a** *a* (*iracundo*) furious; (*violento*) violent; **furor** *nm* (*cólera*) rage.

furúnculo [fu'runkulo] *nm* boil.

fusible [fu'siβle] *nm* fuse.

fusil [fu'sil] *nm* rifle; **~ar** *vt* to shoot.

fusión [fu'sjon] *nf* (*gen*) melting; (*unión*) fusion; (*COM*) merger.

fusta ['fusta] *nf* (*látigo*) riding crop.

fútbol ['futβol] *nm* football; **futbolista** *nm* footballer.

fútil ['futil] *a* trifling; **futilidad** *nf* triviality.

futuro, a [fu'turo, a] *a, nm* future.

G

gabán [ga'βan] *nm* overcoat.

gabardina [gaβar'ðina] *nf* raincoat, gabardine.

gabinete [gaβi'nete] *nm* (*POL*) cabinet; (*estudio*) study; (*de abogados etc*) office.

gaceta [ga'θeta] *nf* gazette.

gachas ['gatʃas] *nfpl* porridge *sg*.

gafar [ga'far] *vt* to jinx.

gafas ['gafas] *nfpl* glasses; **~ de sol** sunglasses.

gafe ['gafe] *nm* jinx.

gaita ['gaita] *nf* bagpipes *pl*.

gajes ['gaxes] *nmpl*: **los ~ del oficio** occupational hazards.

gajo [gaxo] nm (de naranja) segment.

gala ['gala] nf (traje de etiqueta) full dress; (fig: lo mejor) cream, flower; ~s nfpl finery sg; estar de ~ to be in one's best clothes; hacer ~ de to display, show off.

galán [ga'lan] nm lover; (Don Juan) ladies' man; (TEATRO): primer ~ leading man.

galante [ga'lante] a gallant; **galantear** vt (hacer la corte a) to court, woo; **galantería** nf (caballerosidad) gallantry; (cumplido) politeness; (comentario) compliment.

galápago [ga'lapaɣo] nm (ZOOL) turtle.

galaxia [ga'laksja] nf galaxy.

galera [ga'lera] nf (nave) galley; (carro) wagon; (IMPRENTA) galley.

galería [gale'ria] nf (gen) gallery; (balcón) veranda(h); (pasillo) corridor.

Gales ['gales] nm (tb: País de ~) Wales; **galés, esa** a Welsh // nm/f Welshman/woman // nm (LING) Welsh.

galgo, a ['galɣo, a] nm/f greyhound.

galimatías [galima'tias] nmpl (lenguaje) gibberish sg, nonsense sg.

galón [ga'lon] nm (MIL) stripe; (COSTURA) braid; (medida) gallon.

galopar [galo'par] vi to gallop.

gallardía [gaʎar'ðia] nf (galantería) dash; (valor) bravery; (elegancia) elegance.

gallego, a [ga'ʎeɣo, a] a, nm/f Galician.

galleta [ga'ʎeta] nf biscuit (Brit), cookie (US).

gallina [ga'ʎina] nf hen // nm/f (fam: cobarde) chicken.

gallo ['gaʎo] nm cock, rooster.

gama ['gama] nf (fig) range.

gamba ['gamba] nf prawn (Brit), shrimp (US).

gamberro, a [gam'berro, a] nm/f hooligan, lout.

gamuza [ga'muθa] nf chamois.

gana ['gana] nf (deseo) desire, wish; (apetito) appetite; (voluntad) will; (añoranza) longing; de buena ~ willingly; de mala ~ reluctantly; me da ~s de I feel like, I want to; no me da la ~ I don't feel like it; tener ~s de to feel like.

ganadería [ganaðe'ria] nf (ganado) livestock; (ganado vacuno) cattle pl; (cría, comercio) cattle raising.

ganado [ga'naðo] nm livestock; ~ lanar sheep pl; ~ mayor cattle pl; ~ porcino pigs pl.

ganador, a [gana'ðor, a] a winning // nm/f winner.

ganancia [ga'nanθja] nf (lo ganado) gain; (aumento) increase; (beneficio) profit; ~s nfpl (ingresos) earnings; (beneficios) profit sg, winnings.

ganar [ga'nar] vt (obtener) to get, obtain; (sacar ventaja) to gain; (salario etc) to earn; (DEPORTE, premio) to win; (de-

rrotar a) to beat; (alcanzar) to reach // vi (DEPORTE) to win; ~se vr: ~se la vida to earn one's living.

gancho ['gantʃo] nm (gen) hook; (colgador) hanger.

gandul, a [gan'dul, a] a, nm/f good-for-nothing, layabout.

ganga ['ganga] nf (cosa buena y barata) bargain; (buena situación) cushy job.

gangrena [gan'grena] nf gangrene.

gansada [gan'saða] nf (fam) stupid thing to do.

ganso, a ['ganso, a] nm/f (ZOOL) goose; (fam) idiot.

ganzúa [gan'θua] nf skeleton key.

garabatear [garaβate'ar] vi, vt (al escribir) to scribble, scrawl.

garabato [gara'βato] nm (escritura) scrawl, scribble.

garaje [ga'raxe] nm garage.

garante [ga'rante] a responsible // nm/f guarantor.

garantía [garan'tia] nf guarantee.

garantizar [garanti'θar] vt (hacerse responsable de) to vouch for; (asegurar) to guarantee.

garbanzo [gar'βanθo] nm chickpea (Brit), garbanzo (US).

garbo ['garβo] nm grace, elegance.

garfio ['garfjo] nm grappling iron.

garganta [gar'ɣanta] nf (ANAT) throat; (de botella) neck; **gargantilla** nf necklace.

gárgaras ['garɣaras] nfpl: hacer ~ to gargle.

garita [ga'rita] nf cabin, hut; (MIL) sentry box.

garito [ga'rito] nm (lugar) gambling house o den.

garra ['garra] nf (de gato, TEC) claw; (de ave) talon; (fam) hand, paw.

garrafa [ga'rrafa] nf carafe, decanter.

garrapata [garra'pata] nf tick.

garrapatear [garrapate'ar] vi, vt = **garabatear**.

garrote [ga'rrote] nm (palo) stick; (porra) cudgel; (suplicio) garrotte.

garúa [ga'rua] nf (AM) drizzle.

garza ['garθa] nf heron.

gas [gas] nm gas.

gasa ['gasa] nf gauze.

gaseoso, a [gase'oso, a] a gassy, fizzy // nf lemonade, pop (Brit).

gasfitero [gasfi'tero] nm (AM) plumber.

gasoil [ga'soil], **gasóleo** [ga'soleo] nm diesel (oil).

gasolina [gaso'lina] nf petrol, gas(oline) (US); **gasolinera** nf petrol (Brit) o gas (US) station.

gastado, a [gas'taðo, a] a (rendido) spent; (raído) worn out; (usado: frase etc) trite.

gastar [gas'tar] vt (dinero, tiempo) to spend; (fuerzas) to use up; (desperdiciar) to waste; (llevar) to wear; ~se *vr* to wear out; (*estropearse*) to waste; ~ **bromas** to crack jokes; ¿qué **número gastas?** what size (shoe) do you take?

gasto ['gasto] *nm* (*desembolso*) expenditure, spending; (*consumo, uso*) use; ~s *nmpl* (*desembolsos*) expenses; (*cargos*) charges, costs.

gatear [gate'ar] *vi* (*andar a gatas*) to go on all fours.

gatillo [ga'tiʎo] *nm* (*de arma de fuego*) trigger; (*de dentista*) forceps.

gato, a ['gato, a] *nm/f* cat // *nm* (*TEC*) jack; **andar a gatas** to go on all fours.

gaveta [ga'βeta] *nf* drawer.

gaviota [ga'βjota] *nf* seagull.

gay [ge] *a inv*, *nm* gay, homosexual.

gazapo [ga'θapo] *nm* young rabbit.

gazpacho [gaθ'patʃo] *nm* gazpacho.

gelatina [xela'tina] *nf* jelly; (*polvos etc*) gelatine.

gema ['xema] *nf* gem.

gemelo, a [xe'melo, a] *a*, *nm/f* twin; ~s *nmpl* (*de camisa*) cufflinks; ~s de campo field glasses, binoculars.

Géminis ['xeminis] *nm* Gemini.

gemido [xe'miðo] *nm* (*quejido*) moan, groan; (*aullido*) howl.

gemir [xe'mir] *vi* (*quejarse*) to moan, groan; (*aullar*) to howl.

generación [xenera'θjon] *nf* generation.

general [xene'ral] *a* general // *nm* general; **por lo o en** ~ in general; **G~itat** *nf* Catalan parliament; ~**izar** *vt* to generalize; ~**izarse** *vr* to become generalized, spread; ~**mente** *ad* generally.

generar [xene'rar] *vt* to generate.

género ['xenero] *nm* (*clase*) kind, sort; (*tipo*) type; (*BIO*) genus; (*LING*) gender; (*COM*) material; ~ **humano** human race.

generosidad [xenerosi'ðað] *nf* generosity; **generoso, a** *a* generous.

genial [xe'njal] *a* inspired; (*idea*) brilliant; (*afable*) genial.

genio ['xenjo] *nm* (*carácter*) nature, disposition; (*humor*) temper; (*facultad creadora*) genius; **de mal** ~ bad-tempered.

genitales [xeni'tales] *nmpl* genitals.

gente ['xente] *nf* (*personas*) people *pl*; (*raza*) race; (*nación*) nation; (*parientes*) relatives *pl*.

gentil [xen'til] *a* (*elegante*) graceful; (*encantador*) charming; ~**eza** *nf* grace; charm; (*cortesía*) courtesy.

gentío [xen'tio] *nm* crowd, throng.

genuino, a [xe'nwino, a] *a* genuine.

geografía [xeoɣra'fia] *nf* geography.

geología [xeolo'xia] *nf* geology.

geometría [xeome'tria] *nf* geometry.

gerencia [xe'renθja] *nf* management; **gerente** *nm/f* (*supervisor*) manager; (*jefe*) director.

geriatría [xeria'tria] *nf* (*MED*) geriatrics *sg*.

germen ['xermen] *nm* germ.

germinar [xermi'nar] *vi* to germinate.

gesticulación [xestikula'θjon] *nf* gesticulation; (*mueca*) grimace.

gestión [xes'tjon] *nf* management; (*diligencia, acción*) negotiation; **gestionar** *vt* (*lograr*) to try to arrange; (*llevar*) to manage.

gesto ['xesto] *nm* (*mueca*) grimace; (*ademán*) gesture.

Gibraltar [xiβral'tar] *nm* Gibraltar; **gibraltareño, a** *a*, *nm/f* Gibraltarian.

gigante [xi'ɣante] *a*, *nm/f* giant.

gilipollas [xili'poʎas] (*col*) *a inv* daft // *nm/f inv* wally.

gimnasia [xim'nasja] *nf* gymnastics *pl*; **gimnasio** *nm* gymnasium; **gimnasta** *nm/f* gymnast.

gimotear [ximote'ar] *vi* to whine, whimper.

ginebra [xi'neβra] *nf* gin.

ginecólogo, a [xine'koloɣo, a] *nm/f* gynaecologist.

gira ['xira] *nf* tour, trip.

girar [xi'rar] *vt* (*dar la vuelta*) to turn (around); (: *rápidamente*) to spin; (*COM: giro postal*) to draw; (*comerciar: letra de cambio*) to issue // *vi* to turn (round); (*rápido*) to spin; (*COM*) to draw.

girasol [xira'sol] *nm* sunflower.

giratorio, a [xira'torjo, a] *a* (*gen*) revolving; (*puente*) swing.

giro ['xiro] *nm* (*movimiento*) turn, revolution; (*LING*) expression; (*COM*) draft; ~ **bancario/postal** bank giro/postal order.

gis [xis] *nm* (*AM*) chalk.

gitano, a [xi'tano, a] *a*, *nm/f* gypsy.

glacial [gla'θjal] *a* icy, freezing.

glaciar [gla'θjar] *nm* glacier.

glándula ['glandula] *nf* gland.

globo ['gloβo] *nm* (*esfera*) globe, sphere; (*aerostato, juguete*) balloon.

glóbulo ['gloβulo] *nm* globule; (*ANAT*) corpuscle.

gloria ['glorja] *nf* glory.

glorieta [glo'rjeta] *nf* (*de jardín*) bower, arbour; (*plazoleta*) roundabout (*Brit*), traffic circle (*US*).

glorificar [glorifi'kar] *vt* (*enaltecer*) to glorify, praise.

glorioso, a [glo'rjoso, a] *a* glorious.

glosa ['glosa] *nf* comment; **glosar** *vt* (*comentar*) to comment on.

glosario [glo'sarjo] *nm* glossary.

glotón, ona [glo'ton, ona] *a* gluttonous, greedy // *nm/f* glutton.

gobernación [goβerna'θjon] *nf* government, governing; **G~** (*AM ADMIN*) Ministry of the Interior; **gobernador, a** *a* governing // *nm/f* governor; **gobernante** *a* governing.

gobernar [goβer'nar] *vt* (*dirigir*) to guide, direct; (*POL*) to rule, govern // *vi* to govern; (*NAUT*) to steer.

gobierno *etc vb ver* **gobernar** // [go'βjerno] *nm* (POL) government; (*dirección*) guidance, direction; (NAUT) steering.

goce *etc vb ver* **gozar** // ['goθe] *nm* enjoyment.

gol [gol] *nm* goal.

golf [golf] *nm* golf.

golfo, a ['golfo, a] *nm* (GEO) gulf // *nm/f* (*fam: niño*) urchin; (*gamberro*) lout // *nf* (*fam: mujer*) slut, whore.

golondrina [golon'drina] *nf* swallow.

golosina [golo'sina] *nf* titbit; (*dulce*) sweet; **goloso, a** *a* sweet-toothed.

golpe ['golpe] *nm* blow; (*de puño*) punch; (*de mano*) smack; (*de remo*) stroke; (*fig: choque*) clash; **no dar ~** to be bone idle; **de un ~** with one blow; **de ~ suddenly**; **~ (de estado)** coup (d'état); **golpear** *vt, vi* to strike, knock; (*asestar*) to beat; (*de puño*) to punch; (*golpetear*) to tap.

goma ['goma] *nf* (*caucho*) rubber; (*elástico*) elastic; (*una ~*) elastic band; **~ espuma** foam rubber; **~ de pegar** gum, glue.

gordo, a ['gorðo, a] *a* (*gen*) fat; (*persona*) plump; (*fam*) enormous; **el (premio) ~** (*en lotería*) first prize; **gordura** *nf* fat; (*corpulencia*) fatness, stoutness.

gorila [go'rila] *nm* gorilla.

gorjear [gorxe'ar] *vi* to twitter, chirp.

gorra ['gorra] *nf* cap; (*de niño*) bonnet; (*militar*) bearskin; **entrar de ~** (*fam*) to gatecrash; **ir de ~** to sponge.

gorrión [go'rrjon] *nm* sparrow.

gorro ['gorro] *nm* (*gen*) cap; (*de niño, mujer*) bonnet.

gorrón, ona [go'rron, ona] *nm/f* scrounger.

gota ['gota] *nf* (*gen*) drop; (*de sudor*) bead; (MED) gout; **gotear** *vi* to drip; (*lloviznar*) to drizzle; **gotera** *nf* leak.

gozar [go'θar] *vi* to enjoy o.s.; **~ de** (*disfrutar*) to enjoy; (*poseer*) to possess.

gozne ['goθne] *nm* hinge.

gozo ['goθo] *nm* (*alegría*) joy; (*placer*) pleasure.

gr. *abr* (= *gramo, gramos*) g.

grabación [graβa'θjon] *nf* recording.

grabado [gra'βaðo] *nm* print, engraving.

grabadora [graβa'ðora] *nf* tape-recorder.

grabar [gra'βar] *vt* to engrave; (*discos, cintas*) to record.

gracia ['graθja] *nf* (*encanto*) grace, gracefulness; (*humor*) humour, wit; **¡(muchas) ~s!** thanks (very much)!; **~s a** thanks to; **tener ~** (*chiste etc*) to be funny; **no me hace ~** I am not keen; **gracioso, a** *a* (*divertido*) funny, amusing; (*cómico*) comical // *nm/f* (TEATRO) comic character.

grada ['graða] *nf* (*de escalera*) step; (*de anfiteatro*) tier, row; **~s** *nfpl* (DEPORTE: *de estadio*) terraces.

gradación [graða'θjon] *nf* gradation.

gradería [graðe'ria] *nf* (*gradas*) (flight of) steps *pl*; (*de anfiteatro*) tiers *pl*, rows *pl*; (DEPORTE: *de estadio*) terraces *pl*; **~ cubierta** covered stand.

grado ['graðo] *nm* degree; (*de aceite, vino*) grade; (*grada*) step; (MIL) rank; **de buen ~** willingly.

graduación [graðwa'θjon] *nf* (*del alcohol*) proof, strength; (ESCOL) graduation; (MIL) rank.

gradual [gra'ðwal] *a* gradual.

graduar [gra'ðwar] *vt* (*gen*) to graduate; (MIL) to commission; **~se** *vr* to graduate; **~se la vista** to have one's eyes tested.

gráfico, a ['grafiko, a] *a* graphic // *nm* diagram // *nf* graph; **~s** *nmpl* (INFORM) graphics.

grajo ['graxo] *nm* rook.

Gral *abr* (= *General*) Gen.

gramática [gra'matika] *nf* grammar.

gramo ['gramo] *nm* gramme (Brit), gram (US).

gran [gran] *a ver* **grande**.

grana ['grana] *nf* (BOT) seedling; (*color, tela*) scarlet.

granada [gra'naða] *nf* pomegranate; (MIL) grenade.

Gran Bretaña [-bre'taɲa] *nf* Great Britain.

grande ['grande] (*antes de nmsg*: **gran**) *a* (*de tamaño*) big, large; (*alto*) tall; (*distinguido*) great; (*impresionante*) grand // *nm* grandee; **grandeza** *nf* greatness.

grandioso, a [gran'djoso, a] *a* magnificent, grand.

granel [gra'nel]: **a ~** *ad* (COM) in bulk.

granero [gra'nero] *nm* granary, barn.

granito [gra'nito] *nm* (AGR) small grain; (*roca*) granite.

granizado [grani'θaðo] *nm* iced drink.

granizar [grani'θar] *vi* to hail; **granizo** *nm* hail.

granja ['granxa] *nf* (*gen*) farm; **granjero, a** *nm/f* farmer.

grano ['grano] *nm* grain; (*semilla*) seed; (*baya*) berry; (MED) pimple, spot; **~s** *nmpl* cereals.

granuja [gra'nuxa] *nm/f* rogue; (*golfillo*) urchin.

grapa ['grapa] *nf* staple; (TEC) clamp.

grasa ['grasa] *nf* (*gen*) grease; (*de cocina*) fat, lard; (*sebo*) suet; (*mugre*) filth; **grasiento, a** *a* greasy; (*de aceite*) oily.

gratificación [gratifika'θjon] *nf* (*propina*) tip; (*bono*) bonus; (*recompensa*) reward; **gratificar** *vt* to tip; to reward.

gratis ['gratis] *ad* free.

gratitud [grati'tuð] *nf* gratitude.

grato, a ['grato, a] *a* (*agradable*) pleasant, agreeable; (*bienvenido*) wel-

come.
gratuito, a [gra'twito, a] a (gratis) free; (sin razón) gratuitous.
gravamen [gra'ßamen] nm (carga) burden; (impuesto) tax.
gravar [gra'ßar] vt to burden; (COM) to tax.
grave ['graße] a heavy; (serio) grave, serious; **~dad** nf gravity.
gravilla [gra'ßiʎa] nf gravel.
gravitar [graßi'tar] vi to gravitate; ~ sobre to rest on.
gravoso, a [gra'ßoso, a] a (pesado) burdensome; (costoso) costly.
graznar [graθ'nar] vi (cuervo) to squawk; (pato) to quack; (hablar ronco) to croak.
Grecia ['greθja] nf Greece.
gremio ['gremjo] nm (asociación) trade, industry.
greña ['greɲa] nf (cabellos) shock of hair; (maraña) tangle.
gresca ['greska] nf uproar.
griego, a ['grjevo, a] a, nm/f Greek.
grieta ['grjeta] nf crack.
grifo ['grifo] nm tap; (AM AUTO) petrol (Brit) o gas (US) station.
grilletes [gri'ʎetes] nmpl fetters.
grillo ['griʎo] nm (ZOOL) cricket; (BOT) shoot.
gripe ['gripe] nf flu, influenza.
gris [gris] a (color) grey.
gritar [gri'tar] vt, vi to shout, yell; **grito** nm shout, yell; (de horror) scream.
grosella [gro'seʎa] nf (red)currant; ~ negra blackcurrant.
grosería [grose'ria] nf (actitud) rudeness; (comentario) vulgar comment; **grosero, a** a (poco cortés) rude, badmannered; (ordinario) vulgar, crude.
grosor [gro'sor] nm thickness.
grúa ['grua] nf (TEC) crane; (de petróleo) derrick.
grueso, a ['grweso, a] a thick; (persona) stout // nm bulk; **el ~ de** the bulk of.
grulla ['gruʎa] nf crane.
grumo ['grumo] nm clot, lump.
gruñido [gru'ɲiðo] nm grunt; (fig) grumble; **gruñir** vi (animal) to growl; (fam) to grumble.
grupa ['grupa] nf (ZOOL) rump.
grupo ['grupo] nm group; (TEC) unit, set.
gruta ['gruta] nf grotto.
guadaña [gwa'ðaɲa] nf scythe.
guagua [gwa'ɣwa] nf (AM: niño) baby; (: bus) bus.
guante ['gwante] nm glove.
guapo, a ['gwapo, a] a good-looking, attractive; (hombre) handsome; (elegante) smart.
guarda ['gwarða] nm/f (persona) guard, keeper // nf (acto) guarding; (custodia) custody; **~bosques** nm inv gamekeeper; **~costas** nm inv coastguard vessel; **~dor, a** a protective // nm/f

guardian, protector; **~espaldas** nm/f inv bodyguard; **~meta** nm/f goalkeeper; **~polvo** nm dust cover; (prenda de vestir) overalls pl; **guardar** vt (gen) to keep; (vigilar) to guard, watch over; (dinero: ahorrar) to save; ~ **cama** to stay in bed; **guardarse** vr (preservarse) to protect o.s.; (evitar) to avoid; **guardarropa** nm (armario) wardrobe; (en establecimiento público) cloakroom.
guardería [gwarðe'ria] nf nursery.
guardia ['gwarðja] nf (MIL) guard; (cuidado) care, custody // nm/f (policía) policeman/woman; **estar de** ~ to be on guard; **montar** ~ to mount guard; **G~ Civil** Civil Guard; **G~ Nacional** National Guard.
guardián, ana [gwar'ðjan, ana] nm/f (gen) guardian, keeper.
guardilla [gwar'ðiʎa] nf attic.
guarecer [gware'θer] vt (proteger) to protect; (abrigar) to shelter; **~se** vr to take refuge.
guarida [gwa'riða] nf (de animal) den, lair; (refugio) refuge.
guarnecer [gwarne'θer] vt (equipar) to provide; (adornar) to adorn; (TEC) to reinforce; **guarnición** nf (de vestimenta) trimming; (de piedra) mount; (CULIN) garnish; (arneses) harness; (MIL) garrison.
guarro, a ['gwarro, a] nm/f pig.
guasa ['gwasa] nf joke; **guasón, ona** a witty; (bromista) joking // nm/f wit; joker.
Guatemala [gwate'mala] nf Guatemala.
gubernativo, a [gußerna'tißo, a] a governmental.
guerra ['gerra] nf war; (pelea) struggle; ~ **civil** civil war; ~ **fría** cold war; **dar** ~ to annoy; **guerrear** vi to wage war; **guerrero, a** a fighting; (carácter) warlike // nm/f warrior.
guerrilla [ge'rriʎa] nf guerrilla warfare; (tropas) guerrilla band o group.
guía etc vb ver **guiar** // ['gia] nm/f (persona) guide // nf (libro) guidebook; ~ **de ferrocarriles** railway timetable; ~ **telefónica** telephone directory.
guiar [gi'ar] vt to guide, direct; (AUTO) to steer; **~se** vr: **~se por** to be guided by.
guijarro [gi'xarro] nm pebble.
guinda ['ginda] nf morello cherry.
guindilla [gin'diʎa] nf chilli pepper.
guiñapo [gi'ɲapo] nm (harapo) rag; (persona) reprobate, rogue.
guiñar [gi'ɲar] vt to wink.
guión [gi'on] nm (LING) hyphen, dash; (CINE) script; **guionista** nm/f scriptwriter.
guirnalda [gir'nalda] nf garland.
guisa ['gisa] nf: **a ~ de** as, like.
guisado [gi'saðo] nm stew.
guisante [gi'sante] nm pea.

guisar [gi'sar] *vt, vi* to cook; **guiso** *nm* cooked dish.

guitarra [gi'tarra] *nf* guitar.

gula ['gula] *nf* gluttony, greed.

gusano [gu'sano] *nm* maggot; (*lombriz*) earthworm.

gustar [gus'tar] *vt* to taste, sample // *vi* to please, be pleasing; ~ **de algo** to like *o* enjoy sth; **me gustan las uvas** I like grapes; **le gusta nadar** she likes *o* enjoys swimming.

gusto ['gusto] *nm* (*sentido, sabor*) taste; (*placer*) pleasure; **tiene** ~ **a menta** it tastes of mint; **tener buen** ~ to have good taste; **sentirse a** ~ to feel at ease; **mucho** ~ **(en conocerle)** pleased to meet you; **el** ~ **es mío** the pleasure is mine; **con** ~ willingly, gladly; **~so, a** *a* (*sabroso*) tasty; (*agradable*) pleasant.

gutural [gutu'ral] *a* guttural.

H

ha *vb ver* **haber.**

haba ['aβa] *nf* bean.

Habana [a'βana] *nf*: **la** ~ Havana.

habano [a'βano] *nm* Havana cigar.

habéis *vb ver* **haber.**

haber [a'βer] ♦ *vb auxiliar* **1** (*tiempos compuestos*) to have; **he/había comido** I have/had eaten; **antes/después de** *o* **visto** before seeing/after seeing *o* having seen it

2: **¡~lo dicho antes!** you should have said so before!

3: ~ **de: he de hacerlo** I have to do it; **ha de llegar mañana** it should arrive tomorrow

♦ *vb impersonal* **1** (*existencia: sg*) there is; (: *pl*) there are; **hay un hermano/dos hermanos** there is one brother/there are two brothers; **¿cuánto hay de aquí a Sucre?** how far is it from here to Sucre?

2 (*obligación*): **hay que hacer algo** something must be done; **hay que apuntarlo para acordarse** you have to write it down to remember

3: **¡que ver! well I never!**

4: **¡no hay de** *o* **por** (*AM*) **qué!** don't mention it!, not at all!

5: **¿qué hay?** (*¿qué pasa?*) what's up?, what's the matter?; (*¿qué tal?*) how's it going?

♦ *vr*: **habérselas con uno** to have it out with sb

♦ *vt*: **he aquí unas sugerencias** here are some suggestions; **no hay cintas blancas pero sí las hay rojas** there aren't any white ribbons but there are some red ones

♦ *nm* (*en cuenta*) credit side; **~es** *nmpl* assets; **¿cuánto tengo en el** ~? how much do I have in my account?; **tiene varias novelas en su** ~ he has several novels to his credit.

habichuela [aβi'tʃwela] *nf* kidney bean.

hábil ['aβil] *a* (*listo*) clever, smart; (*capaz*) fit, capable; (*experto*) expert; **día** ~ working day; **habilidad** *nf* (*gen*) skill, ability; (*inteligencia*) cleverness.

habilitar [aβili'tar] *vt* (*capacitar*) to enable; (*dar instrumentos*) to equip; (*financiar*) to finance.

hábilmente [aβil'mente] *ad* skilfully, expertly.

habitación [aβita'θjon] *nf* (*cuarto*) room; (*casa*) dwelling, abode; (*BIO: morada*) habitat; ~ **sencilla** *o* **individual** single room; ~ **doble** *o* **de matrimonio** double room.

habitante [aβi'tante] *nm/f* inhabitant.

habitar [aβi'tar] *vt* (*residir en*) to inhabit; (*ocupar*) to occupy // *vi* to live.

hábito ['aβito] *nm* habit.

habituar [aβi'twar] *vt* to accustom; **~se** *vr*: **~se a** to get used to.

habla ['aβla] *nf* (*capacidad de hablar*) speech; (*idioma*) language; (*dialecto*) dialect; **perder el** ~ to become speechless; **de** ~ **francesa** French-speaking; **estar al** ~ to be in contact; (*TEL*) to be on the line; **¡González al** ~! (*TEL*) González speaking!

hablador, a [aβla'ðor, a] *a* talkative // *nm/f* chatterbox.

habladuría [aβlaðu'ria] *nf* rumour; ~s *nfpl* gossip *sg*.

hablante [a'βlante] *a* speaking // *nm/f* speaker.

hablar [a'βlar] *vt* to speak, talk // *vi* to speak; **~se** *vr* to speak to each other; ~ **con** to speak to; ~ **de** to speak of *o* about; **'se habla inglés'** 'English spoken here'.

habré *etc vb ver* **haber.**

hacedor, a [aθe'ðor, a] *nm/f* maker.

hacendado [asen'daðo] *nm* (*AM*) large landowner.

hacendoso, a [aθen'doso, a] *a* industrious.

hacer [a'θer] ♦ *vt* **1** (*fabricar, producir*) to make; (*construir*) to build; ~ **una película/un ruido** to make a film/noise; **el guisado lo hice yo** I made *o* cooked the stew

2 (*ejecutar: trabajo etc*) to do; ~ **la colada** to do the washing; ~ **la comida** to do the cooking; **¿qué haces?** what are you doing?; ~ **el malo** *o* **el papel del malo** (*TEATRO*) to play the villain

3 (*estudios, algunos deportes*) to do; ~ **español/económicas** to do *o* study Spanish/Economics; ~ **yoga/gimnasia** to do yoga/go to gym

4 (*transformar, incidir en*): **esto lo hará más difícil** this will make it more difficult; **salir te hará sentir mejor** going out will make you feel better

5 (*cálculo*): **2 y 2 hacen 4** 2 and 2 make

4; **éste hace 100** this one makes 100
6 (+ *subjun*): **esto hará que ganemos** this will make us win; **harás que no quiera venir** you'll stop him wanting to come
7 (*como sustituto de vb*) to do; **él bebió y yo hice lo mismo** he drank and I did likewise
8: no hace más que criticar all he does is criticize
♦ *vb semi-auxiliar:* ~ + *infinitivo* **1** (*directo*): **les hice venir** I made *o* had them come; ~ **trabajar a los demás** to get others to work
2 (*por intermedio de otros*): ~ **reparar algo** to get sth repaired
♦ *vi* **1: haz como que no lo sabes** act as if you don't know
2 (*ser apropiado*): **si os hace** if it's alright with you
3: ~ **de:** ~ **de madre para uno** to be like a mother to sb; (*TEATRO*): ~ **de Otelo** to play Othello
♦ *vb impersonal* **1: hace calor/frío** it's hot/cold; *ver tb* **bueno, sol, tiempo**
2 (*tiempo*): **hace 3 años** 3 years ago; **hace un mes que voy/no voy** I've been going/I haven't been for a month
3: ¿cómo has hecho para llegar tan rápido? how did you manage to get here so quickly?
♦ *vr* **1** (*volverse*) to become; **se hicieron amigos** they became friends
2 (*acostumbrarse*): ~**se a** to get used to
3: se hace con huevos y leche it's made out of eggs and milk; **eso no se hace** that's not done
4 (*obtener*): ~**se de** *o* **con algo** to get hold of sth
5 (*fingirse*): ~**se el sueco** to turn a deaf ear.

hacia [ˈaθja] *prep* (*en dirección de*) towards; (*cerca de*) near; (*actitud*) towards; ~ **arriba/abajo** up(wards)/down(wards); ~ **mediodía** about noon.

hacienda [aˈθjenda] *nf* (*propiedad*) property; (*finca*) farm; (*AM*) ranch; ~ **pública** public finance; (**Ministerio de**) **H**~ Exchequer (*Brit*), Treasury Department (*US*).

hacha [ˈatʃa] *nf* axe; (*antorcha*) torch.

hada [ˈaða] *nf* fairy.

hago *etc vb ver* **hacer.**

Haití [aiˈti] *nm* Haiti.

halagar [alaˈɣar] *vt* (*lisonjear*) to flatter.

halago [aˈlaɣo] *nm* (*adulación*) flattery; **halagüeño, a** *a* flattering.

halcón [alˈkon] *nm* falcon, hawk.

hálito [ˈalito] *nm* breath.

halterofilia [alteroˈfilja] *nf* weightlifting.

hallar [aˈʎar] *vt* (*gen*) to find; (*descubrir*) to discover; (*toparse con*) to run into; ~**se** *vr* to be (situated); **hallazgo** *nm* discovery; (*cosa*) find.

hamaca [aˈmaka] *nf* hammock.

hambre [ˈambre] *nf* hunger; (*carencia*) famine; (*fig*) longing; **tener** ~ to be hungry; **hambriento, a** *a* hungry, starving.

hamburguesa [amburˈɣesa] *nf* hamburger.

hampón [amˈpon] *nm* thug.

han *vb ver* **haber.**

haragán, ana [araˈɣan, ana] *a, nm/f* good-for-nothing.

harapiento, a [araˈpjento, a] *a* tattered, in rags; **harapo** *nm* rag.

haré *etc vb ver* **hacer.**

harina [aˈrina] *nf* flour.

hartar [arˈtar] *vt* to satiate, glut; (*fig*) to tire, sicken; ~**se** *vr* (*de comida*) to fill o.s., gorge o.s.; (*cansarse*) to get fed up (*de* with); **hartazgo** *nm* surfeit, glut; **harto, a** *a* (*lleno*) full; (*cansado*) fed up // *ad* (*bastante*) enough; (*muy*) very; **estar harto de** to be fed up with; **hartura** *nf* (*exceso*) surfeit; (*abundancia*) abundance; (*satisfacción*) satisfaction.

has *vb ver* **haber.**

hasta [ˈasta] *ad* even // *prep* (*alcanzando a*) as far as, up to, down to; (*de tiempo: a tal hora*) till, until; (*antes de*) before // *conj:* ~ **que** until; ~ **luego/el sábado** see you soon/on Saturday.

hastiar [asˈtjar] *vt* (*gen*) to weary; (*aburrir*) to bore; ~**se** *vr:* ~**se de** to get fed up with; **hastío** *nm* weariness; boredom.

hatillo [aˈtiʎo] *nm* belongings *pl*, kit; (*montón*) bundle, heap.

hay *vb ver* **haber.**

Haya [ˈaja] *nf:* **la** ~ The Hague.

haya *etc vb ver* **haber** // [ˈaja] *nf* beech tree.

haz *vb ver* **hacer** // [aθ] *nm* bundle, bunch; (*rayo: de luz*) beam.

hazaña [aˈθaɲa] *nf* feat, exploit.

hazmerreír [aθmerreˈir] *nm inv* laughing stock.

he *vb ver* **haber.**

hebilla [eˈβiʎa] *nf* buckle, clasp.

hebra [ˈeβra] *nf* thread; (*BOT: fibra*) fibre, grain.

hebreo, a [eˈβreo, a] *a, nm/f* Hebrew // *nm* (*LING*) Hebrew.

hectárea [ekˈtarea] *nf* hectare.

hechizar [etʃiˈθar] *vt* to cast a spell on, bewitch.

hechizo [eˈtʃiθo] *nm* witchcraft, magic; (*acto de magia*) spell, charm.

hecho, a *pp de* **hacer** // [ˈetʃo, a] *a* complete; (*maduro*) mature; (*COSTURA*) ready-to-wear // *nm* deed, act; (*dato*) fact; (*cuestión*) matter; (*suceso*) event // *excl* agreed!, done!; **¡bien** ~**!** well done!; **de** ~ in fact, as a matter of fact.

hechura [eˈtʃura] *nf* making, creation; (*producto*) product; (*forma*) form, shape; (*de persona*) build; (*TEC*) craftsmanship.

heder [e'ðer] *vi* to stink, smell; *(fig)* to be unbearable.

hediondo, a [e'ðjondo, a] *a* stinking.

hedor [e'ðor] *nm* stench.

heladera [ela'ðera] *nf* *(AM: refrigerador)* refrigerator.

helado, a [e'laðo, a] *a* frozen; *(glacial)* icy; *(fig)* chilly, cold // *nm* ice cream // *nf* frost.

helar [e'lar] *vt* to freeze, ice (up); *(dejar atónito)* to amaze; *(desalentar)* to discourage // *vi*, **~se** *vr* to freeze.

helecho [e'letʃo] *nm* fern.

hélice ['eliθe] *nf* spiral; *(TEC)* propeller.

helicóptero [eli'koptero] *nm* helicopter.

hembra ['embra] *nf* *(BOT, ZOOL)* female; *(mujer)* woman; *(TEC)* nut.

hemorroides [emo'rroiðes] *nfpl* haemorrhoids, piles.

hemos *vb ver* **haber**.

hendidura [endi'ðura] *nf* crack, split; *(GEO)* fissure.

heno ['eno] *nm* hay.

herbicida [erβi'θiða] *nm* weedkiller.

heredad [ere'ðað] *nf* landed property; *(granja)* farm.

heredar [ere'ðar] *vt* to inherit; **heredero, a** *nm/f* heir/heiress.

hereje [e'rexe] *nm/f* heretic.

herencia [e'renθja] *nf* inheritance.

herido, a [e'riðo, a] *a* injured, wounded // *nm/f* casualty // *nf* wound, injury.

herir [e'rir] *vt* to wound, injure; *(fig)* to offend.

hermanastro, a [erma'nastro, a] *nm/f* stepbrother/sister.

hermandad [erman'dað] *nf* brotherhood.

hermano, a [er'mano, a] *nm/f* brother/sister; **~ gemelo** twin brother; **~ político** brother-in-law; **hermana política** sister-in-law.

hermético, a [er'metiko, a] *a* hermetic; *(fig)* watertight.

hermoso, a [er'moso, a] *a* beautiful, lovely; *(estupendo)* splendid; *(guapo)* handsome; **hermosura** *nf* beauty.

héroe ['eroe] *nm* hero.

heroína [ero'ina] *nf* *(mujer)* heroine; *(droga)* heroin.

heroísmo [ero'ismo] *nm* heroism.

herradura [erra'ðura] *nf* horseshoe.

herramienta [erra'mjenta] *nf* tool.

herrería [erre'ria] *nf* smithy; *(TEC)* forge; **herrero** *nm* blacksmith.

herrumbre [e'rrumbre] *nf* rust.

hervidero [erβi'ðero] *nm* *(fig)* swarm; *(POL etc)* hotbed.

hervir [er'βir] *vi* to boil; *(burbujear)* to bubble; *(fig)*: **~ de** to teem with; **~ a fuego lento** to simmer; **hervor** *nm* boiling; *(fig)* ardour, fervour.

heterosexual [eterosek'swal] *a* heterosexual.

hice *etc vb ver* **hacer**.

hidratante [iðra'tante] *a*: **crema ~** moisturizing cream, moisturizer.

hidráulico, a [i'ðrauliko, a] *a* hydraulic // *nf* hydraulics *sg*.

hidro... [iðro] *pref* hydro..., water-...; **~eléctrico, a** *a* hydroelectric; **~fobia** *nf* hydrophobia, rabies; **hidrógeno** *nm* hydrogen.

hiedra ['jeðra] *nf* ivy.

hiel [jel] *nf* gall, bile; *(fig)* bitterness.

hiela *etc vb ver* **helar**.

hielo ['jelo] *nm* *(gen)* ice; *(escarcha)* frost; *(fig)* coldness, reserve.

hiena ['jena] *nf* hyena.

hierba ['jerβa] *nf* *(pasto)* grass; *(CULIN, MED: planta)* herb; **mala ~** weed; *(fig)* evil influence; **~buena** *nf* mint.

hierro ['jerro] *nm* *(metal)* iron; *(objeto)* iron object.

hígado ['iɣaðo] *nm* liver.

higiene [i'xjene] *nf* hygiene; **higiénico, a** *a* hygienic.

higo ['iɣo] *nm* fig; **higuera** *nf* fig tree.

hijastro, a [i'xastro, a] *nm/f* stepson/daughter.

hijo, a ['ixo, a] *nm/f* son/daughter, child; **~s** *nmpl* children, sons and daughters; **~ de papá/mamá** daddy's/mummy's boy; **~ de puta** *(fam!)* bastard (!), son of a bitch (!).

hilar [i'lar] *vt* to spin; **~ fino** to split hairs.

hilera [i'lera] *nf* row, file.

hilo ['ilo] *nm* thread; *(BOT)* fibre; *(metal)* wire; *(de agua)* trickle, thin stream; *(de luz)* beam, ray.

hilvanar [ilβa'nar] *vt* *(COSTURA)* to tack *(Brit)*, baste *(US)*; *(fig)* to do hurriedly.

himno ['imno] *nm* hymn; **~ nacional** national anthem.

hincapié [inka'pje] *nm*: **hacer ~ en** to emphasize.

hincar [in'kar] *vt* to drive (in), thrust (in); **~se** *vr*: **~se de rodillas** to kneel down.

hincha ['intʃa] *nm/f* *(fam)* fan.

hinchado, a [in'tʃaðo, a] *a* *(gen)* swollen; *(persona)* pompous.

hinchar [in'tʃar] *vt* *(gen)* to swell; *(inflar)* to blow up, inflate; *(fig)* to exaggerate; **~se** *vr* *(inflarse)* to swell up; *(fam: llenarse)* to stuff o.s.; **hinchazón** *nf* *(MED)* swelling; *(altivez)* arrogance.

hinojo [i'noxo] *nm* fennel.

hipermercado [ipermer'kaðo] *nm* hypermarket, superstore.

hipnotismo [ipno'tismo] *nm* hypnotism; **hipnotizar** *vt* to hypnotize.

hipo ['ipo] *nm* hiccups *pl*.

hipocresía [ipokre'sia] *nf* hypocrisy; **hipócrita** *a* hypocritical // *nm/f* hypocrite.

hipódromo [i'poðromo] *nm* racetrack.

hipopótamo [ipo'potamo] *nm* hippopotamus.

hipoteca [ipo'teka] *nf* mortgage.

hipótesis [i'potesis] *nf inv* hypothesis.

hiriente [i'rjente] *a* offensive, wounding.

hispánico, a [is'paniko, a] *a* Hispanic.

hispano, a [is'pano, a] *a* Hispanic, Spanish, Hispano- // *nm/f* Spaniard; **H~américa** *nf* Spanish *o* Latin America; **~americano, a** *a*, *nm/f* Spanish *o* Latin American.

histeria [is'terja] *nf* hysteria.

historia [is'torja] *nf* history; (*cuento*) story, tale; **~s** *nfpl* (*chismes*) gossip *sg*; **dejarse de ~s** to come to the point; **pasar a la ~** to go down in history; **~dor, a** *nm/f* historian; **historiar** *vt* to chronicle, write the history of; **histórico, a** *a* historical; (*fig*) historic.

historieta [isto'rjeta] *nf* tale, anecdote; (*dibujos*) comic strip.

hito ['ito] *nm* (*fig*) landmark; (*objetivo*) goal, target.

hizo *vb ver* **hacer**.

Hnos *abr* (= *Hermanos*) Bros.

hocico [o'θiko] *nm* snout; (*fig*) grimace.

hockey ['xoki] *nm* hockey; **~ sobre hielo** ice hockey.

hogar [o'ɣar] *nm* fireplace, hearth; (*casa*) home; (*vida familiar*) home life; **~eño, a** *a* home; (*persona*) home-loving.

hoguera [o'ɣera] *nf* (*gen*) bonfire.

hoja ['oxa] *nf* (*gen*) leaf; (*de flor*) petal; (*de papel*) sheet; (*página*) page; **~ de afeitar** razor blade.

hojalata [oxa'lata] *nf* tin(plate).

hojaldre [o'xaldre] *nm* (*CULIN*) puff pastry.

hojear [oxe'ar] *vt* to leaf through, turn the pages of.

hola ['ola] *excl* hello!

Holanda [o'landa] *nf* Holland; **holandés, esa** *a* Dutch // *nm/f* Dutchman/woman // *nm* (*LING*) Dutch.

holgado, a [ol'ɣaðo, a] *a* loose, baggy; (*rico*) well-to-do.

holgar [ol'ɣar] *vi* (*descansar*) to rest; (*sobrar*) to be superfluous; **huelga decir que** it goes without saying that.

holgazán, ana [olɣa'θan, ana] *a* idle, lazy // *nm/f* loafer.

holgura [ol'ɣura] *nf* looseness, bagginess; (*TEC*) play, free movement; (*vida*) comfortable living, luxury.

hollín [o'ʎin] *nm* soot.

hombre ['ombre] *nm* (*gen*) man; (*raza humana*): **el ~** man(kind); (*uno*) man // *excl*: ¡sí ~! (*claro*) of course!; (*para énfasis*) man, old boy; **~ de negocios** businessman; **~-rana** frogman; **~ de pro** honest man.

hombrera [om'brera] *nf* shoulder strap.

hombro ['ombro] *nm* shoulder.

hombruno, a [om'bruno, a] *a* mannish.

homenaje [ome'naxe] *nm* (*gen*) homage; (*tributo*) tribute.

homicida [omi'θiða] *a* homicidal // *nm/f* murderer; **homicidio** *nm* murder, homicide.

homosexual [omosek'swal] *a*, *nm/f* homosexual.

hondo, a ['ondo, a] *a* deep; **lo ~** the depth(s) (*pl*), the bottom; **~nada** *nf* hollow, depression; (*cañón*) ravine; (*GEO*) lowland; **hondura** *nf* depth, profundity.

Honduras [on'duras] *nf* Honduras.

hondureño, a [ondu'reɲo, a] *a*, *nm/f* Honduran.

honestidad [onesti'ðað] *nf* purity, chastity; (*decencia*) decency; **honesto, a** *a* chaste; decent, honest; (*justo*) just.

hongo ['ongo] *nm* (*BOT*: *gen*) fungus; (: *comestible*) mushroom; (: *venenoso*) toadstool.

honor [o'nor] *nm* (*gen*) honour; (*gloria*) glory; **en ~ a la verdad** to be fair; **~able** *a* honourable.

honorario, a [ono'rarjo, a] *a* honorary; **~s** *nmpl* fees.

honra ['onra] *nf* (*gen*) honour; (*renombre*) good name; **~dez** *nf* honesty; (*de persona*) integrity; **~do, a** *a* honest, upright.

honrar [on'rar] *vt* to honour; **~se** *vr*: **~se con algo/de hacer algo** to be honoured by sth/to do sth.

honroso, a [on'roso, a] *a* (*honrado*) honourable; (*respetado*) respectable.

hora ['ora] *nf* (*una* ~) hour; (*tiempo*) time; ¿qué ~ es? what time is it?; ¿a qué ~? at what time?; **media ~** half an hour; **a la ~ de recreo** at playtime; **a primera ~** first thing (in the morning); **a última ~** at the last moment; **a altas ~s** in the small hours; ¡a buena ~! about time, too!; **dar la ~** to strike the hour; **~s de oficina/de trabajo** office/working hours; **~s de visita** visiting hours; **~s extras** *o* **extraordinarias** overtime *sg*; **~s punta** rush hours.

horadar [ora'ðar] *vt* to drill, bore.

horario, a [o'rarjo, a] *a* hourly, hour *cpd* // *nm* timetable; **~ comercial** business hours *pl*.

horca ['orka] *nf* gallows *sg*.

horcajadas [orka'xaðas]: **a ~** *ad* astride.

horchata [or'tʃata] *nf* cold drink made from tiger nuts and water, tiger nut milk.

horda ['orða] *nf* horde.

horizontal [oriθon'tal] *a* horizontal.

horizonte [ori'θonte] *nm* horizon.

horma ['orma] *nf* mould.

hormiga [or'miɣa] *nf* ant; **~s** *nfpl* (*MED*) pins and needles.

hormigón [ormi'ɣon] *nm* concrete; **~ armado/pretensado** reinforced/prestressed concrete.

hormigueo [ormi'ɣeo] *nm* (*comezón*) itch; (*fig*) uneasiness.

hormona [or'mona] *nf* hormone.

hornada [or'naða] *nf* batch (of loaves *etc*).

hornillo [or'niʎo] *nm* (*cocina*) portable stove.

horno ['orno] *nm* (*CULIN*) oven; (*TEC*) furnace; alto ~ blast furnace.

horóscopo [o'roskopo] *nm* horoscope.

horquilla [or'kiʎa] *nf* hairpin; (*AGR*) pitchfork.

horrendo, a [o'rrendo, a] *a* horrendous, frightful.

horrible [o'rriβle] *a* horrible, dreadful.

horripilante [orripi'lante] *a* hair-raising, horrifying.

horror [o'rror] *nm* horror, dread; (*atrocidad*) atrocity; ¡qué ~! (*fam*) oh, my God!; ~izar *vt* to horrify, frighten; ~izarse *vr* to be horrified; ~oso, a *a* horrifying, ghastly.

hortaliza [orta'liθa] *nf* vegetable.

hortelano, a [orte'lano, a] *nm/f* (market) gardener.

hosco, a ['osko, a] *a* dark; (*persona*) sullen, gloomy.

hospedar [ospe'ðar] *vt* to put up; ~se *vr* to stay, lodge.

hospital [ospi'tal] *nm* hospital.

hospitalario, a [ospita'larjo, a] *a* (*acogedor*) hospitable; **hospitalidad** *nf* hospitality.

hostal [os'tal] *nm* small hotel.

hostelería [ostele'ria] *nf* hotel business o trade.

hostelero, a [oste'lero, a] *nm/f* innkeeper, landlord/lady.

hostia ['ostja] *nf* (*REL*) host, consecrated wafer; (*fam: golpe*) whack, punch // *excl*: ¡~(s)! (*fam!*) damn!

hostigar [osti'var] *vt* to whip; (*fig*) to harass, pester.

hostil [os'til] *a* hostile; ~idad *nf* hostility.

hotel [o'tel] *nm* hotel; ~ero, a *a* hotel *cpd* // *nm/f* hotelier.

hoy [oi] *ad* (*este día*) today; (*la actualidad*) now(adays) // *nm* present time; ~ (en) día now(adays).

hoyo ['ojo] *nm* hole, pit; **hoyuelo** *nm* dimple.

hoz [oθ] *nf* sickle.

hube *etc vb ver* **haber**.

hucha ['utʃa] *nf* money box.

hueco, a ['weko, a] *a* (*vacío*) hollow, empty; (*resonante*) booming // *nm* hollow, cavity.

huelga *etc vb ver* **holgar** // ['welɣa] *nf* strike; declararse en ~ to go on strike, come out on strike; ~ de hambre hunger strike.

huelgo *etc vb ver* **holgar**.

huelguista [wel'vista] *nm/f* striker.

huelo *etc vb ver* **oler**.

huella ['weʎa] *nf* (*acto de pisar, pisada*) tread(ing); (*marca del paso*) footprint,

footstep; (: *de animal, máquina*) track; ~ digital fingerprint.

huérfano, a ['werfano, a] *a* orphan(ed) // *nm/f* orphan.

huerta ['werta] *nf* market garden; (*en Murcia y Valencia*) irrigated region.

huerto ['werto] *nm* kitchen garden; (*de árboles frutales*) orchard.

hueso ['weso] *nm* (*ANAT*) bone; (*de fruta*) stone.

huésped, a ['wespeð, a] *nm/f* (*invitado*) guest; (*habitante*) resident; (*anfitrión*) host(ess).

huesudo, a [we'suðo, a] *a* bony, big-boned.

huevera [we'βera] *nf* eggcup.

huevo ['weβo] *nm* egg; ~ duro/escalfado/frito (*Esp*) o estrellado (*AM*)/pasado por agua hard-boiled/poached/fried/soft-boiled egg; ~s revueltos scrambled eggs.

huida [u'iða] *nf* escape, flight.

huidizo, a [ui'ðiθo, a] *a* (*tímido*) shy; (*pasajero*) fleeting.

huir [u'ir] *vi* (*escapar*) to flee, escape; (*evadir*) to avoid; ~se *vr* (*escaparse*) to escape.

hule ['ule] *nm* (*encerado*) oilskin.

humanidad [umani'ðað] *nf* (*género humano*) man(kind); (*cualidad*) humanity.

humano, a [u'mano, a] *a* (*gen*) human; (*humanitario*) humane // *nm* human; ser ~ human being.

humareda [uma'reða] *nf* cloud of smoke.

humedad [ume'ðað] *nf* (*del clima*) humidity; (*de pared etc*) dampness; a prueba de ~ damp-proof; **humedecer** *vt* to moisten, wet; **humedecerse** *vr* to get wet.

húmedo, a ['umeðo, a] *a* (*mojado*) damp, wet; (*tiempo etc*) humid.

humildad [umil'dað] *nf* humility, humbleness; **humilde** *a* humble, modest.

humillación [umiʎa'θjon] *nf* humiliation; **humillante** *a* humiliating.

humillar [umi'ʎar] *vt* to humiliate; ~se *vr* to humble o.s., grovel.

humo ['umo] *nm* (*de fuego*) smoke; (*gas nocivo*) fumes *pl*; (*vapor*) steam, vapour; ~s *nmpl* (*fig*) conceit *sg*.

humor [u'mor] *nm* (*disposición*) mood, temper; (*lo que divierte*) humour; de buen/mal ~ in a good/bad mood; ~ismo *nm* humour; ~ista *nm/f* comic; ~ístico, a *a* funny, humorous.

hundimiento [undi'mjento] *nm* (*gen*) sinking; (*colapso*) collapse.

hundir [un'dir] *vt* to sink; (*edificio, plan*) to ruin, destroy; ~se *vr* to sink, collapse.

húngaro, a ['ungaro, a] *a, nm/f* Hungarian.

Hungría [un'gria] *nf* Hungary.

huracán [ura'kan] *nm* hurricane.

huraño, a [u'raɲo, a] a shy; (antisocial) unsociable.

hurgar [ur'ɣar] vt to poke, jab; (remover) to stir (up); ~se vr: ~se (las narices) to pick one's nose.

hurón, ona [u'ron, ona] nm (ZOOL) ferret.

hurtadillas [urta'ðiʎas]: **a ~** ad stealthily, on the sly.

hurtar [ur'tar] vt to steal; **hurto** nm theft, stealing.

husmear [usme'ar] vt (oler) to sniff out, scent; (fam) to pry into // vi to smell bad.

huyo etc vb ver **huir**.

I

iba etc vb ver **ir**.

ibérico, a [i'ßeriko, a] a Iberian.

iberoamericano, a [ißeroameri'kano, a] a, nm/f Latin American.

íbice ['ißiθe] nm ibex.

Ibiza [i'ßiθa] nf Ibiza.

iceberg [iθe'ßer] nm iceberg.

ícono ['ikono] nm ikon, icon.

iconoclasta [ikono'klasta] a iconoclastic // nm/f iconoclast.

ictericia [ikte'riθja] nf jaundice.

ida ['iða] nf going, departure; **~ y vuelta** round trip, return.

idea [i'ðea] nf idea; **no tengo la menor ~** I haven't a clue.

ideal [iðe'al] a, nm ideal; **~ista** nm/f idealist; **~izar** vt to idealize.

idear [iðe'ar] vt to think up; (aparato) to invent; (viaje) to plan.

ídem ['iðem] pron ditto.

idéntico, a [i'ðentiko, a] a identical.

identidad [iðenti'ðað] nf identity.

identificación [iðentifika'θjon] nf identification.

identificar [iðentifi'kar] vt to identify; **~se** vr: **~se con** to identify with.

ideología [iðeolo'xia] nf ideology.

idioma [i'ðjoma] nm (gen) language.

idiota [i'ðjota] a idiotic // nm/f idiot; **idiotez** nf idiocy.

ídolo ['iðolo] nm (tb: fig) idol.

idóneo, a [i'ðoneo, a] a suitable.

iglesia [i'ɣlesja] nf church.

ignominia [iɣno'minja] nf ignominy.

ignorancia [iɣno'ranθja] nf ignorance; **ignorante** a ignorant, uninformed // nm/f ignoramus.

ignorar [iɣno'rar] vt not to know, be ignorant of; (no hacer caso a) to ignore.

igual [i'ɣwal] a (gen) equal; (similar) like, similar; (mismo) (the) same; (constante) constant; (temperatura) even // nm/f equal; **~ que** like, the same as; **me da** o **es ~** I don't care; **son ~es** they're the same; **al ~ que** prep, conj like, just like.

igualada [iɣwa'laða] nf equaliser.

igualar [iɣwa'lar] vt (gen) to equalize, make equal; (allanar, nivelar) to level (off), even (out); ~se vr (platos de balanza) to balance out.

igualdad [iɣwal'dað] nf equality; (similaridad) sameness; (uniformidad) uniformity.

igualmente [iɣwal'mente] ad equally; (también) also, likewise // excl the same to you!

ikurriña [iku'rriɲa] nf Basque flag.

ilegal [ile'ɣal] a illegal.

ilegítimo, a [ile'xitimo, a] a illegitimate.

ileso, a [i'leso, a] a unhurt.

ilícito, a [i'liθito] a illicit.

ilimitado, a [ilimi'taðo, a] a unlimited.

ilógico, a [i'loxiko, a] a illogical.

iluminación [ilumina'θjon] nf illumination; (alumbrado) lighting.

iluminar [ilumi'nar] vt to illuminate, light (up); (fig) to enlighten.

ilusión [ilu'sjon] nf illusion; (quimera) delusion; (esperanza) hope; **hacerse ilusiones** to build up one's hopes; **ilusionado, a** a excited.

ilusionista [ilusjo'nista] nm/f conjurer.

iluso, a [i'luso, a] a easily deceived // nm/f dreamer.

ilusorio, a [ilu'sorjo, a] a (de ilusión) illusory, deceptive; (esperanza) vain.

ilustración [ilustra'θjon] nf illustration; (saber) learning, erudition; **la I~** the Enlightenment; **ilustrado, a** a illustrated; learned.

ilustrar [ilus'trar] vt to illustrate; (instruir) to instruct; (explicar) to explain, make clear; **~se** vr to acquire knowledge.

ilustre [i'lustre] a famous, illustrious.

imagen [i'maxen] nf (gen) image; (dibujo) picture.

imaginación [imaxina'θjon] nf imagination.

imaginar [imaxi'nar] vt (gen) to imagine; (idear) to think up; (suponer) to suppose; **~se** vr to imagine; **~io, a** a imaginary; **imaginativo, a** a imaginative.

imán [i'man] nm magnet.

imbécil [im'beθil] nm/f imbecile, idiot.

imbuir [imbu'ir] vi to imbue.

imitación [imita'θjon] nf imitation.

imitar [imi'tar] vt to imitate; (parodiar, remedar) to mimic, ape.

impaciencia [impa'θjenθja] nf impatience; **impaciente** a impatient; (nervioso) anxious.

impacto [im'pakto] nm impact.

impar [im'par] a odd.

imparcial [impar'θjal] a impartial, fair; **~idad** nf impartiality, fairness.

impartir [impar'tir] vt to impart, give.

impasible [impa'sißle] a impassive.

impávido, a [im'paßiðo, a] a fearless,

intrepid.

impecable [impe'kaßle] a impeccable.

impedimento [impeði'mento] nm impediment, obstacle.

impedir [impe'ðir] vt (obstruir) to impede, obstruct; (estorbar) to prevent.

impeler [impe'ler] vt to drive, propel; (fig) to impel.

impenetrable [impene'traßle] a impenetrable; (fig) incomprehensible.

imperar [impe'rar] vi (reinar) to rule, reign; (fig) to prevail, reign; (precio) to be current.

imperativo, a [impera'tißo, a] a (persona) imperious; (urgente, LING) imperative.

imperceptible [imperθep'tißle] a imperceptible.

imperdible [imper'ðißle] nm safety pin.

imperdonable [imperðo'naßle] a unforgivable, inexcusable.

imperfección [imperfek'θjon] nf imperfection.

imperfecto, a [imper'fekto, a] a imperfect.

imperial [impe'rjal] a imperial; **~ismo** nm imperialism.

imperio [im'perjo] nm empire; (autoridad) rule, authority; (fig) pride, haughtiness; **~so, a** a imperious; (urgente) urgent; (imperativo) imperative.

impermeable [imperme'aßle] a (a prueba de agua) waterproof // nm raincoat.

impersonal [imperso'nal] a impersonal.

impertérrito, a [imper'territo, a] a undaunted.

impertinencia [imperti'nenθja] nf impertinence; **impertinente** a impertinent.

imperturbable [impertur'ßaßle] a imperturbable.

ímpetu ['impetu] nm (impulso) impetus, impulse; (impetuosidad) impetuosity; (violencia) violence.

impetuoso, a [impe'twoso, a] a impetuous; (río) rushing; (acto) hasty.

impío, a [im'pio, a] a impious, ungodly.

implacable [impla'kaßle] a implacable.

implicar [impli'kar] vt to implicate, involve; (entrañar) to imply.

implícito, a [im'pliθito, a] a (tácito) implicit; (sobreentendido) implied.

implorar [implo'rar] vt to beg, implore.

imponente [impo'nente] a (impresionante) impressive, imposing; (solemne) grand.

imponer [impo'ner] vt (gen) to impose; (exigir) to exact, command; **~se** vr to assert o.s.; (prevalecer) to prevail; **imponible** a (COM) taxable.

impopular [impopu'lar] a unpopular.

importación [importa'θjon] nf (acto) importing; (mercancías) imports pl.

importancia [impor'tanθja] nf importance; (valor) value, significance; (extensión) size, magnitude; **importante** a important; valuable, significant.

importar [impor'tar] vt (del extranjero) to import; (valer) to amount to, be worth // vi to be important, matter; me importa un rábano I don't give a damn; no importa it doesn't matter; ¿le importa que fume? do you mind if I smoke?

importe [im'porte] nm (total) amount; (valor) value.

importunar [importu'nar] vt to bother, pester.

imposibilidad [imposißili'ðað] nf impossibility; **imposibilitar** vt to make impossible, prevent.

imposible [impo'sißle] a (gen) impossible; (insoportable) unbearable, intolerable.

imposición [imposi'θjon] nf imposition; (COM: impuesto) tax; (: inversión) deposit.

impostor, a [impos'tor, a] nm/f impostor.

impotencia [impo'tenθja] nf impotence; **impotente** a impotent, powerless.

impracticable [imprakti'kaßle] a (irrealizable) impracticable; (intransitable) impassable.

imprecar [impre'kar] vi to curse.

impreciso, a [impre'θiso, a] a imprecise, vague.

impregnar [impreɣ'nar] vt to impregnate; **~se** vr to become impregnated.

imprenta [im'prenta] nf (acto) printing; (aparato) press; (casa) printer's; (letra) print.

imprescindible [impresθin'dißle] a essential, vital.

impresión [impre'sjon] nf (gen) impression; (IMPRENTA) printing; (edición) edition; (FOTO) print; (marca) imprint; **~ digital** fingerprint.

impresionable [impresjo'naßle] a (sensible) impressionable.

impresionante [impresjo'nante] a impressive; (tremendo) tremendous; (maravilloso) great, marvellous.

impresionar [impresjo'nar] vt (conmover) to move; (afectar) to impress, strike; (película fotográfica) to expose; **~se** vr to be impressed; (conmoverse) to be moved.

impreso, a pp de **imprimir** // [im'preso, a] a printed **~s** nmpl; printed matter; **impresora** nf printer.

imprevisto, a [impre'ßisto, a] a (gen) unforeseen; (inesperado) unexpected **~s** nmpl; (gastos) unforeseen expenses.

imprimir [impri'mir] vt to imprint, impress, stamp; (textos) to print; (IN-

FORM) to output, print out.
improbable [impro'βaβle] *a* improbable;
(*inverosímil*) unlikely.
improcedente [improθe'δente] *a* inappropriate.
improductivo, a [improδuk'tiβo, a] *a* unproductive.
improperio [impro'perjo] *nm* insult.
impropiedad [impropje'δaδ] *nf* impropriety (of language).
impropio, a [im'propjo, a] *a* improper.
improvisación [improβisa'θjon] *nf* improvisation; **improvisado, a** *a* improvised.
improvisar [improβi'sar] *vt* to improvise.
improviso, a [impro'βiso, a] *a*: de ~ unexpectedly, suddenly.
imprudencia [impru'δenθja] *nf* imprudence; (*indiscreción*) indiscretion; (*descuido*) carelessness; **imprudente** *a* imprudent; indiscreet; (*irreflexivo*) unwise.
impúdico, a [im'puδiko, a] *a* shameless; (*lujurioso*) lecherous.
impudor [impu'δor] *nm* shamelessness; (*lujuria*) lechery.
impuesto, a [im'pwesto, a] *a* imposed // *nm* tax; ~ sobre el valor añadido (IVA) value added tax (VAT).
impugnar [impux'nar] *vt* to oppose, contest; (*refutar*) to refute, impugn.
impulsar [impul'sar] *vt* = **impeler**.
impulso [im'pulso] *nm* impulse; (*fuerza, empuje*) thrust, drive; (*fig: sentimiento*) urge, impulse.
impune [im'pune] *a* unpunished; **impunidad** *nf* impunity.
impureza [impu'reθa] *nf* impurity; (*fig*) lewdness; **impuro, a** *a* impure; lewd.
imputar [impu'tar] *vt* (*atribuir*) to attribute to; (*cargar*) to impute to.
inacabable [inaka'βaβle] *a* (*infinito*) endless; (*interminable*) interminable.
inaccesible [inakθe'siβle] *a* inaccessible.
inacción [inak'θjon] *nf* (*gen*) inaction; (*desocupación*) inactivity.
inaceptable [inaθep'taβle] *a* unacceptable.
inactividad [inaktiβi'δaδ] *nf* inactivity; (*COM*) dullness; **inactivo, a** *a* inactive.
inadaptación [inaδapta'θjon] *nf* maladjustment.
inadecuado, a [inaδe'kwaδo, a] *a* (*insuficiente*) inadequate; (*inapto*) unsuitable.
inadmisible [inaδmi'siβle] *a* inadmissible.
inadvertido, a [inaδβer'tiδo, a] *a* (*no visto*) unnoticed.
inagotable [inaγo'taβle] *a* inexhaustible.
inaguantable [inaγwan'taβle] *a* unbearable.
inalterable [inalte'raβle] *a* immutable, unchangeable.
inanición [inani'θjon] *nf* starvation.

inanimado, a [inani'maδo, a] *a* inanimate.
inapto, a [in'apto] *a* unsuited.
inaudito, a [inau'δito, a] *a* unheard-of.
inauguración [inauγura'θjon] *nf* inauguration; (*de exposición*) opening; **inaugurar** *vt* to inaugurate; to open.
I.N.B. *abr* (*Esp* = *Instituto Nacional de Bachillerato*) ≈ comprehensive school (*Brit*), ≈ high school (*US*).
inca ['inka] *nm/f* Inca; ~ico, a *a* Inca *cpd*.
incalculable [inkalku'laβle] *a* incalculable.
incandescente [inkandes'θente] *a* incandescent.
incansable [inkan'saβle] *a* tireless, untiring.
incapacidad [inkapaθi'δaδ] *nf* incapacity; (*incompetencia*) incompetence; ~ física/mental physical/mental disability.
incapacitar [inkapaθi'tar] *vt* (*inhabilitar*) to incapacitate, render unfit; (*descalificar*) to disqualify.
incapaz [inka'paθ] *a* incapable.
incautación [inkauta'θjon] *nf* confiscation.
incautarse [inkau'tarse] *vr*: ~ de to seize, confiscate.
incauto, a [in'kauto, a] *a* (*imprudente*) incautious, unwary.
incendiar [inθen'djar] *vt* to set fire to; (*fig*) to inflame; ~se *vr* to catch fire; ~io, a *a* incendiary.
incendio [in'θendjo] *nm* fire.
incentivo [inθen'tiβo] *nm* incentive.
incertidumbre [inθerti'δumbre] *nf* (*inseguridad*) uncertainty; (*duda*) doubt.
incesante [inθe'sante] *a* incessant.
incesto [in'θesto] *nm* incest.
incidencia [inθi'δenθja] *nf* (*MAT*) incidence.
incidente [inθi'δente] *nm* incident.
incidir [inθi'δir] *vi* (*influir*) to influence; (*afectar*) to affect; ~ en un error to fall into error.
incienso [in'θjenso] *nm* incense.
incierto, a [in'θjerto, a] *a* uncertain.
incineración [inθinera'θjon] *nf* incineration; (*de cadáveres*) cremation.
incinerar [inθine'rar] *vt* to burn; (*cadáveres*) to cremate.
incipiente [inθi'pjente] *a* incipient.
incisión [inθi'sjon] *nf* incision.
incisivo, a [inθi'siβo, a] *a* sharp, cutting; (*fig*) incisive.
incitar [inθi'tar] *vt* to incite, rouse.
incivil [inθi'βil] *a* rude, uncivil.
inclemencia [inkle'menθja] *nf* (*severidad*) harshness, severity; (*del tiempo*) inclemency.
inclinación [inklina'θjon] *nf* (*gen*) inclination; (*de tierras*) slope, incline; (*de cabeza*) nod, bow; (*fig*) leaning, bent.

inclinar [iŋkli'nar] vt to incline; (cabeza) to nod, bow; (tierras) to slope; ~se vr to bow; (encorvarse) to stoop; ~se a to take after, resemble; ~se ante to bow down to; **me inclino a pensar que** I'm inclined to think that.

incluir [iŋklu'ir] vt to include; (incorporar) to incorporate; (meter) to enclose.

inclusive [iŋklu'siße] ad inclusive // prep including.

incluso, a [iŋ'kluso, a] a included // ad inclusively; (hasta) even.

incógnito [iŋ'koɣnito] nm: **de ~** incognito.

incoherente [iŋkoe'rente] a incoherent.

incoloro, a [iŋko'loro, a] a colourless.

incólume [iŋ'kolume] a (gen) safe; (indemne) unhurt, unharmed.

incomodar [iŋkomo'ðar] vt to inconvenience; (molestar) to bother, trouble; (fastidiar) to annoy; ~se vr to put o.s. out; (fastidiarse) to get annoyed.

incomodidad [iŋkomoði'ðað] nf inconvenience; (fastidio, enojo) annoyance; (de vivienda) discomfort.

incómodo, a [iŋ'komoðo, a] a (inconfortable) uncomfortable; (molesto) annoying; (inconveniente) inconvenient.

incomparable [iŋkompa'raßle] a incomparable.

incompatible [iŋkompa'tißle] a incompatible.

incompetencia [iŋkompe'tenθja] nf incompetence; **incompetente** a incompetent.

incompleto, a [iŋkom'pleto, a] a incomplete, unfinished.

incomprensible [iŋkompren'sißle] a incomprehensible.

incomunicado, a [iŋkomuni'kaðo, a] a (aislado) cut off, isolated; (confinado) in solitary confinement.

inconcebible [iŋkonθe'ßißle] a inconceivable.

inconcluso, a [iŋkon'kluso, a] a (inacabado) unfinished.

incondicional [iŋkondiθjo'nal] a unconditional; (apoyo) wholehearted; (partidario) staunch.

inconexo, a [iŋko'nekso, a] a (gen) unconnected; (desunido) disconnected.

inconfundible [iŋkonfun'dißle] a unmistakable.

incongruente [iŋkon'grwente] a incongruous.

inconmensurable [iŋkonmensu'raßle] a immeasurable, vast.

inconsciencia [iŋkons'θjenθja] nf unconsciousness; (fig) thoughtlessness; **inconsciente** a unconscious; thoughtless.

inconsecuente [iŋkonse'kwente] a inconsistent.

inconsiderado, a [iŋkonside'raðo, a] a inconsiderate.

inconsistente [iŋkonsis'tente] a weak; (tela) flimsy.

inconstancia [iŋkon'stanθja] nf (veleidad) inconstancy; (inestabilidad) unsteadiness; **inconstante** a inconstant.

incontable [iŋkon'taßle] a countless, innumerable.

incontestable [iŋkontes'taßle] a unanswerable; (innegable) undeniable.

incontinencia [iŋkonti'nenθja] nf incontinence.

inconveniencia [iŋkonße'njenθja] nf unsuitability, inappropriateness; (descortesía) impoliteness; **inconveniente** a unsuitable; impolite // nm obstacle; (desventaja) disadvantage; **el inconveniente es que...** the trouble is that...

incorporación [iŋkorpora'θjon] nf incorporation.

incorporar [iŋkorpo'rar] vt to incorporate; ~se vr to sit/stand up.

incorrección [iŋkorrek'θjon] nf (gen) incorrectness, inaccuracy; (descortesía) bad-mannered behaviour; **incorrecto, a** a (gen) incorrect, wrong; (comportamiento) bad-mannered.

incorregible [iŋkorre'xißle] a incorrigible.

incredulidad [iŋkreðuli'ðað] nf incredulity; (escepticismo) scepticism; **incrédulo, a** a incredulous, unbelieving, sceptical.

increíble [iŋkre'ißle] a incredible.

incremento [iŋkre'mento] nm increment; (aumento) rise, increase.

increpar [iŋkre'par] vt to reprimand.

incruento, a [iŋ'krwento, a] a bloodless.

incrustar [iŋkrus'tar] vt to incrust; (piedras: en joya) to inlay.

incubar [iŋku'ßar] vt to incubate; (fig) to hatch.

inculcar [iŋkul'kar] vt to inculcate.

inculpar [iŋkul'par] vt (acusar) to accuse; (achacar, atribuir) to charge, blame.

inculto, a [iŋ'kulto, a] a (persona) uneducated; (grosero) uncouth // nm/f ignoramus.

incumplimiento [iŋkumpli'mjento] nm non-fulfilment; **~ de contrato** breach of contract.

incurrir [iŋku'rrir] vi: **~ en** to incur; (crimen) to commit; **~ en un error** to fall into error.

indagación [indaɣa'θjon] nf investigation; (búsqueda) search; (JUR) inquest.

indagar [inda'ɣar] vt to investigate; to search; (averiguar) to ascertain.

indecente [inde'θente] a indecent, improper; (lascivo) obscene.

indecible [inde'θißle] a unspeakable; (indescriptible) indescribable.

indeciso, a [inde'θiso, a] a (por decidir)

undecided; (*vacilante*) hesitant.

indefenso, a [inde'fenso, a] *a* defenceless.

indefinido, a [indefi'niðo, a] *a* indefinite; (*vago*) vague, undefined.

indeleble [inde'leßle] *a* indelible.

indemne [in'demne] *a* (*objeto*) undamaged; (*persona*) unharmed, unhurt.

indemnizar [indemni'θar] *vt* to indemnify; (*compensar*) to compensate.

independencia [indepen'denθja] *nf* independence.

independiente [indepen'djente] *a* (*libre*) independent; (*autónomo*) self-sufficient.

indeterminado, a [indetermi'naðo, a] *a* indefinite; (*desconocido*) indeterminate.

India ['indja] *nf*: la ~ India.

indicación [indika'θjon] *nf* indication; (*señal*) sign; (*sugerencia*) suggestion, hint.

indicador [indika'ðor] *nm* indicator; (*TEC*) gauge, meter.

indicar [indi'kar] *vt* (*mostrar*) to indicate, show; (*termómetro etc*) to read, register; (*señalar*) to point to.

índice ['indiθe] *nm* index; (*catálogo*) catalogue; (*ANAT*) index finger, forefinger.

indicio [in'diθjo] *nm* indication, sign; (*pista*) clue.

indiferencia [indife'renθja] *nf* indifference; (*apatía*) apathy; **indiferente** *a* indifferent.

indígena [in'dixena] *a* indigenous, native // *nmf* native.

indigencia [indi'xenθja] *nf* poverty, need.

indigestión [indixes'tjon] *nf* indigestion.

indigesto, a [indi'xesto, a] *a* undigested; (*indigestible*) indigestible; (*fig*) turgid.

indignación [indiɣna'θjon] *nf* indignation.

indignar [indiɣ'nar] *vt* to anger, make indignant; ~**se** *vr*: ~**se por** to get indignant about.

indigno, a [in'diɣno, a] *a* (*despreciable*) low, contemptible; (*inmerecido*) unworthy.

indio, a ['indjo, a] *a, nm/f* Indian.

indirecta [indi'rekta] *nf* insinuation, innuendo; (*sugerencia*) hint.

indirecto, a [indi'rekto, a] *a* indirect.

indiscreción [indiskre'θjon] *nf* (*imprudencia*) indiscretion; (*irreflexión*) tactlessness; (*acto*) gaffe, faux pas.

indiscreto, a [indis'kreto, a] *a* indiscreet.

indiscutible [indisku'tißle] *a* indisputable, unquestionable.

indispensable [indispen'saßle] *a* indispensable, essential.

indisponer [indispo'ner] *vt* to spoil, upset; (*salud*) to make ill; ~**se** *vr* to fall ill; ~**se con uno** to fall out with sb.

indisposición [indisposi'θjon] *nf* indisposition.

indistinto, a [indis'tinto, a] *a* indistinct; (*vago*) vague.

individual [indiβi'ðwal] *a* individual; (*habitación*) single // *nm* (*DEPORTE*) singles *sg*.

individuo, a [indi'βiðwo, a] *a* individual // *nm* individual.

índole ['indole] *nf* (*naturaleza*) nature; (*clase*) sort, kind.

indolencia [indo'lenθja] *nf* indolence, laziness.

indómito, a [in'domito, a] *a* indomitable.

inducir [indu'θir] *vt* to induce; (*inferir*) to infer; (*persuadir*) to persuade.

indudable [indu'ðaßle] *a* undoubted; (*incuestionable*) unquestionable.

indulgencia [indul'xenθja] *nf* indulgence.

indultar [indul'tar] *vt* (*perdonar*) to pardon, reprieve; (*librar de pago*) to exempt; **indulto** *nm* pardon; exemption.

industria [in'dustrja] *nf* industry; (*habilidad*) skill; **industrial** *a* industrial // *nm* industrialist.

inédito, a [in'eðito, a] *a* (*libro*) unpublished; (*fig*) new.

inefable [ine'faßle] *a* ineffable, indescribable.

ineficaz [inefi'kaθ] *a* (*inútil*) ineffective; (*ineficiente*) inefficient.

ineludible [inelu'ðißle] *a* inescapable, unavoidable.

ineptitud [inepti'tuð] *nf* ineptitude, incompetence; **inepto, a** *a* inept, incompetent.

inequívoco, a [ine'kiβoko, a] *a* unequivocal; (*inconfundible*) unmistakable.

inercia [in'erθja] *nf* inertia; (*pasividad*) passivity.

inerme [in'erme] *a* (*sin armas*) unarmed; (*indefenso*) defenceless.

inerte [in'erte] *a* inert; (*inmóvil*) motionless.

inesperado, a [inespe'raðo, a] *a* unexpected, unforeseen.

inestable [ines'taßle] *a* unstable.

inevitable [ineβi'taßle] *a* inevitable.

inexactitud [ineksakti'tuð] *nf* inaccuracy; **inexacto, a** *a* inaccurate; (*falso*) untrue.

inexperto, a [inek'sperto, a] *a* (*novato*) inexperienced.

infalible [infa'lißle] *a* infallible; (*plan*) foolproof.

infame [in'fame] *a* infamous; (*horrible*) dreadful; **infamia** *nf* infamy; (*deshonra*) disgrace.

infancia [in'fanθja] *nf* infancy, childhood.

infante [in'fante] *nm* (*hijo del rey*) infante, prince; (*MIL*) infantryman.

infantería [infante'ria] *nf* infantry.

infantil [infan'til] *a* (*pueril, aniñado*) infantile; (*cándido*) childlike; (*literatura, ropa etc*) children's.

infarto [in'farto] *nm* (*tb*: ~ **de**

miocardio) heart attack.
infatigable [infati'vaßle] *a* tireless, untiring.
infección [infek'θjon] *nf* infection; **infeccioso, a** *a* infectious.
infectar [infek'tar] *vt* to infect; ~**se** *vr* to become infected.
infeliz [infe'liθ] *a* unhappy, wretched // *nm/f* wretch.
inferior [infe'rjor] *a* inferior; (*situación*) lower // *nm/f* inferior, subordinate.
inferir [infe'rir] *vt* (*deducir*) to infer, deduce; (*causar*) to cause.
infestar [infes'tar] *vt* (*apestar*) to infest; (*fig*) to harass.
infidelidad [infiðeli'ðað] *nf* (*gen*) infidelity, unfaithfulness.
infiel [in'fjel] *a* unfaithful, disloyal; (*erróneo*) inaccurate // *nm/f* infidel, unbeliever.
infierno [in'fjerno] *nm* hell.
ínfimo, a ['infimo, a] *a* (*más bajo*) lowest; (*despreciable*) vile, mean.
infinidad [infini'ðað] *nf* infinity; (*abundancia*) great quantity.
infinito, a [infi'nito, a] *a*, *nm* infinite.
inflación [infla'θjon] *nf* (*hinchazón*) swelling; (*monetaria*) inflation; (*fig*) conceit; **inflacionario, a** *a* inflationary.
inflamar [infla'mar] *vt* to set on fire; (*MED*) to inflame; ~**se** *vr* to catch fire; (*fig*) to become inflamed.
inflar [in'flar] *vt* (*hinchar*) to inflate, blow up; (*fig*) to exaggerate; ~**se** *vr* to swell (up); (*fig*) to get conceited.
inflexible [inflek'sißle] *a* inflexible; (*fig*) unbending.
infligir [infli'xir] *vt* to inflict.
influencia [influ'enθja] *nf* influence; **influenciar** *vt* to influence.
influir [influ'ir] *vt* to influence.
influjo [in'fluxo] *nm* influence.
influya *etc vb ver* **influir.**
influyente [influ'jente] *a* influential.
información [informa'θjon] *nf* information; (*noticias*) news *sg*; (*JUR*) inquiry; **I~** (*oficina*) Information Office; (*mostrador*) Information Desk; (*TEL*) Directory Enquiries.
informal [infor'mal] *a* (*gen*) informal.
informante [infor'mante] *nm/f* informant.
informar [infor'mar] *vt* (*gen*) to inform; (*revelar*) to reveal, make known // *vi* (*JUR*) to plead; (*denunciar*) to inform; (*dar cuenta de*) to report on; ~**se** *vr* to find out; ~**se de** to inquire into.
informática [infor'matika] *nf* computer science, information technology.
informe [in'forme] *a* shapeless // *nm* report.
infortunio [infor'tunjo] *nm* misfortune.
infracción [infrak'θjon] *nf* infraction, infringement.
infranqueable [infranke'aßle] *a* impass-

able; (*fig*) insurmountable.
infringir [infrin'xir] *vt* to infringe, contravene.
infructuoso, a [infruk'twoso, a] *a* fruitless, unsuccessful.
infundado, a [infun'daðo, a] *a* groundless, unfounded.
infundir [infun'dir] *vt* to infuse, instil.
infusión [infu'sjon] *nf* infusion; ~ **de manzanilla** camomile tea.
ingeniar [inxe'njar] *vt* to think up, devise; ~**se** *vr*: ~**se para** to manage to.
ingeniería [inxenje'ria] *nf* engineering; **ingeniero, a** *nm/f* engineer; **ingeniero de caminos/de sonido** civil engineer/sound engineer.
ingenio [in'xenjo] *nm* (*talento*) talent; (*agudeza*) wit; (*habilidad*) ingenuity, inventiveness; (*TEC*): ~ **azucarero** sugar refinery.
ingenioso, a [inxe'njoso, a] *a* ingenious, clever; (*divertido*) witty.
ingenuidad [inxenwi'ðað] *nf* ingenuousness; (*sencillez*) simplicity; **ingenuo, a** *a* ingenuous.
ingerir [inxe'rir] *vt* to ingest; (*tragar*) to swallow; (*consumir*) to consume.
Inglaterra [ingla'terra] *nf* England.
ingle ['ingle] *nf* groin.
inglés, esa [in'gles, esa] *a* English // *nm/f* Englishman/woman // *nm* (*LING*) English.
ingratitud [ingrati'tuð] *nf* ingratitude; **ingrato, a** *a* (*gen*) ungrateful.
ingrediente [ingre'ðjente] *nm* ingredient.
ingresar [ingre'sar] *vt* (*dinero*) to deposit // *vi* to come in; ~ **en un club** to join a club; ~ **en el hospital** to go into hospital.
ingreso [in'greso] *nm* (*entrada*) entry; (: *en hospital etc*) admission; ~**s** *nmpl* (*dinero*) income *sg*; (: *COM*) takings *pl*.
inhabitable [inaßi'taßle] *a* uninhabitable.
inhalar [ina'lar] *vt* to inhale.
inherente [ine'rente] *a* inherent.
inhibir [ini'ßir] *vt* to inhibit; (*REL*) to restrain.
inhumano, a [inu'mano, a] *a* inhuman.
INI ['ini] *nm abr* (*Esp* = *Instituto Nacional de Industria*) ≈ NEB (*Brit*).
inicial [ini'θjal] *a*, *nf* initial.
iniciar [ini'θjar] *vt* (*persona*) to initiate; (*empezar*) to begin, commence; (*conversación*) to start up.
iniciativa [iniθja'tißa] *nf* initiative; **la ~ privada** private enterprise.
inicuo, a [in'ikwo, a] *a* iniquitous.
ininterrumpido, a [ininterrum'piðo, a] *a* uninterrupted.
injerencia [inxe'renθja] *nf* interference.
injertar [inxer'tar] *vt* to graft; **injerto** *nm* graft.
injuria [in'xurja] *nf* (*agravio*, *ofensa*) offence; (*insulto*) insult; **injuriar** *vt* to insult; **injurioso, a** *a* offensive; insulting.

injusticia [inxus'tiθja] *nf* injustice.
injusto, a [in'xusto, a] *a* unjust, unfair.
inmadurez [inmaðu'reθ] *nf* immaturity.
inmediaciones [inmeðja'θjones] *nfpl* neighbourhood *sg*, environs.
inmediato, a [inme'ðjato, a] *a* immediate; (*contiguo*) adjoining; (*rápido*) prompt; (*próximo*) neighbouring, next; de ~ immediately.
inmejorable [inmexo'raßle] *a* unsurpassable; (*precio*) unbeatable.
inmenso, a [in'menso, a] *a* immense, huge.
inmerecido, a [inmere'θiðo, a] *a* undeserved.
inmigración [inmiɣra'θjon] *nf* immigration.
inmiscuirse [inmisku'irse] *vr* to interfere, meddle.
inmobiliario, a [inmoßi'ljarjo, a] *a* real-estate *cpd*, property *cpd* // *nf* estate agency.
inmolar [inmo'lar] *vt* to immolate, sacrifice.
inmoral [inmo'ral] *a* immoral.
inmortal [inmor'tal] *a* immortal; ~izar *vt* to immortalize.
inmóvil [in'moßil] *a* immobile.
inmueble [in'mweßle] *a*: bienes ~s real estate, landed property // *nm* property.
inmundicia [inmun'diθja] *nf* filth; **inmundo, a** *a* filthy.
inmunidad [inmuni'ðað] *nf* immunity.
inmutarse [inmu'tarse] *vr* to turn pale; no se inmutó he didn't turn a hair.
innato, a [in'nato, a] *a* innate.
innecesario, a [inneθe'sarjo, a] *a* unnecessary.
innoble [in'noßle] *a* ignoble.
innovación [innoßa'θjon] *nf* innovation.
innovar [inno'ßar] *vt* to introduce.
inocencia [ino'θenθja] *nf* innocence.
inocentada [inoθen'taða] *nf* practical joke.
inocente [ino'θente] *a* (*ingenuo*) naive, innocent; (*inculpable*) innocent; (*sin malicia*) harmless // *nm/f* simpleton.
inodoro [ino'ðoro] *nm* toilet, lavatory (*Brit*).
inofensivo, a [inofen'sißo, a] *a* inoffensive, harmless.
inolvidable [inolßi'ðaßle] *a* unforgettable.
inoperante [inope'rante] *a* ineffective.
inopinado, a [inopi'naðo, a] *a* unexpected.
inoportuno, a [inopor'tuno, a] *a* untimely; (*molesto*) inconvenient.
inoxidable [inoksi'ðaßle] *a*: acero ~ stainless steel.
inquebrantable [inkeßran'taßle] *a* unbreakable.
inquietar [inkje'tar] *vt* to worry, trouble; ~se *vr* to worry, get upset; **inquieto, a** *a* anxious, worried; **inquietud** *nf* anxiety, worry.
inquilino, a [inki'lino, a] *nm/f* tenant.
inquirir [inki'rir] *vt* to enquire into, investigate.
insaciable [insa'θjaßle] *a* insatiable.
insalubre [insa'lußre] *a* unhealthy.
inscribir [inskri'ßir] *vt* to inscribe; (*lista*) to list; (*censo*) to register; ~se *vr* to register; (*ESCOL etc*) to enrol.
inscripción [inskrip'θjon] *nf* inscription; (*ESCOL etc*) enrolment; (*censo*) registration.
insecticida [insekti'θiða] *nm* insecticide.
insecto [in'sekto] *nm* insect.
inseguridad [inseɣuri'ðað] *nf* insecurity.
inseguro, a [inse'ɣuro, a] *a* insecure; (*inconstante*) unsteady; (*incierto*) uncertain.
insensato, a [insen'sato, a] *a* foolish, stupid.
insensibilidad [insensißili'ðað] *nf* (*gen*) insensitivity; (*dureza de corazón*) callousness.
insensible [insen'sißle] *a* (*gen*) insensitive; (*movimiento*) imperceptible; (*sin sentido*) numb.
insertar [inser'tar] *vt* to insert.
inservible [inser'ßißle] *a* useless.
insidioso, a [insi'ðjoso, a] *a* insidious.
insignia [in'siɣnja] *nf* (*señal distintiva*) badge; (*estandarte*) flag.
insignificante [insiɣnifi'kante] *a* insignificant.
insinuar [insi'nwar] *vt* to insinuate, imply; ~se *vr*: ~se con uno to ingratiate o.s. with sb.
insípido, a [in'sipiðo, a] *a* insipid.
insistencia [insis'tenθja] *nf* insistence.
insistir [insis'tir] *vi* to insist; ~ en algo to insist on sth; (*enfatizar*) to stress sth.
insolación [insola'θjon] *nf* (*MED*) sunstroke.
insolencia [inso'lenθja] *nf* insolence; **insolente** *a* insolent.
insólito, a [in'solito, a] *a* unusual.
insoluble [inso'lußle] *a* insoluble.
insolvencia [insol'ßenθja] *nf* insolvency.
insomnio [in'somnjo] *nm* insomnia.
insondable [inson'daßle] *a* bottomless; (*fig*) impenetrable.
insonorizado, a [insonori'θaðo, a] *a* (*cuarto etc*) soundproof.
insoportable [insopor'taßle] *a* unbearable.
insospechado, a [insospe'tʃaðo, a] *a* (*inesperado*) unexpected.
inspección [inspek'θjon] *nf* inspection, check; **inspeccionar** *vt* (*examinar*) to inspect, examine; (*controlar*) to check.
inspector, a [inspek'tor, a] *nm/f* inspector.
inspiración [inspira'θjon] *nf* inspiration.
inspirar [inspi'rar] *vt* to inspire; (*MED*) to inhale; ~se *vr*: ~se en to be inspired by.
instalación [instala'θjon] *nf* (*equipo*)

fittings *pl*, equipment; ~ **eléctrica** wiring.

instalar [insta'lar] *vt* (*establecer*) to instal; (*erguir*) to set up, erect; ~**se** *vr* to establish o.s.; (*en una vivienda*) to move into.

instancia [ins'tanθja] *nf* (*JUR*) petition; (*ruego*) request; **en última** ~ as a last resort.

instantáneo, a [instan'taneo, a] *a* instantaneous // *nf* snap(shot); **café** ~ instant coffee.

instante [ins'tante] *nm* instant, moment.

instar [ins'tar] *vt* to press, urge.

instigar [insti'yar] *vt* to instigate.

instinto [ins'tinto] *nm* instinct; **por** ~ instinctively.

institución [institu'θjon] *nf* institution, establishment.

instituir [institu'ir] *vt* to establish; (*fundar*) to found; **instituto** *nm* (*gen*) institute; **Instituto Nacional de Enseñanza** (*Esp*) ≈ comprehensive (*Brit*) o high (*US*) school.

institutriz [institu'triθ] *nf* governess.

instrucción [instruk'θjon] *nf* instruction.

instructivo, a [instruk'tiβo, a] *a* instructive.

instruir [instru'ir] *vt* (*gen*) to instruct; (*enseñar*) to teach, educate.

instrumento [instru'mento] *nm* (*gen*) instrument; (*herramienta*) tool, implement.

insubordinarse [insuβorði'narse] *vr* to rebel.

insuficiencia [insufi'θjenθja] *nf* (*carencia*) lack; (*inadecuación*) inadequacy; **insuficiente** *a* (*gen*) insufficient; (*ESCOL: calificación*) unsatisfactory.

insufrible [insu'friβle] *a* insufferable.

insular [insu'lar] *a* insular.

insultar [insul'tar] *vt* to insult; **insulto** *nm* insult.

insuperable [insupe'raβle] *a* (*excelente*) unsurpassable; (*arduo*) insurmountable.

insurgente [insur'xente] *a, nm/f* insurgent.

insurrección [insurrek'θjon] *nf* insurrection, rebellion.

intacto, a [in'takto, a] *a* intact.

intachable [inta'tʃaβle] *a* irreproachable.

integral [inte'yral] *a* integral; (*completo*) complete; **pan** ~ wholemeal (*Brit*) o wholewheat (*US*) bread.

integrar [inte'yrar] *vt* to make up, compose; (*MAT, fig*) to integrate.

integridad [inteyri'ðað] *nf* wholeness; (*carácter*) integrity; **íntegro, a** *a* whole, entire; (*honrado*) honest.

intelectual [intelek'twal] *a, nm/f* intellectual.

inteligencia [inteli'xenθja] *nf* intelligence; (*ingenio*) ability; **inteligente** *a* intelligent.

inteligible [inteli'xiβle] *a* intelligible.

intemperie [intem'perje] *nf*: **a la** ~ out in the open, exposed to the elements.

intempestivo, a [intempes'tiβo, a] *a* untimely.

intención [inten'θjon] *nf* (*gen*) intention, purpose; **con segundas intenciones** maliciously; **con** ~ deliberately.

intencionado, a [intenθjo'naðo, a] *a* deliberate; **bien/mal** ~ well-meaning/ill-disposed, hostile.

intensidad [intensi'ðað] *nf* (*gen*) intensity; (*ELEC, TEC*) strength; **llover con** ~ to rain hard.

intenso, a [in'tenso, a] *a* intense; (*sentimiento*) profound, deep.

intentar [inten'tar] *vt* (*tratar*) to try, attempt; **intento** *nm* (*intención*) intention, purpose; (*tentativa*) attempt.

intercalar [interka'lar] *vt* to insert.

intercambio [inter'kambjo] *nm* exchange, swap.

interceder [interθe'ðer] *vi* to intercede.

interceptar [interθep'tar] *vt* to intercept.

intercesión [interθe'sjon] *nf* intercession.

interés [inte'res] *nm* (*gen*) interest; (*parte*) share, part; (*pey*) self-interest; **intereses creados** vested interests.

interesado, a [intere'saðo, a] *a* interested; (*prejuiciado*) prejudiced; (*pey*) mercenary, self-seeking.

interesante [intere'sante] *a* interesting.

interesar [intere'sar] *vt, vi* to interest, be of interest to; ~**se** *vr*: ~**se en** o **por** to take an interest in.

interface [inter'faθe], **interfase** [-'fase] *nm* (*INFORM*) interface.

interferir [interfe'rir] *vt* to interfere with; (*TEL*) to jam // *vi* to interfere.

interfono [inter'fono] *nm* intercom.

interino, a [inte'rino, a] *a* temporary // *nm/f* temporary holder of a post; (*MED*) locum; (*ESCOL*) supply teacher.

interior [inte'rjor] *a* inner, inside; (*COM*) domestic, internal // *nm* interior, inside; (*fig*) soul, mind; **Ministerio del I**~ ≈ Home Office (*Brit*), ≈ Department of the Interior (*US*).

interjección [interxek'θjon] *nf* interjection.

interlocutor, a [interloku'tor, a] *nm/f* speaker.

intermediario, a [interme'ðjarjo, a] *nm/f* intermediary.

intermedio, a [inter'meðjo, a] *a* intermediate // *nm* interval.

interminable [intermi'naβle] *a* endless.

intermitente [intermi'tente] *a* intermittent // *nm* (*AUTO*) indicator.

internacional [internaθjo'nal] *a* international.

internado [inter'naðo] *nm* boarding school.

internar [inter'nar] *vt* to intern; (*en un manicomio*) to commit; ~**se** *vr* (*pene-*

trar) to penetrate.

interno, a [in'terno, a] *a* internal, interior; (*POL etc*) domestic // *nm/f* (*alumno*) boarder.

interponer [interpo'ner] *vt* to interpose, put in; ~**se** *vr* to intervene.

interpretación [interpreta'θjon] *nf* interpretation.

interpretar [interpre'tar] *vt* to interpret; (*TEATRO, MUS*) to perform, play; **intérprete** *nm/f* (*LING*) interpreter, translator; (*MUS, TEATRO*) performer, artist(e).

interrogación [interroɣa'θjon] *nf* interrogation; (*LING: tb:* **signo de ~**) question mark.

interrogar [interro'ɣar] *vt* to interrogate, question.

interrumpir [interrum'pir] *vt* to interrupt.

interrupción [interrup'θjon] *nf* interruption.

interruptor [interrup'tor] *nm* (*ELEC*) switch.

intersección [intersek'θjon] *nf* intersection.

interurbano, a [interur'ßano, a] *a*: **llamada interurbana** long-distance call.

intervalo [inter'ßalo] *nm* interval; (*descanso*) break; **a ~s** at intervals, every now and then.

intervenir [interße'nir] *vt* (*controlar*) to control, supervise; (*MED*) to operate on // *vi* (*participar*) to take part, participate; (*mediar*) to intervene.

interventor, a [interßen'tor, a] *nm/f* inspector; (*COM*) auditor.

interviú [inter'ßju] *nf* interview.

intestino [intes'tino] *nm* intestine.

intimar [inti'mar] *vi* to become friendly.

intimidad [intimi'ðað] *nf* intimacy; (*familiaridad*) familiarity; (*vida privada*) private life; (*JUR*) privacy.

íntimo, a ['intimo, a] *a* intimate.

intolerable [intole'raßle] *a* intolerable, unbearable.

intranquilizarse [intrankili'θarse] *vr* to get worried *o* anxious; **intranquilo, a** *a* worried.

intransigente [intransi'xente] *a* intransigent.

intransitable [intransi'taßle] *a* impassable.

intrepidez [intrepi'ðeθ] *nf* courage, bravery; **intrépido, a** *a* intrepid.

intriga [in'triɣa] *nf* intrigue; (*plan*) plot; **intrigar** *vt, vi* to intrigue.

intrincado, a [intrin'kaðo, a] *a* intricate.

intrínseco, a [in'trinseko, a] *a* intrinsic.

introducción [introðuk'θjon] *nf* introduction.

introducir [introðu'θir] *vt* (*gen*) to introduce; (*moneda etc*) to insert; (*INFORM*) to input, enter.

intromisión [intromi'sjon] *nf* interference, meddling.

introvertido, a [introßer'tiðo, a] *a, nm/f* introvert.

intruso, a [in'truso, a] *a* intrusive // *nm/f* intruder.

intuición [intwi'θjon] *nf* intuition.

inundación [inunda'θjon] *nf* flood(ing); **inundar** *vt* to flood; (*fig*) to swamp, inundate.

inusitado, a [inusi'taðo, a] *a* unusual, rare.

inútil [in'util] *a* useless; (*esfuerzo*) vain, fruitless; **inutilidad** *nf* uselessness.

inutilizar [inutili'θar] *vt* to make *o* render useless; ~**se** *vr* to become useless.

invadir [inßa'ðir] *vt* to invade.

inválido, a [in'ßaliðo, a] *a* invalid // *nm/f* invalid.

invariable [inßa'rjaßle] *a* invariable.

invasión [inßa'sjon] *nf* invasion.

invasor, a [inßa'sor, a] *a* invading // *nm/f* invader.

invención [inßen'θjon] *nf* invention.

inventar [inßen'tar] *vt* to invent.

inventario [inßen'tarjo] *nm* inventory.

inventiva [inßen'tißa] *nf* inventiveness.

inventor, a [inßen'tor, a] *nm/f* inventor.

invernadero [inßerna'ðero] *nm* greenhouse.

inverosímil [inßero'simil] *a* implausible.

inversión [inßer'sjon] *nf* (*COM*) investment.

inverso, a [in'ßerso, a] *a* inverse, opposite; **en el orden ~** in reverse order; **a la inversa** inversely, the other way round.

inversor, a [inßer'sor, a] *nm/f* (*COM*) investor.

invertir [inßer'tir] *vt* (*COM*) to invest; (*volcar*) to turn upside down; (*tiempo etc*) to spend.

investigación [inßestiɣa'θjon] *nf* investigation; (*ESCOL*) research; **~ de mercado** market research.

investigar [inßesti'ɣar] *vt* to investigate; (*ESCOL*) to do research into.

invicto, a [in'ßikto, a] *a* unconquered.

invierno [in'ßjerno] *nm* winter.

invisible [inßi'sißle] *a* invisible.

invitado, a [inßi'taðo, a] *nm/f* guest.

invitar [inßi'tar] *vt* to invite; (*incitar*) to entice; (*pagar*) to buy, pay for.

invocar [inßo'kar] *vt* to invoke, call on.

inyección [injek'θjon] *nf* injection.

inyectar [injek'tar] *vt* to inject.

ir [ir] ♦ *vi* **1** to go; (*a pie*) to walk; (*viajar*) to travel; ~ **caminando** to walk; **fui en tren** I went *o* travelled by train; **¡(ahora) voy!** (I'm just) coming!

2: ~ **(a) por:** ~ **(a) por el médico** to fetch the doctor

3 (*progresar: persona, cosa*) to go; **el trabajo va muy bien** work is going very well; **¿cómo te va?** how are things going?; **me va muy bien** I'm getting on

very well; **le fue fatal** it went awfully badly for him
4 (*funcionar*): **el coche no va muy bien** the car isn't running very well
5: **te va estupendamente ese color** that colour suits you fantastically well
6 (*locuciones*): **¿vino? - ¡que va!** did he come? - of course not!; **vamos, no llores** come on, don't cry; **¡vaya coche!** what a car!, that's some car!
7: **no vaya a ser: tienes que correr, no vaya a ser que pierdas el tren** you'll have to run so as not to miss the train
8 (+ *pp*): **iba vestido muy bien** he was very well dressed
9: **no me** *etc* **va ni me viene** I *etc* don't care
♦ *vb auxiliar* **1**: **~ a: voy/iba a hacerlo hoy** I am/was going to do it today
2 (+ *gerundio*): **iba anocheciendo** it was getting dark; **todo se me iba aclarando** everything was gradually becoming clearer to me
3 (+ *pp* = *pasivo*): **van vendidos 300 ejemplares** 300 copies have been sold so far
♦ **~se** *vr* **1**: **¿por dónde se va al zoológico?** which is the way to the zoo?
2 (*marcharse*) to leave; **ya se habrán ido** they must already have left *o* gone.

ira ['ira] *nf* anger, rage.
iracundo, a [ira'kundo, a] *a* irascible.
Irak [i'rak] *nm* = **Iraq**.
Irán [i'ran] *nm* Iran; **iraní** *a*, *nm/f* Iranian.
Iraq [i'rak], **Irak** *nm* Iraq; **iraquí** [ira'ki] *a*, *nm/f* Iraquí.
iris ['iris] *nm* (*arco* **~**) rainbow; (*ANAT*) iris.
Irlanda [ir'landa] *nf* Ireland; **irlandés, esa** *a* Irish // *nm/f* Irishman/woman; **los irlandeses** the Irish.
ironía [iro'nia] *nf* irony; **irónico, a** *a* ironic(al).
irreal [irre'al] *a* unreal.
irrecuperable *a* [irrekupe'raßle] irrecoverable, irretrievable.
irreflexión [irreflek'sjon] *nf* thoughtlessness.
irregular [irreɣu'lar] *a* (*gen*) irregular; (*situación*) abnormal.
irremediable [irreme'ðjaßle] *a* irremediable; (*vicio*) incurable.
irresoluto, a [irreso'luto, a] *a* irresolute, hesitant.
irrespetuoso, a [irrespe'twoso, a] *a* disrespectful.
irresponsable [irrespon'saßle] *a* irresponsible.
irrigar [irri'ɣar] *vt* to irrigate.
irrisorio, a [irri'sorjo, a] *a* derisory, ridiculous.
irritar [irri'tar] *vt* to irritate, annoy.
irrupción [irrup'θjon] *nf* irruption; (*invasión*) invasion.

isla ['isla] *nf* island.
islandés, esa [islan'des, esa] *a* Icelandic // *nm/f* Icelander.
Islandia [is'landja] *nf* Iceland.
isleño, a [is'leɲo, a] *a* island *cpd* // *nm/f* islander.
Israel [isra'el] *nm* Israel; **israelí** *a*, *nm/f* Israeli.
istmo ['istmo] *nm* isthmus.
Italia [i'talja] *nf* Italy; **italiano, a** *a*, *nm/f* Italian.
itinerario [itine'rarjo] *nm* itinerary, route.
IVA ['ißa] *nm abr ver* **impuesto**.
izar [i'θar] *vt* to hoist.
izdo, a *abr* (= *izquierdo, a*) l.
izquierda [iθ'kjerda] *nf* left; (*POL*) left (wing); **a la ~** (*estar*) on the left; (*torcer etc*) (to the) left.
izquierdista [iθkjer'ðista] *nm/f* leftwinger, leftist.
izquierdo, a [iθ'kjerðo, a] *a* left.

J

jabalí [xaßa'li] *nm* wild boar.
jabalina [xaßa'lina] *nf* javelin.
jabón [xa'ßon] *nm* soap; **jabonar** *vt* to soap.
jaca ['xaka] *nf* pony.
jacinto [xa'θinto] *nm* hyacinth.
jactarse [xak'tarse] *vr* to boast, brag.
jadear [xaðe'ar] *vi* to pant, gasp for breath; **jadeo** *nm* panting, gasping.
jaguar [xa'ɣwar] *nm* jaguar.
jalbegue [xal'ßeɣe] *nm* (*pintura*) whitewash.
jalea [xa'lea] *nf* jelly.
jaleo [xa'leo] *nm* racket, uproar; **armar un ~** to kick up a racket.
jalón [xa'lon] *nm* (*AM*) tug.
Jamaica [xa'maika] *nf* Jamaica.
jamás [xa'mas] *ad* never; (*sin negación*) ever.
jamón [xa'mon] *nm* ham; **~ dulce, ~ de York** cooked ham; **~ serrano** cured ham.
Japón [xa'pon] *nm*: **el ~** Japan; **japonés, esa** *a*, *nm/f* Japanese.
jaque ['xake] *nm*: **~ mate** checkmate.
jaqueca [xa'keka] *nf* (*very bad*) headache, migraine.
jarabe [xa'raße] *nm* syrup.
jarcia ['xarθja] *nf* (*NAUT*) ropes *pl*, rigging.
jardín [xar'ðin] *nm* garden; **~ de (la) infancia** (*Esp*) *o* **de niños** (*AM*) nursery (school); **jardinería** *nf* gardening; **jardinero, a** *nm/f* gardener.
jarra ['xarra] *nf* jar; (*jarro*) jug.
jarro ['xarro] *nm* jug.
jaula ['xaula] *nf* cage.
jauría [xau'ria] *nf* pack of hounds.
J. C. *abr* (= *Jesucristo*) J.C.
jefa ['xefa] *nf* woman head *o* boss.

jefatura [xefa'tura] *nf*: ~ de policía police headquarters *sg*.

jefe ['xefe] *nm/f* (*gen*) chief, head; (*patrón*) boss; ~ de camareros head waiter; ~ de cocina chef; ~ de estación stationmaster; ~ de estado head of state; ~ supremo commander-in-chief; ser el ~ (*fig*) to be the boss.

jengibre [xen'xiβre] *nm* ginger.

jeque ['xeke] *nm* sheik.

jerarquía [xerar'kia] *nf* (*orden*) hierarchy; (*rango*) rank; **jerárquico, a** *a* hierarchic(al).

jerez [xe'reθ] *nm* sherry.

jerga ['xerya] *nf* (*tela*) coarse cloth; (*lenguaje*) jargon.

jerigonza [xeri'yonθa] *nf* (*jerga*) jargon, slang; (*galimatías*) nonsense, gibberish.

jeringa [xe'ringa] *nf* syringe; (*AM*) annoyance, bother; ~ de engrase grease gun; **jeringar** *vt* (*AM*) to annoy, bother.

jeroglífico [xero'ylifiko] *nm* hieroglyphic.

jersé, jersey [xer'sei] (*pl* **jerseys**) *nm* jersey, pullover, jumper.

Jerusalén [xerusa'len] *n* Jerusalem.

Jesucristo [xesu'kristo] *nm* Jesus Christ.

jesuita [xe'swita] *a, nm* Jesuit.

Jesús [xe'sus] *nm* Jesus; ¡~! good heavens!; (*al estornudar*) bless you!

jet ['jet] (*pl* ~s) *nm* jet (plane).

jícara ['xikara] *nf* small cup.

jinete, a [xi'nete, a] *nm/f* horseman/woman, rider.

jipijapa [xipi'xapa] *nm* (*AM*) straw hat.

jirafa [xi'rafa] *nf* giraffe.

jirón [xi'ron] *nm* rag, shred.

jocoso, a [xo'koso, a] *a* humorous, jocular.

jofaina [xo'faina] *nf* washbasin.

jornada [xor'naða] *nf* (*viaje de un día*) day's journey; (*camino o viaje entero*) journey; (*día de trabajo*) working day.

jornal [xor'nal] *nm* (day's) wage; ~ero *nm* (day) labourer.

joroba [xo'roßa] *nf* hump, hunched back; ~do, a *a* hunchbacked // *nm/f* hunchback.

jota ['xota] *nf* (the letter) J; (*danza*) Aragonese dance; (*fam*) jot, iota; **no saber ni** ~ to have no idea.

joven ['xoßen] (*pl* **jóvenes**) *a* young // *nm* young man, youth // *nf* young woman, girl.

jovial [xo'ßjal] *a* cheerful, jolly; ~idad *nf* cheerfulness, jolliness.

joya ['xoja] *nf* jewel, gem; (*fig: persona*) gem; **joyería** *nf* (*joyas*) jewellery; (*tienda*) jeweller's (shop); **joyero** *nm* (*persona*) jeweller; (*caja*) jewel case.

juanete [xwa'nete] *nm* (*del pie*) bunion.

jubilación [xußila'θjon] *nf* (*retiro*) retirement.

jubilado, a [xußi'laðo, a] *a* retired // *nm/f* pensioner (*Brit*), senior citizen.

jubilar [xußi'lar] *vt* to pension off, retire;

(*fam*) to discard; ~se *vr* to retire.

jubileo [xußi'leo] *nm* jubilee.

júbilo ['xußilo] *nm* joy, rejoicing; **jubiloso, a** *a* jubilant.

judía [xu'ðia] *nf* Jewess; (*CULIN*) bean; ~ verde French bean.

judicial [xuði'θjal] *a* judicial.

judío, a [xu'ðio, a] *a* Jewish // *nm/f* Jew(ess).

judo ['xuðo] *nm* judo.

juego *etc vb ver* **jugar** // ['xweyo] *nm* (*gen*) play; (*pasatiempo, partido*) game; (*en casino*) gambling; (*conjunto*) set; **fuera de** ~ (*DEPORTE: persona*) offside; (: *pelota*) out of play; **J~s Olímpicos** Olympic Games.

juerga ['xwerya] *nf* binge; (*fiesta*) party; **ir de** ~ to go out on a binge.

jueves ['xweßes] *nm inv* Thursday.

juez [xweθ] *nm/f* judge; ~ de línea linesman; ~ de salida starter.

jugada [xu'yaða] *nf* play; **buena** ~ good move/shot/stroke *etc*.

jugador, a [xuya'ðor, a] *nm/f* player; (*en casino*) gambler.

jugar [xu'yar] *vt, vi* to play; (*en casino*) to gamble; (*apostar*) to bet; ~ al fútbol to play football; ~se *vr* to gamble (away).

juglar [xu'ylar] *nm* minstrel.

jugo ['xuyo] *nm* (*BOT*) juice; (*fig*) essence, substance; ~ de fruta (*AM*) fruit juice; ~so, a *a* juicy; (*fig*) substantial, important.

juguete [xu'yete] *nm* toy; ~ar *vi* to play; ~ría *nf* toyshop.

juguetón, ona [xuye'ton, ona] *a* playful.

juicio ['xwiθjo] *nm* judgement; (*razón*) sanity, reason; (*opinión*) opinion; **estar fuera de** ~ to be out of one's mind; ~so, a *a* wise, sensible.

julio ['xuljo] *nm* July.

junco ['xunko] *nm* rush, reed.

jungla ['xungla] *nf* jungle.

junio ['xunjo] *nm* June.

junta ['xunta] *nf ver* **junto**.

juntar [xun'tar] *vt* to join, unite; (*maquinaria*) to assemble, put together; (*dinero*) to collect; ~se *vr* to join, meet; (*reunirse: personas*) to meet, assemble; (*arrimarse*) to approach, draw closer; ~se con uno to join sb.

junto, a ['xunto, a] *a* joined; (*unido*) united; (*anexo*) near, close; (*contiguo, próximo*) next, adjacent // *ad*: **todo** ~ all at once // *nf* (*asamblea*) meeting, assembly; (*comité, consejo*) board, council, committee; (*articulación*) joint; ~ a near (to), next to; ~s together.

jurado [xu'raðo] *nm* (*JUR: individuo*) juror; (: *grupo*) jury; (*de concurso: grupo*) panel (of judges); (: *individuo*) member of a panel.

juramento [xura'mento] *nm* oath; (*maldición*) oath, curse; **prestar** ~ to take the oath; **tomar ~ a** to swear in, administer the oath to.

jurar [xu'rar] vt, vi to swear; **~ en falso** to commit perjury; **jurárselas a uno** to have it in for sb.

jurídico, a [xu'riðiko, a] a legal.

jurisdicción [xurisðik'θjon] nf (poder, autoridad) jurisdiction; (territorio) district.

jurisprudencia [xurispru'ðenθja] nf jurisprudence.

jurista [xu'rista] nm/f jurist.

justamente [xusta'mente] ad justly, fairly; (precisamente) just, exactly.

justicia [xus'tiθja] nf justice; (equidad) fairness, justice; **justiciero, a** a just, righteous.

justificación [xustifika'θjon] nf justification; **justificar** vt to justify.

justo, a ['xusto, a] a (equitativo) just, fair, right; (preciso) exact, correct; (ajustado) tight // ad (precisamente) exactly, precisely; (AM: apenas a tiempo) just in time.

juvenil [xuβe'nil] a youthful.

juventud [xuβen'tuð] nf (adolescencia) youth; (jóvenes) young people pl.

juzgado [xuθ'yaðo] nm tribunal; (JUR) court.

juzgar [xuθ'yar] vt to judge; **a ~ por...** to judge by..., judging by... .

K

kg abr (= kilogramo) kg.

kilo ['kilo] nm kilo // pref: **~gramo** nm kilogramme; **~metraje** nm distance in kilometres, ≈ mileage; **kilómetro** nm kilometre; **~vatio** nm kilowatt.

kiosco ['kjosko] nm = **quiosco**.

km abr (= kilómetro) km.

kv abr (= kilovatio) kw.

L

l abr (= litro) l.

la [la] artículo definido the // pron her; (Ud.) you; (cosa) it // nm (MUS) la; **~ del sombrero rojo** the girl in the red hat; tb ver **el**.

laberinto [laβe'rinto] nm labyrinth.

labia ['laβja] nf fluency; (pey) glib tongue.

labial [la'βjal] a labial.

labio ['laβjo] nm lip.

labor [la'βor] nf labour; (AGR) farm work; (tarea) job, task; (COSTURA) needlework; **~able** a (AGR) workable; **día ~able** working day; **~ar** vi to work.

laboratorio [laβora'torjo] nm laboratory.

laborioso, a [laβo'rjoso, a] a (persona) hard-working; (trabajo) tough.

laborista [laβo'rista] a: **Partido L~** La-

bour Party.

labrado, a [la'βraðo, a] a worked; (madera) carved; (metal) wrought // nm (AGR) cultivated field.

labrador, a [laβra'ðor, a] a farming cpd // nm/f farmer.

labranza [la'βranθa] nf (AGR) cultivation.

labrar [la'βrar] vt (gen) to work; (madera etc) to carve; (fig) to cause, bring about.

labriego, a [la'βrjeɣo, a] nm/f peasant.

laca ['laka] nf lacquer.

lacayo [la'kajo] nm lackey.

lacerar [laθe'rar] vt to lacerate.

lacio, a ['laθjo, a] a (pelo) lank, straight.

lacónico, a [la'koniko, a] a laconic.

lacrar [la'krar] vt (cerrar) to seal (with sealing wax); **lacre** nm sealing wax.

lacrimoso, a [lakri'moso, a] a tearful.

lactar [lak'tar] vt, vi to suckle.

lácteo, a ['lakteo, a] a: **productos ~s** dairy products.

ladear [laðe'ar] vt to tip, tilt // vi to tilt; **~se** vr to lean.

ladera [la'ðera] nf slope.

ladino, a [la'ðino, a] a cunning.

lado ['laðo] nm (gen) side; (fig) protection; (MIL) flank; **al ~ de** beside; **poner de ~** to put on its side; **poner a un ~** to put aside; **por todos ~s** on all sides, all round (Brit).

ladrar [la'ðrar] vi to bark; **ladrido** nm bark, barking.

ladrillo [la'ðriʎo] nm (gen) brick; (azulejo) tile.

ladrón, ona [la'ðron, ona] nm/f thief.

lagar [la'yar] nm (wine/oil) press.

lagartija [laɣar'tixa] nf (small) lizard.

lagarto [la'yarto] nm (ZOOL) lizard.

lago ['laɣo] nm lake.

lágrima ['laɣrima] nf tear.

laguna [la'ɣuna] nf (lago) lagoon; (hueco) gap.

laico, a ['laiko, a] a lay.

lamentable [lamen'taβle] a lamentable, regrettable; (miserable) pitiful.

lamentar [lamen'tar] vt (sentir) to regret; (deplorar) to lament; **lo lamento mucho** I'm very sorry; **~se** vr to lament; **lamento** nm lament.

lamer [la'mer] vt to lick.

lámina ['lamina] nf (plancha delgada) sheet; (para estampar, estampa) plate; **laminar** vt (en libro) to laminate.

lámpara ['lampara] nf lamp; **~ de alcohol/gas** spirit/gas lamp; **~ de pie** standard lamp.

lamparón [lampa'ron] nm grease spot.

lampiño [lam'piɲo] a clean-shaven.

lana ['lana] nf wool.

lance vt ver **lanzar** // ['lanθe] nm (golpe) stroke; (suceso) event, incident.

lancha ['lantʃa] nf launch; **~ de pesca** fishing boat; **~ salvavidas/torpedera** lifeboat/torpedo boat.

lanero, a [la'nero, a] a woollen.

langosta [laŋ'gosta] nf (insecto) locust; (crustáceo) lobster; (fig) plague; **langostino** nm king prawn (Brit), crayfish (US).

languidecer [laŋgiðe'θer] vi to languish; **languidez** nf languour; **lánguido, a** a (gen) languid; (sin energía) listless.

lanilla [la'niʎa] nf nap.

lanudo, a [la'nuðo, a] a woolly.

lanza ['lanθa] nf (arma) lance, spear.

lanzadera [lanθa'ðera] nf shuttle.

lanzamiento [lanθa'mjento] nm (gen) throwing; (NAUT, COM) launching; ~ de peso putting the shot.

lanzar [lan'θar] vt (gen) to throw; (DEPORTE: pelota) to bowl; (NAUT, COM) to launch; (JUR) to evict; ~se vr to throw o.s.

lapa ['lapa] nf limpet.

lapicero [lapi'θero] nm propelling (Brit) o mechanical (US) pencil; (AM: bolígrafo) Biro ®.

lápida ['lapiða] nf stone; ~ mortuoria headstone; ~ conmemorativa memorial stone; **lapidar** vt to stone; **lapidario, a** a, nm lapidary.

lápiz ['lapiθ] nm pencil; ~ de color coloured pencil; ~ de labios lipstick.

lapón, ona [la'pon, ona] nm/f Laplander, Lapp.

Laponia [la'ponja] nf Lapland.

lapso ['lapso] nm (de tiempo) interval; (error) error.

lapsus ['lapsus] nm inv error, mistake.

largar [lar'yar] vt (soltar) to release; (aflojar) to loosen; (lanzar) to launch; (fam) to let fly; (velas) to unfurl; (AM) to throw; ~se vr (fam) to beat it; ~se a (AM) to start to.

largo, a ['laryo, a] a (longitud) long; (tiempo) lengthy; (fig) generous // ad widely; dos años ~s two long years; tiene 9 metros de ~ it is 9 metres long; a lo ~ de along; (tiempo) all through, throughout.

laringe [la'rinxe] nf larynx; **laringitis** nf laryngitis.

larva ['larβa] nf larva.

las [las] artículo definido the // pron them; ~ que cantan the ones/women/girls who sing; tb ver el.

lascivo, a [las'θiβo, a] a lewd.

láser ['laser] nm laser.

lástima ['lastima] nf (pena) pity; dar ~ to be pitiful; es una ~ que it's a pity that; ¡qué ~! what a pity!; ella está hecha una ~ she looks pitiful.

lastimar [lasti'mar] vt (herir) to wound; (ofender) to offend; ~se vr to hurt o.s.; **lastimero, a** a pitiful, pathetic.

lastre ['lastre] nm (TEC, NAUT) ballast; (fig) dead weight.

lata ['lata] nf (metal) tin; (caja) tin (Brit), can; (fam) nuisance; en ~ tinned (Brit), canned; **dar (la)** ~ to be a nuisance.

latente [la'tente] a latent.

lateral [late'ral] a side cpd, lateral // nm (TEATRO) wings.

latido [la'tiðo] nm (del corazón) beat.

latifundio [lati'fundjo] nm large estate; **latifundista** nm/f owner of a large estate.

latigazo [lati'yaθo] nm (golpe) lash; (sonido) crack.

látigo ['latiyo] nm whip.

latín [la'tin] nm Latin.

latino, a [la'tino, a] a Latin; ~americano, a a, nm/f Latin-American.

latir [la'tir] vi (corazón, pulso) to beat.

latitud [lati'tuð] nf (GEO) latitude.

latón [la'ton] nm brass.

latoso, a [la'toso, a] a (molesto) annoying; (aburrido) boring.

laúd [la'uð] nm lute.

laureado, a [laure'aðo, a] a honoured // nm laureate.

laurel [lau'rel] nm (BOT) laurel; (CULIN) bay.

lava ['laβa] nf lava.

lavabo [la'βaβo] nm (jofaina) washbasin; (tb: ~s) toilet.

lavadero [laβa'ðero] nm laundry.

lavado [la'βaðo] nm washing; (de ropa) laundry; (ARTE) wash; ~ de cerebro brainwashing; ~ en seco dry-cleaning.

lavadora [laβa'ðora] nf washing machine.

lavanda [la'βanda] nf lavender.

lavandería [laβande'ria] nf laundry; ~ automática launderette.

lavaplatos [laβa'platos] nm inv dishwasher.

lavar [la'βar] vt to wash; (borrar) to wipe away; ~se vr to wash o.s.; ~se las manos to wash one's hands; ~ y marcar (pelo) to shampoo and set; ~ en seco to dry-clean.

lavavajillas [laβaβa'xiʎas] nm inv dishwasher.

laxante [lak'sante] nm laxative.

lazada [la'θaða] nf bow.

lazarillo [laθa'riʎo] nm: perro ~ guide dog.

lazo ['laθo] nm knot; (lazada) bow; (para animales) lasso; (trampa) snare; (vínculo) tie.

le [le] pron (directo) him; (: usted) you; (indirecto) to him; (: usted) to you.

leal [le'al] a loyal; ~**tad** nf loyalty.

lebrel [le'βrel] nm greyhound.

lección [lek'θjon] nf lesson.

lector, a [lek'tor, a] nm/f reader.

lectura [lek'tura] nf reading.

leche ['letʃe] nf milk; tener mala ~ (fam!) to be nasty; ~ condensada/en polvo condensed/powdered milk; ~ desnatada skimmed milk; ~**ra** nf (vendedora) milkmaid; (recipiente) milk churn; (AM) cow; ~**ría** nf dairy; ~**ro,**

a *a* dairy.

lecho ['letʃo] *nm* (*cama, de río*) bed; (*GEO*) layer.

lechón [le'tʃon] *nm* sucking (*Brit*) o suckling (*US*) pig.

lechoso, a [le'tʃoso, a] *a* milky.

lechuga [le'tʃuɣa] *nf* lettuce.

lechuza [le'tʃuθa] *nf* owl.

leer [le'er] *vt* to read.

legado [le'ɣaðo] *nm* (*don*) bequest; (*herencia*) legacy; (*enviado*) legate.

legajo [le'ɣaxo] *nm* file.

legal [le'ɣal] *a* (*gen*) legal; (*persona*) trustworthy; ~**idad** *nf* legality; ~**izar** *vt* to legalize; (*documento*) to authenticate.

legaña [le'ɣana] *nf* sleep (*in eyes*).

legar [le'ɣar] *vt* to bequeath, leave.

legendario, a [lexen'darjo, a] *a* legendary.

legión [le'xjon] *nf* legion; **legionario, a** *a* legionary // *nm* legionnaire.

legislación [lexisla'θjon] *nf* legislation; **legislar** *vt* to legislate.

legitimar [lexiti'mar] *vt* to legitimize; **legítimo, a** *a* (*genuino*) authentic; (*legal*) legitimate.

lego, a [le'ɣo, a] *a* (*REL*) secular; (*ignorante*) ignorant // *nm* layman.

legua [le'ɣwa] *nf* league.

legumbres [le'ɣumbres] *nfpl* pulses.

leído, a [le'iðo, a] *a* well-read.

lejanía [lexa'nia] *nf* distance; **lejano, a** *a* far-off; (*en el tiempo*) distant; (*fig*) remote.

lejía [le'xia] *nf* bleach.

lejos ['lexos] *ad* far, far away; a lo ~ in the distance; de o desde ~ from afar; ~ de *prep* far from.

lelo, a ['lelo, a] *a* silly // *nm/f* idiot.

lema ['lema] *nm* motto; (*POL*) slogan.

lencería [lenθe'ria] *nf* linen, drapery.

lengua ['leŋgwa] *nf* tongue; (*LING*) language; **morderse la ~** to hold one's tongue.

lenguado [leŋ'gwaðo] *nm* sole.

lenguaje [leŋ'gwaxe] *nm* language.

lengüeta [leŋ'gweta] *nf* (*ANAT*) epiglottis; (*zapatos, MUS*) tongue.

lente ['lente] *nf* lens; (*lupa*) magnifying glass; ~**s** *nfpl* glasses; ~**s de contacto** contact lenses.

lenteja [len'texa] *nf* lentil; **lentejuela** *nf* sequin.

lentilla [len'tiʎa] *nf* contact lens.

lentitud [lenti'tuð] *nf* slowness; **con ~** slowly.

lento, a ['lento, a] *a* slow.

leña ['lena] *nf* firewood; ~**dor, a** *nm/f* woodcutter.

leño ['leno] *nm* (*trozo de árbol*) log; (*madera*) timber; (*fig*) blockhead.

Leo ['leo] *nm* Leo.

león [le'on] *nm* lion; ~ **marino** sea lion; **leonino, a** *a* leonine.

leopardo [leo'parðo] *nm* leopard.

leotardos [leo'tarðos] *nmpl* tights.

lepra ['lepra] *nf* leprosy; **leproso, a** *nm/f* leper.

lerdo, a ['lerðo, a] *a* (*lento*) slow; (*patoso*) clumsy.

les [les] *pron* (*directo*) them; (: *ustedes*) you; (*indirecto*) to them; (: *ustedes*) to you.

lesbiana [les'βjana] *a, nf* lesbian.

lesión [le'sjon] *nf* wound, lesion; (*DEPORTE*) injury; **lesionado, a** *a* injured // *nm/f* injured person.

letal [le'tal] *a* lethal.

letanía [leta'nia] *nf* litany.

letargo [le'tarɣo] *nm* lethargy.

letra ['letra] *nf* letter; (*escritura*) handwriting; (*MUS*) lyrics *pl*; ~ **de cambio** bill of exchange; ~ **de imprenta** print; ~**do, a** *a* learned; (*fam*) pedantic // *nm* lawyer; **letrero** *nm* (*cartel*) sign; (*etiqueta*) label.

letrina [le'trina] *nf* latrine.

leucemia [leu'θemja] *nf* leukaemia.

levadizo [leβa'ðiθo] *a*: **puente ~** drawbridge.

levadura [leβa'ðura] *nf* (*para el pan*) yeast; (*de la cerveza*) brewer's yeast.

levantamiento [leβanta'mjento] *nm* raising, lifting; (*rebelión*) revolt, rising; ~ **de pesos** weight-lifting.

levantar [leβan'tar] *vt* (*gen*) to raise; (*del suelo*) to pick up; (*hacia arriba*) to lift (up); (*plan*) to make, draw up; (*mesa*) to clear away; (*campamento*) to strike; (*fig*) to cheer up, hearten; ~**se** *vr* to get up; (*enderezarse*) to straighten up; (*rebelarse*) to rebel; ~ **el ánimo** to cheer up.

levante [le'βante] *nm* east coast; **el L~** region of Spain extending from Castellón to Murcia.

levar [le'βar] *vt* to weigh anchor.

leve ['leβe] *a* light; (*fig*) trivial; ~**dad** *nf* lightness.

levita [le'βita] *nf* frock coat.

léxico ['leksiko] *nm* (*vocabulario*) vocabulary.

ley [lei] *nf* (*gen*) law; (*metal*) standard.

leyenda [le'jenda] *nf* legend.

leyó *etc vb ver* **leer**.

liar [li'ar] *vt* to tie (up); (*unir*) to bind; (*envolver*) to wrap (up); (*enredar*) to confuse; (*cigarrillo*) to roll; ~**se** *vr* (*fam*) to get involved; ~**se a palos** to get involved in a fight.

Líbano ['liβano] *nm*: **el ~** the Lebanon.

libar [li'βar] *vt* to suck.

libelo [li'βelo] *nm* satire, lampoon; (*JUR*) petition.

libélula [li'βelula] *nf* dragonfly.

liberación [liβera'θjon] *nf* liberation; (*de la cárcel*) release.

liberal [liβe'ral] *a, nm/f* liberal; ~**idad** *nf* liberality, generosity.

liberar [liβe'rar] *vt* to liberate.

libertad [liβer'tað] *nf* liberty, freedom; ~ de culto/de prensa/de comercio freedom of worship/of the press/of trade; ~ condicional probation; ~ bajo palabra parole; ~ bajo fianza bail.

libertar [liβer'tar] *vt* (*preso*) to set free; (*de una obligación*) to release; (*eximir*) to exempt.

libertino, a [liβer'tino, a] *a* permissive // *nm/f* permissive person.

libra ['liβra] *nf* pound; L~ (*ASTROLOGIA*) Libra; ~ esterlina pound sterling.

librador, a [liβra'ðor, a] *nm/f* drawer.

libramiento [liβra'mjento] *nm* rescue; (*COM*) delivery.

libranza [li'βranθa] *nf* (*COM*) draft; (*letra de cambio*) bill of exchange.

librar [li'βrar] *vt* (*de peligro*) to save; (*batalla*) to wage, fight; (*de impuestos*) to exempt; (*cheque*) to make out; (*JUR*) to exempt; ~se *vr*: ~se de to escape from, free o.s. from.

libre ['liβre] *a* free; (*lugar*) unoccupied; (*asiento*) vacant; (*de deudas*) free of debts; ~ de impuestos free of tax; tiro ~ free kick; los 100 metros ~ the 100 metres free-style (race); al aire ~ in the open air.

librería [liβre'ria] *nf* (*tienda*) bookshop; **librero, a** *nm/f* bookseller.

libreta [li'βreta] *nf* notebook; ~ de ahorros savings book.

libro ['liβro] *nm* book; ~ de bolsillo paperback; ~ de caja cashbook; ~ de cheques chequebook (*Brit*), checkbook (*US*); ~ de texto textbook.

Lic. *abr* = **licenciado, a.**

licencia [li'θenθja] *nf* (*gen*) licence; (*permiso*) permission; ~ por enfermedad/con goce de sueldo sick leave/paid leave; ~ de caza game licence; ~do, a *a* licensed // *nm/f* graduate; **licenciar** *vt* (*empleado*) to dismiss; (*permitir*) to permit, allow; (*soldado*) to discharge; (*estudiante*) to confer a degree upon; **licenciarse** *vr*: licenciarse en letras to graduate in arts.

licencioso, a [liθen'θjoso, a] *a* licentious.

liceo [li'θeo] *nm* (high) school.

licitar [liθi'tar] *vt* to bid for; (*AM*) to sell by auction.

lícito, a ['liθito, a] *a* (*legal*) lawful; (*justo*) fair, just; (*permisible*) permissible.

licor [li'kor] *nm* spirits *pl* (*Brit*), liquor (*US*); (*de frutas etc*) liqueur.

licuadora [likwa'ðora] *nf* blender.

licuar [li'kwar] *vt* to liquidize.

lid [lið] *nf* combat; (*fig*) controversy.

líder ['liðer] *nm/f* leader; **liderato, liderazgo** *nm* leadership.

lidia ['liðja] *nf* bullfighting; (*una ~*) bullfight; toros de ~ fighting bulls; **lidiar** *vt, vi* to fight.

liebre ['ljeβre] *nf* hare.

lienzo ['ljenθo] *nm* linen; (*ARTE*) canvas; (*ARQ*) wall.

liga ['liva] *nf* (*de medias*) garter, suspender; (*AM: gomita*) rubber band; (*confederación*) league.

ligadura [liva'ðura] *nf* bond, tie; (*MED, MUS*) ligature.

ligamento [liva'mento] *nm* (*ANAT*) ligament; (*atadura*) tie; (*unión*) bond.

ligar [li'var] *vt* (*atar*) to tie; (*unir*) to join; (*MED*) to bind up; (*MUS*) to slur // *vi* to mix, blend; (*fam*) to pick up; ~se *vr* to commit o.s.

ligereza [lixe're'θa] *nf* lightness; (*rapidez*) swiftness; (*agilidad*) agility; (*superficialidad*) flippancy.

ligero, a [li'xero, a] *a* (*de peso*) light; (*tela*) thin; (*rápido*) swift, quick; (*ágil*) agile, nimble; (*de importancia*) slight; (*de carácter*) flippant, superficial // *ad*: a la ligera superficially.

liguero [li'vero] *nm* suspender (*Brit*) o garter (*US*) belt.

lija ['lixa] *nf* (*ZOOL*) dogfish; (papel de) ~ sandpaper.

lila ['lila] *nf* lilac.

lima ['lima] *nf* file; (*BOT*) lime; ~ de uñas nailfile; L~ *n* (*GEO*) Lima; **limar** *vt* to file.

limitación [limita'θjon] *nf* limitation, limit; ~ de velocidad speed limit.

limitar [limi'tar] *vt* to limit; (*reducir*) to reduce, cut down // *vi*: ~ con to border on; ~se *vr*: ~se a to limit o.s. to.

límite ['limite] *nm* (*gen*) limit; (*fin*) end; (*frontera*) border; ~ de velocidad speed limit.

limítrofe [li'mitrofe] *a* bordering, neighbouring.

limón [li'mon] *nm* lemon // *a*: amarillo ~ lemon-yellow; **limonada** *nf* lemonade; **limonero** *nm* lemon tree.

limosna [li'mosna] *nf* alms *pl*; vivir de ~ to live on charity.

limpiabotas [limpja'βotas] *nm/f inv* bootblack (*Brit*), shoeshine boy/girl.

limpiaparabrisas [limpjapara'βrisas] *nm inv* windscreen (*Brit*) o windshield (*US*) wiper.

limpiar [lim'pjar] *vt* to clean; (*con trapo*) to wipe; (*quitar*) to wipe away; (*zapatos*) to shine, polish; (*fig*) to clean up.

limpieza [lim'pjeθa] *nf* (*estado*) cleanliness; (*acto*) cleaning; (: *de las calles*) cleansing; (: *de zapatos*) polishing; (*habilidad*) skill; (*fig: POLICIA*) clean-up; (*pureza*) purity; (*MIL*): operación de ~ mopping-up operation; ~ en seco dry cleaning.

limpio, a ['limpjo, a] *a* clean; (*moralmente*) pure; (*COM*) clear, net; (*fam*) honest // *ad*: jugar ~ to play fair // *nm*: pasar a (*Esp*) o en (*AM*) ~ to make a fair copy.

linaje [li'naxe] *nm* lineage, family.

linaza [li'naθa] *nf* linseed.

lince ['linθe] *nm* lynx.

linchar [lin'tʃar] *vt* to lynch.

lindar [lin'dar] *vi* to adjoin; ~ **con** to
border on; **linde** *nm o f* boundary;
lindero, a *a* adjoining // *nm* boundary.

lindo, a ['lindo, a] *a* pretty, lovely // *ad*:
nos divertimos de lo ~ we had a
marvellous time; **canta muy ~** (*AM*) he
sings beautifully.

línea ['linea] *nf* (*gen*) line; **en ~** (*IN-
FORM*) on line; **~ aérea** airline; **~ de
meta** goal line; (*de carrera*) finishing
line; **~ recta** straight line.

lingote [lin'gote] *nm* ingot.

lingüista [lin'gwista] *nm/f* linguist;
lingüística *nf* linguistics *sg*.

linimento [lini'mento] *nm* liniment.

lino ['lino] *nm* linen; (*BOT*) flax.

linóleo [li'noleo] *nm* lino, linoleum.

linterna [lin'terna] *nf* lantern, lamp; **~
eléctrica** *o* **a pilas** torch (*Brit*), flashlight
(*US*).

lío ['lio] *nm* bundle; (*fam*) fuss;
(*desorden*) muddle, mess; **armar un ~**
to make a fuss.

liquen ['liken] *nm* lichen.

liquidación [likiða'θjon] *nf* liquidation;
venta de ~ clearance sale.

liquidar [liki'ðar] *vt* (*mercancías*) to
liquidate; (*deudas*) to pay off;
(*empresa*) to wind up.

líquido, a ['likiðo, a] *a* liquid;
(*ganancia*) net // *nm* liquid; **~ imponible**
net taxable income.

lira ['lira] *nf* (*MUS*) lyre; (*moneda*) lira.

lírico, a ['liriko, a] *a* lyrical.

lirio ['lirjo] *nm* (*BOT*) iris.

lirón [li'ron] *nm* (*ZOOL*) dormouse; (*fig*)
sleepyhead.

Lisboa [lis'βoa] *n* Lisbon.

lisiado, a [li'sjaðo, a] *a* injured // *nm/f*
cripple.

lisiar [li'sjar] *vt* to maim; **~se** *vr* to injure
o.s.

liso, a ['liso, a] *a* (*terreno*) flat; (*cabello*)
straight; (*superficie*) even; (*tela*) plain.

lisonja [li'sonxa] *nf* flattery; **lisonjear** *vt*
to flatter; (*fig*) to please; **lisonjero, a** *a*
flattering; (*agradable*) gratifying, pleasing // *nm/f* flatterer.

lista ['lista] *nf* list; (*de alumnos*) school
register; (*de libros*) catalogue; (*de
platos*) menu; (*de precios*) price list;
pasar ~ to call the roll; **~ de correos**
poste restante; **~ de espera** waiting list;
tela a ~s striped material.

listado, a [lis'taðo, a] *a* striped.

listo, a ['listo, a] *a* (*perspicaz*) smart,
clever; (*preparado*) ready.

listón [lis'ton] *nm* (*tela*) ribbon; (*de
madera, metal*) strip.

litera [li'tera] *nf* (*en barco, tren*) berth;

(*en dormitorio*) bunk, bunk bed.

literal [lite'ral] *a* literal.

literario, a [lite'rarjo, a] *a* literary.

literato, a [lite'rato, a] *a* literary // *nm/f*
writer.

literatura [litera'tura] *nf* literature.

litigar [liti'var] *vt* to fight // *vi* (*JUR*) to go
to law; (*fig*) to dispute, argue.

litigio [li'tixjo] *nm* (*JUR*) lawsuit; (*fig*):
en ~ con in dispute with.

litografía [litovra'fia] *nf* lithography;
(*una ~*) lithograph.

litoral [lito'ral] *a* coastal // *nm* coast, sea-
board.

litro ['litro] *nm* litre.

liviano, a [li'βjano, a] *a* (*persona*) fickle;
(*cosa, objeto*) trivial.

lívido, a ['liβiðo, a] *a* livid.

ll... *ver bajo la letra LL, después de L.*

lo [lo] *artículo definido neutro*; **~ bello**
the beautiful, what is beautiful, that
which is beautiful // *pron* (*persona*)
him; (*cosa*) it; *tb ver* el.

loa ['loa] *nf* praise; **loable** *a*
praiseworthy; **loar** *vt* to praise.

lobato [lo'βato] *nm* (*ZOOL*) wolf cub.

lobo ['loβo] *nm* wolf; **~ de mar** (*fig*) sea
dog; **~ marino** seal.

lóbrego, a ['loβrevo, a] *a* dark; (*fig*)
gloomy.

lóbulo ['loβulo] *nm* lobe.

local [lo'kal] *a* local // *nm* place, site;
(*oficinas*) premises *pl*; **~idad** *nf*
(*barrio*) locality; (*lugar*) location; (*TEA-
TRO*) seat, ticket; **~izar** *vt* (*ubicar*) to
locate, find; (*restringir*) to localize;
(*situar*) to place.

loción [lo'θjon] *nf* lotion.

loco, a ['loko, a] *a* mad // *nm/f* lunatic,
mad person.

locomoción [lokomo'θjon] *nf* locomo-
tion.

locomotora [lokomo'tora] *nf* engine,
locomotive.

locuaz [lo'kwaθ] *a* loquacious.

locución [loku'θjon] *nf* expression.

locura [lo'kura] *nf* madness; (*acto*) crazy
act.

locutor, a [loku'tor, a] *nm/f* (*RADIO*)
announcer; (*comentarista*) commentator; (*TV*) newsreader.

locutorio [loku'torjo] *nm* (*en telefónica*)
telephone booth.

lodo ['lodo] *nm* mud.

lógico, a ['loxiko, a] *a* logical // *nf* logic.

logística [lo'xistika] *nf* logistics *pl*.

lograr [lo'vrar] *vt* to achieve; (*obtener*)
to get, obtain; **~ hacer** to manage to do;
~ que uno venga to manage to get sb to
come.

logro ['lovro] *nm* achievement, success.

loma ['loma] *nf* hillock (*Brit*), small hill.

lombriz [lom'briθ] *nf* worm.

lomo ['lomo] *nm* (*de animal*) back;
(*CULIN: de cerdo*) pork loin; (: *de vaca*)

rib steak; *(de libro)* spine.

Iona ['Iona] *nf* canvas.

loncha ['lontʃa] *nf* = **lonja.**

lonche ['lontʃe] *nm* (*AM*) lunch; **~ría** *nf* (*AM*) snack bar, diner (*US*).

Londres ['londres] *n* London.

longaniza [longa'niθa] *nf* pork sausage.

longitud [lonxi'tuð] *nf* length; (*GEO*) longitude; **tener 3 metros de ~** to be 3 metres long; **~ de onda** wavelength.

lonja ['lonxa] *nf* slice; *(de tocino)* rasher; **~ de pescado** fish market.

loro ['loro] *nm* parrot.

los [los] *artículo definido* the // *pron* them; (*ustedes*) you; **mis libros y ~ de Ud** my books and yours; *tb ver* **el.**

losa ['losa] *nf* stone; **~ sepulcral** gravestone.

lote ['lote] *nm* portion; (*COM*) lot.

lotería [lote'ria] *nf* lottery; *(juego)* lotto.

loza ['loθa] *nf* crockery.

lozanía [loθa'nia] *nf* *(lujo)* luxuriance; **lozano, a** *a* luxuriant; *(animado)* lively.

lubricante [luβri'kante] *nm* lubricant.

lubricar [luβri'kar] *vt* to lubricate.

lucero [lu'θero] *nm* bright star; *(fig)* brilliance.

lucidez [luθi'ðeθ] *nf* lucidity; **lúcido, a** *a* lucid.

luciérnaga [lu'θjernaɣa] *nf* glow-worm.

lucimiento [luθi'mjento] *nm* *(brillo)* brilliance; *(éxito)* success.

lucir [lu'θir] *vt* to illuminate, light (up); *(ostentar)* to show off // *vi* *(brillar)* to shine; **~se** *vr* *(irónico)* to make a fool of o.s.

lucro ['lukro] *nm* profit, gain.

lucha ['lutʃa] *nf* fight, struggle; **~ de clases** class struggle; **~ libre** wrestling; **luchar** *vi* to fight.

luego ['lweɣo] *ad* *(después)* next; *(más tarde)* later, afterwards; **desde ~** of course.

lugar [lu'ɣar] *nm* place; *(sitio)* spot; **en ~ de** instead of; **hacer ~** to make room; **fuera de ~** out of place; **tener ~** to take place; **~ común** commonplace.

lugareño, a [luɣa'reɲo, a] *a* village *cpd* // *nm/f* villager.

lugarteniente [luɣarte'njente] *nm* deputy.

lúgubre ['luvuβre] *a* mournful.

lujo ['luxo] *nm* luxury; *(fig)* profusion, abundance; **~so, a** *a* luxurious.

lujuria [lu'xurja] *nf* lust.

lumbre ['lumbre] *nf* *(gen)* light.

lumbrera [lum'brera] *nf* luminary.

luminoso, a [lumi'noso, a] *a* luminous, shining.

luna ['luna] *nf* moon; *(de un espejo)* glass; *(de gafas)* lens; *(fig)* crescent; **~ llena/nueva** full/new moon; **estar en la ~** to have one's head in the clouds; **~ de miel** honeymoon.

lunar [lu'nar] *a* lunar // *nm* (*ANAT*) mole;

tela a **~es** spotted material.

lunes ['lunes] *nm inv* Monday.

lupa ['lupa] *nf* magnifying glass.

lustrar [lus'trar] *vt* *(mueble)* to polish; *(zapatos)* to shine; **lustre** *nm* polish; *(fig)* lustre; **dar lustre a** to polish; **lustroso, a** *a* shining.

luterano, a [lute'rano, a] *a* Lutheran.

luto ['luto] *nm* mourning; *(congoja)* grief, sorrow; **llevar el** *o* **vestirse de ~** to be in mourning.

Luxemburgo [luksem'burɣo] *nm* Luxembourg.

luz [luθ] (*pl* **luces**) *nf* light; **dar a ~ un niño** to give birth to a child; **sacar a la ~** to bring to light; (*ELEC*): **dar** *o* **encender** (*Esp*) *o* **prender** (*AM*)/**apagar la ~** to switch the light on/off; **a todas luces** by any reckoning; **hacer la ~ sobre** to shed light on; **tener pocas luces** to be dim *o* stupid; **~ roja/verde** red/green light; (*AUTO*): **~ de freno** brake light; **luces de tráfico** traffic lights; **traje de luces** bullfighter's costume.

LL

llaga ['ʎaɣa] *nf* wound.

llama ['ʎama] *nf* flame; (*ZOOL*) llama.

llamada [ʎa'maða] *nf* call; **~ al orden** call to order; **~ a pie de página** reference note.

llamamiento [ʎama'mjento] *nm* call.

llamar [ʎa'mar] *vt* to call; *(atención)* to attract // *vi* *(por teléfono)* to telephone; *(a la puerta)* to knock/ring; *(por señas)* to beckon; (*MIL*) to call up; **~se** *vr* to be called, be named; **¿cómo se llama usted?** what's your name?

llamarada [ʎama'raða] *nf* *(llamas)* blaze; *(rubor)* flush; *(fig)* flare-up.

llamativo, a [ʎama'tiβo, a] *a* showy; *(color)* loud.

llamear [ʎame'ar] *vi* to blaze.

llano, a ['ʎano, a] *a* *(superficie)* flat; *(persona)* straightforward; *(estilo)* clear // *nm* plain, flat ground.

llanta ['ʎanta] *nf* (*wheel*) rim; (*AM*): **~** *(de goma)* tyre; (: **cámara**) inner (tube).

llanto ['ʎanto] *nm* weeping.

llanura [ʎa'nura] *nf* plain.

llave ['ʎaβe] *nf* key; *(del agua)* tap; (*MECÁNICA*) spanner; *(de la luz)* switch; (*MUS*) key; **~ inglesa** monkey wrench; **~ maestra** master key; **~ de contacto** (*AUTO*) ignition key; **~ de paso** stopcock; **echar ~ a** to lock up; **~ro** *nm* keyring; **llavín** *nm* latchkey.

llegada [ʎe'ɣaða] *nf* arrival.

llegar [ʎe'ɣar] *vi* to arrive; *(alcanzar)* to reach; *(bastar)* to be enough; **~se** *vr*: **~se a** to approach; **~ a** to manage to, succeed in; **~ a saber** to find out; **~ a**

ser to become; ~ a las manos de to come into the hands of.

llenar [ʎe'nar] vt to fill; (espacio) to cover; (formulario) to fill in o up; (fig) to heap.

lleno, a ['ʎeno, a] a full, filled; (repleto) full up // nm (abundancia) abundance; (TEATRO) full house; **dar de ~ contra un muro** to hit a wall head-on.

llevadero, a [ʎeβa'ðero, a] a bearable, tolerable.

llevar [ʎe'βar] vt to take; (ropa) to wear; (cargar) to carry; (quitar) to take away; (conducir a alguien) to drive; (transportar) to transport; (traer: dinero) to carry; (conducir) to lead; (MAT) to carry; ~se vr to carry off, take away; **llevamos dos días aquí** we have been here for two days; **él me lleva 2 años** he's 2 years older than me; (COM): ~ **los libros** to keep the books; ~se **bien** to get on well (together).

llorar [ʎo'rar] vt, vi to cry, weep; ~ **de risa** to cry with laughter.

lloriquear [ʎorike'ar] vi to snivel, whimper.

lloro [ʎoro] nm crying, weeping; **llorón, ona** a tearful // nm/f cry-baby; ~so, a a (gen) weeping, tearful; (triste) sad, sorrowful.

llover [ʎo'βer] vi to rain.

llovizna [ʎo'βiθna] nf drizzle; **lloviznar** vi to drizzle.

llueve etc vb ver **llover**.

lluvia ['ʎuβja] nf rain; ~ **radioactiva** radioactive fallout; **lluvioso, a** a rainy.

M

m abr (= metro) m; (= minuto) m.

macarrones [maka'rrones] nmpl macaroni sg.

macedonia [maθe'ðonja] nf: ~ **de frutas** fruit salad.

macerar [maθe'rar] vt to macerate.

maceta [ma'θeta] nf (de flores) pot of flowers; (para plantas) flowerpot.

macizo, a [ma'θiθo, a] a (grande) massive; (fuerte, sólido) solid // nm mass, chunk.

mácula ['makula] nf stain, blemish.

machacar [matʃa'kar] vt to crush, pound // vi (insistir) to go on, keep on.

machete [ma'tʃete] nm (AM) machete, (large) knife.

machista [ma'tʃista] a, nm sexist.

macho ['matʃo] a male; (fig) virile // nm male; (fig) he-man.

machucar [matʃu'kar] vt to pound.

madeja [ma'ðexa] nf (de lana) skein, hank; (de pelo) mass, mop.

madera [ma'ðera] nf wood; (fig) nature, character; **una** ~ a piece of wood.

madero [ma'ðero] nm beam; (fig) ship.

madrastra [ma'ðrastra] nf stepmother.

madre ['maðre] a mother cpd; (AM) tremendous // nf mother; (de vino etc) dregs pl; ~ **política/soltera** mother-in-law/unmarried mother.

madreperla [maðre'perla] nf mother-of-pearl.

madreselva [maðre'selβa] nf honeysuckle.

Madrid [ma'ðrið] n Madrid.

madriguera [maðri'vera] nf burrow.

madrileño, a [maðri'leno, a] a of o from Madrid // nm/f native of Madrid.

madrina [ma'ðrina] nf godmother; (ARQ) prop, shore; (TEC) brace; ~ **de boda** bridesmaid.

madrugada [maðru'vaða] nf early morning; (alba) dawn, daybreak.

madrugador, a [maðruva'ðor, a] a early-rising.

madrugar [maðru'var] vi to get up early; (fig) to get ahead.

madurar [maðu'rar] vt, vi (fruta) to ripen; (fig) to mature; **madurez** nf ripeness; maturity; **maduro, a** a ripe, mature.

maestra [ma'estra] nf ver **maestro**.

maestría [maes'tria] nf mastery; (habilidad) skill, expertise.

maestro, a [ma'estro, a] a masterly; (perito) skilled, expert; (principal) main; (educado) trained // nm/f master/mistress; (profesor) teacher // nm (autoridad) authority; (MUS) maestro; (AM) skilled workman; ~ **albañil** master mason.

magia ['maxja] nf magic; **mágico, a** a magic(al) // nm/f magician.

magisterio [maxis'terjo] nm (enseñanza) teaching; (profesión) teaching profession; (maestros) teachers pl.

magistrado [maxis'traðo] nm magistrate.

magistral [maxis'tral] a magisterial; (fig) masterly.

magnánimo, a [mav'nanimo, a] a magnanimous.

magnate [mav'nate] nm magnate, tycoon.

magnético, a [mav'netiko, a] a magnetic; **magnetizar** vt to magnetize.

magnetofón [mavneto'fon] **magnetófono** [mavne'tofono] nm tape recorder; **magnetofónico, a** a: **cinta magnetofónica** recording tape.

magnífico, a [mav'nifiko, a] a splendid, magnificent.

magnitud [mavni'tuð] nf magnitude.

mago, a ['mavo, a] nm/f magician; **los Reyes M~s** the Magi, the Three Wise Men.

magro, a ['mavro, a] a (persona) thin, lean; (carne) lean.

maguey [ma'vei] nm agave.

magullar [mavu'ʎar] vt (amoratar) to

bruise; (*dañar*) to damage; (*fam*: *golpear*) to bash, beat.

mahometano, a [maome'tano, a] *a* Mohammedan.

mahonesa [mao'nesa] *nf* = **mayonesa**.

maíz [ma'iθ] *nm* maize (*Brit*), corn (*US*); sweet corn.

majadero, a [maxa'ðero, a] *a* silly, stupid.

majestad [maxes'tað] *nf* majesty; **majestuoso, a** *a* majestic.

majo, a ['maxo, a] *a* nice; (*guapo*) attractive, good-looking; (*elegante*) smart.

mal [mal] *ad* badly; (*equivocadamente*) wrongly; (*con dificultad*) with difficulty // *a* = **malo** // *nm* evil; (*desgracia*) misfortune; (*daño*) harm, damage; (*MED*) illness; **¡menos ~!** just as well!; **~ que bien** rightly or wrongly.

malabarismo [malaβa'rismo] *nm* juggling; **malabarista** *nm/f* juggler.

malaconsejado, a [malakonse'xaðo, a] *a* ill-advised.

malaria [ma'larja] *nf* malaria.

malcriado, a [mal'krjaðo, a] *a* (*consentido*) spoiled.

maldad [mal'dað] *nf* evil, wickedness.

maldecir [malde'θir] *vt* to curse // *vi*: ~ **de** to speak ill of.

maldición [maldi'θjon] *nf* curse.

maldito, a [mal'dito, a] *a* (*condenado*) damned; (*perverso*) wicked; **¡~ sea!** damn it!

maleante [male'ante] *a* wicked // *nm/f* malefactor.

malecón [male'kon] *nm* pier, jetty.

maledicencia [maleði'θenθja] *nf* slander, scandal.

maleducado, a [maleðu'kaðo, a] *a* bad-mannered, rude.

maleficio [male'fiθjo] *nm* curse, spell.

malestar [males'tar] *nm* (*gen*) discomfort; (*fig*: *inquietud*) uneasiness; (*POL*) unrest.

maleta [ma'leta] *nf* case, suitcase; (*AUTO*) boot (*Brit*), trunk (*US*); **maletera** *nf* (*AM AUTO*); **maletero** *nm* (*AUTO*) boot (*Brit*), trunk (*US*); **maletín** *nm* small case, bag.

malévolo, a [ma'leβolo, a] *a* malicious, spiteful.

maleza [ma'leθa] *nf* (*hierbas malas*) weeds *pl*; (*arbustos*) thicket.

malgastar [malɣas'tar] *vt* (*tiempo*, *dinero*) to waste; (*salud*) to ruin.

malhechor [male'tʃor, a] *nm/f* malefactor; (*criminal*) criminal.

malhumorado, a [malumo'raðo, a] *a* bad-tempered, cross.

malicia [ma'liθja] *nf* (*maldad*) wickedness; (*astucia*) slyness, guile; (*mala intención*) malice, spite; (*carácter travieso*) mischievousness; **malicioso, a** *a* wicked, evil; sly, crafty; malicious,

spiteful; mischievous.

maligno, a [ma'liɣno, a] *a* evil; (*malévolo*) malicious; (*MED*) malignant.

malo, a ['malo, a] *a* bad; (*falso*) false // *nm/f* villain // *nf* spell of bad luck; **estar ~** to be ill; **estar de malas** (*de mal humor*) to be in a bad mood.

malograr [malo'ɣrar] *vt* to spoil; (*plan*) to upset; (*ocasión*) to waste; **~se** *vr* (*plan etc*) to fail, come to grief; (*persona*) to die before one's time.

malparado, a [malpa'raðo, a] *a*: **salir ~** to come off badly.

malparir [malpa'rir] *vi* to have a miscarriage.

malsano, a [mal'sano, a] *a* unhealthy.

Malta ['malta] *nf* Malta.

malteada [malte'aða] *nf* (*AM*) milk shake.

maltratar [maltra'tar] *vt* to ill-treat, mistreat.

maltrecho, a [mal'tretʃo, a] *a* battered, damaged.

malvado, a [mal'βaðo, a] *a* evil, villainous.

malvavisco [malβa'βisko] *nm* marshmallow.

malversar [malβer'sar] *vt* to embezzle, misappropriate.

Malvinas [mal'βinas]: **Islas ~** *nfpl* Falkland Islands.

malla ['maʎa] *nf* mesh; (*de baño*) swimsuit; (*de ballet*, *gimnasia*) leotard; **~s** *nfpl* tights; **~ de alambre** wire mesh.

Mallorca [ma'ʎorka] *nf* Majorca.

mama ['mama] *nf* (*de animal*) teat; (*de mujer*) breast.

mamá [ma'ma] (*pl* ~s) *nf* (*fam*) mum, mummy.

mamar [ma'mar] *vt* (*pecho*) to suck; (*fig*) to absorb, assimilate // *vi* to suck.

mamarracho [mama'rratʃo] *nm* sight, mess.

mamífero [ma'mifero] *nm* mammal.

mampara [mam'para] *nf* (*entre habitaciones*) partition; (*biombo*) screen.

mampostería [mamposte'ria] *nf* masonry.

mamut [ma'mut] (*pl* ~s) *nm* mammoth.

manada [ma'naða] *nf* (*ZOOL*) herd; (: *de leones*) pride; (: *de lobos*) pack.

Managua [ma'naɣwa] *n* Managua.

manantial [manan'tjal] *nm* spring; (*fuente*) fountain; (*fig*) source.

manar [ma'nar] *vt* to run with, flow with // *vi* to run, flow; (*abundar*) to abound.

mancilla [man'θiʎa] *nf* stain, blemish.

manco, a ['manko, a] *a* (*de un brazo*) one-armed; (*de una mano*) one-handed; (*fig*) defective, faulty.

mancomunar [mankomu'nar] *vt* to unite, bring together; (*recursos*) to pool; (*JUR*) to make jointly responsible; **mancomunidad** *nf* union, association; (*comunidad*) community; (*JUR*) joint responsibility.

mancha ['mantʃa] *nf* stain, mark; (*ZOOL*) patch; (*boceto*) sketch, outline; **manchar** *vt* (*gen*) to stain, mark; (*ensuciar*) to soil, dirty.

manchego, a [man'tʃeɣo, a] *a* of o from La Mancha.

mandado [man'daðo] *nm* (*orden*) order; (*comisión*) commission, errand.

mandamiento [manda'mjento] *nm* (*orden*) order, command; (*REL*) commandment; ~ **judicial** warrant.

mandar [man'dar] *vt* (*ordenar*) to order; (*dirigir*) to lead, command; (*enviar*) to send; (*pedir*) to order, ask for // *vi* to be in charge; (*pey*) to be bossy; ¿mande? pardon?, excuse me?; ~ **hacer un traje** to have a suit made.

mandarín [manda'rin] *nm* mandarin.

mandarina [manda'rina] *nf* (*fruta*) tangerine, mandarin (orange).

mandatario, a [manda'tarjo, a] *nm/f* (*representante*) agent; (*AM: líder*) leader.

mandato [man'dato] *nm* (*orden*) order; (*INFORM*) command; (*POL*: *período*) term of office; (*: territorio*) mandate; ~ **judicial** (search) warrant.

mandíbula [man'diβula] *nf* jaw.

mandil [man'dil] *nm* (*delantal*) apron.

mando ['mando] *nm* (*MIL*) command; (*de país*) rule; (*el primer lugar*) lead; (*POL*) term of office; (*TEC*) control; ~ **a la izquierda** left-hand drive.

mandolina [mando'lina] *nf* mandolin(e).

mandón, ona [man'don, ona] *a* bossy, domineering.

manejable [mane'xaβle] *a* manageable.

manejar [mane'xar] *vt* to manage; (*máquina*) to work, operate; (*caballo etc*) to handle; (*casa*) to run, manage; (*AM*: *AUTO*) to drive; ~**se** *vr* (*comportarse*) to act, behave; (*arreglárselas*) to manage; **manejo** *nm* management; handling; running; driving; (*facilidad de trato*) ease, confidence; **manejos** *nmpl* intrigues.

manera [ma'nera] *nf* way, manner, fashion; ~**s** *nfpl* (*modales*) manners; **su ~ de ser** the way he is; (*aire*) his manner; **de ninguna ~** no way, by no means; **de otra ~** otherwise; **de todas** ~**s** at any rate; **no hay ~ de persuadirle** there's no way of convincing him.

manga ['manga] *nf* (*de camisa*) sleeve; (*de riego*) hose.

mangana [man'gana] *nf* lasso.

mango ['mango] *nm* handle; (*BOT*) mango.

mangonear [mangone'ar] *vi* (*meterse*) to meddle, interfere; (*ser mandón*) to boss people about.

manguera [man'gera] *nf* (*de riego*) hose; (*tubo*) pipe.

maní [ma'ni] *nm* (*AM*) peanut.

manía [ma'nia] *nf* (*MED*) mania; (*fig*:

moda*) rage, craze; (*disgusto*) dislike; (*malicia*) spite; **maníaco, a *a* maniac(al) // *nm/f* maniac.

maniatar [manja'tar] *vt* to tie the hands of.

maniático, a [ma'njatiko, a] *a* maniac(al) // *nm/f* maniac.

manicomio [mani'komjo] *nm* mental hospital (*Brit*), insane asylum (*US*).

manicura [mani'kura] *nf* manicure.

manifestación [manifesta'θjon] *nf* (*declaración*) statement, declaration; (*de emoción*) show, display; (*POL: desfile*) demonstration; (*: concentración*) mass meeting.

manifestar [manifes'tar] *vt* to show, manifest; (*declarar*) to state, declare; **manifiesto, a** *a* clear, manifest // *nm* manifesto.

manija [ma'nixa] *nf* handle.

maniobra [ma'njoβra] *nf* manœuvring; (*manejo*) handling; (*fig*) manœuvre; (*estratagema*) stratagem; ~**s** *nfpl* manœuvres; **maniobrar** *vt* to manœuvre; (*manejar*) to handle.

manipulación [manipula'θjon] *nf* manipulation; **manipular** *vt* to manipulate; (*manejar*) to handle.

maniquí [mani'ki] *nm* dummy // *nm/f* model.

manirroto, a [mani'rroto, a] *a* lavish, extravagant // *nm/f* spendthrift.

manivela [mani'βela] *nf* crank.

manjar [man'xar] *nm* (tasty) dish.

mano ['mano] *nf* hand; (*ZOOL*) foot, paw; (*de pintura*) coat; (*serie*) lot, series; **a ~** by hand; **a ~ derecha/izquierda** on the right(-hand side)/left(-hand side); **de primera ~** (at) first hand; **de segunda ~** (at) second hand; **robo a ~ armada** armed robbery; ~ **de obra** labour, manpower; **estrechar la ~ a uno** to shake sb's hand.

manojo [ma'noxo] *nm* handful, bunch; ~ **de llaves** bunch of keys.

manopla [ma'nopla] *nf* (*guante*) glove; (*paño*) face cloth.

manoseado, a [manose'aðo, a] *a* well-worn; **manosear** *vt* (*tocar*) to handle, touch; (*desordenar*) to mess up, rumple; (*insistir en*) to overwork; (*AM*) to caress, fondle.

manotazo [mano'taθo] *nm* slap, smack.

mansalva [man'salβa]: **a ~** *ad* indiscriminately.

mansedumbre [manse'ðumbre] *nf* gentleness, meekness.

mansión [man'sjon] *nf* mansion.

manso, a ['manso, a] *a* gentle, mild; (*animal*) tame.

manta ['manta] *nf* blanket; (*AM*: *poncho*) poncho.

manteca [man'teka] *nf* fat; ~ **de cacahuete/cacao** peanut/cocoa butter; ~ **de cerdo** lard.

mantecado [mante'kaðo] *nm* (*AM*) ice cream.

mantel [man'tel] *nm* tablecloth.

mantendré *etc vb ver* **mantener**.

mantener [mante'ner] *vt* to support, maintain; (*alimentar*) to sustain; (*conservar*) to keep; (*TEC*) to maintain, service; ~se *vr* (*seguir de pie*) to be still standing; (*no ceder*) to hold one's ground; (*subsistir*) to sustain o.s., keep going; **mantenimiento** *nm* maintenance; sustenance; (*sustento*) support.

mantequilla [mante'kiʎa] *nf* butter.

mantilla [man'tiʎa] *nf* mantilla; ~s *nfpl* baby clothes.

manto ['manto] *nm* (*capa*) cloak; (*de ceremonia*) robe, gown.

mantón [man'ton] *nm* shawl.

mantuve, mantuviera *etc vb ver* **mantener**.

manual [ma'nwal] *a* manual // *nm* manual, handbook.

manufactura [manufak'tura] *nf* manufacture; (*fábrica*) factory.

manuscrito, a [manus'krito, a] *a* handwritten // *nm* manuscript.

manutención [manuten'θjon] *nf* maintenance; (*sustento*) support.

manzana [man'θana] *nf* apple; (*ARQ*) block (of houses).

manzanilla [manθa'niʎa] *nf* (*planta*) camomile; (*infusión*) camomile tea; (*vino de jerez*) manzanilla sherry.

manzano [man'θano] *nm* apple tree.

maña ['maɲa] *nf* (*gen*) skill, dexterity; (*pey*) guile; (*costumbre*) habit; (*destreza*) trick, knack.

mañana [ma'ɲana] *ad* tomorrow // *nm* future // *nf* morning; de o por la ~ in the morning; ¡hasta ~! see you tomorrow!; ~ por la ~ tomorrow morning; **mañanero, a** *a* early-rising.

mañoso, a [ma'ɲoso, a] *a* (*hábil*) skilful; (*astuto*) smart, clever.

mapa ['mapa] *nm* map.

maqueta [ma'keta] *nf* (scale) model.

maquillaje [maki'ʎaxe] *nm* make-up; (*acto*) making up.

maquillar [maki'ʎar] *vt* to make up; ~se *vr* to put on (some) make-up.

máquina ['makina] *nf* machine; (*de tren*) locomotive, engine; (*FOTO*) camera; (*fig*) machinery; (: *proyecto*) plan, project; **escrito a** ~ typewritten; ~ **de escribir** typewriter; ~ **de coser/lavar** sewing/washing machine.

maquinación [makina'θjon] *nf* machination, plot.

maquinal [maki'nal] *a* (*fig*) mechanical, automatic.

maquinaria [maki'narja] *nf* (*máquinas*) machinery; (*mecanismo*) mechanism, works *pl*.

maquinilla [maki'niʎa] *nf*: ~ **de afeitar** razor.

maquinista [maki'nista] *nm/f* (*de tren*) engine driver; (*TEC*) operator; (*NAUT*) engineer.

mar [mar] *nm o f* sea; ~ **adentro** o **afuera** out at sea; **en alta** ~ on the high seas; **la** ~ **de** (*fam*) lots of; **el M~ Negro/Báltico** the Black/Baltic Sea.

maraña [ma'raɲa] *nf* (*maleza*) thicket; (*confusión*) tangle.

maravilla [mara'βiʎa] *nf* marvel, wonder; (*BOT*) marigold; **maravillar** *vt* to astonish, amaze; **maravillarse** *vr* to be astonished, be amazed; **maravilloso, a** *a* wonderful, marvellous.

marca ['marka] *nf* (*gen*) mark; (*sello*) stamp; (*COM*) make, brand; **de** ~ excellent, outstanding; ~ **de fábrica** trademark; ~ **registrada** registered trademark.

marcado, a [mar'kaðo, a] *a* marked, strong.

marcador [marka'ðor] *nm* (*DEPORTE*) scoreboard; (: *persona*) scorer.

marcar [mar'kar] *vt* (*gen*) to mark; (*número de teléfono*) to dial; (*gol*) to score; (*números*) to record, keep a tally of; (*pelo*) to set // *vi* (*DEPORTE*) to score; (*TEL*) to dial.

marcial [mar'θjal] *a* martial, military.

marciano, a [mar'θjano, a] *a* Martian.

marco ['marko] *nm* frame; (*DEPORTE*) goal-posts *pl*; (*moneda*) mark; (*fig*) framework; ~ **de chimenea** mantelpiece.

marcha ['martʃa] *nf* march; (*TEC*) running, working; (*AUTO*) gear; (*velocidad*) speed; (*fig*) progress; (*dirección*) course; **poner en** ~ to put into gear; (*fig*) to set in motion, get going; **dar** ~ **atrás** to reverse, put into reverse; **estar en** ~ to be under way, be in motion.

marchar [mar'tʃar] *vi* (*ir*) to go; (*funcionar*) to work, go; ~se *vr* to go (away), leave.

marchitar [martʃi'tar] *vt* to wither, dry up; ~se *vr* (*BOT*) to wither; (*fig*) to fade away; **marchito, a** *a* withered, faded; (*fig*) in decline.

marea [ma'rea] *nf* tide; (*llovizna*) drizzle.

marear [mare'ar] *vt* (*fig*) to annoy, upset; (*MED*): ~ **a uno** to make sb feel sick; ~se *vr* (*tener náuseas*) to feel sick; (*desvanecerse*) to feel faint; (*aturdirse*) to feel dizzy; (*fam: emborracharse*) to get tipsy.

maremoto [mare'moto] *nm* tidal wave.

mareo [ma'reo] *nm* (*náusea*) sick feeling; (*aturdimiento*) dizziness; (*fam: lata*) nuisance.

marfil [mar'fil] *nm* ivory.

margarina [marva'rina] *nf* margarine.

margarita [marva'rita] *nf* (*BOT*) daisy; (*rueda*) ~ daisywheel.

margen ['marxen] *nm* (*borde*) edge, border; (*fig*) margin, space // *nf* (*de río* *etc*) bank; **dar ~ para** to give an opportunity for; **mantenerse al ~** to keep out (of things).

marica [ma'rika] *nm* (*fam*) sissy.

maricón [mari'kon] *nm* (*fam*) queer.

marido [ma'riðo] *nm* husband.

mariguana [mari'ɣwana], **mariuana** [mari'wana] *nf* marijuana, cannabis.

marimacho [mari'matʃo] *nm* (*fam*) mannish woman.

marina [ma'rina] *nf* navy; **~ mercante** merchant navy.

marinero, a [mari'nero, a] *a* sea *cpd*; (*barco*) seaworthy // *nm* sailor, seaman.

marino, a [ma'rino, a] *a* sea *cpd*, marine // *nm* sailor.

marioneta [marjo'neta] *nf* puppet.

mariposa [mari'posa] *nf* butterfly.

mariquita [mari'kita] *nf* ladybird (*Brit*), ladybug (*US*).

mariscos [ma'riskos] *nmpl* shellfish *inv*, seafood(s).

marisma [ma'risma] *nf* marsh, swamp.

marítimo, a [ma'ritimo, a] *a* sea *cpd*, maritime.

marmita [mar'mita] *nf* pot.

mármol ['marmol] *nm* marble.

marqués, esa [mar'kes, esa] *nm/f* marquis/marchioness.

marrón [ma'rron] *a* brown.

marroquí [marro'ki] *a*, *nm/f* Moroccan // *nm* Morocco (leather).

Marruecos [ma'rrwekos] *nm* Morocco.

martes ['martes] *nm inv* Tuesday.

martillar [marti'ʎar] *vt* to hammer.

martillo [mar'tiʎo] *nm* hammer; **~ neumático** pneumatic drill (*Brit*), jackhammer.

mártir ['martir] *nm/f* martyr; **martirio** *nm* martyrdom; (*fig*) torture, torment.

marxismo [mark'sismo] *nm* Marxism; **marxista** *a*, *nm/f* Marxist.

marzo ['marθo] *nm* March.

mas [mas] *conj* but.

más [mas] ♦ *a*, *ad* **1**: **~ (que, de)** (*comparativo*) more (than), ...+er (than); **~ grande/inteligente** bigger/more intelligent; **trabaja ~ (que yo)** he works more (than me); *ver tb* **cada**

2 (*superlativo*): **el ~ the** most, ...+est; **el ~ grande/inteligente (de)** the biggest/most intelligent (in)

3 (*negativo*): **no tengo ~ dinero** I haven't got any more money; **no viene ~ por aquí** he doesn't come round here any more

4 (*adicional*): **no le veo ~ solución que** ... I see no other solution than to ...; **¿quién ~?** anybody else?

5 (+ *a*: *valor intensivo*): **¡qué perro ~ sucio!** what a filthy dog!; **¡es ~ tonto!** he's so stupid!

6 (*locuciones*): **~ o menos** more or less; **los ~** most people; **es ~** furthermore; **~ bien** rather; **¡qué ~ da!** what does it

matter!; *ver tb* **no**

7: **por ~**: **por ~ que te esfuerces** no matter how hard you try; **por ~ que quisiera** ... much as I should like to ...

8: **de ~**: **veo que aquí estoy de ~** I can see I'm not needed here; **tenemos uno de ~** we've got one extra

♦ *prep*: **2 ~ 2 son 4** 2 and 0 plus 2 are 4

♦ *nm*: **este trabajo tiene sus ~ y sus menos** this job's got its good points and its bad points.

masa ['masa] *nf* (*mezcla*) dough; (*volumen*) volume, mass; (*FISICA*) mass; **en ~ en masse**; **las ~s** (*POL*) the masses.

masacre [ma'sakre] *nf* massacre.

masaje [ma'saxe] *nm* massage.

mascar [mas'kar] *vt* to chew; (*fig*) to mumble, mutter.

máscara ['maskara] *nf* (*gen*) mask // *nm/f* masked person; **mascarada** *nf* masquerade; **mascarilla** *nf* (*de belleza*, *MED*) mask.

masculino, a [masku'lino, a] *a* masculine; (*BIO*) male.

mascullar [masku'ʎar] *vt* to mumble, mutter.

masilla [ma'siʎa] *nf* putty.

masivo, a [ma'sißo, a] *a* (*en masa*) mass, en masse.

masón [ma'son] *nm* (free)mason.

masoquista [maso'kista] *nm/f* masochist.

masticar [masti'kar] *vt* to chew; (*fig*) to ponder.

mástil ['mastil] *nm* (*de navío*) mast; (*de guitarra*) neck.

mastín [mas'tin] *nm* mastiff.

masturbación [masturßa'θjon] *nf* masturbation; **masturbarse** *vr* to masturbate.

mata ['mata] *nf* (*arbusto*) bush, shrub; (*de hierba*) tuft.

matadero [mata'ðero] *nm* slaughterhouse, abattoir.

matador, a [mata'ðor, a] *a* killing // *nm/f* killer // *nm* (*TAUR*) matador, bullfighter.

matamoscas [mata'moskas] *nm inv* (*palo*) fly swat.

matanza [ma'tanθa] *nf* (*de personas*) slaughter, killing; (*de animales*) slaughter(ing).

matar [ma'tar] *vt*, *vi* to kill; **~se** *vr* (*suicidarse*) to kill o.s., commit suicide; (*morir*) to be 0 get killed; **~ el hambre** to stave off hunger.

matasellos [mata'seʎos] *nm inv* postmark.

mate ['mate] *a* (*sin brillo*: *color*) dull, matt // *nm* (*en ajedrez*) (check)mate; (*AM*: *hierba*) maté; (*: vasija*) gourd.

matemáticas [mate'matikas] *nfpl* mathematics; **matemático, a** *a* mathematical // *nm/f* mathematician.

materia [ma'terja] *nf* (*gen*) matter; (*TEC*) material; (*ESCOL*) subject; **en ~ de** on the subject of; **~ prima** raw material; **material** a material; (dolor) physical // nm material; (TEC) equipment; **materialismo** nm materialism; **materialista** a materialist(ic); **materialmente** ad materially; (fig) absolutely.

maternal [mater'nal] a motherly, maternal.

maternidad [materni'ðað] nf motherhood, maternity; **materno, a** a maternal; (lengua) mother cpd.

matinal [mati'nal] a morning cpd.

matiz [ma'tiθ] nm shade; ~ar vt (dar tonos de) to tinge, tint; (variar) to vary; (ARTE) to blend.

matón [ma'ton] nm bully.

matorral [mato'rral] nm thicket.

matraca [ma'traka] nf rattle.

matrícula [ma'trikula] nf (registro) register; (AUTO) registration number; (: placa) number plate; **matricular** vt to register, enrol.

matrimonial [matrimo'njal] a matrimonial.

matrimonio [matri'monjo] nm (pareja) (married) couple; (unión) marriage.

matriz [ma'triθ] nf (ANAT) womb; (TEC) mould; casa ~ (COM) head office.

matrona [ma'trona] nf (persona de edad) matron.

maullar [mau'ʎar] vi to mew, miaow.

mausoleo [mauso'leo] nm mausoleum.

maxilar [maksi'lar] nm jaw(bone).

máxima ['maksima] ver **máximo**.

máxime ['maksime] ad especially.

máximo, a ['maksimo, a] a maximum; (más alto) highest; (más grande) greatest // nm maximum // nf maxim.

mayo ['majo] nm May.

mayonesa [majo'nesa] nf mayonnaise.

mayor [ma'jor] a main, chief; (adulto) adult; (de edad avanzada) elderly; (MUS) major; (comparativo: de tamaño) bigger; (: de edad) older; (superlativo: de tamaño) biggest; (: de edad) oldest // nm chief, boss; (adulto) adult; al por ~ wholesale; ~ de edad adult; ~es nmpl (antepasados) ancestors.

mayoral [majo'ral] nm foreman.

mayordomo [major'ðomo] nm butler.

mayoría [majo'ria] nf majority, greater part.

mayorista [majo'rista] nm/f wholesaler.

mayúsculo, a [ma'juskulo, a] a (fig) big, tremendous // nf capital (letter).

mazapán [maθa'pan] nm marzipan.

mazo ['maθo] nm (martillo) mallet; (de flores) bunch; (DEPORTE) bat.

me [me] pron (directo) me; (indirecto) (to) me; (reflexivo) (to) myself; ¡dámelo! give it to me!

mear [me'ar] vi (fam) to pee, piss.

mecánico, a [me'kaniko, a] a mechanical // nm/f mechanic // nf (estudio) mechanics sg; (mecanismo) mechanism.

mecanismo [meka'nismo] nm mechanism; (marcha) gear.

mecanografía [mekanoɣra'fia] nf typewriting; **mecanógrafo, a** nm/f typist.

mecate [me'kate] nm (AM) rope.

mecedora [meθe'ðora] nf rocking chair.

mecer [me'θer] vt (cuna) to rock; ~se vr to rock; (ramo) to sway.

mecha ['metʃa] nf (de vela) wick; (de bomba) fuse.

mechero [me'tʃero] nm (cigarette) lighter.

mechón [me'tʃon] nm (gen) tuft; (manojo) bundle; (de pelo) lock.

medalla [me'ðaʎa] nf medal.

media ['meðja] nf ver **medio**.

mediado, a [me'ðjaðo, a] a half-full; (trabajo) half-complete; a ~s de in the middle of, halfway through.

mediano, a [me'ðjano, a] a (regular) medium, average; (mediocre) mediocre.

medianoche [meðja'notʃe] nf midnight.

mediante [me'ðjante] ad by (means of), through.

mediar [me'ðjar] vi (interceder) to mediate, intervene.

medicación [meðika'θjon] nf medication, treatment.

medicamento [meðika'mento] nm medicine, drug.

medicina [meði'θina] nf medicine.

medición [meði'θjon] nf measurement.

médico, a ['meðiko, a] a medical // nm/f doctor.

medida [me'ðiða] nf measure; (medición) measurement; (prudencia) moderation, prudence; en cierta/gran ~ up to a point/to a great extent; un traje a la ~ made-to-measure suit; ~ de cuello collar size; ~ en proportion to; (de acuerdo con) in keeping with; a ~ que (conforme) as.

medio, a ['meðjo, a] a half (a); (punto) mid, middle; (promedio) average // ad half // nm (centro) middle, centre; (promedio) average; (método) means, way; (ambiente) environment // nf (Esp: prenda de vestir) stocking; (AM: prenda de vestir) sock; (promedio) average; ~s nmpl means, resources; ~ litro half a litre; las tres y media half past three; M~ Oriente Middle East; a ~ terminar half finished; pagar a medias to share the cost.

mediocre [me'ðjokre] a middling, average; (pey) mediocre.

mediodía [meðjo'ðia] nm midday, noon.

medir [me'ðir] vt, vi (gen) to measure.

meditar [meði'tar] vt to ponder, think over, meditate (on); (planear) to think out.

mediterráneo, a [meðite'rraneo, a] a Mediterranean // nm: el M~ the Mediterranean.

médula ['meðula] nf (ANAT) marrow; ~

espinal spinal cord.

medusa [me'ðusa] *nf* (*Esp*) jellyfish.

megáfono [me'ɣafono] *nm* megaphone.

megalómano, a [meɣa'lomano, a] *nm/f* megalomaniac.

mejicano, a [mexi'kano, a] *a*, *nm/f* Mexican.

Méjico ['mexiko] *nm* Mexico.

mejilla [me'xiʎa] *nf* cheek.

mejillón [mexi'ʎon] *nm* mussel.

mejor [me'xor] *a*, *ad* (*comparativo*) better; (*superlativo*) best; **a lo ~** probably; (*quizá*) maybe; **~ dicho** rather; **tanto ~** so much the better.

mejora [me'xora] *nf* improvement; **mejorar** *vt* to improve, make better // *vi*, **mejorarse** *vr* to improve, get better.

melancólico, a [melan'koliko, a] *a* (*triste*) sad, melancholy; (*soñador*) dreamy.

melena [me'lena] *nf* (*de persona*) long hair; (*ZOOL*) mane.

melocotón [meloko'ton] *nm* (*Esp*) peach.

melodía [melo'ðia] *nf* melody, tune.

melodrama [melo'ðrama] *nm* melodrama; **melodramático, a** *a* melodramatic.

melón [me'lon] *nm* melon.

meloso, a [me'loso, a] *a* honeyed, sweet.

mellizo, a [me'ʎiθo, a] *a*, *nm/f* twin; **~s** *nmpl* (*AM*) cufflinks.

membrete [mem'brete] *nm* letterhead.

membrillo [mem'briʎo] *nm* quince; **carne de ~** quince jelly.

memorable [memo'raßle] *a* memorable.

memorándum [memo'randum] (*pl* **~s**) *nm* (*libro*) notebook; (*comunicación*) memorandum.

memoria [me'morja] *nf* (*gen*) memory; **~s** *nfpl* (*de autor*) memoirs; **~ intermedia** (*INFORM*) buffer; **memorizar** *vt* to memorize.

menaje [me'naxe] *nm*: **~ de cocina** kitchenware.

mencionar [menθjo'nar] *vt* to mention.

mendigar [mendi'ɣar] *vt* to beg (for).

mendigo, a [men'diɣo, a] *nm/f* beggar.

mendrugo [men'druɣo] *nm* crust.

menear [mene'ar] *vt* to move; (*fig*) to handle; **~se** *vr* to shake; (*balancearse*) to sway; (*moverse*) to move; (*fig*) to get a move on.

menester [menes'ter] *nm* (*necesidad*) necessity; **~es** *nmpl* (*deberes*) duties; **es ~** it is necessary.

menestra [me'nestra] *nf*: **~ de verduras** vegetable stew.

menguante [men'gwante] *a* decreasing, diminishing; **menguar** *vt* to lessen, diminish; (*fig*) to discredit // *vi* to diminish, decrease; (*fig*) to decline.

menopausia [meno'pausja] *nf* menopause.

menor [me'nor] *a* (*más pequeño*: *comparativo*) smaller; (: *superlativo*) smallest; (*más joven*: *comparativo*) younger; (: *superlativo*) youngest; (*MUS*) minor // *nm/f* (*joven*) young person, juvenile; **no tengo la ~ idea** I haven't the faintest idea; **al por ~** retail; **~ de edad** person under age.

Menorca [me'norka] *nf* Minorca.

menoría [meno'ria] *nf*: **a ~** (*AM*) retail.

menos [menos] ♦ *a* **1**: **~** (**que, de**) (*comparativo*: *cantidad*) less (than); (: *número*) fewer (than); **con ~ entusiasmo** with less enthusiasm; **~ gente** fewer people; *ver tb* cada

2 (*superlativo*): **es el que ~ culpa tiene** he is the least to blame

♦ *ad* **1** (*comparativo*): **~** (**que, de**) less (than); **me gusta ~ que el otro** I like it less than the other one

2 (*superlativo*): **es la ~ lista** (**de su clase**) she's the least bright in her class; **de todas ellas es la que ~ me agrada** out of all of them she's the one I like least; (**por**) **lo ~** at (the very) least

3 (*locuciones*): **no quiero verle y ~ visitarle** I don't want to see him let alone visit him; **tenemos 7 de ~** we're seven short

♦ *prep* except; (*cifras*) minus; **todos ~ él** everyone except (for) him; **5 ~ 2** 5 minus 2

♦ *conj*: **a ~ que**: **a ~ que venga mañana** unless he comes tomorrow.

menoscabar [menoska'ßar] *vt* (*estropear*) to damage, harm; (*fig*) to discredit.

menospreciar [menospre'θjar] *vt* to underrate, undervalue; (*despreciar*) to scorn, despise.

mensaje [men'saxe] *nm* message; **~ro, a** *nm/f* messenger.

menstruación [menstrua'θjon] *nf* menstruation.

menstruar [mens'trwar] *vi* to menstruate.

mensual [men'swal] *a* monthly; **1000 ptas ~es** 1000 ptas a month; **~idad** *nf* (*salario*) monthly salary; (*COM*) monthly payment, monthly instalment.

menta ['menta] *nf* mint.

mental [men'tal] *a* mental; **~idad** *nf* mentality.

mentar [men'tar] *vt* to mention, name.

mente ['mente] *nf* mind.

mentecato, a [mente'kato, a] *a* silly, stupid // *nm/f* fool, idiot.

mentir [men'tir] *vi* to lie.

mentira [men'tira] *nf* (*una ~*) lie; (*acto*) lying; (*invención*) fiction; **parece ~ que...** it seems incredible that..., I can't believe that....

mentiroso, a [menti'roso, a] *a* lying // *nm/f* liar.

menú [me'nu] (*pl* **~s**) *nm* menu; (*AM*) set meal.

menudo, a [me'nuðo, a] *a (pequeño)* small, tiny; *(sin importancia)* petty, insignificant; ~ **negocio!** *(fam)* some deal!; a ~ often, frequently.

meñique [me'ɲike] *nm* little finger.

meollo [me'oʎo] *nm (fig)* core.

mercadería [merkaðe'ria] *nf* commodity; ~**s** *nfpl* goods, merchandise *sg*.

mercado [mer'kaðo] *nm* market; **M~ Común** Common Market.

mercancía [merkan'θia] *nf* commodity; ~**s** *nfpl* goods, merchandise *sg*.

mercantil [merkan'til] *a* mercantile, commercial.

mercenario, a [merθe'narjo, a] *a, nm* mercenary.

mercería [merθe'ria] *nf* haberdashery *(Brit)*, notions *(US)*; *(tienda)* haberdasher's *(Brit)*, notions store *(US)*; *(AM)* drapery.

mercurio [mer'kurjo] *nm* mercury.

merecer [mere'θer] *vt* to deserve, merit // *vi* to be deserving, be worthy; **merece la pena** it's worthwhile; **merecido, a** *a* (well) deserved; **llevar su merecido** to get one's deserts.

merendar [meren'dar] *vt* to have for tea // *vi* to have tea; *(en el campo)* to have a picnic.

merengue [me'renge] *nm* meringue.

meridiano [meri'ðjano] *nm (GEO)* meridian.

merienda [me'rjenda] *nf* (light) tea, afternoon snack; *(de campo)* picnic.

mérito ['merito] *nm* merit; *(valor)* worth, value.

merluza [mer'luθa] *nf* hake.

merma ['merma] *nf* decrease; *(pérdida)* wastage; **mermar** *vt* to reduce, lessen // *vi* to decrease, dwindle.

mermelada [merme'laða] *nf* jam.

mero, a ['mero, a] *a* mere; *(AM: fam)* very.

mes [mes] *nm* month; *(salario)* month's pay.

mesa ['mesa] *nf* table; *(de trabajo)* desk; *(GEO)* plateau; *(ARQ)* landing; ~ **directiva** board; ~ **redonda** *(reunión)* round table; **poner/quitar la ~** to lay/ clear the table; **mesero, a** *nm/f (AM)* waiter/waitress.

meseta [me'seta] *nf (GEO)* meseta, tableland; *(ARQ)* landing.

mesilla [me'siʎa], **mesita** [me'sita] *nf*: ~ **(de noche)** bedside table.

mesón [me'son] *nm* inn.

mestizo, a [mes'tiθo, a] *a* half-caste, of mixed race; *(ZOOL)* crossbred // *nm/f* half-caste.

mesura [me'sura] *nf (moderación)* moderation, restraint; *(cortesía)* courtesy.

meta ['meta] *nf* goal; *(de carrera)* finish.

metáfora [me'tafora] *nf* metaphor.

metal [me'tal] *nm (materia)* metal; *(MUS)* brass; **metálico, a** *a* metallic; *(de metal)* metal // *nm (dinero contante)* cash.

metalurgia [meta'lurxja] *nf* metallurgy.

meteoro [mete'oro] *nm* meteor.

meter [me'ter] *vt (colocar)* to put, place; *(introducir)* to put in, insert; *(involucrar)* to involve; *(causar)* to make, cause; ~**se** *vr*: ~**se en** to go into, enter; *(fig)* to interfere in, meddle in; ~**se a** to start; ~**se a escritor** to become a writer; ~**se con uno** to provoke sb, pick a quarrel with sb.

meticuloso, a [metiku'loso, a] *a* meticulous, thorough.

metódico, a [me'toðiko, a] *a* methodical.

metodismo [meto'ðismo] *nm* Methodism.

método ['metoðo] *nm* method.

metralleta [metra'ʎeta] *nf* sub-machine-gun.

métrico, a ['metriko, a] *a* metric.

metro ['metro] *nm* metre; *(tren)* underground *(Brit)*, subway *(US)*.

México ['mexiko] *nm* Mexico; **Ciudad de ~** Mexico City.

mezcla ['meθkla] *nf* mixture; **mezclar** *vt* to mix (up); **mezclarse** *vr* to mix, mingle; **mezclarse en** to get mixed up in, get involved in.

mezquino, a [meθ'kino, a] *a (cicatero)* mean.

mezquita [meθ'kita] *nf* mosque.

mg. *abr* (= *miligramo*) mg.

mi [mi] *adjetivo posesivo* my // *nm (MUS)* E.

mí [mi] *pron* me; myself.

miaja ['mjaxa] *nf* crumb.

micro ['mikro] *nm (AM)* minibus.

microbio [mi'kroßjo] *nm* microbe.

microbús [mikro'ßus] *nm* minibus.

micrófono [mi'krofono] *nm* microphone.

microordenador [mikro(o)rðena'ðor] *nm* microcomputer.

microscopio [mikros'kopjo] *nm* microscope.

miedo ['mjeðo] *nm* fear; *(nerviosismo)* apprehension, nervousness; **tener ~** to be afraid; **de ~** wonderful, marvellous; **hace un frío de ~** *(fam)* it's terribly cold; ~**so, a** *a* fearful, timid.

miel [mjel] *nf* honey.

miembro ['mjembro] *nm* limb; *(socio)* member; ~ **viril** penis.

mientras ['mjentras] *conj* while; *(duración)* as long as // *ad* meanwhile; ~ **tanto** meanwhile; ~ **más tiene, más quiere** the more he has, the more he wants.

miércoles ['mjerkoles] *nm inv* Wednesday.

mierda ['mjerða] *nf (fam!)* shit (!).

miga ['miɣa] *nf* crumb; *(fig: meollo)* essence; **hacer buenas** ~**s** *(fam)* to get

on well.
migración [miɣra'θjon] *nf* migration.
mil [mil] *num* thousand; **dos ~ libras** two thousand pounds.
milagro [mi'laɣro] *nm* miracle; **~so, a** *a* miraculous.
mili ['mili] *nf*: **hacer la ~** (*fam*) to do one's military service.
milicia [mi'liθja] *nf* militia; (*servicio militar*) military service.
milímetro [mi'limetro] *nm* millimetre.
militante [mili'tante] *a* militant.
militar [mili'tar] *a* (*del ejército*) military // *nm/f* soldier // *vi* to serve in the army; (*fig*) to be a member of a party.
milla ['miʎa] *nf* mile.
millar [mi'ʎar] *nm* thousand.
millón [mi'ʎon] *num* million; **millonario, a** *nm/f* millionaire.
mimar [mi'mar] *vt* (*gen*) to spoil, pamper.
mimbre ['mimbre] *nm* wicker.
mímica ['mimika] *nf* (*para comunicarse*) sign language; (*imitación*) mimicry.
mimo ['mimo] *nm* (*caricia*) caress; (*de niño*) spoiling; (*TEATRO*) mime; (: *actor*) mime artist.
mina ['mina] *nf* mine; **minar** *vt* to mine; (*fig*) to undermine.
mineral [mine'ral] *a* mineral // *nm* (*GEO*) mineral; (*mena*) ore.
minero, a [mi'nero, a] *a* mining *cpd* // *nm/f* miner.
miniatura [minja'tura] *a inv*, *nf* miniature.
minifalda [mini'falda] *nf* miniskirt.
mínimo, a ['minimo, a] *a*, *nm* minimum.
minino, a [mi'nino, a] *nm/f* (*fam*) puss, pussy.
ministerio [minis'terjo] *nm* Ministry; **M~ de Hacienda/del Exterior** Treasury (*Brit*), Treasury Department (*US*)/Foreign Office (*Brit*), State Department (*US*).
ministro, a [mi'nistro, a] *nm/f* minister.
minoría [mino'ria] *nf* minority.
minucioso, a [minu'θjoso, a] *a* thorough, meticulous; (*prolijo*) very detailed.
minúsculo, a [mi'nuskulo, a] *a* tiny, minute // *nf* small letter.
minusválido, a [minus'βaliðo, a] *a* (*physically*) handicapped; *nm/f* (*physically*) handicapped person.
minuta [mi'nuta] *nf* (*de comida*) menu.
minutero [minu'tero] *nm* minute hand.
minuto [mi'nuto] *nm* minute.
mío, a ['mio, a] *pron*: **el ~ mine**; **un amigo ~** a friend of mine; **lo ~** what is mine.
miope [mi'ope] *a* short-sighted.
mira ['mira] *nf* (*de arma*) sight(s) (*pl*); (*fig*) aim, intention.
mirada [mi'raða] *nf* look, glance; (*expresión*) look, expression; **clavar la ~ en** to stare at; **echar una ~ a** to glance at.

mirado, a [mi'raðo, a] *a* (*sensato*) sensible; (*considerado*) considerate; **bien/mal ~** well/not well thought of; **bien ~** *ad* all things considered.
mirador [mira'ðor] *nm* viewpoint, vantage point.
mirar [mi'rar] *vt* to look at; (*observar*) to watch; (*considerar*) to consider, think over; (*vigilar, cuidar*) to watch, look after // *vi* to look; (*ARQ*) to face; **~se** *vr* (*dos personas*) to look at each other; **~ bien/mal** to think highly of/have a poor opinion of; **~se al espejo** to look at o.s. in the mirror.
mirilla [mi'riʎa] *nf* (*agujero*) spyhole, peephole.
mirlo ['mirlo] *nm* blackbird.
misa ['misa] *nf* mass.
miserable [mise'raβle] *a* (*avaro*) mean, stingy; (*nimio*) miserable, paltry; (*lugar*) squalid; (*fam*) vile, despicable // *nm/f* (*perverso*) rotter (*Brit*).
miseria [mi'serja] *nf* misery; (*pobreza*) poverty; (*tacañería*) meanness, stinginess; (*condiciones*) squalor; **una ~** a pittance.
misericordia [miseri'korðja] *nf* (*compasión*) compassion, pity; (*piedad*) mercy.
misil [mi'sil] *nm* missile.
misión [mi'sjon] *nf* mission; **misionero, a** *nm/f* missionary.
mismo, a ['mismo, a] *a* (*semejante*) same; (*después de pronombre*) -self; (*para énfasis*) very; **el ~ traje** the same suit; **en ese ~ momento** at that very moment; **vino el ~ Ministro** the minister himself came; **yo ~ lo vi** I saw it myself; **lo ~** the same (thing); **da lo ~** it's all the same; **quedamos en las mismas** we're no further forward // *ad*: **aquí/hoy ~** right here/this very day; **ahora ~** right now // *conj*: **lo ~ que** just like, just as; **por lo ~** for the same reason.
misterio [mis'terjo] *nm* (*gen*) mystery; (*lo secreto*) secrecy; **~so, a** *a* mysterious.
mitad [mi'taδ] *nf* (*medio*) half; (*centro*) middle; **a ~ de precio** (at) half-price; **en o a ~ del camino** halfway along the road; **cortar por la ~** to cut through the middle.
mitigar [miti'var] *vt* to mitigate; (*dolor*) to ease; (*sed*) to quench.
mitin ['mitin] (*pl* **mítines**) *nm* meeting.
mito ['mito] *nm* myth.
mixto, a ['miksto, a] *a* mixed.
ml. *abr* (= *mililitro*) ml.
mm. *abr* (= *milímetro*) mm.
mobiliario [moβi'ljarjo] *nm* furniture.
moción [mo'θjon] *nf* motion.
mocos ['mokos] *nmpl* mucus *sg*; (*fam*) snot *sg*.
mochila [mo'tʃila] *nf* rucksack (*Brit*), back-pack.

moda ['moða] *nf* fashion; (*estilo*) style; de o a la ~ in fashion, fashionable; pasado de ~ out of fashion.

modales [mo'ðales] *nmpl* manners.

modalidad [moðali'ðað] *nf* kind, variety.

modelar [moðe'lar] *vt* to model.

modelo [mo'ðelo] *a inv*, *nm/f* model.

moderado, a [moðe'raðo, a] *a* moderate.

moderar [moðe'rar] *vt* to moderate; (*violencia*) to restrain, control; (*velocidad*) to reduce; ~se *vr* to restrain o.s., control o.s.

modernizar [moðerni'θar] *vt* to modernize.

moderno, a [mo'ðerno, a] *a* modern; (*actual*) present-day.

modestia [mo'ðestja] *nf* modesty; **modesto, a** *a* modest.

módico, a ['moðiko, a] *a* moderate, reasonable.

modificar [moðifi'kar] *vt* to modify.

modista [mo'ðista] *nm/f* dressmaker.

modo ['moðo] *nm* (*manera, forma*) way, manner; (*MUS*) mode; ~s *nmpl* manners; de ningún ~ in no way; de todos ~s at any rate; ~ de empleo directions *pl* (for use).

modorra [mo'ðorra] *nf* drowsiness.

modular [moðu'lar] *vt* to modulate.

mofa ['mofa] *nf*: hacer ~ de to mock; **mofarse** *vr*: **mofarse de** to mock, scoff at.

moho ['moo] *nm* (*BOT*) mould, mildew; (*en metal*) rust; ~**so, a** *a* mouldy; rusty.

mojar [mo'xar] *vt* to wet; (*humedecer*) to damp(en), moisten; (*calar*) to soak; ~**se** *vr* to get wet.

mojón [mo'xon] *nm* (*en un camino*) boundary stone.

molde ['molde] *nm* mould; (*COSTURA*) pattern; (*fig*) model; ~**ar** *vt* to mould.

mole ['mole] *nf* mass, bulk; (*edificio*) pile.

moler [mo'ler] *vt* to grind, crush; (*cansar*) to tire out, exhaust.

molestar [moles'tar] *vt* to bother; (*fastidiar*) to annoy; (*incomodar*) to inconvenience, put out // *vi* to be a nuisance; ~**se** *vr* to bother; (*incomodarse*) to go to trouble; (*ofenderse*) to take offence.

molestia [mo'lestja] *nf* bother, trouble; (*incomodidad*) inconvenience; (*MED*) discomfort; es una ~ it's a nuisance; **molesto, a** *a* (*que fastidia*) annoying; (*incómodo*) inconvenient; (*inquieto*) uncomfortable, ill at ease; (*enfadado*) annoyed.

molinillo [moli'niʎo] *nm*: ~ de carne/café mincer/coffee grinder.

molino [mo'lino] *nm* (*edificio*) mill; (*máquina*) grinder.

momentáneo, a [momen'taneo, a] *a* momentary.

momento [mo'mento] *nm* (*gen*) moment; (*TEC*) momentum; de ~ at the moment, for the moment.

momia ['momja] *nf* mummy.

monarca [mo'narka] *nm/f* monarch, ruler; **monarquía** *nf* monarchy; **monárquico, a** *nm/f* royalist, monarchist.

monasterio [monas'terjo] *nm* monastery.

mondadientes [monda'ðjentes] *nm inv* toothpick.

mondar [mon'dar] *vt* (*limpiar*) to clean; (*pelar*) to peel; ~**se** *vr*: ~**se de risa** (*fam*) to split one's sides laughing.

moneda [mo'neða] *nf* (*tipo de dinero*) currency, money; (*pieza*) coin; una ~ de 5 pesetas a 5 peseta piece; **monedero** *nm* purse; **monetario, a** *a* monetary, financial.

monja ['monxa] *nf* nun.

monje ['monxe] *nm* monk.

mono, a ['mono, a] *a* (*bonito*) lovely, pretty; (*gracioso*) nice, charming // *nm* monkey, ape // *nm* dungarees *pl*; (*overoles*) overalls *pl*.

monopolio [mono'poljo] *nm* monopoly; **monopolizar** *vt* to monopolize.

monotonía [monoto'nia] *nf* (*sonido*) monotone; (*fig*) monotony.

monótono, a [mo'notono, a] *a* monotonous.

monstruo ['monstrwo] *nm* monster // *inv* fantastic; ~**so, a** *a* monstrous.

monta ['monta] *nf* total, sum; de poca ~ unimportant, of little account.

montaje [mon'taxe] *nm* assembly; (*TEATRO*) décor; (*CINE*) montage.

montaña [mon'taɲa] *nf* (*monte*) mountain; (*sierra*) mountains *pl*, mountainous area; (*AM: selva*) forest; ~ rusa roller coaster; **montañés, esa** *a* mountain *cpd* // *nm/f* highlander.

montar [mon'tar] *vt* (*subir a*) to mount, get on; (*TEC*) to assemble, put together; (*negocio*) to set up; (*arma*) to cock; (*colocar*) to lift on to; (*CULIN*) to beat // *vi* to mount, get on; (*sobresalir*) to overlap; ~ en cólera to get angry; ~ a caballo to ride, go horseriding.

montaraz [monta'raθ] *a* mountain *cpd*, highland *cpd*; (*salvaje*) wild, untamed; (*pey*) uncivilized.

monte ['monte] *nm* (*montaña*) mountain; (*bosque*) woodland; (*área sin cultivar*) wild area, wild country; **M~ de Piedad** pawnshop.

Montevideo [monteβi'ðeo] *n* Montevideo.

monto ['monto] *nm* total, amount.

montón [mon'ton] *nm* heap, pile; (*fig*): un ~ de heaps of, lots of.

monumento [monu'mento] *nm* monument.

monzón [mon'θon] *nm* monsoon.

moño ['moɲo] *nm* bun.

mora ['mora] *nf* blackberry.

morado, a [mo'raðo, a] *a* purple, violet // *nm* bruise // *nf* (*casa*) dwelling, abode.

moral [mo'ral] *a* moral // *nf* (*ética*) ethics *pl*; (*moralidad*) morals *pl*, morality; (*ánimo*) morale.

moraleja [mora'lexa] *nf* moral.

moralizar [morali'θar] *vt* to moralize.

morboso, a [mor'βoso, a] *a* morbid.

morcilla [mor'θiʎa] *nf* blood sausage, ≈ black pudding (*Brit*).

mordaz [mor'ðaθ] *a* (*crítica*) biting, scathing.

mordaza [mor'ðaθa] *nf* (*para la boca*) gag; (*TEC*) clamp.

morder [mor'ðer] *vt* to bite; (*mordisquear*) to nibble; (*fig: consumir*) to eat away, eat into; **mordisco** *nm* bite.

moreno, a [mo'reno, a] *a* (*color*) (dark) brown; (*de tez*) dark; (*de pelo* ~) dark-haired; (*negro*) black.

moretón [more'ton] *nm* (*fam*) bruise.

morfina [mor'fina] *nf* morphine.

moribundo, a [mori'βundo, a] *a* dying.

morir [mo'rir] *vi* to die; (*fuego*) to die down; (*luz*) to go out; ~se *vr* to die; (*fig*) to be dying; **fue muerto en un accidente** he was killed in an accident; ~se **por algo** to be dying for sth.

moro, a ['moro, a] *a* Moorish // *nm/f* Moor.

moroso, a [mo'roso, a] *nm/f* (*COM*) bad debtor, defaulter.

morral [mo'rral] *nm* haversack.

morro ['morro] *nm* (*ZOOL*) snout, nose; (*AUTO, AVIAT*) nose.

morsa ['morsa] *nf* walrus.

mortaja [mor'taxa] *nf* shroud.

mortal [mor'tal] *a* mortal; (*golpe*) deadly; ~**idad, mortandad** *nf* mortality.

mortero [mor'tero] *nm* mortar.

mortífero, a [mor'tifero, a] *a* deadly, lethal.

mortificar [mortifi'kar] *vt* to mortify.

mosca ['moska] *nf* fly.

Moscú [mos'ku] *n* Moscow.

mosquearse [moske'arse] *vr* (*fam: enojarse*) to get cross; (: *ofenderse*) to take offence.

mosquitero [moski'tero] *nm* mosquito net.

mosquito [mos'kito] *nm* mosquito.

mostaza [mos'taθa] *nf* mustard.

mostrador [mostra'ðor] *nm* (*de tienda*) counter; (*de café*) bar.

mostrar [nlos'trar] *vt* to show; (*exhibir*) to display, exhibit; (*explicar*) to explain; ~se *vr*: ~se **amable** to be kind; to prove to be kind; **no se muestra muy inteligente** he doesn't seem (to be) very intelligent.

mota ['mota] *nf* speck, tiny piece; (*en diseño*) dot.

mote ['mote] *nm* (*apodo*) nickname.

motín [mo'tin] *nm* (*del pueblo*) revolt, rising; (*del ejército*) mutiny.

motivar [moti'βar] *vt* (*causar*) to cause, motivate; (*explicar*) to explain, justify; **motivo** *nm* motive, reason.

moto ['moto] (*fam*), **motocicleta** [motoθi'kleta] *nf* motorbike (*Brit*), motorcycle.

motor [mo'tor] *nm* motor, engine; ~ **a chorro** *o* **de reacción/de explosión** jet engine/internal combustion engine.

motora [mo'tora] *nf*, **motorbote** [motor'βote] *nm* motorboat.

motosierra [moto'sjerra] *nf* mechanical saw.

movedizo, a [moβe'ðiθo, a] *a* (*inseguro*) unsteady; (*fig*) unsettled, changeable; (*persona*) fickle.

mover [mo'βer] *vt* to move; (*cabeza*) to shake; (*accionar*) to drive; (*fig*) to cause, provoke; ~se *vr* to move; (*fig*) to get a move on.

móvil [mo'βil] *a* mobile; (*pieza de máquina*) moving; (*mueble*) movable // *nm* motive; **movilidad** *nf* mobility; **movilizar** *vt* to mobilize.

movimiento [moβi'mjento] *nm* movement; (*TEC*) motion; (*actividad*) activity.

mozo, a ['moθo, a] *a* (*joven*) young // *nm/f* (*joven*) youth, young man/girl; (*camarero*) waiter; (*camarera*) waitress.

muchacho, a [mu'tʃatʃo, a] *nm/f* (*niño*) boy/girl; (*criado*) servant; (*criada*) maid.

muchedumbre [mutʃe'ðumbre] *nf* crowd.

mucho, a ['mutʃo, a] ♦ *a* **1** (*cantidad*) a lot of, much; (*número*) lots of, a lot of, many; ~ **dinero** a lot of money; **hace** ~ **calor** it's very hot; **muchas amigas** lots *o* a lot of friends

2 (*sg: grande*): **ésta es mucha casa para él** this house is much too big for him

♦ *pron*: **tengo** ~ **que hacer** I've got a lot to do; ~s **dicen que ...** a lot of people say that ...; *ver tb* **tener**

♦ *ad* **1**: **me gusta** ~ I like it a lot; **lo siento** ~ I'm very sorry; **come** ~ he eats a lot; **¿te vas a quedar** ~? are you going to be staying long?

2 (*respuesta*) very; **¿estás cansado?** - **¡**~**!** are you tired? - very!

3 (*locuciones*): **como** ~ at (the) most; **con** ~: **el mejor con** ~ by far the best; **ni** ~ **menos**: **no es rico ni** ~ **menos** he's far from being rich

4: **por** ~ **que**: **por** ~ **que le creas** no matter how *o* however much you believe her.

muda ['muða] *nf* change of clothes.

mudanza [mu'ðanθa] *nf* (*cambio*) change; (*de casa*) move.

mudar [mu'ðar] *vt* to change; (*ZOOL*) to shed // *vi* to change; ~**se** *vr* (*la ropa*) to change; ~**se de casa** to move house.

mudo, a ['muðo, a] *a* dumb; (*callado, CINE*) silent.

mueble ['mweβle] *nm* piece of furniture; ~**s** *nmpl* furniture *sg.*

mueca ['mweka] *nf* face, grimace; **hacer** ~**s a** to make faces at.

muela ['mwela] *nf* (*diente*) tooth; (: *de atrás*) molar.

muelle ['mweʎe] *nm* spring; (*NAUT*) wharf; (*malecón*) pier.

muero *etc vb ver* **morir.**

muerte ['mwerte] *nf* death; (*homicidio*) murder; **dar** ~ **a** to kill.

muerto, a *pp de* **morir** // ['mwerto, a] *a* dead; (*color*) dull // *nm/f* dead man/woman; (*difunto*) deceased; (*cadáver*) corpse; **estar** ~ **de cansancio** to be dead tired.

muestra ['mwestra] *nf* (*señal*) indication, sign; (*demostración*) demonstration; (*prueba*) proof; (*estadística*) sample; (*modelo*) model, pattern; (*testimonio*) token.

muestreo [mwes'treo] *nm* sample, sampling.

muestro *etc vb ver* **mostrar.**

muevo *etc vb ver* **mover.**

mugir [mu'xir] *vi* (*vaca*) to moo.

mugre ['muɣre] *nf* dirt, filth; **mugriento, a** *a* dirty, filthy.

mujer [mu'xer] *nf* woman; (*esposa*) wife; ~**iego** *nm* womanizer.

mula ['mula] *nf* mule.

mulato, a [mu'lato, a] *a, nm/f* mulatto.

muleta [mu'leta] *nf* (*para andar*) crutch; (*TAUR*) stick with red cape attached.

multa ['multa] *nf* fine; **multar** *vt* to fine.

multicopista [multiko'pista] *nm* duplicator.

múltiple ['multiple] *a* multiple; (*pl*) many, numerous.

multiplicar [multipli'kar] *vt* (*MAT*) to multiply; (*fig*) to increase; ~**se** *vr* (*BIO*) to multiply; (*fig*) to be everywhere at once.

multitud [multi'tuð] *nf* (*muchedumbre*) crowd; ~ **de** lots of.

mullido, a [mu'ʎiðo, a] *a* (*cama*) soft; (*hierba*) soft, springy.

mundano, a [mun'dano, a] *a* worldly; (*de moda*) fashionable.

mundial [mun'djal] *a* world-wide, universal; (*guerra, récord*) world *cpd.*

mundo ['mundo] *nm* world; **todo el** ~ everybody; **tener** ~ to be experienced, know one's way around.

munición [muni'θjon] *nf* (*MIL*: *provisiones*) stores *pl*, supplies *pl*; (: *balas*) ammunition.

municipio [muni'θipjo] *nm* (*ayuntamiento*) town council, corporation; (*territorio administrativo*) town, municipality.

muñeca [mu'neka] *nf* (*ANAT*) wrist; (*juguete*) doll.

muñeco [mu'neko] *nm* (*figura*) figure; (*marioneta*) puppet; (*fig*) puppet, pawn.

mural [mu'ral] *a* mural, wall *cpd* // *nm* mural.

muralla [mu'raʎa] *nf* (*city*) wall(s) (*pl*).

murciélago [mur'θjelaɣo] *nm* bat.

murmullo [mur'muʎo] *nm* murmur(ing); (*cuchicheo*) whispering; (*de arroyo*) murmur, rippling.

murmuración [murmura'θjon] *nf* gossip; **murmurar** *vi* to murmur, whisper; (*criticar*) to criticize; (*cotillear*) to gossip.

muro ['muro] *nm* wall.

muscular [musku'lar] *a* muscular.

músculo ['muskulo] *nm* muscle.

museo [mu'seo] *nm* museum.

musgo ['musɣo] *nm* moss.

músico, a ['musiko, a] *a* musical // *nm/f* musician // *nf* music.

musitar [musi'tar] *vt, vi* to mutter, mumble.

muslo ['muslo] *nm* thigh.

mustio, a ['mustjo, a] *a* (*persona*) depressed, gloomy; (*planta*) faded, withered.

musulmán, ana [musul'man, ana] *nm/f* Moslem.

mutación [muta'θjon] *nf* (*BIO*) mutation; (: *cambio*) (sudden) change.

mutilar [muti'lar] *vt* to mutilate; (*a una persona*) to maim.

mutuamente [mutwa'mente] *ad* mutually.

mutuo, a ['mutwo, a] *a* mutual.

muy [mwi] *ad* very; (*demasiado*) too; **M~ Señor mío** Dear Sir; ~ **de noche** very late at night; **eso es** ~ **de él** that's just like him.

N

N *abr* (= *norte*) N.

n/ *abr* = **nuestro, a.**

nabo ['naβo] *nm* turnip.

nácar ['nakar] *nm* mother-of-pearl.

nacer [na'θer] *vi* to be born; (*de huevo*) to hatch; (*vegetal*) to sprout; (*río*) to rise; **nací en Barcelona** I was born in Barcelona; **nació una sospecha en su mente** a suspicion formed in her mind; **nacido, a** *a* born; **recién nacido** newborn; **naciente** *a* new, emerging; (*sol*) rising; **nacimiento** *nm* birth; (*fig*) birth, origin; (*de Navidad*) Nativity; (*linaje*) descent, family; (*de río*) source.

nación [na'θjon] *nf* nation; **nacional** *a* national; **nacionalismo** *nm* nationalism; **nacionalista** *nm/f* nationalist; **nacionalizar** *vt* to nationalize; **nacionalizarse** *vr* (*persona*) to become naturalized.

nada ['naða] *pron* nothing // *ad* not at all, in no way; **no decir ~** to say nothing, not to say anything; **de ~** don't mention it.

nadador, a [naða'ðor, a] *nm/f* swimmer.

nadar [na'ðar] *vi* to swim.

nadie ['naðje] *pron* nobody, no-one; **~ habló** nobody spoke; **no había ~** there was nobody there, there wasn't anybody there.

nado ['naðo]: **a ~** *ad*: **pasar a ~** to swim across.

nafta ['nafta] *nf* (*AM*) petrol (*Brit*), gas (*US*).

naipe ['naipe] *nm* (playing) card; **~s** *nmpl* cards.

nalgas ['nalɣas] *nfpl* buttocks.

nana ['nana] *nf* lullaby.

naranja [na'ranxa] *a inv, nf* orange; **media ~** (*fam*) better half; **naranjada** *nf* orangeade; **naranjo** *nm* orange tree.

narciso [nar'θiso] *nm* narcissus.

narcótico, a [nar'kotiko, a] *a, nm* narcotic; **narcotizar** *vt* to drug.

nardo ['narðo] *nm* lily.

narigón, ona [nari'ɣon, ona] **narigudo, a** [nari'ɣuðo, a] *a* big-nosed.

nariz [na'riθ] *nf* nose; **narices** *nfpl* nostrils; **delante de las narices de uno** under one's (very) nose.

narración [narra'θjon] *nf* narration; **narrador, a** *nm/f* narrator.

narrar [na'rrar] *vt* to narrate, recount; **narrativa** *nf* narrative, story.

nata ['nata] *nf* cream.

natación [nata'θjon] *nf* swimming.

natal [na'tal] *a*: **ciudad ~** home town; **~icio** *nm* birthday; **~idad** *nf* birth rate.

natillas [na'tiʎas] *nfpl* custard *sg*.

natividad [natiβi'ðað] *nf* nativity.

nativo, a [na'tiβo, a] *a, nm/f* native.

nato, a ['nato, a] *a* born; **un músico ~** a born musician.

natural [natu'ral] *a* natural; (*fruta etc*) fresh // *nm/f* native // *nm* (*disposición*) nature.

naturaleza [natura'leθa] *nf* nature; (*género*) nature, kind; **~ muerta** still life.

naturalidad [naturali'ðað] *nf* naturalness.

naturalización [naturaliθa'θjon] *nf* naturalization.

naturalizarse [naturali'θarse] *vr* to become naturalized; (*aclimatarse*) to become acclimatized.

naturalmente [natural'mente] *ad* (*de modo natural*) in a natural way; **¡~!** of course!

naufragar [naufra'ɣar] *vi* to sink; **naufragio** *nm* shipwreck; **náufrago, a** *nm/f* castaway, shipwrecked person.

nauseabundo, a [nausea'βundo, a] *a* nauseating, sickening.

náuseas ['nauseas] *nfpl* nausea; **me da ~** it makes me feel sick.

náutico, a ['nautiko, a] *a* nautical.

navaja [na'βaxa] *nf* (*cortaplumas*) clasp knife (*Brit*), penknife; (*de barbero, peluquero*) razor.

Navarra [na'βarra] *n* Navarre.

nave ['naβe] *nf* (*barco*) ship, vessel; (*ARQ*) nave; **~ espacial** spaceship.

navegación [naβeɣa'θjon] *nf* navigation; (*viaje*) sea journey; **~ aérea** air traffic; **~ costera** coastal shipping; **navegante** *nm/f* navigator; **navegar** *vi* (*barco*) to sail; (*avión*) to fly // *vt* to sail; to fly; (*dirigir el rumbo*) to navigate.

navidad [naβi'ðað] *nf* Christmas; **~es** *nfpl* Christmas time; **navideño, a** *a* Christmas *cpd*.

navío [na'βio] *nm* ship.

nazca *etc vb ver* **nacer.**

nazi ['naθi] *a, nm/f* Nazi.

NE *abr* (= *nor(d)este*) NE.

neblina [ne'βlina] *nf* mist.

nebuloso, a [neβu'loso, a] *a* foggy; (*calinoso*) misty; (*indefinido*) nebulous, vague // *nf* nebula.

necedad [neθe'ðað] *nf* foolishness; (*una ~*) foolish act.

necesario, a [neθe'sarjo, a] *a* necessary.

neceser [neθe'ser] *nm* toilet bag; (*bolsa grande*) holdall.

necesidad [neθesi'ðað] *nf* need; (*lo inevitable*) necessity; (*miseria*) poverty, need; **en caso de ~** in case of need *o* emergency; **hacer sus ~es** to relieve o.s.

necesitado, a [neθesi'taðo, a] *a* needy, poor; **~ de** in need of.

necesitar [neθesi'tar] *vt* to need, require // *vi*: **~ de** to have need of.

necio, a ['neθjo, a] *a* foolish.

necrología [nekrolo'xia] *nf* obituary.

necrópolis [ne'kropolis] *nf inv* cemetery.

nectarina [nekta'rina] *nf* nectarine.

nefasto, a [ne'fasto, a] *a* ill-fated, unlucky.

negación [neɣa'θjon] *nf* negation; (*rechazo*) refusal, denial.

negar [ne'ɣar] *vt* (*renegar, rechazar*) to refuse; (*prohibir*) to refuse, deny; (*desmentir*) to deny; **~se** *vr*: **~se a** to refuse to.

negativo, a [neɣa'tiβo, a] *a, nm* negative // *nf* (*gen*) negative; (*rechazo*) refusal, denial.

negligencia [neɣli'θenθja] *nf* negligence; **negligente** *a* negligent.

negociable [neɣo'θjaβle] *a* (*COM*) negotiable.

negociado [neɣo'θjaðo] *nm* department, section.

negociante [neɣo'θjante] *nm/f* businessman/woman.

negociar [neɣo'θjar] *vt, vi* to negotiate; **~ en** to deal in, trade in.

negocio [ne'ɣoθjo] *nm* (*COM*) business; (*asunto*) affair, business; (*operación comercial*) deal, transaction; (*AM*) firm; (*lugar*) place of business; **los ~s** busi-

ness *sg*; **hacer** ~ to do business.
negro, a ['neɣro, a] *a* black; (*suerte*) awful // *nm* black // *nm/f* Negro/Negress, Black // *nf* (*MUS*) crotchet; **negrura** *nf* blackness.
nene, a ['nene, a] *nm/f* baby, small child.
nenúfar [ne'nufar] *nm* water lily.
neologismo [neolo'xismo] *nm* neologism.
neoyorquino, a [neojor'kino, a] *a* (of) New York.
nepotismo [nepo'tismo] *nm* nepotism.
nervio ['nerßjo] *nm* (*ANAT*) nerve; (: *tendón*) tendon; (*fig*) vigour; **nerviosismo** *nm* nervousness, nerves *pl*; ~**so, a, nervudo, a** *a* nervous.
neto, a ['neto, a] *a* clear; (*limpio*) clean; (*COM*) net.
neumático, a [neu'matiko, a] *a* pneumatic // *nm* (*Esp*) tyre (*Brit*), tire (*US*); ~ **de recambio** spare tyre.
neurastenia [neuras'tenja] *nf* (*MED*) neurasthenia; (*fig*) excitability.
neurólogo, a [neu'roloɣo, a] *nm/f* neurologist.
neutral [neu'tral] *a* neutral; ~**izar** *vt* to neutralize; (*contrarrestar*) to counteract.
neutro, a ['neutro, a] *a* (*BIO*) neuter; (*LING*) neuter.
neutrón [neu'tron] *nm* neutron.
nevada [ne'ßaða] *nf* snowstorm; (*caída de nieve*) snowfall.
nevar [ne'ßar] *vi* to snow.
nevera [ne'ßera] *nf* (*Esp*) refrigerator (*Brit*), icebox (*US*).
nevería [neße'ria] *nf* (*AM*) ice-cream parlour.
nevisca [ne'ßiska] *nf* flurry of snow.
nexo ['nekso] *nm* link, connection.
ni [ni] *conj* nor, neither; (*tb*: ~ **siquiera**) not ... even; ~ **que** not even if; ~ **blanco** ~ **negro** neither white nor black.
Nicaragua [nika'raɣwa] *nf* Nicaragua; **nicaragüense** *a, nm/f* Nicaraguan.
nicotina [niko'tina] *nf* nicotine.
nicho ['nitʃo] *nm* niche.
nido ['niðo] *nm* nest; (*fig*) hiding place.
niebla ['njeßla] *nf* fog; (*neblina*) mist.
niego *etc vb ver* **negar**.
nieto, a ['njeto, a] *nm/f* grandson/daughter; ~**s** *nmpl* grandchildren.
nieve *etc vb ver* **nevar** // ['njeße] *nf* snow; (*AM*) icecream.
nigromancia [niɣro'manθja] *nf* necromancy, black magic.
Nilo ['nilo] *nm*: **el** ~ the Nile.
nimiedad [nimje'ðað] *nf* small-mindedness; (*trivialidad*) triviality.
nimio, a ['nimjo, a] *a* trivial, insignificant.
ninfa ['ninfa] *nf* nymph.
ninfómana [nin'fomana] *nf* nymphomaniac.
ninguno, a [nin'guno, a], **ningún**

[nin'gun] *a* no // *pron* (*nadie*) nobody; (*ni uno*) none, not one; (*ni uno ni otro*) neither; **de ninguna manera** by no means, not at all.
niña ['niɲa] *nf ver* **niño**.
niñera [ni'ɲera] *nf* nursemaid, nanny; **niñería** *nf* childish act.
niñez [ni'ɲeθ] *nf* childhood; (*infancia*) infancy.
niño, a ['niɲo, a] *a* (*joven*) young; (*inmaduro*) immature // *nm* (*chico*) boy, child // *nf* (*chica*) girl, child; (*ANAT*) pupil.
nipón, ona [ni'pon, ona] *a, nm/f* Japanese.
níquel ['nikel] *nm* nickel; **niquelar** *vt* (*TEC*) to nickel-plate.
níspero ['nispero] *nm* medlar.
nitidez [niti'ðeθ] *nf* (*claridad*) clarity; (: *de atmósfera*) brightness; (: *de imagen*) sharpness; **nítido, a** *a* clear; sharp.
nitrato [ni'trato] *nm* nitrate.
nitrógeno [ni'troxeno] *nm* nitrogen.
nitroglicerina [nitroxliθe'rina] *nf* nitroglycerine.
nivel [ni'ßel] *nm* (*GEO*) level; (*norma*) level, standard; (*altura*) height; ~ **de aceite** oil level; ~ **de aire** spirit level; ~ **de vida** standard of living; ~**ar** *vt* to level out; (*fig*) to even up; (*COM*) to balance.
NN. UU. *nfpl abr* (= *Naciones Unidas*) U.N. *sg*.
NO *abr* (= *noroeste*) NW.
no [no] *ad* no; not; (*con verbo*) not // *excl* no!; ~ **tengo nada** I don't have anything, I have nothing; ~ **es el mío** it's not mine; **ahora** ~ not now; ¿~ **lo sabes?** don't you know?; ~ **mucho** not much; ~ **bien termine, lo entregaré** as soon as I finish I'll hand it over; ¡**a que** ~ **lo sabes!** I bet you don't know!; ¡**cómo** ~! of course!; **los países** ~ **alineados** the non-aligned countries; **la** ~ **intervención** non-intervention.
noble ['noßle] *a, nm/f* noble; ~**za** *nf* nobility.
noción [no'θjon] *nf* notion.
nocivo, a [no'θißo, a] *a* harmful.
noctámbulo, a [nok'tambulo, a] *nm/f* sleepwalker.
nocturno, a [nok'turno, a] *a* (*de la noche*) nocturnal, night *cpd*; (*de la tarde*) evening *cpd* // *nm* nocturne.
noche ['notʃe] *nf* night, night-time; (*la tarde*) evening; (*fig*) darkness; **de** ~, **por la** ~ at night.
nochebuena [notʃe'ßwena] *nf* Christmas Eve.
nochevieja [notʃe'ßjexa] *nf* New Year's Eve.
nodriza [no'ðriθa] *nf* wet nurse; **buque** *o* **nave** ~ supply ship.
nogal [no'ɣal] *nm* walnut tree.
nómada ['nomaða] *a* nomadic // *nm/f*

nomad.

nombramiento [nombra'mjento] *nm* naming; (*a un empleo*) appointment.

nombrar [nom'brar] *vt* (*designar*) to name; (*mencionar*) to mention; (*dar puesto a*) to appoint.

nombre ['nombre] *nm* name; (*sustantivo*) noun; (*fama*) renown; ~ y apellidos name in full; ~ común/propio common/proper noun; ~ de pila/de soltera Christian/maiden name.

nomenclatura [nomenkla'tura] *nf* nomenclature.

nomeolvides [nomeol'βiðes] *nm inv* forget-me-not.

nómina ['nomina] *nf* (*lista*) list; (*COM*) payroll.

nominal [nomi'nal] *a* nominal.

nominar [nomi'nar] *vt* to nominate.

nominativo, a [nomina'tiβo, a] *a* (*COM*): cheque ~ a X cheque made out to X.

non [non] *a* odd, uneven // *nm* odd number.

nono, a ['nono, a] *a* ninth.

nordeste [nor'ðeste] *a* north-east, north-eastern, north-easterly // *nm* north-east.

nórdico, a ['norðiko, a] *a* (*del norte*) northern, northerly; (*escandinavo*) Nordic.

noreste [no'reste] *a*, *nm* = **nordeste**.

noria ['norja] *nf* (*AGR*) waterwheel; (*de carnaval*) big (*Brit*) o Ferris (*US*) wheel.

normal [nor'mal] *a* (*corriente*) normal; (*habitual*) usual, natural; (*gasolina*) ~ two-star petrol; ~**idad** *nf* normality; **restablecer la** ~**idad** to restore order; ~**izar** *vt* (*reglamentar*) to normalize; (*TEC*) to standardize; ~**izarse** *vr* to return to normal.

normando, a [nor'mando, a] *a*, *nm/f* Norman.

noroeste [noro'este] *a* north-west, north-western, north-westerly // *nm* north-west.

norte ['norte] *a* north, northern, northerly // *nm* north; (*fig*) guide.

norteamericano, a [norteameri'kano, a] *a*, *nm/f* (North) American.

Noruega [no'rweya] *nf* Norway.

noruego, a [no'rweyo, a] *a*, *nm/f* Norwegian.

nos [nos] *pron* (*directo*) us; (*indirecto*) us; to us; for us; from us; (*reflexivo*) (to) ourselves; (*recíproco*) (to) each other; ~ **levantamos a las 7** we get up at 7.

nosotros, as [no'sotros, as] *pron* (*sujeto*) we; (*después de prep*) us.

nostalgia [nos'talxja] *nf* nostalgia.

nota ['nota] *nf* note; (*ESCOL*) mark.

notable [no'taβle] *a* notable; (*ESCOL*) outstanding // *nm/f* notable.

notar [no'tar] *vt* to notice, note; ~**se** *vr* to be obvious; **se nota que ...** one observes

that ....

notarial [nota'rjal] *a*: **acta** ~ affidavit.

notario [no'tarjo] *nm* notary.

noticia [no'tiθja] *nf* (*información*) piece of news; **las** ~**s** the news *sg*; **tener** ~**s de alguien** to hear from sb.

noticiario [noti'θjarjo] *nm* (*CINE*) newsreel; (*TV*) news bulletin.

noticiero [noti'θjero] *nm* (*AM*) news bulletin.

notificación [notifika'θjon] *nf* notification; **notificar** *vt* to notify, inform.

notoriedad [notorje'ðað] *nf* fame, renown; **notorio, a** *a* (*público*) wellknown; (*evidente*) obvious.

novato, a [no'βato, a] *a* inexperienced // *nm/f* beginner, novice.

novecientos, as [noβe'θjentos, as] *a*, *num* nine hundred.

novedad [noβe'ðað] *nf* (*calidad de nuevo*) newness; (*noticia*) piece of news; (*cambio*) change, (new) development.

novedoso, a [noβe'ðoso, a] *a* novel.

novel [no'βel] *a* new; (*inexperto*) inexperienced // *nm/f* beginner.

novela [no'βela] *nf* novel.

novelero, a [noβe'lero, a] *a* highly imaginative.

novelesco, a [noβe'lesko, a] *a* fictional; (*romántico*) romantic; (*fantástico*) fantastic.

noveno, a [no'βeno, a] *a* ninth.

noventa [no'βenta] *num* ninety.

novia ['noβja] *nf ver* **novio**.

noviazgo [no'βjaθyo] *nm* engagement.

novicio, a [no'βiθjo, a] *nm/f* novice.

noviembre [no'βjembre] *nm* November.

novilla [no'βiʎa] *nf* heifer; ~**da** *nf* (*TAUR*) bullfight with young bulls; **novillero** *nm* novice bullfighter; **novillo** *nm* young bull, bullock; **hacer novillos** (*fam*) to play truant.

novio, a ['noβjo, a] *nm/f* boyfriend/girlfriend; (*prometido*) fiancé/fiancée; (*recién casado*) bridegroom/bride; **los** ~**s** the newly-weds.

N. S. *abr* = **Nuestro Señor**.

nubarrón [nuβa'rron] *nm* storm cloud.

nube ['nuβe] *nf* cloud.

nublado, a [nu'βlaðo, a] *a* cloudy // *nm* storm cloud; **nublar** *vt* (*oscurecer*) to darken; (*confundir*) to cloud; **nublarse** *vr* to grow dark.

nuca ['nuka] *nf* nape of the neck.

nuclear [nukle'ar] *a* nuclear.

núcleo ['nukleo] *nm* (*centro*) core; (*FISICA*) nucleus.

nudillo [nu'ðiʎo] *nm* knuckle.

nudo ['nuðo] *nm* knot; (*unión*) bond; (*de problema*) crux; ~**so, a** *a* knotty.

nuera ['nwera] *nf* daughter-in-law.

nuestro, a ['nwestro, a] *adjetivo posesivo* our // *pron* ours; ~ **padre** our father; **un amigo** ~ a friend of ours; **es el** ~ it's ours.

nueva ['nweßa] *af, nf ver* **nuevo.**

nuevamente [nweßa'mente] *ad (otra vez)* again; *(de nuevo)* anew.

nueve ['nweße] *num* nine.

nuevo, a ['nweßo, a] *a (gen)* new // (piece of news); **de ~** again; **Nueva York** *n* New York; **Nueva Zelandia** *nf* New Zealand.

nuez [nweθ] *nf (fruto)* nut; *(del nogal)* walnut; **~ de Adán** Adam's apple; **~ moscada** nutmeg.

nulidad [nuli'ðað] *nf (incapacidad)* incompetence; *(abolición)* nullity.

nulo, a ['nulo, a] *a (inepto, torpe)* useless; *(inválido)* (null and) void; *(DEPORTE)* drawn, tied.

núm. *abr* (= *número*) no.

numeración [numera'θjon] *nf (cifras)* numbers *pl*; *(arábiga, romana etc)* numerals *pl*.

numeral [nume'ral] *nm* numeral.

numerar [nume'rar] *vt* to number.

numérico, a [nu'meriko, a] *a* numerical.

número ['numero] *nm (gen)* number; *(tamaño: de zapato)* size; *(ejemplar: de diario)* number, issue; **sin ~** numberless, unnumbered; **~ de matrícula/de teléfono** registration/telephone number; **~ atrasado** back number.

numeroso, a [nume'roso, a] *a* numerous.

nunca ['nunka] *ad (jamás)* never; **~ lo pensé** I never thought it; **no viene ~** he never comes; **~ más** never again.

nuncio ['nunθjo] *nm (REL)* nuncio.

nupcias ['nupθjas] *nfpl* wedding *sg*, nuptials.

nutria ['nutrja] *nf* otter.

nutrición [nutri'θjon] *nf* nutrition.

nutrido, a [nu'triðo, a] *a (alimentado)* nourished; *(fig: grande)* large; *(abundante)* abundant.

nutrir [nu'trir] *vt (alimentar)* to nourish; *(dar de comer)* to feed; *(fig)* to strengthen; **nutritivo, a** *a* nourishing, nutritious.

nylon [ni'lon] *nm* nylon.

Ñ

ñato, a ['ɲato, a] *a (AM)* snub-nosed.

ñoñería [ɲoɲe'ria], **ñoñez** [ɲo'ɲeθ] *nf* insipidness.

ñoño, a ['ɲoɲo, a] *a (AM: tonto)* silly, stupid; *(soso)* insipid; *(persona)* spineless.

O

o [o] *conj* or.

O *abr* (= *oeste*) W.

o/ *abr* (= *orden*) o.

oasis [o'asis] *nm inv* oasis.

obcecar [oßθe'kar] *vt* to blind.

obedecer [oßeðe'θer] *vt* to obey; **obediencia** *nf* obedience; **obediente** *a* obedient.

obertura [oßer'tura] *nf* overture.

obesidad [oßesi'ðað] *nf* obesity; **obeso, a** *a* obese.

obispo [o'ßispo] *nm* bishop.

objeción [oßxe'θjon] *nf* objection.

objetar [oßxe'tar] *vt, vi* to object.

objetivo, a [oßxe'tißo, a] *a, nm* objective.

objeto [oß'xeto] *nm (cosa)* object; *(fin)* aim.

objetor, a [oßxe'tor, a] *nm/f* objector.

oblicuo, a [o'ßlikwo, a] *a* oblique; *(mirada)* sidelong.

obligación [oßliɣa'θjon] *nf* obligation; *(COM)* bond.

obligar [oßli'ɣar] *vt* to force; **~se** *vr* to bind o.s.; **obligatorio, a** *a* compulsory, obligatory.

oboe [o'ßoe] *nm* oboe.

obra ['oßra] *nf* work; *(hechura)* piece of work; *(ARQ)* construction, building; *(TEATRO)* play; **~ maestra** masterpiece; **o~s públicas** public works; **por ~ de** thanks to (the efforts of); **obrar** *vt* to work; *(tener efecto)* to have an effect on // *vi* to act, behave; *(tener efecto)* to have an effect; **la carta obra en su poder** the letter is in his/her possession.

obrero, a [o'ßrero, a] *a (clase)* working; *(movimiento)* labour *cpd*; **clase obrera** working class // *nm/f (gen)* worker; *(sin oficio)* labourer.

obscenidad [oßsθeni'ðað] *nf* obscenity; **obsceno, a** *a* obscene.

obscu... = **oscu...**

obsequiar [oßse'kjar] *vt (ofrecer)* to present with; *(agasajar)* to make a fuss of, lavish attention on; **obsequio** *nm (regalo)* gift; *(cortesía)* courtesy, attention; **obsequioso, a** *a* attentive.

observación [oßserßa'θjon] *nf* observation; *(reflexión)* remark.

observador, a [oßserßa'ðor, a] *nm/f* observer.

observancia [oßser'ßanθja] *nf* observance.

observar [oßser'ßar] *vt* to observe; *(anotar)* to notice; **~se** *vr* to keep to, observe.

obsesión [oßse'sjon] *nf* obsession; **obsesionar** *vt* to obsess.

obstaculizar [oßstakuli'θar] *vt (dificultar)* to hinder, hamper.

obstáculo [oß'stakulo] *nm (gen)* obstacle; *(impedimento)* hindrance, drawback.

obstante [oß'stante]: **no ~** *ad* nevertheless // *prep* in spite of.

obstetricia [oßste'triθja] *nf* obstetrics *sg*; **obstétrico, a** *a* obstetric // *nm/f* obstetrician.

obstinado, a |oßsti'naðo. a| a (gen) obstinate, stubborn.

obstinarse |oßsti'narse| vr to be obstinate; ~ **en** to persist in.

obstrucción |oßstruk'θjon| nf obstruction; **obstruir** vt to obstruct.

obtener |oßte'ner| vt (conseguir) to obtain; (ganar) to gain.

obturador |oßtura'ðor| nm (FOTO) shutter.

obtuso, a |oß'tuso. a| a (filo) blunt; (MAT, fig) obtuse.

obviar |oß'ßjar| vt to obviate, remove.

obvio, a |'oßßjo. a| a obvious.

ocasión |oka'sjon| nf (oportunidad) opportunity, chance; (momento) occasion, time; (causa) cause; **de ~** secondhand; **ocasionar** vt to cause.

ocaso |o'kaso| nm (fig) decline.

occidente |okθi'ðente| nm west.

océano |o'θeano| nm ocean; **el ~ Índico** the Indian Ocean.

OCDE nf abr (= Organización de Cooperación y Desarrollo Económico) OECD.

ocio |'oθjo| nm (tiempo) leisure; (pey) idleness; **~sidad** nf idleness; **~so, a** a (inactivo) idle; (inútil) useless.

octanaje |okta'naxe| nm: **de alto ~** high octane; **octano** nm octane.

octavilla |okta'viʎa| nf leaflet, pamphlet.

octavo, a |ok'taßo. a| a eighth.

octogenario, a |oktoxe'narjo. a| a octogenarian.

octubre |ok'tußre| nm October.

ocular |oku'lar| a ocular, eye cpd; **testigo ~** eyewitness.

oculista |oku'lista| nm/f oculist.

ocultar |okul'tar| vt (esconder) to hide; (callar) to conceal; **oculto, a** a hidden; (fig) secret.

ocupación |okupa'θjon| nf occupation.

ocupado, a |oku'paðo. a| a (persona) busy; (plaza) occupied, taken; (teléfono) engaged; **ocupar** vt (gen) to occupy; **ocuparse** vr: **ocuparse de** o **en** (gen) to concern o.s. with; (cuidar) to look after.

ocurrencia |oku'rrenθja| nf (suceso) incident, event; (idea) bright idea.

ocurrir |oku'rrir| vi to happen; **~se** vr: **se me ocurrió que...** it occurred to me that...

ochenta |o'tʃenta| num eighty.

ocho |'otʃo| num eight; **~ días** a week.

odiar |o'ðjar| vt to hate; **odio** nm (gen) hate, hatred; (disgusto) dislike; **odioso, a** a (gen) hateful; (malo) nasty.

odontólogo, a |oðon'toloxo. a| nm/f dentist, dental surgeon.

OEA nf abr (= Organización de Estados Americanos) OAS.

oeste |o'este| nm west; **una película del ~** a western.

ofender |ofen'der| vt (agraviar) to offend; (insultar) to insult; **~se** vr to take offence; **ofensa** nf offence; **ofensivo, a** a (insultante) insulting; (MIL) offensive // nf offensive.

oferta |o'ferta| nf offer; (propuesta) proposal; **la ~ y la demanda** supply and demand; **artículos en ~** goods on offer.

oficial |ofi'θjal| a official // nm official; (MIL) officer.

oficina |ofi'θina| nf office; **~ de correos** post office; **~ de turismo** tourist office; **oficinista** nm/f clerk.

oficio |o'fiθjo| nm (profesión) profession; (puesto) post; (REL) service; **ser del ~** to be an old hand; **tener mucho ~** to have a lot of experience; **~ de difuntos** funeral service; **de ~** officially.

oficioso, a |ofi'θjoso. a| a (pey) officious; (no oficial) unofficial, informal.

ofimática |ofi'matika| nf office automation.

ofrecer |ofre'θer| vt (dar) to offer; (proponer) to propose; **~se** vr (persona) to offer o.s., volunteer; (situación) to present itself; **¿qué se le ofrece?, ¿se le ofrece algo?** what can I do for you?, can I get you anything?

ofrecimiento |ofreθi'mjento| nm offer, offering.

ofrendar |ofren'dar| vt to offer, contribute.

oftalmólogo, a |oftal'moloxo. a| nm/f ophthalmologist.

ofuscación |ofuska'θjon| nf, **ofuscamiento** |ofuska'mjento| nm (fig) bewilderment.

ofuscar |ofus'kar| vt (confundir) to bewilder; (enceguecer) to dazzle, blind.

oída |o'iða| nf: **de ~s** by hearsay.

oído |o'iðo| nm (ANAT) ear; (sentido) hearing.

oigo etc vb ver **oír**.

oír |o'ir| vt (gen) to hear; (atender a) to listen to; **¡oiga!** listen!; **~ misa** to attend mass.

OIT nf abr (= Organización Internacional del Trabajo) ILO.

ojal |o'xal| nm buttonhole.

ojalá |oxa'la| excl if only (it were so)!, some hope! // conj if only...!, would that...!; **~ que venga hoy** I hope he comes today.

ojeada |oxe'aða| nf glance.

ojera |o'xera| nf: **tener ~s** to have bags under one's eyes.

ojeriza |oxe'riθa| nf ill-will.

ojeroso, a |oxe'roso. a| a haggard.

ojete |o'xete| nm eye(let).

ojo |'oxo| nm eye; (de puente) span; (de cerradura) keyhole // excl careful!; **tener ~ para** to have an eye for; **~ de buey** porthole.

ola |'ola| nf wave.

olé |o'le| excl bravo!, olé!

oleada |ole'aða| nf big wave, swell; (fig)

wave.

oleaje [ole'axe] *nm* swell.

óleo ['oleo] *nm* oil; **oleoducto** *nm* (oil) pipeline.

oler [o'ler] *vt* (*gen*) to smell; (*inquirir*) to pry into; (*fig: sospechar*) to sniff out // *vi* to smell; ~ a to smell of.

olfatear [olfate'ar] *vt* to smell; (*fig: sospechar*) to sniff out; (*inquirir*) to pry into; **olfato** *nm* sense of smell.

oligarquía [olivar'kia] *nf* oligarchy.

olimpíada [olim'piaða] *nf*: **las O~s** the Olympics.

oliva [o'liβa] *nf* (*aceituna*) olive; **aceite de ~** olive oil; **olivo** *nm* olive tree.

olmo ['olmo] *nm* elm (tree).

olor [o'lor] *nm* smell; **~oso, a** *a* scented.

olvidadizo, a [olβiða'ðiθo, a] *a* (*desmemoriado*) forgetful; (*distraído*) absent-minded.

olvidar [olβi'ðar] *vt* to forget; (*omitir*) to omit; **~se** *vr* (*fig*) to forget o.s.; **se me olvidó** I forgot.

olvido [ol'βiðo] *nm* oblivion; (*despiste*) forgetfulness.

olla ['oʎa] *nf* pan; (*comida*) stew; **~ a presión o exprés** pressure cooker; **~ podrida** *type of Spanish stew*.

ombligo [om'blivo] *nm* navel.

ominoso, a [omi'noso, a] *a* ominous.

omisión [omi'sjon] *nf* (*abstención*) omission; (*descuido*) neglect.

omiso, a [o'miso, a] *a*: **hacer caso ~ de** to ignore, pass over.

omitir [omi'tir] *vt* to omit.

omnipotente [omnipo'tente] *a* omnipotent.

omnívoro, a [om'niβoro, a] *a* omnivorous.

omóplato [o'moplato] *nm* shoulder blade.

OMS *nf abr* (= *Organización Mundial de la Salud*) WHO.

once ['onθe] *num* eleven; **~s** *nmpl* (*AM*) tea break.

onda ['onda] *nf* wave; **~ corta/larga/media** short/long/medium wave; **ondear** *vt, vi* to wave; (*tener ondas*) to be wavy; (*agua*) to ripple; **ondearse** *vr* to swing, sway.

ondulación [ondula'θjon] *nf* undulation; **ondulado, a** *a* wavy // *nm* wave; **ondulante** *a* undulating.

ondular [ondu'lar] *vt* (*el pelo*) to wave // *vi*, **~se** *vr* to undulate.

oneroso, a [one'roso, a] *a* onerous.

ONU ['onu] *nf abr* (= *Organización de las Naciones Unidas*) UNO.

opaco, a [o'pako, a] *a* opaque; (*fig*) dull.

ópalo ['opalo] *nm* opal.

opción [op'θjon] *nf* (*gen*) option; (*derecho*) right, option.

OPEP ['opep] *nf abr* (= *Organización de Países Exportadores de Petróleo*) OPEC.

ópera ['opera] *nf* opera; **~ bufa o cómica** comic opera.

operación [opera'θjon] *nf* (*gen*) operation; (*COM*) transaction, deal.

operador, a [opera'ðor, a] *nm/f* operator; (*CINE: proyección*) projectionist; (: *rodaje*) cameraman.

operante [ope'rante] *a* operating.

operar [ope'rar] *vt* (*producir*) to produce, bring about; (*MED*) to operate on // *vi* (*COM*) to operate, deal; **~se** *vr* to occur; (*MED*) to have an operation.

opereta [ope'reta] *nf* operetta.

opinar [opi'nar] *vt* (*estimar*) to think // *vi* (*enjuiciar*) to give one's opinion; **opinión** *nf* (*creencia*) belief; (*criterio*) opinion.

opio ['opjo] *nm* opium.

oponente [opo'nente] *nm/f* opponent.

oponer [opo'ner] *vt* (*resistencia*) to put up, offer; (*negativa*) to raise; **~se** *vr* (*objetar*) to object; (*estar frente a frente*) to be opposed; (*dos personas*) to oppose each other; **~ A a B** to set A against B; **me opongo a pensar que...** I refuse to believe o think that... .

oportunidad [oportuni'ðað] *nf* (*ocasión*) opportunity; (*posibilidad*) chance.

oportunismo [oportu'nismo] *nm* opportunism; **oportunista** *nm/f* opportunist.

oportuno, a [opor'tuno, a] *a* (*en su tiempo*) opportune, timely; (*respuesta*) suitable; **en el momento ~** at the right moment.

oposición [oposi'θjon] *nf* opposition; **oposiciones** *nfpl* public examinations.

opositor, a [oposi'tor, a] *nm/f* (*adversario*) opponent; (*candidato*) candidate.

opresión [opre'sjon] *nf* oppression; **opresivo, a** *a* oppressive; **opresor, a** *nm/f* oppressor.

oprimir [opri'mir] *vt* to squeeze; (*fig*) to oppress.

oprobio [o'proβjo] *nm* (*infamia*) ignominy; (*descrédito*) shame.

optar [op'tar] *vi* (*elegir*) to choose; **~ a o por** to opt for; **optativo, a** *a* optional.

óptico, a ['optiko, a] *a* optic(al) // *nm/f* optician.

optimismo [opti'mismo] *nm* optimism; **optimista** *nm/f* optimist.

óptimo, a ['optimo, a] *a* (*el mejor*) very best.

opuesto, a [o'pwesto, a] *a* (*contrario*) opposite; (*antagónico*) opposing.

opulencia [opu'lenθja] *nf* opulence; **opulento, a** *a* opulent.

oración [ora'θjon] *nf* (*discurso*) speech; (*REL*) prayer; (*LING*) sentence.

oráculo [o'rakulo] *nm* oracle.

orador, a [ora'ðor, a] *nm/f* (*conferenciante*) speaker, orator.

oral [o'ral] *a* oral.

orangután [orangu'tan] *nm* orang-utan.

orar [o'rar] *vi* (REL) to pray.
oratoria [ora'torja] *nf* oratory.
órbita ['orβita] *nf* orbit.
orden ['orðen] *nm* (gen) order // *nf* (gen) order; (INFORM) command; **~ del día** agenda; **de primer ~** first-rate; **en ~ de prioridad** in order of priority.
ordenado, a [orðe'naðo, a] *a* (metódico) methodical; (arreglado) orderly.
ordenador [orðena'ðor] *nm* computer; **~ central** mainframe computer.
ordenanza [orðe'nanθa] *nf* ordinance.
ordenar [orðe'nar] *vt* (mandar) to order; (poner orden) to put in order, arrange; **~se** *vr* (REL) to be ordained.
ordeñar [orðe'nar] *vt* to milk.
ordinario, a [orði'narjo, a] *a* (común) ordinary, usual; (vulgar) vulgar, common.
orégano [o'reɣano] *nm* oregano.
oreja [o'rexa] *nf* ear; (MECÁNICA) lug, flange.
orfanato [orfa'nato] *nm* orphanage.
orfandad [orfan'daθ] *nf* orphanhood.
orfebrería [orfeβre'ria] *nf* gold/silver work.
orgánico, a [or'ɣaniko, a] *a* organic.
organigrama [orɣani'ɣrama] *nm* flow chart.
organismo [orɣa'nismo] *nm* (BIO) organism; (POL) organization.
organista [orɣa'nista] *nm/f* organist.
organización [orɣaniθa'θjon] *nf* organization; **organizar** *vt* to organize.
órgano ['orɣano] *nm* organ.
orgasmo [or'ɣasmo] *nm* orgasm.
orgía [or'xia] *nf* orgy.
orgullo [or'ɣuʎo] *nm* (altanería) pride; (autorespeto) self-respect; **orgulloso, a** *a* (gen) proud; (altanero) haughty.
orientación [orjenta'θjon] *nf* (posición) position; (dirección) direction.
orientar [orjen'tar] *vt* (situar) to orientate; (señalar) to point; (dirigir) to direct; (guiar) to guide; **~se** *vr* to get one's bearings; (decidirse) to decide on a course of action.
oriente [o'rjente] *nm* east; **Cercano/ Medio/Lejano O~** Near/ Middle/Far East.
origen [o'rixen] *nm* origin; (nacimiento) lineage, birth.
original [orixi'nal] *a* (nuevo) original; (extraño) odd, strange; **~idad** *nf* originality.
originar [orixi'nar] *vt* to start, cause; **~se** *vr* to originate; **~io, a** *a* (nativo) native; (primordial) original.
orilla [o'riʎa] *nf* (borde) border; (de río) bank; (de bosque, tela) edge; (de mar) shore.
orín [o'rin] *nm* rust.
orina [o'rina] *nf* urine; **orinal** *nm* (chamber) pot; **orinar** *vi* to urinate; **orinarse** *vr* to wet o.s.; **orines** *nmpl* urine *sg*.

oriundo, a [o'rjundo, a] *a*: **~ de** native of.
ornamento [orna'mento] *nm* ornament.
ornar [or'nar] *vt* to adorn.
ornitología [ornitolo'xia] *nf* ornithology, bird-watching.
oro ['oro] *nm* gold; **~s** *nmpl* (NAIPES) hearts.
oropel [oro'pel] *nm* tinsel.
orquesta [or'kesta] *nf* orchestra; **~ de cámara/sinfónica** chamber/symphony orchestra.
orquídea [or'kiðea] *nf* orchid.
ortiga [or'tiɣa] *nf* nettle.
ortodoxo, a [orto'ðokso, a] *a* orthodox.
ortografía [ortoɣra'fia] *nf* spelling.
ortopedia [orto'peðja] *nf* orthopaedics *sg*.
oruga [o'ruɣa] *nf* caterpillar.
orzuelo [or'θwelo] *nm* (MED) stye.
os [os] *pron* (gen) you; (a vosotros) to you.
osa ['osa] *nf* (she-)bear; **O~ Mayor/ Menor** Great/Little Bear.
osadía [osa'ðia] *nf* daring.
osar [o'sar] *vi* to dare.
oscilación [osθila'θjon] *nf* (movimiento) oscillation; (fluctuación) fluctuation; (vacilación) hesitation; (columpio) swinging, movement to and fro.
oscilar [osθi'lar] *vi* to oscillate; to fluctuate; to hesitate.
oscurecer [oskure'θer] *vt* to darken // *vi* to grow dark; **~se** *vr* to grow o get dark.
oscuridad [oskuri'ðaθ] *nf* obscurity; (tinieblas) darkness.
oscuro, a [os'kuro, a] *a* dark; (fig) obscure; **a oscuras** in the dark.
óseo, a ['oseo, a] *a* bony.
oso ['oso] *nm* bear; **~ de peluche** teddy bear; **~ hormiguero** anteater.
ostensible [osten'sißle] *a* obvious.
ostentación [ostenta'θjon] *nf* (gen) ostentation; (acto) display.
ostentar [osten'tar] *vt* (gen) to show; (pey) to flaunt, show off; (poseer) to have, possess; **ostentoso, a** *a* ostentatious, showy.
ostra ['ostra] *nf* oyster.
OTAN ['otan] *nf abr* (= Organización del Tratado del Atlántico Norte) NATO.
otear [ote'ar] *vt* to observe; (fig) to look into.
otitis [o'titis] *nf* earache.
otoñal [oto'nal] *a* autumnal.
otoño [o'toɲo] *nm* autumn.
otorgamiento [otorɣa'mjento] *nm* conferring, granting; (JUR) execution.
otorgar [otor'ɣar] *vt* (conceder) to concede; (dar) to grant.
otorrino, a [oto'rrino, a], **otorrinolaringólogo, a** [otorrinolarin'ɣoloɣo, a] *nm/f* ear, nose and throat specialist.
otro, a ['otro, a] ♦ *a* **1** (distinto: sg)

another; (: *pl*) other; con ~s amigos with other o different friends

2 (*adicional*): tráigame ~ café (más), por favor can I have another coffee please; ~s 10 días más another ten days

♦ *pron* **1**: el ~ the other one; (los) ~s (the) others; de ~ somebody else's; que lo haga ~ let somebody else do it

2 (*recíproco*): se odian (la) una a (la) otra they hate one another o each other

3: ~ tanto: comer ~ tanto to eat the same o as much again; recibió una decena de telegramas y otras tantas llamadas he got about ten telegrams and as many calls.

ovación [oβa'θjon] *nf* ovation.

oval [o'βal], **ovalado, a** [oβa'laδo, a] *a* oval; **óvalo** *nm* oval.

oveja [o'βexa] *nf* sheep.

overol [oβe'rol] *nm* (*AM*) overalls *pl*.

ovillo [o'βiλo] *nm* (*de lana*) ball of wool; **hacerse un ~** to curl up.

OVNI ['oβni] *nm abr* (= *objeto volante no identificado*) UFO.

ovulación [oβula'θjon] *nf* ovulation; **óvulo** *nm* ovum.

oxidación [oksiδa'θjon] *nf* rusting.

oxidar [oksi'δar] *vt* to rust; **~se** *vr* to go rusty.

óxido ['oksiδo] *nm* oxide.

oxigenado, a [oksixe'naδo, a] *a* (*QUIMICA*) oxygenated; (*pelo*) bleached.

oxígeno [ok'sixeno] *nm* oxygen.

oyente [o'jente] *nm/f* listener, hearer.

oyes, oyó *etc vb ver* **oír**.

P

P *abr* (= *padre*) Fr.

pabellón [paβe'λon] *nm* bell tent; (*ARQ*) pavilion; (*de hospital etc*) block, section; (*bandera*) flag.

pábilo ['paβilo] *nm* wick.

pacer [pa'θer] *vi* to graze.

paciencia [pa'θjenθja] *nf* patience.

paciente [pa'θjente] *a, nm/f* patient.

pacificación [paθifika'θjon] *nf* pacification.

pacificar [paθifi'kar] *vt* to pacify; (*tranquilizar*) to calm.

pacífico, a [pa'θifiko, a] *a* (*persona*) peaceable; (*existencia*) peaceful; **el** (*océano*) **P~** the Pacific (Ocean).

pacifismo [paθi'fismo] *nm* pacifism; **pacifista** *nm/f* pacifist.

pacotilla [pako'tiλa] *nf*: **de ~** (*actor, escritor*) third-rate; (*mueble etc*) cheap.

pactar [pak'tar] *vt* to agree to o on // *vi* to come to an agreement.

pacto ['pakto] *nm* (*tratado*) pact; (*acuerdo*) agreement.

padecer [paδe'θer] *vt* (*sufrir*) to suffer; (*soportar*) to endure, put up with; (*engaño, error*) to be a victim of;

padecimiento *nm* suffering.

padrastro [pa'δrastro] *nm* stepfather.

padre ['paδre] *nm* father // *a* (*fam*): un éxito ~ a tremendous success; ~s *nmpl* parents.

padrino [pa'δrino] *nm* (*REL*) godfather; (*tb*: ~ **de boda**) best man; (*fig*) sponsor, patron; ~s *nmpl* godparents.

padrón [pa'δron] *nm* (*censo*) census, roll; (*de socios*) register.

paella [pa'eλa] *nf* paella, *dish of rice with meat, shellfish etc*.

pág(s). *abr* (= *página(s)*) p(p).

paga ['paxa] *nf* (*pago*) payment; (*sueldo*) pay, wages *pl*.

pagadero, a [paxa'δero, a] *a* payable; ~ **a plazos** payable in instalments.

pagano, a [pa'xano, a] *a, nm/f* pagan, heathen.

pagar [pa'xar] *vt* to pay; (*las compras, crimen*) to pay for; (*fig: favor*) to repay // *vi* to pay; ~ **al contado/a plazos** to pay (in) cash/in instalments.

pagaré [paxa're] *nm* I.O.U.

página ['paxina] *nf* page.

pago ['paxo] *nm* (*dinero*) payment; (*fig*) return; **estar** ~ to be even o quits; ~ **anticipado/a cuenta/contra reembolso/en especie** advance payment/payment on account/cash on delivery/payment in kind.

pague *etc vb ver* **pagar**.

país [pa'is] *nm* (*gen*) country; (*región*) land; **los P~es Bajos** the Low Countries; **el P~ Vasco** the Basque Country.

paisaje [pai'saxe] *nm* countryside, scenery.

paisano, a [pai'sano, a] *a* of the same country // *nm/f* (*compatriota*) fellow countryman/woman; **vestir de** ~ (*soldado*) to be in civvies; (*guardia*) to be in plain clothes.

paja ['paxa] *nf* straw; (*fig*) rubbish (*Brit*), trash (*US*).

pájara ['paxara] *nf* hen (bird).

pajarita [paxa'rita] *nf* (*corbata*) bow tie.

pájaro ['paxaro] *nm* bird; ~ **carpintero** woodpecker.

pajita [pa'xita] *nf* (drinking) straw.

pala ['pala] *nf* spade, shovel; (*raqueta etc*) bat; (: *de remo*) racquet; (*CULIN*) slice; ~ **matamoscas** fly swat.

palabra [pa'laβra] *nf* word; (*facultad*) (power of) speech; (*derecho de hablar*) right to speak; **tomar la** ~ (*en mitin*) to take the floor.

palabrota [pala'βrota] *nf* swearword.

palacio [pa'laθjo] *nm* palace; (*mansión*) mansion, large house; ~ **de justicia** courthouse; ~ **municipal** town/city hall.

paladar [pala'δar] *nm* palate; **paladear** *vt* to taste.

palanca [pa'lanka] *nf* lever; (*fig*) pull, influence.

palangana [palan'gana] *nf* washbasin.

palco ['palko] *nm* box.

Palestina [pales'tina] *nf* Palestine; **palestino, a** *nm/f* Palestinian.

paleta [pa'leta] *nf* (*de pintor*) palette; (*de albañil*) trowel; (*de ping-pong*) bat; (*AM*) ice lolly.

paliar [pa'ljar] *vt* (*mitigar*) to mitigate, alleviate; **paliativo** *nm* palliative.

palidecer [paliðe'θer] *vi* to turn pale; **palidez** *nf* paleness; **pálido, a** *a* pale.

palillo [pa'liʎo] *nm* small stick; (*mondadientes*) toothpick.

paliza [pa'liθa] *nf* beating, thrashing.

palma ['palma] *nf* (*ANAT*) palm; (*árbol*) palm tree; **batir** *o* **dar** ~**s** to clap, applaud; ~**da** *nf* slap; ~**s** *nfpl* clapping *sg*, applause *sg*.

palmear [palme'ar] *vi* to clap.

palmo ['palmo] *nm* (*medida*) span; (*fig*) small amount; ~ **a** ~ inch by inch.

palmotear [palmote'ar] *vi* to clap, applaud; **palmoteo** *nm* clapping, applause.

palo ['palo] *nm* stick; (*poste*) post, pole; (*mango*) handle, shaft; (*golpe*) blow, hit; (*de golf*) club; (*de béisbol*) bat; (*NAUT*) mast; (*NAIPES*) suit.

paloma [pa'loma] *nf* dove, pigeon.

palomilla [palo'miʎa] *nf* moth; (*TEC*: *tuerca*) wing nut; (: *hierro*) angle iron.

palomitas [palo'mitas] *nfpl* popcorn *sg*.

palpar [pal'par] *vt* to touch, feel.

palpitación [palpita'θjon] *nf* palpitation.

palpitante [palpi'tante] *a* palpitating; (*fig*) burning.

palpitar [palpi'tar] *vi* to palpitate; (*latir*) to beat.

palta ['palta] *nf* (*AM*) avocado (pear).

palúdico, a [pa'luðiko, a] *a* marshy.

paludismo [palu'ðismo] *nm* malaria.

pampa ['pampa] *nf* (*AM*) pampa(s), prairie.

pan [pan] *nm* bread; (*una barra*) loaf; ~ **integral** wholemeal (*Brit*) *o* wholewheat (*US*) bread; ~ **rallado** breadcrumbs *pl*.

pana ['pana] *nf* corduroy.

panadería [panaðe'ria] *nf* baker's (shop); **panadero, a** *nm/f* baker.

Panamá [pana'ma] *nm* Panama; **panameño, a** *a* Panamanian.

pancarta [pan'karta] *nf* placard, banner.

panda ['panda] *nm* (*ZOOL*) panda.

pandereta [pande'reta] *nf* tambourine.

pandilla [pan'diʎa] *nf* set, group; (*de criminales*) gang; (*pey*: *camarilla*) clique.

panecillo [pane'θiʎo] *nm* (bread) roll.

panel [pa'nel] *nm* panel.

panfleto [pan'fleto] *nm* pamphlet.

pánico [pa'niko] *nm* panic.

panorama [pano'rama] *nm* panorama; (*vista*) view.

pantalón [panta'lon] *nm*, **pantalones** [panta'lones] *nmpl* trousers.

pantalla [pan'taʎa] *nf* (*de cine*) screen; (*de lámpara*) lampshade.

pantano [pan'tano] *nm* (*ciénaga*) marsh, swamp; (*depósito: de agua*) reservoir; (*fig*) jam, difficulty.

panteón [pante'on] *nm*: ~ **familiar** family tomb.

pantera [pan'tera] *nf* panther.

pantomima [panto'mima] *nf* pantomime.

pantorrilla [panto'rriʎa] *nf* calf (of the leg).

pantufla [pan'tufla] *nf* slipper.

panza ['panθa] *nf* belly, paunch; **panzón, ona, panzudo, a** *a* fat, potbellied.

pañal [pa'nal] *nm* nappy (*Brit*), diaper (*US*); ~**es** *nmpl* (*fig*) early stages, infancy *sg*.

pañería [pane'ria] *nf* drapery.

paño ['pano] *nm* (*tela*) cloth; (*pedazo de tela*) (piece of) cloth; (*trapo*) duster, rag; ~ **higiénico** sanitary towel; ~**s menores** underclothes.

pañuelo [pa'nwelo] *nm* handkerchief, hanky (*fam*); (*para la cabeza*) (head)scarf.

papa ['papa] *nf* (*AM*) potato // *nm*: **el P~** the Pope.

papá [pa'pa] (*pl* ~**s**) *nm* (*fam*) dad(dy), pa (*US*).

papagayo [papa'vajo] *nm* parrot.

papanatas [papa'natas] *nm inv* (*fam*) simpleton.

paparrucha [papa'rrutʃa] *nf* piece of nonsense.

papaya [pa'paja] *nf* papaya.

papel [pa'pel] *nm* paper; (*hoja de* ~) sheet of paper; (*TEATRO, fig*) role; ~ **de calco/carbón/de cartas** tracing paper/ carbon paper/stationery; ~ **de envolver/ pintado** wrapping paper/wallpaper; ~ **de aluminio/higiénico** aluminium (*Brit*) *o* aluminum (*US*) foil/toilet paper; ~ **de lija** sandpaper; ~ **moneda** paper money; ~ **secante** blotting paper.

papeleo [pape'leo] *nm* red tape.

papelera [pape'lera] *nf* wastepaper basket; (*escritorio*) desk.

papelería [papele'ria] *nf* stationer's (shop).

papeleta [pape'leta] *nf* (*pedazo de papel*) slip of paper; (*POL*) ballot paper; (*ESCOL*) report.

paperas [pa'peras] *nfpl* mumps.

papilla [pa'piʎa] *nf* (*para niños*) baby food.

paquete [pa'kete] *nm* (*de cigarrillos etc*) packet; (*CORREOS etc*) parcel; (*AM*) package tour; (: *fam*) nuisance, bore.

par [par] *a* (*igual*) like, equal; (*MAT*) even // *nm* equal; (*de guantes*) pair; (*de veces*) couple; (*POL*) peer; (*GOLF, COM*) par; **abrir de ~ en ~** to open wide.

para ['para] *prep* for; **no es ~ comer** it's not for eating; **decir ~ sí** to say to o.s.; **¿~ qué lo quieres?** what do you want it for?; **se casaron ~ separarse otra vez** they married only to separate again; **lo tendré ~ mañana** I'll have it (for) tomorrow; **ir ~ casa** to go home, head for home; **~ profesor es muy estúpido** he's very stupid for a teacher; **¿quién es usted ~ gritar así?** who are you to shout like that?; **tengo bastante ~ vivir** I have enough to live on.

parabién [para'βjen] *nm* congratulations *pl*.

parábola [pa'raβola] *nf* parable; (MAT) parabola.

parabrisas [para'βrisas] *nm inv* windscreen (Brit), windshield (US).

paracaídas [paraka'iðas] *nm inv* parachute; **paracaidista** *nm/f* parachutist; (MIL) paratrooper.

parachoques [para'tʃokes] *nm inv* (AUTO) bumper; (MECÁNICA etc) shock absorber.

parada [pa'raða] *nf* stop; (acto) stopping; (de industria) shutdown, stoppage; (lugar) stopping place; **~ de autobús** bus stop.

paradero [para'ðero] *nm* stopping-place; (situación) whereabouts.

parado, a [pa'raðo, a] *a* (persona) motionless, standing still; (fábrica) closed, at a standstill; (coche) stopped; (AM) standing (up); (sin empleo) unemployed, idle.

paradoja [para'ðoxa] *nf* paradox.

parador [para'ðor] *nm* parador, state-owned hotel.

paráfrasis [pa'rafrasis] *nf inv* paraphrase.

paraguas [pa'raɣwas] *nm inv* umbrella.

Paraguay [para'ɣwai] *nm*: **el ~** Paraguay; **paraguayo, a** *a, nm/f* Paraguayan.

paraíso [para'iso] *nm* paradise, heaven.

paraje [pa'raxe] *nm* place, spot.

paralelo, a [para'lelo, a] *a* parallel.

parálisis [pa'ralisis] *nf inv* paralysis; **paralítico, a** *a, nm/f* paralytic.

paralizar [parali'θar] *vt* to paralyse; **~se** *vr* to become paralysed; (fig) to come to a standstill.

paramilitar [paramili'tar] *a* paramilitary.

páramo ['paramo] *nm* bleak plateau.

parangón [paran'gon] *nm*: **sin ~** incomparable.

paranoico, a [para'noiko, a] *nm/f* paranoiac.

parapléjico, a [para'plexiko, a] *a, nm/f* paraplegic.

parar [pa'rar] *vt* to stop; (golpe) to ward off // *vi* to stop; **~se** *vr* to stop; (AM) to stand up; **ha parado de llover** it has stopped raining; **van a ~ en la comisaría** they're going to end up in the police station; **~se en** to pay attention to.

parásito, a [pa'rasito, a] *nm/f* parasite.

parasol [para'sol] *nm* parasol, sunshade.

parcela [par'θela] *nf* plot, piece of ground.

parcial [par'θjal] *a* (pago) part-; (eclipse) partial; (JUR) prejudiced, biased; (POL) partisan; **~idad** *nf* (prejuicio) prejudice, bias.

parco, a ['parko, a] *a* (moderado) moderate.

parche ['partʃe] *nm* (gen) patch.

parear [pare'ar] *vt* (juntar, hacer par) to match, put together; (BIO) to mate, pair.

parecer [pare'θer] *nm* (opinión) opinion, view; (aspecto) looks *pl* // *vi* (tener apariencia) to seem, look; (asemejarse) to look o seem like; (aparecer, llegar) to appear; **~se** *vr* to look alike, resemble each other; **~se a** to look like, resemble; **según** o **a lo que parece** evidently, apparently; **me parece que** I think (that), it seems to me that.

parecido, a [pare'θiðo, a] *a* similar // *nm* similarity, likeness, resemblance; **bien ~** good-looking, nice-looking.

pared [pa'reð] *nf* wall.

parejo, a [pa'rexo, a] *a* (igual) equal; (liso) smooth, even // *nf* (par) pair; (dos personas) couple; (otro: de un par) other one (of a pair); (persona) partner.

parentela [paren'tela] *nf* relations *pl*.

parentesco [paren'tesko] *nm* relationship.

paréntesis [pa'rentesis] *nm inv* parenthesis; (digresión) digression; (en escrito) bracket.

parezco *etc vb ver* **parecer**.

pariente [pa'rjente, a] *nm/f* relative, relation.

parir [pa'rir] *vt* to give birth to // *vi* (mujer) to give birth, have a baby.

París [pa'ris] *n* Paris.

parking ['parkin] *nm* car park (Brit), parking lot (US).

parlamentar [parlamen'tar] *vi* (negociar) to parley.

parlamentario, a [parlamen'tarjo, a] *a* parliamentary // *nm/f* member of parliament.

parlamento [parla'mento] *nm* (POL) parliament.

parlanchín, ina [parlan'tʃin, ina] *a* indiscreet // *nm/f* chatterbox.

paro ['paro] *nm* (huelga) stoppage (of work), strike; (desempleo) unemployment; **subsidio de ~** unemployment benefit; **hay ~ en la industria** work in the industry is at a standstill.

parodia [pa'roðja] *nf* parody; **parodiar** *vt* to parody.

parpadear [parpaðe'ar] *vi* (ojos) to blink; (luz) to flicker.

párpado ['parpaðo] *nm* eyelid.

parque ['parke] *nm* (lugar verde) park; **~ de atracciones/infantil/zoológico** fairground/playground/zoo.

parquímetro [par'kimetro] *nm* parking

meter.

parra ['parra] *nf* (grape)vine.

párrafo ['parrafo] *nm* paragraph; **echar un ~** (*fam*) to have a chat.

parranda [pa'rranda] *nf* (*fam*) spree, binge.

parrilla [pa'rriʎa] *nf* (*CULIN*) grill; (*de coche*) grille; (**carne a la) ~** barbecue; **~da** *nf* barbecue.

párroco ['parroko] *nm* parish priest.

parroquia [pa'rrokja] *nf* parish; (*iglesia*) parish church; (*COM*) clientele, customers *pl*; **~no, a** *nm/f* parishioner; client, customer.

parte ['parte] *nm* message; (*informe*) report // *nf* part; (*lado, cara*) side; (*de reparto*) share; (*JUR*) party; **en alguna ~ de Europa** somewhere in Europe; **en/por todas ~s** everywhere; **en gran ~** to a large extent; **la mayor ~ de los españoles** most Spaniards; **de un tiempo a esta ~** for some time past; **de ~ de alguien** on sb's behalf; **¿de ~ de quién?** (*TEL*) who is speaking?; **por ~ de** on the part of; **yo por mi ~** I for my part; **por otra ~** on the other hand; **dar ~ de** to inform; **tomar ~** to take part.

partera [par'tera] *nf* midwife.

partición [parti'θjon] *nf* division, sharing-out; (*POL*) partition.

participación [partiθipa'θjon] *nf* (*acto*) participation, taking part; (*parte, COM*) share; (*de lotería*) shared prize; (*aviso*) notice, notification.

participante [partiθi'pante] *nm/f* participant.

participar [partiθi'par] *vt* to notify, inform // *vi* to take part, participate.

partícipe [par'tiθipe] *nm/f* participant.

particular [partiku'lar] *a* (*especial*) particular, special; (*individual, personal*) private, personal // *nm* (*punto, asunto*) particular, point; (*individuo*) individual; **tiene coche ~** he has a car of his own; **~izar** *vt* to distinguish; (*especificar*) to specify; (*detallar*) to give details about.

partida [par'tiða] *nf* (*salida*) departure; (*COM*) entry, item; (*juego*) game; (*grupo de personas*) band, group; **mala ~** dirty trick; **~ de nacimiento/matrimonio/defunción** birth/marriage/death certificate.

partidario, a [parti'ðarjo, a] *a* partisan // *nm/f* supporter, follower.

partido [par'tiðo] *nm* (*POL*) party; (*DEPORTE: encuentro*) game, match; (*: equipo*) team; (*apoyo*) support; **sacar ~ de** to profit o benefit from; **tomar ~** to take sides.

partir [par'tir] *vt* (*dividir*) to split, divide; (*compartir, distribuir*) to share (out), distribute; (*romper*) to break open, split open; (*rebanada*) to cut (off) // *vi* (*ponerse en camino*) to set off o out;

(*comenzar*) to start (off o out); **~se** *vr* to crack o split o break (in two *etc*); **a ~ de** (starting) from.

parto ['parto] *nm* birth; (*fig*) product, creation; **estar de ~** to be in labour.

parvulario [parβu'larjo] *nm* nursery school, kindergarten.

pasa ['pasa] *nf* raisin; **~ de Corinto/de Esmirna** currant/sultana.

pasada [pa'saða] *af, nf ver* **pasado**.

pasadizo [pasa'ðiθo] *nm* (*pasillo*) passage, corridor; (*callejuela*) alley.

pasado, a [pa'saðo, a] *a* past; (*malo: comida, fruta*) bad; (*muy cocido*) overdone; (*anticuado*) out of date // *nm* past // *nf* passing, passage; **~ mañana** the day after tomorrow; **el mes ~** last month; **de pasada** in passing, incidentally; **una mala pasada** a dirty trick.

pasador [pasa'ðor] *nm* (*gen*) bolt; (*de pelo*) hair slide; (*horquilla*) grip.

pasaje [pa'saxe] *nm* passage; (*pago de viaje*) fare; (*los pasajeros*) passengers *pl*; (*pasillo*) passageway.

pasajero, a [pasa'xero, a] *a* passing // *nm/f* passenger.

pasamanos [pasa'manos] *nm inv* (*hand*)rail; (*de escalera*) banisters *pl*.

pasamontañas [pasamon'taɲas] *nm inv* balaclava helmet.

pasaporte [pasa'porte] *nm* passport.

pasar [pa'sar] *vt* to pass; (*tiempo*) to spend; (*desgracias*) to suffer, endure; (*noticia*) to give, pass on; (*río*) to cross; (*barrera*) to pass through; (*falta*) to overlook, tolerate; (*contrincante*) to surpass, do better than; (*coche*) to overtake; (*CINE*) to show; (*enfermedad*) to give, infect with // *vi* (*gen*) to pass; (*terminarse*) to be over; (*ocurrir*) to happen; **~se** *vr* (*flores*) to fade; (*comida*) to go bad o off; (*fig*) to overdo it, go too far; **~ de** to go beyond, exceed; **~ por** (*AM*) to fetch; **~lo bien/mal** to have a good/bad time; **¡pase!** come in!; **~se al enemigo** to go over to the enemy; **se me pasó** I forgot; **no se le pasa nada** he misses nothing; **pase lo que pase** come what may.

pasarela [pasa'rela] *nf* footbridge; (*en barco*) gangway.

pasatiempo [pasa'tjempo] *nm* pastime, hobby.

Pascua ['paskwa] *nf*: **~ (de Resurrección)** Easter; **~ de Navidad** Christmas; **~s** *nfpl* Christmas (time); **¡felices ~s!** Merry Christmas!

pase ['pase] *nm* pass; (*CINE*) performance, showing.

pasear [pase'ar] *vt* to take for a walk; (*exhibir*) to parade, show off // *vi*, **~se** *vr* to walk, go for a walk; **~ en coche** to go for a drive; **paseo** *nm* (*avenida*) avenue; (*distancia corta*) walk, stroll; **dar un o ir de paseo** to go for a walk.

pasillo [pa'siʎo] *nm* passage, corridor.

pasión [pa'sjon] *nf* passion.

pasivo, a [pa'siβo, a] *a* passive; (*inactivo*) inactive // *nm* (*COM*) liabilities *pl*, debts *pl*; (*LING*) passive.

pasmar [pas'mar] *vt* (*asombrar*) to amaze, astonish; **pasmo** *nm* amazement, astonishment; (*resfriado*) chill; (*fig*) wonder, marvel; **pasmoso, a** *a* amazing, astonishing.

paso, a ['paso, a] *a* dried // *nm* step; (*modo de andar*) walk; (*huella*) footprint; (*rapidez*) speed, pace, rate; (*camino accesible*) way through, passage; (*cruce*) crossing; (*pasaje*) passing, passage; (*GEO*) pass; (*estrecho*) strait; ~ **de peatones** pedestrian crossing; **a ese** ~ (*fig*) at that rate; **salir al** ~ **de** *o* **a** to waylay; **estar de** ~ to be passing through; ~ **elevado** flyover; **prohibido el** ~ no entry; **ceda el** ~ give way.

pasota [pa'sota] *a, nm/f* (*fam*) ≈ dropout; **ser un** (**tipo**) ~ to be a bit of a dropout; (*ser indiferente*) not to care about anything.

pasta ['pasta] *nf* paste; (*CULIN: masa*) dough; (*: de bizcochos etc*) pastry; (*fam*) dough; ~**s** *nfpl* (*bizcochos*) pastries, small cakes; (*fideos, espaguetis etc*) pasta; ~ **de dientes** *o* **dentífrica** toothpaste.

pastar [pas'tar] *vt, vi* to graze.

pastel [pas'tel] *nm* (*dulce*) cake; ~ **de carne** meat pie; (*ARTE*) pastel; ~**ería** *nf* cake shop.

pasteurizado, a [pasteuri'θaðo, a] *a* pasteurized.

pastilla [pas'tiʎa] *nf* (*de jabón, chocolate*) bar; (*píldora*) tablet, pill.

pasto ['pasto] *nm* (*hierba*) grass; (*lugar*) pasture, field.

pastor, a [pas'tor, a] *nm/f* shepherd/ess // *nm* (*REL*) clergyman, pastor.

pata ['pata] *nf* (*pierna*) leg; (*pie*) foot; (*de muebles*) leg; ~**s arriba** upside down; **meter la** ~ to put one's foot in it; (*TEC*): ~ **de cabra** crowbar; **tener buena/mala** ~ to be lucky/unlucky; ~**da** *nf* kick; (*en el suelo*) stamp.

patalear [patale'ar] *vi* (*en el suelo*) to stamp one's feet.

patata [pa'tata] *nf* potato; ~**s fritas** *o* **a la española** chips, French fries; ~**s fritas** (*de bolsa*) crisps.

paté [pa'te] *nm* pâté.

patear [pate'ar] *vt* (*pisar*) to stamp on, trample (on); (*pegar con el pie*) to kick // *vi* to stamp (with rage), stamp one's feet.

patente [pa'tente] *a* obvious, evident; (*COM*) patent // *nf* patent.

paternal [pater'nal] *a* fatherly, paternal; **paterno, a** *a* paternal.

patético, a [pa'tetiko, a] *a* pathetic,

moving.

patillas [pa'tiʎas] *nfpl* sideburns.

patín [pa'tin] *nm* skate; (*de trineo*) runner; **patinaje** *nm* skating; **patinar** *vi* to skate; (*resbalarse*) to skid, slip; (*fam*) to slip up, blunder.

patio ['patjo] *nm* (*de casa*) patio, courtyard; ~ **de recreo** playground.

pato ['pato] *nm* duck; **pagar el** ~ (*fam*) to take the blame, carry the can.

patológico, a [pato'loxiko, a] *a* pathological.

patoso, a [pa'toso, a] *a* (*fam*) clumsy.

patraña [pa'traɲa] *nf* story, fib.

patria ['patrja] *nf* native land, mother country.

patrimonio [patri'monjo] *nm* inheritance; (*fig*) heritage.

patriota [pa'trjota] *nm/f* patriot; **patriotismo** *nm* patriotism.

patrocinar [patroθi'nar] *vt* to sponsor; (*apoyar*) to back, support; **patrocinio** *nm* sponsorship; backing, support.

patrón, ona [pa'tron, ona] *nm/f* (*jefe*) boss, chief, master/mistress; (*propietario*) landlord/lady; (*REL*) patron saint // *nm* (*TEC, COSTURA*) pattern.

patronal [patro'nal] *a*: **la clase** ~ management.

patronato [patro'nato] *nm* sponsorship; (*acto*) patronage; (*fundación benéfica*) trust, foundation.

patrulla [pa'truʎa] *nf* patrol.

pausa ['pausa] *nf* pause, break.

pausado, a [pau'saðo, a] *a* slow, deliberate.

pauta ['pauta] *nf* line, guide line.

pavimento [paβi'mento] *nm* (*con losas*) pavement, paving.

pavo ['paβo] *nm* turkey; ~ **real** peacock.

pavor [pa'βor] *nm* dread, terror.

payaso, a [pa'jaso, a] *nm/f* clown.

payo, a ['pajo] *nm/f* (*para gitanos*) non-gipsy.

paz [paθ] *nf* peace; (*tranquilidad*) peacefulness, tranquillity; **hacer las paces** to make peace; (*fig*) to make up; **La P~** *n* (*GEO*) La Paz.

PC *abr* = *Partido Comunista*.

P.D. *abr* (= *posdata*) PS, ps.

peaje [pe'axe] *nm* toll.

peatón [pea'ton] *nm* pedestrian.

peca ['peka] *nf* freckle.

pecado [pe'kaðo] *nm* sin; **pecador, a** *a* sinful // *nm/f* sinner.

pecaminoso, a [pekami'noso, a] *a* sinful.

pecar [pe'kar] *vi* (*REL*) to sin; (*fig*): **peca de generoso** is generous to a fault.

peculiar [peku'ljar] *a* special, peculiar; (*característico*) typical, characteristic; ~**idad** *nf* peculiarity; special feature, characteristic.

pecho ['petʃo] *nm* (*ANAT*) chest; (*de mujer*) breast(s) (*pl*), bosom; (*fig: co-*

razón) heart, breast; (: *valor*) courage, spirit; **dar el ~ a** to breast-feed; **tomar algo a ~** to take sth to heart.

pechuga [pe'tʃuɣa] *nf* breast.

pedal [pe'ðal] *nm* pedal; **~ear** *vi* to pedal.

pédalo [pe'ðalo] *nm* pedal boat.

pedante [pe'ðante] *a* pedantic // *nm/f* pedant; **~ría** *nf* pedantry.

pedazo [pe'ðaθo] *nm* piece, bit; **hacerse ~s** (*romperse*) to smash, shatter.

pedernal [peðer'nal] *nm* flint.

pediatra [pe'ðjatra] *nm/f* paediatrician.

pedicuro, a [peði'kuro, a] *nm/f* chiropodist.

pedido [pe'ðiðo] *nm* (*COM*: *mandado*) order; (*petición*) request.

pedir [pe'ðir] *vt* to ask for, request; (*comida*, *COM*: *mandar*) to order; (*exigir*: *precio*) to ask; (*necesitar*) to need, demand, require // *vi* to ask; **me pidió que cerrara la puerta** he asked me to shut the door; **¿cuánto piden por el coche?** how much are they asking for the car?

pegadizo, a [peɣa'ðiθo, a] *a* (*MUS*) catchy.

pegajoso, a [peɣa'xoso, a] *a* sticky, adhesive.

pegamento [peɣa'mento] *nm* gum, glue.

pegar [pe'ɣar] *vt* (*papel*, *sellos*) to stick (on); (*cartel*) to stick up (on); (*coser*) to sew (on); (*unir*: *partes*) to join, fix together; (*MED*) to give, infect with; (*dar*: *golpe*) to give, deal // *vi* (*adherirse*) to stick, adhere; (*ir juntos*: *colores*) to match, go together; (*golpear*) to hit; (*quemar*: *el sol*) to strike hot, burn (*fig*); **~se** *vr* (*gen*) to stick; (*dos personas*) to hit each other, fight; (*fam*): **~ un grito** to let out a yell; **~ un salto** to jump (with fright); **~ en** to touch; **~se un tiro** to shoot o.s.

pegatina [peɣa'tina] *nf* sticker.

peinado [pei'naðo] *nm* (*en peluquería*) hairdo; (*estilo*) hair style.

peinar [pei'nar] *vt* to comb; (*hacer estilo*) to style; **~se** *vr* to comb one's hair.

peine ['peine] *nm* comb; **~ta** *nf* ornamental comb.

p.ej. *abr* (= *por ejemplo*) eg.

Pekín [pe'kin] *n* Pekin(g).

pelado, a [pe'laðo, a] *a* (*fruta*, *patata etc*) peeled; (*cabeza*) shorn; (*campo*, *fig*) bare; (*fam*: *sin dinero*) broke.

pelaje [pe'laxe] *nm* (*ZOOL*) fur, coat; (*fig*) appearance.

pelambre [pe'lambre] *nm* (*pelo largo*) long hair, mop.

pelar [pe'lar] *vt* (*fruta*, *patatas etc*) to peel; (*cortar el pelo a*) to cut the hair of; (*quitar la piel*: *animal*) to skin; **~se** *vr* (*la piel*) to peel off; **voy a ~me** I'm going to get my hair cut.

peldaño [pel'daɲo] *nm* step.

pelea [pe'lea] *nf* (*lucha*) fight; (*discusión*) quarrel, row.

peleado, a [pele'aðo, a] *a*: **estar ~** (**con uno**) to have fallen out (with sb).

pelear [pele'ar] *vi* to fight; **~se** *vr* to fight; (*reñirse*) to fall out, quarrel.

peletería [pelete'ria] *nf* furrier's, fur shop.

pelícano [pe'likano] *nm* pelican.

película [pe'likula] *nf* film; (*cobertura ligera*) thin covering; (*FOTO*: *rollo*) roll o reel of film.

peligro [pe'liɣro] *nm* danger; (*riesgo*) risk; **correr ~ de** to run the risk of; **~so, a** *a* dangerous; risky.

pelirrojo, a [peli'rroxo, a] *a* a red-haired, red-headed // *nm/f* redhead.

pelma ['pelma] *nm/f*, **pelmazo** [pel'maθo] *nm* (*fam*) pain (in the neck).

pelo ['pelo] *nm* (*cabellos*) hair; (*de barba*, *bigote*) whisker; (*de animal*: *pellejo*) hair, fur, coat; **al ~** just right; **venir al ~** to be exactly what one needs; **un hombre de ~ en pecho** a brave man; **por los ~s** by the skin of one's teeth; **no tener ~s en la lengua** to be outspoken, not mince words; **tomar el ~ a uno** to pull sb's leg.

pelón, ona [pe'lon, ona] *a* hairless, bald.

pelota [pe'lota] *nf* ball; (*fam*: *cabeza*) nut; **en ~** stark naked; **hacer la ~** (**a uno**) (*fam*) to creep (to sb); **~ vasca** pelota.

pelotari [pelo'tari] *nm* pelota player.

pelotón [pelo'ton] *nm* (*MIL*) squad, detachment.

peluca [pe'luka] *nf* wig.

peluche [pe'lutʃe] *nm*: **oso/muñeco de ~** teddy bear/soft toy.

peludo, a [pe'luðo, a] *a* hairy, shaggy.

peluquería [peluke'ria] *nf* hairdresser's; (*para hombres*) barber's (shop); **peluquero, a** *nm/f* hairdresser; barber.

pelusa [pe'lusa] *nf* (*BOT*) down; (*COSTURA*) fluff.

pellejo [pe'ʎexo] *nm* (*de animal*) skin, hide.

pellizcar [peʎiθ'kar] *vt* to pinch, nip.

pena ['pena] *nf* (*congoja*) grief, sadness; (*remordimiento*) regret; (*dificultad*) trouble; (*dolor*) pain; (*JUR*) sentence; **merecer o valer la ~** to be worthwhile; **a duras ~s** with great difficulty; **~ de muerte** death penalty; **~ pecuniaria** fine; **¡qué ~!** what a shame!

penal [pe'nal] *a* penal // *nm* (*cárcel*) prison.

penalidad [penali'ðað] *nf* (*problema*, *dificultad*) trouble, hardship; (*JUR*) penalty, punishment.

penalti, penalty [pe'nalti] (*pl* **penaltis**, **penalty(e)s**, **penalties**) *nm* penalty (kick).

penar [pe'nar] *vt* to penalize; (*castigar*) to punish // *vi* to suffer.

pendiente [pen'djente] *a* pending, unsettled // *nm* earring // *nf* hill, slope.

pene ['pene] *nm* penis.

penetración [penetra'θjon] *nf* (*acto*) penetration; (*agudeza*) sharpness, insight.

penetrante [pene'trante] *a* (*herida*) deep; (*persona, arma*) sharp; (*sonido*) penetrating, piercing; (*mirada*) searching; (*viento, ironía*) biting.

penetrar [pene'trar] *vt* to penetrate, pierce; (*entender*) to grasp // *vi* to penetrate, go in; (*entrar*) to enter, go in; (*líquido*) to soak in; (*fig*) to pierce.

penicilina [peniθi'lina] *nf* penicillin.

península [pe'ninsula] *nf* peninsula; **peninsular** *a* peninsular.

penique [pe'nike] *nm* penny.

penitencia [peni'tenθja] *nf* (*remordimiento*) penitence; (*castigo*) penance; **~ría** *nf* prison, penitentiary.

penoso, a [pe'noso, a] *a* (*difícil*) arduous, difficult.

pensador, a [pensa'ðor, a] *nm/f* thinker.

pensamiento [pensa'mjento] *nm* thought; (*mente*) mind; (*idea*) idea.

pensar [pen'sar] *vt* to think; (*considerar*) to think over, think out; (*proponerse*) to intend, plan; (*imaginarse*) to think up, invent // *vi* to think; **~ en** to aim at, aspire to; **pensativo, a** *a* thoughtful, pensive.

pensión [pen'sjon] *nf* (*casa*) boarding o guest house; (*dinero*) pension; (*cama y comida*) board and lodging; **~ completa** full board; **pensionista** *nm/f* (*jubilado*) (old-age) pensioner; (*huésped*) lodger.

penúltimo, a [pe'nultimo, a] *a* penultimate, last but one.

penumbra [pe'numbra] *nf* half-light.

penuria [pe'nurja] *nf* shortage, want.

peña ['peɲa] *nf* (*roca*) rock; (*cuesta*) cliff, crag; (*grupo*) group, circle; (*AM: club*) folk club.

peñasco [pe'ɲasko] *nm* large rock, boulder.

peñón [pe'ɲon] *nm* wall of rock; **el P~** the Rock (of Gibraltar).

peón [pe'on] *nm* labourer; (*AM*) farm labourer, farmhand; (*AJEDREZ*) pawn.

peonza [pe'onθa] *nf* spinning top.

peor [pe'or] *a* (*comparativo*) worse; (*superlativo*) worst // *ad* worse; worst; **de mal en ~** from bad to worse.

pepinillo [pepi'niʎo] *nm* gherkin.

pepino [pe'pino] *nm* cucumber; (**no**) **me importa un ~** I don't care one bit.

pepita [pe'pita] *nf* (*BOT*) pip; (*MINERÍA*) nugget.

pequeñez [peke'ɲeθ] *nf* smallness, littleness; (*trivialidad*) trifle, triviality.

pequeño, a [pe'keɲo, a] *a* small, little.

pera ['pera] *nf* pear; **peral** *nm* pear tree.

percance [per'kanθe] *nm* setback, misfortune.

percatarse [perka'tarse] *vr*: **~ de** to notice, take note of.

percepción [perθep'θjon] *nf* (*vista*) perception; (*idea*) notion, idea.

perceptible [perθep'tiβle] *a* perceptible, noticeable; (*COM*) payable, receivable.

percibir [perθi'βir] *vt* to perceive, notice; (*COM*) to earn, get.

percusión [perku'sjon] *nf* percussion.

percha ['pertʃa] *nf* (*ganchos*) coat hooks *pl*; (*colgador*) coat hanger; (*de ave*) perch.

perdedor, a [perðe'ðor, a] *a* losing // *nm/f* loser.

perder [per'ðer] *vt* to lose; (*tiempo, palabras*) to waste; (*oportunidad*) to lose, miss; (*tren*) to miss // *vi* to lose; **~se** *vr* (*extraviarse*) to get lost; (*desaparecer*) to disappear, be lost to view; (*arruinarse*) to be ruined; **echar a ~** (*comida*) to spoil, ruin; (*oportunidad*) to waste.

perdición [perði'θjon] *nf* perdition, ruin.

pérdida ['perðiða] *nf* loss; (*de tiempo*) waste; **~s** *nfpl* (*COM*) losses.

perdido, a [per'ðiðo, a] *a* lost.

perdiz [per'ðiθ] *nf* partridge.

perdón [per'ðon] *nm* (*disculpa*) pardon, forgiveness; (*clemencia*) mercy; **¡~!** sorry!, I beg your pardon!; **perdonar** *vt* to pardon, forgive; (*la vida*) to spare; (*excusar*) to exempt, excuse; **¡perdone (usted)!** sorry!, I beg your pardon!

perdurable [perðu'raβle] *a* lasting; (*eterno*) everlasting.

perdurar [perðu'rar] *vi* (*resistir*) to last, endure; (*seguir existiendo*) to stand, still exist.

perecedero, a [pereθe'ðero, a] *a* (*COM etc*) perishable.

perecer [pere'θer] *vi* (*morir*) to perish, die; (*objeto*) to shatter.

peregrinación [perexrina'θjon] *nf* (*REL*) pilgrimage.

peregrino, a [pere'xrino, a] *a* (*idea*) strange, absurd // *nm/f* pilgrim.

perejil [pere'xil] *nm* parsley.

perenne [pe'renne] *a* everlasting, perennial.

perentorio, a [peren'torjo, a] *a* (*urgente*) urgent, peremptory; (*fijo*) set, fixed.

pereza [pe'reθa] *nf* laziness, idleness; **perezoso, a** *a* lazy, idle.

perfección [perfek'θjon] *nf* perfection; **perfeccionar** *vt* to perfect; (*mejorar*) to improve; (*acabar*) to complete, finish.

perfectamente [perfecta'mente] *ad* perfectly.

perfecto, a [per'fekto, a] *a* perfect; (*terminado*) complete, finished.

perfidia [per'fiðja] *nf* perfidy, treachery.

perfil [per'fil] *nm* profile; (*contorno*) silhouette, outline; (*ARQ*) (cross) section; **~es** *nmpl* features; (*fig*) social graces; ~**ado, a** a (*bien formado*) well-shaped; (*largo: cara*) long; ~**ar** vt (*trazar*) to outline; (*fig*) to shape, give character to.

perforación [perfora'θjon] nf perforation; (*con taladro*) drilling; **perforadora** nf punch.

perforar [perfo'rar] vt to perforate; (*agujero*) to drill, bore; (*papel*) to punch a hole in // vi to drill, bore.

perfume [per'fume] nm perfume, scent.

pericia [pe'riθja] nf skill, expertise.

periferia [peri'ferja] nf periphery; (*de ciudad*) outskirts pl.

periférico [peri'feriko] nm (*AM*) ring road (*Brit*), beltway (*US*).

perímetro [pe'rimetro] nm perimeter.

periódico, a [pe'rjoðiko, a] a periodic(al) // nm newspaper.

periodismo [perjo'ðismo] nm journalism; **periodista** nm/f journalist.

período [pe'rjoðo], **período** [pe'rioðo] nm period.

periquito [peri'kito] nm budgerigar, budgie.

perito, a [pe'rito, a] a (*experto*) expert; (*diestro*) skilled, skilful // nm/f expert; skilled worker; (*técnico*) technician.

perjudicar [perxuði'kar] vt (*gen*) to damage, harm; **perjudicial** a damaging, harmful; (*en detrimento*) detrimental; **perjuicio** nm damage, harm.

perjurar [perxu'rar] vi to commit perjury.

perla ['perla] nf pearl; me viene de ~ it suits me fine.

permanecer [permane'θer] vi (*quedarse*) to stay, remain; (*seguir*) to continue to be.

permanencia [perma'nenθja] nf permanence; (*estancia*) stay.

permanente [perma'nente] a permanent, constant // nf perm.

permisible [permi'siβle] a permissible, allowable.

permiso [per'miso] nm permission; (*licencia*) permit, licence; **con ~** excuse me; **estar de ~** (*MIL*) to be on leave; **~ de conducir** driving licence (*Brit*), driver's license (*US*).

permitir [permi'tir] vt to permit, allow.

pernera [per'nera] nf trouser leg.

pernicioso, a [perni'θjoso, a] a (*maligno, MED*) pernicious; (*persona*) wicked.

pernio ['pernjo] nm hinge.

perno ['perno] nm bolt.

pero ['pero] conj but; (*aún*) yet // nm (*defecto*) flaw, defect; (*reparo*) objection.

perol [pe'rol] nm, **perola** [pe'rola] nf (large metal) pan.

perpendicular [perpendiku'lar] a perpendicular.

perpetrar [perpe'trar] vt to perpetrate.

perpetuar [perpe'twar] vt to perpetuate;

perpetuo, a a perpetual.

perplejo, a [per'plexo, a] a perplexed, bewildered.

perra ['perra] nf (*ZOOL*) bitch; (*fam: dinero*) money; **estar sin una ~** to be flat broke.

perrera [pe'rrera] nf kennel.

perro ['perro] nm dog.

persa ['persa] a, nm/f Persian.

persecución [perseku'θjon] nf pursuit, chase; (*REL, POL*) persecution.

perseguir [perse'ɣir] vt to pursue, hunt; (*cortejar*) to chase after; (*molestar*) to pester, annoy; (*REL, POL*) to persecute.

perseverante [perseβe'rante] a persevering, persistent.

perseverar [perseβe'rar] vi to persevere, persist; ~ **en** to persevere in, persist with.

persiana [per'sjana] nf (Venetian) blind.

persignarse [persiɣ'narse] vr to cross o.s.

persistente [persis'tente] a persistent.

persistir [persis'tir] vi to persist.

persona [per'sona] nf person; ~ **mayor** elderly person; **10 ~s** 10 people.

personaje [perso'naxe] nm important person, celebrity; (*TEATRO etc*) character.

personal [perso'nal] a (*particular*) personal; (*para una persona*) single, for one person // nm personnel, staff; ~**idad** nf personality.

personarse [perso'narse] vr to appear in person.

personificar [personifi'kar] vt to personify.

perspectiva [perspek'tiβa] nf perspective; (*vista, panorama*) view, panorama; (*posibilidad futura*) outlook, prospect.

perspicacia [perspi'kaθja] nf (*fig*) discernment, perspicacity.

perspicaz [perspi'kaθ] a shrewd.

persuadir [perswa'ðir] vt (*gen*) to persuade; (*convencer*) to convince; ~**se** vr to become convinced; **persuasión** nf persuasion; **persuasivo, a** a persuasive; convincing.

pertenecer [pertene'θer] vi to belong; (*fig*) to concern; **pertenencia** nf ownership; **pertenencias** nfpl possessions, property sg; **perteneciente** a: **perteneciente a belonging to.**

pertenezca etc vb ver **pertenecer.**

pértiga ['pertiɣa] nf: **salto de ~** pole vault.

pertinaz [perti'naθ] a (*persistente*) persistent; (*terco*) obstinate.

pertinente [perti'nente] a relevant, pertinent; (*apropiado*) appropriate; ~ **a** concerning, relevant to.

perturbación [perturβa'θjon] nf (*POL*) disturbance; (*MED*) upset, disturbance.

perturbado, a [pertur'βaðo, a] a mentally unbalanced.

perturbador, a [perturßa'ðor, a] *a* perturbing, disturbing; (*subversivo*) subversive.

perturbar [pertur'ßar] *vt* (*el orden*) to disturb; (*MED*) to upset, disturb; (*mentalmente*) to perturb.

Perú [pe'ru] *nm*: el ~ Peru; **peruano, a** *a, nm/f* Peruvian.

perversión [perßer'sjon] *nf* perversion; **perverso, a** *a* perverse; (*depravado*) depraved.

pervertido, a [perßer'tiðo, a] *a* perverted // *nm/f* pervert.

pervertir [perßer'tir] *vt* to pervert, corrupt.

pesa ['pesa] *nf* weight; (*DEPORTE*) shot.

pesadez [pesa'ðeθ] *nf* (*peso*) heaviness; (*lentitud*) slowness; (*aburrimiento*) tediousness.

pesadilla [pesa'ðiʎa] *nf* nightmare, bad dream.

pesado, a [pe'saðo, a] *a* heavy; (*lento*) slow; (*difícil*, *duro*) tough, hard; (*aburrido*) boring, tedious; (*tiempo*) sultry.

pesadumbre [pesa'ðumbre] *nf* grief, sorrow.

pésame ['pesame] *nm* expression of condolence, message of sympathy; **dar el ~** to express one's condolences.

pesar [pe'sar] *vt* to weigh // *vi* to weigh; (*ser pesado*) to weigh a lot, be heavy; (*fig: opinión*) to carry weight; **no pesa mucho** it doesn't weigh much // *nm* (*arrepentimiento*) regret; (*pena*) grief, sorrow; **a ~ de o pese a (que)** in spite of, despite.

pesario [pe'sarjo] *nm* pessary.

pesca ['peska] *nf* (*acto*) fishing; (*lo pescado*) catch; **ir de ~** to go fishing.

pescadería [peskaðe'ria] *nf* fish shop, fishmonger's (*Brit*).

pescado [pes'kaðo] *nm* fish.

pescador, a [peska'ðor, a] *nm/f* fisherman/woman.

pescar [pes'kar] *vt* (*tomar*) to catch; (*intentar tomar*) to fish for; (*conseguir: trabajo*) to manage to get // *vi* to fish, go fishing.

pescuezo [pes'kweθo] *nm* (*ZOOL*) neck.

pesebre [pe'seßre] *nm* manger.

peseta [pe'seta] *nf* peseta.

pesimista [pesi'mista] *a* pessimistic // *nm/f* pessimist.

pésimo, a ['pesimo, a] *a* awful, dreadful.

peso ['peso] *nm* weight; (*balanza*) scales *pl*; (*moneda*) peso; ~ **bruto/neto** gross/net weight; **vender a ~** to sell by weight.

pesquero, a [pes'kero, a] *a* fishing *cpd*.

pesquisa [pes'kisa] *nf* inquiry, investigation.

pestaña [pes'tana] *nf* (*ANAT*) eyelash; (*borde*) rim; **pestañear** *vi* to blink.

peste ['peste] *nf* plague; (*mal olor*) stink, stench.

pesticida [pesti'θiða] *nm* pesticide.

pestilencia [pesti'lenθja] *nf* (*mal olor*) stink, stench.

pestillo [pes'tiʎo] *nm* (*cerrojo*) bolt; (*picaporte*) doorhandle.

petaca [pe'taka] *nf* (*AM*) suitcase.

pétalo ['petalo] *nm* petal.

petardo [pe'tardo] *nm* firework, firecracker.

petición [peti'θjon] *nf* (*pedido*) request, plea; (*memorial*) petition; (*JUR*) plea.

petrificar [petrifi'kar] *vt* to petrify.

petróleo [pe'troleo] *nm* oil, petroleum; **petrolero, a** *a* petroleum *cpd* // *nm* (*COM: persona*) oil man; (*buque*) (oil) tanker.

peyorativo, a [pejora'tißo, a] *a* pejorative.

pez [peθ] *nm* fish.

pezón [pe'θon] *nm* teat, nipple.

pezuña [pe'θuɲa] *nf* hoof.

piadoso, a [pja'ðoso, a] *a* (*devoto*) pious, devout; (*misericordioso*) kind, merciful.

pianista [pja'nista] *nm/f* pianist.

piano ['pjano] *nm* piano.

piar [pjar] *vi* to cheep.

pibe, a ['piße, a] *nm/f* (*AM*) boy/girl.

picadero [pika'ðero] *nm* riding school.

picadillo [pika'ðiʎo] *nm* mince, minced meat.

picado, a [pi'kaðo, a] *a* pricked, punctured; (*CULIN*) minced, chopped; (*mar*) choppy; (*diente*) bad; (*tabaco*) cut; (*enfadado*) cross.

picador [pika'ðor] *nm* (*TAUR*) picador; (*minero*) faceworker.

picadura [pika'ðura] *nf* (*pinchazo*) puncture; (*de abeja*) sting; (*de mosquito*) bite; (*tabaco picado*) cut tobacco.

picante [pi'kante] *a* hot; (*comentario*) racy, spicy.

picaporte [pika'porte] *nm* (*manija*) doorhandle; (*pestillo*) latch.

picar [pi'kar] *vt* (*aguijerear*, *perforar*) to prick, puncture; (*abeja*) to sting; (*mosquito*, *serpiente*) to bite; (*CULIN*) to mince, chop; (*incitar*) to incite, goad; (*dañar*, *irritar*) to annoy, bother; (*quemar: lengua*) to burn, sting // *vi* (*pez*) to bite, take the bait; (*sol*) to burn, scorch; (*abeja*, *MED*) to sting; (*mosquito*) to bite; ~**se** *vr* (*agriarse*) to turn sour, go off; (*ofenderse*) to take offence.

picardía [pikar'ðia] *nf* villainy; (*astucia*) slyness, craftiness; (*una ~*) dirty trick; (*palabra*) rude/bad word *o* expression.

pícaro, a ['pikaro, a] *a* (*malicioso*) villainous; (*travieso*) mischievous // *nm* (*astuto*) crafty sort; (*sinvergüenza*) rascal, scoundrel.

pico ['piko] *nm* (*de ave*) beak; (*punta*)

sharp point; (*TEC*) pick, pickaxe; (*GEO*) peak, summit; **y ~ and a bit.**

picotear [pikote'ar] *vt* to peck // *vi* to nibble, pick.

picudo, a [pi'kuðo, a] *a* pointed, with a point.

pichón [pi'tʃon] *nm* young pigeon.

pido, pidió *etc vb ver* **pedir.**

pie [pje] (*pl* ~s) *nm* foot; (*fig: motivo*) motive, basis; (: *fundamento*) foothold; **ir a ~** to go on foot, walk; **estar de ~** to be standing (up); **ponerse de ~** to stand up; **de ~s a cabeza** from top to bottom; **al ~ de la letra** (*citar*) literally, verbatim; (*copiar*) exactly, word for word; **en ~ de guerra** on a war footing; **dar ~ a** to give cause for; **hacer ~** (*en el agua*) to touch (the) bottom.

piedad [pje'ðað] *nf* (*lástima*) pity, compassion; (*clemencia*) mercy; (*devoción*) piety, devotion.

piedra ['pjeðra] *nf* stone; (*roca*) rock; (*de mechero*) flint; (*METEOROLOGIA*) hailstone.

piel [pjel] *nf* (*ANAT*) skin; (*ZOOL*) skin, hide, fur; (*cuero*) leather; (*BOT*) skin, peel.

pienso *etc vb ver* **pensar.**

pierdo *etc vb ver* **perder.**

pierna ['pjerna] *nf* leg.

pieza ['pjeθa] *nf* piece; (*habitación*) room; **~ de recambio** *o* **repuesto** spare (part).

pigmeo, a [piɣ'meo, a] *a, nm/f* pigmy.

pijama [pi'xama] *nm* pyjamas *pl*.

pila ['pila] *nf* (*ELEC*) battery; (*montón*) heap, pile; (*lavabo*) sink.

píldora ['pilðora] *nf* pill; **la ~** (*anticonceptiva*) the (contraceptive) pill.

pileta [pi'leta] *nf* basin, bowl; (*AM*) swimming pool.

piloto [pi'loto] *nm* pilot; (*de aparato*) (pilot) light; (*AUTO: luz*) tail *o* rear light; (: *conductor*) driver.

pillaje [pi'ʎaxe] *nm* pillage, plunder.

pillar [pi'ʎar] *vt* (*saquear*) to pillage, plunder; (*fam: coger*) to catch; (: *agarrar*) to grasp, seize; (: *entender*) to grasp, catch on to; **~se** *vr*: **~se un dedo con la puerta** to catch one's finger in the door.

pillo, a ['piʎo, a] *a* villainous; (*astuto*) sly, crafty // *nm/f* rascal, rogue, scoundrel.

pimentón [pimen'ton] *nm* paprika.

pimienta [pi'mjenta] *nf* pepper.

pimiento [pi'mjento] *nm* pepper, pimiento.

pinacoteca [pinako'teka] *nf* art gallery.

pinar [pi'nar] *nm* pine forest (*Brit*), pine grove (*US*).

pincel [pin'θel] *nm* paintbrush.

pinchar [pin'tʃar] *vt* (*perforar*) to prick, pierce; (*neumático*) to puncture; (*fig*) to prod.

pinchazo [pin'tʃaθo] *nm* (*perforación*) prick; (*de neumático*) puncture; (*fig*) prod.

pinchito [pin'tʃito] *nm* shish kebab.

pincho ['pintʃo] *nm* (*de savoury* (snack); **~ moruno** shish kebab; **~ de tortilla** small slice of omelette.

ping-pong ['pin'pon] *nm* table tennis.

pingüino [pin'gwino] *nm* penguin.

pino ['pino] *nm* pine (tree).

pinta ['pinta] *nf* spot; (*de líquidos*) spot, drop; (*aspecto*) appearance, look(s) (*pl*); **~do, a** *a* spotted; (*de muchos colores*) colourful.

pintar [pin'tar] *vt* to paint // *vi* to paint; (*fam*) to count, be important; **~se** *vr* to put on make-up.

pintor, a [pin'tor, a] *nm/f* painter.

pintoresco, a [pinto'resko, a] *a* picturesque.

pintura [pin'tura] *nf* painting; **~ a la acuarela** watercolour; **~ al óleo** oil painting.

pinza ['pinθa] *nf* (*ZOOL*) claw; (*para colgar ropa*) clothes peg; (*TEC*) pincers *pl*; **~s** *nfpl* (*para depilar etc*) tweezers *pl*.

piña ['pina] *nf* (*fruto del pino*) pine cone; (*fruta*) pineapple; (*fig*) group.

piñon [pi'pon] *nm* (*fruto*) pine nut; (*TEC*) pinion.

pío, a ['pio, a] *a* (*devoto*) pious, devout; (*misericordioso*) merciful.

piojo ['pjoxo] *nm* louse.

pionero, a [pjo'nero, a] *a* pioneering // *nm/f* pioneer.

pipa ['pipa] *nf* pipe; (*BOT*) (edible) sunflower seed.

pipí [pi'pi] *nm* (*fam*): **hacer ~** to have a wee(-wee) (*Brit*), have to go (wee-wee) (*US*).

pique ['pike] *nm* (*resentimiento*) pique, resentment; (*rivalidad*) rivalry, competition; **irse a ~** to sink; (*esperanza, familia*) to be ruined.

piqueta [pi'keta] *nf* pick(axe).

piquete [pi'kete] *nm* (*agujerito*) small hole; (*MIL*) squad, party; (*de obreros*) picket.

piragua [pi'raɣwa] *nf* canoe; **piragüismo** *nm* canoeing.

pirámide [pi'ramiðe] *nf* pyramid.

pirata [pi'rata] *a, nm* pirate.

Pirineo(s) [piri'neo(s)] *nm(pl)* Pyrenees *pl*.

piropo [pi'ropo] *nm* compliment, (piece of) flattery.

pirueta [pi'rweta] *nf* pirouette.

pisada [pi'saða] *nf* (*paso*) footstep; (*huella*) footprint.

pisar [pi'sar] *vt* (*caminar sobre*) to walk on, tread on; (*apretar con el pie*) to press; (*fig*) to trample on, walk all over // *vi* to tread, step, walk.

piscina [pis'θina] *nf* swimming pool.

Piscis ['pisθis] nm Pisces.

piso ['piso] nm (suelo, planta) floor; (apartamento) flat (Brit), apartment; **primer ~** (Esp) first floor; (AM) ground floor.

pisotear [pisote'ar] vt to trample (on o underfoot).

pista ['pista] nf track, trail; (indicio) clue; **~ de aterrizaje** runway; **~ de baile** dance floor; **~ de tenis** tennis court; **~ de hielo** ice rink.

pistola [pis'tola] nf pistol; (TEC) spraygun; **pistolero, a** nm/f gunman/woman, gangster // nf holster.

pistón [pis'ton] nm (TEC) piston; (MUS) key.

pitar [pi'tar] vt (silbato) to blow; (rechiflar) to whistle at, boo // vi to whistle; (AUTO) to sound o toot one's horn; (AM) to smoke.

pitillo [pi'tiʎo] nm cigarette.

pito ['pito] nm whistle; (de coche) horn.

pitón [pi'ton] nm (ZOOL) python.

pitonisa [pito'nisa] nf fortune-teller.

pitorreo [pito'rreo] nm joke; **estar de ~** to be joking.

pizarra [pi'θarra] nf (piedra) slate; (encerado) blackboard.

pizca ['piθka] nf pinch, spot; (fig) spot, speck; **ni ~** not a bit.

placa ['plaka] nf plate; (distintivo) badge, insignia; **~ de matrícula** number plate.

placentero, a [plaθen'tero, a] a pleasant, agreeable.

placer [pla'θer] nm pleasure // vt to please.

plácido, a ['plaθiðo, a] a placid.

plaga ['plaɣa] nf pest; (MED) plague; (abundancia) abundance; **plagar** vt to infest, plague; (llenar) to fill.

plagio ['plaxjo] nm plagiarism.

plan [plan] nm (esquema, proyecto) plan; (idea, intento) idea, intention; **tener ~** (fam) to have a date; **tener un ~** (fam) to have an affair; **en ~ económico** (fam) on the cheap; **vamos en ~ de turismo** we're going as tourists; **si te pones en ese ~...** if that's your attitude... .

plana ['plana] nf ver **plano**.

plancha ['plantʃa] nf (para planchar) iron; (rótulo) plate, sheet; (NAUT) gangway; **a la ~** grilled; **~do** nm ironing; **planchar** vt, vi to iron.

planeador [planea'ðor] nm glider.

planear [plane'ar] vt to plan // vi to glide.

planeta [pla'neta] nm planet.

planicie [pla'niθje] nf plain.

planificación [planifika'θjon] nf planning; **~ familiar** family planning.

plano, a ['plano, a] a flat, level, even // nm (MAT, TEC, AVIAT) plane; (FOTO) shot; (ARQ) plan; (GEO) map; (de ciudad) map, street plan // nf sheet (of paper), page; (TEC) trowel; **primer ~**

close-up; **caer de ~** to fall flat; en **primera plana** on the front page; **plana mayor** staff.

planta ['planta] nf (BOT, TEC) plant; (ANAT) sole of the foot, foot; (piso) floor; (AM: personal) staff; **~ baja** ground floor.

plantación [planta'θjon] nf (AGR) plantation; (acto) planting.

plantar [plan'tar] vt (BOT) to plant; (levantar) to erect, set up; **~se** vr to stand firm; **~ a uno en la calle** to throw sb out; **dejar plantado a uno** (fam) to stand sb up.

plantear [plante'ar] vt (problema) to pose; (dificultad) to raise.

plantilla [plan'tiʎa] nf (de zapato) insole; (personal) personnel; **ser de ~** to be on the staff.

plantón [plan'ton] nm (MIL) guard, sentry; (fam) long wait; **dar (un) ~ a uno** to stand sb up.

plañir [pla'ɲir] vi to mourn.

plasmar [plas'mar] vt (dar forma) to mould, shape; (representar) to represent // vi: **~ en** to take the form of.

Plasticina ® [plasti'θina] nf Plasticine ®.

plástico, a ['plastiko, a] a plastic // nm plastic // nf (art of) sculpture, modelling.

Plastilina ® [plasti'lina] nf (AM) Plasticine ®.

plata ['plata] nf (metal) silver; (cosas hechas de ~) silverware; (AM) cash, dough; **hablar en ~** to speak bluntly o frankly.

plataforma [plata'forma] nf platform; **~ de lanzamiento/perforación** launch(ing) pad/drilling rig.

plátano ['platano] nm (fruta) banana; (árbol) banana tree.

platea [pla'tea] nf (TEATRO) pit.

plateado, a [plate'aðo, a] a silver; (TEC) silver-plated.

plática ['platika] nf talk, chat; **platicar** vi to talk, chat.

platillo [pla'tiʎo] nm saucer; **~s** nmpl cymbals; **~ volador** o **volante** flying saucer.

platino [pla'tino] nm platinum; **~s** nmpl (AUTO) contact points.

plato ['plato] nm plate, dish; (parte de comida) course; (comida) dish; **primer ~** first course.

playa ['plaʝa] nf beach; (costa) seaside; **~ de estacionamiento** (AM) car park.

playera [pla'ʝera] nf (AM: camiseta) T-shirt; **~s** nfpl (slip-on) canvas shoes.

plaza ['plaθa] nf square; (mercado) market(place); (sitio) room, space; (en vehículo) seat, place; (colocación) post, job; **~ de toros** bullring.

plazo ['plaθo] nm (lapso de tiempo) time, period; (fecha de vencimiento) expiry date; (pago parcial) instalment; **a corto/largo ~** short-/long-term; **comprar**

a ~s to buy on hire purchase, pay for in instalments.

plazoleta [plaθo'leta], **plazuela** [pla'θwela] nf small square.

pleamar [plea'mar] nf high tide.

plebe ['pleβe] nf: la ~ the common people pl, the masses pl; (pey) the plebs pl; ~yo, a a plebeian; (pey) coarse, common.

plebiscito [pleβis'θito] nm plebiscite.

plegable [ple'βaβle] a pliable; (silla) folding.

plegar [ple'yar] vt (doblar) to fold, bend; (COSTURA) to pleat; ~se vr to yield, submit.

pleito ['pleito] nm (JUR) lawsuit, case; (fig) dispute, feud.

plenilunio [pleni'lunjo] nm full moon.

plenitud [pleni'tuð] nf plenitude, fullness; (abundancia) abundance.

pleno, a ['pleno, a] a full; (completo) complete // nm plenum; en ~ día in broad daylight; en ~ verano at the height of summer; en plena cara full in the face.

pleuresía [pleure'sia] nf pleurisy.

Plexiglás ® [pleksi'ylas] nm acrylic glass, Plexiglas (US).

pliego etc vb ver **plegar** // ['pljeyo] nm (hoja) sheet (of paper); (carta) sealed letter/document; ~ de condiciones details pl, specifications pl.

pliegue etc vb ver **plegar** // ['pljeye] nm fold, crease; (de vestido) pleat.

plisado [pli'saðo] nm pleating.

plomero [plo'mero] nm (AM) plumber.

plomo ['plomo] nm (metal) lead; (ELEC) fuse.

pluma ['pluma] nf feather; (para escribir) pen.

plumero [plu'mero] nm (quitapolvos) feather duster.

plumón [plu'mon] nm (AM: fino) felt-tip pen; (: ancho) marker.

plural [plu'ral] a plural; ~idad nf plurality; una ~idad de votos a majority of votes.

plus [plus] nm bonus; ~valía nf (COM) appreciation.

plutocracia [pluto'kraθja] nf plutocracy.

población [poβla'θjon] nf population; (pueblo, ciudad) town, city.

poblado, a [po'blaðo, a] a inhabited // nm (aldea) village; (pueblo) (small) town; densamente ~ densely populated.

poblador, a [poβla'ðor, a] nm/f settler, colonist.

poblar [po'βlar] vt (colonizar) to colonize; (fundar) to found; (habitar) to inhabit.

pobre ['poβre] a poor // nm/f poor person; ¡~! poor thing!; ~za nf poverty.

pocilga [po'θilya] nf pigsty.

pocillo [po'siʎo] nm (AM) coffee cup.

poción [po'θjon], **pócima** ['poθima] nf potion.

poco, a ['poko, a] ♦ a 1 (sg) little, not much; ~ tiempo little o not much time; de ~ interés of little interest, not very interesting; poca cosa not much

2 (pl) few, not many; unos ~s a few, some; ~s niños comen lo que les conviene few children eat what they should

♦ ad 1 little, not much; cuesta ~ it doesn't cost much

2 (+ a: = negativo, antónimo): ~ amable/inteligente not very nice/ intelligent

3: por ~ me caigo I almost fell

4: a ~: a ~ de haberse casado shortly after getting married

5: ~ a ~ little by little

♦ nm a little, a bit; un ~ triste/de dinero a little sad/money.

podar [po'ðar] vt to prune.

poder [po'ðer] ♦ vi 1 (capacidad) can, be able to; no puedo hacerlo I can't do it, I'm unable to do it

2 (permiso) can, may, be allowed to; ¿se puede? may I (o we)?; puedes irte ahora you may go now; no se puede fumar en este hospital smoking is not allowed in this hospital

3 (posibilidad) may, might, could; puede llegar mañana he may o might arrive tomorrow; pudiste haberte hecho daño you might o could have hurt yourself; ¡podías habérmelo dicho antes! you might have told me before!

4: puede ser: puede ser perhaps; puede ser que lo sepa Tomás Tomás may o might know

5: ¡no puedo más! I've had enough!; no pude menos que dejarlo I couldn't help but leave it; es tonto a más no ~ he's as stupid as they come

6: ~ con: no puedo con este crío this kid's too much for me

♦ nm power; ~ adquisitivo purchasing power; detentar o ocupar o estar en el ~ to be in power.

podrido, a [po'ðriðo, a] a rotten, bad; (fig) rotten, corrupt.

podrir [po'ðrir] = **pudrir**.

poema [po'ema] nm poem.

poesía [poe'sia] nf poetry.

poeta [po'eta] nm poet; **poético, a** a poetic(al).

poetisa [poe'tisa] nf (woman) poet.

póker ['poker] nm poker.

polaco, a [po'lako, a] a Polish // nm/f Pole.

polar [po'lar] a polar; ~idad nf polarity; ~izarse vr to polarize.

polea [po'lea] nf pulley.

polémica [po'lemika] nf polemics sg; (una ~) controversy, polemic.

polen ['polen] nm pollen.

policía [poli'θia] *nm/f* policeman/woman // *nf* police; **~co, a** *a* police *cpd*; **novela policíaca** detective story; **policial** *a* police *cpd*.

polideportivo [poliðepor'tiβo] *nm* sports centre *o* complex.

polietileno [polieti'leno] *nm* polythene (*Brit*), polyethylene (*US*).

poligamia [poli'ɣamja] *nf* polygamy.

polilla [po'liʎa] *nf* moth.

polio [po'ljo] *nf* polio.

politécnico [poli'tekniko] *nm* polytechnic.

político, a [po'litiko, a] *a* political; (*discreto*) tactful; (*de familia*) -in-law // *nm/f* politician // *nf* politics *sg*; (*económica, agraria etc*) policy; **padre ~** father-in-law; **politicastro** *nm* (*pey*) politician, politico.

póliza ['poliθa] *nf* certificate, voucher; (*impuesto*) tax stamp; **~ de seguros** insurance policy.

polizón [poli'θon] *nm* (*en barco etc*) stowaway.

polo ['polo] *nm* (*GEO, ELEC*) pole; (*helado*) ice lolly; (*DEPORTE*) polo; (*suéter*) polo-neck; **~ Norte/Sur** North/South Pole.

Polonia [po'lonja] *nf* Poland.

poltrona [pol'trona] *nf* easy chair.

polución [polu'θjon] *nf* pollution.

polvera [pol'βera] *nf* powder compact.

polvo ['polβo] *nm* dust; (*QUIMICA, CULIN, MED*) powder; **~s** *nmpl* powder *sg*; **~ de talco** talcum powder; **estar hecho ~** (*fam*) to be worn out *o* exhausted.

pólvora ['polβora] *nf* gunpowder; (*fuegos artificiales*) fireworks *pl*.

polvoriento, a [polβo'rjento, a] *a* (*superficie*) dusty; (*sustancia*) powdery.

pollera [po'ʎera] *nf* (*AM*) skirt.

pollería [poʎe'ria] *nf* poulterer's (shop).

pollo ['poʎo] *nm* chicken.

pomada [po'maða] *nf* (*MED*) cream, ointment.

pomelo [po'melo] *nm* grapefruit.

pómez ['pomeθ] *nf*: **piedra ~** pumice stone.

pompa ['pompa] *nf* (*burbuja*) bubble; (*bomba*) pump; (*esplendor*) pomp, splendour; **pomposo, a** *a* splendid, magnificent; (*pey*) pompous.

pómulo ['pomulo] *nm* cheekbone.

pon [pon] *vb ver* **poner.**

ponche ['pontʃe] *nm* punch.

poncho ['pontʃo] *nm* (*AM*) poncho.

ponderar [ponde'rar] *vt* (*considerar*) to weigh up, consider; (*elogiar*) to praise highly, speak in praise of.

pondré *etc vb ver* **poner.**

poner [po'ner] ♦ *vt* 1 (*colocar*) to put; (*telegrama*) to send; (*obra de teatro*) to put on; (*película*) to show; **ponlo más fuerte** turn it up; **¿qué ponen en el Excelsior?** what's on at the Excelsior?

2 (*tienda*) to open; (*instalar: gas etc*) to put in; (*radio, TV*) to switch *o* turn on

3 (*suponer*): **pongamos que ...** let's suppose that

4 (*contribuir*): **el gobierno ha puesto otro millón** the government has contributed another million

5 (*TELEC*): **póngame con el Sr. López** can you put me through to Mr. López

6: **~ de**: **le han puesto de director general** they've appointed him general manager

7 (+ *a*) to make; **me estás poniendo nerviosa** you're making me nervous

8 (*dar nombre*): **al hijo le pusieron Diego** they called their son Diego

♦ *vi* (*gallina*) to lay

♦ **~se** *vr* 1 (*colocarse*): **se puso a mi lado** he came and stood beside me; **tú pónte en esa silla** you go and sit on that chair

2 (*vestido, cosméticos*) to put on; **¿por qué no te pones el vestido nuevo?** why don't you put on *o* wear your new dress?

3: (+ *a*) to turn; to get, become; **se puso muy serio** he got very serious; **después de lavarla la tela se puso azul** after washing it the material turned blue

4: **~se a**: **se puso a llorar** he started to cry; **tienes que ~te a estudiar** you must get down to studying

5: **~se bien con uno** to make it up with sb; **~se a mal con uno** to get on the wrong side of sb.

pongo *etc vb ver* **poner.**

poniente [po'njente] *nm* (*occidente*) west; (*viento*) west wind.

pontificado [pontifi'kaðo] *nm* papacy, pontificate; **pontífice** *nm* pope, pontiff.

pontón [pon'ton] *nm* pontoon.

ponzoña [pon'θoɲa] *nf* poison, venom.

popa ['popa] *nf* stern.

popular [popu'lar] *a* popular; (*cultura*) of the people, folk *cpd*; **~idad** *nf* popularity; **~izarse** *vr* to become popular.

por [por] ♦ *prep* 1 (*objetivo*) for; **luchar ~ la patria** to fight for one's country

2 (+ *infinitivo*): **~ no llegar tarde** so as not to arrive late; **~ citar unos ejemplos** to give a few examples

3 (*causa*) out of, because of; **~ escasez de fondos** through *o* for lack of funds

4 (*tiempo*): **~ la mañana/noche** in the morning/at night; **se queda ~ una semana** she's staying (for) a week

5 (*lugar*): **pasar ~ Madrid** to pass through Madrid; **ir a Guayaquil ~ Quito** to go to Guayaquil via Quito; **caminar ~ la calle** to walk along the street; *ver tb* **todo**

6 (*cambio, precio*): **te doy uno nuevo ~ el que tienes** I'll give you a new one (in return) for the one you've got

7 (*valor distributivo*): **550 pesetas ~**

hora/cabeza 550 pesetas an *o* per hour/a *o* per head
8 (*modo, medio*) by; ~ **correo/avión** by post/air; **día ~ día** day by day; **entrar ~ la entrada principal** to go in through the main entrance
9: 10 ~ 10 son 100 10 by 10 is 100
10 (*en lugar de*): vino él ~ su jefe he came instead of his boss
11: ~ **mí que revienten** as far as I'm concerned they can drop dead.

porcelana [porθe'lana] *nf* porcelain; (*china*) china.

porcentaje [porθen'taxe] *nm* percentage.

porción [por'θjon] *nf* (*parte*) portion, share; (*cantidad*) quantity, amount.

pordiosero, a [porðjo'sero, a] *nm/f* beggar.

porfía [por'fia] *nf* persistence; (*terquedad*) obstinacy.

porfiado, a [por'fjaðo, a] *a* persistent; obstinate.

porfiar [por'fjar] *vi* to persist, insist; (*disputar*) to argue stubbornly.

pormenor [porme'nor] *nm* detail, particular.

pornografía [pornoɣra'fia] *nf* pornography.

poro ['poro] *nm* pore; ~**so, a** *a* porous.

porque ['porke] *conj* (*a causa de*) because; (*ya que*) since; (*con el fin de*) so that, in order that.

porqué [por'ke] *nm* reason, cause.

porquería [porke'ria] *nf* (*suciedad*) filth, dirt; (*acción*) dirty trick; (*objeto*) small thing, trifle; (*fig*) rubbish.

porra ['porra] *nf* (*arma*) stick, club.

porrón [po'rron] *nm* glass wine jar with a long spout.

portada [por'taða] *nf* (*de revista*) cover.

portador, a [por'taðor, a] *nm/f* carrier, bearer; (*COM*) bearer, payee.

portaequipajes [portaeki'paxes] *nm inv* (*AUTO*: *maletero*) boot; (: *baca*) luggage rack.

portal [por'tal] *nm* (*entrada*) vestibule, hall; (*portada*) porch, doorway; (*puerta de entrada*) main door; (*DEPORTE*) goal.

portaligas [porta'liɣas] *nm inv* suspender belt.

portamaletas [portama'letas] *nm inv* (*AUTO*: *maletero*) boot; (: *baca*) roof rack.

portamonedas [portamo'neðas] *nm inv* purse.

portarse [por'tarse] *vr* to behave, conduct o.s.

portátil [por'tatil] *a* portable.

porta(a)viones [porta'(a)βjones] *nm inv* aircraft carrier.

portavoz [porta'βoθ] *nm/f* (*persona*) spokesman/woman.

portazo [por'taθo] *nm:* **dar un ~** to slam the door.

porte ['porte] *nm* (*COM*) transport; (*pre-*

cio) transport charges *pl*.

portento [por'tento] *nm* marvel, wonder; ~**so, a** *a* marvellous, extraordinary.

porteño, a [por'teɲo, a] *a* of *o* from Buenos Aires.

portería [porte'ria] *nf* (*oficina*) porter's office; (*gol*) goal.

portero, a [por'tero, a] *nm/f* porter; (*conserje*) caretaker; (*ujier*) doorman; (*DEPORTE*) goalkeeper.

pórtico ['portiko] *nm* (*patio*) portico, porch; (*fig*) gateway; (*arcada*) arcade.

portilla [por'tiʎa] *nf*, **portillo** [por'tiʎo] *nm* (*cancela*) gate.

portorriqueño, a [portorri'keɲo, a] *a* Puerto Rican.

Portugal [portu'ɣal] *nm* Portugal; **portugués, esa** *a, nm/f* Portuguese // *nm* (*LING*) Portuguese.

porvenir [porβe'nir] *nm* future.

pos [pos] *prep:* **en ~ de** after, in pursuit of.

posada [po'saða] *nf* (*refugio*) shelter, lodging; (*mesón*) guest house; **dar ~ a** to give shelter to, take in.

posaderas [posa'ðeras] *nfpl* backside *sg*, buttocks.

posar [po'sar] *vt* (*en el suelo*) to lay down, put down; (*la mano*) to place, put gently // *vi* to sit, pose; ~**se** *vr* to settle; (*pájaro*) to perch; (*avión*) to land, come down.

posdata [pos'ðata] *nf* postscript.

pose ['pose] *nf* pose.

poseedor, a [posee'ðor, a] *nm/f* owner, possessor; (*de récord, puesto*) holder.

poseer [pose'er] *vt* to possess, own; (*ventaja*) to enjoy; (*récord, puesto*) to hold; **poseído, a** *a* possessed.

posesión [pose'sjon] *nf* possession; **posesionarse** *vr:* **posesionarse de** to take possession of, take over.

posesivo, a [pose'siβo, a] *a* possessive.

posibilidad [posiβili'ðað] *nf* possibility; (*oportunidad*) chance; **posibilitar** *vt* to make possible; (*hacer realizable*) to make feasible.

posible [po'siβle] *a* possible; (*realizable*) feasible; **de ser ~** if possible; **en lo ~** as far as possible.

posición [posi'θjon] *nf* position; (*rango social*) status.

positivo, a [posi'tiβo, a] *a* positive // *nf* (*FOTO*) print.

poso ['poso] *nm* sediment; (*heces*) dregs *pl*.

posponer [pospo'ner] *vt* to put behind/ below; (*aplazar*) to postpone.

posta ['posta] *nf:* **a ~** *ad* deliberately, on purpose.

postal [pos'tal] *a* postal // *nf* postcard.

poste ['poste] *nm* (*de telégrafos etc*) post, pole; (*columna*) pillar.

póster ['poster] (*pl* **pósteres, pósters**) *nm* poster.

postergar [poster'ɣar] *vt* to postpone, delay.

posteridad [posteri'ðað] *nf* posterity.

posterior [poste'rjor] *a* back, rear; (*siguiente*) following, subsequent; (*más tarde*) later; **~idad** *nf*: **con ~idad** later, subsequently.

postizo, a [pos'tiθo, a] *a* false, artificial // *nm* hairpiece.

postor, a [pos'tor, a] *nm/f* bidder.

postrado, a [pos'traðo, a] *a* prostrate.

postre ['postre] *nm* sweet, dessert.

postrero, a [pos'trero, a] *a* (*delante de nmsg*: **postrer**) (*último*) last; (*que viene detrás*) rear.

postulado [postu'laðo] *nm* postulate.

póstumo, a ['postumo, a] *a* posthumous.

postura [pos'tura] *nf* (*del cuerpo*) posture, position; (*fig*) attitude, position.

potable [po'taßle] *a* drinkable; **agua ~** drinking water.

potaje [po'taxe] *nm* thick vegetable soup.

pote ['pote] *nm* pot, jar.

potencia [po'tenθja] *nf* power.

potencial [poten'θjal] *a, nm* potential.

potenciar [poten'θjar] *vt* to boost.

potente [po'tente] *a* powerful.

potro, a ['potro, a] *nm/f* (*ZOOL*) colt/filly // *nm* (*de gimnasia*) vaulting horse.

pozo [po'θo] *nm* well; (*de río*) deep pool; (*de mina*) shaft.

P.P. *abr* (= *porte pagado*) CP.

p.p. *abr* (= *por poder*) p.p.

práctica ['praktika] *nf* **ver práctico**.

practicable [prakti'kaßle] *a* practicable; (*camino*) passable.

practicante [prakti'kante] *nm/f* (*MED*: *ayudante de doctor*) medical assistant; (: *enfermero*) male nurse; (*quien practica algo*) practitioner // *a* practising.

practicar [prakti'kar] *vt* to practise; (*DEPORTE*) to go in for (*Brit*) *o* out for (*US*), play; (*realizar*) to carry out, perform.

práctico, a ['praktiko, a] *a* practical; (*instruido*: *persona*) skilled, expert // *nf* practice; (*método*) method; (*arte*, *capacidad*) skill; **en la práctica** in practice.

practique *etc vb* **ver practicar**.

pradera [pra'ðera] *nf* meadow; (*US etc*) prairie.

prado ['praðo] *nm* (*campo*) meadow, field; (*pastizal*) pasture.

Praga ['praɣa] *n* Prague.

pragmático, a [praɣ'matiko, a] *a* pragmatic.

preámbulo [pre'ambulo] *nm* preamble, introduction.

precario, a [pre'karjo, a] *a* precarious.

precaución [prekau'θjon] *nf* (*medida preventiva*) preventive measure, precaution; (*prudencia*) caution, wariness.

precaver [preka'ßer] *vt* to guard against;

(*impedir*) to forestall; **~se** *vr*: **~se de** *o* **contra algo** to (be on one's) guard against sth; **precavido, a** *a* cautious, wary.

precedencia [preθe'ðenθja] *nf* precedence; (*prioridad*) priority; (*preeminencia*) greater importance, superiority; **precedente** *a* preceding; (*anterior*) former // *nm* precedent.

preceder [preθe'ðer] *vt, vi* to precede, go before, come before.

precepto [pre'θepto] *nm* precept.

preciado, a [pre'θjaðo, a] *a* (*estimado*) esteemed, valuable.

preciar [pre'θjar] *vt* to esteem, value; **~se** *vr* to boast; **~se de** to pride o.s. on, boast of being.

precinto [pre'θinto] *nm* (*tb*: **~ de garantía**) seal.

precio ['preθjo] *nm* price; (*costo*) cost; (*valor*) value, worth; (*de viaje*) fare; **~ al contado/de coste/de oportunidad** cash/cost/bargain price; **~ al detalle** *o* **al por menor** retail price; **~ tope** top price.

preciosidad [preθjosi'ðað] *nf* (*valor*) (high) value, (great) worth; (*encanto*) charm; (*cosa bonita*) beautiful thing; **es una ~** it's lovely, it's really beautiful.

precioso, a [pre'θjoso, a] *a* precious; (*de mucho valor*) valuable; (*fam*) lovely, beautiful.

precipicio [preθi'piθjo] *nm* cliff, precipice; (*fig*) abyss.

precipitación [preθipita'θjon] *nf* haste; (*lluvia*) rainfall.

precipitado, a [preθipi'taðo, a] *a* (*conducta*) hasty, rash; (*salida*) hasty, sudden.

precipitar [preθipi'tar] *vt* (*arrojar*) to hurl down, throw; (*apresurar*) to hasten; (*acelerar*) to speed up, accelerate; **~se** *vr* to throw o.s.; (*apresurarse*) to rush; (*actuar sin pensar*) to act rashly.

precisamente [preθisa'mente] *ad* precisely; (*exactamente*) precisely, exactly.

precisar [preθi'sar] *vt* (*necesitar*) to need, require; (*fijar*) to determine exactly, fix; (*especificar*) to specify.

precisión [preθi'sjon] *nf* (*exactitud*) precision.

preciso, a [pre'θiso, a] *a* (*exacto*) precise; (*necesario*) necessary, essential.

preconcebido, a [prekonθe'ßiðo, a] *a* preconceived.

precoz [pre'koθ] *a* (*persona*) precocious; (*calvicie etc*) premature.

precursor, a [prekur'sor, a] *nm/f* predecessor, forerunner.

predecir [preðe'θir] *vt* to predict, forecast.

predestinado, a [preðesti'naðo, a] *a* predestined.

predeterminar [preðetermi'nar] *vt* to predetermine.

prédica ['preðika] *nf* sermon.

predicador, a [preðika'ðor, a] *nm/f* preacher.

predicar [preði'kar] *vt, vi* to preach.

predicción [preðik'θjon] *nf* prediction.

predilecto, a [preði'lekto, a] *a* favourite.

predisponer [preðispo'ner] *vt* to predispose; *(pey)* to prejudice; **predisposición** *nf* inclination; prejudice, bias.

predominante [preðomi'nante] *a* predominant.

predominar [preðomi'nar] *vt* to dominate // *vi* to predominate; *(prevalecer)* to prevail; **predominio** *nm* predominance; prevalence.

preescolar [pre(e)sko'lar] *a* preschool.

prefabricado, a [prefaßri'kaðo, a] *a* prefabricated.

prefacio [pre'faθjo] *nm* preface.

preferencia [prefe'renθja] *nf* preference; de ~ preferably, for preference.

preferible [prefe'rißle] *a* preferable.

preferir [prefe'rir] *vt* to prefer.

prefiero *etc vb ver* **preferir**.

prefigurar [prefiɣu'rar] *vt* to foreshadow, prefigure.

pregonar [preɣo'nar] *vt* to proclaim, announce.

pregunta [pre'ɣunta] *nf* question; hacer una ~ to ask o put (forth *(US)*) a question.

preguntar [preɣun'tar] *vt* to ask; *(cuestionar)* to question // *vi* to ask; ~se *vr* to wonder; ~ por alguien to ask for sb.

preguntón, ona [preɣun'ton, ona] *a* inquisitive.

prehistórico, a [preis'toriko, a] *a* prehistoric.

prejuicio [pre'xwiθjo] *nm (acto)* prejudgement; *(idea preconcebida)* preconception; *(parcialidad)* prejudice, bias.

preliminar [prelimi'nar] *a* preliminary.

preludio [pre'luðjo] *nm* prelude.

prematuro, a [prema'turo, a] *a* premature.

premeditación [premeðita'θjon] *nf* premeditation.

premeditar [premeði'tar] *vt* to premeditate.

premiar [pre'mjar] *vt* to reward; *(en un concurso)* to give a prize to.

premio [pre'mjo] *nm* reward; prize; *(COM)* premium.

premonición [premoni'θjon] *nf* premonition.

premura [pre'mura] *nf (aprieto)* pressure; *(prisa)* haste, urgency.

prenatal [prena'tal] *a* antenatal, prenatal.

prenda ['prenda] *nf (ropa)* garment, article of clothing; *(garantía)* pledge; ~s *nfpl* talents, gifts.

prendar [pren'dar] *vt* to captivate, en-

chant; ~se de uno to fall in love with sb.

prendedor [prende'ðor] *nm* brooch.

prender [pren'der] *vt (captar)* to catch, capture; *(detener)* to arrest; *(COSTURA)* to pin, attach; *(sujetar)* to fasten // *vi* to catch; *(arraigar)* to take root; ~se *(encenderse)* to catch fire.

prendido, a [pren'diðo, a] *a (AM: luz etc)* on.

prensa ['prensa] *nf* press; la P~ the press; **prensar** *vt* to press.

preñado, a [pre'naðo, a] *a (ZOOL)* pregnant; ~ de pregnant with, full of; **preñez** *nf* pregnancy.

preocupación [preokupa'θjon] *nf* worry, concern; *(ansiedad)* anxiety.

preocupado, a [preoku'paðo, a] *a* worried, concerned; *(ansioso)* anxious.

preocupar [preoku'par] *vt* to worry; ~se *vr* to worry; ~se de algo *(hacerse cargo)* to take care of sth.

preparación [prepara'θjon] *nf (acto)* preparation; *(estado)* readiness; *(entrenamiento)* training.

preparado, a [prepa'raðo, a] *a (dispuesto)* prepared; *(CULIN)* ready (to serve) // *nm* preparation.

preparador, a [prepara'ðor, a] *nm/f* trainer.

preparar [prepa'rar] *vt (disponer)* to prepare, get ready; *(TEC: tratar)* to prepare, process; *(entrenar)* to teach, train; ~se *vr*: ~se a o para to prepare to o for, get ready to o for; **preparativo, a** *a* preparatory, preliminary; **preparativos** *nmpl* preparations; **preparatorio, a** *a* preparatory // *nf (AM)* sixth-form college *(Brit)*, senior high school *(US)*.

prerrogativa [prerroɣa'tißa] *nf* prerogative, privilege.

presa ['presa] *nf (cosa apresada)* catch; *(víctima)* victim; *(de animal)* prey; *(de agua)* dam.

presagiar [presa'xjar] *vt* to presage, forebode.

presbítero [pres'ßitero] *nm* priest.

prescindir [presθin'dir] *vi*: ~ de *(privarse de)* to do without, go without; *(descartar)* to dispense with.

prescribir [preskri'ßir] *vt* to prescribe; **prescripción** *nf* prescription.

presencia [pre'senθja] *nf* presence; **presencial** *a*: testigo presencial eyewitness; **presenciar** *vt* to be present at; *(asistir a)* to attend; *(ver)* to see, witness.

presentación [presenta'θjon] *nf* presentation; *(introducción)* introduction.

presentador, a [presenta'ðor, a] *nm/f* presenter, compère.

presentar [presen'tar] *vt* to present; *(ofrecer)* to offer; *(mostrar)* to show, display; *(a una persona)* to introduce; ~se *vr (llegar inesperadamente)* to appear, turn up; *(ofrecerse como candidato)* to run, stand; *(aparecer)* to show, appear; (*solicitar empleo*) to apply.

presente [pre'sente] *a* present // *nm* present; **hacer ~** to state, declare; **tener ~** to remember, bear in mind.

presentimiento [presenti'mjento] *nm* premonition, presentiment.

presentir [presen'tir] *vt* to have a premonition of.

preservación [preserβa'θjon] *nf* protection, preservation.

preservar [preser'βar] *vt* to protect, preserve; **preservativo** *nm* sheath, condom.

presidencia [presi'ðenθja] *nf* presidency; (*de comité*) chairmanship.

presidente [presi'ðente] *nm/f* president; (*de comité*) chairman/woman.

presidiario [presi'ðjarjo] *nm* convict.

presidio [pre'sidjo] *nm* prison, penitentiary.

presidir [presi'ðir] *vt* (*dirigir*) to preside at, preside over; (: *comité*) to take the chair at; (*dominar*) to dominate, rule // *vi* to preside; to take the chair.

presión [pre'sjon] *nf* pressure; **presionar** *vt* to press; (*fig*) to press, put pressure on // *vi*: **presionar para** to press for.

preso, a ['preso, a] *nm/f* prisoner; **tomar o llevar ~ a uno** to arrest sb, take sb prisoner.

prestado, a [pres'taðo, a] *a* on loan; **pedir ~** to borrow.

prestamista [presta'mista] *nm/f* moneylender.

préstamo ['prestamo] *nm* loan; **~ hipotecario** mortgage.

prestar [pres'tar] *vt* to lend, loan; (*atención*) to pay; (*ayuda*) to give.

presteza [pres'teθa] *nf* speed, promptness.

prestigio [pres'tixjo] *nm* prestige; **~so, a** *a* (*honorable*) prestigious; (*famoso, renombrado*) renowned, famous.

presto, a ['presto, a] *a* (*rápido*) quick, prompt; (*dispuesto*) ready // *ad* at once, right away.

presumir [presu'mir] *vt* to presume // *vi* (*tener aires*) to be conceited; **según cabe ~** as may be presumed, presumably; **presunción** *nf* presumption; **presunto, a** *a* (*supuesto*) supposed, presumed; (*así llamado*) so-called; **presuntuoso, a** *a* conceited, presumptuous.

presuponer [presupo'ner] *vt* to presuppose.

presupuesto *pp de* **presuponer** // [presu'pwesto] *nm* (*FINANZAS*) budget; (*estimación: de costo*) estimate.

presuroso, a [presu'roso, a] *a* (*rápido*) quick, speedy; (*que tiene prisa*) hasty.

pretencioso, a [preten'θjoso, a] *a* pretentious.

pretender [preten'der] *vt* (*intentar*) to

try to, seek to; (*reivindicar*) to claim; (*buscar*) to seek, try for; (*cortejar*) to woo, court; **~ que** to expect that; **pretendiente** *nm/f* (*candidato*) candidate, applicant; (*amante*) suitor; **pretensión** *nf* (*aspiración*) aspiration; (*reivindicación*) claim; (*orgullo*) pretension.

pretexto [pre'teksto] *nm* pretext; (*excusa*) excuse.

prevalecer [preβale'θer] *vi* to prevail.

prevención [preβen'θjon] *nf* (*preparación*) preparation; (*estado*) preparedness, readiness; (*el evitar*) prevention; (*previsión*) foresight, forethought; (*precaución*) precaution.

prevenido, a [preβe'niðo, a] *a* prepared, ready; (*cauteloso*) cautious.

prevenir [preβe'nir] *vt* (*impedir*) to prevent; (*prever*) to foresee, anticipate; (*predisponer*) to prejudice, bias; (*avisar*) to warn; (*preparar*) to prepare, get ready; **~se** *vr* to get ready, prepare; **~se contra** to take precautions against; **preventivo, a** *a* preventive, precautionary.

prever [pre'βer] *vt* to foresee.

previo, a ['preβjo, a] *a* (*anterior*) previous; (*preliminar*) preliminary // *prep*: **~ acuerdo de los otros** subject to the agreement of the others.

previsión [preβi'sjon] *nf* (*perspicacia*) foresight; (*predicción*) forecast.

prima ['prima] *nf ver* **primo**.

primacía [prima'θia] *nf* primacy.

primario, a [pri'marjo, a] *a* primary.

primavera [prima'βera] *nf* spring(time).

primero, a [pri'mero, a] *a* (*delante de nmsg*: **primer**) first; (*principal*) prime // *ad* first; (*más bien*) sooner, rather // *nf* (*AUTO*) first gear; (*FERRO*: *tb*: **primera clase**) first class; **de primera** (*fam*) first-class, first-rate; **primera plana** front page.

primitivo, a [primi'tiβo, a] *a* primitive; (*original*) original.

primo, a ['primo, a] *a* prime // *nm/f* cousin; (*fam*) fool, idiot // *nf* (*COM*) bonus; **~ de seguro** insurance premium; **~ hermano** first cousin; **materias primas** raw materials.

primogénito, a [primo'xenito, a] *a* first-born.

primordial [primor'ðjal] *a* basic, fundamental.

primoroso, a [primo'roso, a] *a* exquisite, delicate.

princesa [prin'θesa] *nf* princess.

principal [prinθi'pal] *a* principal, main // *nm* (*jefe*) chief, principal.

príncipe ['prinθipe] *nm* prince.

principiante [prinθi'pjante] *nm/f* beginner.

principiar [prinθi'pjar] *vt* to begin.

principio [prin'θipjo] *nm* (*comienzo*) beginning, start; (*origen*) origin;

(*primera etapa*) rudiment, basic idea; (*moral*) principle; **a ~s de** at the beginning of.

pringoso, a [prin'ɣoso, a] *a* (*grasiento*) greasy; (*pegajoso*) sticky.

pringue ['pringe] *nm* (*grasa*) grease, fat, dripping.

prioridad [priori'ðað] *nf* priority.

prisa ['prisa] *nf* (*apresuramiento*) hurry, haste; (*rapidez*) speed; (*urgencia*) (sense of) urgency; **a o de ~** quickly; **correr ~** to be urgent; **darse ~** to hurry up; **estar de o tener ~** to be in a hurry.

prisión [pri'sjon] *nf* (*cárcel*) prison; (*período de cárcel*) imprisonment; **prisionero, a** *nm/f* prisoner.

prismáticos [pris'matikos] *nmpl* binoculars.

privación [priβa'θjon] *nf* deprivation; (*falta*) want, privation.

privado, a [pri'βaðo, a] *a* private.

privar [pri'βar] *vt* to deprive; **privativo, a** *a* exclusive.

privilegiado, a [priβile'xjaðo, a] *a* privileged; (*memoria*) very good.

privilegiar [priβile'xjar] *vt* to grant a privilege to; (*favorecer*) to favour.

privilegio [priβi'lexjo] *nm* privilege; (*concesión*) concession.

pro [pro] *nm o f* profit, advantage // *prep*: **asociación ~ ciegos** association for the blind // *pref*: **~ soviético/americano** pro-Soviet/American; **en ~ de** on behalf of, for; **los ~s y los contras** the pros and cons.

proa ['proa] *nf* bow, prow; **de ~** bow *cpd*, fore.

probabilidad [proβaβili'ðað] *nf* probability, likelihood; (*oportunidad, posibilidad*) chance, prospect; **probable** *a* probable, likely.

probador [proβa'ðor] *nm* (*en tienda*) fitting room.

probar [pro'βar] *vt* (*demostrar*) to prove; (*someter a prueba*) to test, try out; (*ropa*) to try on; (*comida*) to taste // *vi* to try; **~se un traje** to try on a suit.

probeta [pro'βeta] *nf* test tube.

problema [pro'βlema] *nm* problem.

procedente [proθe'ðente] *a* (*razonable*) reasonable; (*conforme a derecho*) proper, fitting; **~ de** coming from, originating in.

proceder [proθe'ðer] *vi* (*avanzar*) to proceed; (*actuar*) to act; (*ser correcto*) to be right (and proper), be fitting; **~ de** to come from, originate in // *nm* (*comportamiento*) behaviour, conduct; **procedimiento** *nm* procedure; (*proceso*) process; (*método*) means *pl*, method.

procesado, a [proθe'saðo, a] *nm/f* accused.

procesador [proθesa'ðor] *nm*: **~ de textos** word processor.

procesar [proθe'sar] *vt* to try, put on trial.

procesión [proθe'sjon] *nf* procession.

proceso [pro'θeso] *nm* process; (*JUR*) trial; (*lapso*) course (of time).

proclamar [prokla'mar] *vt* to proclaim.

procreación [prokrea'θjon] *nf* procreation.

procrear [prokre'ar] *vt, vi* to procreate.

procurador, a [prokura'ðor, a] *nm/f* attorney.

procurar [proku'rar] *vt* (*intentar*) to try, endeavour; (*conseguir*) to get, obtain; (*asegurar*) to secure; (*producir*) to produce.

prodigio [pro'ðixjo] *nm* prodigy; (*milagro*) wonder, marvel; **~so, a** *a* prodigious, marvellous.

pródigo, a ['proðiɣo, a] *a*: **hijo ~** prodigal son.

producción [proðuk'θjon] *nf* (*gen*) production; (*producto*) product; **~ en serie** mass production.

producir [proðu'θir] *vt* to produce; (*causar*) to cause, bring about; **~se** *vr* (*cambio*) to come about; (*accidente*) to take place; (*problema etc*) to arise; (*hacerse*) to be produced, be made; (*estallar*) to break out.

productividad [proðuktiβi'ðað] *nf* productivity; **productivo, a** *a* productive; (*provechoso*) profitable.

producto [pro'ðukto] *nm* product; (*producción*) production.

productor, a [proðuk'tor, a] *a* productive, producing // *nm/f* producer.

proeza [pro'eθa] *nf* exploit, feat.

profanar [profa'nar] *vt* to desecrate, profane; **profano, a** *a* profane // *nm/f* layman/woman.

profecía [profe'θia] *nf* prophecy.

proferir [profe'rir] *vt* (*palabra, sonido*) to utter; (*injuria*) to hurl, let fly.

profesar [profe'sar] *vt* (*practicar*) to practise.

profesión [profe'sjon] *nf* profession; **profesional** *a* professional.

profesor, a [profe'sor, a] *nm/f* teacher; **~ado** *nm* teaching profession.

profeta [pro'feta] *nm/f* prophet; **profetizar** *vt, vi* to prophesy.

prófugo, a ['profuɣo, a] *nm/f* fugitive; (*MIL: desertor*) deserter.

profundidad [profundi'ðað] *nf* depth; **profundizar** *vt* (*fig*) to go deeply into; **profundo, a** *a* deep; (*misterio, pensador*) profound.

profusión [profu'sjon] *nf* (*abundancia*) profusion; (*prodigalidad*) extravagance.

progenitor [proxeni'tor] *nm* ancestor; **~es** *nmpl* (*padres*) parents.

programa [pro'ɣrama] *nm* programme (*Brit*), program (*US*); **~ción** *nf* programming; **~dor, a** *nm/f* programmer; **programar** *vt* to program.

progresar [provre'sar] *vi* to progress, make progress; **progresista** *a*, *nm/f* progressive; **progresivo, a** *a* progressive; (*gradual*) gradual; (*continuo*) continuous; **progreso** *nm* progress.

prohibición [proiβi'θjon] *nf* prohibition, ban.

prohibir [proi'βir] *vt* to prohibit, ban, forbid; **se prohíbe fumar, prohibido fumar** no smoking.

prójimo, a ['proximo, a] *nm/f* fellow man; (*vecino*) neighbour.

proletariado [proleta'rjaðo] *nm* proletariat.

proletario, a [prole'tarjo, a] *a*, *nm/f* proletarian.

proliferación [prolifera'θjon] *nf* proliferation.

proliferar [prolife'rar] *vi* to proliferate; **prolífico, a** *a* prolific.

prolijo, a [pro'lixo, a] *a* long-winded, tedious.

prólogo ['proloyo] *nm* prologue.

prolongación [prolonga'θjon] *nf* extension; **prolongado, a** *a* (*largo*) long; (*alargado*) lengthy.

prolongar [prolon'yar] *vt* to extend; (*reunión etc*) to prolong; (*calle, tubo*) to extend.

promedio [pro'meðjo] *nm* average; (*de distancia*) middle, mid-point.

promesa [pro'mesa] *nf* promise.

prometer [prome'ter] *vt* to promise // *vi* to show promise; **se** *vr* (*novios*) to get engaged; **prometido, a** *a* promised; engaged // *nm/f* fiancé/fiancée.

prominente [promi'nente] *a* prominent.

promiscuo, a [pro'miskwo, a] *a* promiscuous.

promoción [promo'θjon] *nf* promotion.

promotor [promo'tor] *nm* promoter; (*instigador*) instigator.

promover [promo'βer] *vt* to promote; (*causar*) to cause; (*instigar*) to instigate, stir up.

promulgar [promul'yar] *vt* to promulgate; (*fig*) to proclaim.

pronombre [pro'nombre] *nm* pronoun.

pronosticar [pronosti'kar] *vt* to predict, foretell, forecast; **pronóstico** *nm* prediction, forecast; **pronóstico del tiempo** weather forecast.

pronto, a ['pronto, a] *a* (*rápido*) prompt, quick; (*preparado*) ready // *ad* quickly, promptly; (*en seguida*) at once, right away; (*dentro de poco*) soon; (*temprano*) early // *nm*: **tener ~s de enojo** to be quick-tempered; **al ~** at first; **de ~** suddenly; **por lo ~** meanwhile, for the present.

pronunciación [pronunθja'θjon] *nf* pronunciation.

pronunciar [pronun'θjar] *vt* to pronounce; (*discurso*) to make, deliver; **se** *vr* to revolt, rebel; (*declararse*) to declare o.s.

propagación [propaya'θjon] *nf* propagation.

propaganda [propa'yanda] *nf* (*política*) propaganda; (*comercial*) advertising.

propagar [propa'yar] *vt* to propagate.

propensión [propen'sjon] *nf* inclination, propensity; **propenso, a** *a* inclined to; **ser propenso a** to be inclined to, have a tendency to.

propiamente [propja'mente] *ad* properly; (*realmente*) really, exactly.

propicio, a [pro'piθjo, a] *a* favourable, propitious.

propiedad [propje'ðað] *nf* property; (*posesión*) possession, ownership; **~ particular** private property.

propietario, a [propje'tarjo, a] *nm/f* owner, proprietor.

propina [pro'pina] *nf* tip.

propio, a ['propjo, a] *a* own, of one's own; (*característico*) characteristic, typical; (*debido*) proper; (*mismo*) selfsame, very; **el ~ ministro** the minister himself; **¿tienes casa propia?** have you a house of your own?

proponer [propo'ner] *vt* to propose, put forward; (*problema*) to pose; **~se** *vr* to propose, intend.

proporción [propor'θjon] *nf* proportion; (*MAT*) ratio; **proporciones** *nfpl* dimensions; (*fig*) size *sg*; **proporcionado, a** *a* proportionate; (*regular*) medium, middling; (*justo*) just right; **proporcionar** *vt* (*dar*) to give, supply, provide.

proposición [proposi'θjon] *nf* proposition; (*propuesta*) proposal.

propósito [pro'posito] *nm* purpose; (*intento*) aim, intention // *ad*: **a ~** by the way, incidentally; (*a posta*) on purpose, deliberately; **a ~ de** about, with regard to.

propuesta *vb ver* **proponer** // [pro'pwesta] *nf* proposal.

propulsar [propul'sar] *vt* to drive, propel; (*fig*) to promote, encourage; **propulsión** *nf* propulsion; **propulsión a chorro** *o* **por reacción** jet propulsion.

prórroga ['prorroya] *nf* extension; (*JUR*) stay; (*COM*) deferment; (*DEPORTE*) extra time; **prorrogar** *vt* (*período*) to extend; (*decisión*) to defer, postpone.

prorrumpir [prorrum'pir] *vi* to burst forth, break out.

prosa ['prosa] *nf* prose.

proscripción [proscrip'θjon] *nf* prohibition, ban; (*destierro*) banishment; (*de un partido*) proscription.

proscrito, a [pro'skrito, a] *a* (*prohibido*, *desterrado*) banned.

prosecución [proseku'θjon] *nf* continuation.

proseguir [prose'yir] *vt* to continue, carry on // *vi* to continue, go on.

prospección [prospek'θjon] *nf* exploration; (*del oro*) prospecting.

prospecto [pros'pekto] *nm* prospectus.

prosperar [prospe'rar] *vi* to prosper, thrive, flourish; **prosperidad** *nf* prosperity; (*éxito*) success; **próspero, a** *a* prosperous, flourishing; (*que tiene éxito*) successful.

prostíbulo [pros'tiβulo] *nm* brothel (*Brit*), house of prostitution (*US*).

prostitución [prostitu'θjon] *nf* prostitution.

prostituir [prosti'twir] *vt* to prostitute; ~**se** *vr* to prostitute o.s., become a prostitute.

prostituta [prosti'tuta] *nf* prostitute.

protagonista [protaɣo'nista] *nm/f* protagonist.

protagonizar [protaɣoni'θar] *vt* to take the chief rôle in.

protección [protek'θjon] *nf* protection.

protector, a [protek'tor, a] *a* protective, protecting // *nm/f* protector.

proteger [prote'xer] *vt* to protect; **protegido, a** *nm/f* protégé/protégée.

proteína [prote'ina] *nf* protein.

protesta [pro'testa] *nf* protest; (*declaración*) protestation.

protestante [protes'tante] *a* Protestant.

protestar [protes'tar] *vt* to protest, declare; (*fe*) to protest // *vi* to protest.

protocolo [proto'kolo] *nm* protocol.

prototipo [proto'tipo] *nm* prototype.

prov. *abr* (= *provincia*) prov.

provecho [pro'βetʃo] *nm* advantage, benefit; (*FINANZAS*) profit; ¡buen ~! bon appétit!; en ~ de to the benefit of; sacar ~ de to benefit from, profit by.

proveer [proβe'er] *vt* to provide, supply // *vi:* ~ a to provide for.

provenir [proβe'nir] *vi:* ~ de to come from, stem from.

proverbio [pro'βerβjo] *nm* proverb.

providencia [proβi'ðenθja] *nf* providence; (*previsión*) foresight.

provincia [pro'βinθja] *nf* province; ~**no, a** *a* provincial; (*del campo*) country *cpd*.

provisión [proβi'sjon] *nf* provision; (*abastecimiento*) provision, supply; (*medida*) measure, step.

provisional [proβisjo'nal] *a* provisional.

provocación [proβoka'θjon] *nf* provocation.

provocar [proβo'kar] *vt* to provoke; (*alentar*) to tempt, invite; (*causar*) to bring about, lead to; (*promover*) to promote; (*estimular*) to rouse, stimulate; ¿te provoca un café? (*AM*) would you like a coffee?; **provocativo, a** *a* provocative.

próximamente [proksima'mente] *ad* shortly, soon.

proximidad [proksimi'ðað] *nf* closeness, proximity; **próximo, a** *a* near, close; (*vecino*) neighbouring; (*siguiente*) next.

proyectar [projek'tar] *vt* (*objeto*) to hurl,

throw; (*luz*) to cast, shed; (*CINE* to screen, show; (*planear*) to plan.

proyectil [projek'til] *nm* projectile, missile.

proyecto [pro'jekto] *nm* plan; (*estimación de costo*) detailed estimate.

proyector [projek'tor] *nm* (*CINE*) projector.

prudencia [pru'ðenθja] *nf* (*sabiduría*) wisdom; (*cuidado*) care; **prudente** *a* sensible, wise; (*conductor*) careful.

prueba *etc vb ver* **probar** // ['prweβa] *nf* proof; (*ensayo*) test, trial; (*degustación*) tasting, sampling; (*de ropa*) fitting; a ~ on trial; a ~ de proof against; a ~ de agua/fuego waterproof/fireproof; someter a ~ to put to the test.

prurito [pru'rito] *nm* itch; (*de bebé*) nappy (*Brit*) o diaper (*US*) rash.

psico... [siko] *pref* psycho...; ~**análisis** *nm inv* psychoanalysis; ~**logía** *nf* psychology; ~**lógico, a** *a* psychological; **psicólogo, a** *nm/f* psychologist; **psicópata** *nm/f* psychopath; ~**sis** *nf inv* psychosis.

psiquiatra [si'kjatra] *nm/f* psychiatrist; **psiquiátrico, a** *a* psychiatric.

psíquico, a ['sikiko, a] *a* psychic(al).

PSOE [pe'soe] *nm abr* = *Partido Socialista Obrero Español*.

pta(s) *abr* = **peseta(s)**.

pts *abr* = **pesetas**.

púa ['pua] *nf* sharp point; (*BOT, ZOOL*) prickle, spine; (*para guitarra*) plectrum (*Brit*), pick (*US*); alambre de ~ barbed wire.

pubertad [puβer'tað] *nf* puberty.

publicación [puβlika'θjon] *nf* publication.

publicar [puβli'kar] *vt* (*editar*) to publish; (*hacer público*) to publicize; (*divulgar*) to make public, divulge.

publicidad [puβliθi'ðað] *nf* publicity; (*COM: propaganda*) advertising; **publicitario, a** *a* publicity *cpd*; advertising *cpd*.

público, a ['puβliko, a] *a* public // *nm* public; (*TEATRO etc*) audience.

puchero [pu'tʃero] *nm* (*CULIN: guiso*) stew; (: *olla*) cooking pot; hacer ~s to pout.

pude *etc vb ver* **poder**.

púdico, a ['puðiko, a] *a* modest.

pudiente [pu'ðjente] *a* (*rico*) wealthy, well-to-do.

pudiera *etc vb ver* **poder**.

pudor [pu'ðor] *nm* modesty.

pudrir [pu'ðrir] *vt* to rot; (*fam*) to upset, annoy; ~**se** *vr* to rot, decay.

pueblo ['pweβlo] *nm* people; (*nación*) nation; (*aldea*) village.

puedo *etc vb ver* **poder**.

puente ['pwente] *nm* bridge; ~ aéreo shuttle service; ~ colgante suspension bridge; hacer ~ (*fam*) to take an extra day off work between 2 public holidays;

to take a long weekend.

puerco, a ['pwerko, a] *nm/f* pig/sow // *a* (*sucio*) dirty, filthy; (*obsceno*) disgusting; ~ **de mar** porpoise; ~ **marino** dolphin.

pueril [pwe'ril] *a* childish.

puerro ['pwerro] *nm* leek.

puerta ['pwerta] *nf* door; (*de jardín*) gate; (*portal*) doorway; (*fig*) gateway; (*portería*) goal; **a la** ~ at the door; **a** ~ **cerrada** behind closed doors; ~ **giratoria** revolving door.

puertaventana [pwertaßen'tana] *nf* shutter.

puerto ['pwerto] *nm* port; (*paso*) pass; (*fig*) haven, refuge.

Puerto Rico [pwerto'riko] *nm* Puerto Rico; **puertorriqueño, a** *a, nm/f* Puerto Rican.

pues [pwes] *ad* (*entonces*) then; (*bueno*) well, well then; (*así que*) so // *conj* (*ya que*) since; ¡~! (*sí*) yes!, certainly!

puesto, a ['pwesto, a] *pp de* **poner** // *a* dressed // *nm* (*lugar, posición*) place; (*trabajo*) post, job; (*COM*) stall // *conj*: ~ **que** since, as // *nf* (*apuesta*) bet, stake; **puesta en marcha** starting; **puesta del sol** sunset.

púgil ['puxil] *nm* boxer.

pugna ['puxna] *nf* battle, conflict; ~**cidad** *nf* pugnacity, aggressiveness; **pugnar** *vi* (*luchar*) to struggle, fight; (*pelear*) to fight.

pujar [pu'xar] *vi* (*en subasta*) to bid; (*esforzarse*) to struggle, strain.

pulcro, a ['pulkro, a] *a* neat, tidy; (*bello*) exquisite.

pulga ['pulxa] *nf* flea.

pulgada [pul'xaða] *nf* inch.

pulgar [pul'xar] *nm* thumb.

pulir [pu'lir], **pulimentar** [pulimen'tar] *vt* to polish; (*alisar*) to smooth; (*fig*) to polish up, touch up.

pulmón [pul'mon] *nm* lung; **pulmonía** *nf* pneumonia.

pulpa ['pulpa] *nf* pulp; (*de fruta*) flesh, soft part.

pulpería [pulpe'ria] *nf* (*AM*: *tienda*) small grocery store.

púlpito ['pulpito] *nm* pulpit.

pulpo ['pulpo] *nm* octopus.

pulsación [pulsa'θjon] *nf* beat, pulsation; (*ANAT*) throb(bing).

pulsador [pulsa'ðor] *nm* button, push button.

pulsar [pul'sar] *vt* (*tecla*) to touch, tap; (*MUS*) to play; (*botón*) to press, push // *vi* to pulsate; (*latir*) to beat, throb; (*MED*): ~ **a uno** to take sb's pulse.

pulsera [pul'sera] *nf* bracelet.

pulso ['pulso] *nm* (*ANAT*) pulse; (: *muñeca*) wrist; (*fuerza*) strength; (*firmeza*) steadiness, steady hand; (*tacto*) tact, good sense.

pulverizador [pulßeriθa'ðor] *nm* spray,

spray gun.

pulverizar [pulßeri'θar] *vt* to pulverize; (*líquido*) to spray.

pulla ['puʎa] *nf* cutting remark; (*expresión grosera*) obscene remark.

puna ['puna] *nf* (*AM MED*) mountain sickness.

pungir [pun'xir] *vt* to puncture, pierce; (*fig*) to cause suffering to.

punición [puni'θjon] *nf* punishment; **punitivo, a** *a* punitive.

punta ['punta] *nf* point, tip; (*extremidad*) end; (*fig*) touch, trace; **horas** ~**s** peak hours, rush hours; **sacar** ~ **a** to sharpen; **estar de** ~ to be edgy.

puntada [pun'taða] *nf* (*COSTURA*) stitch.

puntal [pun'tal] *nm* prop, support.

puntapié [punta'pje] *nm* kick.

puntear [punte'ar] *vt* to tick, mark.

puntería [punte'ria] *nf* (*de arma*) aim, aiming; (*destreza*) marksmanship.

puntero, a [pun'tero, a] *a* leading // *nm* (*palo*) pointer.

puntiagudo, a [puntja'xuðo, a] *a* sharp, pointed.

puntilla [pun'tiʎa] *nf* (*encaje*) lace edging *o* trim; (*andar*) **de** ~**s** (to walk) on tiptoe.

punto ['punto] *nm* (*gen*) point; (*señal diminuta*) spot, dot; (*COSTURA, MED*) stitch; (*lugar*) spot, place; (*momento*) point, moment; **a** ~ ready; **estar a** ~ **de** to be on the point of *o* about to; **en** ~ on the dot; ~ **muerto** dead centre; (*AUTO*) neutral (gear); ~ **final** full stop (*Brit*), period (*US*); ~ **y coma** semicolon; ~ **de interrogación** question mark; **hacer** ~ (*tejer*) to knit.

puntuación [puntwa'θjon] *nf* punctuation; (*puntos: en examen*) mark(s) (*pl*); (: *DEPORTE*) score.

puntual [pun'twal] *a* (*a tiempo*) punctual; (*exacto*) exact, accurate; (*seguro*) reliable; ~**idad** *nf* punctuality; exactness, accuracy; reliability; ~**izar** *vt* to fix, specify.

punzante [pun'θante] *a* (*dolor*) shooting, sharp; (*herramienta*) sharp; **punzar** *vt* to prick, pierce // *vi* to shoot, stab.

puñado [pu'ñaðo] *nm* handful.

puñal [pu'ñal] *nm* dagger; ~**ada** *nf* stab.

puñetazo [puñe'taðo] *nm* punch.

puño ['puño] *nm* (*ANAT*) fist; (*cantidad*) fistful, handful; (*COSTURA*) cuff; (*de herramienta*) handle.

pupila [pu'pila] *nf* pupil.

pupitre [pu'pitre] *nm* desk.

puré [pu're] *nm* puree; (*sopa*) (thick) soup; ~ **de patatas** mashed potatoes.

pureza [pu'reθa] *nf* purity.

purga ['purxa] *nf* purge; **purgante** *a, nm* purgative; **purgar** *vt* to purge.

purgatorio [purxa'torjo] *nm* purgatory.

purificar [purifi'kar] *vt* to purify; (*refinar*) to refine.

puritano, a [puri'tano, a] *a* (*actitud*) puritanical; (*iglesia, tradición*) puritan // *nm/f* puritan.

puro, a ['puro, a] *a* pure; (*cielo*) clear; (*verdad*) simple, plain // *ad*: **de ~ cansado** out of sheer tiredness // *nm* cigar.

púrpura ['purpura] *nf* purple; **purpúreo, a** *a* purple.

pus [pus] *nm* pus.

puse, pusiera *etc vb ver* **poner.**

pústula ['pustula] *nf* pimple, sore.

puta ['puta] *nf* whore, prostitute.

putrefacción [putrefak'θjon] *nf* rotting, putrefaction.

pútrido, a ['putriðo, a] *a* rotten.

PVP *abr* (*Esp*: = *precio venta al público*) RRP.

Q

q.e.p.d. *abr* (= *que en paz descanse*) R.I.P.

que [ke] ♦ *conj* **1** (*con oración subordinada*: *muchas veces no se traduce*) that; **dijo ~ vendría** he said (that) he would come; **espero ~ lo encuentres** I hope (that) you find it; *ver tb* **el**

2 (*en oración independiente*): **¡~ entre!** send him in; **¡que se mejore tu padre!** I hope your father gets better

3 (*enfático*): **¿me quieres?** - **¡~ sí!** do you love me? - of course!

4 (*consecutivo*: *muchas veces no se traduce*) that; **es tan grande ~ no lo puedo levantar** it's so big (that) I can't lift it

5 (*comparaciones*) than; **yo ~ tú/él** if I were you/him; *ver tb* **más, menos, mismo**

6 (*valor disyuntivo*): **~ le guste o no** whether he likes it or not; **~ venga o ~ no venga** whether he comes or not

7 (*porque*): **no puedo, ~ tengo ~ quedarme en casa** I can't, I've got to stay in

♦ *pron* **1** (*cosa*) that, which; (*+ prep*) which; **el sombrero ~ te compraste** the hat (that *o* which) you bought; **la cama en ~ dormí** the bed (that *o* which) I slept in

2 (*persona*: *suj*) that, who; (*: objeto*) that, whom; **el amigo ~ me acompañó al museo** the friend that *o* who went to the museum with me: **la chica que invité** the girl (that *o* whom) I invited

qué [ke] *a* what?, which? // *pron* what?; **¡~ divertido!** how funny!; **¿~ edad tienes?** how old are you?; **¿de ~ me hablas?** what are you saying to me?; **¿~ tal?** how are you?, how are things?; **¿~ hay (de nuevo)?** what's new?

quebrada [ke'βraða] *nf ver* **quebrado.**

quebradizo, a [keβra'ðiθo, a] *a* fragile; (*persona*) frail.

quebrado, a [ke'βraðo, a] *a* (*roto*) broken // *nm/f* bankrupt // *nm* (*MAT*) fraction // *nf* ravine.

quebradura [keβra'ðura] *nf* (*fisura*) fissure; (*GEO*) gorge; (*MED*) rupture.

quebrantar [keβran'tar] *vt* (*infringir*) to violate, transgress; **~se** *vr* (*persona*) to fail in health.

quebranto [ke'βranto] *nm* damage, harm; (*decaimiento*) exhaustion; (*dolor*) grief, pain.

quebrar [ke'βrar] *vt* to break, smash // *vi* to go bankrupt; **~se** *vr* to break, get broken; (*MED*) to be ruptured.

quedar [ke'ðar] *vi* to stay, remain; (*encontrarse*: *sitio*) to be; (*restar*) to remain, be left; **~se** *vr* to remain, stay (behind); **~se (con) algo** to keep sth; **~ en** (*acordar*) to agree on/to; **~ en nada** to come to nothing; **~ por hacer** to be still to be done; **~ ciego/mudo** to be left blind/dumb; **no te queda bien ese vestido** that dress doesn't suit you; **eso queda muy lejos** that's a long way (away); **quedamos a las seis** we agreed to meet at six.

quedo, a ['keðo, a] *a* still // *ad* softly, gently.

quehacer [kea'θer] *nm* task, job; **~es** (*domésticos*) *nmpl* household chores.

queja ['kexa] *nf* complaint; **quejarse** *vr* (*enfermo*) to moan, groan; (*protestar*) to complain; **quejarse de que** to complain (about the fact) that; **quejido** *nm* moan; **quejoso, a** *a* complaining.

quemado, a [ke'maðo, a] *a* burnt.

quemadura [kema'ðura] *nf* burn, scald.

quemar [ke'mar] *vt* to burn; (*fig*: *malgastar*) to burn up, squander // *vi* to be burning hot; **~se** *vr* (*consumirse*) to burn (up); (*del sol*) to get sunburnt.

quemarropa [kema'rropa]: **a ~** *ad* point-blank.

quemazón [kema'θon] *nf* burn; (*calor*) intense heat; (*sensación*) itch.

quepo *etc vb ver* **caber.**

querella [ke'reʎa] *nf* (*JUR*) charge; (*disputa*) dispute.

querer [ke'rer] *vt* **1** (*desear*) to want; **quiero más dinero** I want more money; **quisiera** *o* **querría un té** I'd like a tea; **sin ~** unintentionally; **quiero ayudar/que vayas** I want to help/you to go

2 (*preguntas*: *para pedir algo*): **¿quiere abrir la ventana?** could you open the window?; **¿quieres echarme una mano?** can you give me a hand?

3 (*amar*) to love; (*tener cariño a*) to be fond of; **quiere mucho a sus hijos** he's very fond of his children

4 (*requerir*): **esta planta quiere más luz** this plant needs more light

5: **le pedí que me dejara ir pero no quiso** I asked him to let me go but he re-

fused.
querido, a [ke'riðo, a] *a* dear // *nm/f*
darling; (*amante*) lover.
quesería [kese'ria] *nf* dairy; (*fábrica*)
cheese factory.
queso ['keso] *nm* cheese; ~ **crema**
cream cheese.
quicio ['kiθjo] *nm* hinge; **sacar a uno de**
~ to get on sb's nerves.
quiebra ['kjeβra] *nf* break, split; (*COM*)
bankruptcy; (*ECON*) slump.
quiebro ['kjeβro] *nm* (*del cuerpo*)
swerve.
quien [kjen] *pron* who; **hay** ~ **piensa que**
there are those who think that; **no hay** ~
lo haga no-one will do it.
quién [kjen] *pron* who, whom; **¿~ es?**
who's there?
quienquiera [kjen'kjera] (*pl* **quienes-
quiera**) *pron* whoever.
quiero *etc vb ver* **querer**.
quieto, a ['kjeto, a] *a* still; (*carácter*)
placid; **quietud** *nf* stillness.
quijada [ki'xaða] *nf* jaw, jawbone.
quilate [ki'late] *nm* carat.
quilla ['kiʎa] *nf* keel.
quimera [ki'mera] *nf* chimera; **quimé-
rico, a** *a* fantastic.
químico, a ['kimiko, a] *a* chemical //
nm/f chemist // *nf* chemistry.
quincalla [kin'kaʎa] *nf* hardware, iron-
mongery (*Brit*).
quince ['kinθe] *num* fifteen; ~ **días** a
fortnight; **~añero, a** *nm/f* teenager;
~na *nf* fortnight; (*pago*) fortnightly
pay; **~nal** *a* fortnightly.
quiniela [ki'njela] *nf* football pools *pl*; **~s**
nfpl pools coupon *sg*.
quinientos, as [ki'njentos, as] *a*, *num*
five hundred.
quinina [ki'nina] *nf* quinine.
quinqui ['kinki] *nm* delinquent.
quinto, a ['kinto, a] *a* fifth // *nf* country
house; (*MIL*) call-up, draft.
quiosco ['kjosko] *nm* (*de música*) bandstand; (*de periódicos*) news stand.
quirúrgico, a [ki'rurxiko, a] *a* surgical.
quise, quisiera *etc vb ver* **querer**.
quisquilloso, a [kiski'ʎoso, a] *a* (*susceptible*) touchy; (*meticuloso*) pernickety.
quiste ['kiste] *nm* cyst.
quitaesmalte [kitaes'malte] *nm* nail-
polish remover.
quitamanchas [kita'mantʃas] *nm inv*
stain remover.
quitanieves [kita'njeβes] *nm inv*
snowplough (*Brit*), snowplow (*US*).
quitar [ki'tar] *vt* to remove, take away;
(*ropa*) to take off; (*dolor*) to relieve;
¡quita de ahí! get away!; **~se** *vr* to withdraw; (*ropa*) to take off; **se quitó el**
sombrero he took off his hat.
quitasol [kita'sol] *nm* sunshade (*Brit*),
parasol.
quite ['kite] *nm* (*esgrima*) parry; (*eva-

sión*) dodge.
Quito ['kito] *n* Quito.
quizá(s) [ki'θa(s)] *ad* perhaps, maybe.

R

rábano ['raβano] *nm* radish; **me importa**
un ~ I don't give a damn.
rabia ['raβja] *nf* (*MED*) rabies *sg*; (*fig*:
ira) fury, rage; **rabiar** *vi* to have
rabies; to rage, be furious; **rabiar por**
algo to long for sth.
rabieta [ra'βjeta] *nf* tantrum, fit of
temper.
rabino [ra'βino] *nm* rabbi.
rabioso, a [ra'βjoso, a] *a* rabid; (*fig*) furious.
rabo ['raβo] *nm* tail.
racial [ra'θjal] *a* racial, race *cpd*.
racimo [ra'θimo] *nm* bunch.
raciocinio [raθjo'θinjo] *nm* reason.
ración [ra'θjon] *nf* portion; **raciones** *nfpl*
rations.
racional [raθjo'nal] *a* (*razonable*) reasonable; (*lógico*) rational; **~izar** *vt* to
rationalize.
racionar [raθjo'nar] *vt* to ration (out).
racismo [ra'θismo] *nm* racialism,
racism; **racista** *a*, *nm/f* racist.
racha ['ratʃa] *nf* gust of wind; **buena/**
mala ~ (*fig*) spell of good/bad luck.
radar [ra'ðar] *nm* radar.
radiactivo, a [raðiak'tiβo, a] *a* =
radioactivo.
radiador [raðja'ðor] *nm* radiator.
radiante [ra'ðjante] *a* radiant.
radical [raði'kal] *a*, *nm/f* radical.
radicar [raði'kar] *vi* to take root; ~ **en** to
lie *o* consist in; **~se** *vr* to establish o.s.,
put down (one's) roots.
radio ['raðjo] *nf* radio; (*aparato*) radio
(set) // *nm* (*MAT*) radius; (*QUIMICA*)
radium; **~activo, a** *a* radioactive;
~difusión *nf* broadcasting; **~emisora**
nf transmitter, radio station; **~escucha**,
radioyente *nm/f* listener; **~grafía** *nf*
X-ray; **~grafiar** *vt* to X-ray; **~terapia**
nf radiotherapy.
raer [ra'er] *vt* to scrape (off).
ráfaga ['rafaxa] *nf* gust; (*de luz*) flash;
(*de tiros*) burst.
raído, a [ra'iðo, a] *a* (*ropa*) threadbare.
raigambre [rai'xambre] *nf* (*BOT*) roots
pl; (*fig*) tradition.
raíz [ra'iθ] *nf* root; ~ **cuadrada** square
root; **a** ~ **de** as a result of.
raja ['raxa] *nf* (*de melón etc*) slice;
(*grieta*) crack; **rajar** *vt* to split; (*fam*)
to slash; **rajarse** *vr* to split, crack;
rajarse de to back out of.
rajatabla [raxa'taβla]: **a** ~ *ad*
(*estrictamente*) strictly, to the letter.
ralo, a ['ralo, a] *a* thin, sparse.

rallado, a [ra'ʎaðo, a] *a* grated; **rallador** *nm* grater.

rallar [ra'ʎar] *vt* to grate.

RAM [ram] *nf abr* (= *memoria de acceso aleatorio*) RAM.

rama ['rama] *nf* branch; **~je** *nm* branches *pl*, foliage; **ramal** *nm* (*de cuerda*) strand; (*FERRO*) branch line (*Brit*); (*AUTO*) branch (road) (*Brit*).

rambla ['rambla] *nf* (*avenida*) avenue.

ramera [ra'mera] *nf* whore.

ramificación [ramifika'θjon] *nf* ramification.

ramificarse [ramifi'karse] *vr* to branch out.

ramillete [rami'ʎete] *nm* bouquet.

ramo ['ramo] *nm* branch; (*sección*) department, section.

rampa ['rampa] *nf* ramp.

ramplón, ona [ram'plon, ona] *a* uncouth, coarse.

rana ['rana] *nf* frog; **salto de ~** leapfrog.

rancio, a ['ranθjo, a] *a* (*comestibles*) rancid; (*vino*) aged, mellow; (*fig*) ancient.

ranchero [ran'tʃero] *nm* (*AM*) rancher; smallholder.

rancho ['rantʃo] *nm* grub (*fam*); (*AM*: *grande*) ranch; (: *pequeño*) small farm.

rango ['rango] *nm* rank, standing.

ranura [ra'nura] *nf* groove; (*de teléfono etc*) slot.

rapar [ra'par] *vt* to shave; (*los cabellos*) to crop.

rapaz [ra'paθ] *a* (*ZOOL*) predatory // *nm/f* (*f: rapaza*) young boy/girl.

rape ['rape] *nm* quick shave; (*pez*) angler (fish); **al ~** cropped.

rapé [ra'pe] *nm* snuff.

rapidez [rapi'ðeθ] *nf* speed, rapidity; **rápido, a** ['rapiðo, a] *a* fast, quick // *ad* quickly // *nm* (*FERRO*) express; **rápidos** *nmpl* rapids.

rapiña [ra'piɲa] *nm* robbery; **ave de ~** bird of prey.

raptar [rap'tar] *vt* to kidnap; **rapto** *nm* kidnapping; (*impulso*) sudden impulse; (*éxtasis*) ecstasy, rapture.

raqueta [ra'keta] *nf* racquet.

raquítico, a [ra'kitiko, a] *a* stunted; (*fig*) poor, inadequate; **raquitismo** *nm* rickets *sg*.

rareza [ra'reθa] *nf* rarity; (*fig*) eccentricity.

raro, a ['raro, a] *a* (*poco común*) rare; (*extraño*) odd, strange; (*excepcional*) remarkable.

ras [ras] *nm*: **a ~ de** level with; **a ~ de tierra** at ground level.

rasar [ra'sar] *vt* (*igualar*) to level.

rascacielos [raska'θjelos] *nm inv* skyscraper.

rascar [ras'kar] *vt* (*con las uñas etc*) to scratch; (*raspar*) to scrape; **~se** *vr* to scratch (o.s.).

rasgar [ras'var] *vt* to tear, rip (up).

rasgo ['rasvo] *nm* (*con pluma*) stroke; **~s** *nmpl* features, characteristics; **a grandes ~s** in outline, broadly.

rasguñar [rasvu'ɲar] *vt* to scratch; **rasguño** *nm* scratch.

raso, a ['raso, a] *a* (*liso*) flat, level; (*a baja altura*) very low // *nm* satin; **cielo ~** clear sky.

raspadura [raspa'ðura] *nf* (*acto*) scrape, scraping; (*marca*) scratch; **~s** *nfpl* scrapings.

raspar [ras'par] *vt* to scrape; (*arañar*) to scratch; (*limar*) to file.

rastra ['rastra] *nf* (*AGR*) rake; **a ~s** by dragging; (*fig*) unwillingly.

rastreador [rastrea'ðor] *nm* tracker; **~ de minas** minesweeper.

rastrear [rastre'ar] *vt* (*seguir*) to track.

rastrero, a [ras'trero, a] *a* (*BOT*, *ZOOL*) creeping; (*fig*) despicable, mean.

rastrillar [rastri'ʎar] *vt* to rake; **rastrillo** *nm* rake.

rastro ['rastro] *nm* (*AGR*) rake; (*pista*) track, trail; (*vestigio*) trace; **el R~** the Madrid fleamarket.

rastrojo [ras'troxo] *nm* stubble.

rasurador [rasura'ðor] *nm*, **rasuradora** [rasura'ðora] *nf* (*AM*) electric shaver.

rasurarse [rasu'rarse] *vr* to shave.

rata ['rata] *nf* rat.

ratear [rate'ar] *vt* (*robar*) to steal.

ratería [rate'ria] *nf* petty theft.

ratero, a [ra'tero, a] *a* light-fingered // *nm/f* (*carterista*) pickpocket; (*AM*: *de casas*) burglar.

ratificar [ratifi'kar] *vt* to ratify.

rato ['rato] *nm* while, short time; **a ~s** from time to time; **hay para ~** there's still a long way to go; **al poco ~** soon afterwards; **pasar el ~** to kill time; **pasar un buen/mal ~** to have a good/ rough time.

ratón [ra'ton] *nm* mouse; **ratonera** *nf* mousetrap.

raudal [rau'ðal] *nm* torrent; **a ~es** in abundance.

raya ['raja] *nf* line; (*marca*) scratch; (*en tela*) stripe; (*de pelo*) parting; (*límite*) boundary; (*pez*) ray; (*puntuación*) hyphen; **a ~s** striped; **pasarse de la ~** to go too far: **tener a ~** to keep in check; **rayar** *vt* to line; to scratch; (*subrayar*) to underline // *vi*: **rayar en** *o* **con** to border on.

rayo ['rajo] *nm* (*del sol*) ray, beam; (*de luz*) shaft; (*en una tormenta*) (flash of) lightning; **~s X** X-rays.

rayón [ra'jon] *nm* rayon.

raza ['raθa] *nf* race; **~ humana** human race.

razón [ra'θon] *nf* reason; (*justicia*) right, justice; (*razonamiento*) reasoning; (*motivo*) reason, motive; (*MAT*) ratio; **a ~ de 10 cada día** at the rate of 10 a day;

'~': 'inquiries to ...'; en ~ de with regard to; dar ~ a uno to agree that sb is right; tener ~ to be right; ~ directa/inversa direct/inverse proportion; ~ de ser raison d'être; **razonable** *a* reasonable; (*justo, moderado*) fair; **razonamiento** *nm* (*juicio*) judgement; (*argumento*) reasoning; **razonar** *vt* to reason, argue // *vi* to reason, argue.

reacción [reak'θjon] *nf* reaction; avión a ~ jet plane; ~ en cadena chain reaction; **reaccionar** *vi* to react; **reaccionario, a** *a* reactionary.

reacio, a [re'aθjo, a] *a* stubborn.

reactor [reak'tor] *nm* reactor.

readaptación [reaðapta'θjon] *nf*: ~ profesional industrial retraining.

reajuste [rea'xuste] *nm* readjustment.

real [re'al] *a* real; (*del rey, fig*) royal.

realce [re'alθe] *nm* (*TEC*) embossing; (*lustre, fig*) splendour; (*ARTE*) highlight; **poner de ~** to emphasize.

realidad [reali'ðað] *nf* reality, fact; (*verdad*) truth.

realista [rea'lista] *nm/f* realist.

realización [realiθa'θjon] *nf* fulfilment; (*COM*) selling up (*Brit*), conversion into money (*US*).

realizador, a [realiθa'ðor, a] *nm/f* (*TV etc*) producer.

realizar [reali'θar] *vt* (*objetivo*) to achieve; (*plan*) to carry out; (*viaje*) to make, undertake; (*COM*) to sell up (*Brit*), convert into money (*US*); **~se** *vr* to come about, come true.

realmente [real'mente] *ad* really, actually.

realquilar [realki'lar] *vt* (*subarrendar*) to sublet.

realzar [real'θar] *vt* (*TEC*) to raise; (*embellecer*) to enhance; (*acentuar*) to highlight.

reanimar [reani'mar] *vt* to revive; (*alentar*) to encourage; **~se** *vr* to revive.

reanudar [reanu'ðar] *vt* (*renovar*) to renew; (*historia, viaje*) to resume.

reaparición [reapari'θjon] *nf* reappearance.

rearme [re'arme] *nm* rearmament.

rebaja [re'ßaxa] *nf* (*COM*) reduction; (*menoscabo*) lessening; **~s** *nfpl* (*COM*) sale; **rebajar** *vt* (*bajar*) to lower; (*reducir*) to reduce; (*disminuir*) to lessen; (*humillar*) to humble.

rebanada [reßa'naða] *nf* slice.

rebaño [re'ßaɲo] *nm* herd; (*de ovejas*) flock.

rebasar [reßa'sar] *vt* (*tb*: ~ de) to exceed.

rebatir [reßa'tir] *vt* to refute.

rebeca [re'ßeka] *nf* cardigan.

rebelarse [reße'larse] *vr* to rebel, revolt.

rebelde [re'ßelde] *a* rebellious; (*niño*) unruly // *nm/f* rebel; **rebeldía** *nf* rebelliousness; (*desobediencia*) disobedience.

rebelión [reße'ljon] *nf* rebellion.

reblandecer [reßlande'θer] *vt* to soften.

rebosante [reßo'sante] *a* overflowing.

rebosar [reßo'sar] *vi* (*líquido, recipiente*) to overflow; (*abundar*) to abound, be plentiful.

rebotar [reßo'tar] *vt* to bounce; (*rechazar*) to repel // *vi* (*pelota*) to bounce; (*bala*) to ricochet; **rebote** *nm* rebound; **de rebote** on the rebound.

rebozado, a [reßo'θaðo, a] *a* fried in batter o breadcrumbs.

rebozar [reßo'θar] *vt* to wrap up; (*CULIN*) to fry in batter o breadcrumbs.

rebuscado, a [reßus'kaðo, a] *a* (*amanerado*) affected; (*palabra*) recherché; (*idea*) far-fetched.

rebuznar [reßuθ'nar] *vi* to bray.

recabar [reka'ßar] *vt* (*obtener*) to manage to get.

recado [re'kaðo] *nm* message; **tomar un ~** (*TEL*) to take a message.

recaer [reka'er] *vi* to relapse; **~ en** to fall to o on; (*criminal etc*) to fall back into, relapse into; **recaída** *nf* relapse.

recalcar [rekal'kar] *vt* (*fig*) to stress, emphasize.

recalcitrante [rekalθi'trante] *a* recalcitrant.

recalentar [rekalen'tar] *vt* (*volver a calentar*) to reheat; (*calentar demasiado*) to overheat.

recámara [re'kamara] *nf* (*AM*) bedroom.

recambio [re'kambjo] *nm* spare; (*de pluma*) refill.

recapacitar [rekapaθi'tar] *vi* to reflect.

recargado, a [rekar'ɣaðo, a] *a* overloaded.

recargar [rekar'ɣar] *vt* to overload; (*batería*) to recharge; **recargo** *nm* surcharge; (*aumento*) increase.

recatado, a [reka'taðo, a] *a* (*modesto*) modest, demure; (*prudente*) cautious.

recato [re'kato] *nm* (*modestia*) modesty, demureness; (*cautela*) caution.

recaudación [rekauða'θjon] *nf* (*acción*) collection; (*cantidad*) takings *pl*; (*en deporte*) gate; **recaudador, a** *nm/f* tax collector.

recelar [reθe'lar] *vt*: ~ que (*sospechar*) to suspect that; (*temer*) to fear that // *vi*: ~ de to distrust; **recelo** *nm* distrust, suspicion; **receloso, a** *a* distrustful, suspicious.

recepción [reθep'θjon] *nf* reception; **recepcionista** *nm/f* receptionist.

receptáculo [reθep'takulo] *nm* receptacle.

receptivo, a [reθep'tißo, a] *a* receptive.

receptor, a [reθep'tor, a] *nm/f* recipient // *nm* (*TEL*) receiver.

recesión [reθe'sjon] *nf* (*COM*) recession.

receta [re'θeta] *nf* (*CULIN*) recipe; (*MED*) prescription.

recibidor, a [reßi'ðor, a] *nm* entrance

hall.

recibimiento [reθiβi'mjento] nm reception, welcome.

recibir [reθi'βir] vt to receive; (dar la bienvenida) to welcome // vi to entertain; ~se vr: ~se de (AM) to qualify as; **recibo** nm receipt.

recién [re'θjen] ad recently, newly; los ~ casados the newly-weds; el ~ llegado the newcomer; el ~ nacido the newborn child.

reciente [re'θjente] a recent; (fresco) fresh; ~**mente** ad recently.

recinto [re'θinto] nm enclosure; (área) area, place.

recio, a [re'θjo, a] a strong, tough; (voz) loud // ad hard; loud(ly).

recipiente [reθi'pjente] nm receptacle.

reciprocidad [reθiproθi'ðað] nf reciprocity; **recíproco, a** a reciprocal.

recital [reθi'tal] nm (MUS) recital; (LITERATURA) reading.

recitar [reθi'tar] vt to recite.

reclamación [reklama'θjon] nf claim, demand; (queja) complaint.

reclamar [rekla'mar] vt to claim, demand // vi: ~ **contra** to complain about; ~ a uno en justicia to take sb to court; **reclamo** nm (anuncio) advertisement; (tentación) attraction.

reclinar [rekli'nar] vt to recline, lean; ~se vr to lean back.

recluir [reklu'ir] vt to intern, confine.

reclusión [reklu'sjon] nf (prisión) prison; (refugio) seclusion; ~ **perpetua** life imprisonment.

recluta [re'kluta] nm/f recruit // nf recruitment.

reclutamiento [rekluta'mjento] nm recruitment.

recobrar [reko'βrar] vt (salud) to recover; (rescatar) to get back; ~se vr to recover.

recodo [re'koðo] nm (de río, camino) bend.

recoger [reko'xer] vt to collect; (AGR) to harvest; (levantar) to pick up; (juntar) to gather; (pasar a buscar) to come for, get; (dar asilo) to give shelter to; (faldas) to gather up; (pelo) to put up; ~se vr (retirarse) to retire; **recogido, a** a (lugar) quiet, secluded; (pequeño) small // nf (CORREOS) collection; (AGR) harvest.

recolección [rekolek'θjon] nf (AGR) harvesting; (colecta) collection.

recomendación [rekomenda'θjon] nf (sugerencia) suggestion, recommendation; (referencia) reference.

recomendar [rekomen'dar] vt to suggest, recommend; (confiar) to entrust.

recompensa [rekom'pensa] nf reward, recompense; **recompensar** vt to reward, recompense.

recomponer [rekompo'ner] vt to mend.

reconciliación [rekonθilja'θjon] nf reconciliation.

reconciliar [rekonθi'ljar] vt to reconcile; ~se vr to become reconciled.

recóndito, a [re'kondito, a] a (lugar) hidden, secret.

reconfortar [rekonfor'tar] vt to comfort.

reconocer [rekono'θer] vt to recognize; (registrar) to search; (MED) to examine; **reconocido, a** a recognized; (agradecido) grateful; **reconocimiento** nm recognition; search; examination; gratitude; (confesión) admission.

reconquista [rekon'kista] nf reconquest; la R~ the Reconquest (of Spain).

reconstituyente [rekonstitu'jente] nm tonic.

reconstruir [rekonstru'ir] vt to reconstruct.

reconversión [rekonβer'sjon] nf: ~ industrial industrial rationalization.

recopilación [rekopila'θjon] nf (resumen) summary; (compilación) compilation; **recopilar** vt to compile.

récord ['rekorð] a inv, nm record.

recordar [rekor'ðar] vt (acordarse de) to remember; (acordar a otro) to remind // vi to remember.

recorrer [reko'rrer] vt (país) to cross, travel through; (distancia) to cover; (registrar) to search; (repasar) to look over; **recorrido** nm run, journey; tren de largo recorrido main-line train.

recortado, a [rekor'taðo, a] a uneven, irregular.

recortar [rekor'tar] vt to cut out; **recorte** nm (acción, de prensa) cutting; (de telas, chapas) trimming.

recostado, a [rekos'taðo, a] a leaning; estar ~ to be lying down.

recostar [rekos'tar] vt to lean; ~se vr to lie down.

recoveco [reko'βeko] nm (de camino, río etc) bend; (en casa) cubbyhole.

recreación [rekrea'θjon] nf recreation.

recrear [rekre'ar] vt (entretener) to entertain; (volver a crear) to recreate; **recreativo, a** a recreational; **recreo** nm recreation; (ESCOL) break, playtime.

recriminar [rekrimi'nar] vt to reproach // vi to recriminate; ~se vr to reproach each other.

recrudecer [rekruðe'θer] vt, vi, **recrudecerse** vr to worsen.

recrudecimiento [rekruðeθi'mjento] nm upsurge.

recta ['rekta] nf ver **recto**.

rectángulo, a [rek'tangulo, a] a rectangular // nm rectangle.

rectificar [rektifi'kar] vt to rectify; (volverse recto) to straighten // vi to correct o.s.

rectitud [rekti'tuð] nf straightness; (fig) rectitude.

recto, a ['rekto, a] a straight; (persona)

honest, upright // *nm* rectum // *nf* straight line.
rector, a [rek'tor, a] *a* governing.
recua ['rekwa] *nf* mule train.
recuadro [re'kwaðro] *nm* box; (*TIPO-GRAFIA*) inset.
recuento [re'kwento] *nm* inventory; **hacer el ~ de** to count *o* reckon up.
recuerdo [re'kwerðo] *nm* souvenir; **~s** *nmpl* memories; **¡~s a tu madre!** give my regards to your mother!
recular [reku'lar] *vi* to back down.
recuperable [rekupe'raßle] *a* recoverable.
recuperación [rekupera'θjon] *nf* recovery.
recuperar [rekupe'rar] *vt* to recover; (*tiempo*) to make up; **~se** *vr* to recuperate.
recurrir [reku'rrir] *vi* (*JUR*) to appeal; **~ a** to resort to; (*persona*) to turn to; **recurso** *nm* resort; (*medios*) means *pl*, resources *pl*; (*JUR*) appeal.
recusar [reku'sar] *vt* to reject, refuse.
rechazar [retʃa'θar] *vt* to repel, drive back; (*idea*) to reject; (*oferta*) to turn down.
rechazo [re'tʃaθo] *nm* (*de fusil*) recoil; (*rebote*) rebound; (*negación*) rebuff.
rechifla [re'tʃifla] *nf* hissing, booing; (*fig*) derision.
rechiflar [retʃi'flar] *vt* to hiss, boo.
rechinar [retʃi'nar] *vi* to creak; (*dientes*) to grind.
rechistar [retʃis'tar] *vi*: **sin ~** without a murmur.
rechoncho, a [re'tʃontʃo, a] *a* (*fam*) thickset (*Brit*), heavy-set (*US*).
red [reð] *nf* net, mesh; (*FERRO etc*) network; (*trampa*) trap.
redacción [reðak'θjon] *nf* (*acción*) editing; (*personal*) editorial staff; (*ESCOL*) essay, composition.
redactar [reðak'tar] *vt* to draw up, draft; (*periódico*) to edit.
redactor, a [reðak'tor, a] *nm/f* editor.
redada [re'ðaða] *nf*: **~ policial** police raid, round-up.
rededor [reðe'ðor] *nm*: **al** *o* **en ~** around, round about.
redención [reðen'θjon] *nf* redemption; **redentor, a** *a* redeeming.
redescubrir [reðesku'ßrir] *vt* to rediscover.
redicho, a [re'ðitʃo, a] *a* affected.
redil [re'ðil] *nm* sheepfold.
redimir [reði'mir] *vt* to redeem.
rédito ['reðito] *nm* interest, yield.
redoblar [reðo'ßlar] *vt* to redouble // *vi* (*tambor*) to play a roll on the drums.
redomado, a [reðo'maðo, a] *a* (*astuto*) sly, crafty; (*perfecto*) utter.
redonda [re'ðonda] *nf ver* **redondo**.
redondear [reðonde'ar] *vt* to round, round off.

redondel [reðon'del] *nm* (*círculo*) circle; (*TAUR*) bullring, arena; (*AUTO*) roundabout.
redondo, a [re'ðondo, a] *a* (*circular*) round; (*completo*) complete // *nf*: **a la redonda** around, round about.
reducción [reðuk'θjon] *nf* reduction.
reducido, a [reðu'θiðo, a] *a* reduced; (*limitado*) limited; (*pequeño*) small.
reducir [reðu'θir] *vt* to reduce; to limit; **~se** *vr* to diminish.
redundancia [reðun'danθja] *nf* redundancy.
reembolsar [re(e)mbol'sar] *vt* (*persona*) to reimburse; (*dinero*) to repay, pay back; (*depósito*) to refund; **reembolso** *nm* reimbursement; refund.
reemplazar [re(e)mpla'θar] *vt* to replace; **reemplazo** *nm* replacement; **de reemplazo** (*MIL*) reserve.
referencia [refe'renθja] *nf* reference; **con ~ a** with reference to.
referéndum [refe'rendum] (*pl* **~s**) *nm* referendum.
referente [refe'rente] *a*: **~ a** concerning, relating to.
referir [refe'rir] *vt* (*contar*) to tell, recount; (*relacionar*) to refer, relate; **~se** *vr*: **~se a** to refer to.
refilón [refi'lon]: **de ~** *ad* obliquely.
refinado, a [refi'naðo, a] *a* refined.
refinamiento [refina'mjento] *nm* refinement.
refinar [refi'nar] *vt* to refine; **refinería** *nf* refinery.
reflejar [refle'xar] *vt* to reflect; **reflejo, a** *a* reflected; (*movimiento*) reflex // *nm* reflection; (*ANAT*) reflex.
reflexión [reflek'sjon] *nf* reflection; **reflexionar** *vt* to reflect on // *vi* to reflect; (*detenerse*) to pause (to think).
reflexivo, a [reflek'sißo, a] *a* thoughtful; (*LING*) reflexive.
reflujo [re'fluxo] *nm* ebb.
reforma [re'forma] *nf* reform; (*ARQ etc*) repair; **~ agraria** agrarian reform.
reformar [refor'mar] *vt* to reform; (*modificar*) to change, alter; (*ARQ*) to repair; **~se** *vr* to mend one's ways.
reformatorio [reforma'torjo] *nm* reformatory.
reforzar [refor'θar] *vt* to strengthen; (*ARQ*) to reinforce; (*fig*) to encourage.
refractario, a [refrak'tarjo, a] *a* (*TEC*) heat-resistant.
refrán [re'fran] *nm* proverb, saying.
refregar [refre'xar] *vt* to scrub.
refrenar [refre'nar] *vt* to check, restrain.
refrendar [refren'dar] *vt* (*firma*) to endorse, countersign; (*ley*) to approve.
refrescante [refres'kante] *a* refreshing, cooling.
refrescar [refres'kar] *vt* to refresh // *vi* to cool down; **~se** *vr* to get cooler; (*tomar aire fresco*) to go out for a breath of

fresh air; (*beber*) to have a drink.
refresco [re'fresko] *nm* soft drink, cool drink; '~s' refreshments'.
refriega [re'frjeɣa] *nf* scuffle, brawl.
refrigeración [refrixera'θjon] *nf* refrigeration; (*de sala*) air-conditioning.
refrigerador [refrixera'ðor] *nm*, **refrigeradora** [-a] *nf* (*AM*) refrigerator (*Brit*), icebox (*US*).
refrigerar [refrixe'rar] *vt* to refrigerate; (*sala*) to air-condition.
refuerzo [re'fwerθo] *nm* reinforcement; (*TEC*) support.
refugiado, a [refu'xjaðo, a] *nm/f* refugee.
refugiarse [refu'xjarse] *vr* to take refuge, shelter.
refugio [re'fuxjo] *nm* refuge; (*protección*) shelter.
refulgir [reful'xir] *vi* to shine, be dazzling.
refunfuñar [refunfu'ɲar] *vi* to grunt, growl; (*quejarse*) to grumble.
refutar [refu'tar] *vt* to refute.
regadera [reɣa'ðera] *nf* watering can.
regadío [reɣa'ðio] *nm* irrigated land.
regalado, a [reɣa'laðo, a] *a* comfortable, luxurious; (*gratis*) free, for nothing.
regalar [reɣa'lar] *vt* (*dar*) to give (as a present); (*entregar*) to give away; (*mimar*) to pamper, make a fuss of.
regalía [reɣa'lia] *nf* privilege, prerogative; (*COM*) bonus; (*de autor*) royalty.
regaliz [reɣa'liθ] *nm* liquorice.
regalo [re'ɣalo] *nm* (*obsequio*) gift, present; (*gusto*) pleasure; (*comodidad*) comfort.
regalón, ona [reɣa'lon, ona] *a* spoiled, pampered.
regañadientes [reɣaɲa'ðjentes]: **a ~** *ad* reluctantly.
regañar [reɣa'ɲar] *vt* to scold // *vi* to grumble; **regaño** *nm* scolding, telling-off; (*queja*) grumble; **regañón, ona** *a* nagging.
regar [re'ɣar] *vt* to water, irrigate; (*fig*) to scatter, sprinkle.
regatear [reɣate'ar] *vt* (*COM*) to bargain over; (*escatimar*) to be mean with // *vi* to bargain, haggle; (*DEPORTE*) to dribble; **regateo** *nm* bargaining; dribbling; (*del cuerpo*) swerve, dodge.
regazo [re'ɣaθo] *nm* lap.
regeneración [rexenera'θjon] *nf* regeneration.
regenerar [rexene'rar] *vt* to regenerate.
regentar [rexen'tar] *vt* to direct, manage; **regente** *nm* (*COM*) manager; (*POL*) regent.
régimen ['reximen] (*pl* **regímenes**) *nm* regime; (*MED*) diet.
regimiento [rexi'mjento] *nm* regiment.
regio, a ['rexjo, a] *a* royal, regal; (*fig: suntuoso*) splendid; (*AM fam*) great, terrific.
región [re'xjon] *nf* region; **regionalista**

nm/f regionalist.
regir [re'xir] *vt* to govern, rule; (*dirigir*) to manage, run // *vi* to apply, be in force.
registrador [rexistra'ðor] *nm* registrar, recorder.
registrar [rexis'trar] *vt* (*buscar*) to search; (: *en cajón*) to look through; (*inspeccionar*) to inspect; (*anotar*) to register, record; (*INFORM*) to log; **~se** *vr* to register; (*ocurrir*) to happen.
registro [re'xistro] *nm* (*acto*) registration; (*MUS, libro*) register; (*inspección*) inspection, search; **~ civil** registry office.
regla ['reɣla] *nf* (*ley*) rule, regulation; (*de medir*) ruler, rule; (*MED*: *período*) period.
reglamentación [reɣlamenta'θjon] *nf* (*acto*) regulation; (*lista*) rules *pl*.
reglamentar [reɣlamen'tar] *vt* to regulate; **reglamentario, a** *a* statutory; **reglamento** *nm* rules *pl*, regulations *pl*.
reglar [re'ɣlar] *vt* (*acciones*) to regulate.
regocijarse [reɣoθi'xarse] *vr* (*pasarlo bien*) to have a good time; (*alegrarse*) to rejoice; **regocijo** *nm* joy, happiness.
regodearse [reɣoðe'arse] *vr* to be glad, be delighted; **regodeo** *nm* delight.
regresar [reɣre'sar] *vi* to come back, go back, return; **regresivo, a** *a* backward; (*fig*) regressive; **regreso** *nm* return.
reguero [re'ɣero] *nm* (*de sangre etc*) trickle; (*de humo*) trail.
regulador [reɣula'ðor] *nm* regulator; (*de radio etc*) knob, control.
regular [reɣu'lar] *a* regular; (*normal*) normal, usual; (*común*) ordinary; (*organizado*) regular, orderly; (*mediano*) average; (*fam*) not bad, so-so // *ad* so-so, alright // *vt* (*controlar*) to control, regulate; (*TEC*) to adjust; **por lo ~** as a rule; **~idad** *nf* regularity; **~izar** *vt* to regularize.
regusto [re'ɣusto] *nm* aftertaste.
rehabilitación [reaβilita'θjon] *nf* rehabilitation; (*ARQ*) restoration.
rehabilitar [reaβili'tar] *vt* to rehabilitate; (*ARQ*) to restore; (*reintegrar*) to reinstate.
rehacer [rea'θer] *vt* (*reparar*) to mend, repair; (*volver a hacer*) to redo, repeat; **~se** *vr* (*MED*) to recover.
rehén [re'en] *nm* hostage.
rehuir [reu'ir] *vt* to avoid, shun.
rehusar [reu'sar] *vt, vi* to refuse.
reina ['reina] *nf* queen; **~do** *nm* reign.
reinante [rei'nante] *a* (*fig*) prevailing.
reinar [rei'nar] *vi* to reign.
reincidir [reinθi'ðir] *vi* to relapse.
reincorporarse [reinkorpo'rarse] *vr*: **~ a** to rejoin.
reino ['reino] *nm* kingdom; **el R~ Unido** the United Kingdom.
reintegrar [reinte'ɣrar] *vt* (*reconstituir*) to reconstruct; (*persona*) to reinstate;

(*dinero*) to refund, pay back; ~se *vr*: ~se a to return to.

reír [re'ir] *vi*, **reírse** *vr* to laugh; ~se de to laugh at.

reiterar [reite'rar] *vt* to reiterate.

reivindicación [reißindika'θjon] *nf* (*demanda*) claim, demand; (*justificación*) vindication.

reivindicar [reißindi'kar] *vt* to claim.

reja ['rexa] *nf* (*de ventana*) grille, bars *pl*; (*en la calle*) grating.

rejilla [re'xiʎa] *nf* grating, grille; (*muebles*) wickerwork; (*de ventilación*) vent; (*de coche etc*) luggage rack.

rejoneador [rexonea'ðor] *nm* mounted bullfighter.

rejuvenecer [rexußene'θer] *vt*, *vi* to rejuvenate.

relación [rela'θjon] *nf* relation, relationship; (*MAT*) ratio; (*narración*) report; **relaciones públicas** public relations; **con ~ a, en ~ con** in relation to; **relacionar** *vt* to relate, connect; **relacionarse** *vr* to be connected, be linked.

relajación [relaxa'θjon] *nf* relaxation.

relajado, a [rela'xaðo, a] *a* (*disoluto*) loose; (*cómodo*) relaxed; (*MED*) ruptured.

relajar [rela'xar] *vt*, **relajarse** *vr* to relax.

relamerse [rela'merse] *vr* to lick one's lips.

relamido, a [rela'miðo, a] *a* (*pulcro*) overdressed; (*afectado*) affected.

relámpago [re'lampaɣo] *nm* flash of lightning; **visita/huelga ~** lightning visit/strike; **relampaguear** *vi* to flash.

relatar [rela'tar] *vt* to tell, relate.

relativo, a [rela'tiβo, a] *a* relative; **en lo ~ a** concerning.

relato [re'lato] *nm* (*narración*) story, tale.

relax [re'la(k)s] *nm*: **hacer ~** to relax.

relegar [rele'ɣar] *vt* to relegate.

relevante [rele'βante] *a* eminent, outstanding.

relevar [rele'βar] *vt* (*sustituir*) to relieve; **~se** *vr* to relay; **~ a uno de un cargo** to relieve sb of his post.

relevo [re'leβo] *nm* relief; **carrera de ~s** relay race.

relieve [re'ljeβe] *nm* (*ARTE, TEC*) relief; (*fig*) prominence, importance; **bajo ~** bas-relief.

religión [reli'xjon] *nf* religion; **religioso, a** *a* religious // *nm/f* monk/nun.

relinchar [relin'tʃar] *vi* to neigh; **relincho** *nm* neigh; (*acto*) neighing.

reliquia [re'likja] *nf* relic; **~ de familia** heirloom.

reloj [re'lo(x)] *nm* clock; **~ (de pulsera)** wristwatch; **~ (de) despertador** alarm (clock); **poner el ~** to set one's watch (o the clock); **~ero, a** *nm/f* clockmaker; watchmaker.

reluciente [relu'θjente] *a* brilliant, shining.

relucir [relu'θir] *vi* to shine; (*fig*) to excel.

relumbrar [relum'brar] *vi* to dazzle, shine brilliantly.

rellano [re'ʎano] *nm* (*ARQ*) landing.

rellenar [reʎe'nar] *vt* (*llenar*) to fill up; (*CULIN*) to stuff; (*COSTURA*) to pad; **relleno, a** *a* full up; stuffed // *nm* stuffing; (*de tapicería*) padding.

remachar [rema'tʃar] *vt* to rivet; (*fig*) to hammer home, drive home; **remache** *nm* rivet.

remanente [rema'nente] *nm* remainder; (*COM*) balance; (*de producto*) surplus.

remangar [reman'gar] *vt* to roll up.

remanso [re'manso] *nm* pool.

remar [re'mar] *vi* to row.

rematado, a [rema'taðo, a] *a* complete, utter.

rematar [rema'tar] *vt* to finish off; (*COM*) to sell off cheap // *vi* to end, finish off; (*DEPORTE*) to shoot.

remate [re'mate] *nm* end, finish; (*punta*) tip; (*DEPORTE*) shot; (*ARQ*) top; (*COM*) auction sale; **de o para ~** to crown it all (*Brit*), to top it off.

remedar [reme'ðar] *vt* to imitate.

remediar [reme'ðjar] *vt* to remedy; (*subsanar*) to make good, repair; (*evitar*) to avoid.

remedio [re'meðjo] *nm* remedy; (*alivio*) relief, help; (*JUR*) recourse, remedy; **poner ~ a** to correct, stop; **no tener más ~** to have no alternative; **¡qué ~!** there's no choice!; **sin ~** hopeless.

remedo [re'meðo] *nm* imitation; (*pey*) parody.

remendar [remen'dar] *vt* to repair; (*con parche*) to patch.

remesa [re'mesa] *nf* remittance; (*COM*) shipment.

remiendo [re'mjendo] *nm* mend; (*con parche*) patch; (*cosido*) darn.

remilgado, a [remil'ɣaðo, a] *a* prim; (*afectado*) affected.

remilgo [re'milɣo] *nm* primness; (*afectación*) affectation.

reminiscencia [reminis'θenθja] *nf* reminiscence.

remiso, a [re'miso, a] *a* slack, slow.

remitir [remi'tir] *vt* to remit, send // *vi* to slacken; (*en carta*) **remite: X** sender: X; **remitente** *nm/f* sender.

remo [re'mo] *nm* (*de barco*) oar; (*DEPORTE*) rowing.

remojar [remo'xar] *vt* to steep, soak; (*galleta etc*) to dip, dunk.

remojo [re'moxo] *nm*: **dejar la ropa en ~** to leave clothes to soak.

remolacha [remo'latʃa] *nf* beet, beetroot.

remolcador [remolka'ðor] *nm* (*NAUT*) tug; (*AUTO*) breakdown lorry.

remolcar [remol'kar] *vt* to tow.

remolino [remo'lino] *nm* eddy; (*de*

agua) whirlpool; (*de viento*) whirlwind; (*de gente*) crowd.

remolque [re'molke] *nm* tow, towing; (*cuerda*) towrope; **llevar a ~** to tow.

remontar [remon'tar] *vt* to mend; **~se** *vr* to soar; **~se a** (*COM*) to amount to; **~ el vuelo** to soar.

remorder [remor'ðer] *vt* to distress, disturb; **~le la conciencia a uno** to have a guilty conscience; **remordimiento** *nm* remorse.

remoto, a [re'moto, a] *a* remote.

remover [remo'ßer] *vt* to stir; (*tierra*) to turn over; (*objetos*) to move round.

remozar [remo'θar] *vt* (*ARQ*) to refurbish.

remuneración [remunera'θjon] *nf* remuneration.

remunerar [remune'rar] *vt* to remunerate; (*premiar*) to reward.

renacer [rena'θer] *vi* to be reborn; (*fig*) to revive; **renacimiento** *nm* rebirth; **el Renacimiento** the Renaissance.

renacuajo [rena'kwaxo] *nm* (*ZOOL*) tadpole.

renal [re'nal] *a* renal, kidney *cpd*.

rencilla [ren'θiʎa] *nf* quarrel.

rencor [ren'kor] *nm* rancour, bitterness; **~oso, a** *a* spiteful.

rendición [rendi'θjon] *nf* surrender.

rendido, a [ren'diðo, a] *a* (*sumiso*) submissive; (*cansado*) worn-out, exhausted.

rendija [ren'dixa] *nf* (*hendedura*) crack, cleft.

rendimiento [rendi'mjento] *nm* (*producción*) output; (*TEC, COM*) efficiency.

rendir [ren'dir] *vt* (*vencer*) to defeat; (*producir*) to produce; (*dar beneficio*) to yield; (*agotar*) to exhaust // *vi* to pay; **~se** *vr* (*someterse*) to surrender; (*cansarse*) to wear o.s. out; **~ homenaje** o **culto a** to pay homage to.

renegado, a [rene'xaðo, a] *a, nm/f* renegade.

renegar [rene'xar] *vi* (*renunciar*) to renounce; (*blasfemar*) to blaspheme; (*quejarse*) to complain.

RENFE ['renfe] *nf abr* (= *Red Nacional de los Ferrocarriles Españoles*) ≈ BR (*Brit*).

renglón [ren'glon] *nm* (*línea*) line; (*COM*) item, article; **a ~ seguido** immediately after.

renombrado, a [renom'braðo, a] *a* renowned.

renombre [re'nombre] *nm* renown.

renovación [renoßa'θjon] *nf* (*de contrato*) renewal; (*ARQ*) renovation.

renovar [reno'ßar] *vt* to renew; (*ARQ*) to renovate.

renta ['renta] *nf* (*ingresos*) income; (*beneficio*) profit; (*alquiler*) rent; **~ vitalicia** annuity; **rentable** *a* profitable; **rentar** *vt* to produce, yield.

rentista [ren'tista] *nm/f* (*accionista*)

stockholder.

renuencia [re'nwenθja] *nf* reluctance.

renuncia [re'nunθja] *nf* resignation.

renunciar [renun'θjar] *vt* to renounce // *vi* to resign; **~ a hacer algo** to give up doing sth.

reñido, a [re'niðo, a] *a* (*batalla*) bitter, hard-fought; **estar ~ con uno** to be on bad terms with sb.

reñir [re'nir] *vt* (*regañar*) to scold // *vi* (*estar peleado*) to quarrel, fall out; (*combatir*) to fight.

reo ['reo] *nm/f* culprit, offender; **~ de muerte** prisoner condemned to death.

reojo [re'oxo]: **de ~** *ad* out of the corner of one's eye.

reparación [repara'θjon] *nf* (*acto*) mending, repairing; (*TEC*) repair; (*fig*) amends, reparation.

reparar [repa'rar] *vt* to repair; (*fig*) to make amends for; (*observar*) to observe // *vi*: **~ en** (*darse cuenta de*) to notice; (*prestar atención a*) to pay attention to.

reparo [re'paro] *nm* (*advertencia*) observation; (*duda*) doubt; (*dificultad*) difficulty; **poner ~s (a)** to raise objections (to).

repartición [reparti'θjon] *nf* distribution; (*división*) division; **repartidor, a** *nm/f* distributor.

repartir [repar'tir] *vt* to distribute, share out; (*CORREOS*) to deliver; **reparto** *nm* distribution; delivery; (*TEATRO, CINE*) cast; (*AM: urbanización*) housing estate (*Brit*), real estate development (*US*).

repasar [repa'sar] *vt* (*ESCOL*) to revise; (*MECANICA*) to check, overhaul; (*COSTURA*) to mend; **repaso** *nm* revision; overhaul, checkup; mending.

repatriar [repa'trjar] *vt* to repatriate.

repecho [re'petʃo] *nm* steep incline.

repelente [repe'lente] *a* repellent, repulsive.

repeler [repe'ler] *vt* to repel.

repensar [repen'sar] *vt* to reconsider.

repente [re'pente] *nm*: **de ~** suddenly; **~ de ira** fit of anger.

repentino, a [repen'tino, a] *a* sudden.

repercusión [reperku'sjon] *nf* repercussion.

repercutir [reperku'tir] *vi* (*objeto*) to rebound; (*sonido*) to echo; **~ en** (*fig*) to have repercussions on.

repertorio [reper'torjo] *nm* list; (*TEATRO*) repertoire.

repetición [repeti'θjon] *nf* repetition.

repetir [repe'tir] *vt* to repeat; (*plato*) to have a second helping of // *vi* to repeat; (*sabor*) to come back; **~se** *vr* (*volver sobre un tema*) to repeat o.s.

repicar [repi'kar] *vt* (*campanas*) to ring.

repique [re'pike] *nm* pealing, ringing; **~teo** *nm* pealing; (*de tambor*) drumming.

repisa [re'pisa] *nf* ledge, shelf; (*de*

ventana) windowsill; ~ **de chimenea** mantelpiece.

repito *etc vb ver* **repetir**.

replegarse [reple'varse] *vr* to fall back, retreat.

repleto, a [re'pleto, a] *a* replete, full up.

réplica ['replika] *nf* answer; (*ARTE*) replica.

replicar [repli'kar] *vi* to answer; (*objetar*) to argue, answer back.

repliegue [re'pljeɣe] *nm* (*MIL*) withdrawal.

repoblación [repoβla'θjon] *nf* repopulation; (*de río*) restocking; ~ **forestal** reafforestation.

repoblar [repo'ßlar] *vt* to repopulate; (*con árboles*) to reafforest.

repollo [re'poʎo] *nm* cabbage.

reponer [repo'ner] *vt* to replace, put back; (*TEATRO*) to revive; ~**se** *vr* to recover; ~ **que** to reply that.

reportaje [repor'taxe] *nm* report, article.

reportero, a [repor'tero, a] *nm/f* reporter.

reposacabezas [reposaka'ßeθas] *nm inv* headrest.

reposado, a [repo'saðo, a] *a* (*descansado*) restful; (*tranquilo*) calm.

reposar [repo'sar] *vi* to rest, repose.

reposición [reposi'θjon] *nf* replacement; (*CINE*) remake.

reposo [re'poso] *nm* rest.

repostar [repos'tar] *vt* to replenish; (*AUTO*) to fill up (with petrol (*Brit*) *o* gasoline (*US*)).

repostería [reposte'ria] *nf* confectioner's (shop); **repostero, a** *nm/f* confectioner.

reprender [repren'der] *vt* to reprimand.

represa [re'presa] *nf* dam; (*lago artificial*) lake, pool.

represalia [repre'salja] *nf* reprisal.

representación [representa'θjon] *nf* representation; (*TEATRO*) performance; **representante** *nm/f* representative; performer.

representar [represen'tar] *vt* to represent; (*TEATRO*) to perform; (*edad*) to look; ~**se** *vr* to imagine; **representativo, a** *a* representative.

represión [repre'sjon] *nf* repression.

reprimenda [repri'menda] *nf* reprimand, rebuke.

reprimir [repri'mir] *vt* to repress.

reprobar [repro'ßar] *vt* to censure, reprove.

réprobo, a ['reproßo, a] *nm/f* reprobate.

reprochar [repro't∫ar] *vt* to reproach; **reproche** *nm* reproach.

reproducción [reproðuk'θjon] *nf* reproduction.

reproducir [reproðu'θir] *vt* to reproduce; ~**se** *vr* to breed; (*situación*) to recur.

reproductor, a [reproðuc'tor, a] *a* reproductive.

reptil [rep'til] *nm* reptile.

república [re'pußlika] *nf* republic; **republicano, a** *a*, *nm/f* republican.

repudiar [repu'ðjar] *vt* to repudiate; (*fe*) to renounce; **repudio** *nm* repudiation.

repuesto [re'pwesto] *nm* (*pieza de recambio*) spare (part); (*abastecimiento*) supply; **rueda de** ~ spare wheel.

repugnancia [repuɣ'nanθja] *nf* repugnance; **repugnante** *a* repugnant, repulsive.

repugnar [repuɣ'nar] *vt* to disgust.

repujar [repu'xar] *vt* to emboss.

repulsa [re'pulsa] *nf* rebuff.

repulsión [repul'sjon] *nf* repulsion, aversion; **repulsivo, a** *a* repulsive.

reputación [reputa'θjon] *nf* reputation.

reputar [repu'tar] *vt* to consider, deem.

requemado, a [reke'maðo, a] *a* (*quemado*) scorched; (*bronceado*) tanned.

requerimiento [rekeri'mjento] *nm* request; (*JUR*) summons.

requerir [reke'rir] *vt* (*pedir*) to ask, request; (*exigir*) to require; (*llamar*) to send for, summon.

requesón [reke'son] *nm* cottage cheese.

requete... [rekete] *pref* extremely.

réquiem ['rekjem] (*pl* ~s) *nm* requiem.

requisa [re'kisa] *nf* (*inspección*) survey, inspection; (*MIL*) requisition.

requisito [reki'sito] *nm* requirement, requisite.

res [res] *nf* beast, animal.

resabido, a [resa'ßiðo, a] *a*: **tener algo sabido y** ~ to know sth perfectly well.

resabio [re'saßjo] *nm* (*maña*) vice, bad habit; (*dejo*) (unpleasant) aftertaste.

resaca [re'saka] *nf* (*en el mar*) undertow, undercurrent; (*fig*) backlash; (*fam*) hangover.

resalado, a [resa'laðo, a] *a* (*fam*) lively.

resaltar [resal'tar] *vi* to project, stick out; (*fig*) to stand out.

resarcir [resar'θir] *vt* to compensate; ~**se** *vr* to make up for.

resbaladizo, a [resßala'ðiθo, a] *a* slippery.

resbalar [resßa'lar] *vi*, **resbalarse** *vr* to slip, slide; (*fig*) to slip (up); **resbalón** *nm* (*acción*) slip.

rescatar [reska'tar] *vt* (*salvar*) to save, rescue; (*objeto*) to get back, recover; (*cautivos*) to ransom.

rescate [res'kate] *nm* rescue; (*objeto*) covery; **pagar un** ~ to pay a ransom.

rescindir [resθin'dir] *vt* to rescind.

rescisión [resθi'sjon] *nf* cancellation.

rescoldo [res'koldo] *nm* embers *pl*.

resecar [rese'kar] *vt* to dry thoroughly; (*MED*) to cut out, remove; ~**se** *vr* to dry up.

reseco, a [re'seko, a] *a* very dry; (*fig*) skinny.

resentido, a [resen'tiðo, a] *a* resentful.

resentimiento [resenti'mjento] *nm* resentiment, bitterness.

resentirse [resen'tirse] *vr* (*debilitarse*: *persona*) to suffer; ~ **de** (*consecuencias*) to feel the effects of; ~ **de** (*o* **por**) **algo** to resent sth, be bitter about sth.

reseña [re'seɲa] *nf* (*cuenta*) account; (*informe*) report; (*LITERATURA*) review.

reseñar [rese'nar] *vt* to describe; (*LITERATURA*) to review.

reserva [re'serβa] *nf* reserve; (*reservación*) reservation; **a** ~ **de que** ... unless ...; **con toda** ~ in strictest confidence.

reservado, a [reser'βaðo, a] *a* reserved; (*retraído*) cold, distant // *nm* private room.

reservar [reser'βar] *vt* (*guardar*) to keep; (*habitación, entrada*) to reserve; ~**se** *vr* to save o.s.; (*callar*) to keep to o.s.

resfriado [resfri'aðo] *nm* cold; **resfriarse** *vr* to cool; (*MED*) to catch a cold.

resguardar [resɣwar'ðar] *vt* to protect, shield; ~**se** *vr*: ~**se de** to guard against; **resguardo** *nm* defence; (*vale*) voucher; (*recibo*) receipt, slip.

residencia [resi'ðenθja] *nf* residence; ~**l** *nf* (*urbanización*) housing estate.

residente [resi'ðente] *a, nm/f* resident.

residir [resi'ðir] *vi* to reside, live; ~ **en** to reside in, lie in.

residuo [re'siðwo] *nm* residue.

resignación [resiɣna'θjon] *nf* resignation; **resignarse** *vr*: **resignarse a** *o* **con** to resign o.s. to, be resigned to.

resina [re'sina] *nf* resin.

resistencia [resis'tenθja] *nf* (*dureza*) endurance, strength; (*oposición, ELEC*) resistance; **resistente** *a* strong, hardy; resistant.

resistir [resis'tir] *vt* (*soportar*) to bear; (*oponerse a*) to resist, oppose; (*aguantar*) to put up with // *vi* to resist; (*aguantar*) to last, endure; ~**se** *vr*: ~**se a** to refuse to, resist.

resma ['resma] *nf* ream.

resol [re'sol] *nm* glare of the sun.

resolución [resolu'θjon] *nf* resolution; (*decisión*) decision; **resoluto, a** *a* resolute.

resolver [resol'βer] *vt* to resolve; (*solucionar*) to solve, resolve; (*decidir*) to decide, settle; ~**se** *vr* to make up one's mind.

resollar [reso'ʎar] *vi* to breathe noisily, wheeze.

resonancia [reso'nanθja] *nf* (*del sonido*) resonance; (*repercusión*) repercussion; **resonante** *a* resonant, resounding; (*fig*) tremendous.

resonar [reso'nar] *vi* to ring, echo.

resoplar [reso'plar] *vi* to snort; **resoplido** *nm* heavy breathing.

resorte [re'sorte] *nm* spring; (*fig*) lever.

respaldar [respal'dar] *vt* to back (up), support; ~**se** *vr* to lean back; ~**se con** *o* **en** (*fig*) to take one's stand on; **respaldo**

nm (*de sillón*) back; (*fig*) support, backing.

respectivo, a [respek'tiβo, a] *a* respective; **en lo** ~ **a** with regard to.

respecto [res'pekto] *nm*: **al** ~ on this matter; **con** ~ **a**, ~ **de** with regard to, in relation to.

respetable [respe'taβle] *a* respectable.

respetar [respe'tar] *vt* to respect; **respeto** *nm* respect; (*acatamiento*) deference; **respetos** *nmpl* respects; **respetuoso, a** *a* respectful.

respingar [respin'gar] *vi* to shy; **respingo** *nm* start, jump.

respiración [respira'θjon] *nf* breathing; (*MED*) respiration; (*ventilación*) ventilation.

respirar [respi'rar] *vi* to breathe; **respiratorio, a** *a* respiratory; **respiro** *nm* breathing; (*fig*: *descanso*) respite.

resplandecer [resplande'θer] *vi* to shine; **resplandeciente** *a* resplendent, shining; **resplandor** *nm* brilliance, brightness; (*de luz, fuego*) blaze.

responder [respon'der] *vt* to answer // *vi* to answer; (*fig*) to respond; (*pey*) to answer back; ~ **de** *o* **por** to answer for; **respondón, ona** *a* cheeky.

responsabilidad [responsaβili'ðað] *nf* responsibility.

responsabilizarse [responsaβili'θarse] *vr* to make o.s. responsible, take charge.

responsable [respon'saβle] *a* responsible.

respuesta [res'pwesta] *nf* answer, reply.

resquebrajar [reskeβra'xar] *vt*, **resquebrajarse** *vr* to crack, split.

resquemor [reske'mor] *nm* resentment.

resquicio [res'kiθjo] *nm* chink; (*hendedura*) crack.

restablecer [restaβle'θer] *vt* to re-establish, restore; ~**se** *vr* to recover.

restallar [resta'ʎar] *vi* to crack.

restante [res'tante] *a* remaining; **lo** ~ the remainder.

restar [res'tar] *vt* (*MAT*) to subtract; (*fig*) to take away // *vi* to remain, be left.

restauración [restaura'θjon] *nf* restoration.

restaurante [restau'rante] *nm* restaurant.

restaurar [restau'rar] *vt* to restore.

restitución [restitu'θjon] *nf* return, restitution.

restituir [restitu'ir] *vt* (*devolver*) to return, give back; (*rehabilitar*) to restore.

resto ['resto] *nm* (*residuo*) rest, remainder; (*apuesta*) stake; ~**s** *nmpl* remains.

restregar [restre'var] *vt* to scrub, rub.

restricción [restrik'θjon] *nf* restriction.

restrictivo, a [restrik'tiβo, a] *a* restrictive.

restringir [restrin'xir] *vt* to restrict, limit.

resucitar [resuθi'tar] *vt, vi* to resuscitate,

revive.

resuelto, a *pp de* resolver // [re'swelto, a] *a* resolute, determined.

resuello [re'sweʎo] *nm* (*aliento*) breath; estar sin ~ to be breathless.

resultado [resul'taðo] *nm* result; (*conclusión*) outcome; **resultante** *a* resulting, resultant.

resultar [resul'tar] *vi* (*ser*) to be; (*llegar a ser*) to turn out to be; (*salir bien*) to turn out well; (*COM*) to amount to; ~ de to stem from; me resulta difícil hacerlo it's difficult for me to do it.

resumen [re'sumen] (*pl* resúmenes) *nm* summary, résumé; en ~ in short.

resumir [resu'mir] *vt* to sum up; (*cortar*) to abridge, cut down; (*condensar*) to summarize.

resurgir [resur'xir] *vi* (*reaparecer*) to reappear.

resurrección [resurre(k)'θjon] *nf* resurrection.

retablo [re'taβlo] *nm* altarpiece.

retaguardia [reta'ɣwarðja] *nf* rearguard.

retahíla [reta'ila] *nf* series, string.

retal [re'tal] *nm* remnant.

retar [re'tar] *vt* to challenge; (*desafiar*) to defy, dare.

retardar [retar'ðar] *vt* (*demorar*) to delay; (*hacer más lento*) to slow down; (*retener*) to hold back; **retardo** *nm* delay.

retazo [re'taðo] *nm* snippet (*Brit*), fragment.

rete... [rete] *pref* very, extremely.

retener [rete'ner] *vt* (*intereses*) to withhold.

retina [re'tina] *nf* retina.

retintín [retin'tin] *nm* jangle, jingle.

retirada [reti'raða] *nf* (*MIL*, *refugio*) retreat; (*de dinero*) withdrawal; (*de embajador*) recall; **retirado, a** *a* (*lugar*) remote; (*vida*) quiet; (*jubilado*) retired.

retirar [reti'rar] *vt* to withdraw; (*quitar*) to remove; (*jubilar*) to retire, pension off; ~se *vr* to retreat, withdraw; to retire; (*acostarse*) to retire, go to bed; **retiro** *nm* retreat; retirement; (*pago*) pension.

reto ['reto] *nm* dare, challenge.

retocar [reto'kar] *vt* (*fotografía*) to touch up, retouch.

retoño [re'toɲo] *nm* sprout, shoot; (*fig*) offspring, child.

retoque [re'toke] *nm* retouching.

retorcer [retor'θer] *vt* to twist; (*manos*, *lavado*) to wring; ~se *vr* to become twisted; (*mover el cuerpo*) to writhe.

retorcimiento [retorθi'mjento] *nm* twist, twisting.

retórica [re'torika] *nf* rhetoric; (*pey*) affectedness.

retornar [retor'nar] *vt* to return, give back // *vi* to return, go/come back;

retorno *nm* return.

retortijón [retorti'xon] *nm* twist, twisting.

retozar [reto'θar] *vi* (*juguetear*) to frolic, romp; (*saltar*) to gambol; **retozón, ona** *a* playful.

retracción [retrak'θjon] *nf* retraction.

retractarse [retrak'tarse] *vr* to retract; me retracto I take that back.

retraerse [retra'erse] *vr* to retreat, withdraw; **retraído, a** *a* shy, retiring; **retraimiento** *nm* retirement; (*timidez*) shyness.

retransmisión [retransmi'sjon] *nf* repeat (broadcast).

retransmitir [retransmi'tir] *vt* (*mensaje*) to relay; (*TV etc*) to repeat, retransmit; (: *en vivo*) to broadcast live.

retrasado, a [retra'saðo, a] *a* late; (*MED*) mentally retarded; (*país etc*) backward, underdeveloped.

retrasar [retra'sar] *vt* (*demorar*) to postpone, put off; (*retardar*) to slow down // *vi*, ~se *vr* (*atrasarse*) to be late; (*reloj*) to be slow; (*producción*) to fall (away); (*quedarse atrás*) to lag behind.

retraso [re'traso] *nm* (*demora*) delay; (*lentitud*) slowness; (*tardanza*) lateness; (*atraso*) backwardness; ~s *nmpl* arrears; llegar con ~ to arrive late; ~ mental mental deficiency.

retratar [retra'tar] *vt* (*ARTE*) to paint the portrait of; (*fotografiar*) to photograph; (*fig*) to depict, describe; ~se *vr* to have one's portrait painted; to have one's photograph taken; **retrato** *nm* portrait; (*fig*) likeness; **retrato-robot** *nm* identikit picture.

retreta [re'treta] *nf* retreat.

retrete [re'trete] *nm* toilet.

retribución [retriβu'θjon] *nf* (*recompensa*) reward; (*pago*) pay, payment.

retribuir [retri'βwir] *vt* (*recompensar*) to reward; (*pagar*) to pay.

retro... [retro] *pref* retro... .

retroactivo, a [retroak'tiβo, a] *a* retroactive, retrospective.

retroceder [retroθe'ðer] *vi* (*echarse atrás*) to move back(wards); (*fig*) to back down.

retroceso [retro'θeso] *nm* backward movement; (*MED*) relapse; (*fig*) backing down.

retrógrado, a [re'troɣraðo, a] *a* retrograde, retrogressive; (*POL*) reactionary.

retropropulsión [retropropul'sjon] *nf* jet propulsion.

retrospectivo, a [retrospek'tiβo, a] *a* retrospective.

retrovisor [retroβi'sor] *nm* rear-view mirror.

retumbar [retum'bar] *vi* to echo, resound.

reuma ['reuma], **reumatismo** [reuma-

'tismo] *nm* rheumatism.

reunificar [reunifi'kar] *vt* to reunify.

reunión [reu'njon] *nf (asamblea)* meeting; *(fiesta)* party.

reunir [reu'nir] *vt (juntar)* to reunite, join (together); *(recoger)* to gather (together); *(personas)* to get together; *(cualidades)* to combine; **~se** *vr (personas: en asamblea)* to meet, gather.

revalidar [reβali'ðar] *vt (ratificar)* to confirm, ratify.

revalorar [reβalo'rar], **revalorizar** [reβalori'θar] *vt* to revalue, reassess.

revancha [re'βantʃa] *nf* revenge.

revelación [reβela'θjon] *nf* revelation.

revelado [reβe'laðo] *nm* developing.

revelar [reβe'lar] *vt* to reveal; *(FOTO)* to develop.

reventar [reβen'tar] *vt* to burst, explode.

reventón [reβen'ton] *nm (AUTO)* blowout *(Brit)*, flat *(US)*.

reverberación [reβerβera'θjon] *nf* reverberation.

reverberar [reβerβe'rar] *vi* to reverberate.

reverencia [reβe'renθja] *nf* reverence; **reverenciar** *vt* to revere.

reverendo, a [reβe'rendo, a] *a* reverend.

reverente [reβe'rente] *a* reverent.

reverso [re'βerso] *nm* back, other side; *(de moneda)* reverse.

revertir [reβer'tir] *vi* to revert.

revés [re'βes] *nm* back, wrong side; *(fig)* reverse, setback; *(DEPORTE)* backhand; **al ~** the wrong way round; *(de arriba abajo)* upside down; *(ropa)* inside out; **volver algo al ~** to turn sth round; *(ropa)* to turn sth inside out.

revestir [reβes'tir] *vt (poner)* to put on; *(cubrir)* to cover, coat; **~ con** *o* **de** to invest with.

revisar [reβi'sar] *vt (examinar)* to check; *(texto etc)* to revise; **revisión** *nf* revision.

revisor, a [reβi'sor, a] *nm/f* inspector; *(FERRO)* ticket collector.

revista [re'βista] *nf* magazine, review; *(TEATRO)* revue; *(inspección)* inspection; **pasar ~ a** to review, inspect.

revivir [reβi'βir] *vi* to revive.

revocación [reβoka'θjon] *nf* repeal.

revocar [reβo'kar] *vt* to revoke.

revolcarse [reβol'karse] *vr* to roll about.

revolotear [reβolote'ar] *vi* to flutter.

revoltijo [reβol'tixo] *nm* mess, jumble.

revoltoso, a [reβol'toso, a] *a (travieso)* naughty, unruly.

revolución [reβolu'θjon] *nf* revolution; **revolucionar** *vt* to revolutionize; **revolucionario, a** *a, nm/f* revolutionary.

revolver [reβol'βer] *vt (desordenar)* to disturb, mess up; *(mover)* to move about; *(POL)* to stir up // *vi*: **~ en** to go through, rummage (about) in; **~se** *vr*

(volver contra) to turn on *o* against.

revólver [re'βolβer] *nm* revolver.

revuelo [re'βwelo] *nm* fluttering; *(fig)* commotion.

revuelto, a *pp de* **revolver** // [re'βwelto, a] *a (mezclado)* mixed-up, in disorder // *nf (motín)* revolt; *(agitación)* commotion.

revulsivo [reβul'siβo] *nm* enema.

rey [rei] *nm* king; **Día de R~es** Epiphany.

reyerta [re'jerta] *nf* quarrel, brawl.

rezagado, a [reθa'xaðo, a] *nm/f* straggler.

rezagar [reθa'xar] *vt (dejar atrás)* to leave behind; *(retrasar)* to delay, postpone.

rezar [re'θar] *vi* to pray; **~ con** *(fam)* to concern, have to do with; **rezo** *nm* prayer.

rezongar [reθon'gar] *vi* to grumble.

rezumar [reθu'mar] *vt* to ooze.

ría ['ria] *nf* estuary.

riada [ri'aða] *nf* flood.

ribera [ri'βera] *nf (de río)* bank; *(: área)* riverside.

ribete [ri'βete] *nm (de vestido)* border; *(fig)* addition; **~ar** *vt* to edge, border.

ricino [ri'θino] *nm*: **aceite de ~** castor oil.

rico, a [ri'ko, a] *a* rich; *(adinerado)* wealthy, rich; *(lujoso)* luxurious; *(comida)* delicious; *(niño)* lovely, cute // *nm/f* rich person.

rictus ['riktus] *nm (mueca)* sneer, grin.

ridiculez [riðiku'leθ] *nf* absurdity.

ridiculizar [riðikuli'θar] *vt* to ridicule.

ridículo, a [ri'ðikulo, a] *a* ridiculous; **hacer el ~** to make a fool of o.s.; **poner a uno en ~** to make a fool of sb.

riego ['rjexo] *nm (aspersión)* watering; *(irrigación)* irrigation.

riel [rjel] *nm* rail.

rienda ['rjenda] *nf* rein; **dar ~ suelta a** to give free rein to.

riesgo ['rjesxo] *nm* risk; **correr el ~ de** to run the risk of.

rifa ['rifa] *nf (lotería)* raffle; **rifar** *vt* to raffle.

rifle ['rifle] *nm* rifle.

rigidez [rixi'ðeθ] *nf* rigidity, stiffness; *(fig)* strictness; **rígido, a** *a* rigid, stiff; strict, inflexible.

rigor [ri'xor] *nm* strictness, rigour; *(inclemencia)* harshness; **de ~** de rigueur, essential; **riguroso, a** *a* rigorous; harsh; *(severo)* severe.

rimar [ri'mar] *vi* to rhyme.

rimbombante [rimbom'bante] *a (fig)* pompous.

rímel, rimmel ['rimel] *nm* mascara.

rincón [rin'kon] *nm* corner *(inside)*.

rinoceronte [rinoθe'ronte] *nm* rhinoceros.

riña ['riɲa] *nf (disputa)* argument; *(pelea)* brawl.

riñón [ri'ɲon] *nm* kidney; **tener riñones**

to have guts.

río *etc vb ver* **reír** // ['rio] *nm* river; (*fig*) torrent, stream; ~ **abajo/arriba** downstream/upstream; ~ **de la Plata** River Plate.

rioja [ri'oxa] *nm* (*vino*) rioja (wine).

rioplatense [riopla'tense] *a* of o from the River Plate region.

riqueza [ri'keθa] *nf* wealth, riches *pl*; (*cualidad*) richness.

risa ['risa] *nf* laughter; (*una* ~) laugh; ¡qué ~! what a laugh!

risco ['risko] *nm* crag, cliff.

risible [ri'sißle] *a* ludicrous, laughable.

risotada [riso'taða] *nf* guffaw, loud laugh.

ristra ['ristra] *nf* string.

risueño, a [ri'sweno, a] *a* (*sonriente*) smiling; (*contento*) cheerful.

ritmo ['ritmo] *nm* rhythm; **a** ~ **lento** slowly; **trabajar a** ~ **lento** to go slow.

rito ['rito] *nm* rite.

ritual [ri'twal] *a, nm* ritual.

rival [ri'ßal] *a, nm/f* rival; ~**idad** *nf* rivalry; ~**izar** *vi*: ~**izar con** to rival, vie with.

rizado, a [ri'θaðo, a] *a* curly // *nm* curls *pl*.

rizar [ri'θar] *vt* to curl; ~**se** *vr* (*pelo*) to curl; (*agua*) to ripple; **rizo** *nm* curl; ripple.

RNE *nf abr* = **Radio Nacional de España**.

robar [ro'ßar] *vt* to rob; (*objeto*) to steal; (*casa etc*) to break into; (*NAIPES*) to draw.

roble ['roßle] *nm* oak; ~**do**, ~**dal** *nm* oakwood.

robo ['roßo] *nm* robbery, theft.

robot [ro'ßot] *nm* robot; ~ (**de cocina**) food processor.

robustecer [roßuste'θer] *vt* to strengthen.

robusto, a [ro'ßusto, a] *a* robust, strong.

roca ['roka] *nf* rock.

rocalla [ro'kaʎa] *nf* pebbles *pl*.

roce ['roθe] *nm* (*caricia*) brush; (*TEC*) friction; (*en la piel*) graze; **tener** ~ **con** to be in close contact with.

rociar [ro'θjar] *vt* to spray.

rocín [ro'θin] *nm* nag, hack.

rocío [ro'θio] *nm* dew.

rocoso, a [ro'koso, a] *a* rocky.

rodado, a [ro'ðaðo, a] *a* (*con ruedas*) wheeled // *nf* rut.

rodaja [ro'ðaxa] *nf* (*raja*) slice.

rodaje [ro'ðaxe] *nm* (*CINE*) shooting, filming; (*AUTO*): **en** ~ running in.

rodar [ro'ðar] *vt* (*vehículo*) to wheel (along); (*escalera*) to roll down; (*viajar por*) to travel (over) // *vi* to roll; (*coche*) to go, run; (*CINE*) to shoot, film.

rodear [roðe'ar] *vt* to surround // *vi* to go round; ~**se** *vr*: ~**se de amigos** to surround o.s. with friends.

rodeo [ro'ðeo] *nm* (*ruta indirecta*) detour; (*evasión*) evasion; (*AM*) rodeo; **hablar sin** ~**s** to come to the point, speak plainly.

rodilla [ro'ðiʎa] *nf* knee; **de** ~**s** kneeling; **ponerse de** ~**s** to kneel (down).

rodillo [ro'ðiʎo] *nm* roller; (*CULIN*) rolling-pin.

rododendro [roðo'ðendro] *nm* rhododendron.

roedor, a [roe'ðor, a] *a* gnawing // *nm* rodent.

roer [ro'er] *vt* (*masticar*) to gnaw; (*corroer, fig*) to corrode.

rogar [ro'xar] *vt, vi* (*pedir*) to ask for; (*suplicar*) to beg, plead; **se ruega no fumar** please do not smoke.

rojizo, a [ro'xiθo, a] *a* reddish.

rojo, a ['roxo, a] *a, nm* red; **al** ~ **vivo** red-hot.

rol [rol] *nm* list, roll; (*AM: papel*) role.

rollizo, a [ro'ʎiθo, a] *a* (*objeto*) cylindrical; (*persona*) plump.

rollo ['roʎo] *nm* roll; (*de cuerda*) coil; (*madera*) log; (*fam*) bore; ¡qué ~! what a carry-on!

ROM [rom] *nf abr* (= *memoria de sólo lectura*) ROM.

Roma ['roma] *n* Rome.

romance [ro'manθe] *nm* (*idioma castellano*) Romance language; (*LITERATURA*) ballad; **hablar en** ~ to speak plainly.

romanticismo [romanti'θismo] *nm* romanticism.

romántico, a [ro'mantiko, a] *a* romantic.

romería [rome'ria] *nf* (*REL*) pilgrimage; (*excursión*) trip, outing.

romero, a [ro'mero, a] *nm/f* pilgrim // *nm* rosemary.

romo, a ['romo, a] *a* blunt; (*fig*) dull.

rompecabezas [rompeka'ßeθas] *nm inv* riddle, puzzle; (*juego*) jigsaw (puzzle).

rompehuelgas [rompe'welxas] *nm inv* strikebreaker, blackleg.

rompeolas [rompe'olas] *nm inv* breakwater.

romper [rom'per] *vt* to break; (*hacer pedazos*) to smash; (*papel, tela etc*) to tear, rip // *vi* (*olas*) to break; (*sol, diente*) to break through; ~ **un contrato** to break a contract; ~ **a** to start (suddenly) to; ~ **a llorar** to burst into tears; ~ **con uno** to fall out with sb.

rompimiento [rompi'mjento] *nm* (*acto*) breaking; (*fig*) break; (*quiebra*) crack.

ron [ron] *nm* rum.

roncar [ron'kar] *vi* to snore.

ronco, a ['ronko, a] *a* (*afónico*) hoarse; (*áspero*) raucous.

roncha ['rontʃa] *nf* weal; (*contusión*) bruise.

ronda ['ronda] *nf* (*gen*) round; (*patrulla*) patrol; **rondar** *vt* to patrol // *vi* to patrol; (*fig*) to prowl round.

ronquido [ron'kiðo] *nm* snore, snoring.

ronronear [ronrone'ar] *vi* to purr; **ronroneo** *nm* purr.

roña ['roɲa] *nf* (*VETERINARIA*) mange; (*mugre*) dirt, grime; (*óxido*) rust.

roñoso, a [ro'ɲoso, a] *a* (*mugriento*) filthy; (*tacaño*) mean.

ropa ['ropa] *nf* clothes *pl*, clothing; ~ **blanca** linen; ~ **de cama** bed linen; ~ **interior** underwear; ~ **para lavar** washing; **~je** *nm* gown, robes *pl*; **~vejero, a** *nm/f* second-hand clothes dealer.

ropero [ro'pero] *nm* linen cupboard; (*guardarropa*) wardrobe.

rosa ['rosa] *a inv* pink // *nf* rose; (*ANAT*) red birthmark; ~ **de los vientos** the compass.

rosado, a [ro'saðo, a] *a* pink // *nm* rosé.

rosal [ro'sal] *nm* rosebush.

rosario [ro'sarjo] *nm* (*REL*) rosary; **rezar el** ~ to say the rosary.

rosca ['roska] *nf* (*de tornillo*) thread; (*de humo*) coil, spiral; (*pan, postre*) ring-shaped roll/pastry.

rosetón [rose'ton] *nm* rosette; (*ARQ*) rose window.

rosquilla [ros'kiʎa] *nf* doughnut-shaped fritter.

rostro ['rostro] *nm* (*cara*) face.

rotación [rota'θjon] *nf* rotation; ~ **de cultivos** crop rotation.

rotativo, a [rota'tiβo, a] *a* rotary.

roto, a *pp* de **romper** // ['roto, a] *a* broken.

rótula ['rotula] *nf* kneecap; (*TEC*) ball-and-socket joint.

rotulador [rotula'ðor] *nm* felt-tip pen.

rotular [rotu'lar] *vt* (*carta, documento*) to head, entitle; (*objeto*) to label; **rótulo** *nm* heading; title, label; (*letrero*) sign.

rotundo, a [ro'tundo, a] *a* round; (*enfático*) emphatic.

rotura [ro'tura] *nf* (*rompimiento*) breaking; (*MED*) fracture.

roturar [rotu'rar] *vt* to plough.

rozadura [roθa'ðura] *nf* abrasion, graze.

rozar [ro'θar] *vt* (*frotar*) to rub; (*arañar*) to scratch; (*tocar ligeramente*) to shave, touch lightly; **~se** *vr* to rub (together); **~se con** (*fam*) to rub shoulders with.

r.p.m. *abr* (= *revoluciones por minuto*) rpm.

rte. *abr* (= *remite, remitente*) sender.

RTVE *nf abr* = *Radiotelevisión Española*.

rubí [ru'βi] *nm* ruby; (*de reloj*) jewel.

rubicundo, a [ruβi'kundo, a] *a* ruddy.

rubio, a ['ruβjo, a] *a* fair-haired, blond(e) // *nm/f* blond/blonde; **tabaco** ~ Virginia tobacco.

rubor [ru'βor] *nm* (*sonrojo*) blush; (*timidez*) bashfulness; **~izarse** *vr* to blush; **~oso, a** *a* blushing.

rúbrica ['ruβrika] *nf* (*título*) title, head-

ing; (*de la firma*) flourish; **rubricar** *vt* (*firmar*) to sign with a flourish; (*concluir*) to sign and seal.

rudeza [ru'ðeθa] *nf* (*tosquedad*) coarseness; (*sencillez*) simplicity.

rudimento [ruði'mento] *nm* rudiment.

rudo, a ['ruðo, a] *a* (*sin pulir*) unpolished; (*grosero*) coarse; (*violento*) violent; (*sencillo*) simple.

rueda ['rweða] *nf* wheel; (*círculo*) ring, circle; (*rodaja*) slice, round; ~ **delantera/trasera/de repuesto** front/back/spare wheel; ~ **de prensa** press conference.

ruedo ['rweðo] *nm* (*contorno*) edge, border; (*de vestido*) hem; (*círculo*) circle; (*TAUR*) arena, bullring.

ruego *etc vb ver* **rogar** // ['rweɣo] *nm* request.

rufián [ru'fjan] *nm* scoundrel.

rugby ['ruɣβi] *nm* rugby.

rugido [ru'xiðo] *nm* roar.

rugir [ru'xir] *vi* to roar.

rugoso, a [ru'ɣoso, a] *a* (*arrugado*) wrinkled; (*áspero*) rough; (*desigual*) ridged.

ruibarbo [rui'βarβo] *nm* rhubarb.

ruido ['rwiðo] *nm* noise; (*sonido*) sound; (*alboroto*) racket, row; (*escándalo*) commotion, rumpus; **~so, a** *a* noisy, loud; (*fig*) sensational.

ruin [rwin] *a* contemptible, mean.

ruina ['rwina] *nf* ruin; (*colapso*) collapse; (*de persona*) ruin, downfall.

ruindad [rwin'dað] *nf* lowness, meanness; (*acto*) low o mean act.

ruinoso, a [rwi'noso, a] *a* ruinous; (*destartalado*) dilapidated, tumbledown; (*COM*) disastrous.

ruiseñor [rwise'ɲor] *nm* nightingale.

rula ['rula], **ruleta** [ru'leta] *nf* roulette.

rulo ['rulo] *nm* (*para el pelo*) curler.

rulota [ru'lota] *nf* caravan (*Brit*), trailer (*US*).

Rumania [ru'manja] *nf* Rumania.

rumba ['rumba] *nf* rumba.

rumbo ['rumbo] *nm* (*ruta*) route, direction; (*ángulo de dirección*) course, bearing; (*fig*) course of events: **ir con** ~ **a** to be heading for.

rumboso, a [rum'boso, a] *a* (*generoso*) generous.

rumiante [ru'mjante] *nm* ruminant.

rumiar [ru'mjar] *vt* to chew; (*fig*) to chew over // *vi* to chew the cud.

rumor [ru'mor] *nm* (*ruido sordo*) low sound; (*murmuración*) murmur, buzz; **rumorearse** *vr*: **se rumorea que** it is rumoured that.

runrún [run'run] *nm* (*voces*) murmur, sound of voices; (*fig*) rumour.

rupestre [ru'pestre] *a* rock *cpd*.

ruptura [rup'tura] *nf* rupture.

rural [ru'ral] *a* rural.

Rusia ['rusja] *nf* Russia; **ruso, a** *a, nm/f*

Russian.

rústico, a ['rustiko, a] *a* rustic; *(ordinario)* coarse, uncouth // *nm/f* yokel // *nf*: libro en rústica paperback.

ruta ['ruta] *nf* route.

rutina [ru'tina] *nf* routine; **~rio, a** *a* routine.

S

S *abr* (= *santo, a*) St; (= *sur*) S.

s. *abr* (= *siglo*) C.; (= *siguiente*) foll.

S.A. *abr* (= *Sociedad Anónima*) Ltd *(Brit)*, Inc *(US)*.

sábado ['saβaðo] *nm* Saturday.

sábana ['saβana] *nf* sheet.

sabandija [saβan'dixa] *nf* bug, insect.

sabañón [saβa'non] *nm* chilblain.

sabelotodo [saβelo'toðo] *nm/f inv* know-all.

saber [sa'βer] *vt* to know; *(llegar a conocer)* to find out, learn; *(tener capacidad de)* to know how to // *vi*: **~ a** to taste of, taste like // *nm* knowledge, learning; **a ~** namely; **¿sabes conducir/nadar?** can you drive/swim?; **¿sabes francés?** do you speak French?; **~ de memoria** to know by heart; **hacer ~ algo a uno** to inform sb of sth, let sb know sth.

sabiduría [saβiðu'ria] *nf (conocimientos)* wisdom; *(instrucción)* learning.

sabiendas [sa'βjendas]: **a ~** *ad* knowingly.

sabio, a ['saβjo,a] *a (docto)* learned; *(prudente)* wise, sensible.

sabor [sa'βor] *nm* taste, flavour; **~ear** *vt* to taste, savour; *(fig)* to relish.

sabotaje [saβo'taxe] *nm* sabotage.

saboteador, a [saβotea'ðor, a] *nm/f* saboteur.

sabotear [saβote'ar] *vt* to sabotage.

sabré *etc vb ver* **saber**.

sabroso, a [sa'βroso, a] *a* tasty; *(fig: fam)* racy, salty.

sacacorchos [saka'kortʃos] *nm inv* corkscrew.

sacapuntas [saka'puntas] *nm inv* pencil sharpener.

sacar [sa'kar] *vt* to take out; *(fig: extraer)* to get (out); *(quitar)* to remove, get out; *(hacer salir)* to bring out; *(conclusión)* to draw; *(novela etc)* to publish, bring out; *(ropa)* to take off; *(obra)* to make; *(premio)* to receive; *(entradas)* to get; *(TENIS)* to serve; **~ adelante** *(niño)* to bring up; *(negocio)* to carry on, go on with; **~ a uno a bailar** to get sb up to dance; **~ una foto** to take a photo; **~ la lengua** to stick out one's tongue; **~ buenas/malas notas** to get good/bad marks.

sacarina [saka'rina] *nf* saccharin(e).

sacerdote [saθer'ðote] *nm* priest.

saco ['sako] *nm* bag; *(grande)* sack; *(su* contenido) bagful; *(AM)* jacket; **~ de dormir** sleeping bag.

sacramento [sakra'mento] *nm* sacrament.

sacrificar [sakrifi'kar] *vt* to sacrifice; **sacrificio** *nm* sacrifice.

sacrilegio [sakri'lexjo] *nm* sacrilege; **sacrílego, a** *a* sacrilegious.

sacristía [sakris'tia] *nf* sacristy.

sacro, a ['sakro, a] *a* sacred.

sacudida [saku'ðiða] *nf (agitación)* shake, shaking; *(sacudimiento)* jolt, bump; **~ eléctrica** electric shock.

sacudir [saku'ðir] *vt* to shake; *(golpear)* to hit.

sádico, a ['saðiko, a] *a* sadistic // *nm/f* sadist; **sadismo** *nm* sadism.

saeta [sa'eta] *nf (flecha)* arrow.

sagacidad [saɣaθi'ðað] *nf* shrewdness, cleverness; **sagaz** *a* shrewd, clever.

sagitario [saxi'tarjo] *nm* Sagittarius.

sagrado, a [sa'ɣraðo, a] *a* sacred, holy.

Sáhara ['saara] *nm*: **el ~** the Sahara (desert).

sal *vb ver* **salir** // [sal] *nf* salt.

sala ['sala] *nf (cuarto grande)* large room; (**~ de estar**) living room; *(TEATRO)* house, auditorium; *(de hospital)* ward; **~ de apelación** court; **~ de espera** waiting room; **~ de estar** living room; **~ de fiestas** dance hall.

salado, a [sa'laðo, a] *a* salty; *(fig)* witty, amusing; **agua salada** salt water.

salar [sa'lar] *vt* to salt, add salt to.

salarial [sala'rjal] *a (aumento, revisión)* wage *cpd*, salary *cpd*.

salario [sa'larjo] *nm* wage, pay.

salchicha [sal'tʃitʃa] *nf (pork)* sausage; **salchichón** *nm (salami-type)* sausage.

saldar [sal'dar] *vt* to pay; *(vender)* to sell off; *(fig)* to settle, resolve; **saldo** *nm (pago)* settlement; *(de una cuenta)* balance; *(lo restante)* remnant(s) *(pl)*, remainder; **~s** *nmpl (en tienda)* sale.

saldré *etc vb ver* **salir**.

salero [sa'lero] *nm* salt cellar.

salgo *etc vb ver* **salir**.

salida [sa'liða] *nf (puerta etc)* exit, way out; *(acto)* leaving, going out; *(de tren, AVIAT)* departure; *(TEC)* output, production; *(fig)* way out; *(COM)* opening; *(GEO, válvula)* outlet; *(de gas)* leak; **calle sin ~** cul-de-sac; **~ de incendios** fire escape.

saliente [sa'ljente] *a (ARQ)* projecting; *(sol)* rising; *(fig)* outstanding.

salir [sa'lir] ♦ *vi* 1 *(partir: tb:* **~ de**) to leave; **Juan ha salido** Juan is out; **salió de la cocina** he came out of the kitchen

2 *(aparecer)* to appear; *(disco, libro)* to come out; **anoche salió en la tele** she appeared *o* was on TV last night; **salió en todos los periódicos** it was in all the papers

3 *(resultar)*: **la muchacha nos salió muy**

trabajadora the girl turned out to be a very hard worker; **la comida te ha salido exquisita** the food was delicious; **sale muy caro** it's very expensive

4: ~**le a uno algo: la entrevista que hice me salió bien/mal** the interview I did went *o* turned out well/badly

5: ~ **adelante: no sé como haré para ~ adelante** I don't know how I'll get by

♦ ~**se** *vr* (*líquido*) to spill; (*animal*) to escape.

saliva [sa'liβa] *nf* saliva.

salmo ['salmo] *nm* psalm.

salmón [sal'mon] *nm* salmon.

salmuera [sal'mwera] *nf* pickle, brine.

salón [sa'lon] *nm* (*de casa*) living room, lounge; (*muebles*) lounge suite; ~ **de belleza** beauty parlour; ~ **de baile** dance hall.

salpicadero [salpika'ðero] *nm* (*AUTO*) dashboard.

salpicar [salpi'kar] *vt* (*rociar*) to sprinkle, spatter; (*esparcir*) to scatter.

salsa ['salsa] *nf* sauce; (*con carne asada*) gravy; (*fig*) spice.

saltado, a [sal'taðo, a] *a* (*botón etc*) missing; (*ojos*) bulging.

saltamontes [salta'montes] *nm inv* grasshopper.

saltar [sal'tar] *vt* to jump (over), leap (over); (*dejar de lado*) to skip, miss out // *vi* to jump, leap; (*pelota*) to bounce; (*al aire*) to fly up; (*quebrarse*) to break; (*al agua*) to dive; (*fig*) to explode, blow up.

saltear [salte'ar] *vt* (*robar*) to rob (in a holdup); (*asaltar*) to assault, attack; (*CULIN*) to sauté.

saltimbanqui [saltim'banki] *nm/f* acrobat.

salto ['salto] *nm* jump, leap; (*al agua*) dive; ~ **de agua** waterfall; ~ **de altura** high jump.

saltón, ona [sal'ton, ona] *a* (*ojos*) bulging, popping; (*dientes*) protruding.

salubre [sa'luβre] *a* healthy, salubrious.

salud [sa'luð] *nf* health; **¡(a su) ~!** cheers!, good health!; ~**able** *a* (*de buena* ~) healthy; (*provechoso*) good, beneficial.

saludar [salu'ðar] *vt* to greet; (*MIL*) to salute; **saludo** *nm* greeting; **saludos** (*en carta*) best wishes, regards.

salva ['salβa] *nf*: ~ **de aplausos** ovation.

salvación [salβa'θjon] *nf* salvation; (*rescate*) rescue.

salvado [sal'βaðo] *nm* bran.

Salvador [salβa'ðor]: **El** ~ El Salvador; **San** ~ San Salvador; **s**~**eño, a** *a*, *nm/f* Salvadorian.

salvaguardar [salβaɣwar'ðar] *vt* to safeguard.

salvaje [sal'βaxe] *a* wild; (*tribu*) savage; **salvajismo** *nm* savagery.

salvar [sal'βar] *vt* (*rescatar*) to save,

rescue; (*resolver*) to overcome, resolve; (*cubrir distancias*) to cover, travel; (*hacer excepción*) to except, exclude; (*un barco*) to salvage.

salvavidas [salβa'βiðas] *a inv*: **bote/chaleco/cinturón** ~ lifeboat/life jacket/life belt.

salvia ['salβja] *nf* sage.

salvo, a ['salβo, a] *a* safe // *ad* except (for), save; *a* ~ out of danger; ~ **que** unless; ~**conducto** *nm* safe-conduct.

san [san] *a* saint; ~ **Juan** St. John.

sanar [sa'nar] *vt* (*herida*) to heal; (*persona*) to cure // *vi* (*persona*) to get well, recover; (*herida*) to heal.

sanatorio [sana'torjo] *nm* sanatorium.

sanción [san'θjon] *nf* sanction; **sancionar** *vt* to sanction.

sandalia [san'dalja] *nf* sandal.

sandía [san'dia] *nf* watermelon.

sandwich ['sandwitʃ] (*pl* ~**s**, ~**es**) *nm* sandwich.

saneamiento [sanea'mjento] *nm* sanitation.

sanear [sane'ar] *vt* (*terreno*) to drain.

sangrar [san'grar] *vt*, *vi* to bleed; **sangre** *nf* blood.

sangría [san'gria] *nf* sangria, *sweetened drink of red wine with fruit.*

sangriento, a [san'grjento, a] *a* bloody.

sanguijuela [sangi'xwela] *nf* (*ZOOL*, *fig*) leech.

sanguinario, a [sangi'narjo, a] *a* bloodthirsty.

sanguíneo, a [san'gineo, a] *a* blood *cpd.*

sanidad [sani'ðað] *nf* sanitation; (*calidad de sano*) health, healthiness; ~ **pública** public health.

sanitario, a [sani'tarjo, a] *a* sanitary; (*de la salud*) health; ~**s** *nmpl* toilets (*Brit*), washroom (*US*).

sano, a ['sano, a] *a* healthy; (*sin daños*) sound; (*comida*) wholesome; (*entero*) whole, intact; ~ **y salvo** safe and sound.

Santiago [san'tjaɣo] *nm*: ~ (**de Chile**) Santiago.

santiamén [santja'men] *nm*: **en un** ~ in no time at all.

santidad [santi'ðað] *nf* holiness, sanctity; **santificar** *vt* to sanctify, make holy.

santiguarse [santi'ɣwarse] *vr* to make the sign of the cross.

santo, a ['santo, a] *a* holy; (*fig*) wonderful, miraculous // *nm/f* saint // *nm* saint's day; ~ **y seña** password.

santuario [san'twarjo] *nm* sanctuary, shrine.

saña ['saɲa] *nf* rage, fury.

sapo ['sapo] *nm* toad.

saque ['sake] *nm* (*TENIS*) service, serve; (*FÚTBOL*) throw-in; ~ **de esquina** corner (kick).

saquear [sake'ar] *vt* (*MIL*) to sack; (*robar*) to loot, plunder; (*fig*) to ransack; **saqueo** *nm* sacking; looting, plundering; ransacking.

sarampión [saram'pjon] nm measles sg.

sarcasmo [sar'kasmo] nm sarcasm; **sarcástico, a** a sarcastic.

sardina [sar'ðina] nf sardine.

sardónico, a [sar'ðoniko, a] a sardonic; (irónico) ironical, sarcastic.

sargento [sar'xento] nm sergeant.

sarna ['sarna] nf itch; (MED) scabies.

sarpullido [sarpu'ʎiðo] nm (MED) rash.

sartén [sar'ten] nf frying pan.

sastre ['sastre] nm tailor; ~**ría** nf (arte) tailoring; (tienda) tailor's (shop).

Satanás [sata'nas] nm Satan.

satélite [sa'telite] nm satellite.

sátira ['satira] nf satire.

satisfacción [satisfak'θjon] nf satisfaction.

satisfacer [satisfa'θer] vt to satisfy; (gastos) to meet; (pérdida) to make good; ~**se** vr to satisfy o.s., be satisfied; (vengarse) to take revenge; **satisfecho, a** a satisfied; (contento) content(ed), happy; (tb: ~ **de sí mismo**) self-satisfied, smug.

saturar [satu'rar] vt to saturate.

sauce ['sauθe] nm willow; ~ **llorón** weeping willow.

sauna ['sauna] nf sauna.

savia ['saβja] nf sap.

saxofón [sakso'fon] nm saxophone.

sazonado, a [saθo'naðo, a] a (fruta) ripe; (CULIN) flavoured, seasoned.

sazonar [saθo'nar] vt to ripen; (CULIN) to flavour, season.

scotch [es'kotʃ] nm ® adhesive o sticky tape.

se [se] pron 1 (reflexivo: sg: m) himself; (: f) herself; (: pl) themselves; (: cosa) itself; (: de Vd) yourself; (: de Vds) yourselves; ~ **está preparando** she's preparing herself; para usos léxicos del pronombre ver el vb en cuestión, p.ej. **arrepentirse**

2 (con complemento indirecto) to him; to her; to them; to it; to you; **a usted** ~ **lo digo** I told you yesterday; ~ **compró un sombrero** he bought himself a hat; ~ **rompió la pierna** he broke his leg

3 (uso recíproco) each other, one another; ~ **miraron (el uno al otro)** they looked at each other o one another

4 (en oraciones pasivas): **se han vendido muchos libros** a lot of books have been sold

5 (impersonal): ~ **dice que** ... people say that, it is said that; **allí** ~ **come muy bien** the food there is very good, you can eat very well there.

SE abr (= sudeste) SE.

sé vb ver **saber, ser**.

sea etc vb ver **ser**.

sebo ['seβo] nm fat, grease.

secador [seka'ðor] nm: ~ **de pelo** hairdryer.

secadora [seka'ðora] nf (ELEC) tumble dryer.

secar [se'kar] vt to dry; ~**se** vr to dry (off); (río, planta) to dry up.

sección [sek'θjon] nf section.

seco, a ['seko, a] a dry; (carácter) cold; (respuesta) sharp, curt; **habrá pan a secas** there will be just bread; **decir algo a secas** to say sth curtly; **parar en** ~ to stop dead.

secretaría [sekreta'ria] nf secretariat.

secretario, a [sekre'tarjo, a] nm/f secretary.

secreto, a [se'kreto, a] a secret; (persona) secretive // nm secret; (calidad) secrecy.

secta ['sekta] nf sect; ~**rio, a** a sectarian.

sector [sek'tor] nm sector.

secuela [se'kwela] nf consequence.

secuencia [se'kwenθja] nf sequence.

secuestrar [sekwes'trar] vt to kidnap; (bienes) to seize, confiscate; **secuestro** nm kidnapping; seizure, confiscation.

secular [seku'lar] a secular.

secundar [sekun'dar] vt to second, support.

secundario, a [sekun'darjo, a] a secondary.

sed [seð] nf thirst; **tener** ~ to be thirsty.

seda ['seða] nf silk.

sedal [se'ðal] nm fishing line.

sedante [se'ðante] nm sedative.

sede ['seðe] nf (de gobierno) seat; (de compañía) headquarters pl; **Santa S~** Holy See.

sediento, a [se'ðjento, a] a thirsty.

sedimentar [seðimen'tar] vt to deposit; ~**se** vr to settle; **sedimento** nm sediment.

sedoso, a [se'ðoso, a] a silky, silken.

seducción [seðuk'θjon] nf seduction.

seducir [seðu'θir] vt to seduce; (sobornar) to bribe; (cautivar) to charm, fascinate; (atraer) to attract; **seductor, a** a seductive; charming, fascinating; attractive; (engañoso) deceptive, misleading // nm/f seducer.

segadora-trilladora [seva'ðora triʎa-'ðora] nf combine harvester.

seglar [se'ɣlar] a secular, lay.

segregación [seɣreɣa'θjon] nf segregation. ~ **racial** racial segregation.

segregar [seɣre'xar] vt to segregate, separate.

seguido, a [se'ɣiðo, a] a (continuo) continuous, unbroken; (recto) straight; ~**s** consecutive, successive // ad (directo) straight (on); (después) after; (AM: a menudo) often // nf: **en seguida** at once, right away; 5 **días** ~**s** 5 days running, 5 days in a row.

seguimiento [seɣi'mjento] nm chase, pursuit; (continuación) continuation.

seguir [se'ɣir] vt to follow; (venir

después) to follow on, come after; (*proseguir*) to continue; (*perseguir*) to chase, pursue // *vi* (*gen*) (*continuar*) to continue, carry o go on; ~se *vr* to follow; **sigo sin comprender** I still don't understand; **sigue lloviendo** it's still raining.

según [se'xun] *prep* according to // *ad* according to circumstances; ~ **esté el tiempo** depending on the weather; **está ~ lo dejaste** it is just as you left it.

segundo, a [se'xundo, a] *a* second // *nm* (*gen, medida de tiempo*) second // *nf* second meaning; **segunda** (*clase*) second class; **segunda** (*marcha*) (*AUTO*) second (gear); **de segunda mano** second hand.

seguramente [sexura'mente] *ad* surely, (*con certeza*) for sure, with certainty.

seguridad [sexuri'ðað] *nf* safety; (*del estado, de casa etc*) security; (*certidumbre*) certainty; (*confianza*) confidence; (*estabilidad*) stability; ~ **social** social security.

seguro, a [se'xuro, a] *a* (*cierto*) sure, certain; (*fiel*) trustworthy; (*libre del peligro*) safe; (*bien defendido, firme*) secure // *ad* for sure, certainly // *nm* (*COM*) insurance; ~ **contra terceros/a todo riesgo** third party/comprehensive insurance; ~**s sociales** social security *sg*.

seis [seis] *num* six.

seísmo [se'ismo] *nm* tremor, earthquake.

selección [selek'θjon] *nf* selection; **seleccionar** *vt* to pick, choose, select.

selectividad [selektiβi'ðað] *nf* (*Esp*) university entrance examination.

selecto, a [se'lekto, a] *a* select, choice; (*escogido*) selected.

selva ['selβa] *nf* (*bosque*) forest, woods *pl*; (*jungla*) jungle.

sellar [se'Áar] *vt* (*documento oficial*) to seal; (*pasaporte, visado*) to stamp.

sello ['seÁo] *nm* stamp; (*precinto*) seal.

semáforo [se'maforo] *nm* (*AUTO*) traffic lights *pl*; (*FERRO*) signal.

semana [se'mana] *nf* week; **entre ~** during the week; **S~ Santa** Holy Week; **semanal** *a* weekly.

semblante [sem'blante] *nm* face; (*fig*) look.

sembrar [sem'brar] *vt* (*objetos*) to sow; (*objetos*) to sprinkle, scatter about; (*noticias etc*) to spread.

semejante [seme'xante] *a* (*parecido*) similar; ~**s** alike, similar // *nm* fellow man, fellow creature; **nunca hizo cosa ~** he never did any such thing; **semejanza** *nf* similarity, resemblance.

semejar [seme'xar] *vi* to seem like, resemble; ~**se** *vr* to look alike, be similar.

semen ['semen] *nm* semen; ~**tal** *nm* stud.

semestral [semes'tral] *a* half-yearly, bi-annual.

semicírculo [semi'θirkulo] *nm* semi-

circle.

semiconsciente [semikons'θjente] *a* semiconscious.

semifinal [semifi'nal] *nf* semifinal.

semilla [se'miÁa] *nf* seed.

seminario [semi'narjo] *nm* (*REL*) seminary; (*ESCOL*) seminar.

sémola ['semola] *nf* semolina.

sempiterno, a [sempi'terno, a] *a* everlasting.

Sena ['sena] *nm*: **el ~** the (river) Seine.

senado [se'naðo] *nm* senate; **senador, a** *nm/f* senator.

sencillez [senθi'Áeθ] *nf* simplicity; (*de persona*) naturalness; **sencillo, a** *a* simple; natural, unaffected.

senda ['senda] *nf*, **sendero** [sen'dero] *nm* path, track.

sendos, as ['sendos, as] *apl*: **les dio ~ golpes** he hit both of them.

senil [se'nil] *a* senile.

seno ['seno] *nm* (*ANAT*) bosom, bust; (*fig*) bosom; ~**s** breasts.

sensación [sensa'θjon] *nf* sensation; (*sentido*) sense; (*sentimiento*) feeling; **sensacional** *a* sensational.

sensato, a [sen'sato, a] *a* sensible.

sensible [sen'sible] *a* sensitive; (*apreciable*) perceptible, appreciable; (*pérdida*) considerable; ~**ro, a** *a* sentimental.

sensitivo, a [sensi'tiβo, a], **sensorial** [senso'rjal] *a* sense.

sensual [sen'swal] *a* sensual.

sentado, a [sen'taðo, a] *a* (*establecido*) settled; (*carácter*) sensible; **estar ~** to sit, be sitting (down) // *nf* sitting; (*protesta*) sit-in; **dar por ~** to take for granted, assume.

sentar [sen'tar] *vt* to sit, seat; (*fig*) to establish // *vi* (*vestido*) to suit; (*alimento*): ~ **bien/mal a** to agree/ disagree with; ~**se** *vr* (*persona*) to sit, sit down; (*el tiempo*) to settle (down); (*los depósitos*) to settle.

sentencia [sen'tenθja] *nf* (*máxima*) maxim, saying; (*JUR*) sentence; **sentenciar** *vt* to sentence.

sentido, a [sen'tiðo, a] *a* (*pérdida*) regrettable; (*carácter*) sensitive // *nm* sense; (*sentimiento*) feeling; (*significado*) sense, meaning; (*dirección*) direction; **mi más ~ pésame** my deepest sympathy; ~ **del humor** sense of humour; ~ **único** one-way (street); **tener ~** to make sense.

sentimental [sentimen'tal] *a* sentimental; **vida ~** love life.

sentimiento [senti'mjento] *nm* (*emoción*) feeling, emotion; (*sentido*) sense; (*pesar*) regret, sorrow.

sentir [sen'tir] *vt* to feel; (*percibir*) to perceive, sense; (*lamentar*) to regret, be sorry for // *vi* (*tener la sensación*) to feel; (*lamentarse*) to feel sorry // *nm* opinion, judgement; ~**se bien/mal** to feel

well/ill; **lo siento** I'm sorry.
seña ['seɲa] *nf* sign; (MIL) password; ~s
nfpl address *sg*; ~s **personales** personal
description *sg*.
señal [se'ɲal] *nf* sign; (*síntoma*)
symptom; (FERRO, TELEC) signal;
(*marca*) mark; (COM) deposit; **en** ~ **de**
as a token of, as a sign of; **~ar** *vt* to
mark; (*indicar*) to point out, indicate;
(*fijar*) to fix, settle.
señor [se'ɲor] *nm* (*hombre*) man;
(*caballero*) gentleman; (*dueño*) owner,
master; (*trato: antes de nombre propio*)
Mr; (: *hablando directamente*) sir; **muy**
~ **mío** Dear Sir; **el** ~ **alcalde/presidente**
the mayor/president.
señora [se'ɲora] *nf* (*dama*) lady; (*trato:*
antes de nombre propio) Mrs; (: *ha-*
blando directamente) madam; (*esposa*)
wife; **Nuestra S~** Our Lady.
señorita [seɲo'rita] *nf* (*con nombre y/o*
apellido) Miss; (*mujer joven*) young
lady.
señorito [seɲo'rito] *nm* young gentleman; (*pey*) rich kid.
señuelo [se'ɲwelo] *nm* decoy.
sepa *etc vb ver* **saber**.
separación [separa'θjon] *nf* separation;
(*división*) division; (*distancia*) gap, distance.
separar [sepa'rar] *vt* to separate;
(*dividir*) to divide; **~se** *vr* (*parte*) to
come away; (*partes*) to come apart;
(*persona*) to leave, go away; (*ma-*
trimonio) to separate; **separatismo** *nm*
separatism.
sepia ['sepja] *nf* cuttlefish.
septiembre [sep'tjembre] *nm* September.
séptimo, a ['septimo, a] *a, nm* seventh.
sepultar [sepul'tar] *vt* to bury;
sepultura *nf* (*acto*) burial; (*tumba*)
grave, tomb; **sepulturero, a** *nm/f*
gravedigger.
sequedad [seke'ðað] *nf* dryness; (*fig*)
brusqueness, curtness.
sequía [se'kia] *nf* drought.
séquito ['sekito] *nm* (*de rey etc*) retinue;
(POL) followers *pl*.
ser [ser] ♦ *vi* **1** (*descripción*) to be; **es**
médica/muy alta she's a doctor/very tall;
la familia es de Cuzco his (*o her etc*)
family is from Cuzco; **soy Anna** (TELEC)
Anna speaking *o* here
2 (*propiedad*): **es de Joaquín** it's
Joaquín's, it belongs to Joaquín
3 (*horas, fechas, números*): **es la una**
it's one o'clock; **son las seis y media** it's
half-past six; **es el 1 de junio** it's the first
of June; **somos/son seis** there are six of
us/them
4 (*en oraciones pasivas*): **ha sido des-**
cubierto ya it's already been discovered
5: **es de esperar que ...** it is to be hoped
o I *etc* hope that ...
6 (*locuciones con subjun*): **o sea that is**

to say; **sea él sea su hermana** either him
or his sister
7: a no ~ **por él ...** but for him ...
8: a no ~ **que: a no** ~ **que tenga uno ya**
unless he's got one already
♦ *nm* being; ~ **humano** human being.
serenarse [sere'narse] *vr* to calm down.
sereno, a [se'reno, a] *a* (*persona*) calm,
unruffled; (*el tiempo*) fine, settled;
(*ambiente*) calm, peaceful // *nm* night
watchman.
serial [ser'jal] *nm* serial.
serie ['serje] *nf* series; (*cadena*)
sequence, succession; **fuera de** ~ out of
order; (*fig*) special, out of the ordinary;
fabricación en ~ mass production.
seriedad [serje'ðað] *nf* seriousness; (*for-*
malidad) reliability; (*de crisis*) gravity,
seriousness; **serio, a** *a* serious; reliable,
dependable; grave, serious; **en serio** *ad*
seriously.
sermón [ser'mon] *nm* (REL) sermon.
serpentear [serpente'ar] *vi* to wriggle;
(*camino, río*) to wind, snake.
serpentina [serpen'tina] *nf* streamer.
serpiente [ser'pjente] *nf* snake; ~ **boa**
boa constrictor; ~ **de cascabel** rattle-
snake.
serranía [serra'nia] *nf* mountainous area.
serrano, a [se'rrano] *a* highland *cpd*, hill
cpd // *nm/f* highlander.
serrar [se'rrar] *vt* = **aserrar**.
serrín [se'rrin] *nm* = **aserrín**.
serrucho [se'rrutʃo] *nm* saw.
servicio [ser'βiθjo] *nm* service; ~s *nmpl*
toilet(s); ~ **incluido** service charge included; ~ **militar** military service.
servidor, a [serβi'ðor, a] *nm/f* servant.
servidumbre [serβi'ðumbre] *nf* (*suje-*
ción) servitude; (*criados*) servants *pl*,
staff.
servil [ser'βil] *a* servile.
servilleta [serβi'ʎeta] *nf* serviette, napkin.
servir [ser'βir] *vt* to serve // *vi* to serve;
(*tener utilidad*) to be of use, be useful;
~**se** *vr* to serve *o* help o.s.; ~**se de algo**
to make use of sth, use sth; **sírvase**
pasar please come in.
sesenta [se'senta] *num* sixty.
sesgo ['sesɣo] *nm* slant; (*fig*) slant,
twist.
sesión [se'sjon] *nf* (POL) session, sitting;
(CINE) showing.
seso ['seso] *nm* brain; **sesudo, a** *a* sensible, wise.
seta ['seta] *nf* mushroom; ~ **venenosa**
toadstool.
setecientos, as [sete'θjentos, as] *a, num*
seven hundred.
setenta [se'tenta] *num* seventy.
seudo... [seuðo] *pref* pseudo... .
seudónimo [seu'ðonimo] *nm* pseudonym.
severidad [seβeri'ðað] *nf* severity;

severo, a a severe.

Sevilla [se'ßiʎa] n Seville; **sevillano, a** a of o from Seville // nm/f native o inhabitant of Seville.

sexo ['sekso] nm sex.

sexto, a ['seksto, a] a, nm sixth.

sexual [sek'swal] a sexual; **vida ~** sex life.

si [si] conj if; **me pregunto ~...** I wonder if o whether... .

sí [si] ad yes // nm consent // pron (uso impersonal) oneself; (sg: m) himself; (: f) herself; (: de cosa) itself; (de usted) yourself; (pl) themselves; (de ustedes) yourselves; (recíproco) each other; **él no quiere pero yo ~** he doesn't want to but I do; **ella ~ vendrá** she will certainly come, she is sure to come; **claro que ~** of course; **creo que ~** I think so.

siamés, esa [sja'mes, esa] a, nm/f Siamese.

SIDA ['siða] nm abr (= Síndrome de Inmuno-deficiencia Adquirida) AIDS.

siderúrgico, a [siðe'rurxiko, a] a iron and steel cpd // nf: **la siderúrgica** the iron and steel industry.

sidra ['siðra] nf cider.

siembra ['sjembra] nf sowing.

siempre ['sjempre] ad always; (todo el tiempo) all the time; **~ que** conj (cada vez) whenever; (dado que) provided that; **como ~** as usual; **para ~** for ever.

sien [sjen] nf temple.

siento etc vb ver **sentar, sentir**.

sierra ['sjerra] nf (TEC) saw; (cadena de montañas) mountain range.

siervo, a ['sjerßo, a] nm/f slave.

siesta ['sjesta] nf siesta, nap; **echar la ~** to have an afternoon nap o a siesta.

siete ['sjete] num seven.

sífilis ['sifilis] nf syphilis.

sifón [si'fon] nm syphon; **whisky con ~** whisky and soda.

sigla ['siγla] nf abbreviation; acronym.

siglo ['siγlo] nm century; (fig) age.

significación [siγnifika'θjon] nf significance.

significado [siγnifi'kaðo] nm significance; (de palabra etc) meaning.

significar [siγnifi'kar] vt to mean, signify; (notificar) to make known, express; **significativo, a** a significant.

signo ['siγno] nm sign; **~ de admiración** o **exclamación** exclamation mark; **~ de interrogación** question mark.

sigo etc vb ver **seguir**.

siguiente [si'γjente] a next, following.

siguió etc vb ver **seguir**.

sílaba ['silaßa] nf syllable.

silbar [sil'ßar] vt, vi to whistle; **silbato** nm whistle; **silbido** nm whistle, whistling.

silenciador [silenθja'ðor] nm silencer.

silenciar [silen'θjar] vt (persona) to silence; (escándalo) to hush up; **silencio**

nm silence, quiet; **silencioso, a** a silent, quiet.

silicio [si'liθjo] nm silicon.

silueta [si'lweta] nf silhouette; (de edificio) outline; (figura) figure.

silvestre [sil'ßestre] a (BOT) wild; (fig) rustic, rural.

silla ['siʎa] nf (asiento) chair; (tb: ~ **de montar**) saddle; **~ de ruedas** wheelchair.

sillón [si'ʎon] nm armchair, easy chair.

simbólico, a [sim'boliko, a] a symbolic(al).

simbolizar [simboli'θar] vt to symbolize.

símbolo ['simbolo] nm symbol.

simetría [sime'tria] nf symmetry.

simiente [si'mjente] nf seed.

similar [simi'lar] a similar.

simio ['simjo] nm ape.

simpatía [simpa'tia] nf liking; (afecto) affection; (amabilidad) kindness; (solidaridad) mutual support, solidarity; **simpático, a** a nice, pleasant; kind.

simpatizante [simpati'θante] nm/f sympathizer.

simpatizar [simpati'θar] vi: **~ con** to get on well with.

simple ['simple] a simple; (elemental) simple, easy; (mero) mere; (puro) pure, sheer // nm/f simpleton; **~za** nf simpleness; (necedad) silly thing; **simplicidad** nf simplicity; **simplificar** vt to simplify.

simular [simu'lar] vt to simulate.

simultáneo, a [simul'taneo, a] a simultaneous.

sin [sin] prep without; **la ropa está ~ lavar** the clothes are unwashed; **~ que** conj without; **~ embargo** however, still.

sinagoga [sina'γoγa] nf synagogue.

sinceridad [sinθeri'ðað] nf sincerity; **sincero, a** a sincere.

sincronizar [sinkroni'θar] vt to synchronize.

sindical [sindi'kal] a union cpd, tradeunion cpd; **~ista** a, nm/f trade-unionist.

sindicato [sindi'kato] nm (de trabajadores) trade(s) union; (de negociantes) syndicate.

sinfín [sin'fin] nm: **un ~ de** a great many, no end of.

sinfonía [sinfo'nia] nf symphony.

singular [singu'lar] a singular; (fig) outstanding, exceptional; (pey) peculiar, odd; **~idad** nf singularity, peculiarity; **~izar** vt to single out; **~izarse** vr to distinguish o.s., stand out.

siniestro, a [si'njestro, a] a left; (fig) sinister // nm (accidente) accident.

sinnúmero [sin'numero] nm = **sinfín**.

sino ['sino] nm fate, destiny // conj (pero) but; (salvo) except, save.

sinónimo, a [si'nonimo, a] a synonymous // nm synonym.

síntesis ['sintesis] nf synthesis; **sintético, a** a synthetic.

sintetizar [sinteti'θar] vt to synthesize.

sintió *vb ver* **sentir.**

síntoma ['sintoma] *nm* symptom.

sinvergüenza [simber'ɣwenθa] *nm/f* rogue, scoundrel; ¡es un ~! he's got a nerve!

sionismo [sjo'nismo] *nm* Zionism.

siquiera [si'kjera] *conj* even if, even though // *ad* at least; ni ~ not even.

sirena [si'rena] *nf* siren.

Siria ['sirja] *nf* Syria; **sirio, a** *a, nm/f* Syrian.

sirviente, a [sir'βjente, a] *nm/f* servant.

sirvo *etc vb ver* **servir.**

sisear [sise'ar] *vt, vi* to hiss.

sismógrafo [sis'moɣrafo] *nm* seismograph.

sistema [sis'tema] *nm* system; (*método*) method; **sistemático, a** *a* systematic.

sitiar [si'tjar] *vt* to beseige, lay seige to.

sitio ['sitjo] *nm* (*lugar*) place; (*espacio*) room, space; (*MIL*) siege.

situación [sitwa'θjon] *nf* situation, position; (*estatus*) position, standing.

situado, a [situ'aðo] *a* situated, placed.

situar [si'twar] *vt* to place, put; (*edificio*) to locate, situate.

slip [slip] *nm* pants *pl*, briefs *pl*.

smoking ['smokin, es'mokin] (*pl* ~s) *nm* dinner jacket (*Brit*), tuxedo (*US*).

snob [es'nob] = **esnob.**

so [so] *prep* under.

SO *abr* (= *suroeste*) SW.

sobaco [so'βako] *nm* armpit.

soberanía [soβera'nia] *nf* sovereignty; **soberano, a** *a* sovereign; (*fig*) supreme // *nm/f* sovereign.

soberbio, a [so'βerβjo, a] *a* (*orgulloso*) proud; (*altivo*) haughty, arrogant; (*fig*) magnificent, superb // *nf* pride; haughtiness, arrogance; magnificence.

sobornar [soβor'nar] *vt* to bribe; **soborno** *nm* bribe.

sobra ['soβra] *nf* excess, surplus; ~s *nfpl* left-overs, scraps; de ~ surplus, extra; tengo de ~ I've more than enough; ~do, a (*más que suficiente*) more than enough; (*superfluo*) excessive // *ad* too, exceedingly; **sobrante** *a* remaining, extra // *nm* surplus, remainder.

sobrar [so'βrar] *vt* to exceed, surpass // *vi* (*tener de más*) to be more than enough; (*quedar*) to remain, be left (over).

sobrasada [soβra'saða] *nf* pork sausage spread.

sobre ['soβre] *prep* (*gen*) on; (*encima*) on (top of); (*por encima de, arriba de*) over, above; (*más que*) more than; (*además*) in addition to, besides; (*alrededor de, tratando de*) about // *nm* envelope; ~ **todo** above all.

sobrecama [soβre'kama] *nf* bedspread.

sobrecargar [soβrekar'var] *vt* (*camión*) to overload; (*COM*) to surcharge.

sobredosis [soβre'ðosis] *nf inv* overdose.

sobreentender [soβre(e)nten'der] *vt* (*adivinar*) to deduce, infer; ~se *vr*: se sobreentiende que ... it is implied that ....

sobrehumano, a [soβreu'mano, a] *a* superhuman.

sobrellevar [soβreʎe'βar] *vt* (*fig*) to bear, endure.

sobrenatural [soβrenatu'ral] *a* supernatural.

sobrepasar [soβrepa'sar] *vt* to exceed, surpass.

sobreponer [soβrepo'ner] *vt* (*poner encima*) to put on top; (*añadir*) to add; ~se *vr*: ~se a to win through, pull through.

sobresaliente [soβresa'ljente] *a* projecting; (*fig*) outstanding, excellent.

sobresalir [soβresa'lir] *vi* to project, jut out; (*fig*) to stand out, excel.

sobresaltar [soβresal'tar] *vt* (*asustar*) to scare, frighten; (*sobrecoger*) to startle; **sobresalto** *nm* (*movimiento*) start; (*susto*) scare; (*turbación*) sudden shock.

sobretodo [soβre'toðo] *nm* overcoat.

sobrevenir [soβreβe'nir] *vi* (*ocurrir*) to happen (unexpectedly); (*resultar*) to follow, ensue.

sobreviviente [soβreβi'βjente] *a* surviving // *nm/f* survivor.

sobrevivir [soβreβi'βir] *vi* to survive.

sobrevolar [soβreβo'lar] *vt* to fly over.

sobriedad [soβrje'ðað] *nf* sobriety, soberness; (*moderación*) moderation, restraint.

sobrino, a [so'βrino, a] *nm/f* nephew/niece.

sobrio, a ['soβrjo, a] *a* (*moderado*) moderate, restrained.

socarrón, ona [soka'rron, ona] *a* (*sarcástico*) sarcastic, ironic(al).

socavón [soka'βon] *nm* (*hoyo*) hole.

sociable [so'θjaβle] *a* (*persona*) sociable, friendly; (*animal*) social.

social [so'θjal] *a* social; (*COM*) company *cpd*.

socialdemócrata [soθjalde'mokrata] *nm/f* social democrat.

socialista [soθja'lista] *a, nm/f* socialist.

socializar [soθjali'θar] *vt* to socialize.

sociedad [soθje'ðað] *nf* society; (*COM*) company; ~ **anónima** limited company; ~ **de consumo** consumer society.

socio, a [so'θjo, a] *nm/f* (*miembro*) member; (*COM*) partner.

sociología [soθjolo'xia] *nf* sociology; **sociólogo, a** *nm/f* sociologist.

socorrer [soko'rrer] *vt* to help; **socorrista** *nm/f* first aider; (*en piscina, playa*) lifeguard; **socorro** *nm* (*ayuda*) help, aid; (*MIL*) relief; ¡socorro! help!

soda ['soða] *nf* (*sosa*) soda; (*bebida*) soda (water).

sofá [so'fa] (*pl* ~s) *nm* sofa, settee; ~-**cama** *nm* studio couch, sofa bed.

sofisticación [sofistika'θjon] nf sophistication.

sofocar [sofo'kar] vt to suffocate; (apagar) to smother, put out; ~se vr to suffocate; (fig) to blush, feel embarrassed; **sofoco** nm suffocation; embarrassment.

soga ['soɣa] nf rope.

sois vb ver **ser**.

soja ['soxa] nf soya.

sojuzgar [soxuθ'xar] vt to subdue, rule despotically.

sol [sol] nm sun; (luz) sunshine, sunlight; **hace** o **hay** ~ it is sunny.

solamente [sola'mente] ad only, just.

solapa [so'lapa] nf (de chaqueta) lapel; (de libro) jacket.

solar [so'lar] a solar, sun cpd.

solaz [so'laθ] nm recreation, relaxation; ~**ar** vt (divertir) to amuse.

soldada [sol'daða] nf pay.

soldado [sol'daðo] nm soldier; ~ **raso** private.

soldador [solda'ðor] nm soldering iron; (persona) welder.

soldar [sol'dar] vt to solder, weld; (unir) to join, unite.

soleado, a [sole'aðo, a] a sunny.

soledad [sole'ðað] nf solitude; (estado infeliz) loneliness.

solemne [so'lemne] a solemn; **solemnidad** nf solemnity.

soler [so'ler] vi to be in the habit of, be accustomed to; **suele salir a las ocho** she usually goes out at 8 o'clock.

solfeo [sol'feo] nm solfa.

solicitar [soliθi'tar] vt (permiso) to ask for, seek; (puesto) to apply for; (votos) to canvass for; (atención) to attract; (persona) to pursue, chase after.

solícito, a [so'liθito, a] a (diligente) diligent; (cuidadoso) careful; **solicitud** nf (calidad) great care; (petición) request; (a un puesto) application.

solidaridad [soliðari'ðað] nf solidarity; **solidario, a** a (participación) joint, common; (compromiso) mutually binding.

solidez [soli'ðeθ] nf solidity; **sólido, a** a solid.

soliloquio [soli'lokjo] nm soliloquy.

solista [so'lista] nm/f soloist.

solitario, a [soli'tarjo, a] a (persona) lonely, solitary; (lugar) lonely, desolate // nm/f (reclusa) recluse; (en la sociedad) loner // nm solitaire.

solo, a ['solo, a] a (único) single, sole; (sin compañía) alone; (solitario) lonely; **hay una sola dificultad** there is just one difficulty; **a solas** alone, by o.s.

sólo ['solo] ad only, just.

solomillo [solo'miʎo] nm sirloin.

soltar [sol'tar] vt (dejar ir) to let go of; (desprender) to unfasten, loosen; (librar) to release, set free; (risa etc) to let out.

soltero, a [sol'tero, a] a single, unmarried // nm/f bachelor/single woman; **solterón, ona** nm/f old bachelor/spinster.

soltura [sol'tura] nf looseness, slackness; (de los miembros) agility, ease of movement; (en el hablar) fluency, ease.

soluble [so'luβle] a (QUIMICA) soluble; (problema) solvable; ~ **en agua** soluble in water.

solución [solu'θjon] nf solution; **solucionar** vt (problema) to solve; (asunto) to settle, resolve.

solventar [solβen'tar] vt (pagar) to settle, pay; (resolver) to resolve.

sollozar [soʎo'θar] vi to sob; **sollozo** nm sob.

sombra ['sombra] nf shadow; (como protección) shade; ~s nfpl darkness sg, shadows; **tener buena/mala** ~ to be lucky/unlucky.

sombrero [som'brero] nm hat.

sombrilla [som'briʎa] nf parasol, sunshade.

sombrío, a [som'brio, a] a (oscuro) dark; (fig) sombre, sad; (persona) gloomy.

somero, a [so'mero, a] a superficial.

someter [some'ter] vt (país) to conquer; (persona) to subject to one's will; (informe) to present, submit; ~se vr to give in, yield, submit; ~ a to subject to.

somnífero [som'nifero] nm sleeping pill.

somos vb ver **ser**.

son vb ver **ser** // [son] nm sound; **en** ~ **de broma** as a joke.

sonajero [sona'xero] nm (baby's) rattle.

sonambulismo [sonambu'lismo] nm sleepwalking; **sonámbulo, a** nm/f sleepwalker.

sonar [so'nar] vt to ring // vi to sound; (hacer ruido) to make a noise; (pronunciarse) to be sounded, be pronounced; (ser conocido) to sound familiar; (campana) to ring; (reloj) to strike, chime; ~se vr: ~se (las narices) to blow one's nose; **me suena ese nombre** that name rings a bell.

sonda ['sonda] nf (NAUT) sounding; (TEC) bore, drill; (MED) probe.

sondear [sonde'ar] vt to sound; to bore (into), drill; to probe, sound; (fig) to sound out; **sondeo** nm sounding; boring, drilling; (fig) poll, enquiry.

sónico, a ['soniko, a] a sonic, sound cpd.

sonido [so'niðo] nm sound.

sonoro, a [so'noro, a] a sonorous; (resonante) loud, resonant.

sonreír [sonre'ir] vi, **sonreírse** vr to smile; **sonriente** a smiling; **sonrisa** nf smile.

sonrojo [son'roxo] nm blush.

soñador, a [sona'ðor, a] nm/f dreamer.

soñar [so'nar] vt, vi to dream; ~ **con** to dream about o of.

soñoliento, a [soɲo'ljento, a] *a* sleepy, drowsy.

sopa ['sopa] *nf* soup; **sopera** *nf* soup tureen.

soplar [so'plar] *vt* (*polvo*) to blow away, blow off; (*inflar*) to blow up; (*vela*) to blow out // *vi* to blow; **soplo** *nm* blow, puff; (*de viento*) puff, gust.

soporífero [sopo'rifero] *nm* sleeping pill.

soportable [sopor'taβle] *a* bearable.

soportar [sopor'tar] *vt* to bear, carry; (*fig*) to bear, put up with; **soporte** *nm* support; (*fig*) pillar, support.

soprano [so'prano] *nf* soprano.

sorber [sor'βer] *vt* (*chupar*) to sip; (*inhalar*) to inhale; (*tragar*) to swallow (up); (*absorber*) to soak up, absorb.

sorbete [sor'βete] *nm* iced fruit drink.

sorbo ['sorβo] *nm* (*trago: grande*) gulp, swallow; (: *pequeño*) sip.

sordera [sor'ðera] *nf* deafness.

sórdido, a ['sorðiðo, a] *a* dirty, squalid.

sordo, a ['sorðo, a] *a* (*persona*) deaf // *nm/f* deaf person; **~mudo, a** *a* deaf and dumb.

soroche [so'rotʃe] *nm* (*AM*) mountain sickness.

sorprendente [sorpren'dente] *a* surprising.

sorprender [sorpren'der] *vt* to surprise; **sorpresa** *nf* surprise.

sortear [sorte'ar] *vt* to draw lots for; (*rifar*) to raffle; (*dificultad*) to avoid; **sorteo** *nm* (*en lotería*) draw; (*rifa*) raffle.

sortija [sor'tixa] *nf* ring; (*rizo*) ringlet, curl.

sosegado, a [sose'ɣaðo, a] *a* quiet, calm.

sosegar [sose'ɣar] *vt* to quieten, calm; (*el ánimo*) to reassure // *vi* to rest; **sosiego** *nm* quiet(ness), calm(ness).

soslayo [sos'lajo]: **de ~** *ad* obliquely, sideways.

soso, a ['soso, a] *a* (*CULIN*) tasteless; (*fig*) dull, uninteresting.

sospecha [sos'petʃa] *nf* suspicion; **sospechar** *vt* to suspect; **sospechoso, a** *a* suspicious; (*testimonio, opinión*) suspect // *nm/f* suspect.

sostén [sos'ten] *nm* (*apoyo*) support; (*sujetador*) bra; (*alimentación*) sustenance, food.

sostener [soste'ner] *vt* to support; (*mantener*) to keep up, maintain; (*alimentar*) to sustain, keep going; **~se** *vr* to support o.s.; (*seguir*) to continue, remain; **sostenido, a** *a* continuous, sustained; (*prolongado*) prolonged.

sótano ['sotano] *nm* basement.

soviético, a [so'βjetiko, a] *a* Soviet; los **~s** the Soviets.

soy *vb ver* ser.

Sr. *abr* (= *Señor*) Mr.

Sra. *abr* (= *Señora*) Mrs.

S.R.C. *abr* (= *se ruega contestación*) R.S.V.P.

Sres. *abr* (= *Señores*) Messrs.

Srta. *abr* (= *Señorita*) Miss.

Sta. *abr* (= *Santa*) St.

status ['status, e'status] *nm inv* status.

Sto. *abr* (= *Santo*) St.

su [su] *pron* (*de él*) his; (*de ella*) her; (*de una cosa*) its; (*de ellos, ellas*) their; (*de usted, ustedes*) your.

suave ['swaβe] *a* gentle; (*superficie*) smooth; (*trabajo*) easy; (*música, voz*) soft, sweet; **suavidad** *nf* gentleness; smoothness; softness, sweetness; **suavizar** *vt* to soften; (*quitar la aspereza*) to smooth (out).

subalimentado, a [suβalimen'taðo, a] *a* undernourished.

subasta [su'βasta] *nf* auction; **subastar** *vt* to auction (off).

subcampeón, ona [suβkampe'on, ona] *nm/f* runner-up.

subconsciente [suβkon'sθjente] *a*, *nm* subconscious.

subdesarrollado, a [suβðesarro'ʎaðo, a] *a* underdeveloped.

subdesarrollo [suβðesa'rroʎo] *nm* underdevelopment.

subdirector, a [suβðirek'tor, a] *nm/f* assistant director.

súbdito, a ['suβðito, a] *nm/f* subject.

subdividir [suβðiβi'ðir] *vt* to subdivide.

subestimar [suβesti'mar] *vt* to underestimate, underrate.

subido, a [su'βiðo, a] *a* (*color*) bright, strong; (*precio*) high // *nf* (*de montaña etc*) ascent, climb; (*de precio*) rise, increase; (*pendiente*) slope, hill.

subir [su'βir] *vt* (*objeto*) to raise, lift up; (*cuesta, calle*) to go up; (*colina, montaña*) to climb; (*precio*) to raise, put up // *vi* to go up, come up; (*a un coche*) to get in; (*a un autobús, tren o avión*) to get on, board; (*precio*) to rise, go up; (*río, marea*) to rise; **~se** *vr* to get up, climb.

súbito, a ['suβito, a] *a* (*repentino*) sudden; (*imprevisto*) unexpected.

subjetivo, a [suβxe'tiβo, a] *a* subjective.

sublevación [suβleβa'θjon] *nf* revolt, rising.

sublevar [suβle'βar] *vt* to rouse to revolt; **~se** *vr* to revolt, rise.

sublime [su'βlime] *a* sublime.

submarino, a [suβma'rino, a] *a* underwater // *nm* submarine.

subnormal [suβnor'mal] *a* subnormal // *nm/f* subnormal person.

subordinado, a [suβorði'naðo, a] *a*, *nm/f* subordinate.

subrayar [suβra'jar] *vt* to underline.

subrepticio, a [suβrep'tiθjo, a] *a* surreptitious.

subsanar [suβsa'nar] *vt* (*reparar*) to make good; (*perdonar*) to excuse; (*so-*

breponerse a) to overcome.
subscribir [suβskri'βir] *vt* = **suscribir**.
subsidiario, a [suβsi'ðjarjo, a] *a* subsidiary.
subsidio [suβ'siðjo] *nm (ayuda)* aid, financial help; *(subvención)* subsidy, grant; *(de enfermedad, paro etc)* benefit, allowance.
subsistencia [suβsis'tenθja] *nf* subsistence.
subsistir [suβsis'tir] *vi* to subsist; *(vivir)* to live; *(sobrevivir)* to survive, endure.
subterráneo, a [suβte'rraneo, a] *a* underground, subterranean // *nm* underpass, underground passage.
suburbano, a [suβur'βano, a] *a* suburban.
suburbio [su'βurβjo] *nm (barrio)* slum quarter; *(afueras)* suburbs *pl.*
subvencionar [suββenθjo'nar] *vt* to subsidize.
subversión [suββer'sjon] *nf* subversion; **subversivo, a** *a* subversive.
subyugar [suβju'var] *vt (país)* to subjugate, subdue; *(enemigo)* to overpower; *(voluntad)* to dominate.
succión [suk'θjon] *nf* suction.
sucedáneo, a [suθe'ðaneo, a] *a* substitute // *nm* substitute (food).
suceder [suθe'ðer] *vt, vi* to happen; *(seguir)* to succeed, follow; **lo que sucede es que...** the fact is that...; **sucesión** *nf* succession; *(serie)* sequence, series.
sucesivamente [suθesiβa'mente] *ad:* **y así ~** and so on.
sucesivo, a [suθe'siβo, a] *a* successive, following; **en lo ~** in future, from now on.
suceso [su'θeso] *nm (hecho)* event, happening; *(incidente)* incident.
suciedad [suθje'ðað] *nf (estado)* dirtiness; *(mugre)* dirt, filth.
sucinto, a [su'θinto, a] *a (conciso)* succinct, concise.
sucio, a [su'θjo, a] *a* dirty.
Sucre ['sukre] *n* Sucre.
suculento, a [suku'lento, a] *a* succulent.
sucumbir [sukum'bir] *vi* to succumb.
sucursal [sukur'sal] *nf* branch (office).
Sudáfrica [suð'afrika] *nf* South Africa.
Sudamérica [suða'merika] *nf* South America; **sudamericano, a** *a, nm/f* South American.
sudar [su'ðar] *vt, vi* to sweat.
sudeste [su'ðeste] *nm* south-east.
sudoeste [suðo'este] *nm* south-west.
sudor [su'ðor] *nm* sweat; **~oso, a** *a* sweaty, sweating.
Suecia ['sweθja] *nf* Sweden; **sueco, a** *a* Swedish // *nm/f* Swede.
suegro, a ['sweɣro, a] *nm/f* father-/mother-in-law.
suela ['swela] *nf* sole.
sueldo ['sweldo] *nm* pay, wage(s) *(pl).*

suele *etc vb ver* **soler.**
suelo ['swelo] *nm (tierra)* ground; *(de casa)* floor.
suelto, a ['swelto, a] *a* loose; *(libre)* free; *(separado)* detached; *(ágil)* quick, agile; *(corriente)* fluent, flowing // *nm (loose)* change, small change.
sueño *etc vb ver* **soñar** // ['sweɲo] *nm* sleep; *(somnolencia)* sleepiness, drowsiness; *(lo soñado, fig)* dream; **tener ~** to be sleepy.
suero ['swero] *nm (MED)* serum; *(de leche)* whey.
suerte ['swerte] *nf (fortuna)* luck; *(azar)* chance; *(destino)* fate, destiny; *(condición)* lot; *(género)* sort, kind; **tener ~** to be lucky; **de otra ~** otherwise, if not; **de ~ que** so that, in such a way that.
suéter ['sweter] *nm* sweater.
suficiente [sufi'θjente] *a* enough, sufficient // *nm (ESCOL)* pass.
sufragio [su'fraxjo] *nm (voto)* vote; *(derecho de voto)* suffrage.
sufrido, a [su'friðo, a] *a (persona)* tough; *(paciente)* long-suffering, patient.
sufrimiento [sufri'mjento] *nm (dolor)* suffering.
sufrir [su'frir] *vt (padecer)* to suffer; *(soportar)* to bear, put up with; *(apoyar)* to hold up, support // *vi* to suffer.
sugerencia [suxe'renθja] *nf* suggestion.
sugerir [suxe'rir] *vt* to suggest; *(sutilmente)* to hint.
sugestión [suxes'tjon] *nf* suggestion; *(sutil)* hint; **sugestionar** *vt* to influence.
sugestivo, a [suxes'tiβo, a] *a* stimulating; *(fascinante)* fascinating.
suicida [sui'θiða] *a* suicidal // *nm/f* suicidal person; *(muerto)* suicide, person who has committed suicide; **suicidarse** *vr* to commit suicide, kill o.s.; **suicidio** *nm* suicide.
Suiza ['swiθa] *nf* Switzerland; **suizo, a** *a, nm/f* Swiss.
sujeción [suxe'θjon] *nf* subjection.
sujetador [suxeta'ðor] *nm* fastener, clip; *(sostén)* bra.
sujetar [suxe'tar] *vt (fijar)* to fasten; *(detener)* to hold down; *(fig)* to subject, subjugate; **~se** *vr* to subject o.s.; **sujeto, a** *a* fastened, secure // *nm* subject; *(individuo)* individual; **sujeto a** subject to.
suma ['suma] *nf (cantidad)* total, sum; *(de dinero)* sum; *(acto)* adding (up), addition; **en ~** in short.
sumamente [suma'mente] *ad* extremely, exceedingly.
sumar [su'mar] *vt* to add (up); *(reunir)* to collect, gather // *vi* to add up.
sumario, a [su'marjo, a] *a* brief, concise // *nm* summary.
sumergir [sumer'xir] *vt* to submerge; *(hundir)* to sink; *(bañar)* to immerse,

dip.

sumidero [sumi'ðero] *nm* drain, sewer; (*TEC*) sump.

suministrar [sumini'strar] *vt* to supply, provide; **suministro** *nm* supply; (*acto*) supplying, providing.

sumir [su'mir] *vt* to sink, submerge; (*fig*) to plunge.

sumisión [sumi'sjon] *nf* (*acto*) submission; (*calidad*) submissiveness, docility; **sumiso, a** *a* submissive, docile.

sumo, a ['sumo, a] *a* great, extreme; (*mayor*) highest, supreme.

suntuoso, a [sun'twoso, a] *a* sumptuous, magnificent.

supe *etc vb ver* **saber**.

super... [super] *pref* super..., over...; ~bueno great, fantastic.

súper ['super] *nm* (*gasolina*) three-star (petrol).

superar [supe'rar] *vt* (*sobreponerse a*) to overcome; (*rebasar*) to surpass, do better than; (*pasar*) to go beyond; ~se *vr* to excel o.s.

superávit [supe'raßit] *nm inv* surplus.

superficial [superfi'θjal] *a* superficial; (*medida*) surface *cpd*, of the surface.

superficie [super'fiθje] *nf* surface; (*área*) area.

superfluo, a [su'perflwo, a] *a* superfluous.

superintendente [superinten'dente] *nm/f* supervisor, superintendent.

superior [supe'rjor] *a* (*piso, clase*) upper; (*temperatura, número, nivel*) higher; (*mejor: calidad, producto*) superior, better // *nm/f* superior; ~**idad** *nf* superiority.

supermercado [supermer'kaðo] *nm* supermarket.

supersónico, a [super'soniko, a] *a* supersonic.

superstición [supersti'θjon] *nf* superstition; **supersticioso, a** *a* superstitious.

supervisor, a [superßi'sor, a] *nm/f* supervisor.

supervivencia [superßi'ßenθja] *nf* survival.

superviviente [superßi'ßjente] *a* surviving.

supiera *etc vb ver* **saber**.

suplantar [suplan'tar] *vt* (*persona*) to supplant.

suplementario, a [suplemen'tarjo, a] *a* supplementary; **suplemento** *nm* supplement.

suplente [su'plente] *a, nm/f* substitute.

supletorio, a [suple'torjo, a] *a* supplementary // *nm* supplement; **mesa supletoria** spare table.

súplica ['suplika] *nf* request; (*JUR*) petition.

suplicar [supli'kar] *vt* (*cosa*) to beg (for), plead for; (*persona*) to beg, plead with.

suplicio [su'pliθjo] *nm* torture.

suplir [su'plir] *vt* (*compensar*) to make good, make up for; (*reemplazar*) to replace, substitute // *vi*: ~ **a** to take the place of, substitute for.

supo *etc vb ver* **saber**.

suponer [supo'ner] *vt* to suppose // *vi* to have authority; **suposición** *nf* supposition.

supremacía [suprema'θia] *nf* supremacy.

supremo, a [su'premo, a] *a* supreme.

supresión [supre'sjon] *nf* suppression; (*de derecho*) abolition; (*de dificultad*) removal; (*de palabra etc*) deletion; (*de restricción*) cancellation, lifting.

suprimir [supri'mir] *vt* to suppress; (*derecho, costumbre*) to abolish; (*dificultad*) to remove; (*palabra etc*) to delete; (*restricción*) to cancel, lift.

supuesto, a *pp de* **suponer** // [su'pwesto, a] *a* (*hipotético*) supposed; (*falso*) false // *nm* assumption, hypothesis; ~ **que** *conj* since; **por** ~ of course.

sur [sur] *nm* south.

surcar [sur'kar] *vt* to plough; (*superficie*) to cut, score; **surco** *nm* (*en metal, disco*) groove; (*AGR*) furrow.

surgir [sur'xir] *vi* to arise, emerge; (*dificultad*) to come up, crop up.

surtido, a [sur'tiðo, a] *a* mixed, assorted // *nm* (*selección*) selection, assortment; (*abastecimiento*) supply, stock.

surtir [sur'tir] *vt* to supply, provide // *vi* to spout, spurt.

susceptible [susθep'tißle] *a* susceptible; (*sensible*) sensitive; ~ **de** capable of.

suscitar [susθi'tar] *vt* to cause, provoke; (*interés, sospechas*) to arouse.

suscribir [suskri'ßir] *vt* (*firmar*) to sign; (*respaldar*) to subscribe to, endorse; ~**se** *vr* to subscribe; **suscripción** *nf* subscription.

susodicho, a [suso'ðitʃo, a] *a* above-mentioned.

suspender [suspen'der] *vt* (*objeto*) to hang (up), suspend; (*trabajo*) to stop, suspend; (*ESCOL*) to fail; **suspensión** *nf* suspension; (*fig*) stoppage, suspension.

suspenso, a [sus'penso, a] *a* hanging, suspended; (*ESCOL*) failed // *nm*: **quedar o estar en** ~ to be pending.

suspicacia [suspi'kaθja] *nf* suspicion, mistrust; **suspicaz** *a* suspicious, distrustful.

suspirar [suspi'rar] *vi* to sigh; **suspiro** *nm* sigh.

sustancia [sus'tanθja] *nf* substance.

sustentar [susten'tar] *vt* (*alimentar*) to sustain, nourish; (*objeto*) to hold up, support; (*idea, teoría*) to maintain, uphold; (*fig*) to sustain, keep going; **sustento** *nm* support; (*alimento*) sustenance, food.

sustituir [sustitu'ir] *vt* to substitute, replace; **sustituto, a** *nm/f* substitute, replacement.

susto ['susto] *nm* fright, scare.

sustraer [sustra'er] *vt* to remove, take away; (MAT) to subtract.

susurrar [susu'rrar] *vi* to whisper; **susurro** *nm* whisper.

sutil [su'til] *a* (*aroma, diferencia*) subtle; (*tenue*) thin; (*inteligencia, persona*) sharp; **~eza** *nf* subtlety; thinness.

suyo, a ['sujo, a] *a* (*con artículo o después del verbo ser: de él*) his; (: *de ella*) hers; (: *de ellos, ellas*) theirs; (: *de Ud, Uds*) yours; **un amigo ~** a friend of his (*o hers o theirs o yours*).

T

taba ['taβa] *nf* (ANAT) anklebone; (*juego*) jacks *sg.*

tabacalero, a [taβaka'lero, a] *nm/f* (*vendedor*) tobacconist / *nf*: **T~** Spanish state tobacco monopoly.

tabaco [ta'βako] *nm* tobacco; (*fam*) cigarettes *pl*: **tabaquería** *nf* tobacconist's (*Brit*), cigar store (US).

taberna [ta'βerna] *nf* bar, pub (*Brit*); **tabernero, a** *nm/f* (*encargado*) publican; (*camarero*) barman/maid.

tabique [ta'βike] *nm* partition (wall).

tabla ['taβla] *nf* (*de madera*) plank; (*estante*) shelf; (*de vestido*) pleat; (ARTE) panel; **~s** *nfpl*: **estar o quedar en ~s** to draw; **~do** *nm* (*plataforma*) platform; (TEATRO) stage.

tablero [ta'βlero] *nm* (*de madera*) plank, board; (*de ajedrez, damas*) board; (AUTO) dashboard; **~ de anuncios** notice (*Brit*) *o* bulletin (US) board.

tableta [ta'βleta] *nf* (MED) tablet; (*de chocolate*) bar.

tablilla [ta'βliʎa] *nf* small board; (MED) splint.

tablón [ta'βlon] *nm* (*de suelo*) plank; (*de techo*) beam; **~ de anuncios** notice board (*Brit*), bulletin board (US).

tabú [ta'βu] *nm* taboo.

tabular [taβu'lar] *vt* to tabulate.

taburete [taβu'rete] *nm* stool.

tacaño, a [ta'kaɲo, a] *a* (*avaro*) mean.

tácito, a ['taθito, a] *a* tacit.

taciturno, a [taθi'turno, a] *a* (*callado*) silent; (*malhumorado*) sullen.

taco ['tako] *nm* (BILLAR) cue; (*libro de billetes*) book; (AM: *de zapato*) heel; (*tarugo*) peg; (*palabrota*) swear word.

tacón [ta'kon] *nm* heel; **de ~ alto** high-heeled; **taconeo** *nm* (heel) stamping.

táctico, a ['taktiko, a] *a* tactical / *nf* tactics *pl.*

tacto ['takto] *nm* touch; (*fig*) tact.

tacha ['tatʃa] *nf* flaw; (TEC) stud; **tachar** *vt* (*borrar*) to cross out; **tachar de** to accuse of.

tafetán [tafe'tan] *nm* taffeta.

tafilete [tafi'lete] *nm* morocco leather.

tahona [ta'ona] *nf* (*panadería*) bakery.

tahur, a [ta'ur, a] *nm/f* gambler; (*pey*) cheat.

taimado, a [tai'maðo, a] *a* (*astuto*) sly.

taita ['taita] *nm* (*fam*) dad, daddy.

tajada [ta'xaða] *nf* slice.

tajante [ta'xante] *a* sharp.

tajar [ta'xar] *vt* to cut; **tajo** *nm* (*corte*) cut; (GEO) cleft.

tal [tal] *a* such; **~ vez** perhaps // *pron* (*persona*) someone, such a one; (*cosa*) something, such a thing; **~ como** such as; **~ para cual** tit for tat; (*dos iguales*) two of a kind // *ad*: **~ como** (*igual*) just as; **~ cual** (*como es*) just as it is; **¿qué ~?** how are things?; **¿qué ~ te gusta?** how do you like it? // *conj*: **con ~ de que** provided that.

taladrar [tala'ðrar] *vt* to drill; **taladro** *nm* drill; (*hoyo*) drill hole.

talante [ta'lante] *nm* (*humor*) mood; (*voluntad*) will, willingness.

talar [ta'lar] *vt* to fell, cut down; (*devastar*) to devastate.

talco ['talko] *nm* (*polvos*) talcum powder.

talego [ta'leɣo] *nm*, **talega** [ta'leɣa] *nf* sack.

talento [ta'lento] *nm* talent; (*capacidad*) ability.

TALGO ['talɣo] *nm abr* (*Esp* = *tren articulado ligero Goicoechea-Oriol*) ≈ HST (*Brit*).

talismán [talis'man] *nm* talisman.

talón [ta'lon] *nm* (ANAT) heel; (COM) counterfoil; (*cheque*) cheque (*Brit*), check (US).

talonario [talo'narjo] *nm* (*de cheques*) chequebook (*Brit*), checkbook (US); (*de billetes*) book of tickets; (*de recibos*) receipt book.

talla ['taʎa] *nf* (*estatura, fig, MED*) height, stature; (*palo*) measuring rod; (ARTE) carving; (*medida*) size.

tallado, a [ta'ʎaðo, a] *a* carved // *nm* carving.

tallar [ta'ʎar] *vt* (*madera*) to carve; (*metal etc*) to engrave; (*medir*) to measure.

tallarines [taʎa'rines] *nmpl* noodles.

talle ['taʎe] *nm* (ANAT) waist; (*fig*) appearance.

taller [ta'ʎer] *nm* (TEC) workshop; (*de artista*) studio.

tallo ['taʎo] *nm* (*de planta*) stem; (*de hierba*) blade; (*brote*) shoot.

tamaño, a [ta'maɲo, a] *a* (*tan grande*) such a big; (*tan pequeño*) such a small // *nm* size; **de ~ natural** full-size.

tamarindo [tama'rindo] *nm* tamarind.

tambalearse [tambale'arse] *vr* (*persona*) to stagger; (*vehículo*) to sway.

también [tam'bjen] *ad* (*igualmente*) also, too, as well; (*además*) besides.

tambor [tam'bor] *nm* drum; (ANAT) eardrum; ~ **del freno** brake drum.

tamiz [ta'miθ] *nm* sieve; **~ar** *vt* to sieve.

tampoco [tam'poko] *ad* nor, neither; **yo ~ lo compré** I didn't buy it either.

tampón [tam'pon] *nm* tampon.

tan [tan] *ad* so; **~ es así que ...** so much so that ...

tanda ['tanda] *nf* (*gen*) series; (*turno*) shift.

tangente [tan'xente] *nf* tangent.

Tánger ['tanxer] *n* Tangier(s).

tangible [tan'xiβle] *a* tangible.

tanque ['tanke] *nm* (*cisterna*, *MIL*) tank; (*AUTO*) tanker.

tantear [tante'ar] *vt* (*calcular*) to reckon (up); (*medir*) to take the measure of; (*probar*) to test, try out; (*tomar la medida: persona*) to take the measurements of; (*situación*) to weigh up; (*persona: opinión*) to sound out *vi* (*DEPORTE*) to score; **tanteo** *nm* (*cálculo*) (rough) calculation; (*prueba*) test, trial; (*DEPORTE*) scoring.

tanto, a ['tanto, a] *a* (*cantidad*) so much, as much; **~s** so many, as many; **20 y ~s** 20-odd // *ad* (*cantidad*) so much, as much; (*tiempo*) so long, as long; **~ tú como yo** both you and I; **~ como eso** it's not as bad as that; **~ más ... cuanto que** it's all the more ... because; **~ mejor/ peor** so much the better/the worse; **~ si viene como si va** whether he comes or whether he goes; **~ es así que** so much so that; **por o por lo ~** therefore; **me he vuelto ronco de o con ~ hablar** I have become hoarse with so much talking // *conj*: **en ~ que** while; **hasta ~ (que)** until such time as // *nm* (*suma*) certain amount; (*proporción*) so much; (*punto*) point; (*gol*) goal; **un ~ perezoso** somewhat lazy // *pron*: **cada uno paga ~** each one pays so much; **a ~s de agosto** on such and such a day in August.

tapa ['tapa] *nf* (*de caja, olla*) lid; (*de botella*) top; (*de libro*) cover; (*comida*) snack.

tapadera [tapa'ðera] *nf* lid, cover.

tapar [ta'par] *vt* (*cubrir*) to cover; (*envolver*) to wrap o cover up; (*la vista*) to obstruct; (*persona, falta*) to conceal; (*AM*) to fill; **~se** *vr* to wrap o.s. up.

taparrabo [tapa'rraβo] *nm* loincloth.

tapete [ta'pete] *nm* table cover.

tapia ['tapja] *nf* (garden) wall; **tapiar** *vt* to wall in.

tapicería [tapiθe'ria] *nf* tapestry; (*para muebles*) upholstery; (*tienda*) upholsterer's (shop).

tapiz [ta'piθ] *nm* (*alfombra*) carpet; (*tela tejida*) tapestry; **~ar** *vt* (*muebles*) to upholster.

tapón [ta'pon] *nm* (*corcho*) stopper; (*TEC*) plug; **~ de rosca** screw-top.

taquigrafía [takiɣra'fia] *nf* shorthand; **taquígrafo, a** *nm/f* shorthand writer,

stenographer.

taquilla [ta'kiʎa] *nf* (*donde se compra*) booking office; (*suma recogida*) takings *pl*; **taquillero, a** *a*: **función taquillera** box office success // *nm/f* ticket clerk.

tara ['tara] *nf* (*defecto*) defect; (*COM*) tare.

tarántula [ta'rantula] *nf* tarantula.

tararear [tarare'ar] *vi* to hum.

tardanza [tar'ðanθa] *nf* (*demora*) delay.

tardar [tar'ðar] *vi* (*tomar tiempo*) to take a long time; (*llegar tarde*) to be late; (*demorar*) to delay; **¿tarda mucho el tren?** does the train take (very) long?; **a más ~** at the latest; **no tardes en venir** come soon.

tarde ['tarðe] *ad* late // *nf* (*de día*) afternoon; (*al anochecer*) evening; **de ~ en ~** from time to time; **¡buenas ~s!** good afternoon!; **a o por la ~** in the afternoon; in the evening.

tardío, a [tar'ðio, a] *a* (*retrasado*) late; (*lento*) slow (to arrive).

tardo, a ['tarðo, a] *a* (*lento*) slow; (*torpe*) dull.

tarea [ta'rea] *nf* task; (*ESCOL*) homework.

tarifa [ta'rifa] *nf* (*lista de precios*) price list; (*precio*) tariff.

tarima [ta'rima] *nf* (*plataforma*) platform.

tarjeta [tar'xeta] *nf* card; **~ postal/de crédito/de Navidad** postcard/credit card/ Christmas card.

tarro ['tarro] *nm* jar, pot.

tarta ['tarta] *nf* (*pastel*) cake; (*torta*) tart.

tartamudear [tartamuðe'ar] *vi* to stammer; **tartamudo, a** *a* stammering // *nm/f* stammerer.

tártaro, a ['tartaro, a] *a*: **salsa tártara** tartare sauce.

tasa ['tasa] *nf* (*precio*) (fixed) price, rate; (*valoración*) valuation; (*medida, norma*) measure, standard; **~ de cambio/interés** exchange/interest rate; **~ción** *nf* valuation; **~dor, a** *nm/f* valuer.

tasar [ta'sar] *vt* (*arreglar el precio*) to fix a price for; (*valorar*) to value, assess.

tasca ['taska] *nf* (*fam*) pub.

tatarabuelo, a [tatara'βwelo, a] *nm/f* great-great-grandfather/mother.

tatuaje [ta'twaxe] *nm* (*dibujo*) tattoo; (*acto*) tattooing.

tatuar [ta'twar] *vt* to tattoo.

taurino, a [tau'rino, a] *a* bullfighting *cpd*.

Tauro ['tauro] *nm* Taurus.

tauromaquia [tauro'makja] *nf* tauromachy, (art of) bullfighting.

taxi ['taksi] *nm* taxi.

taxista [tak'sista] *nm/f* taxi driver.

taza ['taθa] *nf* cup; (*de retrete*) bowl; **~ para café** coffee cup; **tazón** *nm* (**~ grande**) mug, large cup; (*de fuente*) basin.

te [te] *pron (complemento de objeto)* you; *(complemento indirecto)* (to) you; *(reflexivo)* (to) yourself; ¿~ **duele mucho el brazo?** does your arm hurt a lot?; ~ **equivocas** you're wrong; ¡**cálma~**! calm down!

té [te] *nm* tea.

tea ['tea] *nf* torch.

teatral [tea'tral] *a* theatre *cpd; (fig)* theatrical.

teatro [te'atro] *nm* theatre; *(LITERATURA)* plays *pl,* drama.

tebeo [te'βeo] *nm* comic.

tecla ['tekla] *nf* key; ~**do** *nm* keyboard; **teclear** *vi* to strum; *(fig)* to drum; **tecleo** *nm (MUS: sonido)* strumming; *(fig)* drumming.

técnico, a ['tekniko, a] *a* technical // *nm/f* technician; *(experto)* expert // *nf (procedimientos)* technique; *(arte, oficio)* craft.

tecnócrata [tek'nokrata] *nm/f* technocrat.

tecnología [teknolo'xia] *nf* technology; **tecnológico, a** *a* technological.

techo ['tetʃo] *nm (externo)* roof; *(interno)* ceiling; ~ **corredizo** sunroof.

tedio ['teðjo] *nm* boredom, tedium; ~**so, a** *a* boring, tedious.

teja ['texa] *nf (azulejo)* tile; *(BOT)* lime (tree); ~**do** *nm* (tiled) roof.

tejanos [te'xanos] *nmpl* jeans.

tejemaneje [texema'nexe] *nm (lío)* fuss; *(intriga)* intrigue.

tejer [te'xer] *vt* to weave; *(hacer punto)* to knit; *(fig)* to fabricate; **tejido** *nm (tela)* material, fabric; *(telaraña)* web; *(ANAT)* tissue.

tel *abr* (= *teléfono*) tel.

tela ['tela] *nf (tejido)* material; *(telaraña)* web; *(en líquido)* skin; **telar** *nm (máquina)* loom; **telares** *nmpl* textile mill *sg.*

telaraña [tela'raɲa] *nf* cobweb.

tele ['tele] *nf (fam)* telly *(Brit),* tube *(US).*

tele... [tele] *pref* tele...; ~**comunicación** *nf* telecommunication; ~**control** *nm* remote control; ~**diario** *nm* television news; ~**difusión** *nf* (television) broadcast; ~**dirigido, a** *a* remote-controlled.

teléf *abr* (= *teléfono*) tel.

telefax [tele'faks] *nm inv* fax; *(aparato)* fax (machine).

teleférico [tele'feriko] *nm (tren)* cable-railway; *(de esquí)* ski-lift.

telefonear [telefone'ar] *vi* to telephone.

telefónicamente [tele'fonikamente] *ad* by (tele)phone.

telefónico, a [tele'foniko, a] *a* telephone *cpd.*

telefonista [telefo'nista] *nm/f* telephonist.

teléfono [te'lefono] *nm* (tele)phone; **estar hablando al** ~ to be on the phone; **llamar a uno por** ~ to ring o phone sb up.

telegrafía [teleɣra'fia] *nf* telegraphy.

telégrafo [te'leɣrafo] *nm* telegraph.

telegrama [tele'ɣrama] *nm* telegram.

tele: ~**impresor** *nm* teleprinter *(Brit),* teletype *(US);* ~**objetivo** *nm* telephoto lens; ~**pático, a** *a* telepathic; ~**scópico, a** *a* telescopic; ~**scopio** *nm* telescope; ~**silla** *nm* chairlift; ~**spectador, a** *nm/f* viewer; ~**squí** *nm* ski-lift; ~**tipo** *nm* teletype.

televidente [teleβi'ðente] *nm/f* viewer.

televisar [teleβi'sar] *vt* to televise.

televisión [teleβi'sjon] *nf* television; ~ **en colores** colour television.

televisor [teleβi'sor] *nm* television set.

télex ['teleks] *nm inv* telex.

telón [te'lon] *nm* curtain; ~ **de acero** *(POL)* iron curtain; ~ **de fondo** backcloth, background.

tema ['tema] *nm (asunto)* subject, topic; *(MUS)* theme // *nf (obsesión)* obsession; **temático, a** *a* thematic.

temblar [tem'blar] *vi* to shake, tremble; *(de frío)* to shiver; **tembleque** *nm* shaking; **temblón, ona** *a* shaking; **temblor** *nm* trembling; *(de tierra)* earthquake; **tembloroso, a** *a* trembling.

temer [te'mer] *vt* to fear // *vi* to be afraid; **temo que llegue tarde** I am afraid he may be late.

temerario, a [teme'rarjo, a] *a (descuidado)* reckless; *(irreflexivo)* hasty; **temeridad** *nf (imprudencia)* rashness; *(audacia)* boldness.

temeroso, a [teme'roso, a] *a (miedoso)* fearful; *(que inspira temor)* frightful.

temible [te'miβle] *a* fearsome.

temor [te'mor] *nm (miedo)* fear; *(duda)* suspicion.

témpano ['tempano] *nm:* ~ **de hielo** ice-floe.

temperamento [tempera'mento] *nm* temperament.

temperatura [tempera'tura] *nf* temperature.

tempestad [tempes'taδ] *nf* storm; **tempestuoso, a** *a* stormy.

templado, a [tem'plaδo, a] *a (moderado)* moderate; (: *en el comer)* frugal; (: *en el beber)* abstemious; *(agua)* lukewarm; *(clima)* mild; *(MUS)* well-tuned; **templanza** *nf* moderation; abstemiousness; mildness.

templar [tem'plar] *vt (moderar)* to moderate; *(furia)* to restrain; *(calor)* to reduce; *(afinar)* to tune (up); *(acero)* to temper; *(tuerca)* to tighten up; **temple** *nm (ajuste)* tempering; *(afinación)* tuning; *(clima)* temperature; *(pintura)* tempera.

templete [tem'plete] *nm* bandstand.

templo ['templo] *nm (iglesia)* church; *(pagano etc)* temple.

temporada [tempo'raða] *nf* time, period; (*estación*) season.

temporal [tempo'ral] *a* (*no permanente*) temporary; (*REL*) temporal // *nm* storm.

tempranero, a [tempra'nero, a] *a* (*BOT*) early; (*persona*) early-rising.

temprano, a [tem'prano, a] *a* early; (*demasiado pronto*) too soon, too early.

ten *vb ver* **tener**.

tenaces [te'naθes] *apl ver* **tenaz**.

tenacidad [tenaθi'ðað] *nf* tenacity; (*dureza*) toughness; (*terquedad*) stubbornness.

tenacillas [tena'θiʎas] *nfpl* tongs; (*para el pelo*) curling tongs (*Brit*) o iron (*US*); (*MED*) forceps.

tenaz [te'naθ] *a* (*material*) tough; (*persona*) tenacious; (*creencia, resistencia*) stubborn.

tenaza(s) [te'naθa(s)] *nf(pl)* (*MED*) forceps; (*TEC*) pliers; (*ZOOL*) pincers.

tendedero [tende'ðero] *nm* (*para ropa*) drying place; (*cuerda*) clothes line.

tendencia [ten'denθja] *nf* tendency; (*proceso*) trend; **tener ~ a** to tend to, have a tendency to; **tendencioso, a** *a* tendentious.

tender [ten'der] *vt* (*extender*) to spread out; (*colgar*) to hang out; (*vía férrea, cable*) to lay; (*estirar*) to stretch // *vi*: ~ **a** to tend to, have a tendency towards; **~se** *vr* to lie down; **~ la cama/la mesa** (*AM*) to make the bed/lay (*Brit*) o set (*US*) the table.

tenderete [tende'rete] *nm* (*puesto*) stall; (*exposición*) display of goods.

tendero, a [ten'dero, a] *nm/f* shopkeeper.

tendido, a [ten'diðo, a] *a* (*acostado*) lying down, flat; (*colgado*) hanging // *nm* (*TAUR*) front rows of seats; **a galope ~** flat out.

tendón [ten'don] *nm* tendon.

tendré *etc vb ver* **tener**.

tenebroso, a [tene'βroso, a] *a* (*oscuro*) dark; (*fig*) gloomy; (*complot*) sinister.

tenedor [tene'ðor] *nm* (*CULIN*) fork; (*poseedor*) holder; **~ de libros** bookkeeper.

teneduría [teneðu'ria] *nf* keeping; **~ de libros** book-keeping.

tenencia [te'nenθja] *nf* (*de casa*) tenancy; (*de oficio*) tenure; (*de propiedad*) possession.

tener [te'ner] ♦ *vt* **1** (*poseer, gen*) to have; (*en la mano*) to hold; **¿tienes un boli?** have you got a pen?; **va a ~ un niño** she's going to have a baby; **¡ten** (*o* **tenga**)!, **¡aquí tienes** (*o* **tiene**)! here you are!

2 (*edad, medidas*) to be; **tiene 7 años** she's 7 (years old); **tiene 15 cm. de largo** it's 15 cms long; *ver* **calor, hambre** *etc*

3 (*considerar*): **lo tengo por brillante** I consider him to be brilliant; **~ en mucho**

a uno to think very highly of sb

4 (+ *pp*: = *pretérito*): **tengo terminada ya la mitad del trabajo** I've done half the work already

5: **~ que hacer algo** to have to do sth; **tengo que acabar este trabajo hoy** I have to finish this job today

6: **¿qué tienes, estás enfermo?** what's the matter with you, are you ill?

♦ **~se** *vr* **1**: **~se en pie** to stand up

2: **~se por**: to think o.s.; **se tiene por muy listo** he thinks himself very clever.

tengo *etc vb ver* **tener**.

tenia ['tenja] *nf* tapeworm.

teniente [te'njente] *nm* (*rango*) lieutenant; (*ayudante*) deputy.

tenis ['tenis] *nm* tennis; **~ de mesa** table tennis; **~ta** *nm/f* tennis player.

tenor [te'nor] *nm* (*sentido*) meaning; (*MUS*) tenor; **a ~ de** on the lines of.

tensar [ten'sar] *vt* to tauten; (*arco*) to draw.

tensión [ten'sjon] *nf* tension; (*TEC*) stress; (*MED*): **~ arterial** blood pressure; **tener la ~ alta** to have high blood pressure.

tenso, a ['tenso, a] *a* tense.

tentación [tenta'θjon] *nf* temptation.

tentáculo [ten'takulo] *nm* tentacle.

tentador, a [tenta'ðor, a] *a* tempting // *nm/f* tempter/temptress.

tentar [ten'tar] *vt* (*tocar*) to touch, feel; (*seducir*) to tempt; (*atraer*) to attract; **tentativa** *nf* attempt; **tentativa de asesinato** attempted murder.

tentempié [tentem'pje] *nm* (*fam*) snack.

tenue ['tenwe] *a* (*delgado*) thin, slender; (*neblina*) light; (*lazo, vínculo*) slight.

teñir [te'nir] *vt* to dye; (*fig*) to tinge; **~se** *vr* to dye; **~se el pelo** to dye one's hair.

teología [teolo'xia] *nf* theology.

teorema [teo'rema] *nm* theorem.

teoría [teo'ria] *nf* theory; **en ~** in theory; **teóricamente** *ad* theoretically; **teórico, a** *a* theoretic(al) // *nm/f* theoretician, theorist; **teorizar** *vi* to theorize.

terapéutico, a [tera'peutiko, a] *a* therapeutic.

terapia [te'rapja] *nf* therapy.

tercer [ter'θer] *a ver* **tercero**.

tercermundista [terθermun'dista] *a* Third World *cpd*.

tercer(o), a [ter'θer(o), a] *a* a third // *nm* (*JUR*) third party.

terceto [ter'θeto] *nm* trio.

terciado, a [ter'θjaðo, a] *a* slanting.

terciar [ter'θjar] *vt* (*llevar*) to wear (across the shoulder) // *vi* (*participar*) to take part; (*hacer de árbitro*) to mediate; **~se** *vr* to come up; **~io, a** *a* tertiary.

tercio ['terθjo] *nm* third.

terciopelo [terθjo'pelo] *nm* velvet.

terco, a ['terko, a] *a* obstinate.

tergiversar [terxiβer'sar] *vt* to distort.

termal [ter'mal] *a* thermal.

termas ['termas] *nfpl* hot springs.
terminación [termina'θjon] *nf* (*final*) end; (*conclusión*) conclusion, ending.
terminal [termi'nal] *a, nm, nf* terminal.
terminante [termi'nante] *a* (*final*) final, definitive; (*tajante*) categorical.
terminar [termi'nar] *vt* (*completar*) to complete, finish; (*concluir*) to end // *vi* (*llegar a su fin*) to end; (*parar*) to stop; (*acabar*) to finish; ~**se** *vr* to come to an end; ~ **por hacer algo** to end up (by) doing sth.
término ['termino] *nm* end, conclusion; (*parada*) terminus; (*límite*) boundary; ~ **medio** average; (*fig*) middle way; **en último** ~ (*a fin de cuentas*) in the last analysis; (*como último recurso*) as a last resort; **en** ~**s de** in terms of.
terminología [terminolo'xia] *nf* terminology.
termodinámico, a [termoði'namiko, a] *a* thermodynamic.
termómetro [ter'mometro] *nm* thermometer.
termonuclear [termonukle'ar] *a* thermonuclear.
termo(s) ® ['termo(s)] *nm* Thermos ® (flask).
termostato [termo'stato] *nm* thermostat.
ternero, a [ter'nero, a] *nm/f* (*animal*) calf // *nf* (*carne*) veal.
terno ['terno] *nm* (*AM*) three-piece suit.
ternura [ter'nura] *nf* (*trato*) tenderness; (*palabra*) endearment; (*cariño*) fondness.
terquedad [terke'ðað] *nf* obstinacy; (*dureza*) harshness.
terrado [te'rraðo] *nm* terrace.
terraplén [terra'plen] *nm* (*AGR*) terrace; (*cuesta*) slope.
terrateniente [terrate'njente] *nm/f* landowner.
terraza [te'rraθa] *nf* (*balcón*) balcony; (*techo*) (flat) roof; (*AGR*) terrace.
terremoto [terre'moto] *nm* earthquake.
terrenal [terre'nal] *a* earthly.
terreno [te'rreno] *nm* (*tierra*) land; (*parcela*) plot; (*suelo*) soil; (*fig*) field; **un** ~ a piece of land.
terrestre [te'rrestre] *a* terrestrial; (*ruta*) land *cpd*.
terrible [te'rrißle] *a* terrible, awful.
territorio [terri'torjo] *nm* territory.
terrón [te'rron] *nm* (*de azúcar*) lump; (*de tierra*) clod, lump.
terror [te'rror] *nm* terror; ~**ífico, a** *a* terrifying; ~**ista** *a, nm/f* terrorist.
terroso, a [te'rroso, a] *a* earthy.
terruño [te'rruɲo] *nm* (*parcela*) plot; (*fig*) native soil.
terso, a ['terso, a] *a* (*liso*) smooth; (*pulido*) polished; **tersura** *nf* smoothness.
tertulia [ter'tulja] *nf* (*reunión informal*) social gathering; (*grupo*) group, circle.

tesis ['tesis] *nf inv* thesis.
tesón [te'son] *nm* (*firmeza*) firmness; (*tenacidad*) tenacity.
tesorero, a [teso'rero, a] *nm/f* treasurer.
tesoro [te'soro] *nm* treasure; (*COM, POL*) treasury.
testaferro [testa'ferro] *nm* figurehead.
testamentaría [testamenta'ria] *nf* execution of a will.
testamentario, a [testamen'tarjo, a] *a* testamentary // *nm/f* executor/executrix.
testamento [testa'mento] *nm* will.
testar [tes'tar] *vi* to make a will.
testarudo, a [testa'ruðo, a] *a* stubborn.
testículo [tes'tikulo] *nm* testicle.
testificar [testifi'kar] *vt* to testify; (*fig*) to attest // *vi* to give evidence.
testigo [tes'tivo] *nm/f* witness; ~ **de cargo/descargo** witness for the prosecution/defence; ~ **ocular** eye witness.
testimoniar [testimo'njar] *vt* to testify to; (*fig*) to show; **testimonio** *nm* testimony.
teta ['teta] *nf* (*de biberón*) teat; (*ANAT: pezón*) nipple; (: *fam*) breast.
tétanos ['tetanos] *nm* tetanus.
tetera [te'tera] *nf* teapot.
tetilla [te'tiʎa] *nf* (*ANAT*) nipple; (*de biberón*) teat.
tétrico, a ['tetriko, a] *a* gloomy, dismal.
textil [teks'til] *a* textile; ~**es** *nmpl* textiles.
texto ['teksto] *nm* text; **textual** *a* textual.
textura [teks'tura] *nf* (*de tejido*) texture.
tez [teθ] *nf* (*cutis*) complexion; (*color*) colouring.
ti [ti] *pron* you; (*reflexivo*) yourself.
tía ['tia] *nf* (*pariente*) aunt; (*fam*) chick, bird.
tibieza [ti'ßjeθa] *nf* (*temperatura*) tepidness; (*fig*) coolness; **tibio, a** *a* lukewarm.
tiburón [tißu'ron] *nm* shark.
tic [tik] *nm* (*ruido*) click; (*de reloj*) tick; (*MED*): ~ **nervioso** nervous tic.
tictac [tik'tak] *nm* (*de reloj*) tick tock.
tiempo ['tjempo] *nm* time; (*época, período*) age, period; (*METEOROLOGIA*) weather; (*LING*) tense; (*DEPORTE*) half; **a** ~ in time; **a un** *o* **al mismo** ~ at the same time; **al poco** ~ very soon (after); **se quedó poco** ~ he didn't stay very long; **hace poco** ~ not long ago; **mucho** ~ a long time; **de** ~ **en** ~ from time to time; **hace buen/mal** ~ the weather is fine/bad; **estar a** ~ to be in time; **hace** ~ some time ago; **hacer** ~ to while away the time; **motor de 2** ~**s** two-stroke engine; **primer** ~ first half.
tienda ['tjenda] *nf* shop, store; ~ (**de campaña**) tent.
tienes *etc vb ver* **tener.**
tienta *etc vb ver* **tentar** // ['tjenta] *nf*:

andar a ~s to grope one's way along.
tiento *vb ver* **tentar** // ['tjento] *nm*
(*tacto*) touch; (*precaución*) wariness.
tierno, a ['tjerno, a] *a* (*blando*) tender;
(*fresco*) fresh; (*amable*) sweet.
tierra ['tjerra] *nf* earth; (*suelo*) soil;
(*mundo*) earth, world; (*país*) country,
land; ~ **adentro** inland.
tieso, a ['tjeso, a] *a* (*rígido*) rigid;
(*duro*) stiff; (*fam: orgulloso*) conceited.
tiesto ['tjesto] *nm* flowerpot.
tifoidea [tifoi'ðea] *nf* typhoid.
tifón [ti'fon] *nm* typhoon.
tifus ['tifus] *nm* typhus.
tigre ['tiɣre] *nm* tiger.
tijera [ti'xera] *nf* scissors *pl*; (*ZOOL*)
claw; ~s *nfpl* scissors; (*para plantas*)
shears.
tijereta [tixe'reta] *nf* earwig.
tijeretear [tixerete'ar] *vt* to snip.
tildar [til'dar] *vt*: ~ **de** to brand as.
tilde ['tilde] *nf* (*TIPOGRAFIA*) tilde.
tilín [ti'lin] *nm* tinkle.
tilo ['tilo] *nm* lime tree.
timar [ti'mar] *vt* (*robar*) to steal;
(*estafar*) to swindle.
timbal [tim'bal] *nm* small drum.
timbrar [tim'brar] *vt* to stamp.
timbre ['timbre] *nm* (*sello*) stamp;
(*campanilla*) bell; (*tono*) timbre; (*COM*)
stamp duty.
timidez [timi'ðeθ] *nf* shyness; **tímido, a**
a shy.
timo ['timo] *nm* swindle.
timón [ti'mon] *nm* helm, rudder;
timonel *nm* helmsman.
tímpano ['timpano] *nm* (*ANAT*) eardrum; (*MUS*) small drum.
tina ['tina] *nf* tub; (*baño*) bath(tub);
tinaja *nf* large jar.
tinglado [tin'glaðo] *nm* (*cobertizo*) shed;
(*fig: truco*) trick; (*intriga*) intrigue.
tinieblas [ti'njeβlas] *nfpl* darkness *sg*;
(*sombras*) shadows.
tino ['tino] *nm* (*habilidad*) skill; (*juicio*)
insight.
tinta ['tinta] *nf* ink; (*TEC*) dye; (*ARTE*)
colour.
tinte ['tinte] *nm* (*acto*) dyeing.
tintero [tin'tero] *nm* inkwell.
tintinear [tintine'ar] *vt* to tinkle.
tinto, a ['tinto, a] *a* (*teñido*) dyed // *nm*
red wine.
tintorería [tintore'ria] *nf* dry cleaner's.
tintura [tin'tura] *nf* (*acto*) dyeing;
(*QUIMICA*) dye; (*farmacéutico*) tincture.
tío ['tio] *nm* (*pariente*) uncle; (*fam: individuo*) bloke (*Brit*), guy.
tiovivo [tio'βiβo] *nm* merry-go-round.
típico, a ['tipiko, a] *a* typical.
tiple ['tiple] *nm* soprano (voice) // *nf*
soprano.
tipo ['tipo] *nm* (*clase*) type, kind;
(*norma*) norm; (*patrón*) pattern;
(*hombre*) fellow; (*ANAT: de hombre*)

build; (: *de mujer*) figure; (*IMPRENTA*)
type; ~ **bancario/de descuento/de
interés/de cambio** bank/discount/interest/
exchange rate.
tipografía [tipoɣra'fia] *nf* (*tipo*) printing
cpd; (*lugar*) printing press; **tipográfico, a** *a* printing *cpd*; **tipógrafo, a**
nm/f printer.
tíquet ['tiket] (*pl* ~s) *nm* ticket; (*en
tienda*) cash slip.
tiquismiquis [tikis'mikis] *nm inv* fussy
person // *nmpl* (*querellas*) squabbling *sg*;
(*escrúpulos*) silly scruples.
tira ['tira] *nf* strip; (*fig*) abundance; ~ **y
afloja** give and take.
tirabuzón [tiraβu'θon] *nm* (*rizo*) curl.
tirachinas [tira'tʃinas] *nm inv* catapult.
tiradero [tira'ðero] *nm* rubbish dump.
tirado, a [ti'raðo, a] *a* (*barato*) dirt-
cheap; (*fam: fácil*) very easy // *nf*
(*acto*) cast, throw; (*distancia*) distance;
(*serie*) series; (*TIPOGRAFIA*) printing,
edition; **de una tirada** at one go.
tirador [tira'ðor] *nm* (*mango*) handle.
tiranía [tira'nia] *nf* tyranny; **tirano, a** *a*
tyrannical // *nm/f* tyrant.
tirante [ti'rante] *a* (*cuerda etc*) tight,
taut; (*relaciones*) strained // *nm* (*ARQ*)
brace; (*TEC*) stay; (*correa*) shoulder
strap; ~s *nmpl* braces (*Brit*),
suspenders (*US*); **tirantez** *nf* tightness;
(*fig*) tension.
tirar [ti'rar] *vt* to throw; (*dejar caer*) to
drop; (*volcar*) to upset; (*derribar*) to
knock down o over; (*jalar*) to pull;
(*desechar*) to throw out o away; (*disipar*) to squander; (*imprimir*) to print;
(*dar: golpe*) to deal // *vi* (*disparar*) to
shoot; (*jalar*) to pull; (*fig*) to draw;
(*fam: andar*) to go; (*tender a, buscar
realizar*) to tend to; (*DEPORTE*) to shoot;
~se *vr* to throw o.s.; (*fig*) to cheapen
o.s.; ~ **abajo** to bring down, destroy;
tira más a su padre he takes more after
his father; **ir tirando** to manage; **a todo
~** at the most.
tirita [ti'rita] *nf* (sticking) plaster (*Brit*),
bandaid (*US*).
tiritar [tiri'tar] *vi* to shiver.
tiro ['tiro] *nm* (*lanzamiento*) throw; (*disparo*) shot; (*disparar*) shooting;
(*DEPORTE*) shot; (*GOLF, TENIS*) drive;
(*alcance*) range; (*golpe: golpe*) blow; (*engaño*)
hoax; ~ **al blanco** target practice; **caballo de** ~ cart-horse; **andar de** ~s **largos**
to be all dressed up; **al** ~ (*AM*) at once.
tirón [ti'ron] *nm* (*sacudida*) pull, tug; **de
un** ~ in one go, all at once.
tiroteo [tiro'teo] *nm* exchange of shots,
shooting.
tísico, a ['tisiko, a] *a* consumptive.
tisis ['tisis] *nf inv* consumption, tuberculosis.
títere ['titere] *nm* puppet.
titilar [titi'lar] *vi* (*luz, estrella*) to

twinkle; (*párpado*) to flutter.

titiritero, a [titiri'tero, a] *nm/f* puppeteer.

titubeante [tituße'ante] *a* (*inestable*) shaky, tottering; (*farfullante*) stammering; (*dudoso*) hesitant.

titubear [tituße'ar] *vi* to stagger; to stammer; (*fig*) to hesitate; **titubeo** *nm* staggering; stammering; hesitation.

titulado, a [titu'laðo, a] *a* (*libro*) entitled; (*persona*) titled.

titular [titu'lar] *a* titular // *nm/f* occupant // *nm* headline // *vt* to title; **~se** *vr* to be entitled; (*certificado*) professional qualification; (*universitario*) (university) degree; (*fig*) right; *a* **título de** in the capacity of.

tiza ['tiθa] *nf* chalk.

tiznar [tiθ'nar] *vt* to blacken; (*fig*) to tarnish.

tizón [ti'θon], **tizo** ['tiθo] *nm* brand; (*fig*) stain.

toalla [to'aʎa] *nf* towel.

tobillo [to'βiʎo] *nm* ankle.

tobogán [toβo'ɣan] *nm* toboggan; (*montaña rusa*) roller-coaster; (*resbaladilla*) chute, slide.

toca ['toka] *nf* headdress.

tocadiscos [toka'ðiskos] *nm inv* record player.

tocado, a [to'kaðo, a] *a* (*fam*) touched // *nm* headdress.

tocador [toka'ðor] *nm* (*mueble*) dressing table; (*cuarto*) boudoir; (*fam*) ladies' toilet (*Brit*) o room (*US*).

tocante [to'kante]: **~ a** *prep* with regard to.

tocar [to'kar] *vt* to touch; (*MUS*) to play; (*topar con*) to run into, strike; (*referirse a*) to allude to; (*padecer*) to suffer // *vi* (*a la puerta*) to knock (on *o* at the door); (*ser de turno*) to fall to, be the turn of; (*ser hora*) to be due; (*barco, avión*) to call at; (*atañer*) to concern; **~se** *vr* (*cubrirse la cabeza*) to cover one's head; (*tener contacto*) to touch (each other); **por lo que a mí me toca** as far as I am concerned.

tocayo, a [to'kajo, a] *nm/f* namesake.

tocino [to'θino] *nm* bacon.

todavía [toða'βia] *ad* (*aun*) even; (*aún*) still, yet; **~ más** yet more; **~ no** not yet.

todo, a ['toðo, a] ♦ *a* **1** (*con artículo sg*) all; **toda la carne** all the meat; **toda la noche** all night, the whole night; **~ el libro** the whole book; **toda una botella** a whole bottle; **~ lo contrario** quite the opposite; **está toda sucia** she's all dirty; **por ~ el país** throughout the whole country

2 (*con artículo pl*) all; every; **~s los libros** all the books; **todas las noches** every night; **~s los que quieran salir** all those who want to leave

♦ *pron* **1** everything, all; **~s** everyone,

everybody; **lo sabemos ~** we know everything; **~s querían más tiempo** everybody *o* everyone wanted more time; **nos marchamos ~s** all of us left

2: **con ~**: **con ~ él me sigue gustando** even so I still like him

♦ *ad* all; **vaya ~ seguido** keep straight on *o* ahead

♦ *nm*: **como un ~** as a whole; **del ~**: **no me agrada del ~** I don't entirely like it.

todopoderoso, a [toðopoðe'roso, a] *a* all powerful; (*REL*) almighty.

toga ['toɣa] *nf* toga; (*ESCOL*) gown.

Tokio ['tokjo] *n* Tokyo.

toldo ['toldo] *nm* (*para el sol*) sunshade (*Brit*), parasol; (*tienda*) marquee.

tole ['tole] *nm* (*fam*) commotion.

tolerancia [tole'ranθja] *nf* tolerance.

tolerar [tole'rar] *vt* to tolerate; (*resistir*) to endure.

toma ['toma] *nf* (*acto*) taking; (*MED*) dose; **~ (de corriente)** socket.

tomar [to'mar] *vt* to take; (*aspecto*) to take on; (*beber*) to drink // *vi* to take; (*AM*) to drink; **~se** *vr* to take; **~se por** to consider o.s. to be; **~ a bien/a mal** to take well/badly; **~ en serio** to take seriously; **~ el pelo a alguien** to pull sb's leg; **~la con uno** to pick a quarrel with sb.

tomate [to'mate] *nm* tomato; **~ra** *nf* tomato plant.

tomavistas [toma'βistas] *nm inv* movie camera.

tomillo [to'miʎo] *nm* thyme.

tomo ['tomo] *nm* (*libro*) volume.

ton [ton] *abr* = **tonelada** // *nm*: **sin ~ ni son** without rhyme or reason.

tonada [to'naða] *nf* tune.

tonalidad [tonali'ðað] *nf* tone.

tonel [to'nel] *nm* barrel.

tonelada [tone'laða] *nf* ton; **tonelaje** *nm* tonnage.

tonelero [tone'lero] *nm* cooper.

tónico, a ['toniko, a] *a* tonic // *nm* (*MED*) tonic // *nf* (*MUS*) tonic; (*fig*) keynote.

tonificar [tonifi'kar] *vt* to tone up.

tono ['tono] *nm* tone; **fuera de ~** inappropriate; **darse ~** to put on airs.

tontería [tonte'ria] *nf* (*estupidez*) foolishness; (*cosa*) stupid thing; (*acto*) foolish act; **~s** *nfpl* rubbish *sg*, nonsense *sg*.

tonto, a ['tonto, a] *a* stupid, silly // *nm/f* fool; (*payaso*) clown.

topacio [to'paθjo] *nm* topaz.

topar [to'par] *vt* (*tropezar*) to bump into; (*encontrar*) to find, come across; (*ZOOL*) to butt // *vi*: **~ contra** *o* **en** to run into; **~ con** to run up against.

tope ['tope] *a* maximum // *nm* (*fin*) end; (*límite*) limit; (*FERRO*) buffer; (*AUTO*) bumper; **al ~** end to end.

tópico, a ['topiko, a] *a* topical // *nm* platitude.

topo ['topo] *nm* (*ZOOL*) mole; (*fig*)

blunderer.
topografía [topoɣra'fia] *nf* topography;
 topógrafo, a *nm/f* topographer.
toque *etc vb ver* tocar // ['toke] *nm*
 touch; (MUS) beat; (*de campana*) peal;
 (*fig*) crux; **dar un ~ a** to test; **~ de
 queda** curfew.
toquetear [tokete'ar] *vt* to handle.
toquilla [to'kiʎa] *nf* (*pañuelo*) headscarf;
 (*chal*) shawl.
tórax ['toraks] *nm* thorax.
torbellino [torbe'ʎino] *nm* whirlwind;
 (*fig*) whirl.
torcedura [torθe'ðura] *nf* twist; (MED)
 sprain.
torcer [tor'θer] *vt* to twist; (*la esquina*)
 to turn; (MED) to sprain // *vi* (*desviar*)
 to turn off; **~se** *vr* (*ladearse*) to bend;
 (*desviarse*) to go astray; (*fracasar*) to
 go wrong; **torcido, a** *a* twisted; (*fig*)
 crooked // *nm* curl.
tordo, a ['torðo, a] *a* dappled // *nm*
 thrush.
torear [tore'ar] *vt* (*fig: evadir*) to avoid;
 (*jugar con*) to tease // *vi* to fight bulls;
 toreo *nm* bullfighting; **torero, a** *nm/f*
 bullfighter.
tormenta [tor'menta] *nf* storm; (*fig: confusión*) turmoil.
tormento [tor'mento] *nm* torture; (*fig*)
 anguish.
tornar [tor'nar] *vt* (*devolver*) to return,
 give back; (*transformar*) to transform //
 vi to go back; **~se** *vr* (*ponerse*) to
 become.
tornasolado, a [tornaso'laðo, a] *a*
 (*brillante*) iridescent; (*reluciente*)
 shimmering.
torneo [tor'neo] *nm* tournament.
tornillo [tor'niʎo] *nm* screw.
torniquete [torni'kete] *nm* (*puerta*) turnstile; (MED) tourniquet.
torno ['torno] *nm* (TEC) winch; (*tambor*)
 drum; **en ~ (a)** round, about.
toro ['toro] *nm* bull; (*fam*) he-man; **los
 ~s** bullfighting.
toronja [to'ronxa] *nf* grapefruit.
torpe ['torpe] *a* (*poco hábil*) clumsy,
 awkward; (*necio*) dim; (*lento*) slow.
torpedo [tor'peðo] *nm* torpedo.
torpeza [tor'peθa] *nf* (*falta de agilidad*)
 clumsiness; (*lentitud*) slowness; (*error*)
 mistake.
torre ['torre] *nf* tower; (*de petróleo*)
 derrick.
torrefacto, a [torre'facto, a] *a* roasted.
torrente [to'rrente] *nm* torrent.
tórrido, a ['torriðo, a] *a* torrid.
torrija [to'rrixa] *nf* French toast.
torsión [tor'sjon] *nf* twisting.
torso ['torso] *nm* torso.
torta ['torta] *nf* cake; (*fam*) slap.
tortícolis [tor'tikolis] *nm inv* stiff neck.
tortilla [tor'tiʎa] *nf* omelette; (AM)
 maize pancake; **~ francesa/española**

plain/potato omelette.
tórtola ['tortola] *nf* turtledove.
tortuga [tor'tuɣa] *nf* tortoise.
tortuoso, a [tor'twoso, a] *a* winding.
tortura [tor'tura] *nf* torture; **torturar** *vt*
 to torture.
tos [tos] *nf* cough; **~ ferina** whooping
 cough.
tosco, a ['tosko, a] *a* coarse.
toser [to'ser] *vi* to cough.
tostado, a [tos'taðo, a] *a* toasted; (*por
 el sol*) dark brown; (*piel*) tanned.
tostador [tosta'ðor] *nm* toaster.
tostar [tos'tar] *vt* to toast; (*café*) to
 roast; (*persona*) to tan; **~se** *vr* to get
 brown.
total [to'tal] *a* total // *ad* in short; (*al fin
 y al cabo*) when all is said and done //
 nm total; **~ que** to cut (*Brit*) *o* make
 (US) a long story short.
totalidad [totali'ðað] *nf* whole.
totalitario, a [totali'tarjo, a] *a* totalitarian.
tóxico, a ['toksiko, a] *a* toxic // *nm*
 poison; **toxicómano, a** *nm/f* drug
 addict.
tozudo, a [to'θuðo, a] *a* obstinate.
traba ['traβa] *nf* bond, tie; (*cadena*)
 shackle.
trabajador, a [traβaxa'ðor, a] *a* a hard-
 working // *nm/f* worker.
trabajar [traβa'xar] *vt* to work; (AGR) to
 till; (*empeñarse en*) to work at;
 (*empujar: persona*) to push; (*convencer*) to persuade // *vi* to work;
 (*esforzarse*) to strive; **trabajo** *nm*
 work; (*tarea*) task; (POL) labour; (*fig*)
 effort; **tomarse el trabajo de** to take the
 trouble to; **trabajo por turno/a destajo**
 shift work/ piecework; **trabajoso, a** *a*
 hard.
trabalenguas [traβa'lengwas] *nm inv*
 tongue twister.
trabar [tra'βar] *vt* (*juntar*) to join, unite;
 (*atar*) to tie down, fetter; (*agarrar*) to
 seize; (*amistad*) to strike up; **~se** *vr* to
 become entangled; **trabársele a uno la
 lengua** to be tongue-tied.
tracción [trak'θjon] *nf* traction; **~
 delantera/trasera** front-wheel/rear-wheel
 drive.
tractor [trak'tor] *nm* tractor.
tradición [traði'θjon] *nf* tradition;
 tradicional *a* traditional.
traducción [traðuk'θjon] *nf* translation.
traducir [traðu'θir] *vt* to translate;
 traductor, a *nm/f* translator.
traer [tra'er] *vt* to bring; (*llevar*) to
 carry; (*ropa*) to wear; (*incluir*) to
 carry; (*fig*) to cause; **~se** *vr*: **~se algo**
 to be up to sth.
traficar [trafi'kar] *vi* to trade.
tráfico [tra'fiko] *nm* (COM) trade;
 (AUTO) traffic.
tragaluz [traɣa'luθ] *nm* skylight.

tragaperras [traɣa'perras] nm o f inv slot machine.

tragar [tra'ɣar] vt to swallow; (devorar) to devour, bolt down; ~se vr to swallow.

tragedia [tra'xeðja] nf tragedy; **trágico, a** a tragic.

trago ['traɣo] nm (líquido) drink; (bocado) gulp; (fam: de bebida) swig; (desgracia) blow.

traición [trai'θjon] nf treachery; (JUR) treason; (una ~) act of treachery; **traicionar** vt to betray.

traicionero, a [traiθjo'nero, a] a treacherous.

traidor, a, [trai'ðor, a] a treacherous // nm/f traitor.

traigo etc vb ver **traer**.

traje vb ver **traer** // ['traxe] nm (de hombre) suit; (de mujer) dress; (vestido típico) costume; ~ de baño swimsuit; ~ de luces bullfighter's costume.

trajera etc vb ver **traer**.

trajín [tra'xin] nm haulage; (fam: movimiento) bustle; **trajinar** vi (llevar) to carry, transport // vi (moverse) to bustle about; (viajar) to travel around.

trama ['trama] nf (intriga) plot; (de tejido) weft (Brit), woof (US); **tramar** vt to plot; (TEC) to weave.

tramitar [trami'tar] vt (asunto) to transact; (negociar) to negotiate; (manejar) to handle.

trámite ['tramite] nm (paso) step; (JUR) transaction; ~s nmpl (burocracia) procedure sg; (JUR) proceedings.

tramo ['tramo] nm (de tierra) plot; (de escalera) flight; (de vía) section.

tramoya [tra'moja] nf (TEATRO) piece of stage machinery; (fig) scheme; **tramoyista** nm/f scene shifter; (fig) trickster.

trampa ['trampa] nf trap; (en el suelo) trapdoor; (engaño) trick; (fam) fiddle; **trampear** vt, vi to cheat.

trampolín [trampo'lin] nm trampoline; (de piscina etc) diving board.

tramposo, a [tram'poso, a] a crooked, cheating // nm/f crook, cheat.

tranca ['tranka] nf (palo) stick; (de puerta, ventana) bar; **trancar** vt to bar.

trance ['tranθe] nm (momento difícil) difficult moment o juncture; (estado hipnotizado) trance.

tranco ['tranko] nm stride.

tranquilidad [trankili'ðað] nf (calma) calmness, stillness; (paz) peacefulness.

tranquilizar [trankili'θar] vt (calmar) to calm (down); (asegurar) to reassure; ~se vr to calm down; **tranquilo, a** a (calmado) calm; (apacible) peaceful; (mar) calm; (mente) untroubled.

transacción [transak'θjon] nf transaction.

transbordador [transβorða'ðor] nm ferry.

transbordar [transβor'ðar] vt to transfer; **transbordo** nm transfer; hacer transbordo to change (trains).

transcurrir [transku'rrir] vi (tiempo) to pass; (hecho) to turn out.

transcurso [trans'kurso] nm: ~ del tiempo lapse of time.

transeúnte [transe'unte] a transient // nm/f passer-by.

transferencia [transfe'renθja] nf transference; (COM) transfer.

transferir [transfe'rir] vt to transfer.

transformador [transforma'ðor] nm (ELEC) transformer.

transformar [transfor'mar] vt to transform; (convertir) to convert.

tránsfuga ['transfuɣa] nm/f (MIL) deserter; (POL) turncoat.

transfusión [transfu'sjon] nf transfusion.

transición [transi'θjon] nf transition.

transido, a [tran'siðo, a] a overcome.

transigir [transi'xir] vi to compromise, make concessions.

transistor [transis'tor] nm transistor.

transitar [transi'tar] vi to go (from place to place); **tránsito** nm transit; (AUTO) traffic; **transitorio, a** a transitory.

transmisión [transmi'sjon] nf (TEC) transmission; (transferencia) transfer; ~ en directo/exterior live/outside broadcast.

transmitir [transmi'tir] vt to transmit; (RADIO, TV) to broadcast.

transparencia [transpa'renθja] nf transparency; (claridad) clearness, clarity; (foto) slide.

transparentar [transparen'tar] vt to reveal // vi to be transparent; **transparente** a transparent; (claro) clear; (ligero) diaphanous.

transpirar [transpi'rar] vi to perspire; (fig) to transpire.

transponer [transpo'ner] vt to transpose; (cambiar de sitio) to change the place of.

transportar [transpor'tar] vt to transport; (llevar) to carry; **transporte** nm transport; (COM) haulage.

transversal [transβer'sal] a transverse, cross.

tranvía [tram'bia] nm tram.

trapecio [tra'peθjo] nm trapeze; **trapecista** nm/f trapeze artist.

trapero, a [tra'pero, a] nm/f ragman.

trapicheo [trapi'tʃeo] nm (fam) scheme, fiddle.

trapo ['trapo] nm (tela) rag; (de cocina) cloth.

tráquea ['trakea] nf windpipe.

traqueteo [trake'teo] nm (golpeteo) rattling.

tras [tras] prep (detrás) behind; (después) after; ~ de besides.

trascendencia [trasθen'denθja] nf (importancia) importance; (FILOSOFÍA) transcendence.

trascendental [trasθenden'tal] *a* important; (*FILOSOFIA*) transcendental.

trascender [trasθen'der] *vi* (*noticias*) to come out; (*suceso*) to have a wide effect.

trasegar [trase'ɣar] *vt* (*moverse*) to move about; (*vino*) to decant.

trasero, a [tra'sero, a] *a* back, rear // *nm* (*ANAT*) bottom.

trasfondo [tras'fondo] *nm* background.

trasgredir [trasɣre'ðir] *vt* to contravene.

trashumante [trasu'mante] *a* (*animales*) migrating.

trasladar [trasla'ðar] *vt* to move; (*persona*) to transfer; (*postergar*) to postpone; (*copiar*) to copy; ~se *vr* (*mudarse*) to move; **traslado** *nm* move; (*mudanza*) move, removal.

traslucir [traslu'θir] *vt* to show; ~se *vr* to be translucent; (*fig*) to be revealed.

trasluz [tras'luθ] *nm* reflected light; al ~ against o up to the light.

trasnochar [trasno'tʃar] *vi* (*acostarse tarde*) to stay up late; (*no dormir*) to have a sleepless night.

traspasar [traspa'sar] *vt* (*bala etc*) to pierce, go through; (*propiedad*) to sell, transfer; (*calle*) to cross over; (*límites*) to go beyond; (*ley*) to break; **traspaso** *nm* (*venta*) transfer, sale.

traspié [tras'pje] *nm* (*tropezón*) trip; (*fig*) blunder.

trasplantar [trasplan'tar] *vt* to transplant.

traste ['traste] *nm* (*MUS*) fret; dar al ~ con algo to ruin sth.

trastienda [tras'tjenda] *nf* backshop.

trasto ['trasto] *nm* (*pey: cosa*) piece of junk; (: *persona*) dead loss.

trastornado, a [trastor'naðo, a] *a* (*loco*) mad, crazy.

trastornar [trastor'nar] *vt* to overturn, upset; (*fig: ideas*) to confuse; (: *nervios*) to shatter; (: *persona*) to drive crazy; ~se *vr* (*volverse loco*) to go mad o crazy; **trastorno** *nm* (*acto*) overturning; (*confusión*) confusion.

tratable [tra'taßle] *a* friendly.

tratado [tra'taðo] *nm* (*POL*) treaty; (*COM*) agreement.

tratamiento [trata'mjento] *nm* treatment.

tratar [tra'tar] *vt* (*ocuparse de*) to treat; (*manejar, TEC*) to handle; (*MED*) to treat; (*dirigirse a: persona*) to address // *vi*: ~ de (*hablar sobre*) to deal with, be about; (*intentar*) to try to; ~ con (*COM*) to trade in; (*negociar*) to negotiate with; (*tener contactos*) to have dealings with; ~se *vr* to treat each other; ¿de qué se trata? what's it about?; **trato** *nm* dealings *pl*; (*relaciones*) relationship; (*comportamiento*) manner; (*COM*) agreement; (*título*) (form of) address.

trauma ['trauma] *nm* trauma.

través [tra'ßes] *nm* (*fig*) reverse; al ~ *ad* across, crossways; a ~ de *prep* across; (*sobre*) over; (*por*) through.

travesaño [traße'saɲo] *nm* (*ARQ*) crossbeam; (*DEPORTE*) crossbar.

travesía [traße'sia] *nf* (*calle*) cross-street; (*NAUT*) crossing.

travesura [traße'sura] *nf* (*broma*) prank; (*ingenio*) wit; **travieso, a** *a* (*niño*) naughty // *nf* (*ARQ*) crossbeam.

trayecto [tra'jekto] *nm* (*ruta*) road, way; (*viaje*) journey; (*tramo*) stretch; (*curso*) course; ~ria *nf* trajectory; (*fig*) path.

traza ['traθa] *nf* (*aspecto*) looks *pl*; (*señal*) sign; ~do, a *a*: bien ~do shapely, well-formed // *nm* (*ARQ*) plan, design; (*fig*) outline.

trazar [tra'θar] *vt* (*ARQ*) to plan; (*ARTE*) to sketch; (*fig*) to trace; (*plan*) to follow; **trazo** *nm* (*línea*) line; (*bosquejo*) sketch.

trébol ['treßol] *nm* (*BOT*) clover.

trece ['treθe] *num* thirteen.

trecho ['tretʃo] *nm* (*distancia*) distance; (*de tiempo*) while; (*fam*) piece; de ~ en ~ at intervals.

tregua ['treɣwa] *nf* (*MIL*) truce; (*fig*) lull.

treinta ['treinta] *num* thirty.

tremendo, a [tre'mendo, a] *a* (*terrible*) terrible; (*imponente: cosa*) imposing; (*fam: fabuloso*) tremendous.

trémulo, a ['tremulo, a] *a* quivering.

tren [tren] *nm* train; ~ de aterrizaje undercarriage.

trenza ['trenθa] *nf* (*de pelo*) plait (*Brit*), braid (*US*); **trenzar** *vt* (*pelo*) to plait; **trenzarse** *vr* (*AM*) to become involved with.

trepadora [trepa'ðora] *nf* (*BOT*) climber.

trepar [tre'par] *vt, vi* to climb.

trepidar [trepi'ðar] *vi* to shake, vibrate.

tres [tres] *num* three.

tresillo [tre'siʎo] *nm* three-piece suite; (*MUS*) triplet.

treta ['treta] *nf* (*COM etc*) gimmick; (*fig*) trick.

triángulo ['trjangulo] *nm* triangle.

tribu ['trißu] *nf* tribe.

tribuna [tri'ßuna] *nf* (*plataforma*) platform; (*DEPORTE*) (grand)stand; (*fig*) public speaking.

tribunal [trißu'nal] *nm* (*JUR*) court; (*comisión, fig*) tribunal.

tributar [trißu'tar] *vt* (*gen*) to pay; **tributo** *nm* (*COM*) tax.

tricotar [triko'tar] *vi* to knit.

trigal [tri'val] *nm* wheat field.

trigo ['triɣo] *nm* wheat.

trigueño, a [tri'ɣeɲo, a] *a* (*pelo*) corn-coloured; (*piel*) olive-skinned.

trillado, a [tri'ʎaðo, a] *a* threshed; (*fig*) trite, hackneyed; **trilladora** *nf* threshing machine.

trillar [tri'ʎar] *vt* (*AGR*) to thresh.

trimestral [trimes'tral] *a* quarterly; (*ESCOL*) termly.

trimestre [tri'mestre] *nm* (*ESCOL*) term.

trinar [tri'nar] *vi* (*pájaros*) to sing; (*rabiar*) to fume, be angry.

trincar [trin'kar] *vt* (*atar*) to tie up; (*inmovilizar*) to pinion.

trinchar [trin'tʃar] *vt* to carve.

trinchera [trin'tʃera] *nf* (*fosa*) trench.

trineo [tri'neo] *nm* sledge.

trinidad [trini'ðað] *nf* trio; (*REL*): **la T~** the Trinity.

trino ['trino] *nm* trill.

tripa ['tripa] *nf* (*ANAT*) intestine; (*fam: tb*: ~s) insides *pl*.

triple ['triple] *a* triple.

triplicado, a [tripli'kaðo, a] *a*: **por ~ in** triplicate.

tripulación [tripula'θjon] *nf* crew.

tripulante [tripu'lante] *nm/f* crewman/woman.

tripular [tripu'lar] *vt* (*barco*) to man; (*AUTO*) to drive.

triquiñuela [triki'nwela] *nf* trick.

tris [tris] *nm inv* crack; **en un ~** in an instant.

triste ['triste] *a* (*afligido*) sad; (*sombrío*) melancholy, gloomy; (*lamentable*) sorry, miserable; **~za** *nf* (*aflicción*) sadness; (*melancolía*) melancholy.

triturar [tritu'rar] *vt* (*moler*) to grind; (*mascar*) to chew.

triunfar [trjun'far] *vi* (*tener éxito*) to triumph; (*ganar*) to win; **triunfo** *nm* triumph.

trivial [tri'βjal] *a* trivial; **~izar** *vt* to minimize, play down.

triza ['triθa] *nf*: **hacer ~s** to smash to bits; (*papel*) to tear to shreds.

trizar [tri'θar] *vt* to smash to bits; (*papel*) to tear to shreds.

trocar [tro'kar] *vt* to exchange.

trocha ['trotʃa] *nf* short cut.

troche ['trotʃe] *nm*: **a ~ y moche** *ad* helter-skelter, pell-mell.

trofeo [tro'feo] *nm* (*premio*) trophy; (*éxito*) success.

tromba ['tromba] *nf* whirlwind.

trombón [trom'bon] *nm* trombone.

trombosis [trom'bosis] *nf inv* thrombosis.

trompa ['trompa] *nf* horn; (*trompo*) humming top; (*hocico*) snout; (*fam*): **cogerse una ~** to get tight.

trompeta [trom'peta] *nf* trumpet; (*clarín*) bugle.

trompo ['trompo] *nm* spinning top.

trompón [trom'pon] *nm* bump.

tronar [tro'nar] *vt* (*AM*) to shoot // *vi* to thunder; (*fig*) to rage.

tronco ['tronko] *nm* (*de árbol, ANAT*) trunk.

tronchar [tron'tʃar] *vt* (*árbol*) to chop down; (*fig: vida*) to cut short; (: *espe-*

ranza) to shatter; (*persona*) to tire out; **~se** *vr* to fall down.

tronera [tro'nera] *nf* (*MIL*) loophole; (*ARQ*) small window.

trono ['trono] *nm* throne.

tropa ['tropa] *nf* (*MIL*) troop; (*soldados*) soldiers *pl*.

tropel [tro'pel] *nm* (*muchedumbre*) crowd.

tropelía [trope'lia] *nm* outrage.

tropezar [trope'θar] *vi* to trip, stumble; (*fig*) to slip up; **~ con** to run into; (*topar con*) to bump into; **tropezón** *nm* trip; (*fig*) blunder.

tropical [tropi'kal] *a* tropical.

trópico ['tropiko] *nm* tropic.

tropiezo *vb ver* **tropezar** // [tro'pjeθo] *nm* (*error*) slip, blunder; (*desgracia*) misfortune; (*obstáculo*) snag.

trotamundos [trota'mundos] *nm inv* globetrotter.

trotar [tro'tar] *vi* to trot; **trote** *nm* trot; (*fam*) travelling; **de mucho trote** hard-wearing.

trozo ['troθo] *nm* bit, piece.

truco ['truko] *nm* (*habilidad*) knack; (*engaño*) trick.

trucha ['trutʃa] *nf* trout.

trueno ['trweno] *nm* thunder; (*estampido*) bang.

trueque *etc vb ver* **trocar** // ['trweke] *nm* exchange; (*COM*) barter.

trufa ['trufa] *nf* (*BOT*) truffle.

truhán, ana [tru'an, ana] *nm/f* rogue.

truncar [trun'kar] *vt* (*cortar*) to truncate; (*fig: la vida etc*) to cut short; (: *el desarrollo*) to stunt.

tu [tu] *a* your.

tú [tu] *pron* you.

tubérculo [tu'βerkulo] *nm* (*BOT*) tuber.

tuberculosis [tuβerku'losis] *nf inv* tuberculosis.

tubería [tuβe'ria] *nf* pipes *pl*; (*conducto*) pipeline.

tubo ['tuβo] *nm* tube, pipe; **~ de ensayo** test tube; **~ de escape** exhaust (pipe).

tuerca ['twerka] *nf* nut.

tuerto, a ['twerto, a] *a* blind in one eye // *nm/f* one-eyed person.

tuerza *etc vb ver* **torcer**.

tuétano ['twetano] *nm* marrow; (*BOT*) pith.

tufo ['tufo] *nm* vapour; (*fig: pey*) stench.

tugurio [tu'ɣurjo] *nm* slum.

tul [tul] *nm* tulle.

tulipán [tuli'pan] *nm* tulip.

tullido, a [tu'ʎiðo, a] *a* crippled.

tumba ['tumba] *nf* (*sepultura*) tomb.

tumbar [tum'bar] *vt* to knock down; **~se** *vr* (*echarse*) to lie down; (*extenderse*) to stretch out.

tumbo ['tumbo] *nm* (*caída*) fall; (*de vehículo*) jolt.

tumbona [tum'bona] *nf* (*butaca*) easy chair; (*de playa*) deckchair (*Brit*),

beach chair (*US*).
tumido, a [tu'miðo, a] *a* swollen.
tumor [tu'mor] *nm* tumour.
tumulto [tu'multo] *nm* turmoil.
tuna ['tuna] *nf ver* **tuno**.
tunante [tu'nante] *nm/f* rascal.
tunda ['tunda] *nf* (*golpeo*) beating.
túnel ['tunel] *nm* tunnel.
Túnez ['tuneθ] *nm* Tunisia; (*ciudad*) Tunis.
tuno, a ['tuno, a] *nm/f* (*fam*) rogue // *nm* member of student music group // *nf* (*BOT*) prickly pear; (*MUS*) student music group.
tuntún [tun'tun]: **al ~** *ad* thoughtlessly.
tupido, a [tu'piðo, a] *a* (*denso*) dense; (*tela*) close-woven; (*fig*) dim.
turba ['turβa] *nf* crowd.
turbación [turβa'θjon] *nf* (*molestia*) disturbance; (*preocupación*) worry; **turbado, a** *a* (*molesto*) disturbed; (*preocupado*) worried.
turbar [tur'βar] *vt* (*molestar*) to disturb; (*incomodar*) to upset; **~se** *vr* to be disturbed.
turbina [tur'βina] *nf* turbine.
turbio, a ['turβjo, a] *a* cloudy; (*tema etc*) confused // *ad* indistinctly.
turbulencia [turβu'lenθja] *nf* turbulence; (*fig*) restlessness; **turbulento, a** *a* turbulent; (*fig*: *intranquilo*) restless; (: *ruidoso*) noisy.
turco, a ['turko, a] *a* Turkish // *nm/f* Turk.
turismo [tu'rismo] *nm* tourism; (*coche*) saloon car; **turista** *nm/f* tourist; **turístico, a** *a* tourist *cpd*.
turnar [tur'nar] *vi*, **turnarse** *vr* to take (it in) turns; **turno** *nm* (*INDUSTRIA*) shift; (*oportunidad, orden de prioridad*) opportunity; (*juegos etc*) turn.
turquesa [tur'kesa] *nf* turquoise.
Turquía [tur'kia] *nf* Turkey.
turrón [tu'rron] *nm* (*dulce*) nougat.
tutear [tute'ar] *vt* to address as familiar 'tú'; **~se** *vr* to be on familiar terms.
tutela [tu'tela] *nf* (*legal*) guardianship; (*instrucción*) guidance; **tutelar** *a* tutelary // *vt* to protect.
tutor, a [tu'tor, a] *nm/f* (*legal*) guardian; (*ESCOL*) tutor.
tuve, tuviera *etc vb ver* **tener**.
tuyo, a ['tujo, a] *a* yours, of yours // *pron* yours; **los ~s** (*fam*) your relations, your family.
TV ['te'βe] *nf abr* (= *televisión*) TV.
TVE *nf abr* = *Televisión Española*.

U

u [u] *conj* or.
ubicar [uβi'kar] *vt* to place, situate; (: *fig*) to install in a post; (*AM: encontrar*) to find; **~se** *vr* to lie, be located.

ubre ['uβre] *nf* udder.
UCD *nf abr* = *Unión del Centro Democrático*.
Ud(s) *abr* = **usted(es)**.
ufanarse [ufa'narse] *vr* to boast; **~ de** to pride o.s. on; **ufano, a** *a* (*arrogante*) arrogant; (*presumido*) conceited.
UGT *nf abr* = *Unión General de Trabajadores*.
ujier [u'xjer] *nm* usher; (*portero*) doorkeeper.
úlcera [ul'θera] *nf* ulcer.
ulcerar [ulθe'rar] *vt* to make sore; **~se** *vr* to ulcerate.
ulterior [ulte'rjor] *a* (*más allá*) farther, further; (*subsecuente, siguiente*) subsequent.
últimamente ['ultimamente] *ad* (*recientemente*) lately, recently.
ultimar [ulti'mar] *vt* to finish; (*finalizar*) to finalize; (*AM: rematar*) to finish off.
último, a ['ultimo, a] *a* last; (*más reciente*) latest, most recent; (*más bajo*) bottom; (*más alto*) top; (*fig*) final, extreme; **en las últimas** on one's last legs; **por ~** finally.
ultra ['ultra] *a* ultra // *nm/f* extreme right-winger.
ultrajar [ultra'xar] *vt* (*escandalizar*) to outrage; (*insultar*) to insult, abuse; **ultraje** *nm* outrage; insult.
ultramar [ultra'mar] *nm*: **de o en ~** abroad, overseas.
ultramarinos [ultrama'rinos] *nmpl* groceries; **tienda de ~** grocer's (shop).
ultranza [ul'tranθa]: **a ~** *ad* (*a todo trance*) at all costs; (*completo*) outright.
ultrasónico, a [ultra'soniko, a] *a* ultrasonic.
ultratumba [ultra'tumba] *nf*: **la vida de ~** the next life.
ulular [ulu'lar] *vi* to howl; (*búho*) to hoot.
umbral [um'bral] *nm* (*gen*) threshold.
umbroso, a [um'broso, a], **umbrío, a** [um'brio, a] *a* shady.
un, una [un, 'una] ♦ *artículo definido* a; (*antes de vocal*) an; **una mujer/naranja** a woman/an orange
♦ *a*: **unos** (*o unas*): **hay unos regalos para ti** there are some presents for you; **hay unas cervezas en la nevera** there are some beers in the fridge.
unánime [u'nanime] *a* unanimous; **unanimidad** *nf* unanimity.
unción [un'θjon] *nf* anointing; **extrema~** extreme unction.
undécimo, a [un'deθimo, a] *a* eleventh.
ungir [un'xir] *vt* to rub with ointment; (*REL*) to anoint.
ungüento [un'gwento] *nm* ointment; (*fig*) salve, balm.
únicamente ['unikamente] *ad* solely, only.
único, a ['uniko, a] *a* only, sole; (*sin par*) unique.

unidad [uni'ðað] *nf* unity; (*COM, TEC etc*) unit.

unido, a [u'niðo, a] *a* joined, linked; (*fig*) united.

unificar [unifi'kar] *vt* to unite, unify.

uniformar [unifor'mar] *vt* to make uniform, level up; (*persona*) to put into uniform.

uniforme [uni'forme] *a* uniform, equal; (*superficie*) even // *nm* uniform; **uniformidad** *nf* uniformity; (*llaneza*) levelness, evenness.

unilateral [unilate'ral] *a* unilateral.

unión [u'njon] *nf* union; (*acto*) uniting, joining; (*calidad*) unity; (*TEC*) joint; (*fig*) closeness, togetherness; **la U~ Soviética** the Soviet Union.

unir [u'nir] *vt* (*juntar*) to join, unite; (*atar*) to tie, fasten; (*combinar*) to combine; ~**se** *vr* to join together, unite; (*empresas*) to merge.

unísono [u'nisono] *nm*: **al ~** in unison.

universal [unißer'sal] *a* universal; (*mundial*) world *cpd*.

universidad [unißersi'ðað] *nf* university.

universitario, a [unißersi'tarjo, a] *a* university *cpd* // *nm/f* (*profesor*) lecturer; (*estudiante*) (university) student; (*graduado*) graduate.

universo [uni'ßerso] *nm* universe.

uno, a [u'uno, a] ♦ *a* one; **es todo ~** it's all one and the same; ~**s pocos** a few; ~**s cien** about a hundred
♦ *pron* **1** one; **quiero ~ solo** I only want one; ~ **de ellos** one of them
2 (*alguien*) somebody, someone; **conozco a ~ que se te parece** I know somebody o someone who looks like you; ~ **mismo** oneself; ~**s querían quedarse** some (people) wanted to stay
3: (**los**) ~**s** ... (**los**) **otros** ... some ... others; **each other, one another; una y otra son muy agradables** they're both very nice
♦ *nf* one; **es la una** it's one o'clock
♦ *nm* (number) one.

untar [un'tar] *vt* to rub; (*engrasar*) to grease, oil; (*fig*) to bribe.

uña ['uɲa] *nf* (*ANAT*) nail; (*garra*) claw; (*casco*) hoof; (*arrancaclavos*) claw.

uranio [u'ranjo] *nm* uranium.

urbanidad [urßani'ðað] *nf* courtesy, politeness.

urbanismo [urßa'nismo] *nm* town planning.

urbanización [urßaniθa'θjon] *nf* (*barrio, colonia*) housing estate.

urbano, a [ur'ßano, a] *a* (*de ciudad*) urban; (*cortés*) courteous, polite.

urbe ['urße] *nf* large city.

urdimbre [ur'ðimbre] *nf* (*de tejido*) warp; (*intriga*) intrigue.

urdir [ur'ðir] *vt* to warp; (*fig*) to plot, contrive.

urgencia [ur'xenθja] *nf* urgency; (*prisa*) haste, rush; (*emergencia*) emergency; **servicios de ~** emergency services; **urgente** *a* urgent.

urgir [ur'xir] *vi* to be urgent; **me urge** I'm in a hurry for it.

urinario, a [uri'narjo, a] *a* urinary // *nm* urinal.

urna ['urna] *nf* urn; (*POL*) ballot box.

urraca [u'rraka] *nf* magpie.

URSS *nf*: **la ~** the USSR.

Uruguay [uru'ɣwai] *nm*: **el ~** Uruguay; **uruguayo, a** *a, nm/f* Uruguayan.

usado, a [u'saðo, a] *a* used; (*ropa etc*) worn.

usanza [u'sanθa] *nf* custom, usage.

usar [u'sar] *vt* to use; (*ropa*) to wear; (*tener costumbre*) to be in the habit of; ~**se** *vr* to be used; **uso** *nm* use; wear; (*costumbre*) usage, custom; (*moda*) fashion; **al uso** in keeping with custom; **al uso de** in the style of.

usted [us'teð] *pron* (*sg*) you *sg*; (*pl*) ~**es** you *pl*.

usual [u'swal] *a* usual.

usuario, a [usu'arjo, a] *nm/f* user.

usufructo [usu'frukto] *nm* use.

usura [u'sura] *nf* usury; **usurero, a** *nm/f* usurer.

usurpar [usur'par] *vt* to usurp.

utensilio [uten'siljo] *nm* tool; (*CULIN*) utensil.

útero ['utero] *nm* uterus, womb.

útil ['util] *a* useful // *nm* tool; **utilidad** *nf* usefulness; (*COM*) profit; **utilizar** *vt* to use, utilize.

utopía [uto'pia] *nf* Utopia; **utópico, a** *a* Utopian.

uva ['ußa] *nf* grape.

V

v *abr* = (*voltio*) v.

va *vb ver* **ir**.

vaca ['baka] *nf* (*animal*) cow; **carne de ~** beef.

vacaciones [baka'θjones] *nfpl* holidays.

vacante [ba'kante] *a* vacant, empty // *nf* vacancy.

vaciar [ba'θjar] *vt* to empty out; (*ahuecar*) to hollow out; (*moldear*) to cast // *vi* (*río*) to flow (*en* into); ~**se** *vr* to empty.

vaciedad [baθje'ðað] *nf* emptiness.

vacilación [baθila'θjon] *nf* hesitation.

vacilante [baθi'lante] *a* unsteady; (*habla*) faltering; (*fig*) hesitant.

vacilar [baθi'lar] *vi* to be unsteady; (*al hablar*) to falter; (*fig*) to hesitate, waver; (*memoria*) to fail.

vacío, a [ba'θio, a] *a* empty; (*puesto*) vacant; (*desocupado*) idle; (*vano*) vain // *nm* emptiness; (*FISICA*) vacuum; (*un* ~) (empty) space.

vacuna [ba'kuna] *nf* vaccine; **vacunar** *vt* to vaccinate.

vacuno, a [ba'kuno, a] *a* cow *cpd*; ganado ~ cattle.

vacuo, a [ba'kwo, a] *a* empty.

vadear [baðe'ar] *vt* (*río*) to ford; **vado** *nm* ford.

vagabundo, a [baɣa'ßundo, a] *a* wandering; (*pey*) vagrant // *nm* tramp.

vagamente [baɣa'mente] *ad* vaguely.

vagancia [ba'ɣanθja] *nf* vagrancy.

vagar [ba'ɣar] *vi* to wander; (*no hacer nada*) to idle.

vagina [ba'xina] *nf* vagina.

vago, a ['baɣo, a] *a* vague; (*perezoso*) lazy; (*ambulante*) wandering // *nm/f* (*vagabundo*) tramp; (*flojo*) lazybones *sg*, idler.

vagón [ba'ɣon] *nm* (*FERRO*: *de pasajeros*) carriage; (: *de mercancías*) wagon.

vaguedad [baɣe'ðað] *nf* vagueness.

vaho ['bao] *nm* (*vapor*) vapour, steam; (*respiración*) breath.

vaina ['baina] *nf* sheath.

vainilla [bai'niʎa] *nf* vanilla.

vainita [bai'nita] *nf* (*AM*) green o French bean.

vais *vb ver* **ir**.

vaivén [bai'ßen] *nm* to-and-fro movement; (*de tránsito*) coming and going; **vaivenes** *nmpl* (*fig*) ups and downs.

vajilla [ba'xiʎa] *nf* crockery, dishes *pl*; **lavar la ~** to do the washing-up (*Brit*), wash the dishes (*US*).

valdré *etc vb ver* **valer**.

vale ['bale] *nm* voucher; (*recibo*) receipt; (*pagaré*) IOU.

valedero, a [bale'ðero, a] *a* valid.

valenciano, a [balen'θjano, a] *a* Valencian.

valentía [balen'tia] *nf* courage, bravery; (*acción*) heroic deed; **valentón, ona** *a* blustering.

valer [ba'ler] *vi* to be worth; (*costar*) to cost; (*ser útil*) to be useful; (*ser válido*) to be valid; **~se** *vr* to defend o.s.; **~se de** to make use of, take advantage of; **~ la pena** to be worthwhile; **¿vale?** (*Esp*) OK?

valeroso, a [bale'roso, a] *a* brave, valiant.

valgo *etc vb ver* **valer**.

valía [ba'lia] *nf* worth, value.

validar [bali'ðar] *vt* to validate; **validez** *nf* validity; **válido, a** *a* valid.

valiente [ba'ljente] *a* brave, valiant // *nm* hero.

valija [ba'lixa] *nf* suitcase; **~ diplomática** diplomatic bag.

valioso, a [ba'ljoso, a] *a* valuable; (*rico*) wealthy.

valor [ba'lor] *nm* value, worth; (*precio*) price; (*valentía*) valour, courage; (*importancia*) importance; **~es** *nmpl* (*COM*) securities; **~ación** *nf* valuation; **~ar** *vt* to value.

vals [bals] *nm inv* waltz.

válvula ['balßula] *nf* valve.

valla ['baʎa] *nf* fence; (*DEPORTE*) hurdle; (*fig*) barrier; **vallar** *vt* to fence in.

valle ['baʎe] *nm* valley.

vamos *vb ver* **ir**.

vampiro, resa [bam'piro, 'resa] *nm/f* vampire.

van *vb ver* **ir**.

vanagloriarse [banaɣlo'rjarse] *vr* to boast.

vándalo, a ['bandalo, a] *nm/f* vandal; **vandalismo** *nm* vandalism.

vanguardia [ban'gwardja] *nf* vanguard; (*ARTE etc*) avant-garde.

vanidad [bani'ðað] *nf* vanity; **vanidoso, a** *a* vain, conceited.

vano, a ['bano, a] *a* (*irreal*) unreal, vain; (*inútil*) useless; (*persona*) vain, conceited; (*frívolo*) frivolous.

vapor [ba'por] *nm* vapour; (*vaho*) steam; **al ~** (*CULIN*) steamed; **~izador** *nm* atomizer; **~izar** *vt* to vaporize; **~oso, a** *a* vaporous.

vaquero, a [ba'kero, a] *a* cattle *cpd* // *nm* cowboy; **~s** *nmpl* jeans.

vara ['bara] *nf* stick; (*TEC*) rod; **~ mágica** magic wand.

variable [ba'rjaßle] *a, nf* variable.

variación [baria'θjon] *nf* variation.

variar [bar'jar] *vt* to vary; (*modificar*) to modify; (*cambiar de posición*) to switch around // *vi* to vary.

varices [ba'riθes] *nfpl* varicose veins.

variedad [barje'ðað] *nf* variety.

varilla [ba'riʎa] *nf* stick; (*BOT*) twig; (*TEC*) rod; (*de rueda*) spoke.

vario, a ['barjo, a] *a* varied; **~s** various, several.

varón [ba'ron] *nm* male, man; **varonil** *a* manly, virile.

Varsovia [bar'soßja] *n* Warsaw.

vas *vb ver* **ir**.

vasco, a ['basko, a] *a, nm/f* Basque.

vascongado, a [baskon'gaðo, a], **vascuence** [bas'kwenθe] *a* Basque; **las Vascongadas** the Basque Country.

vaselina [base'lina] *nf* Vaseline ®.

vasija [ba'sixa] *nf* container, vessel.

vaso ['baso] *nm* glass, tumbler; (*ANAT*) vessel.

vástago ['bastaɣo] *nm* (*BOT*) shoot; (*TEC*) rod; (*fig*) offspring.

vasto, a ['basto, a] *a* vast, huge.

Vaticano [bati'kano] *nm*: **el ~** the Vatican.

vaticinio [bati'θinjo] *nm* prophecy.

vatio ['batjo] *nm* (*ELEC*) watt.

vaya *etc vb ver* **ir**.

Vd(s) *abr* = **usted(es)**.

ve *vb ver* **ver** **ir**, **ver**.

vecindad [beθin'dað] *nf*, **vecindario** [beθin'darjo] *nm* neighbourhood;

(*habitantes*) residents *pl*.

vecino, a [be'θino, a] *a* neighbouring // *nm/f* neighbour; (*residente*) resident.

veda ['beða] *nf* prohibition.

vedado [be'ðaðo] *nm* preserve.

vedar [be'ðar] *vt* (*prohibir*) to ban, prohibit; (*impedir*) to stop, prevent.

vegetación [bexeta'θjon] *nf* vegetation.

vegetariano, a [bexeta'rjano, a] *a, nm/f* vegetarian.

vegetal [bexe'tal] *a, nm* vegetable.

vehemencia [be(e)'menθja] *nf* (*insistencia*) vehemence; (*pasión*) passion; (*fervor*) fervour; (*violencia*) violence; **vehemente** *a* vehement; passionate; fervent.

vehículo [be'ikulo] *nm* vehicle; (*MED*) carrier.

veía *etc vb ver* **ver**.

veinte ['beinte] *num* twenty.

vejación [bexa'θjon] *nf* vexation; (*humillación*) humiliation.

vejar [be'xar] *vt* (*irritar*) to annoy, vex; (*humillar*) to humiliate.

vejez [be'xeθ] *nf* old age.

vejiga [be'xixa] *nf* (*ANAT*) bladder.

vela ['bela] *nf* (*de cera*) candle; (*NAUT*) sail; (*insomnio*) sleeplessness; (*vigilia*) vigil; (*MIL*) sentry duty; **estar a dos ~s** (*fam*) to be skint.

velado, a [be'laðo, a] *a* veiled; (*sonido*) muffled; (*FOTO*) blurred // *nf* soirée.

velador [bela'ðor] *nm* (*mesa*) pedestal table; (*AM*) lampshade.

velar [be'lar] *vt* (*vigilar*) to keep watch over // *vi* to stay awake; **~ por** to watch over, look after.

veleidad [belei'ðað] *nf* (*ligereza*) fickleness; (*capricho*) whim.

velero [be'lero] *nm* (*NAUT*) sailing ship; (*AVIAT*) glider.

veleta [be'leta] *nf* weather vane.

veliz [be'lis] *nm* (*AM*) suitcase.

velo ['belo] *nm* veil.

velocidad [beloθi'ðað] *nf* speed; (*TEC, AUTO*) gear.

velocímetro [belo'θimetro] *nm* speedometer.

veloz [be'loθ] *a* fast.

vello ['beʎo] *nm* down, fuzz; **vellón** *nm* fleece; **~so, a** *a* fuzzy; **velludo, a** *a* shaggy.

ven *vb ver* **venir**.

vena ['bena] *nf* vein.

venado [be'naðo] *nm* deer.

vencedor, a [benθe'ðor, a] *a* victorious // *nm/f* victor, winner.

vencer [ben'θer] *vt* (*dominar*) to defeat, beat; (*derrotar*) to vanquish; (*superar, controlar*) to overcome, master // *vi* (*triunfar*) to win (through), triumph; (*plazo*) to expire; **vencido, a** *a* (*derrotado*) defeated, beaten; (*COM*) due // *ad*: **pagar vencido** to pay in arrears; **vencimiento** *nm* (*COM*) maturity.

venda ['benda] *nf* bandage; **~je** *nm* bandage, dressing; **vendar** *vt* to bandage; **vendar los ojos** to blindfold.

vendaval [benda'βal] *nm* (*viento*) gale.

vendedor, a [bende'ðor, a] *nm/f* seller.

vender [ben'der] *vt* to sell; **~ al contado/al por mayor/al por menor** to sell for cash/wholesale/retail.

vendimia [ben'dimja] *nf* grape harvest.

vendré *etc vb ver* **venir**.

veneno [be'neno] *nm* poison; (*de serpiente*) venom; **~so, a** *a* poisonous; venomous.

venerable [bene'raβle] *a* venerable; **venerar** *vt* (*respetar*) to revere; (*adorar*) to worship.

venéreo, a [be'nereo, a] *a*: **enfermedad venérea** venereal disease.

venezolano, a [beneθo'lano, a] *a* Venezuelan.

Venezuela [bene'θwela] *nf* Venezuela.

venganza [ben'ganθa] *nf* vengeance, revenge; **vengar** *vt* to avenge; **vengarse** *vr* to take revenge; **vengativo, a** *a* (*persona*) vindictive.

vengo *etc vb ver* **venir**.

venia ['benja] *nf* (*perdón*) pardon; (*permiso*) consent.

venial [be'njal] *a* venial.

venida [be'niða] *nf* (*llegada*) arrival; (*regreso*) return.

venidero, a [beni'ðero, a] *a* coming, future.

venir [be'nir] *vi* to come; (*llegar*) to arrive; (*ocurrir*) to happen; (*fig*): **~ de** to stem from; **~ bien/mal** to be suitable/unsuitable; **el año que viene** next year; **~se abajo** to collapse.

venta ['benta] *nf* (*COM*) sale; **~ a plazos** hire purchase; **~ al contado/al por mayor/al por menor** *o* **al detalle** cash sale/ wholesale/retail; **~ con derecho a retorno** sale or return; **'en ~'** 'for sale'.

ventaja [ben'taxa] *nf* advantage; **ventajoso, a** *a* advantageous.

ventana [ben'tana] *nf* window; **~ de guillotina/saledizo** sash/bay window; **ventanilla** *nf* (*de taquilla*) window (*of booking office etc*).

ventilación [bentila'θjon] *nf* ventilation; (*corriente*) draught; **ventilar** *vt* to ventilate; (*para secar*) to put out to dry; (*fig*) to air, discuss.

ventisca [ben'tiska] *nf*, **ventisquero** [bentis'kero] *nm* blizzard; (*nieve amontonada*) snowdrift.

ventoso, a [ben'toso, a] *a* windy.

ventrílocuo, a [ben'trilokwo, a] *nm/f* ventriloquist.

ventura [ben'tura] *nf* (*felicidad*) happiness; (*buena suerte*) luck; (*destino*) fortune; **a la (buena) ~** at random; **venturoso, a** *a* happy; (*afortunado*) lucky, fortunate.

veo *etc vb ver* **ver**.

ver [ber] vt to see; (mirar) to look at, watch; (entender) to understand; (investigar) to look into; // vi to see; to understand; ~se vr (encontrarse) to meet; (dejarse ~) to be seen; (hallarse: en un apuro) to find o.s., be // nm looks pl, appearance; a ~ let's see; dejarse ~ to become apparent; **no tener nada que ~ con** to have nothing to do with; **a mi modo de ~** as I see it.

vera ['bera] nf edge, verge; (de río) bank.

veracidad [beraθi'ðað] nf truthfulness.

veranear [berane'ar] vi to spend the summer; **veraneo** nm summer holiday; **veraniego, a** a summer cpd.

verano [be'rano] nm summer.

veras ['beras] nfpl truth sg; de ~ really, truly.

veraz [be'raθ] a truthful.

verbal [ber'ßal] a verbal.

verbena [ber'ßena] nf (fiesta) fair; (baile) open-air dance.

verbo [ber'ßo] nm verb; ~**so, a** a verbose.

verdad [ber'ðað] nf truth; (fiabilidad) reliability; de ~ a real, proper; a decir ~ to tell the truth; ~**ero, a** a (veraz) true, truthful; (fiable) reliable; (fig) real.

verde ['berðe] a green; (chiste) blue, dirty // nm green; **viejo ~** dirty old man; ~**ar,** ~**cer** vi to turn green; **verdor** nm (lo ~) greenness; (BOT) verdure.

verdugo [ber'ðuɣo] nm executioner.

verdulero, a [berðu'lero, a] nm/f greengrocer.

verduras [ber'ðuras] nfpl (CULIN) greens.

vereda [be'reða] nf path; (AM) pavement (Brit), sidewalk (US).

veredicto [bere'ðikto] nm verdict.

vergonzoso, a [berɣon'θoso, a] a shameful; (tímido) timid, bashful.

vergüenza [ber'ɣwenθa] nf shame, sense of shame; (timidez) bashfulness; (pudor) modesty; **me da ~** I'm ashamed.

verídico, a [be'riðiko, a] a true, truthful.

verificar [berifi'kar] vt to check; (corroborar) to verify; (llevar a cabo) to carry out; ~**se** vr to occur, happen.

verja ['berxa] nf grating.

vermut [ber'mut] (pl ~s) nm vermouth.

verosímil [bero'simil] a likely, probable; (relato) credible.

verruga [be'rruɣa] nf wart.

versado, a [ber'saðo, a] a: ~ **en** versed in.

versátil [ber'satil] a versatile.

versión [ber'sjon] nf version.

verso ['berso] nm verse; **un ~** a line of poetry.

vértebra ['berteßra] nf vertebra.

verter [ber'ter] vt (líquido: adrede) to empty, pour (out); (: sin querer) to spill; (basura) to dump // vi to flow.

vertical [berti'kal] a vertical.

vértice ['bertiθe] nm vertex, apex.

vertiente [ber'tjente] nf slope; (fig) aspect.

vertiginoso, a [bertixi'noso, a] a giddy, dizzy.

vértigo ['bertiɣo] nm vertigo; (mareo) dizziness.

vesícula [be'sikula] nf blister.

vespertino, a [besper'tino, a] a evening cpd.

vestíbulo [bes'tißulo] nm hall; (de teatro) foyer.

vestido [bes'tiðo] pp de **vestir**; ~ **de azul/marinero** dressed in blue/as a sailor // nm (ropa) clothes pl, clothing; (de mujer) dress, frock.

vestigio [bes'tixjo] nm (huella) trace; ~**s** nmpl remains.

vestimenta [besti'menta] nf clothing.

vestir [bes'tir] vt (poner: ropa) to put on; (llevar: ropa) to wear; (proveer de ropa a) to clothe; (suj: sastre) to make clothes for // vi to dress; (verse bien) to look good; ~**se** vr to get dressed, dress o.s.

vestuario [bes'twarjo] nm clothes pl, wardrobe; (TEATRO: cuarto) dressing room; (DEPORTE) changing room.

veta ['beta] nf (vena) vein, seam; (en carne) streak; (de madera) grain.

vetar [be'tar] vt to veto.

veterano, a [bete'rano, a] a, nm veteran.

veterinario, a [beteri'narjo, a] nm/f vet(erinary surgeon) // nf veterinary science.

veto ['beto] nm veto.

vetusto, a [be'tusto, a] a ancient.

vez [beθ] nf time; (turno) turn; **a la ~ que** at the same time as; **a su ~** in its turn; **otra ~** again; **una ~** once; **de una ~** in one go; **de una ~ para siempre** once and for all; **en ~ de** instead of; **a** o **algunas veces** sometimes; **una y otra ~** repeatedly; **de ~ en cuando** from time to time; **7 veces 9** 7 times 9; **hacer las veces de** to stand in for; **tal ~** perhaps.

vía ['bia] nf track, route; (FERRO) line; (fig) way; (ANAT) passage, tube // prep via, by way of; **por ~ judicial** by legal means; **por ~ oficial** through official channels; **en ~s de** in the process of; ~ **aérea** airway; **V~ Láctea** Milky Way.

viaducto [bja'ðukto] nm viaduct.

viajante [bja'xante] nm commercial traveller.

viajar [bja'xar] vi to travel; **viaje** nm journey; (gira) tour; (NAUT) voyage; **estar de viaje** to be on a journey; **viaje de ida y vuelta** round trip; **viaje de novios** honeymoon; **viajero, a** a travelling; (ZOOL) migratory // nm/f (quien viaja) traveller; (pasajero) passenger.

vial [bjal] *a* road *cpd*, traffic *cpd*.

víbora ['biβora] *nf* viper; (*AM*) poisonous snake.

vibración [biβra'θjon] *nf* vibration; **vibrador** *nm* vibrator; **vibrante** *a* vibrant.

vibrar [bi'βrar] *vt, vi* to vibrate.

vicario [bi'karjo] *nm* curate.

vicegerente [biθexe'rente] *nm* assistant manager.

vicepresidente [biθepresi'ðente] *nm/f* vice-president.

viceversa [biθe'βersa] *ad* vice versa.

viciado, a [bi'θjaðo, a] *a* (*corrompido*) corrupt; (*contaminado*) foul, contaminated; **viciar** *vt* (*pervertir*) to pervert; (*JUR*) to nullify; (*estropear*) to spoil; **viciarse** *vr* to become corrupted.

vicio ['biθjo] *nm* vice; (*mala costumbre*) bad habit; **~so, a** *a* (*muy malo*) vicious; (*corrompido*) depraved // *nm* depraved person.

vicisitud [biθisi'tuð] *nf* vicissitude.

víctima ['biktima] *nf* victim.

victoria [bik'torja] *nf* victory; **victorioso, a** *a* victorious.

vicuña [bi'kuɲa] *nf* vicuna.

vid [bið] *nf* vine.

vida ['biða] *nf* (*gen*) life; (*duración*) lifetime; **de por ~** for life; **en la/mi ~** never; **estar con ~** to be still alive; **ganarse la ~** to earn one's living.

vídeo ['biðeo] *nm* video // *a inv*: **película ~** video film.

vidriero, a [bi'ðrjero, a] *nm/f* glazier // *nf* (*ventana*) stained-glass window; (*AM*: *de tienda*) shop window; (*puerta*) glass door.

vidrio ['biðrjo] *nm* glass; **~so, a** *a* glassy.

vieira ['bjeira] *nf* scallop.

viejo, a ['bjexo, a] *a* old // *nm/f* old man/ woman; **hacerse ~** to get old.

Viena ['bjena] *n* Vienna.

vienes *etc vb ver* **venir**.

vienés, esa [bje'nes, esa] *a* Viennese.

viento ['bjento] *nm* wind; **hacer ~** to be windy.

vientre ['bjentre] *nm* belly; (*matriz*) womb.

viernes ['bjernes] *nm inv* Friday; **V~ Santo** Good Friday.

Vietnam [bjet'nam] *nm*: **el ~** Vietnam; **vietnamita** *a* Vietnamese.

viga ['biɣa] *nf* beam, rafter; (*de metal*) girder.

vigencia [bi'xenθja] *nf* validity; **estar en ~** to be in force; **vigente** *a* valid, in force; (*imperante*) prevailing.

vigésimo, a [bi'xesimo, a] *a* twentieth.

vigía [bi'xia] *nm* look-out // *nf* (*atalaya*) watchtower; (*acción*) watching.

vigilancia [bixi'lanθja] *nf*: **tener a uno bajo ~** to keep watch on sb.

vigilar [bixi'lar] *vt* to watch over // *vi*

(*gen*) to be vigilant; (*hacer guardia*) to keep watch; **~ por** to take care of.

vigilia [vi'xilja] *nf* wakefulness, being awake; (*REL*) fast.

vigor [bi'ɣor] *nm* vigour, vitality; **en ~** in force; **entrar/poner en ~** to take/put into effect; **~oso, a** *a* vigorous.

vil [bil] *a* vile, low; **~eza** *nf* vileness; (*acto*) base deed.

vilipendiar [bilipen'djar] *vt* to vilify, revile.

vilo ['bilo]: **en ~** *ad* in the air, suspended; (*fig*) on tenterhooks, in suspense.

villa ['biʎa] *nf* (*casa*) villa; (*pueblo*) small town; (*municipalidad*) municipality; **~ miseria** (*AM*) shantytown.

villancico [biʎan'θiko] *nm* (Christmas) carol.

villorio [bi'ʎorjo] *nm* (*AM*) shantytown.

vinagre [bi'naɣre] *nm* vinegar; **~ras** *nfpl* cruet *sg*.

vinagreta [bina'ɣreta] *nf* vinaigrette, French dressing.

vinculación [binkula'θjon] *nf* (*lazo*) link, bond; (*acción*) linking.

vincular [binku'lar] *vt* to link, bind; **vínculo** *nm* link, bond.

vine *etc vb ver* **venir**.

vinicultura [binikul'tura] *nf* wine growing.

viniera *etc vb ver* **venir**.

vino *vb ver* **venir** // ['bino] *nm* wine; **~ blanco/tinto** white/red wine.

viña ['biɲa] *nf*, **viñedo** [bi'ɲeðo] *nm* vineyard.

viola ['bjola] *nf* viola.

violación [bjola'θjon] *nf* violation; (*estupro*): **~ (sexual)** rape.

violar [bjo'lar] *vt* to violate; (*cometer estupro*) to rape.

violencia [bjo'lenθja] *nf* (*fuerza*) violence, force; (*embarazo*) embarrassment; (*acto injusto*) unjust act; **violentar** *vt* to force; (*casa*) to break into; (*agredir*) to assault; (*violar*) to violate; **violento, a** *a* violent; (*furioso*) furious; (*situación*) embarrassing; (*acto*) forced, unnatural.

violeta [bjo'leta] *nf* violet.

violín [bjo'lin] *nm* violin.

violón [bjo'lon] *nm* double bass.

viraje [bi'raxe] *nm* turn; (*de vehículo*) swerve; (*de carretera*) bend; (*fig*) change of direction; **virar** *vi* to change direction.

virgen ['birxen] *a, nf* virgin.

Virgo ['birɣo] *nm* Virgo.

viril [bi'ril] *a* virile; **~idad** *nf* virility.

virtualmente [birtwal'mente] *ad* virtually.

virtud [bir'tuð] *nf* virtue; **en ~ de** by virtue of; **virtuoso, a** *a* virtuous // *nm/f* virtuoso.

viruela [bi'rwela] *nf* smallpox; **~s** *nfpl* pockmarks.

virulento, a [biru'lento, a] *a* virulent.

virus ['birus] *nm inv* virus.

visa ['bisa] *nf* (*AM*), **visado** [bi'saðo] *nm* visa.

viscoso, a [bis'koso, a] *a* viscous.

visera [bi'sera] *nf* visor.

visibilidad [bisiβili'ðað] *nf* visibility; **visible** *a* visible; (*fig*) obvious.

visillos [bi'siλos] *nmpl* lace curtains.

visión [bi'sjon] *nf* (*ANAT*) vision; (*eye*)sight; (*fantasía*) vision, fantasy; **visionario, a** *a* (*que prevé*) visionary; (*alucinado*) deluded // *nm/f* visionary.

visita [bi'sita] *nf* call, visit; (*persona*) visitor; **hacer una ~** to pay a visit.

visitar [bisi'tar] *vt* to visit, call on.

vislumbrar [bislum'brar] *vt* to glimpse, catch a glimpse of; **vislumbre** *nf* glimpse; (*centelleo*) gleam; (*idea vaga*) glimmer.

viso ['biso] *nm* (*del metal*) glint, gleam; (*de tela*) sheen; (*aspecto*) appearance.

visón [bi'son] *nm* mink.

visor [bi'sor] *nm* (*FOTO*) viewfinder.

víspera ['bispera] *nf*: **la ~ de ...** the day before ....

vista ['bista] *nf* sight, vision; (*capacidad de ver*) (*eye*)sight; (*mirada*) look(s) (*pl*) // *nm* customs officer; **a primera ~** at first glance; **hacer la ~ gorda** to turn a blind eye; **volver la ~** to look back; **está a la ~ que** it's obvious that; **en ~ de** in view of; **en ~ de que** in view of the fact that; **¡hasta la ~!** so long!, see you!; **con ~s a** with a view to; **~zo** *nm* glance; **dar** *o* **echar un ~zo a** to glance at.

visto, a [pp *de* ver // *vb* ver *tb* vestir // ['bisto, a] *a* seen; (*considerado*) considered // *nm*: ~ **bueno** approval; **'~ bueno'** 'approved'; **por lo ~** evidently; **está ~ que** it's clear that; **está bien/mal ~** it's acceptable/unacceptable; ~ **que** *conj* since, considering that.

vistoso, a [bis'toso, a] *a* colourful.

vital [bi'tal] *a* life *cpd*, living *cpd*; (*fig*) vital; (*persona*) lively, vivacious; **~icio, a** *a* for life.

vitamina [bita'mina] *nf* vitamin.

viticultor, a [bitikul'tor, a] *nm/f* wine grower; **viticultura** *nf* wine growing.

vitorear [bitore'ar] *vt* to cheer, acclaim.

vítreo, a ['bitreo, a] *a* vitreous.

vitrina [bi'trina] *nf* show case; (*AM*) shop window.

vituperio [bitu'perjo] *nm* (*condena*) condemnation; (*censura*) censure; (*insulto*) insult.

viudo, a ['bjuðo, a] *nm/f* widower/widow; **viudez** *nf* widowhood.

vivacidad [biβaθi'ðað] *nf* (*vigor*) vigour; (*vida*) liveliness.

vivaracho, a [biβa'ratʃo, a] *a* jaunty,

lively; (*ojos*) bright, twinkling.

vivaz [bi'βaθ] *a* lively.

víveres ['biβeres] *nmpl* provisions.

vivero [bi'βero] *nm* (*para plantas*) nursery; (*para peces*) fish farm; (*fig*) hotbed.

viveza [bi'βeθa] *nf* liveliness; (*agudeza: mental*) sharpness.

vivienda [bi'βjenda] *nf* housing; (*una ~*) house; (*piso*) flat (*Brit*), apartment (*US*).

viviente [bi'βjente] *a* living.

vivir [bi'βir] *vt, vi* to live // *nm* life, living.

vivo, a ['biβo, a] *a* living, alive; (*fig: descripción*) vivid; (*persona: astuto*) smart, clever; **en ~** (*transmisión etc*) live.

vocablo [bo'kaβlo] *nm* (*palabra*) word; (*término*) term.

vocabulario [bokaβu'larjo] *nm* vocabulary.

vocación [boka'θjon] *nf* vocation; **vocacional** *nf* (*AM*) ≈ technical college.

vocal [bo'kal] *a* vocal // *nf* vowel; **~izar** *vt* to vocalize.

vocear [boθe'ar] *vt* (*para vender*) to cry; (*aclamar*) to acclaim; (*fig*) to proclaim // *vi* to yell; **vocerío** *nm*, **vocería** *nf* shouting.

vocero [bo'θero] *nm/f* spokesman/woman.

voces ['boθes] *nfpl ver* **voz**.

vociferar [boθife'rar] *vt* to shout // *vi* to yell.

vodka ['boðka] *nm o f* vodka.

vol *abr* = **volumen**.

volador, a [bola'ðor, a] *a* flying.

volandas [bo'landas]: **en ~** *ad* in the air; (*fig*) swiftly.

volante [bo'lante] *a* flying // *nm* (*de coche*) steering wheel; (*de reloj*) balance.

volar [bo'lar] *vt* (*edificio*) to blow up // *vi* to fly.

volátil [bo'latil] *a* volatile.

volcán [bol'kan] *nm* volcano; **~ico, a** *a* volcanic.

volcar [bol'kar] *vt* to upset, overturn; (*tumbar, derribar*) to knock over; (*vaciar*) to empty out // *vi* to overturn; **~se** *vr* to tip over.

voleibol [bolei'βol] *nm* volleyball.

volqué, volquemos *etc vb ver* **volcar**.

volquete [bol'kete] *nm* (*carro*) tipcart; (*AUTO*) dumper.

voltaje [bol'taxe] *nm* voltage.

voltear [bolte'ar] *vt* to turn over; (*volcar*) to turn upside down.

voltereta [bolte'reta] *nf* somersault.

voltio ['boltjo] *nm* volt.

voluble [bo'luβle] *a* fickle.

volumen [bo'lumen] (*pl* **volúmenes**) *nm* volume; **voluminoso, a** *a* voluminous; (*enorme*) massive.

voluntad [bolun'tað] *nf* will; (*resolución*) willpower; (*deseo*) desire, wish.

voluntario, a [bolun'tarjo, a] *a* voluntary // *nm/f* volunteer.

voluntarioso, a [bolunta'rjoso, a] *a* headstrong.

voluptuoso, a [bolup'twoso, a] *a* voluptuous.

volver [bol'ßer] *vt* (*gen*) to turn; (*dar vuelta a*) to turn (over); (*voltear*) to turn round, turn upside down; (*poner al revés*) to turn inside out; (*devolver*) to return // *vi* to return, go back, come back; ~**se** *vr* to turn round; ~ **la espalda** to turn one's back; ~ **triste** *etc* **a uno** to make sb sad *etc*; ~ **a hacer** to do again; ~ **en sí** to come to; ~**se insoportable/ muy caro** to get *o* become unbearable/ very expensive; ~**se loco** to go mad.

vomitar [bomi'tar] *vt, vi* to vomit; **vómito** *nm* (*acto*) vomiting; (*resultado*) vomit.

voraz [bo'raθ] *a* voracious.

vórtice ['bortiθe] *nm* whirlpool; (*de aire*) whirlwind.

vos [bos] *pron* (*AM*) you.

vosotros, as [bo'sotros, as] *pron* you; (*reflexivo*): **entre/para** ~ among/for yourselves.

votación [bota'θjon] *nf* (*acto*) voting; (*voto*) vote.

votar [bo'tar] *vi* to vote.

voto ['boto] *nm* vote; (*promesa*) vow; ~**s** (*good*) wishes.

voy *vb ver* **ir**.

voz [boθ] *nf* voice; (*grito*) shout; (*chisme*) rumour; (*LING*) word; **dar voces** to shout, yell; **a media** ~ in a low voice; **a** ~ **en cuello** *o* **en grito** at the top of one's voice; **de viva** ~ verbally; **en** ~ **alta** aloud; ~ **de mando** command.

vuelco *vb ver* **volcar** // ['bwelko] *nm* spill, overturning.

vuelo *vb ver* **volar** // ['bwelo] *nm* flight; (*encaje*) lace, frill; **coger al** ~ to catch in flight; ~ **charter/regular** charter/ regular flight.

vuelque *etc vb ver* **volcar**.

vuelta ['bwelta] *nf* (*gen*) turn; (*curva*) bend, curve; (*regreso*) return; (*revolución*) revolution; (*circuito*) lap; (*de papel, tela*) reverse; (*cambio*) change; **a la** ~ on one's return; **a** ~ **de correo** by return of post; **dar** ~**s** (*suj: cabeza*) to spin; **dar** ~**s a una idea** to turn over an idea (in one's head); **estar de** ~ to be back; **dar una** ~ to go for a walk; (*en coche*) to go for a drive.

vuelto *pp de* **volver**.

vuelvo *etc vb ver* **volver**.

vuestro, a ['bwestro, a] *a* your; **un amigo** ~ a friend of yours // *pron*: **el** ~**/la vuestra, los** ~**s/las vuestras** yours.

vulgar [bul'xar] *a* (*ordinario*) vulgar; (*común*) common; ~**idad** *nf* commonness; (*acto*) vulgarity; (*expresión*) coarse expression; ~**idades** *nfpl*

banalities; ~**izar** *vt* to popularize.

vulgo ['bulxo] *nm* common people.

vulnerable [bulne'raßle] *a* vulnerable.

W

wáter ['bater] *nm* toilet.

whisky ['wiski] *nm* whisky, whiskey.

X

xenofobia [kseno'foßja] *nf* xenophobia.

xilófono [ksi'lofono] *nm* xylophone.

Y

y [i] *conj* and.

ya [ja] *ad* (*gen*) already; (*ahora*) now; (*en seguida*) at once; (*pronto*) soon // *excl* all right! // *conj* (*ahora que*) now that; ~ **lo sé** I know; ~ **que** since.

yacer [ja'θer] *vi* to lie.

yacimiento [jaθi'mjento] *nm* deposit.

yanqui ['janki] *a, nm/f* Yankee.

yate ['jate] *nm* yacht.

yazco *etc vb ver* **yacer**.

yedra ['jeðra] *nf* ivy.

yegua ['jexwa] *nf* mare.

yema ['jema] *nf* (*del huevo*) yoke; (*BOT*) leaf bud; (*fig*) best part; ~ **del dedo** fingertip.

yergo *etc vb ver* **erguir**.

yermo, a ['jermo, a] *a* (*despoblado*) uninhabited; (*estéril, fig*) barren // *nm* wasteland.

yerno ['jerno] *nm* son-in-law.

yerro *etc vb ver* **errar**.

yerto, a ['jerto, a] *a* stiff.

yesca ['jeska] *nf* tinder.

yeso ['jeso] *nm* (*GEO*) gypsum; (*ARQ*) plaster.

yodo ['joðo] *nm* iodine.

yogur [jo'xur] *nm* yoghurt.

yugo ['juxo] *nm* yoke.

Yugoslavia [juxos'laßja] *nf* Yugoslavia.

yugular [juxu'lar] *a* jugular.

yunque ['junke] *nm* anvil.

yunta ['junta] *nf* yoke; **yuntero** *nm* ploughman.

yute ['jute] *nm* jute.

yuxtaponer [jukstapo'ner] *vt* to juxtapose; **yuxtaposición** *nf* juxtaposition.

Z

zafar [θa'far] *vt* (*soltar*) to untie; (*superficie*) to clear; ~**se** *vr* (*escaparse*) to escape; (*TEC*) to slip off.

zafio, a ['θafjo, a] *a* coarse.

zafiro [θa'firo] *nm* sapphire.

zaga ['θaɣa] *nf*: **a la ~** behind, in the rear.

zagal, a [θa'ɣal, a] *nm/f* boy/girl, lad/lass (*Brit*).

zaguán [θa'ɣwan] *nm* hallway.

zaherir [θae'rir] *vt* (*criticar*) to criticize.

zahorí [θao'ri] *nm* clairvoyant.

zaino, a ['θaino, a] *a* (*color de caballo*) chestnut.

zalamería [θalame'ria] *nf* flattery; **zalamero, a** *a* flattering; (*relamido*) suave.

zamarra [θa'marra] *nf* (*piel*) sheepskin; (*chaqueta*) sheepskin jacket.

zambullirse [θambu'ʎirse] *vr* to dive; (*ocultarse*) to hide o.s.

zampar [θam'par] *vt* to gobble down // *vi* to gobble (up).

zanahoria [θana'orja] *nf* carrot.

zancada [θan'kaða] *nf* stride.

zancadilla [θanka'ðiʎa] *nf* trip; (*fig*) stratagem.

zanco ['θanko] *nm* stilt.

zancudo, a [θan'kuðo, a] *a* long-legged // *nm* (*AM*) mosquito.

zángano ['θangano] *nm* drone.

zanja ['θanxa] *nf* ditch; **zanjar** *vt* (*superar*) to surmount; (*resolver*) to resolve.

zapata [θa'pata] *nf* half-boot; (*MECANICA*) shoe.

zapatear [θapate'ar] *vi* to tap with one's feet.

zapatería [θapate'ria] *nf* (*oficio*) shoemaking; (*tienda*) shoe shop; (*fábrica*) shoe factory; **zapatero, a** *nm/f* shoemaker.

zapatilla [θapa'tiʎa] *nf* slipper.

zapato [θa'pato] *nm* shoe.

zar [θar] *nm* tsar, czar.

zarandear [θarande'ar] *vt* (*fam*) to shake vigorously.

zarpa ['θarpa] *nf* (*garra*) claw.

zarpar [θar'par] *vi* to weigh anchor.

zarza ['θarθa] *nf* (*BOT*) bramble; **zarzal** *nm* (*matorral*) bramble patch.

zarzamora [θarθa'mora] *nf* blackberry.

zarzuela [θar'θwela] *nf* Spanish light opera.

zigzag [θiɣ'θaɣ] *a* zigzag; **zigzaguear** *vi* to zigzag.

zinc [θink] *nm* zinc.

zócalo ['θokalo] *nm* (*ARQ*) plinth, base.

zona ['θona] *nf* zone; **~ fronteriza** border area.

zoo ['θoo] *nm* zoo.

zoología [θoolo'xia] *nf* zoology; **zoológico, a** *a* zoological // *nm* zoo; **zoólogo, a** *nm/f* zoologist.

zopenco, a [θo'penko, a] *nm/f* fool.

zopilote [θopi'lote] *nm* (*AM*) buzzard.

zoquete [θo'kete] *nm* (*madera*) block; (*fam*) blockhead.

zorro, a ['θorro, a] *a* crafty // *nm/f* fox/vixen.

zozobra [θo'θoβra] *nf* (*fig*) anxiety; **zozobrar** *vi* (*hundirse*) to capsize; (*fig*) to fail.

zueco ['θweko] *nm* clog.

zumbar [θum'bar] *vt* (*golpear*) to hit // *vi* to buzz; **zumbido** *nm* buzzing.

zumo ['θumo] *nm* juice.

zurcir [θur'θir] *vt* (*coser*) to darn.

zurdo, a ['θurðo, a] *a* (*mano*) left; (*persona*) left-handed.

zurrar [θu'rrar] *vt* (*fam*) to wallop.

zurrón [θu'rron] *nm* pouch.

zutano, a [θu'tano, a] *nm/f* so-and-so.

ENGLISH-SPANISH
INGLÉS-ESPAÑOL

A

A [eɪ] *n (MUS)* la *m*; *(AUT)*: ~ **road** ≈ carretera nacional.

a *indefinite article (before vowel or silent h:* **an**) [æ, æn] **1** un(a); ~ **book** un libro; **an apple** una manzana; **she's** ~ **doctor** (ella) es médica

2 *(instead of the number 'one')* un(a); ~ **year ago** hace un año; ~ **hundred/thousand** *etc* **pounds** cien/mil *etc* libras

3 *(in expressing ratios, prices etc)*: **3** ~ **day/week** 3 al día/a la semana; **10 km an hour** 10 km por hora; **£5** ~ **person** £5 por persona; **30p** ~ **kilo** 30p el kilo.

A.A. *n abbr (Brit: = Automobile Association)* ≈ RACE *m (Sp)*; (= *Alcoholics Anonymous)* Alcohólicos Anónimos.

A.A.A. *n abbr (US: = American Automobile Association)* ≈ RACE *m (Sp)*.

aback [ə'bæk] *ad:* **to be taken** ~ quedar desconcertado.

abandon [ə'bændən] *vt* abandonar; *(renounce)* renunciar a // *n* abandono; *(wild behaviour)*: **with** ~ sin reparos.

abashed [ə'bæʃt] *a* avergonzado.

abate [ə'beɪt] *vi (noise, pain)* aplacarse; *(storm)* amainar // *vt* reducir.

abattoir ['æbətwa:*] *n (Brit)* matadero.

abbey ['æbɪ] *n* abadía.

abbot ['æbət] *n* abad *m*.

abbreviate [ə'bri:vieɪt] *vt* abreviar; **abbreviation** [-'eɪʃən] *n (short form)* abreviatura; *(act)* abreviación *f*.

abdicate ['æbdɪkeɪt] *vt, vi* abdicar; **abdication** [-'keɪʃən] *n* abdicación *f*.

abdomen ['æbdəmən] *n* abdomen *m*.

abduct [æb'dʌkt] *vt* raptar, secuestrar.

aberration [æbə'reɪʃən] *n* aberración *f*.

abet [ə'bɛt] *vt see* **aid**.

abeyance [ə'beɪəns] *n:* **in** ~ *(law)* en desuso; *(matter)* en suspenso.

abhor [əb'hɔ:*] *vt* aborrecer, abominar (de).

abide [ə'baɪd] *vt:* **I can't** ~ **it/him** no lo/le puedo ver; **to** ~ **by** *vt fus* atenerse a.

ability [ə'bɪlɪtɪ] *n* habilidad *f*, capacidad *f*; *(talent)* talento.

abject ['æbdʒɛkt] *a (poverty)* miserable; *(apology)* rastrero.

ablaze [ə'bleɪz] *a* en llamas, ardiendo.

able ['eɪbl] *a* capaz; *(skilled)* hábil; **to be** ~ **to do sth** poder hacer algo; ~**-bodied** *a* sano; **ably** *ad* hábilmente.

abnormal [æb'nɔ:məl] *a* anormal.

aboard [ə'bɔ:d] *ad* a bordo // *prep* a bordo de.

abode [ə'bəud] *n:* **of no fixed** ~ sin domicilio fijo.

abolish [ə'bɔlɪʃ] *vt* suprimir, abolir; **abolition** [æbəu'lɪʃən] *n* supresión *f*, abolición *f*.

abominable [ə'bɔmɪnəbl] *a* abominable.

aborigine [æbə'rɪdʒɪnɪ] *n* aborigen *m/f*.

abort [ə'bɔ:t] *vt* abortar; ~**ion** [ə'bɔ:ʃən] *n* aborto *(provocado)*; **to have an** ~**ion** abortarse, hacerse abortar; ~**ive** *a* malogrado.

abound [ə'baund] *vi:* **to** ~ **(in** *or* **with)** abundar (de *or* en).

about [ə'baut] ♦ *ad* **1** *(approximately)* más o menos, aproximadamente; ~ **a hundred/thousand** *etc* unos(unas) cien/mil *etc*; **it takes** ~ **10 hours** se tarda unas *or* más o menos 10 horas; **at** ~ **2 o'clock** sobre las dos; **I've just** ~ **finished** casi he terminado

2 *(referring to place)* por todas partes; **to leave things lying** ~ dejar las cosas (tiradas) por ahí; **to run** ~ correr por todas partes; **to walk** ~ pasearse, ir y venir

3: to be ~ **to do sth** estar a punto de hacer algo

♦ *prep* **1** *(relating to)* de, sobre, acerca de; **a book** ~ **London** un libro sobre *or* acerca de Londres; **what is it** ~? ¿de qué se trata? ¿qué pasa?; **we talked** ~ **it** hablamos de eso *or* ello; **what** *or* **how** ~ **doing this?** ¿qué tal si hacemos esto?

2 *(referring to place)* por; **to walk** ~ **the town** caminar por la ciudad.

above [ə'bʌv] *ad* encima, por encima, arriba // *prep* encima de; **mentioned** ~ susodicho; ~ **all** sobre todo; ~ **board** *a* legítimo.

abrasive [ə'breɪzɪv] *a* abrasivo.

abreast [ə'brɛst] *ad* de frente; **to keep** ~ **of** mantenerse al corriente de.

abridge [ə'brɪdʒ] *vt (book)* abreviar.

abroad [ə'brɔ:d] *ad (to be)* en el extranjero; *(to go)* al extranjero.

abrupt [ə'brʌpt] *a (sudden)* brusco; *(gruff)* áspero.

abruptly [ə'brʌptlɪ] *ad (leave)* repentinamente; *(speak)* bruscamente.

abscess ['æbsɪs] *n* absceso.

abscond [əb'skɔnd] *vi* fugarse.

absence ['æbsəns] *n* ausencia.

absent ['æbsənt] *a* ausente; ~**ee** [-'ti:] *n* ausente *m/f*; ~**eeism** [-'ti:ɪzəm] *n* absentismo; ~**-minded** *a* distraído.

absolute ['æbsəlu:t] *a* absoluto; ~**ly** [-'lu:tlɪ] *ad* totalmente.

absolve [əb'zɔlv] *vt*: to ~ sb (from) absolver a alguien (de).

absorb [əb'zɔ:b] *vt* absorber; to be ~ed in a book estar absorto en un libro; ~ent cotton *n* (*US*) algodón *m* hidrófilo; ~ing *a* absorbente.

absorption [əb'zɔ:pʃən] *n* absorción *f*.

abstain [əb'steɪn] *vi*: to ~ (from) abstenerse (de).

abstemious [əb'sti:mɪəs] *a* abstemio.

abstention [əb'stenʃən] *n* abstención *f*.

abstinence ['æbstɪnəns] *n* abstinencia.

abstract ['æbstrækt] *a* abstracto.

abstruse [æb'stru:s] *a* oscuro.

absurd [əb'sɔ:d] *a* absurdo.

abundance [ə'bʌndəns] *n* abundancia.

abuse [ə'bju:s] *n* (*insults*) improperios *mpl*, injurias *fpl*; (*misuse*) abuso // *vt* [ə'bju:z] (*ill-treat*) maltratar; (*take advantage of*) abusar de; **abusive** *a* ofensivo.

abysmal [ə'bɪzməl] *a* pésimo; (*ignorance*) supino.

abyss [ə'bɪs] *n* abismo.

AC *abbr* (= *alternating current*) corriente *f* alterna.

academic [ækə'demɪk] *a* académico, universitario; (*pej: issue*) puramente teórico // *n* estudioso/a; profesor(a) *m/f* universitario/a.

academy [ə'kædəmɪ] *n* (*learned body*) academia; (*school*) instituto, colegio; ~ of music conservatorio.

accelerate [æk'seləreɪt] *vt* acelerar // *vi* acelerarse; **accelerator** *n* (*Brit*) acelerador *m*.

accent ['æksent] *n* acento.

accept [ək'sept] *vt* aceptar; (*approve*) aprobar; (*concede*) admitir; ~able *a* aceptable; admisible; ~ance *n* aceptación *f*; aprobación *f*.

access ['æksɛs] *n* acceso; to have ~ to tener libre acceso a; ~ible [-'sɛsəbl] *a* accesible.

accessory [æk'sesərɪ] *n* accesorio; **toilet accessories** artículos *mpl* de tocador.

accident ['æksɪdənt] *n* accidente *m*; (*chance*) casualidad *f*; **by** ~ (*unintentionally*) sin querer; (*by coincidence*) por casualidad; ~al [-'dɛntl] *a* accidental, fortuito; ~ally [-'dɛntəlɪ] *ad* sin querer; por casualidad; ~-prone *a* propenso a los accidentes.

acclaim [ə'kleɪm] *vt* aclamar, aplaudir // *n* aclamación *f*, aplausos *mpl*.

acclimatize [ə'klaɪmətaɪz], (*US*) **acclimate** [ə'klaɪmət] *vt*: to become ~d aclimatarse.

accolade ['ækəleɪd] *n* (*prize*) premio; (*praise*) alabanzas *fpl*.

accommodate [ə'kɔmədeɪt] *vt* alojar, hospedar; (*oblige, help*) complacer; **accommodating** *a* servicial, complaciente.

accommodation *n*, (*US*) **accommoda-**

tions *npl* [əkɔmə'deɪʃən(z)] alojamiento.

accompany [ə'kʌmpənɪ] *vt* acompañar.

accomplice [ə'kʌmplɪs] *n* cómplice *m/f*.

accomplish [ə'kʌmplɪʃ] *vt* (*finish*) acabar; (*aim*) realizar; (*task*) llevar a cabo; ~ed *a* experto, hábil; ~ment *n* (*skill*) talento; (*feat*) hazaña; (*realization*) realización *f*.

accord [ə'kɔ:d] *n* acuerdo // *vt* conceder; of his own ~ espontáneamente; ~ance *n*: in ~ance with de acuerdo con; ~ing to *prep* según; (*in accordance with*) conforme a; ~ingly *ad* (*thus*) por consiguiente.

accordion [ə'kɔ:dɪən] *n* acordeón *m*.

accost [ə'kɔst] *vt* abordar, dirigirse a.

account [ə'kaunt] *n* (*COMM*) cuenta, factura; (*report*) informe *m*; ~s *npl* (*COMM*) cuentas *fpl*; of little ~ de poca importancia; on ~ a cuenta; on no ~ bajo ningún concepto; on ~ of a causa de, por motivo de; to take into ~, take ~ of tener en cuenta; to ~ for *vt fus* (*explain*) explicar; ~able *a* responsable.

accountancy [ə'kauntənsɪ] *n* contabilidad *f*.

accountant [ə'kauntənt] *n* contable *m/f*, contador(a) *m/f*.

account number *n* (*at bank etc*) número de cuenta.

accredited [ə'kredɪtɪd] *a* (*agent etc*) autorizado.

accrue [ə'kru:] *vi*: ~d interest interés *m* acumulado.

accumulate [ə'kju:mjuleɪt] *vt* acumular // *vi* acumularse.

accuracy ['ækjurəsɪ] *n* exactitud *f*, precisión *f*.

accurate ['ækjurɪt] *a* (*number*) exacto; (*answer*) acertado; (*shot*) certero; ~ly *ad* (*count, shoot, answer*) con precisión.

accusation [ækju'zeɪʃən] *n* acusación *f*.

accuse [ə'kju:z] *vt* acusar; (*blame*) echar la culpa a; ~d *n* acusado/a.

accustom [ə'kʌstəm] *vt* acostumbrar; ~ed *a*: ~ed to acostumbrado a.

ace [eɪs] *n* as *m*.

acetate ['æsɪteɪt] *n* acetato.

ache [eɪk] *n* dolor *m* // *vi* doler; my head ~s me duele la cabeza.

achieve [ə'tʃi:v] *vt* (*reach*) alcanzar; (*realize*) realizar; (*victory, success*) lograr, conseguir; ~ment *n* (*completion*) realización *f*; (*success*) éxito.

acid ['æsɪd] *a* ácido; (*bitter*) agrio // *n* ácido; ~ rain *n* lluvia ácida.

acknowledge [ək'nɔlɪdʒ] *vt* (*letter: also*: ~ receipt of) acusar recibo de; (*fact*) reconocer; ~ment *n* acuse *m* de recibo; reconocimiento.

acne ['æknɪ] *n* acné *m*.

acorn ['eɪkɔ:n] *n* bellota.

acoustic [ə'ku:stɪk] *a* acústico; ~s *n*, *npl* acústica *sg*.

acquaint [ə'kweɪnt] *vt*: to ~ sb with sth

(*inform*) poner a uno al corriente de algo; **to be ~ed with** (*person*) conocer; (*fact*) estar al corriente de; **~ance** *n* conocimiento; (*person*) conocido/a.

acquiesce [ækwɪ'ɛs] *vi*: **to ~ (in)** consentir (en), conformarse (con).

acquire [ə'kwaɪə*] *vt* adquirir; **acquisition** [ækwɪ'zɪʃən] *n* adquisición *f*; **acquisitive** [ə'kwɪzɪtɪv] *a* codicioso.

acquit [ə'kwɪt] *vt* absolver, exculpar; **to ~ o.s. well** salir con éxito; **~tal** *n* absolución *f*, exculpación *f*.

acre [*'eɪkə*] *n* acre *m*.

acrid [*'ækrɪd*] *a* acre.

acrimonious [ækrɪ'məʊnɪəs] *a* (*remark*) mordaz; (*argument*) reñido.

acrobat [*'ækrəbæt*] *n* acróbata *m/f*.

acronym [*'ækrənɪm*] *n* siglas *fpl*.

across [ə'krɔs] *prep* (*on the other side of*) al otro lado de, del otro lado de; (*crosswise*) a través de // *ad* de un lado a otro, de una parte a otra; a través, al través; **to run/swim ~** atravesar corriendo/ nadando; **~ from** enfrente de.

acrylic [ə'krɪlɪk] *a* acrílico.

act [ækt] *n* acto, acción *f*; (*THEATRE*) acto; (*in music hall etc*) número; (*LAW*) decreto, ley *f* // *vi* (*behave*) comportarse; (*THEATRE*) actuar; (*pretend*) fingir; (*take action*) obrar // *vt* (*part*) hacer el papel de; **to ~ as** actuar *or* hacer de; **~ing** *a* suplente // *n*: **to do some ~ing** hacer algo de teatro.

action [*'ækʃən*] *n* acción *f*, acto; (*MIL*) acción *f*, batalla; (*LAW*) proceso, demanda; **out of ~** (*person*) fuera de combate; (*thing*) descompuesto; **to take ~** tomar medidas; **~ replay** *n* (*TV*) repetición *f*.

activate [*'æktɪveɪt*] *vt* activar.

active [*'æktɪv*] *a* activo, enérgico; (*volcano*) en actividad; **~ly** *ad* (*participate*) activamente; (*discourage*, *dislike*) enérgicamente; **activist** *n* activista *m/f*; **activity** [-'tɪvɪtɪ] *n* actividad *f*.

actor [*'æktə*] *n* actor *m*.

actress [*'æktrɪs*] *n* actriz *f*.

actual [*'æktjʊəl*] *a* verdadero, real; **~ly** *ad* realmente, en realidad.

acumen [*'ækjumən*] *n* perspicacia.

acute [ə'kjuːt] *a* agudo.

ad [æd] *n abbr* = **advertisement**.

A.D. *ad abbr* (= *Anno Domini*) A.C.

adamant [*'ædəmənt*] *a* firme, inflexible.

adapt [ə'dæpt] *vt* adaptar // *vi*: **to ~ (to)** adaptarse (a), ajustarse (a); **~able** *a* (*device*) adaptable; (*person*) que se adapta; **~er** *or* **~or** *n* (*ELEC*) adaptador *m*.

add [æd] *vt* añadir, agregar; (*figures*: *also*: **~ up**) sumar // *vi*: **to ~ to** (*increase*) aumentar, acrecentar; **it doesn't ~ up** (*fig*) no tiene sentido.

adder [*'ædə*] *n* víbora.

addict [*'ædɪkt*] *n* (*to drugs etc*) adicto/a; (*enthusiast*) entusiasta *m/f*; **~ed**

[ə'dɪktɪd] *a*: **to be ~ed to** ser adicto a; ser aficionado de; **~ion** [ə'dɪkʃən] *n* (*dependence*) hábito morboso; (*enthusiasm*) afición *f*; **~ive** [ə'dɪktɪv] *a* que causa adicción.

addition [ə'dɪʃən] *n* (*adding up*) adición *f*; (*thing added*) añadidura, añadido; **in ~** además, por añadidura; **in ~ to** además de; **~al** *a* adicional.

additive [*'ædɪtɪv*] *n* aditivo.

address [ə'drɛs] *n* dirección *f*, señas *fpl*; (*speech*) discurso // *vt* (*letter*) dirigir; (*speak to*) dirigirse a, dirigir la palabra a.

adenoids [*'ædənɔɪdz*] *npl* vegetaciones *fpl* adenoideas.

adept [*'ædɛpt*] *a*: **~ at** experto *or* hábil en.

adequate [*'ædɪkwɪt*] *a* (*apt*) adecuado; (*enough*) suficiente.

adhere [əd'hɪə*] *vi*: **to ~ to** pegarse a; (*fig*: *abide by*) observar.

adhesive [əd'hiːzɪv] *a*, *n* adhesivo; **~ tape** *n* (*Brit*) cinta adhesiva; (*US*: *MED*) esparadrapo.

adjacent [ə'dʒeɪsənt] *a*: **~ to** contiguo a, inmediato a.

adjective [*'ædʒɛktɪv*] *n* adjetivo.

adjoining [ə'dʒɔɪnɪŋ] *a* contiguo, vecino.

adjourn [ə'dʒɜːn] *vt* aplazar // *vi* suspenderse.

adjudicate [ə'dʒuːdɪkeɪt] *vi* sentenciar.

adjust [ə'dʒʌst] *vt* (*change*) modificar; (*machine*) ajustar // *vi*: **to ~ (to)** adaptarse (a); **~able** *a* ajustable; **~ment** *n* modificación *f*; ajuste *m*.

adjutant [*'ædʒətənt*] *n* ayudante *m*.

ad-lib [æd'lɪb] *vt*, *vi* improvisar; **ad lib** *ad* a voluntad, a discreción.

administer [əd'mɪnɪstə*] *vt* proporcionar; (*justice*) administrar; **administration** [-'treɪʃən] *n* administración *f*; (*government*) gobierno; **administrative** [-trətɪv] *a* administrativo.

admiral [*'ædmərəl*] *n* almirante *m*; **A~ty** *n* (*Brit*) Ministerio de Marina, Almirantazgo.

admiration [ædmə'reɪʃən] *n* admiración *f*.

admire [əd'maɪə*] *vt* admirar; **~r** *n* admirador(a) *m/f*; (*suitor*) pretendiente *m*.

admission [əd'mɪʃən] *n* (*exhibition*, *nightclub*) entrada; (*enrolment*) ingreso; (*confession*) confesión *f*.

admit [əd'mɪt] *vt* dejar entrar, dar entrada a; (*permit*) admitir; (*acknowledge*) reconocer; **to ~ to** *vt fus* confesarse culpable de; **~tance** *n* entrada; **~tedly** *ad* de acuerdo que.

admonish [əd'mɒnɪʃ] *vt* amonestar.

ad nauseam [æd'nɔːsɪæm] *ad* hasta el cansancio.

ado [ə'duː] *n*: **without (any) more ~** sin más (ni más).

adolescence [ædəʊ'lɛsns] *n* adolescencia.

adolescent [ædəu'lɛsnt] *a, n* adolescente *m/f*.

adopt [ə'dɒpt] *vt* adoptar; ~**ed**, ~**ive** *a* adoptivo; ~**ion** [ə'dɒpʃən] *n* adopción *f*.

adore [ə'dɔ:*] *vt* adorar.

adorn [ə'dɔ:n] *vt* adornar.

Adriatic [eɪdrɪ'ætɪk] *n*: the ~ (Sea) el (Mar) Adriático.

adrift [ə'drɪft] *ad* a la deriva.

adult ['ædʌlt] *n* adulto/a.

adultery [ə'dʌltərɪ] *n* adulterio.

advance [əd'vɑːns] *n* adelanto, progreso; (*money*) anticipo, préstamo; (*MIL*) avance *m* // *vt* avanzar, adelantar; (*money*) anticipar // *vi* avanzar, adelantarse; **in ~** por adelantado; ~**d** *a* avanzado; (*SCOL: studies*) adelantado; ~**ment** *n* progreso; (*in rank*) ascenso.

advantage [əd'vɑːntɪdʒ] *n* (*also TENNIS*) ventaja; **to take ~ of** aprovecharse de; ~**ous** [ædvən'teɪdʒəs] *a* ventajoso, provechoso.

advent ['ædvənt] *n* advenimiento; A~ Adviento.

adventure [əd'vɛntʃə*] *n* aventura; **adventurous** [-tʃərəs] *a* aventurero.

adverb ['ædvəːb] *n* adverbio.

adversary ['ædvəsərɪ] *n* adversario/a, contrario/a.

adverse ['ædvəːs] *a* adverso, contrario; ~ **to** adverso a.

adversity [əd'vəːsɪtɪ] *n* infortunio.

advert ['ædvəːt] *n abbr* (*Brit*) = **advertisement**.

advertise ['ædvətaɪz] *vi* hacer propaganda; (*in newspaper etc*) poner un anuncio; **to ~ for** (*staff*) buscar por medio de anuncios // *vt* anunciar; (*publicise*) dar publicidad a; ~**ment** [əd'vəːtɪsmənt] *n* (*COMM*) anuncio; ~**r** *n* anunciante *m/f*; **advertising** *n* publicidad *f*, propaganda; anuncios *mpl*.

advice [əd'vaɪs] *n* consejo, consejos *mpl*; (*notification*) aviso; **a piece of ~** un consejo; **to take legal ~** consultar con un abogado.

advisable [əd'vaɪzəbl] *a* aconsejable, conveniente.

advise [əd'vaɪz] *vt* aconsejar; (*inform*): **to ~ sb of sth** informar a uno de algo; **to ~ sb against sth/doing sth** desaconsejar algo a uno/aconsejar a uno que no haga algo; ~**dly** [əd'vaɪzɪdlɪ] *ad* (*deliberately*) deliberadamente; ~**r** *n* consejero/a, (*business adviser*) asesor(a) *m/f*; **advisory** *a* consultivo.

advocate ['ædvəkeɪt] *vt* (*argue for*) abogar por; (*give support to*) ser partidario de // *n* [-kɪt] abogado/a.

Aegean [iː'dʒiːən] *n*: the ~ (Sea) el Mar Egeo.

aerial ['ɛərɪəl] *n* antena // *a* aéreo.

aerobics [ɛə'rəubɪks] *n* aerobic *m*.

aerodrome ['ɛərədrəum] *n* (*Brit*) aeródromo.

aeroplane ['ɛərəpleɪn] *n* (*Brit*) avión *m*.

aerosol ['ɛərəsɒl] *n* aerosol *m*.

aesthetic [iːs'θɛtɪk] *a* estético.

afar [ə'fɑː*] *ad*: **from ~** desde lejos.

affair [ə'fɛə*] *n* asunto; (*also: love ~*) relación *f* amorosa.

affect [ə'fɛkt] *vt* afectar, influir en; (*move*) conmover; ~**ed** *a* afectado.

affection [ə'fɛkʃən] *n* afecto, cariño; ~**ate** *a* afectuoso, cariñoso.

affirmation [æfə'meɪʃən] *n* afirmación *f*.

affix [ə'fɪks] *vt* (*signature*) estampar; (*stamp*) pegar.

afflict [ə'flɪkt] *vt* afligir.

affluence ['æfluəns] *n* opulencia, riqueza.

affluent ['æfluənt] *a* acaudalado.

afford [ə'fɔːd] *vt* (*provide*) dar, proporcionar; **can we ~ it/to buy it?** ¿tenemos bastante dinero para comprarlo?

affront [ə'frʌnt] *n* afrenta, ofensa.

Afghanistan [æf'gænɪstæn] *n* Afganistán *m*.

afield [ə'fiːld] *ad*: **far ~** muy lejos.

afloat [ə'fləut] *ad* (*floating*) a flote; (*at sea*) en el mar.

afoot [ə'fut] *ad*: **there is something ~** algo se está tramando.

afraid [ə'freɪd] *a*: **to be ~ of** (*person*) tener miedo a; (*thing*) tener miedo de; **to be ~ to** tener miedo de, temer; **I am ~ that** me temo que.

afresh [ə'frɛʃ] *ad* de nuevo, otra vez.

Africa ['æfrɪkə] *n* África; ~**n** *a, n* africano/a *m/f*.

aft [ɑːft] *ad* (*to be*) en popa; (*to go*) a popa.

after ['ɑːftə*] *prep* (*time*) después de; (*place, order*) detrás de, tras // *ad* después // *conj* después (de) que; **what/who are you ~?** ¿qué/a quién busca usted?; ~ **having done/he left** después de haber hecho/después de que se marchó; **to ask ~ sb** preguntar por alguien; ~ **all** después de todo, al fin y al cabo; ~ **you!** ¡pase usted!; ~-**effects** *npl* consecuencias *fpl*, efectos *mpl*; ~**life** *n* vida eterna; ~**math** *n* consecuencias *fpl*, resultados *mpl*; ~**noon** *n* tarde *f*; ~**s** *n* (*col: dessert*) postre *m*; ~-**sales service** *n* (*Brit: for car, washing machine etc*) servicio de asistencia pos-venta; ~-**shave (lotion)** *n* aftershave *m*; ~**thought** *n* ocurrencia (tardía); ~**wards** *ad* después, más tarde.

again [ə'gɛn] *ad* otra vez, de nuevo; **to do sth ~** volver a hacer algo; ~ **and ~** una y otra vez.

against [ə'gɛnst] *prep* (*opposed*) en contra de; (*close to*) contra, junto a.

age [eɪdʒ] *n* edad *f*; (*old ~*) vejez *f*; (*period*) época // *vi* consecuente/se // *vt* envejecer; **she is 20 years of ~** tiene 20 años; **to come of ~** llegar a la mayoría de edad; **it's been ~s since I saw you** hace siglos que no te veo; ~**d** *a*: ~**d 10 de 10**

años de edad; **the ~d** ['eɪdʒɪd] *npl* los an-
cianos; **~ group** *n*: to be in the same ~
group tener la misma edad; **~ limit** *n*
edad *f* mínima/máxima.
agency ['eɪdʒənsɪ] *n* agencia; **through** *or*
by the ~ of por medio de.
agenda [ə'dʒendə] *n* orden *m* del día.
agent ['eɪdʒənt] *n* (*gen*) agente *m/f*;
(*representative*) representante *m/f*,
delegado/a.
aggravate ['ægrəveɪt] *vt* agravar; (*annoy*) irritar.
aggregate ['ægrɪgeɪt] *n* (*whole*) conjunto; (*collection*) agregado.
aggressive [ə'gresɪv] *a* agresivo; (*vigorous*) enérgico.
aggrieved [ə'griːvd] *a* ofendido, agravia-
do.
aghast [ə'gɑːst] *a* horrorizado.
agile ['ædʒaɪl] *a* ágil.
agitate ['ædʒɪteɪt] *vt* (*shake*) agitar;
(*trouble*) inquietar; **to ~ for** hacer campaña pro or en favor de; **agitator** *n* agi-
tador(a) *m/f*.
ago [ə'gəu] *ad*: **2 days ~** hace 2 días; **not
long ~** hace poco; **how long ~?** ¿hace
cuánto tiempo?
agog [ə'gɔg] *a* (*anxious*) ansiado; (*excited*) emocionado.
agonizing ['ægənaɪzɪŋ] *a* (*pain*) atroz;
(*suspense*) angustioso.
agony ['ægənɪ] *n* (*pain*) dolor *m* agudo;
(*distress*) angustia; **to be in ~** retorcerse
de dolor.
agree [ə'griː] *vt* (*price*) acordar, quedar
en // *vi* (*statements etc*) coincidir, concordar; **to ~ (with)** (*person*) estar de
acuerdo (con), ponerse de acuerdo
(con); **to ~ to do** aceptar hacer; **to ~ to
sth** consentir en algo; **to ~ that** (*admit*)
estar de acuerdo en que; **garlic doesn't
~ with me** el ajo no me sienta bien;
~able *a* agradable; (*person*) simpático;
(*willing*) de acuerdo, conforme; **~d** *a*
(*time, place*) convenido; **~ment** *n*
acuerdo; (*COMM*) contrato; **in ~ment de**
acuerdo, conforme.
agricultural [ægrɪ'kʌltʃərəl] *a* agrícola.
agriculture ['ægrɪkʌltʃə*] *n* agricultura.
aground [ə'graund] *ad*: **to run ~** encallar, embarrancar.
ahead [ə'hed] *ad* delante; **~ of** delante
de; (*fig: schedule etc*) antes de; **~ of
time** antes de la hora; **to be ~ of sb** (*fig*)
llevar la ventaja a alguien; **go right** *or*
straight ~ siga adelante; **they were
(right) ~ of us** iban (justo) delante de
nosotros.
aid [eɪd] *n* ayuda, auxilio // *vt* ayudar,
auxiliar; **in ~ of** a beneficio de; **to ~ and
abet** (*LAW*) ser cómplice de.
aide [eɪd] *n* (*POL*) ayudante *m/f*.
AIDS [eɪdz] *n abbr* (= *acquired immune
deficiency syndrome*) SIDA *m*.
ailing ['eɪlɪŋ] *a* (*person, economy*) enfer-

mizo.
ailment ['eɪlmənt] *n* enfermedad *f*, achaque *m*.
aim [eɪm] *vt* (*gun, camera*) apuntar;
(*missile, remark*) dirigir; (*blow*) asestar
// *vi* (*also*: **take ~**) apuntar // *n* puntería;
(*objective*) propósito, meta; **to ~ at** (*objective*) aspirar a, pretender; **to ~ to do**
tener la intención de hacer; **~less** *a* sin
propósito, sin objeto; **~lessly** *ad* a la
ventura, a la deriva.
ain't [eɪnt] (*col*) = **am not; aren't;
isn't.**
air [ɛə*] *n* aire *m*; (*appearance*) aspecto
// *vt* ventilar; (*grievances, ideas*) airear
// *cpd* aéreo; **to throw sth into the ~** (*ball
etc*) lanzar algo al aire; **by ~** (*travel*) en
avión; **to be on the ~** (*RADIO, TV*) estar
en antena; **~ bed** *n* (*Brit*) colchón *m*
neumático; **~borne** *a* (*in the air*) en el
aire; (*MIL*) aerotransportado; **~-
conditioned** *a* climatizado; **~ conditioning** *n* aire acondicionado; **~craft** *n*,
pl inv avión *m*; **~craft carrier** *n* por-
ta(a)viones *m inv*; **~ field** *n* campo de
aviación; **~ force** *n* fuerzas *fpl* aéreas,
aviación *f*; **~ freshener** *n* ambientador
m; **~gun** *n* escopeta de aire comprimido; **~ hostess** (*Brit*) *n* azafata; **~ letter** *n* (*Brit*) carta aérea; **~lift** *n* puente
m aéreo; **~line** *n* línea aérea; **~liner** *n*
avión *m* de pasajeros; **~lock** *n* (*in pipe*)
esclusa de aire; **~mail** *n*: **by ~mail** por
avión; **~ mattress** *n* colchón *m* neumático; **~plane** *n* (*US*) avión *m*; **~port** *n*
aeropuerto; **~ raid** *n* ataque *m* aéreo;
~sick *a*: **to be ~sick** marearse (en
avión); **~strip** *n* pista de aterrizaje; **~
terminal** *n* terminal *f*; **~tight** *a* hermético; **~ traffic controller** *n* controla-
dor(a) *m/f* aéreo/a; **~y** *a* (*room*) bien
ventilado; (*manners*) ligero.
aisle [aɪl] *n* (*of church*) nave *f*; (*of theatre*) pasillo.
ajar [ə'dʒɑː*] *a* entreabierto.
akin [ə'kɪn] *a*: **~ to** parecido a.
alacrity [ə'lækrɪtɪ] *n*: **with ~** con presteza.
alarm [ə'lɑːm] *n* alarma; (*anxiety*) inquietud *f* // *vt* asustar, inquietar; **~
(clock)** *n* despertador *m*.
alas [ə'læs] *ad* desgraciadamente.
albeit [ɔːl'biːɪt] *conj* aunque.
album ['ælbəm] *n* álbum *m*; (*L.P.*) elepé
m.
alcohol ['ælkəhɔl] *n* alcohol *m*; **~ic**
[-'hɔlɪk] *a, n* alcohólico/a *m/f*.
alcove ['ælkəuv] *n* nicho, hueco.
alderman ['ɔːldəmən] *n* concejal *m*.
ale [eɪl] *n* cerveza.
alert [ə'ləːt] *a* alerta; (*sharp*) despierto,
despabilado // *n* alerta *m*, alarma // *vt*
poner sobre aviso; **to be on the ~** estar
alerta or sobre aviso.
algebra ['ældʒɪbrə] *n* álgebra.

Algeria [æl'dʒɪərɪə] n Argelia; **~n** a, n argelino/a m/f.

alias ['eɪlɪəs] ad alias, conocido por // n alias m.

alibi ['ælɪbaɪ] n coartada.

alien ['eɪlɪən] n (foreigner) extranjero/a // a: ~ to ajeno a; **~ate** vt enajenar, alejar.

alight [ə'laɪt] a ardiendo // vi apearse, bajar.

align [ə'laɪn] vt alinear.

alike [ə'laɪk] a semejantes, iguales // ad igualmente, del mismo modo; **to look ~** parecerse.

alimony ['ælɪmənɪ] n (LAW) manutención f.

alive [ə'laɪv] a (gen) vivo; (lively) activo.

all [ɔːl] ♦ a (singular) todo/a; (plural) todos/as; ~ **day** todo el día; ~ **night** toda la noche; ~ **men** todos los hombres; ~ **five came** vinieron los cinco; ~ **the books** todos los libros; ~ **his life** toda su vida
♦ pron **1** todo; I ate it ~, I ate ~ of it me lo comí todo; ~ **of us went** fuimos todos; ~ **the boys went** fueron todos los chicos; **is that ~?** ¿eso es todo?, ¿algo más?; (in shop) ¿algo más?, ¿alguna cosa más?

2 (in phrases): **above ~** sobre todo; por encima de todo; **at ~: not at ~** (in answer to question) en absoluto; (in answer to thanks) ¡de nada!, ¡no hay de qué!; **I'm not at ~ tired** no estoy nada cansado/a; **anything at ~ will do** cualquier cosa viene bien; ~ **in** ~ a fin de cuentas
♦ ad: ~ **alone** completamente solo/a; it's not as hard as ~ that no es tan difícil como lo pintas; ~ **the more/the better** tanto más/mejor; ~ **but** casi; **the score is 2 ~** están empatados a 2.

allay [ə'leɪ] vt (fears) aquietar; (pain) aliviar.

all clear n (after attack etc) fin m de la alerta; (fig) luz f verde.

allegation [ælɪ'geɪʃən] n alegato.

allege [ə'ledʒ] vt pretender; **~dly** [ə'ledʒɪdlɪ] ad supuestamente, según se afirma.

allegiance [ə'liːdʒəns] n lealtad f.

allergy ['ælədʒɪ] n alergia.

alleviate [ə'liːvɪeɪt] vt aliviar.

alley ['ælɪ] n (street) callejuela; (in garden) paseo.

alliance [ə'laɪəns] n alianza.

allied ['ælaɪd] a aliado.

alligator ['ælɪgeɪtə*] n caimán m.

all-in ['ɔːlɪn] a (Brit) (also ad: charge) todo incluido; ~ **wrestling** n lucha libre.

all-night ['ɔːl'naɪt] a (café, shop) abierto toda la noche.

allocate ['æləkeɪt] vt (share out) repartir; (devote) asignar; **allocation** [-'keɪʃən] n (of money) cuota; (distribu-

tion) reparto.

allot [ə'lɔt] vt asignar; **~ment** n ración f; (garden) parcela.

all-out ['ɔːlaʊt] a (effort etc) supremo; **all out** ad con todas las fuerzas.

allow [ə'laʊ] vt (permit) permitir, dejar; (a claim) admitir; (sum to spend etc, time estimated) dar, conceder; (concede): **to ~ that** reconocer que; **to ~ sb to do** permitir a alguien hacer; **he is ~ed to ...** se le permite ...; **to ~ for** vt fus tener en cuenta; **~ance** n concesión f; (payment) subvención f, pensión f; (discount) descuento, rebaja; **to make ~ances for** disculpar; tener en cuenta.

alloy ['ælɔɪ] n (mix) mezcla.

all: ~ **right** a (feel, work) bien; (as answer) ¡conforme!, ¡está bien!; **~round** a completo; (view) amplio; ~ **time** a (record) de todos los tiempos.

allude [ə'luːd] vi: **to ~ to** aludir a.

alluring [ə'ljʊərɪŋ] a seductor(a), atractivo.

allusion [ə'luːʒən] n referencia, alusión f.

ally ['ælaɪ] n aliado/a.

almighty [ɔːl'maɪtɪ] a todopoderoso.

almond ['ɑːmənd] n almendra.

almost ['ɔːlməʊst] ad casi.

alms [ɑːmz] npl limosna sg.

aloft [ə'lɔft] ad arriba.

alone [ə'ləʊn] a solo // ad sólo, solamente; **to leave sb ~** dejar a uno en paz; **to leave sth ~** no tocar algo, dejar algo sin tocar; **let ~ ...** sin hablar de ...

along [ə'lɔŋ] prep a lo largo de, por // ad: **is he coming ~ with us?** ¿viene con nosotros?; **he was limping ~** iba cojeando; ~ **with** junto con; **all ~** (all the time) desde el principio; **~side** prep al lado de // ad (NAUT) de costado.

aloof [ə'luːf] a reservado // ad: **to stand ~** mantenerse apartado.

aloud [ə'laʊd] ad en voz alta.

alphabet ['ælfəbɛt] n alfabeto; **~ical** [-'bɛtɪkəl] a alfabético.

alpine ['ælpaɪn] a alpino, alpestre.

Alps [ælps] npl: **the ~** los Alpes.

already [ɔːl'rɛdɪ] ad ya.

alright ['ɔːl'raɪt] ad (Brit) = **all right**.

Alsatian [æl'seɪʃən] n (Brit: dog) pastor m alemán.

also ['ɔːlsəʊ] ad también, además.

altar ['ɔːltə*] n altar m.

alter ['ɔːltə*] vt cambiar, modificar.

alternate [ɔl'təːnɪt] a alterno // vi ['ɔltəːneɪt]: **to ~ (with)** alternar (con); **on ~ days** un día sí y otro no; **alternating** [-'neɪtɪŋ] a (current) alterno ...

alternative [ɔl'təːnətɪv] a alternativo // n alternativa; **~ly** ad: **~ly one could...** por otra parte se podría... .

alternator ['ɔltəːneɪtə*] n (AUT) alternador m.

although [ɔːl'ðəʊ] conj aunque; (given that) si bien.

altitude ['æltɪtjuːd] *n* altitud *f*, altura.

alto ['æltəʊ] *n* (*female*) contralto *f*; (*male*) alto.

altogether [ɔːltəˈgɛðə*] *ad* completamente, del todo; (*on the whole, in all*) en total, en conjunto.

aluminium [æljuˈmɪnɪəm], (US) **aluminum** [əˈluːmɪnəm] *n* aluminio.

always ['ɔːlweɪz] *ad* siempre.

am [æm] *vb see* **be**.

a.m. *ad abbr* (= *ante meridiem*) de la mañana.

amalgamate [əˈmælgəmeɪt] *vi* amalgamarse // *vt* amalgamar, unir.

amass [əˈmæs] *vt* amontonar, acumular.

amateur ['æmətə*] *n* aficionado/a, amateur *m/f*; **~ish** *a* (*pej*) torpe, inexperto.

amaze [əˈmeɪz] *vt* asombrar, pasmar; **to be ~d** (**at**) quedar pasmado (de); **~ment** *n* asombro, sorpresa; **amazing** *a* extraordinario, pasmoso.

Amazon ['æməzən] *n* (GEO) Amazonas *m*.

ambassador [æmˈbæsədə*] *n* embajador(a) *m/f*.

amber ['æmbə*] *n* ámbar *m*; **at ~** (*Brit AUT*) en el amarillo.

ambiguity [æmbɪˈgjuɪtɪ] *n* ambigüedad *f*; (*of meaning*) doble sentido; **ambiguous** [-ˈbɪgjuəs] *a* ambiguo.

ambition [æmˈbɪʃən] *n* ambición *f*; **ambitious** [-ʃəs] *a* ambicioso.

amble ['æmbl] *vi* (*gen*: **~ along**) deambular, andar sin prisa.

ambulance ['æmbjuləns] *n* ambulancia; **~man/woman** *n* (*Brit*) ambulanciero/a.

ambush ['æmbuʃ] *n* emboscada // *vt* tender una emboscada a.

amenable [əˈmiːnəbl] *a*: **~ to** (*advice etc*) sensible a.

amend [əˈmɛnd] *vt* (*law, text*) enmendar; **to make ~s** enmendarlo; (*apologize*) dar cumplida satisfacción; **~ment** *n* enmienda.

amenities [əˈmiːnɪtɪz] *npl* comodidades *fpl*.

America [əˈmɛrɪkə] *n* (*North* **~**) América del norte; (*USA*) Estados *mpl* Unidos; **~n** *a, n* norteamericano/a *m/f*.

amiable ['eɪmɪəbl] *a* (*kind*) amable, simpático.

amicable ['æmɪkəbl] *a* amistoso, amigable.

amid(st) [əˈmɪd(st)] *prep* entre, en medio de.

amiss [əˈmɪs] *ad*: **to take sth ~** tomar algo a mal; **there's something ~** pasa algo.

ammonia [əˈməʊnɪə] *n* amoníaco.

ammunition [æmjuˈnɪʃən] *n* municiones *fpl*.

amnesia [æmˈniːzɪə] *n* amnesia.

amnesty ['æmnɪstɪ] *n* amnistía.

amok [əˈmɔk] *ad*: **to run ~** enloquecerse,

desbocarse.

among(st) [əˈmʌŋ(st)] *prep* entre, en medio de.

amoral [æˈmɔrəl] *a* amoral.

amorous ['æmərəs] *a* cariñoso.

amorphous [əˈmɔːfəs] *a* amorfo.

amount [əˈmaʊnt] *n* (*gen*) cantidad *f*; (*of bill etc*) suma, importe *m* // *vi*: **to ~ to** (*total*) sumar; (*be same as*) equivaler a, significar.

amp(ère) ['æmp(ɛə*)] *n* amperio.

amphibian [æmˈfɪbɪən] *n* anfibio; **amphibious** [-bɪəs] *a* anfibio.

amphitheatre ['æmfɪθɪətə*] *n* anfiteatro.

ample ['æmpl] *a* (*spacious*) amplio; (*abundant*) abundante; (*enough*) bastante, suficiente.

amplifier ['æmplɪfaɪə*] *n* amplificador *m*.

amputate ['æmpjuteɪt] *vt* amputar.

amuck [əˈmʌk] *ad* = **amok**.

amuse [əˈmjuːz] *vt* divertir; (*distract*) distraer, entretener; **~ment** *n* diversión *f*; (*pastime*) pasatiempo; (*laughter*) risa; **~ment arcade** *n* mini-casino.

an [æn, ən, n] *indefinite article see* **a**.

anaemia [əˈniːmɪə] *n* (*Brit*) anemia; **anaemic** [-mɪk] *a* anémico; (*fig*) soso, insípido.

anaesthetic [ænɪsˈθɛtɪk] *n* (*Brit*) anestesia; **anaesthetist** [æˈniːsθɪtɪst] *n* anestesista *m/f*.

analog(ue) ['ænəlɔg] *a* (*computer, watch*) analógico.

analogy [əˈnælədʒɪ] *n* análogo.

analyse ['ænəlaɪz] *vt* (*Brit*) analizar; **analysis** [əˈnæləsɪs], *pl* **-ses** [-siːz] *n* análisis *m inv*; **analyst** [-lɪst] *n* (*political* **~**, *psycho***~**) analista *m/f*; **analytic(al)** [-ˈlɪtɪk(əl)] *a* analítico.

analyze ['ænəlaɪz] *vt* (US) = **analyse**.

anarchist ['ænəkɪst] *a, n* anarquista *m/f*.

anarchy ['ænəkɪ] *n* anarquía; (*fam*) desorden *m*.

anathema [əˈnæθɪmə] *n*: **that is ~ to him** eso es pecado para él.

anatomy [əˈnætəmɪ] *n* anatomía.

ancestor ['ænsɪstə*] *n* antepasado.

anchor ['æŋkə*] *n* ancla, áncora // *vi* (*also*: **to drop ~**) anclar // *vt* (*fig*) sujetar, afianzar; **to weigh ~** levar anclas; **~age** *n* ancladero.

anchovy ['æntʃəvɪ] *n* anchoa.

ancient ['eɪnʃənt] *a* antiguo.

ancillary [ænˈsɪlərɪ] *a* (*worker, staff*) auxiliar.

and [ænd] *conj* y; (*before i-, hi- + consonant*) e; **men ~ women** hombres y mujeres; **father ~ son** padre e hijo; **trees ~ grass** árboles y hierba; **~ so on** etcétera, y así sucesivamente; **try ~ come** procura venir; **he talked ~ talked** habló sin parar; **better ~ better** cada vez mejor.

Andalusia [ændəˈluːzɪə] *n* Andalucía.

Andes ['ændiːz] *npl*: **the ~** los Andes.

anemia *etc* [əˈniːmɪə] *n* (US) = **anae-**

mia *etc.*

anesthetic *etc* [ænɪs'θetɪk] *n (US)* = **anaesthetic** *etc.*

anew [ə'nju:] *ad* de nuevo, otra vez.

angel ['eɪndʒəl] *n* ángel *m.*

anger ['æŋgə*] *n* cólera // *vt* enojar, enfurecer.

angina [æn'dʒaɪnə] *n* angina (del pecho).

angle ['æŋgl] *n* ángulo; **from their ~** desde su punto de vista.

angler ['æŋglə*] *n* pescador(a) *m/f* (de caña).

Anglican ['æŋglɪkən] *a, n* anglicano/a *m/f.*

angling ['æŋglɪŋ] *n* pesca con caña.

Anglo... [æŋgləu] *pref* anglo... .

angrily ['æŋgrɪlɪ] *ad* enojado, enfadado.

angry ['æŋgrɪ] *a* enfadado, enojado; **to be ~ with** sb/at sth estar enfadado con alguien/por algo; **to get ~** enfadarse, enojarse.

anguish ['æŋgwɪʃ] *n (physical)* tormentos *mpl*; *(mental)* angustia.

angular ['æŋgjulə*] *a (shape)* angular; *(features)* anguloso.

animal ['ænɪməl] *n* animal *m*, bestia // *a* animal.

animate ['ænɪmeɪt] *vt (enliven)* animar; *(encourage)* estimular, alentar // *a* ['ænɪmɪt] vivo; **~d** *a* vivo.

animosity [ænɪ'mɒsɪtɪ] *n* animosidad *f*, rencor *m.*

aniseed ['ænɪsi:d] *n* anís *m.*

ankle ['æŋkl] *n* tobillo *m*; **~ sock** *n* calcetín *m.*

annex ['æneks] *n (also: Brit: annexe)* *(building)* edificio anexo // *vt* [æ'neks] *(territory)* anexar.

annihilate [ə'naɪəleɪt] *vt* aniquilar.

anniversary [ænɪ'vɜ:sərɪ] *n* aniversario.

announce [ə'nauns] *vt (gen)* anunciar; *(inform)* comunicar; **~ment** *n (gen)* anuncio; *(declaration)* declaración *f*; **~r** *n (RADIO, TV)* locutor(a) *m/f.*

annoy [ə'nɔɪ] *vt* molestar, fastidiar; **don't get ~ed!** ¡no se enfade!; **~ance** *n* enojo; *(thing)* molestia; **~ing** *a* molesto, fastidioso; *(person)* pesado.

annual ['ænjuəl] *a* anual // *n (BOT)* anual *m*; *(book)* anuario; **~ly** *ad* anualmente, cada año.

annul [ə'nʌl] *vt* anular; *(law)* revocar; **~ment** *n* anulación *f.*

annum ['ænəm] *n see* **per.**

anomaly [ə'nɒməlɪ] *n* anomalía.

anonymity [ænə'nɪmɪtɪ] *n* anonimato.

anonymous [ə'nɒnɪməs] *a* anónimo.

anorak ['ænəræk] *n* anorak *m.*

anorexia [ænə'reksɪə] *n (MED)* anorexia.

another [ə'nʌðə*] *a*: **~ book** *(one more)* otro libro; *(a different one)* un libro distinto // *pron* otro; *see also* **one.**

answer ['ɑ:nsə*] *n* contestación *f*, respuesta; *(to problem)* solución *f* // *vi* contestar, responder // *vt (reply to)* contes-

tar a, responder a; *(problem)* resolver; **to ~ the phone** contestar el teléfono; **in ~ to your letter** contestando *or* en contestación a su carta; **to ~ the door** acudir a la puerta; **to ~ back** *vi* replicar, ser respondón/ona; **to ~ for** *vt fus* responder de *or* por; **to ~ to** *vt fus (description)* corresponder a; **~able** *a*: **~able to sb for sth** responsable ante uno de algo; **~ing machine** *n* contestador *m* automático.

ant [ænt] *n* hormiga.

antagonism [æn'tægənɪzm] *n* hostilidad *f.*

antagonize [æn'tægənaɪz] *vt* provocar.

Antarctic [ænt'ɑ:ktɪk] *n*: **the ~** el Antártico.

antelope ['æntɪləup] *n* antílope *m.*

antenatal ['æntɪ'neɪtl] *a* antenatal, prenatal; **~ clinic** *n* clínica prenatal.

antenna [æn'tɛnə], *pl* **~e** [-ni:] *n* antena.

anthem ['ænθəm] *n*: **national ~** himno nacional.

anthology [æn'θɒlədʒɪ] *n* antología.

anthropology [ænθrə'pɒlədʒɪ] *n* antropología.

anti-aircraft [æntɪ'ɛəkrɑ:ft] *a* antiaéreo.

antibiotic [æntɪbaɪ'ɒtɪk] *a, n* antibiótico.

antibody ['æntɪbɒdɪ] *n* anticuerpo.

anticipate [æn'tɪsɪpeɪt] *vt (foresee)* prever; *(expect)* esperar, contar con; *(forestall)* anticiparse a, adelantarse a; **anticipation** [-'peɪʃən] *n* previsión *f*; esperanza; anticipación *f.*

anticlimax [æntɪ'klaɪmæks] *n* decepción *f.*

anticlockwise [æntɪ'klɒkwaɪz] *ad* en dirección contraria a la de las agujas del reloj.

antics ['æntɪks] *npl* payasadas *fpl*; *(of child)* travesuras *fpl.*

anticyclone [æntɪ'saɪkləun] *n* anticiclón *m.*

antidote ['æntɪdəut] *n* antídoto.

antifreeze ['æntɪfri:z] *n* anticongelante *m.*

antihistamine [æntɪ'hɪstəmi:n] *n* antihistamínico.

antipathy [æn'tɪpəθɪ] *n (between people)* antipatía; *(to person, thing)* aversión *f.*

antiquated ['æntɪkweɪtɪd] *a* anticuado.

antique [æn'ti:k] *n* antigüedad *f* // *a* antiguo; **~ dealer** *n* anticuario/a; **~ shop** *n* tienda de antigüedades.

antiquity [æn'tɪkwɪtɪ] *n* antigüedad *f.*

anti-semitism [æntɪ'semɪtɪzm] *n* antisemitismo.

antiseptic [æntɪ'septɪk] *a, n* antiséptico.

antisocial [æntɪ'səuʃəl] *a* antisocial.

antlers ['æntləz] *npl* cuernas *fpl.*

anus ['eɪnəs] *n* ano.

anvil ['ænvɪl] *n* yunque *m.*

anxiety [æŋ'zaɪətɪ] *n (worry)* inquietud *f*; *(eagerness)* ansia, anhelo.

anxious ['æŋkʃəs] *a (worried)* inquieto; *(keen)* deseoso.

any ['ɛni] ♦ a 1 (in questions etc) algún/
alguna; have you ~ butter/children?
¿tienes mantequilla/hijos?; if there are
~ tickets left si quedan billetes, si queda
algún billete
2 (with negative): I haven't ~ money/
books no tengo dinero/libros
3 (no matter which) cualquier; ~ excuse will do valdrá o servirá cualquier
excusa; choose ~ book you like escoge el
libro que quieras; ~ teacher you like will
tell you cualquier profesor al que pre-
guntes te lo dirá
4 (in phrases): in ~ case de todas formas, en cualquier caso; ~ day now cualquier día (de estos); at ~ moment en
cualquier momento, de un momento a
otro; at ~ rate en todo caso; ~ time:
come (at) ~ time venga cuando quieras;
he might come (at) ~ time podría llegar
de un momento a otro
♦ pron 1 (in questions etc): have you got
~? ¿tienes alguno(s)/a(s)?; can ~ of you
sing? ¿sabéis/saben cantar alguno de
vosotros/ustedes?
2 (with negative): I haven't ~ (of them)
no tengo ninguno
3 (no matter which one(s)): take ~ of
those books (you like) toma cualquier libro que quieras de ésos
♦ ad 1 (in questions etc): do you want ~
more soup/sandwiches? ¿quieres más
sopa/bocadillos?; are you feeling ~ better? ¿te sientes algo mejor?
2 (with negative): I can't hear him ~
more ya no le oigo; don't wait ~ longer
no esperes más.

anybody ['ɛnibɔdi] pron cualquiera; (in
interrogative sentences) alguien; (in
negative sentences): I don't see ~ no veo
a nadie; if ~ should phone... si llama alguien...

anyhow ['ɛnihau] ad (at any rate) de todos modos, de todas formas; (haphazard): do it ~ you like hazlo como quieras; she leaves things just ~ deja las cosas como quiera or de cualquier modo; I
shall go ~ de todos modos iré.

anyone ['ɛniwʌn] pron = anybody.

anything ['ɛniθiŋ] pron (in questions
etc) algo, alguna cosa; (with negative)
nada; can you see ~? ¿ves algo?; if ~
happens to me... si algo me ocurre...;
(no matter what): you can say ~ you
like puedes decir lo que quieras; ~ will
do vale todo or cualquier cosa; he'll eat
~ come de todo or lo que sea.

anyway ['ɛniwei] ad (at any rate) de todos modos, de todas formas; I shall go ~
iré de todos modos; (besides): ~, I
couldn't come even if I wanted to además, no podría venir aunque quisiera;
why are you phoning, ~? ¿entonces, por
qué llamas?, ¿por qué llamas, pues?

anywhere ['ɛniwɛə*] ad (in questions

etc): can you see him ~? ¿le ves por algún lado?; are you going ~? ¿vas a algún sitio?; (with negative): I can't see
him ~ no le veo por ninguna parte; (no
matter where): ~ in the world en cualquier parte (del mundo); put the books
down ~ posa los libros donde quieras.

apart [ə'pɑːt] ad aparte, separadamente;
10 miles ~ separados por 10 millas; to
take ~ desmontar; ~ from prep aparte
de.

apartheid [ə'pɑːteit] n apartheid m.

apartment [ə'pɑːtmənt] n (US) piso, departamento (LAm), apartamento;
(room) cuarto; ~ house n (US) casa de
apartamentos.

apathetic [æpə'θɛtik] a apático, indiferente.

apathy ['æpəθi] n apatía, indiferencia.

ape [eip] n mono // vt remedar.

aperitif [ə'pɛritif] n aperitivo.

aperture ['æpətjuə*] n rendija, resquicio; (PHOT) abertura.

apex ['eipɛks] n ápice m; (fig) cumbre f.

apiece [ə'piːs] ad cada uno.

aplomb [ə'plɔm] n aplomo.

apologetic [əpɔlə'dʒɛtik] a (look, remark) de disculpa.

apologize [ə'pɔlədʒaiz] vi: to ~ (for sth
to sb) disculparse (con alguien de algo).

apology [ə'pɔlədʒi] n disculpa, excusa.

apostle [ə'pɔsl] n apóstol m/f.

apostrophe [ə'pɔstrəfi] n apóstrofe m.

appal [ə'pɔːl] vt horrorizar, espantar;
~ling a espantoso; (awful) pésimo.

apparatus [æpə'reitəs] n aparato; (in
gymnasium) aparatos mpl.

apparel [ə'pærəl] n (US) ropa.

apparent [ə'pærənt] a aparente; ~ly
por lo visto, al parecer.

appeal [ə'piːl] vi (LAW) apelar // n (LAW)
apelación f; (request) llamamiento;
(plea) súplica; (charm) atractivo, encanto; to ~ for suplicar, reclamar; to ~
to (subj: person) rogar a, suplicar a;
(subj: thing) atraer, interesar; it doesn't
~ to me no me atrae, no me llama la
atención; ~ing a (nice) atractivo;
(touching) conmovedor(a), emocionante.

appear [ə'piə*] vi aparecer, presentarse;
(LAW) comparecer; (publication) salir
(a luz), publicarse; (seem) parecer; it
would ~ that pareceria que; ~ance n
aparición f; (look, aspect) apariencia,
aspecto.

appease [ə'piːz] vt (pacify) apaciguar;
(satisfy) satisfacer.

appendicitis [əpɛndi'saitis] n apendicitis
f.

appendix [ə'pɛndiks], pl -dices [-disiːz] n
apéndice m.

appetite ['æpitait] n apetito; (fig) deseo,
anhelo.

appetizer ['æpitaizə*] n (drink) aperitivo; (food) tapas fpl (Sp).

applaud [əˈplɔːd] *vt, vi* aplaudir.

applause [əˈplɔːz] *n* aplausos *mpl*.

apple [ˈæpl] *n* manzana; ~ **tree** *n* manzano.

appliance [əˈplaɪəns] *n* aparato.

applicant [ˈæplɪkənt] *n* candidato/a; solicitante *m/f*.

application [æplɪˈkeɪʃən] *n* aplicación *f*; (*for a job, a grant etc*) solicitud *f*, petición *f*; ~ **form** *n* solicitud *f*.

applied [əˈplaɪd] *a* aplicado.

apply [əˈplaɪ] *vt*: to ~ (to) aplicar (a); (*fig*) emplear (para) // *vi*: to ~ to (*ask*) dirigirse a; (*be suitable for*) ser aplicable a; (*be relevant to*) tener que ver con; to ~ for (*permit, grant, job*) solicitar; to ~ the brakes aplicar los frenos; to ~ o.s. to aplicarse a, dedicarse a.

appoint [əˈpɔɪnt] *vt* (*to post*) nombrar; (*date, place*) fijar, señalar; ~**ment** *n* (*engagement*) cita; (*date*) compromiso; (*act*) nombramiento; (*post*) puesto.

appraisal [əˈpreɪzl] *n* apreciación *f*.

appreciable [əˈpriːʃəbl] *a* sensible.

appreciate [əˈpriːʃɪeɪt] *vt* (*like*) apreciar, tener en mucho; (*be grateful for*) agradecer; (*be aware of*) comprender // *vi* (*COMM*) aumentar(se) en valor; **appreciation** [-ˈeɪʃən] *n* aprecio; reconocimiento, agradecimiento; aumento en valor.

appreciative [əˈpriːʃɪətɪv] *a* apreciativo, agradecido.

apprehend [æprɪˈhend] *vt* percibir; (*arrest*) detener.

apprehension [æprɪˈhenʃən] *n* (*fear*) aprensión *f*; **apprehensive** [-ˈhensɪv] *a* aprensivo.

apprentice [əˈprentɪs] *n* aprendiz/a *m/f*; ~**ship** *n* aprendizaje *m*.

approach [əˈprəutʃ] *vi* acercarse // *vt* acercarse a; (*be approximate*) aproximarse a; (*ask, apply to*) dirigirse a // *n* acercamiento; aproximación *f*; (*access*) acceso; (*proposal*) proposición *f*; ~**able** *a* (*person*) abordable; (*place*) accesible.

appropriate [əˈprəuprɪət] *a* apropiado, conveniente // *vt* [-rɪeɪt] (*take*) apropiarse de; (*allot*): to ~ sth for destinar algo a.

approval [əˈpruːvəl] *n* aprobación *f*, visto bueno; **on** ~ (*COMM*) a prueba.

approve [əˈpruːv] *vt* aprobar; **to** ~ **of** *vt fus* aprobar; ~**d school** *n* (*Brit*) correccional *m*.

approximate [əˈprɒksɪmɪt] *a* aproximado; ~**ly** *ad* aproximadamente, más o menos.

apricot [ˈeɪprɪkɒt] *n* albaricoque *m* (*Sp*), damasco (*LAm*).

April [ˈeɪprəl] *n* abril *m*; ~ **Fool's Day** *n* (*1 April*) ≈ día *m* de los Inocentes (*28 December*).

apron [ˈeɪprən] *n* delantal *m*.

apt [æpt] *a* (*to the point*) acertado, oportuno; (*appropriate*) apropiado; (*likely*): ~ to do propenso a hacer.

aqualung [ˈækwəlʌŋ] *n* escafandra autónoma.

aquarium [əˈkweərɪəm] *n* acuario.

Aquarius [əˈkweərɪəs] *n* Acuario.

aquatic [əˈkwætɪk] *a* acuático.

aqueduct [ˈækwɪdʌkt] *n* acueducto.

Arab [ˈærəb] *n* árabe *m/f*.

Arabian [əˈreɪbɪən] *a* árabe.

Arabic [ˈærəbɪk] *a* (*language, manuscripts*) árabe // *n* árabe *m*; ~ **numerals** numeración *f* arábiga.

arable [ˈærəbl] *a* cultivable.

Aragon [ˈærəgən] *n* Aragón *m*.

arbitrary [ˈɑːbɪtrərɪ] *a* arbitrario.

arbitration [ɑːbɪˈtreɪʃən] *n* arbitraje *m*.

arcade [ɑːˈkeɪd] *n* (*ARCH*) arcada; (*round a square*) soportales *mpl*; (*shopping* ~) galería, pasaje *m*.

arch [ɑːtʃ] *n* arco; (*vault*) bóveda; (*of foot*) arco del pie // *vt* arquear.

archaeologist [ɑːkɪˈɒlədʒɪst] *n* arqueólogo/a.

archaeology [ɑːkɪˈɒlədʒɪ] *n* arqueología.

archaic [ɑːˈkeɪk] *a* arcaico.

archbishop [ɑːtʃˈbɪʃəp] *n* arzobispo.

arch-enemy [ˈɑːtʃˈenəmɪ] *n* enemigo jurado.

archeology *etc* [ɑːkɪˈɒlədʒɪ] (*US*) = **archaeology** *etc*.

archer [ˈɑːtʃə*] *n* arquero; ~**y** *n* tiro al arco.

archipelago [ɑːkɪˈpelɪgəu] *n* archipiélago.

architect [ˈɑːkɪtekt] *n* arquitecto/a; ~**ural** [-ˈtektʃərəl] *a* arquitectónico; ~**ure** *n* arquitectura.

archives [ˈɑːkaɪvz] *npl* archivo *sg*.

archway [ˈɑːtʃweɪ] *n* arco, arcada.

Arctic [ˈɑːktɪk] *a* ártico // *n*: the ~ el Ártico.

ardent [ˈɑːdənt] *a* (*desire*) ardiente; (*supporter, lover*) apasionado.

arduous [ˈɑːdjuəs] *a* (*gen*) arduo; (*journey*) penoso.

are [ɑː*] *vb see* **be**.

area [ˈeərɪə] *n* área; (*MATH etc*) superficie *f*, extensión *f*; (*zone*) región *f*, zona; ~ **code** *n* (*US TEL*) prefijo.

arena [əˈriːnə] *n* arena; (*of circus*) pista; (*for bullfight*) plaza, ruedo.

aren't [ɑːnt] = **are not**.

Argentina [ɑːdʒənˈtiːnə] *n* Argentina; **Argentinian** [-ˈtɪnɪən] *a, n* argentino/a *m/f*.

arguably [ˈɑːgjuəblɪ] *ad* posiblemente.

argue [ˈɑːgjuː] *vi* (*quarrel*) discutir, pelearse; (*reason*) razonar, argumentar; to ~ that sostener que.

argument [ˈɑːgjumənt] *n* (*reasons*) argumento; (*quarrel*) discusión *f*, pelea; (*debate*) debate *m*, disputa; ~**ative** [-ˈmentətɪv] *a* discutidor(a).

aria [ˈɑːrɪə] *n* (*MUS*) aria.

Aries ['eǝrɪz] *n* Aries *m*.

arise [ǝ'raɪz], *pt* **arose**, *pp* **arisen** [ǝ'rɪzn] *vi* (*rise up*) levantarse, alzarse; (*emerge*) surgir, presentarse; **to ~ from** derivar de.

aristocrat ['ærɪstǝkræt] *n* aristócrata *m/f*.

arithmetic [ǝ'rɪθmǝtɪk] *n* aritmética.

ark [ɑːk] *n*: Noah's A~ el Arca *f* de Noé.

arm [ɑːm] *n* (*ANAT*) brazo // *vt* armar; **~s** *npl* (*weapons*) armas *fpl*; (*HERALDRY*) escudo *sg*; **~ in ~** cogidos del brazo; **~s race** *n* carrera de armamentos.

armaments ['ɑːmǝmǝnts] *npl* (*weapons*) armamentos *mpl*.

armchair ['ɑːmtʃeǝ*] *n* sillón *m*.

armed [ɑːmd] *a* armado; **~ robbery** *n* robo a mano armada.

armour, (*US*) **armor** ['ɑːmǝ*] *n* armadura; **~ed car** *n* coche *m* or carro (*LAm*) blindado; **~y** *n* arsenal *m*.

armpit ['ɑːmpɪt] *n* sobaco, axila.

armrest ['ɑːmrɛst] *n* apoyabrazos *m inv*.

army ['ɑːmɪ] *n* ejército.

aroma [ǝ'rǝumǝ] *n* aroma *m*, fragancia.

arose [ǝ'rǝuz] *pt of* **arise**.

around [ǝ'raund] *ad* alrededor de; (*in the area*) a la redonda // *prep* alrededor de.

arouse [ǝ'rauz] *vt* despertar.

arrange [ǝ'reɪndʒ] *vt* arreglar, ordenar; (*programme*) organizar; **to ~ to do sth** quedar en hacer algo; **~ment** *n* arreglo; (*agreement*) acuerdo; **~ments** *npl* (*preparations*) preparativos *mpl*.

array [ǝ'reɪ] *n*: **~ of** (*things*) serie *f* de; (*people*) conjunto de.

arrears [ǝ'rɪǝz] *npl* atrasos *mpl*; **to be in ~ with one's rent** estar retrasado en el pago del alquiler.

arrest [ǝ'rɛst] *vt* detener; (*sb's attention*) llamar // *n* detención *f*; **under ~** detenido.

arrival [ǝ'raɪvǝl] *n* llegada; **new ~** recién llegado/a.

arrive [ǝ'raɪv] *vi* llegar.

arrogant ['ærǝgǝnt] *a* arrogante.

arrow ['ærǝu] *n* flecha.

arse [aːs] *n* (*Brit col!*) culo, trasero.

arsenal ['ɑːsɪnl] *n* arsenal *m*.

arsenic ['ɑːsnɪk] *n* arsénico.

arson ['ɑːsn] *n* incendio premeditado.

art [ɑːt] *n* arte *m*; (*skill*) destreza; (*technique*) técnica; A~s *npl* (*SCOL*) Letras *fpl*.

artery ['ɑːtǝrɪ] *n* arteria.

artful [ɑːtful] *a* (*cunning: person, trick*) mañoso.

art gallery *n* pinacoteca; (*saleroom*) galería de arte.

arthritis [ɑː'θraɪtɪs] *n* artritis *f*.

artichoke ['ɑːtɪtʃǝuk] *n* alcachofa; Jerusalem ~ aguaturma.

article ['ɑːtɪkl] *n* artículo, (*in newspaper*) artículo; (*Brit LAW: training*): **~s** *npl* contrato *sg* de aprendizaje; **~ of clothing**

prenda de vestir.

articulate [ɑː'tɪkjulɪt] *a* (*speech*) claro; (*person*) que se expresa bien // *vi* [-leɪt] articular; **~d lorry** *n* (*Brit*) trailer *m*.

artificial [ɑːtɪ'fɪʃǝl] *a* artificial; (*teeth etc*) postizo.

artillery [ɑː'tɪlǝrɪ] *n* artillería.

artisan ['ɑːtɪzæn] *n* artesano.

artist ['ɑːtɪst] *n* artista *m/f*; (*MUS*) intérprete *m/f*; **~ic** [ɑː'tɪstɪk] *a* artístico; **~ry** *n* arte *m*, habilidad *f* (artística).

artless ['ɑːtlɪs] *a* (*innocent*) natural, sencillo; (*clumsy*) torpe.

art school *n* escuela de bellas artes.

as [æz] *conj* **1** (*referring to time*) cuando, mientras; a medida que; **~ the years went by** con el paso de los años; **he came in ~ I was leaving** entró cuando me marchaba; **~ from tomorrow** desde or a partir de mañana

2 (*in comparisons*): **~ big ~** tan grande como; **twice ~ big ~** el doble de grande que; **~ much money/many books ~** tanto dinero/tantos libros como; **~ soon ~** en cuanto

3 (*since, because*) como, ya que; **he left early ~** he had to be home by 10 se fue temprano como tenía que estar en casa a las 10

4 (*referring to manner, way*): **do ~ you wish** haz lo que quieras; **~ she said** como dijo; **he gave it to me ~ a present** me lo dio de regalo

5 (*in the capacity of*): **he works ~ a barman** trabaja de barman; **~ chairman of the company, he...** como presidente de la compañía, ...

6 (*concerning*): **~ for** or **to that** por or en lo que respecta a eso

7: **~ if** or **though** como si: **he looked ~ if he was ill** parecía como si estuviera enfermo, tenía aspecto de enfermo

see also **long, such, well.**

a.s.a.p. *abbr* (= *as soon as possible*) cuanto antes.

asbestos [æz'bɛstǝs] *n* asbesto, amianto.

ascend [ǝ'sɛnd] *vt* subir; **~ancy** *n* ascendiente *m*, dominio.

ascent [ǝ'sɛnt] *n* subida; (*of plane*) ascenso.

ascertain [æsǝ'teɪn] *vt* averiguar.

ascribe [ǝ'skraɪb] *vt*: **to ~ sth to** atribuir algo a.

ash [æʃ] *n* (*dust*) ceniza; (*tree*) fresno; **~can** *n* (*US*) cubo or bote *m* (*LAm*) de la basura.

ashamed [ǝ'ʃeɪmd] *a* avergonzado, apenado (*LAm*); **to be ~ of** avergonzarse de.

ashen ['æʃn] *a* pálido.

ashore [ǝ'ʃɔː*] *ad* en tierra.

ashtray ['æʃtreɪ] *n* cenicero.

Ash Wednesday *n* miércoles *m* de Cenizas.

Asia ['eɪʃǝ] *n* Asia; **~n, ~tic** [eɪsɪ'ætɪk]

a, *n* asiático/a *m/f*.

aside [ə'saɪd] *ad* a un lado.

ask [ɑ:sk] *vt* (*question*) preguntar; (*demand*) pedir; (*invite*) invitar; **to ~ sb sth/to do sth** preguntar algo a alguien/ pedir a alguien que haga algo; **to ~ sb about sth** preguntar algo a alguien; **to ~ (sb) a question** hacer una pregunta (a alguien); **to ~ sb out to dinner** invitar a cenar a uno; **to ~ after** *vt fus* preguntar por; **to ~ for** *vt fus* pedir.

askance [ə'skɑ:ns] *ad*: **to look ~ at sb** mirar con recelo a uno.

askew [ə'skju:] *ad* sesgado, ladeado.

asking price *n* precio inicial.

asleep [ə'sli:p] *a* dormido; **to fall ~** dormirse, quedarse dormido.

asparagus [əs'pærəgəs] *n* espárragos *mpl*.

aspect [æspekt] *n* aspecto, apariencia; (*direction in which a building etc faces*) orientación *f*.

aspersions [əs'pə:ʃənz] *npl*: **to cast ~ on** difamar a, calumniar a.

asphyxiation [aes'fɪksɪ'eɪʃən] *n* asfixia.

aspirations [æspə'reɪʃənz] *npl* anhelo *sg*, deseo *sg*; (*ambition*) ambición *fsg*.

aspire [əs'paɪə*] *vi*: **to ~ to** aspirar a, ambicionar.

aspirin ['æsprɪn] *n* aspirina.

ass [æs] *n* asno, burro; (*col*) imbécil *m/f*; (*US col*!) culo, trasero.

assailant [ə'seɪlənt] *n* asaltador(a) *m/f*, agresor/a *m/f*.

assassin [ə'sæsɪn] *n* asesino/a; **~ate** *vt* asesinar; **~ation** [-'neɪʃən] *n* asesinato.

assault [ə'sɔ:lt] *n* (*gen: attack*) asalto // *vt* asaltar, atacar; (*sexually*) violar.

assemble [ə'sɛmbl] *vt* reunir, juntar; (*TECH*) montar // *vi* reunirse, juntarse.

assembly [ə'sɛmblɪ] *n* (*meeting*) reunión *f*, asamblea; (*construction*) montaje *m*; **~ line** *n* cadena de montaje.

assent [ə'sɛnt] *n* asentimiento, aprobación *f* // *vi* consentir, asentir.

assert [ə'sɔ:t] *vt* afirmar; (*insist on*) hacer valer.

assess [ə'sɛs] *vt* valorar, calcular; (*tax, damages*) fijar; (*property etc: for tax*) gravar; **~ment** *n* valoración *f*; gravamen *m*; **~or** *n* asesor(a) *m/f*; (*of tax*) tasador/a *m/f*.

asset ['æsɛt] *n* posesión *f*; (*quality*) ventaja; **~s** *npl* (*funds*) activo *sg*, fondos *mpl*.

assign [ə'saɪn] *vt* (*date*) fijar; (*task*) asignar; (*resources*) destinar; (*property*) traspasar; **~ment** *n* asignación *f*; (*task*) tarea.

assist [ə'sɪst] *vt* ayudar; **~ance** *n* ayuda, auxilio, **~ant** *n* ayudante *m/f*; (*Brit: also*: **shop ~ant**) dependiente/a *m/f*.

associate [ə'səʊʃɪt] *a* asociado // *n* socio/a, colega *m/f*; (*in crime*) cómplice *m/f*; (*member*) miembro // *vb* -[ʃɪeɪt] *vt*

asociar; (*ideas*) relacionar // *vi*: **to ~ with sb** tratar con alguien.

association [əsəʊsɪ'eɪʃən] *n* asociación *f*; (*COMM*) sociedad *f*.

assorted [ə'sɔ:tɪd] *a* surtido, variado.

assortment [ə'sɔ:tmənt] *n* surtido.

assume [ə'sju:m] *vt* (*suppose*) suponer; (*responsibilities etc*) asumir; (*attitude, name*) adoptar, tomar; **~d name** *n* nombre *m* falso.

assumption [ə'sʌmpʃən] *n* (*supposition*) suposición *f*, presunción *f*; (*act*) asunción *f*.

assurance [ə'ʃʊərəns] *n* garantía, promesa; (*confidence*) confianza, aplomo; (*insurance*) seguro.

assure [ə'ʃʊə*] *vt* asegurar.

astern [ə'stə:n] *ad* a popa.

asthma ['æsmə] *n* asma.

astonish [ə'stɒnɪʃ] *vt* asombrar, pasmar; **~ment** *n* asombro, sorpresa.

astound [ə'staund] *vt* asombrar, pasmar.

astray [ə'streɪ] *ad*: **to go ~** extraviarse; **to lead ~** llevar por mal camino.

astride [ə'straɪd] *prep* a caballo *or* horcajadas sobre.

astrology [æs'trɒlədʒɪ] *n* astrología.

astronaut ['æstrənɔ:t] *n* astronauta *m/f*.

astronomical [æstrə'nɒmɪkəl] *a* astronómico.

astronomy [æs'trɒnəmɪ] *n* astronomía.

astute [əs'tju:t] *a* astuto.

asylum [ə'saɪləm] *n* (*refuge*) asilo; (*hospital*) manicomio.

at [æt] *prep* **1** (*referring to position*) en; (*direction*) a; **~ the top** en lo alto; **~ home/school** en casa/la escuela; **to look ~ sth/sb** mirar algo/a uno

2 (*referring to time*): **~ 4 o'clock** a las 4; **~ night** por la noche; **~ Christmas** en Navidad; **~ times** a veces

3 (*referring to rates, speed etc*): **~ £1 a kilo** a una libra el kilo; **two ~ a time** de dos en dos; **~ 50 km/h** a 50 km/h

4 (*referring to manner*): **~ a stroke** de un golpe; **~ peace** en paz

5 (*referring to activity*): **to be ~ work** estar trabajando; (*in the office etc*) estar en el trabajo; **to play ~ cowboys** jugar a los vaqueros; **to be good ~ sth** ser bueno en algo

6 (*referring to cause*): **shocked/surprised/annoyed ~ sth** asombrado/ sorprendido/fastidiado por algo; **I went ~ his suggestion** fui a instancias suyas.

ate [ɛɪt] *pt of* **eat**.

atheist ['eɪθɪɪst] *n* ateo/a.

Athens ['æθɪnz] *n* Atenas *f*.

athlete ['æθli:t] *n* atleta *m/f*.

athletic [æθ'lɛtɪk] *a* atlético; **~s** *n* atletismo.

Atlantic [ət'læntɪk] *a* atlántico // *n*: **the ~ (Ocean)** el (Océano) Atlántico.

atlas ['ætləs] *n* atlas *m*.

atmosphere ['ætməsfɪə*] *n* atmósfera,

(fig) ambiente *m*.

atom ['ætəm] *n* átomo; **~ic** [ə'tɔmɪk] *a* atómico; **~(ic) bomb** *n* bomba atómica; **~izer** ['ætəmaɪzə*] *n* atomizador *m*.

atone [ə'təun] *vi*: to ~ for expiar.

atrocious [ə'trəuʃəs] *a* atroz.

attach [ə'tætʃ] *vt* sujetar; *(stick)* pegar; *(document, letter)* adjuntar; to be ~ed to sth/sb *(to like)* tener cariño a alguien/algo.

attaché [ə'tæʃeɪ] *n* agregado/a; ~ **case** *n* *(Brit)* maletín *m*.

attachment [ə'tætʃmənt] *n* *(tool)* accesorio; *(love)*: ~ (to) apego (a).

attack [ə'tæk] *vt* *(MIL)* atacar; *(criminal)* agredir, asaltar; *(task etc)* emprender // *n* ataque *m*, asalto; *(on sb's life)* atentado; **heart** ~ infarto de (miocardio); **~er** *n* agresor(a) *m/f*, asaltante *m/f*.

attain [ə'teɪn] *vt* *(also:* ~ **to)** alcanzar; *(achieve)* lograr, conseguir; **~ments** *npl* *(skill)* talento *sg*.

attempt [ə'tempt] *n* tentativa, intento; *(attack)* atentado // *vt* intentar; **~ed** *a*: **~ed burglary** tentativa *or* intento de robo.

attend [ə'tend] *vt* asistir a; *(patient)* atender; **to ~ to** *vt fus* *(needs, affairs etc)* ocuparse de; *(speech etc)* prestar atención a; *(customer)* atender a; **~ance** *n* asistencia, presencia; *(people present)* concurrencia; **~ant** *n* sirviente/a *m/f*, mozo/a; *(THEATRE)* acomodador(a) *m/f* // *a* concomitante.

attention [ə'tenʃən] *n* atención *f* // *excl* *(MIL)* ¡firme(s)!; **for the ~ of...** *(ADMIN)* atención... .

attentive [ə'tentɪv] *a* atento; *(polite)* cortés.

attest [ə'test] *vi*: to ~ to dar fe de.

attic ['ætɪk] *n* desván *m*.

attitude ['ætɪtjuːd] *n* *(gen)* actitud *f*; *(disposition)* disposición *f*.

attorney [ə'tɔːnɪ] *n* *(lawyer)* abogado/a; *(having proxy)* apoderado; **A~ General** *n* *(Brit)* ≈ Presidente *m* del Consejo del Poder Judicial *(Sp)*; *(US)* ≈ ministro de justicia.

attract [ə'trækt] *vt* atraer; *(attention)* llamar; **~ion** [ə'trækʃən] *n* *(gen)* encanto; *(amusements)* diversiones *fpl*; *(PHYSICS)* atracción *f*; *(fig: towards sth)* atractivo; **~ive** *a* atractivo; *(interesting)* atrayente; *(pretty)* guapo, mono.

attribute ['ætrɪbjuːt]: *n* atributo // *vt* [ə'trɪbjuːt]: to ~ sth to atribuir algo a; *(accuse)* achacar algo a.

attrition [ə'trɪʃən] *n*: **war of** ~ guerra de agotamiento.

aubergine ['əubəʒiːn] *n* *(Brit)* berenjena.

auburn ['ɔːbən] *a* color castaño rojizo.

auction ['ɔːkʃən] *n* *(also:* **sale by** ~) subasta // *vt* subastar; **~eer** [-'nɪə*] *n* subastador(a) *m/f*.

audacity [ɔː'dæsɪtɪ] *n* audacia, atrevimiento; *(pej)* descaro.

audience ['ɔːdɪəns] *n* auditorio; *(gathering)* público; *(interview)* audiencia.

audio-typist [ɔːdɪəu'taɪpɪst] *n* mecanógrafo/a de dictáfono.

audio-visual [ɔːdɪəu'vɪzjuəl] *a* audiovisual; ~ **aid** *n* ayuda audiovisual.

audit ['ɔːdɪt] *vt* revisar, intervenir.

audition [ɔː'dɪʃən] *n* audición *f*.

auditor ['ɔːdɪtə*] *n* interventor(a) *m/f*, censor(a) *m/f* de cuentas.

augment [ɔːg'ment] *vt* aumentar // *vi* aumentarse.

augur ['ɔːgə*] *vi*: it ~s **well** es de buen agüero.

August ['ɔːgəst] *n* agosto.

aunt [ɑːnt] *n* tía; **~ie, ~y** *n diminutive of* aunt.

au pair ['əu'peə*] *n* *(also:* ~ **girl)** au pair *f*.

aura ['ɔːrə] *n* aura; *(atmosphere)* ambiente *m*.

auspices ['ɔːspɪsɪz] *npl*: **under the** ~ **of** bajo los auspicios de.

auspicious [ɔːs'pɪʃəs] *a* propicio, de buen augurio.

austerity [ə'sterətɪ] *n* austeridad *f*.

Australia [ɔs'treɪlɪə] *n* Australia; ~**n** *a*, *n* australiano/a *m/f*.

Austria ['ɒstrɪə] *n* Austria; ~**n** *a*, *n* austríaco/a *m/f*.

authentic [ɔː'θentɪk] *a* auténtico.

author ['ɔːθə] *n* autor(a) *m/f*.

authoritarian [ɔːθɔrɪ'teərɪən] *a* autoritario.

authoritative [ɔː'θɔrɪtətɪv] *a* autorizado; *(manner)* autoritario.

authority [ɔː'θɔrɪtɪ] *n* autoridad *f*; **the authorities** *npl* las autoridades.

authorize ['ɔːθəraɪz] *vt* autorizar.

auto ['ɔːtəu] *n* *(US)* coche *m*, carro *(LAm)*, automóvil *m*.

autobiography [ɔːtəbaɪ'ɔgrəfɪ] *n* autobiografía.

autograph ['ɔːtəgrɑːf] *n* autógrafo // *vt* firmar; *(photo etc)* dedicar.

automated ['ɔːtəmeɪtɪd] *a* automatizado.

automatic [ɔːtə'mætɪk] *a* automático // *n* *(gun)* pistola automática; **~ally** *ad* automáticamente.

automation [ɔːtə'meɪʃən] *n* reconversión *f*.

automaton [ɔː'tɔmətən], *pl* **-mata** [-tə] *n* autómata *m/f*.

automobile ['ɔːtəməbiːl] *n* *(US)* coche *m*, carro *(LAm)*, automóvil *m*.

autonomy [ɔː'tɔnəmɪ] *n* autonomía.

autopsy ['ɔːtɔpsɪ] *n* autopsia.

autumn ['ɔːtəm] *n* otoño.

auxiliary [ɔːg'zɪlɪərɪ] *a* auxiliar.

Av. *abbr* = avenue.

avail [ə'veɪl] *vt*: to ~ **o.s.** of aprovechar(se) de, valerse de // *n*: to no ~ en vano, sin resultado.

available [ə'veɪləbl] a disponible.

avalanche ['ævəlɑ:nʃ] n alud m, avalancha.

avant-garde ['ævãŋ'gɑ:d] a de vanguardia.

Ave. abbr = **avenue**.

avenge [ə'vendʒ] vt vengar.

avenue ['ævənju:] n avenida; (fig) camino.

average ['ævərɪdʒ] n promedio, término medio // a (mean) medio, de término medio; (ordinary) regular, corriente // vt calcular el promedio de, prorratear; on ~ por regla general; **to ~ out** vi: **to ~ out at** salir en un promedio de.

averse [ə'vɜ:s] a: **to be ~ to** sth/doing sentir aversión or antipatía por algo/por hacer.

avert [ə'vɜ:t] vt prevenir; (blow) desviar; (one's eyes) apartar.

aviary ['eɪvɪərɪ] n pajarera, avería.

avid ['ævɪd] a ávido, ansioso.

avocado [ævə'kɑ:dəu] n (also: Brit: ~ pear) aguacate m, palta (LAm).

avoid [ə'vɔɪd] vt evitar, eludir.

avuncular [ə'vʌŋkjulə*] a paternal.

await [ə'weɪt] vt esperar, aguardar.

awake [ə'weɪk] a despierto // vb (pt awoke, pp awoken or awaked) vt despertar // vi despertarse; **to be ~** estar despierto; **~ning** n el despertar.

award [ə'wɔ:d] n (prize) premio; (medal) condecoración f; (LAW) fallo, sentencia; (act) concesión f // vt (prize) otorgar, conceder; (LAW: damages) adjudicar.

aware [ə'weə*] a consciente; (awake) despierto; (informed) enterado; **to become ~ of** darse cuenta de, enterarse de; **~ness** n conciencia, conocimiento.

awash [ə'wɒʃ] a inundado.

away [ə'weɪ] ad (gen) fuera; (far ~) lejos; **two kilometres ~** a dos kilómetros de distancia; **two hours ~ by car** a dos horas en coche; **the holiday was two weeks ~** faltaba dos semanas para las vacaciones; **~ from** lejos de, fuera de; **he's ~ for a week** estará ausente una semana; **to work/pedal ~** seguir trabajando/pedaleando; **to fade ~** desvanecerse; (sound) apagarse; **~ game** n (SPORT) partido de fuera.

awe [ɔ:] n pavor m, respeto, temor m reverencial; **~-inspiring, ~some** a imponente, pasmoso.

awful ['ɔ:fəl] a terrible, pasmoso; **~ly** ad (very) terriblemente.

awhile [ə'waɪl] ad (durante) un rato, algún tiempo.

awkward ['ɔ:kwəd] a (clumsy) desmañado, torpe; (shape) incómodo; (problem) difícil; (embarrassing) delicado.

awning ['ɔ:nɪŋ] n (of shop) toldo; (of window etc) marquesina.

awoke [ə'wəuk], **awoken** [-kən] pt, pp of **awake**.

awry [ə'raɪ] ad: **to be ~** estar descolocado or atravesado; **to go ~** salir mal, fracasar.

axe, (US) **ax** [æks] n hacha // vt (employee) despedir; (project etc) cortar; (jobs) reducir.

axis ['æksɪs], pl **axes** [-si:z] n eje m.

axle ['æksl] n eje m, árbol m.

ay(e) [aɪ] excl (yes) sí; **the ayes** npl los que votan a favor.

B

B [bi:] n (MUS) si m.

B.A. abbr = **Bachelor of Arts**.

babble ['bæbl] vi barbullar.

baby ['beɪbɪ] n bebé m/f; **~ carriage** n (US) cochecito; **~-sit** vi hacer de canguro; **~-sitter** n canguro/a.

bachelor ['bætʃələ*] n soltero; **B~ of Arts/Science (B.A./B.Sc.)** licenciado/a en Filosofía y Letras/Ciencias.

back [bæk] n (of person) espalda; (of animal) lomo; (of hand) dorso; (as opposed to front) parte f de atrás; (of room, car, etc) fondo; (of chair) respaldo; (of page) reverso; (FOOTBALL) defensa m // vt (candidate: also: ~ up) respaldar, apoyar; (horse: at races) apostar a; (car) dar marcha atrás a or con // vi (car etc) dar marcha atrás // a (in compounds) de atrás; **~ seats/wheels** (AUT) asientos mpl/ruedas fpl de atrás; **~ payments** pagos mpl con efecto retroactivo; **~ rent** renta atrasada // ad (not forward) (hacia) atrás; (returned): **he's ~** está de vuelta, ha vuelto; **he ran ~** volvió corriendo; (restitution): **throw the ball ~** devuelve la pelota; **can I have it ~?** ¿me lo devuelve?; (again): **he called ~** llamó de nuevo; **to ~ down** vi echarse atrás; **to ~ out** vi (of promise) volverse atrás; **to ~ up** vt (support: person) apoyar, respaldar; (: theory) defender; (car) dar marcha atrás a; (COMPUT) hacer una copia preventiva or de reserva; **~bencher** n (Brit) miembro del parlamento sin portafolio; **~bone** n columna vertebral; **~-cloth** n telón m de fondo; **~date** vt (letter) poner fecha atrasada a; **~drop** n = **~cloth**; **~fire** vi (AUT) petardear; (plans) fallar, salir mal; **~ground** n fondo; (of events) antecedentes mpl; (basic knowledge) bases fpl; (experience) conocimientos mpl, educación f; **family ~ground** origen m, antecedentes mpl; **~hand** n (TENNIS: also: **~hand stroke**) revés m; **~handed** a (fig) ambiguo; **~hander** n (Brit: bribe) soborno; **~ing** n (fig) apoyo, respaldo; **~lash** n reacción f, resaca; **~log** n: **~log of work** atrasos mpl; **~ num-**

ber n (of magazine etc) número atrasado; **~pack** n mochila; **~ pay** n paga atrasado; **~side** n (col) trasero, culo; **~stage** ad entre bastidores; **~stroke** n braza de espaldas; **~up** a (train, plane) suplementario; (COMPUT: disk, file) de reserva // n (support) apoyo; (also: **~-up file**) copia preventiva or de reserva; **~up lights** npl (US) luces fpl de marcha atrás; **~ward** a (movement) hacia atrás; (person, country) atrasado; (shy) tímido; **~wards** ad (move, go) hacia atrás; (read a list) al revés; (fall) de espaldas; **~water** n (fig) lugar m atrasado or apartado; **~yard** n traspatio.

bacon ['beɪkən] n tocino, beicon m.

bad [bæd] a malo; (serious) grave; (meat, food) podrido, pasado; his **~ leg** su pierna lisiada; **to go ~** pasarse.

bade [bæd, beɪd] pt of bid.

badge [bædʒ] n insignia; (metal ~) chapa, placa.

badger ['bædʒə*] n tejón m.

badly ['bædlɪ] ad (work, dress etc) mal; **~ wounded** gravemente herido; he needs it **~** le hace gran falta; **to be ~ off (for money)** andar mal de dinero.

badminton ['bædmɪntən] n bádminton m.

bad-tempered ['bæd'tempəd] a de mal genio or carácter; (temporary) de mal humor.

baffle ['bæfl] vt desconcertar, confundir.

bag [bæg] n bolsa, saco; (handbag) bolso; (satchel) mochila; (case) maleta; (of hunter) caza // vt (col: take) coger (Sp), agarrar (LAm), pescar; **~s** of (col: lots of) un montón de; **~gage** n equipaje m; **~gy** a (clothing) amplio; **~pipes** npl gaita sg.

Bahamas [bə'hɑːməz] npl: the **~** las Islas Bahama.

bail [beɪl] n fianza // vt (prisoner: gen: grant **~** to) poner en libertad bajo fianza; (boat: also: **~ out**) achicar; **on ~** (prisoner) bajo fianza; **to ~ sb out** obtener la libertad de uno bajo fianza; **bail bond** n fianza; see also bale.

bailiff ['beɪlɪf] n alguacil m.

bait [beɪt] n cebo // vt cebar.

bake [beɪk] vt cocer (al horno) // vi (cook) cocerse; (be hot) hacer un calor terrible; **~d beans** npl judías fpl en salsa de tomate; **~r** n panadero; **~ry** n (for bread) panadería; (for cakes) pastelería; **baking** n (act) amasar m; (batch) hornada; **baking powder** n levadura (en polvo).

balance ['bæləns] n equilibrio; (COMM: sum) balance m; (remainder) resto; (scales) balanza // vt equilibrar; (budget) nivelar; (account) saldar; (compensate) contrapesar; **~ of trade/payments** balanza de comercio/pagos; **~d** a (personality, diet) equilibrado; **~ sheet** n

balance m.

balcony ['bælkənɪ] n (open) balcón m; (closed) galería.

bald [bɔːld] a calvo; (tyre) liso.

bale [beɪl] n (AGR) paca, fardo; **to ~ out** vi (of a plane) lanzarse en paracaídas.

Balearics [bælɪ'ærɪks] npl: the **~** las Baleares.

baleful ['beɪlful] a (look) triste; (sinister) funesto, siniestro.

ball [bɔːl] n (sphere) bola; (football) balón m; (for tennis, golf etc) pelota; (dance) baile m.

ballad ['bæləd] n balada, romance m.

ballast ['bæləst] n lastre m.

ball bearings npl cojinetes mpl de bolas.

ballerina [bælə'riːnə] n bailarina.

ballet ['bæleɪ] n ballet m; **~ dancer** n bailarín/ina m/f.

ballistic [bə'lɪstɪk] a balístico.

balloon [bə'luːn] n globo.

ballot ['bælət] n votación f.

ball-point (pen) ['bɔːlpɔɪnt-] n bolígrafo.

ballroom ['bɔːlrum] n salón m de baile.

balm [bɑːm] n (also fig) bálsamo.

Baltic ['bɔːltɪk] a báltico // n: the **~ (Sea)** el (Mar) Báltico.

balustrade ['bæləstreɪd] n barandilla.

bamboo [bæm'buː] n bambú m.

ban [bæn] n prohibición f, proscripción f // vt prohibir, proscribir.

banal [bə'nɑːl] a banal, vulgar.

banana [bə'nɑːnə] n plátano, banana (LAm).

band [bænd] n (group) banda; (gang) pandilla; (strip) faja, tira; (: circular) anillo; (at a dance) orquesta; (MIL) banda; **to ~ together** vi juntarse, asociarse.

bandage ['bændɪdʒ] n venda, vendaje m // vt vendar.

bandaid ['bændeɪd] n ® (US) tirita.

bandit ['bændɪt] n bandido.

bandstand ['bændstænd] n quiosco.

bandwagon ['bændwægən] n: **to jump on the ~** (fig) subirse al carro.

bandy ['bændɪ] vt (jokes, insults) cambiar.

bandy-legged ['bændɪ'legd] a estevado.

bang [bæŋ] n estallido; (of door) portazo; (blow) golpe m // vt hacer estallar; (door) cerrar de golpe // vi estallar.

bangle ['bæŋgl] n ajorca.

bangs [bæŋz] npl (US) flequillo sg.

banish ['bænɪʃ] vt desterrar.

banister(s) ['bænɪstə(z)] n(pl) pasamanos m inv.

bank [bæŋk] n (COMM) banco; (of river, lake) ribera, orilla; (of earth) terraplén m // vi (AVIAT) ladearse; **to ~ on** vt fus contar con; **~ account** n cuenta de banco; **~ card** n tarjeta bancaria; **~er** n banquero; **~er's card** n (Brit) = **~**

card; B~ holiday n (Brit) día m festivo; **~ing** n banca; **~note** n billete m de banco; **~ rate** n tipo de interés bancario.

bankrupt ['bæŋkrʌpt] a quebrado, insolvente; **to go ~** hacer bancarrota; **to be ~** estar en quiebra; **~cy** n quiebra, bancarrota.

bank statement n balance m or detalle m de cuenta.

banner ['bænə*] n bandera; (in demonstration) pancarta.

banns [bænz] npl amonestaciones fpl.

banquet ['bæŋkwɪt] n banquete m.

baptism ['bæptɪzəm] n bautismo.

baptize [bæp'taɪz] vt bautizar.

bar [bɑ:*] n barra; (on door) tranca; (of window, cage) reja; (of soap) pastilla; (fig: hindrance) obstáculo; (prohibition) proscripción f; (pub) bar m; (counter: in pub) mostrador m; (MUS) barra // vt (road) obstruir; (window, door) atrancar; (person) excluir; (activity) prohibir; **behind ~s** entre rejas; **the B~** (LAW: profession) la abogacía; (: people) el cuerpo de abogados; **~ none** sin excepción.

barbaric [bɑ:'bærɪk] a bárbaro.

barbarous ['bɑ:bərəs] a bárbaro.

barbecue ['bɑ:bɪkju:] n barbacoa.

barbed wire ['bɑ:bd-] n alambre m de púas.

barber ['bɑ:bə*] n peluquero, barbero.

bar code n código de barras.

bare [bɛə*] a desnudo; (head) descubierto // vt desnudar; **~back** ad sin silla; **~faced** a descarado; **~foot** a, ad descalzo; **~ly** ad apenas.

bargain ['bɑ:gɪn] n pacto, negocio; (good buy) ganga // vi negociar; (haggle) regatear; **into the ~** además, por añadidura; **to ~ for** vt fus: **he got more than he ~ed for** le resultó peor de lo que esperaba.

barge [bɑ:dʒ] n barcaza; **to ~ in** vi irrumpir; (conversation) entrometerse; **to ~ into** vt fus dar contra.

bark [bɑ:k] n (of tree) corteza; (of dog) ladrido // vi ladrar.

barley ['bɑ:lɪ] n cebada; **~ sugar** n azúcar m cande.

barmaid ['bɑ:meɪd] n camarera.

barman ['bɑ:mən] n camarero, barman m.

barn [bɑ:n] n granero.

barometer [bə'rɔmɪtə*] n barómetro.

baron ['bærən] n barón m; **~ess** n baronesa.

barracks ['bærəks] npl cuartel m.

barrage ['bærɑ:ʒ] n (MIL) descarga, bombardeo; (dam) presa; (fig: of criticism etc) lluvia, aluvión m.

barrel ['bærəl] n tonel m, barril m; (of gun) cañón m.

barren ['bærən] a estéril.

barricade [bærɪ'keɪd] n barricada // vt cerrar con barricadas.

barrier ['bærɪə*] n barrera.

barring ['bɑ:rɪŋ] prep excepto, salvo.

barrister ['bærɪstə*] n (Brit) abogado/a.

barrow ['bærəu] n (cart) carretilla (de mano).

bartender ['bɑ:tɛndə*] n (US) camarero, barman m.

barter ['bɑ:tə*] vt: **to ~ sth for sth** trocar algo por algo.

base [beɪs] n base f // vt: **to ~ sth on** basar or fundar algo en // a bajo, infame.

baseball ['beɪsbɔ:l] n béisbol m.

basement ['beɪsmənt] n sótano.

bases ['beɪsi:z] npl of **basis**; ['beɪsɪz] npl of **base**.

bash [bæʃ] vt (col) golpear.

bashful ['bæʃful] a tímido, vergonzoso.

basic ['beɪsɪk] a básico; **~ally** ad fundamentalmente, en el fondo.

basil ['bæzl] n albahaca.

basin ['beɪsn] n (vessel) cuenco, tazón m; (GEO) cuenca; (also: wash~) palangana, jofaina.

basis ['beɪsɪs], pl **bases** ['beɪsi:z] n base f.

bask [bɑ:sk] vi: **to ~ in the sun** tomar el sol.

basket ['bɑ:skɪt] n cesta, cesto; (with handle) canasta; **~ball** n baloncesto.

Basque [bæsk] a, n vasco/a m/f; **~ Country** n Euskadi m, País m Vasco.

bass [beɪs] n (MUS) contrabajo.

bassoon [bə'su:n] n fagot m.

bastard ['bɑ:stəd] n bastardo; (col!) hijo de puta (!).

bastion ['bæstɪən] n baluarte m.

bat [bæt] n (ZOOL) murciélago; (for ball games) palo; (for cricket, baseball) bate m; (Brit: for table tennis) pala; **he didn't ~ an eyelid** ni pestañeó.

batch [bætʃ] n (of bread) hornada; (of goods) lote m.

bated ['beɪtɪd] a: **with ~ breath** sin respirar.

bath [bɑ:θ, pl bɑ:ðz] n (action) baño; (~tub) baño, bañera, tina (LAm); (see also baths) piscina // vt bañar; **to have a ~** bañarse, tomar un baño; **~chair** n silla de ruedas.

bathe [beɪð] vi bañarse // vt bañar; **~r** n bañista m/f.

bathing ['beɪðɪŋ] n el bañarse; **~ cap** n gorro de baño; **~ costume**, (US) **~ suit** n traje m de baño; **~ trunks** npl bañador m.

bath: ~ robe n (man's) batín m; (woman's) bata; **~room** n (cuarto de) baño.

baths [bɑ:ðz] npl piscina sg.

baton ['bætən] n (MUS) batuta.

battalion [bə'tælɪən] n batallón m.

batter ['bætə*] vt apalear, azotar // n batido; **~ed** a (hat, pan) estropeado.

battery ['bætərɪ] n batería; (of torch)

pila.

battle ['bætl] n batalla; (fig) lucha // vi luchar; **~field** n campo de batalla; **~ship** n acorazado.

bawdy ['bɔːdɪ] a indecente; (joke) verde.

bawl [bɔːl] vi chillar, gritar.

bay [beɪ] n (GEO) bahía; (BOT) laurel m // vi aullar; B~ **of Biscay** ≈ mar Cantábrico; **to hold sb at** ~ mantener a alguien a raya.

bay window n ventana saledíza.

bazaar [bə'zɑː*] n bazar m.

b. & b., B. & B. abbr (= bed and breakfast) cama y desayuno.

BBC n abbr (= British Broadcasting Corporation) cadena de radio y televisión estatal británica.

B.C. ad abbr (= before Christ) a. de C.

be [biː], pt **was, were,** pp **been** ♦ auxiliary vb 1 (with present participle: forming continuous tenses): **what are you doing?** ¿qué estás haciendo?, ¿qué haces?; **they're coming tomorrow** vienen mañana; **I've been waiting for you for hours** llevo horas esperándote

2 (with pp: forming passives) ser (but often replaced by active or reflective constructions); **to** ~ **murdered** ser asesinado; **the box had been opened** habían abierto la caja; **the thief was nowhere to** ~ **seen** no se veía al ladrón por ninguna parte

3 (in tag questions): **it was fun, wasn't it?** fue divertido, ¿no? or ¿verdad?; **he's good-looking, isn't he?** es guapo, ¿no te parece?; **she's back again, is she?** entonces, ¿ha vuelto?

4 (+to + infinitive): **the house is to** ~ **sold** (necessity) hay que vender la casa; (future) van a vender la casa; **he's not to open it** no tiene que abrirlo

♦ vb + complement 1 (with noun or numeral complement, but see also 3, 4, 5 and impersonal vb below) ser; **he's a doctor** es médico; **2 and 2 are 4** 2 y 2 son 4

2 (with adjective complement: expressing permanent or inherent quality) ser; (: expressing state seen as temporary or reversible) estar; **I'm English** soy inglés/esa; **she's tall/pretty** es alta/bonita; **he's young** es joven; ~ **careful/quiet/good** ten cuidado/cállate/pórtate bien; **I'm tired** estoy cansado/a; **it's dirty** está sucio/a

3 (of health) estar; **how are you?** ¿cómo estás?; **he's very ill** está muy enfermo; **I'm better now** ya estoy mejor

4 (of age) tener; **how old are you?** ¿cuántos años tienes?; **I'm sixteen (years old)** tengo dieciséis años

5 (cost) costar; ser; **how much was the meal?** ¿cuánto fue or costó la comida?; **that'll** ~ **£5.75, please** son £5.75, por favor; **this shirt is £17.00** esta camisa cuesta £17.00

♦ vi 1 (exist, occur etc) existir, haber; **the best singer that ever was** el mejor cantante que existió jamás; **is there a God?** ¿hay un Dios?, ¿existe Dios?; ~ **that as it may** sea como sea; **so** ~ **it** así sea

2 (referring to place) estar; **I won't** ~ **here tomorrow** no estaré aquí mañana

3 (referring to movement): **where have you been?** ¿dónde has estado?

♦ impersonal vb 1 (referring to time): **it's 5 o'clock** son las 5; **it's the 28th of April** estamos a 28 de abril

2 (referring to distance): **it's 10 km to the village** el pueblo está a 10 km

3 (referring to the weather): **it's too hot/cold** hace demasiado calor/frío; **it's windy today** hace viento hoy

4 (emphatic): **it's me** soy yo; **it was Maria who paid the bill** fue María la que pagó la cuenta.

beach [biːtʃ] n playa // vt varar.

beacon ['biːkən] n (lighthouse) faro; (marker) guía.

bead [biːd] n cuenta, abalorio; (of sweat) gota.

beak [biːk] n pico.

beaker ['biːkə*] n jarra.

beam [biːm] n (ARCH) viga, travesaño; (of light) rayo, haz m de luz // vi brillar; (smile) sonreír.

bean [biːn] n judía; **runner/broad** ~ habichuela/haba; (coffee ~) grano de café; **~sprouts** npl brotes mpl de soja.

bear [bɛə*] n oso // vb (pt **bore,** pp **borne**) vt (weight etc) llevar; (cost) pagar; (responsibility) tener; (endure) soportar, aguantar; (stand up to) resistir a; (children) parir // vi: **to** ~ **right/left** torcer a la derecha/izquierda; **to** ~ **out** vt (suspicions) corroborar, confirmar; (person) llevar; **to** ~ **up** vi (person: remain cheerful) animarse.

beard [bɪəd] n barba.

bearer ['bɛərə*] n (of news, cheque) portador(a) m/f.

bearing ['bɛərɪŋ] n porte m, comportamiento; (connection) relación f; (ball) ~**s** npl cojinetes mpl a bolas; **to take a** ~ marcarse; **to find one's** ~**s** orientarse.

beast [biːst] n bestia; (col) bruto, salvaje m; ~**ly** a bestial; (awful) horrible.

beat [biːt] n (of heart) latido; (MUS) ritmo, compás m; (of policeman) ronda // vb (pt **beat,** pp **beaten**) vt (hit) golpear; (eggs) batir; (defeat) vencer, derrotar; (better) sobrepasar; (drum) tocar; (rhythm) marcar // vi (heart) latir; **off the** ~**en track** aislado; **to** ~ **it** largarse; **to** ~ **off** vt rechazar; **to** ~ **up** vt (col: person) dar una paliza a; ~**ing** n golpeo.

beautiful ['bjuːtɪful] a hermoso, bello; ~**ly** ad maravillosamente.

beauty ['bjuːtɪ] n belleza, hermosura; (person) belleza; ~ **salon** n salón m de belleza; ~ **spot** n lunar m postizo; (Brit TOURISM) lugar m pintoresco.

beaver ['biːvə*] n castor m.

became [bɪ'keɪm] pt of **become**.

because [bɪ'kɔz] conj porque; ~ **of** prep debido a, a causa de.

beck [bɛk] n: to be at the ~ **and call of** estar a disposición de.

beckon ['bɛkən] vt (also: ~ **to**) llamar con señas.

become [bɪ'kʌm] (irg: like **come**) vt (suit) favorecer, sentar bien a // vi (+ noun) hacerse, llegar a ser; (+ adj) ponerse, volverse; **to ~ fat** engordarse.

becoming [bɪ'kʌmɪŋ] a (behaviour) decoroso; (clothes) favorecedor(a).

bed [bɛd] n cama; (of flowers) macizo; (of coal, clay) capa; **to go to ~** acostarse; ~ **and breakfast (b.&b.)** n (place) pensión f; (terms) cama y desayuno; ~**clothes** npl ropa sg de cama; ~**ding** n ropa de cama.

bedlam ['bɛdləm] n confusión f.

bedraggled [bɪ'drægld] a mojado; desastrado.

bed: ~**ridden** a postrado (en cama); ~**room** n dormitorio, alcoba; ~**side** n: at sb's ~**side** a la cabecera de alguien; ~**sit(ter)** n (Brit) estudio, suite m (LAm); ~**spread** n sobrecama m, colcha; ~**time** n hora de acostarse.

bee [biː] n abeja.

beech [biːtʃ] n haya.

beef [biːf] n carne f de vaca; **roast ~** rosbif m; ~**burger** n hamburguesa; ~**eater** n alabardero de la Torre de Londres.

bee: ~**hive** n colmena; ~**line** n: to make a ~**line for** ir derecho a.

been [biːn] pp of **be**.

beer [bɪə*] n cerveza.

beet [biːt] n (US) remolacha.

beetle ['biːtl] n escarabajo.

beetroot ['biːtruːt] n (Brit) remolacha.

before [bɪ'fɔː*] prep (of time) antes de; (of space) delante de // conj antes (de) que // ad (time) antes, anteriormente; (space) delante, adelante; ~ **going** antes de marcharse; ~ **she goes** antes de que se vaya; **the week** ~ la semana anterior; **I've never seen it** ~ no lo he visto nunca; ~**hand** ad de antemano, con anticipación.

beg [bɛg] vi pedir limosna // vt pedir, rogar; (entreat) suplicar.

began [bɪ'gæn] pt of **begin**.

beggar ['bɛgə*] n mendigo/a.

begin [bɪ'gɪn], pt **began**, pp **begun** vt, vi empezar, comenzar; **to ~ doing** or **to do sth** empezar a hacer algo; ~**ner** n principiante m/f; ~**ning** n principio, comienzo.

begun [bɪ'gʌn] pp of **begin**.

behalf [bɪ'haːf] n: **on ~ of** en nombre de, por.

behave [bɪ'heɪv] vi (person) portarse, comportarse; (thing) funcionar; (well: also: ~ **o.s.**) portarse bien; **behaviour**, (US) **behavior** n comportamiento, conducta.

behead [bɪ'hɛd] vt decapitar.

beheld [bɪ'hɛld] pt, pp of **behold**.

behind [bɪ'haɪnd] prep detrás de // ad detrás, por detrás, atrás // n trasero; **to be** ~ **(schedule)** ir retrasado; ~ **the scenes** (fig) entre bastidores.

behold [bɪ'həʊld] vt (irg: like **hold**) contemplar.

beige [beɪʒ] a color beige.

being ['biːɪŋ] n ser m; **to come into ~** nacer, aparecer.

belated [bɪ'leɪtɪd] a atrasado, tardío.

belch [bɛltʃ] vi eructar // vt (also: ~ **out**: smoke etc) arrojar.

belfry ['bɛlfrɪ] n campanario.

Belgian ['bɛldʒən] a, n belga m/f.

Belgium ['bɛldʒəm] n Bélgica.

belie [bɪ'laɪ] vt desmentir, contradecir.

belief [bɪ'liːf] n (opinion) opinión f; (trust, faith) fe f; (acceptance as true) creencia.

believe [bɪ'liːv] vt, vi creer; **to ~ in** creer en; ~**r** n (in idea, activity) partidario/a; (REL) creyente m/f, fiel m/f.

belittle [bɪ'lɪtl] vt minimizar, despreciar.

bell [bɛl] n campana; (small) campanilla; (on door) timbre m; (animal's) cencerro; (on toy etc) cascabel m.

belligerent [bɪ'lɪdʒərənt] a (at war) beligerante; (fig) agresivo.

bellow ['bɛləʊ] vi bramar; (person) rugir.

bellows ['bɛləʊz] npl fuelle msg.

belly ['bɛlɪ] n barriga, panza.

belong [bɪ'lɔŋ] vi: **to ~ to** pertenecer a; (club etc) ser socio de; **this book ~s here** este libro va aquí; ~**ings** npl pertenencias fpl.

beloved [bɪ'lʌvɪd] a, n querido/a m/f, amado/a m/f.

below [bɪ'ləʊ] prep bajo, debajo de // ad abajo, (por) debajo de; **see ~** véase más abajo.

belt [bɛlt] n cinturón m; (TECH) correa, cinta // vt (thrash) golpear con correa; ~**way** n (US AUT) carretera de circunvalación.

bemused [bɪ'mjuːzd] a aturdido.

bench [bɛntʃ] n banco; **the B~** (LAW) tribunal m; (people) judicatura.

bend [bɛnd], vb (pt, pp **bent**) vt doblar, inclinar; (leg, arm) torcer // vi inclinarse; (road) curvarse // n (Brit: in road, river) recodo; (in pipe) codo; **to ~ down** vi inclinarse, doblarse; **to ~ over** vi inclinarse.

beneath [bɪ'niːθ] prep bajo, debajo de; (unworthy of) indigno de // ad abajo, (por) debajo.

benefactor ['bɛnɪfæktə*] n bienhechor m.
beneficial [bɛnɪ'fɪʃəl] a beneficioso.
benefit ['bɛnɪfɪt] n beneficio, provecho; (allowance of money) subsidio // vt beneficiar // vi: he'll ~ from it le sacará provecho.
benevolent [bɪ'nɛvələnt] a benévolo.
benign [bɪ'naɪn] a (person, MED) benigno; (smile) afable.
bent [bɛnt] pt, pp of bend // n inclinación f // a: to be ~ on estar empeñado en.
bequeath [bɪ'kwiːð] vt legar.
bequest [bɪ'kwɛst] n legado.
bereaved [bɪ'riːvd] npl: the ~ los afligidos mpl.
beret ['bɛreɪ] n boina.
Berlin [bəː'lɪn] n Berlín m.
berm [bəːm] n (US AUT) arcén m.
Bermuda [bəː'mjuːdə] n las Bermudas fpl.
berry ['bɛrɪ] n baya.
berserk [bə'səːk] a: to go ~ perder los estribos.
berth [bəːθ] n (bed) litera; (cabin) camarote m; (for ship) amarradero // vi atracar, amarrar.
beseech [bɪ'siːtʃ], pt, pp **besought** [-'sɔːt] vt suplicar.
beset [bɪ'sɛt], pt, pp beset vt (person) acosar.
beside [bɪ'saɪd] prep junto a, al lado de; to be ~ o.s. with anger estar fuera de sí; that's ~ the point eso no tiene nada que ver.
besides [bɪ'saɪdz] ad además // prep (as well as) además de; (except) aparte de.
besiege [bɪ'siːdʒ] vt (town) sitiar; (fig) asediar.
besought [bɪ'sɔːt] pt, pp of beseech.
best [bɛst] a (el/la) mejor // ad (lo) mejor; the ~ part of (quantity) la mayor parte de; at ~ en el mejor de los casos; to make the ~ of sth sacar el mejor partido de algo; to do one's ~ hacer todo lo posible; to the ~ of my knowledge que yo sepa; to the ~ of my ability como mejor puedo; ~ man n padrino de boda.
bestow [bɪ'stəu] vt otorgar; (honour, praise) dispensar.
bestseller ['bɛst'sɛlə*] n éxito de librería, bestseller m.
bet [bɛt] n apuesta // vt, vi (pt, pp bet or betted) apostar (on a).
betray [bɪ'treɪ] vt traicionar; (inform on) delatar; ~al n traición f.
better ['bɛtə*] a mejor // ad mejor // vt mejorar; (record etc) superar // n: to get the ~ of sb quedar por encima de alguien; you had ~ do it más vale que lo hagas; he thought ~ of it cambió de parecer; to get ~ mejorar(se); (MED) reponerse; ~ off a más acomodado.
betting ['bɛtɪŋ] n juego, el apostar; ~ shop n (Brit) agencia de apuestas.
between [bɪ'twiːn] prep entre // ad

(time) mientras tanto; (place) en medio.
beverage ['bɛvərɪdʒ] n bebida.
bevy ['bɛvɪ] n: a ~ of una bandada de.
beware [bɪ'wɛə*] vi: to ~ (of) tener cuidado (con) // excl ¡cuidado!
bewildered [bɪ'wɪldəd] a aturdido, perplejo.
bewitching [bɪ'wɪtʃɪŋ] a hechicero, encantador(a).
beyond [bɪ'jɔnd] prep más allá de; (exceeding) además de, fuera de; (above) superior a // ad más allá, más lejos; ~ doubt fuera de toda duda; ~ repair irreparable.
bias ['baɪəs] n (prejudice) prejuicio, pasión f; (preference) predisposición f; ~(s)ed a parcial.
bib [bɪb] n babero.
Bible ['baɪbl] n Biblia.
bicarbonate of soda [baɪ'kɑːbənɪt-] n bicarbonato de soda.
bicker ['bɪkə*] vi reñir.
bicycle ['baɪsɪkl] n bicicleta.
bid [bɪd] n (at auction) oferta, postura; (attempt) tentativa, conato // vi (pt, pp bid) hacer una oferta // vt (pt bade [bæd], pp bidden ['bɪdn]) mandar, ordenar; to ~ sb good day dar a uno los buenos días; ~der n: the highest ~der el mejor postor; ~ding n (at auction) ofertas fpl; (order) orden f, mandato.
bide [baɪd] vt: to ~ one's time esperar el momento adecuado.
bifocals [baɪ'fəuklz] npl gafas fpl or anteojos mpl (LAm) bifocales.
big [bɪg] a grande.
bigamy ['bɪgəmɪ] n bigamia.
big dipper [-'dɪpə*] n montaña rusa.
bigheaded [bɪg'hɛdɪd] a engreído.
bigot ['bɪgət] n fanático/a, intolerante m/f; ~ed a fanático, intolerante; ~ry n fanatismo, intolerancia.
big top n (circus) circo; (main tent) tienda principal.
bike [baɪk] n bici f.
bikini [bɪ'kiːnɪ] n bikini m.
bile [baɪl] n bilis f.
bilingual [baɪ'lɪŋgwəl] a bilingüe.
bill [bɪl] n (account) cuenta; (invoice) factura; (POL) proyecto de ley; (US: banknote) billete m; (of bird) pico; 'post no ~s' 'prohibido fijar carteles'; ~board n (US) cartelera.
billet ['bɪlɪt] n alojamiento.
billfold ['bɪlfəuld] n (US) cartera.
billiards ['bɪljədz] n billar m.
billion ['bɪljən] n (Brit) billón m (millón de millones); (US) mil millones.
billy ['bɪlɪ] n (US) porra.
bin [bɪn] n (gen) cubo or bote m (LAm) de la basura; **litter ~** n (Brit) papelera.
bind [baɪnd], pt, pp bound vt atar, liar; (wound) vendar; (book) encuadernar; (oblige) obligar; ~ing a (contract) obligatorio.

binge [bɪndʒ] *n* borrachera, juerga.

bingo [ˈbɪŋgəu] *n* bingo *m*.

binoculars [bɪˈnɔkjuləz] *npl* prismáticos *mpl*.

bio... [baɪəˈ] *pref*: **~chemistry** *n* bioquímica; **~graphy** [baɪˈɔgrəfɪ] *n* biografía; **~logical** *a* biológico; **~logy** [baɪˈɔlədʒɪ] *n* biología.

birch [bɜːtʃ] *n* abedul *m*; (*cane*) vara.

bird [bɜːd] *n* ave *f*, pájaro; (*Brit col: girl*) chica; **~'s eye view** *n* vista de pájaro; **~ watcher** *n* ornitólogo/a.

Biro [ˈbaɪərəu] *n* ® bolígrafo.

birth [bɜːθ] *n* nacimiento; (*MED*) parto; **to give ~ to** parir, dar a luz; **~ certificate** *n* partida de nacimiento; **~ control** *n* control *m* de natalidad; (*methods*) métodos *mpl* anticonceptivos; **~day** *n* cumpleaños *m inv*; **~ rate** *n* (tasa de) natalidad *f*.

biscuit [ˈbɪskɪt] *n* (*Brit*) galleta, bizcocho (*LAm*).

bisect [baɪˈsekt] *vt* bisecar.

bishop [ˈbɪʃəp] *n* obispo.

bit [bɪt] *pt of* **bite** // *n* trozo, pedazo, pedacito; (*COMPUT*) bit *m*, bitio; (*for horse*) freno, bocado; **a ~ of** un poco de; **a ~ mad** un poco loco; **~ by ~** poco a poco.

bitch [bɪtʃ] *n* (*dog*) perra; (*col!*) zorra (!).

bite [baɪt] (*pt* **bit**, *pp* **bitten**) *vt, vi* morder; (*insect etc*) picar // *n* mordedura; (*insect ~*) picadura; (*mouthful*) bocado; **to ~ one's nails** comerse las uñas; **let's have a ~ (to eat)** comamos algo.

biting [ˈbaɪtɪŋ] *a* (*wind*) que traspasa los huesos; (*criticism*) mordaz.

bitten [ˈbɪtn] *pp of* **bite**.

bitter [ˈbɪtə*] *a* amargo; (*wind, criticism*) cortante, penetrante; (*battle*) encarnizado // *n* (*Brit: beer*) cerveza típica británica a base de lúpulos; **~ness** *n* amargura; (*anger*) rencor *m*.

bizarre [bɪˈzɑː*] *a* raro, estrafalario.

blab [blæb] *vi* chismear, soplar.

black [blæk] *a* (*colour*) negro; (*dark*) oscuro // *n* (*colour*) color *m* negro; (*person*): **B~** negro/a // *vt* (*shoes*) lustrar; (*Brit: INDUSTRY*) boicotear; **to give sb a ~ eye** ponerle a uno el ojo morado; **~ and blue** amoratado; **to be in the ~** (*bank account*) estar en números negros; **~berry** *n* zarzamora; **~bird** *n* mirlo; **~board** *n* pizarra; **~ coffee** *n* café *m* solo; **~currant** *n* grosella negra; **~en** *vt* ennegrecer; (*fig*) denigrar; **~head** *n* espinilla; **~ ice** *n* hielo invisible en la carretera; **~jack** *n* (*US*) veintiuna; **~leg** *n* (*Brit*) esquirol *m*, rompehuelgas *m inv*; **~list** *n* lista negra; **~mail** *n* chantaje *m* // *vt* chantajear; **~ market** *n* mercado negro; **~out** *n* apagón *m*; (*fainting*) desmayo, pérdida de conocimiento; **the B~ Sea** *n* el Mar Negro; **~ sheep** *n* oveja negra; **~smith** *n*

herrero; **~ spot** *n* (*AUT*) lugar *m* peligroso.

bladder [ˈblædə*] *n* vejiga.

blade [bleɪd] *n* hoja; (*cutting edge*) filo; **a ~ of grass** una brizna de hierba.

blame [bleɪm] *n* culpa // *vt*: **to ~ sb for sth** echar a uno la culpa de algo; **to be to ~** tener la culpa de; **~less** *a* (*person*) inocente.

bland [blænd] *a* suave; (*taste*) soso.

blank [blæŋk] *a* en blanco; (*shot*) sin bala; (*look*) sin expresión // *n* blanco, espacio en blanco; cartucho sin bala *or* de fogueo; **~ cheque** *n* cheque *m* en blanco.

blanket [ˈblæŋkɪt] *n* manta, cobija (*LAm*).

blare [blɛə*] *vi* resonar.

blasé [ˈblɑːzeɪ] *a* hastiado.

blasphemy [ˈblæsfɪmɪ] *n* blasfemia.

blast [blɑːst] *n* (*of wind*) ráfaga, soplo; (*of whistle*) toque *m*; (*of explosive*) carga explosiva; (*force*) choque *m* // *vt* (*blow up*) volar; (*blow open*) abrir con carga explosiva; **~-off** *n* (*SPACE*) lanzamiento.

blatant [ˈbleɪtənt] *a* descarado.

blaze [bleɪz] *n* (*fire*) fuego; (*flames*) llamarada; (*fig*) arranque *m* // *vi* (*fire*) arder en llamas; (*fig*) brillar // *vt*: **to ~ a trail** (*fig*) abrir (un) camino.

blazer [ˈbleɪzə*] *n* chaqueta de uniforme de colegial o de socio de club.

bleach [bliːtʃ] *n* (*also*: **household ~**) lejía // *vt* (*linen*) blanquear; **~ed** *a* (*hair*) teñido de rubio; (*clothes*) decolorado; **~ers** *npl* (*US SPORT*) gradas *fpl* al sol.

bleak [bliːk] *a* (*countryside*) desierto; (*prospect*) poco prometedor(a).

bleary-eyed [ˈblɪərˈaɪd] *a*: **to be ~** tener ojos de cansado.

bleat [bliːt] *vi* balar.

bleed [bliːd], *pt*, *pp* **bled** [bled] *vt, vi* sangrar.

bleeper [ˈbliːpə*] *n* (*of doctor etc*) busca *m*.

blemish [ˈblemɪʃ] *n* mancha, tacha.

blend [blend] *n* mezcla // *vt* mezclar // *vi* (*colours etc*) combinarse, mezclarse.

bless [bles], *pt*, *pp* **blessed** *or* **blest** [blest] *vt* bendecir; **~ing** *n* bendición *f*; (*advantage*) beneficio, ventaja.

blew [bluː] *pt of* **blow**.

blight [blaɪt] *vt* (*hopes etc*) frustrar, arruinar.

blimey [ˈblaɪmɪ] *excl* (*Brit col*) ¡caray!

blind [blaɪnd] *a* ciego // *n* (*for window*) persiana // *vt* cegar; (*dazzle*) deslumbrar; **~ alley** *n* callejón *m* sin salida; **~ corner** *n* (*Brit*) esquina escondida; **~ers** *npl* (*US*) anteojeras *fpl*; **~fold** *n* venda // *a*, *ad* con los ojos vendados // *vt* vendar los ojos a; **~ly** *ad* a ciegas, ciegamente; **~ness** *n* ceguera; **~ spot** *n* mácula.

blink [blıŋk] *vi* parpadear, pestañear; (*light*) oscilar; ~**ers** *npl* (*esp Brit*) anteojeras *fpl*.

bliss [blıs] *n* felicidad *f*.

blister ['blıstə*] *n* (*on skin*) ampolla // *vi* (*paint*) ampollarse.

blithely ['blaıðlı] *ad* alegremente.

blitz [blıts] *n* bombardeo aéreo.

blizzard ['blızəd] *n* ventisca.

bloated ['bləʊtıd] *a* hinchado.

blob [blɔb] *n* (*drop*) gota; (*stain*, *spot*) mancha.

bloc [blɔk] *n* (*POL*) bloque *m*.

block [blɔk] *n* bloque *m*; (*in pipes*) obstáculo; (*of buildings*) manzana, cuadra (*LAm*) // *vt* (*gen*) obstruir, cerrar; (*progress*) estorbar; ~**ade** [-'keıd] *n* bloqueo // *vt* bloquear; ~**age** *n* estorbo, obstrucción *f*; ~**buster** *n* (*book*) bestseller *m*; (*film*) éxito de público; ~ **of flats** *n* (*Brit*) bloque *m* de pisos; ~ **letters** *npl* letras *fpl* de molde.

bloke [bləʊk] *n* (*Brit col*) tipo, tío.

blond(e) [blɔnd] *a*, *n* rubio/a *m/f*.

blood [blʌd] *n* sangre *f*; ~ **donor** *n* donador(a) *m/f* de sangre; ~ **group** *n* grupo sanguíneo; ~**hound** *n* sabueso; ~ **poisoning** *n* envenenamiento de la sangre; ~ **pressure** *n* presión *f* sanguínea; ~**shed** *n* derramamiento de sangre; ~**shot** *a* inyectado en sangre; ~**stream** *n* corriente *f* sanguínea; ~ **test** *n* análisis *m inv* de sangre; ~**thirsty** *a* sanguinario; ~ **transfusion** *n* transfusión *f* de sangre; ~**y** *a* sangriento; (*Brit col!*): **this** ~**y**... este condenado o puñetero... (!) // *ad*: ~**y strong/good** (*Brit col!*) terriblemente fuerte/bueno; ~**y-minded** *a* (*Brit col*): **to be** ~**y-minded** ser un malasangre.

bloom [blu:m] *n* floración *f*; **in** ~ en flor // *vi* florecer; ~**ing** *a* (*col*): **this** ~**ing**... este condenado... .

blossom ['blɔsəm] *n* flor *f* // *vi* (*also fig*) florecer; (*person*) realizarse.

blot [blɔt] *n* borrón *m* // *vt* (*dry*) secar; (*stain*) manchar; **to** ~ **out** *vt* (*view*) tapar; (*memories*) borrar.

blotchy ['blɔtʃı] *a* (*complexion*) lleno de manchas.

blotting paper ['blɔtıŋ-] *n* papel *m* secante.

blouse [blauz] *n* blusa.

blow [bləʊ] *n* golpe *m* // *vb* (*pt* **blew** [blu:], *pp* **blown** [bləʊn]) *vi* soplar; (*fuse*) fundirse // *vt* (*glass*) soplar; (*fuse*) quemar; (*instrument*) tocar; **to** ~ **one's nose** sonarse; **to** ~ **away** *vt* llevarse, arrancar; **to** ~ **down** *vt* derribar; **to** ~ **off** *vt* arrebatar; **to** ~ **out** *vi* apagarse; **to** ~ **over** *vi* amainar; **to** ~ **up** *vi* estallar // *vt* volar; (*tyre*) inflar; (*PHOT*) ampliar; **blow-dry** *n* moldeado (con secador); ~**lamp** *n* (*Brit*) soplete *m*, lámpara de soldar; ~**-out** *n* (*of tyre*) pincha-

zo; ~**torch** *n* = ~**lamp**.

blubber ['blʌbə*] *n* grasa de ballena // *vi* (*pej*) lloriquear.

blue [blu:] *a* azul; ~ **film/joke** film/chiste verde; **out of the** ~ (*fig*) completamente inesperado; **to have the** ~**s** estar decaído; ~**bell** *n* campanilla, campánula azul; ~**bottle** *n* moscarda, mosca azul; ~ **jeans** *npl* bluejean *m inv*, vaqueros *mpl*; ~**print** *n* (*fig*) anteproyecto.

bluff [blʌf] *vi* hacer un bluff, farolear // *n* bluff *m*, farol *m*; **to call sb's** ~ coger a uno en un renuncio.

blunder ['blʌndə*] *n* patinazo, metedura de pata // *vi* cometer un error, meter la pata.

blunt [blʌnt] *a* embotado, desafilado; (*person*) franco, directo // *vt* embotar, desafilar.

blur [blə:*] *n* aspecto borroso // *vt* (*vision*) enturbiar; (*memory*) empañar.

blurb [blə:b] *n* comentario de sobrecubierta.

blurt [blə:t] *vt*: **to** ~ **out** (*say*) descolgarse con, dejar escapar.

blush [blʌʃ] *vi* ruborizarse, ponerse colorado // *n* rubor *m*.

blustering ['blʌstərıŋ] *a* (*person*) fanfarrón/ona.

blustery ['blʌstərı] *a* (*weather*) tempestuoso, tormentoso.

boar [bɔ:*] *n* verraco, cerdo.

board [bɔ:d] *n* tabla, tablero; (*on wall*) tablón *m*; (*for chess etc*) tablero; (*committee*) junta, consejo; (*in firm*) mesa or junta directiva; (*NAUT*, *AVIAT*): **on** ~ a bordo // *vt* (*ship*) embarcarse en; (*train*) subir a; **full** ~ (*Brit*) pensión completa; **half** ~ (*Brit*) media pensión; **to go by the** ~ (*fig*) ser abandonado or olvidado; **to** ~ **up** *vt* (*door*) tapiar; ~ **and lodging** *n* casa y comida; ~**er** *n* huésped(a) *m/f*; (*SCOL*) interno/a; ~**ing card** *n* (*Brit*) tarjeta de embarque; ~**ing house** *n* casa de huéspedes; ~**ing pass** *n* (*US*) = ~**ing card**; ~**ing school** *n* internado; ~ **room** *n* sala de juntas.

boast [bəʊst] *vi*: **to** ~ (**about** *or* **of**) alardear (de) // *vt* ostentar // *n* alarde *m*, baladronada.

boat [bəʊt] *n* barco, buque *m*; (*small*) barca, bote *m*; ~**er** *n* (*hat*) canotié *m*; ~**swain** ['bəʊsn] *n* contramaestre *m*.

bob [bɔb] *vi* (*boat*, *cork on water*: *also*: ~ **up and down**) menearse, balancearse // *n* (*Brit col*) = **shilling**; **to** ~ **up** *vi* (re)aparecer de repente.

bobby ['bɔbı] *n* (*Brit col*) poli *m*.

bobsleigh ['bɔbsleı] *n* bob *m*.

bode [bəʊd] *vi*: **to** ~ **well/ill** (**for**) ser prometedor/poco prometedor (para).

bodily ['bɔdılı] *a* corpóreo, corporal // *ad* (*move*: *person*) en peso; (: *building*) de una pieza.

body ['bɔdɪ] n cuerpo; (corpse) cadáver m; (of car) caja, carrocería; (fig: organization) organismo; (fig: quantity) masa; ~**building** n culturismo; ~**guard** n guardaespaldas m inv; ~**work** n carrocería.

bog [bɔg] n pantano, ciénaga // vt: to get ~ged **down** (fig) empantanarse, atascarse.

boggle ['bɔgl] vi: the mind ~s! ¡no puedo creerlo!

bogus ['bəugəs] a falso, fraudulento; (person) fingido.

boil [bɔɪl] vt cocer; (eggs) pasar por agua // vi hervir // n (MED) furúnculo, divieso; to come to the (Brit) or a (US) ~ comenzar a hervir; to ~ **down** to (fig) reducirse a; to ~ **over** vi rebosar; (anger etc) llegar al colmo; ~**ed egg** n huevo cocido (Sp) or pasado (LAm); ~**ed potatoes** npl patatas fpl or papas fpl (LAm) hervidas; ~**er** n caldera; ~**er suit** n (Brit) mono; ~**ing point** n punto de ebullición.

boisterous ['bɔɪstərəs] a (noisy) bullicioso; (excitable) exuberante; (crowd) tumultuoso.

bold [bəuld] a (brave) valiente, audaz; (pej) descarado; (outline) grueso; (colour) llamativo.

Bolivia [bə'lɪvɪə] n Bolivia; ~**n** a, n boliviano/a m/f.

bollard ['bɔləd] n (Brit AUT) poste m.

bolster ['bəulstə*] n travesero, cabezal m; to ~ **up** vt reforzar.

bolt [bəult] n (lock) cerrojo; (with nut) perno, tornillo // ad: ~ **upright** rígido, erguido // vt (door) echar el cerrojo a; (food) engullir // vi fugarse; (horse) desbocarse.

bomb [bɔm] n bomba // vt bombardear; ~**ard** [-'baːd] vt bombardear; (fig) asediar; ~**ardment** [-'baːdmənt] n bombardeo.

bombastic [bɔm'bæstɪk] a rimbombante; (person) farolero.

bomb: ~ **disposal** n desmontaje m de explosivos; ~**er** n (AVIAT) bombardero; ~**shell** n obús m, granada; (fig) bomba.

bona fide ['bəunə'faɪdɪ] a genuino, auténtico.

bond [bɔnd] n (binding promise) fianza; (FINANCE) bono; (link) vínculo, lazo; (COMM): in ~ en depósito bajo fianza.

bondage ['bɔndɪdʒ] n esclavitud f.

bone [bəun] n hueso; (of fish) espina // vt deshuesar; quitar las espinas a; ~**dry** a completamente seco; ~ **idle** a gandul.

bonfire ['bɔnfaɪə*] n hoguera, fogata.

bonnet ['bɔnɪt] n gorra; (Brit: of car) capó m.

bonus ['bəunəs] n sobrepaga, prima.

bony ['bəunɪ] a (arm, face, MED: tissue) huesudo; (meat) lleno de huesos; (fish) lleno de espinas.

boo [buː] vt abuchear, rechiflar.

booby trap ['buːbɪ-] n trampa explosiva.

book [buk] n libro; (notebook) libreta; (of stamps etc) librito; (COMM): ~s cuentas fpl, contabilidad f // vt (ticket, seat, room) reservar; (driver) fichar; ~**case** n librería, estante m para libros; ~**ing office** n (Brit RAIL) despacho de billetes or boletos (LAm); (THEATRE) taquilla, boletería (LAm); ~**keeping** n contabilidad f; ~**let** n folleto; ~**maker** n corredor m de apuestas; ~**seller** n librero; ~**shop**, ~ **store** n librería.

boom [buːm] n (noise) trueno, estampido; (in prices etc) alza rápida; (ECON) boom m, auge m // vi (cannon) hacer gran estruendo, retumbar; (ECON) estar en alza.

boon [buːn] n favor m, beneficio.

boost [buːst] n estímulo, empuje m // vt estimular, empujar; ~**er** n (MED) reinyección f.

boot [buːt] n bota; (Brit: of car) maleta, maletero // vt dar un puntapié a; (COMPUT) arrancar; to ~ (in addition) además, por añadidura.

booth [buːð] n (at fair) barraca; (telephone ~, voting ~) cabina.

booty ['buːtɪ] n botín m.

booze [buːz] n (col) bebida, trago // vi emborracharse.

border ['bɔːdə*] n borde m, margen m; (of a country) frontera // a fronterizo; the B~s región fronteriza entre Escocia e Inglaterra; to ~ **on** vt fus lindar con; (fig) rayar en; ~**line** n (fig) frontera.

bore [bɔː*] pt of bear // vt (hole) hacer un agujero en; (well) perforar; (person) aburrir // n (person) pelmazo, pesado; (of gun) calibre m; ~**d** a aburrido; ~**dom** n aburrimiento.

boring ['bɔːrɪŋ] a aburrido.

born [bɔːn] a: to be ~ nacer; I was ~ in 1960 nací en 1960.

borne [bɔːn] pp of bear.

borough ['bʌrə] n municipio.

borrow ['bɔrəu] vt: to ~ **sth** (from sb) tomar algo prestado (a alguien).

bosom ['buzəm] n pecho; (fig) seno.

boss [bɔs] n jefe/a m/f; (employer) patrón/ona m/f; (political etc) cacique m // vt (also: ~ **about** or **around**) mangonear; ~**y** a mandón/ona.

bosun ['bəusn] n contramaestre m.

botany ['bɔtənɪ] n botánica.

botch [bɔtʃ] vt (also: ~ **up**) arruinar, estropear.

both [bəuθ] a, pron ambos/as, los/las dos; ~ **of us went, we** ~ **went** fuimos los dos, ambos fuimos // ad: ~ **A and B** tanto A como B.

bother ['bɔðə*] vt (worry) preocupar; (disturb) molestar, fastidiar // vi (gen: ~ o.s.) molestarse // n: what a ~! ¡qué

lleno de espinas.

lata!; **to ~ doing** tomarse la molestia de hacer.

bottle ['bɔtl] *n* botella; (*small*) frasco; (*baby's*) biberón *m* // *vt* embotellar; **to ~ up** *vt* suprimir; **~neck** *n* embotellamiento; **~-opener** *n* abrebotellas *m inv*.

bottom ['bɔtəm] *n* (*of box, sea*) fondo; (*buttocks*) trasero, culo; (*of page*) pie *m*; (*of list*) final *m* // *a* (*lowest*) más bajo; (*last*) último; **~less** *a* sin fondo, insondable.

bough [bau] *n* rama.

bought [bɔːt] *pt, pp of* **buy.**

boulder ['bəuldə*] *n* canto rodado.

bounce [bauns] *vi* (*ball*) (re)botar; (*cheque*) ser rechazado // *vt* hacer (re)botar // *n* (*rebound*) (re)bote *m*; **~r** *n* (*col*) matón/ona *m/f.*

bound [baund] *pt, pp of* **bind** // *n* (*leap*) salto; (*gen pl: limit*) límite *m* // *vi* (*leap*) saltar // *a*: **~ by** rodeado de; **to be ~ to do sth** (*obliged*) tener el deber de hacer algo; **he's ~ to come** es seguro que vendrá; **out of ~s** prohibido el paso; **~ for** con destino a.

boundary ['baundrɪ] *n* límite *m.*

boundless ['baundlɪs] *a* ilimitado.

bouquet ['bukeɪ] *n* (*of flowers*) ramo; (*of wine*) aroma *m.*

bourgeois ['buəʒwɑː] *a, n* burgués/esa *m/f.*

bout [baut] *n* (*of malaria etc*) ataque *m*; (*BOXING etc*) combate *m*, encuentro.

bow [bəu] *n* (*knot*) lazo; (*weapon, MUS*) arco // *n* [bau] (*of the head*) reverencia; (*NAUT: also:* **~s**) proa // *vi* [bau] inclinarse, hacer una reverencia; (*yield*): **to ~ to or before** ceder ante, someterse a.

bowels [bauəlz] *npl* intestinos *mpl*, vientre *m.*

bowl [bəul] *n* tazón *m*, cuenco; (*for washing*) palangana, jofaina; (*ball*) bola // *vi* (*CRICKET*) arrojar la pelota; **~s** *n* juego de las bochas, bolos *mpl.*

bow-legged ['bəu'legɪd] *a* estevado.

bowler ['bəulə*] *n* (*CRICKET*) lanzador *m* (de la pelota); (*Brit: also:* **~ hat**) hongo, bombín *m.*

bowling ['bəulɪŋ] *n* (*game*) bochas *fpl*, bolos *mpl*; **~ alley** *n* bolera; **~ green** *n* pista para bochas.

bow tie ['bəu-] *n* corbata de lazo, pajarita.

box [bɔks] *n* (*also: cardboard* **~**) caja, cajón *m*; (*for jewels*) estuche *m*; (*for money*) cofre *m*; (*THEATRE*) palco // *vt* encajonar // *vi* (*SPORT*) boxear; **~er** *n* (*person*) boxeador *m*; (*dog*) boxer *m*; **~ing** *n* (*SPORT*) boxeo; **B~ing Day** *n* (*Brit*) *día de San Esteban, 26 de diciembre*; **~ing gloves** *npl* guantes *mpl* de boxeo; **~ing ring** *n* ring *m*, cuadrilátero; **~ office** *n* taquilla, boletería (*LAm*); **~room** *n* trastero.

boy [bɔɪ] *n* (*young*) niño; (*older*) mucha-

cho.

boycott ['bɔɪkɔt] *n* boicot *m* // *vt* boicotear.

boyfriend ['bɔɪfrend] *n* novio.

boyish ['bɔɪɪʃ] *a* muchachil.

B.R. *abbr* = **British Rail.**

bra [brɑː] *n* sostén *m*, sujetador *m.*

brace [breɪs] *n* refuerzo, abrazadera; (*Brit: also:* **~s:** *on teeth*) corrector *m*; (*tool*) berbiquí *m* // *vt* asegurar, reforzar; **~s** *npl* (*Brit*) tirantes *mpl*; **to ~ o.s. (for)** (*fig*) prepararse para.

bracelet ['breɪslɪt] *n* pulsera, brazalete *m.*

bracing ['breɪsɪŋ] *a* vigorizante, tónico.

bracken ['brækən] *n* helecho.

bracket ['brækɪt] *n* (*TECH*) soporte *m*, puntal *m*; (*group*) clase *f*, categoría; (*also:* **brace ~**) soporte *m*, abrazadera; (*also:* **round ~**) paréntesis *m inv*; (*gen:* **square ~**) corchete *m* // *vt* (*group*) agrupar.

brag [bræg] *vi* jactarse.

braid [breɪd] *n* (*trimming*) galón *m*; (*of hair*) trenza.

brain [breɪn] *n* cerebro; **~s** *npl* sesos *mpl*; **she's got ~s** es muy lista; **~child** *n* parto del ingenio; **~wash** *vt* lavar el cerebro; **~wave** *n* idea luminosa; **~y** *a* muy inteligente.

braise [breɪz] *vt* cocer a fuego lento.

brake [breɪk] *n* (*on vehicle*) freno // *vt, vi* frenar; **~ fluid** *n* líquido de frenos; **~ light** *n* luz *f* de frenado.

bramble ['bræmbl] *n* zarza.

bran [bræn] *n* salvado.

branch [brɑːntʃ] *n* rama; (*fig*) ramo; (*COMM*) sucursal *f* // *vi* (*also:* **~ out**) ramificarse; (*: fig*) extenderse.

brand [brænd] *n* marca; (*iron*) hierro de marcar // *vt* (*cattle*) marcar con hierro candente.

brandish ['brændɪʃ] *vt* blandir.

brand-new ['brænd'njuː] *a* flamante, completamente nuevo.

brandy ['brændɪ] *n* coñac *m*, brandy *m.*

brash [bræʃ] *a* (*rough*) tosco; (*cheeky*) descarado.

brass [brɑːs] *n* latón *m*; **the ~** (*MUS*) los cobres; **~ band** *n* banda de metal.

brassière ['bræsɪə*] *n* sostén *m*, sujetador *m.*

brat [bræt] *n* (*pej*) mocoso/a.

bravado [brə'vɑːdəu] *n* fanfarronería.

brave [breɪv] *a* valiente, valeroso // *n* guerrero indio // *vt* (*challenge*) desafiar; (*resist*) aguantar; **~ry** *n* valor *m*, valentía.

brawl [brɔːl] *n* pendencia, reyerta // *vi* pelearse.

brawn [brɔːn] *n* fuerza muscular; (*meat*) carne *f* en gelatina.

bray [breɪ] *n* rebuzno // *vi* rebuznar.

brazen ['breɪzn] *a* descarado, cínico // *vt*: **to ~ it out** echarle cara.

brazier ['breɪzɪə*] n brasero.
Brazil [brə'zɪl] n (el) Brasil; **~ian** a, n brasileño/a m/f.
breach [briːtʃ] vt abrir brecha en // n (gap) brecha; (breaking): **~ of confidence** abuso de confianza; **~ of contract** infracción f de contrato; **~ of the peace** perturbación f del órden público.
bread [bred] n pan m; **~ and butter** n pan con mantequilla; (fig) pan (de cada día) // a común y corriente; **~bin**, (US) **~box** n panera; **~crumbs** npl migajas fpl; (CULIN) pan molido; **~line** n: on the **~line** en la miseria.
breadth [brɛtθ] n anchura; (fig) amplitud f.
breadwinner ['brɛdwɪnə*] n sostén m de la familia.
break [breɪk] vb (pt broke, pp broken) vt (gen) romper; (promise) faltar a; (fall) amortiguar; (journey) interrumpir; (law) violar, infringir; (record) batir; (news) comunicar // vi romperse, quebrarse; (storm) estallar; (weather) cambiar // n (gap) abertura; (crack) grieta; (fracture) fractura; (in relations) ruptura; (rest) descanso; (time) intérvalo; (: at school) (período de) recreo; (chance) oportunidad f; **to ~ down** vt (figures, data) analizar, descomponer; (undermine) acabar con // vi estropearse; (MED) sufrir un colapso; (AUT) averiarse; (person) romper a llorar; **to ~ even** vi cubrir los gastos; **to ~ free or loose** vi escaparse; **to ~ in** vt (horse etc) domar // vi (burglar) forzar una entrada; **to ~ into** vt fus (house) forzar; **to ~ off** vi (speaker) pararse, detenerse; (branch) partir; **to ~ open** vt (door etc) abrir por la fuerza, forzar; **to ~ out** vi estallar; **to ~ out in spots** salir a uno granos; **to ~ up** vi (partnership) disolverse; (friends) romper // vt (rocks etc) partir; (crowd) disolver; **~age** n rotura; **~down** n (AUT) avería; (in communications) interrupción f; (MED: also: **nervous ~down**) colapso, crisis f nerviosa; **~down van** n (Brit) (camión m) grúa; **~er** n rompiente m.
breakfast ['brɛkfəst] n desayuno.
break: ~-in n robo con allanamiento de morada; **~ing and entering** n (LAW) violación f de domicilio, allanamiento de morada; **~through** n (fig) avance m; **~water** n rompeolas m inv.
breast [brɛst] n (of woman) pecho, seno; (chest) pecho; (of bird) pechuga; **to ~feed** vt, vi (irg: like feed) amamantar, criar a los pechos; **~stroke** n braza de pecho.
breath [brɛθ] n aliento, respiración f; out of **~** sin aliento, sofocado.
Breathalyser ['brɛθəlaɪzə*] n ® (Brit) alcoholímetro m; **~ test** n prueba de al-

coholemia.
breathe [briːð] vt, vi respirar; (noisily) resollar; **to ~ in** vt, vi aspirar; **to ~ out** vt, vi espirar; **~r** n respiro; **breathing** n respiración f.
breath: ~less a sin aliento, jadeante; **~taking** a imponente, pasmoso.
breed [briːd] vb (pt, pp bred [brɛd]) vt criar // vi reproducirse, procrear // n raza, casta; **~er** n (person) criador/a m/f; **~ing** n (of person) educación f.
breeze [briːz] n brisa.
breezy ['briːzɪ] a de mucho viento, ventoso; (person) despreocupado.
brevity ['brɛvɪtɪ] n brevedad f.
brew [bruː] vt (tea) hacer; (beer) elaborar; (plot) tramar // vi hacerse; elaborarse; tramarse; (storm) amenazar; **~er** n cervecero; **~ery** n fábrica de cerveza, cervecería.
bribe [braɪb] n soborno // vt sobornar, cohechar; **~ry** n soborno, cohecho.
bric-a-brac ['brɪkəbræk] n inv baratijas fpl.
brick [brɪk] n ladrillo; **~layer** n albañil m; **~works** n ladrillar m.
bridal ['braɪdl] a nupcial.
bride [braɪd] n novia; **~groom** n novio; **~smaid** n dama de honor.
bridge [brɪdʒ] n puente m; (NAUT) puente m de mando; (of nose) caballete m; (CARDS) bridge m // vt (river) tender un puente sobre.
bridle ['braɪdl] n brida, freno // vt poner la brida a; (fig) reprimir, refrenar; **~ path** n camino de herradura.
brief [briːf] a breve, corto // n (LAW) escrito // vt (inform) informar; (instruct) dar instrucciones a; **~s** npl (for men) calzoncillos mpl; (for women) bragas fpl; **~case** n cartera, portafolio (LAm); **~ing** n (PRESS) informe m; **~ly** ad (smile, glance) fugazmente; (explain, say) en pocas palabras.
brigadier [brɪgə'dɪə*] n general m de brigada.
bright [braɪt] a claro; (room) luminoso; (day) de sol; (person: clever) listo, inteligente; (: lively) alegre; (colour) vivo; **~en** (also: **~en up**) vt (room) hacer más alegre // vi (weather) despejarse; (person) animarse, alegrarse.
brilliance ['brɪljəns] n brillo, brillantez f.
brilliant ['brɪljənt] a brillante.
brim [brɪm] n borde m; (of hat) ala.
brine [braɪn] n (CULIN) salmuera.
bring [brɪŋ] pt, pp **brought** vt (thing) traer; (person) conducir; **to ~ about** vt ocasionar, producir; **to ~ back** vt volver a traer; (return) devolver; **to ~ down** vt bajar; (price) rebajar; **to ~ forward** vt adelantar; **to ~ off** vt (task, plan) lograr, conseguir; **to ~ out** vt (object) sacar; **to ~ round** vt (unconscious person) hacer volver en sí;

(*convince*) convencer; **to ~ up** *vt* (*person*) educar, criar; (*carry up*) subir; (*question*) sacar a colación; (*food: vomit*) devolver, vomitar.

brink [brɪŋk] *n* borde *m*.

brisk [brɪsk] *a* enérgico, vigoroso; (*speedy*) rápido; (*trade*) activo.

brisket ['brɪskɪt] *n* carne *f* de vaca para asar.

bristle ['brɪsl] *n* cerda // *vi* erizarse.

Britain ['brɪtən] *n* (*also*: **Great ~**) Gran Bretaña.

British ['brɪtɪʃ] *a* británico; **the ~** *npl* los británicos; **the ~ Isles** *npl* las Islas Británicas; **~ Rail (B.R.)** *n* ≈ RENFE *f* (*Sp*).

Briton ['brɪtən] *n* británico/a.

brittle ['brɪtl] *a* quebradizo, frágil.

broach [brəʊtʃ] *vt* (*subject*) abordar.

broad [brɔːd] *a* ancho, amplio; (*accent*) cerrado; **in ~ daylight** en pleno día; **~cast** *n* emisión *f* // *vb* (*pt, pp* **~cast**) *vt* (*RADIO*) emitir; (*TV*) transmitir // *vi* emitir; transmitir; **~casting** *n* radiodifusión *f*, difusión *f*; **~en** *vt* ensanchar // *vi* ensancharse; **~ly** *ad* en general; **~-minded** *a* tolerante, liberal.

broccoli ['brɒkəlɪ] *n* brécol *m*.

brochure ['brəʊfjuə*] *n* folleto *m*.

broil [brɔɪl] *vt* (*US*) asar a la parrilla.

broke [brəʊk] *pt of* **break** // *a* (*col*) pelado, sin blanca.

broken ['brəʊkən] *pp of* **break** // *a*: **~ leg** pierna rota; **in ~ English** en un inglés imperfecto; **~-hearted** *a* con el corazón partido.

broker ['brəʊkə*] *n* agente *m/f*, bolsista *m/f*.

brolly ['brɒlɪ] *n* (*Brit col*) paraguas *m* inv.

bronchitis [brɒŋ'kaɪtɪs] *n* bronquitis *f*.

bronze [brɒnz] *n* bronce *m*.

brooch [brəʊtʃ] *n* prendedor *m*.

brood [bruːd] *n* camada, cría; (*children*) progenie *f* // *vi* (*hen*) empollar; **to ~ over** sth dejarse obsesionar por algo.

brook [bruk] *n* arroyo.

broom [brum] *n* escoba; (*BOT*) retama; **~stick** *n* palo de escoba.

Bros. *abbr* (= **Brothers**) Hnos.

broth [brɒθ] *n* caldo.

brothel ['brɒθl] *n* burdel *m*.

brother ['brʌðə*] *n* hermano; **~-in-law** *n* cuñado.

brought [brɔːt] *pt, pp of* **bring**.

brow [brau] *n* (*forehead*) frente *m*; (*of hill*) cumbre *f*.

brown [braun] *a* moreno; (*hair*) castaño; (*tanned*) bronceado // *n* (*colour*) color *m* moreno o pardo // *vt* (*tan*) broncear; (*CULIN*) dorar; **~ bread** *n* pan moreno.

brownie ['braunɪ] *n* niña exploradora.

brown paper *n* papel *m* de estraza.

brown sugar *n* azúcar *m* terciado.

browse [brauz] *vi* (*among books*) hojear

libros.

bruise [bruːz] *n* cardenal *m*, moretón *m* (*LAm*) // *vt* magullar.

brunch [brʌntʃ] *n* desayuno-almuerzo.

brunette [bruːˈnɛt] *n* morena.

brunt [brʌnt] *n*: **to bear the ~ of** llevar el peso de.

brush [brʌʃ] *n* cepillo; (*large*) escoba; (*for painting, shaving etc*) brocha; (*artist's*) pincel *m*; (*BOT*) maleza; (*with police etc*) roce *m* // *vt* cepillar; (*gen*: **~ past, ~ against**) rozar al pasar; **to ~ aside** *vt* rechazar, no hacer caso a; **to ~ up** *vt* (*knowledge*) repasar, refrescar; **~wood** *n* (*bushes*) maleza; (*sticks*) leña.

brusque [bruːsk] *a* brusco, áspero.

Brussels ['brʌslz] *n* Bruselas; **~ sprout** *n* col de Bruselas.

brutal ['bruːtl] *a* brutal.

brute [bruːt] *n* bruto; (*person*) bestia // *a*: **by ~ force** a fuerza bruta.

B.Sc. *abbr* = **Bachelor of Science**.

bubble ['bʌbl] *n* burbuja; (*in paint*) ampolla // *vi* burbujear, borbotar; **~ bath** *n* espuma para el baño; **~ gum** *n* chicle *m* de globo.

buck [bʌk] *n* macho; (*US col*) dólar *m* // *vi* corcovear; **to pass the ~ (to sb)** echar (a uno) el muerto; **to ~ up** *vi* (*cheer up*) animarse, cobrar ánimo.

bucket ['bʌkɪt] *n* cubo, balde *m*.

buckle ['bʌkl] *n* hebilla // *vt* abrochar con hebilla // *vi* combarse.

bud [bʌd] *n* brote *m*, yema; (*of flower*) capullo // *vi* brotar, echar brotes.

Buddhism ['budɪzm] *n* Budismo.

budding ['bʌdɪŋ] *a* en ciernes, en embrión.

buddy ['bʌdɪ] *n* (*US*) compañero, compinche *m*.

budge [bʌdʒ] *vt* mover; (*fig*) hacer ceder // *vi* moverse.

budgerigar ['bʌdʒərɪgɑː*] *n* periquito.

budget ['bʌdʒɪt] *n* presupuesto // *vi*: **to ~ for** sth presupuestar algo.

budgie ['bʌdʒɪ] *n* = **budgerigar**.

buff [bʌf] *a* (*colour*) color de ante // *n* (*enthusiast*) entusiasta *m/f*.

buffalo ['bʌfələu], *pl* **~** or **~es** *n* (*Brit*) búfalo; (*US*: *bison*) bisonte *m*.

buffer ['bʌfə*] *n* amortiguador *m*; (*COMPUT*) memoria intermedia.

buffet ['bufeɪ] *n* (*Brit*: *bar*) bar *m*, cafetería; (*food*) buffet *m* // *vt* ['bʌfɪt] (*strike*) abofetear; (*wind etc*) golpear; **~ car** *n* (*Brit RAIL*) coche-comedor *m*.

bug [bʌg] *n* (*insect*) chinche *m*; (: *gen*) bicho, sabandija; (*germ*) microbio, bacilo; (*spy device*) micrófono oculto // *vt* (*fam*) fastidiar; (*room*) poner micrófono oculto en.

bugle ['bjuːgl] *n* corneta, clarín *m*.

build [bɪld] *n* (*of person*) talle *m*, tipo // *vt* (*pt, pp* **built**) construir, edificar; **to**

~ up vt (MED) fortalecer; (stocks) acumular; **~er** n constructor(a) m/f; (contractor) contratista m/f; **~ing** n (act of) construcción f; (habitation, offices) edificio; **~ing society** n (Brit) sociedad f inmobiliaria, cooperativa de construcciones.

built [bɪlt] pt, pp of build // a: **~-in** (cupboard) empotrado; (device) interior, incorporado; **~-up** (area) urbanizado.

bulb [bʌlb] n (BOT) bulbo; (ELEC) bombilla, foco (LAm).

Bulgaria [bʌlˈgeərɪə] n Bulgaria; **~n** a, n búlgaro/a m/f.

bulge [bʌldʒ] n bombeo, pandeo // vi bombearse, pandearse; (pocket etc) hacer bulto.

bulk [bʌlk] n (mass) bulto, volumen m; (major part) grueso; **in ~** (COMM) a granel; **the ~ of** la mayor parte de; **~head** n mamparo; **~y** a voluminoso, abultado.

bull [bul] n toro; **~dog** n dogo.

bulldozer ['buldəuzə*] n aplanadora, motoniveladora.

bullet ['bulɪt] n bala.

bulletin ['bulɪtɪn] n anuncio, parte m; **~ board** n (US) tablón m de anuncios.

bullet: ~proof a a prueba de balas; **~ wound** n balazo.

bullfight ['bulfaɪt] n corrida de toros; **~er** n torero; **~ing** n los toros mpl, el toreo; (art of ~ing) tauromaquia.

bullion ['buljən] n oro or plata en barras.

bullock ['bulək] n novillo.

bullring ['bulrɪŋ] n plaza de toros.

bull's-eye ['bulzaɪ] n centro del blanco.

bully ['bulɪ] n valentón m, matón m // vt intimidar, tiranizar.

bum [bʌm] n (Brit: col: backside) culo; (tramp) vagabundo.

bumblebee ['bʌmblbiː] n abejorro.

bump [bʌmp] n (blow) tope m, choque m; (jolt) sacudida; (on road etc) bache m; (on head) chichón m // vt (strike) chocar contra, topetar // vi dar sacudidas; **to ~ into** vt fus chocar contra, tropezar con; (person) topar con; **~er** n (Brit) parachoques m inv // a: **~er crop/harvest** cosecha abundante; **~er cars** npl coches mpl de choque.

bumptious ['bʌmpʃəs] a engreído, presuntuoso.

bumpy ['bʌmpɪ] a (road) lleno de baches; (journey) zarandeado.

bun [bʌn] n (Brit: cake) pastel m; (US: bread) bollo; (of hair) moño.

bunch [bʌntʃ] n (of flowers) ramo; (of keys) manojo; (of bananas) piña; (of people) grupo; (pej) pandilla.

bundle ['bʌndl] n (gen) bulto, fardo; (of sticks) haz m; (of papers) legajo // vt (also: **~ up**) atar, envolver; **to ~ sth/sb into** meter algo/a alguien precipitadamente en.

bungalow ['bʌngələu] n bungalow m, chalé m.

bungle ['bʌngl] vt chapucear.

bunion ['bʌnjən] n juanete m.

bunk [bʌŋk] n litera; **~ beds** npl literas fpl.

bunker ['bʌŋkə*] n (coal store) carbonera; (MIL) refugio; (GOLF) bunker m.

bunny ['bʌnɪ] n (also: **~ rabbit**) conejito.

bunting ['bʌntɪŋ] n empavesada, banderas fpl.

buoy [bɔɪ] n boya; **to ~ up** vt mantener a flote; (fig) animar; **~ancy** n (of ship) capacidad f para flotar; **~ant** a (carefree) boyante, optimista.

burden ['bɜːdn] n carga // vt cargar.

bureau [bjuəˈrəu], pl **~x** [-z] n (Brit: writing desk) escritorio, buró m; (US: chest of drawers) cómoda; (office) oficina, agencia.

bureaucracy [bjuəˈrɔkrəsɪ] n burocracia.

bureaucrat ['bjuərəkræt] n burócrata m/f.

burglar ['bɜːglə*] n ladrón/ona m/f; **~ alarm** n alarma de ladrones; **~y** n robo con allanamiento, robo de una casa.

burial ['bɛrɪəl] n entierro.

burly ['bɜːlɪ] a fornido, membrudo.

Burma ['bɜːmə] n Birmania.

burn [bɜːn] vb (pt, pp burned or burnt) vt quemar; (house) incendiar // vi quemarse, arder; incendiarse; (sting) escocer // n quemadura; **to ~ down** vt incendiar; **~er** n (gas) quemador m; **~ing** a ardiente.

burrow ['bʌrəu] n madriguera // vt hacer una madriguera.

bursar ['bɜːsə*] n tesorero; (Brit: student) becario/a; **~y** n (Brit) beca.

burst [bɜːst] (pt, pp burst) vt (balloon, pipe) reventar; (banks etc) romper // vi reventarse; romperse; (tyre) pincharse; (bomb) estallar // n (explosion) estallido; (also: **~ pipe**) reventón m; **a ~ of energy** una explosión f de energía; **to ~ into flames** estallar en llamas; **to ~ out laughing** soltar la carcajada; **to ~ into tears** deshacerse en lágrimas; **to be ~ing with** reventar por or de; **to ~ into** vt fus (room etc) irrumpir en; **to ~ open** vi abrirse de golpe.

bury ['bɛrɪ] vt enterrar; (body) enterrar, sepultar.

bus [bʌs] n autobús m.

bush [buʃ] n arbusto; (scrub land) monte m; **to beat about the ~** andar(se) con rodeos; **~y** a (thick) espeso, poblado.

busily ['bɪzɪlɪ] ad afanosamente.

business ['bɪznɪs] n (matter) asunto; (trading) comercio, negocios mpl; (firm) empresa, casa; (occupation) oficio; (affair) asunto; **to be away on ~** estar en viaje de negocios; **it's my ~ to...** me toca or corresponde...; **it's none of my ~** yo no tengo nada que ver; **he means ~**

habla en serio; **~like** *a* (*company*) serio; (*person*) eficiente; **~man** *n* hombre *m* de negocios; **~ trip** *n* viaje *m* de negocios; **~woman** *n* mujer *f* de negocios.

busker ['bʌskə*] *n* (*Brit*) músico/a ambulante.

bus-stop ['bʌsstɔp] *n* parada de autobús.

bust [bʌst] *n* (ANAT) pecho // *a* (col: *broken*) roto, estropeado; **to go ~** quebrarse.

bustle ['bʌsl] *n* bullicio, movimiento // *vi* menearse, apresurarse; **bustling** *a* (*town*) animado, bullicioso.

busy ['bɪzɪ] *a* ocupado, atareado; (*shop, street*) concurrido, animado // *vr*: **to ~ o.s.** with ocuparse en; **~body** *n* entrometido/a; **~ signal** *n* (*US TEL*) señal *f* de comunicando.

but [bʌt] ♦ *conj* **1** pero; **he's not very bright, ~ he's hard-working** no es muy inteligente, pero es trabajador

2 (*in direct contradiction*) sino; **he's not English ~ French** no es inglés sino francés; **he didn't sing ~ he shouted** no cantó sino que gritó

3 (*showing disagreement, surprise etc*): **~ that's far too expensive!** ¡pero eso es carísimo!; **~ it does work!** ¡(pero) sí que funciona!

♦ *prep* (*apart from, except*) menos, salvo; **we've had nothing ~ trouble** no hemos tenido más que problemas; **no-one ~ him can do it** nadie más que él puede hacerlo; **who ~ a lunatic would do such a thing?** ¿sólo un loco haría una cosa así!; **~ for you/your help** si no fuera por ti/tu ayuda; **anything ~ that** cualquier cosa menos eso

♦ *ad* (*just, only*): **she's ~ a child** no es más que una niña; **had I ~ known** si lo hubiera sabido; **I can ~ try** al menos lo puedo intentar; **it's all ~ finished** está casi acabado.

butcher ['butʃə*] *n* carnicero // *vt* hacer una carnicería con; (*cattle etc for meat*) matar; **~'s (shop)** *n* carnicería.

butler ['bʌtlə*] *n* mayordomo.

butt [bʌt] *n* (*cask*) tonel *m*; (*for rain*) tina; (*thick end*) cabo, extremo; (*of gun*) culata; (*of cigarette*) colilla; (*Brit fig: target*) blanco // *vt* dar cabezadas contra, topetar; **to ~ in** *vi* (*interrupt*) interrumpir.

butter ['bʌtə*] *n* mantequilla // *vt* untar con mantequilla; **~cup** *n* ranúnculo.

butterfly ['bʌtəflaɪ] *n* mariposa; (*SWIMMING: also:* **~ stroke**) braza de mariposa.

buttocks ['bʌtəks] *npl* nalgas *fpl*.

button ['bʌtn] *n* botón *m* // *vt* (*also:* **~ up**) abotonar, abrochar // *vi* abrocharse.

buttress ['bʌtrɪs] *n* contrafuerte *m*; (*fig*) apoyo, sostén *m*.

buxom ['bʌksəm] *a* (*woman*) frescachona.

buy [baɪ] *vt* (*pt, pp* bought) comprar // *n* compra; **to ~ sb sth/sth from sb** comprarle algo a alguien; **to ~ sb a drink** invitar a alguien a tomar algo; **~er** *n* comprador(a) *m/f*.

buzz [bʌz] *n* zumbido; (*col: phone call*) llamada (por teléfono) // *vi* zumbar.

buzzer ['bʌzə*] *n* timbre *m*.

buzz word *n* palabra que está de moda.

by [baɪ] ♦ *prep* **1** (*referring to cause, agent*) por; de; **killed ~ lightning** muerto por un relámpago; **a painting ~ Picasso** un cuadro de Picasso

2 (*referring to method, manner, means*): **~ bus/car/train** en autobús/coche/tren; **to pay ~ cheque** pagar con un cheque; **~ moonlight/candlelight** a la luz de la luna/una vela; **~ saving hard,** he ... ahorrando, ...

3 (*via, through*) por; **we came ~ Dover** vinimos por Dover

4 (*close to, past*): **the house ~ the river** la casa junto al río; **she rushed ~ me** pasó a mi lado como una exhalación; **I go ~ the post office every day** paso por delante de Correos todos los días

5 (*time: not later than*) para; (: *during*): **~ daylight** de día; **~ 4 o'clock** para las cuatro; **~ this time tomorrow** para mañana a esta hora; **~ the time I got here it was too late** cuando llegué ya era demasiado tarde

6 (*amount*): **~ the kilo/metre** por kilo/metro; **paid ~ the hour** pagado/a por hora

7 (*MATH, measure*): **to divide/multiply ~ 3** dividir/multiplicar por 3; **a room 3 metres ~ 4** una habitación de 3 metros por 4; **it's broader ~ a metre** es un metro más ancho

8 (*according to*) según, de acuerdo con; **it's 3 o'clock ~ my watch** según mi reloj, son las tres; **it's all right ~ me** por mí, está bien

9: **(all) ~ oneself** *etc* todo solo/a; **he did it (all) ~ himself** lo hizo él solo; **he was standing (all) ~ himself in a corner** estaba de pie solo en un rincón

10: **~ the way** a propósito, por cierto; **this wasn't my idea ~ the way** pues, no fue idea mía

♦ *ad* **1** *see* go, pass *etc*

2: **~ and ~** finalmente; **they'll come back ~ and ~** acabarán volviendo; **~ and large** en líneas generales, en general.

bye(-bye) ['baɪ('baɪ)] *excl* adiós, hasta luego.

bye(e)-law ['baɪlɔ:] *n* ordenanza municipal.

by-election ['baɪɪlekʃən] *n* (*Brit*) elección *f* parcial.

bygone ['baɪgɔn] *a* pasado, del pasado // *n*: **let ~s be ~s** lo pasado, pasado está.

bypass ['baɪpɑ:s] *n* carretera de circunvalación; (MED) (operación f de) by-pass m // vt evitar.

by-product ['baɪprɔdʌkt] n subproducto, derivado.

bystander ['baɪstændə*] n espectador(a) m/f.

byte [baɪt] n (COMPUT) byte m, octeto.

byword ['baɪwəːd] n: to be a ~ for ser conocidísimo por.

by-your-leave ['baɪjə:'liːv] n: without so much as a ~ sin decir nada, sin dar ningún tipo de explicación.

C

C [siː] n (MUS) do m.

C. abbr = **centigrade**.

C.A. abbr = **chartered accountant**.

cab [kæb] n taxi m; (of truck) cabina.

cabbage ['kæbɪdʒ] n col f, berza.

cabin ['kæbɪn] n cabaña; (on ship) camarote m.

cabinet ['kæbɪnɪt] n (POL) consejo de ministros; (furniture) armario; (also: display ~) vitrina; **~-maker** n ebanista m.

cable ['keɪbl] n cable m // vt cablegrafiar; **~-car** n teleférico; ~ **television** n televisión f por cable.

cache [kæʃ] n (of weapons, drugs etc) alijo.

cackle ['kækl] vi cacarear.

cactus ['kæktəs], pl **cacti** [-taɪ] n cacto.

cadet [kə'dɛt] n (MIL) cadete m.

cadge [kædʒ] vt gorronear.

Caesarean [siː'zɛərɪən] a: ~ (section) cesárea.

café ['kæfeɪ] n café m.

cafeteria [kæfɪ'tɪərɪə] n café m.

caffein(e) ['kæfiːn] n cafeína.

cage [keɪdʒ] n jaula // vt enjaular.

cagey ['keɪdʒɪ] a (col) cauteloso, reservado.

cagoule [kə'guːl] n chubasquero.

Cairo ['kaɪərəu] n el Cairo.

cajole [kə'dʒəul] vt engatusar.

cake [keɪk] n pastel m; (of soap) pastilla; **~d** a: **~d with** cubierto de.

calculate ['kælkjuleɪt] vt calcular; **calculating** a (scheming) calculador(a); **calculation** [-'leɪʃən] n cálculo, cómputo; **calculator** n calculadora.

calendar ['kæləndə*] n calendario; ~ **month/year** n mes m/año civil.

calf [kɑːf], pl **calves** n (of cow) ternero, becerro; (of other animals) cría; (also: ~skin) piel f de becerro; (ANAT) pantorrilla.

calibre, (US) **caliber** ['kælɪbə*] n calibre m.

call [kɔːl] vt (gen) llamar // vi (shout) llamar; (TEL) llamar (por teléfono), telefonear (esp LAm); (visit: also: ~ in, ~ round) hacer una visita // n (shout, TEL) llamada; (of bird) canto; (appeal) lla-

mamiento; to be ~ed (person, object) llamarse; on ~ (nurse, doctor etc) de guardia; to ~ back vi (return) volver; (TEL) volver a llamar; to ~ for vt fus (demand) pedir, exigir; (fetch) venir por, pasar por (LAm); to ~ off vt suspender; (cancel) cancelar; to ~ on vt fus (visit) visitar; (turn to) acudir a; to ~ out vi gritar, dar voces; to ~ up vt (MIL) llamar al servicio militar; **~box** n (Brit) cabina telefónica; **~er** n visita f; (TEL) usuario/a; ~ **girl** n prostituta; **~-in** n (US) (programa m) coloquio (por teléfono); **~ing** n vocación f, profesión f; **~ing card** n (US) tarjeta de visita or comercial.

callous ['kæləs] a insensible, cruel.

calm [kɑːm] a tranquilo; (sea) liso, en calma // n calma, tranquilidad f // vt calmar, tranquilizar; to ~ **down** vi calmarse, tranquilizarse // vt calmar, tranquilizar.

Calor gas ['kælə*-] n ® butano.

calorie ['kælərɪ] n caloría.

calve [kɑːv] vi parir.

calves [kɑːvz] pl of **calf**.

camber ['kæmbə*] n (of road) combadura, comba.

Cambodia [kæm'bəudjə] n Camboya.

came [keɪm] pt of **come**.

camel ['kæməl] n camello.

cameo ['kæmɪəu] n camafeo.

camera ['kæmərə] n máquina fotográfica; (CINEMA, TV) cámara; **in ~** en secreto; **~man** n cámara m.

camouflage ['kæməflɑːʒ] n camuflaje m // vt camuflar.

camp [kæmp] n campo, campamento // vi acampar // a afectado, afeminado.

campaign [kæm'peɪn] n (MIL, POL etc) campaña // vi hacer campaña.

camp: **~bed** n (Brit) cama de campaña; **~er** n campista m/f; (vehicle) caravana; **~ing** n camping m; **to go ~ing** hacer camping; **~site** n camping m.

campus ['kæmpəs] n ciudad f universitaria.

can [kæn] ♦ n, vt see next headword ♦ auxiliary vb (negative cannot, can't; conditional and pt could) **1** (be able to) poder; **you ~ do it if you try** puedes hacerlo si lo intentas; **I ~'t see you** no te veo

2 (know how to) saber; **I ~ swim/play tennis/drive** sé nadar/jugar al tenis/conducir; ~ **you speak French?** ¿hablas or sabes hablar francés?

3 (may) poder; ~ **I use your phone?** ¿me dejas or puedo usar tu teléfono?

4 (expressing disbelief, puzzlement etc): **it ~'t be true!** ¡no puede ser (verdad)!; **what CAN he want?** ¿qué querrá?

5 (expressing possibility, suggestion etc): **he could be in the library** podría estar en la biblioteca; **she could have**

been delayed pudo haberse retrasado.

can [kæn] *auxiliary vb see previous head-word* // *n* (*of oil, water*) bidón *m*; (*tin*) lata, bote *m* // *vt* enlatar; (*preserve*) conservar en lata.

Canada ['kænədə] *n* el Canadá; **Canadian** [kə'neɪdɪən] *a*, *n* canadiense *m/f*.

canal [kə'næl] *n* canal *m*.

canary [kə'nεərɪ] *n* canario; **C~ Islands** *npl* las (Islas) Canarias.

cancel ['kænsəl] *vt* cancelar; (*train*) suprimir; (*appointment*) anular; (*cross out*) tachar, borrar; **~lation** [-'leɪʃən] *n* cancelación *f*; supresión *f*.

cancer ['kænsə*] *n* cáncer *m*; **C~** (*ASTRO*) Cáncer *m*.

candid ['kændɪd] *a* franco, abierto.

candidate ['kændɪdeɪt] *n* candidato/a.

candle ['kændl] *n* vela; (*in church*) cirio; **by ~ light** a la luz de una vela; **~stick** *n* (*also*: ~ **holder**) (*single*) candelero; (*low*) palmatoria; (*bigger, ornate*) candelabro.

candour, (*US*) **candor** ['kændə*] *n* franqueza.

candy ['kændɪ] *n* azúcar *m* cande; (*US*) caramelo; **~floss** *n* (*Brit*) algodón *m* (azucarado).

cane [keɪn] *n* (*BOT*) caña; (*stick*) vara, palmeta // *vt* (*Brit SCOL*) castigar (con palmeta).

canister ['kænɪstə*] *n* bote *m*, lata.

cannabis ['kænəbɪs] *n* marijuana.

canned [kænd] *a* en lata, de lata.

cannibal ['kænɪbəl] *n* caníbal *m/f*.

cannon ['kænən], *pl* ~ *or* ~**s** *n* cañón *m*.

cannot ['kænɔt] = **can not**.

canny ['kænɪ] *a* astuto.

canoe [kə'nu:] *n* canoa; (*SPORT*) piragua.

canon ['kænən] *n* (*clergyman*) canónigo; (*standard*) canon *m*.

can opener ['kænəupnə*] *n* abrelatas *m* *inv*.

canopy ['kænəpɪ] *n* dosel *m*; toldo.

can't [kænt] = **can not**.

cantankerous [kæn'tæŋkərəs] *a* arisco, malhumorado.

canteen [kæn'ti:n] *n* (*eating place*) cantina; (*Brit: of cutlery*) juego.

canter ['kæntə*] *n* medio galope // *vi* ir a medio galope.

canvas ['kænvəs] *n* (*material*) lona; (*painting*) lienzo; (*NAUT*) velas *fpl*.

canvass ['kænvəs] *vt* (*POL*) solicitar votos de; (*COMM*) sondear.

canyon ['kænjən] *n* cañón *m*.

cap [kæp] *n* (*hat*) gorra; (*of pen*) capuchón *m*; (*of bottle*) tapa, cápsula // *vt* (*outdo*) superar; (*bottle etc*) tapar; (*tooth*) poner una corona a.

capability [keɪpə'bɪlɪtɪ] *n* capacidad *f*.

capable ['keɪpəbl] *a* capaz.

capacity [kə'pæsɪtɪ] *n* capacidad *f*; (*position*) calidad *f*.

cape [keɪp] *n* capa; (*GEO*) cabo.

capital ['kæpɪtl] *n* (*also*: ~ **city**) capital *f*; (*money*) capital *m*; (*also*: ~ **letter**) mayúscula; **~ gains tax** *n* impuesto sobre las ganancias de capital; **~ism** *n* capitalismo; **~ist** *a*, *n* capitalista *m/f*; **to ~ize on** *vt fus* aprovechar; **~ punishment** *n* pena de muerte.

capitulate [kə'pɪtjuleɪt] *vi* capitular, rendirse.

Capricorn ['kæprɪkɔ:n] *n* Capricornio.

capsize [kæp'saɪz] *vt* volcar, hacer zozobrar // *vi* volcarse, zozobrar.

capsule ['kæpsju:l] *n* cápsula.

captain ['kæptɪn] *n* capitán *m*.

caption ['kæpʃən] *n* (*heading*) título; (*to picture*) leyenda.

captive ['kæptɪv] *a*, *n* cautivo/a *m/f*; **captivity** [-'tɪvɪtɪ] *n* cautiverio.

capture ['kæptʃə*] *vt* prender, apresar; (*place*) tomar; (*attention*) captar, llamar // *n* apresamiento; toma; (*data ~*) formulación *f* de datos.

car [kɑ:*] *n* coche *m*, carro (*LAm*), automóvil *m*; (*US RAIL*) vagón *m*.

carafe [kə'ræf] *n* garrafa.

caramel ['kærəməl] *n* caramelo.

carat ['kærət] *n* quilate *m*.

caravan ['kærəvæn] *n* (*Brit*) caravana, rulot *f*; (*of camels*) caravana; **~ site** *n* (*Brit*) camping *m* para caravanas.

carbohydrates [kɑ:bəu'haɪdreɪts] *npl* hidratos *mpl* de carbono; (*food*) fécula *sg*.

carbon ['kɑ:bən] *n* carbono; **~ copy** *n* copia al carbón; **~ paper** *n* papel *m* carbón.

carburettor, (*US*) **carburetor** [kɑ:bju'retə*] *n* carburador *m*.

card [kɑ:d] *n* (*playing ~*) carta, naipe *m*; (*visiting ~*, *post~ etc*) tarjeta; **~board** *n* cartón *m*, cartulina; **~ game** *n* juego de naipes.

cardiac ['kɑ:dɪæk] *a* cardíaco.

cardigan ['kɑ:dɪgən] *n* rebeca.

cardinal ['kɑ:dɪnl] *a* cardinal // *n* cardenal *m*.

card index *n* fichero.

care [kεə*] *n* cuidado; (*worry*) inquietud *f*; (*charge*) cargo, custodia // *vi*: **to ~ about** preocuparse por; **~ of** en casa de, al cuidado de; **in sb's ~** a cargo de uno; **to take ~ to** cuidarse de, tener cuidado de; **to take ~ of** cuidar; **I don't ~** no me importa; **I couldn't ~ less** eso me trae sin cuidado; **to ~ for** *vt fus* cuidar a; (*like*) querer.

career [kə'rɪə*] *n* carrera // *vi* (*also*: ~ **along**) correr a toda velocidad.

carefree ['kεəfri:] *a* despreocupado.

careful ['kεəful] *a* cuidadoso; (*cautious*) cauteloso; (**be**) ~! ¡tenga cuidado!; **~ly** *ad* con cuidado, cuidadosamente.

careless ['kεəlɪs] *a* descuidado; (*heedless*) poco atento; **~ness** *n* descuido, falta de atención.

caress [kə'rεs] *n* caricia // *vt* acariciar.

caretaker ['kɛəteɪkə*] n portero, conserje m/f.

car-ferry ['kɑːfɛrɪ] n transbordador m para coches.

c ⁀go ['kɑːgəu], pl ~es n cargamento, carga.

car hire n alquiler m de automóviles.

Caribbean [kærɪ'biːən] n: the ~ (Sea) el (Mar) Caribe.

caring ['kɛərɪŋ] a humanitario.

carnal ['kɑːnl] a carnal.

carnation [kɑː'neɪʃən] n clavel m.

carnival ['kɑːnɪvəl] n carnaval m; (US) parque m de atracciones.

carnivorous [kɑː'nɪvrəs] a carnívoro.

carol ['kærəl] n: (Christmas) ~ villancico.

carp [kɑːp] n (fish) carpa; **to ~ at** or **about** vt fus quejarse de.

car park n (Brit) aparcamiento, parking m.

carpenter ['kɑːpɪntə*] n carpintero/a.

carpentry ['kɑːpɪntrɪ] n carpintería.

carpet ['kɑːpɪt] n alfombra // vt alfombrar; **~ slippers** npl zapatillas fpl; **~ sweeper** n escoba mecánica.

carriage ['kærɪdʒ] n coche m; (Brit RAIL) vagón m; (for goods) transporte m; (: cost) porte m, flete m; (of typewriter) carro; (bearing) porte m; **~ return** n (on typewriter etc) retorno del carro; **~way** n (Brit: part of road) calzada.

carrier ['kærɪə*] n trajinista m/f; (company) empresa de transportes; **~ bag** n (Brit) bolsa de papel o plástico.

carrot ['kærət] n zanahoria.

carry ['kærɪ] vt (subj: person) llevar; (transport) transportar; (a motion, bill) aprobar; (involve: responsibilities etc) entrañar, implicar // vi (sound) oírse; **to get carried away** (fig) entusiasmarse; **to ~ on** vi (continue) seguir (adelante), continuar; (fam: complain) quejarse, protestar // vt proseguir, continuar; **to ~ out** vt (orders) cumplir; (investigation) llevar a cabo, realizar; **~ cot** n (Brit) cuna portátil; **~-on** n (col: fuss) lío.

cart [kɑːt] n carro, carreta // vt llevar (en carro).

carton ['kɑːtən] n (box) caja (de cartón); (of yogurt) pote m.

cartoon [kɑː'tuːn] n (PRESS) caricatura; (comic strip) tira cómica; (film) dibujos mpl animados; **~ist** n dibujante m/f de historietas.

cartridge ['kɑːtrɪdʒ] n cartucho.

carve [kɑːv] vt (meat) trinchar; (wood, stone) cincelar, esculpir; (on tree) grabar; **to ~ up** vt dividir, repartir; **carving** n (in wood etc) escultura, (obra de) talla; **carving knife** n trinchante m.

car wash n lavado de coches.

case [keɪs] n (container) caja; (MED)

caso; (for jewels etc) estuche m; (LAW) causa, proceso; (Brit: also: suit~) maleta; **in ~ of** en caso de, por si; **in any ~** en todo caso; **just in ~** por si acaso; **to make a good ~** tener buenos argumentos.

cash [kæʃ] n dinero en efectivo, dinero contante // vt cobrar, hacer efectivo; **to pay (in) ~** pagar al contado; **~ on delivery** cóbrese al entregar; **~book** n libro de caja; **~ card** n tarjeta f dinero; **~desk** n (Brit) caja; **~ dispenser** n cajero automático.

cashew [kæ'ʃuː] n (also: ~ nut) anacardo.

cashier [kæ'ʃɪə*] n cajero/a.

cashmere ['kæʃmɪə*] n casimir m, cachemira.

cash register n caja.

casing ['keɪsɪŋ] n revestimiento.

casino [kə'siːnəu] n casino.

cask [kɑːsk] n tonel m, barril m.

casket ['kɑːskɪt] n cofre m, estuche m; (US: coffin) ataúd m.

casserole ['kæsərəul] n (food, pot) cazuela.

cassette [kæ'sɛt] n cassette m; **~ player/recorder** n tocacassettes m inv.

cast [kɑːst] vb (pt, pp cast) vt (throw) echar, arrojar, lanzar; (skin) mudar, perder; (metal) fundir; (THEATRE): **to ~ sb as Othello** dar a alguien el papel de Otelo // vi (FISHING) lanzar // n (THEATRE) reparto; (mould) forma, molde m; (also: plaster ~) vaciado; **to ~ one's vote** votar; **to ~ off** vi (NAUT) desamarrar.

castanets [kæstə'nɛts] npl castañuelas fpl.

castaway ['kɑːstəwəɪ] n náufrago/a.

caste [kɑːst] n casta.

caster sugar [kɑːstə*-] n (Brit) azúcar m extrafino.

Castile [kæs'tiːl] n Castilla.

casting vote ['kɑːstɪŋ-] n (Brit) voto decisivo.

cast iron n hierro fundido.

castle ['kɑːsl] n castillo; (CHESS) torre f.

castor ['kɑːstə*] n (wheel) ruedecilla; **~ oil** n aceite m de ricino.

castrate [kæs'treɪt] vt castrar.

casual ['kæʒjul] a (by chance) fortuito; (irregular: work etc) eventual, temporero; (unconcerned) despreocupado; (informal: clothes) de sport; **~ly** ad de manera despreocupada.

casualty ['kæʒjultɪ] n víctima, herido; (dead) muerto; (MIL) baja.

cat [kæt] n gato.

Catalan ['kætələn] a, n catalán/ana m/f.

catalogue, (US) **catalog** ['kætələg] n catálogo // vt catalogar.

Catalonia [kætə'ləunɪə] n Cataluña.

catalyst ['kætəlɪst] n catalizador m.

catapult ['kætəpʌlt] n tirador m.

catarrh [kə'tɑ:ʳ] *n* catarro.

catastrophe [kə'tæstrəfɪ] *n* catástrofe *f*.

catch [kætʃ] *vb* (*pt, pp* **caught**) *vt* coger (*Sp*), agarrar (*LAm*); (*arrest*) detener; (*grasp*) asir; (*breath*) suspender; (*person: by surprise*) sorprender; (*attract: attention*) ganar; (*MED*) contagiarse de, coger; (*also:* ~ **up**) alcanzar // *vi* (*fire*) encenderse; (*in branches etc*) enredarse // *n* (*fish etc*) pesca; (*act of catching*) cogida; (*trick*) trampa; (*of lock*) pestillo, cerradura; **to** ~ **fire** encenderse; **to** ~ **sight of** divisar; **to** ~ **on** *vi* (*understand*) caer en la cuenta; (*grow popular*) hacerse popular; **to** ~ **up** *vi* (*fig*) ponerse al día.

catching ['kætʃɪŋ] *a* (*MED*) contagioso.

catchment area ['kætʃmənt-] *n* (*Brit*) zona de captación.

catchphrase ['kætʃfreɪz] *n* lema *m*, eslogan *m*.

catchy ['kætʃɪ] *a* (*tune*) pegadizo.

categorize ['kætɪɡəraɪz] *vt* clasificar.

category ['kætɪɡərɪ] *n* categoría, clase *f*.

cater ['keɪtəʳ] *vi:* **to** ~ **for** (*Brit*) abastecer a; (*needs*) atender a; (*consumers*) proveer a; ~**er** *n* abastecedor(a) *m/f*, proveedor(a) *m/f*; ~**ing** *n* (*trade*) (ramo de la) alimentación *f*.

caterpillar ['kætəpɪləʳ] *n* oruga, gusano; ~ **track** *n* rodado de oruga.

cathedral [kə'θi:drəl] *n* catedral *f*.

catholic ['kæθəlɪk] *a* católico; **C~** *a, n* (*REL*) católico/a *m/f*.

cat's-eye ['kætsaɪ] *n* (*Brit AUT*) catafoto.

cattle ['kætl] *npl* ganado *sg*.

catty ['kætɪ] *a* malicioso, rencoroso.

caucus ['kɔ:kəs] *n* (*POL: local committee*) comité *m* local; (: *US: to elect candidates*) comité *m* electoral.

caught [kɔ:t] *pt, pp of* **catch**.

cauliflower ['kɒlɪflauəʳ] *n* coliflor *f*.

cause [kɔ:z] *n* causa, motivo, razón *f* // *vt* causar; (*provoke*) provocar.

caustic ['kɔ:stɪk] *a* cáustico; (*fig*) mordaz.

caution ['kɔ:ʃən] *n* cautela, prudencia; (*warning*) advertencia, amonestación *f* // *vt* amonestar.

cautious ['kɔ:ʃəs] *a* cauteloso, prudente, precavido; ~**ly** *ad* con cautela.

cavalier [kævə'lɪəʳ] *a* arrogante, desdeñoso.

cavalry ['kævəlrɪ] *n* caballería.

cave [keɪv] *n* cueva, caverna; **to** ~ **in** *vi* (*roof etc*) derrumbarse, hundirse; ~**man/woman** *n* cavernícola *m/f*, troglodita *m/f*.

cavern ['kævən] *n* caverna.

caviar(e) ['kævɪɑ:ʳ] *n* caviar *m*.

cavity ['kævɪtɪ] *n* hueco, cavidad *f*.

cavort [kə'vɔ:t] *vi* dar cabrioladas.

CB *n abbr* (= *Citizen's Band* (*Radio*)) banda ciudadana.

CBI *n abbr* (= *Confederation of British Industry*) ≈ C.E.O.E. *f* (*Sp*).

cc *abbr* = **cubic centimetres**; = **carbon copy**.

cease [si:s] *vt* cesar; ~**fire** *n* alto *m* el fuego; ~**less** *a* incesante; ~**lessly** *ad* sin cesar.

cedar ['si:dəʳ] *n* cedro.

ceiling ['si:lɪŋ] *n* techo; (*fig*) límite *m*.

celebrate ['sɛlɪbreɪt] *vt* celebrar; (*have a party*) festejar // *vi* divertirse; ~**d** *a* célebre; **celebration** [-'breɪʃən] *n* fiesta, celebración *f*.

celery ['sɛlərɪ] *n* apio.

celibacy ['sɛlɪbəsɪ] *n* celibato.

cell [sɛl] *n* celda; (*BIOL*) célula; (*ELEC*) elemento.

cellar ['sɛləʳ] *n* sótano; (*for wine*) bodega.

'cello ['tʃɛləu] *n* violoncelo.

cellophane ['sɛləfeɪn] *n* celofán *m*.

Celt [kɛlt, sɛlt] *a, n* celta *m/f*; ~**ic** *a* celta.

cement [sə'mɛnt] *n* cemento // *vt* cementar; (*fig*) cimentar, fortalecer; ~ **mixer** *n* hormigonera.

cemetery ['sɛmɪtrɪ] *n* cementerio.

censor ['sɛnsəʳ] *n* censor *m* // *vt* (*cut*) censurar; ~**ship** *n* censura.

censure ['sɛnʃəʳ] *vt* censurar.

census ['sɛnsəs] *n* censo.

cent [sɛnt] *n* (*US: coin*) centavo, céntimo; *see also* **per**.

centenary [sɛn'ti:nərɪ] *n* centenario.

center ['sɛntəʳ] *n* (*US*) = **centre**.

centi... [sɛntɪ] *pref:* ~**grade** *a* centígrado; ~**litre**, (*US*) ~**liter** *n* centilitro; ~**metre**, (*US*) ~**meter** *n* centímetro.

centipede ['sɛntɪpi:d] *n* ciempiés *m inv*.

central ['sɛntrəl] *a* central; (*of house etc*) céntrico; **C~ America** *n* Centroamérica; ~ **heating** *n* calefacción *f* central; ~**ize** *vt* centralizar.

centre ['sɛntəʳ] *n* centro // *vt* centrar; ~**-forward** *n* (*SPORT*) delantero centro; ~**-half** *n* (*SPORT*) medio centro.

century ['sɛntjurɪ] *n* siglo; **20th** ~ siglo veinte.

ceramic [sɪ'ræmɪk] *a* cerámico; ~**s** *n* cerámica.

cereal ['si:rɪəl] *n* cereal *m*.

cerebral ['sɛrɪbrəl] *a* cerebral; intelectual.

ceremony ['sɛrɪmənɪ] *n* ceremonia; **to stand on** ~ hacer ceremonias, estar de cumplido.

certain ['sɜ:tən] *a* seguro; (*correct*) cierto; (*person*) seguro; (*a particular*) cierto; **for** ~ a ciencia cierta; ~**ly** *ad* desde luego, por supuesto; ~**ty** *n* certeza, certidumbre *f*, seguridad *f*.

certificate [sə'tɪfɪkɪt] *n* certificado.

certified ['sɜ:tɪfaɪd] *a:* ~ **mail** *n* (*US*) correo certificado; ~ **public accountant (C.P.A)** *n* (*US*) contable *m/f* diplomado/a.

certify ['sɔ:tɪfaɪ] *vt* certificar.

cervical ['sɔ:vɪkl] *a (of cervix: smear, cancer)* cervical.

cervix ['sɔ:vɪks] *n* cerviz *f*.

cessation [sɔ'seɪʃən] *n* cese *m*, suspensión *f*.

cesspit ['sɛspɪt] *n* pozo negro.

cf. *abbr* (= *compare*) cfr.

ch. *abbr* (= *chapter*) cap.

chafe [tʃeɪf] *vt (rub)* rozar; *(irritate)* irritar.

chaffinch ['tʃæfɪntʃ] *n* pinzón *m* (vulgar).

chagrin ['ʃægrɪn] *n (annoyance)* disgusto; *(disappointment)* desazón *f*.

chain [tʃeɪn] *n* cadena // *vt (also: ~ up)* encadenar; **to ~-smoke** *vi* fumar un cigarrillo tras otro; **~ reaction** *n* reacción *f* en cadena; **~ store** *n* tienda de una cadena, ≈ gran almacén.

chair [tʃɛə•] *n* silla; *(armchair)* sillón *m*; *(of university)* cátedra // *vt (meeting)* presidir; **~lift** *n* telesilla; **~man** *n* presidente *m*.

chalet ['ʃæleɪ] *n* chalet *m*.

chalk [tʃɔ:k] *n (GEO)* creta; *(for writing)* tiza, gis *m (LAm)*.

challenge ['tʃælɪndʒ] *n* desafío, reto // *vt* desafiar, retar; *(statement, right)* poner en duda; **to ~ sb to do sth** retar a uno a que haga algo; **challenging** *a* desafiante; *(tone)* de desafío.

chamber ['tʃeɪmbə•] *n* cámara, sala; **~ of commerce** cámara de comercio; **~maid** *n* camarera; **~ music** *n* música de cámara.

champagne [ʃæm'peɪn] *n* champaña *m*, champán *m*.

champion ['tʃæmpɪən] *n* campeón/ona *m/f*; **~ship** *n* campeonato.

chance [tʃɑ:ns] *n (coincidence)* casualidad *f*; *(luck)* suerte *f*; *(fate)* azar *m*; *(opportunity)* ocasión *f*, oportunidad *f*; *(likelihood)* posibilidad *f*; *(risk)* riesgo // *vt* arriesgar, probar // *a* fortuito, casual; **to ~ it** arriesgarse, intentarlo; **to take a ~** arriesgarse; **by ~** por casualidad.

chancellor ['tʃɑ:nsələ•] *n* canciller *m*; **C~ of the Exchequer** *n (Brit)* Ministro de Hacienda.

chandelier [ʃændə'lɪə•] *n* araña (de luces).

change [tʃeɪndʒ] *vt* cambiar; *(replace)* reemplazar; *(gear)* cambiar de; *(clothes, house)* mudarse de; *(exchange)* trocar; *(transform)* transformar // *vi* cambiar(se); *(trains)* hacer transbordo; *(be transformed)*: **to ~ into** transformarse en // *n* cambio; *(alteration)* modificación *f*, transformación *f*; *(coins)* suelto, sencillo; *(money returned)* vuelta; **to ~ one's mind** cambiar de opinión *or* idea; **for a ~** para variar; **~able** *a (weather)* cambiable; **~ machine** *n* máquina de cambio; **~over** *n (to new system)* cambio.

changing ['tʃeɪndʒɪŋ] *a* cambiante; **~**

room *n (Brit)* vestuario.

channel ['tʃænl] *n (TV)* canal *m*; *(of river)* cauce *m*; *(of sea)* estrecho; *(groove, fig: medium)* conducto, medio // *vt (river etc)* encauzar; **the (English) C~** el Canal (de la Mancha); **the C~ Islands** las Islas Normandas.

chant [tʃɑ:nt] *n* canto // *vt* cantar.

chaos ['keɪɔs] *n* caos *m*.

chap [tʃæp] *n (Brit col: man)* tío, tipo.

chapel ['tʃæpəl] *n* capilla.

chaperone ['ʃæpərəʊn] *n* carabina.

chaplain ['tʃæplɪn] *n* capellán *m*.

chapped ['tʃæpt] *a* agrietado.

chapter ['tʃæptə•] *n* capítulo.

char [tʃɑ:•] *vt (burn)* carbonizar, chamuscar // *n (Brit)* = **charlady**.

character ['kærɪktə•] *n* carácter *m*, naturaleza, índole *f*; *(in novel, film)* personaje *m*; *(role)* papel *m*; **~istic** [-'rɪstɪk] *a* característico // *n* característica; **~ize** *vt* caracterizar.

charcoal ['tʃɑ:kəʊl] *n* carbón *m* vegetal; *(ART)* carboncillo.

charge [tʃɑ:dʒ] *n* carga, *(LAW)* cargo, acusación *f*; *(cost)* precio, coste *m*; *(responsibility)* cargo; *(task)* encargo // *vt (LAW)* acusar *(with de)*; *(gun, battery, MIL: enemy)* cargar; *(price)* pedir; *(customer)* cobrar; *(sb with task)* encargar // *vi* precipitarse; *(make pay)* cobrar; **~s** *npl*: **bank ~s** comisiones *fpl* bancarias; **free of ~** gratis; **to reverse the ~s** *(Brit TEL)* revertir el cobro; **to take ~ of** hacerse cargo de, encargarse de; **to be in ~ of** estar encargado de; **how much do you ~?** ¿cuánto cobra usted?; **to ~ an expense (up) to sb's account** cargar algo a cuenta de alguien; **~ card** *n* tarjeta de cuenta.

charitable ['tʃærɪtəbl] *a* caritativo.

charity ['tʃærɪtɪ] *n (gen)* caridad *f*; *(organization)* sociedad *f* benéfica.

charlady ['tʃɑ:leɪdɪ] *n (Brit)* mujer *f* de la limpieza.

charlatan ['ʃɑ:lətən] *n* farsante *m/f*.

charm [tʃɑ:m] *n* encanto, atractivo // *vt* encantar; **~ing** *a* encantador(a).

chart [tʃɑ:t] *n (table)* cuadro; *(graph)* gráfica; *(map)* carta de navegación // *vt (course)* trazar.

charter ['tʃɑ:tə•] *vt (plane)* alquilar; *(ship)* fletar // *n (document)* carta; **~ed accountant** *n (Brit)* contable *m/f* diplomado/a; **~ flight** *n* vuelo chárter.

charwoman ['tʃɑ:wumən] *n* = **charlady**.

chase [tʃeɪs] *vt (pursue)* perseguir; *(hunt)* cazar // *n* persecución *f*; caza; **to ~ after** correr tras.

chasm ['kæzəm] *n* abismo.

chassis ['ʃæsɪ] *n* chasis *m*.

chat [tʃæt] *vi (also: have a ~)* charlar // *n* charla; **~ show** *n (Brit)* (programa *m)* magazine *m*.

chatter ['tʃætə*] vi (person) charlar; (teeth) castañetear // n (of birds) parloteo; (of people) charla, cháchara; ~**box** n parlanchín/ina m/f.

chatty ['tʃæti] a (style) familiar; (person) hablador(a).

chauffeur ['ʃəufə*] n chófer m.

chauvinist ['ʃəuvinist] n (male ~) machista m; (nationalist) chovinista m/f.

cheap [tʃiːp] a barato; (joke) de mal gusto; (poor quality) de mala calidad // ad barato; ~**en** vt rebajar el precio, abaratar; ~**er** a más barato; ~**ly** ad barato, a bajo precio.

cheat [tʃiːt] vi hacer trampa // vt estafar, timar // n trampa; estafa; (person) tramposo/a.

check [tʃɛk] vt (examine) controlar; (facts) comprobar; (count) contar; (halt) parar, detener; (restrain) refrenar, restringir // n (inspection) control m, inspección f; (curb) freno; (bill) nota, cuenta; (US) = **cheque**; (pattern: gen pl) cuadro // a (also ~**ed**: pattern, cloth) a cuadros; **to ~ in** vi (in hotel, airport) registrarse // vt (luggage) facturar; **to ~ out** vi (of hotel) desocupar su cuarto; **to ~ up** vi: **to ~ up on sth** comprobar algo; **to ~ up on sb** investigar a alguien; ~**ered** a (US) = **chequered**; ~**ers** n (US) juego de damas; ~**in (desk)** n mesa de facturación; ~**ing account** n (US) cuenta corriente; ~**mate** n jaque m mate; ~**out** n caja; ~**point** n (punto de) control m; ~**room** n (US) consigna; ~**up** n (MED) reconocimiento general; (of machine) repaso.

cheek [tʃiːk] n mejilla; (impudence) descaro; ~**bone** n pómulo; ~**y** a fresco, descarado.

cheep [tʃiːp] vi piar.

cheer [tʃiə*] vt vitorear, aplaudir; (gladden) alegrar, animar // vi aplaudir, dar vivas // n viva m; ~**s** npl aplausos mpl; ~**s!** ¡salud!; **to ~ up** vi animarse // vt alegrar, animar; ~**ful** a alegre.

cheerio [tʃiəri'əu] excl (Brit) ¡hasta luego!

cheese [tʃiːz] n queso; ~**board** n plato de quesos.

cheetah ['tʃiːtə] n leopardo cazador.

chef [ʃɛf] n jefe/a m/f de cocina.

chemical ['kɛmikəl] a químico // n producto químico.

chemist ['kɛmist] n (Brit: pharmacist) farmacéutico/a; (scientist) químico/a; ~**ry** n química; ~**'s (shop)** n (Brit) farmacia.

cheque [tʃɛk] n (Brit) cheque m; ~**book** n libro de cheques, chequera (LAm); ~ **card** n tarjeta de cheque.

chequered ['tʃɛkəd] a (fig) accidentado.

cherish ['tʃɛriʃ] vt (love) querer, apreciar; (protect) cuidar; (hope etc) abrigar.

cherry ['tʃɛri] n cereza.

chess [tʃɛs] n ajedrez m; ~**board** n tablero (de ajedrez); ~**man** n pieza, trebejo.

chest [tʃɛst] n (ANAT) pecho; (box) cofre m, cajón m; ~ **of drawers** n cómoda.

chestnut ['tʃɛsnʌt] n castaña; ~ **(tree)** n castaño.

chew [tʃuː] vt mascar, masticar; ~**ing gum** n chicle m.

chic [ʃiːk] a elegante.

chick [tʃik] n pollito, polluelo; (US col) chica.

chicken ['tʃikin] n gallina, pollo; (food) pollo; **to ~ out** vi (col) rajarse; ~**pox** n varicela.

chicory ['tʃikəri] n (for coffee) achicoria; (salad) escarola.

chief [tʃiːf] n jefe/a m/f // a principal; ~ **executive** n director(a) m/f general; ~**ly** ad principalmente.

chiffon ['ʃifɔn] n gasa.

chilblain ['tʃilblein] n sabañón m.

child [tʃaild], pl ~**ren** ['tʃildrən] n niño/a; (offspring) hijo/a; ~**birth** n parto; ~**hood** n niñez f, infancia; ~**ish** a pueril, aniñado; ~**like** a de niño; ~ **minder** n (Brit) niñera.

Chile ['tʃili] n Chile m; ~**an** a, n chileno/a m/f.

chill [tʃil] n frío; (MED) resfriado // a frío // vt enfriar; (CULIN) congelar.

chilli ['tʃili] n (Brit) chile m, ají m (LAm).

chilly ['tʃili] a frío.

chime [tʃaim] n repique m, campanada // vi repicar, sonar.

chimney ['tʃimni] n chimenea; ~ **sweep** n deshollinador m.

chimpanzee [tʃimpæn'ziː] n chimpancé m.

chin [tʃin] n mentón m, barbilla.

china ['tʃainə] n porcelana; (crockery) loza.

China ['tʃainə] n China; **Chinese** [tʃai'niːz] a chino // n, pl inv chino/a; (LING) chino.

chink [tʃink] n (opening) grieta, hendedura; (noise) tintineo.

chip [tʃip] n (gen pl: CULIN: Brit) patata or papa (LAm) frita; (: US: also: potato ~) patata or papa frita; (of wood) astilla; (of glass, stone) lasca; (at poker) ficha; (COMPUT) chip m // vt (cup, plate) desconchar; **to ~ in** vi interrumpir; (contribute) compartir los gastos.

chiropodist [ki'rɔpədist] n (Brit) pedicuro/a.

chirp [tʃəːp] vi gorjear, piar.

chisel ['tʃizl] n (for wood) formón m; (for stone) cincel m.

chit [tʃit] n nota.

chitchat ['tʃitʃæt] n chismes mpl, habladurías fpl.

chivalry [ʃivəlri] n caballerosidad f.

chives [tʃaɪvz] *npl* cebollinos *mpl*.

chlorine ['klɔːriːn] *n* cloro.

chock [tʃɔk]: **~-a-block**, **~-full** *a* atestado.

chocolate ['tʃɔklɪt] *n* chocolate *m*.

choice [tʃɔɪs] *n* elección *f* // *a* escogido.

choir ['kwaɪə*] *n* coro; **~boy** *n* corista *m*.

choke [tʃəuk] *vi* sofocarse; (*on food*) atragantarse // *vt* ahogar, sofocar; (*block*) obstruir // *n* (*AUT*) estárter *m*.

choose [tʃuːz], *pt* **chose**, *pp* **chosen** *vt* escoger, elegir; (*team*) seleccionar.

choosy ['tʃuːzɪ] *a* remilgado.

chop [tʃɔp] *vt* (*wood*) cortar, tajar; (*CULIN: also*: **~ up**) picar // *n* golpe *m* cortante; (*CULIN*) chuleta; **~s** *npl* (*jaws*) boca *sg*, labios *mpl*.

chopper ['tʃɔpə*] *n* (*helicopter*) helicóptero.

choppy ['tʃɔpɪ] *a* (*sea*) picado, agitado.

chopsticks ['tʃɔpstɪks] *npl* palillos *mpl*.

chord [kɔːd] *n* (*MUS*) acorde *m*.

chore [tʃɔː*] *n* faena, tarea; (*routine task*) trabajo rutinario.

chortle ['tʃɔːtl] *vi* reír entre dientes.

chorus ['kɔːrəs] *n* coro; (*repeated part of song*) estribillo.

chose [tʃəuz] *pt of* **choose**.

chosen ['tʃəuzn] *pp of* **choose**.

Christ [kraɪst] *n* Cristo.

christen ['krɪsn] *vt* bautizar.

Christian ['krɪstɪən] *a*, *n* cristiano/a *m/f*; **~ity** [-'ænɪtɪ] *n* cristianismo; **~ name** *n* nombre *m* de pila.

Christmas ['krɪsməs] *n* Navidad *f*; **Merry ~!** ¡Felices Pascuas!; **~ card** *n* crismas *m inv*, tarjeta de Navidad; **~ Day** *n* día *m* de Navidad; **~ Eve** *n* Nochebuena; **~ tree** *n* árbol *m* de Navidad.

chrome [krəum] *n* = **chromium plating**.

chromium ['krəumɪəm] *n* cromo; **~ plating** *n* cromado.

chronic ['krɔnɪk] *a* crónico.

chronicle ['krɔnɪkl] *n* crónica.

chronological [krɔnə'lɔdʒɪkəl] *a* cronológico.

chrysanthemum [krɪ'sænθəməm] *n* crisantemo.

chubby ['tʃʌbɪ] *a* rechoncho.

chuck [tʃʌk] *vt* lanzar, arrojar; **to ~ out** *vt* echar (fuera), tirar; **to ~ (up)** *vt* (*Brit*) abandonar.

chuckle ['tʃʌkl] *vi* reírse entre dientes.

chug [tʃʌg] *vi* resoplar.

chum [tʃʌm] *n* compañero/a.

chunk [tʃʌŋk] *n* pedazo, trozo.

church [tʃɜːtʃ] *n* iglesia; **~yard** *n* campo santo.

churlish ['tʃɜːlɪʃ] *a* grosero.

churn [tʃɜːn] *n* (*for butter*) mantequera; (*for milk*) lechera; **to ~ out** *vt* producir en serie.

chute [ʃuːt] *n* (*also*: **rubbish ~**) vertedero; (*Brit: children's slide*) tobogán *m*.

chutney ['tʃʌtnɪ] *n* salsa picante.

CIA *n abbr* (*US*: = *Central Intelligence Agency*) CIA *f*.

CID *n abbr* (*Brit*: = *Criminal Investigation Department*) ≈ B.I.C. *f* (*Sp*).

cider ['saɪdə*] *n* sidra.

cigar [sɪ'gɑː*] *n* puro.

cigarette [sɪgə'rɛt] *n* cigarrillo, cigarro (*LAm*); pitillo; **~ case** *n* pitillera; **~ end** *n* colilla; **~ holder** *n* boquilla.

Cinderella [sɪndə'rɛlə] *n* Cenicienta.

cine ['sɪnɪ]: **~-camera** *n* (*Brit*) cámara cinematográfica; **~-film** *n* (*Brit*) película de cine.

cinema ['sɪnəmə] *n* cine *m*.

cinnamon ['sɪnəmən] *n* canela.

cipher ['saɪfə*] *n* cifra.

circle ['sɜːkl] *n* círculo; (*in theatre*) anfiteatro // *vi* dar vueltas // *vt* (*surround*) rodear, cercar; (*move round*) dar la vuelta a.

circuit ['sɜːkɪt] *n* circuito; (*track*) pista; (*lap*) vuelta; **~ous** [sɜː'kjuɪtəs] *a* indirecto.

circular ['sɜːkjulə*] *a* circular // *n* circular *f*.

circulate ['sɜːkjuleɪt] *vi* circular // *vt* poner en circulación; **circulation** [-'leɪʃən] *n* circulación *f*; (*of newspaper*) tirada.

circumcise ['sɜːkəmsaɪz] *vt* circuncidar.

circumstances ['sɜːkəmstənsɪz] *npl* circunstancias *fpl*; (*financial condition*) situación *f* económica.

circumvent ['sɜːkəmvɛnt] *vt* burlar.

circus ['sɜːkəs] *n* circo.

cistern ['sɪstən] *n* tanque *m*, depósito; (*in toilet*) cisterna.

citizen ['sɪtɪzn] *n* (*POL*) ciudadano/a; (*of city*) vecino/a, habitante *m/f*; **~ship** *n* ciudadanía.

citrus fruits ['sɪtrəs-] *npl* agrios *mpl*.

city ['sɪtɪ] *n* ciudad *f*; the **C~** centro financiero de Londres.

civic ['sɪvɪk] *a* cívico, municipal; **~ centre** *n* (*Brit*) centro público.

civil ['sɪvɪl] *a* civil; (*polite*) atento, cortés; (*well-bred*) educado; **~ defence** *n* protección *f* civil; **~ engineer** *n* ingeniero civil; **~ian** [sɪ'vɪlɪən] *a* civil (*no militar*) // *n* civil *m/f*, paisano/a; **~ian clothing** *n* ropa de paisano.

civilization [sɪvɪlaɪ'zeɪʃən] *n* civilización *f*.

civilized ['sɪvɪlaɪzd] *a* civilizado.

civil: **~ law** *n* derecho civil; **~ servant** *n* funcionario/a del Estado; **C~ Service** *n* administración *f* pública; **~ war** *n* guerra civil.

clad [klæd] *a*: **~ (in)** vestido (de).

claim [kleɪm] *vt* exigir, reclamar; (*rights etc*) reivindicar; (*assert*) pretender // *vi* (*for insurance*) reclamar // *n* reclamación *f*; (*LAW*) demanda; (*pretension*) pretensión *f*; **~ant** *n* (*ADMIN*, *LAW*) demandante *m/f*.

clairvoyant [klɛə'vɔɪənt] *n* clarividente *m/f*.

clam [klæm] *n* almeja.

clamber ['klæmbə*] *vi* trepar.

clammy ['klæmɪ] *a* (*cold*) frío y húmedo; (*sticky*) pegajoso.

clamour ['klæmə*] *vi*: **to ~ for** clamar por, pedir a voces.

clamp [klæmp] *n* abrazadera, grapa // *vt* afianzar (con abrazadera); **to ~ down on** *vt fus* (*subj: government, police*) reforzar la lucha contra.

clang [klæŋ] *n* estruendo // *vi* sonar, hacer estruendo.

clap [klæp] *vi* aplaudir; **~ping** *n* aplausos *mpl*.

claret ['klærət] *n* clarete *m*.

clarify ['klærɪfaɪ] *vt* aclarar.

clarinet [klærɪ'nɛt] *n* clarinete *m*.

clarity ['klærɪtɪ] *n* claridad *f*.

clash [klæʃ] *n* estruendo; (*fig*) choque *m* // *vi* (*battle*) chocar; (*disagree*) estar en desacuerdo.

clasp [klɑːsp] *n* broche *m*; (*on jewels*) cierre *m* // *vt* abrochar; (*hand*) apretar; (*embrace*) abrazar.

class [klɑːs] *n* (*gen*) clase *f* // *a* clasista, de clase // *vt* clasificar.

classic ['klæsɪk] *a*, *n* clásico; **~al** *a* clásico.

classified ['klæsɪfaɪd] *a* (*information*) reservado; **~ advertisement** *n* anuncio por palabras.

classify ['klæsɪfaɪ] *vt* clasificar.

classmate ['klɑːsmeɪt] *n* compañero/a de clase.

classroom ['klɑːsrum] *n* aula.

clatter ['klætə*] *n* ruido, estruendo; (*of hooves*) trápala // *vi* hacer ruido *or* estruendo.

clause [klɔːz] *n* cláusula; (*LING*) oración *f*.

claw [klɔː] *n* (*of cat*) uña; (*of bird of prey*) garra; (*of lobster*) pinza; (*TECH*) garfio; **to ~ at** *vt fus* arañar; (*tear*) desgarrar.

clay [kleɪ] *n* arcilla.

clean [kliːn] *a* limpio; (*clear*) neto, bien definido // *vt* limpiar; **to ~ out** *vt* limpiar; **to ~ up** *vt* limpiar, asear; **~er** *n* (*person*) asistenta; **~ing** *n* limpieza; **~liness** ['klɛnlɪnɪs] *n* limpieza.

cleanse [klɛnz] *vt* limpiar; **~r** *n* detergente *m*; (*for face*) crema limpiadora; **cleansing department** *n* (*Brit*) departamento de limpieza.

clear [klɪə*] *a* claro; (*road, way*) libre // *vt* (*space*) despejar, limpiar; (*LAW: suspect*) absolver; (*obstacle*) salvar, saltar por encima de; (*debt*) liquidar; (*cheque*) pasar por un banco // *vi* (*fog etc*) despejarse // *ad*: **~ of** a distancia de; **to ~ the table** recoger *or* levantar la mesa; **to ~ up** *vt* limpiar; (*mystery*) aclarar, resol-

ver; **~ance** *n* (*removal*) despeje *m*; (*permission*) acreditación *f*; **~-cut** *a* bien definido, nítido; **~ing** *n* (*in wood*) claro; **~ing bank** *n* (*Brit*) cámara de compensación; **~ly** *ad* claramente; **~way** *n* (*Brit*) carretera donde no se puede aparcar.

cleaver ['kliːvə] *n* cuchilla (de carnicero).

clef [klɛf] *n* (*MUS*) clave *f*.

cleft [klɛft] *n* (*in rock*) grieta, hendedura.

clench [klɛntʃ] *vt* apretar, cerrar.

clergy ['klɜːdʒɪ] *n* clero; **~man** *n* clérigo.

clerical ['klɛrɪkəl] *a* de oficina; (*REL*) clerical.

clerk [klɑːk, (*US*) klɜːrk] *n* oficinista *m/f*; (*US*) dependiente/a *m/f*, vendedor(a) *m/f*.

clever ['klɛvə*] *a* (*mentally*) inteligente, listo; (*skilful*) hábil; (*device, arrangement*) ingenioso.

click [klɪk] *vt* (*tongue*) chasquear; (*heels*) taconear.

client ['klaɪənt] *n* cliente *m/f*.

cliff [klɪf] *n* acantilado.

climate ['klaɪmɪt] *n* clima *m*.

climax ['klaɪmæks] *n* colmo, punto culminante; (*sexual*) clímax *m*.

climb [klaɪm] *vi* subir, trepar // *vt* (*stairs*) subir; (*tree*) trepar a; (*mountain*) escalar // *n* subida; **~-down** *n* vuelta atrás; **~er** *n* alpinista *m/f*, andinista *m/f* (*LAm*); **~ing** *n* alpinismo, andinismo (*LAm*).

clinch [klɪntʃ] *vt* (*deal*) cerrar; (*argument*) remachar.

cling [klɪŋ], *pt*, *pp* **clung** [klʌŋ] *vi*: **to ~ to** agarrarse a; (*clothes*) pegarse a.

clinic ['klɪnɪk] *n* clínica.

clink [klɪŋk] *vi* tintinar.

clip [klɪp] *n* (*for hair*) horquilla; (*also: paper ~*) sujetapapeles *m inv*, clip *m*; (*clamp*) grapa // *vt* (*cut*) cortar; (*hedge*) podar; (*also: ~ together*) unir; **~pers** *npl* (*for gardening*) tijeras *fpl*; (*for hair*) maquinilla *sg*; (*for nails*) cortauñas *m inv*; **~ping** *n* (*newspaper*) recorte *m*.

clique [kliːk] *n* camarilla.

cloak [kləuk] *n* capa, manto // *vt* (*fig*) encubrir, disimular; **~room** *n* guardarropa; (*Brit: WC*) lavabo, aseos *mpl*, baño (*LAm*).

clock [klɔk] *n* reloj *m*; (*in taxi*) taxímetro; **to ~ in** *or* **on** *vi* fichar, picar; **to ~ off** *or* **out** *vi* fichar *or* picar la salida; **~wise** *ad* en el sentido de las agujas del reloj; **~work** *n* aparato de relojería // *a* (*toy*) de cuerda.

clog [klɔg] *n* zueco, chanclo // *vt* atascar // *vi* atascarse.

cloister ['klɔɪstə*] *n* claustro.

close *a*, *ad and derivatives* [kləus] *a* cercano, próximo; (*near*): **~ (to)** cerca (de); (*print, weave*) tupido, compacto;

(*friend*) íntimo; (*connection*) estrecho; (*examination*) detallado, minucioso; (*weather*) bochornoso; (*atmosphere*) sofocante; (*room*) mal ventilado; **to have a ~ shave** (*fig*) escaparse por un pelo // **ad** cerca; **~ by, ~ at hand** a, ad muy cerca; **~ to prep** cerca de // *vb and derivatives* [kləuz] *vt* (*shut*) cerrar; (*end*) concluir, terminar // *vi* (*shop etc*) cerrarse; (*end*) concluirse, terminarse // *n* (*end*) fin *m*, final *m*, conclusión *f*; **to ~ down** *vi* cerrarse definitivamente; **~d** *a* (*shop etc*) cerrado; **~d shop** *n* taller *m* gremial; **~-knit** *a* (*fig*) muy unido; **~ly** *ad* (*study*) con detalle; (*listen*) con atención; (*watch*) de cerca.
closet ['klɔzɪt] *n* (*cupboard*) armario.
close-up ['kləusʌp] *n* primer plano.
closure ['kləuʒə*] *n* cierre *m*.
clot [klɔt] *n* (*gen*: *blood* ~) embolia; (*fam*: *idiot*) imbécil *m/f* // *vi* (*blood*) coagularse.
cloth [klɔθ] *n* (*material*) tela, paño; (*rag*) trapo.
clothe [kləuð] *vt* vestir; (*fig*) revestir; **~s** *npl* ropa *sg*; **~s brush** *n* cepillo (para la ropa); **~s line** *n* cuerda (para tender la ropa); **~s peg**, (*US*) **~s pin** *n* pinza.
clothing ['kləuðɪŋ] *n* = **clothes**.
cloud [klaud] *n* nube *f*; (*storm* ~) nubarrón *m*; **~y** *a* nublado, nubloso; (*liquid*) turbio.
clout [klaut] *vt* dar un tortazo a.
clove [kləuv] *n* clavo; **~ of garlic** diente *m* de ajo.
clover ['kləuvə*] *n* trébol *m*.
clown [klaun] *n* payaso // *vi* (*also*: **~ about, ~ around**) hacer el payaso.
cloying ['klɔɪɪŋ] *a* (*taste*) empalagoso.
club [klʌb] *n* (*society*) club *m*; (*weapon*) porra, cachiporra; (*also*: **golf** ~) palo // *vt* aporrear // *vi*: **to ~ together** (*join forces*) unir fuerzas; **~s** *npl* (*CARDS*) tréboles *mpl*; **~ car** *n* (*US RAIL*) coche *m* sálon; **~house** *n* local social, sobre todo en clubs deportivos.
cluck [klʌk] *vi* cloquear.
clue [klu:] *n* pista; (*in crosswords*) indicación *f*; **I haven't a ~** no tengo ni idea.
clump [klʌmp] *n* (*of trees*) grupo.
clumsy ['klʌmzɪ] *a* (*person*) torpe, desmañado; (*tool*) difícil de manejar.
clung [klʌŋ] *pt*, *pp* of **cling**.
cluster ['klʌstə*] *n* grupo; (*BOT*) racimo // *vi* agruparse, apiñarse.
clutch [klʌtʃ] *n* (*AUT*) embrague *m*; (*pedal*) pedal *m* de embrague; **to fall into sb's ~es** caer en las garras de alguien // *vt* asir; agarrar.
clutter ['klʌtə*] *vt* atestar.
cm *abbr* (= *centimetre*) cm.
CND *n* *abbr* (= *Campaign for Nuclear Disarmament*) plataforma pro desarme nuclear.

Co. *abbr* = **county**; = **company**.
c/o *abbr* (= *care of*) c/a, a/c.
coach [kəutʃ] *n* (*bus*) autocar *m* (*Sp*), autobús *m*; (*horse-drawn*) coche *m*; (*of train*) vagón *m*, coche *m*; (*SPORT*) entrenador(a) *m/f*, instructor(a) *m/f* // *vt* (*SPORT*) entrenar; (*student*) preparar, enseñar; **~ trip** *n* excursión *f* en autocar.
coal [kəul] *n* carbón *m*; **~ face** *n* frente *m* de carbón; **~field** *n* yacimiento de carbón.
coalition [kəuə'lɪʃən] *n* coalición *f*.
coal man, coal merchant *n* carbonero.
coalmine ['kəulmaɪn] *n* mina de carbón.
coarse [kɔːs] *a* basto, burdo; (*vulgar*) grosero, ordinario.
coast [kəust] *n* costa, litoral *m* // *vi* (*AUT*) ir en punto muerto; **~al** *a* costero, costanero; **~guard** *n* guardacostas *m inv*; **~line** *n* litoral *m*.
coat [kəut] *n* (*jacket*) chaqueta; (*overcoat*) abrigo; (*of animal*) pelo, lana; (*of paint*) mano *f*, capa // *vt* cubrir, revestir; **~ of arms** *n* escudo de armas; **~hanger** *n* percha, gancho (*LAm*); **~ing** *n* capa, baño.
coax [kəuks] *vt* engatusar.
cob [kɔb] *n see* **corn**.
cobbler ['kɔblə] *n* zapatero (remendón).
cobbles ['kɔblz], **cobblestones** ['kɔblstəunz] *npl* adoquines *mpl*.
cobweb ['kɔbwɛb] *n* telaraña.
cocaine [kə'keɪn] *n* cocaína.
cock [kɔk] *n* (*rooster*) gallo; (*male bird*) macho // *vt* (*gun*) amartillar; **~erel** *n* gallito; **~-eyed** *a* (*fig*: *crooked*) torcido; (: *idea*) disparatado.
cockle ['kɔkl] *n* berberecho.
cockney ['kɔknɪ] *n* habitante *m/f* de ciertos barrios de Londres.
cockpit ['kɔkpɪt] *n* (*in aircraft*) cabina.
cockroach ['kɔkrəutʃ] *n* cucaracha.
cocktail ['kɔkteɪl] *n* coctel *m*, cóctel *m*; **~ cabinet** *n* mueble-bar *m*; **~ party** *n* coctel *m*, cóctel *m*.
cocoa ['kəukəu] *n* cacao; (*drink*) chocolate *m*.
coconut ['kəukənʌt] *n* coco.
cod [kɔd] *n* bacalao.
C.O.D. *abbr* (= *cash on delivery*) C.A.E.
code [kəud] *n* código; (*cipher*) clave *f*.
cod-liver oil ['kɔdlɪvə*-] *n* aceite *m* de hígado de bacalao.
coercion [kəu'ə:ʃən] *n* coacción *f*.
coffee ['kɔfɪ] *n* café *m*; **~ bar** *n* (*Brit*) cafetería; **~ break** *n* descanso (para tomar café); **~pot** *n* cafetera; **~ table** *n* mesita (para servir el café).
coffin ['kɔfɪn] *n* ataúd *m*.
cog [kɔg] *n* diente *m*.
cogent ['kəudʒənt] *a* convincente.
cognac ['kɔnjæk] *n* coñac *m*.
coil [kɔɪl] *n* rollo; (*rope*) adujada;

(*ELEC*) bobina, carrete *m*; (*contraceptive*) espiral *f* // *vt* enrollar.

coin [kɔɪn] *n* moneda // *vt* (*word*) inventar, idear; **~age** *n* moneda; **~-box** *n* (*Brit*) cabina telefónica.

coincide [kəʊɪnˈsaɪd] *vi* coincidir; (*agree*) estar de acuerdo; **~nce** [kəʊˈɪnsɪdəns] *n* casualidad *f*.

coke [kəʊk] *n* (*coal*) coque *m*.

Coke ® [kəʊk] *n* Coca Cola ®.

colander [ˈkɔləndə*] *n* colador *m*, escurridor *m*.

cold [kəʊld] *a* frío // *n* frío; (*MED*) resfriado; **it's ~** hace frío; **to be ~** tener frío; **to catch ~** resfriarse, acatarrarse; **in ~ blood** a sangre fría; **~ sore** *n* herpes *m* labial.

coleslaw [ˈkəʊlslɔː] *n* especie de ensalada de col.

colic [ˈkɔlɪk] *n* cólico *m*.

collapse [kəˈlæps] *vi* (*gen*) hundirse, derrumbarse; (*MED*) sufrir un colapso // *n* (*gen*) hundimiento; (*MED*) colapso; **collapsible** *a* plegable.

collar [ˈkɔlə*] *n* (*of coat, shirt*) cuello; **~bone** *n* clavícula.

collateral [kɔˈlætərəl] *n* garantía colateral.

colleague [ˈkɔliːg] *n* colega *m/f*.

collect [kəˈlekt] *vt* reunir; (*as a hobby*) coleccionar; (*Brit: call and pick up*) recoger; (*wages*) cobrar; (*debts*) recaudar; (*donations, subscriptions*) colectar // *vi* reunirse; coleccionar; **to call ~** (*US TEL*) llamar a cobro revertido; **~ion** [kəˈlekʃən] *n* colección *f*; (*of post*) recogida.

collector [kəˈlektə*] *n* coleccionista *m/f*; (*of taxes etc*) recaudador(a) *m/f*.

college [ˈkɔlɪdʒ] *n* colegio.

collide [kəˈlaɪd] *vi* chocar.

collie [ˈkɔlɪ] *n* perro pastor.

colliery [ˈkɔlɪərɪ] *n* (*Brit*) mina de carbón.

collision [kəˈlɪʒən] *n* choque *m*.

colloquial [kəˈləʊkwɪəl] *a* familiar, coloquial.

collusion [kəˈluːʒən] *n* confabulación *f*, connivencia.

cologne [kəˈləʊn] *n* = eau de cologne.

Colombia [kəˈlɔmbɪə] *n* Colombia; **Colombian** *a*, *n* colombiano/a.

colon [ˈkəʊlən] *n* (*sign*) dos puntos; (*MED*) colón *m*.

colonel [ˈkɔːnl] *n* coronel *m*.

colonial [kəˈləʊnɪəl] *a* colonial.

colony [ˈkɔlənɪ] *n* colonia.

colour, (*US*) **color** [ˈkʌlə*] *n* color *m* // *vt* color(e)ar; (*with crayons*) colorear (al pastel); (*dye*) teñir // *vi* (*blush*) sonrojarse; **~s** *npl* (*of party, club*) colores *mpl*; **~ bar** *n* segregación *f* racial; **~-blind** *a* daltoniano; **~ed** *a* de color; (*photo*) en color; **~ film** *n* película en color; **~ful** *a* lleno de color; (*person*)

excéntrico; **~ing** *n* colorido; **~less** *a* incoloro, sin color; **~ scheme** *n* combinación *f* de colores; **~ television** *n* televisión *f* en color.

colt [kəʊlt] *n* potro.

column [ˈkɔləm] *n* columna; **~ist** [ˈkɔləmnɪst] *n* columnista *m/f*.

coma [ˈkəʊmə] *n* coma *m*.

comb [kəʊm] *n* peine *m*; (*ornamental*) peineta // *vt* (*hair*) peinar; (*area*) registrar a fondo.

combat [ˈkɔmbæt] *n* combate *m* // *vt* combatir.

combination [kɔmbɪˈneɪʃən] *n* (*gen*) combinación *f*.

combine [kəmˈbaɪn] *vt* combinar; (*qualities*) reunir // *vi* combinarse // *n* [ˈkɔmbaɪn] (*ECON*) cartel *m*; **~ (harvester)** *n* cosechadora.

come [kʌm], *pt* **came**, *pp* **come** *vi* venir; **to ~ undone** desatarse; **to ~ loose** aflojarse; **to ~ about** *vi* suceder, ocurrir; **to ~ across** *vt fus* (*person*) topar con; (*thing*) dar con; **to ~ away** *vi* marcharse; desprenderse; **to ~ back** *vi* volver; **to ~ by** *vt fus* (*acquire*) conseguir; **to ~ down** *vi* bajar; (*buildings*) ser derribado; derrumbarse; **to ~ forward** *vi* presentarse; **to ~ from** *vt fus* ser de; **to ~ in** *vi* entrar; (*train*) llegar; (*fashion*) ponerse de moda; **to ~ in for** *vt fus* (*criticism etc*) merecer; **to ~ into** *vt fus* (*money*) heredar; **to ~ off** *vi* (*button*) soltarse, desprenderse; (*succeed*) salir bien; **to ~ on** *vi* (*pupil, work, project*) desarrollarse; (*lights*) encenderse; **~ on!** ¡vamos!; **to ~ out** *vi* salir; (*book*) aparecer; (*be revealed*) salir a luz; (*strike*) declararse en huelga; **to ~ out for/against** declararse por/ contra; **to ~ round** *vi* (*after faint, operation*) volver en sí; **to ~ to** *vi* volver en sí; (*total*) sumar; **to ~ up** *vi* subir; (*sun*) salir; (*problem*) surgir; **to ~ up against** *vt fus* (*resistance, difficulties*) tropezar con; **to ~ up with** *vt fus* (*idea*) sugerir, proponer; **to ~ upon** *vt fus* dar *or* topar con; **~back** *n*: **to make a ~back** (*THEATRE*) volver a las tablas.

comedian [kəˈmiːdɪən] *n* cómico; **comedienne** [-ˈen] *n* cómica.

comedown [ˈkʌmdaʊn] *n* revés *m*, bajón *m*.

comedy [ˈkɔmɪdɪ] *n* comedia.

comet [ˈkɔmɪt] *n* cometa *m*.

comeuppance [kʌmˈʌpəns] *n*: **to get one's ~** llevar su merecido.

comfort [ˈkʌmfət] *n* comodidad *f*, confort *m*; (*well-being*) bienestar *m*; (*solace*) consuelo; (*relief*) alivio // *vt* consolar; **~able** *a* cómodo; **~ably** *ad* (*sit*) cómodamente; (*live*) holgadamente; **~er** *n* (*US*: *pacifier*) chupete *m*; (: *bed cover*) colcha; **~ station** *n* (*US*) servicios *mpl*.

comic [ˈkɔmɪk] *a* (*also*: **~al**) cómico // *n*

(*for children*) tebeo; (*for adults*) comic *m*; ~ **strip** *n* tira cómica.

coming ['kʌmɪŋ] *n* venida, llegada // *a que viene*; ~(s) **and** going(s) *n(pl)* ir y venir *m*, ajetreo.

comma ['kɒmə] *n* coma.

command [kə'mɑːnd] *n* orden *f*, mandato; (*MIL*: *authority*) mando; (*mastery*) dominio *m* (*of troops*) mandar; (*give orders to*) mandar, ordenar; (*be able to get*) disponer de; (*deserve*) merecer; ~**eer** [kɒmən'dɪə*] *vt* requisar; ~**er** *n* (*MIL*) comandante *m/f*, jefe/a *m/f*; ~**ment** *n* (*REL*) mandamiento.

commando [kə'mɑːndəu] *n* comando.

commemorate [kə'mɛmərɛɪt] *vt* conmemorar.

commence [kə'mɛns] *vt*, *vi* comenzar, empezar.

commend [kə'mɛnd] *vt* (*praise*) elogiar, alabar; (*recommend*) recomendar; (*entrust*) encomendar.

commensurate [kə'mɛnʃərɪt] *a*: ~ **with** en proporción a, que corresponde a.

comment ['kɒmɛnt] *n* comentario // *vi*: **to** ~ **on** hacer comentarios sobre; ~**ary** ['kɒməntərɪ] *n* comentario; ~**ator** ['kɒməntɛɪtə*] *n* comentarista *m/f*.

commerce ['kɒmə:s] *n* comercio.

commercial [kə'mə:ʃəl] *a* comercial // *n* (*TV*: *also*: ~ **break**) anuncio.

commiserate [kə'mɪzərɛɪt] *vi*: **to** ~ **with** compadecerse de, condolerse de.

commission [kə'mɪʃən] *n* (*committee, fee*) comisión *f*; (*act*) perpetración *f* // *vt* (*MIL*) nombrar; (*work of art*) encargar; **out of** ~ fuera de servicio; ~**aire** [kəmɪʃə'nɛə*] *n* (*Brit*) portero; ~**er** *n* comisario; (*POLICE*) comisario *m* de policía.

commit [kə'mɪt] *vt* (*act*) cometer; (*to sb's care*) entregar; **to** ~ **o.s.** (**to do**) comprometerse (a hacer); **to** ~ **suicide** suicidarse; ~**ment** *n* compromiso.

committee [kə'mɪtɪ] *n* comité *m*.

commodity [kə'mɒdɪtɪ] *n* mercancía.

common ['kɒmən] *a* (*gen*) común; (*pej*) ordinario // *n* campo común; **the** C~**s** *npl* (*Brit*) (la Cámara de) los Comunes *mpl*; **in** ~ en común; ~**er** *n* plebeyo; ~ **law** *n* ley *f* consuetudinaria; ~**ly** *ad* comúnmente; C~ **Market** *n* Mercado Común; ~**place** *a* de lo más común; ~**room** *n* sala común; ~ **sense** *n* sentido común; **the** C~**wealth** *n* la Mancomunidad (Británica).

commotion [kə'məuʃən] *n* tumulto, confusión *f*.

commune ['kɒmju:n] *n* (*group*) comuna // *vi* [kə'mju:n]: **to** ~ **with** comulgar *or* conversar con.

communicate [kə'mju:nɪkɛɪt] *vt* comunicar // *vi*: **to** ~ (**with**) comunicarse (con).

communication [kəmju:nɪ'kɛɪʃən] *n* comunicación *f*; ~ **cord** *n* (*Brit*) timbre

m de alarma.

communion [kə'mju:nɪən] *n* (*also*: **Holy** C~) comunión *f*.

communiqué [kə'mju:nɪkɛɪ] *n* comunicado, parte *m*.

communism ['kɒmjunɪzəm] *n* comunismo; **communist** *a*, *n* comunista *m/f*.

community [kə'mju:nɪtɪ] *n* comunidad *f*; (*large group*) colectividad *f*; (*local*) vecindario; ~ **centre** *n* centro social; ~ **chest** *n* (*US*) arca comunitaria, fondo común.

commutation ticket [kɒmju'tɛɪʃən-] *n* (*US*) billete *m* de abono.

commute [kə'mju:t] *vi* viajar a diario de la casa al trabajo // *vt* conmutar; ~**r** *n* persona (que ... *see vi*).

compact [kəm'pækt] *a* compacto // *n* ['kɒmpækt] (*pact*) pacto; (*also*: **powder** ~) polvera; ~ **disc** *n* compact disc *m*.

companion [kəm'pænɪən] *n* compañero/a; ~**ship** *n* compañerismo.

company ['kʌmpənɪ] *n* (*gen*) compañía; (*COMM*) sociedad *f*, compañía; **to keep sb** ~ acompañar a uno; ~ **secretary** *n* (*Brit*) secretario/a de compañía.

comparative [kəm'pærətɪv] *a* relativo; ~**ly** *ad* (*relatively*) relativamente.

compare [kəm'pɛə*] *vt* comparar; (*set side by side*) cotejar // *vi*: **to** ~ (**with**) compararse (con); **comparison** [-'pærɪsn] *n* comparación *f*; cotejo.

compartment [kəm'pɑːtmənt] *n* (*also*: *RAIL*) departamento.

compass ['kʌmpəs] *n* brújula; ~**es** *npl* compás *msg*.

compassion [kəm'pæʃən] *n* compasión *f*; ~**ate** *a* compasivo.

compatible [kəm'pætɪbl] *a* compatible.

compel [kəm'pɛl] *vt* obligar; ~**ling** *a* (*fig*: *argument*) convincente.

compensate ['kɒmpənsɛɪt] *vt* compensar // *vi*: **to** ~ **for** compensar; **compensation** [-'sɛɪʃən] *n* (*for loss*) indemnización *f*.

compère ['kɒmpɛə*] *n* presentador *m*.

compete [kəm'pi:t] *vi* (*take part*) tomar parte, concurrir; (*vie with*) competir, hacer competencia.

competence ['kɒmpɪtəns] *n* capacidad *f*, aptitud *f*.

competent ['kɒmpɪtənt] *a* competente, capaz.

competition [kɒmpɪ'tɪʃən] *n* (*contest*) concurso; (*ECON*, *rivalry*) competencia.

competitive [kəm'pɛtɪtɪv] *a* (*ECON*, *SPORT*) competitivo; (*spirit*) competidor(a), de competencia.

competitor [kəm'pɛtɪtə*] *n* (*rival*) competidor(a) *m/f*; (*participant*) concursante *m/f*.

compile [kəm'paɪl] *vt* recopilar.

complacency [kəm'plɛɪsnsɪ] *n* autosatisfacción *f*.

complacent [kəm'pleɪsənt] *a* autocomplaciente.

complain [kəm'pleɪn] *vi* (*gen*) quejarse; (*COMM*) reclamar; **~t** *n* (*gen*) queja; reclamación *f*; (*LAW*) demanda; (*MED*) enfermedad *f*.

complement ['kɒmplɪmənt] *n* complemento; (*especially of ship's crew*) dotación *f* // [-mɛnt] *vt* (*enhance*) complementar; **~ary** [kɒmplɪ'mɛntərɪ] *a* complementario.

complete [kəm'pliːt] *a* (*full*) completo; (*finished*) acabado // *vt* (*fulfil*) completar; (*finish*) acabar; (*a form*) llenar; **~ly** *ad* completamente; **completion** [-'pliːʃən] *n* terminación *f*.

complex ['kɒmplɛks] *a*, *n* complejo.

complexion [kəm'plɛkʃən] *n* (*of face*) tez *f*, cutis *m*; (*fig*) aspecto.

compliance [kəm'plaɪəns] *n* (*submission*) sumisión *f*; (*agreement*) conformidad *f*; **in ~ with** de acuerdo con.

complicate ['kɒmplɪkeɪt] *vt* complicar; **~d** *a* complicado; **complication** [-'keɪʃən] *n* complicación *f*.

complicity [kəm'plɪsɪtɪ] *n* complicidad *f*.

compliment *n* ['kɒmplɪmənt] (*formal*) cumplido; (*flirtation*) piropo // *vt* felicitar; **~s** *npl* saludos *mpl*; **to pay sb a ~** (*formal*) hacer cumplidos a alguien; (*flirt*) piropear o echar piropos a alguien; **~ary** [-'mɛntərɪ] *a* lisonjero; (*free*) de favor.

comply [kəm'plaɪ] *vi*: **to ~ with** cumplir con.

component [kəm'pəʊnənt] *a* componente // *n* (*TECH*) pieza.

compose [kəm'pəʊz] *vt* componer; **to ~ o.s.** tranquilizarse; **~d** *a* sosegado; **~r** *n* (*MUS*) compositor(a) *m/f*.

composite ['kɒmpəzɪt] *a* compuesto.

composition [kɒmpə'zɪʃən] *n* composición *f*.

compost ['kɒmpɒst] *n* abono.

composure [kəm'pəʊʒə*] *n* serenidad *f*, calma.

compound ['kɒmpaʊnd] *n* (*CHEM*) compuesto; (*LING*) palabra compuesta; (*enclosure*) recinto // *a* (*gen*) compuesto; (*fracture*) complicado.

comprehend [kɒmprɪ'hɛnd] *vt* comprender; **comprehension** [-'hɛnʃən] *n* comprensión *f*.

comprehensive [kɒmprɪ'hɛnsɪv] *a* (*broad*) extenso; (*general*) de conjunto; (*INSURANCE*) contra todo riesgo; **~ (school)** *n* centro estatal de enseñanza secundaria; ≈ Instituto Nacional de Bachillerato (*Sp*).

compress [kəm'prɛs] *vt* comprimir // *n* ['kɒmprɛs] (*MED*) compresa.

comprise [kəm'praɪz] *vt* (*also*: **be ~d of**) comprender, constar de.

compromise ['kɒmprəmaɪz] *n* (*agreement*) arreglo // *vt* comprometer // *vi*

transigir.

compulsion [kəm'pʌlʃən] *n* obligación *f*.

compulsive [kəm'pʌlsɪv] *a* compulsivo.

compulsory [kəm'pʌlsərɪ] *a* obligatorio.

computer [kəm'pjuːtə*] *n* ordenador *m*, computador *m*, computadora; **~ize** *vt* (*data*) computerizar; (*system*) informatizar; **~ programmer** *n* programador(a) *m/f*; **~ programming** *n* programación *f*; **~ science** *n* informática.

computing [kəm'pjuːtɪŋ] *n* (*activity*) informática.

comrade ['kɒmrɪd] *n* compañero/a; **~ship** *n* camaradería, compañerismo.

con [kɒn] *vt* estafar // *n* estafa.

conceal [kən'siːl] *vt* ocultar; (*thoughts etc*) disimular.

conceit [kən'siːt] *n* presunción *f*; **~ed** *a* presumido.

conceivable [kən'siːvəbl] *a* concebible.

conceive [kən'siːv] *vt*, *vi* concebir.

concentrate ['kɒnsəntreɪt] *vi* concentrarse // *vt* concentrar.

concentration [kɒnsən'treɪʃən] *n* concentración *f*; **~ camp** *n* campo de concentración.

concept ['kɒnsɛpt] *n* concepto.

conception [kən'sɛpʃən] *n* (*idea*) concepto, idea; (*BIOL*) concepción *f*.

concern [kən'sɜːn] *n* (*matter*) asunto; (*COMM*) empresa; (*anxiety*) preocupación *f* // *vt* tener que ver con; **to be ~ed (about)** interesarse (por), preocuparse (por); **~ing** *prep* sobre, acerca de.

concert ['kɒnsət] *n* concierto; **~ed** [kən'sɜːtɪd] *a* (*efforts etc*) concertado; **~ hall** *n* sala de conciertos.

concertina [kɒnsə'tiːnə] *n* concertina.

concerto [kən'tʃɜːtəʊ] *n* concierto.

concession [kən'sɛʃən] *n* concesión *f*; **tax ~** privilegio fiscal.

concise [kən'saɪs] *a* conciso.

conclude [kən'kluːd] *vt* (*finish*) concluir; (*treaty etc*) firmar; (*agreement*) llegar a; (*decide*) llegar a la conclusión de; **conclusion** [-'kluːʒən] *n* conclusión *f*; **conclusive** [-'kluːsɪv] *a* decisivo, concluyente.

concoct [kən'kɒkt] *vt* (*gen*) confeccionar; (*plot*) tramar; **~ion** [-'kɒkʃən] *n* confección *f*.

concourse ['kɒŋkɔːs] *n* (*hall*) vestíbulo.

concrete ['kɒŋkriːt] *n* hormigón *m* // *a* concreto.

concur [kən'kɜː*] *vi* estar de acuerdo, asentir.

concurrently [kən'kʌrntlɪ] *ad* al mismo tiempo.

concussion [kən'kʌʃən] *n* conmoción *f* cerebral.

condemn [kən'dɛm] *vt* condenar; **~ation** [kɒndɛm'neɪʃən] *n* (*gen*) condena; (*blame*) censura.

condense [kən'dɛns] *vi* condensarse // *vt* condensar, abreviar; **~d milk** *n* leche *f* condensada.

condescending [kɔndɪ'sɛndɪŋ] a condescendiente.

condition [kən'dɪʃən] n condición f // vt condicionar; **on ~ that** a condición (de) que; **~al** a condicional; **~er** n (for hair) acondicionador m.

condolences [kən'dəulənsɪz] npl pésame msg.

condom ['kɔndəm] n condón m.

condominium [kɔndə'mɪnɪəm] n (US) condominio.

condone [kən'dəun] vt condonar.

conducive [kən'djuːsɪv] a: ~ **to** conducente a.

conduct ['kɔndʌkt] n conducta, comportamiento // vt [kən'dʌkt] (lead) conducir; (manage) llevar, dirigir; (MUS) dirigir // vi (MUS) llevar la batuta; **to ~ o.s.** comportarse; **~ed tour** n (Brit) visita acompañada; **~or** n (of orchestra) director m; (US: on train) revisor(a) m/f; (on bus) cobrador m; (ELEC) conductor m; **~ress** n (on bus) cobradora.

cone [kəun] n cono; (pine ~) piña; (for ice-cream) barquillo.

confectioner [kən'fɛkʃənə*] n (of cakes) pastelero; (of sweets) confitero/a; **~'s (shop)** n pastelería; confitería; **~y** n pasteles mpl; dulces mpl.

confer [kən'fəː*] vt: **to ~ sth on** otorgar algo a // vi conferenciar.

conference ['kɔnfərns] n (meeting) reunión f; (convention) congreso m.

confess [kən'fɛs] vt confesar // vi confesarse; **~ion** [-'fɛʃən] n confesión f; **~ional** [-'fɛʃənl] n confesionario.

confetti [kən'fɛtɪ] n confeti m.

confide [kən'faɪd] vi: **to ~ in** confiar en.

confidence ['kɔnfɪdns] n (gen, also: self ~) confianza; (secret) confidencia; **in ~** (speak, write) en confianza; **~ trick** n timo; **confident** a seguro de sí mismo; **confidential** [kɔnfɪ'dɛnʃəl] a confidencial; (secretary) de confianza.

confine [kən'faɪn] vt (limit) limitar; (shut up) encerrar; **~s** ['kɔnfaɪnz] npl confines mpl; **~d** a (space) reducido; **~ment** n (prison) prisión f; (MED) parto.

confirm [kən'fəːm] vt confirmar; **~ation** [kɔnfə'meɪʃən] n confirmación f; **~ed** a empedernido.

confiscate ['kɔnfɪskeɪt] vt confiscar.

conflict ['kɔnflɪkt] n conflicto // vi [kən'flɪkt] (opinions) chocar; **~ing** a contradictorio.

conform [kən'fɔːm] vi conformarse; **to ~ to** ajustarse a.

confound [kən'faund] vt confundir.

confront [kən'frʌnt] vt (problems) hacer frente a; (enemy, danger) enfrentarse con; **~ation** [kɔnfrən'teɪʃən] n enfrentamiento.

confuse [kən'fjuːz] vt (perplex) aturdir,

desconcertar; (mix up) confundir; **~d** a confuso; (person) perplejo; **confusing** a confuso; **confusion** [-'fjuːʒən] n confusión f.

congeal [kən'dʒiːl] vi (blood) coagularse.

congenial [kən'dʒiːnɪəl] a agradable.

congenital [kən'dʒɛnɪtl] a congénito.

congested [kən'dʒɛstɪd] a (gen) atestado.

congestion [kən'dʒɛstʃən] n congestión f.

conglomerate [kən'glɔmərət] n (COMM, GEO) conglomerado.

conglomeration [kənglɔmə'reɪʃən] n conglomeración f.

congratulate [kən'grætjuleɪt] vt: **to ~ sb (on)** felicitar a uno (por); **congratulations** [-'leɪʃənz] npl felicidades fpl.

congregate ['kɔngrɪgeɪt] vi congregarse; **congregation** [-'geɪʃən] n (in church) fieles mpl.

congress ['kɔngrɛs] n congreso; **~man** n (US) miembro del Congreso.

conifer ['kɔnɪfə*] n conífera.

conjecture [kən'dʒɛktʃə*] n conjetura.

conjugal ['kɔndʒugl] a conyugal.

conjugate ['kɔndʒugeɪt] vt conjugar.

conjunction [kən'dʒʌŋkʃən] n conjunción f.

conjunctivitis [kəndʒʌŋktɪ'vaɪtɪs] n conjuntivitis f.

conjure ['kʌndʒə*] vi hacer juegos de manos; **to ~ up** vt (ghost, spirit) hacer aparecer; (memories) evocar; **~r** n ilusionista m/f.

conk out [kɔŋk-] vi (col) descomponerse.

con man ['kɔn-] n timador m.

connect [kə'nɛkt] vt juntar, unir; (ELEC) conectar; (fig) relacionar, asociar // vi: **to ~ with** (train) enlazar con; **to be ~ed with** (associated) estar relacionado con; (related) estar emparentado con; **~ion** [-ʃən] n juntura, unión f; (ELEC) conexión f; (RAIL) enlace m; (TEL) comunicación f; (fig) relación f.

connive [kə'naɪv] vi: **to ~ at** hacer la vista gorda a.

connoisseur [kɔnɪ'sə*] n experto/a, entendido/a.

conquer ['kɔŋkə*] vt (territory) conquistar; (enemy, feelings) vencer; **~or** n conquistador m.

conquest ['kɔŋkwɛst] n conquista.

cons [kɔnz] npl see **convenience, pro.**

conscience ['kɔnʃəns] n conciencia.

conscientious [kɔnʃɪ'ɛnʃəs] a concienzudo; (objection) de conciencia.

conscious ['kɔnʃəs] a consciente; **~ness** n conciencia; (MED) conocimiento.

conscript ['kɔnskrɪpt] n recluta m; **~ion** [kən'skrɪpʃən] n servicio militar (obligatorio).

consecrate ['kɔnsɪkreɪt] vt consagrar.

consensus [kən'sɛnsəs] n consenso.

consent [kən'sɛnt] n consentimiento // vi: to ~ (to) consentir (en).

consequence ['kɔnsɪkwəns] n consecuencia.

consequently ['kɔnsɪkwəntlı] ad por consiguiente.

conservation [kɔnsə'veɪʃən] n conservación f.

conservative [kən'sə:vətɪv] a conservador(a); (cautious) cauteloso; C~ a, n (Brit POL) conservador/a m/f.

conservatory [kən'sə:vətrɪ] n (greenhouse) invernadero.

conserve [kən'sə:v] vt conservar // n conserva.

consider [kən'sɪdə*] vt considerar; (take into account) tomar en cuenta; (study) estudiar, examinar; to ~ doing sth pensar en (la posibilidad de) hacer algo; ~able a considerable; ~ably ad notablemente.

considerate [kən'sɪdərɪt] a considerado; **consideration** [-'reɪʃən] n consideración f; (reward) retribución f.

considering [kən'sɪdərɪŋ] prep teniendo en cuenta.

consign [kən'saɪn] vt consignar; ~ment n envío.

consist [kən'sɪst] vi: to ~ of consistir en.

consistency [kən'sɪstənsı] n (of person etc) consecuencia; (thickness) consistencia.

consistent [kən'sɪstənt] a (person, argument) consecuente; (results) constante.

consolation [kɔnsə'leɪʃən] n consuelo.

console [kən'səul] vt consolar // n ['kɔnsəul] consola.

consonant ['kɔnsənənt] n consonante f.

consortium [kən'sɔ:tɪəm] n consorcio.

conspicuous [kən'spɪkjuəs] a (visible) visible; (garish etc) llamativo; (outstanding) notable.

conspiracy [kən'spɪrəsɪ] n conjura, complot m.

conspire [kən'spaɪə*] vi conspirar.

constable ['kʌnstəbl] n (Brit) policía m/f; chief ~ ≈ jefe m de policía.

constabulary [kən'stæbjulərɪ] n ≈ policía.

constant ['kɔnstənt] a (gen) constante; (loyal) leal, fiel; ~ly ad constantemente.

consternation [kɔnstə'neɪʃən] n consternación f.

constipated ['kɔnstɪpeɪtəd] a estreñido.

constipation [kɔnstɪ'peɪʃən] n estreñimiento.

constituency [kən'stɪtjuənsɪ] n (POL) distrito electoral; **constituent** [-ənt] n (POL) elector(a) m/f; (part) componente m.

constitute ['kɔnstɪtjuːt] vt constituir.

constitution [kɔnstɪ'tjuːʃən] n constitución f; ~al a constitucional.

constrain [kən'streɪn] vt obligar; ~ed a: to feel ~ed to ... sentirse en la necesidad de ....

constraint [kən'streɪnt] n (force) fuerza; (limit) restricción f; (restraint) reserva.

construct [kən'strʌkt] vt construir; ~ion [-ʃən] n construcción f; ~ive a constructivo.

construe [kən'struː] vt interpretar.

consul ['kɔnsl] n cónsul m/f; ~ate ['kɔnsjulɪt] n consulado.

consult [kən'sʌlt] vt, vi consultar; ~ant n (Brit MED) especialista m/f; (other specialist) asesor/a m/f; ~ation [kɔnsəl'teɪʃən] n consulta; ~ing room n (Brit) consultorio.

consume [kən'sjuːm] vt (eat) comerse; (drink) beberse; (fire etc, COMM) consumir; ~r n consumidor/a m/f; ~r goods npl bienes mpl de consumo; ~rism n consumismo; ~r society n sociedad f de consumo.

consummate ['kɔnsʌmeɪt] vt consumar.

consumption [kən'sʌmpʃən] n consumo; (MED) tisis f.

cont. abbr = (continued) sigue.

contact ['kɔntækt] n contacto; (person) enchufe m // vt ponerse en contacto con; ~ lenses npl lentes fpl de contacto.

contagious [kən'teɪdʒəs] a contagioso.

contain [kən'teɪn] vt contener; to ~ o.s. contenerse; ~er n recipiente m; (for shipping etc) contenedor m.

contaminate [kən'tæmɪneɪt] vt contaminar; **contamination** [-'neɪʃən] n contaminación f.

cont'd abbr = (continued) sigue.

contemplate ['kɔntəmpleɪt] vt (gen) contemplar; (reflect upon) considerar; (intend) pensar.

contemporary [kən'tɛmpərərɪ] a, n contemporáneo/a m/f.

contempt [kən'tɛmpt] n desprecio; ~ of court (LAW) desacato (a los tribunales); ~ible a despreciable; ~uous a desdeñoso.

contend [kən'tɛnd] vt (argue) afirmar // vi (struggle) luchar; ~er n (SPORT) contendiente m/f.

content [kən'tɛnt] a (happy) contento; (satisfied) satisfecho // vt contentar; satisfacer // n ['kɔntɛnt] contenido; (table of) ~s índice m de materias; ~ed a contento; satisfecho.

contention [kən'tɛnʃən] n discusión f; (belief) argumento.

contentment [kən'tɛntmənt] n contento.

contest ['kɔntɛst] n contienda; (competition) concurso // vt [kən'tɛst] (dispute) impugnar; (POL) presentarse como candidato/a en; (in fight) contendiente m/f; ~ant [kən'tɛstənt] n concursante m/f; (in fight) contendiente m/f.

continent ['kɔntɪnənt] n continente m; the C~ (Brit) el continente europeo; ~al [-'nɛntl] a continental; ~al quilt n (Brit) edredón m.

contingency [kən'tɪndʒənsɪ] n contingen-

cia.
contingent [kən'tındʒənt] (*group*) grupo.
continual [kən'tınjuəl] *a* continuo; **~ly**
ad constantemente.
continuation [kəntınju'eıʃən] *n* prolongación *f*; (*after interruption*) reanudación *f*.
continue [kən'tınjuː] *vi, vt* seguir, continuar.
continuous [kən'tınjuəs] *a* continuo; **~
stationery** *n* papel *m* continuo.
contort [kən'tɔːt] *vt* retorcer; **~ion**
[-'tɔːʃən] *n* (*movement*) contorsión *f*.
contour ['kɒntuə*] *n* contorno; (*also:* **~
line**) curva de nivel.
contraband ['kɒntrəbænd] *n* contrabando.
contraception [kɒntrə'sepʃən] *n* contracepción *f*.
contraceptive [kɒntrə'septıv] *a, n* anticonceptivo.
contract ['kɒntrækt] *n* contrato // (*vb:*
[kən'trækt]) *vi* (*COMM*): **to ~ to do sth**
comprometerse por contrato a hacer
algo; (*become smaller*) contraerse, encogerse // *vt* contraer; **~ion** [kən'trækʃən]
n contracción *f*; **~or** *n* contratista *m/f*.
contradict [kɒntrə'dıkt] *vt* (*declare to be
wrong*) desmentir; (*be contrary to*) contradecir; **~ion** [-ʃən] *n* contradicción;
~ory (*statements*) contradictorio.
contraption [kən'træpʃən] *n* (*pej*) artilugio *m*.
contrary ['kɒntrərı] *a* (*opposite, different*) contrario; [kən'treərı] (*perverse*)
terco // *n:* **on the ~** al contrario; **unless
you hear to the ~** a no ser que le digan
lo contrario.
contrast ['kɒntrɑːst] *n* contraste *m* // *vt*
[kən'trɑːst] comparar; **~ing** *a* (*opinion*)
opuesto; (*colour*) que hace contraste.
contravene [kɒntrə'viːn] *vt* infringir.
contribute [kən'trıbjuːt] *vi* contribuir //
vt: **to ~ to** (*gen*) contribuir a; (*newspaper*) escribir para; **contribution**
[kɒntrı'bjuːʃən] *n* (*money*) contribución *f*;
(*to debate*) intervención *f*; (*to journal*)
colaboración *f*; **contributor** *n* (*to newspaper*) colaborador(a) *m/f*.
contrive [kən'traıv] *vt* (*invent*) idear //
vi: **to ~ to do** lograr hacer.
control [kən'trəul] *vt* controlar; (*traffic
etc*) dirigir; (*machinery*) manejar;
(*temper*) dominar // *n* (*command*) control *m*; (*of car*) conducción *f*; (*check*)
freno; **~s** *npl* mando *sg*; **everything is
under ~** todo está bajo control; **to be in
~ of** tener el mando de; **the car went out
of ~** se perdió el control del coche; **~
panel** *n* tablero de instrumentos; **~
room** *n* sala de mando; **~ tower** *n*
(*AVIAT*) torre *f* de control.
controversial [kɒntrə'vəːʃl] *a* polémico.
controversy ['kɒntrəvəːsı] *n* polémica.
conurbation [kɒnəː'beıʃən] *n* urbaniza-

ción *f*.
convalesce [kɒnvə'les] *vi* convalecer;
convalescence *n* convalecencia; **convalescent** *a, n* convaleciente *m/f*.
convene [kən'viːn] *vt* convocar // *vi* reunirse.
convenience [kən'viːnıəns] *n* (*comfort*)
comodidad *f*; (*advantage*) ventaja; **at
your ~** cuando le sea conveniente; **all
modern ~s**, (*Brit*) **all mod cons** todo confort.
convenient [kən'viːnıənt] *a* (*useful*) útil;
(*place, time*) conveniente.
convent ['kɒnvənt] *n* convento.
convention [kən'venʃən] *n* convención *f*;
(*meeting*) asamblea; **~al** *a* convencional.
conversant [kən'vəːsnt] *a:* **to be ~ with**
estar al tanto de.
conversation [kɒnvə'seıʃən] *n* conversación *f*; **~al** *a* (*familiar*) familiar; (*talkative*) locuaz.
converse ['kɒnvəːs] *n* inversa // *vi*
[kən'vəːs] conversar; **~ly** [-'vəːslı] *ad* a
la inversa.
conversion [kən'vəːʃən] *n* conversión *f*.
convert [kən'vəːt] *vt* (*REL, COMM*) convertir; (*alter*) transformar // *n* ['kɒnvəːt]
converso/a; **~ible** *a* convertible // *n* descapotable *m*.
convex ['kɒnveks] *a* convexo.
convey [kən'veı] *vt* llevar; (*thanks*) comunicar; (*idea*) expresar; **~or belt** *n*
cinta transportadora.
convict [kən'vıkt] *vt* (*gen*) condenar;
(*find guilty*) declarar culpable a // *n*
['kɒnvıkt] presidiario/a; **~ion** [-ʃən] *n*
condena; (*belief*) creencia, convicción *f*.
convince [kən'vıns] *vt* convencer; **~d a:**
~d of/that convencido de/de que; **convincing** *a* convincente.
convoluted ['kɒnvəluːtıd] *a* (*argument
etc*) enrevesado.
convoy ['kɒnvɔı] *n* convoy *m*.
convulse [kən'vʌls] *vt* convulsionar; **to
be ~d with laughter** dislocarse de risa;
convulsion [-'vʌlʃən] *n* convulsión *f*.
coo [kuː] *vi* arrullar.
cook [kuk] *vt* cocinar; (*stew etc*) guisar;
(*meal*) preparar // *vi* cocer; (*person*) cocinar // *n* cocinero/a; **~ book** *n* libro de
cocina; **~er** *n* cocina; **~ery** *n* (*dishes*)
cocina; (*art*) arte *m* culinario; **~ery
book** *n* (*Brit*) **= ~ book**; **~ie** *n* (*US*)
galleta; **~ing** *n* cocina.
cool [kuːl] *a* fresco; (*not hot*) tibio; (*not
afraid*) tranquilo; (*unfriendly*) frío // *vt*
enfriar // *vi* enfriarse; **~ness** *n* frescura; tranquilidad *f*; (*hostility*) frialdad *f*;
(*indifference*) falta de entusiasmo.
coop [kuːp] *n* gallinero // *vt:* **to ~ up** (*fig*)
encerrar.
cooperate [kəu'ɒpəreıt] *vi* cooperar, colaborar; **cooperation** [-'reıʃən] *n* cooperación *f*, colaboración *f*; **cooperative**

[-rətɪv] *a* cooperativo // *n* cooperativa.
coordinate [kəu'ɔːdɪneɪt] *vt* coordinar // *n* [kəu'ɔːdɪnət] (*MATH*) coordenada; **~s** *npl* (*clothes*) coordinados *mpl*; **coordination** [-'neɪʃən] *n* coordinación *f*.
co-ownership [kəu'əunəʃɪp] *n* copropiedad *f*.
cop [kɔp] *n* (*col*) poli *m*, tira *m* (*LAm*).
cope [kəup] *vi*: to ~ with poder con; (*problem*) hacer frente a.
copious ['kəupɪəs] *a* copioso, abundante.
copper ['kɔpə*] *n* (*metal*) cobre *m*; (*col*: *policeman*) poli *m*; **~s** *npl* perras *fpl*, centavos *mpl* (*LAm*).
coppice ['kɔpɪs], **copse** [kɔps] *n* bosquecillo.
copulate ['kɔpjuleɪt] *vi* copularse.
copy ['kɔpɪ] *n* copia; (*of book etc*) ejemplar *m*; (*of writing*) original *m* // *vt* copiar; **~right** *n* derechos *mpl* de autor.
coral ['kɔrəl] *n* coral *m*; ~ reef *n* arrecife *m* (de coral).
cord [kɔːd] *n* cuerda; (*ELEC*) cable *m*; (*fabric*) pana.
cordial ['kɔːdɪəl] *a* afectuoso // *n* cordial *m*.
cordon ['kɔːdn] *n* cordón *m*; to ~ off *vt* acordonar.
corduroy ['kɔːdərɔɪ] *n* pana.
core [kɔː*] *n* (*gen*) centro, núcleo; (*of fruit*) corazón *m* // *vt* quitar el corazón de.
coriander [kɔrɪ'ændə*] *n* culantro.
cork [kɔːk] *n* corcho; (*tree*) alcornoque *m*; **~screw** *n* sacacorchos *m inv*.
corn [kɔːn] *n* (*Brit*: *wheat*) trigo; (*US*: *maize*) maíz *m*; (*on foot*) callo; ~ on the cob (*CULIN*) maíz en la mazorca, choclo (*LAm*).
cornea ['kɔːnɪə] *n* córnea.
corned beef ['kɔːnd-] *n* carne *f* acecinada.
corner ['kɔːnə*] *n* ángulo; (*outside*) esquina; (*inside*) rincón *m*; (*in road*) curva; (*FOOTBALL*) córner *m* // *vt* (*trap*) arrinconar; (*COMM*) acaparar // *vi* (*in car*) tomar las curvas; **~stone** *n* piedra angular.
cornet ['kɔːnɪt] *n* (*MUS*) corneta; (*Brit*: *of ice-cream*) barquillo.
cornflakes ['kɔːnfleɪks] *npl* copos *mpl* de maíz, cornflakes *mpl*.
cornflour ['kɔːnflauə*] *n* (*Brit*) harina de maíz.
cornstarch ['kɔːnstɑːtʃ] *n* (*US*) = **cornflour**.
Cornwall ['kɔːnwəl] *n* Cornualles *m*.
corny ['kɔːnɪ] *a* (*col*) gastado.
corollary [kə'rɔlərɪ] *n* corolario.
coronary ['kɔrənərɪ] *n*: ~ (thrombosis) infarto.
coronation [kɔrə'neɪʃən] *n* coronación *f*.
coroner ['kɔrənə*] *n* juez *m* (de instrucción).
coronet ['kɔrənɪt] *n* corona.

corporal ['kɔːpərl] *n* cabo // *a*: ~ punishment castigo corporal.
corporate ['kɔːpərɪt] *a* corporativo.
corporation [kɔːpə'reɪʃən] *n* (*of town*) ayuntamiento; (*COMM*) corporación *f*.
corps [kɔː*], *pl* **corps** [kɔːz] *n* cuerpo.
corpse [kɔːps] *n* cadáver *m*.
corpuscle ['kɔːpʌsl] *n* corpúsculo.
corral [kə'rɑːl] *n* corral *m*.
correct [kə'rekt] *a* (*accurate*) justo, exacto; (*proper*) correcto // *vt* corregir; (*exam*) calificar; **~ion** [-ʃən] *n* rectificación *f*; (*erasure*) tachadura.
correlation [kɔrɪ'leɪʃən] *n* correlación *f*.
correspond [kɔrɪs'pɔnd] *vi* (*write*) escribirse; (*be equal to*) corresponder; **~ence** *n* correspondencia; **~ence course** *n* curso por correspondencia; **~ent** *n* corresponsal *m/f*.
corridor ['kɔrɪdɔː*] *n* pasillo.
corroborate [kə'rɔbəreɪt] *vt* corroborar.
corrode [kə'rəud] *vt* corroer // *vi* corroerse; **corrosion** [-'rəuʒən] *n* corrosión *f*.
corrugated ['kɔrəgeɪtɪd] *a* ondulado; ~ iron *n* chapa ondulada.
corrupt [kə'rʌpt] *a* corrompido; (*person*) corrupto // *vt* corromper; (*bribe*) sobornar; **~ion** [-ʃən] *n* corrupción *f*.
corset ['kɔːsɪt] *n* faja.
Corsica ['kɔːsɪkə] *n* Córcega.
cortège [kɔː'teɪʒ] *n* cortejo, desfile *m*.
cosh [kɔʃ] *n* (*Brit*) cachiporra.
cosmetic [kɔz'metɪk] *n* cosmético.
cosmic ['kɔzmɪk] *a* cósmico.
cosmonaut ['kɔzmənɔːt] *n* cosmonauta *m/f*.
cosmopolitan [kɔzmə'pɔlɪtn] *a* cosmopolita.
cosset ['kɔsɪt] *vt* mimar.
cost [kɔst] *n* (*gen*) coste *m*, costo; (*price*) precio; **~s** *npl* costas *fpl* // *vb* (*pt*, *pp* **cost**) *vi* costar, valer // *vt* preparar el presupuesto de; how much does it ~? ¿cuánto cuesta?; at all ~s cueste lo que cueste.
co-star ['kəustɑː*] *n* colega *m/f* de reparto.
Costa Rican ['kɔstə'riːkən] *a*, *n* costarriqueño/a *m/f*.
cost-effective [kɔstɪ'fektɪv] *a* rentable.
costly ['kɔstlɪ] *a* (*expensive*) costoso.
cost-of-living [kɔstəv'lɪvɪŋ] *a*: ~ allowance plus *m* de carestía de vida; ~ index *n* índice *m* del costo de vida.
cost price *n* (*Brit*) precio de coste.
costume ['kɔstjuːm] *n* traje *m*; (*Brit*: *also*: swimming ~) traje de baño; ~ jewellery *n* bisutería.
cosy, (*US*) **cozy** ['kəuzɪ] *a* cómodo; (*atmosphere*) acogedor(a).
cot [kɔt] *n* (*Brit*: *child's*) cuna.
cottage ['kɔtɪdʒ] *n* casita de campo; (*rustic*) barraca; ~ cheese *n* requesón *m*; ~ industry *n* industria casera; ~ pie *n* pastel *m* de carne cubierta de

puré de patatas.
cotton ['kɔtn] *n* algodón *m*; *(thread)*
hilo; **to ~ on to** *vt fus (col)* caer en la
cuenta de; **~ candy** *n (US)* algodón
m (azucarado); **~ wool** *n (Brit)* algodón
m (hidrófilo).
couch [kautʃ] *n* sofá *m*.
couchette [ku:'ʃɛt] *n* litera.
cough [kɔf] *vi* toser // *n* tos *f*; **~ drop** *n*
pastilla para la tos.
could [kud] *pt of* **can**; **~n't** = **could
not.**
council ['kaunsl] *n* consejo; **city** *or* **town
~** consejo municipal; **~ estate** *n (Brit)*
urbanización *f* de viviendas municipales
de alquiler; **~ house** *n (Brit)* vivienda
municipal de alquiler; **~lor** *n* conce-
jal(a) *m/f*.
counsel ['kaunsl] *n (advice)* consejo;
(lawyer) abogado/a // *vt* aconsejar; **~lor**
n consejero/a; **~** *n (US)* abogado/a.
count [kaunt] *vt (gen)* contar; *(include)*
incluir // *vi* contar // *n* cuenta; *(of votes)*
escrutinio; *(nobleman)* conde *m*; *(sum)*
total *m*, suma; **to ~ on** *vt fus* contar
con; that doesn't **~**! ¡eso no vale!;
~down *n* cuenta atrás.
countenance ['kauntɪnəns] *n* semblante
m, rostro // *vt (tolerate)* aprobar, tolerar.
counter ['kauntə*] *n (in shop)* mostrador
m; *(in games)* ficha // *vt* contrarrestar.
counterfeit ['kauntəfɪt] *n* falsificación *f*,
simulación *f* // *vt* falsificar // *a* falso, falsificado.
counterfoil ['kauntəfɔɪl] *n (Brit)* talón
m.
countermand ['kauntəmɑːnd] *vt* revocar, cancelar.
counterpart ['kauntəpɑːt] *n (of person)*
homólogo/a.
counter-productive [kauntəprə'dʌktɪv]
a contraproducente.
countersign ['kauntəsaɪn] *vt* refrendar.
countess ['kauntɪs] *n* condesa.
countless ['kauntlɪs] *a* innumerable.
country ['kʌntrɪ] *n* país *m*; *(native land)*
patria; *(as opposed to town)* campo; *(region)* región *f*, tierra; **~ dancing** *n
(Brit)* baile *m* regional; **~ house** *n*
casa de campo; **~man** *n (national)*
compatriota *m*; *(rural)* campesino, paisano; **~side** *n* campo.
county ['kauntɪ] *n* condado.
coup [ku:], *pl* **~s** [-z] *n (also:* **~ d'état)**
golpe *m* (de estado).
coupé ['ku:peɪ] *n* cupé *m*.
couple ['kʌpl] *n (of things)* par *m*; *(of
people)* pareja; *(married ~)* matrimonio
// *vt (ideas, names)* unir, juntar; *(machinery)* acoplar; **a ~ of** un par de.
coupling ['kʌplɪŋ] *n (RAIL)* enganche *m*.
coupon ['ku:pɔn] *n* cupón *m*; *(pools ~)*
boleto de quiniela.
courage ['kʌrɪdʒ] *n* valor *m*, valentía;

~ous [kə'reɪdʒəs] *a* valiente.
courgette [kuə'ʒɛt] *n (Brit)* calabacín
m, calabacita.
courier ['kurɪə*] *n* mensajero/a; *(diplomatic)* correo; *(for tourists)* guía *m/f*
(de turismo).
course [kɔːs] *n (direction)* dirección *f*;
(of river, SCOL) curso; *(of ship)* rumbo;
(fig) proceder *m*; *(GOLF)* campo; *(part
of meal)* plato; **of ~ ad** desde luego, naturalmente; **of ~!** ¡claro!
court [kɔːt] *n (royal)* corte *f*; *(LAW)* tribunal *m*, juzgado; *(TENNIS)* pista, cancha // *vt (woman)* cortejar a; *(danger
etc)* buscar; **to take to ~** demandar.
courteous ['kɜːtɪəs] *a* cortés.
courtesan [kɔːtɪ'zæn] *n* cortesana.
courtesy ['kɜːtəsɪ] *n* cortesía; **by ~ of**
por cortesía de.
court-house ['kɔːthaus] *n (US)* palacio
de justicia.
courtier ['kɔːtɪə*] *n* cortesano.
court-martial ['kɔːt'mɑːʃəl], *pl* **courts-
martial** *n* consejo de guerra // *vt* someter a consejo de guerra.
courtroom ['kɔːtrum] *n* sala de justicia.
courtyard ['kɔːtjɑːd] *n* patio.
cousin ['kʌzn] *n* primo/a; **first ~** primo/a
carnal.
cove [kəuv] *n* cala, ensenada.
covenant ['kʌvənənt] *n* convenio.
cover ['kʌvə*] *vt* cubrir; *(with lid)* tapar; *(chairs etc)* revestir; *(distance)* recorrer; *(include)* abarcar; *(protect)* abrigar; *(journalist)* investigar; *(issues)*
tratar // *n* cubierta; *(lid)* tapa; *(for
chair etc)* funda; *(for bed)* cobertor *m*;
(envelope) sobre *m*; *(for book)* forro;
(of magazine) portada; *(shelter)* abrigo;
(insurance) cobertura; **to take ~** *(shelter)* protegerse, resguardarse; **under ~**
(indoors) bajo techo; **under ~ of darkness** al amparo de la oscuridad; **under
separate ~** *(COMM)* por separado; **to ~
up for sb** encubrir a uno; **~age** *n* alcance *m*; **~alls** *npl (US)* mono *sg*; **~
charge** *n* precio del cubierto; **~ing** *n*
cubierta, envoltura; **~ing letter**, *(US)*
~ letter *n* carta de explicación; **~
note** *n (INSURANCE)* póliza provisional.
covert ['kʌvət] *a* secreto, encubierto.
cover-up ['kʌvərʌp] *n* encubrimiento.
covet ['kʌvɪt] *vt* codiciar.
cow [kau] *n* vaca // *vt* intimidar.
coward ['kauəd] *n* cobarde *m/f*; **~ice**
[-ɪs] *n* cobardía; **~ly** *a* cobarde.
cowboy ['kaubɔɪ] *n* vaquero.
cower ['kauə*] *vi* encogerse (de miedo).
coxswain ['kɔksn] *n (abbr:* **cox)** timonel
m/f.
coy [kɔɪ] *a* tímido.
cozy ['kəuzɪ] *a (US)* = **cosy.**
CPA *n abbr (US)* = **certified public accountant.**
crab [kræb] *n* cangrejo; **~ apple** *n* man-

zana silvestre.

crack [kræk] n grieta; (noise) crujido; (: of whip) chasquido; (joke) chiste m; **to have a ~** at intentar // vt agrietar, romper; (nut) cascar; (safe) forzar; (whip etc) chasquear; (knuckles) crujir; (joke) contar // a (athlete) de primera clase; **to ~ down on** vt fus reprimandar fuertemente; **to ~ up** vi (MED) sufrir una crisis nerviosa; **~er** n (biscuit) cráquer m; (Christmas cracker) petardo sorpresa.

crackle ['krækl] vi crepitar.

cradle ['kreɪdl] n cuna.

craft [krɑːft] n (skill) arte m; (trade) oficio; (cunning) astucia; (boat) barco.

craftsman ['krɑːftsmən] n artesano; **~ship** n artesanía.

crafty ['krɑːftɪ] a astuto.

crag [kræg] n peñasco.

cram [kræm] vt (fill): **to ~ sth with** llenar algo (a reventar) de; (put): **to ~ sth into** meter algo a la fuerza en // vi (for exams) empollar; **~med** a atestado.

cramp [kræmp] n (MED) calambre m; (TECH) grapa // vt (limit) poner trabas a; **~ed** a apretado, estrecho.

crampon ['kræmpən] n crampón m.

cranberry ['krænbərɪ] n arándano agrio.

crane [kreɪn] n (TECH) grúa; (bird) grulla.

crank [kræŋk] n manivela; (person) chiflado; **~shaft** n cigüeñal m.

cranny ['krænɪ] n see **nook**.

crash [kræʃ] n (noise) estrépito; (of cars etc) choque m; (of plane) accidente m de aviación; (COMM) quiebra // vt (plane) estrellar // vi (plane) estrellarse; (two cars) chocar; (fall noisily) caer con estrépito; **~ course** n curso acelerado; **~ helmet** n casco (protector); **~ landing** n aterrizaje m forzado.

crass [kræs] a grosero, maleducado.

crate [kreɪt] n cajón m de embalaje.

crater ['kreɪtə*] n cráter m.

cravat(e) [krə'væt] n pañuelo.

crave [kreɪv] vt, vi: **to ~ (for)** ansiar, anhelar; **craving** n (of pregnant woman) antojo.

crawl [krɔːl] vi (drag o.s.) arrastrarse; (child) andar a gatas, gatear; (vehicle) avanzar (lentamente) // n (SWIMMING) crol m.

crayfish ['kreɪfɪʃ] n, pl inv (freshwater) cangrejo de río; (saltwater) cigala.

crayon ['kreɪən] n lápiz m de color.

craze [kreɪz] n manía; (fashion) moda.

crazy ['kreɪzɪ] a (person) loco; (idea) disparatado; **~ paving** n pavimento de baldosas irregulares.

creak [kriːk] vi crujir; (hinge etc) chirriar, rechinar.

cream [kriːm] n (of milk) nata, crema; (lotion) crema; (fig) flor f y nata // a (colour) color crema; **~ cake** n pastel

m de nata; **~ cheese** n queso crema; **~y** a cremoso.

crease [kriːs] n (fold) pliegue m; (in trousers) raya; (wrinkle) arruga // vt (fold) doblar, plegar; (wrinkle) arrugar // vi (wrinkle up) arrugarse.

create [kriː'eɪt] vt crear; **creation** [-ʃən] n creación f; **creative** a creador(a); **creator** n creador(a) m/f.

creature ['kriːtʃə*] n (animal) animal m, bicho; (living thing) criatura.

crèche, creche [krɛʃ] n (Brit) guardería (infantil).

credence ['kriːdəns] n: **to lend** or **give ~** to creer en, dar crédito a.

credentials [krɪ'dɛnʃlz] npl credenciales fpl.

credible ['krɛdɪbl] a creíble.

credit ['krɛdɪt] n (gen) crédito; (merit) honor m, mérito // vt (COMM) abonar; (believe) creer, prestar fe a // a creditício; **~s** npl (CINEMA) fichas fpl técnicas; **to be in ~** (person) tener saldo a favor; **to ~ sb with** (fig) reconocer a uno el mérito de; **~ card** n tarjeta de crédito; **~or** n acreedor(a) m/f.

creed [kriːd] n credo.

creek [kriːk] n cala, ensenada; (US) riachuelo.

creep [kriːp], pt, pp **crept** vi (animal) deslizarse; (gen) arrastrarse; (plant) trepar; **~er** n enredadera; **~y** a (frightening) horripilante.

cremate [krɪ'meɪt] vt incinerar.

crematorium [krɛmə'tɔːrɪəm], pl **-ria** [-rɪə] n crematorio.

crêpe [kreɪp] n (fabric) crespón m; (also: **~ rubber**) crepé m; **~ bandage** n (Brit) venda de crepé.

crept [krɛpt] pt, pp of **creep**.

crescent ['krɛsnt] n media luna; (street) calle f (en forma de semicírculo).

cress [krɛs] n berro.

crest [krɛst] n (of bird) cresta; (of hill) cima, cumbre f; (of helmet) cimera; (of coat of arms) blasón m; **~fallen** a alicaído.

crevasse [krɪ'væs] n grieta.

crevice ['krɛvɪs] n grieta, hendedura.

crew [kruː] n (of ship etc) tripulación f; (gang) banda; (MIL) dotación f; **~-cut** n corte m al rape; **~-neck** n cuello plano.

crib [krɪb] n pesebre m // vt (col) plagiar.

crick [krɪk] n (in neck) tortícolis m.

cricket ['krɪkɪt] n (insect) grillo; (game) críquet m.

crime [kraɪm] n crimen m; (less serious) delito; **criminal** ['krɪmɪnl] n criminal m/f, delincuente m/f // a criminal; (law) penal.

crimson ['krɪmzn] a carmesí.

cringe [krɪndʒ] vi agacharse, encogerse.

crinkle ['krɪŋkl] vt arrugar.

cripple ['krɪpl] n lisiado/a, cojo/a // vt lisiar, mutilar.

crisis ['kraɪsɪs], pl **-ses** [-siːz] n crisis f inv.

crisp [krɪsp] a fresco; (cooked) tostado; (manner) seco; **~s** npl (Brit) patatas fpl or papas fpl fritas.

criss-cross ['krɪskrɒs] a entrelazado.

criterion [kraɪ'tɪərɪən], pl **-ria** [-rɪə] n criterio.

critic ['krɪtɪk] n (paper) crítico/a; **~al** a (gen) crítico; (illness) grave; **~ally** ad (speak etc) en tono crítico; (ill) gravemente; **~ism** ['krɪtɪsɪzm] n crítica; **~ize** ['krɪtɪsaɪz] vt criticar.

croak [krəuk] vi (frog) croar; (raven) graznar.

crochet ['krəuʃeɪ] n ganchillo.

crockery ['krɒkərɪ] n loza, vajilla.

crocodile ['krɒkədaɪl] n cocodrilo.

crocus ['krəukəs] n azafrán m.

croft [krɒft] n (Brit) granja pequeña.

crony ['krəunɪ] n compinche m/f.

crook [kruk] n (fam) ladrón/ona m/f; (of shepherd) cayado; (of arm) pliegue m; **~ed** ['krukɪd] a torcido; (path) tortuoso; (fam) sucio.

crop [krɒp] n (produce) cultivo; (amount produced) cosecha; (riding ~) látigo de montar // vt cortar, recortar; **to ~ up** vi surgir, presentarse.

croquette [krə'kɛt] n croqueta.

cross [krɒs] n cruz f // vt (street etc) cruzar, atravesar // a de mal humor, enojado; **to ~ o.s.** santiguarse; **to ~ out** vt tachar; **to ~ over** vi cruzar; **~bar** n travesaño; **~country (race)** n carrera a campo traviesa, cross m; **to ~-examine** vt interrogar; **~-eyed** a bizco; **~fire** n fuego cruzado; **~ing** n (road) cruce m; (rail) paso a nivel; (sea passage) travesía; (also: **pedestrian ~ing**) paso para peatones; **~ing guard** n (US) persona encargada de ayudar a los niños a cruzar la calle; **~ purposes** npl: **to be at ~ purposes** malentenderse uno a otro; **~-reference** n contrarreferencia; **~roads** n cruce m, encrucijada; **~ section** n corte m transversal; (of population) muestra (representativa); **~walk** n (US) paso de peatones; **~wind** n viento de costado; **~word** n crucigrama m.

crotch [krɒtʃ] n (of garment) entrepierna.

crotchet ['krɒtʃɪt] n (Brit MUS) negra.

crotchety ['krɒtʃɪtɪ] a (person) arisco.

crouch [krautʃ] vi agacharse, acurrucarse.

crow [krəu] n (bird) cuervo; (of cock) canto, cacareo // vi (cock) cantar; (fig) jactarse.

crowbar ['krəubɑː*] n palanca.

crowd [kraud] n muchedumbre f; (SPORT) público; (common herd) vulgo // vt (gather) amontonar; (fill) llenar // vi

(gather) reunirse; (pile up) amontonarse; **~ed** a (full) atestado; (well-attended) concurrido.

crown [kraun] n corona; (of head) coronilla; (of hat) copa; (of hill) cumbre f // vt coronar; **~ jewels** npl joyas fpl reales; **~ prince** n príncipe m heredero.

crow's feet npl patas fpl de gallo.

crucial ['kruːʃl] a decisivo.

crucifix ['kruːsɪfɪks] n crucifijo; **~ion** [-'fɪkʃən] n crucifixión f.

crucify ['kruːsɪfaɪ] vt crucificar.

crude [kruːd] a (materials) bruto; (fig: basic) tosco; (: vulgar) ordinario; **~ (oil)** n petróleo crudo.

cruel ['kruəl] a cruel; **~ty** n crueldad f.

cruet ['kruːɪt] n angarillas fpl.

cruise [kruːz] n crucero // vi (ship) hacer un crucero; (car) mantener la velocidad; **~r** n crucero.

crumb [krʌm] n miga, migaja.

crumble ['krʌmbl] vt desmenuzar // vi (gen) desmenuzarse; (building) desmoronarse; **crumbly** a desmenuzable.

crumpet ['krʌmpɪt] n ≈ bollo para tostar.

crumple ['krʌmpl] vt (paper) estrujar; (material) arrugar.

crunch [krʌntʃ] vt (with teeth) ronzar; (underfoot) hacer crujir // n (fig) crisis f; **~y** a crujiente.

crusade [kruː'seɪd] n cruzada.

crush [krʌʃ] n (crowd) aglomeración f // vt (gen) aplastar; (paper) estrujar; (cloth) arrugar; (fruit) exprimir.

crust [krʌst] n corteza.

crutch [krʌtʃ] n muleta.

crux [krʌks] n lo esencial.

cry [kraɪ] vi llorar; (shout: also: **~ out**) gritar // n grito; **to ~ off** vi echarse atrás.

cryptic ['krɪptɪk] a enigmático, secreto.

crystal ['krɪstl] n cristal m; **~-clear** a claro como el agua; **~lize** vt cristalizar // vi cristalizarse.

cub [kʌb] n cachorro; (also: **~ scout**) niño explorador.

Cuba ['kjuːbə] n Cuba; **~n** a, n cubano/a m/f.

cubbyhole ['kʌbɪhəul] n chiribitil m.

cube [kjuːb] n cubo; (of sugar) terrón m // vt (MATH) cubicar; **~ root** n raíz f cúbica; **cubic** a cúbico.

cubicle ['kjuːbɪkl] n (at pool) caseta; (for bed) cubículo.

cuckoo ['kuku:] n cuco; **~ clock** n cucú m.

cucumber ['kjuːkʌmbə*] n pepino.

cuddle ['kʌdl] vt abrazar // vi abrazarse.

cue [kjuː] n (snooker ~) taco; (THEATRE etc) entrada.

cuff [kʌf] n (Brit: of shirt, coat etc) puño; (US: of trousers) vuelta; (blow) bofetada; **off the ~** ad improvisado; **~links** npl gemelos mpl.

cuisine [kwɪ'zi:n] n cocina.
cul-de-sac ['kʌldəsæk] n callejón m sin salida.
cull [kʌl] vt (select) entresacar.
culminate ['kʌlmɪneɪt] vi: to ~ in terminar en; **culmination** [-'neɪʃən] n culminación f, colmo.
culottes [ku:'lɔts] npl falda fsg pantalón.
culprit ['kʌlprɪt] n culpable m/f, delincuente m/f.
cult [kʌlt] n culto.
cultivate ['kʌltɪveɪt] vt (also fig) cultivar; **~d** a culto; **cultivation** [-'veɪʃən] n cultivo; (fig) cultura.
cultural ['kʌltʃərəl] a cultural.
culture ['kʌltʃə*] n (also fig) cultura; **~d** a culto.
cumbersome ['kʌmbəsəm] a de mucho bulto, voluminoso.
cunning ['kʌnɪŋ] n astucia // a astuto.
cup [kʌp] n taza; (prize, event) copa.
cupboard ['kʌbəd] n armario; (kitchen) alacena.
cup-tie ['kʌptaɪ] n (Brit) partido de copa.
curate ['kjuərɪt] n cura m.
curator [kjuə'reɪtə*] n conservador(a) m/f.
curb [kə:b] vt refrenar // n freno; (US) bordillo.
curdle ['kə:dl] vi cuajarse.
cure [kjuə*] vt curar // n cura, curación f.
curfew ['kə:fju:] n toque m de queda.
curio ['kjuərɪəu] n curiosidad f.
curiosity [kjuərɪ'ɔsɪtɪ] n curiosidad f.
curious ['kjuərɪəs] a curioso.
curl [kə:l] n rizo // vt (hair) rizar; (paper) arrollar; (lip) fruncir // vi rizarse; arrollarse; **to ~ up** vi arrollarse; (person) hacerse un ovillo; **~er** n bigudí m; **~y** a rizado.
currant ['kʌrnt] n pasa.
currency ['kʌrnsɪ] n moneda; **to gain ~** (fig) difundirse.
current ['kʌrnt] n corriente f // a corriente, actual; **~ account** n (Brit) cuenta corriente; **~ affairs** npl actualidades fpl; **~ly** ad actualmente.
curriculum [kə'rɪkjuləm], pl **~s** or **curricula** [-lə] n plan m de estudios; **~ vitae** (**CV**) n currículum m.
curry ['kʌrɪ] n curry m // vt: **to ~ favour with** buscar favores con; **~ powder** n curry m en polvo.
curse [kə:s] vi echar pestes // vt maldecir // n maldición f; (swearword) palabrota.
cursor ['kə:sə*] n (COMPUT) cursor m.
cursory ['kə:sərɪ] a rápido, superficial.
curt [kə:t] a corto, seco.
curtail [kə:'teɪl] vt (cut short) acortar; (restrict) restringir.
curtain ['kə:tn] n cortina; (THEATRE) telón m.
curts(e)y ['kə:tsɪ] n reverencia // vi hacer una reverencia.
curve [kə:v] n curva // vi encorvarse, tor-

cerse; (road) hacer curva.
cushion ['kuʃən] n cojín m; (SNOOKER) banda // vt (shock) amortiguar.
custard ['kʌstəd] n (for pouring) natillas fpl.
custodian [kʌs'təudɪən] n custodio m/f.
custody ['kʌstədɪ] n custodia; **to take into ~** detener.
custom ['kʌstəm] n costumbre f; (COMM) clientela; **~ary** a acostumbrado.
customer ['kʌstəmə*] n cliente m/f.
customized ['kʌstəmaɪzd] a (car etc) hecho a encargo.
custom-made ['kʌstəm'meɪd] a hecho a la medida.
customs ['kʌstəmz] npl aduana sg; **~ duty** n derechos mpl de aduana; **~ officer** n aduanero/a.
cut [kʌt] vb (pt, pp **cut**) vt cortar; (price) rebajar; (record) grabar; (reduce) reducir // vi cortar; (intersect) cruzarse // n corte m; (in skin) cortadura; (with sword) tajo; (of knife) cuchillada; (in salary etc) rebaja; (slice of meat) tajada; **to ~ a tooth** echar un diente; **to ~ down** vt (tree) derribar; (reduce) reducir; **to ~ off** vt cortar; (fig) aislar; (troops) cercar; **to ~ out** vt (shape) recortar; (delete) suprimir; **to ~ up** vt cortar (en pedazos); **~back** n reducción f.
cute [kju:t] a lindo; (shrewd) listo.
cuticle ['kju:tɪkl] n cutícula.
cutlery ['kʌtlərɪ] n cubiertos mpl.
cutlet ['kʌtlɪt] n chuleta.
cut: **~out** n (cardboard ~) recortable m; **~-price**, (US) **~-rate** a a precio reducido; **~throat** n asesino/a // a feroz.
cutting ['kʌtɪŋ] a (gen) cortante; (remark) mordaz // n (Brit: from newspaper) recorte m; (: RAIL) desmonte m.
CV n abbr = **curriculum vitae**.
cwt abbr = **hundredweight(s)**.
cyanide ['saɪənaɪd] n cianuro.
cycle ['saɪkl] n ciclo; (bicycle) bicicleta // vi ir en bicicleta; **cycling** n ciclismo; **cyclist** n ciclista m/f.
cyclone ['saɪkləun] n ciclón m.
cygnet ['sɪgnɪt] n pollo de cisne.
cylinder ['sɪlɪndə*] n cilindro; **~-head gasket** n junta de culata.
cymbals ['sɪmblz] npl platillos mpl.
cynic ['sɪnɪk] n cínico/a; **~al** a cínico; **~ism** ['sɪnɪsɪzəm] n cinismo.
cypress ['saɪprɪs] n ciprés m.
Cypriot ['sɪprɪət] a, n chipriota m/f.
Cyprus ['saɪprəs] n Chipre f.
cyst [sɪst] n quiste m; **~itis** n cistitis f.
czar [zɑ:*] n zar m.
Czech [tʃek] a, n checo a m/f.
Czechoslovakia [tʃekəslə'vækɪə] n Checoslovaquia; **~n** a, n checo/a m/f.

D

D [di:] n (MUS) re m.

dab [dæb] vt (eyes, wound) tocar (ligeramente); (paint, cream) mojar ligeramente // n (light stroke) toque m; (small amount) pizca.

dabble ['dæbl] vi: to ~ in ser algo aficionado a.

Dacron ['deɪkrɒn] n ® (US) terylene m.

dad [dæd], **daddy** ['dædɪ] n papá m; **daddy-long-legs** n típula.

daffodil ['dæfədɪl] n narciso.

daft [dɑ:ft] a chiflado.

dagger ['dægə*] n puñal m, daga.

daily ['deɪlɪ] a diario, cotidiano // n (paper) diario; (domestic help) asistenta // ad todos los días, cada día.

dainty ['deɪntɪ] a delicado; (tasteful) elegante; primoroso.

dairy ['dɛərɪ] n (shop) lechería; (on farm) vaquería // a (cow etc) lechero; ~ **farm** n granja; ~ **produce** n productos mpl lácteos.

dais ['deɪɪs] n estrado.

daisy ['deɪzɪ] n margarita; ~ **wheel** n margarita.

dale [deɪl] n valle m.

dam [dæm] n presa // vt represar.

damage ['dæmɪdʒ] n daño; (fig) perjuicio; (to machine) avería // vt dañar; perjudicar; averiar; ~s npl (LAW) daños mpl y perjuicios.

damn [dæm] vt condenar; (curse) maldecir // n (col): **I don't give a ~** me importa un pito // a (col: also: ~ed) maldito; ~ **(it)!** ¡maldito sea!; ~**ing** a (evidence) irrecusable.

damp [dæmp] a húmedo, mojado // n humedad f // vt (also: ~**en**) (cloth, rag) mojar; (fig) desalentar; ~**ness** n humedad f.

damson ['dæmzən] n ciruela damascena.

dance [dɑ:ns] n baile m // vi bailar; ~ **hall** n salón m de baile; ~**r** n bailador(a) m/f; (professional) bailarín/ina m/f; **dancing** n baile m.

dandelion ['dændɪlaɪən] n diente m de león.

dandruff ['dændrəf] n caspa.

Dane [deɪn] n danés/esa m/f.

danger ['deɪndʒə*] n peligro; (risk) riesgo; ~**!** (on sign) ¡peligro de muerte!; to be in ~ of correr riesgo de; ~**ous** a peligroso; ~**ously** ad peligrosamente.

dangle ['dæŋgl] vt colgar // vi pender, estar colgado.

Danish ['deɪnɪʃ] a danés/esa // n (LING) danés m.

dapper ['dæpə*] a pulcro, apuesto.

dare [dɛə*] vt: to ~ sb to do desafiar a uno a hacer // vi: to ~ (to) do sth atreverse a hacer algo; **I ~ say** (I suppose)

puede ser, a lo mejor; ~**devil** n temerario/a, atrevido/a; **daring** a atrevido, osado // n atrevimiento, osadía.

dark [dɑ:k] a oscuro; (hair, complexion) moreno; (fig: cheerless) triste, sombrío // n (gen) oscuridad f; (night) tinieblas fpl; **in the ~ about** (fig) en ignorancia de; **after ~** después del anochecer; ~**en** vt oscurecer; (colour) hacer más oscuro // vi oscurecerse; (cloud over) anublarse; ~ **glasses** npl gafas fpl negras; ~**ness** n (in room) oscuridad f; (night) tinieblas fpl; ~**room** n cuarto oscuro.

darling ['dɑ:lɪŋ] a, n querido/a m/f.

darn [dɑ:n] vt zurcir.

dart [dɑ:t] n dardo; (in sewing) sisa // vi precipitarse; **to ~ away/along** vi salir/marchar disparado; ~**board** n diana; ~**s** n dardos mpl.

dash [dæʃ] n (small quantity: of liquid) gota, chorrito; (: of solid) pizca; (sign) guión m; (: long) raya // vt (break) romper, estrellar; (hopes) defraudar // vi precipitarse, ir de prisa; **to ~ away** or **off** vi marcharse apresuradamente.

dashboard ['dæʃbɔ:d] n (AUT) tablero de instrumentos.

dashing ['dæʃɪŋ] a gallardo.

data ['deɪtə] npl datos mpl; ~**base** n base f de datos; ~ **processing** n proceso de datos.

date [deɪt] n (day) fecha; (with friend) cita; (fruit) dátil m // vt fechar; ~ **of birth** fecha de nacimiento; **to ~** ad hasta la fecha; **out of ~** pasado de moda; **up to ~** moderno; ~**d** a anticuado.

daub [dɔ:b] vt embadurnar.

daughter ['dɔ:tə*] n hija; ~**-in-law** n nuera, hija política.

daunting ['dɔ:ntɪŋ] a desalentador(a).

dawdle ['dɔ:dl] vi (waste time) perder el tiempo; (go slowly) andar muy despacio.

dawn [dɔ:n] n alba, amanecer m // vi (day) amanecer; (fig): **it ~ed on him that...** cayó en la cuenta de que... .

day [deɪ] n día m; (working ~) jornada; **the ~ before** el día anterior; **the ~ after tomorrow** pasado mañana; **the ~ before yesterday** anteayer; **the ~ after**, **the following ~** el día siguiente; **by ~** de día; ~**break** n amanecer m; ~**dream** vi soñar despierto; ~**light** n luz f (del día); ~**light saving time** n (US) hora de verano; ~ **return** n (Brit) billete m de ida y vuelta (en un día); ~**time** n día m; ~**-to-~** a cotidiano.

daze [deɪz] vt (stun) aturdir // n: **in a ~** aturdido.

dazzle ['dæzl] vt deslumbrar; **dazzling** a deslumbrante.

DC abbr (= direct current) corriente f continua.

deacon ['di:kən] n diácono.

dead [dɛd] a muerto; (limb) dormido; (telephone) cortado; (battery) agotado //

ad totalmente; **to shoot sb ~** matar a uno a tiros; **~ tired** muerto (de cansancio); **to stop ~** parar en seco; **the ~** *npl* los muertos; **to be a ~ loss** (*col: person*) ser un inútil; (*: thing*) ser una birria; **~en** *vt* (*blow, sound*) amortiguar; (*make numb*) calmar, aliviar; **~ end** *n* callejón *m* sin salida; **~ heat** *n* (*SPORT*) empate *m*; **~line** *n* fecha *or* hora tope; **~lock** *n* punto muerto; **~ly** *a* mortal, fatal; **~pan** *a* sin expresión.

deaf [def] *a* sordo; **~en** *vt* ensordecer; **~-mute** *n* sordomudo/a; **~ness** *n* sordera.

deal [di:l] *n* (*agreement*) pacto, convenio; (*business*) negocio, transacción *f*; (*CARDS*) reparto // *vt* (*pt, pp* dealt [delt]) (*gen*) dar; **a great ~** (*of*) bastante, mucho; **to ~ in** *vt fus* tratar en, comerciar en; **to ~ with** *vt fus* (*people*) tratar con; (*problem*) ocuparse de; (*subject*) tratar de; **~er** *n* comerciante *m/f*; (*CARDS*) mano *f*; **~ings** *npl* (*COMM*) transacciones *fpl*; (*relations*) relaciones *fpl*.

dean [di:n] *n* (*REL*) deán *m*; (*SCOL*) decano/a.

dear [dɪə*] *a* querido; (*expensive*) caro // *n*: **my ~** mi querido/a; **~ me!** ¡Dios mío!; **D~ Sir/Madam** (*in letter*) Muy Señor Mío, Estimado Señor/Estimada Señora; **D~ Mr/Mrs X** Estimado/a Señor(a) X; **~ly** *ad* (*love*) mucho; (*pay*) caro.

death [deθ] *n* muerte *f*; **~ certificate** *n* partida de defunción; **~ duties** *npl* (*Brit*) derechos *mpl* de sucesión; **~ly** *a* mortal; (*silence*) profundo; **~ penalty** *n* pena de muerte; **~ rate** *n* mortalidad *f*.

debacle [deɪ'bɑːkl] *n* desastre *m*.

debar [dɪ'bɑː*] *vt*: **to ~ sb from doing** prohibir a uno hacer.

debase [dɪ'beɪs] *vt* degradar.

debatable [dɪ'beɪtəbl] *a* discutible.

debate [dɪ'beɪt] *n* debate *m* // *vt* discutir.

debauchery [dɪ'bɔːtʃərɪ] *n* libertinaje *m*.

debilitating [dɪ'bɪlɪteɪtɪŋ] *a* (*illness etc*) debilitante.

debit ['debɪt] *n* debe *m* // *vt*: **to ~ a sum to sb** *or* **to sb's account** cargar una suma en cuenta a alguien.

debris ['debriː] *n* escombros *mpl*.

debt [det] *n* deuda; **to be in ~** tener deudas; **~or** *n* deudor(a) *m/f*.

debunk [diː'bʌŋk] *vt* desprestigiar, desacreditar.

début ['deɪbjuː] *n* presentación *f*.

decade ['dekeɪd] *n* decenio.

decadence ['dekədəns] *n* decadencia.

decaffeinated [dɪ'kæfɪneɪtɪd] *a* descafeinado.

decanter [dɪ'kæntə*] *n* garrafa.

decay [dɪ'keɪ] *n* (*fig*) decadencia; (*of building*) desmoronamiento; (*rotting*) pudrición *f*; (*of tooth*) caries *f inv* // *vi*

(*rot*) pudrirse; (*fig*) decaer.

deceased [dɪ'siːst] *a* difunto.

deceit [dɪ'siːt] *n* engaño; **~ful** *a* engañoso.

deceive [dɪ'siːv] *vt* engañar.

December [dɪ'sembə*] *n* diciembre *m*.

decent ['diːsənt] *a* (*proper*) decente; (*person*) amable, bueno.

deception [dɪ'sepʃən] *n* engaño.

deceptive [dɪ'septɪv] *a* engañoso.

decibel ['desɪbel] *n* decibel(io) *m*.

decide [dɪ'saɪd] *vt* (*person*) decidir; (*question, argument*) resolver // *vi*: **to ~ to do/that** decidir hacer/que; **to ~ on sth** decidir por algo; **~d** *a* (*resolute*) decidido; (*clear, definite*) indudable; **~dly** [-dɪdlɪ] *ad* decididamente.

deciduous [dɪ'sɪdjuəs] *a* de hoja caduca.

decimal ['desɪməl] *a* decimal // *n* decimal *f*; **~ point** *n* coma decimal.

decimate ['desɪmeɪt] *vt* diezmar.

decipher [dɪ'saɪfə*] *vt* descifrar.

decision [dɪ'sɪʒən] *n* decisión *f*.

deck [dek] *n* (*NAUT*) cubierta; (*of bus*) piso; (*of cards*) baraja; **~chair** *n* tumbona.

declaration [dekləˈreɪʃən] *n* declaración *f*.

declare [dɪ'kleə*] *vt* (*gen*) declarar.

decline [dɪ'klaɪn] *n* decaimiento, decadencia; (*lessening*) disminución *f* // *vt* rehusar // *vi* decaer; disminuir.

declutch ['diːˈklʌtʃ] *vi* desembragar.

decode [diː'kəʊd] *vt* descifrar.

decompose [diːkəm'pəʊz] *vi* descomponerse.

décor ['deɪkɔː*] *n* decoración *f*; (*THEATRE*) decorado.

decorate ['dekəreɪt] *vt* (*adorn*): **to ~ (with)** adornar (de), decorar (de); (*paint*) pintar; (*paper*) empapelar; **decoration** [-'reɪʃən] *n* adorno; (*act*) decoración *f*; (*medal*) condecoración *f*; **decorative** ['dekərətɪv] *a* decorativo; **decorator** *n* (*workman*) pintor *m* decorador.

decorum [dɪ'kɔːrəm] *n* decoro.

decoy ['diːkɔɪ] *n* señuelo.

decrease ['diːkriːs] *n* disminución *f* // (*vb: di:ˈkriːs*) *vt* disminuir, reducir // *vi* reducirse.

decree [dɪ'kriː] *n* decreto; **~ nisi** *n* sentencia provisional de divorcio.

dedicate ['dedɪkeɪt] *vt* dedicar; **dedication** [-'keɪʃən] *n* (*devotion*) dedicación *f*; (*in book*) dedicatoria.

deduce [dɪ'djuːs] *vt* deducir.

deduct [dɪ'dʌkt] *vt* restar; (*from wage etc*) descontar; **~ion** [dɪ'dʌkʃən] *n* (*amount deducted*) descuento; (*conclusion*) deducción *f*, conclusión *f*.

deed [diːd] *n* hecho, acto; (*feat*) hazaña; (*LAW*) escritura.

deem [diːm] *vt* juzgar.

deep [diːp] *a* profundo; (*voice*) bajo;

(breath) profundo, a pleno pulmón // ad:
the spectators stood 20 ~ los espectado-
res se formaron de 20 en fondo; **to be 4
metres ~** tener 4 metros de profundo;
~en vt ahondar, profundizar // vi *(darkness)* intensificarse; **~freeze** n congeladora; **~fry** vt freír en aceite abundante; **~ly** ad *(breathe)* a pleno pulmón;
(interested, moved, grateful) profundamente, hondamente; **~sea diving** n buceo de altura; **~seated** a *(beliefs)*
(profundamente) arraigado.

deer [dɪə*] n, pl inv ciervo.
deface [dɪ'feɪs] vt desfigurar, mutilar.
defamation [dɛfə'meɪʃən] n difamación
f.
default [dɪ'fɔːlt] vi faltar al pago;
(SPORT) dejar de presentarse // n *(COM-
PUT)* defecto; **by ~** *(LAW)* en rebeldía;
(SPORT) por incomparecencia; **~er** n *(in
debt)* moroso/a.
defeat [dɪ'fiːt] n derrota // vt derrotar,
vencer; *(fig: efforts)* frustrar; **~ist** a, n
derrotista m/f.
defect ['diːfɛkt] n defecto // vi [dɪ'fɛkt]:
to ~ to the enemy pasarse al enemigo;
~ive [dɪ'fɛktɪv] a *(gen)* defectuoso; *(person)* anormal.
defence [dɪ'fɛns] n defensa; **~less** a indefenso.
defend [dɪ'fɛnd] vt defender; **~ant** n
acusado/a; *(in civil case)* demandado/a;
~er n defensor(a) m/f.
defense [dɪ'fɛns] n *(US)* = **defence**.
defensive [dɪ'fɛnsɪv] a defensivo; **on the
~** a la defensiva.
defer [dɪ'fɜː*] vt *(postpone)* aplazar; **to
~ to** diferir a; **~ence** ['dɛfərəns] n defe-
rencia, respeto.
defiance [dɪ'faɪəns] n desafío; **in ~ of** en
contra de.
defiant [dɪ'faɪənt] a *(insolent)* insolente;
(challenging) retador(a).
deficiency [dɪ'fɪʃənsɪ] n *(lack)* falta; *(defect)* defecto.
deficient [dɪ'fɪʃənt] a *(lacking)* insuficiente; *(incomplete)* incompleto; *(defective)* defectuoso; *(mentally)* anormal; **~
in** deficiente en.
deficit ['dɛfɪsɪt] n déficit m.
defile [dɪ'faɪl] vt manchar; *(violate)* violar.
define [dɪ'faɪn] vt definir.
definite ['dɛfɪnɪt] a *(fixed)* determinado;
(clear, obvious) claro; **he was ~ about it**
no dejó lugar a dudas (sobre ello); **~ly**
ad: **he's ~ly mad** no cabe duda de que
está loco.
definition [dɛfɪ'nɪʃən] n definición f.
deflate [diː'fleɪt] vt *(gen)* desinflar; *(person)* quitar los humos a.
deflect [dɪ'flɛkt] vt desviar.
defraud [dɪ'frɔːd] vt estafar; **to ~ sb of
sth** estafar algo a uno.
defray [dɪ'freɪ] vt: **to ~ sb's expenses**

reembolsar(le) a uno los gastos.
defrost [diː'frɒst] vt *(food)* deshelar;
(fridge) descongelar; **~er** n *(US: demister)* eliminador m de vaho.
deft [dɛft] a diestro, hábil.
defunct [dɪ'fʌŋkt] a difunto.
defuse [diː'fjuːz] vt desarmar; *(situation)*
calmar.
defy [dɪ'faɪ] vt *(resist)* oponerse a; *(challenge)* desafiar; *(order)* contravenir.
degenerate [dɪ'dʒɛnəreɪt] vi degenerar //
a [dɪ'dʒɛnərɪt] degenerado.
degree [dɪ'griː] n grado; *(SCOL)* título;
to have a ~ in maths tener una licenciatura en matemáticas; **by ~s** *(gradually)*
poco a poco, por etapas; **to some ~** hasta cierto punto.
dehydrated [diːhaɪ'dreɪtɪd] a deshidrata-
do; *(milk)* en polvo.
deign [deɪn] vi: **to ~ to do** dignarse hacer.
deity ['diːɪtɪ] n deidad f, divinidad f.
dejected [dɪ'dʒɛktɪd] a abatido, desanimado.
delay [dɪ'leɪ] vt demorar, aplazar; *(person)* entretener; *(train)* retrasar // vi
tardar // n demora, retraso; **without ~**
en seguida, sin tardar.
delectable [dɪ'lɛktəbl] a *(person)* encan-
tador(a); *(food)* delicioso.
delegate ['dɛlɪgɪt] n delegado/a // vt
['dɛlɪgeɪt] delegar.
delete [dɪ'liːt] vt suprimir, tachar.
deliberate [dɪ'lɪbərɪt] a *(intentional)* intencionado; *(slow)* pausado, lento // vi
[dɪ'lɪbəreɪt] deliberar; **~ly** ad *(on purpose)* a propósito; *(slowly)* pausada-
mente.
delicacy ['dɛlɪkəsɪ] n delicadeza; *(choice
food)* golosina.
delicate ['dɛlɪkɪt] a *(gen)* delicado;
(fragile) frágil.
delicatessen [dɛlɪkə'tɛsn] n ultramarinos mpl finos.
delicious [dɪ'lɪʃəs] a delicioso, rico.
delight [dɪ'laɪt] n *(feeling)* placer m, de-
leite m; *(object)* encanto, delicia // vt encantar, deleitar; **to take ~ in** deleitarse
en; **~ed** a: **~ed (con/de o with/to do)** encantado (con/de hacer); **~ful** a encanta-
dor(a), delicioso.
delinquent [dɪ'lɪŋkwənt] a, n delincuente
m/f.
delirious [dɪ'lɪrɪəs] a: **to be ~** delirar,
desvariar.
deliver [dɪ'lɪvə*] vt *(distribute)* repartir;
(hand over) entregar; *(message)* comunicar; *(speech)* pronunciar; *(blow)* lanzar, dar; *(MED)* asistir al parto de; **~y**
n reparto; entrega; *(of speaker)* modo
de expresarse; *(MED)* parto, alumbramiento; **to take ~y of** recibir.
delude [dɪ'luːd] vt engañar.
deluge ['dɛljuːdʒ] n diluvio // vt inundar.
delusion [dɪ'luːʒən] n ilusión f, engaño.

de luxe [dəˈlʌks] a de lujo.
delve [delv] vi: to ~ **into** hurgar en.
demand [dɪˈmɑːnd] vt (gen) exigir; (rights) reclamar // n (gen) exigencia; (claim) reclamación f; (ECON) demanda; **to be in** ~ ser muy solicitado; **on** ~ a solicitud; **~ing** a (boss) exigente; (work) absorbente.
demean [dɪˈmiːn] vt: to ~ **o.s.** rebajarse.
demeanour, (US) **demeanor** [dɪˈmiːnə*] n porte m, conducta.
demented [dɪˈmɛntɪd] a demente.
demise [dɪˈmaɪz] n (death) fallecimiento.
demister [diːˈmɪstə*] n (AUT) eliminador m de vaho.
demo [ˈdɛməu] n abbr (col: = demonstration) manifestación f.
democracy [dɪˈmɔkrəsɪ] n democracia; **democrat** [ˈdɛməkræt] n demócrata m/f; **democratic** [dɛməˈkrætɪk] a democrático.
demolish [dɪˈmɔlɪʃ] vt derribar, demoler; **demolition** [dɛməˈlɪʃən] n derribo, demolición f.
demon [ˈdiːmən] n (evil spirit) demonio.
demonstrate [ˈdɛmənstreɪt] vt demostrar // vi manifestarse; **demonstration** [-ˈstreɪʃən] n (POL) manifestación f; (proof) prueba, demostración f; **demonstrator** n (POL) manifestante m/f.
demoralize [dɪˈmɔrəlaɪz] vt desmoralizar.
demote [dɪˈməut] vt degradar.
demure [dɪˈmjuə*] a recatado.
den [dɛn] n (of animal) guarida; (study) estudio.
denatured alcohol [diːˈneɪtʃəd-] n (US) alcohol m desnaturalizado.
denial [dɪˈnaɪəl] n (refusal) negativa; (of report etc) negación f.
denim [ˈdɛnɪm] n tela vaquera; **~s** npl vaqueros mpl.
Denmark [ˈdɛnmɑːk] n Dinamarca.
denomination [dɪnɔmɪˈneɪʃən] n valor m; (REL) confesión f.
denote [dɪˈnəut] vt indicar, significar.
denounce [dɪˈnauns] vt denunciar.
dense [dɛns] a (thick) espeso; (: foliage etc) tupido; (stupid) torpe; **~ly** ad: **~ly populated** con una alta densidad de población.
density [ˈdɛnsɪtɪ] n densidad f; **double-~ disk** n (COMPUT) disco de doble densidad.
dent [dɛnt] n abolladura // vt (also: **make a ~ in**) abollar.
dental [ˈdɛntl] a dental; **~ surgeon** n odontólogo/a.
dentist [ˈdɛntɪst] n dentista m/f; **~ry** n odontología.
dentures [ˈdɛntʃəz] npl dentadura sg (postiza).
denunciation [dɪnʌnsɪˈeɪʃən] n denuncia, denunciación f.
deny [dɪˈnaɪ] vt negar; (charge) recha-

zar; (report) desmentir.
deodorant [diːˈəudərənt] n desodorante m.
depart [dɪˈpɑːt] vi irse, marcharse; (train) salir; to ~ **from** (fig: differ from) apartarse de.
department [dɪˈpɑːtmənt] n (COMM) sección f; (SCOL) departamento; (POL) ministerio; ~ **store** n gran almacén m.
departure [dɪˈpɑːtʃə*] n partida, ida; (of train) salida; **a new** ~ un nuevo rumbo; ~ **lounge** n (at airport) sala de embarque.
depend [dɪˈpɛnd] vi: to ~ **on** depender de; (rely on) contar con; **it ~s** depende, según; **~ing on the result** según el resultado; **~able** a (person) formal, serio; **~ant** n dependiente m/f; **~ence** n dependencia; **~ent** a: **to be ~ent on** depender de // n = **~ant.**
depict [dɪˈpɪkt] vt (in picture) pintar; (describe) representar.
depleted [dɪˈpliːtɪd] a reducido.
deplorable [dɪˈplɔːrəbl] a deplorable.
deplore [dɪˈplɔː*] vt deplorar.
deploy [dɪˈplɔɪ] vt desplegar.
depopulation [ˈdiːpɔpjuˈleɪʃən] n despoblación f.
deport [dɪˈpɔːt] vt deportar.
deportment [dɪˈpɔːtmənt] n comportamiento.
depose [dɪˈpəuz] vt deponer.
deposit [dɪˈpɔzɪt] n depósito; (CHEM) sedimento; (of ore, oil) yacimiento // vt (gen) depositar; ~ **account** n (Brit) cuenta de ahorros; **~or** n depositante m/f.
depot [ˈdɛpəu] n (storehouse) depósito; (for vehicles) parque m.
depreciate [dɪˈpriːʃeɪt] vi depreciarse, perder valor; **depreciation** [-ˈeɪʃən] n depreciación f.
depress [dɪˈprɛs] vt deprimir; (press down) apretar; **~ed** a deprimido; **~ing** a deprimente; **~ion** [dɪˈprɛʃən] n depresión f.
deprivation [dɛprɪˈveɪʃən] n privación f; (loss) pérdida.
deprive [dɪˈpraɪv] vt: to ~ **sb of** privar a uno de; **~d** a necesitado.
depth [dɛpθ] n profundidad f; **in the ~s of** en lo más hondo de.
deputation [dɛpjuˈteɪʃən] n delegación f.
deputize [ˈdɛpjutaɪz] vi: to ~ **for sb** suplir a uno.
deputy [ˈdɛpjutɪ] a: ~ **head** subdirector(a) m/f // n sustituto/a, suplente m/f; (POL) diputado/a; (agent) representante m/f.
derail [dɪˈreɪl] vt: **to be ~ed** descarrilarse; **~ment** n descarrilamiento.
deranged [dɪˈreɪndʒd] a trastornado.
derby [ˈdɑːbɪ] n (US) hongo.
derelict [ˈdɛrɪlɪkt] a abandonado.
deride [dɪˈraɪd] vt ridiculizar, mofarse

de.
derisive [dɪ'raɪsɪv] *a* burlón/ona.

derisory [dɪ'raɪzərɪ] *a* (*sum*) irrisorio.

derivative [dɪ'rɪvətɪv] *n* derivado // *a* (*work*) poco original.

derive [dɪ'raɪv] *vt* derivar // *vi*: **to ~ from** derivarse de.

derogatory [dɪ'rɔgətərɪ] *a* despectivo.

derrick ['derɪk] *n* torre *f* de perforación.

derv [dəːv] *n* (*Brit*) gasoil *m*.

descend [dɪ'send] *vt, vi* descender, bajar; **to ~ from** descender de; **~ant** *n* descendiente *m/f*.

descent [dɪ'sent] *n* descenso; (*origin*) descendencia.

describe [dɪs'kraɪb] *vt* describir; **description** [-'krɪpʃən] *n* descripción *f*; (*sort*) clase *f*, género.

desecrate ['desɪkreɪt] *vt* profanar.

desert ['dezət] *n* desierto // (*vb*: [dɪ'zəːt]) *vt* abandonar, desamparar // *vi* (*MIL*) desertar; **~s** [dɪ'zɔːts] *npl*: **to get one's just ~s** llevar su merecido; **~er** [dɪ'zəːtə⁺] *n* desertor(a) *m/f*; **~ion** [dɪ'zəːʃən] *n* deserción *f*; **~ island** *n* isla desierta.

deserve [dɪ'zəːv] *vt* merecer, ser digno de; **deserving** *a* (*person*) digno; (*action, cause*) meritorio.

design [dɪ'zaɪn] *n* (*sketch*) bosquejo; (*layout, shape*) diseño; (*pattern*) dibujo // *vt* (*gen*) diseñar; **to have ~s on sb** tener la(s) mira(s) puesta(s) en uno.

designate ['dezɪgneɪt] *vt* (*appoint*) nombrar; (*destine*) designar // *a* ['dezɪgnɪt] designado.

designer [dɪ'zaɪnə⁺] *n* diseñador(a) *m/f*; (*fashion ~*) modisto/a.

desirable [dɪ'zaɪərəbl] *a* (*proper*) deseable; (*attractive*) atractivo.

desire [dɪ'zaɪə⁺] *n* deseo // *vt* desear.

desk [desk] *n* (*in office*) escritorio; (*for pupil*) pupitre *m*; (*in hotel, at airport*) recepción *f*; (*Brit: in shop, restaurant*) caja.

desolate ['desəlɪt] *a* (*place*) desierto; (*person*) afligido; **desolation** [-'leɪʃən] *n* (*of place*) desolación *f*; (*of person*) aflicción *f*.

despair [dɪs'peə⁺] *n* desesperación *f* // *vi*: **to ~ of** desesperarse de.

despatch [dɪs'pætʃ] *n, vt* = **dispatch**.

desperate ['despərɪt] *a* desesperado; (*fugitive*) peligroso; **~ly** *ad* desesperadamente; (*very*) terriblemente, gravemente.

desperation [despə'reɪʃən] *n* desesperación *f*; **in ~** desesperado.

despicable [dɪs'pɪkəbl] *a* vil, despreciable.

despise [dɪs'paɪz] *vt* despreciar.

despite [dɪs'paɪt] *prep* a pesar de, pese a.

despondent [dɪs'pɔndənt] *a* deprimido, abatido.

dessert [dɪ'zəːt] *n* postre *m*; **~spoon** *n* cuchara (de postre).

destination [destɪ'neɪʃən] *n* destino.

destine ['destɪn] *vt* destinar.

destiny ['destɪnɪ] *n* destino.

destitute ['destɪtjuːt] *a* desamparado, indigente.

destroy [dɪs'trɔɪ] *vt* destruir; (*finish*) acabar con; **~er** *n* (*NAUT*) destructor *m*.

destruction [dɪs'trʌkʃən] *n* destrucción *f*; (*fig*) ruina.

destructive [dɪs'trʌktɪv] *a* destructivo, destructor(a).

detach [dɪ'tætʃ] *vt* separar; (*unstick*) despegar; **~able** *a* separable; (*TECH*) desmontable; **~ed** *a* (*attitude*) objetivo, imparcial; **~ed house** *n* ≈ chalé *m*, chalet *m*; **~ment** *n* separación *f*; (*MIL*) destacamento; (*fig*) objetividad *f*, imparcialidad *f*.

detail ['diːteɪl] *n* detalle *m* // *vt* detallar; (*MIL*) destacar; **in ~** detalladamente; **~ed** *a* detallado.

detain [dɪ'teɪn] *vt* retener; (*in captivity*) detener.

detect [dɪ'tekt] *vt* (*gen*) descubrir; (*MED, POLICE*) identificar; (*MIL, RADAR, TECH*) detectar; **~ion** [dɪ'tekʃən] *n* descubrimiento; identificación *f*; **~ive** *m/f*, **~ive story** *n* novela policíaca; **~or** *n* detector *m*.

détente [deɪ'taːnt] *n* distensión *f*.

detention [dɪ'tenʃən] *n* detención *f*, arresto.

deter [dɪ'təː⁺] *vt* (*dissuade*) disuadir; (*prevent*) impedir; **to ~ sb from doing sth** disuadir a uno de que haga algo.

detergent [dɪ'təːdʒənt] *n* detergente *m*.

deteriorate [dɪ'tɪərɪəreɪt] *vi* deteriorarse; **deterioration** [-'reɪʃən] *n* deterioro.

determination [dɪtəːmɪ'neɪʃən] *n* resolución *f*.

determine [dɪ'təːmɪn] *vt* determinar; **~d** *a*: **~d to do** resuelto a hacer.

deterrent [dɪ'terənt] *n* fuerza de disuasión.

detest [dɪ'test] *vt* aborrecer.

detonate ['detəneɪt] *vi* estallar // *vt* hacer detonar.

detour ['diːtuə⁺] *n* (*gen, US AUT: diversion*) desviación *f* // *vt* (*US AUT*) desviar.

detract [dɪ'trækt] *vt*: **to ~ from** quitar mérito a, desvirtuar.

detriment ['detrɪmənt] *n*: **to the ~ of** en perjuicio de; **~al** [detrɪ'mentl] *a*: **~al (to)** perjudicial (a).

devaluation [dɪvælju'eɪʃən] *n* devaluación *f*.

devastating ['devəsteɪtɪŋ] *a* devastador(a); (*fig*) arrollador(a).

develop [dɪ'veləp] *vt* desarrollar; (*PHOT*) revelar; (*disease*) coger; (*habit*) adquirir // *vi* desarrollarse; (*advance*) progresar; **~ing country** país *m* en (vías de) desarrollo; **~ment** n desarrollo; (*advance*) progreso; (*of affair, case*) desenvolvimiento; (*of land*) urbanización f.

deviate ['di:vɪeɪt] vi: to ~ (from) desviarse (de); **deviation** [-'eɪʃən] n desviación f.

device [dɪ'vaɪs] n (*scheme*) estratagema, recurso; (*apparatus*) aparato, mecanismo.

devil ['dɛvl] n diablo, demonio; **~ish** a diabólico.

devious ['di:vɪəs] a intricado, enrevesado; (*person*) taimado.

devise [dɪ'vaɪz] vt idear, inventar.

devoid [dɪ'vɔɪd] a: ~ of desprovisto de.

devolution [di:və'lu:ʃən] n (POL) descentralización f.

devote [dɪ'vəʊt] vt: to ~ sth to dedicar algo a; **~d** a (*loyal*) leal, fiel; **the book is ~d to politics** el libro trata de la política; **~e** [dɪvəʊ'ti:] n devoto/a.

devotion [dɪ'vəʊʃən] n dedicación f; (REL) devoción f.

devour [dɪ'vaʊə*] vt devorar.

devout [dɪ'vaʊt] a devoto.

dew [dju:] n rocío.

dexterity [dɛks'tɛrɪtɪ] n destreza.

diabetes [daɪə'bi:ti:z] n diabetes f; **diabetic** [-'bɛtɪk] a, n diabético/a m/f.

diabolical [daɪə'bɔlɪkəl] a (col: *weather, behaviour*) pésimo.

diagnose [daɪəg'nəʊz] vt diagnosticar; **diagnosis** [-'nəʊsɪs], pl **-ses** [-'nəʊsi:z] n diagnóstico.

diagonal [daɪ'ægənl] a, n diagonal f.

diagram ['daɪəgræm] n diagrama m, esquema m.

dial ['daɪəl] n esfera, cuadrante m, cara (LAm); (*of phone*) disco // vt (*number*) marcar; **~ code** n (US) prefijo; **~ tone** n (US) señal f or tono de marcar.

dialect ['daɪəlɛkt] n dialecto.

dialling ['daɪəlɪŋ]: **~ code** n (*Brit*) prefijo; **~ tone** n (*Brit*) señal f or tono de marcar.

dialogue ['daɪəlɔg] n diálogo.

diameter [daɪ'æmɪtə*] n diámetro.

diamond ['daɪəmənd] n diamante m; **~s** npl (CARDS) diamantes mpl.

diaper ['daɪəpə*] n (US) pañal m.

diaphragm ['daɪəfræm] n diafragma m.

diarrhoea, (US) **diarrhea** [daɪə'ri:ə] n diarrea.

diary ['daɪərɪ] n (*daily account*) diario; (*book*) agenda.

dice [daɪs] n, pl inv dados mpl // vt (CULIN) cortar en cuadritos.

dichotomy [daɪ'kɔtəmɪ] n dicotomía.

Dictaphone ['dɪktəfəʊn] n ® dictáfono ®.

dictate [dɪk'teɪt] vt dictar; **~s** ['dɪkteɪts] npl dictados mpl; **dictation** [-'teɪʃən] n dictado.

dictator [dɪk'teɪtə*] n dictador m; **~ship**

n dictadura.

dictionary ['dɪkʃənrɪ] n diccionario.

did [dɪd] pt of **do**.

didn't ['dɪdənt] = **did not**.

die [daɪ] vi morir; **to be dying for sth/to do sth** morirse por algo/de ganas de hacer algo; **to ~ away** vi (*sound, light*) perderse; **to ~ down** vi (*gen*) apagarse; (*wind*) amainar; **to ~ out** vi desaparecer, extinguirse.

diehard ['daɪhɑ:d] n reaccionario/a.

diesel ['di:zəl]: **~ engine** n motor m Diesel; **~ (oil)** n gasoil m.

diet ['daɪət] n dieta; (*restricted food*) régimen m // vi (*also*: **be on a ~**) estar a dieta, hacer régimen.

differ ['dɪfə*] vi (*be different*) ser distinto, diferenciarse; (*disagree*) discrepar; **~ence** n diferencia; (*quarrel*) desacuerdo; **~ent** a diferente, distinto; **~entiate** [-'rɛnʃɪeɪt] vt distinguir // vi diferenciarse; **to ~entiate between** distinguir entre; **~ently** ad de otro modo, en forma distinta.

difficult ['dɪfɪkəlt] a difícil; **~y** n dificultad f.

diffident ['dɪfɪdənt] a tímido.

diffuse [dɪ'fju:s] a difuso // vt [dɪ'fju:z] difundir.

dig [dɪg] vt (pt, pp **dug**) (*hole*) cavar; (*ground*) remover // n (*prod*) empujón m; (*archaeological*) excavación f; (*remark*) indirecta; **to ~ one's nails into** clavar las uñas en; **to ~ in** vi atrincherarse; **to ~ into** vt fus (*savings*) consumir; **to ~ out** vt (*hole*) excavar; (*fig*) sacar; **to ~ up** vt desenterrar; (*plant*) desarraigar.

digest [daɪ'dʒɛst] vt (*food*) digerir; (*facts*) asimilar // n ['daɪdʒɛst] resumen m; **~ion** [dɪ'dʒɛstʃən] n digestión f.

digit ['dɪdʒɪt] n (*number*) dígito; (*finger*) dedo; **~al** a digital.

dignified ['dɪgnɪfaɪd] a grave, solemne; (*action*) decoroso.

dignity ['dɪgnɪtɪ] n dignidad f.

digress [daɪ'grɛs] vi: to ~ from apartarse de.

digs [dɪgz] npl (*Brit: col*) pensión fsg, alojamiento sg.

dike [daɪk] n = **dyke**.

dilapidated [dɪ'læpɪdeɪtɪd] a desmoronado, ruinoso.

dilemma [daɪ'lɛmə] n dilema m.

diligent ['dɪlɪdʒənt] a diligente.

dilute [daɪ'lu:t] vt diluir.

dim [dɪm] a (*light*) débil; (*sight*) turbio; (*outline*) indistinto; (*stupid*) lerdo; (*room*) oscuro // vt (*light*) bajar.

dime [daɪm] n (US) *moneda de diez centavos*.

dimension [dɪ'mɛnʃən] n dimensión f.

diminish [dɪ'mɪnɪʃ] vt, vi disminuir.

diminutive [dɪ'mɪnjʊtɪv] a diminuto // n (LING) diminutivo.

dimly ['dɪmlɪ] *ad* débilmente; *(not clearly)* indistintamente.
dimmer ['dɪmə*] *n* *(US AUT)* interruptor *m*.
dimple ['dɪmpl] *n* hoyuelo.
din [dɪn] *n* estruendo, estrépito.
dine [daɪn] *vi* cenar; ~**r** *n* *(person)* comensal *m/f*; *(Brit RAIL)* = **dining car**; *(US)* restaurante *m* económico.
dinghy ['dɪŋgɪ] *n* bote *m*; *(also: rubber ~)* lancha (neumática).
dingy ['dɪndʒɪ] *a* *(room)* sombrío; *(dirty)* sucio; *(dull)* deslucido.
dining ['daɪnɪŋ]: ~ **car** *n* *(Brit RAIL)* coche-comedor *m*; ~ **room** *n* comedor *m*.
dinner ['dɪnə*] *n* *(evening meal)* cena; *(lunch)* comida; *(public)* cena, banquete *m*; ~'**s ready!** ¡la cena está servida!; ~ **jacket** *n* smoking *m*; ~ **party** *n* cena; ~ **time** *n* hora de cenar *or* comer.
dinosaur ['daɪnəsɔː*] *n* dinosaurio.
dint [dɪnt] *n*: **by** ~ **of** a fuerza de.
diocese ['daɪəsɪs] *n* diócesis *f inv*.
dip [dɪp] *n* *(slope)* pendiente *m*; *(in sea)* baño // *vt* *(in water)* mojar; *(ladle etc)* meter; *(Brit AUT)*: **to** ~ **one's lights** poner luces de cruce // *vi* inclinarse hacia abajo.
diphthong ['dɪfθɔŋ] *n* diptongo.
diploma [dɪ'pləumə] *n* diploma *m*.
diplomacy [dɪ'pləuməsɪ] *n* diplomacia.
diplomat ['dɪpləmæt] *n* diplomático/a; ~**ic** [dɪplə'mætɪk] *a* diplomático.
dipstick ['dɪpstɪk] *n* *(AUT)* varilla de nivel (del aceite).
dipswitch ['dɪpswɪtʃ] *n* *(Brit AUT)* interruptor *m*.
dire [daɪə*] *a* calamitoso.
direct [dɪ'rɛkt] *a* *(gen)* directo // *vt* dirigir; **can you** ~ **me to...?** ¿puede indicarme dónde está...?
direction [dɪ'rɛkʃən] *n* dirección *f*; **sense of** ~ sentido de la dirección; ~**s** *npl* *(advice)* órdenes *fpl*, instrucciones *fpl*; ~**s for use** modo de empleo.
directly [dɪ'rɛktlɪ] *ad* *(in straight line)* directamente; *(at once)* en seguida.
director [dɪ'rɛktə*] *n* director/a *m/f*.
directory [dɪ'rɛktərɪ] *n* *(TEL)* guía (telefónica).
dirt [dɜːt] *n* suciedad *f*; ~-**cheap** *a* baratísimo; ~**y** *a* sucio; *(joke)* verde, colorado *(LAm)* // *vt* ensuciar; *(stain)* manchar; ~**y trick** *n* juego sucio.
disability [dɪsə'bɪlɪtɪ] *n* incapacidad *f*.
disabled [dɪs'eɪbld] *a* minusválido.
disadvantage [dɪsəd'vɑːntɪdʒ] *n* desventaja, inconveniente *m*.
disaffection [dɪsə'fɛkʃən] *n* desafecto.
disagree [dɪsə'griː] *vi* *(differ)* discrepar; **to** ~ **(with)** no estar de acuerdo (con); ~**able** *a* desagradable; ~**ment** *n* *(gen)* desacuerdo; *(quarrel)* riña.
disallow ['dɪsə'lau] *vt* *(goal)* anular;

(claim) rechazar.
disappear [dɪsə'pɪə*] *vi* desaparecer; ~**ance** *n* desaparición *f*.
disappoint [dɪsə'pɔɪnt] *vt* decepcionar; *(hopes)* defraudar; ~**ed** *a* decepcionado; ~**ing** *a* decepcionante; ~**ment** *n* decepción *f*.
disapproval [dɪsə'pruːvəl] *n* desaprobación *f*.
disapprove [dɪsə'pruːv] *vi*: **to** ~ **of** desaprobar.
disarm [dɪs'ɑːm] *vt* desarmar; ~**ament** *n* desarme *m*.
disarray [dɪsə'reɪ] *n*: **in** ~ *(army, organization)* desorganizado; *(hair, clothes)* desarreglado.
disaster [dɪ'zɑːstə*] *n* desastre *m*.
disband [dɪs'bænd] *vt* disolver // *vi* desbandarse.
disbelief [dɪsbə'liːf] *n* incredulidad *f*.
disc [dɪsk] *n* disco; *(COMPUT)* = **disk**.
discard [dɪs'kɑːd] *vt* *(old things)* tirar; *(fig)* descartar.
discern [dɪ'sɜːn] *vt* percibir, discernir; *(understand)* comprender; ~**ing** *a* perspicaz.
discharge [dɪs'tʃɑːdʒ] *vt* *(task, duty)* cumplir; *(ship etc)* descargar; *(patient)* dar de alta; *(employee)* despedir; *(soldier)* licenciar; *(defendant)* poner en libertad // *n* [dɪs'tʃɑːdʒ] *(ELEC)* descarga; *(dismissal)* despedida; *(of duty)* desempeño; *(of debt)* pago, descargo.
disciple [dɪ'saɪpl] *n* discípulo.
discipline ['dɪsɪplɪn] *n* disciplina // *vt* disciplinar.
disc jockey *n* pinchadiscos *m/f inv*.
disclaim [dɪs'kleɪm] *vt* negar.
disclose [dɪs'kləuz] *vt* revelar; **disclosure** [-'kləuʒə*] *n* revelación *f*.
disco ['dɪskəu] *n abbr* = **discothèque**.
discoloured, *(US)* **discolored** [dɪs'kʌləd] *a* descolorado.
discomfort [dɪs'kʌmfət] *n* incomodidad *f*; *(unease)* inquietud *f*; *(physical)* malestar *m*.
disconcert [dɪskən'sɜːt] *vt* desconcertar.
disconnect [dɪskə'nɛkt] *vt* *(gen)* separar; *(ELEC etc)* desconectar; *(supply)* cortar (el suministro) a.
discontent [dɪskən'tɛnt] *n* descontento; ~**ed** *a* descontento.
discontinue [dɪskən'tɪnjuː] *vt* interrumpir; *(payments)* suspender.
discord ['dɪskɔːd] *n* discordia; *(MUS)* disonancia; ~**ant** [dɪs'kɔːdənt] *a* disonante.
discothèque ['dɪskəutɛk] *n* discoteca.
discount ['dɪskaunt] *n* descuento // [dɪs'kaunt] *vt* descontar.
discourage [dɪs'kʌrɪdʒ] *vt* desalentar; *(oppose)* oponerse a; **discouraging** *a* desalentador(a).
discover [dɪs'kʌvə*] *vt* descubrir; ~**y** *n* descubrimiento.
discredit [dɪs'krɛdɪt] *vt* desacreditar.

discreet [dɪ'skriːt] *a* (*tactful*) discreto; (*careful*) circunspecto, prudente.

discrepancy [dɪ'skrepənsɪ] *n* diferencia.

discretion [dɪ'skreʃən] *n* (*tact*) discreción *f*; (*care*) prudencia, circunspección *f*.

discriminate [dɪ'skrɪmɪneɪt] *vi*: to ~ between distinguir entre; to ~ against discriminar contra; **discriminating** *a* entendido; **discrimination** [-'neɪʃən] *n* (*discernment*) perspicacia; (*bias*) discriminación *f*.

discuss [dɪ'skʌs] *vt* (*gen*) discutir; (*a theme*) tratar; **~ion** [dɪ'skʌʃən] *n* discusión *f*.

disdain [dɪs'deɪn] *n* desdén *m* // *vt* desdeñar.

disease [dɪ'ziːz] *n* enfermedad *f*.

disembark [dɪsɪm'baːk] *vt, vi* desembarcar.

disenchanted [dɪsɪn'tʃaːntɪd] *a*: ~ (with) desilusionado (con).

disengage [dɪsɪn'geɪdʒ] *vt* soltar; to ~ the clutch (*AUT*) desembragar.

disentangle [dɪsɪn'tæŋgl] *vt* desenredar.

disfigure [dɪs'fɪgə*] *vt* desfigurar.

disgrace [dɪs'greɪs] *n* ignominia; (*shame*) vergüenza, escándalo // *vt* deshonrar; **~ful** *a* vergonzoso; (*behaviour*) escandaloso.

disgruntled [dɪs'grʌntld] *a* disgustado, descontento.

disguise [dɪs'gaɪz] *n* disfraz *m* // *vt* disfrazar; in ~ disfrazado.

disgust [dɪs'gʌst] *n* repugnancia // *vt* repugnar, dar asco a; **~ing** *a* repugnante, asqueroso.

dish [dɪʃ] *n* (*gen*) plato; to do *or* wash the ~es fregar los platos; to ~ up *vt* servir; to ~ out *vt* repartir; **~cloth** *n* paño de cocina, bayeta.

dishearten [dɪs'haːtn] *vt* desalentar.

dishevelled [dɪ'ʃevəld] *a* (*hair*) despeinado; (*clothes, appearance*) desarreglado.

dishonest [dɪs'ɔnɪst] *a* (*person*) poco honrado, tramposo; (*means*) fraudulento; **~y** *n* falta de honradez.

dishonour, (*US*) **dishonor** [dɪs'ɔnə*] *n* deshonra; **~able** *a* deshonroso.

dishtowel [dɪʃtauəl] *n* (*US*) trapo de fregar.

dishwasher ['dɪʃwɔʃə*] *n* lavaplatos *m inv*; (*person*) friegaplatos *m/f inv*.

disillusion [dɪsɪ'luːʒən] *vt* desilusionar.

disincentive [dɪsɪn'sentɪv] *n* desincentivo.

disinfect [dɪsɪn'fekt] *vt* desinfectar; **~ant** *n* desinfectante *m*.

disintegrate [dɪs'ɪntɪgreɪt] *vi* disgregarse, desintegrarse.

disinterested [dɪs'ɪntrəstɪd] *a* desinteresado.

disjointed [dɪs'dʒɔɪntɪd] *a* inconexo.

disk [dɪsk] *n* (*esp US*) = **disc**; (*COMPUT*)

disco, disquete *m*; **single-/double-sided** ~ disco de una cara/dos caras; ~ **drive** disc drive *m*; **~ette** *n* (*US*) = **disk**.

dislike [dɪs'laɪk] *n* antipatía, aversión *f* // *vt* tener antipatía a.

dislocate ['dɪsləkeɪt] *vt* dislocar.

dislodge [dɪs'lɔdʒ] *vt* sacar; (*enemy*) desalojar.

disloyal [dɪs'lɔɪəl] *a* desleal.

dismal ['dɪzml] *a* (*gloomy*) deprimente, triste.

dismantle [dɪs'mæntl] *vt* desmontar, desarmar.

dismay [dɪs'meɪ] *n* consternación *f*.

dismiss [dɪs'mɪs] *vt* (*worker*) despedir; (*official*) destituir; (*idea, LAW*) rechazar; (*possibility*) descartar // *vi* (*MIL*) romper filas; **~al** *n* despedida; destitución *f*.

dismount [dɪs'maunt] *vi* apearse.

disobedience [dɪsə'biːdɪəns] *n* desobediencia.

disobedient [dɪsə'biːdɪənt] *a* desobediente.

disobey [dɪsə'beɪ] *vt* desobedecer.

disorder [dɪs'ɔːdə*] *n* desorden *m*; (*rioting*) disturbio; (*MED*) trastorno; (*disease*) enfermedad *f*; **~ly** *a* (*untidy*) desordenado; (*meeting*) alborotado; (*conduct*) escandaloso.

disorientated [dɪs'ɔːrɪenteɪtəd] *a* desorientado.

disown [dɪs'əun] *vt* desconocer.

disparaging [dɪs'pærɪdʒɪŋ] *a* despreciativo.

disparity [dɪs'pærɪtɪ] *n* disparidad *f*.

dispassionate [dɪs'pæʃənɪt] *a* (*unbiased*) imparcial; (*unemotional*) desapasionado.

dispatch [dɪs'pætʃ] *vt* enviar // *n* (*sending*) envío; (*PRESS*) informe *m*; (*MIL*) parte *m*.

dispel [dɪs'pel] *vt* disipar, dispersar.

dispensary [dɪs'pensərɪ] *n* dispensario, farmacia.

dispense [dɪs'pens] *vt* dispensar, repartir; to ~ with *vt fus* prescindir de; **~r** *n* (*container*) distribuidor *m* automático; **dispensing chemist** *n* (*Brit*) farmacia.

dispersal [dɪs'pəːsl] *n* dispersión *f*.

disperse [dɪs'pəːs] *vt* dispersar // *vi* dispersarse.

dispirited [dɪ'spɪrɪtɪd] *a* desanimado, desalentado.

displace [dɪs'pleɪs] *vt* (*person*) desplazar; (*replace*) reemplazar; **~d person** *n* (*POL*) desplazado/a.

display [dɪs'pleɪ] *n* (*exhibition*) exposición *f*; (*COMPUT*) visualización *f*; (*MIL*) exhibición *f*; (*of feeling*) manifestación *f*; (*pej*) aparato, pompa // *vt* exponer; manifestar; (*ostentatiously*) lucir.

displease [dɪs'pliːz] *vt* (*offend*) ofender; (*annoy*) fastidiar; **~d** *a*: **~d with** disgustado con; **displeasure** [-'pleʒə*] *n* disgusto.

disposable [dɪs'pəʊzəbl] a (not reusable) desechable; (income) disponible; ~ **nappy** n pañal m desechable.

disposal [dɪs'pəʊzl] n (sale) venta; (of house) traspaso; (arrangement) colocación f; (of rubbish) destrucción f; at one's ~ a su disposición.

dispose [dɪs'pəʊz] vt disponer; **to ~ of** vt (time, money) disponer de; (unwanted goods) deshacerse de; (throw away) tirar; **~d** a: **~d to do** dispuesto a hacer; **disposition** [-'zɪʃən] n disposición f.

disproportionate [dɪsprə'pɔːʃənət] a desproporcionado.

disprove [dɪs'pruːv] vt refutar.

dispute [dɪs'pjuːt] n disputa; (verbal) discusión f; (also: industrial ~) conflicto (laboral) // vt (argue) disputar; (question) cuestionar.

disqualify [dɪs'kwɒlɪfaɪ] vt (SPORT) descalificar; **to ~ sb for sth/from doing sth** incapacitar a alguien para algo/hacer algo.

disquiet [dɪs'kwaɪət] n preocupación f, inquietud f.

disregard [dɪsrɪ'gɑːd] vt desatender; (ignore) no hacer caso de.

disrepair [dɪsrɪ'peə*] n: **to fall into ~** desmoronarse.

disreputable [dɪs'repjutəbl] a (person) de mala fama; (behaviour) vergonzoso.

disrespectful [dɪsrɪ'spektful] a irrespetuoso.

disrupt [dɪs'rʌpt] vt (plans) desbaratar, trastornar; (conversation) interrumpir; **~ion** [-'rʌpʃən] n trastorno; desbaratamiento; interrupción f.

dissatisfaction [dɪssætɪs'fækʃən] n disgusto, descontento.

dissect [dɪ'sekt] vt disecar.

disseminate [dɪ'semɪneɪt] vt divulgar, difundir.

dissent [dɪ'sent] n disensión f.

dissertation [dɪsə'teɪʃən] n tesina.

disservice [dɪs'səːvɪs] n: **to do sb a ~** perjudicar a alguien.

dissident ['dɪsɪdnt] a, n disidente m/f.

dissimilar [dɪ'sɪmɪlə*] a distinto.

dissipate ['dɪsɪpeɪt] vt disipar; (waste) desperdiciar.

dissociate [dɪ'səʊʃɪeɪt] vt disociar.

dissolute ['dɪsəluːt] a disoluto.

dissolution [dɪsə'luːʃən] n (of organization, marriage, POL) disolución f.

dissolve [dɪ'zɒlv] vt disolver // vi disolverse.

dissuade [dɪ'sweɪd] vt: **to ~ sb (from)** disuadir a uno (de).

distance ['dɪstns] n distancia; **in the ~** a lo lejos.

distant ['dɪstnt] a lejano; (manner) reservado, frío.

distaste [dɪs'teɪst] n repugnancia; **~ful** a repugnante, desagradable.

distended [dɪ'stendɪd] a (stomach) hinchado.

distil [dɪs'tɪl] vt destilar; **~lery** n destilería.

distinct [dɪs'tɪŋkt] a (different) distinto; (clear) claro; (unmistakeable) inequívoco; **as ~ from** a diferencia de; **~ion** [dɪs'tɪŋkʃən] n distinción f; (in exam) sobresaliente m; **~ive** a distintivo.

distinguish [dɪs'tɪŋgwɪʃ] vt distinguir; **~ed** a (eminent) distinguido; **~ing** a (feature) distintivo.

distort [dɪs'tɔːt] vt torcer, retorcer; **~ion** [dɪs'tɔːʃən] n deformación f; (of sound) distorsión f.

distract [dɪs'trækt] vt distraer; **~ed** a distraído; **~ion** [dɪs'trækʃən] n distracción f; (confusion) aturdimiento.

distraught [dɪs'trɔːt] a turbado, enloquecido.

distress [dɪs'tres] n (anguish) angustia; (pain) dolor m // vt afligir; (pain) doler; **~ing** a angustioso; doloroso; **~ signal** n señal f de socorro.

distribute [dɪs'trɪbjuːt] vt (gen) distribuir; (share out) repartir; **distribution** [-'bjuːʃən] n distribución f; **distributor** n (AUT) distribuidor m; (COMM) distribuidora.

district ['dɪstrɪkt] n (of country) zona, región f; (of town) barrio; (ADMIN) distrito; **~ attorney** n (US) fiscal m/f; **~ nurse** n (Brit) enfermera que atiende a pacientes a domicilio.

distrust [dɪs'trʌst] n desconfianza // vt desconfiar de.

disturb [dɪs'təːb] vt (person: bother, interrupt) molestar; (meeting) interrumpir; **~ance** n (political etc) disturbio; (violence) alboroto; **~ed** a (worried, upset) preocupado, angustiado; **emotionally ~ed** trastornado; **~ing** a inquietante, perturbador(a).

disuse [dɪs'juːs] n: **to fall into ~** caer en desuso.

disused [dɪs'juːzd] a abandonado.

ditch [dɪtʃ] n zanja; (irrigation ~) acequia // vt (col) deshacerse de.

dither ['dɪðə*] vi vacilar.

ditto ['dɪtəʊ] ad ídem, lo mismo.

dive [daɪv] n (from board) salto; (underwater) buceo; (of submarine) sumersión f; (AVIAT) picada // vi saltar; bucear; sumergirse; picar; **~r** n (SPORT) saltador(a) m/f; (underwater) buzo.

diverge [daɪ'vəːdʒ] vi divergir.

diverse [daɪ'vəːs] a diversos/as, varios/as.

diversion [daɪ'vəːʃən] n (Brit AUT) desviación f; (distraction, MIL) diversión f.

divert [daɪ'vəːt] vt (turn aside) desviar.

divide [dɪ'vaɪd] vt dividir; (separate) separar // vi dividirse; (road) bifurcarse; **~d highway** n (US) carretera de doble calzada.

dividend ['dɪvɪdend] n dividendo; (fig)

beneficio.

divine [dɪˈvaɪn] *a* divino.

diving [ˈdaɪvɪŋ] *n* (SPORT) salto; (*underwater*) buceo; ~ **board** *n* trampolín *m*.

divinity [dɪˈvɪnɪtɪ] *n* divinidad *f*; (SCOL) teología.

division [dɪˈvɪʒən] *n* división *f*; (*sharing out*) repartimiento.

divorce [dɪˈvɔːs] *n* divorcio // *vt* divorciarse de; ~**d** *a* divorciado; ~**e** [-ˈsiː] *n* divorciado/a.

divulge [daɪˈvʌldʒ] *vt* divulgar, revelar.

D.I.Y. *a, n abbr* (*Brit*) = **do-it-yourself**.

dizziness [ˈdɪzɪnɪs] *n* vértigo.

dizzy [ˈdɪzɪ] *a* (*person*) mareado; (*height*) vertiginoso; **to feel** ~ marearse.

DJ *n abbr* = **disc jockey**.

do [duː] ♦ *n* (col: *party etc*): **we're having a little** ~ **on Saturday** damos una fiestecita el sábado; **it was rather a grand** ~ fue un acontecimiento a lo grande

♦ *auxiliary vb* (*pt* **did**, *pp* **done**) **1** (*in negative constructions*) *not translated*: **I don't understand** no entiendo

2 (*to form questions*) *not translated*: **didn't you know?** ¿no lo sabías?; **what ~ you think?** ¿qué opinas?

3 (*for emphasis, in polite expressions*): **people ~ make mistakes sometimes** sí que se cometen errores a veces; **she does seem rather late** a mí también me parece que se ha retrasado; ~ **sit down/help yourself** siéntate/sírvete por favor; ~ **take care!** ten cuidado, te pido

4 (*used to avoid repeating vb*): **she sings better than I** ~ canta mejor que yo; ~ **you agree?** — **yes, I** ~/**no, I don't** ¿estás de acuerdo? — sí (lo estoy)/no (lo estoy); **she lives in Glasgow — so ~ I** vive en Glasgow — yo también; **he didn't like it and neither did we** no le gustó y a nosotros tampoco; **who made this mess? — I did** ¿quién hizo esta chapuza? — yo; **he asked me to help him and I did** me pidió que le ayudara y lo hice

5 (*in question tags*): **you like him, don't you?** te gusta, ¿verdad? *or* ¿no?; **I don't know him, ~ I?** creo que no le conozco

♦ *vt* **1** (*gen, carry out, perform etc*): **what are you ~ing tonight?** ¿qué haces esta noche?; **what can I ~ for you?** ¿en qué puedo servirle?; **to ~ the washing-up/cooking** fregar los platos/cocinar; **to ~ one's teeth/hair/nails** lavarse los dientes/arreglarse el pelo/arreglarse las uñas

2 (*AUT etc*): **the car was ~ing 100** el coche iba a 100; **we've done 200 km already** ya hemos hecho 200 km; **he can ~ 100 in that car** puede dar los 100 en ese coche

♦ *vi* **1** (*act, behave*) hacer; ~ **as I ~** haz como yo

2 (*get on, fare*): **he's ~ing well/badly at school** va bien/mal en la escuela; **the firm is ~ing well** la empresa anda *or* va bien; **how ~ you ~?** mucho gusto; (*less formal*) ¿qué tal?

3 (*suit*): **will it ~?** ¿sirve?, ¿está *or* va bien?

4 (*be sufficient*) bastar; **will £10 ~?** ¿será bastante con £10?; **that'll ~** así está bien; **that'll ~!** (*in annoyance*) ¡ya está bien!, ¡basta ya!; **to make ~ (with)** arreglárselas (con)

to ~ away with *vt fus* (*kill, disease*) eliminar; (*abolish: law etc*) abolir; (*withdraw*) retirar

to ~ up *vt* (*laces*) atar; (*zip, dress, shirt*) abrochar; (*renovate: room, house*) renovar

to ~ with *vt fus* (*need*): **I could ~ with a drink/some help** no me vendría mal un trago/un poco de ayuda; (*be connected*): **tener que ver con; what has it got to ~ with you?** ¿qué tiene que ver contigo?

to do without *vi* pasar sin; **if you're late for tea then you'll ~ without** si llegas tarde para la merienda pasarás sin él ♦ *vt fus* pasar sin; **I can ~ without a car** puedo pasar sin coche

dock [dɔk] *n* (NAUT) muelle *m*; (LAW) banquillo (de los acusados); ~**s** *npl* muelles *mpl*, puerto *sg* // *vi* (*enter* ~) atracar el muelle; estibador *m*; ~**er** *n* trabajador *m* portuario, estibador *m*; ~**yard** *n* astillero.

doctor [ˈdɔktə*] *n* médico/a; (Ph.D. *etc*) doctor(a) *m/f* // *vt* (*fig*) arreglar, falsificar; (*drink etc*) adulterar; **D~ of Philosophy (Ph.D.)** *n* Doctor en Filosofía y Letras.

doctrine [ˈdɔktrɪn] *n* doctrina.

document [ˈdɔkjumənt] *n* documento; ~**ary** [-ˈmentərɪ] *a* documental // *n* documental *m*.

dodge [dɔdʒ] *n* (*of body*) regate *m*; (*fig*) truco // *vt* (*gen*) evadir; (*blow*) esquivar.

dodgems [ˈdɔdʒəmz] *npl* (*Brit*) coches *mpl* de choque.

doe [dəu] *n* (*deer*) cierva, gama; (*rabbit*) coneja.

does [dʌz] *vb see* **do**; ~**n't** = ~ **not**.

dog [dɔg] *n* perro // *vt* seguir los pasos de; ~ **collar** *n* collar *m* de perro; (*fig*) cuello de cura; ~**eared** *a* sobado.

dogged [ˈdɔgɪd] *a* tenaz, obstinado.

dogsbody [ˈdɔgzbɔdɪ] *n* (*Brit*) burro de carga.

doings [ˈduɪŋz] *npl* (*events*) sucesos *mpl*; (*acts*) hechos *mpl*.

do-it-yourself [duːɪtjɔˈsɛlf] *n* bricolaje *m*.

doldrums [ˈdɔldrəmz] *npl*: **to be in the ~** (*person*) estar abatido; (*business*) estar encalmado.

dole [dəul] *n* (*Brit: payment*) subsidio de paro; **on the ~** parado; **to ~ out** *vt* repartir.

doleful ['dəulful] *a* triste, lúgubre.
doll [dɔl] *n* muñeca; **to ~ o.s. up** ataviarse.
dollar ['dɔlə*] *n* dólar *m*.
dolphin ['dɔlfɪn] *n* delfín *m*.
domain [də'meɪn] *n* (*fig*) campo, competencia; (*land*) dominios *mpl*.
dome [dəum] *n* (*ARCH*) cúpula; (*shape*) bóveda.
domestic [də'mestɪk] *a* (*animal, duty*) doméstico; (*flight, policy*) nacional; **~ated** *a* domesticado; (*home-loving*) casero, hogareño.
dominant ['dɔmɪnənt] *a* dominante.
dominate ['dɔmɪneɪt] *vt* dominar.
domineering [dɔmɪ'nɪərɪŋ] *a* dominante.
dominion [də'mɪnɪən] *n* dominio.
domino ['dɔmɪnəu], *pl* **~es** *n* ficha de dominó; **~es** *n* (*game*) dominó.
don [dɔn] *n* (*Brit*) profesor(a) *m/f* universitario/a.
donate [də'neɪt] *vt* donar; **donation** [də'neɪʃən] *n* donativo.
done [dʌn] *pp* of **do**.
donkey ['dɔŋkɪ] *n* burro.
donor ['dəunə*] *n* donante *m/f*.
don't [dəunt] = **do not**.
doodle ['du:dl] *vi* hacer dibujitos *or* garabatos.
doom [du:m] *n* (*fate*) suerte *f*; (*death*) muerte *f* // *vt*: **to be ~ed to failure** or **be condemned to fail** estar condenado al fracaso; **~sday** *n* día *m* del juicio final.
door [dɔ:*] *n* puerta; (*entry*) entrada; **~bell** *n* timbre *m*; **~ handle** *n* tirador *m*; (*of car*) manija; **~man** *n* (*in hotel*) portero; **~mat** *n* felpudo, estera; **~step** *n* peldaño; **~way** *n* entrada, puerta.
dope [dəup] *n* (*col: person*) imbécil *m/f* // *vt* (*horse etc*) drogar.
dopey ['dəupɪ] *a* atontado.
dormant ['dɔ:mənt] *a* inactivo; (*latent*) latente.
dormitory ['dɔ:mɪtrɪ] *n* (*Brit*) dormitorio; (*US*) colegio mayor.
dormouse ['dɔ:maus], *pl* **-mice** [-maɪs] *n* lirón *m*.
DOS *n abbr* (= *disk operating system*) DOS *m*.
dosage ['dəusɪdʒ] *n* dosis *f inv*.
dose [dəus] *n* dósis *f inv*.
doss house ['dɔss-] *n* (*Brit*) pensión *f* de mala muerte.
dossier ['dɔsɪeɪ] *n* expediente *m*.
dot [dɔt] *n* punto; **~ted with** salpicado de; **on the ~** en punto.
dote [dəut]: **to ~ on** *vt fus* adorar, idolatrar.
dot matrix printer *n* impresora matricial (*or* de matriz) de puntos.
double ['dʌbl] *a* doble // *ad* (*twice*): **to cost ~** costar el doble // *n* (*gen*) doble *m* // *vt* doblar; (*efforts*) redoblar // *vi* doblarse; **on the ~**, (*Brit*) **at the ~** corriendo; **~s** *n* (*TENNIS*) juego de dobles; **~**

bass *n* contrabajo; **~ bed** *n* cama matrimonial; **~ bend** *n* (*Brit*) doble curva; **~-breasted** *a* cruzado; **~cross** *vt* (*trick*) engañar; (*betray*) traicionar; **~decker** *n* autobús *m* de dos pisos; **~ glazing** *n* (*Brit*) doble acristalamiento; **~ room** *n* cuarto para dos; **doubly** *ad* doblemente.
doubt [daut] *n* duda // *vt* dudar; (*suspect*) dudar de; **to ~ that** dudar que; **there is no ~ that** no cabe duda de que; **~ful** *a* dudoso; (*person*): **to be ~ful about sth** tener dudas sobre algo; **~less** *ad* sin duda.
dough [dəu] *n* masa, pasta; **~nut** *n* buñuelo.
douse [daus] *vt* (*drench*) mojar; (*extinguish*) apagar.
dove [dʌv] *n* paloma.
dovetail ['dʌvteɪl] *vi* (*fig*) encajar.
dowdy ['daudɪ] *a* (*person*) mal vestido; (*clothes*) pasado de moda.
down [daun] *n* (*fluff*) pelusa; (*feathers*) plumón *m*, flojel *m* // *ad* (**~wards**) abajo, hacia abajo; (*on the ground*) por/en tierra // *prep* abajo // *vt* (*col: drink*) beberse; **~ with X!** ¡abajo X!; **~ under** (*Australia etc*) Australia, Nueva Zelanda; **~-and-out** *n* vagabundo/a; **~-at-heel** *a* venido a menos; (*appearance*) desaliñado; **~cast** *a* abatido; **~fall** *n* caída, ruina; **~hearted** *a* desanimado; **~hill** *ad*: **to go ~hill** ir cuesta abajo; **~ payment** *n* entrada, pago al contado; **~pour** *n* aguacero; **~right** *a* (*nonsense, lie*) manifiesto; (*refusal*) terminante; **~stairs** *ad* (*below*) (en la casa de) abajo; (**~wards**) escaleras abajo; **~stream** *ad* aguas *or* río abajo; **~-to-earth** *a* práctico; **~town** *ad* en el centro de la ciudad; **~ward** *a, ad* [-wəd], **~wards** [-wədz] *ad* hacia abajo.
dowry ['daurɪ] *n* dote *f*.
doz. *abbr* = **dozen**.
doze [dəuz] *vi* dormitar; **to ~ off** *vi* quedarse medio dormido.
dozen ['dʌzn] *n* docena; **a ~ books** una docena de libros; **~s of** cantidad de.
Dr. *abbr* = **doctor; drive**.
drab [dræb] *a* gris, monótono.
draft [drɑːft] *n* (*first copy*) borrador *m*; (*COMM*) giro; (*US: call-up*) quinta // *vt* (*write roughly*) hacer un borrador de; *see also* **draught**.
draftsman ['drɑːftsmən] *n* (*US*) = **draughtsman**.
drag [dræg] *vt* arrastrar; (*river*) dragar, rastrear // *vi* arrastrarse por el suelo // *n* (*col*) lata; (*women's clothing*): **in ~** vestido de travesti; **to ~ on** *vi* ser interminable.
dragon ['drægən] *n* dragón *m*.
dragonfly ['drægənflaɪ] *n* libélula.
drain [dreɪn] *n* desaguadero; (*in street*) sumidero // *vt* (*land, marshes*) desaguar;

(MED) drenar; (reservoir) desecar; (fig) agotar // vi escurrirse; **to be a ~ on** agotar; **~age** n' (act) desagüe m; (MED, AGR) drenaje m; (sewage) alcantarillado; **~ing board**, (US) **~board** n escurridera, escurridor m; **~pipe** n tubo de desagüe.

dram [dræm] n (drink) traguito, copita.

drama ['drɑːmə] n (art) teatro; (play) drama m; **~tic** [drə'mætɪk] a dramático; **~tist** ['dræmətɪst] n dramaturgo/a; **~tize** ['dræmətaɪz] vt (events) dramatizar; (adapt: for TV, cinema) adaptar a la televisión/al cine.

drank [dræŋk] pt of **drink**.

drape [dreɪp] vt cubrir; **~s** npl (US) cortinas fpl; **~r** n (Brit) pañero/a.

drastic ['dræstɪk] a (measure, reduction) severo; (change) radical.

draught, (US) **draft** [drɑːft] n (of air) corriente f de aire; (drink) trago; (NAUT) calado; **~s** n (Brit) juego de damas; **on ~** (beer) de barril; **~board** (Brit) n tablero de damas.

draughtsman ['drɑːftsmən] n delineante m.

draw [drɔː] vb (pt drew, pp drawn) vt (pull) tirar; (take out) sacar; (attract) atraer; (picture) dibujar; (money) retirar // vi (SPORT) empatar // n (SPORT) empate m; (lottery) sorteo; (attraction) atracción f; **to ~ near** vi acercarse; **to ~ out** vi (lengthen) alargarse; **to ~ up** vi (stop) pararse // vt (document) redactar; **~back** n inconveniente m, desventaja; **~bridge** n puente m levadizo.

drawer [drɔː*] n cajón m; (of cheque) librador(a) m/f.

drawing ['drɔːɪŋ] n dibujo; **~ board** n tablero (de dibujante); **~ pin** n (Brit) chinche m; **~ room** n salón m.

drawl [drɔːl] n habla lenta y cansina.

drawn [drɔːn] pp of **draw**.

dread [drɛd] n pavor m, terror m // vt temer, tener miedo or pavor a; **~ful** a espantoso.

dream [driːm] n sueño // vt, vi (pt, pp dreamed or dreamt [drɛmt]) soñar; **~er** n soñador(a) m/f; **~y** a (distracted) soñador(a), distraído.

dreary ['drɪərɪ] a monótono.

dredge [drɛdʒ] vt dragar.

dregs [drɛgz] npl heces fpl.

drench [drɛntʃ] vt empapar.

dress [drɛs] n vestido; (clothing) ropa // vt vestir; (wound) vendar; (CULIN) aliñar // vi vestirse; **to ~ up** vi vestirse de etiqueta; (in fancy dress) disfrazarse; **~ circle** n (Brit) principal m; **~er** n (furniture) aparador m; (: US) cómoda con espejo; (THEAT) camarero/a; **~ing** n (MED) vendaje m; (CULIN) aliño; **~ing gown** n (Brit) bata; **~ing room** n (THEATRE) camarín m; (SPORT) vestidor m; **~ing table** n tocador m;

~maker n modista, costurera; **~ rehearsal** n ensayo general; **~ shirt** n camisa de frac; **~y** a (col) elegante.

drew [druː] pt of **draw**.

dribble ['drɪbl] vi gotear, caer gota a gota; (baby) babear // vt (ball) regatear.

dried [draɪd] a (gen) seco; (fruit) paso; (milk) en polvo.

drier ['draɪə*] n = **dryer**.

drift [drɪft] n (of current etc) velocidad f; (of sand) montón m; (of snow) ventisquero; (meaning) significado // vi (boat) ir a la deriva; (sand, snow) amontonarse; **~wood** n madera de deriva.

drill [drɪl] n taladro; (bit) broca; (of dentist) fresa; (for mining etc) perforadora, barrena; (MIL) instrucción f // vt perforar, taladrar // vi (for oil) perforar.

drink [drɪŋk] n bebida // vt, vi (pt drank, pp drunk) beber; **to have a ~** tomar algo; tomar una copa or un trago; **a ~ of water** un trago de agua; **~er** n bebedor(a) m/f; **~ing water** n agua potable.

drip [drɪp] n (act) goteo; (one ~) gota; (MED) gota a gota m // vi gotear, caer gota a gota; **~-dry** a (shirt) de lava y pon; **~ping** n (animal fat) pringue m.

drive [draɪv] n paseo (en coche); (journey) viaje m (en coche); (also: **~way**) entrada; (energy) energía, vigor m; (PSYCH) impulso; (SPORT) ataque m; (COMPUT: also: disk **~**) drive m // vb (pt drove, pp driven) vt (car) conducir, manejar (LAm); (nail) clavar; (push) empujar; (TECH: motor) impulsar // vi (AUT: at controls) conducir; (: travel) pasearse en coche; **left-/right-hand ~** conducción f a la izquierda/derecha; **to ~ sb mad** volverle loco a uno.

drivel ['drɪvl] n (col) tonterías fpl.

driven ['drɪvn] pp of **drive**.

driver ['draɪvə*] n conductor(a) m/f, chofer m (LAm); (of taxi, bus) chofer; **~'s license** n (US) carnet m de conducir.

driveway ['draɪvweɪ] n entrada.

driving ['draɪvɪŋ] n el conducir, el manejar (LAm); **~ instructor** n instructor(a) m/f de conducción or manejo (LAm); **~ lesson** n clase f de conducción or manejo (LAm); **~ licence** n (Brit) permiso de conducir; **~ mirror** n retrovisor m; **~ school** n autoescuela; **~ test** n examen m de conducción or manejo (LAm).

drizzle ['drɪzl] n llovizna // vi lloviznar.

droll [drəʊl] a gracioso.

drone [drəʊn] n (noise) zumbido.

drool [druːl] vi babear; **to ~ over sth** extasiarse ante algo.

droop [druːp] vi (fig) decaer, desanimarse.

drop [drɒp] n (of water) gota; (lessening) baja // vt (allow to fall) dejar caer; (voice, eyes, price) bajar; (set down from car) dejar; (price, temperature) bajar; (wind) amainar; ~s npl (MED) gotas fpl; **to ~ off** vi (sleep) dormirse // vt (passenger) bajar; **to ~ out** vi (withdraw) retirarse; **~out** n marginado/a; **~per** n cuentagotas m inv; **~pings** npl excremento sg.

drought [draut] n sequía.

drove [drəuv] pt of **drive.**

drown [draun] vt ahogar // vi ahogarse.

drowsy ['drauzı] a soñoliento; **to be ~** tener sueño.

drudgery ['drʌdʒərı] n trabajo monótono.

drug [drʌg] n medicamento; (narcotic) droga // vt drogar; **~ addict** n drogadicto/a; **~gist** n (US) farmacéutico; **~store** n (US) farmacia.

drum [drʌm] n tambor m; (large) bombo; (for oil, petrol) bidón m; **~s** npl batería sg // vi tocar el tambor; (with fingers) tamborilear; **~mer** n tambor m.

drunk [drʌŋk] pp of **drink** // a borracho // n (also: **~ard**) borracho/a; **~en** a borracho.

dry [draı] a seco; (day) sin lluvia; (climate) árido, seco // vt secar; (tears) enjugarse // vi secarse; **to ~ up** vi agotarse; (in speech) atascarse; **~-cleaner's** n tintorería; **~-cleaning** n lavado en seco; **~er** n (for hair) secador m; (for clothes) secadora; **~ goods store** n (US) mercería; **~ness** n sequedad f; **~rot** n putrefacción f fungoide.

dual ['djuəl] a doble; **~ carriageway** n (Brit) carretera de doble calzada; **~-control** a de doble mando; **~ nationality** n doble nacionalidad f; **~-purpose** a de doble uso.

dubbed [dʌbd] a (CINEMA) doblado.

dubious ['dju:bıəs] a indeciso; (reputation, company) sospechoso.

duchess ['dʌtʃıs] n duquesa.

duck [dʌk] n pato // vi agacharse; **~ling** n patito.

duct [dʌkt] n conducto, canal m.

dud [dʌd] n (shell) obús m que no estalla; (object, tool): **it's a ~** es una filfa // a: **~ cheque** (Brit) cheque m sin fondos.

due [dju:] a (proper) debido; (fitting) conveniente, oportuno // ad: **~ north** derecho al norte; **~s** npl (for club, union) cuota sg; (in harbour) derechos mpl; in **~ course** a su debido tiempo; **~ to** debido a; **to be ~ to do** deberse a; **the train is ~ to arrive at 8.00** el tren debe llegar a las ocho.

duet [dju:'et] n dúo.

duffel ['dʌfəl] a: **~ bag** n bolsa de lona; **~ coat** n comando, abrigo de tres cuartos.

dug [dʌg] pt, pp of **dig.**

duke [dju:k] n duque m.

dull [dʌl] a (light) apagado; (stupid) torpe; (boring) pesado; (sound, pain) sordo; (weather, day) gris // vt (pain, grief)

aliviar; (mind, senses) entorpecer.

duly ['dju:lı] ad debidamente; (on time) a su debido tiempo.

dumb [dʌm] a mudo; (stupid) estúpido; **~founded** a pasmado.

dummy ['dʌmı] n (tailor's model) maniquí m; (Brit: for baby) chupete m // a falso, postizo.

dump [dʌmp] n (heap) montón m de basura; (place) basurero, vaciadero; (col) casucha; (MIL) depósito // vt (put down) dejar; (get rid of) deshacerse de; **~ing** n (ECON) dumping m; (of rubbish): 'no **~ing**' 'prohibido verter basura'.

dumpling ['dʌmplıŋ] n bola de masa hervida.

dumpy ['dʌmpı] a regordete/a.

dunce [dʌns] n zopenco.

dung [dʌŋ] n estiércol m.

dungarees [dʌŋgə'ri:z] npl mono sg.

dungeon ['dʌndʒən] n calabozo.

duo ['dju:əu] n (gen, MUS) dúo.

dupe [dju:p] n (victim) víctima // vt engañar.

duplex ['dju:pleks] n dúplex m.

duplicate n ['dju:plıkət] n duplicado // vt ['dju:plıkeıt] duplicar; (on machine) multicopiar; **in ~** por duplicado.

durable ['djuərəbl] a duradero.

duration [djuə'reıʃən] n duración f.

duress [djuə'res] n: **under ~** por compulsión.

during ['djuərıŋ] prep durante.

dusk [dʌsk] n crepúsculo, anochecer m.

dust [dʌst] n polvo // vt (furniture) desempolvorar; (cake etc): **to ~ with** espolvorear de; **~bin** n (Brit) cubo de la basura, balde m (LAm); **~er** n paño, trapo; (feather ~er) plumero; **~ jacket** n sobrecubierta; **~man** n (Brit) basurero; **~y** a polvoriento.

Dutch [dʌtʃ] a holandés/esa // n (LING) holandés m; **the ~** npl los holandeses; **to go ~** pagar cada uno lo suyo; **~man/woman** n holandés/esa m/f.

dutiful ['dju:tıful] a obediente, sumiso.

duty ['dju:tı] n deber m; (tax) derechos mpl de aduana; **on ~** de servicio; (at night etc) de guardia; **off ~** libre (de servicio); **~-free** a libre de derechos de aduana.

duvet ['du:veı] n (Brit) edredón m.

dwarf [dwɔ:f], pl **dwarves** [dwɔ:vz] n enano/a // vt empequeñecer.

dwell [dwel], pt, pp **dwelt** [dwelt] vi morar; **to ~ on** vt fus explayarse en; **~ing** n vivienda.

dwindle ['dwındl] vi menguar, disminuir.

dye [daı] n tinte m // vt teñir.

dying ['daııŋ] a moribundo, agonizante; (moments) final; (words) último.

dyke [daık] n (Brit) dique m.

dynamic [daı'næmık] a dinámico.

dynamite ['daınəmaıt] n dinamita.

dynamo ['daınəməu] n dínamo f.

dynasty ['dɪnəstɪ] n dinastía.

E

E [iː] n (MUS) mi m.

each [iːtʃ] a cada inv // pron cada uno; ~ other el uno al otro; they hate ~ other se odian (entre ellos or mutuamente); they have 2 books ~ tienen 2 libros por persona.

eager ['iːgə*] a (gen) impaciente; (hopeful) ilusionado; (keen) entusiasmado; to be ~ to do sth tener muchas ganas de hacer algo, impacientarse por hacer algo; to be ~ for tener muchas ganasde; (news) esperar ansiosamente.

eagle ['iːgl] n águila.

ear [ɪə*] n oreja; (sense of hearing) oído; (of corn) espiga; ~ache n dolor m de oidos; ~drum n tímpano.

earl [əːl] n conde m.

early ['əːlɪ] ad (gen) temprano; (before time) con tiempo, con anticipación // a (gen) temprano; (reply) pronto; to have an ~ night acostarse temprano; in the ~ or ~ in the spring/19th century a principios de primavera/del siglo diecinueve; ~ retirement n jubilación f anticipada.

earmark ['ɪəmɑːk] vt: to ~ (for) reservar (para), destinar (a).

earn [əːn] vt (gen) ganar; (salary) percibir; (interest) devengar; (praise) merecerse.

earnest ['əːnɪst] a serio, formal; in ~ ad en serio.

earnings ['əːnɪŋz] npl (personal) sueldo sg, ingresos mpl; (company) ganancias fpl.

ear: ~phones npl (auriculares mpl; ~ring n pendiente m, arete m; ~shot n: within ~shot al alcance del oído.

earth [əːθ] n (gen) tierra; (Brit: ELEC) cable m de toma de tierra // vt (Brit: ELEC) conectar a tierra; ~enware n loza (de barro); ~quake n terremoto; ~y a (fig: uncomplicated) sencillo; (: sensual) sensual.

earwig ['ɪəwɪg] n tijereta.

ease [iːz] n facilidad f; (comfort) comodidad f // vt (task) facilitar; (pain) aliviar; (loosen) soltar; (help pass): to ~ sth in/out meter/sacar algo con cuidado; at ~! (MIL) ¡descansen!; to ~ off or up vi (work, business) aflojar; (person) relajarse.

easel ['iːzl] n caballete m.

easily ['iːzɪlɪ] ad fácilmente; it is ~ the best es con mucho el/la mejor.

east [iːst] n este m, oriente m // a del este, oriental // ad al este, hacia el este; the E~ el Oriente.

Easter ['iːstə*] n Pascua (de Resurrección); ~ egg n huevo de Pascua.

easterly ['iːstəlɪ] a (to the east) al este;

(from the east) del este.

eastern ['iːstən] a del este, oriental.

East Germany n Alemania Oriental.

eastward(s) ['iːstwəd(z)] ad hacia el este.

easy ['iːzɪ] a fácil; (problem) sencillo; (comfortable) holgado, cómodo; (relaxed) natural, llano // ad: to take it or things ~ (not worry) tomarlo con calma; (go slowly) ir despacio; (rest) descansar; ~ chair n sillón m; ~-going a acomodadizo.

eat [iːt], pt **ate**, pp **eaten** ['iːtn] vt comer; **to ~ into, to ~ away at** vt fus corroer; (wear away) desgastar.

eau de Cologne [əudəkə'ləun] n (agua de) Colonia.

eaves [iːvz] npl alero sg.

eavesdrop ['iːvzdrɔp] vi: to ~ (on a conversation) escuchar (una conversación) a escondidas.

ebb [ɛb] n reflujo // vi bajar; (fig: also: ~ away) decaer; ~ tide n marea menguante.

ebony ['ɛbənɪ] n ébano.

eccentric [ɪk'sɛntrɪk] a, n excéntrico/a.

echo ['ɛkəu], pl ~**es** n eco m // vt (sound) repetir // vi resonar, hacer eco.

eclipse [ɪ'klɪps] n eclipse m.

ecology [ɪ'kɔlədʒɪ] n ecología.

economic [iːkə'nɔmɪk] a económico; (business etc) rentable; ~**al** a económico; ~**s** n economía.

economize [ɪ'kɔnəmaɪz] vi economizar, ahorrar.

economy [ɪ'kɔnəmɪ] n economía.

ecstasy ['ɛkstəsɪ] n éxtasis m inv; **ecstatic** [-'tætɪk] a extático.

Ecuador ['ɛkwədɔːr] n Ecuador m; **E~ian** a, n ecuatoriano/a m/f.

eczema ['ɛksɪmə] n eczema m.

edge [ɛdʒ] n (of knife etc) filo; (of object) borde m; (of lake etc) orilla // vt (SEWING) ribetear; **on** ~ (fig) = **edgy**; **to ~ away from** alejarse poco a poco de; ~**ways** ad: **he couldn't get a word in** ~**ways** no pudo meter ni baza; **edging** n (SEWING) ribete m; (of path) borde m.

edgy ['ɛdʒɪ] a nervioso, inquieto.

edible ['ɛdɪbl] a comestible.

edict ['iːdɪkt] n edicto.

edifice ['ɛdɪfɪs] n edificio.

Edinburgh ['ɛdɪnbərə] n Edimburgo.

edit ['ɛdɪt] vt (be editor of) dirigir; (rewrite) redactar; (cut) cortar; ~**ion** [ɪ'dɪʃən] n (gen) edición f; (number printed) tirada; ~**or** n (of newspaper) director(a) m/f; (of book) redactor(a) m/f; ~**orial** [-'tɔːrɪəl] a editorial // n editorial m.

educate ['ɛdjukeɪt] vt (gen) educar; (instruct) instruir.

education [ɛdju'keɪʃən] n educación f; (schooling) enseñanza; (SCOL) pedagogía; ~**al** a (policy etc) educacional;

(*teaching*) docente.

EEC .* abbr (= *European Economic Community*) CEE *f*.

eel [i:l] *n* anguila.

eerie ['ɪərɪ] *a* (*sound, experience*) espeluznante.

effect [ɪ'fɛkt] *n* efecto // *vt* efectuar, llevar a cabo; **~s** *npl* efectos *mpl*; to take ~ (*law*) entrar en vigor *or* vigencia; (*drug*) surtir efecto; in ~ en realidad; **~ive** *a* (*gen*) eficaz; (*real*) efectivo; to become ~ive (*law*) entrar en vigor; **~ively** *ad* eficazmente; efectivamente; **~iveness** *n* eficacia.

effeminate [ɪ'fɛmɪnɪt] *a* afeminado.

efficiency [ɪ'fɪʃənsɪ] *n* (*gen*) eficiencia; (*of machine*) rendimiento.

efficient [ɪ'fɪʃənt] *a* eficaz; (*person*) eficiente.

effigy ['ɛfɪdʒɪ] *n* efigie *f*.

effort ['ɛfət] *n* esfuerzo; **~less** *a* sin ningún esfuerzo.

effrontery [ɪ'frʌntərɪ] *n* descaro.

effusive [ɪ'fju:sɪv] *a* efusivo.

e.g. *ad abbr* (= *exempli gratia*) p. ej.

egg [ɛg] *n* huevo; **hard-boiled/soft-boiled/poached** ~ huevo duro/pasado por agua/escalfado; **scrambled ~s** huevos revueltos; to ~ on *vt* incitar; **~cup** *n* huevera; ~ **plant** *n* (*esp US*) berenjena; **~shell** *n* cáscara de huevo.

ego ['i:gəu] *n* ego; **~tism** *n* egoísmo; **~tist** *n* egoísta *m/f*.

Egypt ['i:dʒɪpt] *n* Egipto; **~ian** [ɪ'dʒɪpʃən] *a*, *n* egipcio/a *m/f*.

eiderdown ['aɪdədaun] *n* edredón *m*.

eight [eɪt] *num* ocho; **~een** *num* diez y ocho, dieciocho; **~h** *a*, *n* octavo; **~y** *num* ochenta.

Eire ['ɛərə] *n* Eire *m*.

either ['aɪðə*] *a* cualquier de los dos; (*both, each*) cada; on ~ side en ambos lados // *pron*: ~ (**of them**) cualquiera (de los dos); I don't like ~ no me gusta ninguno de los dos // *ad* tampoco; no, I don't ~ no, yo tampoco // *conj*: ~ yes or no o sí o no.

eject [ɪ'dʒɛkt] *vt* echar; (*tenant*) desahuciar; **~or seat** *n* asiento proyectable.

eke [i:k]: to ~ out *vt* (*money*) hacer que alcance; (*add to*) suplir las deficiencias de.

elaborate [ɪ'læbərɪt] *a* (*design*) elaborado; (*pattern*) intrincado // *vb* [ɪ'læbəreɪt] *vt* elaborar // *vi* explicarse con muchos detalles.

elapse [ɪ'læps] *vi* transcurrir.

elastic [ɪ'læstɪk] *a*, *n* elástico; ~ **band** *n* (*Brit*) gomita.

elated [ɪ'leɪtɪd] *a*: to be ~ regocijarse; **elation** [ɪ'leɪʃən] *n* regocijo.

elbow ['ɛlbəu] *n* codo.

elder ['ɛldə*] *a* mayor // *n* (*tree*) saúco; (*person*) mayor; (*of tribe*) anciano; **~ly**

---

a de edad, mayor // *npl*: the **~ly** los mayores.

eldest ['ɛldɪst] *a*, *n* el/la mayor.

elect [ɪ'lɛkt] *vt* elegir; to ~ to do optar por hacer // *a*: the **president** ~ el presidente electo; **~ion** [ɪ'lɛkʃən] *n* elección *f*; **~ioneering** [ɪlɛkʃə'nɪərɪŋ] *n* campaña electoral; **~or** *n* elector(a) *m/f*; **~oral** *a* electoral; **~orate** *n* electorado.

electric [ɪ'lɛktrɪk] *a* eléctrico; **~al** *a* eléctrico; ~ **blanket** *n* manta eléctrica; ~ **cooker** *n* cocina eléctrica; ~ **fire** *n* estufa eléctrica.

electrician [ɪlɛk'trɪʃən] *n* electricista *m/f*.

electricity [ɪlɛk'trɪsɪtɪ] *n* electricidad *f*.

electrify [ɪ'lɛktrɪfaɪ] *vt* (*RAIL*) electrificar; (*fig: audience*) electrizar.

electron [ɪ'lɛktrɔn] *n* electrón *m*.

electronic [ɪlɛk'trɔnɪk] *a* electrónico; **~s** *n* electrónica.

elegant [ɛlɪgənt] *a* elegante.

element ['ɛlɪmənt] *n* (*gen*) elemento; (*of heater, kettle etc*) resistencia; **~ary** [-'mɛntərɪ] *a* elemental; (*primitive*) rudimentario; (*school, education*) primario.

elephant ['ɛlɪfənt] *n* elefante *m*.

elevate ['ɛlɪveɪt] *vt* (*gen*) elevar; (*in rank*) ascender.

elevation [ɛlɪ'veɪʃən] *n* elevación *f*; (*height*) altura.

elevator ['ɛlɪveɪtə*] *n* (*US*) ascensor *m*.

eleven [ɪ'lɛvn] *num* once; **~ses** *npl* (*Brit*) café de las once; **~th** *a* undécimo.

elicit [ɪ'lɪsɪt] *vt*: to ~ (from) sacar (de).

eligible ['ɛlɪdʒəbl] *a* elegible; to be ~ for sth llenar los requisitos para algo.

eliminate [ɪ'lɪmɪneɪt] *vt* eliminar; (*strike out*) suprimir; (*suspect*) descartar.

elm [ɛlm] *n* olmo.

elongated ['i:lɔŋgeɪtɪd] *a* alargado, estirado.

elope [ɪ'ləup] *vi* fugarse (para casarse); **~ment** *n* fuga.

eloquent ['ɛləkwənt] *a* elocuente.

else [ɛls] *ad*: **something** ~ otra cosa; **somewhere** ~ en otra parte; **everywhere** ~ en todas partes menos aquí; **where ~?** ¿dónde más?, ¿en qué otra parte?; **there was little** ~ **to do** apenas quedaba otra cosa que hacer; **nobody** ~ **spoke** no habló nadie más; **~where** *ad* (*be*) en otra parte; (*go*) a otra parte.

elucidate [ɪ'lu:sɪdeɪt] *vt* aclarar.

elude [ɪ'lu:d] *vt* eludir; (*blow, pursuer*) esquivar.

elusive [ɪ'lu:sɪv] *a* esquivo; (*answer*) difícil de encontrar.

emaciated [ɪ'meɪsɪeɪtɪd] *a* demacrado.

emanate ['ɛməneɪt] *vi*: to ~ from (*idea*) surgir de; (*light, smell*) proceder de.

emancipate [ɪ'mænsɪpeɪt] *vt* emancipar.

embankment [ɪm'bæŋkmənt] *n* terraplén *m*; (*riverside*) dique *m*.

embargo [ɪm'bɑ:gəu], *pl* **~es** *n* prohibición f.

embark [ɪm'bɑːk] vi embarcarse // vt embarcar; **to ~ on** (fig) emprender, lanzarse a; **~ation** [ɛmbɑː'keɪʃən] n (people) embarco; (goods) embarque m.

embarrass [ɪm'bærəs] vt avergonzar; (financially etc) poner en un aprieto; **~ed** a azorado; **~ing** a (situation) violento; (question) embarazoso; **~ment** n desconcierto, azoramiento; (financial) apuros mpl.

embassy ['ɛmbəsɪ] n embajada.

embed [ɪm'bɛd] vt (jewel) empotrar; (teeth etc) clavar.

embellish [ɪm'bɛlɪʃ] vt embellecer; (fig) adornar.

embers ['ɛmbəz] npl rescoldo sg, ascua sg.

embezzle [ɪm'bɛzl] vt desfalcar, malversar.

embitter [ɪm'bɪtə*] vt (person) amargar; (relationship) envenenar; **~ed** a resentido, amargado.

embody [ɪm'bɔdɪ] vt (spirit) encarnar; (ideas) expresar.

embossed [ɪm'bɔst] a realzado.

embrace [ɪm'breɪs] vt abrazar, dar un abrazo a; (include) abarcar; (adopt: idea) adherirse a // vi abrazarse // n abrazo.

embroider [ɪm'brɔɪdə*] vt bordar; (fig: story) adornar, embellecer; **~y** n bordado.

embryo ['ɛmbrɪəu] n (also fig) embrión m.

emerald ['ɛmərəld] n esmeralda.

emerge [ɪ'məːdʒ] vi (gen) salir; (arise) surgir; **~nce** n salida; surgimiento.

emergency [ɪ'məːdʒənsɪ] n (event) emergencia; (crisis) crisis f inv; **in an ~** en caso de urgencia; **state of ~** estado de emergencia; **~ cord** n (US) timbre m de alarma; **~ exit** n salida de emergencia; **~ landing** n aterrizaje m forzoso; **~ meeting** n reunión f extraordinaria; **the ~ services** npl (fire, police, ambulance) los servicios mpl de urgencia or emergencia.

emery board ['ɛmərɪ-] n lima de uñas.

emigrant ['ɛmɪgrənt] n emigrante m/f.

emigrate ['ɛmɪgreɪt] vi emigrar.

emit [ɪ'mɪt] vt emitir; (smoke) arrojar; (smell) despedir; (sound) producir.

emotion [ɪ'məuʃən] n emoción f; **~al** a (person) sentimental; (scene) conmovedor(a), emocionante; **~ally** ad con emoción.

emotive [ɪ'məutɪv] a emotivo.

emperor ['ɛmpərə*] n emperador m.

emphasis ['ɛmfəsɪs], pl **-ses** [-siːz] n énfasis m inv.

emphasize ['ɛmfəsaɪz] vt (word, point) subrayar, recalcar; (feature) hacer resaltar.

emphatic [ɛm'fætɪk] a (reply) categóri-

co; (person) insistente; **~ally** ad con énfasis.

empire ['ɛmpaɪə*] n imperio.

employ [ɪm'plɔɪ] vt emplear; **~ee** [-'iː] n empleado/a; **~er** n patrón/ona m/f; empresario; **~ment** n (gen) empleo; (work) trabajo; **~ment agency** n agencia de colocaciones.

empower [ɪm'pauə*] vt: **to ~ sb to do sth** autorizar a uno para hacer algo.

empress ['ɛmprɪs] n emperatriz f.

emptiness ['ɛmptɪnɪs] n (gen) vacío; (of life etc) vaciedad f.

empty ['ɛmptɪ] a vacío; (place) desierto; (house) desocupado; (threat) vano // n (bottle) envase m // vt vaciar; (place) dejar vacío // vi vaciarse; (house) quedar desocupado; (place) quedar desierto; **~-handed** a con las manos vacías.

emulate ['ɛmjuleɪt] vt emular.

emulsion [ɪ'mʌlʃən] n emulsión f.

enable [ɪ'neɪbl] vt: **to ~ sb to do sth** (allow) permitir a uno hacer algo; (prepare) capacitar a uno para hacer algo.

enact [ɪn'ækt] vt (law) promulgar; (play) representar; (role) hacer.

enamel [ɪ'næməl] n esmalte m.

enamoured [ɪ'næməd] a: **to be ~ of** (person) estar enamorado de; (activity etc) tener gran afición a; (idea) aferrarse a.

encased [ɪn'keɪst] a: **~ in** (covered) revestido de.

enchant [ɪn'tʃɑːnt] vt encantar; **~ing** a encantador(a).

encircle [ɪn'səːkl] vt rodear.

encl. abbr (= enclosed) adj.

enclose [ɪn'kləuz] vt (land) cercar; (with letter etc) adjuntar; (in receptacle): **to ~ (with)** encerrar (con); **please find ~d** le mandamos adjunto.

enclosure [ɪn'kləuʒə*] n cercado, recinto; (COMM) adjunto.

encompass [ɪn'kʌmpəs] vt abarcar.

encore [ɔŋ'kɔː*] excl ¡otra!, ¡bis! // n bis m.

encounter [ɪn'kauntə*] n encuentro // vt encontrar, encontrarse con; (difficulty) tropezar con.

encourage [ɪn'kʌrɪdʒ] vt alentar, animar; (growth) estimular; **~ment** n estímulo; (of industry) fomento.

encroach [ɪn'krəutʃ] vi: **to ~ (up)on** (gen) invadir; (time) adueñarse de.

encrusted [ɪn'krʌstəd] a: **~ with** incrustado de.

encumber [ɪn'kʌmbə*] vt: **to be ~ed with** (carry) estar cargado de; (debts) estar gravado de.

encyclop(a)edia [ɛnsaɪkləu'piːdɪə] n enciclopedia.

end [ɛnd] n (gen, also aim) fin m; (of table) extremo; (of street) final m; (SPORT) lado // vt terminar, acabar; (also: **bring to an ~, put an ~ to**) acabar con // vi terminar, acabar; **in the ~** al fin; **on ~** (object) de punta, de cabeza; **to stand on ~** (hair) erizarse; for **hours on ~** hora tras hora; **to ~ up** vi: to ~ up in terminar en; (place) ir a parar en.

endanger [ɪn'deɪndʒə*] vt poner en peligro.

endearing [ɪn'dɪərɪŋ] a simpático, atractivo.

endeavour, (US) **endeavor** [ɪn'devə*] n esfuerzo; (attempt) tentativa // vi: to ~ to do esforzarse por hacer; (try) procurar hacer.

ending ['endɪŋ] n fin m, conclusión f; (of book) desenlace m; (LING) terminación f.

endive ['endaɪv] n endibia, escarola.

endless ['endlɪs] a interminable, inacabable.

endorse [ɪn'dɔːs] vt (cheque) endosar; (approve) aprobar; **~ment** n (on driving licence) nota de inhabilitación.

endow [ɪn'dau] vt (provide with money) dotar (with de); (found) fundar; **to be ~ed with** (fig) estar dotado de.

endurance [ɪn'djuərəns] n resistencia.

endure [ɪn'djuə*] vt (bear) aguantar, soportar; (resist) resistir // vi (last) durar; (resist) resistir.

enemy ['enəmɪ] a, n enemigo/a m/f.

energetic [enə'dʒetɪk] a enérgico.

energy ['enədʒɪ] n energía.

enforce [ɪn'fɔːs] vt (LAW) hacer cumplir; **~d** a forzoso, forzado.

engage [ɪn'geɪdʒ] vt (attention) llamar; (in conversation) abordar; (worker) contratar; (clutch) embragar // vi (TECH) engranar; **to ~ in** dedicarse a, ocuparse en; **~d** a (Brit: busy, in use) ocupado; (betrothed) prometido; **to get ~d** prometerse; **he is ~d in research** se dedica a la investigación; **~d tone** n (Brit TEL) señal f de comunicando; **~ment** n (appointment) compromiso, cita; (battle) combate m; (to marry) compromiso; (period) noviazgo; **~ment ring** n alianza, anillo de prometida.

engaging [ɪn'geɪdʒɪŋ] a atractivo, simpático.

engender [ɪn'dʒendə*] vt engendrar.

engine ['endʒɪn] n (AUT) motor m; (RAIL) locomotora; **~ driver** n maquinista m/f.

engineer [endʒɪ'nɪə*] n ingeniero; (US RAIL) maquinista m; **~ing** n ingeniería.

England ['ɪŋglənd] n Inglaterra.

English ['ɪŋglɪʃ] a inglés/esa // n (LING) inglés m; **the ~** npl los ingleses mpl; **the ~ Channel** n (el Canal de) la Mancha; **~man/woman** n inglés/esa m/f.

engraving [ɪn'greɪvɪŋ] n grabado.

engrossed [ɪn'grəust] a: ~ **in** absorto en.

engulf [ɪn'gʌlf] vt sumergir, hundir.

enhance [ɪn'hɑːns] vt (gen) aumentar;

(beauty) realzar.

enjoy [ɪn'dʒɔɪ] vt (health, fortune) disfrutar de, gozar de; (food) comer con gusto; **I enjoy dancing** me gusta bailar; **to ~ o.s.** divertirse; **~able** a (pleasant) agradable; (amusing) divertido; **~ment** n (use) disfrute m; (joy) placer m.

enlarge [ɪn'lɑːdʒ] vt aumentar; (broaden) extender; (PHOT) ampliar // vi: to ~ **on** (subject) tratar con más detalles.

enlighten [ɪn'laɪtn] vt (inform) informar, **~ed** a iluminado, (tolerant) comprensivo; **the E~ment** n (HISTORY) ≈ la Ilustración, el Siglo de las Luces.

enlist [ɪn'lɪst] vt alistar; (support) conseguir // vi alistarse.

enmity ['enmɪtɪ] n enemistad f.

enormous [ɪ'nɔːməs] a enorme.

enough [ɪ'nʌf] a: ~ **time/books** bastante tiempo/bastantes libros // n: **have you got** ~? ¿tiene usted bastante? // ad: **big** ~ bastante grande; **he has not worked** ~ no ha trabajado bastante; ~! ¡basta ya!; **that's** ~, **thanks** con eso basta, gracias; **I've had** ~ **of him** estoy harto de él; ...**which, funnily** ~... ...lo que, por extraño que parezca... .

enquire [ɪn'kwaɪə*] vt, vi = **inquire.**

enrage [ɪn'reɪdʒ] vt enfurecer.

enrich [ɪn'rɪtʃ] vt enriquecer.

enrol [ɪn'rəul] vt (members) inscribir; (SCOL) matricular // vi inscribirse; matricularse; **~ment** n inscripción f; matriculación f.

en route [ɔn'ruːt] ad durante el viaje.

ensign ['ensaɪn] n (flag) bandera; (NAUT) alférez m.

enslave [ɪn'sleɪv] vt esclavizar.

ensue [ɪn'sjuː] vi seguirse; (result) resultar.

ensure [ɪn'ʃuə*] vt asegurar.

entail [ɪn'teɪl] vt suponer.

entangle [ɪn'tæŋgl] vt enredar, enmarañar.

enter ['entə*] vt (room) entrar en; (club) hacerse socio de; (army) alistarse en; (sb for a competition) inscribir; (write down) anotar, apuntar; (COMPUT) meter // vi entrar; **to ~ for** vt fus presentarse para; **to ~ into** vt fus (relations) establecer; (plans) formar parte de; (debate) tomar parte en; (agreement) llegar a, firmar; **to ~ (up)on** vt fus (career) emprender.

enterprise ['entəpraɪz] n empresa; (spirit) iniciativa; **free ~** la libre empresa; **private ~** la iniciativa privada; **enterprising** a emprendedor(a).

entertain [entə'teɪn] vt (amuse) divertir; (receive: guest) recibir (en casa); (idea) abrigar; **~er** n artista m/f; **~ing** a divertido, entretenido; **~ment** n (amusement) diversión f; (show) espectáculo; (party) fiesta.

enthralled [ɪn'θrɔːld] a encantado.

enthusiasm [ɪn'θuːzɪæzəm] *n* entusiasmo.

enthusiast [ɪn'θuːzɪæst] *n* entusiasta *m/f*; **~ic** [-'æstɪk] *a* entusiasta; **to be ~ic about** entusiasmarse por.

entice [ɪn'taɪs] *vt* tentar; (*seduce*) seducir.

entire [ɪn'taɪə*] *a* entero; **~ly** *ad* totalmente; **~ty** [ɪn'taɪərətɪ] *n*: **in its ~ty** en su totalidad.

entitle [ɪn'taɪtl] *vt*: **to ~ sb to sth** dar a uno derecho a algo; **~d** *a* (*book*) que se titula; **to be ~d to do** tener derecho a hacer.

entourage [ɔntu'rɑːʒ] *n* séquito.

entrails ['entreɪlz] *npl* entrañas *fpl*; (*US*) asadura *sg*, menudos *mpl*.

entrance ['entrəns] *n* entrada // *vt* [ɪn'trɑːns] encantar, hechizar; **to gain ~ to** (*university etc*) ingresar en; **~ examination** *n* examen *m* de ingreso; **~ fee** *n* cuota; **~ ramp** *n* (*US AUT*) rampa de acceso.

entrant ['entrənt] *n* (*race, competition*) participante *m/f*; (*examination*) candidato/a.

entreat [en'triːt] *vt* rogar, suplicar.

entrenched [en'trentʃd] *a*: **~ interests** intereses *mpl* creados.

entrepreneur [ɔntrəprə'nəː] *n* empresario.

entrust [ɪn'trʌst] *vt*: **to ~ sth to sb** confiar algo a uno.

entry ['entrɪ] *n* entrada; (*permission to enter*) acceso; (*in register*) apunte *m*; (*in account*) partida; **no ~** prohibido el paso; (*AUT*) dirección prohibida; **~ phone** *n* portero automático.

enunciate [ɪ'nʌnsɪeɪt] *vt* pronunciar; (*principle etc*) enunciar.

envelop [ɪn'veləp] *vt* envolver.

envelope ['envələup] *n* sobre *m*.

envious ['envɪəs] *a* envidioso; (*look*) de envidia.

environment [ɪn'vaɪərnmənt] *n* medio ambiente; **~al** [-'mentl] *a* ambiental.

envisage [ɪn'vɪzɪdʒ] *vt* (*foresee*) prever; (*imagine*) concebir.

envoy ['envɔɪ] *n* enviado.

envy ['envɪ] *n* envidia // *vt* tener envidia a; **to ~ sb sth** envidiar algo a uno.

epic ['epɪk] *n* épica // *a* épico.

epidemic [epɪ'demɪk] *n* epidemia.

epilepsy ['epɪlepsɪ] *n* epilepsia.

episode ['epɪsəud] *n* episodio.

epistle [ɪ'pɪsl] *n* epístola.

epitome [ɪ'pɪtəmɪ] *n* epítome *m*; **epitomize** *vt* epitomar, resumir.

equable ['ekwəbl] *a* (*climate*) templado; (*character*) tranquilo, afable.

equal ['iːkwəl] *a* (*gen*) igual; (*treatment*) equitativo // *n* igual *m* // *vt* ser igual a; (*fig*) igualar; **to be ~ to** (*task*) estar a la altura de; **~ity** [iː'kwɔlɪtɪ] *n* igualdad *f*; **~ize** *vt, vi* igualar; (*SPORT*) empatar;

~izer *n* igualada; **~ly** *ad* igualmente; (*share etc*) a partes iguales.

equanimity [ekwə'nɪmɪtɪ] *n* ecuanimidad *f*.

equate [ɪ'kweɪt] *vt*: **to ~ sth with** equiparar algo con; **equation** [ɪ'kweɪʒən] *n* (*MATH*) ecuación *f*.

equator [ɪ'kweɪtə*] *n* ecuador *m*; **~ial** [ekwə'tɔːrɪəl] *a* ecuatorial.

equilibrium [iːkwɪ'lɪbrɪəm] *n* equilibrio.

equip [ɪ'kwɪp] *vt* (*gen*) equipar; (*person*) proveer; **to be well ~ped** estar bien equipado; **~ment** *n* equipo; (*tools*) avíos *mpl*.

equitable ['ekwɪtəbl] *a* equitativo.

equities ['ekwɪtɪz] *npl* (*Brit COMM*) derechos *mpl* sobre or en el activo.

equivalent [ɪ'kwɪvəlnt] *a*: **~ (to)** equivalente (a) // *n* equivalente *m*.

equivocal [ɪ'kwɪvəkl] *a* equívoco.

era ['ɪərə] *n* era, época.

eradicate [ɪ'rædɪkeɪt] *vt* erradicar, extirpar.

erase [ɪ'reɪz] *vt* borrar; **~r** *n* goma de borrar.

erect [ɪ'rekt] *a* erguido // *vt* erigir, levantar; (*assemble*) montar.

erection [ɪ'rekʃən] *n* construcción *f*; (*assembly*) montaje *m*; (*structure*) edificio; (*MED*) erección *f*.

ermine ['əːmɪn] *n* armiño.

erode [ɪ'rəud] *vt* (*GEO*) erosionar; (*metal*) corroer, desgastar.

erotic [ɪ'rɔtɪk] *a* erótico.

err [əː*] *vi* equivocarse; (*REL*) pecar.

errand ['ernd] *n* recado, mandado (*LAm*); **~ boy** *n* recadero.

erratic [ɪ'rætɪk] *a* variable; (*results etc*) desigual, poco uniforme.

erroneous [ɪ'rəunɪəs] *a* erróneo.

error ['erə*] *n* error *m*, equivocación *f*.

erupt [ɪ'rʌpt] *vi* entrar en erupción; (*MED*) hacer erupción; (*fig*) estallar; **~ion** [ɪ'rʌpʃən] *n* erupción *f*.

escalate ['eskəleɪt] *vi* extenderse, intensificarse.

escalation [eskə'leɪʃən] *n* escalamiento, intensificación *f*.

escalator ['eskəleɪtə*] *n* escalera móvil.

escapade [eskə'peɪd] *n* travesura.

escape [ɪ'skeɪp] *n* (*gen*) fuga; (*from duties*) escapatoria; (*from chase*) evasión *f* // *vi* (*gen*) escaparse; (*flee*) huir, evadirse; (*leak*) fugarse // *vt* evitar, eludir; (*consequences*) escapar a; **to ~ from** (*place*) escaparse de; (*person*) escaparse a; **escapism** *n* escapismo.

escort ['eskɔːt] *n* acompañante *m/f*; (*MIL*) escolta; (*NAUT*) convoy *m* // *vt* [ɪ'skɔːt] acompañar; (*MIL, NAUT*) escoltar.

Eskimo ['eskɪməu] *n* esquimal *m/f*.

especially [ɪ'speʃlɪ] *ad* (*gen*) especialmente; (*above all*) sobre todo; (*particularly*) en particular.

espionage ['ɛspɪənɑːʒ] n espionaje m.

esplanade [ɛsplə'neɪd] n (by sea) paseo marítimo.

espouse [ɪ'spauz] vt adherirse a.

Esquire [ɪ'skwaɪə] n (abbr Esq.): J. Brown, ~ Sr. D. J. Brown.

essay ['ɛseɪ] n (SCOL) ensayo.

essence ['ɛsns] n esencia.

essential [ɪ'sɛnʃl] a (necessary) imprescindible; (basic) esencial; ~s npl lo esencial sg; ~ly ad esencialmente.

establish [ɪ'stæblɪʃ] vt establecer; (identity) verificar; (prove) demostrar; (relations) entablar; ~ment n establecimiento; the E~ment la clase dirigente.

estate [ɪ'steɪt] n (land) finca, hacienda; (property) propiedad f; (inheritance) herencia; (POL) estado; ~ agent n (Brit) agente m/f inmobiliario/a; ~ car n (Brit) furgoneta.

esteem [ɪ'stiːm] n: to hold sb in high ~ estimar en mucho a uno // vt estimar.

esthetic [ɪs'θɛtɪk] a (US) = **aesthetic**.

estimate ['ɛstɪmət] n estimación f, apreciación f; (assessment) tasa, cálculo; (COMM) presupuesto // vt [-meɪt] estimar, tasar, calcular; **estimation** [-'meɪʃən] n opinión f, juicio; (esteem) aprecio.

estranged [ɪ'streɪndʒd] a separado.

estuary ['ɛstjuərɪ] n estuario, ría.

etc abbr (= et cetera) etc.

etching ['ɛtʃɪŋ] n aguafuerte m o f.

eternal [ɪ'təːnl] a eterno.

eternity [ɪ'təːnɪtɪ] n eternidad f.

ethical ['ɛθɪkl] a ético; (honest) honrado.

ethics ['ɛθɪks] n ética // npl moralidad fsg.

Ethiopia [iːθɪ'əupɪə] n Etiopía.

ethnic ['ɛθnɪk] a étnico.

ethos ['iːθɔs] n genio, carácter m.

etiquette ['ɛtɪkɛt] n etiqueta.

Eurocheque ['juərəutʃɛk] n Eurocheque n.

Europe ['juərəp] n Europa; ~an [-'piːən] a, n europeo/a m/f.

evacuate [ɪ'vækjueɪt] vt desocupar; **evacuation** [-'eɪʃən] n evacuación f.

evade [ɪ'veɪd] vt evadir, eludir.

evaluate [ɪ'væljueɪt] vt evaluar; (value) tasar; (evidence) interpretar.

evangelist [ɪ'vændʒəlɪst] n (biblical) evangelista m; (preacher) evangelizador(a) m/f.

evaporate [ɪ'væpəreɪt] vi evaporarse; (fig) desvanecerse // vt evaporar; ~d milk n leche f evaporada.

evasion [ɪ'veɪʒən] n evasiva, evasión f.

eve [iːv] n: on the ~ of en vísperas de.

even ['iːvn] a (level) llano; (smooth) liso; (speed, temperature) uniforme; (number) par; (SPORT) igual(es) // ad hasta, incluso; ~ if, ~ though aunque + subjun; ~ more aun más; ~ so aun así; not ~ ni siquiera; ~ he was there hasta él estuvo allí; ~ on Sundays incluso los domingos; to get ~ with sb ajustar cuentas con uno; to ~ out vi nivelarse.

evening ['iːvnɪŋ] n tarde f; (dusk) atardecer m; (night) noche f; in the ~ por la tarde; ~ class n clase f nocturna; ~ dress n (man's) traje m de etiqueta; (woman's) traje m de noche.

event [ɪ'vɛnt] n suceso, acontecimiento; (SPORT) prueba; in the ~ of en caso de; ~ful a accidentado; (game etc) lleno de emoción.

eventual [ɪ'vɛntʃuəl] a final; ~ity [-'ælɪtɪ] n eventualidad f; ~ly ad (finally) finalmente.

ever ['ɛvə*] ad nunca, jamás; (at all times) siempre; the best ~ lo nunca visto; have you ~ seen it? ¿lo ha visto usted alguna vez?; better than ~ mejor que nunca; ~ since ad desde entonces // conj después de que; ~green n árbol m de hoja perenne; ~lasting a eterno, perpetuo.

every ['ɛvrɪ] a 1 (each) cada; ~ one of them (persons) todos ellos/as; (objects) cada uno de ellos/as; ~ shop in the town was closed todas las tiendas de la ciudad estaban cerradas
2 (all possible) todo/a; I gave you ~ assistance te di toda la ayuda posible; I have ~ confidence in him tiene toda mi confianza; we wish you ~ success te deseamos toda suerte de éxitos
3 (showing recurrence) todo/a; ~ day/week todas las días/todas las semanas; ~ other car had been broken into habían entrado en uno de cada dos coches; she visits me ~ other/third day me visita cada dos/tres días; ~ now and then de vez en cuando.

everybody ['ɛvrɪbɔdɪ] pron = **everyone**.

everyone ['ɛvrɪwʌn] pron todos/as, todo el mundo; ~ knows that todo el mundo lo sabe; ~ has his own view cada uno piensa de una manera.

everything ['ɛvrɪθɪŋ] pron todo; ~'s ready está todo listo; ~ you say is true todo lo que dices es cierto; this shop sells ~ esta tienda vende de todo.

everywhere ['ɛvrɪwɛə*] ad: I've been looking for you ~ te he estado buscando por todas partes; ~ you go you meet... en todas partes encuentras....

evict [ɪ'vɪkt] vt desahuciar; ~ion [ɪ'vɪkʃən] n desahucio.

evidence ['ɛvɪdəns] n (proof) prueba; (of witness) testimonio; (facts) datos mpl, hechos mpl; to give ~ prestar declaración, dar testimonio.

evident ['ɛvɪdənt] a evidente, manifiesto; ~ly ad: it is ~ly difficult por lo visto es difícil.

evil ['iːvl] a malo; (influence) funesto; (smell) horrible // n mal m, maldad f.

evocative [ɪ'vɔkətɪv] a sugestivo, evocador(a).

evoke [ɪˈvəuk] vt evocar.

evolution [iːvəˈluːʃən] n evolución f, desarrollo.

evolve [ɪˈvɒlv] vt desarrollar // vi evolucionar, desarrollarse.

ewe [juː] n oveja.

ex- [ɛks] pref ex.

exacerbate [ɛkˈsæsəbeɪt] vt (pain, disease) exacerbar; (fig) empeorar.

exact [ɪgˈzækt] a exacto // vt: to ~ sth (from) exigir algo (de); ~ing a exigente; (conditions) arduo; ~ly ad exactamente.

exaggerate [ɪgˈzædʒəreɪt] vt, vi exagerar; **exaggeration** [-ˈreɪʃən] n exageración f.

exalted [ɪgˈzɔːltɪd] a (position) exaltado; (elated) excitado.

exam [ɪgˈzæm] n abbr (SCOL) = **examination**.

examination [ɪgzæmɪˈneɪʃən] n (gen) examen m; (LAW) interrogación f; (inquiry) investigación f.

examine [ɪgˈzæmɪn] vt (gen) examinar; (inspect) inspeccionar, escudriñar; (SCOL, LAW: person) interrogar; (at customs: luggage) registrar; ~r n inspector(a) m/f.

example [ɪgˈzɑːmpl] n ejemplo; **for** ~ por ejemplo.

exasperate [ɪgˈzɑːspəreɪt] vt exasperar, irritar; **exasperation** [-ˈʃən] n exasperación f, irritación f.

excavate [ˈɛkskəveɪt] vt excavar.

exceed [ɪkˈsiːd] vt exceder; (number) pasar de; (speed limit) sobrepasar; (limits) rebasar; (powers) excederse en; (hopes) superar; ~ingly ad sumamente, sobremanera.

excel [ɪkˈsɛl] vi sobresalir.

excellent [ˈɛksələnt] a excelente.

except [ɪkˈsɛpt] prep (also: ~ for, ~ing) excepto, salvo // vt exceptuar, excluir; ~ if/when excepto si/cuando; ~ that salvo que; ~ion [ɪkˈsɛpʃən] n excepción f; to take ~ion a ofenderse por; ~ional [ɪkˈsɛpʃənl] a excepcional.

excerpt [ˈɛksɜːpt] n extracto.

excess [ɪkˈsɛs] n exceso; ~ **baggage** n exceso de equipaje; ~ **fare** n suplemento; ~ive a excesivo.

exchange [ɪksˈtʃeɪndʒ] n cambio; (of goods) canje m; (of ideas) intercambio; (also: telephone ~) central f (telefónica) // vt: to ~ (for) cambiar (por); ~ **rate** n tipo de cambio.

exchequer [ɪksˈtʃɛkəˈ] n: the ~ (Brit) la Hacienda del Fisco.

excise [ˈɛksaɪz] n impuestos mpl sobre el comercio exterior.

excite [ɪkˈsaɪt] vt (stimulate) estimular; (anger) provocar; (move) entusiasmar; ~d a: to get ~d emocionarse; ~ment n emoción f; **exciting** a emocionante.

exclaim [ɪkˈskleɪm] vi exclamar; **exclamation** [ɛkskləˈmeɪʃən] n exclamación f; **exclamation mark** n punto de admiración.

exclude [ɪkˈskluːd] vt excluir; (except) exceptuar.

exclusive [ɪkˈskluːsɪv] a exclusivo; (club, district) selecto; ~ **of tax** excluyendo impuestos; ~ly ad únicamente.

excommunicate [ɛkskəˈmjuːnɪkeɪt] vt excomulgar.

excruciating [ɪkˈskruːʃɪeɪtɪŋ] a (pain) agudísimo, atroz.

excursion [ɪkˈskɜːʃən] n excursión f.

excusable [ɪkˈskjuːzəbl] a perdonable.

excuse [ɪkˈskjuːs] n disculpa, excusa; (evasion) pretexto // vt [ɪkˈskjuːz] disculpar, perdonar; to ~ **sb from doing sth** dispensar a uno de hacer algo; ~ **me!** ¡perdón!; **if you will** ~ **me** con su permiso.

ex-directory [ˈɛksdɪˈrɛktərɪ] a (Brit) que no consta en la guía.

execute [ˈɛksɪkjuːt] vt (plan) realizar; (order) cumplir; (person) ajusticiar, ejecutar; **execution** [-ˈkjuːʃən] n realización f; cumplimiento; ejecución f; **executioner** [-ˈkjuːʃənəˈ] n verdugo.

executive [ɪgˈzɛkjutɪv] n (COMM) ejecutivo; (POL) poder m ejecutivo // a ejecutivo.

executor [ɪgˈzɛkjutəˈ] n albacea m, testamentario.

exemplify [ɪgˈzɛmplɪfaɪ] vt ejemplificar.

exempt [ɪgˈzɛmpt] a: ~ **from** exento de // vt: to ~ **sb from** eximir a uno de; ~ion [-ʃən] n exención f; (immunity) inmunidad f.

exercise [ˈɛksəsaɪz] n ejercicio // vt ejercer; (right) valerse de; (dog) llevar de paseo // vi hacer ejercicio(s); ~ **book** n cuaderno.

exert [ɪgˈzɜːt] vt ejercer; to ~ **o.s.** esforzarse; ~ion [-ʃən] n esfuerzo.

exhale [ɛksˈheɪl] vt despedir // vi exhalar.

exhaust [ɪgˈzɔːst] n (pipe) escape m; (fumes) gases mpl de escape // vt agotar; ~ed a agotado; ~ion [ɪgˈzɔːstʃən] n agotamiento; **nervous** ~ion postración f nerviosa; ~ive a exhaustivo.

exhibit [ɪgˈzɪbɪt] n (ART) obra expuesta; (LAW) objeto expuesto // vt (show: emotions) manifestar; (: courage, skill) demostrar; (paintings) exponer; ~ion [ɛksɪˈbɪʃən] n exposición f.

exhilarating [ɪgˈzɪləreɪtɪŋ] a estimulante, tónico.

exile [ˈɛksaɪl] n exilio; (person) exiliado/a // vt desterrar, exiliar.

exist [ɪgˈzɪst] vi existir; ~ence n existencia; ~ing a existente, actual.

exit [ˈɛksɪt] n salida // vi (THEATRE) hacer mutis; (COMPUT) salir (al sistema); ~ **ramp** n (US AUT) vía de acceso.

exodus [ˈɛksədəs] n éxodo.

exonerate [ɪɡ'zɒnəreɪt] vt: to ~ from ex-culpar de.

exotic [ɪɡ'zɒtɪk] a exótico.

expand [ɪk'spænd] vt ampliar; (number) aumentar // vi (trade etc) expandirse; (gas, metal) dilatarse.

expanse [ɪk'spæns] n extensión f.

expansion [ɪk'spænʃən] n ampliación f; aumento; (of trade) expansión f.

expect [ɪk'spɛkt] vt (gen) esperar; (count on) contar con; (suppose) suponer // vi: to be ~ing estar encinta; ~ancy n (anticipation) esperanza; life ~ancy esperanza de vida; ~ant mother n mujer f encinta; ~ation [ɛkspɛk'teɪʃən] n esperanza, expectativa.

expedience [ɪk'spiːdɪəns], **expediency** [ɪk'spiːdɪənsɪ] n conveniencia.

expedient [ɪk'spiːdɪənt] a conveniente, oportuno // n recurso, expediente m.

expedition [ɛkspə'dɪʃən] n expedición f.

expel [ɪk'spɛl] vt arrojar; (SCOL) expulsar.

expend [ɪk'spɛnd] vt gastar; (use up) consumir; ~**able** a prescindible; ~**iture** n gastos mpl, desembolso.

expense [ɪk'spɛns] n gasto, gastos mpl; (high cost) costa; ~s npl (COMM) gastos mpl; at the ~ of a costa de; ~ **account** n cuenta de gastos.

expensive [ɪk'spɛnsɪv] a caro, costoso.

experience [ɪk'spɪərɪəns] n experiencia // vt experimentar; (suffer) sufrir; ~**d** a experimentado.

experiment [ɪk'spɛrɪmənt] n experimento // vi hacer experimentos; ~**al** [-'mɛntl] a experimental.

expert ['ɛkspɜːt] a experto, perito // n experto/a, perito/a; (specialist) especialista m/f; ~**ise** [-'tiːz] n pericia.

expire [ɪk'spaɪə*] vi (gen) caducar, vencerse; **expiry** n vencimiento.

explain [ɪk'spleɪn] vt explicar; (mystery) aclarar; **explanation** [ɛksplə'neɪʃən] n explicación f; aclaración f; **explanatory** [ɪk'splænətrɪ] a explicativo; aclaratorio.

explicit [ɪk'splɪsɪt] a explícito.

explode [ɪk'spləʊd] vi estallar, explotar; (with anger) reventar // vt volar, explotar.

exploit ['ɛksplɔɪt] n hazaña // vt [ɪk'splɔɪt] explotar; ~**ation** [-'teɪʃən] n explotación f.

exploratory [ɪk'splɒrətrɪ] a (fig: talks) exploratorio, preliminar.

explore [ɪk'splɔː*] vt explorar; (fig) examinar, sondear; ~**r** n explorador(a) m/f.

explosion [ɪk'spləʊʒən] n explosión f.

explosive [ɪk'spləʊsɪv] a, n explosivo.

exponent [ɪk'spəʊnənt] n partidario/a, intérprete m/f.

export [ɛk'spɔːt] vt exportar // n ['ɛkspɔːt] exportación f // cpd de exportación; ~**er** n exportador m.

expose [ɪk'spəʊz] vt exponer; (unmask)

desenmascarar; ~**d** a expuesto.

exposure [ɪk'spəʊʒə*] n exposición f; (PHOT: speed) velocidad f de obturación (: shot) fotografía; **to die from** ~ (MED) morir de frío; ~ **meter** n fotómetro.

expound [ɪk'spaʊnd] vt exponer.

express [ɪk'sprɛs] a (definite) expreso, explícito; (Brit: letter etc) urgente // n (train) rápido // ad (send) por correo extraordinario // vt expresar; ~**ion** [ɪk'sprɛʃən] n expresión f; ~**ly** ad expresamente; ~**way** n (US: urban motorway) autopista.

exquisite [ɪk'skwɪzɪt] a exquisito.

extend [ɪk'stɛnd] vt (visit, street) prolongar; (building) ensanchar; (thanks, friendship etc) extender // vi (land) extenderse.

extension [ɪk'stɛnʃən] n extensión f; (building) ampliación f; (TEL: line) línea derivada; (: telephone) extensión f; (of deadline) prórroga.

extensive [ɪk'stɛnsɪv] a (gen) extenso; (damage) importante; (knowledge) amplio; ~**ly** ad: **he's travelled** ~**ly** ha viajado por muchos países.

extent [ɪk'stɛnt] n (breadth) extensión f; (scope) alcance m; **to some** ~ hasta cierto punto; **to the** ~ **of...** hasta el punto de...; **to such an** ~ **that...** hasta tal punto que...; **to what** ~? ¿hasta qué punto?

extenuating [ɪk'stɛnjʊeɪtɪŋ] a: ~ **circumstances** circunstancias fpl atenuantes.

exterior [ɛk'stɪərɪə*] a exterior, externo // n exterior m.

exterminate [ɪk'stɜːmɪneɪt] vt exterminar; **extermination** [-'neɪʃən] n exterminación f.

external [ɛk'stɜːnl] a externo, exterior; ~**ly** ad por fuera.

extinct [ɪk'stɪŋkt] a (volcano) extinguido; (race) extinto.

extinguish [ɪk'stɪŋɡwɪʃ] vt extinguir, apagar; ~**er** n extintor m.

extort [ɪk'stɔːt] vt: to ~ **sth from sb** sacar algo de uno a la fuerza; ~**ion** [ɪk'stɔːʃən] n exacción f; ~**ionate** [ɪk'stɔːʃnət] a excesivo, exorbitante.

extra ['ɛkstrə] a adicional // ad (in addition) de más // n (addition) extra m, suplemento; (THEATRE) extra m/f, comparsa m/f; (newspaper) edición f extraordinaria.

extra... ['ɛkstrə] pref extra... .

extract [ɪk'strækt] vt sacar; (tooth) extraer; (confession) arrancar, obtener // n ['ɛkstrækt] extracto.

extracurricular [ɛkstrəkə'rɪkjʊlə*] a extraescolar, extra-académico.

extradite ['ɛkstrədaɪt] vt extraditar.

extramarital [ɛkstrə'mærɪtl] a extramatrimonial.

extramural [ɛkstrə'mjʊərl] a extraescolar.

extraordinary [ɪk'strɔːdnrɪ] a extraordinario; (*odd*) raro.

extravagance [ɪk'strævəgəns] *n* prodigalidad *f*; derroche *m*; (*thing bought*) extravagancia.

extravagant [ɪk'strævəgənt] *a* (*lavish*) pródigo; (*wasteful*) derrochador(a); (*price*) exorbitante.

extreme [ɪk'striːm] *a* extremo; (*poverty etc*) extremado; (*case*) excepcional // *n* extremo, extremidad *f*; **~ly** *ad* sumamente, extremadamente; **extremist** *a, n* extremista *m/f*.

extremity [ɪk'stremətɪ] *n* extremidad *f*, punta; (*need*) apuro, necesidad *f*.

extricate ['ekstrɪkeɪt] *vt*: to ~ o.s. from librarse de.

extrovert ['ekstrəvɜːt] *a, n* extrovertido/a.

exuberant [ɪg'zjuːbərnt] *a* (*person*) eufórico; (*style*) exuberante.

exude [ɪg'zjuːd] *vt* rezumar, sudar.

exult [ɪg'zʌlt] *vi* regocijarse.

eye [aɪ] *n* ojo // *vt* mirar de soslayo, ojear; to **keep an ~ on** vigilar; **~ball** *n* globo del ojo; **~bath** *n* ojera; **~brow** *n* ceja; **~brow pencil** *n* lápiz *m* de cejas; **~drops** *npl* gotas *fpl* para los ojos; **~lash** *n* pestaña; **~lid** *n* párpado; **~liner** *n* lápiz *m* de ojos; **~-opener** *n* revelación *f*, gran sorpresa; **~shadow** *n* sombreador *m* de ojos; **~sight** *n* vista; **~sore** *n* monstruosidad *f*; ~ **witness** *n* testigo *m/f* presencial.

F

F [ɛf] *n* (*MUS*) fa *m*.
F. *abbr* = **Fahrenheit**.
fable ['feɪbl] *n* fábula.
fabric ['fæbrɪk] *n* tejido, tela.
fabrication [fæbrɪ'keɪʃən] *n* invención *f*.
fabulous ['fæbjuləs] *a* fabuloso.
façade [fə'sɑːd] *n* fachada.
face [feɪs] *n* (*ANAT*) cara, rostro; (*of clock*) esfera, cara (*LAm*); (*side, surface*) superficie *f* // *vt* (*subj: person*) encararse con; (: *building*) dar a; **to ~ down** (*person, card*) boca abajo; **to lose ~** desprestigiarse; **to make** *or* **pull a ~** hacer muecas; **in the ~ of** (*difficulties etc*) ante; **on the ~ of it** a primera vista; ~ **to ~** cara a cara; **to ~ up to** *vt fus* hacer frente a, arrostrar; ~ **cloth** *n* (*Brit*) manopla; ~ **cream** *n* crema (de belleza); ~ **lift** *n* estirado facial; ~ **powder** *n* polvos *mpl*; **~-saving** *a* para salvar las apariencias.

facetious [fə'siːʃəs] *a* chistoso.

face value *n* (*of stamp*) valor *m* nominal; **to take sth at ~** (*fig*) tomar algo en sentido literal.

facile ['fæsaɪl] *a* superficial.

facilities [fə'sɪlɪtɪz] *npl* facilidades *fpl*; **credit ~** facilidades de crédito.

facing ['feɪsɪŋ] *prep* frente a // *a* de enfrente.

facsimile [fæk'sɪmɪlɪ] *n* (*document*) facsímil(e) *m*; (*machine*) telefax *m*.

fact [fækt] *n* hecho; **in ~** en realidad.

factor ['fæktə*] *n* factor *m*.

factory ['fæktərɪ] *n* fábrica.

factual ['fæktjuəl] *a* basado en los hechos.

faculty ['fækəltɪ] *n* facultad *f*; (*US: teaching staff*) personal *m* docente.

fad [fæd] *n* novedad *f*, moda.

fade [feɪd] *vi* desteñirse; (*sound, hope*) desvanecerse; (*light*) apagarse; (*flower*) marchitarse.

fag [fæg] *n* (*Brit: col: cigarette*) pitillo (*Sp*), cigarro; (*US: pej: homosexual*) maricón *m*.

fail [feɪl] *vt* (*candidate*) suspender; (*exam*) no aprobar (*Sp*), reprobar (*LAm*); (*subj: memory etc*) fallar a // *vi* suspender; (*be unsuccessful*) fracasar; (*strength, engine*) fallar; **to ~ to do sth** (*neglect*) dejar de hacer algo; (*be unable*) no poder hacer algo; **without ~** sin falta; **~ing** *n* falta, defecto // *prep* a falta de; **~ure** ['feɪljə*] *n* fracaso; (*person*) fracasado/a; (*mechanical etc*) fallo.

faint [feɪnt] *a* débil; (*recollection*) vago; (*mark*) apenas visible // *n* desmayo // *vi* desmayarse; **to feel ~** estar mareado, marearse.

fair [fɛə*] *a* justo; (*hair, person*) rubio; (*weather*) bueno; (*good enough*) regular; (*sizeable*) considerable // *ad* (*play*) limpio // *n* feria; (*Brit: funfair*) parque *m* de atracciones; **~ly** *ad* (*justly*) con justicia; (*equally*) equitativamente; (*quite*) bastante; **~ness** *n* justicia; (*impartiality*) imparcialidad *f*; ~ **play** *n* juego limpio.

fairy ['fɛərɪ] *n* hada; ~ **tale** *n* cuento de hadas.

faith [feɪθ] *n* fe *f*; (*trust*) confianza; (*sect*) religión *f*; **~ful** *a* fiel; **~fully** *ad* fielmente; **yours ~fully** (*Brit: in letters*) le saluda atentamente.

fake [feɪk] *n* (*painting etc*) falsificación *f*; (*person*) impostor(a) *m/f* // *a* falso // *vt* fingir; (*painting etc*) falsificar.

falcon ['fɔːlkən] *n* halcón *m*.

fall [fɔːl] *n* caída; (*US*) otoño // *vi* (*pt* **fell**, *pp* **fallen** ['fɔːlən]) caer(se); (*price*) bajar; **~s** *npl* (*waterfall*) cascada *sg*, salto *sg* de agua; **to ~ flat** *vi* (*on one's face*) caerse (boca abajo); (*joke, story*) no hacer gracia; **to ~ back** *vi* retroceder; **to ~ back on** *vt fus* (*remedy etc*) recurrir a; **to ~ behind** *vi* quedarse atrás; **to ~ down** *vi* (*person*) caerse; (*building, hopes*) derrumbarse; **to ~ for** *vt fus* (*trick*) dejarse engañar por; (*person*) enamorarse de; **to ~ in** *vi* (*roof*) hundirse; (*MIL*) alinearse; **to ~ off** *vi* caerse; (*diminish*) disminuir; **to ~ out** *vi* (*friends etc*) reñir; (*MIL*) romper filas;

to ~ through vi (plan, project) fracasar.

fallacy ['fæləsɪ] n error m.

fallen ['fɔːlən] pp of **fall**.

fallout ['fɔːlaut] n lluvia radioactiva; **~ shelter** n refugio antiatómico.

fallow ['fæləu] a en barbecho.

false [fɔːls] a (gen) falso; (hair, teeth etc) postizo; (disloyal) desleal, traidor(a); **under ~ pretences** con engaños; **~ alarm** n falsa alarma; **~ teeth** npl (Brit) dentadura sg postiza.

falter ['fɔːltə*] vi vacilar.

fame [feɪm] n fama.

familiar [fə'mɪlɪə*] a familiar; (well-known) conocido; (tone) de confianza; **to be ~ with** (subject) estar enterado de; **~ity** [fəmɪlɪ'ærɪtɪ] n familiaridad f.

family ['fæmɪlɪ] n familia; **~ business** n negocio familiar; **~ doctor** n médico/a de cabecera.

famine ['fæmɪn] n hambruna.

famished ['fæmɪʃt] a hambriento.

famous ['feɪməs] a famoso, célebre; **~ly** ad (get on) estupendamente.

fan [fæn] n abanico; (ELEC) ventilador m; (person) aficionado/a // vt abanicar; (fire, quarrel) atizar; **to ~ out** vi desparramarse.

fanatic [fə'nætɪk] n fanático/a.

fan belt n correa de ventilador.

fanciful ['fænsɪful] a (gen) fantástico; (imaginary) fantasioso.

fancy ['fænsɪ] n (whim) capricho, antojo; (imagination) imaginación f // a (luxury) de lujo; (price) exorbitado // vt (feel like, want) tener ganas de; (imagine) imaginarse; **to take a ~ to sb** tomar cariño a uno; **he fancies her** le gusta (ella) mucho; **~ dress** n disfraz m; **~-dress ball** n baile m de disfraces.

fanfare ['fænfɛə*] n fanfarria (de trompeta).

fang [fæŋ] n colmillo.

fantastic [fæn'tæstɪk] a fantástico.

fantasy ['fæntəzɪ] n fantasía.

far [fɑː*] a (distant) lejano // ad lejos; **~ away, ~ off** (a lo) lejos; **~ better** mucho mejor; **~ from** lejos de; **by ~** con mucho; **go as ~ as the farm** vaya hasta la granja; **as ~ as I know** que yo sepa; **how ~?** ¿hasta dónde?; (fig) ¿hasta qué punto?; **~away** a remoto.

Far East n: **the ~** el Extremo Oriente.

farewell [fɛə'wɛl] excl, n adiós m.

farm [fɑːm] n granja, finca (LAm), estancia (LAm) // vt cultivar; **~er** n granjero, estanciero (LAm); **~hand** n peón m; **~house** n granja, casa de hacienda

(LAm); **~ing** n (gen) agricultura; (tilling) cultivo; **~land** n tierra de cultivo; **~ worker** n = **~hand**; **~yard** n corral m.

far-reaching [fɑː'riːtʃɪŋ] a (reform, effect) de gran alcance.

fart [fɑːt] (col!) n pedo(!) // vi tirarse un pedo(!)

farther ['fɑːðə*] ad más lejos, más allá // a más lejano.

farthest ['fɑːðɪst] superlative of **far**.

fascinate ['fæsɪneɪt] vt fascinar; **fascinating** a fascinante; **fascination** [-'neɪʃən] n fascinación f.

fascism ['fæʃɪzəm] n fascismo.

fashion ['fæʃən] n moda; (manner) manera // vt formar; **in ~** a la moda; **out of ~** pasado de moda; **~able** a de moda; **~ show** n desfile m de modelos.

fast [fɑːst] a rápido; (dye, colour) sólido; (clock): **to be ~** estar adelantado // ad rápidamente, de prisa; (stuck, held) firmemente // n ayuno // vi ayunar; **~ asleep** profundamente dormido.

fasten ['fɑːsn] vt asegurar, sujetar; (coat, belt) abrochar // vi cerrarse; **~er, ~ing** n cierre m; (of door etc) cerrojo.

fast food n comida rápida, platos mpl preparados.

fastidious [fæs'tɪdɪəs] a (fussy) delicado; (demanding) exigente.

fat [fæt] a gordo; (meat) con mucha grasa; (greasy) grasiento // n grasa; (on person) carnes fpl; (lard) manteca.

fatal ['feɪtl] a (mistake) fatal; (injury) mortal; (consequence) funesto; **~ism** n fatalismo; **~ity** [fə'tælɪtɪ] n (road death etc) víctima f; **~ly** ad: **~ly injured** herido a muerte.

fate [feɪt] n destino; **~ful** a fatídico.

father ['fɑːðə*] n padre m; **~-in-law** n suegro; **~ly** a paternal.

fathom ['fæðəm] n braza // vt (mystery) desentrañar; (understand) lograr comprender.

fatigue [fə'tiːg] n fatiga, cansancio.

fatten ['fætn] vt, vi engordar.

fatty ['fætɪ] a (food) graso // n (fam) gordito/a, gordinflón/ona m/f.

fatuous ['fætjuəs] a fatuo, necio.

faucet ['fɔːsɪt] n (US) grifo, llave f (LAm).

fault [fɔːlt] n (blame) culpa; (defect: in character) defecto; (in manufacture) desperfecto; (GEO) falla // vt criticar; **it's my ~** es culpa mía; **to find ~ with** criticar, poner peros a; **at ~** culpable; **~less** a (action) intachable; (person) sin defectos; **~y** a defectuoso.

fauna ['fɔːnə] n fauna.

faux pas ['fəu'pɑː] n plancha.

favour, (US) **favor** ['feɪvə*] n favor m; (approval) aprobación f // vt (proposition) estar a favor de, aprobar; (person etc) favorecer; (assist) ser propicio a;

to ask a ~ of pedir un favor a; **to do sb a ~** hacer un favor a uno; **to find ~ with** caer en gracia de; **in ~ of** a favor de; **~able** a favorable; **~ite** [-rɪt] a, n favorito, preferido; **~itism** n favoritismo.

fawn [fɔːn] n cervato // a (also: **~coloured**) color de cervato, leonado // vi: to ~ (up)on adular.

fax [fæks] n (document) facsímil(e) m; (machine) telefax m // vt mandar por telefax.

FBI n abbr (US: = Federal Bureau of Investigation) ≈ BIC f (Sp).

fear [fɪə*] n miedo, temor m // vt temer; **for ~ of** por temor a; **~ful** a factible, miedoso; (awful) terrible.

feasible [ˈfiːzəbl] a factible.

feast [fiːst] n banquete m; (REL: also: ~ day) fiesta // vi banquetear.

feat [fiːt] n hazaña.

feather [ˈfɛðə*] n pluma.

feature [ˈfiːtʃə*] n (gen) característica; (ANAT) rasgo; (article) artículo de fondo // vt (subj: film) presentar // vi figurar; **~s** npl (of face) facciones fpl; **~ film** n largometraje m.

February [ˈfebruərɪ] n febrero.

fed [fed] pt, pp of **feed**.

federal [ˈfedərəl] a federal.

fed-up [fedˈʌp] a: to be ~ (with) estar harto (de).

fee [fiː] n (professional) derechos mpl, honorarios mpl; (of school) matrícula; (of club) cuota.

feeble [ˈfiːbl] a débil.

feed [fiːd] n (gen, of baby) comida; (of animal) pienso; (on printer) dispositivo de alimentación // vt (pt, pp fed) (gen) alimentar; (Brit: baby: breastfeed) dar el pecho a; (animal) dar de comer a; (data, information): to ~ into meter en; **to ~ on** vt fus alimentarse de; **~back** n reacción f, feedback m; **~ing bottle** n (Brit) biberón m.

feel [fiːl] n (sensation) sensación f; (sense of touch) tacto // vt (pt, pp felt) tocar; (cold, pain etc) sentir; (think, believe) creer; **to ~ hungry/cold** tener hambre/frío; **to ~ lonely/better** sentirse solo/mejor; **I don't ~ well** no me siento bien; **it ~s soft** es suave al tacto; **to ~ like** (want) tener ganas de; **to ~ about** or **around** vi tantear; **~er** n (of insect) antena; **to put out ~ers** (fig) sondear; **~ing** n (physical) sensación f; (foreboding) presentimiento; (emotion) sentimiento.

feet [fiːt] pl of **foot**.

feign [feɪn] vt fingir.

fell [fel] pt of **fall** // vt (tree) talar.

fellow [ˈfeləʊ] n tipo, tío (Sp); (of learned society) socio/a // cpd: **~ students** compañeros/as m/fpl de curso, condiscípulos/as m/fpl; **~ citizen** n conciudadano/a; **~ countryman** n com-

patriota m; **~ men** npl semejantes mpl; **~ship** n compañerismo; (grant) beca; **~ student** n compañero/a de curso.

felony [ˈfelənɪ] n crimen m.

felt [felt] pt, pp of **feel** // n fieltro; **~-tip pen** n rotulador m.

female [ˈfiːmeɪl] n (woman) mujer f; (ZOOL) hembra // a femenino.

feminine [ˈfemɪnɪn] a femenino.

feminist [ˈfemɪnɪst] n feminista.

fence [fens] n valla, cerca // vt (also: ~ in) cercar // vi (SPORT) hacer esgrima; **fencing** n esgrima.

fend [fend] vi: to ~ for o.s. valerse por sí mismo; **to ~ off** vt (attack) rechazar.

fender [ˈfendə*] n guardafuego; (US: AUT) parachoques m inv; (: RAIL) trompa.

ferment [fəˈment] vi fermentar // n [ˈfɜːment] (fig) agitación f.

fern [fɜːn] n helecho.

ferocious [fəˈrəʊʃəs] a feroz; **ferocity** [-ˈrɒsɪtɪ] n ferocidad f.

ferret [ˈferɪt] n hurón m // vt: to ~ out desentrañar.

ferry [ˈferɪ] n (small) barca (de pasaje), balsa; (large: also: ~boat) transbordador m (Sp), embarcadero (LAm) // vt transportar.

fertile [ˈfɜːtaɪl] a fértil; (BIOL) fecundo; **fertility** [fəˈtɪlɪtɪ] n fertilidad f; fecundidad f; **fertilize** [ˈfɜːtɪlaɪz] vt (BIOL) fecundar; (AGR) abonar; **fertilizer** n abono.

fervent [ˈfɜːvənt] a (admirer) entusiasta; (hope) ferviente.

fervour [ˈfɜːvə*] n fervor m, ardor m.

fester [ˈfestə*] vi ulcerarse.

festival [ˈfestɪvəl] n (REL) fiesta; (ART, MUS) festival m.

festive [ˈfestɪv] a festivo; **the ~ season** (Brit: Christmas) las Navidades.

festivities [fesˈtɪvɪtɪz] npl fiestas fpl.

festoon [fesˈtuːn] vt: to ~ with engalanar de.

fetch [fetʃ] vt ir a buscar; (sell for) venderse por.

fetching [ˈfetʃɪŋ] a atractivo.

fête [feɪt] n fiesta.

fetus [ˈfiːtəs] n (US) = **foetus**.

feud [fjuːd] n (hostility) enemistad f; (quarrel) disputa.

feudal [ˈfjuːdl] a feudal.

fever [ˈfiːvə*] n fiebre f; **~ish** a febril.

few [fjuː] a (not many) pocos; (some) algunos, unos; **a ~** a unos pocos // pron algunos; **~er** a menos; **~est** a los/las menos.

fiancé [fɪˈɑːŋseɪ] n novio, prometido; **~e** n novia, prometida.

fib [fɪb] n mentirilla // vi decir mentirillas.

fibre, (US) fiber [ˈfaɪbə*] n fibra; **~glass** n fibra de vidrio.

fickle ['fɪkl] *a* inconstante.
fiction ['fɪkʃən] *n* (*gen*) ficción *f*; ~**al** *a* novelesco; **fictitious** [fɪk'tɪʃəs] *a* ficticio.
fiddle ['fɪdl] *n* (*MUS*) violín *m*; (*cheating*) trampa // *vt* (*Brit: accounts*) falsificar; **to ~ with** *vt fus* jugar con.
fidelity [fɪ'delɪtɪ] *n* fidelidad *f*.
fidget ['fɪdʒɪt] *vi* inquietarse.
field [fi:ld] *n* campo; (*fig*) campo, esfera; (*SPORT*) campo, cancha (*LAm*); (*competitors*) competidores *mpl*; ~ **marshal** *n* mariscal *m*; ~**work** *n* trabajo de campo.
fiend [fi:nd] *n* demonio; ~**ish** *a* diabólico.
fierce [fɪəs] *a* feroz; (*wind, attack*) violento; (*heat*) intenso; (*fighting, enemy*) encarnizado.
fiery ['faɪərɪ] *a* (*burning*) ardiente; (*temperament*) apasionado.
fifteen [fɪf'tiːn] *num* quince.
fifth [fɪfθ] *a, n* quinto.
fifty ['fɪftɪ] *num* cincuenta; ~-~ *a*: **a** ~-~ **chance** el cincuenta por ciento de posibilidades // *ad* a medias, mitad por mitad.
fig [fɪg] *n* higo.
fight [faɪt] *n* (*gen*) pelea; (*MIL*) combate *m*; (*struggle*) lucha // (*vb: pt, pp* **fought**) *vt* luchar contra; (*cancer, alcoholism*) combatir // *vi* pelear, luchar; ~**er** *n* combatiente *m/f*; (*fig*) luchador(a) *m/f*; (*plane*) caza *m*; ~**ing** *n* combate *m*.
figment ['fɪgmənt] *n*: **a** ~ **of the imagination** una quimera.
figurative ['fɪgjurətɪv] *a* (*meaning*) figurado.
figure ['fɪgə*] *n* (*DRAWING, GEOM*) figura, dibujo; (*number, cipher*) cifra; (*body, outline*) talle *m*, tipo // *vt* (*esp US*) imaginar // *vi* (*appear*) figurar; (*US: make sense*) ser lógico; **to ~ out** *vt* (*understand*) comprender; ~**head** *n* (*fig*) testaferro; ~ **of speech** *n* figura retórica.
filch [fɪltʃ] *vt* (*col: steal*) hurtar, robar.
file [faɪl] *n* (*tool*) lima; (*dossier*) expediente *m*; (*folder*) carpeta; (*COMPUT*) fichero; (*row*) fila // *vt* limar; (*papers*) clasificar; (*LAW: claim*) presentar; (*store*) archivar; **to ~ in/out** *vi* entrar/salir en fila; **to ~ past** *vt fus* desfilar ante; **filing** *n*: **to do the filing** llevar los archivos; **filing cabinet** *n* fichero, archivo.
fill [fɪl] *vt* llenar // *n*: **to eat one's ~** llenarse; **to ~ in** *vt* rellenar; **to ~ up** *vt* llenar (hasta el borde) // *vi* (*AUT*) poner gasolina.
fillet ['fɪlɪt] *n* filete *m*; ~ **steak** *n* filete *m* de ternera.
filling ['fɪlɪŋ] *n* (*CULIN*) relleno; (*for tooth*) empaste *m*; ~ **station** *n* estación *f* de servicio.
film [fɪlm] *n* película // *vt* (*scene*) filmar // *vi* rodar (una película); ~ **star** *n* astro,

estrella de cine; ~**strip** *n* tira de película.
filter ['fɪltə*] *n* filtro // *vt* filtrar; ~ **lane** *n* (*Brit*) carril *m* de selección; ~**-tipped** *a* con filtro.
filth [fɪlθ] *n* suciedad *f*; ~**y** *a* sucio; (*language*) obsceno.
fin [fɪn] *n* (*gen*) aleta.
final ['faɪnl] *a* (*last*) final, último; (*definitive*) definitivo, terminante // *n* (*Brit: SPORT*) final *f*; ~**s** *npl* (*SCOL*) examen *m* de fin de curso; (*US: SPORT*) final *f*.
finale [fɪ'nɑːlɪ] *n* final *m*.
final: ~**ist** *n* (*SPORT*) finalista *m/f*; ~**ize** *vt* concluir, completar; ~**ly** *ad* (*lastly*) por último, finalmente; (*eventually*) por fin.
finance [faɪ'næns] *n* (*money*) fondos *mpl*; ~**s** *npl* finanzas *fpl* // *vt* financiar; **financial** [-'nænʃəl] *a* financiero; **financier** *n* financiero/a.
find [faɪnd] *vt* (*pt, pp* **found**) (*gen*) encontrar, hallar; (*come upon*) descubrir // *n* hallazgo; descubrimiento; **to ~ sb guilty** (*LAW*) declarar culpable a uno; **to ~ out** *vt* averiguar; (*truth, secret*) descubrir; **to ~ out about** enterarse de; ~**ings** *npl* (*LAW*) veredicto *sg*, fallo *sg*; (*of report*) recomendaciones *fpl*.
fine [faɪn] *a* (*delicate*) fino; (*beautiful*) hermoso // *ad* (*well*) bien // *n* (*LAW*) multa // *vt* (*LAW*) multar; **the weather is** ~ hace buen tiempo; ~ **arts** *npl* bellas artes *fpl*.
finery ['faɪnərɪ] *n* adornos *mpl*.
finesse [fɪ'nes] *n* sutileza.
finger ['fɪŋgə*] *n* dedo // *vt* (*touch*) manosear; (*MUS*) puntear; **little/index** ~ (dedo) meñique *m*/índice *m*; ~**nail** *n* uña; ~**print** *n* huella dactilar; ~**tip** *n* yema del dedo.
finicky ['fɪnɪkɪ] *a* (*fussy*) delicado.
finish ['fɪnɪʃ] *n* (*end*) fin *m*; (*SPORT*) meta; (*polish etc*) acabado // *vt, vi* terminar; **to ~ doing sth** acabar de hacer algo; **to ~ third** llegar el tercero; **to ~ off** *vt* acabar, terminar; (*kill*) acabar con; **to ~ up** *vt* acabar, terminar // *vi* ir a parar, terminar; ~**ing line** *n* línea de llegada *or* meta; ~**ing school** *n* academia para señoritas.
finite ['faɪnaɪt] *a* finito; (*verb*) conjugado.
Finland ['fɪnlənd] *n* Finlandia.
Finn [fɪn] *n* finlandés/esa *m/f*; ~**ish** *a* finlandés/esa // *n* (*LING*) finlandés *m*.
fir [fəː*] *n* abeto.
fire ['faɪə*] *n* (*gen*) fuego; (*accidental*) incendio // *vt* (*gun*) disparar; (*set fire to*) incendiar; (*excite*) exaltar; (*interest*) despertar; (*dismiss*) despedir // *vi* encenderse; **on** ~ ardiendo, en llamas; ~ **alarm** *n* alarma de incendios; ~**arm** *n* arma de fuego; ~ **brigade**, (*US*) ~ **department** *n* (cuerpo de) bomberos *mpl*; ~ **engine** *n* coche *m* de bomberos;

~ **escape** *n* escalera de incendios; ~ **extinguisher** *n* extintor *m* (de fuego); ~**man** *n* bombero; ~**place** *n* chimenea; ~**side** *n*: by the ~ al lado de la chimenea; ~ **station** *n* parque *m* de bomberos; ~**wood** *n* leña; ~**works** *npl* fuegos *mpl* artificiales.

firing ['faɪərɪŋ] *n* (MIL) disparos *mpl*, tiroteo; ~ **squad** *n* pelotón *m* de ejecución.

firm [fəːm] *a* firme // *n* firma, empresa; ~**ly** *ad* firmemente; ~**ness** *n* firmeza.

first [fəːst] *a* primero // *ad* (before others) primero/a; (when listing reasons etc) en primer lugar, primeramente // *n* (person: in race) primero/a; (AUT) primera; at ~ al principio; ~ of all ante todo; ~ **aid** *n* primera ayuda, primeros auxilios *mpl*; ~-**aid kit** *n* botiquín *m*; ~-**class** *a* de primera clase; ~-**hand** *a* de primera mano; F~ **Lady** *n* (esp US) primera dama; ~**ly** *ad* en primer lugar; ~ **name** *n* nombre *m* de pila; ~-**rate** *a* de primera clase.

fish [fɪʃ] *n*, *pl inv* pez *m*; (food) pescado // *vt*, *vi* pescar; to go ~**ing** ir de pesca; ~**erman** *n* pescador *m*; ~ **farm** *n* criadero de peces; ~ **fingers** *npl* (Brit) croquetas *fpl* de pescado; ~**ing boat** *n* barca de pesca; ~**ing line** *n* sedal *m*; ~**ing rod** *n* caña (de pescar); ~**ing tackle** *n* aparejo (de pescar); ~ **market** *n* mercado de pescado; ~**monger** *n* (Brit) pescadero/a; ~**monger's (shop)** *n* (Brit) pescadería; ~ **sticks** *npl* (US) = ~ **fingers**; ~**seller** *n* (US) = **fishmonger**; ~**y** *a* (fig) sospechoso; ~**store** *n* (US) = **fishmonger's.**

fist [fɪst] *n* puño.

fit [fɪt] *a* (MED, SPORT) en (buena) forma; (proper) adecuado, apropiado // *vt* (subj: clothes): clothes sentar bien a; (try on: clothes) probar; (facts) cuadrar or corresponder con; (accommodate) ajustar, adaptar // *vi* (clothes) entallar; (in space, gap) caber; (facts) coincidir // *n* (MED) ataque *m*; ~ **to** apto para; ~ **for** apropiado para; a ~ of anger/pride un arranque de cólera/orgullo; this dress is a good ~ este vestido me sienta bien; by ~s and starts a rachas; to ~ in *vi* (gen) encajarse; (fig: person) llevarse bien (con todos); to ~ **out** (Brit: also: ~ **up**) *vt* equipar; ~**ful** *a* espasmódico, intermitente; ~**ment** *n* módulo adosable; ~**ness** *n* (MED) salud *f*; (of remark) conveniencia; ~**ted carpet** *n* moqueta; ~**ted kitchen** *n* cocina amueblada; ~**ter** *n* ajustador *m*; ~**ting** *a* apropiado // *n* (of dress) prueba; ~**ting room** *n* probador *m*; ~**tings** *npl* instalaciones *fpl*.

five [faɪv] *num* cinco; ~**r** *n* (col: Brit) billete *m* de cinco libras; (: US) billete *m* de cinco dólares.

fix [fɪks] *vt* (secure) fijar, asegurar; (mend) arreglar // *n*: to be in a ~ estar en un aprieto; to ~ **up** *vt* (meeting) arreglar; to ~ sb up with sth proveer a uno de algo; ~**ation** [fɪk'seɪʃən] *n* obsesión *f*; ~**ed** [fɪkst] *a* (prices etc) fijo; ~**ture** ['fɪkstʃə*] *n* (SPORT) encuentro; ~**tures** *npl* instalaciones *fpl* fijas.

fizz [fɪz] *vi* hacer efervescencia.

fizzle out ['fɪzl]: *vi* apagarse.

fizzy ['fɪzɪ] *a* (drink) gaseoso.

flabbergasted ['flæbəgɑːstɪd] *a* pasmado.

flabby ['flæbɪ] *a* flojo (de carnes); (skin) fofo.

flag [flæg] *n* bandera; (stone) losa // *vi* decaer; to ~ sb down hacer señas a uno para que se pare; ~**pole** *n* asta de bandera; ~ **stop** *n* (US) parada a petición.

flair [flɛə*] *n* aptitud *f* especial.

flak [flæk] *n* (MIL) fuego antiaéreo; (col: criticism) lluvia de críticas.

flake [fleɪk] *n* (of rust, paint) escama; (of snow, soap powder) copo // *vi* (also: ~ **off**) (paint) desconcharse; (skin) descamarse.

flamboyant [flæm'bɔɪənt] *a* (dress) vistoso; (person) extravagante.

flame [fleɪm] *n* llama.

flamingo [flə'mɪŋgəu] *n* flamenco.

flammable ['flæməbl] *a* inflamable.

flan [flæn] *n* (Brit) tarta.

flank [flæŋk] *n* flanco; (of person) costado // *vt* flanquear.

flannel ['flænl] *n* (Brit: also: face ~) manopla; (fabric) franela; ~**s** *npl* pantalones *mpl* de franela.

flap [flæp] *n* (of pocket) solapa; (of envelope) solapa; (of table) hoja (plegadiza); (wing movement) aletazo // *vt* (wings) aletear // *vi* (sail, flag) ondear.

flare [flɛə*] *n* llamarada; (MIL) bengala; (in skirt etc) vuelo; to ~ **up** *vi* encenderse; (fig: person) encolerizarse; (: revolt) estallar.

flash [flæʃ] *n* relámpago; (also: news ~) noticias *fpl* de última hora; (PHOT) flash *m* // *vt* (light, headlights) encender y apagar; (torch) encender // *vi* brillar; in a ~ en un instante; he ~ed by or past pasó como un rayo; ~**bulb** *n* bombilla fusible; ~ **cube** *n* cubo de flash; ~**light** *n* linterna.

flashy ['flæʃɪ] *a* (pej) ostentoso.

flask [flɑːsk] *n* frasco; (also: vacuum ~) termo(s) *m*.

flat [flæt] *a* llano; (smooth) liso; (tyre) desinflado; (beer) muerto; (MUS) desafinado // *n* (Brit: apartment) piso (Sp); departamento (LAm), apartamento, (AUT) pinchazo; (MUS) bemol *m*; to work ~ **out** trabajar a toda mecha; ~**ly** *ad* terminantemente, de plano; ~**ten** *vt* (also: ~**ten out**) allanar; (smooth out) alisar.

flatter ['flætə*] vt adular, halagar; ~**ing** a halagüeño; ~**y** n adulación f.

flaunt [flɔ:nt] vt ostentar, lucir.

flavour, (US) **flavor** ['fleɪvə*] n sabor m, gusto // vt sazonar, condimentar; ~**ed** a: strawberry ~**ed** con sabor a fresa; ~**ing** n (in product) aromatizante m.

flaw [flɔ:] n defecto.

flax [flæks] n lino; ~**en** a rubio.

flea [fli:] n pulga.

fleck [flɛk] n (mark) mota; (pattern) punto.

flee [fli:], pt, pp **fled** [flɛd] vt huir de, abandonar // vi huir, fugarse.

fleece [fli:s] n vellón m; (wool) lana // vt (col) pelar.

fleet [fli:t] n flota; (of lorries etc) escuadra.

fleeting ['fli:tɪŋ] a fugaz.

Flemish ['flɛmɪʃ] a flamenco.

flesh [flɛʃ] n carne f; (of fruit) pulpa; of ~ **and blood** de carne y hueso; ~ **wound** n herida superficial.

flew [flu:] pt of **fly**.

flex [flɛks] n cordón m // vt (muscles) tensar; ~**ibility** [-ɪ'bɪlɪtɪ] n flexibilidad f; ~**ible** a flexible.

flick [flɪk] n golpecito; (with finger) capirotazo // vt dar un golpecito a; **to ~ through** vt fus hojear.

flicker ['flɪkə*] vi (light) parpadear; (flame) vacilar // n parpadeo.

flier ['flaɪə*] n aviador(a) m/f.

flight [flaɪt] n vuelo; (escape) huida, fuga; (also: ~ of steps) tramo (de escaleras); **to take ~** huir, darse a la fuga; **to put to ~** ahuyentar; ~ **attendant** n (US) (male) camarero, (female) azafata; ~ **deck** n (AVIAT) cabina de mandos.

flimsy ['flɪmzɪ] a (thin) muy ligero; (excuse) flojo.

flinch [flɪntʃ] vi encogerse.

fling [flɪŋ], pt, pp **flung** vt arrojar.

flint [flɪnt] n pedernal m; (in lighter) piedra.

flip [flɪp] vt dar la vuelta a; (coin) echar a cara o cruz.

flippant ['flɪpənt] a poco serio.

flipper ['flɪpə*] n aleta.

flirt [flɜ:t] vi coquetear, flirtear // n coqueta f; ~**ation** [-'teɪʃən] n coqueteo, flirteo.

flit [flɪt] vi revolotear.

float [fləʊt] n flotador m; (in procession) carroza; (money) reserva // vi flotar; (swimmer) hacer la plancha // vt (gen) hacer flotar; (company) lanzar.

flock [flɔk] n (of sheep) rebaño; (of birds) bandada; (of people) multitud f.

flog [flɔg] vt azotar; (col) vender.

flood [flʌd] n inundación f; (of words, tears etc) torrente m // vt inundar; ~**ing** n inundación f; ~**light** n foco.

floor [flɔ:*] n suelo; (storey) piso; (of sea) fondo; (dance ~) pista // vt (fig) de-

jar sin respuesta; **ground ~**, (US) **first ~** planta baja; **first ~**, (US) **second ~** primer piso; ~**board** n tabla; ~ **lamp** n (US) lámpara de pie; ~ **show** n cabaret m.

flop [flɔp] n fracaso.

floppy ['flɔpɪ] a flojo // n (COMPUT: also ~ **disk**) floppy m.

flora ['flɔ:rə] n flora.

florist ['flɔrɪst] n florista m/f; ~'**s (shop)** n florería.

flounce [flaʊns] n volante m; **to ~ out** vi salir enfadado.

flounder ['flaʊndə*] vi tropezar // n (ZOOL) platija.

flour ['flaʊə*] n harina.

flourish ['flʌrɪʃ] vi florecer // n ademán m, movimiento (ostentoso); ~**ing** a floreciente.

flout [flaʊt] vt burlarse de.

flow [fləʊ] n (movement) flujo; (direction) curso; (tide) corriente f // vi (river, traffic, blood) fluir; ~ **chart** n organigrama m.

flower ['flaʊə*] n flor f // vi florecer; ~**bed** n macizo; ~**pot** n tiesto; ~**y** a florido.

flown [fləʊn] pp of **fly**.

flu [flu:] n gripe f.

fluctuate ['flʌktjʊeɪt] vi fluctuar.

fluent ['flu:ənt] a (speech) elocuente; he speaks ~ **French**, he's ~ **in French** domina el francés; ~**ly** ad con fluidez.

fluff [flʌf] n pelusa; ~**y** a velloso.

fluid ['flu:ɪd] a, n fluido, líquido.

fluke [flu:k] n (col) chiripa.

flung [flʌŋ] pt, pp of **fling**.

fluoride ['flʊəraɪd] n fluoruro.

flurry ['flʌrɪ] n (of snow) temporal m; (haste) agitación f; ~ **of activity** frenesí m de actividad.

flush [flʌʃ] n (on face) rubor m; (fig: of youth, beauty) resplandor m // vt limpiar con agua // vi ruborizarse // a: ~ **with** a ras de; **to ~ the toilet** hacer funcionar el WC; **to ~ out** vt (game, birds) levantar; (fig) desalojar; ~**ed** a ruborizado.

flustered ['flʌstəd] a aturdido.

flute [flu:t] n flauta.

flutter ['flʌtə*] n (of wings) revoloteo, aleteo // vi revolotear.

flux [flʌks] n: **to be in a state of ~** estar continuamente cambiando.

fly [flaɪ] n (insect) mosca; (on trousers: also: **flies**) bragueta // vb (pt **flew**, pp **flown**) vt (plane) pilot(e)ar; (cargo) transportar (en avión); (distances) recorrer (en avión) // vi volar; (passengers) ir en avión; (escape) evadirse; (flag) ondear; **to ~ away** or **off** vi (bird, insect) emprender el vuelo; ~**ing** n (activity) (el) volar // a: ~**ing visit** visita relámpago; **with ~ing colours** con lucimiento; ~**ing saucer** n platillo volante; **~ing start** *n*: to get off to a **~ing start** empezar con buen pie; **~over** *n* (*Brit*: *bridge*) paso a desnivel *or* superior; **~past** *n* desfile *m* aéreo; **~sheet** *n* (*for tent*) doble techo.

foal [fəʊl] *n* potro.

foam [fəʊm] *n* espuma // *vi* echar espuma; **~ rubber** *n* espuma de caucho.

fob [fɔb] *vt*: **to ~ sb off with sth** despachar a uno con algo.

focus ['fəʊkəs], *pl* **~es** *n* foco // *vt* (*field glasses etc*) enfocar // *vi*: **to ~** on enfocar a; (*issue etc*) centrarse en; **in/out of ~** enfocado/desenfocado.

fodder ['fɔdə*] *n* pienso.

foe [fəʊ] *n* enemigo.

foetus ['fiːtəs] *n* feto.

fog [fɔg] *n* niebla; **~gy** *a*: **it's ~gy** hay niebla, está brumoso; **~ lamp**, (*US*) **~ light** *n* (*AUT*) faro de niebla.

foil [fɔɪl] *vt* frustrar // *n* hoja; (*kitchen ~*) papel *m* (de) aluminio; (*FENCING*) florete *m*.

fold [fəʊld] *n* (*bend, crease*) pliegue *m*; (*AGR*) redil *m* // *vt* doblar; **to ~ up** *vi* plegarse, doblarse; (*business*) quebrar // *vt* (*map etc*) plegar; **~er** *n* (*for papers*) carpeta; (*brochure*) folleto; **~ing** *a* (*chair, bed*) plegable.

foliage ['fəʊlɪdʒ] *n* follaje *m*.

folk [fəʊk] *npl* gente *f* // *a* popular, folklórico; **~s** *npl* familia, parientes *mpl*; **~lore** ['fəʊklɔː*] *n* folklore *m*; **~ song** *n* canción *f* popular *or* folklórica.

follow ['fɔləʊ] *vt* seguir // *vi* seguir; (*result*) resultar; **he ~ed suit** hizo lo mismo; **to ~ up** *vt* (*letter, offer*) responder a; (*case*) investigar; **~er** *n* seguidor/a *m/f*; (*POL*) partidario/a; **~ing** *a* siguiente // *n* afición *f*, partidarios *mpl*.

folly ['fɔlɪ] *n* locura.

fond [fɔnd] *a* (*loving*) cariñoso; **to be ~** of tener cariño a.

fondle ['fɔndl] *vt* acariciar.

fondness ['fɔndnɪs] *n* (*for things*) gusto; (*for people*) cariño.

font [fɔnt] *n* pila bautismal.

food [fuːd] *n* comida; **~ mixer** *n* batidora; **~ poisoning** *n* botulismo; **~ processor** *n* robot *m* de cocina; **~stuffs** *npl* comestibles *mpl*.

fool [fuːl] *n* tonto/a; (*CULIN*) puré *m* de frutas con nata // *vt* engañar // *vi* (*gen*: **~ around**) bromear; (*waste time*) perder el tiempo; **~hardy** *a* temerario; **~ish** *a* tonto; (*careless*) imprudente; **~proof** *a* (*plan etc*) infalible.

foot [fʊt], *pl* **feet** *n* pie *m*; (*measure*) pie *m* (= *304 mm*); (*of animal*) pata // *vt* (*bill*) pagar; **on ~** a pie; **~age** *n* (*CINE-MA*) imágenes *fpl*; **~ball** *n* balón *m*; (*game*: *Brit*) fútbol *m*; (: *US*) fútbol americano; **~ball player** *n* (*Brit*: *also*: **~er**) *n* futbolista *m*; (*US*) jugador *m* de fútbol americano; **~brake** *n* freno de

pie; **~bridge** *n* puente *m* para peatones; **~hills** *npl* estribaciones *fpl*; **~hold** *n* pie *m* firme; **~ing** *n* (*fig*) posición *f*; **to lose one's ~ing** perder el pie; **on an equal ~ing** en pie de igualdad; **~lights** *npl* candilejas *fpl*; **~man** *n* lacayo; **~note** *n* nota de pie; **~path** *n* sendero; **~print** *n* huella, pisada; **~sore** *a* con los pies doloridos; **~step** *n* paso; **~wear** *n* calzado.

for [fɔː] ♦ *prep* 1 (*indicating destination, intention*) para; **the train ~ London** el tren con destino a *or* de Londres; **he left ~ Rome** marchó para Roma; **he went ~ the paper** fue por el periódico; **is this ~ me?** ¿es esto para mí?; **it's time ~ lunch** es la hora de comer

2 (*indicating purpose*) para; **what('s it) ~?** ¿para qué (es)?; **to pray ~ peace** rezar por la paz

3 (*on behalf of, representing*): **the MP ~ Hove** el diputado por Hove; **he works ~ the government/a local firm** trabaja para el gobierno/en una empresa local; **I'll ask him ~ you** se lo pediré por ti; **G ~ George** G de George

4 (*because of*) por esta razón; **~ fear of being criticized** por temor a ser criticado

5 (*with regard to*) para; **it's cold ~ July** hace frío para julio; **he has a gift ~ languages** tiene don de lenguas

6 (*in exchange for*) por; **I sold it ~ £5** lo vendí por £5; **to pay 50 pence ~ a ticket** pagar 50p por un billete

7 (*in favour of*): **are you ~ or against us?** ¿estás con nosotros o contra nosotros?; **I'm all ~ it** estoy totalmente a favor; **vote ~ X** vote por X

8 (*referring to distance*): **there are roadworks ~ 5 km** hay obras en 5 km; **we walked ~ miles** caminamos kilómetros y kilómetros

9 (*referring to time*): **he was away ~ 2 years** estuvo fuera (durante) dos años; **it hasn't rained ~ 3 weeks** no ha llovido durante *or* en 3 semanas; **I have known her ~ years** la conozco desde hace años; **can you do it ~ tomorrow?** ¿lo podrás hacer para mañana?

10 (*with infinitive clauses*): **it is not ~ me to decide** la decisión no es cosa mía; **it would be best ~ you to leave** sería mejor que te fueras; **there is still time ~ you to do it** todavía te queda tiempo para hacerlo; **~ this to be possible...** para que esto sea posible...

11 (*in spite of*) a pesar de; **~ all his complaints** a pesar de sus quejas

♦ *conj* (*since, as: rather formal*) puesto que.

forage ['fɔrɪdʒ] *n* forraje *m*.

foray ['fɔreɪ] *n* incursión *f*.

forbid [fə'bɪd], *pt* **forbad(e)** [fə'bæd], *pp* **forbidden** [fə'bɪdn] *vt* prohibir; **to ~ sb to do sth** prohibir a uno hacer algo;

~ding *a* (*landscape*) inhóspito; (*severe*) severo.

force [fɔːs] *n* fuerza // *vt* forzar; **to ~ o.s. to do** hacer un esfuerzo por hacer; **the F~s** *npl* (*Brit*) las Fuerzas Armadas; **in ~** en vigor; **~d** [fɔːst] *a* forzado; **to ~-feed** *vt* (*animal, prisoner*) alimentar a la fuerza; **~ful** *a* enérgico.

forcibly ['fɔːsəblɪ] *ad* a la fuerza.

ford [fɔːd] *n* vado // *vt* vadear.

fore [fɔː*] *n*: **to the ~** en evidencia.

forearm ['fɔːrɑːm] *n* antebrazo.

foreboding [fɔː'bəudɪŋ] *n* presentimiento.

forecast ['fɔːkɑːst] *n* pronóstico // *vt* (*irg: like cast*) pronosticar.

forecourt ['fɔːkɔːt] *n* (*of garage*) patio.

forefathers ['fɔːfɑːðəz] *npl* antepasados *mpl*.

forefinger ['fɔːfɪŋgə*] *n* (*dedo*) índice *m*.

forefront ['fɔːfrʌnt] *n*: **in the ~ of** en la vanguardia de.

forego *vt* = **forgo**.

foregone ['fɔːgɔn] *a*: **it's a ~ conclusion** es una conclusión evidente.

foreground ['fɔːgraund] *n* primer plano.

forehead ['fɔrɪd] *n* frente *f*.

foreign ['fɔrɪn] *a* extranjero; (*trade*) exterior; **~er** *n* extranjero/a; **~ exchange** *n* divisas *fpl*; **F~ Office** *n* (*Brit*) Ministerio de Asuntos Exteriores; **F~ Secretary** *n* (*Brit*) Ministro de Asuntos Exteriores.

foreleg ['fɔːleg] *n* pata delantera.

foreman ['fɔːmən] *n* capataz *m*; (*in construction*) maestro de obras.

foremost ['fɔːməust] *a* principal // *ad*: **first and ~** ante todo.

forensic [fə'rɛnsɪk] *a* forense.

forerunner ['fɔːrʌnə*] *n* precursor(a) *m/f*.

foresee, *pt* **foresaw**, *pp* **foreseen** [fɔː'siː, -'sɔː, -siːn] *vt* prever; **~able** *a* previsible.

foreshadow [fɔː'ʃædəu] *vt* prefigurar, anunciar.

foresight ['fɔːsaɪt] *n* previsión *f*.

forest ['fɔrɪst] *n* bosque *m*.

forestall [fɔː'stɔːl] *vt* prevenir.

forestry ['fɔrɪstrɪ] *n* silvicultura.

foretaste ['fɔːteɪst] *n* muestra.

foretell, *pt, pp* **foretold** [fɔː'tɛl, -'təuld] *vt* predecir, pronosticar.

forever [fə'rɛvə*] *ad* para siempre.

foreword ['fɔːwəd] *n* prefacio.

forfeit ['fɔːfɪt] *n* (*in game*) prenda // *vt* perder (derecho a).

forgave [fə'gɛɪv] *pt of* **forgive**.

forge [fɔːdʒ] *n* fragua; (*smithy*) herrería // *vt* (*signature, Brit: money*) falsificar; (*metal*) forjar; **to ~ ahead** *vi* avanzar constantemente; **~r** *n* falsificador(a) *m/f*; **~ry** *n* falsificación *f*.

forget [fə'gɛt], *pt* **forgot**, *pp* **forgotten** *vt* olvidar // *vi* olvidarse; **~ful** *a* olvida-

dizo; **~-me-not** *n* nomeolvides *f inv*.

forgive [fə'gɪv], *pt* **forgave**, *pp* **forgiven** *vt* perdonar; **to ~ sb for sth** perdonar algo a uno; **~ness** *n* perdón *m*.

forgo [fɔː'gəu], *pt* **forwent**, *pp* **forgone** *vt* (*give up*) renunciar a; (*go without*) privarse de.

forgot [fə'gɔt] *pt of* **forget**.

forgotten [fə'gɔtn] *pp of* **forget**.

fork [fɔːk] *n* (*for eating*) tenedor *m*; (*for gardening*) horca; (*of roads*) bifurcación *f* // *vi* (*road*) bifurcarse; **to ~ out** *vt* (*col: pay*) desembolsar; **~-lift truck** *n* máquina elevadora.

forlorn [fə'lɔːn] *a* (*person*) triste, melancólico; (*place*) abandonado; (*attempt, hope*) desesperado.

form [fɔːm] *n* forma; (*Brit SCOL*) clase *f*; (*document*) formulario // *vt* formar; **in top ~** en plena forma.

formal ['fɔːməl] *a* (*offer, receipt*) por escrito; (*person etc*) correcto; (*occasion, dinner*) ceremonioso; (*dress*) de etiqueta; **~ity** [-'mælɪtɪ] *n* ceremonia; **~ly** *ad* oficialmente.

format ['fɔːmæt] *n* formato // *vt* (*COMPUT*) formatear.

formation [fɔː'meɪʃən] *n* formación *f*.

formative ['fɔːmətɪv] *a* (*years*) formativo.

former ['fɔːmə*] *a* anterior; (*earlier*) antiguo; (*ex*) ex; **the ~ ... the latter ...** aquél ... éste ...; **~ly** *ad* antiguamente.

formula ['fɔːmjulə] *n* fórmula.

forsake, *pt* **forsook**, *pp* **forsaken** [fə'seɪk, -'suk, -'seɪkən] *vt* (*gen*) abandonar; (*plan*) renunciar a.

fort [fɔːt] *n* fuerte *m*.

forte ['fɔːtɪ] *n* fuerte *m*.

forth [fɔːθ] *ad*: **back and ~** de acá para allá; **and so ~** y así sucesivamente; **~coming** *a* próximo, venidero; (*character*) comunicativo; **~right** *a* franco; **~with** *ad* en el acto.

fortify ['fɔːtɪfaɪ] *vt* fortalecer.

fortitude ['fɔːtɪtjuːd] *n* fortaleza.

fortnight ['fɔːtnaɪt] *n* (*Brit*) quincena; **~ly** *a* quincenal // *ad* quincenalmente.

fortress ['fɔːtrɪs] *n* fortaleza.

fortunate ['fɔːtʃənɪt] *a*: **it is ~ that...** (es una) suerte que...; **~ly** *ad* afortunadamente.

fortune ['fɔːtʃən] *n* suerte *f*; (*wealth*) fortuna; **~-teller** *n* adivino/a.

forty ['fɔːtɪ] *num* cuarenta.

forum ['fɔːrəm] *n* foro.

forward ['fɔːwəd] *a* (*movement, position*) avanzado; (*front*) delantero; (*not shy*) atrevido // *n* (*SPORT*) delantero // *vt* (*letter*) remitir; (*career*) promocionar; **to move ~** avanzar; **~(s)** *ad* (hacia) adelante.

forwent [fɔː'wɛnt] *pt of* **forgo**.

fossil ['fɔsl] *n* fósil *m*.

foster ['fɔstə*] *vt* fomentar; **~ child** *n*

hijo/a adoptivo/a; ~ **mother** n madre f adoptiva.

fought [fɔːt] pt, pp of **fight**.

foul [faul] a (gen) sucio, puerco; (weather, smell etc) asqueroso // n (FOOTBALL) falta // vt (dirty) ensuciar; (block) atascar; (football player) cometer una falta contra; ~ **play** n (SPORT) mala jugada; (LAW) muerte f violenta.

found [faund] pt, pp of **find** // vt (establish) fundar; ~**ation** [-'deɪʃən] n (act) fundación f; (basis) base f; (also: ~**ation cream**) crema base; ~**ations** npl (of building) cimientos mpl.

founder ['faundə*] n fundador(a) m/f // vi hundirse.

foundry ['faundrɪ] n fundición f.

fountain ['fauntɪn] n fuente f; ~ **pen** n (pluma) estilográfica, pluma-fuente f (LAm).

four [fɔː*] num cuatro; **on all** ~s a gatas; ~**-poster (bed)** n cama de dosel; ~**some** ['fɔːsəm] n grupo de cuatro personas; ~**teen** num catorce; ~**th** a cuarto.

fowl [faul] n ave f (de corral).

fox [fɔks] n zorro // vt confundir.

foyer ['fɔɪeɪ] n vestíbulo.

fracas ['frækɑː] n gresca, riña.

fraction ['frækʃən] n fracción f.

fracture ['fræktʃə*] n fractura.

fragile ['frædʒaɪl] a frágil.

fragment ['frægmənt] n fragmento.

fragrance ['freɪgrəns] n (of flowers) fragancia; (perfume) perfume m.

fragrant ['freɪgrənt] a fragante, oloroso.

frail [freɪl] a frágil; (person) débil.

frame [freɪm] n (TECH) armazón m; (of picture, door etc) marco; (of spectacles: also: ~s) montura // vt encuadrar; (reply) formular; (fam) incriminar; ~ **of mind** n estado de ánimo; ~**work** n marco.

France [frɑːns] n Francia.

franchise ['fræntʃaɪz] n (POL) derecho de votar, sufragio; (COMM) licencia, concesión f.

frank [fræŋk] a franco // vt (Brit: letter) franquear; ~**ly** ad francamente; ~**ness** n franqueza.

frantic ['fræntɪk] a frenético.

fraternal [frə'tɜːnl] a fraterno.

fraternity [frə'tɜːnɪtɪ] n (club) fraternidad f; (US) club m de estudiantes; (guild) cofradía.

fraud [frɔːd] n fraude m; (person) impostor(a) m/f.

fraught [frɔːt] a: ~ **with** cargado de.

fray [freɪ] n combate m, lucha // vi deshilacharse; **tempers were** ~**ed** el ambiente se ponía tenso.

freak [friːk] n (person) fenómeno; (event) suceso anormal.

freckle ['frekl] n peca.

free [friː] a (person: at liberty) libre; (not fixed) suelto; (gratis) gratuito; (unoccupied) desocupado; (liberal) generoso // vt (prisoner etc) poner en libertad; (jammed object) soltar; ~ (of charge), **for** ~ ad gratis; ~**dom** ['friːdəm] n libertad f; ~**-for-all** n riña general; ~ **gift** n prima; ~**hold** n propiedad f vitalicia; ~ **kick** n tiro libre; ~**lance** a, ad por cuenta propia; ~**ly** ad libremente; generosamente; ~**mason** n francmasón m; ~**post** n porte m pagado; ~**-range** a (hen, eggs) de granja; ~ **trade** n libre comercio; ~**way** n (US) autopista; ~**wheel** vi ir en punto muerto; ~ **will** n libre albedrío m; **of one's own** ~ **will** por su propia voluntad.

freeze [friːz] vb (pt **froze**, pp **frozen**) vi helarse, congelarse // vt helar; (prices, food, salaries) congelar // n helada; congelación f; ~**-dried** a liofilizado; ~**r** n congelador m (Sp), congeladora (LAm).

freezing ['friːzɪŋ] a helado; ~ **point** n punto de congelación; **3 degrees below** ~ tres grados bajo cero.

freight [freɪt] n (goods) carga; (money charged) flete m; ~ **train** n (US) tren m de mercancías.

French [frentʃ] a francés/esa // n (LING) francés m; **the** ~ npl los franceses; ~ **bean** n judía verde; ~ **fried (potatoes)**, (US) ~ **fries** npl patatas fpl or papas fpl (LAm) fritas; ~**man/woman** n francés/esa m/f; ~ **window** n puertaventana.

frenzy ['frenzɪ] n frenesí m.

frequent ['friːkwənt] a frecuente // vt [frɪ'kwent] frecuentar; ~**ly** [-əntlɪ] ad frecuentemente, a menudo.

fresh [freʃ] a (gen) fresco; (new) nuevo; (water) dulce; ~**en** vi (wind, air) soplar más recio; **to** ~**en up** vi (person) refrescarse; ~**er** n (Brit SCOL: col) estudiante m/f de primer año; ~**ly** ad (newly) nuevamente; (recently) recientemente; ~**man** n (US) = ~**er**; ~**ness** n frescura ~**water** a (fish) de agua dulce.

fret [fret] vi inquietarse.

friar ['fraɪə*] n fraile m; (before name) fray m.

friction ['frɪkʃən] n fricción f.

Friday ['fraɪdɪ] n viernes m inv.

fridge [frɪdʒ] n (Brit) nevera, frigo, refrigeradora (LAm).

friend [frend] n amigo/a; ~**liness** n simpatía; ~**ly** a simpático; ~**ship** n amistad f.

frieze [friːz] n friso.

frigate ['frɪgɪt] n fragata.

fright [fraɪt] n susto; **to take** ~ asustarse; ~**en** vt asustar; ~**ened** a asustado; ~**ening** a espantoso; ~**ful** a espantoso, horrible; ~**fully** ad terriblemente.

frigid ['frɪdʒɪd] a (MED) frígido, frío.

frill [frɪl] n volante m.

fringe [frɪndʒ] n (*Brit: of hair*) flequillo; (*edge: of forest etc*) borde m, margen m; ~ **benefits** npl ventajas fpl supletorias.

frisk [frɪsk] vt cachear, registrar.

frisky ['frɪskɪ] a juguetón/ona.

fritter ['frɪtə*] n buñuelo; **to ~ away** vt desperdiciar.

frivolous ['frɪvələs] a frívolo.

frizzy ['frɪzɪ] a rizado.

fro [frəʊ] see **to**.

frock [frɒk] n vestido.

frog [frɒg] n rana; ~**man** n hombre-rana m.

frolic ['frɒlɪk] vi juguetear.

from [frɒm] prep **1** (*indicating starting place*) de, desde; **where do you come ~?** ¿de dónde eres?; ~ **London to Glasgow** de Londres a Glasgow; **to escape ~ sth/sb** escaparse de algo/alguien **2** (*indicating origin etc*) de; **a letter/telephone call ~ my sister** una carta/llamada de mi hermana; **tell him ~ me that...** dígale de mi parte que... **3** (*indicating time*): ~ **one o'clock to** or **until** or **till two** de(sde) la una a or hasta las 2; ~ **January** (on) desde enero **4** (*indicating distance*) de; **the hotel is 1 km from the beach** el hotel está a 1 km de la playa **5** (*indicating price, number etc*) de; **prices range ~ £10 to £50** los precios van desde £10 a or hasta £50; **the interest rate was increased ~ 9% to 10%** el tipo de interés fue incrementado de un 9% a un 10% **6** (*indicating difference*) de; **he can't tell red ~ green** no sabe distinguir el rojo del verde; **to be different ~ sb/sth** ser diferente a algo/alguien **7** (*because of, on the basis of*): ~ **what he says** por lo que dice; **weak ~ hunger** debilitado/a por el hambre.

front [frʌnt] n (*foremost part*) parte f delantera; (*of house*) fachada; (*promenade: also:* **sea ~**) paseo marítimo; (*MIL, POL, METEOROLOGY*) frente m; (*fig: appearances*) apariencias fpl // a (*wheel, leg*) delantero; (*row, line*) primero; **in ~** (**of**) delante (de); ~ **door** n puerta principal; ~**ier** ['frʌntɪə*] n frontera; ~ **page** n primera plana; ~ **room** n (*Brit*) salón m, sala; ~**wheel drive** n tracción f delantera.

frost [frɒst] n (*gen*) helada; (*also:* **hoar~**) escarcha // vt (*US CULIN*) escarchar; ~**bite** n congelación f; ~**ed** a (*glass*) deslustrado; ~**y** a (*surface*) cubierto de escarcha; (*welcome etc*) glacial.

froth [frɒθ] n espuma.

frown [fraʊn] vi fruncir el ceño.

froze [frəʊz] pt of **freeze**.

frozen ['frəʊzn] pp of **freeze** // a (*food*) congelado.

fruit [fruːt] n, pl inv fruta; ~**erer** n frutero/a; ~**erer's** (**shop**) n frutería; ~**ful** a provechoso; ~**ion** [fruːˈɪʃən] n: **to come to ~ion** realizarse; ~ **juice** n zumo or jugo (*LAm*) de fruta; ~ **machine** n (*Brit*) máquina f tragaperras; ~ **salad** n macedonia or ensalada (*LAm*) de frutas.

frustrate [frʌsˈtreɪt] vt frustrar; ~**d** a frustrado.

fry [fraɪ], pt, pp **fried** vt freír; **small ~** gente f menuda; ~**ing pan** n sartén f.

ft. abbr = **foot, feet**.

fuddy-duddy ['fʌdɪdʌdɪ] n carroza m/f.

fudge [fʌdʒ] n (*CULIN*) caramelo blando.

fuel [fjʊəl] n (*for heating*) combustible m; (*coal*) carbón m; (*wood*) leña; (*for engine*) carburante m; ~ **oil** n fuel oil m; ~ **tank** n depósito (de combustible).

fugitive ['fjuːdʒɪtɪv] n fugitivo/a.

fulfil [fʊlˈfɪl] vt (*function*) cumplir con; (*condition*) satisfacer; (*wish, desire*) realizar; ~**ment** n satisfacción f; realización f.

full [fʊl] a lleno; (*fig*) pleno; (*complete*) completo; (*information*) detallado // ad: ~ **well** perfectamente; **I'm ~** (**up**) no puedo más; ~ **employment** pleno empleo; **a ~ two hours** dos horas completas; **at ~ speed** a máxima velocidad; **in ~** (*reproduce, quote*) íntegramente; ~ **moon** n luna llena; ~**scale** a (*attack, war*) en gran escala; (*model*) de tamaño natural; ~ **stop** n punto; ~**time** a (*work*) de tiempo completo // ad: **to work ~time** trabajar a tiempo completo; ~**y** ad completamente; ~**y-fledged** a (*teacher, barrister*) diplomado.

fulsome ['fʊlsəm] a (*pej: praise, gratitude*) excesivo, exagerado.

fumble ['fʌmbl] vi: **to ~ for sth** buscar algo con las manos; **to ~ with sth** manejar algo torpemente.

fume [fjuːm] vi humear, echar humo; ~**s** npl humo sg, gases mpl.

fun [fʌn] n (*amusement*) diversión f; (*joy*) alegría f; **to have ~** divertirse; **for ~** en broma; **to make ~ of** vt fus burlarse de.

function ['fʌŋkʃən] n función f // vi funcionar; ~**al** a funcional.

fund [fʌnd] n fondo; (*reserve*) reserva; ~**s** npl fondos mpl.

fundamental [fʌndəˈmɛntl] a fundamental.

funeral ['fjuːnərəl] n (*burial*) entierro; (*ceremony*) funerales mpl; ~ **parlour** n (*Brit*) funeraria; ~ **service** n misa de difuntos.

funfair ['fʌnfɛə*] n (*Brit*) parque m de atracciones.

fungus ['fʌŋgəs], pl **-gi** [-gaɪ] n hongo.

funnel ['fʌnl] n embudo; (*of ship*) chimenea.

funny ['fʌnɪ] a gracioso, divertido;

(*strange*) curioso, raro.

fur [fə:*] *n* piel *f*; (*Brit: on tongue etc*) sarro; ~ **coat** *n* abrigo de pieles.

furious ['fjuəriəs] *a* furioso; (*effort*) violento.

furlong ['fə:lɔŋ] *n* octava parte de una milla, = 201.17 *m*.

furlough ['fə:ləu] *n* (MIL, US) permiso.

furnace ['fə:nis] *n* horno.

furnish ['fə:niʃ] *vt* amueblar; (*supply*) suministrar; (*information*) facilitar; ~**ings** *npl* muebles *mpl*.

furniture ['fə:nitʃə*] *n* muebles *mpl*; piece of ~ mueble *m*.

furrow ['fʌrəu] *n* surco.

furry ['fə:ri] *a* peludo.

further ['fə:ðə*] *a* (*new*) nuevo, adicional; (*place*) más lejano // al más lejos; (*more*) más; (*moreover*) además // *vt* promover, adelantar; ~ **education** *n* educación *f* superior; ~**more** [fə:ðə'mɔ:*] *ad* además.

furthest ['fə:ðist] *superlative of* **far**.

fury ['fjuəri] *n* furia.

fuse, (US) **fuze** [fju:z] *n* fusible *m*; (*for bomb etc*) mecha // *vt* (*metal*) fundir; (*fig*) fusionar // *vi* fundirse; fusionarse; (*Brit* ELEC): to ~ **the lights** fundir los plomos; ~ **box** *n* caja de fusibles.

fuss [fʌs] *n* (*noise*) bulla; (*dispute*) lío; (*complaining*) protesta; to make a ~ armar un lío or jaleo; ~**y** *a* (*person*) exigente.

futile ['fju:tail] *a* vano; **futility** [-'tiliti] *n* inutilidad *f*.

future ['fju:tʃə*] *a* (*gen*) futuro; (*coming*) venidero // *n* futuro; porvenir; in ~ de ahora en adelante.

fuze [fju:z] (US) = **fuse**.

fuzzy ['fʌzi] *a* (PHOT) borroso; (*hair*) muy rizado.

G

G [dʒi:] *n* (MUS) sol *m*.

g. *abbr* = **gram(s)**.

gabble ['gæbl] *vi* hablar atropelladamente; (*gossip*) cotorrear.

gable ['geibl] *n* aguilón *m*.

gadget ['gædʒit] *n* aparato.

Gaelic ['geilik] *a*, *n* (LING) gaélico.

gaffe [gæf] *n* plancha.

gag [gæg] *n* (*on mouth*) mordaza; (*joke*) chiste *m* // *vt* amordazar.

gaiety ['geiiti] *n* alegría.

gaily ['geili] *ad* alegremente.

gain [gein] *n* ganancia // *vt* ganar // *vi* (*watch*) adelantarse; to ~ by sth sacar provecho de algo; to ~ on sb ganar terreno a uno; to ~ 3 lbs (in weight) engordar 3 libras.

gait [geit] *n* (modo de) andar *m*.

gal. *abbr* = **gallon**.

gala ['ga:lə] *n* fiesta.

gale [geil] *n* (*wind*) vendaval *m*.

gallant ['gælənt] *a* valiente; (*towards ladies*) atento.

gall bladder ['gɔ:l-] *n* vesícula biliar.

gallery ['gæləri] *n* galería; (*also:* art ~) pinacoteca.

galley ['gæli] *n* (*ship's kitchen*) cocina; (*ship*) galera.

gallon ['gælən] *n* galón *m* (= 8 pints; Brit = 4,546 litros, US = 3,785 litros).

gallop ['gæləp] *n* galope *m* // *vi* galopar.

gallows ['gæləuz] *n* horca.

gallstone ['gɔ:lstəun] *n* cálculo biliario.

galore [gə'lɔ:*] *ad* en cantidad, en abundancia.

galvanize ['gælvənaiz] *vt* (*metal*) galvanizar; (*fig*): to ~ sb into action animar a uno para que haga algo.

gambit ['gæmbit] *n* (*fig*): opening ~ estrategia inicial.

gamble ['gæmbl] *n* (*risk*) riesgo; (*bet*) apuesta // *vt*: to ~ on apostar a; (*fig*) confiar en que // *vi* jugar; (COMM) especular; ~**r** *n* jugador(a) *m/f*; **gambling** *n* juego.

game [geim] *n* juego; (*match*) partido; (*of cards*) partida; (HUNTING) caza // *a* valiente; (*ready*): to be ~ for anything atreverse a todo; big ~ caza mayor; ~**keeper** *n* guardabosques *m inv*.

gammon ['gæmən] *n* tocino or jamón *m* ahumado.

gamut ['gæmət] *n* gama.

gang [gæŋ] *n* pandilla; (*of workmen*) brigada // *vi*: to ~ up on sb conspirar contra uno.

gangster ['gæŋstə*] *n* gángster *m*.

gangway ['gæŋwei] *n* (*Brit: in theatre, bus etc*) pasillo; (*on ship*) pasarela.

gaol [dʒeil] *n*, *vt* (*Brit*) = **jail**.

gap [gæp] *n* vacío, hueco (LAm); (*in trees, traffic*) claro; (*in time*) intervalo.

gape [geip] *vi* mirar boquiabierto; **gaping** *a* (*hole*) muy abierto.

garage ['gæra:ʒ] *n* garaje *m*.

garbage ['ga:bidʒ] *n* (US) basura; ~ **can** *n* cubo or bote *m* (LAm) de la basura; ~ **man** *n* basurero.

garbled ['ga:bld] *a* (*distorted*) falsificado, amañado.

garden ['ga:dn] *n* jardín *m*; ~**er** *n* jardinero/a; ~**ing** *n* jardinería.

gargle ['ga:gl] *vi* hacer gárgaras, gargarear (LAm).

gargoyle ['ga:gɔil] *n* gárgola.

garish ['gɛəriʃ] *a* chillón/ona.

garland ['ga:lənd] *n* guirnalda.

garlic ['ga:lik] *n* ajo.

garment ['ga:mənt] *n* prenda (de vestir).

garnish ['ga:niʃ] *vt* adornar; (CULIN) aderezar.

garrison ['gærisn] *n* guarnición *f*.

garrulous ['gærjuləs] *a* charlatán/ana.

garter ['ga:tə*] *n* (US) liga.

gas [gæs] *n* gas *m*; (US: *gasoline*) gasolina // *vt* asfixiar con gas; ~ **cooker** *n* (*Brit*) cocina de gas; ~ **cylinder** *n* bombona de gas; ~ **fire** *n* estufa de gas; ~ **pedal** *n* (*esp US*) acelerador *m*.

gash [gæʃ] *n* raja; (*on face*) cuchillada // *vt* rajar; (*with knife*) acuchillar.

gasket ['gæskɪt] *n* (*AUT*) junta de culata.

gas mask *n* careta antigás.

gas meter *n* contador *m* de gas.

gasoline ['gæsəliːn] *n* (*US*) gasolina.

gasp [gɑːsp] *n* grito sofocado // *vi* (*pant*) jadear; **to ~ out** *vt* (*say*) decir con voz entrecortada.

gas ring *n* hornillo de gas.

gas station *n* (*US*) gasolinera.

gassy ['gæsɪ] *a* gaseoso.

gas tap *n* llave *f* del gas.

gastric ['gæstrɪk] *a* gástrico.

gate [geɪt] *n* puerta; (*RAIL*) barrera; **~crash** *vt* (*Brit*) colarse en; **~way** *n* puerta.

gather ['gæðə*] *vt* (*flowers, fruit*) coger (*Sp*), recoger; (*assemble*) reunir; (*pick up*) recoger; (*SEWING*) fruncir; (*understand*) entender // *vi* (*assemble*) reunirse; **to ~ speed** ganar velocidad; **~ing** *n* reunión *f*, asamblea.

gauche [gəuʃ] *a* torpe.

gaudy ['gɔːdɪ] *a* chillón/ona.

gauge [geɪdʒ] *n* calibre *m*; (*RAIL*) entrevía; (*instrument*) indicador *m* // *vt* medir.

gaunt [gɔːnt] *a* descarnado.

gauntlet ['gɔːntlɪt] *n* (*fig*): **to run the ~ of** exponerse a; **to throw down the ~** arrojar el guante.

gauze [gɔːz] *n* gasa.

gave [geɪv] *pt of* **give**.

gay [geɪ] *a* (*person*) alegre; (*colour*) vivo; (*homosexual*) gay.

gaze [geɪz] *n* mirada fija // *vi*: **to ~ at sth** mirar algo fijamente.

gazelle [gə'zɛl] *n* gacela.

gazetteer [gæzə'tɪə*] *n* diccionario geográfico.

gazumping [gə'zʌmpɪŋ] *n* (*Brit*) la subida del precio de una casa una vez que ya ha sido apalabrada.

GB *abbr* = **Great Britain.**

GCE *n abbr* (*Brit*) = *General Certificate of Education.*

GCSE *n abbr* (*Brit*: = *General Certificate of Secondary Education*) ≈ Bachillerato Elemental y Superior.

gear [gɪə*] *n* equipo, herramientas *fpl*; (*TECH*) engranaje *m*; (*AUT*) velocidad *f*, marcha *f* // *vt* (*fig: adapt*): **to ~ sth to** adaptar *or* ajustar algo a; **top** *or* (*US*) **high/low** ~ cuarta/primera velocidad; **in ~** en marcha; **~ box** *n* caja de cambios; **~ lever**, (*US*) **~ shift** *n* palanca de cambio; **~ wheel** *n* rueda dentada.

geese [giːs] *pl of* **goose.**

gel [dʒɛl] *n* gel *m*.

gelignite ['dʒɛlɪgnaɪt] *n* gelignita.

gem [dʒɛm] *n* joya.

Gemini ['dʒɛmɪnaɪ] *n* Géminis *m*, Gemelos *mpl*.

gender ['dʒɛndə*] *n* género.

gene [dʒiːn] *n* gen(e) *m*.

general ['dʒɛnərl] *n* general *m* // *a* general; **in ~** en general; **~ delivery** *n* (*US*) lista de correos; **~ election** *n* elecciones *fpl* generales; **~ization** *f*; **~ize** *vi* generalizar; **~ly** *ad* generalmente, en general; **~ practitioner (G.P.)** *n* médico general.

generate ['dʒɛnəreɪt] *vt* (*ELEC*) generar; (*fig*) producir.

generation [dʒɛnə'reɪʃən] *n* generación *f*.

generator ['dʒɛnəreɪtə*] *n* generador *m*.

generosity [dʒɛnə'rɔsɪtɪ] *n* generosidad *f*.

generous ['dʒɛnərəs] *a* generoso; (*copious*) abundante.

genetics [dʒɪ'nɛtɪks] *n* genética.

Geneva [dʒɪ'niːvə] *n* Ginebra.

genial ['dʒiːnɪəl] *a* afable, simpático.

genitals ['dʒɛnɪtlz] *npl* (órganos *mpl*) genitales *mpl*.

genius ['dʒiːnɪəs] *n* genio.

gent [dʒɛnt] *n abbr* = **gentleman.**

genteel [dʒɛn'tiːl] *a* fino, elegante.

gentle ['dʒɛntl] *a* (*sweet*) amable, dulce; (*touch etc*) ligero, suave.

gentleman ['dʒɛntlmən] *n* señor *m*; (*well-bred man*) caballero.

gentleness ['dʒɛntlnɪs] *n* dulzura; (*of touch*) suavidad *f*.

gently ['dʒɛntlɪ] *ad* suavemente.

gentry ['dʒɛntrɪ] *n* alta burguesía.

gents [dʒɛnts] *n* aseos (de caballeros).

genuine ['dʒɛnjuɪn] *a* auténtico; (*person*) sincero.

geography [dʒɪ'ɔgrəfɪ] *n* geografía.

geology [dʒɪ'ɔlədʒɪ] *n* geología.

geometric(al) [dʒɪə'mɛtrɪk(l)] *a* geométrico.

geometry [dʒɪ'ɔmɪtrɪ] *n* geometría.

geranium [dʒɪ'reɪnjəm] *n* geranio.

geriatric [dʒɛrɪ'ætrɪk] *a*, *n* geriátrico/a *m/f*.

germ [dʒəːm] *n* (*microbe*) microbio, bacteria; (*seed, fig*) germen *m*.

German ['dʒəːmən] *a* alemán/ana // *n* alemán/ana *m/f*; (*LING*) alemán *m*; ~ **measles** *n* rubéola; ~ **Shepherd Dog** *n* pastor *m* alemán.

Germany ['dʒəːmənɪ] *n* Alemania.

gesture ['dʒɛstjə*] *n* gesto.

get [gɛt], *pt, pp* **got**, *pp* **gotten** (*US*) *vi* **1** (*become, go*) ponerse, volverse; **to ~ old/tired** envejecer/cansarse; **to ~ drunk** emborracharse; **to ~ dirty** ensuciarse; **to ~ married** casarse; **when do I ~ paid?** ¿cuándo me pagan *or* se me paga?; **it's ~ting late** se está haciendo tarde
2 (*go*): **to ~ to/from** llegar a/de; **to ~ home** llegar a casa
3 (*begin*) empezar a; **to ~ to know sb**

(llegar a) conocer a uno; **I'm ~ting to like him** me está empezando a gustar; **let's ~ going** or **started** ¡vamos (a empezar)!

4 (modal auxiliary vb): **you've got to do it** tienes que hacerlo

♦ vt **1**: **to ~ sth done** (finish) terminar algo; (have done) mandar hacer algo; **to ~ one's hair cut** cortarse el pelo; **to ~ the car going** or **to go** arrancar el coche; **to ~ sb to do sth** conseguir or hacer que alguien haga algo; **to ~ sth/sb ready** preparar algo/a alguien

2 (obtain: money, permission, results) conseguir; (find: job, flat) encontrar; (fetch: person, doctor) buscar; (object) ir a buscar, traer; **to ~ sth for sb** conseguir algo para alguien; **~ me Mr Jones, please** (TEL) póngame or comuníqueme (LAm) con el Sr. Jones, por favor; **can I ~ you a drink?** ¿te pido algo?

3 (receive: present, letter) recibir; (acquire: reputation) alcanzar; (: prize) ganar; **what did you ~ for your birthday?** ¿qué te regalaron por tu cumpleaños?; **how much did you ~ for the painting?** ¿cuánto sacaste por el cuadro?

4 (catch) coger (Sp), agarrar (LAm); (hit: target etc) dar en; **to ~ sb by the arm/throat** coger (Sp) or agarrar (LAm) a uno por el brazo/cuello; **~ him!** ¡cógelo! (Sp), ¡atrápalo! (LAm); **the bullet got him in the leg** la bala le dio en una pierna

5 (take, move) llevar; **to ~ sth to sb** llevar algo a alguien; **do you think we'll ~ it through the door?** ¿crees que lo podremos meter por la puerta?

6 (catch, take: plane, bus etc) coger (Sp), tomar (LAm); **where do I ~ the train for Birmingham?** ¿dónde se coge (Sp) or se toma (LAm) el tren para Birmingham?

7 (understand) entender; (hear) oír; **I've got it!** ¡ya lo tengo!, ¡eureka!; **I don't ~ your meaning** no te entiendo; **I'm sorry, I didn't ~ your name** lo siento, no cogí tu nombre

8 (have, possess): **to have got** tener.

geyser ['giːzə*] n (water heater) calentador m de agua; (GEO) géiser m.

Ghana ['gɑːnə] n Ghana.

ghastly ['gɑːstlɪ] a horrible.

gherkin ['gɜːkɪn] n pepinillo.

ghost [gəust] n fantasma m.

giant ['dʒaɪənt] n gigante m/f // a gigantesco, gigante.

gibberish ['dʒɪbərɪʃ] n galimatías m.

gibe [dʒaɪb] n mofa.

giblets ['dʒɪblɪts] npl menudillos mpl.

Gibraltar [dʒɪ'brɔːltə*] n Gibraltar m.

giddiness ['gɪdɪnɪs] n vértigo.

giddy ['gɪdɪ] a (height, speed) vertiginoso; **to be ~** estar mareado/a.

gift [gɪft] n regalo; (offering) obsequio;

(ability) talento; **~ed** a dotado; **~ token** or **voucher** n vale m canjeable por un regalo.

gigantic [dʒaɪ'gæntɪk] a gigantesco.

giggle ['gɪgl] vi reírse tontamente // n risilla.

gill [dʒɪl] n (measure) = 0.25 pints (Brit = 0.148 l, US = 0.118l).

gills [gɪlz] npl (of fish) branquias fpl, agallas fpl.

gilt [gɪlt] a, n dorado; **~-edged** a (COMM) de máxima garantía.

gimmick ['gɪmɪk] n truco.

gin [dʒɪn] n (liquor) ginebra.

ginger ['dʒɪndʒə*] n jengibre m; **~ ale, ~ beer** n (Brit) gaseosa de jengibre; **~bread** n pan m de jengibre; **~-haired** a pelirrojo.

gingerly ['dʒɪndʒəlɪ] ad con cautela.

gipsy ['dʒɪpsɪ] n gitano/a.

giraffe [dʒɪ'rɑːf] n jirafa.

girder ['gɜːdə*] n viga.

girdle ['gɜːdl] n (corset) faja.

girl [gɜːl] n (small) niña; (young woman) chica, joven f, muchacha; **an English ~** una (chica) inglesa; **~friend** n (of girl) amiga; (of boy) novia; **~ish** a de niña.

giro ['dʒaɪrəu] n (Brit: bank ~) giro bancario; (post office ~) giro postal; (state benefit) cheque quincenal del subsidio de desempleo.

girth [gɜːθ] n circunferencia; (of saddle) cincha.

gist [dʒɪst] n lo esencial.

give [gɪv], pt **gave**, pp **given** vt dar; (deliver) entregar; (as gift) regalar // vi (break) romperse; (stretch: fabric) dar de sí; **to ~ sb sth, ~ sth to sb** dar algo a uno; **to ~ away** vt (give free) regalar; (betray) traicionar; (disclose) revelar; **to ~ back** vt devolver; **to ~ in** vi ceder // vt entregar; **to ~ off** vt despedir; **to ~ out** vt distribuir; vi rendirse, darse por vencido // vt renunciar a; **to ~ up smoking** dejar de fumar; **to ~ o.s. up** entregarse; **to ~ way** vi ceder; (Brit AUT) ceder el paso.

glacier ['glæsɪə*] n glaciar m.

glad [glæd] a contento.

gladly ['glædlɪ] ad con mucho gusto.

glamorous ['glæmərəs] a encantador(a), atractivo.

glamour ['glæmə*] n encanto, atractivo.

glance [glɑːns] n ojeada, mirada // vi: **to ~ at** echar una ojeada a; **to ~ off** (bullet) rebotar; **glancing** a (blow) oblicuo.

gland [glænd] n glándula.

glare [glɛə*] n deslumbramiento, brillo // vi deslumbrar; **to ~ at** mirar ferozmente a; **glaring** a (mistake) manifiesto.

glass [glɑːs] n vidrio, cristal m; (for drinking) vaso; (: with stem) copa; (also: looking ~) espejo; **~es** npl gafas fpl; **~house** n invernadero; **~ware** n cristalería; **~y** a (eyes) vidrioso.

glaze [gleɪz] vt (window) poner cristales a; (pottery) barnizar // n barniz m.

glazier ['gleɪzɪə*] n vidriero/a.

gleam [gliːm] n destello // vi brillar; ~ing a reluciente.

glean [gliːn] vt (information) recoger.

glee [gliː] n alegría, regocijo.

glen [glɛn] n cañada.

glib [glɪb] a de mucha labia.

glide [glaɪd] vi deslizarse; (AVIAT, birds) planear; ~r n (AVIAT) planeador m; **gliding** n (AVIAT) vuelo sin motor.

glimmer ['glɪmə*] n luz f tenue.

glimpse [glɪmps] n vislumbre m // vt vislumbrar, entrever.

glint [glɪnt] vi centellear.

glisten ['glɪsn] vi relucir, brillar.

glitter ['glɪtə*] vi relucir, brillar // n brillo.

gloat [gləut] vi: to ~ over (money) recrearse en; (sb's misfortune) saborear.

global ['gləubl] a mundial.

globe [gləub] n globo, esfera.

gloom [gluːm] n tinieblas fpl, oscuridad f; (sadness) tristeza, melancolía; ~y a (dark) oscuro; (sad) triste; (pessimistic) pesimista.

glorious ['glɔːrɪəs] a glorioso.

glory ['glɔːrɪ] n gloria.

gloss [glɔs] n (shine) brillo; (paint) pintura de aceite; to ~ over vt fus encubrir.

glossary ['glɔsərɪ] n glosario.

glossy ['glɔsɪ] a lustroso.

glove [glʌv] n guante m; ~ compartment n (AUT) guantera.

glow [gləu] vi (shine) brillar // n brillo.

glower ['glauə*] vi: to ~ at mirar con ceño.

glue [gluː] n goma (de pegar), cemento (LAm) // vt pegar.

glum [glʌm] a (mood) abatido; (person, tone) melancólico.

glut [glʌt] n superabundancia.

glutton ['glʌtn] n glotón/ona m/f; a ~ for punishment masoquista m/f.

gnarled [nɑːld] a nudoso.

gnat [næt] n mosquito.

gnaw [nɔː] vt roer.

gnome [nəum] n gnomo.

go [gəu] vb (pt went, pp gone) vi ir; (travel) viajar; (depart) irse, marcharse; (work) funcionar, marchar; (be sold) venderse; (time) pasar; (fit, suit): to ~ with hacer juego con; (become) ponerse; (break etc) estropearse, romperse // n (pl: ~es): to have a ~ (at) probar suerte (con); to be on the ~ no parar; whose ~ is it? ¿a quién le toca?; he's going to do it va a hacerlo; to ~ for a walk ir de paseo; to ~ dancing ir a bailar; how did it ~? ¿qué tal salió or resultó?, ¿cómo ha ido?; to ~ round the back pasar por detrás; to ~ about vi (rumour) propagarse // vt fus: how do I ~ about this?

¿cómo me las arreglo para hacer esto?; to ~ ahead vi seguir adelante; to ~ along vi ir // vt fus bordear; to ~ along with (agree) estar de acuerdo con; to ~ away vi irse, marcharse; to ~ back vi volver; to ~ back on vt fus (promise) faltar a; to ~ by vi (years, time) pasar // vt fus guiarse por; to ~ down vi bajar; (ship) hundirse; (sun) ponerse // vt fus bajar por; to ~ for vt fus (fetch) ir por; (like) gustar; (attack) atacar; to ~ in vi entrar; to ~ in for vt fus (competition) presentarse a; to ~ into vt fus entrar en; (investigate) investigar; (embark on) dedicarse a; to ~ off vi irse, marcharse; (food) pasarse; (explode) estallar; (event) realizarse; I'm going off her/the idea ya no me gusta tanto ella/la idea // vt fus dejar de gustar; to ~ on vi (continue) seguir, continuar; (happen) pasar, ocurrir; to ~ on doing sth seguir haciendo algo; to ~ out vi salir; (fire, light) apagarse; to ~ over vi (ship) zozobrar // vt fus (check) revisar; to ~ through vt fus (town etc) atravesar; to ~ up vi subir; to ~ without vt fus pasarse sin.

goad [gəud] vt aguijonear.

go-ahead ['gəuəhɛd] a emprendedor(a) // n luz f verde.

goal [gəul] n meta; (score) gol m; ~keeper n portero; ~-post n poste m (de la portería).

goat [gəut] n cabra f.

gobble ['gɔbl] vt (also: ~ down, ~ up) engullirse.

go-between ['gəubɪtwiːn] n medianero/a, intermediario/a.

goblet ['gɔblɪt] n copa.

god [gɔd] n dios m; G~ n Dios m; ~child n ahijado/a; ~daughter n ahijada; ~dess n diosa; ~father n padrino; ~-forsaken a dejado de la mano de Dios; ~mother n madrina; ~send n don m del cielo; ~son n ahijado.

goggles ['gɔglz] npl (AUT) anteojos mpl; (of skindiver) gafas fpl submarinas.

going ['gəuɪŋ] n (conditions) estado del terreno // a: the ~ rate la tarifa corriente or en vigor.

gold [gəuld] n oro // a de oro; ~en a (made of ~) de oro; (~ in colour) dorado; ~fish n pez m de colores; ~-plated a chapado en oro; ~smith n orfebre m/f.

golf [gɔlf] n golf m; ~ ball n (for game) pelota de golf; (on typewriter) esfera; ~ club n club m de golf; (stick) palo (de golf); ~ course n campo de golf; ~er n golfista m/f.

gone [gɔn] pp of go.

good [gud] a bueno; (kind) bueno, amable; (well-behaved) educado // n bien m, provecho; ~s npl bienes mpl; (COMM) mercancías fpl; ~! ¡qué bien!; to be ~

at tener aptitud para; **to be ~ for** servir para; **it's ~ for you** te hace bien; **would you be ~ enough to...?** ¿podría hacerme el favor de...?, ¿sería tan amable de...?; **a ~ deal (of)** mucho; **a ~ many** muchos; **to make ~ repair:** it's no ~ complaining no vale la pena (de) quejarse; **for ~** para siempre, definitivamente; **~ morning/afternoon** ¡buenos días/buenas tardes!; **~ evening!** ¡buenas noches!; **~ night!** ¡buenas noches!; **~bye!** ¡adiós!; **to say ~bye** despedirse; **G~ Friday** *n* Viernes *m* Santo; **~-looking** *a* guapo; **~-natured** *a* amable, simpático; **~ness** *n (of person)* bondad *f*; **for ~ness sake!** ¡por Dios!; **~ness gracious!** ¡Dios mío!; **~s train** *n (Brit)* tren *m* de mercancías; **~will** *n* buena voluntad *f*.

goose [gu:s], *pl* **geese** *n* ganso, oca.

gooseberry ['guzbərɪ] *n* grosella espinosa.

gooseflesh ['gu:sfleʃ] *n*, **goose pimples** *npl* carne *f* de gallina.

gore [gɔ:*] *vt* cornear // *n* sangre *f*.

gorge [gɔ:dʒ] *n* barranco // *vr*: **to ~ o.s. (on)** atracarse (de).

gorgeous ['gɔ:dʒəs] *a* magnífico, maravilloso.

gorilla [gə'rɪlə] *n* gorila *m*.

gorse [gɔ:s] *n* aulaga.

gory ['gɔ:rɪ] *a* sangriento.

go-slow ['gəu'sləu] *n (Brit)* huelga de manos caídas.

gospel ['gɔspl] *n* evangelio.

gossip ['gɔsɪp] *n (scandal)* chismorreo, chismes *mpl; (chat)* charla; *(scandal-monger)* chismoso/a; *(talker)* hablador(a) *m/f* // *vi* chismear.

got [gɔt] *pt, pp of* **get;** **~ten** *(US) pp of* **get.**

gout [gaut] *n* gota.

govern ['gʌvn] *vt* gobernar.

governess ['gʌvənɪs] *n* institutriz *f*.

government ['gʌvnmənt] *n* gobierno; **~al** [-'mentl] *a* gubernamental.

governor ['gʌvənə*] *n* gobernador(a) *m/f; (of jail)* director(a) *m/f*.

gown [gaun] *n* traje *m; (of teacher; Brit: of judge)* toga.

G.P. *n abbr* = **general practitioner.**

grab [græb] *vt* coger *(Sp)* or agarrar *(LAm)*, arrebatar.

grace [greɪs] *n* gracia // *vt* honrar; **5 days' ~** un plazo de 5 días; **to say ~** bendecir la mesa; **~ful** *a* elegante, gracioso; **gracious** ['greɪʃəs] *a* amable.

grade [greɪd] *n (quality)* clase *f*, calidad *f; (in hierarchy)* grado; *(US SCOL)* curso // *vt* clasificar; **~ crossing** *n (US)* paso a nivel; **~ school** *n (US)* escuela primaria.

gradient ['greɪdɪənt] *n* pendiente *f*.

gradual ['grædjuəl] *a* paulatino; **~ly** *ad* paulatinamente.

graduate ['grædjuɪt] *n* graduado/a,

licenciado/a // *vi* ['grædjueɪt] graduarse, licenciarse; **graduation** [-'eɪʃən] *n* graduación *f*.

graffiti [grə'fi:tɪ] *n* pintadas *fpl*.

graft [grɑ:ft] *n (AGR, MED)* injerto; *(bribery)* corrupción *f* // *vt* injertar; **hard ~** *(col)* trabajo duro.

grain [greɪn] *n (single particle)* grano; *(corn)* granos *mpl*, cereales *mpl*.

gram [græm] *n (US)* gramo.

grammar ['græmə*] *n* gramática: **~ school** *n (Brit)* ≈ instituto de segunda enseñanza, liceo *(Sp)*.

grammatical [grə'mætɪkl] *a* gramatical.

gramme [græm] *n* = **gram.**

gramophone ['græməfəun] *n (Brit)* tocadiscos *m inv*.

granary ['grænərɪ] *n* granero, troj *f*.

grand [grænd] *a* magnífico, imponente; **~children** *npl* nietos *mpl*; **~dad** *n* yayo, abuelito; **~daughter** *n* nieta; **~eur** ['grændjə*] *n* magnificencia, lo grandioso; **~father** *n* abuelo; **~ma** *n* yaya, abuelita; **~mother** *n* abuela; **~pa** *n* = **~dad; ~parents** *npl* abuelos *mpl*; **~ piano** *n* piano de cola; **~son** *n* nieto; **~stand** *n (SPORT)* tribuna.

granite ['grænɪt] *n* granito.

granny ['grænɪ] *n* abuelita, yaya.

grant [grɑ:nt] *vt (concede)* conceder; *(admit)* reconocer // *n (SCOL)* beca; **to take sth for ~ed** dar algo por sentado.

granulated ['grænjuleɪtɪd] *n*: **~ sugar** *(Brit)* azúcar *m* blanquilla refinado.

granule ['grænju:l] *n* gránulo.

grape [greɪp] *n* uva.

grapefruit ['greɪpfru:t] *n* pomelo, toronja *(LAm)*.

graph [grɑ:f] *n* gráfica; **~ic** *a* gráfico; **~ics** *n* artes *fpl* gráficas // *npl (COMPUT)* gráficos *mpl*.

grapple ['græpl] *vi*: **to ~ with a problem** enfrentar un problema.

grasp [grɑ:sp] *vt* agarrar, asir; *(understand)* comprender // *n (grip)* asimiento; *(reach)* alcance *m; (understanding)* comprensión *f*; **~ing** *a* avaro.

grass [grɑ:s] *n* hierba; *(lawn)* césped *m*; **~hopper** *n* saltamontes *m inv*; **~land** *n* pradera, pampa *(LAm)*; **~-roots** *a* popular; **~ snake** *n* culebra.

grate [greɪt] *n* parrilla de chimenea // *vi* chirriar // *vt (CULIN)* rallar.

grateful ['greɪtful] *a* agradecido.

grater ['greɪtə*] *n* rallador *m*.

gratify ['grætɪfaɪ] *vt* complacer; *(whim)* satisfacer; **~ing** *a* grato.

grating ['greɪtɪŋ] *n (iron bars)* rejilla // *a (noise)* áspero.

gratitude ['grætɪtju:d] *n* agradecimiento.

gratuity [grə'tju:ɪtɪ] *n* gratificación *f*.

grave [greɪv] *n* tumba // *a* serio, grave.

gravel ['grævl] *n* grava.

gravestone ['greɪvstəun] *n* lápida.

graveyard ['greɪvjɑ:d] *n* cementerio.

gravity ['grævɪtɪ] n gravedad f.

gravy ['greɪvɪ] n salsa de carne.

gray [greɪ] a = **grey**.

graze [greɪz] vi pacer // vt (touch lightly) rozar; (scrape) raspar // n (MED) abrasión f.

grease [griːs] n (fat) grasa; (lubricant) lubricante m // vt engrasar; **~proof** a a prueba de grasa; **~proof paper** n (Brit) papel m apergaminado; **greasy** a grasiento.

great [greɪt] a grande; (col) magnífico, estupendo; **G~ Britain** n Gran Bretaña; **~-grandfather/-grandmother** n bisabuelo/a; **~ly** ad muy; (with verb) mucho; **~ness** n grandeza.

Greece [griːs] n Grecia.

greed [griːd] n (also: **~iness**) codicia, avaricia; (for food) gula; **~y** a avaro; (for food) glotón/ona.

Greek [griːk] a griego // n griego/a; (LING) griego.

green [griːn] a verde; (inexperienced) novato // n verde m; (stretch of grass) césped m; **~s** npl verduras fpl; **~ belt** n zona verde; **~card** n (AUT) carta verde; **~ery** n verdura; **~gage** n claudia; **~grocer** n (Brit) verdulero/a; **~house** n invernadero; **~ish** a verdoso.

Greenland ['griːnlənd] n Groenlandia.

greet [griːt] vt saludar; (welcome) dar la bienvenida a; **~ing** n (gen) saludo; (welcome) bienvenida; **~ing(s) card** n tarjeta de felicitaciones.

grenade [grə'neɪd] n granada.

grew [gruː] pt of **grow**.

grey [greɪ] a gris; **~-haired** a canoso; **~hound** n galgo.

grid [grɪd] n reja; (ELEC) red f.

grief [griːf] n dolor m, pena.

grievance ['griːvəns] n motivo de queja, agravio.

grieve [griːv] vi afligirse, acongojarse // vt dar pena a; **to ~ for** llorar por.

grievous ['griːvəs] a : **~ bodily harm** (LAW) daños mpl corporales graves.

grill [grɪl] n (on cooker) parrilla // vt (Brit) asar a la parrilla; (question) interrogar.

grille [grɪl] n reja.

grim [grɪm] a (place) sombrío; (person) ceñudo.

grimace [grɪ'meɪs] n mueca // vi hacer muecas.

grimy ['graɪmɪ] a mugriento.

grin [grɪn] n sonrisa abierta // vi sonreír abiertamente.

grind [graɪnd] vt (pt, pp ground) (coffee, pepper etc) moler; (US: meat) picar; (make sharp) afilar // n: **the daily ~** la rutina diaria; **to ~ one's teeth** hacer rechinar los dientes.

grip [grɪp] n (hold) asimiento; (of hands) apretón m; (handle) asidero; (holdall) maletín m // vt agarrar; **to get to ~s**

with enfrentarse con; **~ping** a absorbente.

grisly ['grɪzlɪ] a horripilante, horrible.

gristle ['grɪsl] n cartílago.

grit [grɪt] n gravilla; (courage) valor m // vt (road) poner gravilla en; **to ~ one's teeth** apretar los dientes.

groan [grəun] n gemido; quejido // vi gemir; quejarse.

grocer ['grəusə*] n tendero (de ultramarinos); **~ies** npl comestibles mpl; **~'s (shop)** n tienda de ultramarinos or de abarrotes (LAm).

groggy ['grɔgɪ] a atontado.

groin [grɔɪn] n ingle f.

groom [gruːm] n mozo/a de cuadra; (also: **bride~**) novio // vt (horse) almohazar.

groove [gruːv] n ranura, surco.

grope [grəup] vi ir a tientas; **to ~ for** vt fus buscar a tientas.

gross [grəus] a grueso; (COMM) bruto; **~ly** ad (greatly) enormemente.

grotesque [grə'tɛsk] a grotesco.

grotto ['grɔtəu] n gruta.

ground [graund] pt, pp of **grind** // n suelo, tierra; (SPORT) campo, terreno; (reason: gen pl) causa, razón f; (US: also: **~ wire**) tierra // vt (plane) mantener en tierra; (US ELEC) conectar con tierra // vi (ship) varar, encallar; **~s** npl (of coffee etc) poso sg; (gardens etc) jardines mpl, parque m; **on the ~** en el suelo; **to the ~** al suelo; **to gain/lose ~** ganar/perder terreno; **~ cloth** n (US) = **~sheet**; **~ing** n (in education) conocimientos mpl básicos; **~less** a infundado; **~sheet** (Brit) n tela impermeable; **~ staff** n personal m de tierra; **~work** n preparación f.

group [gruːp] n grupo; (musical) conjunto // (vb: also: **~ together**) vt agrupar // vi agruparse.

grouse [graus] n, pl inv (bird) urogallo // vi (complain) quejarse.

grove [grəuv] n arboleda.

grovel ['grɔvl] vi arrastrarse.

grow [grəu], pt **grew**, pp **grown** vi crecer; (increase) aumentarse; (expand) desarrollarse; (become) volverse; **to ~ rich/weak** enriquecerse/debilitarse // vt cultivar; (hair, beard) dejar crecer; **to ~ up** vi crecer, hacerse hombre/mujer; **~er** n cultivador(a) m/f, productor(a) m/f; **~ing** a creciente.

growl [graul] vi gruñir.

grown [grəun] pp of **grow**; **~-up** n adulto, mayor m/f.

growth [grəuθ] n crecimiento, desarrollo; (what has grown) brote m; (MED) tumor m.

grub [grʌb] n gusano; (col: food) comida.

grubby ['grʌbɪ] a sucio, mugriento.

grudge [grʌdʒ] n rencor // vt: **to ~ sb sth** dar algo a uno de mala gana; **to bear sb**

a ~ guardar rencor a uno; **he ~s** (giving) **the money** da el dinero de mala gana.

gruelling ['gruəliŋ] a penoso, duro.

gruesome ['gru:səm] a horrible.

gruff [grʌf] a (voice) ronco; (manner) brusco.

grumble ['grʌmbl] vi refunfuñar, quejarse.

grumpy ['grʌmpɪ] a gruñón/ona.

grunt [grʌnt] vi gruñir // n gruñido.

G-string ['dʒi:strɪŋ] n taparrabo.

guarantee [gærən'ti:] n garantía // vt garantizar.

guard [gɑːd] n guardia; (one man) guardia m; (Brit RAIL) jefe m de tren // vt guardar; ~ed a (fig) cauteloso; ~ian [-ɪən] n guardián/ana m/f; (of minor) tutor(a) m/f; ~'s van n (Brit RAIL) furgón m.

Guatemala [gwætɪ'mɑːlə] n Guatemala; ~n á, a, n guatemalteco/a m/f.

guerrilla [gə'rɪlə] n guerrillero/a; ~ **warfare** n guerra de guerrillas.

guess [gɛs] vi adivinar // vt adivinar; (US) suponer // n suposición f, conjetura; **to take** o **have a ~** tratar de adivinar; ~**work** n conjeturas fpl.

guest [gɛst] n invitado/a; (in hotel) huésped(a) m/f; ~**house** n casa de huéspedes, pensión f; ~ **room** n cuarto de huéspedes.

guffaw [gʌ'fɔː] n reírse a carcajadas.

guidance ['gaɪdəns] n (gen) dirección f; (advice) consejos mpl.

guide [gaɪd] n (person) guía m/f; (book, fig) guía f // vt guiar; **(girl)** ~ n exploradora; ~**book** n guía; ~ **dog** n perro m guía; ~**lines** npl (fig) directiva sg.

guild [gɪld] n gremio; ~**hall** n (Brit) ayuntamiento.

guile [gaɪl] n astucia.

guillotine ['gɪlətiːn] n guillotina.

guilt [gɪlt] n culpabilidad f; ~**y** a culpable.

guinea pig ['gɪnɪ-] n cobayo.

guise [gaɪz] n: **in** o **under the ~ of** bajo apariencia de.

guitar [gɪ'tɑː*] n guitarra.

gulf [gʌlf] n golfo; (abyss) abismo.

gull [gʌl] n gaviota.

gullet ['gʌlɪt] n esófago.

gullible ['gʌlɪbl] a crédulo.

gully ['gʌlɪ] n barranco.

gulp [gʌlp] vi tragar saliva // vt (also: ~ **down**) tragarse.

gum [gʌm] n (ANAT) encía; (glue) goma, cemento (LAm); (sweet) caramelo de goma; (also: chewing-~) chicle m // vt pegar con goma; ~**boots** npl (Brit) botas fpl de goma.

gun [gʌn] n (small) pistola, revólver m; (shotgun) escopeta; (rifle) fusil m; (cannon) cañón m; ~**boat** n cañonero; ~**fire** n disparos mpl; ~**man** n pistolero; ~**ner** n artillero; ~**point** n: at

~**point** a mano armada; ~**powder** n pólvora; ~**shot** n escopetazo; ~**smith** n armero.

gurgle ['gəːgl] vi gorgotear.

guru ['gʊruː] n gurú m.

gush [gʌʃ] vi chorrear; (fig) deshacerse en efusiones.

gusset ['gʌsɪt] n escudete m.

gust [gʌst] n (of wind) ráfaga.

gusto ['gʌstəʊ] n entusiasmo.

gut [gʌt] n intestino; (MUS etc) cuerda de tripa; ~**s** npl (courage) valor m.

gutter ['gʌtə*] n (of roof) canalón m; (in street) arroyo.

guy [gaɪ] n (also: ~**rope**) cuerda; (col: man) tío (Sp), tipo.

guzzle ['gʌzl] vi tragar // vt engullir.

gym [dʒɪm] n (also: gymnasium) gimnasio; (also: gymnastics) gimnasia; ~**nast** n gimnasta m/f; ~ **shoes** npl zapatillas fpl deportivas; ~ **slip** n (Brit) túnica de colegiala.

gynaecologist, (US) **gynecologist** [gaɪnɪ'kɔlədʒɪst] n ginecólogo/a.

gypsy ['dʒɪpsɪ] n = gipsy.

gyrate [dʒaɪ'reɪt] vi girar.

H

haberdashery ['hæbə'dæʃərɪ] n (Brit) mercería; (US: men's clothing) prendas fpl de caballero.

habit ['hæbɪt] n hábito, costumbre f.

habitat ['hæbɪtæt] n habitat m.

habitual [hə'bɪtjuəl] a acostumbrado, habitual; (drinker, liar) empedernido; ~**ly** ad por costumbre.

hack [hæk] vt (cut) cortar; (slice) tajar // n corte m; (axe blow) hachazo; (pej: writer) escritor(a) m/f a sueldo.

hackneyed ['hæknɪd] a trillado, gastado.

had [hæd] pt, pp of have.

haddock ['hædək], pl ~ or ~**s** n especie de merluza.

hadn't ['hædnt] = had not.

haemorrhage, (US) **hemorrhage** ['hɛmərɪdʒ] n hemorragia.

haemorrhoids, (US) **hemorrhoids** ['hɛmərɔɪdz] npl hemorroides fpl.

haggard ['hægəd] a ojeroso.

haggle ['hægl] vi (argue) discutir; (bargain) regatear.

Hague [heɪg] n: **The ~** La Haya.

hail [heɪl] n (weather) granizo // vt saludar; (call) llamar a // vi granizar; ~**stone** n (piedra de) granizo.

hair [hɛə*] n (gen) pelo, cabellos mpl; (one ~) pelo, cabello; (head of ~) pelo, cabellera; (on legs etc) vello; **to do one's ~** arreglarse el pelo; **grey ~** canas fpl; ~**brush** n cepillo (para el pelo); ~**cut** n corte m (de pelo) ~**do** n peinado; ~**dresser** n peluquero/a; ~**dresser's** n peluquería; ~-**dryer** n secador m de pelo; ~**grip**, ~**pin** *n* horquilla; ~**net** *n* redecilla; ~**piece** *n* postizo; ~**pin bend**, (*US*) ~**pin curve** *n* curva de horquilla; ~**raising** *a* espeluznante; ~ **remover** *n* depilatorio; ~ **spray** *n* laca; ~**style** *n* peinado; ~**y** *a* peludo; velludo.

hake [heɪk] *n* merluza.

half [hɑːf], *pl* **halves** *n* mitad *f* // *a* medio // *ad* medio, a medias; ~**-an-hour** media hora; **two and a** ~ dos y media; ~ **a dozen** media docena; ~ **a pound media libra**; **to cut sth in** ~ cortar algo por la mitad; ~ **asleep** medio dormido; ~**back** *n* (*SPORT*) medio; ~**breed**, ~**caste** *n* mestizo/a; ~**hearted** *a* indiferente, poco entusiasta; ~**hour** *n* media hora; ~**mast** *n*: **at** ~**mast** (*flag*) a media asta; ~**price** *a* a mitad de precio; ~ **term** *n* (*Brit SCOL*) vacaciones de mediados del trimestre; ~**time** *n* descanso; ~**way** *ad* a medio camino.

halibut ['hælɪbət] *n, pl inv* halibut *m*.

hall [hɔːl] *n* (*for concerts*) sala; (*entrance way*) entrada, vestíbulo; ~ **of residence** *n* (*Brit*) colegio mayor.

hallmark ['hɔːlmɑːk] *n* (*mark*) contraste *m*; (*fig*) sello.

hallo [hə'ləu] *excl* = **hello**.

Hallowe'en [hæləu'iːn] *n* víspera de Todos los Santos.

hallucination [həluːsɪ'neɪʃən] *n* alucinación *f*.

hallway ['hɔːlweɪ] *n* vestíbulo.

halo ['heɪləu] *n* (*of saint*) aureola.

halt [hɔːlt] *n* (*stop*) alto, parada; (*RAIL*) apeadero // *vt* parar // *vi* pararse; (*process*) interrumpirse.

halve [hɑːv] *vt* partir por la mitad.

halves [hɑːvz] *pl of* **half.**

ham [hæm] *n* jamón *m* (cocido).

hamburger ['hæmbɜːgə*] *n* hamburguesa.

hamlet ['hæmlɪt] *n* aldea.

hammer ['hæmə*] *n* martillo // *vt* (*nail*) clavar.

hammock ['hæmək] *n* hamaca.

hamper ['hæmpə*] *vt* estorbar // *n* cesto.

hand [hænd] *n* mano *f*; (*of clock*) aguja; (*writing*) letra; (*worker*) obrero // *vt* dar, pasar; **to give sb a** ~ echar una mano a uno, ayudar a uno; **at** ~ a la mano; **in** ~ entre manos; **on** ~ (*person, services*) a mano, al alcance; **to** ~ (*information etc*) a mano; **on the one** ~ ..., **on the other** ~ ... por una parte ... por otra (parte) ...; **to** ~ **in** *vt* entregar; **to** ~ **out** *vt* distribuir; **to** ~ **over** *vt* (*deliver*) entregar; (*surrender*) ceder; ~**bag** *n* bolso, cartera (*LAm*); ~**book** *n* manual *m*; ~**brake** *n* freno de mano; ~**cuffs** *npl* esposas *fpl*; ~**ful** *n* puñado.

handicap ['hændɪkæp] *n* desventaja, (*SPORT*) handicap *m* // *vt* estorbar; **handicapped** *a*: **to be mentally/**

physically ~**ped** ser deficiente *m/f* (mental)/minusválido/a (físico/a).

handicraft ['hændɪkrɑːft] *n* artesanía.

handiwork ['hændɪwɜːk] *n* manualidad(es) *f(pl)*; (*fig*) obra.

handkerchief ['hæŋkətʃɪf] *n* pañuelo.

handle ['hændl] *n* (*of door etc*) manija; (*of cup etc*) asa; (*of knife etc*) mango; (*for winding*) manivela // *vt* (*touch*) tocar; (*deal with*) encargarse de; (*treat: people*) manejar; '~ **with care**' '(manéjese) con cuidado'; **to fly off the** ~ perder los estribos; ~**bar(s)** *n(pl)* manillar *msg*.

hand: ~**luggage** *n* equipaje *m* de mano; ~**made** ['hændmeɪd] *a* hecho a mano; ~**out** ['hændaut] *n* (*leaflet*) folleto; ~**rail** ['hændreɪl] *n* pasamanos *m inv*; ~**shake** ['hændʃeɪk] *n* apretón *m* de manos.

handsome ['hænsəm] *a* guapo.

handwriting ['hændraɪtɪŋ] *n* letra.

handy ['hændɪ] *a* (*close at hand*) a la mano; (*tool etc*) práctico; (*skilful*) hábil, diestro; ~**man** *n* manitas *m inv*.

hang [hæŋ], *pt, pp* **hung** *vt* colgar; (*head*) bajar; (*criminal: pt, pp* **hanged**) ahorcar // *vi* colgar; **to get the** ~ **of sth** (*col*) lograr dominar algo; **to** ~ **about** *vi* haraganear; **to** ~ **on** *vi* (*wait*) esperar; **to** ~ **up** *vi* (*TEL*) colgar.

hanger ['hæŋə*] *n* percha.

hang-gliding ['hæŋglaɪdɪŋ] *n* vuelo libre.

hangover ['hæŋəuvə*] *n* (*after drinking*) resaca.

hang-up ['hæŋʌp] *n* complejo.

hanker ['hæŋkə*] *vi*: **to** ~ **after** añorar.

hankie, hanky ['hæŋkɪ] *n abbr* = **handkerchief.**

haphazard [hæp'hæzəd] *a* fortuito.

happen ['hæpən] *vi* suceder, ocurrir; (*take place*) tener lugar, realizarse; **as it** ~**s** da la casualidad de que; ~**ing** *n* suceso, acontecimiento.

happily ['hæpɪlɪ] *ad* (*luckily*) afortunadamente; (*cheerfully*) alegremente.

happiness ['hæpɪnɪs] *n* (*contentment*) felicidad *f*; (*joy*) alegría.

happy ['hæpɪ] *a* feliz; (*cheerful*) alegre; **to be** ~ (**with**) estar contento (con); ~ **birthday!** ¡feliz cumpleaños!; ~**-go-lucky** *a* despreocupado.

harangue [hə'ræŋ] *vt* arengar.

harass ['hærəs] *vt* acosar, hostigar; ~**ment** *n* persecución *f*.

harbour, (*US*) **harbor** ['hɑːbə*] *n* puerto // *vt* dar abrigo a.

hard [hɑːd] *a* duro; (*difficult*) difícil; (*work*) arduo; (*person*) severo // *ad* (*work*) mucho, duro; (*think*) profundamente; **to look** ~ **at sb/sth** clavar los ojos en uno/algo; **to try** ~ esforzarse; **no** ~ **feelings!** ¡sin rencor(es)!; **to be** ~ **of hearing** ser duro de oído; **to be** ~ **done by** ser tratado injustamente; ~**back** *n* libro de tapas duras; ~ **cash** n dinero contante; ~ **disk** n (COMPUT) disco duro or rígido; **~en** vt endurecer; (fig) curtir // vi endurecerse; **~-headed** a poco sentimental, realista; ~ **labour** n trabajos mpl forzados.

hardly ['hɑːdlɪ] ad (scarcely) apenas; that can ~ be true eso difícilmente puede ser cierto; ~ ever casi nunca.

hardship ['hɑːdʃɪp] n (troubles) penas fpl; (financial) apuro.

hard-up [hɑːd'ʌp] a (col) sin un duro (Sp), sin plata (LAm).

hardware ['hɑːdwɛə*] n ferretería; (COMPUT) hardware m; ~ **shop** n ferretería.

hard-wearing [hɑːd'wɛərɪŋ] a resistente, duradero.

hard-working [hɑːd'wəːkɪŋ] a trabajador(a).

hardy ['hɑːdɪ] a fuerte; (plant) resistente.

hare [hɛə*] n liebre f; **~-brained** a casquivano.

haricot (bean) ['hærɪkəu-] n alubia.

harm [hɑːm] n daño, mal m // vt (person) hacer daño a; (health, interests) perjudicar; (thing) dañar; out of ~'s way a salvo; **~ful** a (gen) dañino; (to reputation) perjudicial; **~less** a (person) inofensivo; (drugs) inocuo.

harmonize ['hɑːmənaɪz] vt, vi armonizar.

harmony ['hɑːmənɪ] n armonía.

harness ['hɑːnɪs] n arreos mpl // vt enjaezar; (fig) aprovechar.

harp [hɑːp] n arpa // vi: to ~ on (about) machacar (con).

harpoon [hɑː'puːn] n arpón m.

harrowing ['hærəuɪŋ] a angustioso.

harsh [hɑːʃ] a (cruel) duro, cruel; (severe) severo; (words) hosco; (colour) chillón/ona; (contrast) violento.

harvest ['hɑːvɪst] n cosecha; (of grapes) vendimia // vt, vi cosechar; **~er** n (machine) cosechadora.

has [hæz] vb see **have**.

hash [hæʃ] n (CULIN) picadillo; (fig: mess) lío.

hashish ['hæʃɪʃ] n hachís m, hachich m.

hasn't ['hæznt] = **has not**.

hassle ['hæsl] n pelea.

haste [heɪst] n prisa; **~n** ['heɪsn] vt acelerar // vi darse prisa; **hastily** ad de prisa; **hasty** a apresurado.

hat [hæt] n sombrero.

hatch [hætʃ] n (NAUT: also: **~way**) escotilla // vi salir del cascarón // vt incubar; (plot) tramar.

hatchback ['hætʃbæk] n (AUT) tres or cinco puertas m.

hatchet ['hætʃɪt] n hacha.

hate [heɪt] vt odiar, aborrecer // n odio; **~ful** a odioso; **hatred** ['heɪtrɪd] n odio.

hat trick n: to score a ~ (Brit: SPORT)

marcar tres goles or tantos.

haughty ['hɔːtɪ] a altanero, arrogante.

haul [hɔːl] vt tirar; (by lorry) transportar // n (of fish) redada; (of stolen goods etc) botín m; **~age** n (Brit) transporte m; (costs) gastos mpl de transporte; **~ier**, (US) **~er** n transportista m/f.

haunch [hɔːntʃ] n anca; (of meat) pierna.

haunt [hɔːnt] vt (subj: ghost) aparecer en; (frequent) frecuentar; (obsess) obsesionar // n guarida.

have [hæv], pt, pp **had** ♦ auxiliary vb **1** (gen) haber; to ~ arrived/eaten haber llegado/comido; **having finished** or **when he had finished**, he left cuando terminó, se fue

2 (in tag questions): you've done it, **~n't** you? lo has hecho, ¿verdad? or ¿no?

3 (in short answers and questions): I **~n't** no; so I ~ pues, es verdad; **we ~n't paid** — yes we **~**! no hemos pagado — sí que hemos pagado; **I've been there before**, ~ you? he estado allí antes, ¿y tú?

♦ modal auxiliary vb (be obliged): to ~ (got) to do sth tener que hacer algo; you **~n't** to tell her no hay que or no debes decírselo

♦ vt **1** (possess): he has (got) blue eyes/dark hair tiene los ojos azules/el pelo negro

2 (referring to meals etc): to ~ breakfast/lunch/dinner desayunar/comer/cenar; to ~ a drink/a cigarette tomar algo/fumar un cigarrillo

3 (receive) recibir; (obtain) obtener; may I ~ your address? ¿puedes darme tu dirección?; you can ~ it for £5 te lo puedes quedar por £5; I must ~ it by tomorrow lo necesito para mañana; to ~ a baby tener un niño or bebé

4 (maintain, allow): I won't ~ it/this nonsense! ¡no lo permitiré!/¡no permitiré estas tonterías!; we can't ~ that no podemos permitir eso

5: to ~ sth done hacer or mandar hacer algo; to ~ one's hair cut cortarse el pelo; to ~ sb do sth hacer que alguien haga algo

6 (experience, suffer): to ~ a cold/flu tener un resfriado/gripe; she had her bag stolen/her arm broken le robaron el bolso/se rompió un brazo; to ~ an operation operarse

7 (+ noun): to ~ a swim/walk/bath/rest nadar/dar un paseo/darse un baño/descansar; let's ~ a look vamos a ver; to ~ a meeting/party celebrar una reunión/una fiesta; let me ~ a try déjame intentarlo;

to ~ out vt: to ~ it out with sb (settle a problem etc) dejar las cosas en claro con alguien.

haven ['heɪvn] n puerto; (fig) refugio.

haven't ['hævnt] = **have not**.

haversack ['hævəsæk] *n* mochila.
havoc ['hævək] *n* estragos *mpl*.
hawk [hɔːk] *n* halcón *m*.
hay [heɪ] *n* heno; ~ **fever** *n* fiebre *f* del heno; ~**stack** *n* almiar *m*.
haywire ['heɪwaɪə*] *a* (*col*): **to go** ~ (*person*) volverse loco; (*plan*) embrollarse.
hazard ['hæzəd] *n* riesgo; (*danger*) peligro // *vt* aventurar; ~**ous** *a* peligroso; ~ **warning lights** *npl* (*AUT*) señales *fpl* de emergencia.
haze [heɪz] *n* neblina.
hazelnut ['heɪzlnʌt] *n* avellana.
hazy ['heɪzɪ] *a* brumoso; (*idea*) vago.
he [hiː] *pron* él; ~ **who...** él que..., quien...
head [hed] *n* cabeza; (*leader*) jefe/a *m/f* // *vt* (*list*) encabezar; (*group*) capitanear; ~**s** (**or tails**) cara (o cruz); ~ **first** de cabeza; ~ **over heels** patas arriba; to ~ **the ball** cabecear (la pelota); to ~ **for** *vt fus* dirigirse a; ~**ache** *n* dolor *m* de cabeza; ~**dress** *n* tocado; ~**ing** *n* título; ~**lamp** *n* (*Brit*) = ~**light**; ~**land** *n* promontorio; ~**light** *n* faro; ~**line** *n* titular *m*; ~**long** *ad* (*fall*) de cabeza; (*rush*) precipitadamente; ~**master/ mistress** *n* director(a) *m/f* (de escuela); ~ **office** *n* oficina central, central *f*; ~**on** *a* (*collision*) de frente; ~**phones** *npl* auriculares *mpl*; ~**quarters** (**HQ**) *npl* sede *f* central; (*MIL*) cuartel *m* general; ~**rest** *n* reposa-cabezas *m inv*; ~**room** *n* (*in car*) altura interior; (*under bridge*) (límite *m* de) altura; ~**scarf** *n* pañuelo; ~**strong** *a* testarudo; ~ **waiter** *n* maître *m*; ~**way** *n*: to make ~**way** (*fig*) hacer progresos; ~**wind** *n* viento contrario; ~**y** *a* (*experience*, *period*) apasionante; (*wine*) cabezón.
heal [hiːl] *vt* curar // *vi* cicatrizarse.
health [helθ] *n* salud *f*; ~ **food** *n* alimentos *mpl* orgánicos; **the H~ Service** *n* (*Brit*) servicio de salud pública; ≈ Insalud *m* (*Sp*); ~**y** *a* (*gen*) sano.
heap [hiːp] *n* montón *m* // *vt* amontonar.
hear [hɪə*], *pt*, *pp* **heard** [həːd] *vt* oír; (*perceive*) sentir; (*listen to*) escuchar; (*lecture*) asistir a // *vi* oír; to ~ **about** oír hablar de; to ~ **from sb** tener noticias de uno; ~**ing** *n* (*sense*) oído; (*LAW*) vista; ~**ing aid** *n* audífono; ~**say** *n* rumores *mpl*, hablillas *fpl*.
hearse [həːs] *n* coche *m* fúnebre.
heart [haːt] *n* corazón *m*; ~**s** *npl* (*CARDS*) corazones *mpl*; **at** ~ en el fondo; **by** ~ (*learn*, *know*) de memoria; ~ **attack** *n* infarto (de miocardio); ~**beat** *n* latido (del corazón); ~**breaking** *a* desgarrador(a); ~**broken** *a*: **she was** ~**broken about it** esto le partió el corazón; ~**burn** *n* acedía; ~ **failure** *n* fallo cardíaco; ~**felt** *a* (*cordial*) cordial; (*deeply felt*) más sentido.

hearth [haːθ] *n* (*gen*) hogar *m*; (*fireplace*) chimenea.
heartily ['haːtɪlɪ] *ad* sinceramente, cordialmente; (*laugh*) a carcajadas; (*eat*) con buen apetito.
heartless ['haːtlɪs] *a* cruel.
hearty ['haːtɪ] *a* cordial.
heat [hiːt] *n* (*gen*) calor *m*; (*SPORT*: *also*: **qualifying** ~) prueba eliminatoria // *vt* calentar; **to** ~ **up** *vi* (*gen*) calentarse; ~**ed** *a* caliente; (*fig*) acalorado; ~**er** *n* calentador *m*.
heath [hiːθ] *n* (*Brit*) brezal *m*.
heathen ['hiːðn] *a*, *n* pagano/a *m/f*.
heather ['heðə*] *n* brezo.
heating ['hiːtɪŋ] *n* calefacción *f*.
heatstroke ['hiːtstrəuk] *n* insolación *f*.
heatwave ['hiːtweɪv] *n* ola de calor.
heave [hiːv] *vt* (*pull*) tirar; (*push*) empujar con esfuerzo; (*lift*) levantar (con esfuerzo) // *vi* (*water*) subir y bajar // *n* tirón *m*; empujón *m*.
heaven ['hevn] *n* cielo; ~**ly** *a* celestial.
heavily ['hevɪlɪ] *ad* pesadamente; (*drink*, *smoke*) con exceso; (*sleep*, *sigh*) profundamente.
heavy ['hevɪ] *a* pesado; (*work*) duro; (*sea*, *rain*, *meal*) fuerte; (*drinker*, *smoker*) gran; ~ **goods vehicle** (**HGV**) *n* vehículo pesado; ~**weight** *n* (*SPORT*) peso pesado.
Hebrew ['hiːbruː] *a*, *n* (*LING*) hebreo.
Hebrides ['hebrɪdiːz] *npl*: **the** ~ las Hébridas.
heckle ['hekl] *vt* interrumpir.
hectic ['hektɪk] *a* agitado.
he'd [hiːd] = **he would**, **he had**.
hedge [hedʒ] *n* seto // *vt* cercar (con un seto) // *vi* contestar con evasivas; **to** ~ **one's bets** (*fig*) cubrirse.
hedgehog ['hedʒhɔg] *n* erizo.
heed [hiːd] *vt* (*also*: **take** ~ **of**) (*pay attention*) hacer caso de; (*bear in mind*) tener en cuenta; ~**less** *a* desatento.
heel [hiːl] *n* talón *m* // *vt* (*shoe*) poner tacón a.
hefty ['heftɪ] *a* (*person*) fornido; (*piece*) grande; (*price*) gordo.
heifer ['hefə*] *n* novilla, ternera.
height [haɪt] *n* (*of person*) talle *m*; (*of building*) altura; (*high ground*) cerro; (*altitude*) altitud *f*; ~**en** *vt* elevar; (*fig*) aumentar.
heir [εə*] *n* heredero; ~**ess** *n* heredera; ~**loom** *n* reliquia de familia.
held [held] *pt*, *pp* **of hold**.
helicopter ['helɪkɔptə*] *n* helicóptero.
helium ['hiːlɪəm] *n* helio.
hell [hel] *n* infierno; ~! (*col*) ¡demonios!
he'll [hiːl] = **he will**, **he shall**.
hellish ['helɪʃ] *a* infernal.
hello [hə'ləu] *excl* ¡hola!; (*surprise*) ¡caramba!
helm [helm] *n* (*NAUT*) timón *m*.
helmet ['helmɪt] *n* casco.

help [hɛlp] *n* ayuda; (*charwoman*) criada, asistenta // *vt* ayudar; ~! ¡socorro!; ~ **yourself** sírvete; he can't ~ it no es culpa suya; ~**er** *n* ayudante *m/f*; ~**ful** *a* útil; (*person*) servicial; ~**ing** *n* ración *f*; ~**less** *a* (*incapable*) incapaz; (*defenceless*) indefenso.

hem [hɛm] *n* dobladillo // *vt* poner or coser el dobladillo; **to** ~ **in** *vt* cercar.

he-man [ˈhiːmæn] *n* macho.

hemorrhage [ˈhɛmərɪdʒ] *n* (*US*) = **haemorrhage**.

hemorrhoids [ˈhɛmərɔɪdz] *npl* (*US*) = **haemorrhoids**.

hen [hɛn] *n* gallina.

hence [hɛns] *ad* (*therefore*) por lo tanto; **2 years** ~ de aquí a 2 años; ~**forth** *ad* de hoy en adelante.

henchman [ˈhɛntʃmən] *n* (*pej*) secuaz *m*.

henpecked [ˈhɛnpɛkt] *a*: **to be** ~ ser un calzonazos.

hepatitis [hɛpəˈtaɪtɪs] *n* hepatitis *f*.

her [həː*] *pron* (*direct*) la; (*indirect*) le; (*stressed, after prep*) ella // *a* su; *see also* **me, my**.

herald [ˈhɛrəld] *n* heraldo // *vt* anunciar.

herb [həːb] *n* hierba.

herd [həːd] *n* rebaño.

here [hɪə*] *ad* aquí; ~! (*present*) ¡presente!; (*offering sth*) ¡toma!; ~ **is/are** aquí está/están; ~ **she is** aquí está; ~**after** *ad* en el futuro // *n*: **the** ~**after** el más allá; ~**by** *ad* (*in letter*) por la presente.

heredity [hɪˈrɛdɪtɪ] *n* herencia.

heresy [ˈhɛrəsɪ] *n* herejía.

heretic [ˈhɛrətɪk] *n* hereje *m/f*.

heritage [ˈhɛrɪtɪdʒ] *n* (*gen*) herencia; (*fig*) patrimonio.

hermetically [həːˈmɛtɪklɪ] *ad*: ~ **sealed** cerrado herméticamente.

hermit [ˈhəːmɪt] *n* ermitaño/a.

hernia [ˈhəːnɪə] *n* hernia.

hero [ˈhɪərəu] *pl* ~**es** *n* héroe *m*; (*in book, film*) protagonista *m*; ~**ic** [hɪˈrəuɪk] *a* heroico.

heroin [ˈhɛrəuɪn] *n* heroína.

heroine [ˈhɛrəuɪn] *n* heroína; (*in book, film*) protagonista.

heron [ˈhɛrən] *n* garza.

herring [ˈhɛrɪŋ] *n* arenque *m*.

hers [həːz] *pron* (el) suyo/(la) suya *etc*; *see also* **mine**.

herself [həːˈsɛlf] *pron* (*reflexive*) se; (*emphatic*) ella misma; (*after prep*) sí (misma); *see also* **oneself**.

he's [hiːz] = **he is**; **he has**.

hesitant [ˈhɛzɪtənt] *a* vacilante.

hesitate [ˈhɛzɪteɪt] *vi* vacilar; **hesitation** [-ˈteɪʃən] *n* indecisión *f*.

heterosexual [hɛtərəuˈsɛksjuəl] *a*, *n* heterosexual *m/f*.

heyday [ˈheɪdeɪ] *n*: **the** ~ **of** el apogeo de.

HGV *n abbr* = **heavy goods vehicle**.

hi [haɪ] *excl* ¡hola!

hiatus [haɪˈeɪtəs] *n* laguna; (*LING*) hiato.

hibernate [ˈhaɪbəneɪt] *vi* invernar.

hiccough, hiccup [ˈhɪkʌp] *vi* hipar; ~**s** *npl* hipo *sg*.

hide [haɪd] *n* (*skin*) piel *f* // *vb* (*pt* hid, *pp* hidden) *vt* esconder, ocultar // *vi*: **to** ~ (**from sb**) esconderse or ocultarse (de uno); ~**-and-seek** *n* escondite *m*; ~**away** *n* escondite *m*.

hideous [ˈhɪdɪəs] *a* horrible.

hiding [ˈhaɪdɪŋ] *n* (*beating*) paliza; **to be in** ~ (*concealed*) estar escondido; ~ **place** *n* escondrijo.

hierarchy [ˈhaɪərɑːkɪ] *n* jerarquía.

hi-fi [ˈhaɪfaɪ] *n* estéreo, hifi *m* // *a* de alta fidelidad.

high [haɪ] *a* alto; (*speed, number*) grande; (*price*) elevado; (*wind*) fuerte; (*voice*) agudo // *ad* alto, a gran altura; **it is 20 m** ~ tiene 20 m de altura; ~ **in the air** en las alturas; ~**boy** *n* (*US*) cómoda alta; ~**brow** *a*, *n* intelectual *m/f*; ~**chair** *n* silla alta; ~**er education** *n* educación *f* or enseñanza superior; ~-**handed** *a* despótico; ~**jack** = **hijack**; ~ **jump** *n* (*SPORT*) salto de altura; **the H~lands** *npl* **las tierras altas de Escocia**; ~**light** *n* (*fig: of event*) punto culminante // *vt* subrayar; ~**ly** *ad* sumamente; ~**ly strung** *a* hipertenso; ~**ness** *n* altura; **Her or His H~ness** Su Alteza; ~**-pitched** *a* agudo; ~**-rise block** *n* torre *f* de pisos; ~ **school** *n* centro de enseñanza secundaria; ≈ Instituto Nacional de Bachillerato (*Sp*); ~ **season** *n* (*Brit*) temporada alta; ~ **street** *n* (*Brit*) calle *f* mayor; ~**way** *n* carretera; **H~way Code** *n* (*Brit*) código de la circulación.

hijack [ˈhaɪdʒæk] *vt* secuestrar; ~**er** *n* secuestrador(a) *m/f*.

hike [haɪk] *vi* (*go walking*) ir de excursión (de pie) // *n* caminata; ~**r** *n* excursionista *m/f*.

hilarious [hɪˈlɛərɪəs] *a* divertidísimo.

hill [hɪl] *n* colina; (*high*) montaña; (*slope*) cuesta; ~**side** *n* ladera; ~**y** *a* montañoso; (*uneven*) accidentado.

hilt [hɪlt] *n* (*of sword*) empuñadura; **to the** ~ (*fig: support*) incondicionalmente.

him [hɪm] *pron* (*direct*) le, lo; (*indirect*) le; (*stressed, after prep*) él; *see also* **me**; ~**self** *pron* (*reflexive*) se; (*emphatic*) él mismo; (*after prep*) sí (mismo); *see also* **oneself**.

hind [haɪnd] *a* posterior // *n* cierva.

hinder [ˈhɪndə*] *vt* estorbar, impedir; **hindrance** [ˈhɪndrəns] *n* estorbo, obstáculo.

hindsight [ˈhaɪndsaɪt] *n*: **with** ~ en retrospectiva.

Hindu [ˈhɪnduː] *n* hindú *m/f*.

hinge [hɪndʒ] *n* bisagra, gozne *m* // *vi*

(*fig*): to ~ on depender de.

hint [hɪnt] *n* indirecta; (*advice*) consejo // *vt*: to ~ that insinuar que // *vi*: to ~ at hacer alusión a.

hip [hɪp] *n* cadera.

hippopotamus [hɪpə'pɒtəmɒs], *pl* ~**es** *or* -**mi** [-maɪ] *n* hipopótamo.

hire ['haɪə*] *vt* (*Brit: car, equipment*) alquilar; (*worker*) contratar // *n* alquiler *m*; **for** ~ se alquila; (*taxi*) libre; ~ **purchase (H.P.)** *n* (*Brit*) compra a plazos.

his [hɪz] *pron* (el) suyo/(la) suya *etc* // *a* su; *see also* my, mine.

Hispanic [hɪs'pænɪk] *a* hispánico.

hiss [hɪs] *vi* silbar.

historian [hɪ'stɔːrɪən] *n* historiador(a) *m/f*.

historic(al) [hɪ'stɔrɪk(l)] *a* histórico.

history ['hɪstərɪ] *n* historia.

hit [hɪt] *vt* (*pt, pp* hit) (*strike*) golpear, pegar; (*reach: target*) alcanzar; (*collide with: car*) chocar contra; (*fig: affect*) afectar // *n* golpe *m*; (*success*) éxito; to ~ it off with sb llevarse bien con uno; ~**-and-run driver** *n* conductor(a) que atropella y huye.

hitch [hɪtʃ] *vt* (*fasten*) atar, amarrar; (*also*: ~ **up**) remangar // *n* (*difficulty*) dificultad *f*; to ~ **a** lift hacer autostop.

hitch-hike ['hɪtʃhaɪk] *vi* hacer autostop; ~**r** *n* autostopista *m/f*.

hi-tech [haɪ'tɛk] *a* de alta tecnología.

hitherto [hɪðə'tuː] *ad* hasta ahora.

hive [haɪv] *n* colmena; to ~ **off** *vt* transferir; privatizar.

HMS *abbr* = *His* (*Her*) *Majesty's Ship*.

hoard [hɔːd] *n* (*treasure*) tesoro; (*stockpile*) provisión *f* // *vt* acumular; ~**ing** *n* (*for posters*) cartelera.

hoarfrost ['hɔːfrɒst] *n* escarcha.

hoarse [hɔːs] *a* ronco.

hoax [həʊks] *n* trampa.

hob [hɒb] *n* quemador *m*.

hobble ['hɒbl] *vi* cojear.

hobby ['hɒbɪ] *n* pasatiempo, afición *f*; ~**-horse** *n* (*fig*) caballo de batalla.

hobo ['həʊbəʊ] *n* (*US*) vagabundo.

hockey ['hɒkɪ] *n* hockey *m*.

hoe [həʊ] *n* azadón *m* // *vt* azadonar.

hog [hɒg] *n* cerdo, puerco // *vt* (*fig*) acaparar; to go the whole ~ poner toda la carne en el asador.

hoist [hɔɪst] *n* (*crane*) grúa // *vt* levantar, alzar.

hold [həʊld] *vt* (*pt, pp* held) tener; (*contain*) contener; (*keep back*) retener; (*believe*) sostener; (*take* ~ *of*) coger (*Sp*), agarrar (*LAm*); (*take weight*) soportar; (*meeting*) celebrar // *vi* (*withstand pressure*) resistir; (*be valid*) valer; (*stick*) pegarse // *n* (*grasp*) asimiento; (*fig*) dominio; (*WRESTLING*) presa; (*NAUT*) bodega; ~ **the line!** (*TEL*) ¡no cuelgue!; to ~ one's own (*fig*) defenderse; to catch *or*

get (a) ~ of agarrarse *or* asirse de; to ~ **back** *vt* retener; (*secret*) ocultar; to ~ **down** *vt* (*person*) sujetar; (*job*) mantener; to ~ **on** *vi* agarrarse bien; (*wait*) esperar; to ~ **on to** *vt fus* agarrarse a; (*keep*) guardar; to ~ **out** *vt* ofrecer // *vi* (*resist*) resistir; to ~ **up** *vt* (*raise*) levantar; (*support*) apoyar; (*delay*) retrasar; (*rob*) asaltar; ~**all** *n* (*Brit*) bolsa; ~**er** *n* (*of ticket, record*) poseedor(a) *m/f*; (*of office, title etc*) titular *m/f*; ~**ing** *n* (*share*) interés *m*; ~**up** *n* (*robbery*) atraco; (*delay*) retraso; (*Brit: in traffic*) embotellamiento.

hole [həʊl] *n* agujero // *vt* agujerear.

holiday ['hɒlədɪ] *n* vacaciones *fpl*; (*day off*) (día *m* de) fiesta, día *m* feriado; on ~ de vacaciones; ~ **camp** *n* colonia veraniega; ~**-maker** *n* (*Brit*) turista *m/f*; ~ **resort** *n* centro turístico.

holiness ['həʊlɪnɪs] *n* santidad *f*.

Holland ['hɒlənd] *n* Holanda.

hollow ['hɒləʊ] *a* hueco; (*fig*) vacío; (*eyes*) hundido; (*sound*) sordo // *n* (*gen*) hueco; (*in ground*) hoyo // *vt*: to ~ **out** ahuecar.

holly ['hɒlɪ] *n* acebo.

holocaust ['hɒləkɔːst] *n* holocausto.

holster ['həʊlstə*] *n* pistolera.

holy ['həʊlɪ] *a* (*gen*) santo, sagrado; (*water*) bendito; **H~ Ghost** *or* **Spirit** *n* Espíritu *m* Santo.

homage ['hɒmɪdʒ] *n* homenaje *m*.

home [həʊm] *n* casa; (*country*) patria; (*institution*) asilo // *a* (*domestic*) casero, de casa; (*ECON, POL*) nacional // *ad* (*direction*) a casa; **at** ~ en casa; **to go/ come** ~ ir/volver a casa; **make yourself at** ~ ¡estás en tu casa!; ~ **address** *n* domicilio; ~ **computer** *n* ordenador *m* doméstico; ~**land** *n* tierra natal; ~**less** *a* sin hogar, sin casa; ~**ly** *a* (*domestic*) casero; (*simple*) sencillo; ~**-made** *a* hecho en casa; **H~ Office** *n* (*Brit*) Ministerio del Interior; ~ **rule** *n* autonomía; **H~ Secretary** *n* (*Brit*) Ministro del Interior; ~**sick** *a*: to be ~**sick** tener morriña, sentir nostalgia; ~ **town** *n* ciudad *f* natal; ~**ward** ['həʊmwəd] *a* (*journey*) hacia casa; ~**work** *n* deberes *mpl*.

homogeneous [hɒmə'dʒiːnɪəs] *a* homogéneo.

homicide ['hɒmɪsaɪd] *n* (*US*) homicidio.

homosexual [hɒməʊ'sɛksjʊəl] *a, n* homosexual *m/f*.

Honduran [hɒn'djʊərən] *a, n* hondureño/a *m/f*.

Honduras [hɒn'djʊərəs] *n* Honduras *f*.

honest ['ɒnɪst] *a* honrado; (*sincere*) franco, sincero; ~**ly** *ad* honradamente; francamente; ~**y** *n* honradez *f*.

honey ['hʌnɪ] *n* miel *f*; ~**comb** *n* panal *m*; ~**moon** *n* luna de miel; ~**suckle** *n* madreselva.

honk [hɔŋk] *vi* (*AUT*) tocar la bocina.
honorary ['ɔnərərı] *a* (*member, president*) de honor; ~ **degree** doctorado honoris causa.
honour, (*US*) **honor** ['ɔnə*] *vt* honrar // *n* honor *m*, honra; ~**able** *a* honorable; ~**s degree** *n* (*SCOL*) *título de licenciado de categoría superior.*
hood [hud] *n* capucha; (*Brit AUT*) capota; (*US: AUT*) capó *m*.
hoodlum ['huːdləm] *n* matón *m*.
hoodwink ['hudwɪŋk] *vt* (*Brit*) timar.
hoof [huːf], *pl* **hooves** *n* pezuña.
hook [huk] *n* gancho; (*on dress*) corchete *m*, broche *m*; (*for fishing*) anzuelo // *vt* enganchar.
hooligan ['huːlɪgən] *n* gamberro.
hoop [huːp] *n* aro.
hoot [huːt] *vi* (*Brit AUT*) tocar la bocina; (*siren*) sonar la sirena // *n* bocinazo, toque *m* de sirena; **to** ~ **with laughter** morirse de risa; ~**er** *n* (*Brit AUT*) bocina; (*NAUT*) sirena.
hoover ® ['huːvə*] (*Brit*) *n* aspiradora // *vt* pasar la aspiradora por.
hooves [huːvz] *pl* of **hoof**.
hop [hɔp] *vi* saltar, brincar; (*on one foot*) saltar con un pie.
hope [həup] *vt*, *vi* esperar // *n* esperanza; **I** ~ **so/not** espero que sí/no; ~**ful** *a* (*person*) optimista; (*situation*) prometedor(a); ~**fully** *ad* con optimismo, con esperanza; ~**less** *a* desesperado.
hops [hɔps] *npl* lúpulo *sg*.
horizon [hə'raızn] *n* horizonte *m*; ~**tal** [hɔrɪ'zɔntl] *a* horizontal.
hormone ['hɔːməun] *n* hormona.
horn [hɔːn] *n* cuerno; (*MUS: also:* **French** ~) trompa; (*AUT*) bocina, claxón *m* (*LAm*).
hornet ['hɔːnıt] *n* avispón *m*.
horny ['hɔːnı] *a* (*material*) córneo; (*hands*) calloso; (*col*) cachondo.
horoscope ['hɔrəskəup] *n* horóscopo.
horrendous [hə'rendəs] *a* horrendo.
horrible ['hɔrıbl] *a* horrible.
horrid ['hɔrɪd] *a* horrible, horroroso.
horrify ['hɔrɪfaı] *vt* horrorizar.
horror ['hɔrə*] *n* horror *m*; ~ **film** *n* película de horror.
hors d'œuvre [ɔː'dəːvrə] *n* entremeses *mpl*.
horse [hɔːs] *n* caballo; **on** ~**back** a caballo; ~ **chestnut** *n* (*tree*) castaño de Indias; ~**man/woman** *n* jinete/a *m/f*; ~**power (h.p.)** *n* caballo (de fuerza); ~**-racing** *n* carreras *fpl* de caballos; ~**radish** *n* rábano picante; ~**shoe** *n* herradura.
hose [həuz] *n* (*also:* ~**pipe**) manga.
hosiery ['həuzıərı] *n* calcetería.
hospitable [hɔs'pıtəbl] *a* hospitalario.
hospital ['hɔspıtl] *n* hospital *m*.
hospitality [hɔspı'tælıtı] *n* hospitalidad *f*.
host [həust] *n* anfitrión *m*; (*of inn etc*)

mesonero; (*REL*) hostia; (*large number*): **a** ~ **of** multitud de.
hostage ['hɔstıdʒ] *n* rehén *m*.
hostel ['hɔstl] *n* hostal *m*; (**youth**) ~ *n* albergue *m* juvenil.
hostess ['həustıs] *n* anfitriona.
hostile ['hɔstaıl] *a* hostil; **hostility** [-'stılıtı] *n* hostilidad *f*.
hot [hɔt] *a* caliente; (*weather*) caluroso, de calor; (*as opposed to only warm*) muy caliente; (*spicy*) picante; (*fig*) ardiente, acalorado; **to be** ~ (*person*) tener calor; (*object*) estar caliente; (*weather*) hacer calor; ~**bed** *n* (*fig*) semillero; ~ **dog** *n* perro caliente.
hotel [həu'tel] *n* hotel *m*; ~**ier** *n* hotelero.
hot: ~**headed** *a* exaltado; ~**house** *n* invernadero; ~ **line** *n* (*POL*) teléfono rojo; ~**ly** *ad* con pasión, apasionadamente; ~**plate** *n* (*on cooker*) hornillo; ~**water bottle** *n* bolsa de agua caliente.
hound [haund] *vt* acosar // *n* perro de caza.
hour ['auə*] *n* hora; ~**ly** *a* (de) cada hora // *ad* cada hora.
house [haus, *pl*: 'hauzız] *n* (*also:* *firm*) casa; (*POL*) cámara; (*THEATRE*) sala // *vt* [hauz] (*person*) alojar; **on the** ~ (*fig*) la casa invita; ~ **arrest** *n* arresto domiciliario; ~**boat** *n* casa flotante; ~**breaking** *n* allanamiento de morada; ~**coat** *n* bata; ~**hold** *n* familia; ~**keeper** *n* ama de llaves; ~**keeping** *n* (*work*) trabajos *mpl* domésticos; ~**keeping (money)** *n* dinero para gastos domésticos; ~**warming party** *n* fiesta de estreno de una casa; ~**wife** *n* ama de casa; ~**work** *n* faenas *fpl* (de la casa).
housing ['hauzıŋ] *n* (*act*) alojamiento; (*houses*) viviendas *fpl*; ~ **development**, (*Brit*) ~ **estate** *n* urbanización *f*.
hovel ['hɔvl] *n* casucha.
hover ['hɔvə*] *vi* flotar (en el aire); ~**craft** *n* aerodeslizador *m*.
how [hau] *ad* (*in what way*) cómo; ~ **are you?** ¿cómo estás?; ~ **much milk/many people?** ¿cuánta leche/gente?; ~ **much does it cost?** ¿cuánto cuesta?; ~ **long have you been here?** ¿cuánto hace que estás aquí?; ~ **old are you?** ¿cuántos años tienes?; ~ **tall is he?** ¿cómo es de alto?; ~ **is school?** ¿cómo (te) va (en) la escuela?; ~ **was the film?** ¿qué tal la película?; ~ **lovely/awful!** ¡qué bonito/ horror!
howl [haul] *n* aullido // *vi* aullar.
H.P. *n abbr* = **hire purchase**.
h.p. *abbr* = **horse power**.
HQ *n abbr* = **headquarters**.
hub [hʌb] *n* (*of wheel*) centro.
hubbub ['hʌbʌb] *n* barahúnda, barullo.

hubcap ['hʌbkæp] n tapacubos m inv.
huddle ['hʌdl] vi: **to ~ together** amontonarse.
hue [hju:] n color m, matiz m; **~ and cry** n alarma.
huff [hʌf] n: **in a ~** enojado.
hug [hʌg] vt abrazar // n abrazo.
huge [hju:dʒ] a enorme.
hulk [hʌlk] n (ship) barco viejo; (person, building etc) mole f.
hull [hʌl] n (of ship) casco.
hullo [hə'ləu] excl = **hello.**
hum [hʌm] vt tararear, canturrear // vi tararear, canturrear; (insect) zumbar.
human ['hju:mən] a, n humano m/f.
humane [hju:'meɪn] a humano, humanitario.
humanitarian [hju:mænɪ'tɛərɪən] a humanitario.
humanity [hju:'mænɪtɪ] n humanidad f.
humble ['hʌmbl] a humilde // vt humillar.
humbug ['hʌmbʌg] n tonterías fpl; (Brit: sweet) caramelo de menta.
humdrum ['hʌmdrʌm] a (boring) monótono, aburrido; (routine) rutinario.
humid ['hju:mɪd] a húmedo; **~ity** [-'mɪdɪtɪ] n humedad f.
humiliate [hju:'mɪlɪeɪt] vt humillar; **humiliation** [-'eɪʃən] n humillación f.
humility [hju:'mɪlɪtɪ] n humildad f.
humorous ['hju:mərəs] a gracioso, divertido.
humour, (US) **humor** ['hju:mə*] n humorismo, sentido del humor; (mood) humor m // vt (person) complacer.
hump [hʌmp] n (in ground) montículo; (camel's) giba.
hunch [hʌntʃ] n (premonition) presentimiento; **~back** n joroba m/f; **~ed** a jorobado.
hundred ['hʌndrəd] num ciento; (before n) cien; **~s of** centenares de; **~weight** n (Brit) = 50.8 kg; 112 lb; (US) = 45.3 kg; 100 lb.
hung [hʌŋ] pt, pp of **hang.**
Hungarian [hʌŋ'gɛərɪən] a, n húngaro/a m/f.
Hungary ['hʌŋgərɪ] n Hungría.
hunger ['hʌŋgə*] n hambre f // vi: **to ~ for** (fig) tener hambre de, anhelar; **~ strike** n huelga de hambre.
hungry ['hʌŋgrɪ] a hambriento; **to be ~** tener hambre.
hunk [hʌŋk] n (of bread etc) trozo, pedazo.
hunt [hʌnt] vt (seek) buscar; (SPORT) cazar // vi cazar // n caza, cacería; **~er** n cazador(a) m/f; **~ing** n caza.
hurdle ['hə:dl] n (SPORT) valla; (fig) obstáculo.
hurl [hə:l] vt lanzar, arrojar.
hurrah [hu'rɑ:], **hurray** [hu'reɪ] n ¡viva!, ¡vítor!
hurricane ['hʌrɪkən] n huracán m.

hurried ['hʌrɪd] a (fast) apresurado; (rushed) hecho de prisa; **~ly** ad con prisa, apresuradamente.
hurry ['hʌrɪ] n prisa // vb (also: ~ **up**) vi apresurarse, darse prisa // vt (person) dar prisa a; (work) apresurar, hacer de prisa; **to be in a ~** tener prisa.
hurt [hə:t], pt, pp **hurt** vt hacer daño a // vi doler // a lastimado; **~ful** a (remark etc) dañoso.
hurtle ['hə:tl] vi: **to ~ past** pasar como un rayo.
husband ['hʌzbənd] n marido.
hush [hʌʃ] n silencio // vt hacer callar; (cover up) encubrir; **~!** ¡chitón!, ¡cállate!
husk [hʌsk] n (of wheat) cáscara.
husky ['hʌskɪ] a ronco // n perro esquimal.
hustle ['hʌsl] vt (push) empujar; (hurry) dar prisa a // n bullicio, actividad f febril; **~ and bustle** n vaivén m.
hut [hʌt] n cabaña; (shed) cobertizo.
hutch [hʌtʃ] n conejera.
hyacinth ['haɪəsɪnθ] n jacinto.
hydrant ['haɪdrənt] n (also: **fire ~**) boca de incendios.
hydraulic [haɪ'drɔ:lɪk] a hidráulico.
hydroelectric [haɪdrəu'lɛktrɪk] a hidroeléctrico.
hydrofoil ['haɪdrəfɔɪl] n aerodeslizador m.
hydrogen ['haɪdrədʒən] n hidrógeno.
hyena [haɪ'i:nə] n hiena.
hygiene ['haɪdʒi:n] n higiene f; **hygienic** [-'dʒi:nɪk] a higiénico.
hymn [hɪm] n himno.
hype [haɪp] n (col) bombardeo publicitario.
hypermarket ['haɪpəmɑ:kɪt] n hipermercado.
hyphen ['haɪfn] n guión m.
hypnotize ['hɪpnətaɪz] vt hipnotizar.
hypochondriac [haɪpəu'kɔndrɪæk] n hipocondríaco/a.
hypocrisy [hɪ'pɔkrɪsɪ] n hipocresía; **hypocrite** ['hɪpəkrɪt] n hipócrita m/f; **hypocritical** [hɪpə'krɪtɪkl] a hipócrita.
hypothesis [haɪ'pɔθɪsɪs], pl **-ses** [-si:z] n hipótesis f inv.
hysteria [hɪ'stɪərɪə] n histeria; **hysterical** [-'stɛrɪkl] a histérico; **hysterics** [-'stɛrɪks] npl histeria sg, histerismo sg.

I

I [aɪ] pron yo.
ice [aɪs] n hielo // vt (cake) alcorzar // vi (also: ~ **over,** ~ **up**) helarse; **~ axe** n piqueta (de alpinista); **~berg** n iceberg m; **~box** n (Brit) congelador m; (US) nevera, refrigeradora (LAm); **~ cream** n helado; **~ cube** n cubito de hielo; **~ hockey** n hockey m sobre hielo.

Iceland ['aɪslənd] *n* Islandia.
ice: ~ **lolly** *n* (*Brit*) polo; ~ **rink** *n* pista de hielo; ~ **skating** *n* patinaje *m* sobre hielo.
icicle ['aɪsɪkl] *n* carámbano.
icing ['aɪsɪŋ] *n* (*CULIN*) alcorza; (*AVIAT etc*) formación *f* de hielo; ~ **sugar** *n* (*Brit*) azúcar *m* glas(eado).
icy ['aɪsɪ] *a* (*road*) helado; (*fig*) glacial.
I'd [aɪd] = **I would; I had.**
idea [aɪ'dɪə] *n* idea.
ideal [aɪ'dɪəl] *n* ideal *m* // *a* ideal; ~**ist** *n* idealista *m/f*.
identical [aɪ'dentɪkl] *a* idéntico.
identification [aɪdentɪfɪ'keɪʃən] *n* identificación *f*; **means of ~** documentos *mpl* personales.
identify [aɪ'dentɪfaɪ] *vt* identificar.
identikit picture [aɪ'dentɪkɪt-] *n* retrato-robot *m*.
identity [aɪ'dentɪtɪ] *n* identidad *f*; ~ **card** *n* carnet *m* de identidad.
ideology [aɪdɪ'ɔlədʒɪ] *n* ideología.
idiom ['ɪdɪəm] *n* modismo; (*style of speaking*) lenguaje *m*; ~**atic** [-'mætɪk] *a* idiomático.
idiosyncrasy [ɪdɪəu'sɪŋkrəsɪ] *n* idiosincrasia.
idiot ['ɪdɪət] *n* (*gen*) idiota *m/f*; (*fool*) tonto/a; ~**ic** [-'ɔtɪk] *a* idiota; tonto.
idle ['aɪdl] *a* (*lazy*) holgazán/ana; (*unemployed*) parado, desocupado; (*talk*) frívolo // *vi* (*machine*) marchar en vacío // *vt*: **to ~ away the time** malgastar el tiempo; ~**ness** *n* holgazanería; paro, desocupación *f*.
idol ['aɪdl] *n* ídolo; ~**ize** *vt* idolatrar.
idyllic [ɪ'dɪlɪk] *a* idílico.
i.e. *abbr* (= *that is*) esto es.
if [ɪf] *conj* si; ~ **necessary** si fuera necesario, si hiciese falta; ~ **I were you** yo en tu lugar; ~ **so/not** de ser así/si no; ~ **only I could!** ¡ojalá pudiera!; *see also* **as, even.**
igloo ['ɪgluː] *n* iglú *m*.
ignite [ɪg'naɪt] *vt* (*set fire to*) encender // *vi* encenderse.
ignition [ɪg'nɪʃən] *n* (*AUT*) encendido; **to switch on/off the** ~ arrancar/apagar el motor; ~ **key** *n* (*AUT*) llave *f* de contacto.
ignorance ['ɪgnərəns] *n* ignorancia.
ignorant ['ɪgnərənt] *a* ignorante; **to be** ~ **of** ignorar.
ignore [ɪg'nɔː*] *vt* (*person*) no hacer caso de; (*fact*) pasar por alto.
ill [ɪl] *a* enfermo, malo // *n* mal *m* // *ad* mal; **to take** *or* **be taken** ~ caer *or* ponerse enfermo; ~**-advised** *a* (*decision*) imprudente; **he was** ~**-advised to go se** equivocaba al ir; ~**-at-ease** *a* incómodo.
I'll [aɪl] = **I will, I shall.**
illegal [ɪ'liːgl] *a* ilegal.
illegible [ɪ'ledʒɪbl] *a* ilegible.

illegitimate [ɪlɪ'dʒɪtɪmət] *a* ilegítimo.
ill-fated [ɪlfeɪtɪd] *a* malogrado.
ill feeling *n* rencor *m*.
illicit [ɪ'lɪsɪt] *a* ilícito.
illiterate [ɪ'lɪtərət] *a* analfabeto.
ill-mannered [ɪl'mænəd] *a* mal educado.
illness ['ɪlnɪs] *n* enfermedad *f*.
ill-treat [ɪl'triːt] *vt* maltratar.
illuminate [ɪ'luːmɪneɪt] *vt* (*room, street*) iluminar, alumbrar; (*subject*) aclarar; **illumination** [-'neɪʃən] *n* alumbrado; **illuminations** *npl* iluminaciones *fpl*, luces *fpl*.
illusion [ɪ'luːʒən] *n* ilusión *f*; **to be under the** ~ **that...** hacerse ilusiones de que ....
illusory [ɪ'luːsərɪ] *a* ilusorio.
illustrate ['ɪləstreɪt] *vt* ilustrar.
illustration [ɪlə'streɪʃən] *n* (*example*) ejemplo, ilustración *f*; (*in book*) lámina.
illustrious [ɪ'lʌstrɪəs] *a* ilustre.
ill will *n* rencor *m*.
I'm [aɪm] = **I am.**
image ['ɪmɪdʒ] *n* imagen *f*; ~**ry** [-ərɪ] *n* imágenes *fpl*.
imaginary [ɪ'mædʒɪnərɪ] *a* imaginario.
imagination [ɪ'mædʒɪ'neɪʃən] *n* imaginación *f*; (*inventiveness*) inventiva; (*illusion*) fantasía.
imaginative [ɪ'mædʒɪnətɪv] *a* imaginativo.
imagine [ɪ'mædʒɪn] *vt* imaginarse; (*delude o.s.*) hacerse la ilusión (de que).
imbalance [ɪm'bæləns] *n* desequilibrio.
imbecile ['ɪmbəsiːl] *n* imbécil *m/f*.
imitate ['ɪmɪteɪt] *vt* imitar; **imitation** [-'teɪʃən] *n* imitación *f*; (*copy*) copia; (*pej*) remedo.
immaculate [ɪ'mækjulət] *a* perfectamente limpio; (*REL*) inmaculado.
immaterial [ɪmə'tɪərɪəl] *a* incorpóreo; **it is** ~ **whether...** no importa si... .
immature [ɪmə'tjuə*] *a* (*person*) inmaduro; (*of one's youth*) joven.
immediate [ɪ'miːdɪət] *a* inmediato; (*pressing*) urgente, apremiante; ~**ly** *ad* (*at once*) en seguida; ~**ly next to** muy junto a.
immense [ɪ'mens] *a* inmenso, enorme.
immerse [ɪ'məːs] *vt* (*submerge*) sumergir; **to be** ~**d in** (*fig*) estar absorto en.
immersion heater [ɪ'məːʃən-] *n* (*Brit*) calentador *m* de inmersión.
immigrant ['ɪmɪgrənt] *n* inmigrante *m/f*.
immigrate ['ɪmɪgreɪt] *vi* inmigrar; **immigration** [-'greɪʃən] *n* inmigración *f*.
imminent ['ɪmɪnənt] *a* inminente.
immobile [ɪ'məubaɪl] *a* inmóvil.
immoral [ɪ'mɔrl] *a* inmoral.
immortal [ɪ'mɔːtl] *a* inmortal.
immune [ɪ'mjuːn] *a*: ~ **(to)** inmune (contra); **immunity** *n* (*MED, of diplomat*) inmunidad *f*.
immunize ['ɪmjunaɪz] *vt* inmunizar.
imp [ɪmp] *n* diablillo.
impact ['ɪmpækt] *n* (*gen*) impacto.

impair [ɪmˈpɛə*] vt perjudicar.
impart [ɪmˈpɑːt] vt comunicar.
impartial [ɪmˈpɑːʃl] a imparcial.
impassable [ɪmˈpɑːsəbl] a (barrier) infranqueable; (river, road) intransitable.
impasse [æmˈpɑːs] n: to reach an ~ alcanzar un punto muerto.
impassive [ɪmˈpæsɪv] a impasible.
impatience [ɪmˈpeɪʃəns] n impaciencia.
impatient [ɪmˈpeɪʃənt] a impaciente; to get or grow ~ impacientarse.
impeccable [ɪmˈpɛkəbl] a impecable.
impede [ɪmˈpiːd] vt estorbar.
impediment [ɪmˈpɛdɪmənt] n obstáculo, estorbo; (also: **speech** ~) defecto (del habla).
impending [ɪmˈpɛndɪŋ] a inminente.
impenetrable [ɪmˈpɛnɪtrəbl] a (gen) impenetrable; (unfathomable) insondable.
imperative [ɪmˈpɛrətɪv] a (tone) imperioso; (necessary) imprescindible // n (LING) imperativo.
imperfect [ɪmˈpəːfɪkt] a imperfecto; (goods etc) defectuoso; ~ion [-ˈfɛkʃən] n (blemish) desperfecto; (fault) defecto.
imperial [ɪmˈpɪərɪəl] a imperial; ~ism n imperialismo.
impersonal [ɪmˈpəːsənl] a impersonal.
impersonate [ɪmˈpəːsəneɪt] vt hacerse pasar por.
impertinent [ɪmˈpəːtɪnənt] a impertinente, insolente.
impervious [ɪmˈpəːvɪəs] a impermeable; (fig): ~ to insensible a.
impetuous [ɪmˈpɛtjuəs] a impetuoso.
impetus [ˈɪmpətəs] n ímpetu m; (fig) impulso.
impinge [ɪmˈpɪndʒ]: to ~ on vt fus (affect) afectar a.
implacable [ɪmˈplækəbl] a implacable.
implement [ˈɪmplɪmənt] n instrumento, herramienta // vt [ˈɪmplɪment] hacer efectivo; (carry out) realizar.
implicate [ˈɪmplɪkeɪt] vt (compromise) comprometer; (involve) enredar; **implication** [-ˈkeɪʃən] n consecuencia.
implicit [ɪmˈplɪsɪt] a (gen) implícito; (complete) absoluto.
implore [ɪmˈplɔː*] vt (person) suplicar.
imply [ɪmˈplaɪ] vt (involve) suponer; (hint) dar a entender que.
impolite [ɪmpəˈlaɪt] a mal educado.
import [ɪmˈpɔːt] vt importar // n [ˈɪmpɔːt] (COMM) importación f; (meaning) significado, sentido.
importance [ɪmˈpɔːtəns] n importancia.
important [ɪmˈpɔːtənt] a importante; it's not ~ no importa, no tiene importancia.
importer [ɪmˈpɔːtə*] n importador(a) m/f.
impose [ɪmˈpəʊz] vt imponer // vi: to ~ on sb abusar de uno; **imposing** a imponente, impresionante.
imposition [ɪmpəˈzɪʃn] n (of tax etc) imposición f; to be an ~ (on person) moles-

tar.
impossible [ɪmˈpɔsɪbl] a imposible; (person) insoportable.
impostor [ɪmˈpɔstə*] n impostor(a) m/f.
impotent [ˈɪmpətənt] a impotente.
impound [ɪmˈpaʊnd] vt embargar.
impoverished [ɪmˈpɔvərɪʃt] a necesitado; (land) agotado.
impracticable [ɪmˈpræktɪkəbl] a no factible, irrealizable.
impractical [ɪmˈpræktɪkl] a (person) poco práctico.
imprecise [ɪmprɪˈsaɪs] a impreciso.
impregnable [ɪmˈprɛgnəbl] a invulnerable; (castle) inexpugnable.
impregnate [ˈɪmprɛgneɪt] vt impregnar; (BIOL) fecundar.
impress [ɪmˈprɛs] vt impresionar; (mark) estampar // vi hacer buena impresión; to ~ sth on sb hacer entender algo a uno.
impression [ɪmˈprɛʃən] n impresión f; (footprint etc) huella; (print run) edición f; to be under the ~ that tener la impresión de que; ~**able** a impresionable; ~**ist** n impresionista m/f.
impressive [ɪmˈprɛsɪv] a impresionante.
imprint [ˈɪmprɪnt] n (PUBLISHING) pie m de imprenta; (fig) sello.
imprison [ɪmˈprɪzn] vt encarcelar; ~**ment** n encarcelamiento; (term of ~) cárcel f.
improbable [ɪmˈprɔbəbl] a improbable, inverosímil.
impromptu [ɪmˈprɔmptjuː] a improvisado // ad de improviso.
improper [ɪmˈprɔpə*] a (incorrect) impropio; (unseemly) indecoroso; (indecent) indecente.
improve [ɪmˈpruːv] vt mejorar; (foreign language) perfeccionar // vi mejorarse; (pupils) hacer progresos; ~**ment** n mejoramiento; perfección f; progreso.
improvise [ˈɪmprəvaɪz] vt, vi improvisar.
imprudent [ɪmˈpruːdnt] a imprudente.
impudent [ˈɪmpjudnt] a descarado, insolente.
impulse [ˈɪmpʌls] n impulso; to act on ~ obrar sin reflexión; **impulsive** [-ˈpʌlsɪv] a irreflexivo.
impunity [ɪmˈpjuːnɪtɪ] n: with ~ impunemente.
impure [ɪmˈpjuə*] a (adulterated) adulterado; (morally) impuro; **impurity** n (gen) impureza.
in [ɪn] ♦ prep 1 (indicating place, position, with place names) en; ~ the house/garden en (la) casa/el jardín; ~ here/there aquí/ahí or allí dentro; ~ London/England en Londres/Inglaterra
2 (indicating time) en; ~ spring en (la) primavera; ~ the afternoon por la tarde; at 4 o'clock ~ the afternoon a las 4 de la tarde; I did it ~ 3 hours/days lo hice en 3 horas/días; I'll see you ~ 2

weeks *or* ~ 2 weeks' time te veré dentro de 2 semanas

3 (*indicating manner etc*) en; ~ **a loud/soft voice** en voz alta/baja; ~ **pencil/ink** a lápiz/bolígrafo; **the boy** ~ **the blue shirt** el chico de la camisa azul

4 (*indicating circumstances*): ~ **the sun/shade/rain** al sol/a la sombra/bajo la lluvia; **a change** ~ **policy** un cambio de política

5 (*indicating mood, state*): ~ **tears** en lágrimas, llorando; ~ **anger/despair** enfadado(a)/desesperado(a); **to live** ~ **luxury** vivir lujosamente

6 (*with ratios, numbers*): **1** ~ **10 households, 1 household** ~ **10** una de cada 10 familias; **20 pence** ~ **the pound** 20 peniques por libra; **they lined up** ~ **twos** se alinearon de dos en dos

7 (*referring to people, works*) en; entre; **the disease is common** ~ **children** la enfermedad es común entre los niños; ~ **(the works of) Dickens** en (las obras de) Dickens

8 (*indicating profession etc*): **to be** ~ **teaching** estar en la enseñanza

9 (*after superlative*) de; **the best pupil** ~ **the class** el/la mejor alumno/a de la clase

10 (*with present participle*): ~ **saying this** al decir esto

♦ *ad*: **to be** ~ (*person: at home*) estar en casa; (*work*) estar; (*train, ship, plane*) haber llegado; (*in fashion*) estar de moda; **she'll be** ~ **later today** llegará más tarde hoy; **to ask sb** ~ hacer pasar a uno; **to run/limp** *etc* ~ entrar corriendo/cojeando *etc*

♦ *n*: **the** ~**s and outs** (*of proposal, situation etc*) los detalles

in., ins *abbr* = **inch(es).**
inability [ɪnəˈbɪlɪtɪ] *n* incapacidad *f.*
inaccessible [ɪnəkˈsɛsɪbl] *a* inaccesible.
inaccurate [ɪnˈækjurɪt] *a* inexacto, incorrecto.
inactivity [ɪnækˈtɪvɪtɪ] *n* inactividad *f.*
inadequate [ɪnˈædɪkwət] *a* (*insufficient*) insuficiente; (*unsuitable*) inadecuado; (*person*) incapaz.
inadvertently [ɪnədˈvəːtntlɪ] *ad* por descuido.
inadvisable [ɪnədˈvaɪzəbl] *a* poco aconsejable.
inane [ɪˈneɪn] *a* necio, fatuo.
inanimate [ɪnˈænɪmət] *a* inanimado.
inappropriate [ɪnəˈprəuprɪət] *a* inadecuado.
inarticulate [ɪnɑːˈtɪkjulət] *a* (*person*) incapaz de expresarse; (*speech*) mal pronunciado.
inasmuch as [ɪnəzˈmʌtʃæz] *conj* puesto que, ya que.
inaudible [ɪnˈɔːdɪbl] *a* inaudible.
inaugural [ɪˈnɔːɡjurəl] *a* (*speech*) de apertura.

inaugurate [ɪˈnɔːɡjureɪt] *vt* inaugurar; **inauguration** [-ˈreɪʃən] *n* ceremonia de apertura.
in-between [ɪnbɪˈtwiːn] *a* intermedio.
inborn [ɪnˈbɔːn] *a* (*feeling*) innato.
inbred [ɪnˈbrɛd] *a* innato; (*family*) engendrado por endogamia.
Inc. *abbr* (*US*) = **incorporated.**
incapable [ɪnˈkeɪpəbl] *a* incapaz.
incapacitate [ɪnkəˈpæsɪteɪt] *vt*: **to** ~ **sb** incapacitar a uno.
incapacity [ɪnkəˈpæsɪtɪ] *n* (*inability*) incapacidad *f.*
incarcerate [ɪnˈkɑːsəreɪt] *vt* encarcelar.
incarnation [ɪnkɑːˈneɪʃən] *n* encarnación *f.*
incendiary [ɪnˈsɛndɪərɪ] *a* incendiario.
incense [ˈɪnsɛns] *n* incienso // *vt* [ɪnˈsɛns] (*anger*) indignar, encolerizar.
incentive [ɪnˈsɛntɪv] *n* incentivo, estímulo.
incessant [ɪnˈsɛsnt] *a* incesante, continuo; ~**ly** *ad* constantemente.
incest [ˈɪnsɛst] *n* incesto.
inch [ɪntʃ] *n* pulgada; **to be within an** ~ **of** estar a dos dedos de; **he didn't give an** ~ no dio concesión alguna; **to** ~ **forward** *vi* avanzar palmo a palmo.
incidence [ˈɪnsɪdns] *n* (*of crime, disease*) incidencia.
incident [ˈɪnsɪdnt] *n* incidente *m*; (*in book*) episodio.
incidental [ɪnsɪˈdɛntl] *a* circunstancial, accesorio; (*unplanned*) fortuito; ~ **to** relacionado con; ~ **music** ambientación *f* musical; ~**ly** [-ˈdɛntəlɪ] *ad* (*by the way*) a propósito.
incinerator [ɪnˈsɪnəreɪtə*] *n* incinerador *m.*
incipient [ɪnˈsɪpɪənt] *a* incipiente.
incision [ɪnˈsɪʒən] *n* incisión *f.*
incisive [ɪnˈsaɪsɪv] *a* (*mind*) penetrante; (*remark etc*) incisivo.
incite [ɪnˈsaɪt] *vt* provocar.
inclination [ɪnklɪˈneɪʃən] *n* (*tendency*) tendencia, inclinación *f.*
incline [ˈɪnklaɪn] *n* pendiente *m*, cuesta // *vb* [ɪnˈklaɪn] *vt* (*slope*) inclinar; (*head*) poner de lado // *vi* inclinarse; **to be** ~**d** **to** (*tend*) ser propenso a; (*be willing*) estar dispuesto a.
include [ɪnˈkluːd] *vt* incluir, comprender; (*in letter*) adjuntar; **including** *prep* incluso, inclusive.
inclusion [ɪnˈkluːʒən] *n* inclusión *f.*
inclusive [ɪnˈkluːsɪv] *a* inclusivo // *ad* inclusive; ~ **of tax** incluidos los impuestos.
incognito [ɪnkɔɡˈniːtəu] *ad* de incógnito.
incoherent [ɪnkəuˈhɪərənt] *a* incoherente.
income [ˈɪnkʌm] *n* (*personal*) ingresos *mpl*; (*from property etc*) renta; (*profit*) rédito; ~ **tax** *n* impuesto sobre la renta; ~ **tax return** *n* declaración *f* de renta.
incoming [ˈɪnkʌmɪŋ] *a*: ~ **flight** vuelo entrante.

incomparable [ɪn'kɔmpərəbl] a incomparable, sin par.

incompatible [inkəm'pætɪbl] a incompatible.

incompetence [ɪn'kɔmpɪtəns] n incompetencia.

incompetent [ɪn'kɔmpɪtənt] a incompetente.

incomplete [inkəm'pli:t] a incompleto; (*unfinished*) sin terminar;

incomprehensible [inkɔmprɪ'hensɪbl] a incomprensible.

inconceivable [ɪnkən'si:vəbl] a inconcebible.

incongruous [ɪn'kɔŋgruəs] a discordante.

inconsiderate [inkən'sɪdərət] a desconsiderado; how ~ of him! ¡qué falta de consideración (de su parte)!

inconsistency [inkən'sɪstənsɪ] n inconsecuencia.

inconsistent [inkən'sɪstnt] a inconsecuente; ~ **with** (que) no concuerda con.

inconspicuous [inkən'spɪkjuəs] a (*discreet*) discreto; (*person*) que llama poca la atención.

inconvenience [inkən'vi:njəns] n (*gen*) inconvenientes mpl; (*trouble*) molestia, incomodidad f // vt incomodar.

inconvenient [inkən'vi:njənt] a incómodo, poco práctico; (*time, place*) inoportuno.

incorporate [ɪn'kɔ:pəreɪt] vt incorporar; (*contain*) comprender; (*add*) agregar; ~d a: ~d **company** (*US: abbr* Inc.) ≈ Sociedad f Anónima (S.A.).

incorrect [ɪnkə'rekt] a incorrecto.

incorrigible [ɪn'kɔrɪdʒəbl] a incorregible.

increase ['ɪnkri:s] n aumento // vi [ɪn'kri:s] aumentarse; (*grow*) crecer; (*price*) subir // vt aumentar; **increasing** [ɪn'kri:sɪŋ] a (*number*) creciente, que va en aumento; **increasingly** [ɪn'kri:sɪŋlɪ] ad de más en más, cada vez más.

incredible [ɪn'kredɪbl] a increíble.

incredulous [ɪn'kredjuləs] a incrédulo.

increment ['ɪnkrɪmənt] n aumento, incremento.

incriminate [ɪn'krɪmɪneɪt] vt incriminar.

incubator ['ɪnkjubeɪtə*] n incubadora.

incumbent [ɪn'kʌmbənt] n titular m/f // a: it is ~ on him to... le incumbe... .

incur [ɪn'kə:*] vt (*expenditure*) incurrir; (*loss*) sufrir.

incurable [ɪn'kjuərəbl] a incurable.

indebted [ɪn'detɪd] a: to be ~ to sb estar agradecido a uno.

indecent [ɪn'di:snt] a indecente; ~ **assault** n (*Brit*) atentado contra el pudor; ~ **exposure** n exhibicionismo.

indecisive [ɪndɪ'saɪsɪv] a indeciso; (*discussion*) no resuelto, inconcluyente.

indeed [ɪn'di:d] ad efectivamente, en realidad; yes ~! ¡claro que sí!

indefinite [ɪn'defɪnɪt] a indefinido; (*uncertain*) incierto; ~**ly** ad (*wait*) indefinidamente.

indelible [ɪn'delɪbl] a imborrable.

indemnify [ɪn'demnɪfaɪ] vt indemnizar, resarcir.

indemnity [ɪn'demnɪtɪ] n (*insurance*) demnidad f; (*compensation*) indemnización f.

independence [ɪndɪ'pendns] n independencia.

independent [ɪndɪ'pendənt] a independiente; to become ~ independizarse.

indestructible [ɪndɪs'trʌktəbl] a indestructible.

index ['ɪndeks] n (*pl*: ~es: *in book*) índice m; (: *in library etc*) catálogo; (*pl*: indices ['ɪndɪsi:z]: *ratio, sign*) exponente m; ~ **card** n ficha; ~ **finger** n índice m; ~-linked, (*US*) ~ed a vinculado al índice del coste de la vida.

India ['ɪndɪə] n la India, India; ~**n** a, n indio/a m/f; Red ~n piel roja m/f; the ~n **Ocean** n el Océano Índico.

indicate ['ɪndɪkeɪt] vt indicar; **indication** [-'keɪʃən] n indicio, señal f; **indicative** [ɪn'dɪkətɪv] a: to be indicative of indicar // n (*LING*) indicativo; **indicator** n (*gen*) indicador m.

indices ['ɪndɪsi:z] pl of **index**.

indict [ɪn'daɪt] vt acusar; ~**ment** n acusación f.

indifference [ɪn'dɪfrəns] n indiferencia.

indifferent [ɪn'dɪfrənt] a indiferente; (*poor*) regular.

indigenous [ɪn'dɪdʒɪnəs] a indígena.

indigestion [ɪndɪ'dʒestʃən] n indigestión f.

indignant [ɪn'dɪgnənt] a: to be ~ about sth indignarse por algo.

indignity [ɪn'dɪgnɪtɪ] n indignidad f.

indigo ['ɪndɪgəu] a de color añil // n añil m.

indirect [ɪndɪ'rekt] a indirecto; ~**ly** ad indirectamente.

indiscreet [ɪndɪ'skri:t] a indiscreto, imprudente.

indiscriminate [ɪndɪ'skrɪmɪnət] a indiscriminado.

indispensable [ɪndɪ'spensəbl] a indispensable, imprescindible.

indisposed [ɪndɪ'spəuzd] a (*unwell*) indispuesto.

indisputable [ɪndɪ'spju:təbl] a incontestable.

individual [ɪndɪ'vɪdjuəl] n individuo // a individual; (*personal*) personal; (*for/of one only*) particular; ~**ist** n individualista m/f; ~**ity** [-'ælɪtɪ] n individualidad f; ~**ly** ad individualmente; particularmente.

indoctrinate [ɪn'dɔktrɪneɪt] vt adoctrinar; **indoctrination** [-'neɪʃən] n adoctrinamiento.

indolent ['ɪndələnt] a indolente, perezoso.

Indonesia [ɪndəu'ni:zɪə] n Indonesia.

indoor ['ɪndɔː*] *a* (*swimming pool*) cubierto; (*plant*) de interior; (*sport*) bajo cubierta; **~s** [ɪn'dɔːz] *ad* dentro; (*at home*) en casa.

induce [ɪn'djuːs] *vt* inducir, persuadir; (*bring about*) producir; **~ment** *n* (*incentive*) incentivo, aliciente *m*.

induction [ɪn'dʌkʃən] *n* (*MED*: *of birth*) inducción *f*; **~ course** *n* (*Brit*) curso de inducción.

indulge [ɪn'dʌldʒ] *vt* (*whim*) satisfacer; (*person*) complacer; (*child*) mimar // *vi*: **to ~ in** darse el gusto de; **~nce** *n* vicio; **~nt** *a* indulgente.

industrial [ɪn'dʌstrɪəl] *a* industrial; **~ action** *n* huelga; **~ estate** *n* (*Brit*) polígono or zona (*LAm*) industrial; **~ist** *n* industrial *m/f*; **~ize** *vt* industrializar; **~ park** *n* (*US*) = **~ estate**.

industrious [ɪn'dʌstrɪəs] *a* (*gen*) trabajador(a); (*student*) aplicado.

industry ['ɪndəstrɪ] *n* industria; (*diligence*) aplicación *f*.

inebriated [ɪ'niːbrɪeɪtɪd] *a* borracho.

inedible [ɪn'edɪbl] *a* incomible; (*plant etc*) no comestible.

ineffective [ɪnɪ'fektɪv], **ineffectual** [ɪnɪ'fektʃuəl] *a* ineficaz, inútil.

inefficiency [ɪnɪ'fɪʃənsɪ] *n* ineficacia.

inefficient [ɪnɪ'fɪʃənt] *a* ineficaz, ineficiente.

inept [ɪ'nept] *a* incompetente.

inequality [ɪnɪ'kwɔlɪtɪ] *n* desigualdad *f*.

inert [ɪ'nɜːt] *a* inerte, inactivo; (*immobile*) inmóvil; **~ia** [ɪ'nɜːʃə] *n* inercia; (*laziness*) pereza.

inescapable [ɪnɪ'skeɪpəbl] *a* ineludible.

inevitable [ɪn'evɪtəbl] *a* inevitable; (*necessary*) forzoso; **inevitably** *ad* inevitablemente.

inexcusable [ɪnɪks'kjuːzəbl] *a* imperdonable.

inexhaustible [ɪnɪg'zɔːstɪbl] *a* inagotable.

inexpensive [ɪnɪk'spensɪv] *a* económico.

inexperience [ɪnɪk'spɪərɪəns] *n* falta de experiencia; **~d** *a* inexperto.

inextricably [ɪnɪks'trɪkəblɪ] *ad* indisolublemente.

infallible [ɪn'fælɪbl] *a* infalible.

infamous ['ɪnfəməs] *a* infame.

infancy ['ɪnfənsɪ] *n* infancia.

infant ['ɪnfənt] *n* niño/a; **~ile** *a* infantil; (*pej*) aniñado; **~ school** *n* (*Brit*) escuela de párvulos.

infantry ['ɪnfəntrɪ] *n* infantería.

infatuated [ɪn'fætjueɪtɪd] *a*: **~ with** (*in love*) loco por.

infatuation [ɪnfætu'eɪʃən] *n* enamoramiento.

infect [ɪn'fekt] *vt* (*wound*) infectar; (*person*) contagiar; (*fig*: *pej*) corromper; **~ed with** (*illness*) contagiado de; **~ion** [ɪn'fekʃən] *n* infección *f*; (*fig*) contagio; **~ious** [ɪn'fekʃəs] *a* contagioso; (*also fig*)

infeccioso.

infer [ɪn'fɜː*] *vt* deducir, inferir; **~ence** ['ɪnfərəns] *n* deducción *f*, inferencia.

inferior [ɪn'fɪərɪə*] *a*, *n* inferior *m/f*; **~ity** [-rɪ'ɔrɪtɪ] *n* inferioridad *f*; **~ity complex** *n* complejo de inferioridad.

inferno [ɪn'fɜːnəu] *n* (*fire*) hoguera.

infertile [ɪn'fɜːtaɪl] *a* estéril; (*person*) infecundo; **infertility** [-'tɪlɪtɪ] *n* esterilidad *f*; infecundidad *f*.

infested [ɪn'festɪd] *a*: **~ with** plagado de.

in-fighting ['ɪnfaɪtɪŋ] *n* (*fig*) lucha(s) *f(pl)* interna(s).

infiltrate ['ɪnfɪltreɪt] *vt* (*troops etc*) infiltrar en // *vi* infiltrarse.

infinite ['ɪnfɪnɪt] *a* infinito.

infinitive [ɪn'fɪnɪtɪv] *n* infinitivo.

infinity [ɪn'fɪnɪtɪ] *n* (*also MATH*) infinito; (*an ~*) infinidad *f*.

infirm [ɪn'fɜːm] *a* enfermo, débil; **~ary** *n* hospital *m*; **~ity** *n* debilidad *f*; (*illness*) enfermedad *f*, achaque *m*.

inflamed [ɪn'fleɪmd] *a*: **to become ~** inflamarse.

inflammable [ɪn'flæməbl] *a* (*Brit*) inflamable; (*situation etc*) explosivo.

inflammation [ɪnflə'meɪʃən] *n* inflamación *f*.

inflatable [ɪn'fleɪtəbl] *a* (*ball, boat*) inflable.

inflate [ɪn'fleɪt] *vt* (*tyre, balloon*) inflar; (*fig*) hinchar; **inflation** [ɪn'fleɪʃən] *n* (*ECON*) inflación *f*.

inflict [ɪn'flɪkt] *vt*: **to ~ on** infligir en; (*tax etc*) imponer a.

influence ['ɪnfluəns] *n* influencia // *vt* influir en, influenciar; **under the ~ of** alcohol en estado de embriaguez; **influential** [-'enfl] *a* influyente.

influenza [ɪnflu'enzə] *n* gripe *f*.

influx ['ɪnflʌks] *n* afluencia.

inform [ɪn'fɔːm] *vt*: **to ~ sb of sth** informar a uno sobre *or* de algo; (*warn*) avisar a uno de algo; (*communicate*) comunicar algo a uno // *vi*: **to ~ on sb** delatar a uno.

informal [ɪn'fɔːml] *a* (*manner, tone*) desenfadado; (*dress, interview, occasion*) informal; **~ity** [-'mælɪtɪ] *n* desenfado; falta de ceremonia.

informant [ɪn'fɔːmənt] *n* informante *m/f*.

information [ɪnfə'meɪʃən] *n* información *f*; (*news*) noticias *fpl*; (*knowledge*) conocimientos *mpl*; (*LAW*) delación *f*; **a piece of ~** un dato; **~ office** *n* información *f*.

informative [ɪn'fɔːmətɪv] *a* informativo.

informer [ɪn'fɔːmə*] *n* delator(a) *m/f*; (*also*: **police ~**) soplón/ona *m/f*.

infra-red [ɪnfrə'red] *a* infrarrojo.

infrastructure ['ɪnfrəstrʌktʃə*] *n* (*of system etc, ECON*) infraestructura.

infringe [ɪn'frɪndʒ] *vt* infringir, violar // *vi*: **to ~ on** abusar de; **~ment** *n* infracción *f*; (*of rights*) usurpación *f*; (*SPORT*)

falta.
infuriating [ɪnˈfjuərɪeɪtɪŋ] *a*: I find it ~
me saca de quicio.
infusion [ɪnˈfjuːʒən] *n* (*tea etc*) infusión
f.
ingenious [ɪnˈdʒiːnjəs] *a* ingenioso; **ingenuity** [-dʒɪˈnjuːɪtɪ] *n* ingeniosidad *f*.
ingenuous [ɪnˈdʒenjuəs] *a* ingenuo.
ingot [ˈɪŋɡət] *n* lingote *m*, barra.
ingrained [ɪnˈɡreɪnd] *a* arraigado.
ingratiate [ɪnˈɡreɪʃɪeɪt] *vt*: to ~ o.s. with
congraciarse con.
ingredient [ɪnˈɡriːdɪənt] *n* ingrediente *m*.
inhabit [ɪnˈhæbɪt] *vt* vivir en; (*occupy*)
ocupar; ~**ant** *n* habitante *m/f*.
inhale [ɪnˈheɪl] *vt* inhalar // *vi* (*in smoking*) tragar.
inherent [ɪnˈhɪərənt] *a*: ~ in *or* to inherente a.
inherit [ɪnˈherɪt] *vt* heredar; ~**ance** *n*
herencia; (*fig*) patrimonio.
inhibit [ɪnˈhɪbɪt] *vt* inhibir, impedir; to ~
sb from doing sth impedir a uno hacer
algo; ~**ed** *a* cohibido; ~**ion** [-ˈbɪʃən] *n*
cohibición *f*.
inhospitable [ɪnhɔsˈpɪtəbl] *a* (*person*) in-
hospitalario; (*place*) inhóspito.
inhuman [ɪnˈhjuːmən] *a* inhumano.
iniquity [ɪˈnɪkwɪtɪ] *n* iniquidad *f*; (*injustice*) injusticia.
initial [ɪˈnɪʃl] *a* inicial; (*first*) primero // *n*
inicial *f* // *vt* firmar con las iniciales; ~**s**
npl iniciales *fpl*; (*abbreviation*) siglas
fpl; ~**ly** *ad* al principio.
initiate [ɪˈnɪʃɪeɪt] *vt* (*start*) iniciar; to ~
proceedings against sb (*LAW*) entablar
proceso contra uno; **initiation** [-ˈeɪʃən] *n*
(*into secret etc*) iniciación *f*; (*beginning*)
comienzo.
initiative [ɪˈnɪʃətɪv] *n* iniciativa.
inject [ɪnˈdʒekt] *vt* inyectar; ~**ion**
[ɪnˈdʒekʃən] *n* inyección *f*.
in unction [ɪnˈdʒʌŋkʃən] *n* interdicto.
injure [ˈɪndʒə*] *vt* herir; (*hurt*) lastimar;
(*fig: reputation etc*) perjudicar; ~**d** *a*
(*person, arm*) herido; **injury** *n* herida,
lesión *f*; (*wrong*) perjuicio, daño; **injury
time** *n* (*SPORT*) descuento.
injustice [ɪnˈdʒʌstɪs] *n* injusticia.
ink [ɪŋk] *n* tinta.
inkling [ˈɪŋklɪŋ] *n* sospecha; (*idea*) idea.
inlaid [ˈɪnleɪd] *a* (*wood*) taraceado;
(*tiles*) entarimado.
inland [ˈɪnlənd] *a* interior; (*town*) del interior // *ad* [ɪnˈlænd] tierra adentro; **I~
Revenue** *n* (*Brit*) departamento de impuestos; ≈ Hacienda (*Sp*).
in-laws [ˈɪnlɔːz] ..*pl* suegros *mpl*.
inlet [ˈɪnlet] *n* (*GEO*) ensenada, cala;
(*TECH*) admisión *f*, entrada.
inmate [ˈɪnmeɪt] *n* (*in prison*) preso/a;
presidiario/a; (*in asylum*) internado/a.
inn [ɪn] *n* posada, mesón *m*.
innate [ɪˈneɪt] *a* innato.
inner [ˈɪnə*] *a* interior, interno; ~ **city** *n*

barrios deprimidos del centro de una ciudad; ~ **tube** *n* (*of tyre*) cámara *or* llanta (*LAm*).
innings [ˈɪnɪŋz] *n* (*CRICKET*) entrada,
turno.
innocence [ˈɪnəsns] *n* inocencia.
innocent [ˈɪnəsnt] *a* inocente.
innocuous [ɪˈnɔkjuəs] *a* inocuo.
innovation [ɪnəuˈveɪʃən] *n* novedad *f*.
innuendo [ɪnjuˈendəu], *pl* ~**es** *n* indirecta.
inoculation [ɪnɔkjuˈleɪʃən] *n* inoculación
f.
inopportune [ɪnˈɔpətjuːn] *a* inoportuno.
inordinately [ɪˈnɔːdɪnətlɪ] *ad* desmesura-
damente.
in-patient [ˈɪnpeɪʃənt] *n* paciente *m/f*
interno/a.
input [ˈɪnput] *n* (*ELEC*) entrada; (*COM-
PUT*) entrada de datos.
inquest [ˈɪnkwest] *n* (*coroner's*) encuesta
judicial.
inquire [ɪnˈkwaɪə*] *vi* preguntar // *vt*: to
~ whether preguntar si; to ~ about (*person*) preguntar por; (*fact*) informarse
de; **to ~ into** *vt fus* investigar, indagar; **inquiry** *n* pregunta; (*LAW*) investigación *f*, pesquisa; (*commission*) comisión *f* investigadora; **inquiry office** *n*
(*Brit*) oficina de informaciones.
inquisitive [ɪnˈkwɪzɪtɪv] *a* (*mind*) inquisi-
tivo; (*person*) fisgón/ona.
inroad [ˈɪnrəud] *n* incursión *f*; (*fig*) invasión *f*.
insane [ɪnˈseɪn] *a* loco; (*MED*) demente.
insanity [ɪnˈsænɪtɪ] *n* demencia, locura.
insatiable [ɪnˈseɪʃəbl] *a* insaciable.
inscribe [ɪnˈskraɪb] *vt* inscribir; (*book
etc*): to ~ (to sb) dedicar (a uno).
inscription [ɪnˈskrɪpʃən] *n* (*gen*) inscripción *f*; (*in book*) dedicatoria.
inscrutable [ɪnˈskruːtəbl] *a* inescrutable,
insondable.
insect [ˈɪnsekt] *n* insecto; ~**icide**
[ɪnˈsektɪsaɪd] *n* insecticida *m*.
insecure [ɪnsɪˈkjuə*] *a* inseguro.
insemination [ɪnsemɪˈneɪʃn] *n* : artificial
~ inseminación *f* artificial.
insensible [ɪnˈsensɪbl] *a* inconsciente;
(*unconscious*) sin conocimiento.
insensitive [ɪnˈsensɪtɪv] *a* insensible.
inseparable [ɪnˈseprəbl] *a* inseparable.
insert [ɪnˈsɜːt] *vt* (*into sth*) introducir; //
n [ˈɪnsɜːt] encarte *m*; ~**ion** [ɪnˈsɜːʃən] *n*
inserción *f*.
in-service [ɪnˈsɜːvɪs] *a* (*training, course*)
a cargo de la empresa.
inshore [ɪnˈʃɔː*] *a* : ~ fishing pesca *f*
costera // *ad* (*fish*) a lo largo de la costa;
(*move*) hacia la orilla.
inside [ˈɪnˈsaɪd] *n* interior *m*; (*lining*) forro // *a* interior, interno; (*information*)
confidencial // *ad* (*within*) (por) dentro;
(*with movement*) hacia dentro; (*fam: in
prison*) en la cárcel // *prep* dentro de;

(of time): ~ **10 minutes** en menos de 10 minutos; ~**s** *npl* (*col*) tripas *fpl*; ~ **forward** *n* (*SPORT*) interior *m*; ~ **lane** *n* (*AUT*: *in Britain*) carril *m* izquierdo; ~ **out** *ad* (*turn*) al revés; (*know*) a fondo.

insidious [ɪnˈsɪdɪəs] *a* insidioso.

insight [ˈɪnsaɪt] *n* perspicacia.

insignia [ɪnˈsɪɡnɪə] *npl* insignias *fpl*.

insignificant [ɪnsɪɡˈnɪfɪknt] *a* insignificante.

insincere [ɪnsɪnˈsɪə*] *a* poco sincero.

insinuate [ɪnˈsɪnjʊeɪt] *vt* insinuar.

insipid [ɪnˈsɪpɪd] *a* soso, insulso.

insist [ɪnˈsɪst] *vi* insistir; **to** ~ **on doing** empeñarse en hacer; **to** ~ **that** insistir en que; (*claim*) exigir que; ~**ence** *n* insistencia; (*stubbornness*) empeño; ~**ent** *a* insistente.

insole [ˈɪnsəʊl] *n* plantilla.

insolent [ˈɪnsələnt] *a* insolente, descarado.

insoluble [ɪnˈsɒljʊbl] *a* insoluble.

insomnia [ɪnˈsɒmnɪə] *n* insomnio.

inspect [ɪnˈspekt] *vt* inspeccionar, examinar; (*troops*) pasar revista a; ~**ion** [ɪnˈspekʃən] *n* inspección *f*, examen *m*; ~**or** *n* inspector(a) *m/f*; (*Brit*: *on buses*, *trains*) revisor(a) *m/f*.

inspiration [ɪnspəˈreɪʃən] *n* inspiración *f*; **inspire** [ɪnˈspaɪə*] *vt* inspirar.

instability [ɪnstəˈbɪlɪtɪ] *n* inestabilidad *f*.

install [ɪnˈstɔːl] *vt* instalar; ~**ation** [ɪnstəˈleɪʃən] *n* instalación *f*.

instalment, (*US*) **installment** [ɪnˈstɔːlmənt] *n* plazo; (*of story*) entrega; (*of TV serial etc*) capítulo; **in** ~**s** (*pay*, *receive*) a plazos; ~ **plan** *n* (*US*) compra a plazos.

instance [ˈɪnstəns] *n* ejemplo, caso; **for** ~ por ejemplo; **in the first** ~ en primer lugar.

instant [ˈɪnstənt] *n* instante *m*, momento // *a* inmediato; (*coffee*) instantáneo.

instantly [ˈɪnstəntlɪ] *ad* en seguida.

instead [ɪnˈsted] *ad* en cambio; ~ **of** en lugar de, en vez de.

instep [ˈɪnstep] *n* empeine *m*.

instil [ɪnˈstɪl] *vt*: **to** ~ **into** inculcar a.

instinct [ˈɪnstɪŋkt] *n* instinto; ~**ive** [ˈstɪŋktɪv] *a* instintivo.

institute [ˈɪnstɪtjuːt] *n* instituto; (*professional body*) colegio // *vt* (*begin*) iniciar, empezar; (*proceedings*) entablar.

institution [ɪnstɪˈtjuːʃən] *n* institución *f*; (*MED*: *home*) asilo; (: *asylum*) manicomio.

instruct [ɪnˈstrʌkt] *vt*: **to** ~ **sb in sth** instruir a uno *en* or *sobre* algo; **to** ~ **sb to do sth** dar instrucciones a uno de hacer algo; ~**ion** [ɪnˈstrʌkʃən] *n* (*teaching*) instrucción *f*; ~**ions** *npl* órdenes *fpl*; ~**ions** (**for use**) modo *sg* de empleo; ~**ive** *a* instructivo; ~**or** *n* instructor(a) *m/f*.

instrument [ˈɪnstrəmənt] *n* instrumento; ~ **panel** *n* tablero (de instrumentos);

~**al** [-ˈmentl] *a* (*MUS*) instrumental; **to be** ~**al in** ser (el) artífice de.

insubordinate [ɪnsəˈbɔːdɪnət] *a* insubordinado.

insufferable [ɪnˈsʌfrəbl] *a* insoportable.

insufficient [ɪnsəˈfɪʃənt] *a* insuficiente.

insular [ˈɪnsjʊlə*] *a* insular; (*person*) estrecho de miras.

insulate [ˈɪnsjʊleɪt] *vt* aislar; **insulating tape** *n* cinta aislante; **insulation** [-ˈleɪʃən] *n* aislamiento.

insulin [ˈɪnsjʊlɪn] *n* insulina.

insult [ˈɪnsʌlt] *n* insulto; (*offence*) ofensa // [ɪnˈsʌlt] *vt* insultar; ofender; ~**ing** *a* insultante; ofensivo.

insuperable [ɪnˈsjuːprəbl] *a* insuperable.

insurance [ɪnˈʃʊərəns] *n* seguro; **fire/life** ~ seguro contra incendios/sobre la vida; ~ **agent** *n* agente *m/f* de seguros; ~ **policy** *n* póliza de seguros.

insure [ɪnˈʃʊə*] *vt* asegurar.

intact [ɪnˈtækt] *a* íntegro; (*untouched*) intacto.

intake [ˈɪnteɪk] *n* (*TECH*) entrada, toma; (: *pipe*) tubo de admisión; (*of food*) ingestión *f*; (*Brit SCOL*): **an** ~ **of 200 a year** 200 matriculados al año.

integral [ˈɪntɪɡrəl] *a* (*whole*) íntegro; (*part*) integrante.

integrate [ˈɪntɪɡreɪt] *vt* integrar // *vi* integrarse.

integrity [ɪnˈteɡrɪtɪ] *n* honradez *f*, rectitud *f*.

intellect [ˈɪntəlekt] *n* intelecto; ~**ual** [-ˈlektjʊəl] *a*, *n* intelectual *m/f*.

intelligence [ɪnˈtelɪdʒəns] *n* inteligencia; **I~ Service** *n* Servicio de Inteligencia.

intelligent [ɪnˈtelɪdʒənt] *a* inteligente.

intelligentsia [ɪntelɪˈdʒentsɪə] *n* intelectualidad *f*.

intelligible [ɪnˈtelɪdʒɪbl] *a* inteligible, comprensible.

intend [ɪnˈtend] *vt* (*gift etc*): **to** ~ **sth for** destinar algo a; **to** ~ **to do sth** tener intención de *or* pensar hacer algo; ~**ed** *a* (*effect*) deseado.

intense [ɪnˈtens] *a* (*gen*) intenso; ~**ly** *ad* intensamente; (*very*) sumamente.

intensify [ɪnˈtensɪfaɪ] *vt* intensificar; (*increase*) aumentar.

intensity [ɪnˈtensɪtɪ] *n* (*gen*) intensidad *f*.

intensive [ɪnˈtensɪv] *a* intensivo; ~ **care unit** *n* unidad de vigilancia intensiva.

intent [ɪnˈtent] *n* propósito // *a* (*absorbed*) absorto; (*attentive*) atento; **to all** ~**s and purposes** prácticamente; **to be** ~ **on doing sth** estar resuelto a hacer algo.

intention [ɪnˈtenʃən] *n* intención *f*, propósito; ~**al** *a* deliberado; ~**ally** *ad* a propósito.

intently [ɪnˈtentlɪ] *ad* atentamente.

interact [ɪntərˈækt] *vi* influirse mutuamente; ~**ion** [-ˈækʃən] *n* interacción *f*, acción *f* recíproca.

intercede [ɪntə'siːd] *vi*: to ~ (with) interceder (con).

intercept [ɪntə'sɛpt] *vt* interceptar; (*stop*) detener.

interchange [ɪ'ɪntətʃeɪndʒ] *n* intercambio; (*on motorway*) intersección *f* // [ɪntə'tʃeɪndʒ] intercambiar; canjear; **~able** *a* intercambiable.

intercom ['ɪntəkəm] *n* interfono.

intercourse ['ɪntəkɔːs] *n* (*sexual*) relaciones *fpl* sexuales; (*social*) trato.

interest ['ɪntrɪst] *n* (*also* COMM) interés *m* // *vt* interesar; **to be ~ed in** interesarse por; **~ing** *a* interesante; ~ **rate** *n* tipo *or* tasa de interés.

interface ['ɪntəfeɪs] *n* (COMPUT) junción *f*.

interfere [ɪntə'fɪə*] *vi*: to ~ in (*quarrel, other people's business*) entrometerse en; to ~ with (*hinder*) estorbar; (*damage*) estropear; (*radio*) interferir con.

interference [ɪntə'fɪərəns] *n* (*gen*) intromisión *f*; (RADIO, TV) interferencia.

interim ['ɪntərɪm] *n*: in the ~ en el ínterin // *a* provisional.

interior [ɪn'tɪərɪə*] *n* interior *m* // *a* interior; ~ **designer** *n* interiorista *m/f*.

interlock [ɪntə'lɒk] *vi* entrelazarse; (*wheels etc*) endentarse.

interloper ['ɪntələupə*] *n* intruso/a.

interlude ['ɪntəluːd] *n* (*rest*) descanso; (THEATRE) intermedio.

intermediary [ɪntə'miːdɪərɪ] *n* intermediario/a.

intermediate [ɪntə'miːdɪət] *a* intermedio.

interminable [ɪn'tɜːmɪnəbl] *a* inacabable.

intermission [ɪntə'mɪʃən] *n* (THEATRE) descanso.

intermittent [ɪntə'mɪtnt] *a* intermitente.

intern [ɪn'tɜːn] *vt* internar; (*enclose*) encerrar // *n* ['ɪntɜːn] (US) interno/a.

internal [ɪn'tɜːnl] *a* interno, interior; **~ly** *ad* interiormente; 'not to be taken **~ly**' 'uso externo'; **I~ Revenue Service (IRS)** *n* (US) departamento de impuestos; ≈ Hacienda (Sp).

international [ɪntə'næʃənl] *a* internacional; ~ (*game*) partido internacional; ~ (*player*) jugador(a) *m/f* internacional.

interplay ['ɪntəpleɪ] *n* interacción *f*.

interpret [ɪn'tɜːprɪt] *vt* interpretar; (*translate*) traducir; (*understand*) entender // *vi* hacer de intérprete; **~ation** [-'teɪʃən] *n* interpretación *f*; traducción *f*; entendimiento; **~er** *n* intérprete *m/f*.

interrelated [ɪntərɪ'leɪtɪd] *a* interrelacionado.

interrogate [ɪn'tɛrəugeɪt] *vt* interrogar; **interrogation** [-'geɪʃən] *n* interrogatorio; **interrogative** [ɪntə'rɒgətɪv] *a* interrogativo.

interrupt [ɪntə'rʌpt] *vt, vi* interrumpir; **~ion** [-'rʌpʃən] *n* interrupción *f*.

intersect [ɪntə'sɛkt] *vt* cruzar // *vi* (*roads*) cruzarse; **~ion** [-'sɛkʃən] *n* intersección *f*; (*of roads*) cruce *m*.

intersperse [ɪntə'spɜːs] *vt*: to ~ with salpicar de.

intertwine [ɪntə'twaɪn] *vt* entrelazar // entrelazarse.

interval ['ɪntəvl] *n* intervalo; (*Brit*: THEATRE, SPORT) descanso; **at ~s** a ratos, de vez en cuando.

intervene [ɪntə'viːn] *vi* intervenir; (*take part*) participar; (*occur*) sobrevenir; **intervention** [-'vɛnʃən] *n* intervención *f*.

interview ['ɪntəvjuː] *n* (RADIO, TV *etc*) entrevista // *vt* entrevistarse con; **~er** *n* entrevistador(a) *m/f*.

intestine [ɪn'tɛstɪn] *n*: **large/small ~** intestino grueso/delgado.

intimacy ['ɪntɪməsɪ] *n* intimidad *f*; (*relations*) relaciones *fpl* íntimas.

intimate ['ɪntɪmət] *a* íntimo; (*friendship*) estrecho; (*knowledge*) profundo // *vt* ['ɪntɪmeɪt] (*announce*) dar a entender.

intimidate [ɪn'tɪmɪdeɪt] *vt* intimidar, amedrentar.

into ['ɪntu:] *prep* (*gen*) en; (*towards*) a; (*inside*) hacia el interior de; ~ **3 pieces/French** en 3 pedazos/al francés.

intolerable [ɪn'tɒlərəbl] *a* intolerable, insoportable.

intolerance [ɪn'tɒlərəns] *n* intolerancia.

intolerant [ɪn'tɒlərənt] *a*: ~ **of** intolerante con *or* para.

intonation [ɪntəu'neɪʃən] *n* entonación *f*.

intoxicate [ɪn'tɒksɪkeɪt] *vt* embriagar; **~d** *a* embriagado; **intoxication** [-'keɪʃən] *n* embriaguez *f*.

intractable [ɪn'træktəbl] *a* (*person*) intratable; (*problem*) espinoso.

intransitive [ɪn'trænsɪtɪv] *a* intransitivo.

intravenous [ɪntrə'viːnəs] *a* intravenoso.

in-tray ['ɪntreɪ] *n* bandeja de entrada.

intricate ['ɪntrɪkət] *a* intrincado; (*plot, problem*) complejo.

intrigue [ɪn'triːg] *n* intriga // *vt* fascinar // *vi* andar en intrigas; **intriguing** *a* fascinante.

intrinsic [ɪn'trɪnsɪk] *a* intrínseco.

introduce [ɪntrə'djuːs] *vt* introducir, meter; **to ~ sb (to sb)** presentar uno (a otro); **to ~ sb to** (*pastime, technique*) introducir a uno a; **introduction** [-'dʌkʃən] *n* introducción *f*; (*of person*) presentación *f*; **introductory** [-'dʌktərɪ] *a* introductorio.

introvert ['ɪntrəvɜːt] *a, n* introvertido/a *m/f*.

intrude [ɪn'truːd] *vi* (*person*) entrometerse; **to ~ on** estorbar; **~r** *n* intruso/a; **intrusion** [-ʒən] *n* invasión *f*.

intuition [ɪntjuː'ɪʃən] *n* intuición *f*.

inundate ['ɪnʌndeɪt] *vt*: to ~ **with** inundar de.

invade [ɪn'veɪd] *vt* invadir; **~r** *n* invasor(a) *m/f*.

invalid ['ɪnvəlɪd] *n* minusválido/a // *a*

[ɪn'vælɪd] (*not valid*) inválido, nulo.
invaluable [ɪn'væljuəbl] *a* inestimable.
invariably [ɪn'vɛərɪəblɪ] *ad* sin excepción.
invasion [ɪn'veɪʒən] *n* invasión *f*.
invent [ɪn'vɛnt] *vt* inventar; **~ion** [ɪn'vɛnʃən] *n* invento; (*inventiveness*) inventiva; (*lie*) ficción *f*, mentira; **~ive** *a* inventivo; **~iveness** *n* ingenio, inventiva; **~or** *n* inventor(a) *m/f*.
inventory ['ɪnvəntrɪ] *n* inventario.
invert [ɪn'vəːt] *vt* invertir; **~ed commas** *npl* (*Brit*) comillas *fpl*.
invertebrate [ɪn'vəːtɪbrət] *n* invertebrado.
invest [ɪn'vɛst] *vt, vi* invertir.
investigate [ɪn'vɛstɪgeɪt] *vt* investigar; (*study*) examinar; **investigation** [-'geɪʃən] *n* investigación *f*, pesquisa; examen *m*; **investigator** *n* investigador(a) *m/f*.
investment [ɪn'vɛstmənt] *n* inversión *f*.
investor [ɪn'vɛstə*] *n* inversionista *m/f*.
inveterate [ɪn'vɛtərət] *a* empedernido.
invidious [ɪn'vɪdɪəs] *a* odioso.
invigilate [ɪn'vɪdʒɪleɪt] *vt, vi* (*in exam*) vigilar.
invigorating [ɪn'vɪgəreɪtɪŋ] *a* vigorizante.
invincible [ɪn'vɪnsɪbl] *a* invencible.
invisible [ɪn'vɪzɪbl] *a* invisible; **~ ink** *n* tinta simpática.
invitation [ɪnvɪ'teɪʃən] *n* invitación *f*.
invite [ɪn'vaɪt] *vt* invitar; (*opinions etc*) solicitar, pedir; (*trouble*) buscarse; **inviting** *a* atractivo; (*look*) provocativo; (*food*) apetitoso.
invoice ['ɪnvɔɪs] *n* factura // *vt* facturar.
invoke [ɪn'vəuk] *vt* invocar; (*aid*) pedir; (*law*) recurrir a.
involuntary [ɪn'vɔləntrɪ] *a* involuntario.
involve [ɪn'vɔlv] *vt* (*entail*) suponer, implicar; **to ~ sb (in)** comprometer a uno (con); **~d** *a* complicado; **~ment** *n* (*gen*) enredo; (*obligation*) compromiso; (*difficulty*) apuro.
inward ['ɪnwəd] *a* (*movement*) interior, interno; (*thought, feeling*) íntimo; **~(s)** *ad* hacia dentro.
I/O *abbr* (*COMPUT* = *input/output*) entrada/salida.
iodine ['aɪəudiːn] *n* yodo.
iota [aɪ'əutə] *n* (*fig*) jota, ápice *m*.
IOU *n abbr* (= *I owe you*) pagaré *m*.
IQ *n abbr* (= *intelligence quotient*) cociente *m* intelectual.
IRA *n abbr* (= *Irish Republican Army*) IRA *m*.
Iran [ɪ'rɑːn] *n* Irán *m*; **~ian** [ɪ'reɪnɪən] *a, n* iraní *m/f*.
Iraq [ɪ'rɑːk] *n* Irak; **~i** *a, n* iraquí *m/f*.
irascible [ɪ'ræsɪbl] *a* irascible.
irate [aɪ'reɪt] *a* enojado, airado.
Ireland ['aɪələnd] *n* Irlanda.
iris ['aɪrɪs], *pl* **~es** *n* (*ANAT*) iris *m*; (*BOT*) lirio.

Irish ['aɪrɪʃ] *a* irlandés/esa // *npl*: **the ~** los irlandeses; **~man/woman** *n* irlandés/esa *m/f*; **the ~ Sea** *n* el Mar de Irlanda.
irk [əːk] *vt* fastidiar; **~some** *a* fastidioso.
iron ['aɪən] *n* hierro; (*for clothes*) plancha // *a* de hierro // *vt* (*clothes*) planchar; **to ~ out** *vt* (*crease*) quitar; (*fig*) allanar; **the I~ Curtain** *n* el Telón de Acero.
ironic(al) [aɪ'rɔnɪk(l)] *a* irónico.
ironing ['aɪənɪŋ] *n* (*act*) planchado; (*clothes: ironed*) ropa planchada; (: *to be ironed*) ropa por planchar; **~ board** *n* tabla de planchar.
ironmonger ['aɪənmʌŋgə*] *n* (*Brit*) ferretero/a; **~'s (shop)** *n* ferretería, quincallería.
iron ore *n* mineral *m* de hierro.
irony ['aɪrənɪ] *n* ironía.
irrational [ɪ'ræʃənl] *a* irracional.
irreconcilable [ɪrɛkən'saɪləbl] *a* (*idea*) incompatible; (*enemies*) irreconciliable.
irregular [ɪ'rɛgjulə*] *a* irregular; (*surface*) desigual.
irrelevant [ɪ'rɛləvənt] *a* fuera de lugar, inoportuno.
irreplaceable [ɪrɪ'pleɪsəbl] *a* irremplazable.
irrepressible [ɪrɪ'prɛsəbl] *a* incontenible.
irresistible [ɪrɪ'zɪstɪbl] *a* irresistible.
irresolute [ɪ'rɛzəluːt] *a* indeciso.
irrespective [ɪrɪ'spɛktɪv]: **~ of** *prep* sin tener en cuenta, no importa.
irresponsible [ɪrɪ'spɔnsɪbl] *a* (*act*) irresponsable; (*person*) poco serio.
irrigate ['ɪrɪgeɪt] *vt* regar; **irrigation** [-'geɪʃən] *n* riego.
irritable ['ɪrɪtəbl] *a* (*person: temperament*) de (mal) carácter; (: *mood*) de mal humor.
irritate ['ɪrɪteɪt] *vt* fastidiar; (*MED*) picar; **irritating** *a* fastidioso; **irritation** [-'teɪʃən] *n* fastidio; picazón *f*, picor *m*.
IRS *n abbr* (*US*) = **Internal Revenue Service.**
is [ɪz] *vb see* **be.**
Islam ['ɪzlɑːm] *n* Islam *m*.
island ['aɪlənd] *n* isla; (*also*: **traffic ~**) isleta; **~er** *n* isleño/a.
isle [aɪl] *n* isla.
isn't ['ɪznt] = **is not.**
isolate ['aɪsəleɪt] *vt* aislar; **~d** *a* aislado; **isolation** [-'leɪʃən] *n* aislamiento.
Israel ['ɪzreɪl] *n* Israel *m*; **~i** [ɪz'reɪlɪ] *a, n* israelí *m/f*.
issue ['ɪʃuː] *n* cuestión *f*, asunto; (*outcome*) resultado; (*of banknotes etc*) emisión *f*; (*of newspaper etc*) número; (*offspring*) sucesión *f*, descendencia // *vt* (*rations, equipment*) distribuir, repartir; (*orders*) dar; (*certificate, passport*) expedir; (*decree*) promulgar; (*magazine*) publicar; (*cheques*) extender; (*bank-*

notes, stamps) emitir; **at ~** en cuestión; **to take ~ with sb (over)** estar en desacuerdo con uno (sobre).

isthmus ['ɪsməs] *n* istmo.

it [ɪt] *pron* **1** (*specific: subject: not generally translated*) él/ella; (: *direct object*) lo, la; (: *indirect object*) le; (*after prep*) él/ella; (*abstract concept*) ello; **~'s on the table** está en la mesa; **I can't find ~** no lo (*or* la) encuentro; **give ~ to me** dámelo (*or* dámela); **I spoke to him about ~** le hablé del asunto; **what did you learn from ~?** ¿qué aprendiste de él (*or* ella)?; **did you go to ~?** (*party, concert etc*) ¿fuiste? **2** (*impersonal*): **~'s raining** llueve, está lloviendo; **~'s 6 o'clock/the 10th of August** son las 6/es el 10 de agosto; **how far is ~?** — **~'s 10 miles/2 hours on the train** ¿a qué distancia está? — a 10 millas/2 horas en tren; **who is ~?** — **~'s me** ¿quién es? — soy yo.

Italian [ɪ'tæljən] *a* italiano // *n* italiano/a; (*LING*) italiano.

italic [ɪ'tælɪk] *a* cursivo; **~s** *npl* cursiva *sg*.

Italy ['ɪtəlɪ] *n* Italia.

itch [ɪtʃ] *n* picazón *f*; (*fig*) prurito // *vi* (*person*) sentir *or* tener comezón; (*part of body*) picar; **to be ~ing to do sth** rabiar por hacer algo; **~y** *a*: **to be ~y** = to be **~**.

it'd ['ɪtd] = **it would, it had.**

item ['aɪtəm] *n* artículo; (*on agenda*) asunto (a tratar); (*in programme*) número; (*also:* **news ~**) noticia; **~ize** *vt* detallar.

itinerant [ɪ'tɪnərənt] *a* ambulante.

itinerary [aɪ'tɪnərərɪ] *n* itinerario.

it'll ['ɪtl] = **it will, it shall.**

its [ɪts] *a* su.

it's [ɪts] = **it is, it has.**

itself [ɪt'self] *pron* (*reflexive*) sí mismo/a; (*emphatic*) él mismo/ella misma.

ITV *n abbr* (*Brit* = *Independent Television*) *cadena de televisión comercial independiente del Estado.*

I.U.D. *n abbr* (= *intra-uterine device*) DIU *m*.

I've [aɪv] = **I have.**

ivory ['aɪvərɪ] *n* marfil *m*.

ivy ['aɪvɪ] *n* hiedra.

J

jab [dʒæb] *vt*: **to ~ sth into sth** clavar algo en algo // *n* (*MED: col*) pinchazo.

jabber ['dʒæbə*] *vt, vi* farfullar.

jack [dʒæk] *n* (*AUT*) gato; (*BOWLS*) boliche *m*; (*CARDS*) sota; **to ~ up** *vt* (*AUT*) levantar con el gato.

jackal ['dʒækɔ:l] *n* (*ZOOL*) chacal *m*.

jackdaw ['dʒækdɔ:] *n* grajo.

jacket ['dʒækɪt] *n* chaqueta, americana,

saco (*LAm*); (*of boiler etc*) camisa; (*of book*) sobrecubierta.

jack-knife ['dʒæknaɪf] *vi* colear.

jack plug *n* (*ELEC*) enchufe *m* de clavija.

jackpot ['dʒækpɔt] *n* premio gordo.

jaded ['dʒeɪdɪd] *a* (*tired*) cansado; (*fed-up*) hastiado.

jagged ['dʒægɪd] *a* dentado.

jail [dʒeɪl] *n* cárcel *f* // *vt* encarcelar; **~break** *n* fuga *or* evasión *f* (de la cárcel); **~er** *n* carcelero/a.

jam [dʒæm] *n* mermelada; (*also:* **traffic ~**) embotellamiento; (*difficulty*) apuro // *vt* (*passage etc*) obstruir; (*mechanism, drawer etc*) atascar; (*RADIO*) interferir // *vi* atascarse, trabarse; **to ~ sth into** sth meter algo a la fuerza en algo.

Jamaica [dʒə'meɪkə] *n* Jamaica.

jangle ['dʒæŋgl] *vi* sonar (de manera) discordante.

janitor ['dʒænɪtə*] *n* (*caretaker*) portero, conserje *m*.

January ['dʒænjuərɪ] *n* enero.

Japan [dʒə'pæn] *n* (el) Japón; **~ese** [dʒæpə'niːz] *a* japonés/esa // *n, pl inv* japonés/esa *m/f*; (*LING*) japonés *m*.

jar [dʒɑ:*] *n* (*glass: large*) jarra; (: *small*) tarro // *vi* (*sound*) chirriar; (*colours*) desentonar.

jargon ['dʒɑ:gən] *n* jerga.

jasmin(e) ['dʒæzmɪn] *n* jazmín *m*.

jaundice ['dʒɔ:ndɪs] *n* ictericia; **~d** *a* (*fig: embittered*) amargado; (: *disillusioned*) desilusionado.

jaunt [dʒɔ:nt] *n* excursión *f*; **~y** *a* alegre.

javelin ['dʒævlɪn] *n* jabalina.

jaw [dʒɔ:] *n* mandíbula.

jay [dʒeɪ] *n* (*ZOOL*) arrendajo.

jaywalker ['dʒeɪwɔ:kə*] *n* peatón/ona *m/f* imprudente.

jazz [dʒæz] *n* jazz *m*; **to ~ up** *vt* (*liven up*) animar, avivar.

jealous ['dʒeləs] *a* celoso; (*envious*) envidioso; **to be ~** tener celos; tener envidia; **~y** *n* celos *mpl*; envidia.

jeans [dʒiːnz] *npl* (pantalones *mpl*) vaqueros *mpl or* tejanos *mpl*.

jeep [dʒiːp] *n* jeep *m*.

jeer [dʒɪə*] *vi*: **to ~ (at)** (*boo*) abuchear; (*mock*) mofarse (de).

jelly ['dʒelɪ] *n* jalea, gelatina; **~fish** *n* medusa.

jeopardize ['dʒepədaɪz] *vt* arriesgar, poner en peligro.

jeopardy ['dʒepədɪ] *n*: **to be in ~** estar en peligro.

jerk [dʒɜ:k] *n* (*jolt*) sacudida; (*wrench*) tirón *m* // *vt* dar una sacudida a; tirar bruscamente de // *vi* (*vehicle*) traquetear.

jerkin ['dʒɜ:kɪn] *n* chaleco.

jerky ['dʒɜ:kɪ] *a* espasmódico.

jersey ['dʒɜ:zɪ] *n* jersey *m*.

jest [dʒɛst] *n* broma.
Jesus ['dʒiːzəs] *n* Jesús *m*.
jet [dʒɛt] *n* (*of gas, liquid*) chorro; (AVIAT) avión *m* a reacción; **~-black** *a* negro como el azabache; **~ engine** *n* motor *m* a reacción; **~ lag** *n* desorientación *f* después de un largo vuelo.
jettison ['dʒɛtɪsn] *vt* desechar.
jetty ['dʒɛtɪ] *n* muelle *m*, embarcadero.
Jew [dʒuː] *n* judío.
jewel ['dʒuːəl] *n* joya; (*in watch*) rubí *m*; **~ler** *n* joyero/a; **~ler's** (**shop**), (US) **~ry store** *n* joyería; (US) **~ery**, **~lery** *n* joyas *fpl*, alhajas *fpl*.
Jewess ['dʒuːɪs] *n* judía.
Jewish ['dʒuːɪʃ] *a* judío.
jibe [dʒaɪb] *n* mofa.
jiffy ['dʒɪfɪ] *n* (*col*): **in a ~** en un santiamén.
jig [dʒɪg] *n* jiga.
jigsaw ['dʒɪgsɔː] *n* (*also:* **~ puzzle**) rompecabezas *m inv*.
jilt [dʒɪlt] *vt* dejar plantado a.
jingle ['dʒɪŋgl] *n* (*advert*) musiquilla // *vi* tintinear.
jinx [dʒɪŋks] *n*: **there's a ~ on it** está gafado.
jitters ['dʒɪtəz] *npl* (*col*): **to get the ~** ponerse nervioso.
job [dʒɔb] *n* trabajo; (*task*) tarea; (*duty*) deber *m*; (*post*) empleo; **it's a good ~ that...** menos mal que...; **just the ~!** ¡estupendo!; **~ centre** *n* (*Brit*) oficina estatal de colocaciones; **~less** *a* sin trabajo.
jockey ['dʒɔkɪ] *n* jockey *m/f* // *vi*: **to ~ for position** maniobrar para conseguir una posición.
jocular ['dʒɔkjulə*] *a* (*humorous*) gracioso; (*merry*) alegre.
jog [dʒɔg] *vt* empujar (ligeramente) // *vi* (*run*) hacer footing; **to ~ along** ir tirando; **to ~ sb's memory** refrescar la memoria a uno; **~ging** *n* footing *m*.
join [dʒɔɪn] *vt* (*things*) juntar, unir; (*become member of: club*) hacerse socio de; (POL: *party*) afiliarse a; (*meet: people*) reunirse con // *vi* (*roads*) empalmar; (*rivers*) confluir // *n* juntura; **to ~ in** *vi* tomar parte, participar // *vt fus* tomar parte o participar en; **to ~ up** *vi* unirse; (MIL) alistarse.
joiner ['dʒɔɪnə*] *n* carpintero/a; **~y** *n* carpintería.
joint [dʒɔɪnt] *n* (TECH) junta, unión *f*; (ANAT) articulación *f*; (*Brit CULIN*) pieza de carne (para asar); (*col: place*) garito // *a* (*common*) común; (*combined*) combinado; (*committee*) mixto; **~ account** (*with bank etc*) cuenta común; **~ly** *ad* en común; conjuntamente.
joist [dʒɔɪst] *n* viga.
joke [dʒəuk] *n* chiste *m*; (*also:* **practical ~**) broma // *vi* bromear; **to play a ~ on** gastar una broma a; **~r** *n* chistoso/a,

bromista *m/f*; (CARDS) comodín *m*.
jolly ['dʒɔlɪ] *a* (*merry*) alegre; (*enjoyable*) divertido // *ad* (*col*) muy, terriblemente.
jolt [dʒəult] *n* (*shake*) sacudida; (*blow*) golpe *m*; (*shock*) susto // *vt* sacudir; asustar.
jostle ['dʒɔsl] *vt* dar empellones a, codear.
jot [dʒɔt] *n*: **not one ~** ni jota, ni pizca; **to ~ down** *vt* apuntar; **~ter** *n* (*Brit*) bloc *m*.
journal ['dʒəːnl] *n* (*paper*) periódico; (*magazine*) revista; (*diary*) diario; **~ism** *n* periodismo; **~ist** *n* periodista *m/f*, reportero/a.
journey ['dʒəːnɪ] *n* viaje *m*; (*distance covered*) trayecto // *vi* viajar.
jovial ['dʒəuvɪəl] *a* risueño.
joy [dʒɔɪ] *n* alegría; **~ful**, **~ous** *a* alegre; **~ ride** *n* (*illegal*) paseo en coche robado; **~ stick** *n* (AVIAT) palanca de mando; (COMPUT) palanca de control.
J.P. *n abbr* = **Justice of the Peace**.
Jr *abbr* = **junior**.
jubilant ['dʒuːbɪlnt] *a* jubiloso.
jubilee ['dʒuːbɪliː] *n* aniversario.
judge [dʒʌdʒ] *n* juez *m/f* // *vt* juzgar; (*estimate*) calcular; **judg(e)ment** *n* juicio; (*punishment*) sentencia, fallo.
judiciary [dʒuː'dɪʃɪərɪ] *n* poder *m* judicial.
judicious [dʒuː'dɪʃəs] *a* juicioso.
judo ['dʒuːdəu] *n* judo.
jug [dʒʌg] *n* jarro.
juggernaut ['dʒʌgənɔːt] *n* (*Brit: huge truck*) camionazo.
juggle ['dʒʌgl] *vi* hacer juegos malabares; **~r** *n* malabarista *m/f*.
Jugoslav ['juːgəuslɑːv] *etc* = **Yugoslav** *etc*.
juice [dʒuːs] *n* zumo, jugo (*esp LAm*); **juicy** *a* jugoso.
jukebox ['dʒuːkbɔks] *n* tocadiscos *m inv* tragaperras.
July [dʒuː'laɪ] *n* julio.
jumble ['dʒʌmbl] *n* revoltijo // *vt* (*also:* **~ up: mix up**) revolver; (: *disarrange*) mezclar; **~ sale** *n* (*Brit*) venta de objetos usados con fines benéficos.
jumbo (jet) ['dʒʌmbəu-] *n* jumbo.
jump [dʒʌmp] *vi* saltar, dar saltos; (*start*) asustarse, sobresaltarse; (*increase*) aumentar // *vt* saltar // *n* salto; aumento; **to ~ the queue** (*Brit*) colarse.
jumper ['dʒʌmpə*] *n* (*Brit: pullover*) suéter *m*, jersey *m*; (US: *dress*) mandil *m*; **~ cables** *npl* (US) = **jump leads**.
jump leads *npl* (*Brit*) cables *mpl* puente de batería.
jumpy ['dʒʌmpɪ] *a* nervioso.
Jun. *abbr* = **junior**.
junction ['dʒʌŋkʃən] *n* (*Brit: of roads*) cruce *m*; (RAIL) empalme *m*.

juncture ['dʒʌŋktʃə*] n: at this ~ en este momento, en esta coyuntura.
June [dʒuːn] n junio.
jungle ['dʒʌŋgl] n selva, jungla.
junior ['dʒuːnɪə*] a (in age) menor, más joven; (competition) juvenil; (position) subalterno // n menor m/f, joven m/f; he's ~ to me es menor que yo; ~ **school** n (Brit) escuela primaria.
junk [dʒʌŋk] n (cheap goods) baratijas fpl; (lumber) trastos mpl viejos; (rubbish) basura; ~ **food** n alimentos preparados y envasados de escaso valor nutritivo; ~ **shop** n tienda de objetos usados.
Junr abbr = **junior**.
jurisdiction [dʒuərɪs'dɪkʃən] n jurisdicción f.
juror ['dʒuərə*] n jurado.
jury ['dʒuərɪ] n jurado.
just [dʒʌst] a justo // ad (exactly) exactamente; (only) sólo, solamente; he's ~ **done it/left** acaba de hacerlo/irse; ~ **right** perfecto; ~ **two o'clock** las dos en punto; she's ~ **as clever as you** (ella) es tan lista como tú; ~ **as well that**... menos mal que...; ~ **as he was leaving** en el momento en que se marchaba; ~ **before/enough** justo antes/lo suficiente; ~ **here** aquí mismo; **he ~ missed** la falló por poco; ~ **listen to this** escucha esto un momento.
justice ['dʒʌstɪs] n justicia; **J~ of the Peace (J.P.)** n juez m de paz.
justifiable [dʒʌstɪ'faɪəbl] a justificable.
justify ['dʒʌstɪfaɪ] vt justificar; (text) alinear.
justly ['dʒʌstlɪ] ad (gen) justamente; (with reason) con razón.
jut [dʒʌt] vi (also: ~ **out**) sobresalir.
juvenile ['dʒuːvənaɪl] a juvenil; (court) de menores // n joven m/f, menor m de edad.
juxtapose ['dʒʌkstəpəʊz] vt yuxtaponer.

K

K abbr (= one thousand) mil; (= kilobyte) kilobyte m, kilooncteto.
kaleidoscope [kə'laɪdəskəʊp] n calidoscopio.
Kampuchea [kæmpu'tʃɪə] n Kampuchea.
kangaroo [kæŋgə'ruː] n canguro.
karate [kə'rɑːtɪ] n karate m.
kebab [kə'bæb] n pincho moruno.
keel [kiːl] n quilla; **on an even ~** (fig) en equilibrio.
keen [kiːn] a (interest, desire) grande, vivo; (eye, intelligence) agudo; (competition) intenso; (edge) afilado; (Brit: eager) entusiasta; **to be ~ to do** or **on doing sth** tener muchas ganas de hacer algo; **to be ~ on sth/sb** interesarse por algo/uno.

keep [kiːp] vb (pt, pp kept) vt (retain, preserve) guardar; (hold back) quedarse con; (shop) ser propietario de; (feed: family etc) mantener; (promise) cumplir; (chickens, bees etc) criar // vi (food) conservarse; (remain) seguir, continuar // n (of castle) torreón m; (food etc) comida, subsistencia; (col): **for ~s** para siempre; **to ~ doing sth** seguir haciendo algo; **to ~ sb from doing sth** impedir a uno hacer algo; **to ~ sth from happening** impedir que algo ocurra; **to ~ sb happy** tener a uno contento; **to ~ a place tidy** mantener un lugar limpio; **to ~ sth to o.s.** guardar algo para sí mismo; **to ~ sth (back) from sb** ocultar algo a uno; **to ~ time** (clock) mantener la hora exacta; **to ~ on** vi seguir, continuar; **to ~ out** vi (stay out) permanecer fuera; '~ **out'** prohibida la entrada; **to ~ up** vt mantener, conservar // vi no retrasarse; **to ~ up with** (pace) ir al pasó de; (level) mantenerse a la altura de; ~**er** n guardián/ana m/f; ~**-fit** n gimnasia (para mantenerse en forma); ~**ing** n (care) custodia; **in ~ing with** de acuerdo con; ~**sake** n recuerdo.
keg [kɛg] n barrilete m, barril m.
kennel ['kɛnl] n perrera; ~**s** npl perreras fpl.
Kenya ['kɛnjə] n Kenia; ~**n** a, n keniano/a m/f.
kept [kɛpt] pt, pp of **keep**.
kerb [kɜːb] n (Brit) bordillo.
kernel ['kɜːnl] n (nut) fruta; (fig) meollo.
kerosene ['kɛrəsiːn] n keroseno.
ketchup ['kɛtʃəp] n salsa de tomate, catsup m.
kettle ['kɛtl] n hervidor m, olla; ~ **drum** n (MUS) timbal m.
key [kiː] n (gen) llave f; (MUS) tono; (of piano, typewriter) tecla // vt (also: ~ **in**) teclear; ~**board** n teclado; ~**ed up a** (person) nervioso; ~**hole** n ojo (de la cerradura); ~**note** n (MUS) tónica; ~**ring** n llavero.
khaki ['kɑːkɪ] n caqui.
kick [kɪk] vt (person) dar una patada a; (ball) dar un puntapié a // vi (horse) dar coces // n patada; puntapié m; (of rifle) culetazo; (thrill): **he does it for ~s** lo hace por pura diversión; **to ~ off** vi (SPORT) hacer el saque inicial.
kid [kɪd] n (col: child) chiquillo/a; (animal) cabrito; (leather) cabritilla // vi (col) bromear.
kidnap ['kɪdnæp] vt secuestrar; ~**per** n secuestrador(a) m/f; ~**ping** n secuestro.
kidney ['kɪdnɪ] n riñón m.
kill [kɪl] vt matar; (murder) asesinar; (fig: story) suprimir; (: rumour) acabar con; **to be ~ed (by a bullet)** ser muerto (por una bala) // n matanza; ~**er** n asesino/a; ~**ing** n (one) asesinato; (several) matanza; ~**joy** n (Brit) agua-

fiestas *m/f inv*.

kiln [kɪln] *n* horno.

kilo ['kiːləʊ] *n* kilo; **~byte** *n* (*COMPUT*) kilobyte *m*, kilooocteto; **~gram(me)** ['kɪləʊgræm] *n* kilo, kilogramo; **~metre**, (*US*) **~meter** *n* ['kɪləmiːtə*] *n* kilómetro; **~watt** ['kɪləʊwɔt] *n* kilovatio.

kilt [kɪlt] *n* falda escocesa.

kin [kɪn] *n* parientes *mpl*.

kind [kaɪnd] *a* (*treatment*) bueno, cariñoso; (*person, act, word*) amable, atento // *n* clase *f*, especie *f*; (*species*) género; in ~ (*COMM*) en especie; a ~ of una especie de; to be two of a ~ ser tal para cual.

kindergarten ['kɪndəgɑːtn] *n* jardín *m* de infantes.

kind-hearted [kaɪnd'hɑːtɪd] *a* bondadoso, de buen corazón.

kindle ['kɪndl] *vt* encender.

kindly ['kaɪndlɪ] *a* bondadoso; (*gentle*) cariñoso // *ad* bondadosamente, amablemente; will you ~... sea usted tan amable de... .

kindness ['kaɪndnɪs] *n* bondad *f*, amabilidad *f*.

kindred ['kɪndrɪd] *a*: ~ spirits almas *fpl* gemelas.

kinetic [kɪ'nɛtɪk] *a* cinético.

king [kɪŋ] *n* rey *m*; **~dom** *n* reino; **~fisher** *n* martín *m* pescador; **~-size** *a* de tamaño gigante.

kinky ['kɪŋkɪ] *a* (*pej*) perverso.

kiosk ['kiːɔsk] *n* quiosco; (*Brit TEL*) cabina.

kipper ['kɪpə*] *n* arenque *m* ahumado.

kiss [kɪs] *n* beso // *vt* besar; to ~ (each other) besarse.

kit [kɪt] *n* avíos *mpl*; (*equipment*) equipo; (*set of tools etc*) (caja de) herramientas *fpl*; (*assembly* ~) juego de armar.

kitchen ['kɪtʃɪn] *n* cocina; ~ sink *n* fregadero.

kite [kaɪt] *n* (*toy*) cometa.

kith [kɪθ] *n*: ~ and kin parientes *mpl* y allegados.

kitten ['kɪtn] *n* gatito/a.

kitty ['kɪtɪ] *n* (*pool of money*) fondo común; (*CARDS*) puesta.

km *abbr* (= *kilometre*) km.

knack [næk] *n*: to have the ~ of doing sth tener el don de hacer algo.

knapsack ['næpsæk] *n* mochila.

knead [niːd] *vt* amasar.

knee [niː] *n* rodilla; **~cap** *n* rótula.

kneel [niːl], *pt, pp* **knelt** *vi* (*also*: ~ down) arrodillarse.

knell [nɛl] *n* toque *m* de difuntos.

knelt [nɛlt] *pt, pp* of **kneel**.

knew [njuː] *pt* of **know**.

knickers ['nɪkəz] *npl* (*Brit*) bragas *fpl*.

knife [naɪf], *pl* **knives** *n* cuchillo // *vt* acuchillar.

knight [naɪt] *n* caballero; (*CHESS*) caballo; **~hood** *n* (*title*): to get a **~hood** re-

cibir el título de *Sir*.

knit [nɪt] *vt* tejer, tricotar; (*brows*) fruncir // *vi* tejer, tricotar; (*bones*) soldarse; to ~ together *vt* (*fig*) unir, juntar; **~ting** *n* labor *f* de punto; **~ting machine** *n* máquina de tricotar; **~ting needle**, (*US*) **~ pin** *n* aguja de tejer; **~wear** *n* prendas *fpl* de punto.

knives [naɪvz] *pl* of **knife**.

knob [nɔb] *n* (*of door*) tirador *m*; (*of stick*) puño; a ~ of butter (*Brit*) un pedazo de mantequilla.

knock [nɔk] *vt* (*strike*) golpear; (*bump into*) chocar contra; (*fig: col*) criticar // *vi* (*at door etc*): to ~ at/on llamar a // *n* golpe *m*; (*on door*) llamada; to ~ down *vt* (*pedestrian*) atropellar; to ~ off *vi* (*col: finish*) salir del trabajo // *vt* (*col: steal*) birlar; to ~ out *vt* dejar sin sentido; (*BOXING*) poner fuera de combate, dejar K.O.; to ~ over *vt* (*object*) tirar; (*person*) atropellar; **~er** *n* (*on door*) aldaba; **~-kneed** *a* patizambo; **~out** *n* (*BOXING*) K.O. *m*, knockout *m*.

knot [nɔt] *n* (*gen*) nudo // *vt* anudar; **~ty** *a* (*fig*) complicado.

know [nəʊ], *pt* **knew**, *pp* **known** *vt* (*gen*) saber; (*person, author, place*) conocer; to ~ how to do saber como hacer; to ~ how to swim saber nadar; to ~ about *or* of sb/sth saber de uno/algo; to ~ all sabelotodo *m/f*; **~-how** *n* conocimientos *mpl*; **~ing** *a* (*look*) de complicidad; **~ingly** *ad* (*purposely*) adrede; (*smile, look*) con complicidad.

knowledge ['nɔlɪdʒ] *n* (*gen*) conocimiento; (*learning*) saber *m*, conocimientos *mpl*; **~able** *a*: **~able** about enterado de.

known [nəʊn] *pp* of **know**.

knuckle ['nʌkl] *n* nudillo.

K.O. *n abbr* = **knockout**.

Koran [kɔ'rɑːn] *n* Corán *m*.

Korea [kə'rɪə] *n* Corea.

kosher ['kəʊʃə*] *a* autorizado por la ley judía.

L

l. *abbr* = **litre**.

lab [læb] *n abbr* = **laboratory**.

label ['leɪbl] *n* etiqueta; (*brand: of record*) sello (discográfico) // *vt* poner etiqueta a.

laboratory [lə'bɔrətərɪ] *n* laboratorio.

laborious [lə'bɔːrɪəs] *a* penoso.

labour, (*US*) **labor** ['leɪbə*] *n* (*task*) trabajo; (*~ force*) mano *f* de obra; (*MED*) parto // *vi*: to ~ (at) trabajar (en) // *vt* insistir en; in ~ (*MED*) de parto; L~, the L~ party (*Brit*) el partido laborista, los laboristas *mpl*; **~ed** *a* (*breathing*) fatigoso; (*style*) pesado; **~er** *n* peón *m*; (*on farm*) peón *m*; (*day ~er*) jornalero.

labyrinth ['læbɪrɪnθ] n laberinto.

lace [leɪs] n encaje m; (of shoe etc) cordón m // vt (shoes: also: ~ **up**) atarse (los zapatos).

lack [læk] n (absence) falta; (scarcity) escasez f // vt faltarle a uno, carecer de; **through** or **for** ~ **of** por falta de; **to be** ~**ing** faltar, no haber.

lackadaisical [lækə'deɪzɪkl] a (careless) descuidado; (indifferent) indiferente.

lacquer ['lækə*] n laca.

lad [læd] n muchacho, chico; (in stable etc) mozo.

ladder ['lædə*] n escalera (de mano); (Brit: in tights) carrera // vt (Brit: tights) hacer una carrera en.

laden ['leɪdn] a: ~ (**with**) cargado (de).

ladle ['leɪdl] n cucharón m.

lady ['leɪdɪ] n señora; (distinguished, noble) dama; **young** ~ señorita; **the ladies' (room)** los servicios de señoras; ~**bird**, (US) ~**bug** n mariquita; ~-**in-waiting** n dama de honor; ~**like** a fino; **L**~**ship** n: **your L**~**ship** su Señoría.

lag [læg] vi (also: ~ **behind**) retrasarse, quedarse atrás // vt (pipes) revestir.

lager ['lɑːgə*] n cerveza (rubia).

lagoon [lə'guːn] n laguna.

laid [leɪd] pt, pp of **lay**; ~ **back** a (col) relajado.

lain [leɪn] pp of **lie**.

lair [lɛə*] n guarida.

laity ['leɪtɪ] n laicado.

lake [leɪk] n lago.

lamb [læm] n cordero; (meat) carne f de cordero; ~ **chop** n chuleta de cordero; ~**swool** n lana de cordero.

lame [leɪm] a cojo; (excuse) poco convincente.

lament [lə'mɛnt] vt lamentarse de.

laminated ['læmɪneɪtɪd] a laminado.

lamp [læmp] n lámpara.

lampoon [læm'puːn] vt satirizar.

lamp: ~**post** n (Brit) (poste m de) farol m; ~**shade** n pantalla.

lance [lɑːns] n lanza // vt (MED) abrir con lanceta; ~ **corporal** n (Brit) soldado de primera clase.

land [lænd] n tierra; (country) país m; (piece of ~) terreno; (estate) tierras fpl, finca; (AGR) campo // vi (from ship) desembarcar; (AVIAT) aterrizar; (fig: fall) caer, terminar // vt (obtain) conseguir; (passengers, goods) desembarcar; **to** ~ **up in/at** ir a parar a/en; ~**ing** n desembarco; aterrizaje m; (of staircase) rellano; ~**ing stage** n (Brit) desembarcadero; ~**ing strip** n pista de aterrizaje; ~**lady** n (of boarding house) patrona; (owner) dueña; ~**lord** n propietario; (of pub etc) patrón m; ~**mark** n lugar m conocido; **to be a** ~**mark** (fig) hacer época; ~**owner** n terrateniente m/f.

landscape ['lænskeɪp] n paisaje m.

landslide ['lændslaɪd] n (GEO) corrimiento de tierras; (fig: POL) victoria arrolladora.

lane [leɪn] n (in country) camino; (in town) callejón m; (AUT) carril m; (in race) calle f; (for air or sea traffic) ruta.

language ['læŋgwɪdʒ] n lenguaje m; (national tongue) idioma m, lengua; **bad** ~ palabrotas fpl; ~ **laboratory** n laboratorio de idiomas.

languid ['læŋgwɪd] a lánguido.

languish ['læŋgwɪʃ] vi languidecer.

lank [læŋk] a (hair) lacio.

lanky ['læŋkɪ] a larguirucho.

lantern ['læntn] n linterna, farol m.

lap [læp] n (of track) vuelta; (of body): **to sit on sb's** ~ sentarse en las rodillas de uno // vt (also: ~ **up**) lamer // vi (waves) chapotear.

lapel [lə'pɛl] n solapa.

Lapland ['læplænd] n Laponia.

lapse [læps] n error m, fallo; (moral) desliz m // vi (expire) caducar; (morally) cometer un desliz; (time) pasar, transcurrir; **to** ~ **into bad habits** caer en malos hábitos; ~ **of time** lapso, período.

larceny ['lɑːsənɪ] n latrocinio.

lard [lɑːd] n manteca (de cerdo).

larder ['lɑːdə*] n despensa.

large [lɑːdʒ] a grande; **at** ~ (free) en libertad; (generally) en general; ~**ly** ad en gran parte; ~-**scale** a (map) en gran escala; (fig) importante.

largesse [lɑː'ʒɛs] n generosidad f.

lark [lɑːk] n (bird) alondra; (joke) broma; **to** ~ **about** vi bromear, hacer el tonto.

laryngitis [lærɪn'dʒaɪtɪs] n laringitis f.

larynx ['lærɪŋks] n laringe f.

laser ['leɪzə*] n láser m; ~ **printer** n impresora (por) láser.

lash [læʃ] n latigazo; (punishment) azote m; (also: eyelash) pestaña // vt azotar; (tie) atar; **to** ~ **out** vi (col: spend) gastar a la loca; **to** ~ **out at** or **against sb** lanzar invectivas contra uno.

lass [læs] n chica.

lasso [læ'suː] n lazo.

last [lɑːst] a (gen) último; (final) último, final // ad por último // vi (endure) durar; (continue) continuar, seguir; ~ **night** anoche; ~ **week** la semana pasada; **at** ~ por fin; ~ **but one** penúltimo; ~-**ditch** a (attempt) último, desesperado; ~**ing** a duradero; ~**ly** ad por último, finalmente; ~-**minute** a de última hora.

latch [lætʃ] n picaporte m, pestillo.

late [leɪt] a (not on time) tarde, atrasado; (towards end of period, life) tardío; (hour) avanzado; (dead) fallecido // ad tarde; (behind time, schedule) con retraso; **of** ~ últimamente; **in** ~ **May** hacia fines de mayo; **the** ~ **Mr X** el difunto Sr X; ~**comer** n recién llegado/a; ~**ly** ad últimamente.

later ['leɪtə*] a (date etc) posterior; (version etc) más reciente // ad más tarde, después.
lateral ['lætərl] a lateral.
latest ['leɪtɪst] a último; **at the ~** a más tardar.
lathe [leɪð] n torno.
lather ['lɑːðə*] n espuma (de jabón) // vt enjabonar.
Latin ['lætɪn] n latín m // a latino; **~ America** n América latina; **~ American** a latinoamericano.
latitude ['lætɪtjuːd] n latitud f.
latter ['lætə*] a último; (of two) segundo // n: **the ~** el último, éste; **~ly** ad últimamente.
lattice ['lætɪs] n enrejado.
laudable ['lɔːdəbl] a loable.
laugh [lɑːf] n risa; (loud) carcajada // vi reír(se); **to ~ at** vt fus reírse de; **to ~ off** vt tomar algo a risa; **~able** a ridículo; **~ing stock** n: **the ~ing stock of** el hazmerreír de; **~ter** n risa.
launch [lɔːntʃ] n (boat) lancha; see also **~ing** // vt (ship, rocket, plan) lanzar; **~ing** n (of rocket etc) lanzamiento; (inauguration) estreno; **~(ing) pad** n plataforma de lanzamiento.
launder ['lɔːndə*] vt lavar.
launderette [lɔːn'drɛt], (US) **laundromat** ['lɔːdrəmæt] n lavandería (automática).
laundry ['lɔːndrɪ] n lavandería; (clothes) ropa sucia; **to do the ~** hacer la colada.
laureate ['lɔːrɪət] a see **poet**.
lavatory ['lævətərɪ] n wáter m; **lavatories** npl servicios mpl, aseos mpl, sanitarios mpl (LAm).
lavender ['lævəndə*] n lavanda.
lavish ['lævɪʃ] a abundante; (giving freely): **~ with** a pródigo en // vt: **to ~ sth on sb** colmar a uno de algo.
law [lɔː] n ley f; (study) derecho; **~-abiding** a respetuoso de la ley; **~ and order** n orden m público; **~ court** n tribunal m (de justicia); **~ful** a legítimo, lícito; **~fully** ad legalmente.
lawn [lɔːn] n césped m; **~ mower** n cortacésped m; **~ tennis** n tenis m sobre hierba.
law school n facultad f de derecho.
lawsuit ['lɔːsuːt] n pleito.
lawyer ['lɔːjə*] n abogado/a; (for sales, wills etc) notario/a.
lax [læks] a (discipline) relajado; (person) negligente al hacer.
laxative ['læksətɪv] n laxante m.
laxity ['læksɪtɪ] n flojedad f; (moral) relajamiento; (negligence) negligencia.
lay [leɪ] pt of **lie** // a laico; (not expert) lego // vt (pt, pp **laid**) (place) colocar; (eggs, table) poner; (trap) tender; **to ~ aside** or **by** vt dejar a un lado; **to ~ down** vt (pen etc) dejar; (arms) ren-

dir; (policy) asentar; **to ~ down the law** imponer las normas; **to ~ off** vt (workers) despedir; **to ~ on** vt (water, gas) instalar; (meal, facilities) proveer; **to ~ out** vt (plan) trazar; (display) disponer; (spend) gastar; **to ~ up** vt (store) guardar; (ship) desarmar; (subj: illness) obligar a guardar cama; **~about** n vago/a; **~-by** n (Brit AUT) área de aparcamiento.
layer ['leɪə*] n capa.
layette [leɪ'ɛt] n ajuar m (de niño).
layman ['leɪmən] n lego.
layout ['leɪaut] n (design) plan m, trazado; (disposition) disposición f; (PRESS) composición f.
laze [leɪz] vi holgazanear.
laziness ['leɪzɪnɪs] n pereza.
lazy ['leɪzɪ] a perezoso, vago.
lb. abbr = **pound** (weight).
lead [liːd] n (front position) delantera; (distance, time ahead) ventaja; (clue) pista; (ELEC) cable m; (for dog) correa; (THEATRE) papel m principal; [lɛd] (metal) plomo; (in pencil) mina // (vb: pt, pp **led**) vt conducir; (life) llevar; (be leader of) dirigir; (SPORT) ir en cabeza de // vi ir primero; **to be in the ~** (SPORT) llevar la delantera; (fig) ir a la cabeza; **to ~ astray** llevar por mal camino; **to ~ away** vt llevar; **to ~ back** vt (person, route) llevar de vuelta; **to ~ on** vt (tease) engañar; **to ~ on to** (induce) incitar a; **to ~ to** vt fus producir, provocar; **to ~ up to** vt fus conducir a.
leaden ['lɛdn] a (sky, sea) plomizo; (heavy: footsteps) pesado.
leader ['liːdə*] n jefe/a m/f, líder m; (of union etc) dirigente m/f; (guide) guía m/f; (of newspaper) artículo de fondo; **~ship** n dirección f.
leading ['liːdɪŋ] a (main) principal; (outstanding) destacado; (first) primero; (front) delantero; **~ lady** n (THEATRE) primera actriz f; **~ light** n (person) figura principal.
leaf [liːf], pl **leaves** n hoja // vi: **to ~ through** hojear; **to turn over a new ~** reformarse.
leaflet ['liːflɪt] n folleto.
league [liːg] n sociedad f; (FOOTBALL) liga; **to be in ~ with** estar de manga con.
leak [liːk] n (of liquid, gas) escape m, fuga; (in pipe) agujero; (in roof) gotera; (in security) filtración f // vi (shoes, ship) hacer agua; (pipe) tener (un) escape; (roof) gotear; (also: **~ out:** liquid, gas) escaparse, fugarse; (fig: news) divulgarse // vt (gen) dejar escapar; (fig: information) filtrarse.
lean [liːn] a (thin) flaco; (meat) magro // (vb: pt, pp **leaned** or **leant** [lɛnt]) vt: **to ~ sth on sth** apoyar algo en algo // vi

(*slope*) inclinarse; (*rest*): **to ~ against**
apoyarse contra; **to ~ on** apoyarse en;
(*fig: rely on*) contar con (el apoyo de);
to ~ back/forward *vi* inclinarse hacia
atrás/adelante; **to ~ out** *vi* asomarse;
to ~ over *vi* inclinarse; **~ing** *n:* **~ing**
(**towards**) inclinación *f* (hacia), **~-to** *n*
cobertizo.

leap [li:p] *n* salto // *vi* (*pt, pp* **leaped** or
leapt [lept]) saltar; **~frog** *n* pídola; **~**
year *n* año bisiesto.

learn [lə:n], *pt, pp* **learned** or **learnt** *vt*
(*gen*) aprender; (*come to know of*) enterarse de // *vi* aprender; **to ~ how to do**
sth aprender a hacer algo; **~ed** [ˈlə:nɪd]
a erudito; **~er** *n* principiante *m/f*; (*Brit:*
also: **~er driver**) aprendiz(a) *m/f*; **~ing**
n el saber *m*, conocimientos *mpl*.

lease [li:s] *n* arriendo // *vt* arrendar.

leash [li:ʃ] *n* correa.

least [li:st] *a* (*slightest*) menor, más pequeño; (*smallest amount of*) mínimo //
ad menos // *n:* **the ~** lo menos; **the ~** ex-
pensive car el coche menos costoso; **at ~**
por lo menos, al menos; **not in the ~** en
absoluto.

leather [ˈleðə*] *n* cuero.

leave [li:v], *pt, pp* **left** *vt* dejar; (*go*
away from) abandonar // *vi* irse; (*train*)
salir // *n* permiso; **to be left** quedar, sobrar; **there's some milk left over** sobra
or queda algo de leche; **on ~** de permiso; **to ~ behind** *vt* (*on purpose*) dejar
(atrás); (*accidentally*) olvidar; **to take**
one's ~ of despedirse de; **to ~ out** *vt*
omitir; **~ of absence** *n* permiso de ausentarse.

leaves [li:vz] *pl of* **leaf**.

Lebanon [ˈlebənən] *n :* **the ~** el Líbano.

lecherous [ˈletʃərəs] *a* lascivo.

lecture [ˈlektʃə*] *n* conferencia; (*SCOL*)
clase *f* // *vi* dar una clase // *vt* (*scold*)
sermonear; **to give a ~ on** dar una conferencia sobre; **~r** *n* conferenciante *m/f*;
(*Brit : at university*) profesor(a) *m/f*.

led [led] *pt, pp of* **lead**.

ledge [ledʒ] *n* (*of window, on wall*) repisa, reborde *m*; (*of mountain*) saliente *m*.

ledger [ˈledʒə*] *n* libro mayor.

lee [li:] *n* sotavento.

leech [li:tʃ] *n* sanguijuela.

leek [li:k] *n* puerro.

leer [lɪə*] *vi:* **to ~ at sb** mirar de manera
lasciva a uno.

leeway [ˈli:weɪ] *n* (*fig*): **to have some ~**
tener cierta libertad de acción.

left [left] *pt, pp of* **leave** // *a* izquierdo //
n izquierda // *ad* a la izquierda; **on** or **to**
the ~ a la izquierda; **the L~** (*POL*) la izquierda; **~-handed** *a* zurdo; **~-luggage**
(**office**) *n* (*Brit*) consigna; **~-overs** *npl*
sobras *fpl*; **~-wing** *a* (*POL*) de izquierda, izquierdista.

leg [leg] *n* pierna; (*of animal*) pata; (*of*

chair) pie *m*; (*CULIN: of meat*) pierna;
(*of journey*) etapa; **lst/2nd ~** (*SPORT*)
partido de ida/de vuelta.

legacy [ˈlegəsɪ] *n* herencia.

legal [ˈli:gl] *a* (*permitted by law*) lícito;
(*of law*) legal; (*inquiry etc*) jurídico; **~**
holiday *n* (*US*) fiesta oficial; **~ize** *vt* le-
galizar; **~ly** *ad* legalmente; **~ tender** *n*
moneda de curso legal.

legend [ˈledʒənd] *n* leyenda.

legislation [ledʒɪsˈleɪʃən] *n* legislación *f*.

legislature [ˈledʒɪslətʃə*] *n* cuerpo legis-
lativo.

legitimate [lɪˈdʒɪtɪmət] *a* legítimo.

leg-room [ˈlegru:m] *n* espacio para las
piernas.

leisure [ˈleʒə*] *n* ocio, tiempo libre; **at ~**
con tranquilidad; **~ centre** *n* centro de
recreo; **~ly** *a* sin prisa; lento.

lemon [ˈlemən] *n* limón *m*; **~ade** [-ˈneɪd]
n (*fruit juice*) limonada; (*fizzy*) gaseosa;
~ tea *n* té *m* con limón.

lend [lend], *pt, pp* **lent** *vt:* **to ~ sth to sb**
prestar algo a alguien; **~ing library** *n*
biblioteca de préstamo.

length [leŋθ] *n* (*size*) largo, longitud *f*;
(*section: of road, pipe*) tramo; (: *rope*
etc) largo; **at ~** (*at last*) por fin, finalmente; (*lengthily*) largamente; **~en** *vt*
alargar // *vi* alargarse; **~ways** *ad* a lo
largo; **~y** *a* largo, extenso; (*meeting*)
prolongado.

lenient [ˈli:nɪənt] *a* indulgente.

lens [lenz] *n* (*of spectacles*) lente *f*; (*of*
camera) objetivo.

lent [lent] *pt, pp of* **lend**.

Lent [lent] *n* Cuaresma.

lentil [ˈlentl] *n* lenteja.

Leo [ˈli:əu] *n* Leo.

leotard [ˈli:əta:d] *n* leotardo.

leper [ˈlepə*] *n* leproso/a.

leprosy [ˈleprəsɪ] *n* lepra.

lesbian [ˈlezbɪən] *n* lesbiana.

less [les] *a* (*in size, degree etc*) menor;
(*in quantity*) menos // *pron, ad* menos; **~**
than half menos de la mitad; **~ than**
ever menos que nunca; **~ and ~** cada
vez menos; **the ~ he works...** cuanto menos trabaja...

lessen [ˈlesn] *vi* disminuir, reducirse // *vt*
disminuir, reducir.

lesser [ˈlesə*] *a* menor; **to a ~ extent** en
menor grado.

lesson [ˈlesn] *n* clase *f*; **a maths ~** una
clase de matemáticas.

lest [lest] *conj:* **~ it happen** para que no
pase.

let [let], *pt, pp* **let** *vt* (*allow*) dejar, permitir; (*Brit: lease*) alquilar; **to ~ sb do**
sth dejar que uno haga algo; **to ~ sb**
know sth comunicar algo a uno; **~'s go**
¡vamos!; **~ him come** que venga; **'to ~'**
'se alquila'; **to ~ down** *vt* (*lower*) bajar; (*dress*) alargar; (*tyre*) desinflar;
(*hair*) soltar; (*disappoint*) defraudar; **to**

~ go *vi* soltar; *(fig)* dejarse ir // *vt* soltar; **to ~ in** *vt* dejar entrar; *(visitor etc)* hacer pasar; **to ~ off** *vt* dejar escapar; *(firework etc)* disparar; *(bomb)* accionar; **to ~ on** *vi* *(col)* divulgar; **to ~ out** *vt* dejar salir; *(dress)* ensanchar; **to ~ up** *vi* amainar, disminuir.

lethal ['li:θl] *a* *(weapon)* mortífero; *(poison, wound)* mortal.

lethargy ['leθədʒɪ] *n* letargo.

letter ['letə*] *n* *(of alphabet)* letra; *(correspondence)* carta; **~ bomb** *n* cartabomba; **~box** *n* *(Brit)* buzón *m*; **~ of credit** *n* carta de crédito; **~ing** *n* letras *fpl*.

lettuce ['letɪs] *n* lechuga.

leukaemia, *(US)* **leukemia** [lu:'ki:mɪə] *n* leucemia.

level ['levl] *a* *(flat)* llano; *(flattened)* nivelado; *(uniform)* igual // *ad* a nivel // *n* nivel *m* // *vt* nivelar; allanar; **to be ~ with** estar a nivel de; **'A' ~s** *npl* *(Brit)* ≈ Bachillerato Superior, B.U.P.; **'O' ~s** *npl* *(Brit)* ≈ bachillerato elemental, octavo de básica; **on the ~** *(fig: honest)* en serio; **to ~ off** *or* **out** *vi* *(prices etc)* estabilizarse; **~ crossing** *n* *(Brit)* paso a nivel; **~-headed** *a* sensato.

lever ['li:və*] *n* palanca // *vt*: **to ~ up** levantar con palanca; **~age** *n* *(fig: influence)* influencia.

levy ['levɪ] *n* impuesto // *vt* exigir, recaudar.

lewd [lu:d] *a* lascivo; *(joke)* obsceno, colorado *(LAm)*.

liability [laɪə'bɪlətɪ] *n* responsabilidad *f*; *(handicap)* desventaja; **liabilities** *npl* obligaciones *fpl*; *(COMM)* pasivo *sg*.

liable ['laɪəbl] *a* *(subject)*: **~ to** sujeto a; *(responsible)*: **~ for** responsable de; *(likely)*: **~ to** propenso a hacer.

liaise [lɪ'eɪz] *vi*: **to ~ with** enlazar con.

liaison [lɪ'eɪzɒn] *n* *(coordination)* enlace *m*; *(affair)* relación *f*.

liar ['laɪə*] *n* mentiroso/a.

libel ['laɪbl] *n* calumnia // *vt* calumniar.

liberal ['lɪbərl] *a* *(gen)* liberal; *(generous)*: **~ with** generoso con.

liberty ['lɪbətɪ] *n* libertad *f*; **to be at ~ to do** estar libre para hacer.

Libra ['li:brə] *n* Libra.

librarian [laɪ'breərɪən] *n* bibliotecario/a.

library ['laɪbrərɪ] *n* biblioteca.

libretto [lɪ'bretəu] *n* libreto.

Libya ['lɪbɪə] *n* Libia; **~n** *a*, *n* libio/a *m/f*.

lice [laɪs] *pl* of **louse**.

licence, *(US)* **license** ['laɪsns] *n* licencia; *(permit)* permiso; *(also:* **driving ~,** *(US)* **driver's ~)** carnet *m* de conducir *(Sp)*, permiso *(LAm)*; *(excessive freedom)* libertad *f*; **~ number** *n* matrícula; **~ plate** *n* placa (de matrícula).

license ['laɪsns] *n* *(US)* = **licence** // *vt* autorizar, dar permiso a; **~d** *a* *(for alcohol)* autorizado para vender bebidas alcohólicas.

licentious [laɪ'senʃəs] *a* licencioso.

lichen ['laɪkən] *n* líquen *m*.

lick [lɪk] *vt* lamer // *n* lamedura; **a ~ of paint** una mano de pintura.

licorice ['lɪkərɪs] *n* = **liquorice**.

lid [lɪd] *n* *(of box, case)* tapa; *(of pan)* cobertera.

lido ['laɪdəu] *n* *(Brit)* piscina.

lie [laɪ] *n* mentira // *vi* mentir; *(pt* **lay,** *pp* **lain)** *(rest)* estar echado, estar acostado; *(of object: be situated)* estar, encontrarse; **to ~ low** *(fig)* mantenerse a escondidas; **to ~ about** *vi* *(things)* estar tirado; *(Brit)* *(people)* estar tumbado; **to have a ~-down** *(Brit)* echarse (una siesta); **to have a ~-in** *(Brit)* quedarse en la cama.

lieu [lu:]: **in ~ of** *prep* en lugar de.

lieutenant [lef'tenənt, *(US)* lu:'tenənt] *n* *(MIL)* teniente *m*.

life [laɪf], *pl* **lives** *n* vida; *(way of ~)* modo de vivir; *(of licence etc)* vigencia; **~ assurance** *n* *(Brit)* seguro de vida; **~belt** *n* *(Brit)* cinturón *m* salvavidas; **~boat** *n* lancha de socorro; **~guard** *n* vigilante *mf*; **~ insurance** *n* = **~ assurance**; **~ jacket** *n* chaleco salvavidas; **~less** *a* sin vida; *(dull)* soso; **~like** *a* natural; **~line** *n* *(fig)* cordón umbilical; **~long** *a* de toda la vida; **~ preserver** *n* *(US)* = **~belt**; **~-saver** *n* socorrista *m/f*; **~ sentence** *n* condena perpetua; **~-sized** *a* de tamaño natural; **~ span** *n* vida; **lifestyle** *n* estilo de vida; **~ support system** *n* *(MED)* sistema *m* de respiración asistida; **~time** *n*: **in his ~time** durante su vida; **once in a ~time** una vez en la vida.

lift [lɪft] *vt* levantar; *(copy)* plagiar // *vi* *(fog)* disiparse // *n* *(Brit: elevator)* ascensor *m*; **to give sb a ~** *(Brit)* llevar a uno en el coche; **~-off** *n* despegue *m*.

light [laɪt] *n* luz *f*; *(flame)* lumbre *f*; *(lamp)* luz *f*, lámpara; *(daylight)* luz *f* del día; *(headlight)* faro; *(rear ~)* luz *f* trasera; *(for cigarette etc)*: **have you got a ~?** ¿tienes fuego? // *vt* *(pt, pp* **lighted** *or* **lit)** *(candle, cigarette, fire)* encender *(Sp)*, prender *(LAm)*; *(room)* alumbrar // *a* *(colour)* claro; *(not heavy, also fig)* ligero; *(room)* alumbrado; **to come to ~** salir a luz; **to ~ up** *vi* *(smoke)* encender un cigarrillo; *(face)* iluminarse // *vt* *(illuminate)* iluminar, alumbrar; **~ bulb** *n* bombilla, foco *(LAm)*; **~en** *vi* *(grow ~)* clarear // *vt* *(give light to)* iluminar; *(make lighter)* aclarar; *(make less heavy)* aligerar; **~er** *n* *(also:* **cigarette ~er)** encendedor *m*, mechero; **~-headed** *a* *(dizzy)* mareado; *(excited)* exaltado; *(by nature)* casquivano; **~-hearted** *a* alegre; **~house** *n* faro; **~ing** *n* *(act)* iluminación *f*; *(system)* alumbrado; **~ly** *ad* ligeramente; (*not seriously*) con poca seriedad; **to get off** ~**ly** ser castigado con poca severidad; ~**ness** *n* claridad *f*; (*in weight*) ligereza.

lightning ['laitnɪŋ] *n* relámpago, rayo; ~ **conductor**, (*US*) ~ **rod** *n* pararrayos *m inv*.

light: ~ **pen** *n* lápiz *m* óptico; ~**weight** *a* (*suit*) ligero // *n* (*BOXING*) peso ligero; ~ **year** *n* año luz.

like [laik] *vt* gustarle a uno // *prep* como // *a* parecido, semejante // *n*: **the** ~ semejante *m/f*; **his** ~**s and dislikes** sus gustos y aversiones; **I would** ~, **I'd** ~ me gustaría; (*for purchase*) quisiera; **would you** ~ **a coffee?** ¿te apetece un café?; **I** ~ **swimming** me gusta nadar; **she** ~**s apples** le gustan las manzanas; **to do or look** ~ **sb/sth** parecerse a alguien/algo; **that's just** ~ **him** es muy de él, es característico de él; **do it** ~ **this** hazlo así; **it is nothing** ~... no tiene parecido alguno con...; ~**able** *a* simpático, agradable.

likelihood ['laiklihud] *n* probabilidad *f*.

likely ['laikli] *a* probable; **he's** ~ **to leave** es probable que se vaya; **not** ~! ¡ni hablar!

likeness ['laiknis] *n* semejanza, parecido.

likewise ['laikwaiz] *ad* igualmente.

liking ['laikiŋ] *n*: ~ (**for**) (*person*) cariño (a); (*thing*) afición (a).

lilac ['lailək] *n* lila // *a* (*colour*) de color lila.

lily ['lili] *n* lirio, azucena; ~ **of the valley** *n* lirio de los valles.

limb [lim] *n* miembro.

limber ['limbə*]: **to** ~ **up** *vi* (*fig*) entrenarse; (*SPORT*) desentumecerse.

limbo ['limbəu] *n*: **to be in** ~ (*fig*) quedar a la expectativa.

lime [laim] *n* (*tree*) limero; (*fruit*) lima; (*GEO*) cal *f*.

limelight ['laimlait] *n*: **to be in the** ~ (*fig*) ser el centro de atención.

limerick ['limərik] *n* quintilla humorística.

limestone ['laimstəun] *n* piedra caliza.

limit ['limit] *n* límite *m* // *vt* limitar; ~**ed** *a* limitado; **to be** ~**ed to** limitarse a; ~**ed (liability) company (Ltd)** *n* (*Brit*) sociedad *f* anónima.

limousine ['limuzi:n] *n* limusina.

limp [limp] *n*: **to have a** ~ tener cojera // *vi* cojear // *a* flojo.

limpet ['limpit] *n* lapa.

line [lain] *n* (*gen*) línea; (*straight* ~) raya; (*rope*) cuerda; (*for fishing*) sedal *m*; (*wire*) hilo; (*row, series*) fila, hilera; (*of writing*) renglón *m*; (*on face*) arruga; (*speciality*) rama // *vt* (*SEWING*) forrar (*with* de); **to** ~ **the streets** ocupar las aceras; **in** ~ **with** de acuerdo con; **to** ~ **up** *vi* hacer cola // *vt* alinear, poner en fila.

linear ['liniə*] *a* lineal.

lined [laind] *a* (*face*) arrugado; (*paper*) rayado.

linen ['linin] *n* ropa blanca; (*cloth*) lino.

liner ['lainə*] *n* vapor *m* de línea, transatlántico.

linesman ['lainzmən] *n* (*SPORT*) juez *m* de línea.

line-up ['lainʌp] *n* alineación *f*.

linger ['liŋgə*] *vi* retrasarse, tardar en marcharse; (*smell, tradition*) persistir.

lingerie ['lænʒəri:] *n* ropa interior (de mujer).

lingo ['liŋgəu], *pl* ~**es** *n* (*pej*) jerga.

linguist ['liŋgwist] *n* lingüista *m/f*; ~**ic** *a* lingüístico; ~**ics** *n* lingüística.

lining ['lainiŋ] *n* forro.

link [liŋk] *n* (*of a chain*) eslabón *m*; (*connection*) conexión *f*; (*bond*) vínculo, lazo // *vt* vincular, unir; ~**s** *npl* (*GOLF*) campo *sg* de golf; **to** ~ **up** *vt* acoplar // *vi* unirse; ~-**up** *n* (*gen*) unión *f*; (*in space*) acoplamiento.

lino ['lainəu], **linoleum** [li'nəuliəm] *n* linóleo.

lion ['laiən] *n* león *m*; ~**ess** *n* leona.

lip [lip] *n* labio; (*of jug*) pico; (*of cup etc*) borde *m*; ~**read** *vi* leer los labios; ~ **salve** *n* crema protectora para labios; ~ **service** *n*: **to pay** ~ **service to sth** prometer algo de palabra; ~**stick** *n* lápiz *m* de labios, carmín *m*.

liqueur [li'kjuə*] *n* licor *m*.

liquid ['likwid] *a, n* líquido.

liquidize ['likwidaiz] *vt* (*CULIN*) licuar.

liquidizer ['likwidaizə*] *n* licuadora.

liquor ['likə*] *n* licor *m*, bebidas *fpl* alcohólicas.

liquorice ['likəris] *n* regaliz *m*.

liquor store *n* (*US*) bodega, *tienda de vinos y bebidas alcohólicas*.

Lisbon ['lizbən] *n* Lisboa.

lisp [lisp] *n* ceceo.

list [list] *n* lista; (*of ship*) inclinación *f* // *vt* (*write down*) hacer una lista de; (*enumerate*) catalogar // *vi* (*ship*) inclinarse.

listen ['lisn] *vi* escuchar, oír; (*pay attention*) atender; ~**er** *n* oyente *m/f*.

listless ['listlis] *a* apático, indiferente.

lit [lit] *pt, pp* of **light**.

litany ['litəni] *n* letanía.

liter ['li:tə*] *n* (*US*) = **litre**.

literacy ['litərəsi] *n* capacidad *f* de leer y escribir.

literal ['litərl] *a* literal.

literary ['litərəri] *a* literario.

literate ['litərət] *a* que sabe leer y escribir; (*fig*) culto.

literature ['litəritʃə*] *n* literatura; (*brochures etc*) folletos *mpl*.

lithe [laið] *a* ágil.

litigation [liti'geiʃən] *n* litigio.

litre, (*US*) **liter** ['li:tə*] *n* litro.

litter ['litə*] *n* (*rubbish*) basura; (*paper*) papel *m* tirado; (*young animals*) camada, cría; ~ **bin** *n* (*Brit*) papelera; ~**ed**

a: ~ed with (*scattered*) esparcido con; (*covered with*) lleno de.

little ['lɪtl] *a* (*small*) pequeño; (*not much*) poco; (*often translated by suffix*: *eg* ~ **house** casita) // *ad* poco; **a** ~ un poco (de); ~ **by** ~ poco a poco.

live [lɪv] *vi* vivir // *vt* (*a life*) llevar; (*experience*) vivir // *a* [laɪv] (*animal*) vivo; (*wire*) conectado; (*broadcast*) en directo; (*shell*) cargado; **to** ~ **down** *vt* hacer olvidar; **to** ~ **on** *vt fus* (*food*) vivirse de, alimentarse de; **to** ~ **together** *vi* vivir juntos; **to** ~ **up to** *vt fus* (*fulfil*) cumplir con; (*justify*) justificar.

livelihood ['laɪvlɪhud] *n* sustento.

lively ['laɪvlɪ] *a* (*gen*) vivo; (*talk*) animado; (*pace*) rápido; (*party, tune*) alegre.

liven up ['laɪvn-] *vt* animar.

liver ['lɪvə*] *n* hígado.

livery ['lɪvərɪ] *n* librea.

lives [laɪvz] *pl of* **life**.

livestock ['laɪvstɔk] *n* ganado.

livid ['lɪvɪd] *a* lívido; (*furious*) furioso.

living ['lɪvɪŋ] *a* (*alive*) vivo // *n*: **to earn** *or* **make a** ~ ganarse la vida; ~ **conditions** *npl* condiciones *fpl* de vida; ~ **room** *n* sala (de estar); ~ **wage** *n* sueldo suficiente para vivir.

lizard ['lɪzəd] *n* lagartija.

load [ləud] *n* (*gen*) carga; (*weight*) peso // *vt* (*COMPUT*) cargar; (*also*: ~ **up**): **to** ~ (**with**) cargar (con *or* de); **a** ~ **of**, ~**s of** (*fig*) (gran) cantidad de, montones de; ~**ed** *a* (*dice*) cargado; (*question*) intencionado; (*col*: *rich*) forrado (de dinero); ~**ing bay** *n* área de carga y descarga.

loaf [ləuf], *pl* **loaves** *n* (barra de) pan *m* // *vi* (*also*: ~ **about**, ~ **around**) holgazanear.

loan [ləun] *n* préstamo; (*COMM*) empréstito // *vt* prestar; **on** ~ prestado.

loath [ləuθ] *a*: **to be** ~ **to do sth** estar poco dispuesto a hacer algo.

loathe [ləuð] *vt* aborrecer; (*person*) odiar; **loathing** *n* aversión *f*; odio.

loaves [ləuvz] *pl of* **loaf**.

lobby ['lɔbɪ] *n* vestíbulo, sala de espera; (*POL: pressure group*) grupo de presión // *vt* presionar.

lobe [ləub] *n* lóbulo.

lobster ['lɔbstə*] *n* langosta.

local ['ləukl] *a* local // *n* (*pub*) bar *m*; **the** ~**s** los vecinos, los del lugar; ~ **anaesthetic** *n* (*MED*) anestesia local; ~ **authority** *n* municipio, ayuntamiento (*Sp*); ~ **call** (*TEL*) llamada local; ~ **government** *n* gobierno municipal; ~**ity** [-'kælɪtɪ] *n* localidad *f*; ~**ly** [-kəlɪ] *ad* en la vecindad.

locate [ləu'keɪt] *vt* (*find*) localizar; (*situate*) colocar.

location [ləu'keɪʃən] *n* situación *f*; **on** ~ (*CINEMA*) en exteriores.

loch [lɔx] *n* lago.

lock [lɔk] *n* (*of door, box*) cerradura; (*of canal*) esclusa; (*of hair*) mechón *m* // *vt* (*with key*) cerrar con llave; (*immobilize*) inmovilizar // *vi* (*door etc*) cerrarse con llave; (*wheels*) trabarse.

locker ['lɔkə*] *n* casillero; ~**-room** *n* (*US SPORT*) vestuario.

locket ['lɔkɪt] *n* medallón *m*.

lockout ['lɔkaut] *n* paro patronal, lockout *m*.

locksmith ['lɔksmɪθ] *n* cerrajero/a.

lock-up ['lɔkʌp] *n* (*garage*) cochera.

locomotive [ləukə'məutɪv] *n* locomotora.

locum ['ləukəm] *n* (*MED*) (médico/a) interino/a.

locust ['ləukəst] *n* langosta.

lodge [lɔdʒ] *n* casa del guarda; (*porter's*) portería; (*FREEMASONRY*) logia // *vi* (*person*): **to** ~ (**with**) alojarse (en casa de) // *vt* (*complaint*) presentar; ~**r** *n* huésped(a) *m/f*.

lodgings ['lɔdʒɪŋz] *npl* alojamiento *sg*; (*house*) casa *sg* de huéspedes.

loft [lɔft] *n* desván *m*.

lofty ['lɔftɪ] *a* alto; (*haughty*) orgulloso.

log [lɔg] *n* (*of wood*) leño, tronco; (*book*) = **logbook**.

logbook ['lɔgbuk] *n* (*NAUT*) diario de a bordo; (*AVIAT*) libro de vuelo; (*of car*) documentación *f* (del coche).

loggerheads ['lɔgəhedz] *npl*: **at** ~ (**with**) de pique (con).

logic ['lɔdʒɪk] *n* lógica; ~**al** *a* lógico.

logo ['ləugəu] *n* logotipo.

loin [lɔɪn] *n* (*CULIN*) lomo, solomillo; ~**s** *npl* lomos *mpl*.

loiter ['lɔɪtə*] *vi* vagar; (*pej*) merodear.

loll [lɔl] *vi* (*also*: ~ **about**) repantigarse.

lollipop ['lɔlɪpɔp] *n* pirulí *m*; (*iced*) polo; ~ **man/lady** *n* (*Brit*) persona encargada de ayudar a los niños a cruzar la calle.

London ['lʌndən] *n* Londres; ~**er** *n* londinense *m/f*.

lone [ləun] *a* solitario.

loneliness ['ləunlɪnɪs] *n* soledad *f*, aislamiento.

lonely ['ləunlɪ] *a* solitario, solo.

long [lɔŋ] *a* largo // *ad* mucho tiempo, largamente // *vi*: **to** ~ **for sth** anhelar algo; **in the** ~ **run** a la larga; **so** *or* **as** ~ **as** mientras, con tal que; **don't be** ~! ¡no tardes!, ¡vuelve pronto!; **how** ~ **is the street?** ¿cuánto tiene la calle de largo?; **how** ~ **is the lesson?** ¿cuánto dura la clase?; **6 metres** ~ que mide 6 metros, de 6 metros de largo; **6 months** ~ que dura 6 meses, de 6 meses de duración; **all night** ~ toda la noche; **he no** ~**er comes** ya no viene; ~ **before** mucho antes; **before** ~ (+ *future*) dentro de poco; (+ *past*) poco tiempo después; **at** ~ **last** al fin, por fin; ~**-distance** *a* (*race*) de larga distancia; (*call*) interurbano; ~**-haired** *a* de pelo largo; ~**hand** *n* escritura sin abreviaturas; ~**ing** n anhelo, ansia; (nostalgia) nostalgia // a anhelante.

longitude ['lɔŋgɪtjuːd] n longitud f.

long: ~ **jump** n salto de longitud; ~-**lost** a desaparecido hace mucho tiempo; ~-**playing record (L.P.)** n elepé m, disco de larga duración; ~-**range** a de gran alcance; ~-**sighted** a (Brit) présbita; ~-**standing** a de mucho tiempo; ~-**suffering** a sufrido; ~-**term** a a largo plazo; ~ **wave** n onda larga; ~-**winded** a prolijo.

loo [luː] n (Brit: col) wáter m.

look [luk] vi mirar; (seem) parecer; (building etc): to ~ **south/on to the sea** dar al sur/al mar // n mirada; (glance) vistazo; (appearance) aire m, aspecto; ~**s** npl físico sg, apariencia sg; to ~ **after** vt fus cuidar; to ~ **at** vt fus mirar; (consider) considerar; to ~ **back** vi mirar hacia atrás; to ~ **down on** vt fus despreciar, mirar con desprecio; to ~ **for** vt fus buscar; to ~ **forward to** vt fus esperar con ilusión; (in letters): we ~ **forward to hearing from you** quedamos a la espera de sus gratas noticias; to ~ **into** vt investigar; to ~ **on** vi mirar (como espectador); to ~ **out** vi (beware): to ~ **out** (for) tener cuidado (de); to ~ **out for** vt fus (seek) buscar; (await) esperar; to ~ **round** vi volver la cabeza; to ~ **to** vt fus ocuparse de; (rely on) contar con; to ~ **up** vi mirar hacia arriba; (improve) mejorar // vt (word) buscar; (friend) visitar; to ~ **up to** vt fus admirar; ~-**out** n (tower etc) puesto de observación; (person) vigía m/f; to be on the ~-**out for sth** estar al acecho de algo.

loom [luːm] n telar m // vi (threaten) amenazar.

loony ['luːnɪ] n (col) loco/a.

loop [luːp] n lazo; (bend) vuelta, recodo; ~**hole** n escapatoria.

loose [luːs] a (gen) suelto; (not tight) flojo; (wobbly etc) movedizo; (clothes) ancho; (morals, discipline) relajado; to be at a ~ **end** or (US) at ~ **ends** no saber qué hacer; ~ **change** n cambio; ~ **chippings** npl (on road) gravilla sg suelta; ~**ly** ad libremente, aproximadamente; ~**n** vt (free) soltar; (untie) desatar; (slacken) aflojar.

loot [luːt] n botín m // vt saquear.

lop [lɔp]: to ~ **off** vt cortar; (branches) podar.

lop-sided ['lɔp'saɪdɪd] a desequilibrado.

lord [lɔːd] n señor m; L~ **Smith** Lord Smith; the L~ el Señor; the (House of) L~**s** (Brit) la Cámara de los Lores; ~**ship** n: your L~**ship** su Señoría.

lore [lɔː*] n tradiciones fpl.

lorry ['lɔrɪ] n (Brit) camión m; ~ **driver** n camionero/a.

lose [luːz], pt, pp **lost** vt perder // vi perder, ser vencido; to ~ (**time**) (clock) atrasarse; ~**r** n perdedor(a) m/f.

loss [lɔs] n pérdida; heavy ~**es** (MIL) grandes pérdidas; to be at a ~ no saber qué hacer; to make a ~ sufrir pérdidas.

lost [lɔst] pt, pp of lose // a perdido; ~ **property**, (US) ~ **and found** n objetos mpl perdidos.

lot [lɔt] n (at auctions) lote m; (destiny) suerte f; the ~ el todo, todos; a ~ mucho, bastante; a ~ **of**, ~**s of** mucho(s) (pl); I **read a** ~ leo bastante; to **draw** ~**s (for sth)** echar suertes (para decidir algo).

lotion ['ləuʃən] n loción f.

lottery ['lɔtərɪ] n lotería.

loud [laud] a (voice, sound) fuerte; (laugh, shout) estrepitoso; (gaudy) chillón/ona // ad (speak etc) en alta voz; ~**hailer** n (Brit) megáfono; ~**ly** ad (noisily) fuerte; (aloud) en alta voz; ~**speaker** n altavoz m.

lounge [laundʒ] n salón m, sala (de estar) // vi reposar, holgazanear; ~ **suit** n (Brit) traje m de calle.

louse [laus], pl **lice** n piojo.

lousy ['lauzɪ] a (fig) vil, asqueroso.

lout [laut] n gamberro/a.

louvre, (US) **louver** ['luːvə*] a (door) de rejilla; (window) de libro.

lovable ['lʌvəbl] a amable, simpático.

love [lʌv] n amor m // vt amar, querer; to ~ **to do** encantarle a uno hacer; to be in ~ **with** estar enamorado de; to make ~ hacer el amor; **for the** ~ **of** por amor de; '**15** ~' (TENNIS) 15 a cero; **I** ~ **paella** me encanta la paella; ~ **affair** n aventura sentimental; ~ **letter** n carta de amor; ~ **life** n vida sentimental.

lovely ['lʌvlɪ] a (delightful) precioso, encantador(a); (beautiful) hermoso.

lover ['lʌvə*] n amante m/f; (amateur): **a** ~ **of** un aficionado/a or un amante de.

loving ['lʌvɪŋ] a amoroso, cariñoso.

low [ləu] a, ad bajo // n (METEOROLOGY) área de baja presión // vi (cow) mugir; to **feel** ~ sentirse deprimido; to **turn (down)** ~ bajar; ~-**cut** a (dress) escotado.

lower ['ləuə*] vt bajar; (reduce) reducir // vr: to ~ **o.s. to** (fig) rebajarse a.

low: ~-**fat** a (milk, yoghurt) desnatado; (diet) bajo en calorías; ~**lands** npl (GEO) tierras fpl bajas; ~**ly** a humilde; ~-**lying** a bajo.

loyal ['lɔɪəl] a leal; ~**ty** n lealtad f.

lozenge ['lɔzɪndʒ] n (MED) pastilla.

L.P. n abbr = **long-playing record**.

L-plates ['ɛlpleɪts] npl (Brit) placas de aprendiz de conductor.

Ltd abbr (= limited company) S.A.

lubricant ['luːbrɪkənt] n lubricante m.

lubricate ['luːbrɪkeɪt] vt lubricar, engrasar.

lucid ['luːsɪd] a lúcido.

luck [lʌk] n suerte f; **bad ~** mala suerte; **good ~!** ¡que tengas suerte!, ¡suerte!; **~ily** ad afortunadamente; **~y** a afortunado.

ludicrous ['luːdɪkrəs] a absurdo.

lug [lʌg] vt (drag) arrastrar.

luggage ['lʌgɪdʒ] n equipaje m; **~ rack** n (in train) rejilla, redecilla; (on car) baca, portaequipajes m inv.

lukewarm ['luːkwɔːm] a tibio, templado.

lull [lʌl] n tregua // vt (child) acunar; (person, fear) calmar.

lullaby ['lʌləbaɪ] n nana.

lumbago [lʌm'beɪgəu] n lumbago.

lumber ['lʌmbə*] n (junk) trastos mpl viejos; (wood) maderos mpl; **~jack** n maderero.

luminous ['luːmɪnəs] a luminoso.

lump [lʌmp] n terrón m; (fragment) trozo; (in sauce) grumo; (in throat) nudo; (swelling) bulto // vt (also: **~ together**) juntar; **~ sum** n suma global.

lunacy ['luːnəsɪ] n locura.

lunar ['luːnə*] a lunar.

lunatic ['luːnətɪk] a, n loco/a; **~ asylum** n manicomio.

lunch [lʌntʃ] n almuerzo, comida // vi almorzar.

luncheon ['lʌntʃən] n almuerzo; **~ meat** n tipo de fiambre; **~ voucher** n vale m de comida.

lung [lʌŋ] n pulmón m.

lunge [lʌndʒ] vi (also: **~ forward**) abalanzarse; **to ~** at arremeter contra.

lurch [ləːtʃ] vi dar sacudidas // n sacudida; **to leave sb in the ~** dejar a uno plantado.

lure [luə*] n (bait) cebo; (decoy) señuelo // vt convencer con engaños.

lurid ['luərɪd] a (colour) chillón/ona; (account) sensacional; (detail) horripilante.

lurk [ləːk] vi (hide) esconderse; (wait) estar al acecho.

luscious ['lʌʃəs] a delicioso.

lush [lʌʃ] a exuberante.

lust [lʌst] n lujuria; (greed) codicia; **to ~ after** vt fus codiciar.

lustre, (US) **luster** ['lʌstə*] n lustre m, brillo.

lusty ['lʌstɪ] a robusto, fuerte.

Luxembourg ['lʌksəmbəːg] n Luxemburgo.

luxuriant [lʌg'zjuərɪənt] a exuberante.

luxurious [lʌg'zjuərɪəs] a lujoso.

luxury ['lʌkʃərɪ] n lujo // cpd de lujo.

lying ['laɪɪŋ] n mentiras fpl.

lyric ['lɪrɪk] a lírico; **~s** npl (of song) letra sg; **~al** a lírico.

M

m. abbr = **metre; mile; million.**

M.A. abbr = **Master of Arts.**

mac [mæk] n (Brit) impermeable m.

macaroni [mækə'rəunɪ] n macarrones mpl.

mace [meɪs] n (weapon, ceremonial) maza; (spice) macis f.

machine [mə'ʃiːn] n máquina // vt (dress etc) coser a máquina; **~ gun** n ametralladora; **~ language** n (COMPUT) lenguaje m máquina; **~ry** n maquinaria; (fig) mecanismo.

mackerel ['mækrl] n, pl inv caballa.

mackintosh ['mækɪntɒʃ] n (Brit) impermeable m.

mad [mæd] a loco; (idea) disparatado; (angry) furioso.

madam ['mædəm] n señora.

madden ['mædn] vt volver loco.

made [meɪd] pt, pp of **make.**

Madeira [mə'dɪərə] n (GEO) Madera; (wine) vino de Madera.

made-to-measure ['meɪdtəmeʒə*] a (Brit) hecho a la medida.

madly ['mædlɪ] ad locamente.

madman ['mædmən] n loco.

madness ['mædnɪs] n locura.

Madrid [mə'drɪd] n Madrid.

Mafia ['mæfɪə] n Mafia.

magazine [mægə'ziːn] n revista; (MIL: store) almacén m; (of firearm) recámara.

maggot ['mægət] n gusano.

magic ['mædʒɪk] n magia // a mágico; **~al** a mágico; **~ian** [mə'dʒɪʃən] n mago/a; (conjurer) prestidigitador(a) m/f.

magistrate ['mædʒɪstreɪt] n juez m/f (municipal).

magnet ['mægnɪt] n imán m; **~ic** ['netɪk] a magnético.

magnificent [mæg'nɪfɪsnt] a magnífico.

magnify ['mægnɪfaɪ] vt aumentar; (fig) exagerar; **~ing glass** n lupa.

magnitude ['mægnɪtjuːd] n magnitud f.

magpie ['mægpaɪ] n urraca.

mahogany [mə'hɒgənɪ] n caoba // cpd de caoba.

maid [meɪd] n criada; **old ~** (pej) solterona.

maiden ['meɪdn] n doncella // a (aunt etc) solterona; (speech, voyage) inaugural; **~ name** n nombre m de soltera.

mail [meɪl] n correo; (letters) cartas fpl // vt (post) echar al correo; (send) mandar por correo; **~box** n (US) buzón m; **~ing list** n lista de direcciones; **~order** n pedido postal; (business) venta por correo.

maim [meɪm] vt mutilar, lisiar.

main [meɪn] a principal, mayor // n (pipe) cañería maestra; (US) red f eléctrica; **the ~s** (Brit ELEC) la red eléctrica; **in the ~** en general; **~frame** n (COMPUT) ordenador m central; **~land** n continente m; **~ly** ad principalmente; **~ road** n carretera; **~stay** n (fig) pilar m; **~stream** n corriente f principal; **~**

street *n* calle *f* mayor.
maintain [mein'tein] *vt* mantener; (*affirm*) sostener; **maintenance** ['meintənəns] *n* mantenimiento; (*alimony*) pensión *f* alimenticia.
maize [meiz] *n* (*Brit*) maíz *m*, choclo (*LAm*).
majestic [mə'dʒestɪk] *a* majestuoso.
majesty ['mædʒɪstɪ] *n* majestad *f*.
major ['meidʒə*] *n* (*MIL*) comandante *m* // *a* principal; (*MUS*) mayor.
Majorca [mə'jɔːkə] *n* Mallorca.
majority [mə'dʒɔrɪtɪ] *n* mayoría.
make [meik] *vt* (*pt, pp* made) hacer; (*manufacture*) hacer, fabricar; (*cause to be*): to ~ sb sad hacer *or* poner triste a alguien; (*force*): to ~ sb do sth obligar a alguien a hacer algo; (*equal*): 2 and 2 ~ 4 2 y 2 son 4 // *n* marca; to ~ a fool of sb poner a alguien en ridículo; to ~ a profit/loss obtener ganancias/sufrir pérdidas; to ~ it (*arrive*) llegar; (*achieve sth*) tener éxito; what time do you ~ it? ¿qué hora tienes?; to ~ do with contentarse con; **to ~ for** *vt fus* (*place*) dirigirse a *or* hacia; **to ~ out** *vt* (*decipher*) descifrar; (*understand*) entender; (*see*) distinguir; (*write: cheque*) extender; **to ~ up** *vt* (*invent*) inventar; (*parcel*) hacer // *vi* reconciliarse; (*with cosmetics*) maquillarse; **to ~ up for** *vt fus* compensar; **~believe** *n* ficción *f*, invención *f*; **~r** *n* fabricante *m/f*; **~shift** *a* improvisado; **~-up** *n* maquillaje *m*; **~-up remover** *n* desmaquillador *m*.
making ['meikiɳ] *n* (*fig*): in the ~ en vías de formación; to have the ~s of (*person*) tener madera de.
malaise [mæ'leiz] *n* malestar *m*.
malaria [mə'lɛərɪə] *n* malaria.
Malaya [mə'leiə] *n* Malaya, Malaca.
Malaysia [mə'leiziə] *n* Malasia.
male [meil] *n* (*BIOL, ELEC*) macho // *a* (*sex, attitude*) masculino; (*child etc*) varón.
malevolent [mə'levələnt] *a* malévolo.
malfunction [mæl'fʌɳkʃən] *n* mal funcionamiento.
malice ['mælɪs] *n* (*ill will*) malicia; (*rancour*) rencor *m*; **malicious** [mə'lɪʃəs] *a* malicioso; rencoroso.
malign [mə'lain] *vt* difamar, calumniar // *a* maligno.
malignant [mə'lignənt] *a* (*MED*) maligno.
mall [mɔːl] *n* (*US: also*: shopping ~) centro comercial.
malleable ['mæliəbl] *a* maleable.
mallet ['mælit] *n* mazo.
malnutrition [mælnju:'triʃən] *n* desnutrición *f*.
malpractice [mæl'præktis] *n* negligencia profesional.
malt [mɔːlt] *n* malta.
Malta ['mɔːltə] *n* Malta.

maltreat [mæl'tri:t] *vt* maltratar.
mammal ['mæml] *n* mamífero.
mammoth ['mæməθ] *n* mamut *m* // *a* gigantesco.
man [mæn], *pl* **men** *n* hombre *m*; (*CHESS*) pieza // *vt* (*NAUT*) tripular; (*MIL*) guarnecer; **an old** ~ un viejo; ~ **and wife** marido y mujer.
manage ['mænidʒ] *vi* arreglárselas, ir tirando // *vt* (*be in charge of*) dirigir; (*person etc*) manejar; **~able** *a* manejable; **~ment** *n* dirección *f*, administración *f*; **~r** *n* director *m*; (*SPORT*) entrenador *m*; **~ress** *n* directora; (*SPORT*) entrenadora; **~rial** [-ə'dʒiəriəl] *a* directivo; **managing director** *n* director(a) *m/f* general.
mandarin ['mændərin] *n* (*also*: ~ orange) mandarina.
mandate ['mændeit] *n* mandato.
mandatory ['mændətəri] *a* obligatorio.
mane [mein] *n* (*of horse*) crin *f*; (*of lion*) melena.
maneuver [mə'nu:və*] (*US*) = **manoeuvre**.
manfully ['mænfəlɪ] *ad* valientemente.
mangle ['mæɳgl] *vt* mutilar, destrozar // *n* rodillo.
mango ['mæɳgəu], *pl* **~es** *n* mango.
mangy ['meindʒɪ] *a* roñoso; (*MED*) sarnoso.
manhandle ['mænhændl] *vt* maltratar.
manhood ['mænhud] *n* edad *f* viril; virilidad *f*.
man-hour ['mæn'auə*] *n* hora-hombre *f*.
mania ['meiniə] *n* manía; **~c** ['meiniæk] *n* maníaco/a; (*fig*) maníatico.
manic ['mænik] *a* (*behaviour, activity*) frenético; **~-depressive** *n* maníaco/a depresivo/a.
manicure ['mænikjuə*] *n* manicura; **~ set** *n* estuche *m* de manicura.
manifest ['mænifest] *vt* manifestar, mostrar // *a* manifiesto.
manifesto [mæni'festəu] *n* manifiesto.
manipulate [mə'nipjuleit] *vt* manipular.
mankind [mæn'kaind] *n* humanidad *f*, género humano.
manly ['mænlɪ] *a* varonil.
man-made ['mæn'meid] *a* artificial.
manner ['mænə*] *n* manera, modo; (*behaviour*) conducta, manera de ser; (*type*) clase *f*; **~s** *npl* modales *mpl*, educación *fsg*; **bad** **~s** mala educación; **~ism** *n* peculiaridad *f* de lenguaje (*or* de comportamiento).
manoeuvre, (*US*) **maneuver** [mə'nu:və*] *vt, vi* maniobrar // *n* maniobra.
manor ['mænə*] *n* (*also*: ~ house) casa solariega.
manpower ['mænpauə*] *n* mano *f* de obra.
mansion ['mænʃən] *n* palacio, casa grande.

manslaughter ['mænslɔːtə*] *n* homicidio no premeditado.

mantelpiece ['mæntlpiːs] *n* repisa, chimenea.

manual ['mænjuəl] *a* manual // *n* manual *m*.

manufacture [mænju'fæktʃə*] *vt* fabricar // *n* fabricación *f*; ~**r** *n* fabricante *m/f*.

manure [mə'njuə*] *n* estiércol *m*, abono.

manuscript ['mænjuskrɪpt] *n* manuscrito.

many ['menɪ] *a* muchos/as // *pron* muchos/as; **a great** ~ muchísimos, buen número de; ~ **a time** muchas veces.

map [mæp] *n* mapa *m* // *vt* trazar el mapa de; **to** ~ **out** *vt* proyectar.

maple ['meɪpl] *n* arce *m*, maple *m* (*LAm*).

mar [maː*] *vt* estropear.

marathon ['mærəθən] *n* maratón *m*.

marauder [mə'rɔːdə*] *n* merodeador(a) *m/f*, intruso/a.

marble ['maːbl] *n* mármol *m*; (*toy*) canica.

March [maːtʃ] *n* marzo.

march [maːtʃ] *vi* (*MIL*) marchar; (*fig*) caminar con resolución // *n* marcha; (*demonstration*) manifestación *f*; ~-**past** *n* desfile *m*.

mare [mɛə*] *n* yegua.

margarine [maːdʒə'riːn] *n* margarina.

margin ['maːdʒɪn] *n* margen *m*; ~**al** *a* marginal; ~**al seat** *n* (*POL*) escaño electoral difícil de asegurar.

marigold ['mærɪgəuld] *n* caléndula.

marijuana [mærɪ'waːnə] *n* marijuana.

marinate ['mærɪneɪt] *vt* adobar.

marine [mə'riːn] *a* marino // *n* soldado de marina.

marital ['mærɪtl] *a* matrimonial; ~ **status** estado civil.

maritime ['mærɪtaɪm] *a* marítimo.

marjoram ['maːdʒərəm] *n* mejorana.

mark [maːk] *n* marca, señal *f*; (*imprint*) huella; (*stain*) mancha; (*Brit SCOL*) nota; (*currency*) marco // *vt* marcar; manchar; (*Brit SCOL*) calificar, corregir; **to** ~ **time** marcar el paso; **to** ~ **out** *vt* trazar; ~**ed** *a* marcado, acusado; ~**er** *n* (*sign*) marcador *m*; (*bookmark*) registro.

market ['maːkɪt] *n* mercado // *vt* (*COMM*) comercializar; ~ **garden** *n* (*Brit*) huerto; ~**ing** *n* márketing *m*, mercadotecnia; ~**place** *n* mercado; ~ **research** *n* (*COMM*) análisis *m inv* de mercados; ~ **value** *n* valor *m* en el mercado.

marksman ['maːksmən] *n* tirador *m*.

marmalade ['maːməleɪd] *n* mermelada de naranja.

maroon [mə'ruːn] *vt* (*fig*): **to be** ~**ed** (**in** *or* **at**) quedar bloqueado (en) // *a* marrón.

marquee [maː'kiː] *n* entoldado.

marriage ['mærɪdʒ] *n* (*state*) matrimonio; (*wedding*) boda; (*act*) casamiento; ~ **bureau** *n* agencia matrimonial; ~ **certificate** *n* partida de casamiento.

married ['mærɪd] *a* casado; (*life, love*) conyugal.

marrow ['mærəu] *n* médula; (*vegetable*) calabacín *m*.

marry ['mærɪ] *vt* casarse con; (*subj: father, priest etc*) casar // *vi* (*also:* **get married**) casarse.

Mars [maːz] *n* Marte *m*.

marsh [maːʃ] *n* pantano; (*salt* ~) marisma.

marshal ['maːʃl] *n* (*MIL*) mariscal *m*; (*at sports meeting etc*) oficial *m*; (*US: of police, fire department*) jefe/a // *vt* (*facts*) ordenar; (*soldiers*) formar.

marshy ['maːʃɪ] *a* pantanoso.

martial ['maːʃl] *a* marcial; ~ **law** *n* ley *f* marcial.

martyr ['maːtə*] *n* mártir *m/f* // *vt* martirizar; ~**dom** *n* martirio.

marvel ['maːvl] *n* maravilla, prodigio // *vi*: **to** ~ (**at**) maravillarse (de); ~**lous**, (*US*) ~**ous** *a* maravilloso.

Marxist ['maːksɪst] *a*, *n* marxista *m/f*.

marzipan ['maːzɪpæn] *n* mazapán *m*.

mascara [mæs'kaːrə] *n* rímel *m*.

masculine ['mæskjulɪn] *a* masculino.

mash [mæʃ] *n* (*mix*) mezcla; (*pulp*) amasijo; ~**ed potatoes** *npl* puré *m* de patatas *or* papas (*LAm*).

mask [maːsk] *n* máscara // *vt* enmascarar.

masochist ['mæsəkɪst] *n* masoquista *m/f*.

mason ['meɪsn] *n* (*also:* **stone**~) albañil *m*; (*also:* **free**~) masón *m*; ~**ic** [mə'sɔnɪk] *a* masónico; ~**ry** *n* masonería; (*in building*) mampostería.

masquerade [mæskə'reɪd] *n* baile *m* de máscaras; (*fig*) mascarada // *vi*: **to** ~ **as** disfrazarse de, hacerse pasar por.

mass [mæs] *n* (*people*) muchedumbre *f*; (*PHYSICS*) masa; (*REL*) misa; (*great quantity*) montón *m* // *vi* reunirse; (*MIL*) concentrarse; **the** ~**es** las masas.

massacre ['mæsəkə*] *n* masacre *f*.

massage ['mæsaːʒ] *n* masaje *m* // *vt* dar masaje a.

masseur [mæ'səː*] *n* masajista *m*; **masseuse** [-'səːz] *n* masajista *f*.

massive ['mæsɪv] *a* enorme; (*support, intervention*) masivo.

mass media *npl* medios *mpl* de comunicación masiva.

mass-production ['mæsprə'dʌkʃən] *n* fabricación *f* en serie.

mast [maːst] *n* (*NAUT*) mástil *m*; (*RADIO etc*) torre *f*.

master ['maːstə*] *n* maestro; (*in secondary school*) profesor *m*; (*title for boys*): **M~ X** Señorito X // *vt* dominar; (*learn*) aprender a fondo; **M~ of Arts/ Science (M.A./M.Sc.)** *n* licenciatura superior en Letras/Ciencias; ~ **key** *n* llave *f* maestra; **~ly** *a* magistral; **~mind** *n* inteligencia superior // *vt* dirigir, planear; **~piece** *n* obra maestra; **~y** *n* maestría.

mat [mæt] *n* estera; (*also:* **door~**) felpudo // *a* = **matt**.

match [mætʃ] *n* cerilla, fósforo; (*game*) partido; (*fig*) igual *m/f* // *vt* emparejar; (*go well with*) hacer juego con; (*equal*) igualar // *vi* hacer juego; **to be a good ~** hacer buena pareja; **~box** *n* caja de cerillas; **~ing** *a* que hace juego.

mate [meɪt] *n* (*work~*) colega *m/f*; (*col: friend*) amigo/a; (*animal*) macho *m*/hembra *f*; (*in merchant navy*) segundo de a bordo // *vi* acoplarse, parearse // *vt* acoplar, parear.

material [mə'tɪərɪəl] *n* (*substance*) materia; (*equipment*) material *m*; (*cloth*) tela, tejido // *a* material; (*important*) esencial; **~s** *npl* materiales *mpl*.

maternal [mə'tə:nl] *a* maternal.

maternity [mə'tə:nɪtɪ] *n* maternidad *f*; **~ dress** *n* vestido premamá; **~ hospital** *n* hospital *m* de maternidad.

math [mæθ] *n* (*US*) = **maths**.

mathematical [mæθə'mætɪkl] *a* matemático.

mathematician [mæθəmə'tɪʃən] *n* matemático/a.

mathematics [mæθə'mætɪks], **maths** [mæθs], (*US*) **math** [mæθ] *n* matemáticas *fpl*.

matinée ['mætɪneɪ] *n* función *f* de la tarde.

mating ['meɪtɪŋ] *n* aparejamiento; **~ call** *n* llamada del macho.

matrices ['meɪtrɪsiːz] *pl of* **matrix.**

matrimonial [mætrɪ'məunɪəl] *a* matrimonial.

matrimony ['mætrɪmənɪ] *n* matrimonio.

matrix ['meɪtrɪks], *pl* **matrices** *n* matriz *f*.

matron ['meɪtrən] *n* (*in hospital*) enfermera *f* jefe; (*in school*) ama de llaves; **~ly** *a* de matrona; (*fig: figure*) corpulento.

mat(t) [mæt] *a* mate.

matted ['mætɪd] *a* enmarañado.

matter ['mætə*] *n* cuestión *f*, asunto; (*PHYSICS*) sustancia, materia; (*content*) contenido; (*MED: pus*) pus *m* // *vi* importar; **it doesn't ~** no importa; **what's the ~?** ¿qué pasa?; **no ~ what** pase lo que pase; **as a ~ of course** por rutina; **as a ~ of fact** de hecho; **~-of-fact** *a* prosaico, práctico.

mattress ['mætrɪs] *n* colchón *m*.

mature [mə'tjuə*] *a* maduro // *vi* madurar; **maturity** *n* madurez *f*.

maul [mɔːl] *vt* magullar.

mauve [məuv] *a* de color malva *or* guinda (*LAm*).

maxim ['mæksɪm] *n* máxima.

maximum ['mæksɪməm] *a* máximo // *n* (*pl* **maxima** ['mæksɪmə]) máximo.

May [meɪ] *n* mayo.

may [meɪ] *vi* (*conditional:* **might**) (*indicating possibility*): **he ~ come** puede que venga; (*be allowed to*): **~ I smoke?** ¿puedo fumar?; (*wishes*): **~ God bless you!** ¡que Dios le bendiga!

maybe ['meɪbiː] *ad* quizá(s).

May Day *n* el primero de Mayo.

mayday ['meɪdeɪ] *n* S.O.S. *m*.

mayhem ['meɪhem] *n* caos *m* total.

mayonnaise [meɪə'neɪz] *n* mayonesa.

mayor [mɛə*] *n* alcalde *m*; **~ess** *n* alcaldesa.

maze [meɪz] *n* laberinto.

M.D. *abbr* = **Doctor of Medicine.**

me [miː] *pron* (*direct*) me; (*stressed, after pronoun*) mí; **can you hear ~?** ¿me oyes?; **he heard ME!** me oyó a mí; **it's ~** soy yo; **give them to ~** dámelos (*or* dámelas); **with/without ~** conmigo/sin mí.

meadow ['medəu] *n* prado, pradera.

meagre, (*US*) meager ['miːgə*] *a* escaso, pobre.

meal [miːl] *n* comida; (*flour*) harina; **~time** *n* hora de comer.

mean [miːn] *a* (*with money*) tacaño; (*unkind*) mezquino, malo; (*average*) medio // *vt* (*pt, pp* **meant**) (*signify*) querer decir, significar; (*intend*): **to ~ to do sth** pensar *or* pretender hacer algo // *n* medio, término medio; **~s** *npl* medio *sg*, manera *sg*; (*resource*) recursos *mpl*, medios *mpl*; **by ~s of** mediante, por medio de; **by all ~s!** ¡naturalmente!, ¡claro que sí!; **do you ~ it?** ¿lo dices en serio?; **what do you ~?** ¿qué quiere decir?; **to be meant for sb/sth** ser para uno/algo.

meander [mɪ'ændə*] *vi* (*river*) serpentear; (*person*) vagar.

meaning ['miːnɪŋ] *n* significado, sentido; **~ful** *a* significativo; **~less** *a* sin sentido.

meanness ['miːnnɪs] *n* (*with money*) tacañería; (*unkindness*) maldad *f*, mezquindad *f*.

meant [ment] *pt, pp of* **mean.**

meantime ['miːntaɪm], **meanwhile** ['miːnwaɪl] *ad* (*also:* **in the ~**) mientras tanto.

measles ['miːzlz] *n* sarampión *m*.

measly ['miːzlɪ] *a* (*col*) miserable.

measure ['meʒə*] *vt* medir; (*for clothes etc*) tomar las medidas a // *vi* medir // *n* medida; (*ruler*) regla; **~ments** *npl* medidas *fpl*.

meat [miːt] *n* carne *f*; **cold ~** fiambre *m*; **~ball** *n* albóndiga; **~ pie** *n* pastel *m* de carne; **~y** *a* carnoso; (*fig*) sustancioso.

Mecca ['mekə] *n* La Meca.

mechanic [mɪ'kænɪk] *n* mecánico/a; **~s** *n* mecánica // *npl* mecanismo *sg*; **~al** *a* mecánico.

mechanism ['mekənɪzəm] *n* mecanismo.

medal ['mɛdl] *n* medalla; **~lion** [mɪ'dælɪən] *n* medallón *m*; **~list**, *(US)* **~ist** *n* *(SPORT)* medallero/a.

meddle ['mɛdl] *vi*: to ~ in entrometerse en; to ~ with sth manosear algo.

media ['miːdɪə] *npl* medios *mpl* de comunicación.

mediaeval [mɛdɪ'iːvl] *a* = **medieval**.

median ['miːdɪən] *n* *(US: also:* ~ strip*)* mediana.

mediate ['miːdɪeɪt] *vi* mediar; **mediator** *n* intermediario/a, mediador(a) *m/f*.

Medicaid ['mɛdɪkeɪd] *n* *(US) programa de ayuda médica.*

medical ['mɛdɪkl] *a* médico // *n* reconocimiento médico.

Medicare ['mɛdɪkɛə*] *n* *(US)* seguro médico del Estado.

medicated ['mɛdɪkeɪtɪd] *a* medicinal.

medicine ['mɛdsɪn] *n* medicina; *(drug)* medicamento.

medieval [mɛdɪ'iːvl] *a* medieval.

mediocre [miːdɪ'əukə*] *a* mediocre.

meditate ['mɛdɪteɪt] *vi* meditar.

Mediterranean [mɛdɪtə'reɪnɪən] *a* mediterráneo; **the ~ (Sea)** el (Mar) Mediterráneo.

medium ['miːdɪəm] *a* mediano, regular // *n* *(pl* **media***: means)* medio; *(pl* **mediums***: person)* médium *m/f*; **happy ~** justo medio; **~ wave** *n* onda media.

medley ['mɛdlɪ] *n* mezcla; *(MUS)* popurrí *m*.

meek [miːk] *a* manso, sumiso.

meet [miːt], *pt, pp* **met** *vt* encontrar; *(accidentally)* encontrarse con, tropezar con; *(by arrangement)* reunirse con; *(for the first time)* conocer; *(go and fetch)* ir a buscar; *(opponent)* enfrentarse con; *(obligations)* cumplir // *vi* encontrarse; *(in session)* reunirse; *(join: objects)* unirse; *(get to know)* conocerse; **to ~ with** *vt fus* reunirse con; *(difficulty)* tropezar con; **~ing** *n* encuentro; *(arranged)* cita, compromiso *(LAm)*; *(session, business* ~*)* reunión *f*; *(POL)* mitin *m*.

megabyte ['mɛgə'baɪt] *n* *(COMPUT)* megabyte *m*, megaocteto.

megaphone ['mɛgəfəun] *n* megáfono.

melancholy ['mɛlənkəlɪ] *n* melancolía // *a* melancólico.

mellow ['mɛləu] *a* *(wine)* añejo; *(sound, colour)* suave; *(fruit)* maduro // *vi* *(person)* ablandar.

melody ['mɛlədɪ] *n* melodía.

melon ['mɛlən] *n* melón *m*.

melt [mɛlt] *vi* *(metal)* fundirse; *(snow)* derretirse; *(fig)* ablandarse // *vt* *(also:* ~ **down***)* fundir; **to ~ away** *vi* desvanecerse; **~down** *n* *(in nuclear reactor)* fusión *f* de un reactor (nuclear); **~ing point** *n* punto de fusión; **~ing pot** *n* *(fig)* crisol *m*.

member ['mɛmbə*] *n* *(gen)* miembro;

(of club) socio/a; **M~ of Parliament (MP)** *(Brit)* diputado/a; **M~ of the European Parliament (MEP)** *(Brit)* eurodiputado/a; **~ship** *n* *(members)* número de miembros; **to seek ~ship of** pedir el ingreso a; **~ship card** *n* carnet *m* de socio.

memento [mə'mɛntəu] *n* recuerdo.

memo ['mɛməu] *n* apunte *m*, nota.

memoirs ['mɛmwɑːz] *npl* memorias *fpl*.

memorandum [mɛmə'rændəm], *pl* **-da** [-də] *n* apunte *m*, nota; *(POL)* memorándum *m*.

memorial [mɪ'mɔːrɪəl] *n* monumento conmemorativo // *a* conmemorativo.

memorize ['mɛməraɪz] *vt* aprender de memoria.

memory ['mɛmərɪ] *n* memoria; *(recollection)* recuerdo.

men [mɛn] *pl of* **man**.

menace ['mɛnəs] *n* amenaza // *vt* amenazar; **menacing** *a* amenazador(a).

menagerie [mɪ'nædʒərɪ] *n* casa de fieras.

mend [mɛnd] *vt* reparar, arreglar; *(darn)* zurcir // *vi* reponerse // *n* *(gen)* remiendo; *(darn)* zurcido; **to be on the ~** ir mejorando; **~ing** *n* reparación *f*; *(clothes)* ropa por remendar.

menial ['miːnɪəl] *a* doméstico; *(pej)* bajo.

meningitis [mɛnɪn'dʒaɪtɪs] *n* meningitis *f*.

menopause ['mɛnəupɔːz] *n* menopausia.

menstruation [mɛnstru'eɪʃən] *n* menstruación *f*.

mental ['mɛntl] *a* mental; **~ity** [-'tælɪtɪ] *n* mentalidad *f*.

mention ['mɛnʃən] *n* mención *f* // *vt* mencionar; *(speak of)* hablar de; **don't ~ it!** ¡de nada!

mentor ['mɛntɔː*] *n* mentor *m*.

menu ['mɛnjuː] *n* *(set* ~*)* menú *m*; *(printed)* carta; *(COMPUT)* menú *m*.

MEP *n abbr* = **Member of the European Parliament.**

mercenary ['mɜːsɪnərɪ] *a, n* mercenario.

merchandise ['mɜːtʃəndaɪz] *n* mercancías *fpl*.

merchant ['mɜːtʃənt] *n* comerciante *m/f*; **~ bank** *n* *(Brit)* banco comercial; **~ navy**, *(US)* **~ marine** *n* marina mercante.

merciful ['mɜːsɪful] *a* compasivo.

merciless ['mɜːsɪlɪs] *a* despiadado.

mercury ['mɜːkjurɪ] *n* mercurio.

mercy ['mɜːsɪ] *n* compasión *f*; *(REL)* misericordia; **at the ~ of** a la merced de.

mere [mɪə*] *a* simple, mero; **~ly** *ad* simplemente, sólo.

merge [mɜːdʒ] *vt* *(join)* unir; *(mix)* mezclar; *(fuse)* fundir // *vi* unirse; *(COMM)* fusionarse; **~r** *n* *(COMM)* fusión *f*.

meringue [mə'ræŋ] *n* merengue *m*.

merit ['mɛrɪt] *n* mérito // *vt* merecer.

mermaid ['mɜːmeɪd] *n* sirena.

merry ['mɛrɪ] *a* alegre; **M~ Christmas!**

¡Felices Pascuas!; ~-**go-round** n tiovivo.

mesh [mɛʃ] n malla; (TECH) engranaje m // vi (gears) engranar.

mesmerize ['mɛzməraɪz] vt hipnotizar.

mess [mɛs] n confusión f; (of objects) revoltijo; (tangle) lío; (MIL) comedor m; **to ~ about** or **around** vi (col) perder el tiempo; (pass the time) entretenerse; **to ~ about** or **around with** vt fus (col: play with) divertirse con; (: handle) manosear; **to ~ up** vt (disarrange) desordenar; (spoil) estropear; (dirty) ensuciar.

message ['mɛsɪdʒ] n recado, mensaje m.

messenger ['mɛsɪndʒə*] n mensajero/a.

Messrs abbr (on letters: = Messieurs) Sres.

messy ['mɛsɪ] a (dirty) sucio; (untidy) desordenado.

met [mɛt] pt, pp of **meet**.

metabolism [mɛ'tæbəlɪzəm] n metabolismo.

metal ['mɛtl] n metal m; ~**lic** [-'tælɪk] a metálico; ~**lurgy** [-'tælədʒɪ] n metalurgia.

metaphor ['mɛtəfə*] n metáfora.

mete [miːt]: **to ~ out** vt fus (punishment) imponer.

meteor ['miːtɪə*] n meteoro; ~**ite** [-aɪt] n meteorito.

meteorology [miːtɪə'rɔlədʒɪ] n meteorología.

meter ['miːtə*] n (instrument) contador m; (US: unit) = **metre** // vt (US POST) franquear.

method ['mɛθəd] n método; ~**ical** [mɪ'θɔdɪkl] a metódico.

Methodist ['mɛθədɪst] a, n metodista m/ f.

meths [mɛθs], **methylated spirit** ['mɛθɪleɪtɪd-] n (Brit) alcohol m metilado or desnaturalizado.

metre, (US) **meter** ['miːtə*] n metro.

metric ['mɛtrɪk] a métrico.

metropolis [mɪ'trɔpəlɪs] n metrópoli f.

metropolitan [mɛtrə'pɔlɪtən] a metropolitano; **the M~ Police** n (Brit) la policía londinense.

mettle ['mɛtl] n valor m, ánimo.

mew [mjuː] vi (cat) maullar.

mews [mjuːz] n: ~ **cottage** (Brit) casa acondicionada en antiguos establos o cocheras.

Mexican ['mɛksɪkən] a, n mejicano/a m/f, mexicano/a m/f (LAm).

Mexico ['mɛksɪkəu] n Méjico, México (LAm); ~ **City** n Ciudad f de Méjico or México (LAm).

mezzanine ['mɛtsəniːn] n entresuelo.

miaow [miː'au] vi maullar.

mice [maɪs] pl of **mouse**.

micro... [maɪkrəu] pref micro...

microbe ['maɪkrəub] n microbio.

micro: ~**chip** n microplaqueta; ~

(computer) n microordenador m; ~**cosm** n microcosmo; ~**phone** n micrófono; ~**processor** n microprocesador m; ~**scope** n microscopio; ~**wave** n (also: ~**wave oven**) horno microondas.

mid [mɪd] a: **in ~ May** a mediados de mayo; **in ~ afternoon** a media tarde; **in ~ air** en el aire; ~**day** n mediodía m.

middle ['mɪdl] n medio, centro; (waist) cintura // a de en medio; **in the ~ of the night** en plena noche; ~-**aged** a de mediana edad; **the M~ Ages** npl la Edad Media; ~-**class** a de clase media; **the ~ class(es)** n(pl) la clase media; **M~ East** n Oriente m Medio; ~**man** n intermediario; ~ **name** n segundo nombre; ~**weight** n (BOXING) peso medio.

middling ['mɪdlɪŋ] a mediano.

midge [mɪdʒ] n mosca.

midget ['mɪdʒɪt] n enano/a.

Midlands ['mɪdləndz] npl la región central de Inglaterra.

midnight ['mɪdnaɪt] n medianoche f.

midriff ['mɪdrɪf] n diafragma m.

midst [mɪdst] n: **in the ~ of** en medio de.

midsummer [mɪd'sʌmə*] n: **in ~** en pleno verano.

midway [mɪd'weɪ] a, ad: ~ **(between)** a medio camino (entre).

midweek [mɪd'wiːk] ad entre semana.

midwife ['mɪdwaɪf], pl -**wives** [-waɪvz] n comadrona, partera; ~**ry** [-wɪfərɪ] n partería.

midwinter [mɪd'wɪntə*] n: **in ~** en pleno invierno.

might [maɪt] vb see **may**: **he ~ be there** podría estar allí, puede que esté allí; **I ~ as well go** más vale que vaya; **you ~ like to try** podría intentar // n fuerza, poder m; ~**y** a fuerte, poderoso.

migraine ['miːgreɪn] n jaqueca.

migrant ['maɪgrənt] n a (bird) migratorio; (worker) emigrante.

migrate [maɪ'greɪt] vi emigrar.

mike [maɪk] n abbr (= microphone) micro.

mild [maɪld] a (person) apacible; (climate) templado; (slight) ligero; (taste) suave; (illness) leve.

mildew ['mɪldjuː] n moho.

mildly ['maɪldlɪ] ad ligeramente; suavemente; **to put it ~** para no decir más.

mile [maɪl] n milla; ~**age** n número de millas, ≈ kilometraje m; ~**stone** n mojón m.

milieu ['miːljə:] n (medio) ambiente m.

militant ['mɪlɪtnt] a, n militante m/f.

military ['mɪlɪtərɪ] a militar.

militia [mɪ'lɪʃə] n milicia.

milk [mɪlk] n leche f // vt (cow) ordeñar; (fig) chupar; ~ **chocolate** n chocolate m con leche; ~**man** n lechero; ~ **shake** n batido, malteada (LAm); ~**y** a lechoso; **M~y Way** n Vía Láctea.

mill [mɪl] n (windmill etc) molino; (cof-

fee ~) molinillo; (*factory*) fábrica; (*spinning* ~) hilandería // *vt* moler // *vi* (*also*: ~ **about**) arremolinarse.

millennium [mɪ'lɛnɪəm], *pl* ~**s** *or* -**ia** [-nɪə] *n* milenio, milenario.

miller ['mɪlə*] *n* molinero.

millet ['mɪlɪt] *n* mijo.

milli... ['mɪlɪ] *pref*: ~**gram(me)** *n* miligramo; ~**litre** *n*, (*US*) ~**liter** mililitro; ~**metre**, (*US*) ~**meter** *n* milímetro.

milliner ['mɪlɪnə*] *n* sombrerero/a; ~**y** *n* sombrerería.

million ['mɪljən] *n* millón *m*; a ~ **times** un millón de veces; ~**aire** *n* millonario/a.

millstone ['mɪlstəun] *n* piedra de molino.

milometer [maɪ'lɒmɪtə*] *n* (*Brit*) ≈ cuentakilómetros *m inv*.

mime [maɪm] *n* mímica; (*actor*) mimo/a // *vt* remedar // *vi* actuar de mimo.

mimic ['mɪmɪk] *n* imitador(a) *m/f* // *a* mímico // *vt* remedar, imitar; ~**ry** *n* imitación *f*.

min. *abbr* = **minute(s)**; **minimum**.

minaret [mɪnə'rɛt] *n* alminar *m*.

mince [mɪns] *vt* picar // *vi* (*in walking*) andar con pasos menudos // *n* (*Brit CULIN*) carne *f* picada, picadillo; ~**meat** *n* conserva de fruta picada; ~ **pie** *n* empanadilla rellena de fruta picada; ~**r** *n* picadora de carne.

mind [maɪnd] *n* (*gen*) mente *f*; (*contrasted with matter*) espíritu // *vt* (*attend to, look after*) ocuparse de, cuidar; (*be careful of*) tener cuidado con; (*object to*): **I don't** ~ **the noise** no me molesta el ruido; **it is on my** ~ me preocupa; **to my** ~ en mi opinión; **to be out of one's** ~ estar fuera de juicio; **to bear sth in** ~ tomar *or* tener algo en cuenta; **to make up one's** ~ decidirse; **I don't** ~ me es igual; ~ **you, ...** te advierto que ...; **never** ~! ¡es igual!, ¡no importa!; (*don't worry*) ¡no te preocupes!; '~ **the step**' 'cuidado con el escalón'; ~**er** *n* guardaespaldas *m inv*; ~**ful** *a*: ~**ful of** consciente de; ~**less** *a* (*crime*) sin motivo; (*work*) de autómata.

mine [maɪn] *pron* el mío/la mía *etc*; a **friend of** ~ un(a) amigo/a mío/mía // *a*: **this book is** ~ este libro es mío // *n* mina // *vt* (*coal*) extraer; (*ship, beach*) minar; ~**field** *n* campo de minas; **miner** *n* minero/a.

mineral ['mɪnərəl] *a* mineral // *n* mineral *m*; ~**s** *npl* (*Brit*: *soft drinks*) aguas *fpl* minerales, gaseosa *sg*; ~ **water** *n* agua mineral.

minesweeper ['maɪnswi:pə*] *n* dragaminas *m inv*.

mingle ['mɪŋgl] *vi*: **to** ~ **with** mezclarse con.

miniature ['mɪnətʃə*] *a* (en) miniatura // *n* miniatura.

minibus ['mɪnɪbʌs] *n* microbús *m*.

minim ['mɪnɪm] *n* (*Brit MUS*) blanca.

minimal ['mɪnɪml] *a* mínimo.

minimum ['mɪnɪməm] *n, pl* **minima** ['mɪnɪmə] mínimo // *a* mínimo.

mining ['maɪnɪŋ] *n* explotación *f* minera // *a* minero.

miniskirt ['mɪnɪskə:t] *n* minifalda.

minister ['mɪnɪstə*] *n* (*Brit POL*) ministro/a (*Sp*), secretario/a (*LAm*); (*REL*) pastor *m* // *vi*: **to** ~ **to** atender a; ~**ial** [-'tɪərɪəl] *a* (*Brit POL*) ministerial.

ministry ['mɪnɪstrɪ] *n* (*Brit POL*) ministerio (*Sp*), secretaría (*LAm*); (*REL*) sacerdocio.

mink [mɪŋk] *n* visón *m*.

minnow ['mɪnəu] *n* pececillo (*de agua dulce*).

minor ['maɪnə*] *a* (*unimportant*) secundario; (*MUS*) menor // *n* (*LAW*) menor *m/f* de edad.

Minorca [mɪ'nɔ:kə] *n* Menorca.

minority [maɪ'nɒrɪtɪ] *n* minoría.

mint [mɪnt] *n* (*plant*) menta, hierbabuena; (*sweet*) caramelo de menta // *vt* (*coins*) acuñar; **the (Royal) M**~, (*US*) **the (US) M**~ la Casa de la Moneda; **in** ~ **condition** en perfecto estado.

minus ['maɪnəs] *n* (*also*: ~ **sign**) signo de menos // *prep* menos.

minute ['mɪnɪt] *n* minuto; (*fig*) momento; ~**s** *npl* actas *fpl* // *a* [maɪ'nju:t] diminuto; (*search*) minucioso; **at the last** ~ a última hora.

miracle ['mɪrəkl] *n* milagro; **miraculous** [mɪ'rækjuləs] *a* milagroso.

mirage ['mɪrɑ:ʒ] *n* espejismo.

mire [maɪə*] *n* fango, lodo.

mirror ['mɪrə*] *n* espejo; (*in car*) retrovisor *m* // *vt* reflejar.

mirth [mə:θ] *n* alegría.

misadventure [mɪsəd'vɛntʃə*] *n* desgracia; **death by** ~ muerte *f* accidental.

misanthropist [mɪ'zænθrəpɪst] *n* misántropo/a.

misapprehension ['mɪsæprɪ'hɛnʃən] *n* equivocación *f*.

misbehave [mɪsbɪ'heɪv] *vi* portarse mal.

miscalculate [mɪs'kælkjuleɪt] *vt* calcular mal.

miscarriage ['mɪskærɪdʒ] *n* (*MED*) aborto; ~ **of justice** error *m* judicial.

miscellaneous [mɪsɪ'leɪnɪəs] *a* varios/as, diversos/as.

mischief ['mɪstʃɪf] *n* (*naughtiness*) travesura; (*harm*) mal *m*, daño; (*maliciousness*) malicia; **mischievous** [-ʃɪvəs] *a* travieso; dañoso; (*playful*) malicioso.

misconception ['mɪskən'sɛpʃən] *n* concepto erróneo; equivocación *f*.

misconduct [mɪs'kɒndʌkt] *n* mala conducta; **professional** ~ falta profesional.

miscount [mɪs'kaunt] *vt, vi* contar mal.

misconstrue [mɪskən'stru:] *vt* interpretar mal.

misdeed [mɪs'di:d] *n* delito.

misdemeanour, (US) **misdemeanor** [mɪsdɪ'miːnə*] n delito, ofensa.

miser ['maɪzə*] n avaro/a.

miserable ['mɪzərəbl] a (unhappy) triste, desgraciado; (wretched) miserable.

miserly ['maɪzəlɪ] a avariento, tacaño.

misery ['mɪzərɪ] n (unhappiness) tristeza; (wretchedness) miseria, desdicha.

misfire [mɪs'faɪə*] vi fallar.

misfit ['mɪsfɪt] n (person) inadaptado/a.

misfortune [mɪs'fɔːtʃən] n desgracia.

misgiving(s) [mɪs'gɪvɪŋ(z)] n(pl) (mistrust) recelo; (apprehension) presentimiento.

misguided [mɪs'gaɪdɪd] a equivocado.

mishandle [mɪs'hændl] vt (treat roughly) maltratar; (mismanage) manejar mal.

mishap ['mɪshæp] n desgracia, contratiempo.

misinform [mɪsɪn'fɔːm] vt informar mal.

misinterpret [mɪsɪn'təːprɪt] vt interpretar mal.

misjudge [mɪs'dʒʌdʒ] vt juzgar mal.

mislay [mɪs'leɪ] (irg: like lay) vt extraviar, perder.

mislead [mɪs'liːd] (irg: like lead) vt llevar a conclusiones erróneas; **~ing** a engañoso.

mismanage [mɪs'mænɪdʒ] vt administrar mal.

misnomer [mɪs'nəumə*] n término inapropiado o equivocado.

misogynist [mɪ'sɔdʒɪnɪst] n misógino.

misplace [mɪs'pleɪs] vt (lose) extraviar.

misprint ['mɪsprɪnt] n errata, error m de imprenta.

Miss [mɪs] n Señorita.

miss [mɪs] vt (train etc) perder; (fail to hit: target) no dar en; (regret the absence of): **I ~ him** (yo) le echo de menos or a faltar // vi fallar // n (shot) tiro fallido or perdido; **to ~ out** vt (Brit) omitir.

misshapen [mɪs'ʃeɪpən] a deforme.

missile ['mɪsaɪl] n (AVIAT) mísil m; (object thrown) proyectil m.

missing ['mɪsɪŋ] a (pupil) ausente; (thing) perdido; (MIL) desaparecido; **to be ~** faltar.

mission ['mɪʃən] n misión f; **~ary** n misionero/a.

misspent ['mɪs'spent] a: **his ~ youth** su juventud disipada.

mist [mɪst] n (light) neblina; (heavy) niebla; (at sea) bruma // vi (also: ~ over, ~ up: weather) nublarse; (: Brit: windows) empañarse.

mistake [mɪs'teɪk] n error m // vt (irg: like take) entender mal; **by ~** por equivocación; **to make a ~** equivocarse; **to ~ A for B** confundir A con B; **~n** a (idea etc) equivocado; **to be ~n** equivocarse, engañarse.

mister ['mɪstə*] n (col) señor m; see **Mr.**

mistletoe ['mɪsltəu] n muérdago.

mistook [mɪs'tuk] pt of **mistake.**

mistress ['mɪstrɪs] n (lover) amante f; (of house) señora (de la casa); (Brit: in primary school) maestra; (in secondary school) profesora; see **Mrs.**

mistrust [mɪs'trʌst] vt desconfiar de.

misty ['mɪstɪ] a nebuloso, brumoso; (day) de niebla; (glasses) empañado.

misunderstand [mɪsʌndə'stænd] (irg: like **understand**) vt, vi entender mal; **~ing** n malentendido.

misuse [mɪs'juːs] n mal uso; (of power) abuso // vt [mɪs'juːz] abusar de; (funds) malversar.

mitre, (US) **miter** ['maɪtə*] n mitra.

mitt(en) ['mɪt(n)] n manopla.

mix [mɪks] vt (gen) mezclar; (combine) unir // vi mezclarse; (people) llevarse bien // n mezcla; **to ~ up** vt mezclar; (confuse) confundir; **~ed** a (assorted) variado, surtido; (school etc) mixto; **~ed-up** a (confused) confuso, revuelto; **~er** n (for food) licuadora; (person): **he's a good ~er** tiene don de gentes; **~ture** n mezcla; **~-up** n confusión f.

mm abbr (= millimetre) mm.

moan [məun] n gemido // vi gemir; (col: complain): **to ~ (about)** quejarse (de).

moat [məut] n foso.

mob [mɔb] n multitud f; (pej): **the ~** el populacho // vt acosar.

mobile ['məubaɪl] a móvil // n móvil m; **~ home** n caravana.

mock [mɔk] vt (make ridiculous) ridiculizar; (laugh at) burlarse de // a fingido; **~ery** n burla.

mod [mɔd] a see **convenience.**

mode [məud] n modo.

model ['mɔdl] n (gen) modelo; (ARCH) maqueta; (person: for fashion, ART) modelo m/f // a modelo // vt modelar // vi ser modelo; **~ railway** ferrocarril m de juguete; **to ~ clothes** pasar modelos, ser modelo.

modem ['məudəm] n modem m.

moderate ['mɔdərət] a, n moderado/a m/f // vb ['mɔdəreɪt] vi moderarse, calmarse // vt moderar.

modern ['mɔdən] a moderno; **~ize** vt modernizar.

modest ['mɔdɪst] a modesto; **~y** n modestia.

modicum ['mɔdɪkəm] n: **a ~ of** un mínimo de.

modify ['mɔdɪfaɪ] vt modificar.

module ['mɔdjuːl] n (unit, component, SPACE) módulo.

mogul ['məugəl] n (fig) magnate m.

mohair ['məuhɛə*] n mohair m.

moist [mɔɪst] a húmedo; **~en** ['mɔɪsn] vt humedecer; **~ure** ['mɔɪstʃə*] n humedad f; **~urizer** ['mɔɪstʃəraɪzə*] n crema hidratante.

molar ['məulə*] n muela.

molasses [məu'læsɪz] n melaza.

mold [məuld] n, vt (US) = **mould**.
mole [məul] n (animal) topo; (spot) lunar m.
molecule ['mɔlɪkjuːl] n molécula.
molest [məu'lest] vt importunar.
mollycoddle ['mɔlɪkɔdl] vt mimar.
molt [məult] vi (US) = **moult**.
molten ['məultən] a fundido; (lava) líquido.
mom [mɔm] n (US) = **mum**.
moment ['məumənt] n momento; at the ~ de momento, por ahora; ~ary a momentáneo; ~ous [-'mentəs] a trascendental, importante.
momentum [məu'mentəm] n momento; (fig) ímpetu m; to gather ~ cobrar velocidad.
mommy ['mɔmɪ] n (US) = **mummy**.
Monaco ['mɔnəkəu] n Mónaco.
monarch ['mɔnək] n monarca m/f; ~y n monarquía.
monastery ['mɔnəstərɪ] n monasterio.
Monday ['mʌndɪ] n lunes m inv.
monetary ['mʌnɪtərɪ] a monetario.
money ['mʌnɪ] n dinero; to make ~ ganar dinero; ~lender n prestamista m/f; ~ order n giro; ~-spinner n (col): to be a ~-spinner dar mucho dinero.
mongol ['mɔŋgəl] a, n (MED) mongólico.
mongrel ['mʌŋgrəl] n (dog) perro mestizo.
monitor ['mɔnɪtə*] n (SCOL) monitor m; (also: television ~) receptor m de control; (of computer) monitor m // vt controlar.
monk [mʌŋk] n monje m.
monkey ['mʌŋkɪ] n mono; ~ nut n (Brit) cacahuete m, maní (LAm); ~ wrench n llave f inglesa.
mono... [mɔnəu] pref: ~chrome a monocromo.
monocle ['mɔnəkl] n monóculo.
monologue ['mɔnəlɔg] n monólogo.
monopoly [mə'nɔpəlɪ] n monopolio.
monotone ['mɔnətəun] n voz f (or tono) monocorde.
monotonous [mə'nɔtənəs] a monótono.
monotony [mə'nɔtənɪ] n monotonía.
monsoon [mɔn'suːn] n monzón m.
monster ['mɔnstə*] n monstruo.
monstrosity [mɔns'trɔsɪtɪ] n monstruosidad f.
monstrous ['mɔnstrəs] a (huge) enorme; (atrocious) monstruoso.
montage ['mɔntɑːʒ] n montaje m.
month [mʌnθ] n mes m; ~ly a mensual // ad mensualmente // n (magazine) revista mensual.
monument ['mɔnjumənt] n monumento; ~al [-'mentl] a monumental.
moo [muː] vi mugir.
mood [muːd] n humor m; to be in a good/bad ~ estar de buen/mal humor; ~y a (changeable) de humor variable; (sullen) malhumorado.

moon [muːn] n luna; ~light n luz f de la luna; ~lighting n pluriempleo; ~lit a: a ~lit night una noche de luna.
Moor [muə*] n moro/a.
moor [muə*] n páramo // vt (ship) amarrar // vi echar las amarras.
Moorish ['muərɪʃ] a moro; (architecture) árabe, morisco.
moorland ['muələnd] n páramo, brezal m.
moose [muːs] n, pl inv alce m.
mop [mɔp] n fregona; (of hair) greña, melena // vt fregar; to ~ up vt limpiar.
mope [məup] vi estar or andar deprimido.
moped ['məuped] n ciclomotor m.
moral ['mɔrl] a moral // n moraleja; ~s npl moralidad f, moral f.
morale [mɔ'rɑːl] n moral f.
morality [mə'rælɪtɪ] n moralidad f.
morass [mə'ræs] n pantano.
morbid ['mɔːbɪd] a (interest) morboso; (MED) mórbido.
more [mɔː*] ♦ a 1 (greater in number etc) más; ~ people/work than before más gente/trabajo que antes
2 (additional) más; do you want (some) ~ tea? ¿quieres más té?; is there any ~ wine? ¿queda vino?; it'll take a few ~ weeks tardará unas semanas más; it's 2 kms ~ to the house faltan 2 kms para la casa; ~ time/letters than we expected más tiempo del que/más cartas de las que esperábamos
♦ pron (greater amount, additional amount) más; ~ than 10 más de 10; it cost ~ than the other one/than we expected costó más que el otro/más de lo que esperábamos; is there any ~? ¿hay más?; many/much ~ mucho(a)/muchos(as) más
♦ ad más; ~ dangerous/easily (than) más peligroso/fácilmente (que); ~ and ~ expensive cada vez más caro; ~ or less más o menos; ~ than ever más que nunca.
moreover [mɔː'rəuvə*] ad además, por otra parte.
morgue [mɔːg] n depósito de cadáveres.
Mormon ['mɔːmən] n mormón/ona m/f.
morning ['mɔːnɪŋ] n (gen) mañana; (early) madrugada; in the ~ por la mañana; 7 o'clock in the ~ las 7 de la mañana.
Moroccan [mə'rɔkən] a, n marroquí m/f.
Morocco [mə'rɔkəu] n Marruecos m.
moron ['mɔːrɔn] n imbécil m/f.
morose [mə'rəus] a hosco, malhumorado.
morphine ['mɔːfiːn] n morfina.
Morse [mɔːs] n (also: ~ code) (código) morse.
morsel ['mɔːsl] n (of food) bocado.
mortal ['mɔːtl] a, n mortal m; ~ity [-'tælɪtɪ] n mortalidad f.
mortar ['mɔːtə*] n argamasa; (imple-

ment) mortero.

mortgage ['mɔːgɪdʒ] *n* hipoteca // *vt* hipotecar; ~ **company** *n* (*US*) ≈ banco hipotecario.

mortify ['mɔːtɪfaɪ] *vt* mortificar, humillar.

mortuary ['mɔːtjuərɪ] *n* depósito de cadáveres.

mosaic [məu'zeɪɪk] *n* mosaico.

Moscow ['mɔskəu] *n* Moscú *m*.

Moslem ['mɔzləm] *a*, *n* = **Muslim**.

mosque [mɔsk] *n* mezquita.

mosquito [mɔs'kiːtəu], *pl* ~**es** *n* mosquito (*Sp*), zancudo (*LAm*).

moss [mɔs] *n* musgo.

most [məust] *a* la mayor parte de, la mayoría de // *pron* la mayor parte, la mayoría // *ad* el más; (*very*) muy; **the** ~ (*also*: + *adjective*) el más; ~ **of them** la mayor parte de ellos; **I saw the** ~ yo vi el que más; **at the** (**very**) ~ a lo sumo, todo lo más; **to make the** ~ **of** aprovechar (al máximo); **a** ~ **interesting book** un libro interesantísimo; ~**ly** *ad* en su mayor parte, principalmente.

MOT *n abbr* (*Brit* = *Ministry of Transport*): **the** ~ (**test**) *inspección* (*anual*) *obligatoria de coches y camiones.*

moth [mɔθ] *n* mariposa nocturna; (*clothes*) polilla; ~**ball** *n* bola de naftalina.

mother ['mʌðə*] *n* madre *f* // *a* materno // *vt* (*care for*) cuidar (como una madre); ~**hood** *n* maternidad *f*; ~**-in-law** *n* suegra; ~**ly** *a* maternal; ~**-of-pearl** *n* nácar *m*; ~**-to-be** *n* futura madre; ~ **tongue** *n* lengua materna.

motif [məu'tiːf] *n* motivo; (*theme*) tema *m*.

motion ['məuʃən] *n* movimiento; (*gesture*) ademán *m*, señal *f*; (*at meeting*) moción *f* // *vt*, *vi*: **to** ~ (**to**) **sb to do sth** hacer señas a uno para que haga algo; ~**less** *a* inmóvil; ~ **picture** *n* película.

motivated ['məutɪveɪtɪd] *a* motivado.

motive ['məutɪv] *n* motivo.

motley ['mɔtlɪ] *a* variado.

motor ['məutə*] *n* motor *m*; (*Brit*: *col*: *vehicle*) coche *m*, carro (*LAm*), automóvil *m* // *a* motor (*f*: motora, motriz); ~**bike** *n* moto *f*; ~**boat** *n* lancha motora; ~**car** *n* (*Brit*) coche *m*, carro (*LAm*), automóvil *m*; ~**cycle** *n* motocicleta; ~**cycle racing** *n* motociclismo; ~**cyclist** *n* motociclista *m/f*; ~**ing** *n* (*Brit*) automovilismo; ~**ist** *n* conductor(a) *m/f*, automovilista *m/f*; ~ **racing** *n* (*Brit*) carreras *fpl* de coches, automovilismo; ~ **scooter** *n* moto *f*; ~**vehicle** *n* automóvil *m*; ~**way** *n* (*Brit*) autopista.

mottled ['mɔtld] *a* abigarrado, multicolor.

motto ['mɔtəu], *pl* ~**es** *n* lema *m*;

(*watchword*) consigna.

mould, (*US*) **mold** [məuld] *n* molde *m*; (*mildew*) moho // *vt* moldear; (*fig*) formar; ~**er** *vi* (*decay*) decaer; ~**ing** *n* moldura; ~**y** *a* enmohecido.

moult, (*US*) **molt** [məult] *vi* mudar (la piel/las plumas).

mound [maund] *n* montón *m*, montículo.

mount [maunt] *n* monte *m*; (*horse*) montura; (*for jewel etc*) engarce *m*; (*for picture*) marco // *vt* montar, subir a // *vi* (*also*: ~ **up**) subirse, montarse.

mountain ['mauntɪn] *n* montaña // *cpd* de montaña; ~**eer** [-'nɪə*] *n* alpinista *m/f*, andinista *m/f* (*LAm*); ~**eering** [-'nɪərɪŋ] *n* alpinismo, andinismo (*LAm*); ~**ous** *a* montañoso; ~**side** *n* ladera de la montaña.

mourn [mɔːn] *vt* llorar, lamentar // *vi*: **to** ~ **for** llorar la muerte de, lamentarse por; ~**er** *n* doliente *m/f*; dolorido(a); ~**ful** *a* triste, lúgubre; ~**ing** *n* luto // *cpd* (*dress*) de luto; **in** ~**ing** de luto.

mouse [maus], *pl* **mice** *n* ratón *m*; (*COMPUT*) ratón *m*; ~**trap** *n* ratonera.

mousse [muːs] *n* (*CULIN*) crema batida; (*for hair*) espuma (moldeadora).

moustache [məs'taːʃ] *n* bigote *m*.

mousy ['mausɪ] *a* (*person*) tímido; (*hair*) pardusco.

mouth [mauθ], *pl* ~**s** [-ðz] *n* boca; (*of river*) desembocadura; ~**ful** *n* bocado; ~ **organ** *n* armónica; ~**piece** *n* (*of musical instrument*) boquilla; (*spokesman*) portavoz *m/f*; ~**wash** *n* enjuague *m*; ~**watering** *a* apetitoso.

movable ['muːvəbl] *a* movible.

move [muːv] *n* (*movement*) movimiento; (*in game*) jugada; (: *turn to play*) turno; (*change of house*) mudanza // *vt* mover; (*emotionally*) conmover; (*POL*: *resolution etc*) proponer // *vi* (*gen*) moverse; (*traffic*) circular; (*also*: *Brit*: ~ **house**) trasladarse, mudarse; **to** ~ **sb to do sth** mover a uno a hacer algo; **to get a** ~ **on** darse prisa; **to** ~ **about** *or* **around** *vi* moverse; (*travel*) viajar; **to** ~ **along** *vi* avanzar, adelantarse; **to** ~ **away** *vi* alejarse; **to** ~ **back** *vi* retroceder; **to** ~ **forward** *vi* avanzar // *vt* adelantar; **to** ~ **in** *vi* (*to a house*) instalarse; **to** ~ **on** *vi* ponerse en camino; **to** ~ **out** *vi* (*of house*) mudarse; **to** ~ **over** *vi* apartarse; **to** ~ **up** *vi* subir; (*employee*) ser ascendido.

movement ['muːvmənt] *n* movimiento; (*TECH*) mecanismo.

movie ['muːvɪ] *n* película; **to go to the** ~**s** ir al cine; ~ **camera** *n* cámara cinematográfica.

moving ['muːvɪŋ] *a* (*emotional*) conmovedor(a); (*that moves*) móvil.

mow [məu], *pt* **mowed**, *pp* **mowed** *or* **mown** *vt* (*grass*) cortar; (*corn*: *also*: ~ **down**) segar; (*shoot*) acribillar; ~**er** *n*

(*also*: **lawnmower**) cortacéspedes *m inv*.
MP *n abbr* = **Member of Parliament.**
m.p.h. *abbr* = *miles per hour* (60 *m.p.h.* = 96 *k.p.h.*).
Mr, Mr. ['mɪstə*] *n*: ~ Smith (el) Sr. Smith.
Mrs, Mrs. ['mɪsɪz] *n*: ~ Smith (la) Sra. Smith.
Ms, Ms. [mɪz] *n* (= *Miss or Mrs*): ~ Smith (la) Sr(t)a. Smith.
M.Sc. *abbr* = **Master of Science.**
much [mʌtʃ] *a* mucho // *ad, n or pron* mucho; (*before pp*) muy; **how** ~ **is it?** ¿cuánto es?, ¿cuánto cuesta?; **too** ~ demasiado; **it's not** ~ no es mucho; **as** ~ **as** tanto como; **however** ~ **he tries** por mucho que se esfuerce.
muck [mʌk] *n* (*dirt*) suciedad *f*; (*fig*) porquería; **to** ~ **about** *or* **around** *vi* (*col*) perder el tiempo; (*enjoy o.s.*) entretenerse; **to** ~ **up** *vt* (*col: ruin*) arruinar, estropear; ~**y** *a* (*dirty*) sucio.
mucus ['mjuːkəs] *n* moco.
mud [mʌd] *n* barro, lodo.
muddle ['mʌdl] *n* desorden *m*, confusión *f*; (*mix-up*) embrollo, lío // *vt* (*also*: ~ **up**) embrollar, confundir; **to** ~ **through** *vi* salir del paso.
muddy ['mʌdɪ] *a* fangoso, cubierto de lodo.
mud: ~**guard** *n* guardabarros *m inv*; ~**slinging** *n* injurias *fpl*, difamación *f*.
muff [mʌf] *n* manguito // *vt* (*chance*) desperdiciar; (*lines*) estropear.
muffin ['mʌfɪn] *n* mollete *m*.
muffle ['mʌfl] *vt* (*sound*) amortiguar; (*against cold*) embozar; ~**r** *n* (*US AUT*) silenciador *m*.
mug [mʌɡ] *n* (*cup*) taza grande (*sin platillo*); (*for beer*) jarra; (*col: face*) jeta; (: *fool*) bobo // *vt* (*assault*) asaltar; ~**ging** *n* asalto.
muggy ['mʌɡɪ] *a* bochornoso.
mule [mjuːl] *n* mula.
mull [mʌl]: **to** ~ **over** *vt* meditar sobre.
mulled [mʌld] *a*: ~ **wine** vino caliente.
multifarious [mʌltɪ'fɛərɪəs] *a* múltiple.
multi-level [mʌltɪ'lɛvl] *a* (*US*) = **multistorey.**
multiple ['mʌltɪpl] *a, n* múltiplo; ~ **sclerosis** *n* esclerosis *f* múltiple; ~ **store** *n* (*Brit*) (cadena de) grandes almacenes.
multiplication [mʌltɪplɪ'keɪʃən] *n* multiplicación *f*.
multiply ['mʌltɪplaɪ] *vt* multiplicar // *vi* multiplicarse.
multistorey [mʌltɪ'stɔːrɪ] *a* (*Brit: building, car park*) de muchos pisos.
multitude ['mʌltɪtjuːd] *n* multitud *f*.
mum [mʌm] *n* (*Brit*) mamá // *a*: **to keep** ~ mantener la boca cerrada.
mumble ['mʌmbl] *vt, vi* hablar entre dientes, refunfuñar.
mummy ['mʌmɪ] *n* (*Brit: mother*) ma-

má; (*embalmed*) momia.
mumps [mʌmps] *n* paperas *fpl*.
munch [mʌntʃ] *vt, vi* mascar.
mundane [mʌn'deɪn] *a* trivial.
municipal [mjuː'nɪsɪpl] *a* municipal; ~**ity** [-'pælɪtɪ] *n* municipio.
mural ['mjuərl] *n* (pintura) mural *m*.
murder ['mɜːdə*] *n* asesinato; (*in law*) homicidio // *vt* asesinar, matar; ~**er**/ ~**ess** *n* asesino/a; ~**ous** *a* homicida.
murky ['mɜːkɪ] *a* (*water, past*) turbio; (*room*) sombrío.
murmur ['mɜːmə*] *n* murmullo // *vt, vi* murmurar.
muscle ['mʌsl] *n* músculo; **to** ~ **in** *vi* entrometerse; **muscular** ['mʌskjulə*] *a* muscular; (*person*) musculoso.
muse [mjuːz] *vi* meditar // *n* musa.
museum [mjuː'zɪəm] *n* museo.
mushroom ['mʌʃrum] *n* (*gen*) seta, hongo; (*small*) champiñón *m* // *vi* (*fig*) crecer de la noche a la mañana.
music ['mjuːzɪk] *n* música; ~**al** *a* melodioso; (*person*) musical // *n* (*show*) comedia musical; ~**al instrument** *n* instrumento musical; ~ **hall** *n* teatro de variedades; ~**ian** [-'zɪʃən] *n* músico/a.
Muslim ['mʌzlɪm] *a, n* musulmán/ana *m/ f*.
muslin ['mʌzlɪn] *n* muselina.
mussel ['mʌsl] *n* mejillón *m*.
must [mʌst] *auxiliary vb* (*obligation*): **I** ~ **do it** debo hacerlo, tengo que hacerlo; (*probability*): **he** ~ **be there by now** ya debe (de) estar allí // *n*: **it's a** ~ es imprescindible.
mustard ['mʌstəd] *n* mostaza.
muster ['mʌstə*] *vt* juntar, reunir.
mustn't ['mʌsnt] = **must not.**
musty ['mʌstɪ] *a* mohoso, que huele a humedad.
mute [mjuːt] *a, n* mudo/a.
muted ['mjuːtɪd] *a* callado.
mutiny ['mjuːtɪnɪ] *n* motín *m* // *vi* amotinarse.
mutter ['mʌtə*] *vt, vi* murmurar.
mutton ['mʌtn] *n* carne *f* de cordero.
mutual ['mjuːtʃuəl] *a* mutuo; (*friend*) común; ~**ly** *ad* mutuamente.
muzzle ['mʌzl] *n* hocico; (*protective device*) bozal *m*; (*of gun*) boca // *vt* amordazar; (*dog*) poner un bozal a.
my [maɪ] *a* mi(s).; ~ **house/brother/sisters** mi casa/mi hermano/mis hermanas; **I've washed** ~ **hair/cut** ~ **finger** me he lavado el pelo/cortado un dedo; **is this** ~ **pen or yours?** ¿es este bolígrafo mío o tuyo?
myriad ['mɪrɪəd] *n* (*of people, things*) miríada.
myself [maɪ'sɛlf] *pron* (*reflexive*) me; (*emphatic*) yo mismo; (*after prep*) mí (mismo); *see also* **oneself.**
mysterious [mɪs'tɪərɪəs] *a* misterioso.
mystery ['mɪstərɪ] *n* misterio.
mystify ['mɪstɪfaɪ] *vt* (*perplex*) dejar per-

plejo; (*disconcert*) desconcertar.

mystique [mɪsˈtiːk] *n* misterio (profesional *etc*).

myth [mɪθ] *n* mito; **~ical** *a* mítico.

N

n/a *abbr* (= *not applicable*) ≈ no interesa.

nab [næb] *vt* (*col: grab*) coger (*Sp*), agarrar (*LAm*); (: *catch out*) pillar.

nag [næg] *n* (*pej: horse*) rocín *m* // *vt* (*scold*) regañar; (*annoy*) fastidiar; **~ging** *a* (*doubt*) persistente; (*pain*) continuo // *n* quejas *fpl*.

nail [neɪl] *n* (*human*) uña; (*metal*) clavo // *vt* clavar; (*fig: catch*) coger (*Sp*), pillar; **to ~ sb down to doing sth** comprometer a uno a que haga algo; **~brush** *n* cepillo para las uñas; **~file** *n* lima para las uñas; **~ polish** *n* esmalte *m* or laca para las uñas; **~ polish remover** *n* quitaesmalte *m*; **~ scissors** *npl* tijeras *fpl* para las uñas; **~ varnish** *n* (*Brit*) = **~ polish**.

naïve [naɪˈiːv] *a* ingenuo.

naked [ˈneɪkɪd] *a* (*nude*) desnudo; (*flame*) expuesto al aire.

name [neɪm] *n* (*gen*) nombre *m*; (*surname*) apellido; (*reputation*) fama, renombre *m* // *vt* (*child*) poner nombre a; (*appoint*) nombrar; **by ~** de nombre; **in the ~ of** en nombre de; **what's your ~?** ¿cómo se llama?; **to give one's ~ and address** dar sus señas; **~less** *a* anónimo, sin nombre; **~ly** *ad* a saber; **~sake** *n* tocayo/a.

nanny [ˈnænɪ] *n* niñera.

nap [næp] *n* (*sleep*) sueñecito, siesta; **to be caught ~ping** estar desprevenido.

napalm [ˈneɪpɑːm] *n* nápalm *m*.

nape [neɪp] *n*: **~ of the neck** nuca, cogote *m*.

napkin [ˈnæpkɪn] *n* (*also*: **table ~**) servilleta.

nappy [ˈnæpɪ] *n* (*Brit*) pañal *m*; **~ liner** *n* gasa; **~ rash** *n* prurito.

narcissus [naːˈsɪsəs], *pl* **-si** [-saɪ] *n* narciso.

narcotic [naːˈkɒtɪk] *a*, *n* narcótico.

narrative [ˈnærətɪv] *n* narrativa // *a* narrativo.

narrow [ˈnærəu] *a* estrecho, angosto // *vi* estrecharse, angostarse; (*diminish*) reducirse; **to have a ~ escape** escaparse por los pelos; **to ~ sth down** reducir algo; **~ly** *ad* (*miss*) por poco; **~-minded** *a* de miras estrechas.

nasty [ˈnaːstɪ] *a* (*remark*) feo; (*person*) antipático; (*revolting: taste, smell*) asqueroso; (*wound, disease etc*) peligroso, grave.

nation [ˈneɪʃən] *n* nación *f*.

national [ˈnæʃənl] *a*, *n* nacional *m/f*; **~**

dress *n* vestido nacional; **N~ Health Service (NHS)** *n* (*Brit*) servicio nacional de salud pública; ≈ Insalud *m* (*Sp*); **N~ Insurance** *n* (*Brit*) seguro social nacional; **~ism** *n* nacionalismo; **~ist** *a*, *n* nacionalista *m/f*; **~ity** [-ˈnælɪtɪ] *n* nacionalidad *f*; **~ize** *vt* nacionalizar; **~ly** *ad* (*nationwide*) en escala nacional; (*as a nation*) nacionalmente, como nación.

nationwide [ˈneɪʃənwaɪd] *a* en escala or a nivel nacional.

native [ˈneɪtɪv] *n* (*local inhabitant*) natural *m/f*, nacional *m/f*; (*in colonies*) indígena *m/f*, nativo/a // *a* (*indigenous*) indígena; (*country*) natal; (*innate*) natural, innato; **a ~ of Russia** un(a) natural *m/f* de Rusia; **~ language** *n* lengua materna; **a ~ speaker of French** un hablante nativo de francés.

Nativity [nəˈtɪvɪtɪ] *n*: **the ~** Navidad *f*.

NATO [ˈneɪtəu] *n abbr* (= *North Atlantic Treaty Organization*) OTAN *f*.

natural [ˈnætʃrəl] *a* natural; **~ gas** *n* gas *m* natural; **~ize** *vt*: **to become ~ized** (*person*) naturalizarse; (*plant*) aclimatarse; **~ly** *ad* (*speak etc*) naturalmente; (*of course*) desde luego, por supuesto; (*instinctively*) por instinto, por naturaleza.

nature [ˈneɪtʃə*] *n* naturaleza; (*group, sort*) género, clase *f*; (*character*) carácter *m*, genio; **by ~** por or de naturaleza.

naught [nɔːt] *n* = **nought**.

naughty [ˈnɔːtɪ] *a* (*child*) travieso; (*story, film*) verde, escabroso, colorado (*LAm*).

nausea [ˈnɔːsɪə] *n* náusea; **~te** [-sɪeɪt] *vt* dar náuseas a; (*fig*) dar asco a.

nautical [ˈnɔːtɪkl] *a* náutico, marítimo; (*mile*) marino.

naval [ˈneɪvl] *a* naval, de marina; **~ officer** *n* oficial *m/f* de marina.

nave [neɪv] *n* nave *f*.

navel [ˈneɪvl] *n* ombligo.

navigate [ˈnævɪgeɪt] *vt* gobernar // *vi* navegar; **navigation** [-ˈgeɪʃən] *n* (*action*) navegación *f*; (*science*) náutica; **navigator** *n* navegador(a) *m/f*, navegante *m/f*.

navvy [ˈnævɪ] *n* (*Brit*) peón *m* caminero.

navy [ˈneɪvɪ] *n* marina de guerra; (*ships*) armada, flota; **~(-blue)** *a* azul marino.

Nazi [ˈnaːtsɪ] *n* nazi *m/f*.

NB *abbr* (= *nota bene*) nótese.

near [nɪə*] *a* (*place, relation*) cercano; (*time*) próximo // *ad* cerca // *prep* (*also*: **~ to: space**) cerca de, junto a; (: *time*) cerca de // *vt* acercarse a, aproximarse a; **~by** [nɪəˈbaɪ] *a* cercano, próximo // *ad* cerca; **~ly** *ad* casi, por poco; **I ~ly fell** por poco me caigo; **~ miss** *n* tiro cercano; **~side** *n* (*AUT*) lado derecho; **~-sighted** *a* miope, corto de vista.

neat [niːt] *a* (*place*) ordenado, bien cuidado; (*person*) pulcro; (*plan*) ingenioso;

(*spirits*) solo; **~ly** *ad* (*tidily*) con esmero; (*skilfully*) ingeniosamente.

nebulous ['nɛbjʊləs] *a* (*fig*) vago, confuso.

necessarily ['nɛsɪsrɪlɪ] *ad* necesariamente.

necessary ['nɛsɪsrɪ] *a* necesario, preciso; **he did all that was ~** hizo todo lo necesario.

necessity [nɪ'sɛsɪtɪ] *n* necesidad *f*; **necessities** *npl* artículos *mpl* de primera necesidad.

neck [nɛk] *n* (*ANAT*) cuello; (*of animal*) pescuezo // *vi* besuquearse; **~ and ~** parejos.

necklace ['nɛklɪs] *n* collar *m*.

neckline ['nɛklaɪn] *n* escote *m*.

necktie ['nɛktaɪ] *n* (*US*) corbata.

née [neɪ] *a*: **~ Scott** de soltera Scott.

need [ni:d] *n* (*lack*) escasez *f*, falta; (*necessity*) necesidad *f* // *vt* (*require*) necesitar; **I ~ to do it** tengo que *or* debo hacerlo; **you don't ~ to go** no hace falta que vayas.

needle ['ni:dl] *n* aguja // *vt* (*fig: col*) picar, fastidiar.

needless ['ni:dlɪs] *a* innecesario, inútil; **~ to say** huelga decir que.

needlework ['ni:dlwə:k] *n* (*activity*) costura, labor *f* de aguja.

needn't ['ni:dnt] = **need not.**

needy ['ni:dɪ] *a* necesitado.

negative ['nɛgətɪv] *n* (*PHOT*) negativo; (*LING*) negación *f* // *a* negativo.

neglect [nɪ'glɛkt] *vt* (*one's duty*) faltar a, no cumplir con; (*child*) descuidar, desatender // *n* (*state*) abandono; (*personal*) dejadez *f*; (*of duty*) incumplimiento.

negligee ['nɛglɪʒeɪ] *n* (*nightdress*) salto de cama.

negligence ['nɛglɪdʒəns] *n* negligencia, descuido.

negligible ['nɛglɪdʒɪbl] *a* insignificante, despreciable.

negotiate [nɪ'gəʊʃɪeɪt] *vt* (*treaty, loan*) negociar; (*obstacle*) franquear // *vi*: **to ~ (with)** negociar (con); **negotiation** [-'eɪʃən] *n* negociación *f*, gestión *f*.

Negress ['ni:grɪs] *n* negra.

Negro ['ni:grəʊ] *a*, *n* negro.

neigh [neɪ] *n* relincho // *vi* relinchar.

neighbour, **(*US*) **neighbor ['neɪbə*] *n* vecino/a; **~hood** *n* (*place*) vecindad *f*, barrio; (*people*) vecindario; **~ing** *a* vecino.

neither ['naɪðə*] *a* ni // *conj*: **I didn't move and ~ did John** no me he movido, ni Juan tampoco // *pron* ninguno; **~ is true** ninguno/a de los/las dos es cierto/a // *ad*: **~ good nor bad** ni bueno ni malo.

neon ['ni:ɔn] *n* neón *m*; **~ light** *n* lámpara de neón.

nephew ['nɛvju:] *n* sobrino.

nerve [nə:v] *n* (*ANAT*) nervio; (*courage*) valor *m*; (*impudence*) descaro, frescura;

a fit of ~s un ataque de nervios; **~racking** *a* desquiciante.

nervous ['nə:vəs] *a* (*anxious, ANAT*) nervioso; (*timid*) tímido, miedoso; **~ breakdown** *n* crisis *f* nerviosa.

nest [nɛst] *n* (*of bird*) nido // *vi* anidar; **~ egg** *n* (*fig*) ahorros *mpl*.

nestle ['nɛsl] *vi*: **to ~ down** acurrucarse.

net [nɛt] *n* (*gen*) red *f* // *a* (*COMM*) neto, líquido // *vt* coger (*Sp*) *or* agarrar (*LAm*) con red; (*SPORT*) marcar; **~ball** *n* básquet *m*; **~ curtain** *n* visillo.

Netherlands ['nɛðələndz] *npl*: **the ~** los Países Bajos.

nett [nɛt] *a* = **net.**

netting ['nɛtɪŋ] *n* red *f*, redes *fpl*.

nettle ['nɛtl] *n* ortiga.

network ['nɛtwə:k] *n* red *f*.

neurosis [njʊə'rəʊsɪs], *pl* **-ses** [-si:z] *n* neurosis *f inv*; **neurotic** [-'rɔtɪk] *a*, *n* neurótico/a *m/f*.

neuter ['nju:tə*] *a* (*LING*) neutro // *vt* castrar, capar.

neutral ['nju:trəl] *a* (*person*) neutral; (*colour etc*, *ELEC*) neutro // *n* (*AUT*) punto muerto; **~ity** [-'trælɪtɪ] *n* neutralidad *f*; **~ize** *vt* neutralizar.

neutron ['nju:trɔn] *n* neutrón *m*; **~ bomb** *n* bomba de neutrones.

never ['nɛvə*] *ad* nunca, jamás; **I ~ went** no fui nunca; **~ in my life** jamás en la vida; *see also* **mind**; **~-ending** *a* interminable, sin fin; **~theless** [nɛvəðə'lɛs] *ad* sin embargo, no obstante.

new [nju:] *a* nuevo; (*recent*) reciente; **~born** *a* recién nacido; **~comer** ['nju:kʌmə*] *n* recién venido/a *or* llegado/a; **~fangled** *a* (*pej*) modernísimo; **~found** *a* (*friend*) nuevo; (*enthusiasm*) recién adquirido; **~ly** *ad* nuevamente, recién; **~ly-weds** *npl* recién casados *mpl*; **~ moon** *n* luna nueva.

news [nju:z] *n* noticias *fpl*; **a piece of ~** una noticia; **the ~** (*RADIO, TV*) las noticias *fpl*, telediario; **~ agency** *n* agencia de noticias; **~agent** *n* (*Brit*) vendedor(a) *m/f* de periódicos; **~caster** *n* presentador(a) *m/f*, locutor(a) *m/f*; **~ dealer** *n* (*US*) = **~agent**; **~ flash** *n* noticia de última hora; **~letter** *n* hoja informativa, boletín *m*; **~paper** *n* periódico, diario; **~print** *n* papel *m* de periódico; **~reader** *n* = **~caster**; **~reel** *n* noticiario; **~ stand** *n* quiosco *or* puesto de periódicos.

newt [nju:t] *n* tritón *m*.

New Year *n* Año Nuevo; **~'s Day** *n* Día *m* de Año Nuevo; **~'s Eve** *n* Nochevieja.

New York ['nju:'jɔːk] *n* Nueva York.

New Zealand [nju:'zi:lənd] *n* Nueva Zelanda; **~er** *n* neozelandés/esa *m/f*.

next [nɛkst] *a* (*house, room*) vecino; (*bus stop, meeting*) próximo; (*page*) siguiente // *ad* después; **the ~ day** el día siguiente;

~ **time** la próxima vez; ~ **year** el año próximo or que viene; ~ **door** ad en la casa de al lado // a vecino, de al lado; **~-of-kin** n pariente m más cercano; ~ **to** prep junto a, al lado de; ~ **to nothing** casi nada.

NHS n abbr = **National Health Service**.

nib [nɪb] n plumilla.

nibble ['nɪbl] vt mordisquear, mordiscar.

Nicaragua [nɪkə'ræɡjuə] n Nicaragua; **~n** a, n nicaragüense m/f.

nice [naɪs] a (likeable) simpático; (kind) amable; (pleasant) agradable; (attractive) bonito, mono, lindo (LAm); (distinction) fino; **~-looking** a guapo; **~ly** ad amablemente; bien.

niche [ni:ʃ] n nicho.

nick [nɪk] n (wound) rasguño; (cut, indentation) mella, muesca // vt (col) birlar, robar; **in the ~ of time** justo a tiempo.

nickel ['nɪkl] n níquel m; (US) moneda de 5 centavos.

nickname ['nɪkneɪm] n apodo, mote m // vt apodar.

nicotine ['nɪkəti:n] n nicotina.

niece [ni:s] n sobrina.

Nigeria [naɪ'dʒɪərɪə] n Nigeria; **~n** a, n nigeriano/a m/f.

nigger ['nɪɡə*] n (col!: highly offensive) negro/a.

niggling ['nɪɡlɪŋ] a (trifling) nimio, insignificante; (annoying) molesto.

night [naɪt] n (gen) noche f; (evening) tarde f; **last ~** anoche; **the ~ before last** anteanoche; **at ~, by ~** de noche, por la noche; **~cap** n (drink) bebida que se toma antes de acostarse; ~ **club** n cabaret m; **~dress** n (Brit) camisón m; **~fall** n anochecer m; **~gown, ~ie** ['naɪtɪ] n (Brit) = **~dress.**

nightingale ['naɪtɪŋɡeɪl] n ruiseñor m.

nightly ['naɪtlɪ] a de todas las noches // ad todas las noches, cada noche.

nightmare ['naɪtmeə*] n pesadilla.

night: **~_porter** n guardián m nocturno; ~ **school** n clase(s) f(pl) nocturna(s); ~ **shift** n turno nocturno or de noche; **~-time** n noche f.

nil [nɪl] n (Brit SPORT) cero, nada.

Nile [naɪl] n: **the ~** el Nilo.

nimble ['nɪmbl] a (agile) ágil, ligero; (skilful) diestro.

nine [naɪn] num nueve; **~teen** num diecinueve, diez y nueve; **~ty** num noventa.

ninth [naɪnθ] a noveno.

nip [nɪp] vt (pinch) pellizcar; (bite) morder.

nipple ['nɪpl] n (ANAT) pezón m; (of bottle) tetilla.

nitrogen ['naɪtrədʒən] n nitrógeno.

no [nəʊ] ♦ ad (opposite of 'yes') no; **are you coming? — ~ (I'm not)** ¿vienes? — no; **would you like some more? — ~ thank you** ¿quieres más? — no gracias ♦ a (not any): **I have ~ money/time/books** no tengo dinero/tiempo/libros; **~ other man would have done it** ningún otro lo hubiera hecho; **'~ entry'** 'prohibido el paso'; **'~ smoking'** 'prohibido fumar' ♦ n (pl ~es) no m.

nobility [nəʊ'bɪlɪtɪ] n nobleza.

noble ['nəʊbl] a noble.

nobody ['nəʊbədɪ] pron nadie.

nod [nɒd] vi saludar con la cabeza; (in agreement) decir que sí con la cabeza // vt: **to ~ one's head** inclinar la cabeza // n inclinación f de cabeza; **to ~ off** vi cabecear.

noise [nɔɪz] n ruido; (din) escándalo, estrépito; **noisy** a (gen) ruidoso; (child) escandaloso.

nominal ['nɒmɪnl] a nominal.

nominate ['nɒmɪneɪt] vt (propose) proponer; (appoint) nombrar; **nomination** [-'neɪʃən] n propuesta; nombramiento.

nominee [nɒmɪ'ni:] n candidato/a.

non... [nɒn] pref no, des..., in...; **~alcoholic** a no alcohólico; **~-aligned** a no alineado.

nonchalant ['nɒnʃələnt] a indiferente.

non-committal ['nɒnkə'mɪtl] a (reserved) reservado; (uncommitted) evasivo.

nonconformist [nɒnkən'fɔ:mɪst] a (attitude) heterodoxo; (person) inconformista m/f.

nondescript ['nɒndɪskrɪpt] a soso.

none [nʌn] pron ninguno/a // ad de ninguna manera; **~ of you** ninguno de vosotros; **I've ~ left** no me queda ninguno/a; **he's ~ the worse for it** no está peor por ello.

nonentity [nɒ'nentɪtɪ] n cero a la izquierda, nulidad f.

nonetheless [nʌnðə'lɛs] ad sin embargo, no obstante.

non-existent [nɒnɪɡ'zɪstənt] a inexistente.

non-fiction [nɒn'fɪkʃən] n literatura no novelesca.

nonplussed [nɒn'plʌst] a perplejo.

nonsense ['nɒnsəns] n tonterías fpl, disparates fpl; ~! ¡qué tonterías!

non: **~-smoker** n no fumador(a) m/f; **~-stick** a (pan, surface) antiadherente; **~-stop** a continuo; (RAIL) directo // ad sin parar.

noodles ['nu:dlz] npl tallarines mpl.

nook [nʊk] n rincón m; **~s and crannies** escondrijos mpl.

noon [nu:n] n mediodía m.

no-one ['nəʊwʌn] pron = **nobody.**

noose [nu:s] n lazo corredizo.

nor [nɔ:*] conj = **neither** // ad see **neither.**

norm [nɔ:m] n norma.

normal ['nɔːml] *a* normal; **~ly** *ad* normalmente.

north [nɔːθ] *n* norte *m* // *a* del norte, norteño // *ad* al *or* hacia el norte; **N~ America** *n* América del Norte; **~-east** *n* nor(d)este *m*; **~erly** ['nɔːðəlɪ] *a* (*point, direction*) norteño; **~ern** ['nɔːðən] *a* norteño, del norte; **N~ern Ireland** *n* Irlanda del Norte; **N~ Pole** *n* Polo Norte; **N~ Sea** *n* Mar *m* del Norte; **~ward(s)** ['nɔːθwəd(z)] *ad* hacia el norte; **~-west** *n* nor(d)oeste *m*.

Norway ['nɔːweɪ] *n* Noruega; **Norwegian** [-'wiːdʒən] *a*, *n* noruego/a *m/f*.

nose [nəuz] *n* (*ANAT*) nariz *f*; (*ZOOL*) hocico; (*sense of smell*) olfato // *vi*: to **~** about curiosear; **~bleed** *n* hemorragia nasal; **~-dive** *n* picado vertical; **~y** *a* curioso, fisgón/ona.

nostalgia [nɔs'tældʒɪə] *n* nostalgia.

nostril ['nɔstrɪl] *n* ventana de la nariz.

nosy ['nəuzɪ] *a* = **nosey.**

not [nɔt] *ad* no; **~** that... no es que...; **it's too late, isn't it?** es demasiado tarde, ¿verdad *or* no?; **~ yet/now** todavía/ahora no; **why ~?** ¿por qué no?; *see also* **all, only.**

notably ['nəutəblɪ] *ad* especialmente.

notary ['nəutərɪ] *n* notario/a.

notch [nɔtʃ] *n* muesca, corte *m*.

note [nəut] *n* (*MUS, record, letter*) nota; (*banknote*) billete *m*; (*tone*) tono // *vt* (*observe*) notar, observar; (*write down*) apuntar, anotar; **~book** *n* libreta, cuaderno; **~d** ['nəutɪd] *a* célebre, conocido; **~pad** *n* bloc *m*; **~paper** *n* papel *m* para cartas.

nothing ['nʌθɪŋ] *n* nada; (*zero*) cero; **he does ~** no hace nada; **~ new** nada nuevo; **for ~** (*free*) gratis, sin pago; (*in vain*) en balde.

notice ['nəutɪs] *n* (*announcement*) anuncio; (*dismissal*) despido; (*resignation*) dimisión *f* // *vt* (*observe*) notar, observar; **to take ~ of** tomar nota de, prestar atención a; **at short ~** con poca anticipación; **until further ~** hasta nuevo aviso; **to hand in one's ~** dimitir; **~able** *a* evidente, obvio; **~ board** *n* (*Brit*) tablón *m* de anuncios.

notify ['nəutɪfaɪ] *vt*: **to ~ sb (of sth)** comunicar (algo) a uno.

notion ['nəuʃən] *n* noción *f*, concepto; (*opinion*) opinión *f*; **~s** *n* (*US*) mercería.

notorious [nəu'tɔːrɪəs] *a* notorio.

notwithstanding [nɔtwɪθ'stændɪŋ] *ad* no obstante, sin embargo; **~ this** a pesar de esto.

nougat ['nuːgɑː] *n* turrón *m*.

nought [nɔːt] *n* cero.

noun [naun] *n* nombre *m*, sustantivo.

nourish ['nʌrɪʃ] *vt* nutrir; **~ing** *a* nutritivo; **~ment** *n* alimento, sustento.

novel ['nɔvl] *n* novela // *a* (*new*) nuevo, original; (*unexpected*) insólito; **~ist** *n*

novelista *m/f*; **~ty** *n* novedad *f*.

November [nəu'vembə*] *n* noviembre *m*.

novice ['nɔvɪs] *n* principiante *m/f*, novato/a; (*REL*) novicio/a.

now [nau] *ad* (*at the present time*) ahora; (*these days*) actualmente, hoy día // *conj*: **~ (that)** ya que, ahora que; **right ~** ahora mismo; **by ~** ya; **just ~**: **I'll do it just ~** ahora mismo lo hago; **~ and then, ~ and again** de vez en cuando; **from ~ on** de ahora en adelante; **~adays** ['nauədeɪz] *ad* hoy (en) día, actualmente.

nowhere ['nəuwɛə*] *ad* (*direction*) a ninguna parte; (*location*) en ninguna parte.

nozzle ['nɔzl] *n* boquilla.

nuance ['njuːɑːns] *n* matiz *m*.

nuclear ['njuːklɪə*] *a* nuclear.

nucleus ['njuːklɪəs], *pl* **-lei** [-lɪaɪ] *n* núcleo.

nude [njuːd] *a*, *n* desnudo/a *m/f*; **in the ~** desnudo.

nudge [nʌdʒ] *vt* dar un codazo a.

nudist ['njuːdɪst] *n* nudista *m/f*.

nudity ['njuːdɪtɪ] *n* desnudez *f*.

nuisance ['njuːsns] *n* molestia, fastidio; (*person*) pesado, latoso; **what a ~!** ¡qué lata!

nuke ['njuːk] (*col*) *n* bomba atómica // *vt* atacar con arma nuclear.

null [nʌl] *a*: **~ and void** nulo y sin efecto.

numb [nʌm] *a* entumecido; (*fig*) insensible // *vt* entumecer, entorpecer.

number ['nʌmbə*] *n* número; (*numeral*) número, cifra // *vt* (*pages etc*) numerar, poner número a; (*amount to*) sumar, ascender a; **to be ~ed among** figurar entre; **a ~ of** varios, algunos; **they were ten in ~** eran diez; **~ plate** *n* (*Brit*) matrícula, placa.

numeral ['njuːmərəl] *n* número, cifra.

numerate ['njuːmərɪt] *a* competente en la aritmética.

numerical ['njuː'merɪkl] *a* numérico.

numerous ['njuːmərəs] *a* numeroso, muchos.

nun [nʌn] *n* monja, religiosa.

nurse [nɜːs] *n* enfermero/a; (*nanny*) niñera // *vt* (*patient*) cuidar, atender; (*baby*: *Brit*) mecer; (: *US*) criar, amamantar.

nursery ['nɜːsərɪ] *n* (*institution*) guardería infantil; (*room*) cuarto de los niños; (*for plants*) criadero, semillero; **~ rhyme** *n* canción *f* infantil; **~ school** *n* parvulario, escuela de párvulos; **~ slope** *n* (*Brit SKI*) cuesta para principiantes.

nursing ['nɜːsɪŋ] *n* (*profession*) profesión *f* de enfermera; (*care*) asistencia, cuidado; **~ home** *n* clínica de reposo.

nurture ['nɜːtʃə*] *vt* (*child, plant*) alimentar, nutrir.

nut [nʌt] *n* (*TECH*) tuerca; (*BOT*) nuez *f*; **~crackers** *npl* cascanueces *m inv*; **~s**

a (col) loco.
nutmeg ['nʌtmɛg] *n* nuez *f* moscada.
nutritious [nju:'trɪʃəs] *a* nutritivo, rico.
nutshell ['nʌtʃɛl] *n* cáscara de nuez; in a
~ en resumidas cuentas.
nylon ['naɪlən] *n* nilón *m* // *a* de nilón.

O

oak [əuk] *n* roble *m* // *a* de roble.
O.A.P. *abbr* = **old-age pensioner**.
oar [ɔ:*] *n* remo.
oasis [əu'eɪsɪs], *pl* **-ses** [-si:z] *n* oasis *m*
inv.
oath [əuθ] *n* juramento; (*swear word*)
palabrota; on (*Brit*) or under ~ bajo juramento.
oatmeal ['əutmi:l] *n* harina de avena.
oats [əuts] *n* avena.
obedience [ə'bi:dɪəns] *n* obediencia.
obedient [ə'bi:dɪənt] *a* obediente.
obey [ə'beɪ] *vt* obedecer; (*instructions,
regulations*) cumplir.
obituary [ə'bɪtjuərɪ] *n* necrología.
object ['ɔbdʒɪkt] *n* (*gen*) objeto; (*purpose*) objeto, propósito; (*LING*) complemento // *vi* [əb'dʒɛkt]: **to ~ to** (*attitude*) protestar contra; (*proposal*) oponerse a; **expense is no** ~ no importa
cuánto cuesta; **I ~!** ¡yo protesto!; **to ~
that** objetar que; **~ion** [əb'dʒɛkʃən] *n*
protesta; **I have no ~ion to...** no tengo
inconveniente en que...; **~ionable** [əb-
'dʒɛkʃənəbl] *a* (*gen*) desagradable; (*conduct*) censurable; **~ive** *a, n* objetivo.
obligation [ɔblɪ'geɪʃən] *n* obligación *f*;
(*debt*) deber *m*; **without** ~ sin compromiso.
oblige [ə'blaɪdʒ] *vt* (*do a favour for*)
complacer, hacer un favor a; **to ~ sb to
do sth** forzar *or* obligar a uno a hacer
algo; **to be ~d to sb for sth** estarle agradecido a uno por algo; **obliging** *a* servicial, atento.
oblique [ə'bli:k] *a* oblicuo; (*allusion*) indirecto.
obliterate [ə'blɪtəreɪt] *vt* borrar.
oblivion [ə'blɪvɪən] *n* olvido; **oblivious**
[-ɪəs] *a*: **oblivious of** inconsciente de.
oblong ['ɔblɔŋ] *a* rectangular // *n* rectángulo.
obnoxious [əb'nɔkʃəs] *a* odioso, detesta-
ble; (*smell*) nauseabundo.
oboe ['əubəu] *n* oboe *m*.
obscene [əb'si:n] *a* obsceno.
obscure [əb'skjuə*] *a* oscuro // *vt* oscurecer; (*hide: sun*) esconder.
observance [əb'zə:vns] *n* observancia,
cumplimiento; (*ritual*) práctica.
observant [əb'zə:vnt] *a* observador(a).
observation [ɔbzə'veɪʃən] *n* observación
f; (*by police etc*) vigilancia; (*MED*) examen *m*.
observatory [əb'zə:vətrɪ] *n* observatorio.

observe [əb'zə:v] *vt* (*gen*) observar;
(*rule*) cumplir; **~r** *n* observador(a) *m/f*.
obsess [əb'sɛs] *vt* obsesionar; **~ive** *a* ob-
sesivo; obsesionante.
obsolescence [ɔbsə'lɛsns] *n* obsolescen-
cia.
obsolete ['ɔbsəli:t] *a*: **to be ~** estar en
desuso.
obstacle ['ɔbstəkl] *n* obstáculo; (*nuisance*) estorbo; ~ **race** *n* carrera de
obstáculos.
obstinate ['ɔbstɪnɪt] *a* terco, porfiado;
(*determined*) tenaz.
obstruct [əb'strʌkt] *vt* (*block*) obstruir;
(*hinder*) estorbar, obstaculizar; **~ion**
[əb'strʌkʃən] *n* obstrucción *f*; estorbo,
obstáculo.
obtain [əb'teɪn] *vt* (*get*) obtener;
(*achieve*) conseguir; **~able** *a* asequible.
obtrusive [əb'tru:sɪv] *a* (*person*) impor-
tuno, entrometido; (*building etc*) demasiado visible.
obvious ['ɔbvɪəs] *a* (*clear*) obvio, evidente; (*unsubtle*) poco sutil; **~ly** *ad* evidentemente, naturalmente.
occasion [ə'keɪʒən] *n* oportunidad *f*, ocasión *f*; (*event*) acontecimiento // *vi* ocasionar, causar; **~al** *a* poco frecuente,
ocasional; **~ally** *ad* de vez en cuando.
occupant ['ɔkjupənt] *n* (*of house*)
inquilino/a; (*of car*) ocupante *m/f*.
occupation [ɔkju'peɪʃən] *n* (*of house*) tenencia; (*job*) trabajo; (: *calling*) oficio;
~al hazard *n* riesgo profesional.
occupier ['ɔkjupaɪə*] *n* inquilino/a.
occupy ['ɔkjupaɪ] *vt* (*seat, post, time*)
ocupar; (*house*) habitar; **to ~ o.s. with
or by doing** (*as job*) dedicarse a hacer;
(*to pass time*) pasar el tiempo haciendo.
occur [ə'kə:*] *vi* pasar, suceder; **to ~ to
sb** ocurrírsele a uno; **~rence** [ə'kʌrəns]
n acontecimiento.
ocean ['əuʃən] *n* océano; **~-going** *a* de
alta mar.
ochre, (*US*) **ocher** ['əukə*] *n* ocre *m*.
OCR *n* *abbr* = **optical character
recognition/reader**.
o'clock [ə'klɔk] *ad*: **it is 5 ~** son las 5.
octave ['ɔktɪv] *n* octava.
October [ɔk'təubə*] *n* octubre *m*.
octopus ['ɔktəpəs] *n* pulpo.
odd [ɔd] *a* (*strange*) extraño, raro;
(*number*) impar; (*left over*) sobrante,
suelto; **60~** 60 y pico; **at ~ times** de vez
en cuando; **to be the ~ one out** estar de
más; **~s and ends** *npl* minucias *fpl*;
~ity *n* rareza; (*person*) excéntrico; ~
jobs *npl* bricolaje *m*; **~ly** *ad* curiosa-
mente, extrañamente; **~ments** *npl*
(*Brit COMM*) retales *mpl*; **~s** *npl* (*in
betting*) puntos *mpl* de ventaja; **it makes
no ~s** da lo mismo; **at ~s** reñidos/as.
odometer [ɔ'dɔmɪtə*] *n* (*US*) cuentakilómetros *m inv*.
odour, (*US*) **odor** ['əudə*] *n* olor *m*;

(*perfume*) perfume *m*.

of *prep* **1** (*gen*) de; **a friend ~ ours** un amigo nuestro; **a boy ~ 10** un chico de 10 años; **that was kind ~ you** muy amable por *or* de tu parte
2 (*expressing quantity, amount, dates etc*) de; **a kilo ~ flour** un kilo de harina; **there were 3 ~ them** había tres; **3 ~ us went** tres de nosotros fuimos; **the 5th ~ July** el 5 de julio
3 (*from, out of*) de; **made ~ wood** (hecho) de madera.

off [ɔf] *a*, *ad* (*engine*) desconectado; (*light*) apagado; (*tap*) cerrado; (*Brit: food: bad*) pasado, malo; (: *milk*) cortado; (*cancelled*) cancelado // *prep* de; **to be ~** (*to leave*) irse, marcharse; **to be ~ sick** estar enfermo *or* de baja; **a day ~** un día libre *or* sin trabajar; **to have an ~ day** tener un día malo; **he had his coat ~** se había quitado el abrigo; **10% ~** (*COMM*) (con el) 10% de descuento; **5 km ~ (the road)** a 5 km (de la carretera); **~ the coast** frente a la costa; **I'm ~ meat** (*no longer eat/like it*) paso de la carne; **on the ~ chance** por si acaso; **~ and on** de vez en cuando.

offal [ɔfl] *n* (*Brit CULIN*) menudencias *fpl*.

off-colour [ɔf'kʌlə*] *a* (*Brit: ill*) indispuesto.

offence, (*US*) **offense** [ə'fɛns] *n* (*crime*) delito; (*insult*) ofensa; **to take ~ at** ofenderse por.

offend [ə'fɛnd] *vt* (*person*) ofender; **~er** *n* delincuente *m/f*; (*against regulations*) infractor(a) *m/f*.

offensive [ə'fɛnsɪv] *a* ofensivo; (*smell etc*) repugnante // *n* (*MIL*) ofensiva.

offer [ˈɔfə*] *n* (*gen*) oferta, ofrecimiento; (*proposal*) propuesta // *vt* ofrecer; (*opportunity*) facilitar; **'on ~'** (*COMM*) 'en oferta'; **~ing** *n* ofrenda.

offhand [ɔf'hænd] *a* informal // *ad* de improviso.

office [ˈɔfɪs] *n* (*place*) oficina; (*room*) despacho; (*position*) carga, oficio; **doctor's ~** (*US*) consultorio; **to take ~** entrar en funciones; **~ automation** *n* ofimática, buromática; **~ block**, (*US*) **~ building** *n* bloque *m* de oficinas; **~ hours** *npl* horas *fpl* de oficina; (*US MED*) horas *fpl* de consulta.

officer [ˈɔfɪsə*] *n* (*MIL etc*) oficial *m/f*; (*of organization*) director(a) *m/f*; (*also:* **police officer**) agente *m/f* de policía.

office worker *n* oficinista *m/f*.

official [ə'fɪʃl] *a* (*authorized*) oficial, autorizado // *n* funcionario, oficial *m*; **~dom** *n* burocracia.

offing [ˈɔfɪŋ] *n*: **in the ~** (*fig*) en perspectiva.

off: **~-licence** *n* (*Brit: shop*) bodega, *tienda de vinos y bebidas alcohólicas*; **~-line** *a*, *ad* (*COMPUT*) fuera de línea;

~-peak *a* (*holiday*) de temporada baja; (*electricity*) de banda económica; **~-putting** *a* (*Brit*) asqueroso; desalentador(a); **~-season** *a*, *ad* fuera de temporada.

offset [ˈɔfsɛt] (*irg: like* set) *vt* (*counteract*) contrarrestar, compensar.

offshoot [ˈɔfʃuːt] *n* (*fig*) ramificación *f*.

offshore [ɔf'ʃɔː*] *a* (*breeze, island*) costera; (*fishing*) de bajura.

offside [ˈɔfsaɪd] *a* (*SPORT*) fuera de juego; (*AUT*) del lado izquierdo.

offspring [ˈɔfsprɪŋ] *n* descendencia.

off: **~stage** *ad* entre bastidores; **~-the-peg**, (*US*) **~-the-rack** *ad* confeccionado; **~-white** *a* blanco grisáceo.

often [ˈɔfn] *ad* a menudo, con frecuencia; **how ~ do you go?** ¿cada cuánto vas?

ogle [ˈəugl] *vt* comerse con los ojos a.

oh [əu] *excl* ¡ah!

oil [ɔɪl] *n* aceite *m*; (*petroleum*) petróleo // *vt* (*machine*) engrasar; **~can** *n* lata de aceite; **~field** *n* campo petrolífero; **~ filter** *n* (*AUT*) filtro de aceite; **~-fired** *a* que quema aceite combustible; **~ painting** *n* pintura al óleo; **~ rig** *n* torre *f* de perforación; **~skins** *npl* impermeables *mpl* de hule, chubasquero *sg*; **~ tanker** *n* petrolero; **~ well** *n* pozo (de petróleo); **~y** *a* aceitoso; (*food*) grasiento.

ointment [ˈɔɪntmənt] *n* ungüento.

O.K., okay [ˈəuˈkeɪ] *excl* O.K., ¡está bien!, ¡vale! // *a* bien // *vt* dar el visto bueno a.

old [əuld] *a* viejo; (*former*) antiguo; **how ~ are you?** ¿cuántos años tienes?, ¿qué edad tienes?; **he's 10 years ~** tiene 10 años; **~er brother** hermano mayor; **~ age** *n* vejez *f*; **~-age pensioner (O.A.P.)** *n* (*Brit*) jubilado/a; **~-fashioned** *a* anticuado, pasado de moda.

olive [ˈɔlɪv] *n* (*fruit*) aceituna; (*tree*) olivo // *a* (*also:* **~-green**) verde oliva; **~ oil** *n* aceite *m* de oliva.

Olympic [əuˈlɪmpɪk] *a* olímpico; **the ~ Games, the ~s** *npl* las Olimpiadas *fpl*.

omelet(te) [ˈɔmlɪt] *n* tortilla, tortilla de huevo (*LAm*).

omen [ˈəumən] *n* presagio.

ominous [ˈɔmɪnəs] *a* de mal agüero, amenazador(a).

omit [əuˈmɪt] *vt* omitir.

on [ɔn] ♦ *prep* **1** (*indicating position*) en; sobre; **~ the wall** en la pared; **it's ~ the table** está sobre *or* en la mesa; **~ the left** a la izquierda
2 (*indicating means, method, condition etc*): **~ foot** a pie; **~ the train/plane** (*go*) en tren/avión; (*be*) en el tren/el avión; **~ the radio/television/telephone** por *or* en la radio/televisión/al teléfono; **to be ~ drugs** drogarse; (*MED*) estar a tratamiento; **to be ~ holiday/business es-**

tar de vacaciones/en viaje de negocios
3 (*referring to time*): ~ Friday el viernes; ~ Fridays los viernes; ~ June 20th
el 20 de junio; a week ~ Friday del viernes en una semana; ~ arrival al llegar;
~ seeing this al ver esto
4 (*about, concerning*) sobre, acerca de;
a book ~ physics un libro de *or* sobre física
♦ *ad* **1** (*referring to dress*): to have one's
coat ~ tener *or* llevar el abrigo puesto;
she put her gloves ~ se puso los guantes
2 (*referring to covering*): 'screw the lid
~ tightly' 'cerrar bien la tapa'
3 (*further, continuously*): to walk *etc* ~
seguir caminando *etc*
♦ *a* **1** (*functioning, in operation*:
machine, radio, TV, light) encendido/a,
prendido/a (*LAm*); (: *tap*) abierto/a; (:
brakes) echado/a, puesto/a; is the meeting still ~? (*in progress*; *not cancelled*)
¿todavía continúa la reunión?; there's a
good film ~ at the cinema ponen una
buena película en el cine
2: that's not ~! (*col : not possible*) ¡eso
ni hablar!; ¡eso no está bien!; (: *not acceptable*) ¡eso no se hace!

once [wʌns] *ad* una vez; (*formerly*) antiguamente // *conj* una vez que; ~ he had
left/it was done una vez que se había
marchado/se hizo; at ~ en seguida, inmediatamente; (*simultaneous*) a la
vez; ~ a week una vez por semana; ~
more otra vez; ~ and for all de una vez
por todas; ~ upon a time érase una vez.
oncoming ['ɔnkʌmɪŋ] *a* (*traffic*) que viene de frente.
one [wʌn] ♦ *num* un(o)/una; ~ hundred
and fifty ciento cincuenta; ~ by ~ uno a
uno
♦ *a* **1** (*sole*) único; the ~ book which el
único libro que; the ~ man who el único
que
2 (*same*) mismo/a; they came in the ~
car vinieron en un solo coche
♦ *pron* **1:** this ~ éste/a; that ~ ése/
ésa; (*more remote*) aquél/aquella; I've
already got (a red ~) ya tengo uno/a
(rojo/a); ~ by ~ uno/a por una/a
2: ~ another os (*Sp*), se (+ *el uno al
otro, unos a otros etc*); do you two ever
see ~ another? ¿vosotros dos os veis al
guna vez? (*Sp*), ¿se ven ustedes dos al
guna vez? the boys didn't dare look at
~ another los chicos no se atrevieron a
mirarse (el uno al otro); they all kissed
~ another se be aron unos a otros
3 (*impersonal*): ~ never knows nunca se
sabe; to cut ~'s finger cortarse el dedo;
~ needs to eat hay que comer.
one: ~-armed bandit *n* máquina tragaperras; ~-day excursion *n* (*US*) billete
m de ida y vuelta en un día; ~-man *a*
(*business*) individual; ~-man band *n*
hombre-orquesta *m*; ~-off *n* (*Brit col:

event) acontecimiento único.
oneself [wʌnˈsɛlf] *pron* (*reflexive*) se;
(*after prep*) sí; (*emphatic*) uno/a
mismo/a; to hurt ~ hacerse daño; to
keep sth for ~ guardarse algo; to talk to
~ hablar solo.
one: ~-sided *a* (*argument*) parcial;
~-to-~ *a* (*relationship*) de dos; ~-
upmanship *n* arte *m* de aventajar a los
demás.
ongoing ['ɔngəuɪŋ] *a* continuo.
onion ['ʌnjən] *n* cebolla.
on-line ['ɔnlaɪn] *a, ad* (*COMPUT*) en línea.
onlooker ['ɔnlukə*] *n* espectador(a) *m/f*.
only ['əunlɪ] *ad* solamente, sólo // *a* único,
solo // *conj* solamente que, pero; an ~
child un hijo único; not ~ ... but also...
no sólo ... sino también...
onset ['ɔnsɛt] *n* comienzo.
onshore ['ɔnʃɔː*] *a* (*wind*) que sopla del
mar hacia la tierra.
onslaught ['ɔnslɔːt] *n* ataque *m*, embestida.
onto ['ɔntu] *prep* = **on to**.
onus ['əunəs] *n* responsabilidad *f*.
onward(s) ['ɔnwəd(z)] *ad* (*move*) (hacia) adelante.
ooze [uːz] *vi* rezumar.
opaque [əuˈpeɪk] *a* opaco.
OPEC ['əupɛk] *n abbr* (= *Organization of
Petroleum-Exporting Countries*) OPEP *f*.
open ['əupn] *a* abierto; (*car*) descubierto; (*road, view*) despejado; (*meeting*)
público; (*admiration*) manifiesto // *vt* abrir // *vi* (*flower, eyes, door, debate*) abrirse; (*book etc: commence*) comenzar;
in the ~ (air) al aire libre; to ~ on to
vt fus (*subj: room, door*) dar a; to ~
up *vt* abrir; (*blocked road*) despejar //
vi abrirse, empezar; ~ing *n* abertura,
comienzo; (*opportunity*) oportunidad *f*;
(*job*) puesto vacante, vacante *f*; ~ly *ad*
abiertamente; ~-minded *a* imparcial;
~-plan *a*: ~-plan office gran oficina sin
particiones.
opera ['ɔpərə] *n* ópera; ~ house *n* teatro de la ópera.
operate ['ɔpəreɪt] *vt* (*machine*) hacer
funcionar; (*company*) dirigir // *vi* funcionar; (*drug*) hacer efecto; to ~ on sb
(*MED*) operar a uno.
operatic [ɔpəˈrætɪk] *a* de ópera.
operating ['ɔpəreɪtɪŋ] *a*: ~ table/theatre
mesa/sala de operaciones.
operation [ɔpəˈreɪʃən] *n* (*gen*) operación
f; (*of machine*) funcionamiento; to be in
~ estar funcionando *or* en funcionamiento; to have an ~ (*MED*) ser operado; ~
al *a* operacional, en buen estado.
operative ['ɔpərətɪv] *a* (*measure*) en vigor.
operator ['ɔpəreɪtə*] *n* (*of machine*) maquinista *m/f*, operario/a *m/f*; (*TEL*) opera-
dor(a) *m/f*, telefonista *m/f*.

ophthalmic [ɔfˈθælmɪk] a oftálmico.

opinion [əˈpɪnɪən] n (gen) opinión f; in my ~ en mi opinión, a mi juicio; ~ated a testarudo; ~ poll n encuesta, sondeo.

opponent [əˈpəunənt] n adversario/a, contrincante m/f.

opportunist [ɔpəˈtjuːnɪst] n oportunista m/f.

opportunity [ɔpəˈtjuːnɪtɪ] n oportunidad f; to take the ~ of doing aprovechar la ocasión para hacer.

oppose [əˈpəuz] vt oponerse a; to be ~d to sth oponerse a algo; as ~d to a la diferencia de; **opposing** a (side) opuesto, contrario.

opposite [ˈɔpəzɪt] a opuesto, contrario a; (house etc) de enfrente // ad en frente // prep en frente de, frente a // n lo contrario.

opposition [ɔpəˈzɪʃən] n oposición f.

oppress [əˈpres] vt oprimir.

opt [ɔpt] vi: to ~ for optar por; to ~ to do optar por hacer; to ~ out of optar por no hacer.

optical [ˈɔptɪkl] a óptico; ~ **character recognition/reader** (OCR) n reconocimiento/lector m óptico de caracteres.

optician [ɔpˈtɪʃən] n óptico m/f.

optimist [ˈɔptɪmɪst] n optimista m/f; ~ic [-ˈmɪstɪk] a optimista.

optimum [ˈɔptɪməm] a óptimo.

option [ˈɔpʃən] n opción f; to keep one's ~s open (fig) mantener las opciones abiertas; ~al a facultativo, discrecional.

or [ɔː*] conj o; (before o, ho) u; (with negative): he hasn't seen ~ heard anything no ha visto ni oído nada; ~ else si no.

oracle [ˈɔrəkl] n oráculo.

oral [ˈɔːrəl] a oral // n examen m oral.

orange [ˈɔrɪndʒ] n (fruit) naranja // a color naranja.

orator [ˈɔrətə*] n orador(a) m/f.

orbit [ˈɔːbɪt] n órbita // vt, vi orbitar.

orchard [ˈɔːtʃəd] n huerto.

orchestra [ˈɔːkɪstrə] n orquesta; (US: seating) platea; ~l [-ˈkestrəl] a de orquesta.

orchid [ˈɔːkɪd] n orquídea.

ordain [ɔːˈdeɪn] vt (REL) ordenar, decretar; (decide) mandar.

ordeal [ɔːˈdiːl] n experiencia horrorosa.

order [ˈɔːdə*] n orden m; (command) orden f; (type, kind) clase f; (state) estado; (COMM) pedido, encargo // vt (also: put in ~) arreglar, poner en orden; (COMM) encargar, pedir; (command) mandar, ordenar; in ~ (gen) en orden; (of document) en regla; in (working) ~ en funcionamiento; in ~ to do para hacer; on ~ (COMM) pedido; to ~ sb to do sth mandar a uno hacer algo; ~ **form** n hoja de pedido; ~ly n (MIL) ordenanza m; (MED) enfermero/a (auxiliar) // a ordenado.

ordinary [ˈɔːdnrɪ] a corriente, normal; (pej) común y corriente; out of the ~ fuera de lo común.

ordnance [ˈɔːdnəns] n (MIL: unit) artillería.

ore [ɔː*] n mineral m.

organ [ˈɔːgən] n órgano; ~ic [ɔːˈgænɪk] a orgánico.

organization [ɔːgənaɪˈzeɪʃən] n organización f.

organize [ˈɔːgənaɪz] vt organizar; ~r n organizador(a) m/f.

orgasm [ˈɔːgæzəm] n orgasmo.

orgy [ˈɔːdʒɪ] n orgía.

Orient [ˈɔːrɪənt] n Oriente m; **oriental** [-ˈentl] a oriental.

origin [ˈɔrɪdʒɪn] n origen m; (point of departure) procedencia.

original [əˈrɪdʒɪnl] a original; (first) primero; (earlier) primitivo // n original m; ~ity [-ˈnælɪtɪ] n originalidad f; ~ly ad (at first) al principio; (with originality) con originalidad.

originate [əˈrɪdʒɪneɪt] vi: to ~ from, to ~ in surgir de, tener su origen en.

Orkneys [ˈɔːknɪz] npl: the ~ (also: the Orkney Islands) las Orcadas.

ornament [ˈɔːnəmənt] n adorno; (trinket) chuchería; ~al [-ˈmentl] a decorativo, de adorno.

ornate [ɔːˈneɪt] a muy ornado, vistoso.

orphan [ˈɔːfn] n huérfano/a // vt: to be ~ed quedar huérfano/a; ~age n orfanato.

orthodox [ˈɔːθədɔks] a ortodoxo; ~y n ortodoxia.

orthopaedic, (US) **orthopedic** [ɔːθəˈpiːdɪk] a ortopédico

oscillate [ˈɔsɪleɪt] vi oscilar; (person) vacilar.

ostensibly [ɔsˈtensɪblɪ] ad aparentemente.

ostentatious [ɔstenˈteɪʃəs] a ostentoso.

osteopath [ˈɔstɪəpæθ] n osteópata m/f.

ostracize [ˈɔstrəsaɪz] vt hacer el vacio a.

ostrich [ˈɔstrɪtʃ] n avestruz m.

other [ˈʌðə*] a otro // pron: the ~ (one) el/la otro/a; ~s (~ people) otros; ~ than (apart from) aparte de; ~**wise** ad, conj de otra manera; (if not) si no.

otter [ˈɔtə*] n nutria.

ouch [autʃ] excl ¡ay!

ought [ɔːt], pt ought auxiliary vb: I ~ to do it debería hacerlo; this ~ to have been corrected esto debiera de haberse corregido; he ~ to win (probability) debe or debiera ganar.

ounce [auns] n onza (28.35g).

our [ˈauə*] a nuestro; see also my; ~s pron (el) nuestro/(la) nuestra etc; see also mine; ~**selves** pron pl (reflexive, after prep) nosotros; (emphatic) nosotros mismos; see also oneself.

oust [aust] vt desalojar.

out [aut] ad fuera, afuera; (not at home)

fuera (de casa); (*light, fire*) apagado; ~ there allí (fuera); **he's ~** (*absent*) no está, ha salido; **to be ~ in one's calculations** equivocarse (en sus cálculos); **to run ~** salir corriendo; **~ loud** en alta voz; **~ of** (*outside*) fuera de; (*because of: anger etc*) por; **~ of petrol** sin gasolina; **'~ of order'** 'no funciona'; **~-and-~** *a* (*liar, thief etc*) redomado, empedernido.

outback ['autbæk] *n* interior *m*.

outboard ['autbɔːd] *a*: **~ motor** (motor *m*) fuera borda *m*.

outbreak ['autbreɪk] *n* (*of war*) comienzo; (*of disease*) epidemia; (*of violence etc*) ola.

outburst ['autbəːst] *n* explosión *f*, arranque *m*.

outcast ['autkɑːst] *n* paria *m/f*.

outcome ['autkʌm] *n* resultado.

outcrop ['autkrɔp] *n* (*of rock*) afloramiento.

outcry ['autkraɪ] *n* protestas *fpl*.

outdated [aut'deɪtɪd] *a* anticuado, fuera de moda.

outdo [aut'duː] (*irg: like do*) *vt* superar.

outdoor [aut'dɔː*] *a*, **~s** *ad* al aire libre.

outer ['autə*] *a* exterior, externo; **~ space** *n* espacio exterior.

outfit ['autfɪt] *n* equipo; (*clothes*) traje *m*; **~ter's** *n* (*Brit*) sastrería.

outgoing ['autgəuɪŋ] *a* (*character*) extrovertido; **~s** *npl* (*Brit*) gastos *mpl*.

outgrow [aut'grəu] (*irg: like grow*) *vt*: **he has ~n his clothes** su ropa le queda pequeña ya.

outhouse ['authaus] *n* dependencia.

outing ['autɪŋ] *n* excursión *f*, paseo.

outlandish [aut'lændɪʃ] *a* estrafalario.

outlaw ['autlɔː] *n* proscrito.

outlay ['autleɪ] *n* inversión *f*.

outlet ['autlet] *n* salida; (*of pipe*) desagüe *m*; (*US ELEC*) toma de corriente; (*for emotion*) desahogo; (*also:* **retail ~**) punto de venta.

outline ['autlaɪn] *n* (*shape*) contorno, perfil *m*; **in ~** (*fig*) a grandes rasgos.

outlive [aut'lɪv] *vt* sobrevivir a.

outlook ['autluk] *n* perspectiva; (*opinion*) punto de vista.

outlying ['autlaɪɪŋ] *a* remoto, aislado.

outmoded [aut'məudɪd] *a* anticuado, pasado de moda.

outnumber [aut'nʌmbə*] *vt* exceder en número.

out-of-date [autəv'deɪt] *a* (*passport*) caducado; (*clothes*) pasado de moda.

out-of-the-way [autəvðə'weɪ] *a* (*place*) apartado.

outpatient ['autpeɪʃənt] *n* paciente *m/f* externo/a.

outpost ['autpəust] *n* puesto avanzado.

output ['autput] *n* (volumen *m* de) producción *f*, rendimiento; (*COMPUT*) salida.

outrage ['autreɪdʒ] *n* (*scandal*) escándalo; (*atrocity*) atrocidad *f* // *vt* ultrajar; **~ous** [-'reɪdʒəs] *a* monstruoso.

outright [aut'raɪt] *ad* (*win*) de manera absoluta; (*be killed*) en el acto; (*completely*) completamente // *a* ['autraɪt] completo.

outset ['autset] *n* principio.

outside [aut'saɪd] *n* exterior *m* // *a* exterior, externo // *ad* fuera // *prep* fuera de; (*beyond*) más allá de; **at the ~** (*fig*) a lo sumo; **~ lane** *n* (*AUT: in Britain*) carril *m* de la derecha; **~-left/right** *n* (*FOOTBALL*) extremo izquierdo/derecho; **~ line** *n* (*TEL*) línea (exterior); **~r** *n* (*stranger*) extraño, forastero.

outsize ['autsaɪz] *a* (*clothes*) de talla grande.

outskirts ['autskəːts] *npl* alrededores *mpl*, afueras *fpl*.

outspoken [aut'spəukən] *a* muy franco.

outstanding [aut'stændɪŋ] *a* excepcional, destacado; (*unfinished*) pendiente.

outstay [aut'steɪ] *vt*: **to ~ one's welcome** quedarse más de la cuenta.

outstretched [aut'stretʃt] *a* (*hand*) extendido.

outstrip [aut'strɪp] *vt* (*competitors, demand*) dejar atrás, aventajar.

out-tray ['auttreɪ] *n* bandeja de salida.

outward ['autwəd] *a* (*sign, appearances*) externo; (*journey*) de ida; **~ly** *ad* por fuera.

outweigh [aut'weɪ] *vt* pesar más que.

outwit [aut'wɪt] *vt* ser más listo que.

oval ['əuvl] *a* ovalado // *n* óvalo.

ovary ['əuvərɪ] *n* ovario.

oven ['ʌvn] *n* horno; **~proof** *a* resistente al horno.

over ['əuvə*] *ad* encima, por encima // *a* (*or ad*) (*finished*) terminado; (*surplus*) de sobra // *prep* (por) encima de; (*above*) sobre; (*on the other side of*) al otro lado de; (*more than*) más de; (*during*) durante; **~ here** (por) aquí; **~ there** (por) allí or allá; **all ~** (*everywhere*) por todas partes; **~ and ~** (*again*) una y otra vez; **~ and above** además de; **to ask sb ~** invitar a uno a casa; **to bend ~** inclinarse.

overall ['əuvərɔːl] *a* (*length*) total; (*study*) de conjunto // *ad* [əuvər'ɔːl] en conjunto // *n* (*Brit*) guardapolvo; **~s** *npl* mono *sg*, overol *msg* (*LAm*).

overawe [əuvər'ɔː] *vt*: **to be ~d** (*by*) quedar impresionado (con).

overbalance [əuvə'bæləns] *vi* perder el equilibrio.

overbearing [əuvə'bɛərɪŋ] *a* autoritario, imperioso.

overboard ['əuvəbɔːd] *ad* (*NAUT*) por la borda.

overbook [əuvə'buk] *vt* sobrereservar.

overcast ['əuvəkɑːst] *a* encapotado.

overcharge [əuvə'tʃɑːdʒ] *vt*: **to ~ sb** cobrar un precio excesivo a uno.

overcoat ['əuvəkəut] *n* abrigo, sobretodo.

overcome [əuvə'kʌm] (*irg: like* come) *vt* (*gen*) vencer; (*difficulty*) superar.

overcrowded [əuvə'kraudid] *a* atestado de gente; (*city, country*) superpoblado.

overdo [əuvə'du:] (*irg: like* do) *vt* exagerar; (*overcook*) cocer demasiado.

overdose ['əuvədəus] *n* sobredosis *f inv*.

overdraft ['əuvədra:ft] *n* saldo deudor.

overdrawn [əuvə'drɔːn] *a* (*account*) en descubierto.

overdue [əuvə'djuː] *a* retrasado; (*recognition*) tardío.

overestimate [əuvər'estimeit] *vt* sobreestimar.

overflow [əuvə'fləu] *vi* desbordarse // *n* ['əuvəfləu] (*excess*) exceso; (*of river*) desbordamiento; (*also:* ~ pipe) (cañería de) desagüe *m*.

overgrown [əuvə'grəun] *a* (*garden*) invadido por la vegetación

overhaul [əuvə'hɔːl] *vt* revisar, repasar // *n* ['əuvəhɔːl] revisión *f*.

overhead [əuvə'hed] *ad* por arriba *or* encima // *a* ['əuvəhed] (*cable*) aéreo; (*railway*) elevado, aéreo // *n* (*US*) = ~s; ~s *npl* gastos *mpl* generales.

overhear [əuvə'hiə*] (*irg: like* hear) *vt* oír por casualidad.

overheat [əuvə'hiːt] *vi* (*engine*) recalentarse.

overjoyed [əuvə'dʒɔid] *a* encantado, lleno de alegría.

overkill ['əuvəkil] *n*: that would be ~ eso sería sobrepasarse.

overland [əuvə'lænd] *a, ad* por tierra.

overlap [əuvə'læp] *vi* traslaparse.

overleaf [əuvə'liːf] *ad* al dorso.

overload [əuvə'ləud] *vt* sobrecargar.

overlook [əuvə'luk] *vt* (*have view of*) dar a, tener vistas a; (*miss*) pasar por alto; (*forgive*) hacer la vista gorda a.

overnight [əuvə'nait] *ad* durante la noche; (*fig*) de la noche a la mañana // *a* de noche; **to stay** ~ pasar la noche.

overpass ['əuvəpaːs] *n* (*US*) paso superior.

overpower [əuvə'pauə*] *vt* dominar; (*fig*) embargar; ~ing *a* (*heat*) agobiante; (*smell*) penetrante.

overrate [əuvə'reit] *vt* sobreestimar.

override [əuvə'raid] (*irg: like* ride) *vt* (*order, objection*) no hacer caso de; **overriding** *a* predominante.

overrule [əuvə'ruːl] *vt* (*decision*) anular; (*claim*) denegar.

overrun [əuvə'rʌn] (*irg: like* run) *vt* (*country*) invadir; (*time limit*) rebasar, exceder.

overseas [əuvə'siːz] *ad* en ultramar; (*abroad*) en el extranjero // *a* (*trade*) exterior; (*visitor*) extranjero.

overseer ['əuvəsiə*] *n* (*in factory*) superintendente *m/f*; (*foreman*) capataz *m*.

overshadow [əuvə'fædəu] *vt* (*fig*) eclipsar.

overshoot [əuvə'fuːt] (*irg: like* shoot) *vt* excederse.

oversight ['əuvəsait] *n* descuido.

oversleep [əuvə'sliːp] (*irg: like* sleep) *vi* quedarse dormido.

overspill ['əuvəspil] *n* exceso de población.

overstep [əuvə'step] *vt*: **to ~ the mark** pasarse de la raya.

overt [əu'vəːt] *a* abierto.

overtake [əuvə'teik] (*irg: like* take) *vt* sobrepasar; (*Brit AUT*) adelantar.

overthrow [əuvə'θrəu] (*irg: like* throw) *vt* (*government*) derrocar.

overtime ['əuvətaim] *n* horas *fpl* extraordinarias.

overtone ['əuvətəun] *n* (*fig*) tono.

overture ['əuvətʃuə*] *n* (*MUS*) obertura; (*fig*) preludio.

overturn [əuvə'təːn] *vt, vi* volcar.

overweight [əuvə'weit] *a* demasiado gordo *or* pesado.

overwhelm [əuvə'welm] *vt* aplastar; ~ing *a* (*victory, defeat*) arrollador(a); (*desire*) irresistible.

overwork [əuvə'wəːk] *n* trabajo excesivo // *vi* trabajar demasiado.

overwrought [əuvə'rɔːt] *a* sobreexcitado.

owe [əu] *vt* deber; **to ~ sb sth, to ~ sth to sb** deber algo a uno; **owing to** *prep* debido a, por causa de.

owl [aul] *n* búho, lechuza.

own [əun] *vt* tener, poseer // *a* propio; **a room of my** ~ una habitación propia; **to get one's** ~ **back** tomar revancha; **on one's** ~ solo, a solas; **to** ~ **up** *vi* confesar; ~**er** *n* dueño/a; ~**ership** *n* posesión *f*.

ox [ɔks], *pl* ~**en** ['ɔksn] *n* buey *m*.

oxtail ['ɔksteil] *n*: ~ **soup** sopa de rabo de buey.

oxygen ['ɔksidʒən] *n* oxígeno; ~ **mask/tent** *n* máscara/tienda de oxígeno.

oyster ['ɔistə*] *n* ostra.

oz. *abbr* = **ounce(s)**.

ozone ['əuzəun] *n*: ~ **layer** capa de ozono *or* ozónica.

P

p [piː] *abbr* = **penny, pence**.

P.A. *n abbr* = **personal assistant; public address system**.

p.a. *abbr* = **per annum**.

pa [paː] *n* (*col*) papá *m*.

pace [peis] *n* paso; (*rhythm*) ritmo // *vi*: **to ~ up and down** pasearse de un lado a otro; **to keep ~ with** llevar el mismo paso que; (*events*) mantenerse a la altura de *or* al corriente de; ~**maker** *n* (*MED*) regulador *m* cardíaco, marcapasos *m inv*.

pacific [pə'sɪfɪk] *a* pacífico // *n*: **the P~ (Ocean)** el (Océano) Pacífico.

pacify ['pæsɪfaɪ] *vt* (*soothe*) apaciguar; (*country*) pacificar.

pack [pæk] *n* (*packet*) paquete *m*; (*of hounds*) jauría; (*of thieves etc*) manada, bando; (*of cards*) baraja; (*bundle*) fardo; (*US: of cigarettes*) paquete *m* // *vt* (*wrap*) empaquetar; (*fill*) llenar; (*in suitcase etc*) meter, poner; (*cram*) llenar, atestar; (*fig: meeting etc*) llenar de partidarios; **to ~ (one's bags)** hacerse la maleta; **to ~ sb off** despachar a uno; **~ it in!** (*col*) ¡déjalo!

package ['pækɪdʒ] *n* paquete *m*; (*bulky*) bulto; (*also: ~ deal*) acuerdo global; **~ tour** *n* viaje *m* organizado.

packed lunch *n* almuerzo frío.

packet ['pækɪt] *n* paquete *m*.

packing ['pækɪŋ] *n* embalaje *m*; **~ case** *n* cajón *m* de embalaje.

pact [pækt] *n* pacto.

pad [pæd] *n* (*of paper*) bloc *m*; (*cushion*) cojinete *m*; (*launching ~*) plataforma (de lanzamiento); (*col: flat*) casa // *vt* rellenar; **~ding** *n* relleno; (*fig*) paja.

paddle ['pædl] *n* (*oar*) canalete *m*; (*US: for table tennis*) raqueta // *vt* impulsar con canalete // *vi* (*with feet*) chapotear; **~ steamer** *n* vapor *m* de ruedas; **paddling pool** *n* (*Brit*) estanque *m* de juegos.

paddock ['pædək] *n* corral *m*.

paddy field ['pædɪ-] *n* arrozal *m*.

padlock ['pædlɔk] *n* candado.

paediatrics [pi:dɪ'ætrɪks] *n* pediatría.

pagan ['peɪgən] *a, n* pagano/a *m/f*.

page [peɪdʒ] *n* (*of book*) página; (*of newspaper*) plana; (*also: ~ boy*) paje *m* // *vt* (*in hotel etc*) llamar por altavoz a.

pageant ['pædʒənt] *n* (*procession*) desfile *m*; (*show*) espectáculo; **~ry** *n* pompa.

paid [peɪd] *pt, pp* of **pay** // *a* (*work*) remunerado; (*official*) asalariado; **to put ~ to** (*Brit*) acabar con.

pail [peɪl] *n* cubo, balde *m*.

pain [peɪn] *n* dolor *m*; **to be in ~** sufrir; **to take ~s over/to do sth** tomarse grandes molestias con/en hacer algo; **~ed** *a* (*expression*) afligido; **~ful** *a* doloroso; (*difficult*) penoso; (*disagreeable*) desagradable; **~fully** *ad* (*fig: very*) terriblemente; **~killer** *n* analgésico; **~less** *a* que no causa dolor; **~staking** ['peɪnzteɪkɪŋ] *a* (*person*) concienzudo, esmerado.

paint [peɪnt] *n* pintura // *vt* pintar; **to ~ the door blue** pintar la puerta de azul; **~brush** *n* (*artist's*) pincel *m*; (*decorator's*) brocha; **~er** *n* pintor(a) *m/f*; **~ing** *n* pintura; **~work** *n* pintura.

pair [pɛə*] *n* (*of shoes, gloves etc*) par *m*; (*of people*) pareja; **a ~ of scissors** unas tijeras; **a ~ of trousers** unos panta-

lones, un pantalón.

pajamas [pɪ'dʒɑːməz] *npl* (*US*) pijama *msg*.

Pakistan [pɑːkɪ'stɑːn] *n* Paquistán *m*; **~i** *a, n* paquistaní *m/f*.

pal [pæl] *n* (*col*) compinche *m/f*, compañero/a.

palace ['pæləs] *n* palacio.

palatable ['pælɪtəbl] *a* sabroso; (*acceptable*) aceptable.

palate ['pælɪt] *n* paladar *m*.

palatial [pə'leɪʃəl] *a* (*surroundings, residence*) suntuoso, espléndido.

palaver [pə'lɑːvə*] *n* (*fuss*) lío.

pale [peɪl] *a* (*gen*) pálido; (*colour*) claro // *n*: **to be beyond the ~** pasarse de la raya; **to grow ~** palidecer.

Palestine ['pælɪstaɪn] *n* Palestina; **Palestinian** [-'tɪnɪən] *a, n* palestino/a *m/f*.

palette ['pælɪt] *n* paleta.

paling ['peɪlɪŋ] *n* (*stake*) estaca; (*fence*) valla.

pall [pɔːl] *n* (*of smoke*) capa (de humo) // *vi* perder el sabor.

pallet ['pælɪt] *n* (*for goods*) pallet *m*.

pallor ['pælə*] *n* palidez *f*.

pallid ['pælɪd] *a* pálido.

palm [pɑːm] *n* (*ANAT*) palma; (*also: ~ tree*) palmera, palma // *vt*: **to ~ sth off on sb** (*Brit col*) encajar algo a uno; **P~ Sunday** *n* Domingo de Ramos.

palpable ['pælpəbl] *a* palpable.

palpitation [pælpɪ'teɪʃən] *n* palpitación *f*; **to have ~s** tener vahídos.

paltry ['pɔːltrɪ] *a* (*quantity*) irrisorio; (*person*) insignificante.

pamper ['pæmpə*] *vt* mimar.

pamphlet ['pæmflət] *n* folleto.

pan [pæn] *n* (*also: sauce~*) cacerola, cazuela, olla; (*also: frying ~*) sartén *m*; (*of lavatory*) taza // *vi* (*CINEMA*) tomar panorámicas.

panache [pə'næʃ] *n*: **with ~** con estilo.

Panama ['pænəmɑː] *n* Panamá *m*; **the ~ Canal** el Canal de Panamá.

pancake ['pænkeɪk] *n* crepe *f*.

panda ['pændə] *n* panda *m*; **~ car** *n* (*Brit*) coche *m* Z.

pandemonium [pændɪ'məunɪəm] *n*: **there was ~** se armó un tremendo jaleo.

pander ['pændə*] *vi*: **to ~ to** complacer a.

pane [peɪn] *n* cristal *m*.

panel ['pænl] *n* (*of wood*) panel *m*; (*of cloth*) paño; (*RADIO, TV*) panel *m* de invitados; **~ling**, (*US*) **~ing** *n* paneles *mpl*.

pang [pæŋ] *n*: **~s of conscience** remordimiento *sg*; **~s of hunger** dolores *mpl* del hambre.

panic ['pænɪk] *n* (*terror m*) pánico // *vi* dejarse llevar por el pánico; **~ky** *a* (*person*) asustadizo; **~-stricken** *a* preso de pánico.

pansy ['pænzɪ] *n* (*BOT*) pensamiento;

(col: pej) maricón *m.*
pant [pænt] *vi* jadear.
panther ['pænθə*] *n* pantera.
panties ['pæntɪz] *npl* bragas *fpl*, pantis *mpl.*
pantihose ['pæntɪhəʊz] *n (US)* pantimedias *fpl.*
pantomime ['pæntəmaɪm] *n (Brit)* revista musical representada en Navidad, basada en cuentos de hadas.
pantry ['pæntrɪ] *n* despensa.
pants [pænts] *n (Brit: underwear:* woman's*)* bragas *fpl;* (: man's*)* calzoncillos *mpl;* (US: trousers*)* pantalones *mpl.*
papal ['peɪpəl] *a* papal.
paper ['peɪpə*] *n* papel *m;* (also: news~*)* periódico, diario; *(study, article)* artículo; *(exam)* examen *m // a de* papel *// vt* empapelar, tapizar *(LAm);* (identity) ~s *npl* papeles *mpl*, documentos *mpl;* ~**back** *n* libro de bolsillo; ~ **bag** *n* bolsa de papel; ~ **clip** *n* clip *m;* ~ **hankie** *n* pañuelo de papel; ~**weight** *n* pisapapeles *m inv;* ~**work** *n* trabajo administrativo; *(pej)* papeleo.
papier-mâché ['pæpɪeɪ'mæʃeɪ] *n* cartón *m* piedra.
paprika ['pæprɪkə] *n* pimienta húngara *or* roja.
par [pɑ:*] *n* par *f;* (GOLF) par *m;* to be on a ~ with estar a la par con.
parable ['pærəbl] *n* parábola.
parachute ['pærəʃuːt] *n* paracaídas *m inv // vi* lanzarse en paracaídas.
parade [pə'reɪd] *n* desfile *m // vt (gen)* recorrer, desfilar por; *(show off)* hacer alarde de *// vi* desfilar; *(MIL)* pasar revista.
paradise ['pærədaɪs] *n* paraíso.
paradox ['pærədɒks] *n* paradoja; ~**ically** [-'dɒksɪklɪ] *ad* paradójicamente.
paraffin ['pærəfɪn] *n (Brit):* ~ (oil) parafina.
paragon ['pærəgən] *n* modelo.
paragraph ['pærəgrɑ:f] *n* párrafo.
Paraguay ['pærəgwaɪ] *n* Paraguay *m.*
parallel ['pærəlɛl] *a* en paralelo; *(fig)* semejante *// n (line)* paralela; *(fig, GEO)* paralelo.
paralysis [pə'rælɪsɪs] *n* parálisis *f inv.*
paralyze ['pærəlaɪz] *vt* paralizar.
paramedic [pærəmɛdɪk] *n (US)* ambulanciero/a.
paramount ['pærəmaʊnt] *a:* of ~ importance de suma importancia.
paranoid ['pærənɔɪd] *a (person, feeling)* paranoico.
paraphernalia [pærəfə'neɪlɪə] *n (gear)* avíos *mpl.*
parasite ['pærəsaɪt] *n* parásito/a.
parasol ['pærəsɒl] *n* sombrilla, quitasol *m.*
paratrooper ['pærətruːpə*] *n* paracaidista *m/f.*
parcel ['pɑ:sl] *n* paquete *m // vt (also:* ~

up) empaquetar, embalar.
parch [pɑ:tʃ] *vt* secar, resecar; ~**ed** *a (person)* muerto de sed.
parchment ['pɑ:tʃmənt] *n* pergamino.
pardon ['pɑ:dn] *n* perdón *m;* (LAW) indulto *// vt* perdonar; indultar; ~ me!, I beg your ~! ¡perdone usted!; (I beg your) ~?, (US) ~ me? ¿cómo?
parent ['peərənt] *n:* ~s *npl* padres *mpl;* ~**al** [pə'rɛntl] *a* paternal/maternal.
parenthesis [pə'rɛnθɪsɪs], *pl* -**theses** [-θɪsiːz] *n* paréntesis *m inv.*
Paris ['pærɪs] *n* París *m.*
parish ['pærɪʃ] *n* parroquia.
parity ['pærɪtɪ] *n* paridad *f,* igualdad *f.*
park [pɑ:k] *n* parque *m // vt* aparcar, estacionar *// vi* aparcar, estacionarse.
parking ['pɑ:kɪŋ] *n* aparcamiento, estacionamiento; '**no** ~' 'prohibido estacionarse'; ~ **lot** *n (US)* parking *m;* ~ **meter** *n* parquímetro; ~ **ticket** *n* multa de aparcamiento.
parlance ['pɑ:ləns] *n* lenguaje *m.*
parliament ['pɑ:ləmənt] *n* parlamento; *(Spanish)* Cortes *fpl;* ~**ary** [-'mɛntərɪ] *a* parlamentario.
parlour, *(US)* **parlor** ['pɑ:lə*] *n* sala de recibo, salón *m*, living *(LAm).*
parochial [pə'rəʊkɪəl] *a* parroquial; *(pej)* de miras estrechas.
parody ['pærədɪ] *n* parodia.
parole [pə'rəʊl] *n:* on ~ libre bajo palabra.
parquet ['pɑ:keɪ] *n:* ~ **floor(ing)** parquet *m.*
parrot ['pærət] *n* loro, papagayo.
parry ['pærɪ] *vt* parar.
parsimonious [pɑ:sɪ'məʊnɪəs] *a* tacaño.
parsley ['pɑ:slɪ] *n* perejil *m.*
parsnip ['pɑ:snɪp] *n* chirivía.
parson ['pɑ:sn] *n* cura *m.*
part [pɑ:t] *n (gen, MUS)* parte *f;* (bit) trozo; *(of machine)* pieza; *(THEATRE etc)* papel *m;* (of serial) entrega; *(US: in hair)* raya *// ad* = **partly** *// vt* separar; *(break)* partir *// vi (people)* separarse; *(roads)* bifurcarse; *(crowd)* apartarse; *(break)* romperse; **to take** ~ in participar *or* tomar parte en; **to take sth in good** ~ tomar algo en buena parte; **to take sb's** ~ defender a uno; **for my** ~ por mi parte; **for the most** ~ en su mayor parte; *(people)* en su mayoría; **to** ~ **with** *vt fus* ceder, entregar; *(money)* pagar; *(get rid of)* deshacerse de; ~ **exchange** *n (Brit):* **in** ~ **exchange** como parte del pago.
partial ['pɑ:ʃl] *a* parcial; **to be** ~ **to** ser aficionado a.
participant [pɑ:'tɪsɪpənt] *n (in competition)* concursante *m/f.*
participate [pɑ:'tɪsɪpeɪt] *vi:* **to** ~ **in** participar en; **participation** [-'peɪʃən] *n* participación *f.*
participle ['pɑ:tɪsɪpl] *n* participio.

particle ['pɑːtɪkl] n partícula; (of dust) grano; (fig) pizca.

particular [pə'tɪkjulə*] a (special) particular; (concrete) concreto; (given) determinado; (detailed) detallado, minucioso; (fussy) quisquilloso, exigente; ~s npl (information) datos mpl, detalles mpl; (details) pormenores mpl; in ~ en particular; ~ly ad especialmente, en particular.

parting ['pɑːtɪŋ] n (act of) separación f; (farewell) despedida; (Brit: in hair) raya // a de despedida.

partisan [pɑːtɪ'zæn] a, n partidario/a.

partition [pɑː'tɪʃən] n (POL) división f; (wall) tabique m.

partly ['pɑːtlɪ] ad en parte.

partner ['pɑːtnə*] n (COMM) socio/a; (SPORT, at dance) pareja; (spouse) cónyuge m/f; (friend etc) compañero/a // vt acompañar; ~ship n (gen) asociación f; (COMM) sociedad f.

partridge ['pɑːtrɪdʒ] n perdiz f.

part-time ['pɑːt'taɪm] a, ad a tiempo parcial.

party ['pɑːtɪ] n (POL) partido; (celebration) fiesta; (group) grupo; (LAW) parte f, interesado // a (POL) de partido; (dress etc) de fiesta, de gala; ~ line n (TEL) línea compartida.

pass [pɑːs] vt (time, object) pasar; (place) pasar por; (exam) aprobar; (overtake, surpass) rebasar; (approve) aprobar // vi pasar; (SCOL) aprobar, ser aprobado // n (permit) permiso; (membership card) carnet m; (in mountains) puerto, desfiladero; (SPORT) pase m; (SCOL: also: ~ mark): to get a ~ in aprobar en; to ~ sth through sth pasar algo por algo; to make a ~ at sb (col) hacer proposiciones a uno; to ~ away vi fallecer; to ~ by vi pasar // vt (ignore) pasar por alto; to ~ for pasar por; to ~ on vt transmitir; to ~ out vi desmayarse; to ~ up vt (opportunity) renunciar a; ~able a (road) transitable; (tolerable) pasable.

passage ['pæsɪdʒ] n (also: ~way) pasillo; (act of passing) tránsito; (fare, in book) pasaje m; (by boat) travesía.

passbook ['pɑːsbuk] n libreta de banco.

passenger ['pæsɪndʒə*] n pasajero/a, viajero/a.

passer-by [pɑːsə'baɪ] n transeúnte m/f.

passing ['pɑːsɪŋ] a (fleeting) pasajero; in ~ de paso; ~ place n (AUT) apartadero.

passion ['pæʃən] n pasión f; ~ate a apasionado.

passive ['pæsɪv] a (also LING) pasivo.

Passover ['pɑːsəuvə*] n Pascua (de los judíos).

passport ['pɑːspɔːt] n pasaporte m; ~ control n control m de pasaporte.

password ['pɑːswɜːd] n contraseña.

past [pɑːst] prep (further than) más allá de; (later than) después de // a pasado; (president etc) antiguo // n (time) el pasado; (of person) antecedentes mpl; he's ~ forty tiene más de cuarenta años; for the ~ few/3 days durante los últimos días/últimos 3 días; to run ~ sb pasar a uno corriendo.

pasta ['pæstə] n pasta.

paste [peɪst] n (gen) pasta; (glue) engrudo // vt (stick) pegar; (glue) engomar.

pasteurized ['pæstəraɪzd] a pasteurizado.

pastille ['pæstl] n pastilla.

pastime ['pɑːstaɪm] n pasatiempo.

pastor ['pɑːstə*] n pastor m.

pastry ['peɪstrɪ] n (dough) pasta; (cake) pastel m.

pasture ['pɑːstʃə*] n (grass) pasto.

pasty ['pæstɪ] n empanada // a ['peɪstɪ] pastoso; (complexion) pálido.

pat [pæt] vt dar una palmadita a; (dog etc) acariciar.

patch [pætʃ] n (of material) parche m; (mended part) remiendo; (of land) terreno // vt (clothes) remendar; (to go through) a bad ~ (pasar por) una mala racha; to ~ up vt (mend temporarily) reparar; (quarrel) hacer las paces en; ~work n labor m de retazos; ~y a desigual.

pâté ['pæteɪ] n paté m.

patent ['peɪtnt] n patente f // vt patentar // a patente, evidente; ~ leather n charol m.

paternal [pə'tɜːnl] a paternal; (relation) paterno.

paternity [pə'tɜːnɪtɪ] n paternidad f.

path [pɑːθ] n camino, sendero; (trail, track) pista; (of missile) trayectoria.

pathetic [pə'θetɪk] a (pitiful) patético, lastimoso; (very bad) malísimo; (moving) conmovedor(a).

pathological [pæθə'lɔdʒɪkəl] a patológico.

pathology [pə'θɔlədʒɪ] n patología.

pathos ['peɪθɔs] n patetismo.

pathway ['pɑːθweɪ] n sendero, vereda.

patience ['peɪʃns] n paciencia; (Brit CARDS) solitario.

patient ['peɪʃnt] n paciente m/f // a paciente, sufrido.

patio ['pætɪəu] n patio.

patriotic [pætrɪ'ɔtɪk] a patriótico.

patrol [pə'trəul] n patrulla // vt patrullar por; ~ car n coche m patrulla; ~man n (US) policía m.

patron ['peɪtrən] n (in shop) cliente m/f; (of charity) patrocinador(a) m/f; ~ of the arts mecenas m; ~ize ['pætrənaɪz] vt (shop) ser cliente de; (look down on) condescender con.

patter ['pætə*] n golpeteo; (sales talk) labia // vi (rain) tamborilear.

pattern ['pætən] n (SEWING) patrón m; (design) dibujo.

paunch [pɔ:ntʃ] n panza, barriga.
pauper ['pɔ:pə*] n pobre m/f.
pause [pɔ:z] n pausa; (interval) intérvalo // vi hacer una pausa.
pave [peɪv] vt pavimentar; **to ~ the way for** preparar el terreno para.
pavement ['peɪvmənt] n (Brit) acera, vereda (LAm).
pavilion [pə'vɪlɪən] n pabellón m; (SPORT) caseta.
paving ['peɪvɪŋ] n pavimento, enlosado; **~ stone** n losa.
paw [pɔ:] n pata; (claw) garra.
pawn [pɔ:n] n (CHESS) peón m; (fig) instrumento // vt empeñar; **~ broker** n prestamista m/f; **~shop** n monte m de piedad.
pay [peɪ] n paga; (wage etc) sueldo, salario // (vb: pt, pp **paid**) vt pagar // vi pagar; (be profitable) rendir; **to ~ attention (to)** prestar atención (a); **to ~ back** vt (money) reembolsar; (person) pagar; **to ~ for** vt pagar; **to ~ in** vt ingresar; **to ~ off** vt liquidar // vi (scheme, decision) dar resultado; **to ~ up** vt pagar (de mala gana); **~able** a pagadero; **~ day** n día m de paga; **~ee** n portador(a) m/f; **~ envelope** n (US) = **~ packet**; **~ment** n pago; advance **~ment** anticipo; monthly **~ment** mensualidad f; **~ packet** n (Brit) sobre m (de paga); **~phone** n teléfono público; **~roll** n nómina; **~ slip** n recibo de sueldo.
PC n abbr = **personal computer**.
p.c. abbr = **per cent**.
pea [pi:] n guisante m, chícharo (LAm), arveja (LAm).
peace [pi:s] n paz f; (calm) paz f, tranquilidad f; **~able** a pacífico; **~ful** a (gentle) pacífico; (calm) tranquilo, sosegado.
peach [pi:tʃ] n melocotón m, durazno (LAm).
peacock ['pi:kɔk] n pavo real.
peak [pi:k] n (of mountain: top) cumbre f, cima; (: point) pico; (of cap) visera; (fig) cumbre f; **~ hours** npl, **~ period** n horas fpl punta.
peal [pi:l] n (of bells) repique m; **~ of laughter** carcajada.
peanut ['pi:nʌt] n cacahuete m, maní m (LAm).
pear [pɛə*] n pera.
pearl [pɔ:l] n perla.
peasant ['pɛznt] n campesino/a.
peat [pi:t] n turba.
pebble ['pɛbl] n guijarro.
peck [pɛk] vt (also: **~ at**) picotear; (food) comer sin ganas // n picotazo; (kiss) besito; **~ing order** n orden m de jerarquía; **~ish** a (Brit col): **I feel ~ish** tengo ganas de picar algo.
peculiar [pɪ'kju:lɪə*] a (odd) extraño, raro; (typical) propio, característico; **~**

to propio de; **~ity** [pɪkju:lɪ'ærɪtɪ] n peculiaridad f, característica.
pedal ['pɛdl] n pedal m // vi pedalear.
pedantic [pɪ'dæntɪk] a pedante.
peddler ['pɛdlə*] n vendedor(a) m/f ambulante.
pedestal ['pɛdəstl] n pedestal m.
pedestrian [pɪ'dɛstrɪən] n peatón/ona m/f // a pedestre; **~ crossing** n (Brit) paso de peatones.
pediatrics [pi:dɪ'ætrɪks] n (US) = **paediatrics**.
pedigree ['pɛdɪgri:] n genealogía; (of animal) raza // cpd (animal) de raza, de casta.
pedlar ['pɛdlə*] n = **peddler**.
pee [pi:] vi (col) mear.
peek [pi:k] vi mirar a hurtadillas.
peel [pi:l] n piel f; (of orange, lemon) cáscara; (: removed) peladuras fpl // vt pelar // vi (paint etc) desconcharse; (wallpaper) despegarse, desprenderse.
peep [pi:p] n (Brit: look) mirada furtiva; (sound) pío // vi (Brit) piar; **to ~ out** vi asomar la cabeza; **~hole** n mirilla.
peer [pɪə*] vi: **to ~ at** esdriñar // n (noble) par m; (equal) igual m/f; **~age** n nobleza.
peeved [pi:vd] a enojado.
peevish ['pi:vɪʃ] a malhumorado.
peg [pɛg] n clavija; (for coat etc) gancho, colgadero; (Brit: also: clothes **~**) pinza; (tent **~**) estaca // vt (prices) fijar.
Peking [pi:'kɪŋ] n Pekín n.
pekinese [pi:kɪ'ni:z] n pequinés/esa m/f.
pelican ['pɛlɪkən] n pelícano; **~ crossing** n (Brit AUT) paso de peatones señalizado.
pellet ['pɛlɪt] n bolita; (bullet) perdigón m.
pelmet ['pɛlmɪt] n galería.
pelt [pɛlt] vt: **to ~ sb with sth** arrojarle algo a uno // vi (rain) llover a cántaros // n pellejo.
pen [pɛn] n pluma; (for sheep) redil m.
penal ['pi:nl] a penal; **~ize** vt (punish: SPORT) castigar.
penalty ['pɛnltɪ] n (gen) pena; (fine) multa; (SPORT) castigo; **~ (kick)** n (FOOTBALL) penalty m.
penance ['pɛnəns] n penitencia.
pence [pɛns] pl of **penny**.
pencil ['pɛnsl] n lápiz m, lapicero (LAm); **~ case** n estuche m; **~ sharpener** n sacapuntas m inv.
pendant ['pɛndnt] n pendiente m.
pending ['pɛndɪŋ] prep antes de // a pendiente; **~ the arrival of ...** hasta que llegue ...
pendulum ['pɛndjuləm] n péndulo.
penetrate ['pɛnɪtreɪt] vt penetrar.
penfriend ['pɛnfrɛnd] n (Brit) amigo/a por carta.
penguin ['pɛŋgwɪn] n pingüino.
penicillin [pɛnɪ'sɪlɪn] n penicilina.

peninsula [pə'nınsjulə] n península.

penis ['pi:nıs] n pene m.

penitent ['penıtnt] a arrepentido; (REL) penitente.

penitentiary [penı'tenʃərı] n (US) cárcel f, presidio.

penknife ['pennaıf] n navaja.

pen name n seudónimo.

penniless ['penılıs] a sin dinero.

penny ['penı], pl **pennies** ['penız] or (Brit) **pence** [pens] n penique m; (US) centavo.

penpal ['penpæl] n amigo/a por carta.

pension ['penʃən] n (allowance, state payment) pensión f; (old-age) jubilación f; **~er** n (Brit) jubilado/a.

pensive ['pensıv] a pensativo; (withdrawn) preocupado.

pentagon ['pentəgən] n: **the P~** (US POL) el Pentágono.

Pentecost ['pentıkɔst] n Pentecostés m.

penthouse ['penthaus] n ático de lujo.

pent-up ['pentʌp] a (feelings) reprimido.

people ['pi:pl] npl gente f; (citizens) pueblo sg, ciudadanos mpl // n (nation, race) pueblo, nación f // vt poblar; **several ~ came** vinieron varias personas; **~ say that...** dice la gente que... .

pep [pep] n (col) energía; **to ~ up** vt animar.

pepper ['pepə*] n (spice) pimienta; (vegetable) pimiento // vt (fig) salpicar; **~mint** n menta; (sweet) pastilla de menta.

peptalk ['peptɔk] n: **to give sb a ~** darle a uno una inyección de ánimo.

per [pə:*] prep por; **~ day/person** por día/persona; **~ annum** ad al año; **~ capita** a, ad per capita.

perceive [pə'si:v] vt percibir; (realize) darse cuenta de.

per cent n por ciento.

percentage [pə'sentıdʒ] n porcentaje m.

perception [pə'sepʃən] n percepción f; (insight) perspicacia; **perceptive** [-'septıv] a perspicaz.

perch [pə:tʃ] n (fish) perca; (for bird) percha // vi posarse.

percolator ['pə:kəleıtə*] n cafetera de filtro.

perennial [pə'renıəl] a perenne.

perfect ['pə:fıkt] a perfecto // n (also: ~ tense) perfecto // vt [pə'fekt] perfeccionar; **~ly** ad perfectamente.

perforate ['pə:fəreıt] vt perforar; **perforation** [-'reıʃən] n perforación f.

perform [pə'fɔ:m] vt (carry out) realizar, llevar a cabo; (THEATRE) representar; (piece of music) interpretar // vi (THEATRE) actuar; (TECH) funcionar; **~ance** n (of task) realización f; (of a play) representación f; (of player etc) actuación f; (of car, engine) rendimiento; (of function) desempeño; **~er** n (actor) actor m, actriz f; (MUS) intérprete

m/f; **~ing** a (animal) amaestrado.

perfume ['pə:fju:m] n perfume m.

perfunctory [pə'fʌŋktərı] a superficial.

perhaps [pə'hæps] ad quizá(s), tal vez.

peril ['perıl] n peligro, riesgo.

perimeter [pə'rımıtə*] n perímetro.

period ['pıərıəd] n período; (HISTORY) época; (SCOL) clase f; (full stop) punto; (MED) regla // a (costume, furniture) de época; **~ic** [-'ɔdık] a periódico; **~ical** [-'ɔdıkl] n periódico; **~ically** [-'ɔdıklı] ad de vez en cuando, cada cierto tiempo.

peripheral [pə'rıfərəl] a periférico // n (COMPUT) periférico, unidad f periférica.

perish ['perıʃ] vi perecer; (decay) echarse a perder; **~able** a perecedero.

perjury ['pə:dʒərı] n (LAW) perjurio.

perk [pə:k] n extra m; **to ~ up** vi (cheer up) animarse; **~y** a alegre, despabilado.

perm [pə:m] n permanente f.

permanent ['pə:mənənt] a permanente.

permeate ['pə:mıeıt] vi penetrar, trascender // vt penetrar, trascender a.

permissible [pə'mısıbl] a permisible, lícito.

permission [pə'mıʃən] n permiso.

permissive [pə'mısıv] a permisivo.

permit ['pə:mıt] n permiso, licencia // vt [pə'mıt] permitir; (accept) tolerar.

pernicious [pə:'nıʃəs] a nocivo; (MED) pernicioso.

perpetrate ['pə:pıtreıt] vt cometer.

perpetual [pə'petjuəl] a perpetuo.

perplex [pə'pleks] vt dejar perplejo.

persecute ['pə:sıkju:t] vt (pursue) perseguir; (harass) acosar.

perseverance [pə:sı'vıərəns] n perseverancia.

persevere [pə:sı'vıə*] vi persistir.

Persian ['pə:ʃən] a, n persa m/f; **the (~) Gulf** el Golfo Pérsico.

persist [pə'sıst] vi: **to ~ (in doing sth)** persistir (en hacer algo); **~ence** n empeño; **~ent** a persistente; (determined) porfiado; (continuing) constante.

person ['pə:sn] n persona; **in ~** en persona; **~able** a atractivo; **~al** a personal; individual; (visit) en persona; (Brit TEL) persona a persona; **~al assistant (P.A.)** n ayudante m/f personal; **~al column** n anuncios mpl personales; **~al computer (PC)** n computador m personal; **~ality** [-'nælıtı] n personalidad f; **~ally** ad personalmente; **~ify** [-'sɔnıfaı] vt encarnar.

personnel [pə:sə'nel] n personal m.

perspective [pə'spektıv] n perspectiva.

Perspex ['pə:speks] n ® plexiglás m.

perspiration [pə:spı'reıʃən] n transpiración f.

persuade [pə'sweıd] vt: **to ~ sb to do sth** persuadir a uno para que haga algo.

pert [pə:t] a impertinente, fresco.

pertaining [pə:'teınıŋ]: **~ to** prep relacionado con.

pertinent ['pə:tɪnənt] *a* pertinente, a propósito.

Peru [pə'ru:] *n* el Perú.

peruse [pə'ru:z] *vt* leer con detención, examinar.

Peruvian [pə'ru:vɪən] *a, n* peruano/a *m/f*.

pervade [pə'veɪd] *vt* impregnar, infundirse en.

perverse [pə'və:s] *a* perverso; (*stubborn*) terco; (*wayward*) travieso.

pervert ['pə:və:t] *n* pervertido/a // *vt* [pə'və:t] pervertir.

pessimist ['pesɪmɪst] *n* pesimista *m/f*; ~**ic** [-'mɪstɪk] *a* pesimista.

pest [pest] *n* (*insect*) insecto nocivo; (*fig*) lata, molestia.

pester ['pestə*] *vt* molestar, acosar.

pet [pet] *n* animal *m* doméstico; (*favourite*) favorito/a // *vt* acariciar // *vi* (*col*) besuquearse.

petal ['petl] *n* pétalo.

peter ['pi:tə*]: **to ~ out** *vi* agotarse, acabarse.

petite [pə'ti:t] *a* chiquito.

petition [pə'tɪʃən] *n* petición *f*.

petrified ['petrɪfaɪd] *a* horrorizado.

petrol ['petrəl] (*Brit*) *n* gasolina; (*for lighter*) bencina; **two/four-star** ~ gasolina normal/súper; ~ **can** *n* bidón *m* de gasolina.

petroleum [pə'trəʊlɪəm] *n* petróleo.

petrol: ~ **pump** *n* (*Brit*) (*in car*) bomba de gasolina; (*in garage*) surtidor *m* de gasolina; ~ **station** *n* (*Brit*) gasolinera; ~ **tank** *n* (*Brit*) depósito (de gasolina).

petticoat ['petɪkəʊt] *n* enaguas *fpl*.

petty ['petɪ] *a* (*mean*) mezquino; (*unimportant*) insignificante; ~ **cash** *n* dinero para gastos menores; ~ **officer** *n* contramaestre *m*.

petulant ['petjʊlənt] *a* malhumorado.

pew [pju:] *n* banco.

pewter ['pju:tə*] *n* peltre *m*.

phantom ['fæntəm] *n* fantasma *m*.

pharmacist ['fɑ:məsɪst] *n* farmacéutico/a.

pharmacy ['fɑ:məsɪ] *n* farmacia.

phase [feɪz] *n* fase *f* // *vt*: **to ~ sth in/out** introducir/retirar algo por etapas.

Ph.D. *abbr* = **Doctor of Philosophy.**

pheasant ['feznt] *n* faisán *m*.

phenomenon [fə'nɒmɪnən], *pl* **phenomena** [-nə] *n* fenómeno.

phial ['faɪəl] *n* ampolla.

philately [fɪ'lætəlɪ] *n* filatelia.

Philippines ['fɪlɪpi:nz]: **the ~** las Filipinas.

philosopher [fɪ'lɒsəfə*] *n* filósofo/a.

philosophy [fɪ'lɒsəfɪ] *n* filosofía.

phlegm [flem] *n* flema; ~**atic** [fleg'mætɪk] *a* flemático.

phobia ['fəʊbjə] *n* fobia.

phone [fəʊn] *n* teléfono // *vt* telefonear,

llamar por teléfono; **to be on the ~** tener teléfono; (*be calling*) estar hablando por teléfono; **to ~ back** *vt, vi* volver a llamar; **to ~ up** *vt, vi* llamar por teléfono; ~ **book** *n* guía telefónica; ~ **box** *or* **booth** cabina telefónica; ~ **call** *n* llamada (telefónica); ~**-in** *n* (*Brit RADIO, TV*) programa *m* de participación (telefónica).

phonetics [fə'netɪks] *n* fonética.

phoney ['fəʊnɪ] *a* falso // *n* (*person*) farsante *m/f*.

phonograph ['fəʊnəgræf] *n* (*US*) fonógrafo, tocadiscos *m inv*.

phosphate ['fɒsfeɪt] *n* fosfato.

photo ['fəʊtəʊ] *n* foto *f*.

photo... ['fəʊtəʊ] *pref*: ~**copier** *n* fotocopiadora; ~**copy** *n* fotocopia // *vt* fotocopiar; ~**graph** *n* fotografía // *vt* fotografiar; ~**grapher** [fə'tɒgrəfə*] *n* fotógrafo; ~**graphy** [fə'tɒgrəfɪ] *n* fotografía.

phrase [freɪz] *n* frase *f* // *vt* expresar; ~ **book** *n* libro de frases.

physical ['fɪzɪkl] *a* físico; ~ **education** *n* educación *f* física; ~**ly** *ad* físicamente.

physician [fɪ'zɪʃən] *n* médico/a.

physicist ['fɪzɪsɪst] *n* físico/a.

physics ['fɪzɪks] *n* física.

physiotherapy [fɪzɪəʊ'θerəpɪ] *n* fisioterapia.

physique [fɪ'zi:k] *n* físico.

pianist ['pi:ənɪst] *n* pianista *m/f*.

piano [pɪ'ænəʊ] *n* piano.

piccolo ['pɪkələʊ] *n* (*MUS*) flautín *m*.

pick [pɪk] *n* (*tool: also:* ~**-axe**) pico, piqueta // *vt* (*select*) elegir, escoger; (*gather*) coger (*Sp*), recoger (*LAm*); (*lock*) abrir con ganzúa; **take your** ~ escoja lo que quiera; **the ~ of** lo mejor de; **to ~ one's nose/teeth** hurgarse las narices/limpiarse los dientes; **to ~ pockets** ratear, ser carterista; **to ~ off** *vt* (*kill*) matar uno a uno; **to ~ on** *vt fus* (*person*) meterse con; **to ~ out** *vt* escoger; (*distinguish*) identificar; **to ~ up** *vi* (*improve: sales*) ir mejor; (: *patient*) reponerse; (: *FINANCE*) recobrarse // *vt* (*from floor*) recoger; (*buy*) comprar; (*find*) encontrar; (*learn*) aprender; **to ~ up speed** acelerarse; **to ~ o.s. up** levantarse.

picket ['pɪkɪt] *n* (*in strike*) piquete *m* // *vt* piquetear; ~ **line** *n* piquete *m*.

pickle ['pɪkl] *n* (*also:* ~**s**: *as condiment*) escabeche *m*; (*fig: mess*) apuro // *vt* encurtir; (*in vinegar*) envinagrar.

pickpocket ['pɪkpɒkɪt] *n* carterista *m/f*.

pickup ['pɪkʌp] *n* (*Brit: on record player*) pickup *m*; (*small truck*) furgoneta.

picnic ['pɪknɪk] *n* merienda // *vi* ir de merienda.

pictorial [pɪk'tɔ:rɪəl] *a* pictórico; (*magazine etc*) ilustrado.

picture ['pɪktʃə*] *n* cuadro; (*painting*) pintura; (*photograph*) fotografía; (*film*)

película // vt pintar; **the ~s** (*Brit*) el cine; **~ book** n libro de dibujos.
picturesque [pɪktʃə'resk] a pintoresco.
pie [paɪ] n pastel m; (*open*) tarta; (*small: of meat*) empanada.
piece [piːs] n pedazo, trozo; (*of cake*) trozo; (*item*): **a ~ of furniture/advice** un mueble/un consejo // vt: **to ~ together** juntar; (*TECH*) armar; **to take to ~s** desmontar; **~meal** ad poco a poco; **~work** n trabajo a destajo.
pie chart n gráfico de sectores or tarta.
pier [pɪə*] n muelle m, embarcadero.
pierce [pɪəs] vt penetrar en; perforar.
piercing ['pɪəsɪŋ] a (*cry*) penetrante.
piety ['paɪətɪ] n piedad f.
pig [pɪg] n cerdo, puerco; (*fig*) cochino.
pigeon ['pɪdʒən] n paloma; (*as food*) pichón m; **~hole** n casilla.
piggy bank ['pɪgɪbæŋk] n hucha (*en forma de cerdito*).
pigheaded ['pɪg'hedɪd] a terco, testarudo.
pigskin ['pɪgskɪn] n piel f de cerdo.
pigsty ['pɪgstaɪ] n pocilga.
pigtail ['pɪgteɪl] n (*girl's*) trenza; (*Chinese, TAUR*) coleta.
pike [paɪk] n (*spear*) pica; (*fish*) lucio.
pilchard ['pɪltʃəd] n sardina.
pile [paɪl] n (*heap*) montón m; (*of carpet*) pelo // (*vb: also:* **~ up**) vt amontonar; (*fig*) acumular // vi amontonarse; **to ~ into** (*car*) meterse en.
piles [paɪlz] npl (*MED*) almorranas fpl, hemorroides mpl.
pile-up ['paɪlʌp] n (*AUT*) accidente m múltiple.
pilfering ['pɪlfərɪŋ] n ratería.
pilgrim ['pɪlgrɪm] n peregrino/a; **~age** n peregrinación f, romería.
pill [pɪl] n píldora; **the ~** la píldora.
pillage ['pɪlɪdʒ] vt pillar, saquear.
pillar ['pɪlə*] n (*gen*) pilar m; (*concrete*) columna; **~ box** n (*Brit*) buzón m.
pillion ['pɪljən] n (*of motorcycle*) asiento trasero.
pillow ['pɪləu] n almohada; **~case** n funda.
pilot ['paɪlət] n piloto // a (*scheme etc*) piloto // vt pilotar; (*fig*) guiar, conducir; **~ light** n piloto.
pimp [pɪmp] n chulo, cafiche m (*LAm*).
pimple ['pɪmpl] n grano.
pin [pɪn] n alfiler m; (*TECH*) perno; (: *wooden*) clavija // vt prender (con alfiler); sujetar con perno; **~s and needles** npl hormigueo sg; **to ~ sb down** (*fig*) hacer que uno concrete; **to ~ sth on sb** (*fig*) colgarle a uno el sambenito de algo.
pinafore ['pɪnəfɔ:*] n delantal m; **~ dress** n (*Brit*) mandil m.
pinball ['pɪnbɔ:l] n fliper m.
pincers ['pɪnsəz] npl pinzas fpl, tenazas fpl.

pinch [pɪntʃ] n pellizco; (*of salt etc*) pizca // vt pellizcar; (*col: steal*) birlar // vi (*shoe*) apretar; **at a ~** en caso de apuro.
pincushion ['pɪnkuʃən] n acerico.
pine [paɪn] n (*also:* **~ tree**) pino // vi: **to ~ for** suspirar por; **to ~ away** vi morirse de pena.
pineapple ['paɪnæpl] n piña, ananás m.
ping [pɪŋ] n (*noise*) sonido agudo; **~pong** n ® pingpong m ®.
pink [pɪŋk] a rosado, (color de) rosa // n (*colour*) rosa; (*BOT*) clavel m, clavellina.
pinnacle ['pɪnəkl] n cumbre f.
pinpoint ['pɪnpɔɪnt] vt precisar.
pint [paɪnt] n pinta (*Brit* = 0.57 l; *US* = 0.47 l); (*Brit col: of beer*) pinta de cerveza, ≈ jarra (*Sp*).
pioneer [paɪə'nɪə*] n pionero/a.
pious ['paɪəs] a piadoso, devoto.
pip [pɪp] n (*seed*) pepita; **the ~s** (*Brit TEL*) la señal.
pipe [paɪp] n tubo, caño; (*for smoking*) pipa // vt conducir en cañerías; **~s** npl (*gen*) cañería sg; (*also:* **bag~s**) gaita sg; **to ~ down** vi (*col*) callarse; **~ cleaner** n limpiapipas m inv; **~ dream** n sueño imposible; **~line** n tubería, cañería; (*for oil*) oleoducto; (*for gas*) gasoducto; **~r** n (*gen*) flautista m/f; (*with bagpipes*) gaitero/a.
piping ['paɪpɪŋ] ad: **to be ~ hot** estar que quema.
piquant ['pi:kənt] a picante.
pique [pi:k] n pique m, resentimiento.
pirate ['paɪərət] n pirata m/f; **~ radio** n (*Brit*) emisora pirata.
pirouette [pɪru'et] n pirueta // vi piruetear.
Pisces ['paɪsiːz] n Piscis m.
piss [pɪs] vi (*col*) mear; **~ed** a (*col: drunk*) borracho.
pistol ['pɪstl] n pistola.
piston ['pɪstən] n pistón m, émbolo.
pit [pɪt] n hoyo; (*also:* **coal ~**) mina; (*in garage*) foso de inspección; (*also:* **orchestra ~**) platea // vt: **to ~ A against B** oponer A a B; **~s** npl (*AUT*) box msg.
pitch [pɪtʃ] n (*throw*) lanzamiento; (*MUS*) tono; (*Brit SPORT*) campo, terreno; (*tar*) brea; (*in market etc*) puesto // vt (*throw*) arrojar, lanzar // vi (*fall*) caer(se); (*NAUT*) cabecear; **to ~ a tent** montar una tienda (de campaña); **~black** a negro como boca de lobo; **~ed battle** n batalla campal.
pitcher ['pɪtʃə*] n cántaro, jarro.
pitchfork ['pɪtʃfɔ:k] n horca.
piteous ['pɪtɪəs] a lastimoso.
pitfall ['pɪtfɔ:l] n riesgo.
pith [pɪθ] n (*of orange*) médula; (*fig*) meollo.
pithy ['pɪθɪ] a jugoso.
pitiful ['pɪtɪful] a (*touching*) lastimoso, conmovedor(a); (*contemptible*) lamenta-

ble, miserable.
pitiless ['pɪtɪlɪs] *a* despiadado.
pittance ['pɪtns] *n* miseria.
pity ['pɪtɪ] *n* compasión *f*, piedad *f* // *vt* compadecer(se de); **what a ~!** ¡qué pena!
pivot ['pɪvət] *n* eje *m*.
pizza ['pi:tsə] *n* pizza.
placard ['plækɑːd] *n* (*in march etc*) pancarta.
placate [plə'keɪt] *vt* apaciguar.
place [pleɪs] *n* lugar *m*, sitio; (*rank*) rango; (*seat*) plaza, asiento; (*post*) puesto; (*home*): **at/to his ~** en/a su casa // *vt* (*object*) poner, colocar; (*identify*) reconocer; (*find a post for*) dar un puesto a, colocar; **to take ~** tener lugar; **to be ~d** (*in race, exam*) colocarse; **out of ~** (*not suitable*) fuera de lugar; **in the first ~** (*first of all*) en primer lugar; **to change ~s with sb** cambiarse de sitio con alguien.
placid ['plæsɪd] *a* apacible.
plague [pleɪg] *n* plaga; (*MED*) peste *f* // *vt* (*fig*) acosar, atormentar.
plaice [pleɪs] *n*, *pl inv* platija.
plaid [plæd] *n* (*material*) tartán *m*.
plain [pleɪn] *a* (*clear*) claro, evidente; (*simple*) sencillo; (*frank*) franco, abierto; (*not handsome*) poco atractivo; (*pure*) natural, puro // *ad* claramente // *n* llano, llanura; **in ~ clothes** (*police*) vestido de paisano; **~ly** *ad* claramente, evidentemente; (*frankly*) francamente.
plaintiff ['pleɪntɪf] *n* demandante *m/f*.
plait [plæt] *n* trenza // *vt* trenzar.
plan [plæn] *n* (*drawing*) plano; (*scheme*) plan *m*, proyecto // *vt* (*think*) pensar; (*prepare*) proyectar, planificar // *vi* hacer proyectos; **to ~ to do** pensar hacer.
plane [pleɪn] *n* (*AVIAT*) avión *m*; (*tree*) plátano; (*tool*) cepillo; (*MATH*) plano.
planet ['plænɪt] *n* planeta *m*.
plank [plæŋk] *n* tabla.
planner ['plænə*] *n* planificador(a) *m/f*.
planning ['plænɪŋ] *n* planificación *f*; **family ~** planificación familiar; **~ permission** *n* permiso para realizar obras.
plant [plɑːnt] *n* planta; (*machinery*) maquinaria; (*factory*) fábrica // *vt* plantar; (*field*) sembrar; (*bomb*) colocar.
plaque [plæk] *n* placa.
plaster ['plɑːstə*] *n* (*for walls*) yeso; (*also*: **~ of Paris**) yeso mate; (*Brit*: *also*: **sticking ~**) tirita, esparadrapo, curita (*LAm*) // *vt* enyesar; (*cover*): **to ~ with** llenar o cubrir de; **~ed** *a* (*col*) borracho; **~er** *n* yesero.
plastic ['plæstɪk] *n* plástico // *a* de plástico; **~ bag** *n* bolsa de plástico.
plasticine ['plæstɪsiːn] *n* (*Brit*) ® plastilina ®.
plastic surgery *n* cirugía plástica.
plate [pleɪt] *n* (*dish*) plato; (*metal, in book*) lámina; (*PHOT*) placa.

plateau ['plætəu], *pl* **~s** *or* **~x** [-z] *n* meseta, altiplanicie *f*.
plate glass *n* vidrio cilindrado.
platform ['plætfɔːm] *n* (*RAIL*) andén *m*; (*stage*) plataforma; (*at meeting*) tribuna; (*POL*) programa *m* (electoral); **~ ticket** *n* (*Brit*) billete *m* de andén.
platinum ['plætɪnəm] *n* platino.
platitude ['plætɪtjuːd] *n* lugar *m* común, tópico.
platoon [plə'tuːn] *n* pelotón *m*.
platter ['plætə*] *n* fuente *f*.
plausible ['plɔːzɪbl] *a* verosímil; (*person*) convincente.
play [pleɪ] *n* (*gen*) juego; (*THEATRE*) obra, comedia // *vt* (*game*) jugar; (*instrument*) tocar; (*THEATRE*) representar; (: *part*) hacer el papel de; (*fig*) desempeñar // *vi* jugar; (*frolic*) juguetear; **to ~ safe** ir a lo seguro; **to ~ down** *vi* quitar importancia a; **to ~ up** *vi* (*cause trouble to*) dar guerra; **~boy** *n* playboy *m*; **~er** *n* jugador(a) *m/f*; (*THEATRE*) actor *m*/actriz *f*; (*MUS*) músico/a; **~ful** *a* juguetón/ona; **~ground** *n* (*in school*) patio de recreo; **~group** *n* jardín *m* de niños; **~ing card** *n* naipe *m*, carta; **~ing field** *n* campo de deportes; **~mate** *n* compañero/a de juego; **~-off** *n* (*SPORT*) (partido de) desempate *m*; **~pen** *n* corral *m*; **~school** *n* = **~ group**; **~thing** *n* juguete *m*; **~wright** *n* dramaturgo/a.
plc *abbr* (= *public limited company*) S.A.
plea [pliː] *n* (*request*) súplica, petición *f*; (*excuse*) pretexto, disculpa; (*LAW*) alegato, defensa.
plead [pliːd] *vt* (*LAW*): **to ~ sb's case** defender a uno; (*give as excuse*) poner como pretexto // *vi* (*LAW*) declararse; (*beg*): **to ~ with sb** suplicar *or* rogar a uno.
pleasant ['plɛznt] *a* agradable; **~ries** *npl* (*polite remarks*) cortesías *fpl*.
please [pliːz] *vt* (*give pleasure to*) dar gusto a, agradar // *vi* (*think fit*): **do as you ~** haz lo que quieras; **~!** ¡por favor!; **~ yourself!** ¡haz lo que quieras!, ¡como quieras!; **~d** *a* (*happy*) alegre, contento; **~d (with)** satisfecho (de); **~d to meet you** ¡encantado!, ¡tanto gusto!; **pleasing** *a* agradable, grato.
pleasure ['plɛʒə*] *n* placer *m*, gusto; (*will*) voluntad *f*; **'it's a ~'** el gusto es mío.
pleat [pliːt] *n* pliegue *m*.
pledge [plɛdʒ] *n* (*object*) prenda; (*promise*) promesa, voto // *vt* empeñar; prometer.
plentiful ['plɛntɪful] *a* copioso, abundante.
plenty ['plɛntɪ] *n* abundancia; **~ of** mucho(s)/a(s).

pliable ['plaɪəbl] a flexible.

pliers ['plaɪəz] npl alicates mpl, tenazas fpl.

plight [plaɪt] n situación f difícil.

plimsolls ['plɪmsəlz] npl (Brit) zapatos mpl de tenis.

plinth [plɪnθ] n plinto.

plod [plɒd] vi caminar con paso pesado; (fig) trabajar laboriosamente; ~der n trabajador(a) m/f diligente pero lento/a.

plonk [plɒŋk] (col) n (Brit: wine) vino peleón // vt: to ~ sth down dejar caer algo.

plot [plɒt] n (scheme) complot m, conjura; (of story, play) argumento; (of land) terreno, lote m (LAm) // vt (mark out) trazar; (conspire) tramar, urdir // vi conspirar; ~ter n (instrument) trazador m de gráficos.

plough, (US) **plow** [plaʊ] n arado // vt (earth) arar; **to ~ back** vt (COMM) reinvertir; **to ~ through** vt fus (crowd) abrirse paso por la fuerza por; (book, work) roer.

ploy [plɔɪ] n truco, estratagema.

pluck [plʌk] vt (fruit) coger (Sp), recoger (LAm); (musical instrument) puntear; (bird) desplumar // n valor m, ánimo; **to ~ up courage** hacer de tripas corazón; ~y a valiente.

plug [plʌg] n tapón m; (ELEC) enchufe m, clavija; (AUT: also: **spark(ing)** ~) bujía // vt (hole) tapar; (col: advertise) dar publicidad a; **to ~ in** vt (ELEC) enchufar.

plum [plʌm] n (fruit) ciruela // a: ~ **job** (col) puesto (de trabajo) muy codiciado.

plumb [plʌm] a vertical // n plomo // ad (exactly) exactamente, en punto // vt sondar; (fig) sondear.

plumber ['plʌmə*] n fontanero/a, plomero/a.

plumbing ['plʌmɪŋ] n (trade) fontanería; (piping) cañería.

plume [plu:m] n pluma.

plummet ['plʌmɪt] vi: **to ~ (down)** caer a plomo.

plump [plʌmp] a rechoncho, rollizo // vt: **to ~ sth (down)** on dejar caer algo en; **to ~ for** vt fus (col: choose) optar por.

plunder ['plʌndə*] n pillaje m; (loot) botín m // vt pillar, saquear.

plunge [plʌndʒ] n zambullida // vt sumergir, hundir // vi (fall) caer; (dive) saltar; (person) arrojarse; (sink) hundirse; **to take the ~** lanzarse; ~r n émbolo; (for drain) desatascador m.

pluperfect [plu:'pə:fɪkt] n pluscuamperfecto.

plural ['pluərl] n plural m.

plus [plʌs] n (also: ~ **sign**) signo más // prep más, y, además de; **ten/twenty** ~ más de diez/veinte.

plush [plʌʃ] a de felpa.

plutonium [plu:'təunɪəm] n plutonio.

ply [plaɪ] vt (a trade) ejercer // vi (ship) ir y venir; (for hire) ofrecerse (para alquilar); **to ~ sb with drink** insistir en ofrecer a alguien muchas copas; ~**wood** n madera contrachapada.

P.M. abbr = **Prime Minister.**

p.m. ad abbr (= post meridiem) de la tarde or noche.

pneumatic [nju:'mætɪk] a neumático; ~ **drill** n martillo neumático.

pneumonia [nju:'məunɪə] n pulmonía.

poach [pəutʃ] vt (cook) escalfar; (steal) cazar/pescar en vedado // vi cazar/pescar en vedado; ~**ed** a (egg) escalfado; ~**er** n cazador(a) m/f furtivo/a; ~**ing** n caza/pesca furtiva.

P.O. Box n abbr = **Post Office Box.**

pocket ['pɒkɪt] n bolsillo; (of air, GEO, fig) bolsa; (BILLIARDS) tronera // vt meter en el bolsillo; (steal) embolsar; (BILLIARDS) entronerar; **to be out of** ~ salir perdiendo; ~**book** n (US: wallet) cartera; ~ **knife** n navaja; ~ **money** n asignación f.

pod [pɒd] n vaina.

podgy ['pɒdʒɪ] a gordinflón/ona.

podiatrist [pɒ'di:ətrɪst] n (US) pedicuro/a.

poem ['pəuɪm] n poema m.

poet ['pəuɪt] n poeta m/f; ~**ic** [-'etɪk] a poético; ~ **laureate** n poeta m laureado; ~**ry** n poesía.

poignant ['pɔɪnjənt] a conmovedor(a).

point [pɔɪnt] n punto; (tip) punta; (purpose) fin m, propósito; (use) utilidad f; (significant part) lo significativo; (also: **decimal** ~): **2 ~ 3** (2.3) dos coma tres (2,3) // vt (gun etc): **to ~ sth at sb** apuntar algo a uno // vi señalar con el dedo; ~**s** npl (AUT) contactos mpl; (RAIL) agujas fpl; **to be on the ~ of doing sth** estar a punto de hacer algo; **to make a ~ of** poner empeño en; **to get the ~** comprender; **to come to the ~** ir al meollo; **there's no ~ (in doing)** no tiene sentido (hacer); **to ~ out** vt señalar; **to ~ to** vt fus indicar con el dedo; (fig) indicar, señalar; ~-**blank** ad (also: **at** ~-**blank range**) a quemarropa; ~**ed** a (shape) puntiagudo, afilado; (remark) intencionado; ~**edly** ad intencionadamente; ~**er** n (stick) puntero; (needle) aguja, indicador m; ~**less** a sin sentido; ~ **of view** n punto de vista.

poise [pɔɪz] n (of head, body) porte m; (calmness) aplomo, elegancia.

poison ['pɔɪzn] n veneno // vt envenenar; ~**ing** n envenenamiento; ~**ous** a venenoso; (fumes etc) tóxico; (fig) pernicioso.

poke [pəuk] vt (fire) hurgar, atizar; (jab with finger, stick etc) empujar; (put): **to ~ sth in(to)** introducir algo en; **to ~ about** vi fisgonear.

poker ['pəukə*] n atizador m; (CARDS)

póker m; **~-faced** a de cara impasible.

poky ['pəʊkɪ] a estrecho.

Poland ['pəʊlənd] n Polonia.

polar ['pəʊlə*] a polar.

Pole [pəʊl] n polaco/a.

pole [pəʊl] n palo; (GEO) polo; (TEL) poste m; (flag ~) asta; (tent ~) mástil m; **~ bean** n (US) judía trepadora; **~ vault** n salto con pértiga.

police [pə'liːs] n policía // vt vigilar; **~ car** n coche-patrulla m; **~man** n policía m, guardia m; **~ state** n estado policial; **~ station** n comisaría; **~woman** n mujer f policía.

policy ['pɒlɪsɪ] n política; (also: insurance ~) póliza.

polio ['pəʊlɪəʊ] n polio f.

Polish ['pəʊlɪʃ] a polaco // n (LING) polaco.

polish ['pɒlɪʃ] n (for shoes) betún m; (for floor) cera (de lustrar); (for nails) esmalte m; (shine) brillo, lustre m; (fig: refinement) educación f // vt (shoes) limpiar; (make shiny) pulir, sacar brillo a; (fig: improve) perfeccionar; **to ~ off** vt (work) terminar; (food) despachar; **~ed** a (fig: person) elegante.

polite [pə'laɪt] a cortés, atento; (formal) correcto; **~ness** n cortesía.

politic ['pɒlɪtɪk] a prudente; **~al** [pə'lɪtɪkl] a político; **~ian** [-'tɪʃən] n político/a; **~s** n política.

polka ['pɒlkə] n polca; **~ dot** n lunar m.

poll [pəʊl] n (votes) votación f, votos mpl; (also: opinion ~) sondeo, encuesta // vt (votes) obtener.

pollen ['pɒlən] n polen m.

polling ['pəʊlɪŋ] (Brit): **~ booth** n cabina de votar; **~ day** n día m de elecciones; **~ station** n centro electoral.

pollution [pə'luːʃən] n polución f, contaminación f del medio ambiente.

polo ['pəʊləʊ] n (sport) polo; **~-neck** a de cuello vuelto.

polyester [pɒlɪ'estə*] n poliéster m.

polyethylene [pɒlɪ'eθɪliːn] n (US) politeno.

Polynesia [pɒlɪ'niːzɪə] n Polinesia.

polystyrene [pɒlɪ'staɪriːn] n poliestireno.

polytechnic [pɒlɪ'teknɪk] n ≈ escuela de formación profesional.

polythene ['pɒlɪθiːn] n (Brit) politeno.

pomegranate ['pɒmɪgrænɪt] n granada.

pomp [pɒmp] n pompa.

pompom ['pɒmpɒm], **pompon** ['pɒmpɒn] n borla.

pompous ['pɒmpəs] a pomposo.

pond [pɒnd] n (natural) charca; (artificial) estanque m.

ponder ['pɒndə*] vt meditar; **~ous** a pesado.

pong [pɒŋ] n (Brit col) hedor m.

pontoon [pɒn'tuːn] n pontón m; (Brit: card game) veintiuna.

pony ['pəʊnɪ] n poney m, jaca, potro (LAm); **~tail** n cola de caballo; **~ trekking** n (Brit) excursión f a caballo.

poodle ['puːdl] n caniche m.

pool [puːl] n (natural) charca; (pond) estanque m; (also: swimming ~) piscina, alberca (LAm); (billiards) chapolín // vt juntar; **typing ~** servicio de mecanografía; **(football) ~s** npl quinielas fpl.

poor [pʊə*] a pobre; (bad) de mala calidad // npl: **the ~** los pobres; **~ly** a mal, enfermo.

pop [pɒp] n (sound) ruido seco; (MUS) (música) pop m; (US: col: father) papá m; (lemonade) gaseosa // vt (burst) hacer reventar // vi reventar; (cork) saltar; **to ~ in/out** vi entrar/salir un momento; **to ~ up** vi aparecer inesperadamente; **~ concert** n concierto pop; **~corn** n palomitas fpl.

pope [pəʊp] n papa m.

poplar ['pɒplə*] n álamo.

poppy ['pɒpɪ] n amapola.

popsicle ['pɒpsɪkl] n (US) polo.

populace ['pɒpjʊləs] n pueblo, plebe f.

popular ['pɒpjʊlə*] a popular; **~ize** vt popularizar; (disseminate) vulgarizar.

population [pɒpjʊ'leɪʃən] n población f.

porcelain ['pɔːslɪn] n porcelana.

porch [pɔːtʃ] n pórtico, entrada.

porcupine ['pɔːkjʊpaɪn] n puerco m espín.

pore [pɔː*] n poro // vi: **to ~ over** engolfarse en.

pork [pɔːk] n carne f de cerdo or chancho (LAm).

pornography [pɔː'nɒgrəfɪ] n pornografía.

porous ['pɔːrəs] a poroso.

porpoise ['pɔːpəs] n marsopa.

porridge ['pɒrɪdʒ] n gachas fpl de avena.

port [pɔːt] n (harbour) puerto; (NAUT: left side) babor m; (wine) vino de Oporto; **~ of call** puerto de escala.

portable ['pɔːtəbl] a portátil.

portent ['pɔːtent] n presagio, augurio.

porter ['pɔːtə*] n (for luggage) maletero; (doorkeeper) portero/a, conserje m/f.

portfolio [pɔːt'fəʊlɪəʊ] n (case, of artist) cartera, carpeta; (POL, FINANCE) cartera.

porthole ['pɔːthəʊl] n portilla.

portion ['pɔːʃən] n porción f; (helping) ración f.

portly ['pɔːtlɪ] a corpulento.

portrait ['pɔːtreɪt] n retrato.

portray [pɔː'treɪ] vt retratar; (in writing) representar.

Portugal ['pɔːtjʊgl] n Portugal m.

Portuguese [pɔːtjʊ'giːz] a portugués/esa // n, pl inv portugués/esa m/f; (LING) portugués m.

pose [pəʊz] n postura, actitud f; (pej) afectación f, pose f // vi posar; (pretend): **to ~ as** hacerse pasar por // vt (question) plantear.

posh [pɔʃ] *a* (*col*) elegante, de lujo.
position [pə'zɪʃən] *n* posición *f*; (*job*) puesto // *vt* colocar.
positive ['pɔzɪtɪv] *a* positivo; (*certain*) seguro; (*definite*) definitivo.
posse ['pɔsɪ] *n* (*US*) pelotón *m*.
possess [pə'zɛs] *vt* poseer; **~ion** [pə'zɛʃən] *n* posesión *f*.
possibility [pɔsɪ'bɪlɪtɪ] *n* posibilidad *f*.
possible ['pɔsɪbl] *a* posible; **as big as ~** lo más grande posible; **possibly** *ad* (*perhaps*) posiblemente, tal vez; **I cannot possibly come** me es imposible venir.
post [pəust] *n* (*Brit*: *letters, delivery*) correo; (*job, situation*) puesto; (*pole*) poste *m* // *vt* (*Brit*: *send by post*) echar al correo; (*MIL*) apostar; (*bills*) fijar, pegar; (*Brit*: *appoint*): **to ~ to** enviar a; **~age** *n* porte *m*, franqueo; **~al** *a* postal, de correos; **~al order** *n* giro postal; **~box** *n* (*Brit*) buzón *m*; **~card** *n* tarjeta postal; **~code** *n* (*Brit*) código postal.
postdate [pəust'deɪt] *vt* (*cheque*) poner fecha adelantada a.
poster ['pəustə*] *n* cartel *m*.
poste restante [pəust'rɛstɔ̃nt] *n* (*Brit*) lista de correos.
posterior [pɔs'tɪərɪə*] *n* (*col*) culo, trasero.
postgraduate ['pəust'grædjuət] *n* posgraduado/a.
posthumous ['pɔstjuməs] *a* póstumo.
post: **~man** *n* cartero; **~mark** *n* matasellos *m inv*; **~master** *n* administrador *m* de correos.
post-mortem [pəust'mɔːtəm] *n* autopsia.
post office *n* (*building*) (oficina de) correos *m*; (*organization*): **the P~ O~** Administración *f* General de Correos; **P~ O~ Box (P.O. Box)** *n* apartado postal, casilla de correos (*LAm*).
postpone [pəs'pəun] *vt* aplazar.
postscript ['pəustskrɪpt] *n* posdata.
posture ['pɔstʃə*] *n* postura, actitud *f*.
postwar [pəust'wɔː*] *a* de la posguerra.
posy ['pəuzɪ] *n* ramillete *m* (de flores).
pot [pɔt] *n* (*for cooking*) olla; (*for flowers*) maceta; (*for jam*) tarro, pote *m*; (*col*: *marijuana*) costo // *vt* (*plant*) poner en tiesto; (*conserve*) conservar; **to go to ~** (*col*: *work, performance*) irse al traste.
potato [pə'teɪtəu], *pl* **~es** *n* patata, papa (*LAm*); **~ peeler** *n* pelapatatas *m inv*.
potent ['pəutnt] *a* potente, poderoso; (*drink*) fuerte.
potential [pə'tɛnʃl] *a* potencial, posible // *n* potencial *m*; **~ly** *ad* en potencia.
pothole ['pɔthəul] *n* (*in road*) bache *m*; (*Brit*: *underground*) gruta; **potholing** *n* (*Brit*): **to go potholing** dedicarse a la espeleología.
potion ['pəuʃən] *n* poción *f*, pócima.
potluck [pɔt'lʌk] *n*: **to take ~** tomar lo que haya.
potshot ['pɔtʃɔt] *n*: **to take a ~ at sth** tirar a algo sin apuntar.
potted ['pɔtɪd] *a* (*food*) en conserva; (*plant*) en tiesto *or* maceta.
potter ['pɔtə*] *n* alfarero/a // *vi*: **to ~ around, ~ about** hacer trabajitos; **~y** *n* cerámica; alfarería.
potty ['pɔtɪ] *a* (*col*: *mad*) chiflado // *n* orinal *m* de niño.
pouch [pautʃ] *n* (*ZOOL*) bolsa; (*for tobacco*) petaca.
poultry ['pəultrɪ] *n* aves *fpl* de corral; (*dead*) pollos *mpl*.
pounce [pauns] *vi*: **to ~ on** precipitarse sobre
pound [paund] *n* libra (*weight = 453g, 16oz; money = 100 pence*); (*for dogs*) corral *m*; (*for cars*) depósito // *vt* (*beat*) golpear; (*crush*) machacar // *vi* (*beat*) dar golpes.
pour [pɔː*] *vt* echar; (*tea*) servir // *vi* correr, fluir; (*rain*) llover a cántaros; **to ~ away** *or* **off** *vt* vaciar, verter; **to ~ in/out** *vi* (*people*) entrar/salir en tropel // *vt* (*drink*) echar, servir; **~ing** *a*: **~ing rain** lluvia torrencial.
pout [paut] *vi* hacer pucheros.
poverty ['pɔvətɪ] *n* pobreza, miseria; **~-stricken** *a* necesitado.
powder ['paudə*] *n* polvo; (*face ~*) polvos *mpl*; (*gun ~*) pólvora // *vt* polvorear; **to ~ one's face** ponerse polvos; **~ compact** *n* polvera; **~ed milk** *n* leche *f* en polvo; **~ puff** *n* borla; **~ room** *n* aseos *mpl*.
power ['pauə*] *n* poder *m*; (*strength*) fuerza; (*nation, TECH*) potencia; (*drive*) empuje *m*; (*ELEC*) fuerza, energía // *vt* impulsar; **to be in ~** (*POL*) estar en el poder; **~ cut** *n* (*Brit*) apagón *m*; **~ed** *a*: **~ed by** impulsado por; **~ failure** *n* = **~ cut**; **~ful** *a* poderoso; (*engine*) potente; **~less** *a* impotente, ineficaz; **~ point** *n* (*Brit*) enchufe *m*; **~ station** *n* central *f* eléctrica.
p.p. *abbr* (= *per procurationem*): **~ J. Smith** p.p. (por poder de) J. Smith.
PR *n abbr* = **public relations**.
practicable ['præktɪkəbl] *a* (*scheme*) factible.
practical ['præktɪkl] *a* práctico; **~ity** [-'kælɪtɪ] *n* (*of situation etc*) factibilidad *f*; **~ joke** *n* broma pesada; **~ly** *ad* (*almost*) casi.
practice ['præktɪs] *n* (*habit*) costumbre *f*; (*exercise*) práctica, ejercicio; (*training*) adiestramiento; (*MED*) clientela // *vt, vi* (*US*) = **practise**; **in ~** (*in reality*) en la práctica; **out of ~** desentrenado.
practise, (*US*) **practice** ['præktɪs] *vt* (*carry out*) practicar; (*profession*) ejercer; (*train at*) practicar // *vi* ejercer; (*train*) practicar; **practising** *a* (*Christian etc*) practicante; (*lawyer*) que ejerce.

practitioner [præk'tɪʃənə*] n practicante m/f; (MED) médico/a.

prairie ['prɛərɪ] n (in N. America) pampa.

praise [preɪz] n alabanza(s) f(pl), elogio(s) m(pl); **~worthy** a loable.

pram [præm] n (Brit) cochecito de niño.

prance [prɑ:ns] vi (horse) hacer cabriolas.

prank [præŋk] n travesura.

prawn [prɔ:n] n gamba.

pray [preɪ] vi rezar.

prayer [prɛə*] n oración f, rezo; (entreaty) ruego, súplica; **~ book** n devocionario, misal m.

preach [pri:tʃ] vi predicar.

precaution [prɪ'kɔ:ʃən] n precaución f.

precede [prɪ'si:d] vt, vi preceder.

precedence ['presɪdəns] n precedencia; (priority) prioridad f.

precedent ['presɪdənt] n precedente m.

precinct ['pri:sɪŋkt] n recinto; **~s** npl contornos mpl; **pedestrian ~** (Brit) zona peatonal; **shopping ~** (Brit) centro comercial.

precious ['prɛʃəs] a precioso.

precipice ['presɪpɪs] n precipicio.

precipitate [prɪ'sɪpɪtɪt] a (hasty) precipitado // vt [prɪ'sɪpɪteɪt] precipitar.

precise [prɪ'saɪs] a preciso, exacto; **~ly** ad exactamente, precisamente.

preclude [prɪ'klu:d] vt excluir.

precocious [prɪ'kəʊʃəs] a precoz.

precondition [pri:kən'dɪʃən] n condición f previa.

predator ['predətə*] n animal m de rapiña.

predecessor ['pri:dɪsesə*] n antecesor(a) m/f.

predicament [prɪ'dɪkəmənt] n apuro.

predict [prɪ'dɪkt] vt pronosticar; **~able** a previsible.

predominantly [prɪ'dɒmɪnəntlɪ] ad en su mayoría.

preen [pri:n] vt: **to ~ itself** (bird) limpiarse (las plumas); **to ~ o.s.** pavonearse.

prefab ['pri:fæb] n casa prefabricada.

preface ['prefəs] n prefacio.

prefect ['pri:fekt] n (Brit: in school) monitor(a) m/f.

prefer [prɪ'fɜ:*] vt preferir; **~able** ['prefrəbl] a preferible; **~ably** ['prefrəblɪ] ad de preferencia; **~ence** ['prefrəns] n preferencia; (priority) prioridad f; **~ential** [prefə'renʃəl] a preferente.

prefix ['pri:fɪks] n prefijo.

pregnancy ['pregnənsɪ] n embarazo.

pregnant ['pregnənt] a embarazada.

prehistoric [pri:hɪs'tɒrɪk] a prehistórico.

prejudice ['predʒudɪs] n (bias) prejuicio; (harm) perjuicio // vt (bias) predisponer; (harm) perjudicar; **~d** a (person) predispuesto; (view) parcial, interesado.

prelude ['prelju:d] n preludio.

premarital ['pri:'mærɪtl] a premarital.

premature ['premətʃuə*] a prematuro.

premier ['premɪə*] a primero, principal // n (POL) primer(a) ministro/a.

première ['premɪɛə*] n estreno.

premise ['premɪs] n premisa; **~s** npl local msg; **on the ~s** en el lugar mismo.

premium ['pri:mɪəm] n premio; (COMM) prima; **to be at a ~** ser muy solicitado; **~ bond** n (Brit) bono del estado que participa en una lotería nacional.

premonition [premə'nɪʃən] n presentimiento.

preoccupied [pri:'ɒkjupaɪd] a (worried) preocupado; (absorbed) ensimismado.

prep [prep] n (SCOL: study) deberes mpl; **~ school** n = **preparatory school**.

prepaid [pri:'peɪd] a porte pagado.

preparation [prepə'reɪʃən] n preparación f; **~s** npl preparativos mpl.

preparatory [prɪ'pærətərɪ] a preparatorio, preliminar; **~ school** n escuela preparatoria.

prepare [prɪ'pɛə*] vt preparar, disponer // vi: **to ~ for** prepararse or disponerse para; (make preparations) hacer preparativos para; **~d to** dispuesto a.

preposition [prepə'zɪʃən] n preposición f.

preposterous [prɪ'pɒstərəs] a absurdo, ridículo.

prerequisite [pri:'rekwɪzɪt] n requisito.

prerogative [prɪ'rɒgətɪv] n prerrogativa.

preschool ['pri:'sku:l] a preescolar.

prescribe [prɪ'skraɪb] vt prescribir; (MED) recetar.

prescription [prɪ'skrɪpʃən] n (MED) receta.

presence ['prezns] n presencia; (attendance) asistencia; **~ of mind** aplomo.

present ['preznt] a (in attendance) presente; (current) actual // n (gift) regalo; (actuality) actualidad f, presente m // vt [prɪ'zent] (introduce) presentar; (expound) exponer; (give) presentar, dar, ofrecer; (THEATRE) representar; **to give sb a ~** regalar algo a uno; **at ~** actualmente; **~able** [prɪ'zentəbl] a: **to make o.s. ~able** arreglarse; **~ation** [-'teɪʃən] n presentación f; (gift) obsequio; (of case) exposición f; (THEATRE) representación f; **~-day** a actual; **~er** [prɪ'zentə*] n (RADIO, TV) locutor(a) m/f; **~ly** ad (soon) dentro de poco.

preservation [prezə'veɪʃən] n conservación f.

preservative [prɪ'zɜ:vətɪv] n conservante m.

preserve [prɪ'zɜ:v] vt (keep safe) preservar, proteger; (maintain) mantener; (food) conservar; (in salt) salar // n (for game) coto, vedado; (often pl: jam) conserva, confitura.

president ['prezɪdənt] n presidente m/f;

~**ial** [-'dɛnʃl] *a* presidencial.
press [prɛs] *n* (*tool, machine, newspapers*) prensa; (*printer's*) imprenta; (*of hand*) apretón *m* // *vt* (*push*) empujar; (*squeeze*) apretar; (*grapes*) pisar; (*clothes: iron*) planchar; (*pressure*) presionar; (*insist*): **to ~ sth on sb** insistir en que uno acepte algo // *vi* (*squeeze*) apretar; (*pressurize*) ejercer presión; **we are ~ed for time** tenemos poco tiempo; **to ~ on** *vi* avanzar; (*hurry*) apretar el paso; ~ **agency** *n* agencia de prensa; ~ **conference** *n* rueda de prensa; ~**ing** *a* apremiante; ~ **stud** *n* (*Brit*) botón *m* de presión; ~**-up** *n* (*Brit*) plancha.
pressure ['prɛʃə*] *n* presión *f*; ~ **cooker** *n* olla a presión; ~ **gauge** *n* manómetro; ~ **group** *n* grupo de presión; **pressurized** *a* (*container*) a presión.
prestige [prɛs'tiːʒ] *n* prestigio.
presumably [prɪ'zjuːməblɪ] *ad* es de suponer que, cabe presumir que.
presume [prɪ'zjuːm] *vt* presumir, suponer; **to ~ to do** (*dare*) atreverse a hacer.
presumption [prɪ'zʌmpʃən] *n* suposición *f*; (*pretension*) presunción *f*.
presumptuous [prɪ'zʌmptjuəs] *a* presumido.
pretence, (*US*) **pretense** [prɪ'tɛns] *n* (*claim*) pretensión *f*; (*pretext*) pretexto; (*make-believe*) fingimiento; **on the ~ of** bajo pretexto de.
pretend [prɪ'tɛnd] *vt* (*feign*) fingir // *vi* (*feign*) fingir; (*claim*): **to ~ to sth** pretender a algo.
pretense [prɪ'tɛns] *n* (*US*) = **pretence**.
pretension [prɪ'tɛnʃən] *n* (*claim*) pretensión *f*.
pretentious [prɪ'tɛnʃəs] *a* presumido; (*ostentatious*) ostentoso, aparatoso.
pretext ['priːtɛkst] *n* pretexto.
pretty ['prɪtɪ] *a* (*gen*) bonito, lindo (*LAm*) // *ad* bastante.
prevail [prɪ'veɪl] *vi* (*gain mastery*) prevalecer; (*be current*) predominar; (*persuade*): **to ~ (up)on sb to do sth** persuadir a uno para que haga algo; ~**ing** *a* (*dominant*) predominante.
prevalent ['prɛvələnt] *a* (*dominant*) dominante; (*widespread*) extendido; (*fashionable*) de moda.
prevent [prɪ'vɛnt] *vt*: **to ~ (sb from doing sth)** impedir (a uno hacer algo); ~**ive** *a* preventivo.
preview ['priːvjuː] *n* (*of film*) preestreno.
previous ['priːvɪəs] *a* previo, anterior; ~**ly** *ad* antes.
prewar [priːˈwɔː*] *a* de antes de la guerra.
prey [preɪ] *n* presa // *vi*: **to ~ on** vivir a costa de; (*feed on*) alimentarse de.
price [praɪs] *n* precio // *vt* (*goods*) fijar el precio de; ~**less** *a* que no tiene precio; ~ **list** *n* tarifa.

prick [prɪk] *n* pinchazo; (*sting*) picadura // *vt* pinchar; picar; **to ~ up one's ears** aguzar el oído.
prickle ['prɪkl] *n* (*sensation*) picor *m*; (*BOT*) espina; (*ZOOL*) púa; **prickly** *a* espinoso; (*fig: person*) enojadizo; **prickly heat** *n* sarpullido causado por exceso de calor.
pride [praɪd] *n* orgullo; (*pej*) soberbia // *vt*: **to ~ o.s. on** enorgullecerse de.
priest [priːst] *n* sacerdote *m*; ~**ess** *n* sacerdotisa; ~**hood** *n* (*practice*) sacerdocio; (*priests*) clero.
prig [prɪg] *n* gazmoño/a.
prim [prɪm] *a* (*demure*) remilgado; (*prudish*) gazmoño.
primarily ['praɪmərɪlɪ] *ad* (*above all*) ante todo.
primary ['praɪmərɪ] *a* primario; (*first in importance*) principal; ~ **school** *n* (*Brit*) escuela primaria.
primate ['praɪmɪt] *n* (*REL*) primado // *n* ['praɪmeɪt] (*ZOOL*) primate *m*.
prime [praɪm] *a* primero, principal; (*basic*) fundamental; (*excellent*) selecto, de primera clase // *n*: **in the ~ of life** en la flor de la vida // *vt* (*gun, pump*) cebar; (*fig*) preparar; **P~ Minister (P.M.)** *n* primer(a) ministro/a.
primer [praɪmə*] *n* (*book*) texto elemental; (*paint*) imprimación *f*.
primeval [praɪˈmiːvəl] *a* primitivo.
primitive ['prɪmɪtɪv] *a* primitivo; (*crude*) rudimentario.
primrose ['prɪmrəuz] *n* primavera, prímula.
primus (stove) ['praɪməs-] *n* ® (*Brit*) hornillo de camping.
prince [prɪns] *n* príncipe *m*.
princess [prɪn'sɛs] *n* princesa.
principal ['prɪnsɪpl] *a* principal, mayor // *n* director(a) *m/f*.
principle ['prɪnsɪpl] *n* principio; **in ~** en principio; **on ~** por principio.
print [prɪnt] *n* (*impression*) marca, impresión *f*; huella; (*letters*) letra de molde; (*fabric*) estampado; (*ART*) grabado; (*PHOT*) impresión *f* // *vt* (*gen*) imprimir; (*on mind*) grabar; (*write in capitals*) escribir en letras de molde; **out of ~** agotado; ~**ed matter** *n* impresos *mpl*; ~**er** *n* (*person*) impresor(a) *m/f*; (*machine*) impresora; ~**ing** *n* (*art*) imprenta; (*act*) impresión *f*; (*quantity*) tirada; ~**out** *n* (*COMPUT*) impresión *f*.
prior ['praɪə*] *a* anterior, previo // *n* prior *m*; ~ **to doing** antes de hacer.
priority [praɪˈɔrɪtɪ] *n* prioridad *f*.
prise [praɪz] *vt*: **to ~ open** abrir con palanca.
prison ['prɪzn] *n* cárcel *f*, prisión *f* // *cpd* carcelario; ~**er** *n* (*in prison*) preso/a; (*under arrest*) detenido/a; (*in dock*) acusado/a.
privacy ['prɪvəsɪ] *n* (*seclusion*) soledad *f*;

(intimacy) intimidad *f.*

private ['praɪvɪt] *a (personal)* particular; *(confidential)* secreto, confidencial; *(sitting etc)* a puertas cerradas // *n* soldado raso; '~' *(on envelope)* 'confidencial'; *(on door)* 'prohibido el paso'; **in ~** en privado; ~ **enterprise** *n* la empresa privada; ~ **eye** *n* detective *m/f* privado/a; ~**ly** *ad* en privado; *(in o.s.)* personalmente; ~ **property** *n* propiedad *f* privada; ~ **school** *n* colegio particular.

privet ['prɪvɪt] *n* alheña.

privilege ['prɪvɪlɪdʒ] *n* privilegio; *(prerogative)* prerrogativa.

privy ['prɪvɪ] *a*: **to be ~ to** estar enterado de; **P~ Council** *n* Consejo del Estado.

prize [praɪz] *n* premio // *a (first class)* de primera clase // *vt* apreciar, estimar; ~**-giving** *n* distribución *f* de premios; ~**winner** *n* premiado/a.

pro [prəʊ] *n (SPORT)* profesional *m/f*; **the ~s and cons** los pros y los contras.

probability [prɔbə'bɪlɪtɪ] *n* probabilidad *f.*

probable ['prɔbəbl] *a* probable.

probably ['prɔbəblɪ] *ad* probablemente.

probation [prə'beɪʃən] *n*: **on ~** *(employee)* a prueba; *(LAW)* en libertad condicional.

probe [prəʊb] *n (MED, SPACE)* sonda; *(enquiry)* encuesta, investigación *f* // *vt* sondar; *(investigate)* investigar.

problem ['prɔbləm] *n* problema *m.*

procedure [prə'siːdʒə*] *n* procedimiento; *(bureaucratic)* trámites *mpl.*

proceed [prə'siːd] *vi* proceder; *(continue)*: **to ~ (with)** continuar *or* seguir (con); ~**s** ['prəʊsiːdz] *npl* ganancias *fpl*, ingresos *mpl*; ~**ings** *npl* acto *sg*, actos *mpl*; *(LAW)* proceso *sg*; *(meeting)* función *fsg*; *(records)* actas *fpl.*

process ['prəʊsɛs] *n* proceso; *(method)* método, sistema *m* // *vt* tratar, elaborar; **in ~** en curso; ~**ing** *n* tratamiento, elaboración *f.*

procession [prə'sɛʃən] *n* desfile *m*; funeral ~ cortejo fúnebre.

proclaim [prə'kleɪm] *vt* proclamar; *(announce)* anunciar; **proclamation** [prɔklə'meɪʃən] *n* proclamación *f*; *(written)* proclama.

procrastinate [prəʊ'kræstɪneɪt] *vi* demorarse.

procure [prə'kjʊə*] *vt* conseguir

prod [prɔd] *vt* empujar.

prodigal ['prɔdɪgl] *a* pródigo.

prodigy ['prɔdɪdʒɪ] *n* prodigio.

produce ['prɔdjuːs] *n (AGR)* productos *mpl* agrícolas // *vt* [prə'djuːs] producir; *(yield)* rendir; *(show)* presentar, mostrar; *(THEATRE)* presentar, poner en escena; *(offspring)* dar a luz; ~ **dealer** *n (US)* verdulero/a; ~**r** *n (THEATRE)* director(a) *m/f*; *(AGR, CINEMA)* produc-

tor(a) *m/f.*

product ['prɔdʌkt] *n* producto; *(result)* fruto, producto.

production [prə'dʌkʃən] *n (act)* producción *f*; *(THEATRE)* presentación *f*; ~ **line** *n* línea de producción.

productive [prə'dʌktɪv] *a* productivo; **productivity** [prɔdʌk'tɪvɪtɪ] *n* productividad *f.*

profane [prə'feɪn] *a* profano.

profession [prə'fɛʃən] *n* profesión *f*; ~**al** *n* profesional *m/f* // *a* profesional; *(by profession)* de profesión.

professor [prə'fɛsə*] *n (Brit)* catedrático/a; *(US)* profesor(a) *m/f.*

proficiency [prə'fɪʃənsɪ] *n* capacidad, habilidad *f.*

proficient [prə'fɪʃənt] *a* experto, hábil.

profile ['prəʊfaɪl] *n* perfil *m.*

profit ['prɔfɪt] *n (COMM)* ganancia; *(fig)* provecho; **to make a ~** obtener beneficios // *vi*: **to ~ by** *or* **from** aprovechar *or* sacar provecho de; ~**ability** [-ə'bɪlɪtɪ] *n* rentabilidad *f*; ~**able** *a (ECON)* rentable; *(beneficial)* provechoso; ~**eering** [-'tɪərɪŋ] *n (pej)* explotación *f.*

profound [prə'faʊnd] *a* profundo.

profusely [prə'fjuːslɪ] *ad* profusamente; **profusion** [-'fjuːʒən] *n* profusión *f*, abundancia.

progeny ['prɔdʒɪnɪ] *n* progenie *f.*

programme, *(US)* **program** ['prəʊgræm] *n* programa *m* // *vt* programar; ~**r**, *(US)* **programer** *n* programador(a) *m/f*; **programming**, *(US)* **programing** *n* programación *f.*

progress ['prəʊgrɛs] *n* progreso; *(development)* desarrollo // *vi* [prə'grɛs] progresar, avanzar; desarrollarse; **in ~** en curso; ~**ive** [-'grɛsɪv] *a* progresivo; *(person)* progresista.

prohibit [prə'hɪbɪt] *vt* prohibir; **to ~ sb from doing sth** prohibir a uno hacer algo.

project ['prɔdʒɛkt] *n* proyecto // *(vb:* [prə'dʒɛkt]) *vt* proyectar // *vi (stick out)* salir, sobresalir.

projectile [prə'dʒɛktaɪl] *n* proyectil *m.*

projection [prə'dʒɛkʃən] *n* proyección *f*; *(overhang)* saliente *m.*

projector [prə'dʒɛktə*] *n* proyector *m.*

proletariat [prəʊlɪ'tɛərɪət] *n* proletariado.

prologue ['prəʊlɔg] *n* prólogo.

prolong [prə'lɔŋ] *vt* prolongar, extender.

prom [prɔm] *n abbr* = **promenade**; *(US: ball)* baile *m* de gala.

promenade [prɔmə'nɑːd] *n (by sea)* paseo marítimo; ~ **concert** *n* concierto *(en que parte del público permanece de pie).*

prominence ['prɔmɪnəns] *n (fig)* importancia.

prominent ['prɔmɪnənt] *a (standing out)* saliente; *(important)* eminente, importante.

promiscuous [prə'mɪskjuəs] *a* (*sexually*) promiscuo.

promise ['prɔmɪs] *n* promesa // *vt, vi* prometer; **promising** *a* prometedor(a).

promontory ['prɔməntrɪ] *n* promontorio.

promote [prə'məut] *vt* promover; (*new product*) hacer propaganda por; (*MIL*) ascender; **~r** *n* (*of sporting event*) promotor(a) *m/f*; **promotion** [-'məuʃən] *n* (*advertising*) promoción *f*; (*in rank*) ascenso.

prompt [prɔmpt] *a* (*punctual*) puntual; (*quick*) rápido // *ad*: at 6 o'clock ~ a las seis en punto // *n* (*COMPUT*) aviso // *vt* (*urge*) mover, incitar; (*THEATRE*) apuntar; to ~ sb to do sth instar a uno a hacer algo; **~ly** *ad* puntualmente; rápidamente.

prone [prəun] *a* (*lying*) postrado; ~ to propenso a.

prong [prɔŋ] *n* diente *m*, punta.

pronoun ['prəunaun] *n* pronombre *m*.

pronounce [prə'nauns] *vt* pronunciar // *vi*: to ~ (up)on pronunciarse sobre; **~d** *a* (*marked*) marcado; **~ment** *n* declaración *f*.

pronunciation [prənʌnsɪ'eɪʃən] *n* pronunciación *f*.

proof [pru:f] *n* prueba; 70° ~ graduación *f* del 70 por 100 // *a*: ~ against a prueba de.

prop [prɔp] *n* apoyo; (*fig*) sostén *m* // *vt* (*also*: ~ up) apoyar; (*lean*): to ~ sth against apoyar algo contra.

propaganda [prɔpə'gændə] *n* propaganda.

propel [prə'pɛl] *vt* impulsar, propulsar; **~ler** *n* hélice *f*; **~ling pencil** *n* (*Brit*) lapicero.

propensity [prə'pɛnsɪtɪ] *n* propensión *f*.

proper ['prɔpə*] *a* (*suited, right*) propio; (*exact*) justo; (*apt*) apropiado, conveniente; (*timely*) oportuno; (*seemly*) decente; (*authentic*) verdadero; (*col: real*) auténtico; **~ly** *ad* (*adequately*) correctamente; (*decently*) decentemente; ~ **noun** *n* nombre *m* propio.

property ['prɔpətɪ] *n* propiedad *f*; (*personal*) bienes *mpl* muebles; (*estate*) finca; ~ **owner** *n* dueño/a de propiedades.

prophecy ['prɔfɪsɪ] *n* profecía.

prophesy ['prɔfɪsaɪ] *vt* profetizar; (*fig*) predecir.

prophet ['prɔfɪt] *n* profeta *m*.

proportion [prə'pɔːʃən] *n* proporción *f*; (*share*) parte *f*; **~al** *a* proporcional; **~ate** *a* proporcionado.

proposal [prə'pəuzl] *n* propuesta; (*offer of marriage*) oferta de matrimonio; (*plan*) proyecto.

propose [prə'pəuz] *vt* proponer // *vi* declararse; to ~ to do sth tener intención de hacer algo.

proposition [prɔpə'zɪʃən] *n* propuesta.

proprietor [prə'praɪətə*] *n* propietario/a,

dueño/a.

propriety [prə'praɪətɪ] *n* decoro.

pro rata [prəu'rɑːtə] *ad* a prorrateo.

prose [prəuz] *n* prosa; (*SCOL*) traducción *f* inversa.

prosecute ['prɔsɪkjuːt] *vt* (*LAW*) procesar; **prosecution** [-'kjuːʃən] *n* proceso, causa; (*accusing side*) acusación *f*; **prosecutor** *n* acusador(a) *m/f*; (*also*: public prosecutor) fiscal *m*.

prospect ['prɔspɛkt] *n* (*view*) vista; (*outlook*) perspectiva; (*hope*) esperanza // *vb* [prə'spɛkt] *vt* explorar // *vi* buscar; **~s** *npl* (*for work etc*) perspectivas *fpl*; **~ing** *n* prospección *f*; **~ive** [prə'spɛktɪv] *a* (*possible*) probable, eventual; (*certain*) futuro; **~or** [prə'spɛktə*] *n* explorador(a) *m/f*.

prospectus [prə'spɛktəs] *n* prospecto.

prosper ['prɔspə*] *vi* prosperar; **~ity** [-'spɛrɪtɪ] *n* prosperidad *f*; **~ous** *a* próspero.

prostitute ['prɔstɪtjuːt] *n* prostituta.

prostrate ['prɔstreɪt] *a* postrado.

protagonist [prə'tægənɪst] *n* protagonista *m/f*.

protect [prə'tɛkt] *vt* proteger; **~ion** [-'tɛkʃən] *n* protección *f*; **~ive** *a* protector(a).

protégé ['prəutəʒeɪ] *n* protegido/a.

protein ['prəutiːn] *n* proteína.

protest *n* ['prəutɛst] *n* protesta // *vb* [prə'tɛst] *vi* protestar // *vt* (*affirm*) afirmar, declarar.

Protestant ['prɔtɪstənt] *a, n* protestante *m/f*.

protester [prə'tɛstə*] *n* manifestante *m/f*.

protracted [prə'træktɪd] *a* prolongado.

protrude [prə'truːd] *vi* salir, sobresalir.

proud [praud] *a* orgulloso; (*pej*) soberbio, altanero.

prove [pruːv] *vt* probar; (*verify*) comprobar; (*show*) demostrar // *vi*: to ~ **correct** resultar correcto; to ~ o.s. probar su valía.

proverb ['prɔvəːb] *n* refrán *m*.

provide [prə'vaɪd] *vt* proporcionar, dar; to ~ sb with sth proveer a uno de algo; **~d (that)** *conj* con tal de que, a condición de que; **to ~ for** *vt fus* (*person*) mantener a; (*problem etc*) tener en cuenta.

providing [prə'vaɪdɪŋ] *conj* a condición de que, con tal de que.

province ['prɔvɪns] *n* provincia; (*fig*) esfera; **provincial** [prə'vɪnʃəl] *a* provincial; (*pej*) provinciano.

provision [prə'vɪʒən] *n* provisión *f*; (*supply*) suministro, abastecimiento; **~s** *npl* (*food*) comestibles *mpl*; **~al** *a* provisional; (*temporary*) interino.

proviso [prə'vaɪzəu] *n* condición *f*, estipulación *f*.

provocative [prə'vɔkətɪv] *a* provocativo.

provoke [prə'vəuk] vt (arouse) provocar, incitar; (anger) enojar.

prow [prau] n proa.

prowess ['prauis] n destreza.

prowl [praul] vi (also: ~ about, ~ around) merodear // n: on the ~ de merodeo; ~er n merodeador(a) m/f.

proxy ['prɒksı] n poder m; (person) apoderado/a; by ~ por poderes.

prudence ['pru:dns] n prudencia.

prudent ['pru:dənt] a prudente.

prudish ['pru:dıʃ] a gazmoño.

prune [pru:n] n ciruela pasa // vt podar.

pry [praı] vi: to ~ into entrometerse en.

PS n abbr (= postscript) P.D.

psalm [sɑːm] n salmo.

pseudo- [sjuːdəu] pref seudo-; **pseudonym** n seudónimo.

psyche ['saıkı] n psique f.

psychiatric [saıkı'ætrık] a psiquiátrico.

psychiatrist [saı'kaıətrıst] n psiquiatra m/f.

psychiatry [saı'kaıətrı] n psiquiatría.

psychic ['saıkık] a (also: ~al) psíquico.

psychoanalysis [saıkəu'nælısıs] n psicoanálisis m pl; **psychoanalyst** [-'ænəlıst] n psicoanalista m/f.

psychological [saıkə'lɒdʒıkl] a psicológico.

psychologist [saı'kɒlədʒıst] n psicólogo/a.

psychology [saı'kɒlədʒı] n psicología.

PTO abbr (= please turn over) sigue.

pub [pʌb] n abbr (= public house) pub m, taberna.

puberty ['pjuːbətı] n pubertad f.

pubic ['pjuːbık] a púbico.

public ['pʌblık] a, n público; in ~ en público; ~ address system (P.A.) n megafonía f.

publican ['pʌblıkən] n tabernero/a.

publication [pʌblı'keıʃən] n publicación f.

public: ~ company n sociedad f anónima; ~ convenience n (Brit) aseos mpl públicos, sanitarios mpl (LAm); ~ holiday n día de fiesta, (día) feriado (LAm); ~ house n (Brit) bar m, pub m.

publicity [pʌb'lısıtı] n publicidad f.

publicize ['pʌblısaız] vt publicitar; (advertise) hacer propaganda para.

publicly ['pʌblıklı] ad públicamente, en público.

public: ~ opinion n opinión f pública; ~ relations (PR) n relaciones fpl públicas; ~ school n (Brit) escuela privada; (US) instituto; ~-spirited a que tiene sentido del deber ciudadano; ~ transport n transporte m público.

publish ['pʌblıʃ] vt publicar; ~er n (person) editor(a) m/f; (firm) editorial f; ~ing n (industry) industria del libro.

puce [pjuːs] a de color pardo rojizo.

pucker ['pʌkə*] vt (pleat) arrugar;

(brow etc) fruncir.

pudding ['pudıŋ] n pudín m; (Brit: sweet) postre m; **black ~** morcilla.

puddle ['pʌdl] n charco.

puff [pʌf] n soplo; (of smoke) bocanada; (of breathing, engine) resoplido // vt: to ~ one's pipe chupar la pipa // vi (gen) soplar; (pant) jadear; to ~ out smoke echar humo; ~ed a (col: out of breath) sin aliento.

puff pastry n hojaldre m.

puffy ['pʌfı] a hinchado.

pull [pul] n (tug): to give sth a ~ dar un tirón a algo; (influence) influencia // vt tirar de; (muscle) agarrotarse; (haul) tirar, arrastrar // vi tirar; to ~ to pieces hacer pedazos; to ~ one's punches (fig) no andarse con bromas; to ~ one's weight hacer su parte; to ~ o.s. together tranquilizarse; to ~ sb's leg tomar el pelo . uno; to ~ apart vt (take apart) desmontar; to ~ down vt (house) derribar; to ~ in vi (AUT: at the kerb) parar (junto a la acera); (RAIL) llegar a la estación; to ~ off vt (deal etc) cerrar; to ~ out vi irse, marcharse; (AUT: from kerb) salir // vt sacar, arrancar; to ~ over vi (AUT) hacerse a un lado; to ~ through vi (MED) recobrar la salud; to ~ up vi (stop) parar // vt (uproot) arrancar, desarraigar; (stop) parar.

pulley ['pulı] n polea.

pullover ['puləuvə*] n jersey m, suéter m.

pulp [pʌlp] n (of fruit) pulpa; (for paper) pasta.

pulpit ['pulpıt] n púlpito.

pulsate [pʌl'seıt] vi pulsar, latir.

pulse [pʌls] n (ANAT) pulso; (of music, engine) pulsación f; (BOT) legumbre f.

pummel ['pʌml] vt aporrear.

pump [pʌmp] n bomba; (shoe) zapatilla // vt sacar con una bomba; (fig: col) sonsacar; to ~ up vt inflar.

pumpkin ['pʌmpkın] n calabaza.

pun [pʌn] n juego de palabras.

punch [pʌntʃ] n (blow) golpe m, puñetazo; (tool) punzón m; (for paper) perforadora; (for tickets) taladro; (drink) ponche m // vt (hit): to ~ sb/sth dar un puñetazo or golpear a uno/algo; (make a hole in) punzar; perforar; ~line n palabras que rematan un chiste; ~-up n (Brit col) riña.

punctual ['pʌŋktjuəl] a puntual.

punctuation [pʌŋktju'eıʃən] n puntuación f.

puncture ['pʌŋktʃə*] (Brit) n pinchazo // vt pinchar.

pundit ['pʌndıt] n experto/a.

pungent ['pʌndʒənt] a acre.

punish ['pʌnıʃ] vt castigar; ~ment n castigo.

punk [pʌŋk] n (also: ~ rocker) punki m/

f; (*also*: ~ **rock**) música punk; (*US col*: *hoodlum*) rufián *m*.

punt [pʌnt] *n* (*boat*) batea.

punter ['pʌntə*] *n* (*Brit*: *gambler*) jugador(a) *m/f*.

puny ['pjuːnɪ] *a* débil.

pup [pʌp] *n* cachorro.

pupil ['pjuːpl] *n* alumno/a.

puppet ['pʌpɪt] *n* títere *m*.

puppy ['pʌpɪ] *n* cachorro, perrito.

purchase ['pɔːtʃɪs] *n* compra // *vt* comprar; ~**r** *n* comprador(a) *m/f*.

pure [pjuə*] *a* puro.

purée ['pjuəreɪ] *n* puré *m*.

purely ['pjuəlɪ] *ad* puramente.

purge [pɔːdʒ] *n* (*MED*, *POL*) purga // *vt* purgar.

purify ['pjuərɪfaɪ] *vt* purificar, depurar.

puritan ['pjuərɪtən] *n* puritano/a.

purity ['pjuərɪtɪ] *n* pureza.

purl [pɔːl] *n* punto del revés.

purple ['pɔːpl] *a* purpúreo; morado.

purport [pɔːˈpɔːt] *vi*: **to ~ to be/do** dar a entender que es/hace.

purpose ['pɔːpəs] *n* propósito; **on ~** a propósito, adrede; ~**ful** *a* resuelto, determinado.

purr [pɔː*] *vi* ronronear.

purse [pɔːs] *n* monedero; (*US*) bolsa, cartera (*LAm*) // *vt* fruncir.

purser ['pɔːsə*] *n* (*NAUT*) comisario/a.

pursue [pəˈsjuː] *vt* seguir; ~**r** *n* perseguidor(a) *m/f*.

pursuit [pəˈsjuːt] *n* (*chase*) caza; (*occupation*) actividad *f*.

purveyor [pəˈveɪə*] *n* proveedor(a) *m/f*.

push [pʊʃ] *n* empuje *m*, empujón *m*; (*MIL*) ataque *m*; (*drive*) empuje *m* // *vt* empujar; (*button*) apretar; (*promote*) promover; (*thrust*): **to ~ sth (into)** meter algo a la fuerza (en) // *vi* empujar; (*fig*) hacer esfuerzos; **to ~ aside** *vt* apartar con la mano; **to ~ off** *vi* (*col*) largarse; **to ~ on** *vi* (*continue*) seguir adelante; **to ~ through** *vt* (*measure*) despachar; **to ~ up** *vt* (*total, prices*) hacer subir; ~**chair** *n* (*Brit*) sillita de ruedas; ~**er** *n* (*drug* ~*er*) traficante *m/f* de drogas; ~**over** *n* (*col*): **it's a** ~**over** está tirado; ~-**up** *n* (*US*) plancha; ~**y** *a* (*pej*) agresivo.

puss [pʊs], **pussy(-cat)** ['pʊsɪ(kæt)] *n* minino.

put [pʊt], *pt*, *pp* **put** *vt* (*place*) poner, colocar; (~ *into*) meter; (*say*) expresar; (*a question*) hacer; **to ~ about** *vi* (*NAUT*) virar // *vt* (*rumour*) diseminar; **to ~ across** *vt* (*ideas etc*) comunicar; **to ~ away** *vt* (*store*) guardar; **to ~ back** *vt* (*replace*) devolver a su lugar; (*postpone*) aplazar; **to ~ by** *vt* (*money*) guardar; **to ~ down** *vt* (*on ground*) poner en el suelo; (*animal*) sacrificar; (*in writing*) apuntar; (*suppress*: *revolt etc*) sofocar; (*attribute*)

atribuir; **to ~ forward** *vt* (*ideas*) presentar, proponer; (*date*) adelantar; **to ~ in** *vt* (*application, complaint*) presentar; **to ~ off** *vt* (*postpone*) aplazar; (*discourage*) desanimar; **to ~ on** *vt* (*clothes, lipstick etc*) ponerse; (*light etc*) encender; (*play etc*) presentar; (*weight*) ganar; (*brake*) echar; **to ~ out** *vt* (*fire, light*) apagar; (*one's hand*) alargar; (*news, rumour*) hacer circular; (*tongue etc*) sacar; (*person: inconvenience*) molestar, fastidiar; **to ~ up** *vt* (*raise*) levantar, alzar; (*hang*) colgar; (*build*) construir; (*increase*) aumentar; (*accommodate*) alojar; **to ~ up with** *vt fus* aguantar.

putrid ['pjuːtrɪd] *a* podrido.

putt [pʌt] *vt* hacer un putt // *n* putt *m*, golpe *m* corto; ~**ing green** *n* green *m*; minigolf *m*.

putty ['pʌtɪ] *n* masilla.

puzzle ['pʌzl] *n* (*riddle*) acertijo; (*jigsaw*) rompecabezas *m inv*; (*also*: **crossword ~**) crucigrama *m*; (*mystery*) misterio // *vt* dejar perplejo, confundir // *vi*: **to ~ about** quebrar la cabeza por; **puzzling** *a* misterioso, extraño.

pyjamas [pɪˈdʒɑːməz] *npl* (*Brit*) pijama *m*.

pylon ['paɪlən] *n* torre *f* de conducción eléctrica.

pyramid ['pɪrəmɪd] *n* pirámide *f*.

Pyrenees [pɪrəˈniːz] *npl*: **the ~** los Pirineos.

python ['paɪθən] *n* pitón *m*.

Q

quack [kwæk] *n* (*of duck*) graznido; (*pej*: *doctor*) curandero/a.

quad [kwɒd] *n abbr* = **quadrangle**; **quadruplet**.

quadrangle ['kwɒdræŋgl] *n* (*Brit*: *courtyard*: *abbr*: **quad**) patio.

quadruple [kwɒˈdruːpl] *vt*, *vi* cuadruplicar.

quadruplet [kwɔːˈdruːplɪt] *n* cuatrillizo/a.

quagmire ['kwægmaɪə*] *n* lodazal *m*, cenegal *m*.

quail [kweɪl] *n* (*bird*) codorniz *f* // *vi* amedrentarse.

quaint [kweɪnt] *a* extraño; (*picturesque*) pintoresco.

quake [kweɪk] *vi* temblar // *n abbr* = **earthquake**.

Quaker ['kweɪkə*] *n* cuáquero/a.

qualification [kwɒlɪfɪˈkeɪʃən] *n* (*ability*) capacidad *f*; (*requirement*) requisito; (*diploma etc*) título.

qualified ['kwɒlɪfaɪd] *a* (*trained, fit*) capacitado; (*professionally*) titulado; (*limited*) limitado.

qualify ['kwɒlɪfaɪ] *vt* (*LING*) calificar a; (*capacitate*) capacitar; (*modify*) modificar // vi (SPORT) clasificarse; to ~ (as) calificarse (de), graduarse (en); to ~ (for) reunir los requisitos (para).

quality ['kwɔlɪtɪ] n calidad f; (moral) cualidad f.

qualm [kwɑːm] n escrúpulo.

quandary ['kwɔndrɪ] n: to be in a ~ tener dudas.

quantity ['kwɔntɪtɪ] n cantidad f; ~ **surveyor** n aparejador(a) m/f.

quarantine ['kwɔrntiːn] n cuarentena.

quarrel ['kwɔrl] n riña, pelea // vi reñir, pelearse; **~some** a pendenciero.

quarry ['kwɔrɪ] n (for stone) cantera; (animal) presa.

quart [kwɔːt] n cuarto de galón = 1.136 l.

quarter ['kwɔːtə*] n cuarto, cuarta parte f; (of year) trimestre m; (district) barrio // vt dividir en cuartos; (MIL: lodge) alojar; **~s** npl (barracks) cuartel m; (living ~s) alojamiento sg; **a ~ of an hour** un cuarto de hora; ~ **final** n cuarto de final; **~ly** a trimestral // ad cada 3 meses, trimestralmente; **~master** n (MIL) comisario, intendente m militar.

quartet(te) [kwɔː'tɛt] n cuarteto.

quartz [kwɔːts] n cuarzo.

quash [kwɔʃ] vt (verdict) anular.

quasi- ['kweɪzaɪ] pref cuasi.

quaver ['kweɪvə*] n (Brit MUS) corchea // vi temblar.

quay [kiː] n (also: ~side) muelle m.

queasy ['kwiːzɪ] a: to feel ~ tener náuseas.

queen [kwiːn] n reina; (CARDS etc) dama; ~ **mother** n reina madre.

queer [kwɪə*] a (odd) raro, extraño // n (pej: col) maricón m.

quell [kwɛl] vt (feeling) calmar; (rebellion etc) sofocar.

quench [kwɛntʃ] vt (flames) apagar; to ~ one's thirst apagar la sed.

querulous ['kwɛruləs] a (person, voice) quejumbroso.

query ['kwɪərɪ] n (question) pregunta; (doubt) duda // vt dudar de.

quest [kwɛst] n busca, búsqueda.

question ['kwɛstʃən] n pregunta; (matter) asunto, cuestión f // vt (doubt) dudar de; (interrogate) interrogar, hacer preguntas a; **beyond** ~ fuera de toda duda; **it's out of the** ~ imposible; ni hablar; **~able** a discutible; (doubtful) dudoso; ~ **mark** n punto de interrogación; **~naire** [-'nɛə*] n cuestionario.

queue [kjuː] (Brit) n cola // vi hacer cola.

quibble ['kwɪbl] vi sutilizar.

quick [kwɪk] a rápido; (temper) vivo; (mind) listo; (eye) agudo // n: cut to the ~ (fig) herido en lo vivo; **be** ~! ¡date prisa!; **~en** vt apresurar // vi apresurarse, darse prisa; **~ly** ad rápidamente, de prisa; **~sand** n arenas fpl movedizas; **~-witted** a perspicaz.

quid [kwɪd] n, pl inv (Brit col) libra.

quiet ['kwaɪət] a tranquilo; (person) callado; (discreet) discreto // n silencio, tranquilidad f // vt, vi (US) = **~en**; **keep** ~! ¡cállate!, ¡silencio!; **~en** (also: **~en down**) vi (grow calm) calmarse; (grow silent) callarse // vt calmar; hacer callar; **~ly** ad tranquilamente; (silently) silenciosamente; **~ness** n (silence) silencio; (calm) tranquilidad f.

quilt [kwɪlt] n (Brit) edredón m.

quin [kwɪn] n abbr = **quintuplet**.

quinine [kwɪ'niːn] n quinina.

quintet(te) [kwɪn'tɛt] n quinteto.

quintuplet [kwɪn'tjuːplɪt] n quintillizo/a.

quip [kwɪp] n pulla.

quirk [kwəːk] n peculiaridad f.

quit [kwɪt], pt, pp **quit** or **quitted** vt dejar, abandonar; (premises) desocupar // vi (give up) renunciar; (go away) irse; (resign) dimitir.

quite [kwaɪt] ad (rather) bastante; (entirely) completamente; ~ **a few of them** un buen número de ellos; ~ (so)! ¡así es!, ¡exactamente!

quits [kwɪts] a: ~ (with) en paz (con); let's call it ~ dejémoslo en tablas.

quiver ['kwɪvə*] vi estremecerse.

quiz [kwɪz] n (game) concurso; (: TV, RADIO) programa-concurso // vt interrogar; **~zical** a burlón(ona).

quota ['kwəʊtə] n cuota.

quotation [kwəʊ'teɪʃən] n cita; (estimate) presupuesto; ~ **marks** npl comillas fpl.

quote [kwəʊt] n cita // vt (sentence) citar; (price) cotizar // vi: to ~ from citar de.

quotient ['kwəʊʃənt] n cociente m.

R

rabbi ['ræbaɪ] n rabino.

rabbit ['ræbɪt] n conejo; ~ **hutch** n conejera.

rabble ['ræbl] n (pej) chusma, populacho.

rabies ['reɪbiːz] n rabia.

RAC n abbr (Brit) = Royal Automobile Club.

race [reɪs] n carrera; (species) raza // vt (horse) hacer correr; (person) competir contra; (engine) acelerar // vi (compete) competir; (run) correr; (pulse) latir a ritmo acelerado; ~ **car** n (US) = **racing car**; ~ **car driver** n (US) = **racing driver**; **~course** n hipódromo; **~horse** n caballo de carreras; **~track** n hipódromo; (for cars) autódromo.

racial ['reɪʃl] a racial; **~ist** a, n racista m/f.

racing ['reɪsɪŋ] n carreras fpl; ~ **car** n (Brit) coche m de carreras; ~ **driver** n (Brit) corredor(a) m/f de coches.

racism ['reɪsɪzəm] n racismo; **racist**

[-sɪst] *a*, *n* racista *m/f*.

rack [ræk] *n* (*also:* luggage ~) rejilla; (*shelf*) estante *m*; (*also:* roof ~) baca, portaequipajes *m inv*; (*clothes* ~) percha // *vt* (*cause pain to*) atormentar; to ~ one's brains devanarse los sesos.

racket ['rækɪt] *n* (*for tennis*) raqueta; (*noise*) ruido, estrépito; (*swindle*) estafa, timo.

racquet ['rækɪt] *n* raqueta.

racy ['reɪsɪ] *a* picante, salado.

radar ['reɪdɑː*] *n* radar *m*.

radiance ['reɪdɪəns] *n* brillantez *f*, resplandor *m*.

radiant ['reɪdɪənt] *a* brillante, resplandeciente.

radiate ['reɪdɪeɪt] *vt* (*heat*) radiar, irradiar // *vi* (*lines*) extenderse.

radiation [reɪdɪ'eɪʃən] *n* radiación *f*.

radiator ['reɪdɪeɪtə*] *n* radiador *m*.

radical ['rædɪkl] *a* radical.

radii ['reɪdɪaɪ] *npl of* radius.

radio ['reɪdɪəu] *n* radio *f*; on the ~ por radio.

radio... [reɪdɪəu] *pref*: ~**active** *a* radioactivo.

radio-controlled [reɪdɪəukən'trəuld] *a* teledirigido.

radiography [reɪdɪ'ɔgrəfɪ] *n* radiografía.

radiology [reɪdɪ'ɔlədʒɪ] *n* radiología.

radio station *n* emisora.

radiotherapy ['reɪdɪəuθerəpɪ] *n* radioterapia.

radish ['rædɪʃ] *n* rábano.

radius ['reɪdɪəs], *pl* radii [-ɪaɪ] *n* radio.

RAF *n abbr* = Royal Air Force.

raffle ['ræfl] *n* rifa, sorteo // *vt* rifar.

raft [rɑːft] *n* (*craft*) baba; (*also:* life ~) balsa salvavidas.

rafter ['rɑːftə*] *n* viga.

rag [ræg] *n* (*piece of cloth*) trapo; (*torn cloth*) harapo; (*pej: newspaper*) periodicucho; (*for charity*) actividades estudiantiles benéficas // *vt* (*Brit*) tomar el pelo a; ~s *npl* harapos *mpl*; ~**-and-bone man** *n* (*Brit*) = ~**man**; ~ **doll** *n* muñeca de trapo.

rage [reɪdʒ] *n* (*fury*) rabia, furor *m* // *vi* (*person*) rabiar, estar furioso; (*storm*) bramar; it's all the ~ es lo último.

ragged ['rægɪd] *a* (*edge*) desigual, mellado; (*cuff*) roto; (*appearance*) andrajoso, harapiento.

ragman ['rægmæn] *n* trapero.

raid [reɪd] *n* (*MIL*) incursión *f*; (*criminal*) asalto; (*by police*) redada // *vt* invadir, atacar; asaltar; ~**er** *n* invasor(a) *m/f*.

rail [reɪl] *n* (*on stair*) barandilla, pasamanos *m inv*; (*on bridge, balcony*) perfil *m*; (*of ship*) barandilla; (*for train*) riel *m*, carril *m*; ~s *npl* vía *sg*; by ~ por ferrocarril; ~**road** *n*(*pl*) verja *sg*, enrejado *sg*; ~**road** *n* (*US*) = ~**way**; ~**way** *n* (*Brit*) ferrocarril *m*, vía férrea; ~**way line** *n* (*Brit*) línea (de fe-

rrocarril); ~**wayman** *n* (*Brit*) ferroviario; ~**way station** *n* (*Brit*) estación *f* de ferrocarril.

rain [reɪn] *n* lluvia // *vi* llover; in the ~ bajo la lluvia; it's ~ing llueve, está lloviendo; ~**bow** *n* arco iris; ~**coat** *n* impermeable *m*; ~**drop** *n* gota de lluvia; ~**fall** *n* lluvia; ~**y** *a* lluvioso.

raise [reɪz] *n* aumento // *vt* (*lift*) levantar; (*build*) erigir, edificar; (*increase*) aumentar; (*doubts*) suscitar; (*a question*) plantear; (*cattle, family*) criar; (*crop*) cultivar; (*army*) reclutar; (*funds*) reunir; (*loan*) obtener; to ~ one's voice alzar la voz.

raisin ['reɪzn] *n* pasa de Corinto.

rake [reɪk] *n* (*tool*) rastrillo; (*person*) libertino // *vt* (*garden*) rastrillar; (*fire*) hurgar; (*with machine gun*) barrer.

rally ['rælɪ] *n* (*POL etc*) reunión *f*, mitin *m*; (*AUT*) rallye *m*; (*TENNIS*) peloteo // *vt* reunir // *vi* reunirse; (*sick person, Stock Exchange*) recuperarse; to ~ round *vt fus* (*fig*) dar apoyo a.

RAM [ræm] *n abbr* (= random access memory) RAM *f*.

ram [ræm] *n* carnero; (*TECH*) pisón *m* // *vt* (*crash into*) dar contra, chocar con; (*tread down*) apisonar.

ramble ['ræmbl] *n* caminata, excursión *f* en el campo // *vi* (*pej: also:* ~ on) divagar; ~**r** *n* excursionista *m/f*; (*BOT*) trepadora; **rambling** *a* (*speech*) inconexo; (*BOT*) trepador(a).

ramp [ræmp] *n* rampa; on/off ~ *n* (*US AUT*) vía de acceso/salida.

rampage [ræm'peɪdʒ] *n*: to be on the ~ desmandarse.

rampant ['ræmpənt] *a* (*disease etc*): to be ~ estar extendiéndose mucho.

rampart ['ræmpɑːt] *n* terraplén *m*; (*wall*) muralla.

ramshackle ['ræmʃækl] *a* destartalado.

ran [ræn] *pt of* run.

ranch [rɑːntʃ] *n* (*US*) hacienda, estancia; ~**er** *n* ganadero.

rancid ['rænsɪd] *a* rancio.

rancour, (*US*) **rancor** ['ræŋkə*] *n* rencor *m*.

random ['rændəm] *a* fortuito, sin orden; (*COMPUT, MATH*) aleatorio // *n*: at ~ al azar.

randy ['rændɪ] *a* (*Brit col*) cachondo.

rang [ræŋ] *pt of* ring.

range [reɪndʒ] *n* (*of mountains*) cadena de montañas, cordillera; (*of missile*) alcance *m*; (*of voice*) registro; (*series*) serie *f*; (*of products*) surtido; (*MIL: also:* shooting ~) campo de tiro; (*also:* kitchen ~) fogón *m* // *vt* (*place*) colocar; (*arrange*) arreglar // *vi*: to ~ over (*wander*) recorrer; (*extend*) extenderse por; to ~ from ... to... oscilar entre ... y....

ranger [reɪndʒə*] *n* guardabosques *m inv*.

rank [ræŋk] n (row) fila; (MIL) rango; (status) categoría; (Brit: also: taxi ~) parada // vi: to ~ among figurar entre // a (stinking) fétido, rancio; the ~ and file (fig) la base.

rankle ['ræŋkl] vi (insult) doler.

ransack ['rænsæk] vt (search) registrar; (plunder) saquear.

ransom ['rænsəm] n rescate m; to hold sb to ~ (fig) hacer chantaje a uno.

rant [rænt] vi divagar, desvariar.

rap [ræp] vt golpear, dar un golpecito en.

rape [reɪp] n violación f; (BOT) colza // vt violar; ~ (seed) oil n aceite m de colza.

rapid ['ræpɪd] a rápido; ~s npl (GEO) rápidos mpl; ~ity [rə'pɪdɪtɪ] n rapidez f; ~ly ad rápidamente.

rapist ['reɪpɪst] n violador m.

rapport [ræ'pɔː*] n simpatía.

rapture ['ræptʃə*] n éxtasis m.

rare [rɛə*] a raro, poco común; (CULIN: steak) poco hecho.

rarely ['rɛəlɪ] ad pocas veces.

raring ['rɛərɪŋ] a: to be ~ to go (col) tener muchas ganas de empezar.

rarity ['rɛərɪtɪ] n rareza.

rascal ['rɑːskl] n pillo, pícaro.

rash [ræʃ] a imprudente, precipitado // n (MED) salpullido, erupción f (cutánea).

rasher ['ræʃə*] n lonja.

raspberry ['rɑːzbərɪ] n frambuesa.

rasping ['rɑːspɪŋ] a: a ~ noise un ruido áspero.

rat [ræt] n rata.

rate [reɪt] n (ratio) razón f; (percentage) tanto por ciento; (price) precio; (: of hotel) tarifa; (of interest) tipo; (speed) velocidad f // vt (value) tasar; (estimate) estimar; to ~ as ser considerado como; ~s npl (Brit) impuesto sg municipal; (fees) tarifa sg; ~able value n (Brit) valor m impuesto; ~payer n (Brit) contribuyente m/f.

rather ['rɑːðə*] ad: it's ~ expensive es algo caro; (too much) es demasiado caro; there's ~ a lot hay bastante; I would or I'd ~ go preferiría ir; or ~ mejor dicho.

ratify ['rætɪfaɪ] vt ratificar.

rating ['reɪtɪŋ] n (valuation) tasación f; (standing) posición f; (Brit NAUT: sailor) marinero.

ratio ['reɪʃɪəu] n razón f; in the ~ of 100 to 1 a razón de 100 a 1.

ration ['ræʃən] n ración f; ~s npl víveres mpl // vt racionar.

rational ['ræʃənl] a racional; (solution, reasoning) lógico, razonable; (person) cuerdo, sensato; ~e [-'nɑːl] n razón f fundamental; ~ize vt (industry) reconvertir; (behaviour) justificar.

rationing ['ræʃnɪŋ] n racionamiento.

rat race n lucha incesante por la supervivencia.

rattle ['rætl] n golpeteo; (of train etc) traqueteo; (object: of baby) sonaja, sonajero; (: of sports fan) matraca // vi sonar, golpear; traquetear; (small objects) castañetear // vt hacer sonar agitando; ~snake n serpiente f de cascabel.

raucous ['rɔːkəs] a estridente, ronco.

ravage ['rævɪdʒ] vt hacer estragos en, destrozar; ~s npl estragos mpl.

rave [reɪv] vi (in anger) encolerizarse; (with enthusiasm) entusiasmarse; (MED) delirar, desvariar.

raven ['reɪvən] n cuervo.

ravenous ['rævənəs] a hambriento.

ravine [rə'viːn] n barranco.

raving ['reɪvɪŋ] a: ~ lunatic loco de atar.

ravishing ['rævɪʃɪŋ] a encantador(a).

raw [rɔː] a (uncooked) crudo; (not processed) bruto; (sore) vivo; (inexperienced) novato, inexperto; ~ deal n injusticia; ~ material n materia prima.

ray [reɪ] n rayo; ~ of hope (rayo de) esperanza.

rayon ['reɪɔn] n rayón m.

raze [reɪz] vt arrasar.

razor ['reɪzə*] n (open) navaja; (safety ~) máquina de afeitar; ~ blade n hoja de afeitar.

Rd abbr = road.

re [riː] prep con referencia a.

reach [riːtʃ] n alcance m; (BOXING) envergadura; (of river etc) extensión f entre dos recodos // vt alcanzar, llegar a; (achieve) lograr // vi extenderse; within ~ al alcance (de la mano); out of ~ fuera del alcance; to ~ out for sth alargar or tender la mano para tomar algo.

react [riː'ækt] vi reaccionar; ~ion [-'ækʃən] n reacción f.

reactor [riː'æktə*] n reactor m.

read [riːd], pt, pp read [rɛd] vi leer // vt leer; (understand) entender; (study) estudiar; to ~ out vt leer en alta voz; ~able a (writing) legible; (book) leíble; ~er n lector(a) m/f; (book) libro de lecturas; (Brit: at university) profesor(a) m/f adjunto/a; ~ership n (of paper etc) (número de) lectores mpl.

readily ['rɛdɪlɪ] ad (willingly) de buena gana; (easily) fácilmente; (quickly) en seguida.

readiness ['rɛdɪnɪs] n buena voluntad; (preparedness) preparación f; in ~ (prepared) listo, preparado.

reading ['riːdɪŋ] n lectura; (understanding) comprensión f; (on instrument) indicación f.

readjust [riːə'dʒʌst] vt reajustar // vi (person): to ~ to reajustarse a.

ready ['rɛdɪ] a listo, preparado; (willing) dispuesto; (available) disponible // ad: ~-cooked listo para comer // n: at the ~ (MIL) listo para tirar; to get ~ vi prepararse // vt preparar; ~-made a confeccionado; ~ money n dinero contante;

~ **reckoner** n libro de cálculos hechos; **~-to-wear** a confeccionado.

real [rɪəl] a verdadero, auténtico; in ~ terms en términos reales; ~ **estate** n bienes mpl raíces; **~istic** [-'lɪstɪk] a realista.

reality [riː'ælɪtɪ] n realidad f.

realization [rɪəlaɪ'zeɪʃən] n comprensión f; realización f.

realize [ˈrɪəlaɪz] vt (understand) darse cuenta de; (a project; COMM: asset) realizar.

really [ˈrɪəlɪ] ad realmente; ~? ¿de veras?

realm [rɛlm] n reino; (fig) esfera.

realtor [ˈrɪəltɔː*] n (US) corredor(a) m/f de bienes raíces.

reap [riːp] vt segar; (fig) cosechar, recoger.

reappear [riːə'pɪə*] vi reaparecer.

rear [rɪə*] a trasero // n parte f trasera // vt (cattle, family) criar // vi (also: ~ up) (animal) encabritarse; **~guard** n retaguardia.

rearmament [riː'ɑːməmənt] n rearme m.

rearrange [riːə'reɪndʒ] vt ordenar or arreglar de nuevo.

rear-view [ˈrɪəvjuː]: ~ **mirror** n (AUT) (espejo) retrovisor m.

reason [ˈriːzn] n razón f // vi: to ~ with sb tratar de que uno entre en razón; it stands to ~ that es lógico que; **~able** a razonable; (sensible) sensato; **~ably** ad razonablemente; **~ed** a (argument) razonado; **~ing** n razonamiento, argumentos mpl.

reassurance [riːəˈʃuərəns] n consuelo.

reassure [riːə'ʃuə*] vt tranquilizar, alentar; to ~ sb that tranquilizar a uno asegurando que; **reassuring** a alentador(a).

rebate [ˈriːbeɪt] n (on product) rebaja; (on tax etc) descuento; (repayment) reembolso.

rebel [ˈrɛbl] n rebelde m/f // vi [rɪ'bɛl] rebelarse, sublevarse; **~lion** [rɪ'bɛljən] n rebelión f, sublevación f; **~lious** [rɪ'bɛljəs] a rebelde; (child) revoltoso.

rebound [rɪ'baund] vi (ball) rebotar // n [ˈriːbaund] rebote m.

rebuff [rɪ'bʌf] n desaire m, rechazo.

rebuild [riː'bɪld] (irg: like build) vt construir.

rebuke [rɪ'bjuːk] vt reprender.

rebut [rɪ'bʌt] vt rebatir.

recalcitrant [rɪ'kælsɪtrənt] a reacio.

recall [rɪ'kɔːl] vt (remember) recordar; (ambassador etc) retirar // n recuerdo.

recant [rɪ'kænt] vi retractarse.

recap [ˈriːkæp] vt, vi recapitular.

recapitulate [riːkə'pɪtjuleɪt] vt, vi = recap.

rec'd abbr (= received) rbdo.

recede [rɪ'siːd] vi retroceder; **receding** a (forehead, chin) huidizo; receding hair-

line entradas fpl.

receipt [rɪ'siːt] n (document) recibo; (for parcel etc) acuse m de recibo; (act of receiving) recepción f; **~s** npl (COMM) ingresos mpl.

receive [rɪ'siːv] vt recibir; (guest) acoger; (wound) sufrir; **~r** n (TEL) auricular m; (RADIO) receptor m; (of stolen goods) perista m/f; (LAW) administrador m jurídico.

recent [ˈriːsnt] a reciente; **~ly** ad recientemente; **~ly arrived** recién llegado.

receptacle [rɪ'sɛptɪkl] n receptáculo.

reception [rɪ'sɛpʃən] n (gen) recepción f; (welcome) acogida; ~ **desk** n recepción f; **~ist** n recepcionista m/f.

recess [rɪ'sɛs] n (in room) hueco; (for bed) nicho; (secret place) escondrijo; (POL etc: holiday) clausura; **~ion** [-'sɛʃən] n recesión f.

recharge [riː'tʃɑːdʒ] vt (battery) recargar.

recipe [ˈrɛsɪpɪ] n receta.

recipient [rɪ'sɪpɪənt] n recibidor(a) m/f; (of letter) destinatario/a.

recital [rɪ'saɪtl] n recital m.

recite [rɪ'saɪt] vt (poem) recitar; (complaints etc) enumerar.

reckless [ˈrɛkləs] a temerario, imprudente; (speed) peligroso; **~ly** ad imprudentemente; de modo peligroso.

reckon [ˈrɛkən] vt (count) contar; (consider) considerar; I ~ that... me parece que...; **to ~ on** vt fus contar con; **~ing** n (calculation) cálculo.

reclaim [rɪ'kleɪm] vt (land) recuperar; (: from sea) rescatar; (demand back) reclamar.

recline [rɪ'klaɪn] vi reclinarse; **reclining** a (seat) reclinable.

recluse [rɪ'kluːs] n recluso/a.

recognition [rɛkəg'nɪʃən] n reconocimiento; **transformed beyond** ~ irreconocible.

recognizable [ˈrɛkəgnaɪzəbl] a: ~ **(by)** reconocible (por).

recognize [ˈrɛkəgnaɪz] vt: to ~ **(by/as)** reconocer (por/como).

recoil [rɪ'kɔɪl] vi (person): to ~ **from** doing sth retraerse de hacer algo // n (of gun) retroceso.

recollect [rɛkə'lɛkt] vt recordar, acordarse de; **~ion** [-'lɛkʃən] n recuerdo.

recommend [rɛkə'mɛnd] vt recomendar.

recompense [ˈrɛkəmpɛns] vt recompensar // n recompensa.

reconcile [ˈrɛkənsaɪl] vt (two people) reconciliar; (two facts) compaginar; to ~ o.s. to sth conformarse a algo.

recondition [riːkən'dɪʃən] vt (machine) reacondicionar.

reconnaissance [rɪ'kɒnɪsns] n (MIL) reconocimiento.

reconnoitre, (US) reconnoiter [rɛkə'nɔɪtə*] vt, vi (MIL) reconocer.

reconsider [riːkənˈsɪdə*] vt repensar.
reconstruct [riːkənˈstrʌkt] vt reconstruir.
record [ˈrɛkɔːd] n (MUS) disco; (of meeting etc) relación f; (register) registro, partida; (file) archivo; (also: police ~) antecedentes mpl; (written) expediente m; (SPORT) récord m // vt [rɪˈkɔːd] (set down) registrar; (relate) hacer constar; (MUS: song etc) grabar; **in ~ time** en un tiempo récord; **off the ~** a no oficial // ad confidencialmente; **~ card** n (in file) ficha; **~ed delivery** n (Brit POST) entrega con acuse de recibo; **~er** n (MUS) flauta de pico; (TECH) contador m; **~ holder** n (SPORT) actual poseedor(a) m/f del récord; **~ing** n (MUS) grabación f; **~ player** n tocadiscos m inv.
recount [rɪˈkaunt] vt contar.
re-count [ˈriːkaunt] n (POL: of votes) segundo escrutinio // vt [riːˈkaunt] volver a contar.
recoup [rɪˈkuːp] vt: **to ~ one's losses** recuperar las pérdidas.
recourse [rɪˈkɔːs] n recurso.
recover [rɪˈkʌvə*] vt recuperar; (rescue) rescatar // vi (from illness, shock) recuperarse; (country) recuperar; **~y** n recuperación f; rescate m; (MED): **to make a ~y** restablecerse.
recreation [rɛkrɪˈeɪʃən] n (amusement, SCOL) recreo; **~al** a de recreo.
recruit [rɪˈkruːt] n recluta m/f // vt reclutar; (staff) contratar (personal); **~ment** n reclutamiento.
rectangle [ˈrɛktæŋɡl] n rectángulo; **rectangular** [-ˈtæŋɡjulə*] a rectangular.
rectify [ˈrɛktɪfaɪ] vt rectificar.
rector [ˈrɛktə*] n (REL) párroco; **~y** n casa del párroco.
recuperate [rɪˈkuːpəreɪt] vi reponerse, restablecerse.
recur [rɪˈkɔː*] vi repetirse; (pain, illness) producirse de nuevo; **~rence** [rɪˈkʌrəns] n repetición f; **~rent** [rɪˈkʌrənt] a repetido.
red [rɛd] n rojo // a rojo; **to be in the ~** (account) estar en números rojos; (business) tener un saldo negativo; **to give sb the ~ carpet treatment** recibir a uno con todos los honores; **R~ Cross** n Cruz f Roja; **~currant** n grosella roja; **~den** vt enrojecer // vi enrojecerse; **~dish** a (hair) rojizo.
redeem [rɪˈdiːm] vt (sth in pawn) desempeñar; (fig, also REL) rescatar; **~ing** a: **~ing feature** rasgo bueno or favorable.
redeploy [riːdɪˈplɔɪ] vt (resources) reorganizar.
red: **~-haired** a pelirrojo; **~-handed** a: **to be caught ~-handed** cogerse (Sp) or pillarse (LAm) con las manos en la masa; **~head** n pelirrojo/a; **~ herring** n (fig) pista falsa; **~-hot** a candente.
redirect [riːdaɪˈrɛkt] vt (mail) reexpedir.
red light n: **to go through a ~** (AUT) pa-

sar la luz roja; **red-light district** n barrio chino.
redo [riːˈduː] (irg: like do) vt rehacer.
redolent [ˈrɛdələnt] a: **~ of** (smell) con fragancia a; **to be ~ of** (fig) recordar.
redouble [riːˈdʌbl] vt: **to ~ one's efforts** intensificar sus esfuerzos.
redress [rɪˈdrɛs] n reparación f // vt reparar.
Red Sea n: **the ~** el mar Rojo.
redskin [ˈrɛdskɪn] n piel roja m/f.
red tape n (fig) trámites mpl.
reduce [rɪˈdjuːs] vt reducir; (lower) rebajar; '**~ speed now**' (AUT) 'reduzca la velocidad'; **at a ~d price** (of goods) (a precio) rebajado; **reduction** [rɪˈdʌkʃən] n reducción f; (of price) rebaja; (discount) descuento.
redundancy [rɪˈdʌndənsɪ] n desempleo.
redundant [rɪˈdʌndnt] a (Brit) (worker) parado, sin trabajo; (detail, object) superfluo; **to be made ~** quedar(se) sin trabajo.
reed [riːd] n (BOT) junco, caña.
reef [riːf] n (at sea) arrecife m.
reek [riːk] vi: **to ~ (of)** apestar (a).
reel [riːl] n carrete m, bobina; (of film) rollo // vt (TECH) devanar; (also: **~ in**) sacar // vi (sway) tambalear(se).
ref [rɛf] n abbr (col) = referee.
refectory [rɪˈfɛktərɪ] n comedor m.
refer [rɪˈfɔː*] vt (send) remitir; (ascribe) referir a, relacionar con // vi: **to ~ to** (allude to) referirse a, aludir a; (apply to) relacionarse con; (consult) consultar.
referee [rɛfəˈriː] n árbitro; (Brit: for job application) valedor m; **to be a ~** (for job application) proporcionar referencias // vt (match) arbitrar en.
reference [ˈrɛfrəns] n (mention) referencia; (for job application: letter) carta de recomendación; **with ~ to** con referencia a; (COMM: in letter) me remito a; **~ book** n libro de consulta; **~ number** n número de referencia.
refill [riːˈfɪl] vt rellenar // n [ˈriːfɪl] repuesto, recambio.
refine [rɪˈfaɪn] vt (sugar, oil) refinar; **~d** a (person, taste) fino; **~ment** n (of person) cultura, educación f.
reflect [rɪˈflɛkt] vt (light, image) reflejar // vi (think) reflexionar, pensar; **it ~s badly/well on him** le perjudica/le hace honor; **~ion** [-ˈflɛkʃən] n (act) reflexión f; (image) reflejo; (discredit) crítica; **on ~ion** pensándolo bien; **~or** n (AUT) captafaros m inv; (telescope) reflector m.
reflex [ˈriːflɛks] a, n reflejo; **~ive** [rɪˈflɛksɪv] a (LING) reflexivo.
reform [rɪˈfɔːm] n reforma // vt reformar; **the R~ation** [rɛfəˈmeɪʃən] n la Reforma; **~atory** n (US) reformatorio; **~er** n reformador(a) m/f.
refrain [rɪˈfreɪn] vi: **to ~ from doing** abstenerse de hacer // n estribillo.

refresh [rɪ'freʃ] vt refrescar; **~er course** n (Brit) curso de repaso; **~ing** a (drink) refrescante; (change etc) estimulante; **~ments** npl (drinks) refrescos mpl.

refrigerator [rɪ'frɪdʒəreɪtə*] n nevera, refrigeradora (LAm).

refuel [ri:'fjuəl] vi repostar (combustible).

refuge ['refju:dʒ] n refugio, asilo; **to take ~ in** refugiarse en.

refugee [refju'dʒi:] n refugiado/a.

refund ['ri:fʌnd] n reembolso // vt [rɪ'fʌnd] devolver, reembolsar.

refurbish [ri:'fɜ:bɪʃ] vt restaurar, renovar.

refusal [rɪ'fju:zəl] n negativa; **to have first ~** on tener la primera opción a.

refuse ['refju:s] n basura // vb [rɪ'fju:z] vt rechazar // vi negarse; (horse) rehusar; **~ collection** recolección f de basuras.

regain [rɪ'geɪn] vt recobrar, recuperar.

regal ['ri:gl] a regio, real.

regalia [rɪ'geɪlɪə] n insignias fpl.

regard [rɪ'gɑ:d] n (esteem) respeto, consideración f // vt (consider) considerar; **to give one's ~s to** saludar de su parte a; **'with kindest ~s'** 'con muchos recuerdos'; **~ing, as ~s, with ~ to** prep con respecto a, en cuanto a; **~less** ad a pesar de todo; **~less of** sin reparar en.

régime [reɪ'ʒi:m] n régimen m.

regiment ['redʒɪmənt] n regimiento // vt reglamentar; **~al** [-'mentl] a militar.

region ['ri:dʒən] n región f; **in the ~ of** (fig) alrededor de; **~al** a regional.

register ['redʒɪstə*] n registro // vt registrar; (birth) declarar; (letter) certificar; (subj: instrument) marcar, indicar // vi (at hotel) registrarse; (sign on) inscribirse; (make impression) producir impresión; **~ed** a (design) registrado; (Brit: letter) certificado; **~ed trademark** n marca registrada.

registrar ['redʒɪstrɑ:*] n secretario/a (del registro civil).

registration [redʒɪs'treɪʃən] n (act) declaración f; (AUT: also: **~ number**) matrícula.

registry ['redʒɪstrɪ] n registro; **~ office** n (Brit) registro civil; **to get married in a ~ office** casarse por lo civil.

regret [rɪ'gret] n sentimiento, pesar m; (remorse) remordimiento // vt sentir, lamentar; (repent of) arrepentirse de; **~fully** ad con pesar; **~table** a lamentable; (loss) sensible.

regroup [ri:'gru:p] vt reagrupar // vi reagruparse.

regular ['regjulə*] a regular; (soldier) profesional; (col: intensive) verdadero // n (client etc) cliente/a m/f habitual; **~ity** [-'lærɪtɪ] n regularidad f; **~ly** ad con regularidad.

regulate ['regjuleɪt] vt (gen) controlar; **regulation** [-'leɪʃən] n (rule) regla, reglamento; (adjustment) regulación f.

rehearsal [rɪ'hə:səl] n ensayo.

rehearse [rɪ'hə:s] vt ensayar.

reign [reɪn] n reinado; (fig) predominio // vi reinar; (fig) imperar.

reimburse [ri:ɪm'bə:s] vt reembolsar.

rein [reɪn] n (for horse) rienda.

reindeer ['reɪndɪə*] n, pl inv reno.

reinforce [ri:ɪn'fɔ:s] vt reforzar; **~d concrete** n hormigón n armado; **~ment** n (action) refuerzo; **~ments** npl (MIL) refuerzos mpl.

reinstate [ri:ɪn'steɪt] vt (worker) reintegrar (a su puesto).

reiterate [ri:'ɪtəreɪt] vt reiterar, repetir.

reject ['ri:dʒekt] n (thing) desecho // vt [rɪ'dʒekt] rechazar; (suggestion) descartar; **~ion** [rɪ'dʒekʃən] n rechazo.

rejoice [rɪ'dʒɔɪs] vi: **to ~ at** or **over** regocijarse or alegrarse con.

rejuvenate [rɪ'dʒu:vəneɪt] vt rejuvenecer.

relapse [rɪ'læps] n (MED) recaída.

relate [rɪ'leɪt] vt (tell) contar, relatar; (connect) relacionar // vi relacionarse; **~d** a afín; (person) emparentado; **~d to** (subject) relacionado con; **relating to** prep referente a.

relation [rɪ'leɪʃən] n (person) pariente/a m/f; (link) relación f; **~ship** n relación f; (personal) relaciones fpl; (also: family ~ship) parentesco.

relative ['relətɪv] n pariente/a m/f, familiar m/f // a relativo; **~ly** ad (comparatively) relativamente.

relax [rɪ'læks] vi descansar; (unwind) relajarse // vt relajar; (mind, person) descansar; **~ation** [ri:læk'seɪʃən] n (rest) descanso; (entertainment) diversión f; **~ed** a relajado; (tranquil) tranquilo; **~ing** a relajante.

relay ['ri:leɪ] n (race) carrera de relevos // vt (RADIO, TV, pass on) retransmitir.

release [rɪ'li:s] n (liberation) liberación f; (discharge) puesta en libertad f; (of gas etc) escape m; (of film etc) estreno // vt (prisoner) poner en libertad; (film) estrenar; (book) publicar; (piece of news) difundir; (gas etc) despedir, arrojar; (free: from wreckage etc) soltar; (TECH: catch, spring etc) desenganchar; (let go) soltar, aflojar.

relegate ['relǝgeɪt] vt relegar; (SPORT): **to be ~d** to bajar a.

relent [rɪ'lent] vi ablandarse; **~less** a implacable.

relevant ['relǝvǝnt] a (fact) pertinente; **relevant to** relacionado con.

reliability [rɪlaɪǝ'bɪlɪtɪ] n fiabilidad f; seguridad f; veracidad f.

reliable [rɪ'laɪǝbl] a (person, firm) de confianza, de fiar; (method, machine) seguro; (source) fidedigno; **reliably** ad: **to**

be **reliably** informed that... saber de fuente fidedigna que... .

reliance [rɪˈlaɪəns] n: ~ **(on)** dependencia (de).

relic [ˈrelɪk] n (REL) reliquia; (of the past) vestigio.

relief [rɪˈliːf] n (from pain, anxiety) alivio; (help, supplies) socorro, ayuda; (ART, GEO) relieve m.

relieve [rɪˈliːv] vt (pain, patient) aliviar; (bring help to) ayudar, socorrer; (burden) aligerar; (take over from: gen) sustituir; (: guard) relevar; **to ~ sb of sth** quitar algo a uno; **to ~ o.s.** hacer sus necesidades.

religion [rɪˈlɪdʒən] n religión f; **religious** a religioso.

relinquish [rɪˈlɪŋkwɪʃ] vt abandonar; (plan, habit) renunciar a.

relish [ˈrelɪʃ] n (CULIN) salsa; (enjoyment) entusiasmo // vt (food etc) saborear; **to ~ doing** gustar mucho de hacer.

relocate [riːləʊˈkeɪt] vt cambiar de lugar, mudar // vi mudarse.

reluctance [rɪˈlʌktəns] n renuencia; **reluctant** a renuente; **reluctantly** ad de mala gana.

rely [rɪˈlaɪ]: **to ~ on** vt fus confiar en, fiarse de; (be dependent on) depender de.

remain [rɪˈmeɪn] vi (survive) quedar; (be left) sobrar; (continue) quedar(se), permanecer; **to ~** n resto; **~ing** a sobrante; **~s** npl restos mpl.

remand [rɪˈmɑːnd] n: **on ~** detenido (bajo custodia) // vt: **to ~ in custody** mantener bajo custodia; **~ home** n (Brit) reformatorio.

remark [rɪˈmɑːk] n comentario // vt comentar; **~able** a notable; (outstanding) extraordinario.

remarry [riːˈmærɪ] vi volver a casarse.

remedial [rɪˈmiːdɪəl] a: **~ education** educación f de los niños atrasados.

remedy [ˈremɪdɪ] n remedio // vt remediar, curar.

remember [rɪˈmembə*] vt recordar, acordarse de; (bear in mind) tener presente; **remembrance** n: **in remembrance of** en conmemoración de.

remind [rɪˈmaɪnd] vt: **to ~ sb to do sth** recordar a uno que haga algo; **to ~ sb of sth** recordar algo a uno; **she ~s me of her mother** me recuerda a su madre; **~er** n notificación f; (memento) recuerdo.

reminisce [remɪˈnɪs] vi recordar (viejas historias); **~nt** a: **to be ~nt of** sth recordar algo.

remiss [rɪˈmɪs] a descuidado; **it was ~ of** him fue un descuido de su parte.

remission [rɪˈmɪʃən] n remisión f; (of sentence) disminución f de pena.

remit [rɪˈmɪt] vt (send: money) remitir, enviar; **~tance** n remesa, envío.

remnant [ˈremnənt] n resto; (of cloth)

retazo; **~s** npl (COMM) restos mpl de serie.

remorse [rɪˈmɔːs] n remordimientos mpl; **~ful** a arrepentido; **~less** a (fig) implacable; inexorable.

remote [rɪˈməʊt] a (distant) lejano; (person) distante; **~ control** n telecontrol m; **~ly** ad remotamente; (slightly) levemente.

remould [ˈriːməʊld] n (Brit: tyre) neumático or llanta (LAm) recauchutado/a.

removable [rɪˈmuːvəbl] a (detachable) separable.

removal [rɪˈmuːvəl] n (taking away) el quitar; (Brit: from house) mudanza; (from office: dismissal) destitución f; (MED) extirpación f; **~ van** n (Brit) camión m de mudanzas.

remove [rɪˈmuːv] vt quitar; (employee) destituir; (name: from list) tachar, borrar; (doubt) disipar; (abuse) suprimir, acabar con; (TECH) retirar, separar; (MED) extirpar; **~rs** npl (Brit: company) agencia de mudanzas.

Renaissance [rɪˈneɪsɔ̃s] n: **the ~** el Renacimiento.

render [ˈrendə*] vt (thanks) dar; (aid) proporcionar, prestar; (honour) dar, conceder; (assistance) dar, prestar; **to ~ sth + a** volver algo a +a; **~ing** n (MUS etc) interpretación f.

rendez-vous [ˈrɔ̃ndɪvuː] n cita.

renegade [ˈrenɪgeɪd] n renegado/a.

renew [rɪˈnjuː] vt renovar; (resume) reanudar; (extend date) prorrogar; **~al** n renovación f; reanudación f; prórroga.

renounce [rɪˈnaʊns] vt renunciar a; (right, inheritance) renunciar.

renovate [ˈrenəveɪt] vt renovar.

renown [rɪˈnaʊn] n renombre m; **~ed** a renombrado.

rent [rent] n alquiler m; (for house) arriendo, renta // vt alquilar; **~al** n (for television, car) alquiler m.

renunciation [rɪnʌnsɪˈeɪʃən] n renuncia.

rep [rep] n abbr = **representative**; **repertory**.

repair [rɪˈpeə*] n reparación f, compostura // vt reparar, componer; (shoes) remendar; **in good/bad ~** en buen/mal estado; **~ kit** n caja de herramientas.

repartee [repɑːˈtiː] n réplicas fpl agudas.

repatriate [riːˈpætrɪeɪt] vt repatriar.

repay [riːˈpeɪ] (irg: like pay) vt (money) devolver, reembolsar; (person) pagar; (debt) liquidar; (sb's efforts) devolver, corresponder a; **~ment** n reembolso, devolución f; (sum of money) recompensa.

repeal [rɪˈpiːl] n revocación f // vt revocar.

repeat [rɪˈpiːt] n (RADIO, TV) reposición f // vt repetir // vi repetirse; **~edly** ad repetidas veces.

repel [rɪˈpel] vt (fig) repugnar; **~lent** a

repugnante // n: insect ~lent crema/
loción f anti-insectos.
repent [rɪ'pɛnt] vi: to ~ (of) arrepentirse
(de); ~ance n arrepentimiento.
repercussion [riːpəˈkʌʃən] n (consequence) repercusión f; to have ~s repercutir.
repertoire ['rɛpətwɑː*] n repertorio.
repertory ['rɛpətərɪ] n (also: ~ theatre)
teatro de repertorio.
repetition [rɛpɪˈtɪʃən] n repetición f.
repetitive [rɪˈpɛtɪtɪv] a repetitivo.
replace [rɪˈpleɪs] vt (put back) devolver a
su sitio; (take the place of) reemplazar,
sustituir; ~ment n (act) reposición f;
(thing) recambio; (person) suplente m/f.
replay ['riːpleɪ] n (SPORT) desempate m;
(of tape, film) repetición f.
replenish [rɪˈplɛnɪʃ] vt (tank etc) rellenar; (stock etc) reponer.
replete [rɪˈpliːt] a repleto, lleno.
replica ['rɛplɪkə] n copia, reproducción f
(exacta).
reply [rɪˈplaɪ] n respuesta, contestación f
// vi contestar, responder; ~ coupon n
cupón-respuesta m.
report [rɪˈpɔːt] n informe m; (PRESS etc)
reportaje m; (Brit: also: school ~) boletín m escolar; (of gun) estallido // vt informar de; (PRESS etc) hacer un reportaje sobre; (notify: accident, culprit) denunciar // vi (make a report) presentar
un informe; (present o.s.): to ~ (to sb)
presentarse (ante uno); ~ card n (US,
Scottish) cartilla escolar; ~edly ad según se dice; ~er n periodista m/f.
repose [rɪˈpəuz] n: in ~ (face, mouth) en
reposo.
reprehensible [rɛprɪˈhɛnsɪbl] a reprensi-
ble, censurable.
represent [rɛprɪˈzɛnt] vt representar;
(COMM) ser agente de; ~ation [-ˈteɪʃən]
n representación f; ~ations npl (protest) quejas fpl; ~ative n (gen) representante m/f; (US POL) diputado/a m/f //
a representativo.
repress [rɪˈprɛs] vt reprimir; ~ion
[-ˈprɛʃən] n represión f.
reprieve [rɪˈpriːv] n (LAW) indulto; (fig)
alivio.
reprimand ['rɛprɪmɑːnd] n reprimenda //
vt reprender.
reprisal [rɪˈpraɪzl] n represalia.
reproach [rɪˈprəutʃ] n reproche m // vt:
to ~ sb with sth reprochar algo a uno;
~ful a de reproche, de acusación.
reproduce [riːprəˈdjuːs] vt reproducir //
vi reproducirse; **reproduction**
[-ˈdʌkʃən] n reproducción f.
reproof [rɪˈpruːf] n reproche m.
reprove [rɪˈpruːv] vt: to ~ sb for sth reprochar algo a uno.
reptile ['rɛptaɪl] n reptil m.
republic [rɪˈpʌblɪk] n república; ~an a,
n republicano/a m/f.

repudiate [rɪˈpjuːdɪeɪt] vt (accusation)
rechazar; (obligation) desconocer.
repulse [rɪˈpʌls] vt rechazar; **repulsive**
a repulsivo.
reputable ['rɛpjutəbl] a (make etc) de
renombre.
reputation [rɛpjuˈteɪʃən] n reputación f.
repute [rɪˈpjuːt] n reputación f, fama;
~d a supuesto; ~dly ad según dicen or
se dice.
request [rɪˈkwɛst] n solicitud f; petición f
// vt: to ~ sth of or from sb solicitar algo
a uno; ~ stop n (Brit) parada discrecional.
require [rɪˈkwaɪə*] vt (need: subj: person) necesitar, tener necesidad de; (:
thing, situation) exigir; (want) pedir;
(demand) insistir en que; ~ment n requisito; (need) necesidad f.
requisite ['rɛkwɪzɪt] n requisito // a necesario.
requisition [rɛkwɪˈzɪʃən] n: ~ (for) solicitud f (de) // vt (MIL) requisar.
rescind [rɪˈsɪnd] vt (LAW) abrogar; (contract, order etc) anular.
rescue ['rɛskjuː] n rescate m // vt rescatar; to ~ from librar de; ~ party n expedición f de salvamento; ~r n salva-
dor(a) m/f.
research [rɪˈsəːtʃ] n investigaciones fpl //
vt investigar; ~er n investigador(a) m/
f.
resemblance [rɪˈzɛmbləns] n parecido.
resemble [rɪˈzɛmbl] vt parecerse a.
resent [rɪˈzɛnt] vt tomar a mal; ~ful a
resentido; ~ment n resentimiento.
reservation [rɛzəˈveɪʃən] n (area of
land, doubt) reserva; (booking) reservación f; (Brit: also: central ~) mediana.
reserve [rɪˈzəːv] n reserva; (SPORT) suplente m/f // vt (seats etc) reservar; ~s
npl (MIL) reserva sg; in ~ de reserva;
~d a reservado.
reservoir ['rɛzəvwɑː*] n (for irrigation,
etc) embalse m; (tank etc) depósito.
reshape [riːˈʃeɪp] vt (policy) reformar,
rehacer.
reshuffle [riːˈʃʌfl] n: cabinet ~ (POL) re-
modelación f del gabinete.
reside [rɪˈzaɪd] vi residir, vivir.
residence ['rɛzɪdəns] n residencia; (formal: home) domicilio; (length of stay)
permanencia; ~ permit n (Brit) permiso de permanencia.
resident ['rɛzɪdənt] n (of area) vecino/a;
(in hotel) huésped(a) m/f // a (population) permanente; ~ial [-ˈdɛnʃəl] a resi-
dencial.
residue ['rɛzɪdjuː] n resto; (CHEM,
PHYSICS) residuo.
resign [rɪˈzaɪn] vt (gen) renunciar a // vi
dimitir; to ~ o.s. to (endure) resignarse
a; ~ation [rɛzɪgˈneɪʃən] n dimisión f;
(state of mind) resignación f; ~ed a re-
signado.

resilience [rɪ'zɪlɪəns] n (of material) elasticidad f; (of person) resistencia.

resilient [rɪ'zɪlɪənt] a (person) resistente.

resin ['rezɪn] n resina.

resist [rɪ'zɪst] vt resistir, oponerse a; **~ance** n resistencia.

resolute ['rezəluːt] a resuelto.

resolution [rezə'luːʃən] n resolución f.

resolve [rɪ'zɔlv] n resolución f // vt resolver // vi resolverse; **to ~ to do** resolver hacer; **~d** a resuelto.

resort [rɪ'zɔːt] n (town) centro turístico; (recourse) recurso // vi: **to ~ to** recurrir a; **in the last ~** como último recurso.

resound [rɪ'zaund] vi: **to ~ (with)** resonar (con); **~ing** a sonoro; (fig) clamoroso.

resource [rɪ'sɔːs] n recurso; **~s** npl recursos mpl; **~ful** a despabilado, ingenioso.

respect [rɪs'pekt] n (consideration) respeto; **~s** npl recuerdos mpl, saludos mpl // vt respetar with ~ to con respecto a; **in this ~** en cuanto a eso; **~able** a respetable; (large) apreciable; (passable) tolerable; **~ful** a respetuoso.

respective [rɪs'pektɪv] a respectivo; **~ly** ad respectivamente.

respite ['respaɪt] n respiro; (LAW) prórroga.

resplendent [rɪs'plendənt] a resplandeciente.

respond [rɪs'pɔnd] vi responder; (react) reaccionar; **response** [-'pɔns] n respuesta; reacción f.

responsibility [rɪspɔnsɪ'bɪlɪtɪ] n responsabilidad f.

responsible [rɪs'pɔnsɪbl] a (character) serio, formal; (job) de confianza; (liable): **~ (for)** responsable de.

responsive [rɪs'pɔnsɪv] a sensible.

rest [rest] n descanso, reposo; (MUS) pausa, silencio; (support) apoyo; (remainder) resto // vi descansar; (be supported): **to ~** descansar sobre // vt (lean): **to ~ sth on/against** apoyar algo en or sobre/contra; **the ~ of them** (people, objects) los demás; **it ~s with him** depende de él.

restaurant ['restərɔŋ] n restorán m, restaurante m; **~ car** n (Brit RAIL) coche-comedor m.

restful ['restful] a descansado, tranquilo.

rest home n residencia para jubilados.

restitution [restɪ'tjuːʃən] n: **to make ~ to sb for sth** indemnizar a uno por algo.

restive ['restɪv] a inquieto; (horse) rebelón(ona).

restless ['restlɪs] a inquieto.

restoration [restə'reɪʃən] n restauración f; devolución f.

restore [rɪs'tɔː*] vt (building) restaurar; (sth stolen) devolver; (health) restablecer.

restrain [rɪs'treɪn] vt (feeling) contener; refrenar; (person): **to ~ (from doing)** disuadir (de hacer); **~ed** a (style) reservado; **~t** n (restriction) restricción f; (of manner) reserva.

restrict [rɪs'trɪkt] vt restringir, limitar; **~ion** [-kʃən] n restricción f, limitación f; **~ive** a restrictivo.

rest room n (US) aseos mpl.

result [rɪ'zʌlt] n resultado // vi: **to ~ in** terminar en, tener por resultado; **as a ~ of** a consecuencia de.

resume [rɪ'zjuːm] vt (work, journey) reanudar // vi (meeting) continuar.

résumé ['reɪzjuːmeɪ] n resumen m.

resumption [rɪ'zʌmpʃən] n reanudación f.

resurgence [rɪ'səːdʒəns] n resurgimiento.

resurrection [rezə'rekʃən] n resurrección f.

resuscitate [rɪ'sʌsɪteɪt] vt (MED) resucitar.

retail ['riːteɪl] n venta al por menor // cpd al por menor // vt vender al por menor; **~er** n detallista m/f ~ **price** n precio de venta al público.

retain [rɪ'teɪn] vt (keep) retener, conservar; (employ) contratar; **~er** n (servant) criado; (fee) anticipo.

retaliate [rɪ'tælɪeɪt] vi: **to ~ (against)** tomar represalias (contra); **retaliation** [-'eɪʃən] n represalias fpl.

retarded [rɪ'tɑːdɪd] a retrasado.

retch [retʃ] vi dársele a uno arcadas.

retentive [rɪ'tentɪv] a (memory) retentivo.

reticent ['retɪsnt] a reservado.

retina ['retɪnə] n retina.

retinue ['retɪnjuː] n séquito, comitiva.

retire [rɪ'taɪə*] vi (give up work) jubilarse; (withdraw) retirarse; (go to bed) acostarse; **~d** a (person) jubilado; **~ment** n (state) retiro; (act) jubilación f; **retiring** a (leaving) saliente; (shy) retraído.

retort [rɪ'tɔːt] n (reply) réplica // vi contestar.

retrace [riː'treɪs] vt: **to ~ one's steps** volver sobre sus pasos, desandar lo andado.

retract [rɪ'trækt] vt (statement) retirar; (claws) retraer; (undercarriage, aerial) replegar // vi retractarse.

retrain [riː'treɪn] vt reciclar; **~ing** n readaptación f profesional.

retread ['riːtred] n neumático or llanta (LAm) recauchutado/a.

retreat [rɪ'triːt] n (place) retiro; (MIL) retirada // vi retirarse; (flood) bajar.

retribution [retrɪ'bjuːʃən] n desquite m.

retrieval [rɪ'triːvəl] n recuperación f; information ~ recuperación f de datos.

retrieve [rɪ'triːv] vt recobrar; (situation, honour) salvar; (COMPUT) recuperar; (error) reparar; **~r** n perro cobrador.

retrograde ['retrəgreɪd] a retrógrado.

retrospect ['rɛtrəspɛkt] *n*: **in ~** retrospectivamente; **~ive** [-'spɛktɪv] *a* restrospectivo; (*law*) retroactivo.

return [rɪ'tɜːn] *n* (*going or coming back*) vuelta, regreso; (*of sth stolen etc*) devolución *f*; (*recompense*) recompensa; (*FINANCE: from land, shares*) ganancia, ingresos *mpl* // *cpd* (*journey*) de regreso; (*Brit: ticket*) de ida y vuelta; (*match*) de desquite // *vi* (*person etc: come or go back*) volver, regresar; (*symptoms etc*) reaparecer // *vt* devolver; (*favour, love etc*) corresponder a; (*verdict*) pronunciar; (*POL: candidate*) elegir; **~s** *npl* (*COMM*) ingresos *mpl*; **in ~** (**for**) en cambio (de); **by ~ of** post a vuelta de correo; **many happy ~s** (**of the day**)! ¡feliz cumpleaños!

reunion [riː'juːnɪən] *n* reunión *f*.

reunite [riːjuː'naɪt] *vt* reunir; (*reconcile*) reconciliar.

rev [rɛv] (*AUT*) *n abbr* (= *revolution*) revolución *f* // *vb: also:* **~ up** *vt* girar // *vi* (*engine*) girarse; (*driver*) girar el motor.

revamp [riː'væmp] *vt* (*company, organization*) reorganizar.

reveal [rɪ'viːl] *vt* (*make known*) revelar; **~ing** *a* revelador(a).

reveille [rɪ'vælɪ] *n* (*MIL*) diana.

revel ['rɛvl] *vi*: **to ~ in** sth/in doing sth gozar de algo/con hacer algo.

revelry ['rɛvlrɪ] *n* jarana, juerga.

revenge [rɪ'vɛndʒ] *n* venganza; (*in sport*) revancha; **to take ~ on** vengarse de.

revenue ['rɛvənjuː] *n* ingresos *mpl*, rentas *fpl*.

reverberate [rɪ'vɜːbəreɪt] *vi* (*sound*) resonar, retumbar; **reverberation** [-'reɪʃən] *n* retumbo, eco.

revere [rɪ'vɪə*] *vt* venerar; **~nce** ['rɛvərəns] *n* reverencia.

Reverend ['rɛvərənd] *a* (*in titles*): **the ~** John Smith (*Anglican*) el Reverendo John Smith; (*Catholic*) el Padre John Smith; (*Protestant*) el Pastor John Smith.

reverie ['rɛvərɪ] *n* ensueño.

reversal [rɪ'vɜːsl] *n* (*of order*) inversión *f*; (*of policy*) cambio; (*of decision*) revocación *f*.

reverse [rɪ'vɜːs] *n* (*opposite*) contrario; (*back: of cloth*) revés *m*; (: *of paper*) dorso; (*AUT: also:* **~ gear**) marcha atrás // *a* (*order*) inverso; (*direction*) contrario // *vt* (*decision, AUT*) dar marcha atrás a; (*position, function*) invertir // *vi* (*Brit AUT*) dar marcha atrás; **~-charge call** *n* (*Brit*) llamada a cobro revertido; **reversing lights** *npl* (*Brit AUT*) luces *fpl* de marcha atrás.

revert [rɪ'vɜːt] *vi*: **to ~ to** volver a.

review [rɪ'vjuː] *n* (*magazine, MIL*) revista; (*of book, film*) reseña; (*US: examination*) repaso, examen *m* // *vt* repasar, examinar; (*MIL*) pasar revista a; (*book, film*) reseñar; **~er** *n* crítico/a.

revile [rɪ'vaɪl] *vt* injuriar, vilipendiar.

revise [rɪ'vaɪz] *vt* (*manuscript*) corregir; (*opinion*) modificar; (*Brit: study: subject*) repasar; (*look over*) revisar; **revision** [rɪ'vɪʒən] *n* corrección *f*; modificación *f*; repaso; revisión *f*.

revitalize [riː'vaɪtəlaɪz] *vt* revivificar.

revival [rɪ'vaɪvəl] *n* (*recovery*) reanimación *f*; (*POL*) resurgimiento; (*of interest*) renacimiento; (*THEATRE*) reestreno; (*of faith*) despertar *m*.

revive [rɪ'vaɪv] *vt* resucitar; (*custom*) restablecer; (*hope, interest*) despertar; (*play*) reestrenar // *vi* (*person*) volver en sí; (*from tiredness*) reponerse; (*business etc*) reactivarse.

revolt [rɪ'vəult] *n* rebelión *f* // *vi* rebelarse, sublevarse // *vt* dar asco a, repugnar; **~ing** *a* asqueroso, repugnante.

revolution [rɛvə'luːʃən] *n* revolución *f*; **~ary** *a*, *n* revolucionario/a *m/f*.

revolve [rɪ'vɔlv] *vi* dar vueltas, girar.

revolver [rɪ'vɔlvə*] *n* revólver *m*.

revolving [rɪ'vɔlvɪŋ] *a* (*chair, door etc*) giratorio.

revue [rɪ'vjuː] *n* (*THEATRE*) revista.

revulsion [rɪ'vʌlʃən] *n* asco, repugnancia.

reward [rɪ'wɔːd] *n* premio, recompensa // *vt*: **to ~** (**for**) recompensar *or* premiar (por); **~ing** *a* (*fig*) valioso.

rewire [riː'waɪə*] *vt* (*house*) renovar la instalación eléctrica de.

reword [riː'wɜːd] *vt* expresar en otras palabras.

rewrite [riː'raɪt] (*irg: like write*) *vt* reescribir.

rhapsody ['ræpsədɪ] *n* (*MUS*) rapsodia.

rhetoric ['rɛtərɪk] *n* retórica; **~al** [rɪ'tɔrɪkl] *a* retórico.

rheumatism ['ruːmətɪzəm] *n* reumatismo, reúma *m*.

Rhine [raɪn] *n*: **the ~** el (río) Rin.

rhinoceros [raɪ'nɔsərəs] *n* rinoceronte *m*.

rhododendron [rəudə'dɛndrn] *n* rododendro.

Rhone [rəun] *n*: **the ~** el (río) Ródano.

rhubarb ['ruːbɑːb] *n* ruibarbo.

rhyme [raɪm] *n* rima; (*verse*) poesía.

rhythm ['rɪðm] *n* ritmo.

rib [rɪb] *n* (*ANAT*) costilla // *vt* (*mock*) tomar el pelo a.

ribald ['rɪbəld] *a* escabroso.

ribbon ['rɪbən] *n* cinta; **in ~s** (*torn*) hecho trizas.

rice [raɪs] *n* arroz *m*; **~ pudding** *n* arroz *m* con leche.

rich [rɪtʃ] *a* rico; (*soil*) fértil; (*food*) pesado; (: *sweet*) empalagoso; **the ~** *npl* los ricos; **~es** *npl* riqueza *sg*; **~ly** *ad* ricamente; **~ness** *n* riqueza; fertilidad *f*.

rickets ['rɪkɪts] *n* raquitismo.

rickety ['rɪkɪtɪ] a *(old)* desvencijado; *(shaky)* tambaleante.

rickshaw ['rɪkʃɔː] n carro de culi.

ricochet ['rɪkəʃeɪ] n rebote m // vi rebotar.

rid [rɪd], pt, pp **rid** vt: to ~ sb of sth librar a uno de algo; to get ~ of deshacerse or desembarazarse de.

ridden ['rɪdn] pp of **ride**.

riddle ['rɪdl] n *(puzzle)* acertijo; *(mystery)* enigma m, misterio // vt: to be ~d with ser lleno or plagado de.

ride [raɪd] n paseo; *(distance covered)* viaje m, recorrido // *(vb:* pt **rode**, pp **ridden**) vi *(horse: as sport)* montar; *(go somewhere: on horse, bicycle)* dar un paseo, pasearse; *(journey: on bicycle, motorcycle, bus)* viajar // vt *(a horse)* montar a; *(distance)* recorrer; to ~ a bicycle andar en bicicleta; to ~ at anchor *(NAUT)* estar fondeado; to take sb for a ~ *(fig)* engañar a uno; **~r** n *(on horse)* jinete/a m/f; *(on bicycle)* ciclista m/f; *(on motorcycle)* motociclista m/f.

ridge [rɪdʒ] n *(of hill)* cresta; *(of roof)* caballete m.

ridicule ['rɪdɪkjuːl] n irrisión f, burla // vt poner en ridículo, burlarse de; **ridiculous** [-'dɪkjuləs] a ridículo.

riding ['raɪdɪŋ] n equitación f; I like ~ me gusta montar a caballo; ~ **school** n escuela de equitación.

rife [raɪf] a: to be ~ ser muy común; to be ~ with abundar en.

riffraff ['rɪfræf] n gentuza.

rifle ['raɪfl] n rifle m, fusil m // vt saquear; ~ **range** n campo de tiro; *(at fair)* tiro al blanco.

rift [rɪft] n *(fig: between friends)* desavenencia; *(: in party)* ruptura f.

rig [rɪg] n *(also: oil ~: on land)* torre f de perforación; *(: at sea)* plataforma petrolera // vt *(election etc)* amañar; to ~ **out** vt *(Brit)* ataviar; to ~ **up** vt improvisar; **~ging** n *(NAUT)* aparejo.

right [raɪt] a *(true, correct)* correcto, exacto; *(suitable)* indicado, debido; *(proper)* apropiado; *(just)* justo; *(morally good)* bueno; *(not left)* derecho // n *(title, claim)* derecho; *(not left)* derecha // ad *(correctly)* bien, correctamente; *(straight)* derecho, directamente; *(not left)* a la derecha; *(to the ~)* hacia la derecha // vt enderezar // excl ¡bueno!, ¡está bien!; to be ~ *(person)* tener razón; by ~s en justicia; on the ~ a la derecha; to be in the ~ tener razón; ~ **now** ahora mismo; ~ **in the middle** exactamente en el centro; ~ **away** en seguida; ~ **angle** n ángulo recto; **~eous** ['raɪtʃəs] a justado, honrado; *(anger)* justificado; **~ful** a *(heir)* legítimo; **~-handed** a *(person)* que usa la mano derecha; **~-hand man** n brazo derecho; the **~-hand side** n la derecha; **~ly** ad

correctamente, debidamente; *(with reason)* con razón; ~ **of way** n *(on path etc)* derecho de paso; *(AUT)* prioridad f; **~-wing** a *(POL)* derechista.

rigid ['rɪdʒɪd] a rígido; *(person, ideas)* inflexible; **~ity** [rɪ'dʒɪdɪtɪ] n rigidez f; inflexibilidad f.

rigmarole ['rɪgmərəul] n galimatías m inv.

rigorous ['rɪgərəs] a riguroso.

rigour, (US) rigor ['rɪgə*] n rigor m, severidad f.

rile [raɪl] vt irritar.

rim [rɪm] n borde m; *(of spectacles)* aro; *(of wheel)* llanta.

rind [raɪnd] n *(of bacon)* corteza; *(of lemon etc)* cáscara; *(of cheese)* costra.

ring [rɪŋ] n *(of metal)* aro; *(on finger)* anillo; *(also: wedding ~)* alianza; *(of people)* corro; *(of objects)* círculo; *(gang)* banda; *(for boxing)* cuadrilátero; *(of circus)* pista; *(bull ~)* ruedo, plaza; *(sound of bell)* toque m; *(telephone call)* llamada // *vb* (pt **rang**, pp **rung**) vi *(on telephone)* llamar por teléfono; *(large bell)* repicar; *(also: ~ out: voice, words)* sonar; *(ears)* zumbar // vt *(Brit TEL: also: ~ up)* llamar, telefonear *(esp LAm)*; *(bell etc)* hacer sonar; *(doorbell)* tocar; to ~ **back** vt, vi *(TEL)* devolver la llamada; to ~ **off** vi *(Brit TEL)* colgar, cortar la comunicación; **~ing** n *(of large bell)* repique m; *(in ears)* zumbido; **~ing tone** n *(TEL)* tono de llamada; **~leader** n *(of gang)* cabecilla m.

ringlets ['rɪŋlɪts] npl rizos mpl, bucles mpl.

ring road n *(Brit)* carretera periférica or de circunvalación.

rink [rɪŋk] n *(also: ice ~)* pista de hielo.

rinse [rɪns] vt *(dishes)* enjuagar; *(clothes)* aclarar; *(hair)* dar reflejos a.

riot ['raɪət] n motín m, disturbio // vi amotinarse; to run ~ desmandarse; **~er** n amotinado/a; **~ous** a alborotado; *(party)* bullicioso; *(uncontrolled)* desenfrenado.

rip [rɪp] n rasgón m, rasgadura // vt rasgar, desgarrar // vi rasgarse, desgarrarse; **~cord** n cabo de desgarre.

ripe [raɪp] a *(fruit)* maduro; **~n** vt madurar // vi madurarse.

rip-off ['rɪpɔf] n *(col)*: it's a ~! ¡es una estafa!

ripple ['rɪpl] n onda, rizo; *(sound)* murmullo // vi rizarse // vt rizar.

rise [raɪz] n *(slope)* cuesta, pendiente f; *(hill)* altura; *(increase: in wages: Brit)* aumento; *(: in prices, temperature)* subida; *(fig: to power etc)* ascenso // vi (pt **rose**, pp **risen** ['rɪzn]) *(gen)* elevarse; *(prices)* subir; *(waters)* crecer; *(river)* nacer; *(sun)* salir; *(person: from bed etc)* levantarse; *(also: ~ up: rebel)* sublevarse; *(in rank)* ascender; to give ~ to dar lugar or origen a; **to ~ to** the occasion ponerse a la altura de las circunstancias; **rising** a (*increasing*: *number*) creciente; (: *prices*) en aumento or alza; (*tide*) creciente; (*sun, moon*) naciente // n (*uprising*) sublevación f.

risk [rɪsk] n riesgo, peligro // vt arriesgar; (*run the ~ of*) exponerse a; **to take** or **run the ~ of** doing correr el riesgo de hacer; **at ~** en peligro; **at one's own ~** bajo su propia responsabilidad; **~y** a arriesgado, peligroso.

risqué [ˈriːskeɪ] a (*joke*) subido de color.

rissole [ˈrɪsəʊl] n croqueta.

rite [raɪt] n rito; **last ~s** exequias fpl.

ritual [ˈrɪtjuəl] a ritual // n ritual m, rito.

rival [ˈraɪvl] n rival m/f; (*in business*) competidor(a) m/f // a rival, opuesto // vt competir con; **~ry** n rivalidad f, competencia.

river [ˈrɪvə*] n río // cpd (*port, fish*) de río; (*traffic*) fluvial; **up/down ~** río arriba/abajo; **~bank** n orilla (del río); **~bed** n lecho, cauce m.

rivet [ˈrɪvɪt] n roblón m, remache m // vt remachar; (*fig*) captar.

Riviera [rɪvɪˈɛərə] n: **the (French) ~** la Costa Azul (francesa); **the Italian ~** la Riviera italiana.

road [rəʊd] n (*gen*) camino; (*motorway etc*) carretera; (*in town*) calle f; **major/minor ~** carretera principal/secundaria; **~block** n barricada; **~hog** n loco/a del volante; **~ map** n mapa m de carreteras; **~ safety** n seguridad f vial; **~side** n borde m (del camino) // cpd al lado de la carretera; **~sign** n señal f de tráfico; **~ user** n usuario/a de la vía pública; **~way** n calzada; **~works** npl obras fpl; **~worthy** a (*car*) en buen estado para circular.

roam [rəʊm] vi vagar // vt vagar por.

roar [rɔː*] n (*of animal*) rugido, bramido; (*of crowd*) rugido; (*of vehicle, storm*) estruendo; (*of laughter*) carcajada // vi rugir, bramar; hacer estruendo; **to ~ with laughter** reírse a carcajadas; **to do a ~ing trade** hacer buen negocio.

roast [rəʊst] n carne f asada, asado // vt (*meat*) asar; (*coffee*) tostar; **~ beef** n rosbif m.

rob [rɒb] vt robar; **to ~ sb of sth** robar algo a uno; (*fig: deprive*) quitar algo a uno; **~ber** n ladrón/ona m/f; **~bery** n robo.

robe [rəʊb] n (*for ceremony etc*) toga; (*also: bath ~*) bata.

robin [ˈrɒbɪn] n : tirrojo.

robot [ˈrəʊbɒt] n robot m.

robust [rəʊˈbʌst] a robusto, fuerte.

rock [rɒk] n (*gen*) roca; (*boulder*) peña, peñasco; (*Brit: sweet*) ≈ pirulí // vt (*swing gently: cradle*) balancear, mecer; (: *child*) arrullar; (*shake*) sacudir // vi mecerse, balancearse; sacudirse; **on**

the **~s** (*drink*) con hielo; (*marriage etc*) en ruinas; **~ and roll** n rocanrol m; **~-bottom** n (*fig*) punto más bajo // a: **at ~-bottom prices** a precios regalados; **~ery** n cuadro alpino.

rocket [ˈrɒkɪt] n cohete m.

rocking [ˈrɒkɪŋ]: **~ chair** n mecedora; **~ horse** n caballo de balancín.

rocky [ˈrɒkɪ] a (*gen*) rocoso; (*unsteady: table*) inestable.

rod [rɒd] n vara, varilla; (*TECH*) barra; (*also: fishing ~*) caña.

rode [rəʊd] pt of **ride**.

rodent [ˈrəʊdnt] n roedor m.

roe [rəʊ] n (*species: also: ~ deer*) corzo; (*of fish*): **hard/soft ~** hueva/lecha.

rogue [rəʊg] n pícaro, pillo.

role [rəʊl] n papel m, rol m.

roll [rəʊl] n rollo; (*of bank notes*) fajo; (*also: bread ~*) panecillo; (*register*) lista, nómina; (*sound: of drums etc*) redoble m; (*movement: of ship*) balanceo // vt hacer rodar; (*also: ~ up: string*) enrollar; (: *sleeves*) arremangar; (*cigarettes*) liar; (*also: ~ out: pastry*) aplanar // vi (*person*) rodar; (*drum*) redoblar; (*ship*) bambolearse; (*ship*) balancearse; **to ~ about** or **around** vi (*person*) revolcarse; (*object*) rodar; **to ~ by** vi (*time*) pasar; **to ~ in** vi (*mail, cash*) entrar a raudales; **to ~ over** vi dar una vuelta; **to ~ up** vi (*col: arrive*) aparecer // vt (*carpet*) arrollar; **~ call** n: **to take a ~ call** pasar lista; **~er** n rodillo; (*wheel*) rueda; **~er coaster** n montaña rusa; **~er skates** npl patines mpl de rueda.

rolling [ˈrəʊlɪŋ] a (*landscape*) ondulado; **~ pin** n rodillo (de cocina); **~ stock** n (*RAIL*) material m rodante.

ROM [rɒm] n abbr (= *read only memory*) ROM f.

Roman [ˈrəʊmən] a, n romano/a m/f; **~ Catholic** a, n católico/a m/f (romano/a).

romance [rəˈmæns] n (*love affair*) amor m; (*charm*) lo romántico; (*novel*) novela de amor.

Romania [ruːˈmeɪnɪə] n = **Rumania**.

Roman numeral n número romano.

romantic [rəˈmæntɪk] a romántico.

Rome [rəʊm] n Roma.

romp [rɒmp] n retozo, juego // vi (*also: ~ about*) jugar, brincar.

rompers [ˈrɒmpəz] npl pelele m.

roof [ruːf], pl **~s** n (*gen*) techo; (*of house*) techo, tejado; (*of car*) baca // vt techar, poner techo a; **the ~ of the mouth** el paladar; **~ing** n techumbre f; **~ rack** n (*AUT*) baca, portaequipajes m inv.

rook [rʊk] n (*bird*) graja; (*CHESS*) torre f.

room [ruːm] n (*in house*) cuarto, habitación f, pieza (*esp LAm*); (*also: bed~*) dormitorio; (*in school etc*) sala; (*space*) sitio, cabida; **~s** npl (*lodging*) alojamiento *sg*; '~s to let', (*US*) '~s for rent' 'se alquilan pisos *or* cuartos'; **single/double** ~ habitación individual/doble *or* para dos personas; ~**ing house** *n* (*US*) pensión *f*; ~**mate** *n* compañero/a de cuarto; ~ **service** *n* servicio de habitaciones; ~**y** *a* espacioso.

roost [ruːst] *n* percha // *vi* pasar la noche.

rooster ['ruːstə*] *n* gallo.

root [ruːt] *n* (*BOT, MATH*) raíz *f* // *vi* (*plant, belief*) arraigarse; **to** ~ **about** *vi* (*fig*) buscar y rebuscar; **to** ~ **for** *vt fus* apoyar a; **to** ~ **out** *vt* desarraigar.

rope [rəup] *n* cuerda; (*NAUT*) cable *m* // *vt* (*box*) atar *or* amarrar con (una) cuerda; (*climbers: also:* ~ **together**) encordarse; **to** ~ **sb in** (*fig*) persuadir a uno a tomar parte; **to know the** ~**s** (*fig*) conocer los trucos (del oficio); ~ **ladder** *n* escala de cuerda.

rosary ['rəuzəri] *n* rosario.

rose [rəuz] *pt of* **rise** // *n* rosa; (*also:* ~**bush**) rosal *m*; (*on watering can*) roseta // *a* color de rosa.

rosé ['rəuzeɪ] *n* vino rosado.

rose: ~**bud** *n* capullo de rosa; ~**bush** *n* rosal *m*.

rosemary ['rəuzməri] *n* romero.

rosette [rəu'zet] *n* escarapela.

roster ['rɔstə*] *n*: **duty** ~ lista de deberes.

rostrum ['rɔstrəm] *n* tribuna.

rosy ['rəuzi] *a* rosa, sonrosado; **the future looks** ~ el futuro parece prometedor.

rot [rɔt] *n* (*fig: pej*) tonterías *fpl* // *vt, vi* pudrirse; **it has** ~ está podrido.

rota ['rəutə] *n* lista (de tandas).

rotary ['rəutəri] *a* rotativo.

rotate [rəu'teɪt] *vt* (*revolve*) hacer girar, dar vueltas a; (*change round: crops*) cultivar en rotación; (: *jobs*) alternar // *vi* (*revolve*) girar, dar vueltas; **rotating** *a* (*movement*) rotativo.

rote [rəut] *n*: **by** ~ maquinalmente, de memoria.

rotten ['rɔtn] *a* (*decayed*) podrido; (*dishonest*) corrompido; (*col: bad*) pésimo; **to feel** ~ (*ill*) sentirse muy mal.

rouge [ruːʒ] *n* colorete *m*.

rough [rʌf] *a* (*skin, surface*) áspero; (*terrain*) quebrado; (*road*) desigual; (*voice*) bronco; (*person, manner: coarse*) tosco, grosero; (*weather*) borrascoso; (*treatment*) brutal; (*sea*) bravo; (*cloth*) basto; (*plan*) preliminar; (*guess*) aproximado; (*violent*) violento // *n* (*GOLF*): **in the** ~ en las hierbas altas; **to** ~ **it** vivir sin comodidades; **to sleep** ~ (*Brit*) pasar la noche al raso; ~**age** *n* fibra(s) *f(pl)*; ~**-and-ready** *a* improvisado; ~**cast** *n* mezcla gruesa; ~ **copy** *n*, ~ **draft** *n* borrador *m*; ~**en** *vt* (*a surface*) poner áspero; ~**ly** *ad* (*han-*

dle) torpemente; (*make*) toscamente; (*approximately*) aproximadamente.

roulette [ruː'let] *n* ruleta.

Roumania [ruː'meɪnɪə] *n* = **Rumania**.

round [raund] *a* redondo // *n* círculo; (*Brit: of toast*) rodaja; (*of policeman*) ronda; (*of milkman*) recorrido; (*of doctor*) visitas *fpl*; (*game: of cards, in competition*) partida; (*of ammunition*) cartucho; (*BOXING*) asalto; (*of talks*) ronda // *vt* (*corner*) doblar // *prep* alrededor de // *ad*: **all** ~ por todos lados; **the long way** ~ por el camino menos directo; **all the year** ~ durante todo el año; **it's just** ~ **the corner** (*fig*) está a la vuelta de la esquina; ~ **the clock** *ad* las 24 horas; **to go** ~ **to sb's (house)** ir a casa de uno; **to go** ~ **the back** pasar por atrás; **to go** ~ **a house** visitar una casa; **enough to go** ~ bastante (para todos); **to go the** ~**s** (*story*) circular; **a** ~ **of applause** una salva de aplausos; **a** ~ **of drinks/sandwiches** una ronda de bebidas/bocadillos; **to** ~ **off** *vt* (*speech etc*) acabar, poner término a; **to** ~ **up** *vt* (*cattle*) acorralar; (*people*) reunir; (*prices*) redondear; ~**about** *n* (*Brit: AUT*) isleta; (: *at fair*) tiovivo // *a* (*route, means*) indirecto; ~**ers** *n* (*Brit: game*) juego similar al béisbol; ~**ly** *ad* (*fig*) rotundamente; ~**-shouldered** *a* cargado de espaldas; ~ **trip** *n* viaje *m* de ida y vuelta; ~**up** *n* rodeo; (*of criminals*) redada.

rouse [rauz] *vt* (*wake up*) despertar; (*stir up*) suscitar; **rousing** *a* (*applause*) caluroso; (*speech*) conmovedor(a).

rout [raut] *n* (*MIL*) derrota.

route [ruːt] *n* ruta, camino; (*of bus*) recorrido; (*of shipping*) derrota; ~ **map** *n* (*Brit: for journey*) mapa *m* de carreteras.

routine [ruː'tiːn] *a* (*work*) rutinario // *n* rutina; (*THEATRE*) número.

roving ['rəuvɪŋ] *a* (*wandering*) errante; (*salesman*) ambulante.

row [rəu] *n* (*line*) fila, hilera; (*KNITTING*) pasada; [rau] (*noise*) escándalo; (*dispute*) bronca, pelea; (*fuss*) jaleo; (*scolding*) regaño // *vi* (*in boat*) remar; [rau] reñir(se) // *vt* (*boat*) conducir remando; **4 days in a** ~ 4 días seguidos; ~**boat** *n* (*US*) bote *m* de remos.

rowdy ['raudɪ] *a* (*person: noisy*) ruidoso; (: *quarrelsome*) pendenciero; (*occasion*) alborotado // *n* pendenciero.

row houses (*US*) casas *fpl* adosadas.

rowing ['rəuɪŋ] *n* remo; ~ **boat** *n* (*Brit*) bote *m* de remos.

royal ['rɔɪəl] *a* real; **R~ Air Force** (**RAF**) *n* Fuerzas Aéreas Británicas *fpl*; ~**ty** *n* (~ *persons*) familia real; (*payment to author*) derechos *mpl* de autor.

rpm *abbr* (= *revs per minute*) r.p.m.

R.S.V.P. *abbr* (= *répondez s'il vous plaît*) SRC.

Rt.Hon. *abbr* (*Brit*: = *Right Honourable*) título honorífico de diputado.

rub [rʌb] *vt* (*gen*) frotar; (*hard*) restregar // *n* (*gen*) frotamiento; (*touch*) roce *m*; **to ~ sb up** *or* (*US*) **~ sb the wrong way** entrarle uno por mal ojo; **to ~ off** *vi* borrarse; **to ~ off on** *vt fus* influir en; **to ~ out** *vt* borrar.

rubber ['rʌbə*] *n* caucho, goma; (*Brit*: *eraser*) goma de borrar; **~ band** *n* goma, gomita; **~ plant** *n* ficus *m*; **~y** *a* elástico.

rubbish ['rʌbɪʃ] *n* (*Brit*) (*from household*) basura; (*waste*) desperdicios *mpl*; (*fig*: *pej*) tonterías *fpl*; (*trash*) pacotilla; **~ bin** *n* cubo *or* bote *m* (*LAm*) de la basura; **~ dump** *n* (*in town*) vertedero, basurero.

rubble ['rʌbl] *n* escombros *mpl*.

ruby ['ruːbɪ] *n* rubí *m*.

rucksack ['rʌksæk] *n* mochila.

ructions ['rʌkʃənz] *npl* lío *sg*.

rudder ['rʌdə*] *n* timón *m*.

ruddy ['rʌdɪ] *a* (*face*) rubicundo; (*col*: *damned*) condenado.

rude [ruːd] *a* (*impolite*: *person*) mal educado; (: *word*, *manners*) grosero; (*indecent*) indecente.

rueful ['ruːful] *a* arrepentido.

ruffian ['rʌfɪən] *n* matón *m*, criminal *m*.

ruffle ['rʌfl] *vt* (*hair*) despeinar; (*clothes*) arrugar; **to get ~d** (*fig*: *person*) alterarse.

rug [rʌg] *n* alfombra; (*Brit*: *for knees*) manta.

rugby ['rʌgbɪ] *n* (*also*: **~ football**) rugby *m*.

rugged ['rʌgɪd] *a* (*landscape*) accidentado; (*features*) robusto.

rugger ['rʌgə*] *n* (*Brit col*) rugby *m*.

ruin ['ruːɪn] *n* ruina // *vt* arruinar; (*spoil*) estropear; **~s** *npl* ruinas *fpl*, restos *mpl*.

rule [ruːl] *n* (*norm*) norma, costumbre *f*; (*regulation*) regla; (*government*) dominio // *vt* (*country*, *person*) gobernar; (*decide*) disponer // *vi* gobernar; (*LAW*) fallar; **as a ~** por regla general; **to ~ out** *vt* excluir; **~d** *a* (*paper*) rayado; **~r** *n* (*sovereign*) soberano; (*for measuring*) regla; **ruling** *a* (*party*) gobernante; (*class*) dirigente // *n* (*LAW*) fallo, decisión *f*.

rum [rʌm] *n* ron *m*.

Rumania [ruːˈmeɪnɪə] *n* Rumanía; **~n** *a*, *n* rumano/a *m/f*.

rumble ['rʌmbl] *vi* retumbar, hacer un ruido sordo; (*stomach*, *pipe*) sonar.

rummage ['rʌmɪdʒ] *vi*: **to ~** (**in** *or* **among**) revolver (en).

rumour, (*US*) **rumor** ['ruːmə*] *n* rumor *m* // *vt*: **it is ~ed that...** se rumorea que....

rump [rʌmp] *n* (*of animal*) ancas *fpl*, grupa; **~ steak** *n* filete *m* de lomo.

rumpus ['rʌmpəs] *n* (*col*) lío, jaleo;

(*quarrel*) pelea, riña.

run [rʌn] *n* (*SPORT*) carrera; (*outing*) paseo, excursión *f*; (*distance travelled*) trayecto; (*series*) serie *f*; (*THEATRE*) temporada; (*SKI*) pista; (*in tights*, *stockings*) carrera; // *vb* (*pt* **ran**, *pp* **run**) *vt* (*operate*: *business*) dirigir; (: *competition*, *course*) organizar; (: *hotel*, *house*) administrar, llevar; (*COMPUT*) ejecutar; (*to pass*: *hand*) pasar; (*bath*): **to ~ a bath** llenar la bañera // *vi* (*gen*) correr; (*work*: *machine*) funcionar, marchar; (*bus*, *train*: *operate*) circular, ir; (: *travel*) ir; (*continue*: *play*) seguir; (: *contract*) ser válido; (*flow*: *river*, *bath*) fluir; (*colours*, *washing*) desteñirse; (*in election*) ser candidato; **there was a ~ on** (*meat*, *tickets*) hubo mucha demanda de; **in the long ~** a la larga; **on the ~** en fuga; **I'll ~ you to the station** te llevaré a la estación en coche; **to ~ a risk** correr un riesgo; **to ~ about** *or* **around** *vi* (*children*) correr por todos lados; **to ~ across** *vt fus* (*find*) dar o topar con; **to ~ away** *vi* huir; **to ~ down** *vi* (*clock*) parar // *vt* (*production*) ir reduciendo; (*factory*) ir restringiendo la producción en; (*AUT*) atropellar; (*criticize*) criticar; **to be ~ down** (*person*: *tired*) estar debilitado; **to ~ in** *vt* (*Brit*: *car*) rodar; **to ~ into** *vt fus* (*meet*: *person*, *trouble*) tropezar con; (*collide with*) chocar con; **to ~ off** *vt* (*water*) dejar correr // *vi* huir corriendo; **to ~ out** *vi* (*person*) salir corriendo; (*liquid*) irse; (*lease*) caducar, vencer; (*money*) acabarse; **to ~ out of** *vt fus* quedar sin; **to ~ over** *vt* (*AUT*) atropellar // *vt fus* (*revise*) repasar; **to ~ through** *vt fus* (*instructions*) repasar; **to ~ up** *vt* (*debt*) contraer; **to ~ up against** (*difficulties*) tropezar con; **~away** *a* (*horse*) desbocado; (*truck*) sin frenos; (*inflation*) galopante.

rung [rʌŋ] *pp of* **ring** // *n* (*of ladder*) escalón *m*, peldaño.

runner ['rʌnə*] *n* (*in race*: *person*) corredor(a) *m/f*; (: *horse*) caballo; (*on sledge*) patín *m*; (*wheel*) ruedecilla; **~ bean** *n* (*Brit*) judía escarlata; **~-up** *n* subcampeón/ona *m/f*.

running ['rʌnɪŋ] *n* (*sport*) atletismo; (*race*) carrera // *a* (*water*, *costs*) corriente; (*commentary*) continuo; **to be in/out of the ~ for sth** tener/no tener posibilidades de ganar algo; **6 days ~** 6 días seguidos.

runny ['rʌnɪ] *a* derretido.

run-of-the-mill ['rʌnəvðə'mɪl] *a* común y corriente.

runt [rʌnt] *n* (*also pej*) redrojo, enano.

run-up ['rʌnʌp] *n*: **~ to** (*election etc*) período previo a.

runway ['rʌnweɪ] *n* (*AVIAT*) pista de aterrizaje.

rupee [ruːˈpiː] *n* rupia.
rupture [ˈrʌptʃə*] *n* (*MED*) hernia // *vt*: to ~ o.s. causarse una hernia.
rural [ˈruərl] *a* rural.
ruse [ruːz] *n* ardid *m*.
rush [rʌʃ] *n* ímpetu *m*; (*hurry*) prisa; (*COMM*) demanda repentina; (*BOT*) junco; (*current*) corriente *f* fuerte, ráfaga // *vt* apresurar; (*work*) hacer de prisa; (*attack: town etc*) asaltar // *vi* correr, precipitarse; ~ **hour** *n* horas *fpl* punta.
rusk [rʌsk] *n* bizcocho tostado.
Russia [ˈrʌʃə] *n* Rusia; ~**n** *a, n* ruso/a *m/f*.
rust [rʌst] *n* herrumbre *f*, moho // *vi* oxidarse.
rustic [ˈrʌstɪk] *a* rústico.
rustle [ˈrʌsl] *vi* susurrar // *vt* (*paper*) hacer crujir; (*US: cattle*) hurtar, robar.
rustproof [ˈrʌstpruːf] *a* inoxidable.
rusty [ˈrʌstɪ] *a* oxidado.
rut [rʌt] *n* surco; (*ZOOL*) celo; **to be in a** ~ ser esclavo de la rutina
ruthless [ˈruːθlɪs] *a* despiadado.
rye [raɪ] *n* centeno; ~ **bread** *n* pan de centeno.

S

sabbath [ˈsæbəθ] *n* domingo; (*Jewish*) sábado.
sabotage [ˈsæbətɑːʒ] *n* sabotaje *m* // *vt* sabotear.
saccharin(e) [ˈsækərɪn] *n* sacarina.
sachet [ˈsæʃeɪ] *n* sobrecito.
sack [sæk] *n* (*bag*) saco, costal *m* // *vt* (*dismiss*) despedir; (*plunder*) saquear; **to get the** ~ ser despedido; ~**ing** *n* (*material*) arpillera.
sacred [ˈseɪkrɪd] *a* sagrado, santo.
sacrifice [ˈsækrɪfaɪs] *n* sacrificio // *vt* sacrificar.
sacrilege [ˈsækrɪlɪdʒ] *n* sacrilegio.
sacrosanct [ˈsækrəʊsæŋkt] *a* sacrosanto.
sad [sæd] *a* (*unhappy*) triste; (*deplorable*) lamentable.
saddle [ˈsædl] *n* silla (de montar); (*of cycle*) sillín *m* // *vt* (*horse*) ensillar; **to be ~d with sth** (*col*) quedar cargado con algo; ~**bag** *n* alforja.
sadistic [səˈdɪstɪk] *a* sádico.
sadness [ˈsædnɪs] *n* tristeza.
s.a.e. *abbr* (= *stamped addressed envelope*) sobre con las propias señas de uno y con sello.
safari [səˈfɑːrɪ] *n* safari *m*.
safe [seɪf] *a* (*out of danger*) fuera de peligro; (*not dangerous, sure*) seguro; (*unharmed*) ileso; (*trustworthy*) digno de confianza // *n* caja de caudales, caja fuerte; ~ **and sound** sano y salvo; (*just*) **to be on the** ~ **side** para mayor seguridad; ~**-conduct** *n* salvoconducto; ~**deposit** *n* (*vault*) cámara acorazada;

(*box*) caja de seguridad; ~**guard** *n* protección *f*, garantía // *vt* proteger, defender; ~**keeping** *n* custodia; ~**ly** *ad* seguramente, con seguridad; **to arrive ~ly** llegar bien.
safety [ˈseɪftɪ] *n* seguridad *f* // *a* de seguridad; ~ **first!** ¡precaución!; ~ **belt** *n* cinturón *m* (de seguridad); ~ **pin** *n* imperdible *m*, seguro (*LAm*).
saffron [ˈsæfrən] *n* azafrán *m*.
sag [sæg] *vi* aflojarse.
sage [seɪdʒ] *n* (*herb*) salvia; (*man*) sabio.
Sagittarius [sædʒɪˈtɛərɪəs] *n* Sagitario.
Sahara [səˈhɑːrə] *n*: **the** ~ (**Desert**) el (desierto del) Sáhara.
said [sɛd] *pt, pp* de **say**.
sail [seɪl] *n* (*on boat*) vela // *vt* (*boat*) gobernar // *vi* (*travel: ship*) navegar; (: *passenger*) pasear en barco; (*set off*) zarpar; **to go for a** ~ dar un paseo en barco; **they ~ed into Copenhagen** arribaron a Copenhague; **to** ~ **through** *vt fus* (*exam*) no tener problemas para aprobar; ~**boat** *n* (*US*) velero, barco de vela; ~**ing** *n* (*SPORT*) balandrismo; **to go ~ing** salir en balandro; ~**ing ship** *n* barco de vela; ~**or** *n* marinero, marino.
saint [seɪnt] *n* santo; ~**ly** *a* santo.
sake [seɪk] *n*: **for the** ~ **of** por.
salad [ˈsæləd] *n* ensalada; ~ **bowl** *n* ensaladera; ~ **cream** *n* (*Brit*) (especie de) mayonesa; ~ **dressing** *n* aliño.
salary [ˈsælərɪ] *n* sueldo.
sale [seɪl] *n* venta; (*at reduced prices*) liquidación *f*, saldo; **'for ~'** 'se vende'; **on** ~ en venta; **on** ~ **or return** (*goods*) venta por reposición // **~room** *n* sala de subastas; ~**s assistant**, (*US*) ~**s clerk** *n* dependiente/a *m/f*; **salesman/woman** *n* vendedor(a) *m/f*; (*in shop*) dependiente/a *m/f*; (*representative*) viajante *m/f*.
salient [ˈseɪlɪənt] *a* sobresaliente.
saliva [səˈlaɪvə] *n* saliva.
sallow [ˈsæləʊ] *a* cetrino.
salmon [ˈsæmən] *n, pl inv* salmón *m*.
salon [ˈsælɒn] *n* salón *m*.
saloon [səˈluːn] *n* (*US*) bar *m*, taberna; (*Brit AUT*) (coche *m* de) turismo; (*ship's lounge*) cámara, salón *m*.
salt [sɔlt] *n* sal *f* // *vt* salar; (*put ~ on*) poner sal en; **to** ~ **away** *vt* (*col: money*) ahorrar; ~ **cellar** *n* salero; ~**water** *a* de agua salada; ~**y** *a* salado.
salutary [ˈsæljʊtərɪ] *a* saludable.
salute [səˈluːt] *n* saludo; (*of guns*) salva // *vt* saludar.
salvage [ˈsælvɪdʒ] *n* (*saving*) salvamento, recuperación *f*; (*things saved*) objetos *mpl* salvados // *vt* salvar.
salvation [sælˈveɪʃən] *n* salvación *f*; **S~ Army** *n* Ejército de Salvación.
same [seɪm] *a* mismo // *pron*: **the** ~ el/la mismo/a, los/las mismos/as; **the** ~ **book as** el mismo libro que; **at the** ~ **time** (*at*

the ~ moment) al mismo tiempo; (*yet*) sin embargo; **all** *or* **just the ~** sin embargo, aun así; **to do the ~** (as sb) hacer lo mismo (que uno); **the ~ to you!** ¡igualmente!

sample ['sɑːmpl] *n* muestra // *vt* (*food, wine*) probar.

sanatorium [sænə'tɔːrɪəm], *pl* **-ria** [-rɪə] *n* (*Brit*) sanatorio.

sanction ['sæŋkʃən] *n* sanción *f* // *vt* sancionar.

sanctity ['sæŋktɪtɪ] *n* (*gen*) santidad *f*; (*inviolability*) inviolabilidad *f*.

sanctuary ['sæŋktjuərɪ] *n* santuario; (*refuge*) asilo, refugio; (*for wildlife*) reserva.

sand [sænd] *n* arena // *vt* (*also: ~ down*) lijar.

sandal ['sændl] *n* sandalia; **~wood** *n* sándalo.

sand: **~box** *n* (*US*) = **~pit; ~castle** *n* castillo de arena; **~ dune** *n* duna; **~paper** *n* papel *m* de lija; **~pit** *n* (*for children*) cajón *m* de arena; **~stone** *n* piedra arenisca.

sandwich ['sændwɪtʃ] *n* bocadillo (*Sp*), sandwich *m* (*LAm*) // *vt* (*also: ~ in*) intercalar; **~ed between** apretujado entre; **cheese/ham ~** sandwich de queso/jamón; **~ board** *n* cartelón *m*; **~ course** *n* (*Brit*) curso de medio tiempo.

sandy ['sændɪ] *a* arenoso; (*colour*) rojizo.

sane [seɪn] *a* cuerdo, sensato.

sang [sæŋ] *pt of* **sing.**

sanitarium [sænɪ'tɛərɪəm] *n* (*US*) = **sanatorium.**

sanitary ['sænɪtərɪ] *a* (*system, arrangements*) sanitario; (*clean*) higiénico; **~ towel,** (*US*) **~ napkin** *n* paño higiénico, compresa.

sanitation [sænɪ'teɪʃən] *n* (*in house*) servicios *mpl* higiénicos; (*in town*) servicio de desinfección; **~ department** *n* (*US*) departamento de limpieza y recogida de basuras.

sanity ['sænɪtɪ] *n* cordura; (*of judgment*) sensatez *f*.

sank [sæŋk] *pt of* **sink.**

Santa Claus [sæntə'klɔːz] *n* San Nicolás, Papá Noel.

sap [sæp] *n* (*of plants*) savia // *vt* (*strength*) minar, agotar.

sapling ['sæplɪŋ] *n* árbol nuevo *or* joven.

sapphire ['sæfaɪə*] *n* zafiro.

sarcasm ['sɑːkæzm] *n* sarcasmo.

sardine [sɑː'diːn] *n* sardina.

Sardinia [sɑː'dɪnɪə] *n* Cerdeña.

sash [sæʃ] *n* faja.

sat [sæt] *pt, pp of* **sit.**

Satan ['seɪtn] *n* Satanás *m*.

satchel ['sætʃl] *n* (*child's*) cartera, mochila (*LAm*).

sated ['seɪtɪd] *a* (*appetite, person*) saciado.

satellite ['sætəlaɪt] *n* satélite *m*.

satin ['sætɪn] *n* raso // *a* de raso.

satire ['sætaɪə*] *n* sátira.

satisfaction [sætɪs'fækʃən] *n* satisfacción *f*.

satisfactory [sætɪs'fæktərɪ] *a* satisfactorio.

satisfy ['sætɪsfaɪ] *vt* satisfacer; (*convince*) convencer; **~ing** *a* satisfactorio.

saturate ['sætʃəreɪt] *vt:* **to ~ (with)** empapar *or* saturar (de).

Saturday ['sætədɪ] *n* sábado.

sauce [sɔːs] *n* salsa; (*sweet*) crema; **~pan** *n* cacerola, olla.

saucer ['sɔːsə*] *n* platillo.

saucy ['sɔːsɪ] *a* fresco, descarado.

Saudi ['saudɪ]: **~ Arabia** *n* Arabia Saudí *or* Saudita; **~ (Arabian)** *a, n* saudí *m/f*, saudita *m/f*.

sauna ['sɔːnə] *n* sauna.

saunter ['sɔːntə*] *vi:* **to ~ in/out** entrar/salir sin prisa.

sausage ['sɔsɪdʒ] *n* salchicha; **~ roll** *n* empanadita de salchicha.

sautéed ['səuteɪd] *a* salteado.

savage ['sævɪdʒ] *a* (*cruel, fierce*) feroz, furioso; (*primitive*) salvaje // *n* salvaje *m/f* // *vt* (*attack*) embestir.

save [seɪv] *vt* (*rescue*) salvar, rescatar; (*money, time*) ahorrar; (*put by*) guardar; (*COMPUT*) salvar (y guardar); (*avoid: trouble*) evitar // *vi* (*also: ~ up*) ahorrar // *n* (*SPORT*) parada // *prep* salvo, excepto.

saving ['seɪvɪŋ] *n* (*on price etc*) economía // *a:* **the ~ grace** del único mérito de; **~s** *npl* ahorros *mpl*; **~s account** *n* cuenta de ahorros; **~s bank** *n* caja de ahorros.

saviour, (*US*) **savior** ['seɪvjə*] *n* salvador(a) *m/f*.

savour, (*US*) **savor** ['seɪvə*] *n* sabor *m*, gusto // *vt* saborear; **~y** *a* sabroso; (*dish: not sweet*) salado.

saw [sɔː] *pt of* **see** // *n* (*tool*) sierra // *vt* (*pt* **sawed**, *pp* **sawed** *or* **sawn**) serrar; **~dust** *n* (a)serrín *m*; **~mill** *n* aserradero; **~n-off shotgun** *n* escopeta de cañones recortados.

saxophone ['sæksəfəun] *n* saxófono.

say [seɪ] *n:* **to have one's ~** expresar su opinión; **to have a** *or* **some ~ in sth** tener voz *or* tener que ver en algo // *vt* (*pt, pp* **said**) decir; **to ~ yes/no** decir que sí/no; **that is to ~** es decir; **that goes without ~ing** ni que decir tiene; **~ing** *n* dicho, refrán *m*.

scab [skæb] *n* costra; (*pej*) esquirol *m*.

scaffold ['skæfəuld] *n* (*for execution*) cadalso; **~ing** *n* andamio, andamiaje *m*.

scald [skɔːld] *n* escaldadura // *vt* escaldar.

scale [skeɪl] *n* (*gen, MUS*) escala; (*of fish*) escama; (*of salaries, fees etc*) escalafón *m* // *vt* (*mountain*) escalar; (*tree*) trepar; **~s** *npl* (*small*) balanza sg; (large) báscula sg; **on a large ~** en gran escala; **~ of charges** tarifa, lista de precios; **to ~ down** vt reducir a escala; **~ model** o modelo a escala.

scallop ['skɔləp] n (ZOOL) venera; (SEW-ING) festón m.

scalp [skælp] n cabellera // vt escalpar.

scalpel ['skælpl] n bisturí m.

scamper ['skæmpə*] vi: **to ~ away**, **~ off** irse corriendo.

scampi ['skæmpi] npl gambas fpl.

scan [skæn] vt (examine) escudriñar; (glance at quickly) dar un vistazo a; (TV, RADAR) explorar, registrar.

scandal ['skændl] n escándalo; (gossip) chismes mpl.

Scandinavia [skændı'neıvıə] n Escandinavia; **~n** a, n escandinavo/a m/f.

scant [skænt] a escaso; **~y** a (meal) insuficiente; (clothes) ligero.

scapegoat ['skeɪpgəut] n cabeza de turco, chivo expiatorio.

scar [skɑ:] n cicatriz f.

scarce [skɛəs] a escaso; **~ly** ad apenas; **scarcity** n escasez f.

scare [skɛə*] n susto, sobresalto; (panic) pánico // vt asustar, espantar; **to ~ sb stiff** dar a uno un susto de muerte; **bomb ~** amenaza de bomba; **~crow** n espantapájaros m inv; **~d** a: **to be ~d** estar asustado.

scarf [skɑ:f], pl **scarves** [skɑ:vz] n (long) bufanda; (square) pañuelo.

scarlet ['skɑ:lıt] a escarlata; **~ fever** n escarlatina.

scarves [skɑ:vz] pl of **scarf**.

scathing ['skeɪðıŋ] a mordaz.

scatter ['skætə*] vt (spread) esparcir, desparramar; (put to flight) dispersar // vi desparramarse; dispersarse; **~brained** a ligero de cascos.

scavenger ['skævəndʒə*] n (person) basurero/a; (ZOOL: animal) animal m de carroña; (: bird) ave f de carroña.

scenario [sı'nɑ:rıəu] n (THEATRE) argumento; (CINEMA) guión m; (fig) escenario.

scene [si:n] n (THEATRE, fig etc) escena; (of crime, accident) escenario; (sight, view) panorama m; (fuss) escándalo; **~ry** n (THEATRE) decorado; (landscape) paisaje m; **scenic** a (picturesque) pintoresco.

scent [sɛnt] n perfume m, olor m; (fig: track) rastro, pista; (sense of smell) olfato.

sceptic, (US) **skeptic** ['skɛptık] n escéptico/a; **~al** a escéptico; **~ism** ['skɛptısızm] n escepticismo.

sceptre, (US) **scepter** ['sɛptə*] n cetro.

schedule ['ʃɛdju:l] n (of trains) horario; (of events) programa m; (list) lista // vt (visit) fijar la hora de; **to arrive on ~** llegar a la hora debida; **to be ahead of/ behind ~** estar adelantado/en retraso;

~d flight n vuelo regular.

schematic [skı'mætık] a (diagram etc) esquemático.

scheme [ski:m] n (plan) plan m, proyecto; (method) esquema m; (plot) intriga; (trick) ardid m; (arrangement) disposición f; (pension ~ etc) sistema m // vt proyectar // vi (plan) hacer proyectos; (intrigue) intrigar; **scheming** a intrigante.

schism ['skızəm] n cisma m.

scholar ['skɔlə*] n (learned person) sabio/a, erudito/a; **~ly** a erudito; **~ship** n erudición f; (grant) beca.

school [sku:l] n (gen) escuela, colegio; (in university) facultad f // vt (animal) amaestrar; **~ age** n edad f escolar; **~book** n libro de texto; **~boy** n alumno; **~ children** npl alumnos mpl; **~days** npl años mpl del colegio; **~girl** n alumna; **~ing** n enseñanza; **~master/mistress** n (primary) maestro/a; (secondary) profesor(a) m/f; **~teacher** n (primary) maestro/a; (secondary) profesor(a) m/f.

schooner ['sku:nə*] n (ship) goleta.

sciatica [saı'ætıkə] n ciática.

science ['saɪəns] n ciencia; **~ fiction** n ciencia-ficción f; **scientific** [-'tıfık] a científico; **scientist** n científico/a.

scintillating ['sıntıleıtıŋ] a brillante, ingenioso.

scissors ['sızəz] npl tijeras fpl; **a pair of ~** unas tijeras.

scoff [skɔf] vt (Brit col: eat) engullir // vi: **to ~ (at)** (mock) mofarse (de).

scold [skəuld] vt regañar.

scone [skɔn] n pastel de pan.

scoop [sku:p] n cucharón m; (for flour etc) pala; (PRESS) exclusiva; **to ~ out** vt excavar; **to ~ up** vt recoger.

scooter ['sku:tə*] n (motor cycle) moto f; (toy) patinete m.

scope [skəup] n (of plan, undertaking) ámbito; (reach) alcance m; (of person) competencia; (opportunity) libertad f (de acción).

scorch [skɔ:tʃ] vt (clothes) chamuscar; (earth, grass) quemar, secar; **~ing** a abrasador(a).

score [skɔ:*] n (points etc) puntuación f; (MUS) partitura; (reckoning) cuenta; (twenty) veintena // vt (goal, point) ganar; (mark) rayar // vi marcar un tanto; (FOOTBALL) marcar (un) gol; (keep score) llevar el tanteo; **on that ~** en lo que se refiere a eso; **to ~ 6 out of 10** obtener una puntuación de 6 sobre 10; **to ~ out** vt tachar; **~board** n marcador m; **~r** n marcador m; (keeping score) tanteador(a) m/f.

scorn [skɔ:n] n desprecio // vt despreciar; **~ful** a desdeñoso, despreciativo.

Scorpio ['skɔ:pıəu] n Escorpión m.

scorpion ['skɔ:pıən] n alacrán m.

Scot [skɔt] n escocés/esa m/f.
scotch [skɔtʃ] vt (rumour) desmentir; (plan) abandonar; **S~** n whisky m escocés; **S~ tape** n ® (US) cinta adhesiva, celo, scotch m (LAm).
scot-free [skɔt'fri:] ad: **to get off ~** (unpunished) salir impune.
Scotland ['skɔtlənd] n Escocia.
Scots [skɔts] a escocés/esa; **~man/woman** n escocés/esa m/f; **Scottish** ['skɔtɪʃ] a escocés/esa.
scoundrel ['skaundrl] n canalla m/f, sinvergüenza m/f.
scour ['skauə*] vt (clean) fregar, estregar; (search) recorrer, registrar.
scourge [skə:dʒ] n azote m.
scout [skaut] n (MIL, also: boy ~) explorador m; **to ~ around** vi reconocer el terreno.
scowl [skaul] vi fruncir el ceño; **to ~ at** sb mirar con ceño a uno.
scrabble ['skræbl] vi (claw): **to ~ (at)** arañar; (also: **to ~ around**: search) revolver todo buscando // n: **S~** ® Scrabble m ®.
scraggy ['skrægɪ] a flaco, descarnado.
scram [skræm] vi (col) largarse.
scramble ['skræmbl] n (climb) subida (difícil); (struggle) pelea // vi: **to ~ out/through** salir/abrirse paso con dificultad; **to ~ for** pelear por; **~d eggs** npl huevos mpl revueltos.
scrap [skræp] n (bit) pedacito; (fig) pizca; (fight) riña, bronca; (also: ~ iron) chatarra, hierro viejo // vt (discard) desechar, descartar // vi reñir, armar (una) bronca; **~s** npl (waste) sobras fpl, desperdicios mpl; **~book** n álbum m de recortes; **~ dealer** n chatarrero/a.
scrape [skreɪp] n: **to get into a ~** meterse en un lío // vt raspar; (skin etc) rasguñar; (~ against) rozar // vi: **to ~ through** (exam) aprobar por los pelos; **~r** n raspador m.
scrap: **~ heap** n (fig): **to be on the ~ heap** estar acabado; **~ merchant** n (Brit) chatarrero/a; **~ paper** n pedazos mpl de papel.
scratch [skrætʃ] n rasguño; (from claw) arañazo // a: **~ team** equipo improvisado // vt (record) rayar; (with claw, nail) rasguñar, arañar // vi rascarse; **to start from ~** partir de cero; **to be up to ~** cumplir con los requisitos.
scrawl [skrɔ:l] n garabatos mpl // vi hacer garabatos.
scrawny ['skrɔ:nɪ] a (person, neck) flaco.
scream [skri:m] n chillido // vi chillar.
scree [skri:] n cono de desmoronamiento.
screech [skri:tʃ] vi chirriar.
screen [skri:n] n (CINEMA, TV) pantalla; (movable) biombo; (wall) tabique m; (also: wind~) parabrisas m inv // vt (conceal) tapar; (from the wind etc) proteger; (film) proyectar; (candidates

etc) investigar a; **~ing** n (MED) investigación f médica; **~play** n guión m.
screw [skru:] n tornillo; (propeller) hélice f // vt atornillar; **to ~ up** vt (paper etc) arrugar; (col: ruin) fastidiar; **to ~ up one's eyes** arrugar el entrecejo; **~driver** n destornillador m.
scribble ['skrɪbl] n garabatos mpl // vt escribir con prisa.
script [skrɪpt] n (CINEMA etc) guión m; (writing) escritura, letra.
Scripture ['skrɪptʃə*] n Sagrada Escritura.
scroll [skrəul] n rollo.
scrounge [skraundʒ] vt (col): **to ~ sth off or from sb** obtener algo de uno de gorra // vi: **to ~ on sb** vivir a costa de uno; **~r** n gorrón/ona m/f.
scrub [skrʌb] n (clean) fregado; (land) maleza // vt fregar, restregar; (reject) cancelar, anular.
scruff [skrʌf] n: **by the ~ of the neck** por el pescuezo.
scruffy ['skrʌfɪ] a desaliñado, piojoso.
scrum(mage) ['skrʌm(mɪdʒ)] n (RUGBY) melée f.
scruple ['skru:pl] n escrúpulo.
scrutinize ['skru:tɪnaɪz] vt escudriñar; (votes) escrutar.
scrutiny ['skru:tɪnɪ] n escrutinio, examen m.
scuff [skʌf] vt (shoes, floor) rayar.
scuffle ['skʌfl] n refriega.
scullery ['skʌlərɪ] n trascocina.
sculptor ['skʌlptə*] n escultor(a) m/f.
sculpture ['skʌlptʃə*] n escultura.
scum [skʌm] n (on liquid) espuma; (pej: person) canalla m.
scupper ['skʌpə*] vt (plans) dar al traste con.
scurrilous ['skʌrɪləs] a difamatorio, calumnioso.
scurry ['skʌrɪ] vi: **to ~ off** escabullirse.
scuttle ['skʌtl] n (also: coal ~) cubo, carbonera // vt (ship) barrenar // vi (scamper): **to ~ away, ~ off** escabullirse.
scythe [saɪð] n guadaña.
SDP n abbr (Brit) = Social Democratic Party.
sea [si:] n mar m // cpd de mar, marítimo; **by ~** (travel) en barco; **on the ~** (boat) en el mar; (town) junto al mar; **to be all at ~** (fig) estar despistado; **out to or at ~** en alta mar; **~board** n litoral m; **~ breeze** n brisa de mar; **~food** n mariscos mpl; **~ front** n paseo marítimo; **~gull** n gaviota.
seal [si:l] n (animal) foca; (stamp) sello // vt (close) cerrar; (: with ~) sellar; **to ~ off** vt (area) acordonar.
sea level n nivel m del mar.
seam [si:m] n costura; (of metal) juntura; (of coal) veta, filón m.
seaman ['si:mən] n marinero.

seamy ['si:mɪ] *a* sórdido.
seance ['seɪɔns] *n* sesión *f* de espiritismo.
sea plane ['si:pleɪn] *n* hidroavión *m*.
seaport ['si:pɔ:t] *n* puerto de mar.
search [sə:tʃ] *n* (*for person, thing*) busca, búsqueda; (*of drawer, pockets*) registro; (*inspection*) reconocimiento // *vt* (*look in*) buscar en; (*examine*) examinar; (*person, place*) registrar // *vi*: **to ~ for** buscar; **in ~ of** en busca de; **to ~ through** *vt fus* registrar; **~ing** *a* penetrante; **~light** *n* reflector *m*; **~ party** *n* pelotón *m* de salvamento; **~ warrant** *n* mandamiento (judicial).
sea: **~shore** *n* playa, orilla del mar; **~sick** *a* mareado; **~side** *n* playa, orilla del mar; **~side resort** *n* playa.
season ['si:zn] *n* (*of year*) estación *f*; (*sporting etc*) temporada; (*gen*) época, período // *vt* (*food*) sazonar; **~al** *a* estacional; **~ed** *a* (*fig*) experimentado; **~ing** *n* condimento, aderezo; **~ ticket** *n* abono.
seat [si:t] *n* (*in bus, train: place*) asiento; (*chair*) silla; (*PARLIAMENT*) escaño; (*buttocks*) culo, trasero; (*of government*) sede *f* // *vt* sentar; (*have room for*) tener cabida para; **to be ~ed** sentarse; **~ belt** *n* cinturón *m* de seguridad.
sea: **~ water** *n* agua del mar; **~weed** *n* alga marina; **~worthy** *a* en condiciones de navegar.
sec. *abbr* = **second(s)**.
secluded [sɪ'klu:dɪd] *a* retirado.
second ['sekənd] *a* segundo // *ad* (*in race etc*) en segundo lugar // *n* (*gen*) segundo; (*AUT: also:* **~ gear**) segunda; (*COMM*) artículo con algún desperfecto // *vt* (*motion*) apoyar; **~ary** *a* secundario; **~ary school** *n* escuela secundaria; **~class** *a* de segunda clase // *ad* (*RAIL*) en segunda; **~hand** *a* de segunda mano, usado; **~ hand** *n* (*on clock*) segundero; **~ly** *ad* en segundo lugar; **~ment** [sɪ'kɔndmənt] *n* (*Brit*) traslado temporal; **~rate** *a* de segunda categoría; **~ thoughts** *npl*: **to have ~ thoughts** cambiar de opinión; **on ~ thoughts** *or* (*US*) **thought** pensándolo bien.
secrecy ['si:krəsɪ] *n* secreto.
secret ['si:krɪt] *a*, *n* secreto; **in ~** *ad* en secreto.
secretarial [sekrɪ'tɛərɪəl] *a* de secretario.
secretary ['sekrətərɪ] *n* secretario/a; **S~ of State (for)** (*Brit POL*) Ministro (de).
secretion [sɪ'kri:ʃən] *n* secreción *f*.
secretive ['si:krətɪv] *a* reservado, sigiloso.
secretly ['si:krɪtlɪ] *ad* en secreto.
sect [sekt] *n* secta; **~arian** [-'tɛərɪən] *a* sectario.
section ['sekʃən] *n* sección *f*; (*part*) parte *f*; (*of document*) artículo; (*of opinion*) sector *m*.
sector ['sektə*] *n* sector *m*.

secular ['sekjulə*] *a* secular, seglar.
secure [sɪ'kjuə*] *a* (*free from anxiety*) seguro; (*firmly fixed*) firme, fijo // *vt* (*fix*) asegurar, afianzar; (*get*) conseguir.
security [sɪ'kjuərɪtɪ] *n* seguridad *f*; (*for loan*) fianza; (: *object*) prenda.
sedan [sɪ'dæn] *n* (*US AUT*) sedán *m*.
sedate [sɪ'deɪt] *a* tranquilo; // *vt* tratar con sedantes.
sedation [sɪ'deɪʃən] *n* (*MED*) sedación *f*.
sedative ['sedɪtɪv] *n* sedante *m*, sedativo.
seduce [sɪ'dju:s] *vt* (*gen*) seducir; **seduction** [-'dʌkʃən] *n* seducción *f*; **seductive** [-'dʌktɪv] *a* seductor(a).
see [si:] *vt* (*pt* **saw**, *pp* **seen**) *vt* (*gen*) ver; (*understand*) ver, comprender // *vi* ver // *n* (*arz*)obispado; **to ~ sb to the door** acompañar a uno a la puerta; **to ~ that** (*ensure*) asegurar que; **~ you soon!** ¡hasta pronto!; **to ~ about** *vt fus* atender a, encargarse de; **to ~ off** *vt* despedir; **to ~ through** *vt fus* calar // *vt* (*plan*) llevar a cabo; **to ~ to** *vt fus* atender a, encargarse de.
seed [si:d] *n* semilla; (*in fruit*) pepita; (*fig*) germen *m*; (*TENNIS*) preseleccionado/a; **to go to ~** (*plant*) granar; (*fig*) descuidarse; **~ling** *n* planta de semillero; **~y** *a* (*shabby*) desaseado, raído.
seeing ['si:ɪŋ] *conj*: **~ (that)** visto que, en vista de que.
seek [si:k], *pt*, *pp* **sought** *vt* (*gen*) buscar; (*post*) solicitar.
seem [si:m] *vi* parecer; **there seems to be...** parece que hay; **~ingly** *ad* aparentemente, según parece.
seen [si:n] *pp* de **see**.
seep [si:p] *vi* filtrarse.
seesaw ['si:sɔ:] *n* balancín *m*, columpio.
seethe [si:ð] *vi* hervir; **to ~ with anger** estar furioso.
see-through ['si:θru:] *a* transparente.
segregate ['segrɪgeɪt] *vt* segregar.
seize [si:z] *vt* (*grasp*) agarrar, asir; (*take possession of*) secuestrar; (: *territory*) apoderarse de; (*opportunity*) aprovecharse de; **to ~ (up)on** *vt fus* aprovechar; **to ~ up** *vi* (*TECH*) agarrotarse.
seizure ['si:ʒə*] *n* (*MED*) ataque *m*; (*LAW*) incautación *f*.
seldom ['seldəm] *ad* rara vez.
select [sɪ'lekt] *a* selecto, escogido // *vt* escoger, elegir; (*SPORT*) seleccionar; **~ion** [-'lekʃən] *n* selección *f*, elección *f*; (*COMM*) surtido.
self [self] *n* (*pl* **selves**) uno mismo; **the ~** el yo // *pref* auto...; **~-assured** *a* seguro de sí mismo; **~-catering** *a* (*Brit*) con cocina; **~-centred**, (*US*) **~-centered** *a* egocéntrico; **~-coloured**, (*US*) **~-colored** *a* de color natural; (*of one colour*) de un color; **~-confidence** *n* confianza en sí mismo; **~-conscious** *a*

cohibido; **~-contained** a (gen) autónomo; (Brit: flat) con entrada particular; **~-control** n autodominio; **~-defence**, (US) **~-defense** n defensa propia; **~-discipline** n autodisciplina; **~-employed** a que trabaja por cuenta propia; **~-evident** a patente; **~-governing** a autónomo; **~-indulgent** a autocomplaciente; **~-interest** n egoísmo; **~-ish** a egoísta; **~-ishness** n egoísmo; **~-less** a desinteresado; **~-made** a: **~-made man** hombre m que se ha hecho a sí mismo; **~-pity** n lástima de sí mismo; **~-portrait** n autorretrato; **~-possessed** a sereno, dueño de sí mismo; **~-preservation** n propia conservación f; **~-reliant** a independiente, autosuficiente; **~-respect** n amor m propio; **~-righteous** a santurrón/ona; **~-sacrifice** n abnegación f; **~-satisfied** a satisfecho de sí mismo; **~-service** a de autoservicio; **~-sufficient** a autosuficiente; **~-taught** a autodidacta.

sell [sɛl], pt, pp **sold** vt vender // vi venderse; **to ~ at** or **for £10** venderse a 10 libros; **to ~ off** vt liquidar; **to ~ out** vi transigir, transar (LAm); **~-by date** n fecha de caducidad; **~er** n vendedor(a) m/f; **~ing price** n precio de venta.

sellotape ['sɛləuteip] n ® (Brit) cinta adhesiva, celo, scotch m (LAm).

sellout ['sɛlaut] n traición f; it was a ~ (THEATRE etc) fue un éxito de taquilla.

selves [sɛlvz] pl of **self**.

semaphore ['sɛməfɔ:*] n semáforo.

semblance ['sɛmbləns] n apariencia.

semen ['si:mən] n semen m.

semester [sɪ'mɛstə*] n (US) semestre m.

semi... [sɛmɪ] pref semi..., medio...; **~circle** n semicírculo; **~colon** n punto y coma; **~conductor** n semiconductor m; **~detached (house)** n (casa) semiseparada; **~final** n semi-final m.

seminar ['sɛmɪnɑ:*] n seminario.

seminary ['sɛmɪnərɪ] n (REL) seminario.

semiskilled ['sɛmɪskɪld] a (work, worker) semi-cualificado.

senate ['sɛnɪt] n senado; **senator** n senador(a) m/f.

send [sɛnd], pt, pp **sent** vt mandar, enviar; **to ~ away** vt (letter, goods) despachar; **to ~ away for** vt fus pedir; **to ~ back** vt devolver; **to ~ for** vt fus mandar traer; **to ~ off** vt (goods) despachar; (Brit SPORT: player) expulsar; **to ~ out** vt (invitation) mandar; (signal) emitir; **to ~ up** vt (person, price) hacer subir; (Brit: parody) parodiar; **~er** n remitente m/f; **~-off** n: a good **~-off** una buena despedida.

senior ['si:nɪə*] a (older) mayor, más viejo; (: on staff) de más antigüedad; (of higher rank) superior // n mayor m; **~ citizen** n persona de la tercera edad; **~ity** [-'ɔrɪtɪ] n antigüedad f.

sensation [sɛn'seɪʃən] n sensación f; **~al** a sensacional.

sense [sɛns] n (faculty, meaning) sentido; (feeling) sensación f; (good ~) sentido común, juicio // vt sentir, percibir; **~ of humour** sentido del humor; it makes **~** tiene sentido; **~less** a estúpido, insensato; (unconscious) sin conocimiento.

sensibility [sɛnsɪ'bɪlɪtɪ] n sensibilidad f; **sensibilities** npl susceptibilidades fpl.

sensible ['sɛnsɪbl] a sensato; (reasonable) razonable, lógico.

sensitive ['sɛnsɪtɪv] a sensible; (touchy) susceptible.

sensual ['sɛnsjuəl] a sensual.

sensuous ['sɛnsjuəs] a sensual.

sent [sɛnt] pt, pp of **send**.

sentence ['sɛntns] n (LING) oración f; (LAW) sentencia, fallo // vt: **to ~ sb to death/to 5 years** condenar a uno a muerte/a 5 años de cárcel.

sentiment ['sɛntɪmənt] n sentimiento; (opinion) opinión f; **~al** [-'mɛntl] a sentimental.

sentry ['sɛntrɪ] n centinela m.

separate ['sɛprɪt] a separado; (distinct) distinto // vb ['sɛpəreɪt] vt separar; (part) dividir // vi separarse; **~s** npl (clothes) coordinados mpl; **~ly** ad por separado; **separation** [-'reɪʃən] n separación f.

September [sɛp'tɛmbə*] n se(p)tiembre m.

septic ['sɛptɪk] a séptico; **~ tank** n fosa séptica.

sequel ['si:kwl] n consecuencia, resultado; (of story) continuación f.

sequence ['si:kwəns] n sucesión f, serie f; (CINEMA) secuencia.

serene [sɪ'ri:n] a sereno, tranquilo.

sergeant ['sɑ:dʒənt] n sargento.

serial ['sɪərɪəl] n (TV) telenovela, serie f televisiva; **~ number** n número de serie.

series ['sɪərɪːz] n, pl inv serie f.

serious ['sɪərɪəs] a serio; (grave) grave; **~ly** ad en serio; (ill, wounded etc) gravemente; **~ness** n seriedad f; gravedad f.

sermon ['sə:mən] n sermón m.

serrated [sɪ'reɪtɪd] a serrado, dentellado.

serum ['sɪərəm] n suero.

servant ['sə:vənt] n (gen) servidor(a) m/f; (house ~) criado/a.

serve [sə:v] vt servir; (customer) atender; (subj: train) pasar por; (apprenticeship) hacer; (prison term) cumplir // vi (also TENNIS) sacar; **to ~ as/for/to do** servir de/para/para hacer // n (TENNIS) saque m; it **~s him right** se le merece, se lo tiene merecido; **to ~ out, ~ up** vt (food) servir.

service ['sə:vɪs] n (gen) servicio; (REL) misa; (AUT) mantenimiento; (of dishes) juego // vt (car, washing machine) mantener; (: *repair*) reparar; **the S~s** las fuerzas armadas; **to be of ~** to sb ser útil a uno; **~able** *a* servible, utilizable; **~ area** *n* (*on motorway*) servicios *mpl*; **~ charge** *n* (*Brit*) servicio; **~man** *n* militar *m*; **~ station** *n* estación *f* de servicio.

serviette [səːvɪ'ɛt] *n* (*Brit*) servilleta.

session ['sɛʃən] *n* (*sitting*) sesión *f*; **to be in ~** estar en sesión.

set [sɛt] *n* juego; (*RADIO*) aparato; (*TV*) televisor *m*; (*of utensils*) batería; (*of cutlery*) cubierto; (*of books*) colección *f*; (*TENNIS*) set *m*; (*group of people*) grupo; (*CINEMA*) plató *m*; (*THEATRE*) decorado; (*HAIRDRESSING*) marcado // *a* (*fixed*) fijo; (*ready*) listo; (*resolved*) resuelto, decidido // *vb* (*pt*, *pp* **set**) *vt* (*place*) poner, colocar; (*fix*) fijar; (*adjust*) ajustar, arreglar; (*decide: rules etc*) establecer, decidir // *vi* (*sun*) ponerse; (*jam, jelly*) cuajarse; (*concrete*) fraguar; **to be ~ on doing sth** estar empeñado en hacer algo; **to ~ to music** poner música a; **to ~ on fire** incendiar, poner fuego a; **to ~ free** poner en libertad; **to ~ sth going** poner algo en marcha; **to ~ sail** zarpar, hacerse a la vela; **to ~ about** *vt fus:* **to ~ about doing sth** ponerse a hacer algo; **to ~ aside** *vt* poner aparte, dejar de lado; **to ~ back** *vt:* **to ~ back (by)** retrasar (por); **to ~ off** *vi* partir // *vt* (*bomb*) hacer estallar; (*cause to start*) poner en marcha; (*show up well*) hacer resaltar; **to ~ out** *vi:* **to ~ out to do sth** proponerse hacer algo // *vt* (*arrange*) disponer; (*state*) exponer; **to ~ up** *vt* (*organization*) establecer; **~back** *n* (*hitch*) revés *m*, contratiempo; **~ menu** *n* menú *m*.

settee [sɛ'tiː] *n* sofá *m*.

setting ['sɛtɪŋ] *n* (*scenery*) marco; (*of jewel*) engaste *m*, montadura.

settle ['sɛtl] *vt* (*argument, matter*) resolver; (*accounts*) ajustar, liquidar; (*land*) colonizar; (*MED: calm*) calmar, sosegar // *vi* (*dust etc*) depositarse; (*weather*) serenarse; (*also: ~ down*) instalarse; tranquilizarse; **to ~ for sth** convenir en aceptar algo; **to ~ on sth** decidirse por algo; **to ~ up with sb** ajustar cuentas con uno; **to ~ in** *vi* instalarse; **~ment** *n* (*payment*) liquidación *f*; (*agreement*) acuerdo, convenio; (*village etc*) pueblo; **~r** *n* colono/a, colonizador/a *m/f*.

setup ['sɛtʌp] *n* sistema *m*.

seven ['sɛvn] *num* siete; **~teen** *num* diez y siete, diecisiete; **~th** *a* séptimo; **~ty** *num* setenta.

sever ['sɛvə*] *vt* cortar; (*relations*) romper.

several ['sɛvərl] *a, pron* varios/as *m/fpl*, algunos/as *m/fpl*; **~ of us** varios de nosotros.

severance ['sɛvərəns] *n* (*of relations*)

ruptura; **~ pay** *n* pago de despedida.

severe [sɪ'vɪə*] *a* severo; (*serious*) grave; (*hard*) duro; (*pain*) intenso; **severity** [sɪ'vɛrɪtɪ] *n* severidad *f*; gravedad *f*; intensidad *f*.

sew [səʊ], *pt* **sewed**, *pp* **sewn** *vt, vi* coser; **to ~ up** *vt* coser, zurcir.

sewage ['suːɪdʒ] *n* aguas *fpl* residuales.

sewer ['suːə*] *n* alcantarilla, cloaca.

sewing ['səʊɪŋ] *n* costura; **~ machine** *n* máquina de coser.

sewn [səʊn] *pp of* **sew**.

sex [sɛks] *n* sexo; **to have ~ with** sb tener relaciones (sexuales) con uno; **~ist** *a, n* sexista *m/f*.

sexual ['sɛksjuəl] *a* sexual.

sexy ['sɛksɪ] *a* sexy.

shabby ['ʃæbɪ] *a* (*person*) desharrapado; (*clothes*) raído, gastado.

shack [ʃæk] *n* choza, chabola.

shackles ['ʃæklz] *npl* grillos *mpl*, grilletes *mpl*.

shade [ʃeɪd] *n* sombra; (*for lamp*) pantalla; (*for eyes*) visera; (*of colour*) matiz *m*, tonalidad *f* // *vt* dar sombra a; **in the ~** en la sombra; **a ~ of** un poquito de; **a ~ smaller** un poquito menor.

shadow ['ʃædəʊ] *n* sombra // *vt* (*follow*) seguir y vigilar; **~ cabinet** *n* (*Brit POL*) gabinete paralelo formado por el partido de oposición; **~y** *a* oscuro; (*dim*) indistinto.

shady ['ʃeɪdɪ] *a* sombreado; (*fig: dishonest*) sospechoso; (: *deal*) turbio.

shaft [ʃɑːft] *n* (*of arrow, spear*) astil *m*; (*AUT, TECH*) eje *m*, árbol *m*; (*of mine*) pozo; (*of lift*) hueco, caja; (*of light*) rayo.

shaggy ['ʃægɪ] *a* peludo.

shake [ʃeɪk] *vb* (*pt* **shook**, *pp* **shaken**) *vt* sacudir; (*building*) hacer temblar; (*bottle, cocktail*) agitar // *vi* (*tremble*) temblar // *n* (*movement*) sacudida; **to ~ one's head** (*in refusal*) negar con la cabeza; (*in dismay*) mover *or* menear la cabeza, incrédulo; **to ~ hands with** sb estrechar la mano a uno; **to ~ off** *vt* sacudirse; (*fig*) deshacerse de; **to ~ up** *vt* agitar; **shaky** *a* (*hand, voice*) trémulo; (*building*) inestable.

shall [ʃæl] *auxiliary vb:* **I ~ go** iré; **~ I help you?** ¿quieres que te ayude?; **I'll buy three, ~ I?** compro tres, ¿no te parece?

shallow ['ʃæləʊ] *a* poco profundo; (*fig*) superficial.

sham [ʃæm] *n* fraude *m*, engaño // *a* falso, fingido // *vt* fingir, simular.

shambles ['ʃæmblz] *n* confusión *f*.

shame [ʃeɪm] *n* vergüenza; (*pity*) lástima // *vt* avergonzar; **it is a ~ that/to do** es una lástima que/hacer; **what a ~!** ¡qué lástima!; **~faced** *a* avergonzado; **~ful** *a* vergonzoso; **~less** *a* descarado.

shampoo [ʃæm'puː] *n* champú *m* // *vt* lavar con champú; ~ **and set** n lavado y marcado.

shamrock ['ʃæmrɔk] n trébol m (emblema nacional irlandés).

shandy ['ʃændɪ], (US) **shandygaff** ['ʃændɪgæf] n mezcla de cerveza con gaseosa.

shan't [ʃɑːnt] = **shall not.**

shanty town ['ʃæntɪ-] n barrio de chabolas.

shape [ʃeɪp] n forma // vt formar, dar forma a; (sb's ideas) formar; (sb's life) determinar // vi (also: ~ up) (events) desarrollarse; (person) formarse; to take ~ tomar forma; -~d suffix: heart-~d en forma de corazón; ~**less** a informe, sin forma definida; ~**ly** a bien formado or proporcionado.

share [ʃɛə•] n (part) parte f, porción f; (contribution) cuota; (COMM) acción f // vt dividir; (have in common) compartir; to ~ **out** (among or between) repartir (entre); ~**holder** n (Brit) accionista m/f.

shark [ʃɑːk] n tiburón m.

sharp [ʃɑːp] a (razor, knife) afilado; (point) puntiagudo; (outline) definido; (pain) intenso; (MUS) desafinado; (contrast) marcado; (voice) agudo; (person: quick-witted) astuto; (: dishonest) poco escrupuloso // n (MUS) sostenido // ad: at 2 o'clock ~ a las 2 en punto; ~**en** vt afilar; (pencil) sacar punta a; (fig) agudizar; ~**ener** n (also: pencil ~**ener**) sacapuntas m inv; ~**-eyed** a de vista aguda; ~**ly** ad (turn, stop) bruscamente; (stand out, contrast) claramente; (criticize, retort) severamente.

shatter ['ʃætə•] vt hacer añicos or pedazos; (fig: ruin) destruir, acabar con // vi hacerse añicos.

shave [ʃeɪv] vb (pt shaved, pp shaved or shaven) vt afeitar, rasurar // vi afeitarse // n: to have a ~ afeitarse; ~r n (also: electric ~r) máquina de afeitar (eléctrica).

shaving ['ʃeɪvɪŋ] n (action) el afeitarse, rasurado; ~s npl (of wood etc) virutas fpl; ~ **brush** n brocha (de afeitar); ~ **cream** n crema (de afeitar).

shawl [ʃɔːl] n chal m.

she [ʃiː] pron ella; ~**-cat** n gata; NB: for ships, countries follow the gender of your translation.

sheaf [ʃiːf], pl sheaves n (of corn) gavilla; (of arrows) haz m; (of papers) fajo.

shear [ʃɪə•] vb (pt sheared, pp sheared or shorn) vt (sheep) esquilar, trasquilar; ~**s** npl (for hedge) tijeras fpl de jardín; to ~ **off** vi romperse.

sheath [ʃiːθ] n vaina; (contraceptive) preservativo.

sheaves [ʃiːvz] pl of sheaf.

shed [ʃɛd] n cobertizo // vt (pt, pp shed)

(skin) mudar; (tears) derramar.

she'd [ʃiːd] = **she had; she would.**

sheen [ʃiːn] n brillo, lustre m.

sheep [ʃiːp] n, pl inv oveja; ~**dog** n perro pastor; ~**ish** a tímido, vergonzoso; ~**skin** n piel f de carnero.

sheer [ʃɪə•] a (utter) puro, completo; (steep) escarpado; (material) diáfano // ad verticalmente.

sheet [ʃiːt] n (on bed) sábana; (of paper) hoja; (of glass, metal) lámina.

sheik(h) [ʃeɪk] n jeque m.

shelf [ʃelf], pl shelves n estante m.

shell [ʃel] n (on beach) concha; (of egg, nut etc) cáscara; (explosive) proyectil m, obús m; (of building) armazón f // vt (peas) desenvainar; (MIL) bombardear.

she'll [ʃiːl] = **she will; she shall.**

shellfish ['ʃelfɪʃ] n, pl inv crustáceo; (pl: as food) mariscos mpl.

shelter ['ʃeltə•] n abrigo, refugio // vt (aid) amparar, proteger; (give lodging to) abrigar; (hide) esconder // vi abrigarse, refugiarse; ~**ed** a (life) protegido; (spot) abrigado.

shelve [ʃelv] vt (fig) aplazar; ~**s** pl of shelf.

shepherd ['ʃepəd] n pastor m // vt (guide) guiar, conducir; ~'s **pie** n pastel de carne y patatas.

sherry ['ʃerɪ] n jerez m.

she's [ʃiːz] = **she is; she has.**

Shetland ['ʃetlənd] n (also: the ~s, the ~ Isles) las Islas fpl de Zetlandia.

shield [ʃiːld] n escudo; (TECH) blindaje m // vt: to ~ (from) proteger (de).

shift [ʃɪft] n (change) cambio; (at work) turno // vt trasladar; (remove) quitar // vi moverse; (change place) cambiar de sitio; ~**less** a (person) perezoso; ~ **work** n (Brit) trabajo por turno; ~**y** a tramposo; (eyes) furtivo.

shilling ['ʃɪlɪŋ] n (Brit) chelín m.

shilly-shally ['ʃɪlɪʃælɪ] vi titubear, vacilar.

shimmer ['ʃɪmə•] n reflejo trémulo // vi relucir.

shin [ʃɪn] n espinilla.

shine [ʃaɪn] n brillo, lustre m // (vb: pt, pp shone) vi brillar, relucir // vt (shoes) lustrar, sacar brillo a; to ~ a **torch on** sth dirigir una linterna hacia algo.

shingle ['ʃɪŋgl] n (on beach) guijarras fpl; ~**s** n (MED) herpes mpl or fpl.

shiny ['ʃaɪnɪ] a brillante, lustroso.

ship [ʃɪp] n buque m, barco // vt (goods) embarcar; (oars) desarmar; (send) transportar or enviar por vía marítima; ~**building** n construcción f de buques; ~**ment** n (act) embarque m; (goods) envío; ~**per** n exportador(a) m/f; ~**ping** n (act) embarque m; (traffic) buques mpl; ~**shape** a en buen orden; ~**wreck** n naufragio // vt: to be ~**wrecked** naufragar; ~**yard** n astillero.

shire ['ʃaɪə*] n (Brit) condado.

shirk [ʃɔːk] vt eludir, esquivar; (obligations) faltar a.

shirt [ʃɔːt] n camisa; in ~ sleeves en mangas de camisa.

shit [ʃɪt] excl (col!) ¡mierda! (!)

shiver ['ʃɪvə*] vi temblar, estremecerse; (with cold) tiritar.

shoal [ʃəul] n (of fish) banco.

shock [ʃɔk] n (impact) choque m; (ELEC) descarga (eléctrica); (emotional) conmoción f; (start) sobresalto, susto; (MED) postración f nerviosa // vt dar un susto a; (offend) escandalizar; ~ absorber n amortiguador m; ~ing a (awful) espantoso; (improper) escandaloso.

shod [ʃɔd] pt, pp of **shoe**.

shoddy ['ʃɔdɪ] a de pacotilla.

shoe [ʃuː] n zapato; (for horse) herradura; (brake ~) zapata // vt (pt, pp shod) (horse) herrar; ~brush n cepillo para zapatos; ~horn n calzador m; ~lace n cordón m; ~ polish n betún m; ~shop n zapatería; ~string n (fig): on a ~string con muy poco dinero.

shone [ʃɔn] pt, pp of **shine**.

shoo [ʃuː] excl ¡fuera!

shook [ʃuk] pt, pp of **shake**.

shoot [ʃuːt] n (on branch, seedling) retoño, vástago // vt (pt, pp shot) vt disparar; (kill) matar a tiros; (execute) fusilar; (film) rodear, filmar // vi (FOOTBALL) chutar; to ~ (at) tirar (a); to ~ down vt (plane) derribar; to ~ in/out vi entrar corriendo/salir disparado; to ~ up vi (prices) dispararse; ~ing n (shots) tiros mpl; (HUNTING) caza con escopeta; ~ing star n estrella fugaz.

shop [ʃɔp] n tienda; (workshop) taller m // vi (also: go ~ping) ir de compras; ~ assistant n (Brit) dependiente/a m/f; ~ floor n (Brit fig) taller m, fábrica; ~keeper n (Brit) tendero/a; ~lifting n mechería; ~per n comprador(a) m/f; ~ping n (goods) compras fpl; ~ping bag n bolsa (de compras); ~ping centre, (US) ~ping center n centro comercial; ~-soiled a (Brit) usado; ~ steward n (Brit INDUSTRY) enlace m sindical; ~ window n escaparate m, vidriera (LAm); ~worn a (US) usado.

shore [ʃɔː*] n (of sea, lake) orilla // vt: to ~ (up) reforzar.

shorn [ʃɔːn] pp of **shear**.

short [ʃɔːt] a (not long) corto; (in time) breve, de corta duración; (person) bajo; (curt) brusco, seco // n (also: ~ film) cortometraje m; (a pair of) ~s (unos) pantalones mpl cortos; to be ~ of sth estar falto de algo; in ~ en pocas palabras; ~ of doing... fuera de hacer...; everything ~ of... todo menos...; it is ~ for es la forma abreviada de; to cut ~ (speech, visit) interrumpir, terminar inesperadamente; to fall ~ of no alcanzar; to stop ~ parar en seco; to stop ~ of detenerse antes de; ~age n escasez f, falta; ~bread n especie de mantecada; ~change vt no dar el cambio correcto a; ~-circuit n cortocircuito // vt poner en cortocircuito // vi ponerse en cortocircuito; ~coming n defecto, deficiencia; ~(crust) pastry n (Brit) pasta quebradiza; ~cut n atajo; ~en vt acortar; (visit) interrumpir; ~fall n déficit m; ~hand n (Brit) taquigrafía; ~hand typist n (Brit) taquimecanógrafo/a; ~ list n (Brit: for job) lista de candidatos escogidos; ~ly ad en breve, dentro de poco; ~-sighted a (Brit) corto de vista, miope; (fig) imprudente; ~-staffed a falto de personal; ~ story n cuento; ~-tempered a enojadizo; ~-term a (effect) a corto plazo; ~wave n (RADIO) onda corta.

shot [ʃɔt] pt, pp of **shoot** // n (sound) tiro, disparo; (person) tirador(a) m/f; (try) tentativa; (injection) inyección f; (PHOT) toma, fotografía; like a ~ (without any delay) como un rayo; ~gun n escopeta.

should [ʃud] auxiliary vb: I ~ go now debo irme ahora; he ~ be there now debe de haber llegado (ya); I ~ go if I were you yo en tu lugar me iría; I ~ like to me gustaría.

shoulder ['ʃəuldə*] n hombro; (Brit: of road) hard ~ andén m // vt (fig) cargar con; ~ blade n omóplato; ~ strap n tirante m.

shouldn't ['ʃudnt] = **should not**.

shout [ʃaut] n grito // vt gritar // vi gritar, dar voces; to ~ down vt hundir a gritos; ~ing n griterío.

shove [ʃʌv] n empujón m // vt empujar; (col: put): to ~ sth in meter algo a empellones; to ~ off vi (NAUT) alejarse del muelle; (fig: col) largarse.

shovel ['ʃʌvl] n pala; (mechanical) excavadora // vt mover con pala.

show [ʃəu] n (of emotion) demostración f; (semblance) apariencia; (exhibition) exposición f; (THEATRE) función f, espectáculo // vb (pt showed, pp shown) vt mostrar, enseñar; (courage etc) mostrar, manifestar; (exhibit) exponer; (film) proyectar // vi mostrarse; (appear) aparecer; on ~ (exhibits etc) expuesto; to ~ in vt (person) hacer pasar; to ~ off vi (pej) presumir // vt (display) lucir; (pej) hacer gala de; to ~ out vt: to ~ sb out acompañar a uno a la puerta; to ~ up vi (stand out) destacar; (col: turn up) aparecer // vt descubrir; (unmask) desenmascarar; ~ business n el mundo del espectáculo; ~down n enfrentamiento (final).

shower ['ʃauə*] n (rain) chaparrón m, chubasco; (of stones etc) lluvia; (also: ~bath) ducha, regadera (LAm) // vi llover // vt: to ~ sb with sth colmar a uno de algo; **~proof** a impermeable.

showing ['ʃəuɪŋ] n (of film) proyección f.

show jumping n hipismo.

shown [ʃəun] pp of **show**.

show: **~-off** n (col: person) presumido/a; **~piece** n (of exhibition etc) objeto cumbre; **~room** n sala de muestras.

shrank [ʃræŋk] pt of **shrink**.

shrapnel ['ʃræpnl] n metralla.

shred [ʃred] n (gen pl) triza, jirón m // vt hacer trizas; (CULIN) desmenuzar; **~der** n (vegetable ~der) picadora; (document ~der) trituradora (de papel).

shrewd [ʃru:d] a astuto.

shriek [ʃri:k] n chillido // vt, vi chillar.

shrill [ʃrɪl] a agudo, estridente.

shrimp [ʃrɪmp] n camarón m.

shrine [ʃraɪn] n santuario, sepulcro.

shrink [ʃrɪŋk], pt **shrank**, pp **shrunk** vi encogerse; (be reduced) reducirse // vt encoger; to ~ **from doing sth** no atreverse a hacer algo; **~age** n encogimiento; reducción f; **~wrap** vt empaquetar al vacío.

shrivel ['ʃrɪvl] (also: ~ **up**) vt (dry) secar; (crease) arrugar // vi secarse; arrugarse.

shroud [ʃraud] n sudario // vt: **~ed in mystery** envuelto en el misterio.

Shrove Tuesday ['ʃrəuv-] n martes m de carnaval.

shrub [ʃrʌb] n arbusto; **~bery** n arbustos mpl.

shrug [ʃrʌg] n encogimiento de hombros // vt, vi: to ~ **(one's shoulders)** encogerse de hombros; **to ~ off** vt negar importancia a.

shrunk [ʃrʌŋk] pp of **shrink**.

shudder ['ʃʌdə*] n estremecimiento, escalofrío // vi estremecerse.

shuffle ['ʃʌfl] vt (cards) barajar; to ~ **(one's feet)** arrastrar los pies.

shun [ʃʌn] vt rehuir, esquivar.

shunt [ʃʌnt] vt (RAIL) maniobrar.

shut [ʃʌt], pt, pp **shut** vt cerrar // vi cerrarse; to ~ **down** vt, vi cerrar; to ~ **off** vt (supply etc) interrumpir, cortar; to ~ **up** vi (col: keep quiet) callarse // vt (close) cerrar; (silence) callar; **~ter** n contraventana; (PHOT) obturador m.

shuttle ['ʃʌtl] n lanzadera; (also: ~ service: AVIAT) puente m aéreo.

shuttlecock ['ʃʌtlkɔk] n volante m.

shy [ʃaɪ] a tímido; **~ness** n timidez f.

sibling ['sɪblɪŋ] n hermano/a.

Sicily ['sɪsɪlɪ] n Sicilia.

sick [sɪk] a (ill) enfermo; (nauseated) mareado; (humour) negro; **to be ~** (Brit) vomitar; **to feel ~** tener náuseas; **to be ~ of** (fig) estar harto de; ~ **bay** n enfermería; **~en** vt dar asco a // vi enfermar; **~ening** a (fig) asqueroso.

sickle ['sɪkl] n hoz f.

sick: ~ **leave** n baja por enfermedad; **~ly** a enfermizo; (taste) empalagoso; **~ness** n enfermedad f, mal m; (vomiting) náuseas fpl; ~ **pay** n subsidio de enfermedad.

side [saɪd] n (gen) lado; (of body) costado; (of lake) orilla; (team) equipo; (of hill) ladera // vi: to ~ **with sb** tomar el partido de uno; **by the ~ of** al lado de; ~ **by ~** juntos/as; **from all ~s** de todos lados; **to take ~s (with)** tomar partido (con); **~board** n aparador m; **~boards** (Brit), **~burns** npl patillas fpl; ~ **effect** n efecto secundario; **~light** n (AUT) luz f lateral; **~line** n (SPORT) línea lateral; (fig) empleo suplementario; **~long** a de soslayo; **~saddle** ad a mujeriegas, a la inglesa; ~ **show** n (stall) caseta; **~step** vt (fig) esquivar; ~ **street** n calle f lateral; **~track** vt (fig) desviar (de su propósito); **~walk** n (US) acera; **~ways** ad de lado.

siding ['saɪdɪŋ] n (RAIL) apartadero, vía muerta.

sidle ['saɪdl] vi: to ~ **up (to)** acercarse furtivamente (a).

siege [si:dʒ] n cerco, sitio.

sieve [sɪv] n colador m // vt cribar.

sift [sɪft] vt cribar; (fig: information) escudriñar.

sigh [saɪ] n suspiro // vi suspirar.

sight [saɪt] n (faculty) vista; (spectacle) espectáculo; (on gun) mira, alza // vt divisar; **in ~** a la vista; **out of ~** fuera de (la) vista; **~seeing** n excursionismo, turismo; **to go ~seeing** hacer turismo.

sign [saɪn] n (with hand) señal f, seña; (trace) huella, rastro; (notice) letrero; (written) signo // vt firmar; to ~ **sth over to sb** firmar el traspaso de algo a uno; to ~ **on** vi (MIL) alistarse; (as unemployed) registrarse como desempleado // vt (MIL) alistar; (employee) contratar; to ~ **up** vi (MIL) alistarse // vt (contract) contratar.

signal ['sɪgnl] n señal f // vi (AUT) hacer señales // vt (person) hacer señas a; (message) comunicar por señales; **~man** n (RAIL) guardavía m.

signature ['sɪgnətʃə*] n firma; ~ **tune** n sintonía de apertura de un programa.

signet ring ['sɪgnət-] n anillo de sello.

significance [sɪg'nɪfɪkəns] n significado; (importance) trascendencia.

significant [sɪg'nɪfɪkənt] a significativo; trascendente.

signify ['sɪgnɪfaɪ] vt significar.

signpost ['saɪnpəust] n indicador m.

silence ['saɪlns] n silencio // vt hacer callar; (guns) reducir al silencio; **~r** n (on gun, Brit AUT) silenciador m.

silent ['saɪlnt] a (gen) silencioso; (not speaking) callado; (film) mudo; **to remain ~** guardar silencio; ~ **partner** n

(COMM) socio/a comanditario/a.

silhouette [sɪluː'et] n silueta.

silicon chip ['sɪlɪkən-] n plaqueta de silicio.

silk [sɪlk] n seda // cpd de seda; **~y** a sedoso.

silly ['sɪlɪ] a (person) tonto; (idea) absurdo.

silo ['saɪləu] n silo.

silt [sɪlt] n sedimento.

silver ['sɪlvə*] n plata; (money) moneda suelta // cpd de plata; **~ paper** n (Brit) papel m de plata; **~-plated** a plateado; **~smith** n platero/a; **~ ware** n plata; **~y** a plateado.

similar ['sɪmɪlə*] a: **~ to** parecido or semejante a; **~ly** ad del mismo modo.

simile ['sɪmɪlɪ] n símil m.

simmer ['sɪmə*] vi hervir a fuego lento.

simpering ['sɪmpərɪŋ] a afectado; (foolish) bobo.

simple ['sɪmpl] a (easy) sencillo; (foolish, COMM: interest) simple; **simplicity** [-'plɪsɪtɪ] n sencillez f; **simplify** ['sɪmplɪfaɪ] vt simplificar.

simply ['sɪmplɪ] ad (live, talk) sencillamente; (just, merely) sólo.

simultaneous [sɪməl'teɪnɪəs] a simultáneo; **~ly** ad simultáneamente.

sin [sɪn] n pecado // vi pecar.

since [sɪns] ad desde entonces, después // prep desde // conj (time) desde que; (because) ya que, puesto que; **~ then** desde entonces.

sincere [sɪn'sɪə*] a sincero; **~ly** ad: **yours ~ly**, (US) **~ly yours** (in letters) le saluda atentamente; **sincerity** [-'serɪtɪ] n sinceridad f.

sinew ['sɪnjuː] n tendón m.

sinful ['sɪnful] a (thought) pecaminoso; (person) pecador(a).

sing [sɪŋ], pt **sang**, pp **sung** vt cantar // vi cantar.

Singapore [sɪŋə'pɔː*] n Singapur m.

singe [sɪndʒ] vt chamuscar.

singer ['sɪŋə*] n cantante m/f.

singing ['sɪŋɪŋ] n (gen) canto; (songs) canciones fpl.

single ['sɪŋgl] a único, solo; (unmarried) soltero; (not double) simple, sencillo // n (Brit: also: **~ ticket**) billete m sencillo; (record) sencillo, single m; **~s** npl (TENNIS) individual msg; **to ~ out** vt (choose) escoger; **~ bed** n cama individual; **~-breasted** a (jacket, suit) recto; **single-file** n: **in ~ file** en fila de uno; **~-handed** ad sin ayuda; **~-minded** a resuelto, firme; **~ room** n cuarto individual.

singlet ['sɪŋglɪt] n camiseta.

singly ['sɪŋglɪ] ad uno por uno.

singular ['sɪŋgjulə*] a (odd) raro, extraño; (LING) singular // n (LING) singular m.

sinister ['sɪnɪstə*] a siniestro.

sink [sɪŋk] n fregadero // vb (pt **sank**, pp **sunk**) vt (ship) hundir, echar a pique; (foundations) excavar; (piles etc): **to ~ sth into** hundir algo en // vi (gen) hundirse; **to ~ in** vi (fig) penetrar, calar.

sinner ['sɪnə*] n pecador(a) m/f.

sinus ['saɪnəs] n (ANAT) seno.

sip [sɪp] n sorbo // vt sorber, beber a sorbitos.

siphon ['saɪfən] n sifón m; **to ~ off** vt desviar.

sir [sə*] n señor m; **S~ John Smith** Sir John Smith; **yes ~** sí, señor.

siren ['saɪərn] n sirena.

sirloin ['səːlɔɪn] n solomillo.

sissy ['sɪsɪ] n (col) marica m.

sister ['sɪstə*] n hermana; (Brit: nurse) enfermera jefe; **~-in-law** n cuñada.

sit [sɪt], pt, pp **sat** vi sentarse; (be sitting) estar sentado; (assembly) reunirse // vt (exam) presentarse a; **to ~ down** vi sentarse; **to ~ in on** vt fus asistir a; **to ~ up** vi incorporarse; (not go to bed) velar.

sitcom ['sɪtkɔm] n abbr (= situation comedy) comedia de situación.

site [saɪt] n sitio; (also: **building ~**) solar m // vt situar.

sit-in ['sɪtɪn] n (demonstration) ocupación f.

sitting ['sɪtɪŋ] n (of assembly etc) sesión f; (in canteen) turno; **~ room** n sala de estar.

situated ['sɪtjueɪtɪd] a situado.

situation [sɪtju'eɪʃən] n situación f; **'~s vacant'** (Brit) 'ofrecen trabajo'.

six [sɪks] num seis; **~teen** num diez y seis, dieciséis; **~th** a sexto; **~ty** num sesenta.

size [saɪz] n (gen) tamaño; (extent) extensión f; (of clothing) talla; (of shoes) número; **to ~ up** vt formarse una idea de; **~able** a importante, considerable.

sizzle ['sɪzl] vi crepitar.

skate [skeɪt] n patín m; (fish: pl inv) raya // vi patinar; **~board** n monopatín m; **~r** n patinador(a) m/f; **skating** n patinaje m; **skating rink** n pista de patinaje.

skeleton ['skelɪtn] n esqueleto; (TECH) armazón f; (outline) esquema m; **~ key** n llave f maestra; **~ staff** n personal m reducido.

skeptic ['skeptɪk] etc (US) = **sceptic**.

sketch [sketʃ] n (drawing) dibujo; (outline) esbozo, bosquejo; (THEATRE) sketch m // vt dibujar; esbozar; **~ book** n libro de dibujos; **~y** a incompleto.

skewer ['skjuːə*] n broqueta.

ski [skiː] n esquí m // vi esquiar; **~ boot** n bota de esquí.

skid [skɪd] n patinazo // vi patinar.

ski: **~er** n esquiador(a) m/f; **~ing** n esquí m; **~ jump** n salto con esquís.

skilful ['skɪlful] a diestro, experto.

ski lift *n* telesilla *m*, telesquí *m*.

skill [skɪl] *n* destreza, pericia; **~ed** *a* hábil, diestro; *(worker)* cualificado.

skim [skɪm] *vt (milk)* desnatar; *(glide over)* rozar, rasar // *vi*: **to ~ through** *(book)* hojear; **~med milk** *n* leche *f* desnatada.

skimp [skɪmp] *vt (work)* chapucear; *(cloth etc)* escatimar; **~y** *a (meagre)* escaso; *(skirt)* muy corto.

skin [skɪn] *n (gen)* piel *f*; *(complexion)* cutis *m* // *vt (fruit etc)* pelar; *(animal)* despellejar; **~-deep** *a* superficial; **~ diving** *n* buceo; **~ny** *a* flaco; **~tight** *a (dress etc)* muy ajustado.

skip [skɪp] *n* brinco, salto; *(container)* cuba // *vi* brincar; *(with rope)* saltar a la comba // *vt (pass over)* omitir, saltar.

ski pants *npl* pantalones *mpl* de esquí.

ski pole *n* bastón *m* de esquiar.

skipper ['skɪpə*] *n (NAUT, SPORT)* capitán *m*.

skipping rope ['skɪpɪŋ-] *n (Brit)* cuerda (de saltar).

skirmish ['skɜːmɪʃ] *n* escaramuza.

skirt [skɜːt] *n* falda, pollera *(LAm)* // *vt (surround)* ceñir, rodear; *(go round)* ladear.

ski suit *n* traje *m* de esquiar.

skit [skɪt] *n* sátira, parodia.

skittle ['skɪtl] *n* bolo; **~s** *n (game)* boliche *m*.

skive [skaɪv] *vi (Brit col)* gandulear.

skulk [skʌlk] *vi* esconderse.

skull [skʌl] *n* calavera; *(ANAT)* cráneo *m*.

skunk [skʌŋk] *n* mofeta.

sky [skaɪ] *n* cielo; **~light** *n* tragaluz *m*, claraboya; **~scraper** *n* rascacielos *m inv*.

slab [slæb] *n (stone)* bloque *m*; *(flat)* losa; *(of cake)* trozo.

slack [slæk] *a (loose)* flojo; *(slow)* de poca actividad; *(careless)* descuidado; **~s** *npl* pantalones *mpl*; **~en** *(also:* **~en off)** *vi* aflojarse // *vt* aflojar; *(speed)* disminuir.

slag [slæg] *n* escoria, escombros *mpl*; **~ heap** *n* escorial *m*, escombrera.

slain [sleɪn] *pp of* **slay.**

slam [slæm] *vt (throw)* arrojar (violentamente); **to ~ the door** dar un portazo // *vi* cerrarse de golpe.

slander ['slɑːndə*] *n* calumnia, difamación *f* // *vt* calumniar, difamar.

slang [slæŋ] *n* argot *m*; *(jargon)* jerga.

slant [slɑːnt] *n* sesgo, inclinación *f*; *(fig)* interpretación *f*; **~ed** *a* parcial; **~ing** *a* inclinado.

slap [slæp] *n* palmada; *(in face)* bofetada // *vt* dar una palmada/bofetada a // *ad (directly)* exactamente, directamente; **~dash** *a* descuidado; **~stick** *n*: **~stick comedy** comedia de golpe y porrazo; **~up** *a*: **a ~up meal** *(Brit)* un banquetazo, una comilona.

slash [slæʃ] *vt* acuchillar; *(fig: prices)* quemar.

slat [slæt] *n* tablilla, listón *m*.

slate [sleɪt] *n* pizarra // *vt (Brit: fig: criticize)* criticar duramente.

slaughter ['slɔːtə*] *n (of animals)* matanza; *(of people)* carnicería // *vt* matar; **~house** *n* matadero.

Slav [slɑːv] *a* eslavo.

slave [sleɪv] *n* esclavo/a // *vi (also:* **~ away)** sudar tinta; **~ry** *n* esclavitud *f*.

slay [sleɪ], *pt* **slew**, *pp* **slain** *vt* matar.

SLD *n abbr = Social and Liberal Democrats.*

sleazy ['sliːzɪ] *a* de mala fama.

sled [sled] *n (US)* trineo.

sledge [sledʒ] *n (Brit)* trineo; **~hammer** *n* mazo.

sleek [sliːk] *a (shiny)* lustroso.

sleep [sliːp] *n* sueño // *vi (pt, pp* **slept***)* dormir; **to go to ~** quedarse dormido; **to ~ in** *vi (oversleep)* quedarse dormido; **~er** *n (person)* durmiente *m/f*; *(Brit RAIL: on track)* traviesa; *(: train)* coche-cama *m*; **~ing bag** *n* saco de dormir; **~ing car** *n* coche-cama *m*; **~ing pill** *n* somnífero; **~less** *a*: **a ~less night** una noche en blanco; **~walker** *n* sonámbulo/a; **~y** *a* soñoliento.

sleet [sliːt] *n* nevisca.

sleeve [sliːv] *n* manga; *(TECH)* manguito.

sleigh [sleɪ] *n* trineo.

sleight [slaɪt] *n*: **~ of hand** escamoteo.

slender ['slendə*] *a* delgado; *(means)* escaso.

slept [slept] *pt, pp of* **sleep.**

slew [sluː] *vi (veer)* torcerse // *pt of* **slay.**

slice [slaɪs] *n (of meat)* tajada; *(of bread)* rebanada; *(of lemon)* rodaja; *(utensil)* pala // *vt* cortar (en tajos); rebanar.

slick [slɪk] *a (skilful)* hábil, diestro // *n (also:* **oil ~)** marea negra.

slide [slaɪd] *n (in playground)* tobogán *m*; *(PHOT)* diapositiva; *(Brit: also:* **hair ~)** pasador *m* // *vb (pt, pp* **slid***) vt* correr, deslizar // *vi (slip)* resbalarse; *(glide)* deslizarse; **~ rule** *n* regla de cálculo; **sliding** *a (door)* corredizo; **sliding scale** *n* escala móvil.

slight [slaɪt] *a (slim)* delgado; *(frail)* delicado; *(pain etc)* leve; *(trivial)* insignificante; *(small)* pequeño // *n* desaire *m* // *vt (offend)* ofender, desairar; **not in the ~est** en absoluto; **~ly** *ad* ligeramente, un poco.

slim [slɪm] *a* delgado, esbelto // *vi* adelgazar.

slime [slaɪm] *n* limo, cieno.

slimming ['slɪmɪŋ] *n* adelgazamiento.

sling [slɪŋ] *n (MED)* cabestrillo; *(weapon)* honda // *vt (pt, pp* **slung***)* tirar, arrojar.

slip [slɪp] *n (slide)* resbalón *m*; *(mistake)* descuido; *(underskirt)* combinación *f*; *(of paper)* papelito // *vt (slide)* deslizar //

vi (*slide*) deslizarse; (*stumble*) resbalar(se); (*decline*) decaer; (*move smoothly*): to ~ into/out of (*room etc*) introducirse en/salirse de; to give sb the ~ eludir a uno; a ~ of the tongue un lapsus; to ~ sth on/off ponerse/quitarse algo; to ~ away *vi* escabullirse; to ~ in *vt* meter // *vi* meterse; to ~ out *vi* (*go out*) salir (un momento); ~ped disc *n* vértebra dislocada.

slipper ['slɪpə*] *n* zapatilla, pantufla.

slippery ['slɪpərɪ] *a* resbaladizo.

slip: ~ road *n* (*Brit*) carretera de acceso; ~shod *a* descuidado; ~-up *n* (*error*) desliz *m*; ~way *n* grada, gradas *fpl*.

slit [slɪt] *n* raja; (*cut*) corte *m* // *vt* (*pt, pp* slit) rajar, cortar.

slither ['slɪðə*] *vi* deslizarse.

sliver ['slɪvə*] *n* (*of glass, wood*) astilla; (*of cheese etc*) raja.

slob [slɔb] *n* (*col*) patán/ana *m/f*.

slog [slɔg] (*Brit*) *vi* sudar tinta; it was a ~ costó trabajo (hacerlo).

slogan ['sləugən] *n* eslogan *m*, lema *m*.

slop [slɔp] *vi* (*also*: ~ over) derramarse, desbordarse // *vt* derramar, verter.

slope [sləup] *n* (*up*) cuesta, pendiente *f*; (*down*) declive *m*; (*side of mountain*) falda, vertiente *m* // *vi*: to ~ down estar en declive; to ~ up inclinarse; **sloping** *a* en pendiente; en declive.

sloppy ['slɔpɪ] *a* (*work*) descuidado; (*appearance*) desaliñado.

slot [slɔt] *n* ranura // *vt*: to ~ into encajar en.

sloth [sləuθ] *n* (*laziness*) pereza.

slot machine *n* (*Brit*: *vending machine*) aparato vendedor, distribuidor *m* automático; (*for gambling*) máquina tragaperras.

slouch [slautʃ] *vi*: to ~ about (*laze*) gandulear.

slovenly ['slʌvənlɪ] *a* (*dirty*) desaliñado, desaseado; (*careless*) descuidado.

slow [sləu] *a* lento; (*watch*): to be ~ atrasarse // *ad* lentamente, despacio // *vt, vi* (*also*: ~ down, ~ up) retardar; '~' (*road sign*) 'disminuir velocidad'; ~ down *n* (*US*) huelga de manos caídas; ~ly *ad* lentamente, despacio; **slow motion** *n*: in ~ motion a cámara lenta.

sludge [slʌdʒ] *n* lodo, fango.

slug [slʌg] *n* babosa; (*bullet*) posta; ~gish *a* (*slow*) lento; (*lazy*) perezoso.

sluice [slu:s] *n* (*gate*) esclusa; (*channel*) canal *m*.

slum [slʌm] *n* casucha.

slumber ['slʌmbə*] *n* sueño.

slump [slʌmp] *n* (*economic*) depresión *f* // *vi* hundirse.

slung [slʌŋ] *pt, pp of* **sling**.

slur [slɜ:*] *n* calumnia // *vt* calumniar, difamar; (*word*) pronunciar mal.

slush [slʌʃ] *n* nieve *f* a medio derretir; ~

fund *n* caja negra (*fondos para sobornar*).

slut [slʌt] *n* (*sloppy*) marrana.

sly [slaɪ] *a* astuto.

smack [smæk] *n* (*slap*) manotada; (*blow*) golpe *m* // *vt* dar una manotada a; golpear con la mano // *vi*: to ~ of saber a, oler a.

small [smɔ:l] *a* pequeño; ~ ads *npl* (*Brit*) anuncios *mpl* por palabras; ~ change *n* suelto, cambio; ~holder *n* (*Brit*) granjero/a, parcelero/a; ~ hours *npl*: in the ~ hours en las altas horas (de la noche); ~pox *n* viruela; ~ talk *n* cháchara.

smart [smɑ:t] *a* elegante; (*clever*) listo, inteligente; (*quick*) rápido, vivo // *vi* escocer, picar; to ~en up *vi* arreglarse // *vt* arreglar.

smash [smæʃ] *n* (*also*: ~-up) choque *m* // *vt* (*break*) hacer pedazos; (*car etc*) estrellar; (*SPORT*: *record*) batir // *vi* hacerse pedazos; (*against wall etc*) estrellarse; ~ing *a* (*col*) cojonudo.

smattering ['smætərɪŋ] *n*: a ~ of Spanish algo de español.

smear [smɪə*] *n* mancha; (*MED*) frotis *m inv* // *vt* untar; (*fig*) calumniar, difamar.

smell [smel] *n* olor *m*; (*sense*) olfato *m* // (*pt, pp* smelt or smelled) *vt, vi* oler; it ~s good/of garlic huele bien/a ajo; ~y *a* maloliente.

smile [smaɪl] *n* sonrisa // *vi* sonreír; **smiling** *a* sonriente.

smirk [smɜ:k] *n* sonrisa falsa or afectada.

smith [smɪθ] *n* herrero; ~y ['smɪðɪ] *n* herrería.

smock [smɔk] *n* blusa; (*children's*) delantal *m*; (*US*: *overall*) guardapolvo.

smog [smɔg] *n* esmog *m*.

smoke [sməuk] *n* humo // *vi* fumar; (*chimney*) echar humo // *vt* (*cigarettes*) fumar; ~d *a* (*bacon, glass*) ahumado; ~r *n* (*person*) fumador(a) *m/f*; (*RAIL*) coche *m* fumador; ~ screen *n* cortina de humo; ~ shop *n* (*US*) estanco, tabaquería (*LAm*); **smoking** *n*: 'no smoking' 'prohibido fumar'; **smoky** *a* (*room*) lleno de humo.

smolder ['sməuldə*] *vi* (*US*) = **smoulder**.

smooth [smu:ð] *a* liso; (*sea*) tranquilo; (*flavour, movement*) suave; (*person*: *pej*) meloso // *vt* alisar; (*also*: ~ out: *creases, difficulties*) allanar.

smother ['smʌðə*] *vt* sofocar; (*repress*) contener.

smoulder, (*US*) **smolder** ['sməuldə*] *vi* arder sin llama.

smudge [smʌdʒ] *n* mancha // *vt* manchar.

smug [smʌg] *a* presumido.

smuggle ['smʌgl] *vt* pasar de contrabando; ~r *n* contrabandista *m/f*; **smuggling** *n* contrabando.

smutty ['smʌtɪ] a (fig) verde, obsceno.

snack [snæk] n bocado; ~ **bar** n cafetería.

snag [snæg] n problema m.

snail [sneɪl] n caracol m.

snake [sneɪk] n (gen) serpiente f; (harmless) culebra; (poisonous) víbora.

snap [snæp] n (sound) chasquido; golpe m seco; (photograph) foto f // a (decision) instantáneo // vt (fingers etc) castañetear; (break) quebrar; (photograph) tomar una foto de // vi (break) quebrarse; (fig: person) contestar bruscamente; **to ~ shut** cerrarse de golpe; **to ~ at** vt fus (subj: dog) intentar morder; **to ~ off** vi (break) partirse; **to ~ up** vt agarrar; ~ **fastener** n (US) botón m de presión; ~**py** a (col: answer) instantáneo; (slogan) conciso; **make it ~py!** (hurry up) ¡date prisa!; ~**shot** n foto f (instantánea).

snare [snɛə*] n trampa // vt cazar con trampa; (fig) engañar.

snarl [snɑːl] n gruñido // vi gruñir.

snatch [snætʃ] n (fig) robo; ~**es of** trocitos mpl de // vt (~ away) arrebatar; (grasp) coger (Sp), agarrar.

sneak [sniːk] vi: **to ~ in/out** entrar/salir a hurtadillas // n (col) soplón/ona f; ~**ers** npl (US) zapatos mpl de lona; ~**y** a furtivo.

sneer [snɪə*] vi sonreír con desprecio.

sneeze [sniːz] vi estornudar.

sniff [snɪf] vi sorber (por la nariz) // vt husmear, oler.

snigger ['snɪgə*] vi reírse con disimulo.

snip [snɪp] n (piece) recorte m; (bargain) ganga // vt tijeretear.

sniper ['snaɪpə*] n francotirador(a) m/f.

snippet ['snɪpɪt] n retazo.

snivelling ['snɪvlɪŋ] a llorón/ona.

snob [snɔb] n (e)snob m/f; ~**bery** n (e)snobismo; ~**bish** a (e)snob.

snooker ['snuːkə*] n especie de billar.

snoop [snuːp] vi: **to ~ about** fisgonear.

snooty ['snuːtɪ] a (e)snob.

snooze [snuːz] n siesta // vi echar una siesta.

snore [snɔː*] vi roncar; **snoring** n ronquidos mpl.

snorkel ['snɔːkl] n (tubo) respirador m.

snort [snɔːt] n bufido // vi bufar.

snout [snaut] n hocico, morro.

snow [snəu] n nieve f // vi nevar; ~**ball** n bola de nieve; ~**bound** a bloqueado por la nieve; ~**drift** n ventisquero; ~**drop** n campanilla; ~**fall** n nevada; ~**flake** n copo de nieve; ~**man** n figura de nieve; ~**plough**, (US) ~**plow** n quitanieves m inv; ~**shoe** n raqueta (de nieve); ~**storm** n nevada, nevasca.

snub [snʌb] vt: **to ~ sb** desairar a alguien // n desaire m, repulsa; ~-**nosed** a chato.

uff [snʌf] n rapé m.

snug [snʌg] a (cosy) cómodo; (fitted) ajustado.

snuggle ['snʌgl] vi: **to ~ up to sb** arrimarse a uno.

so [səu] ♦ ad **1** (thus, likewise) así, de este modo; **if ~** de ser así; **I like swimming — ~ do I** a mí me gusta nadar — a mí también; **I've got work to do — ~ has Paul** tengo trabajo que hacer — Paul también; **it's 5 o'clock — ~ it is!** son las cinco — ¡pues es verdad!; **I hope/think ~** espero/creo que sí; **~ far** hasta ahora; (in past) hasta este momento

2 (in comparisons etc: to such a degree) tan; **~ quickly (that)** tan rápido (que); **~ big (that)** tan grande (que); **she's not ~ clever as her brother** no es tan lista como su hermano; **we were ~ worried** estábamos tan preocupadísimos

3: **~ much** a tanto/a // ad tanto; **~ many** tantos/as

4 (phrases): **10 or ~** unos 10, 10 o así; **~ long!** (col: goodbye) ¡hasta luego!

♦ conj **1** (expressing purpose): **~ as to do** para hacer; **~ (that)** para que + subjun

2 (expressing result) así que; **~ you see, I could have gone** así que ya ves, (yo) podría haber ido.

soak [səuk] vt (drench) empapar; (put in water) remojar // vi remojarse, estar a remojo; **to ~ in** vi penetrar; **to ~ up** vt absorber.

so-and-so ['səuənsəu] n (somebody) fulano/a de tal.

soap [səup] n jabón m; ~**flakes** npl escamas fpl de jabón; ~ **opera** n telenovela; ~ **powder** n jabón m en polvo; ~**y** a jabonoso.

soar [sɔː*] vi (on wings) remontarse; (building etc) elevarse.

sob [sɔb] n sollozo // vi sollozar.

sober ['səubə*] a (moderate) moderado; (not drunk) sobrio; (colour, style) discreto; **to ~ up** vi pasársele a uno la borrachera.

so-called ['səu'kɔːld] a así llamado.

soccer ['sɔkə*] n fútbol m.

social ['səuʃl] a social // n velada, fiesta; ~ **club** n club m; ~**ism** n socialismo; ~**ist** a, n socialista m/f; ~**ize** vi: **to ~ize (with)** alternar (con); ~**ly** ad socialmente; ~ **security** n seguridad f social; ~ **work** n asistencia social; ~ **worker** n asistente/a m/f social.

society [sə'saɪətɪ] n sociedad f; (club) asociación f; (also: high ~) buena sociedad.

sociologist [səusɪ'ɔlədʒɪst] n sociólogo/a.

sociology [səusɪ'ɔlədʒɪ] n sociología.

sock [sɔk] n calcetín m, media (LAm).

socket ['sɔkɪt] n (ELEC) enchufe m.

sod [sɔd] n (of earth) césped m; (col!) cabrón/ona m/f (!).

soda ['səudə] n (CHEM) sosa; (also: ~

water) soda; (US: also: ~ **pop**) gaseosa.
sodden ['sɒdn] a empapado.
sodium ['səʊdɪəm] n sodio.
sofa ['səʊfə] n sofá m.
soft [sɒft] a (not hard, lenient) blando; (gentle, not loud) suave; (stupid) bobo; ~ **drink** n bebida no alcohólica; ~**en** ['sɒfn] vt ablandar; suavizar // vi ablandarse; suavizarse; ~**ly** ad suavemente; (gently) delicadamente, con delicadeza; ~**ness** n blandura; suavidad f; ~**ware** n (COMPUT) software m.
soggy ['sɒgɪ] a empapado.
soil [sɔɪl] n (earth) tierra, suelo // vt ensuciar; ~**ed** a sucio.
solace ['sɒlɪs] n consuelo.
sold [səʊld] pt, pp de sell; ~ **out** a (COMM) agotado.
solder ['səʊldə*] vt soldar // n soldadura.
soldier ['səʊldʒə*] n (gen) soldado; (army man) militar m.
sole [səʊl] n (of foot) planta; (of shoe) suela; (fish: pl inv) lenguado // a único.
solemn ['sɒləm] a solemne.
solicit [sə'lɪsɪt] vt (request) solicitar // vi (prostitute) importunar.
solicitor [sə'lɪsɪtə*] n (Brit: for wills etc) ≈ notario/a; (: in court) ≈ abogado/a.
solid ['sɒlɪd] a sólido; (gold etc) macizo // n sólido.
solidarity [sɒlɪ'dærɪtɪ] n solidaridad f.
solitaire [sɒlɪ'tɛə*] n (game, gem) solitario.
solitary ['sɒlɪtərɪ] a solitario, solo; ~ **confinement** n incomunicación f.
solitude ['sɒlɪtjuːd] n soledad f.
solo ['səʊləʊ] n solo; ~**ist** n solista m/f.
solution [sə'luːʃən] n solución f.
solve [sɒlv] vt resolver, solucionar.
solvent ['sɒlvənt] a (COMM) solvente // n (CHEM) solvente m.
sombre, (US) somber ['sɒmbə*] a sombrío.
some [sʌm] ♦ a 1 (a certain amount or number of): ~ tea/water/biscuits té/agua/(unas) galletas; there's ~ milk in the fridge hay leche en el frigo; there were ~ people outside había algunas personas fuera; I've got ~ money, but not much tengo algo de dinero, pero no mucho
2 (certain: in contrasts) algunos/as; ~ people say that ... hay quien dice que ...; ~ films were excellent, but most were mediocre hubo películas excelentes, pero la mayoría fueron mediocres
3 (unspecified): ~ woman was asking for you una mujer estuvo preguntando por ti; he was asking for ~ book (or other) pedía un libro; ~ day algún día; ~ day next week un día de la semana que viene
♦ pron 1 (a certain number): I've got ~ (books etc) tengo algunos/as
2 (a certain amount) algo; I've got ~

(money, milk) tengo algo; **could I have ~ of that cheese?** ¿me puede dar un poco de ese queso?; **I've read ~ of the book** he leído parte del libro
♦ ad: ~ **10 people** unas 10 personas, una decena de personas
somebody ['sʌmbədɪ] pron = **someone**.
somehow ['sʌmhaʊ] ad de alguna manera; (for some reason) por una u otra razón.
someone ['sʌmwʌn] pron alguien.
someplace ['sʌmpleɪs] ad (US) = **somewhere**.
somersault ['sʌməsɔːlt] n (deliberate) salto mortal; (accidental) vuelco // vi dar un salto mortal; dar vuelcos.
something ['sʌmθɪŋ] pron algo; **would you like ~ to eat/drink?** ¿te gustaría cenar/tomar algo?
sometime ['sʌmtaɪm] ad (in future) algún día, en algún momento; ~ **last month** durante el mes pasado.
sometimes ['sʌmtaɪmz] ad a veces.
somewhat ['sʌmwɒt] ad algo.
somewhere ['sʌmwɛə*] ad (be) en alguna parte; (go) a alguna parte; ~ **else** (be) en otra parte; (go) a otra parte.
son [sʌn] n hijo.
song [sɒŋ] n canción f.
sonic ['sɒnɪk] a (boom) sónico.
son-in-law ['sʌnɪnlɔː] n yerno.
sonnet ['sɒnɪt] n soneto.
sonny ['sʌnɪ] n (col) hijo.
soon [suːn] ad pronto, dentro de poco; ~ **afterwards** poco después; see also **as**; ~**er** ad (time) antes, más temprano; I would ~**er** do that preferiría hacer eso; ~**er or later** tarde o temprano.
soot [sʊt] n hollín m.
soothe [suːð] vt tranquilizar; (pain) aliviar.
sophisticated [sə'fɪstɪkeɪtɪd] a sofisticado.
sophomore ['sɒfəmɔː*] n (US) estudiante m/f de segundo año.
soporific [sɒpə'rɪfɪk] a soporífero.
sopping ['sɒpɪŋ] a: ~ **(wet)** empapado.
soppy ['sɒpɪ] a (pej) bobo, tonto.
soprano [sə'prɑːnəʊ] n soprano f.
sorcerer ['sɔːsərə*] n hechicero.
sore [sɔː*] a (painful) doloroso, que duele; (offended) resentido // n llaga; ~**ly** ad: I am ~**ly** tempted to estoy muy tentado a.
sorrow ['sɒrəʊ] n pena, dolor m.
sorry ['sɒrɪ] a (regretful) arrepentido; (condition, excuse) lastimoso; ~! ¡perdón!, ¡perdone!; to feel ~ for sb tener lástima a uno; I feel ~ for him me da lástima.
sort [sɔːt] n clase f, género, tipo // vt (also: ~ **out**: papers) clasificar; (: problems) arreglar, solucionar; ~**ing office** n sala de batalla.

SOS n abbr (= save our souls) SOS m.
so-so ['səusəu] ad regular, así así.
soufflé ['su:fleɪ] n suflé m.
sought [sɔ:t] pt, pp of **seek**.
soul [səul] n alma f; **~-destroying** a (work) deprimente; **~ful** a lleno de sentimiento.
sound [saund] a (healthy) sano; (safe, not damaged) en buen estado; (reliable: person) digno de confianza; (sensible) sensato, razonable // ad: **~ asleep** profundamente dormido // n (noise) sonido, ruido; (GEO) estrecho // vt (alarm) sonar; (also: **~ out**: opinions) consultar, sondear // vi sonar, resonar; (fig: seem) parecer; **to ~ like** sonar a; **~ barrier** n barrera del sonido; **~ effects** npl efectos mpl sonoros; **~ing** n (NAUT etc) sondeo; **~ly** ad (sleep) profundamente; (beat) completamente; **~proof** a insonorizado; **~track** n (of film) banda sonora.
soup [su:p] n (thick) sopa; (thin) caldo; **in the ~** (fig) en apuros; **~ plate** n plato sopero; **~spoon** n cuchara sopera.
sour [sauə*] a agrio; (milk) cortado; **it's just ~ grapes!** (fig) ¡están verdes!
source [sɔ:s] n fuente f.
south [sauθ] n sur m // a del sur // ad al sur, hacia el sur; **S~ Africa** n África del Sur; **S~ African** a, n sudafricano/a; **S~ America** n América del Sur, Sudamérica; **S~ American** a, n sudamericano/a m/f; **~-east** n sudeste m; **~erly** ['sʌðəlɪ] a sur; (from the ~) del sur; **~ern** ['sʌðən] a del sur, meridional; **S~ Pole** n Polo Sur; **~ward(s)** ad hacia el sur; **~-west** n suroeste m.
souvenir [su:və'nɪə*] n recuerdo.
sovereign ['sɔvrɪn] a, n soberano/a m/f.
soviet ['səuvɪət] a soviético; **the S~ Union** la Unión Soviética.
sow [sau] n cerda, puerca // vt ([səu], pt sowed, pp sown [səun]) (gen) sembrar.
soya ['sɔɪə], (US) **soy** [sɔɪ] n soja.
spa [spɑ:] n balneario.
space [speɪs] n espacio; (room) sitio // vt (also: **~ out**) espaciar; **~craft** n nave f espacial; **~man/woman** n astronauta m/f, cosmonauta m/f; **~ship** n = **~craft**; **~spacing** n espaciamiento.
spacious ['speɪʃəs] a amplio.
spade [speɪd] n (tool) pala, laya; **~s** npl (CARDS: British) picos mpl; (: Spanish) espadas fpl.
spaghetti [spə'getɪ] n espaguetis mpl, fideos mpl.
Spain [speɪn] n España.
span [spæn] n (of bird, plane) envergadura; (of hand) palmo; (of arch) luz f; (in time) lapso // vt extenderse sobre, cruzar; (fig) abarcar.
Spaniard ['spænjəd] n español(a) m/f.
spaniel ['spænjəl] n perro de aguas.
Spanish ['spænɪʃ] a español(a) // n

(LING) español m, castellano; **the ~** npl los españoles.
spank [spæŋk] vt zurrar.
spanner ['spænə*] n (Brit) llave f (inglesa).
spar [spɑ:*] n palo, verga // vi (BOXING) entrenarse.
spare [speə*] a de reserva; (surplus) sobrante, de más // n (part) pieza de repuesto // vt (do without) pasarse sin; (afford to give) tener de sobra; (refrain from hurting) perdonar; (details etc) ahorrar; **to ~** (surplus) sobrante, de sobra; **~ part** n pieza de repuesto; **~ time** n tiempo libre; **~ wheel** n (AUT) rueda de recambio.
sparing ['speərɪŋ] a: **to be ~ with** ser parco en; **~ly** ad poco; con moderación.
spark [spɑ:k] n chispa; **~ plug**, (Brit) **~ing plug** n bujía.
sparkle ['spɑ:kl] n centelleo, destello // vi centellear; (shine) relucir, brillar; **sparkling** a centelleante; (wine) espumoso.
sparrow ['spærəu] n gorrión m.
sparse [spɑ:s] a espaciado, escaso.
spartan ['spɑ:tən] a (fig) espartano.
spasm ['spæzəm] n (MED) espasmo; (fig) arranque m, ataque m.
spastic ['spæstɪk] n espástico/a.
spat [spæt] pt, pp of **spit**.
spate [speɪt] n (fig): **~ of** torrente m de; **in ~** (river) crecido.
spatter ['spætə*] vt: **to ~ with** salpicar de.
spawn [spɔ:n] vi desovar, frezar // n huevas fpl.
speak [spi:k], pt **spoke**, pp **spoken** vt (language) hablar; (truth) decir // vi hablar; (make a speech) intervenir; **to ~ to sb/of or about sth** hablar con uno/de or sobre algo; **~ up!** ¡habla fuerte!; **~er** n (in public) orador(a) m/f; (also: loud**~er**) altavoz m; (for stereo etc) bafle m; (POL): **the S~er** (Brit) el Presidente de la Cámara de los Comunes; (US) el Presidente del Congreso.
spear [spɪə*] n lanza; (for fishing) arpón m // vt alancear; arponear; **~head** vt (attack etc) encabezar.
spec [spek] n (col): **on ~** como especulación.
special ['speʃl] a especial; (edition etc) extraordinario; (delivery) urgente; **~ist** n especialista m/f; **~ity** [speʃɪ'ælɪtɪ] n (Brit) especialidad f; **~ize** vi: **to ~ize (in)** especializarse (en); **~ly** ad sobre todo, en particular; **~ty** n (US) = **~ity**.
species ['spi:ʃi:z] n especie f.
specific [spə'sɪfɪk] a específico; **~ally** ad específicamente.
specify ['spesɪfaɪ] vt, vi especificar, precisar.
specimen ['spesɪmən] n ejemplar m; (MED: of urine) espécimen m (: of

blood) muestra.
speck [spek] *n* grano, mota.
speckled ['spekld] *a* moteado.
specs [speks] *npl* (*col*) gafas *fpl* (*Sp*), anteojos *mpl*.
spectacle ['spektəkl] *n* espectáculo; ~s *npl* (*Brit*) gafas *fpl* (*Sp*), anteojos *mpl*; **spectacular** [-'tækjulə*] *a* espectacular; (*success*) impresionante.
spectator [spek'teitə*] *n* espectador(a) *m/f*.
spectre, (*US***) specter** ['spektə*] *n* espectro, fantasma *m*.
spectrum ['spektrəm], *pl* **-tra** [-trə] *n* espectro.
speculation [spekju'leiʃən] *n* especulación *f*.
speech [spi:tʃ] *n* (*faculty*) habla; (*formal talk*) discurso; (*words*) palabras *fpl*; (*manner of speaking*) forma de hablar; lenguaje *m*; **~less** *a* mudo, estupefacto.
speed [spi:d] *n* velocidad *f*; (*haste*) prisa; (*promptness*) rapidez *f*; **at full** or **top ~** a máxima velocidad; **to ~ up** *vi* acelerarse // *vt* acelerar; **~boat** *n* lancha motora; **~ily** *ad* rápido, rápidamente; **~ing** *n* (*AUT*) exceso de velocidad; **~ limit** *n* límite *m* de velocidad, velocidad *f* máxima; **~ometer** [spi'dɔmitə*] *n* velocímetro; **~way** *n* (*SPORT*) pista de carrera; **~y** *a* (*fast*) veloz, rápido; (*prompt*) pronto.
spell [spel] *n* (*also:* **magic ~**) encanto, hechizo; (*period of time*) rato, período; (*turn*) turno // *vt* (*pt, pp* **spelt** (*Brit*) or **spelled**) (*also:* **~ out**) deletrear; (*fig*) anunciar, presagiar; **to cast a ~ on sb** hechizar a uno; **he can't ~** no sabe escribir bien, sabe poco de ortografía; **~bound** *a* embelesado, hechizado; **~ing** *n* ortografía.
spend [spend], *pt, pp* **spent** [spent] *vt* (*money*) gastar; (*time*) pasar; (*life*) dedicar; **~thrift** *n* derrochador(a) *m/f*, pródigo/a.
sperm [spə:m] *n* esperma.
spew [spju:] *vt* vomitar, arrojar.
sphere [sfiə*] *n* esfera.
spice [spais] *n* especia.
spick-and-span ['spikən'spæn] *a* aseado, (bien) arreglado.
spider ['spaidə*] *n* araña.
spike [spaik] *n* (*point*) punta; (*ZOOL*) pincho, púa; (*BOT*) espiga.
spill [spil], *pt, pp* **spilt** or **spilled** *vt* derramar, verter // *vi* derramarse; **to ~ over** desbordarse.
spin [spin] *n* (*revolution of wheel*) vuelta, revolución *f*; (*AVIAT*) barrena; (*trip in car*) paseo (en coche) // *vb* (*pt, pp* **spun**) *vt* (*wool etc*) hilar; (*wheel*) girar // *vi* girar, dar vueltas; **to ~ out** *vt* alargar, prolongar.
spinach ['spinitʃ] *n* espinaca; (*as food*) espinacas *fpl*.

spinal ['spainl] *a* espinal; **~ cord** *n* columna vertebral.
spindly ['spindli] *a* (*leg*) zanquivano.
spin-dryer [spin'draiə*] *n* (*Brit*) secador *m* centrífugo.
spine [spain] *n* espinazo, columna vertebral; (*thorn*) espina.
spinning ['spiniŋ] *n* (*of thread*) hilado; (*art*) hilandería; **~ top** *n* peonza; **~ wheel** *n* rueca, torno de hilar.
spin-off ['spinɔf] *n* derivado, producto secundario.
spinster ['spinstə*] *n* soltera.
spiral ['spaiərl] *n* espiral *f* // *a* en espiral; **~ staircase** *n* escalera de caracol.
spire ['spaiə*] *n* aguja, chapitel *m*.
spirit ['spirit] *n* (*soul*) alma *f*; (*ghost*) fantasma *m*; (*attitude*) espíritu *m*; (*courage*) valor *m*, ánimo; **~s** *npl* (*drink*) alcohol *msg*, bebidas *fpl* alcohólicas; **in good ~s** alegre, de buen ánimo; **~ed** *a* enérgico, vigoroso; **~ level** *n* nivel *m* de aire.
spiritual ['spiritjuəl] *a* espiritual.
spit [spit] *n* (*for roasting*) asador *m*, espetón *m* // *vi* (*pt, pp* **spat**) escupir; (*sound*) chisporrotear.
spite [spait] *n* rencor *m*, ojeriza // *vt* causar pena a, mortificar; **in ~ of** a pesar de, pese a; **~ful** *a* rencoroso, malévolo.
spittle ['spitl] *n* saliva, baba.
splash [splæʃ] *n* (*sound*) chapoteo; (*of colour*) mancha // *vt* salpicar de // *vi* (*also:* **~ about**) chapotear.
spleen [spli:n] *n* (*ANAT*) bazo.
splendid ['splendid] *a* espléndido.
splint [splint] *n* tablilla.
splinter ['splintə*] *n* (*of wood*) astilla; (*in finger*) espigón *m* // *vi* astillarse, hacer astillas.
split [split] *n* hendedura, raja; (*fig*) división *f*; (*POL*) escisión *f* // *vb* (*pt, pp* **split**) *vt* partir, rajar; (*party*) dividir; (*work, profits*) repartir // *vi* (*divide*) dividirse, escindirse; **to ~ up** *vi* (*couple*) separarse; (*meeting*) acabarse.
splutter ['splʌtə*] *vi* chisporrotear; (*person*) balbucear.
spoil [spɔil], *pt, pp* **spoilt** or **spoiled** *vt* (*damage*) dañar; (*ruin*) estropear, echar a perder; (*child*) mimar, consentir; **~s** *npl* despojo *sg*, botín *msg*; **~ed** *a* (*US: food: bad*) pasado, malo; (: *milk*) cortado; **~sport** *n* aguafiestas *m inv*.
spoke [spəuk] *pt of* **speak** // *n* rayo, radio.
spoken ['spəukn] *pp of* **speak**.
spokesman ['spəuksmən] *n*, **spokeswoman** [-wumən] *n* vocero *m/f*, portavoz *m/f*.
sponge [spʌndʒ] *n* esponja // *vt* (*wash*) lavar con esponja // *vi*: **to ~ off** or **on sb** vivir a costa de uno; **~ bag** *n* (*Brit*) esponjera; **~ cake** *n* bizcocho.
sponsor ['spɔnsə*] *n* (*RADIO, TV*) patro-

cinador(a) *m/f*; *(for membership)* padrino/madrina; *(COMM)* fiador(a) *m/f* // *vt* patrocinar; apadrinar; *(idea etc)* presentar, promover; **~ship** *n* patrocinio.

spontaneous [spɔnˈteɪnɪəs] *a* espontáneo.

spooky [ˈspuːkɪ] *a* espeluznante, horripilante.

spool [spuːl] *n* carrete *m*; *(of sewing machine)* canilla.

spoon [spuːn] *n* cuchara; **~-feed** *vt* dar de comer con cuchara a; *(fig)* tratar como a un niño a; **~ful** *n* cucharada.

sport [spɔːt] *n* deporte *m*; *(person)*: to be a good **~** ser muy majo; **~ing** *a* deportivo; to give sb a **~ing** chance darle a uno una (buena) oportunidad; **~s car** *n* coche *m* sport; **~s jacket**, *(US)* **~ jacket** *n* chaqueta deportiva; **~sman** *n* deportista *m*; **~smanship** *n* deportividad *f*; **~swear** *n* trajes *mpl* de deporte or sport; **~swoman** *n* deportista *f*; **~y** *a* deportivo.

spot [spɔt] *n* sitio, lugar *m*; *(dot: on pattern)* punto, mancha; *(pimple)* grano; *(small amount)*: a **~** of un poquito de // *vt (notice)* notar, observar; on the **~** en el acto, acto seguido; **~ check** *n* reconocimiento rápido; **~less** *a* perfectamente limpio; **~light** *n* foco, reflector *m*; *(AUT)* faro auxiliar; **~ted** *a (pattern)* de puntos; **~ty** *a (face)* con granos.

spouse [spauz] *n* cónyuge *m/f*.

spout [spaut] *n (of jug)* pico; *(pipe)* caño // *vi* chorrear.

sprain [spreɪn] *n* torcedura // *vt*: to **~** one's ankle torcerse el tobillo.

sprang [spræŋ] *pt of* **spring**.

sprawl [sprɔːl] *vi* tumbarse.

spray [spreɪ] *n* rociada; *(of sea)* espuma; *(container)* atomizador *m*; *(of paint)* pistola rociadora; *(of flowers)* ramita // *vt* rociar; *(crops)* regar.

spread [spred] *n* extensión *f*; *(of idea)* diseminación *f*; *(food)* pasta para untar // *vb (pt, pp* **spread**) *vt* extender; diseminar; *(butter)* untar; *(wings, sails)* desplegar; *(scatter)* esparcir // *vi* extenderse; diseminarse; untarse; desplegarse; esparcirse; **~-eagled** *a* a pata tendida; **~sheet** *n (COMPUT)* hoja electrónica *or* de cálculo.

spree [spriː] *n*: to go on a **~** ir de juerga.

sprightly [ˈspraɪtlɪ] *a* vivo, enérgico.

spring [sprɪŋ] *n (season)* primavera; *(leap)* salto, brinco; *(coiled metal)* resorte *m*; *(of water)* fuente *f* manantial *m* // *vi (pt* **sprang**, *pp* **sprung**) *(arise)* brotar, nacer; *(leap)* saltar, brincar; to **~** up *vi (problem)* surgir; **~board** *n* trampolín *m*; **~-clean** *n (also:* **~cleaning**) limpieza general; **~time** *n* primavera; **~y** *a* elástico; *(grass)* muelle.

sprinkle [ˈsprɪŋkl] *vt (pour)* rociar; to **~** water etc on, **~** with water etc rociar or salpicar de agua etc; **~r** *n (for lawn)* rociadera; *(to put out fire)* aparato de rociadura automática.

sprint [sprɪnt] *n* esprint *m* // *vi* esprintar.

sprout [spraut] *vi* brotar, retoñar; **(Brussels) ~s** *npl* coles *fpl* de Bruselas.

spruce [spruːs] *n (BOT)* pícea // *a* aseado, pulcro.

sprung [sprʌŋ] *pp of* **spring**.

spry [spraɪ] *a* ágil, activo.

spun [spʌn] *pt, pp of* **spin**.

spur [spəː*] *n* espuela; *(fig)* estímulo, aguijón *m* // *vt (also:* **~** on) estimular, incitar; on the **~** of the moment de improviso.

spurious [ˈspjuərɪəs] *a* falso.

spurn [spəːn] *vt* desdeñar, rechazar.

spurt [spəːt] *n* chorro; *(of energy)* arrebato // *vi* chorrear.

spy [spaɪ] *n* espía *m/f* // *vi*: to **~** on espiar a // *vt (see)* divisar, lograr ver; **~ing** *n* espionaje *m*.

sq. *abbr* = **square**.

squabble [ˈskwɔbl] *vi* reñir, pelear.

squad [skwɔd] *n (MIL)* pelotón *m*; *(POLICE)* brigada; *(SPORT)* equipo.

squadron [ˈskwɔdrn] *n (MIL)* escuadrón *m*; *(AVIAT, NAUT)* escuadra.

squalid [ˈskwɔlɪd] *a* vil, miserable.

squall [skwɔːl] *n (storm)* chubasco; *(wind)* ráfaga.

squalor [ˈskwɔlə*] *n* miseria.

squander [ˈskwɔndə*] *vt (money)* derrochar, despilfarrar; *(chances)* desperdiciar.

square [skwɛə*] *n* cuadro; *(in town)* plaza // *a* cuadrado; *(col: ideas, tastes)* trasnochado // *vt (arrange)* arreglar; *(MATH)* cuadrar // *vi* cuadrar, conformarse; **all ~** igual(es); to have a **~** meal comer caliente; 2 metres **~** 2 metros en cuadro; a **~** metre un metro cuadrado; **~ly** *ad (fully)* de lleno.

squash [skwɔʃ] *n (Brit: drink)*: lemon/orange **~** zumo *(Sp)* or jugo *(LAm)* de limón/naranja; *(SPORT)* squash *m*, frontenis *m* // *vt* aplastar.

squat [skwɔt] *a* achaparrado // *vi* agacharse, sentarse en cuclillas; **~ter** *n* persona que ocupa ilegalmente una casa.

squawk [skwɔːk] *vi* graznar.

squeak [skwiːk] *vi (hinge, wheel)* chirriar, rechinar; *(shoe, wood)* crujir.

squeal [skwiːl] *vi* chillar, dar gritos agudos.

squeamish [ˈskwiːmɪʃ] *a* delicado, remilgado.

squeeze [skwiːz] *n* presión *f*; *(of hand)* apretón *m*; *(COMM)* restricción *f* // *vt (lemon etc)* exprimir; *(hand, arm)* apretar; to **~** out *vt* exprimir; *(fig)* excluir.

squelch [skwɛltʃ] *vi* chapotear.

squid [skwɪd] *n* calamar *m*.

squiggle ['skwɪgl] *n* garabato.

squint [skwɪnt] *vi* bizquear, ser bizco // *n* (*MED*) estrabismo; **to ~ at** sth mirar algo de soslayo.

squire ['skwaɪə*] *n* (*Brit*) terrateniente *m*.

squirm [skwəːm] *vi* retorcerse, revolverse.

squirrel ['skwɪrəl] *n* ardilla.

squirt [skwəːt] *vi* salir a chorros.

Sr *abbr* = **senior**.

St *abbr* = **saint; street**.

stab [stæb] *n* (*of pain*) pinchazo; **to have a ~ at** (**doing**) **sth** (*col*) intentar (hacer) algo // *vt* apuñalar.

stable ['steɪbl] *a* estable // *n* cuadra, caballeriza.

stack [stæk] *n* montón *m*, pila // *vt* amontonar, apilar.

stadium ['steɪdɪəm] *n* estadio.

staff [stɑːf] *n* (*work force*) personal *m*, plantilla; (*Brit SCOL*) cuerpo docente; (*stick*) bastón *m* // *vt* proveer de personal.

stag [stæg] *n* ciervo, venado.

stage [steɪdʒ] *n* escena; (*point*) etapa; (*platform*) plataforma; **the ~** el escenario, el teatro // *vt* (*play*) poner en escena, representar; (*organize*) montar, organizar; (*fig: perform: recovery etc*) efectuar; **in ~s** por etapas; **~coach** *n* diligencia; **~ door** *n* entrada de artistas; **~ manager** *n* director(a) *m/f* de escena.

stagger ['stægə*] *vi* tambalear // *vt* (*amaze*) asombrar; (*hours, holidays*) escalonar.

stagnant ['stægnənt] *a* estancado.

stagnate [stæg'neɪt] *vi* estancarse.

stag night, stag party *n* despedida de soltero.

staid [steɪd] *a* (*clothes*) serio, formal.

stain [steɪn] *n* mancha; (*colouring*) tintura // *vt* manchar; (*wood*) teñir; **~ed glass window** *n* vidriera de colores; **~less** *a* (*steel*) inoxidable; **~ remover** *n* quitamanchas *m inv*.

stair [steə*] *n* (*step*) peldaño, escalón *m*; **~s** *npl* escaleras *fpl*; **~case, ~way** *n* escalera.

stake [steɪk] *n* estaca, poste *m*; (*BETTING*) apuesta // *vt* apostar; **to be at ~** estar en juego.

stale [steɪl] *a* (*bread*) duro; (*food*) pasado.

stalemate ['steɪlmeɪt] *n* tablas *fpl* (por ahogado); **to reach ~** (*fig*) estancarse.

stalk [stɔːk] *n* tallo, caña // *vt* acechar, cazar al acecho; **to ~ off** irse airado.

stall [stɔːl] *n* (*in market*) puesto; (*in stable*) casilla (de establo) // *vt* (*AUT*) parar // *vi* (*AUT*) pararse; (*fig*) buscar evasivas; **~s** *npl* (*Brit: in cinema, theatre*) butacas *fpl*.

stallion ['stælɪən] *n* semental *m*.

stalwart ['stɔːlwət] *n* partidario/a incondicional.

stamina ['stæmɪnə] *n* resistencia.

stammer ['stæmə*] *n* tartamudeo // *vi* tartamudear.

stamp [stæmp] *n* sello, estampilla (*LAm*); (*mark, also fig*) marca, huella; (*on document*) timbre *m* // *vi* (*also:* ~ **one's foot**) patear // *vt* patear, golpear con el pie; (*letter*) poner sellos en; (*with rubber* ~) marcar con sello; **~ album** *n* álbum *m* para sellos; **~ collecting** *n* filatelia.

stampede [stæm'piːd] *n* estampida.

stance [stæns] *n* postura.

stand [stænd] *n* (*attitude*) posición *f*, postura; (*for taxis*) parada; (*SPORT*) tribuna; (*at exhibition*) stand *m* // *vb* (*pt, pp* **stood**) *vi* (*be*) estar, encontrarse; (*be on foot*) estar de pie; (*rise*) levantarse; (*remain*) quedar en pie // *vt* (*place*) poner, colocar; (*tolerate, withstand*) aguantar, soportar; **to make a ~** resistir; (*fig*) mantener una postura firme; **to ~ for parliament** (*Brit*) presentarse (como candidato) a las elecciones; **to ~ by** *vi* (*be ready*) estar listo // *vt fus* (*opinion*) aferrarse a; **to ~ down** *vi* (*withdraw*) ceder el puesto; **to ~ for** *vt fus* (*signify*) significar; (*tolerate*) aguantar, permitir; **to ~ in for** *vt fus* suplir a; **to ~ out** *vi* (*be prominent*) destacarse; **to ~ up** *vi* (*rise*) levantarse, ponerse de pie; **to ~ up for** *vt fus* defender; **to ~ up to** *vt fus* hacer frente a.

standard ['stændəd] *n* patrón *m*, norma; (*flag*) estandarte *m* // *a* (*size etc*) normal, corriente, estándar; **~s** *npl* (*morals*) valores *mpl* morales; **~ lamp** *n* (*Brit*) lámpara de pie; **~ of living** *n* nivel *m* de vida.

stand-by ['stændbaɪ] *n* (*alert*) alerta, aviso; **to be on ~** estar sobre aviso; **~ ticket** *n* (*AVIAT*) (billete *m*) standby *m*.

stand-in ['stændɪn] *n* suplente *m/f*; (*CINEMA*) doble *m/f*.

standing ['stændɪŋ] *a* (*upright*) derecho; (*on foot*) de pie, en pie // *n* reputación *f*; **of many years'** ~ que lleva muchos años; **~ order** *n* (*Brit: at bank*) orden *f* de pago permanente; **~ orders** *npl* (*MIL*) reglamento *sg* general; **~ room** *n* sitio para estar de pie.

stand: **~-offish** *a* reservado, poco afable; **~point** *n* punto de vista; **~still** *n*: **at a ~still** (*industry, traffic*) paralizado; (*car*) parado; **to come to a ~still** quedar paralizado; pararse.

stank [stæŋk] *pt of* **stink**.

staple ['steɪpl] *n* (*for papers*) grapa // *a* (*food etc*) básico // *vt* engrapar; **~r** *n* grapadora.

star [stɑː*] *n* estrella; (*celebrity*) estrella, astro // *vi*: **to ~ in** ser la estrella *or* el astro de.

starboard ['stɑːbəd] n estribor m.

starch [stɑːtʃ] n almidón m.

stardom ['stɑːdəm] n estrellato.

stare [stɛə*] n mirada fija // vi: **to ~ at** mirar fijo.

starfish ['stɑːfɪʃ] n estrella de mar.

stark [stɑːk] a (bleak) severo, escueto // ad: **~ naked** en cueros.

starling ['stɑːlɪŋ] n estornino.

starry ['stɑːrɪ] a estrellado; **~-eyed** a (innocent) inocentón/ona, ingenuo.

start [stɑːt] n (beginning) principio, comienzo; (of race) salida; (sudden movement) salto, sobresalto // vt empezar, comenzar; (cause) causar; (found) fundar; (engine) poner en marcha // vi (begin) comenzar, empezar; (with fright) asustarse, sobresaltarse; (train etc) salir; **to ~ doing** or **to do sth** empezar a hacer algo; **to ~ off** vi empezar, comenzar; (leave) salir, ponerse en camino; **to ~ up** vi comenzar; (car) ponerse en marcha // vt comenzar; (car) poner en marcha; **~er** n (AUT) botón m de arranque; (SPORT: official) juez m/f de salida; (: runner) corredor(a) m/f; (Brit CULIN) entrada; **~ing point** n punto de partida.

startle ['stɑːtl] vt asustar, sobrecoger; **startling** a alarmante.

starvation [stɑː'veɪʃən] n hambre f.

starve [stɑːv] vi pasar hambre; **to ~ to death** morir de hambre // vt hacer pasar hambre; (fig) privar de; **I'm starving** estoy muerto de hambre.

state [steɪt] n estado // vt (say, declare) afirmar; (a case) presentar, exponer; **to be in a ~** estar agitado; **the S~s** los Estados Unidos; **~ly** a majestuoso, imponente; **~ment** n afirmación f; (LAW) declaración f; **~sman** n estadista m.

static ['stætɪk] n (RADIO) parásitos mpl // a estático; **~ electricity** n estática.

station ['steɪʃən] n (gen) estación f; (RADIO) emisora; (rank) posición f social // vt colocar, situar; (MIL) apostar.

stationary ['steɪʃnərɪ] a estacionario, fijo.

stationer ['steɪʃənə*] n papelero/a; **~'s (shop)** n (Brit) papelería; **~y** [-nərɪ] n papel m de escribir, artículos mpl de escritorio.

station master n (RAIL) jefe m de estación.

station wagon n (US) furgoneta.

statistic [stə'tɪstɪk] n estadística; **~s** n (science) estadística; **~al** a estadístico.

statue ['stætjuː] n estatua.

status ['steɪtəs] n estado; (reputation) estatus m; **~ symbol** n símbolo de prestigio.

statute ['stætjuːt] n estatuto, ley f; **statutory** a estatutario.

staunch [stɔːntʃ] a leal, incondicional.

stave [steɪv] vt: **to ~ off** (attack) recha-

zar; (threat) evitar.

stay [steɪ] n (period of time) estancia // vi (remain) quedar(se); (as guest) hospedarse; **to ~ put** seguir en el mismo sitio; **to ~ the night/5 days** pasar la noche/estar 5 días; **to ~ behind** vi quedar atrás; **to ~ in** vi (at home) quedarse en casa; **to ~ on** vi quedarse; **to ~ out** vi (of house) no volver a casa; **to ~ up** vi (at night) velar, no acostarse; **~ing power** n aguante m.

stead [stɛd] n: **in sb's ~** en lugar de uno; **to stand sb in good ~** ser muy útil a uno.

steadfast ['stɛdfɑːst] a firme, resuelto.

steadily ['stɛdɪlɪ] ad (improve, grow) constantemente; (work) sin parar; (gaze) fijamente.

steady ['stɛdɪ] a (fixed) firme, fijo; (regular) regular; (person, character) sensato, juicioso // vt (hold) mantener firme; (stabilize) estabilizar; (nerves) calmar; **to ~ o.s. on** or **against sth** afirmarse en algo.

steak [steɪk] n (gen) filete m; (beef) bistec m.

steal [stiːl], pt **stole**, pp **stolen** vt, vi robar.

stealth [stɛlθ] n: **by ~** a escondidas, sigilosamente; **~y** a cauteloso, sigiloso.

steam [stiːm] n vapor m; (mist) vaho, humo // vt (CULIN) cocer al vapor // vi echar vapor; (ship): **to ~ along** avanzar, ir avanzando; **to ~ up** vi empañar; **~ engine** n máquina de vapor; **~er** n (buque m de) vapor m; **~roller** n apisonadora; **~ship** n = **~er**; **~y** a (room) lleno de vapor; (window) empañado.

steel [stiːl] n acero // cpd de acero; **~works** n acería.

steep [stiːp] a escarpado, abrupto; (stair) empinado; (price) exorbitante, excesivo // vt empapar, remojar.

steeple ['stiːpl] n aguja.

steer [stɪə*] vt (car) conducir (Sp), manejar (LAm); (person) dirigir // vi conducir; **~ing** n (AUT) dirección f; **~ing wheel** n volante m.

stem [stɛm] n (of plant) tallo; (of glass) pie m; (of pipe) cañón m // vt detener; (blood) restañar; **to ~ from** vt fus ser consecuencia de.

stench [stɛntʃ] n hedor m.

stencil ['stɛnsl] n (typed) cliché m, clisé m; (lettering) plantilla // vt hacer un cliché de.

stenographer [stɛ'nɔgrəfə*] n (US) taquígrafo/a.

step [stɛp] n paso; (sound) paso, pisada; (on stair) peldaño, escalón m // vi: **to ~ forward** dar un paso adelante; **~s** npl (Brit) = **~ladder**; **to be in/out of ~ with** estar acorde con/estar en disonancia con; **to ~ down** vi (fig) retirarse; **to ~ off** vt fus bajar de; **to ~ up** vt (increase) aumentar; **~brother** n hermanastro; **~daughter** *n* hijastra; **~father** *n* padrastro; **~ladder** *n* escalera doble *or* de tijera; **~mother** *n* madrastra; **~ping stone** *n* pasadera; (*fig*) trampolín *m*; **~sister** *n* hermanastra; **~son** *n* hijastro.

stereo ['stɛrɪəu] *n* estéreo // *a* (*also:* ~**phonic**) estéreo, estereofónico.

sterile ['stɛraɪl] *a* estéril; **sterilize** ['stɛrɪlaɪz] *vt* esterilizar.

sterling ['stəːlɪŋ] *a* (*silver*) de ley // *n* (ECON) (libras *fpl*) esterlinas *fpl*; **a pound ~** una libra esterlina.

stern [stəːn] *a* severo, austero // *n* (NAUT) popa.

stethoscope ['stɛθəskəup] *n* estetoscopio.

stew [stjuː] *n* cocido, estofado, guisado (LAm) // *vt* estofar, guisar; (*fruit*) cocer.

steward ['stjuːəd] *n* (*Brit:* AVIAT, NAUT, RAIL) camarero; **~ess** *n* azafata.

stick [stɪk] *n* palo; (*as weapon*) porra; (*walking* ~) bastón *m* // *vb* (*pt, pp* **stuck**) *vt* (*glue*) pegar; (*col: put*) meter; (*: tolerate*) aguantar, soportar // *vi* pegarse; (*come to a stop*) quedarse parado; **to ~ sth into** clavar *or* hincar algo en; **to ~ out, ~ up** *vi* sobresalir; **to ~ up for** *vt fus* defender; **~er** *n* (*label*) etiqueta engomada; (*with slogan*) pegatina; **~ing plaster** *n* (*Brit*) esparadrapo.

stickler ['stɪklə*] *n*: **to be a ~ for** insistir mucho en.

stick-up ['stɪkʌp] *n* asalto, atraco.

sticky ['stɪkɪ] *a* pegajoso; (*label*) engomado; (*fig*) difícil.

stiff [stɪf] *a* rígido, tieso; (*hard*) duro; (*difficult*) difícil; (*person*) inflexible; (*price*) exorbitante; **~en** *vt* hacer más rígido; (*limb*) entumecer // *vi* endurecerse; (*grow stronger*) fortalecerse; **~ neck** *n* tortícolis *m inv*; **~ness** *n* rigidez *f*, tiesura.

stifle ['staɪfl] *vt* ahogar, sofocar; **stifling** *a* (*heat*) sofocante, bochornoso.

stigma ['stɪgmə], *pl* (BOT, MED, REL) **~ta** [-tə], (*fig*) **~s** *n* estigma *m*.

stile [staɪl] *n* escalera (*para pasar una cerca*).

stiletto [stɪ'lɛtəu] *n* (*Brit: also:* ~ **heel**) tacón *m* de aguja.

still [stɪl] *a* inmóvil, quieto // *ad* (*up to this time*) todavía; (*even*) aun; (*nonetheless*) sin embargo, aun así; **~born** *a* nacido muerto; **~ life** *n* naturaleza muerta.

stilt [stɪlt] *n* zanco; (*pile*) pilar *m*, soporte *m*.

stilted ['stɪltɪd] *a* afectado.

stimulate ['stɪmjuleɪt] *vt* estimular.

stimulus ['stɪmjuləs], *pl* **-li** [-laɪ] *n* estímulo, incentivo.

sting [stɪŋ] *n* (*wound*) picadura; (*pain*)

escozor *m*, picazón *f*; (*organ*) aguijón *m* // *vb* (*pt, pp* **stung**) *vt* picar // *vi* picar, escocer.

stingy ['stɪndʒɪ] *a* tacaño.

stink [stɪŋk] *n* hedor *m*, tufo // *vi* (*pt* **stank**, *pp* **stunk**) heder, apestar; **~ing** *a* hediondo, fétido; (*fig: col*) horrible.

stint [stɪnt] *n* tarea, destajo // *vi*: **to ~ on** escatimar; **to do one's ~** hacer su parte.

stir [stəː*] *n* (*fig: agitation*) conmoción *f* // *vt* (*tea etc*) remover; (*move*) agitar; (*fig: emotions*) provocar // *vi* moverse; **to ~ up** *vt* excitar; (*trouble*) fomentar.

stirrup ['stɪrəp] *n* estribo.

stitch [stɪtʃ] *n* (SEWING) puntada; (KNITTING) punto; (MED) punto (de sutura); (*pain*) punzada // *vt* coser; (MED) suturar.

stoat [stəut] *n* armiño.

stock [stɔk] *n* (COMM: *reserves*) existencias *fpl*, stock *m*; (*: selection*) surtido; (AGR) ganado, ganadería; (CULIN) caldo; (FINANCE) capital *m*; (*: shares*) acciones *fpl* // *a* (*fig: reply etc*) clásico // *vt* (*have in* ~) tener existencias de; (*supply*) proveer, abastecer; **~s** *npl* cepo *sg*; **in ~** en existencia *or* almacén; **out of ~** agotado; **to take ~ of** (*fig*) asesorar, examinar; **~s and shares** acciones y valores; **to ~ up with** *vt fus* abastecerse de.

stockbroker ['stɔkbrəukə*] *n* agente *m/f* or corredor(a) *m/f* de bolsa.

stock cube *n* pastilla de caldo.

stock exchange *n* bolsa.

stocking ['stɔkɪŋ] *n* media.

stock: **~holder** *n* (US) accionista *m/f*; **~ist** *n* (*Brit*) distribuidor(a) *m/f*; **~ market** *n* bolsa (de valores); **~ phrase** *n* cliché *m*; **~pile** *n* reserva // *vt* acumular, almacenar; **~taking** *n* (*Brit* COMM) inventario.

stocky ['stɔkɪ] *a* (*strong*) robusto; (*short*) achaparrado.

stodgy ['stɔdʒɪ] *a* indigesto, pesado.

stoke [stəuk] *vt* atizar.

stole [stəul] *pt of* **steal** // *n* estola.

stolen ['stəuln] *pp of* **steal**.

stolid ['stɔlɪd] *a* (*person*) imperturbable, impasible.

stomach ['stʌmək] *n* (ANAT) estómago; (*abdomen*) vientre *m* // *vt* tragar, aguantar; **~ache** *n* dolor *m* de estómago.

stone [stəun] *n* piedra; (*in fruit*) hueso; (*Brit: weight*) = 6.348kg; 14 pounds // *cpd* de piedra // *vt* apedrear; **~-cold** *a* helado; **~-deaf** *a* sordo como una tapia; **~work** *n* (*art*) cantería.

stood [stud] *pt, pp of* **stand**.

stool [stuːl] *n* taburete *m*.

stoop [stuːp] *vi* (*also:* **have a ~**) ser cargado de espaldas.

stop [stɔp] *n* parada, alto; (*in punctuation*) punto // *vt* parar, detener; (*break* *off*) suspender; (*block*) tapar, cerrar; (*also*: **put a ~ to**) poner término a // *vi* pararse, detenerse; (*end*) acabarse; **to ~ doing sth** dejar de hacer algo; **to ~ dead** pararse en seco; **to ~ off** *vi* interrumpir el viaje; **to ~ up** *vt* (*hole*) tapar; **~gap** *n* (*person*) interino/a; **~lights** *npl* (*AUT*) luces *fpl* de detención; **~over** *n* parada; (*AVIAT*) rescala.

stoppage ['stɔpɪdʒ] *n* (*strike*) paro; (*temporary stop*) interrupción *f*; (*of pay*) suspensión *f*; (*blockage*) obstrucción *f*.

stopper ['stɔpə*] *n* tapón *m*.

stop press *n* noticias *fpl* de última hora.

stopwatch ['stɔpwɔtʃ] *n* cronómetro.

storage ['stɔːrɪdʒ] *n* almacenaje *m*; (*COMPUT*) almacenamiento; **~ heater** *n* acumulador *m*.

store [stɔː*] *n* (*stock*) provisión *f*; (*depot*; *Brit*: *large shop*) almacén *m*; (*US*) tienda; (*reserve*) reserva, repuesto // *vt* almacenar; (*keep*) guardar; **~s** *npl* víveres *mpl*; **to ~ up** *vt* acumular; **~keeper** *n* (*US*) tendero/a; **~room** *n* despensa.

storey, (*US*) **story** ['stɔːrɪ] *n* piso.

stork [stɔːk] *n* cigüeña.

storm [stɔːm] *n* tormenta; (*wind*) vendaval *m* // *vi* (*fig*) rabiar // *vt* tomar por asalto; **~y** *a* tempestuoso.

story ['stɔːrɪ] *n* historia; (*joke*) cuento, chiste *m*; (*US*) = **storey**; **~book** *n* libro de cuentos; **~teller** *n* cuentista *m/f*.

stout [staut] *a* (*strong*) sólido; (*fat*) gordo, corpulento // *n* cerveza negra.

stove [stəuv] *n* (*for cooking*) cocina; (*for heating*) estufa.

stow [stəu] *vt* meter, poner; (*NAUT*) estibar; **~away** *n* polizón/ona *m/f*.

straddle ['strædl] *vt* montar a horcajadas.

straggle ['strægl] *vi* (*lag behind*) rezagarse; **~r** *n* rezagado.

straight [streɪt] *a* recto, derecho; (*frank*) franco, directo // *ad* derecho, directamente; (*drink*) sin mezcla; **to put** *or* **get sth ~** dejar algo en claro; **~ away, ~ off** (*at once*) en seguida; **~en** *vt* (*also*: **~en out**) enderezar, poner derecho; **~-faced** *a* serio; **~forward** *a* (*simple*) sencillo; (*honest*) honrado, franco.

strain [streɪn] *n* (*gen*) tensión *f*; (*MED*) torcedura // *vt* (*back etc*) torcerse; (*tire*) cansar; (*stretch*) estirar; (*filter*) filtrar // *vi* esforzarse; **~s** *npl* (*MUS*) son *m*; **~ed** *a* (*muscle*) torcido; (*laugh*) forzado; (*relations*) tirante; **~er** *n* colador *m*.

strait [streɪt] *n* (*GEO*) estrecho; **~-jacket** *n* camisa de fuerza; **~-laced** *a* mojigato, gazmoño.

strand [strænd] *n* (*of thread*) hebra; (*of hair*) trenza; **~ed** *a* (*person*: *without money*) desamparado; (: *transport*) colgado.

strange [streɪndʒ] *a* (*not known*) desconocido; (*odd*) extraño, raro; **~r** *n* desconocido/a; (*from another area*) forastero/a.

strangle ['stræŋgl] *vt* estrangular; **~hold** *n* (*fig*): **to have a ~hold on sth** dominar algo completamente.

strap [stræp] *n* correa; (*of slip, dress*) tirante *m* // *vt* atar con correa.

strapping ['stræpɪŋ] *a* robusto, fornido.

stratagem ['strætɪdʒəm] *n* estratagema.

strategic [strə'tiːdʒɪk] *a* estratégico.

strategy ['strætɪdʒɪ] *n* estrategia.

straw [strɔː] *n* paja; (*drinking ~*) caña, pajita; **that's the last ~!** ¡eso es el colmo!

strawberry ['strɔːbərɪ] *n* fresa, frutilla (*LAm*).

stray [streɪ] *a* (*animal*) extraviado; (*bullet*) perdido // *vi* extraviarse, perderse.

streak [striːk] *n* raya; (*fig*: *of madness etc*) vena // *vt* rayar // *vi*: **to ~ past** pasar como un rayo.

stream [striːm] *n* riachuelo, arroyo; (*jet*) chorro; (*flow*) corriente *f*; (*of people*) oleada // *vt* (*SCOL*) dividir en grupos por habilidad // *vi* correr, fluir; **to ~ in/out** (*people*) entrar/salir en tropel.

streamer ['striːmə*] *n* serpentina.

streamlined ['striːmlaɪnd] *a* aerodinámico; (*fig*) racionalizado.

street [striːt] *n* calle *f* // *cpd* callejero; **~car** *n* (*US*) tranvía *m*; **~ lamp** *n* farol *m*; **~ plan** *n* plano; **~wise** *a* (*col*) que tiene mucha calle.

strength [streŋθ] *n* fuerza; (*of girder, knot etc*) resistencia; **~en** *vt* fortalecer, reforzar.

strenuous ['strenjuəs] *a* (*tough*) arduo; (*energetic*) enérgico.

stress [stres] *n* (*force, pressure*) presión *f*; (*mental strain*) estrés *m*; (*accent*) acento; (*TECH*) tensión *f*, carga // *vt* subrayar, recalcar.

stretch [stretʃ] *n* (*of sand etc*) trecho; (*of road*) tramo // *vi* estirarse // *vt* extender, estirar; (*make demands of*) exigir el máximo esfuerzo a; **to ~ to** *or* **as far as** extenderse hasta; **to ~ out** *vi* tenderse // *vt* (*arm etc*) extender; (*spread*) estirar.

stretcher ['stretʃə*] *n* camilla.

strewn [struːn] *a*: **~ with** cubierto *or* sembrado de.

stricken ['strɪkən] *a* (*person*) herido; (*city, industry etc*) condenado; **~ with** (*disease*) afligido por.

strict [strɪkt] *a* estricto; **~ly** *ad* estrictamente; (*totally*) terminantemente.

stride [straɪd] *n* zancada, tranco // *vi* (*pt* **strode**, *pp* **stridden** ['strɪdn]) dar zancadas, andar a trancos.

strident ['straɪdənt] *a* estridente; (*colour*) chillón/ona.

strife [straɪf] n lucha.

strike [straɪk] n huelga; (of oil etc) descubrimiento; (attack) ataque m; (SPORT) golpe m // vb (pt, pp struck) vt golpear, pegar; (oil etc) descubrir; (obstacle) topar con // vi declarar la huelga; (attack) atacar; (clock) dar la hora; on ~ (workers) en huelga; to ~ a match encender un fósforo; to ~ down vt derribar; to ~ out vt borrar, tachar; to ~ up vt (MUS) empezar a tocar; (conversation) entablar; (friendship) trabar; ~r n huelgista m/f; (SPORT) delantero; **striking** a llamativo; (obvious: resemblance) notorio.

string [strɪŋ] n (gen) cuerda; (row) hilera // vt (pt, pp strung) to ~ together ensartar; to ~ out extenderse; the ~s npl (MUS) los instrumentos de cuerda; to pull ~s (fig) mover palancas; ~ bean n judía verde, habichuela; ~(ed) instrument n (MUS) instrumento de cuerda.

stringent ['strɪndʒənt] a riguroso, severo.

strip [strɪp] n tira; (of land) franja; (of metal) cinta, lámina // vt desnudar; (also: ~ down: machine) desmontar // vi desnudarse; ~ cartoon n tira cómica, historieta (LAm).

stripe [straɪp] n raya; (MIL) galón m; ~d a a rayas, rayado.

strip lighting n alumbrado fluorescente.

stripper ['strɪpə*] n artista m/f de striptease.

strive [straɪv], pt **strove**, pp **striven** ['strɪvn] vi: to ~ to do sth esforzarse or luchar por hacer algo.

strode [strəʊd] pt of **stride**.

stroke [strəʊk] n (blow) golpe m; (MED) apoplejía; (caress) caricia // vt acariciar; at a ~ de un solo golpe.

stroll [strəʊl] n paseo, vuelta // vi dar un paseo or una vuelta; ~er n (US: for child) sillita de ruedas.

strong [strɒŋ] a fuerte; they are 50 ~ son 50; ~box n caja fuerte; ~hold n fortaleza; (fig) baluarte m; ~ly ad fuertemente, con fuerza; (believe) firmemente; ~room n cámara acorazada.

strove [strəʊv] pt of **strive**.

struck [strʌk] pt, pp of **strike**.

structure ['strʌktʃə*] n estructura; (building) construcción f.

struggle ['strʌgl] n lucha // vi luchar.

strum [strʌm] vt (guitar) rasguear.

strung [strʌŋ] pt, pp of **string**.

strut [strʌt] n puntal m // vi pavonearse.

stub [stʌb] n (of ticket etc) talón m; (of cigarette) colilla; to ~ one's toe dar con el dedo (del pie) contra algo; to ~ out vt apagar.

stubble ['stʌbl] n rastrojo; (on chin) barba (incipiente).

stubborn ['stʌbən] a terco, testarudo.

stucco ['stʌkəʊ] n estuco.

stuck [stʌk] pt, pp of **stick** // a (jammed) atascado; ~-up a engreído, presumido.

stud [stʌd] n (shirt ~) corchete m; (of boot) taco; (of horses) caballeriza; (also: ~ horse) caballo semental // vt (fig): ~ded with salpicado de.

student ['stjuːdənt] n estudiante m/f // cpd estudiantil; ~ driver n (US AUT) aprendiz(a) m/f.

studio ['stjuːdɪəʊ] n estudio; (artist's) taller m; ~ flat, (US) ~ apartment n estudio.

studious ['stjuːdɪəs] a estudioso; (studied) calculado; ~ly ad (carefully) con esmero.

study ['stʌdɪ] n estudio // vt estudiar; (examine) examinar, investigar // vi estudiar.

stuff [stʌf] n materia; (cloth) tela; (substance) material m, sustancia; (things, belongings) cosas fpl // vt llenar; (CULIN) rellenar; (animals) disecar; ~ing n relleno; ~y a (room) mal ventilado; (person) de miras estrechas.

stumble ['stʌmbl] vi tropezar, dar un traspié; to ~ across (fig) tropezar con; **stumbling block** n tropiezo, obstáculo.

stump [stʌmp] n (of tree) tocón m; (of limb) muñón m // vt: to be ~ed for an answer no saber qué contestar.

stun [stʌn] vt dejar sin sentido.

stung [stʌŋ] pt, pp of **sting**.

stunk [stʌŋk] pp of **stink**.

stunning ['stʌnɪŋ] a (news) pasmoso; (fabulous) sensacional.

stunt [stʌnt] n (AVIAT) vuelo acrobático; (publicity ~) truco publicitario; ~ed a enano, achaparrado; ~man n especialista m.

stupefy ['stjuːpɪfaɪ] vt dejar estupefacto.

stupendous [stjuː'pendəs] a estupendo, asombroso.

stupid ['stjuːpɪd] a estúpido, tonto; ~ity [-'pɪdɪtɪ] n estupidez f.

sturdy ['stɜːdɪ] a robusto, fuerte.

stutter ['stʌtə*] vi tartamudear.

sty [staɪ] n (for pigs) pocilga.

stye [staɪ] n (MED) orzuelo.

style [staɪl] n estilo; (fashion) moda; **stylish** a elegante, a la moda; **stylist** n (hair stylist) peluquero/a.

stylus ['staɪləs] n (of record player) aguja.

suave [swɑːv] a cortés; (pej) zalamero.

sub... [sʌb] pref sub...; ~conscious a subconsciente n subconsciente m; ~contract vt subcontratar; ~divide vt subdividir.

subdue [səb'djuː] vt sojuzgar; (passions) dominar; ~d a (light) tenue; (person) sumiso, manso.

subject n ['sʌbdʒɪkt] n súbdito; (SCOL) tema m, materia // vt [səb'dʒekt]: to ~ sb to sth someter a uno a algo; to be ~ to (law) estar sujeto a; (subj: person) ser propenso a; ~ive [-'dʒektɪv] a subjetivo; ~ **matter** *n* materia; (*content*) contenido.

subjunctive [səb'dʒʌŋktɪv] *a*, *n* subjuntivo.

sublet [sʌb'lɛt] *vt* subarrendar.

submachine gun ['sʌbmə'ʃiːn-] *n* metralleta.

submarine [sʌbmə'riːn] *n* submarino.

submerge [səb'mɜːdʒ] *vt* sumergir; (*flood*) inundar // *vi* sumergirse.

submissive [səb'mɪsɪv] *a* sumiso.

submit [səb'mɪt] *vt* someter // *vi* someterse.

subnormal [sʌb'nɔːməl] *a* subnormal.

subordinate [sə'bɔːdɪnət] *a*, *n* subordinado/a *m/f*.

subpoena [səb'piːnə] (*LAW*) *n* citación *f* // *vt* citar.

subscribe [səb'skraɪb] *vi* suscribir; **to** ~ **to** (*opinion, fund*) suscribir, aprobar; (*newspaper*) suscribirse a; ~**r** *n* (*to periodical, telephone*) abonado/a.

subscription [səb'skrɪpʃən] *n* (*to club*) abono; (*to magazine*) suscripción *f*.

subsequent ['sʌbsɪkwənt] *a* subsiguiente, posterior; ~**ly** *ad* posteriormente, más tarde.

subside [səb'saɪd] *vi* hundirse; (*flood*) bajar; (*wind*) amainar; ~**nce** [-'saɪdns] *n* hundimiento; (*in road*) socavón *m*.

subsidiary [səb'sɪdɪərɪ] *n* sucursal *f*, filial *f*.

subsidize ['sʌbsɪdaɪz] *vt* subvencionar.

subsidy ['sʌbsɪdɪ] *n* subvención *f*.

substance ['sʌbstəns] *n* sustancia; (*fig*) esencia.

substantial [səb'stænʃl] *a* sustancial, sustancioso; (*fig*) importante.

substantiate [səb'stænʃɪeɪt] *vt* comprobar.

substitute ['sʌbstɪtjuːt] *n* (*person*) suplente *m/f*; (*thing*) sustituto // *vt*: **to** ~ **A for B** sustituir B por A, reemplazar A por B.

subtitle ['sʌbtaɪtl] *n* subtítulo.

subtle ['sʌtl] *a* sutil; ~**ty** *n* sutileza.

subtract [səb'trækt] *vt* restar; sustraer; ~**ion** [-'trækʃən] *n* resta; sustracción *f*.

suburb ['sʌbəːb] *n* suburbio; the ~**s** las afueras (de la ciudad); ~**an** [sə'bəːbən] *a* suburbano; (*train etc*) de cercanías; ~**ia** [sə'bəːbɪə] *n* barrios *mpl* residenciales.

subway ['sʌbweɪ] *n* (*Brit*) paso subterráneo *or* inferior; (*US*) metro.

succeed [sək'siːd] *vi* (*person*) tener éxito; (*plan*) salir bien // *vt* suceder a; **to** ~ **in doing** lograr hacer; ~**ing** *a* (*following*) sucesivo.

success [sək'sɛs] *n* éxito; ~**ful** *a* (*venture, person*) éxitoso; (*business*) próspero; **to be** ~**ful** (**in doing**) lograr (hacer); ~**fully** *ad* con éxito.

succession [sək'sɛʃən] *n* sucesión *f*, serie *f*.

successive [sək'sɛsɪv] *a* sucesivo, consecutivo.

succinct [sək'sɪŋkt] *a* sucinto.

such [sʌtʃ] *a* tal, semejante; (*of that kind*): ~ **a book** tal libro; (*so much*): ~ **courage** tanto valor // *ad* tan; ~ **a long trip** un viaje tan largo; ~ **a lot of** tanto(s)/a(s); ~ **as** (*like*) tal como; **a noise** ~ **as to** un ruido tal que; **as** ~ *ad* como tal; ~-**and**-~ *a* tal o cual.

suck [sʌk] *vt* chupar; (*bottle*) sorber; (*breast*) mamar; ~**er** *n* (*BOT*) serpollo; (*ZOOL*) ventosa; (*col*) bobo, primo.

suction ['sʌkʃən] *n* succión *f*.

Sudan [su'dæn] *n* Sudán *m*.

sudden ['sʌdn] *a* (*rapid*) repentino, súbito; (*unexpected*) imprevisto; **all of a** ~ *ad* de repente; ~**ly** *ad* de repente.

suds [sʌdz] *npl* espuma *sg* de jabón.

sue [suː] *vt* demandar.

suede [sweɪd] *n* ante *m*, gamuza (*LAm*).

suet ['suɪt] *n* sebo.

Suez ['suːɪz] *n*: **the** ~ **Canal** el Canal de Suez.

suffer ['sʌfə*] *vt* sufrir, padecer; (*tolerate*) aguantar, soportar // *vi* sufrir; ~**er** *n* víctima; (*MED*) enfermo/a; ~**ing** *n* sufrimiento; (*pain*) dolor *m*.

suffice [sə'faɪs] *vi* bastar, ser suficiente.

sufficient [sə'fɪʃənt] *a* suficiente, bastante; ~**ly** *ad* suficientemente, bastante.

suffocate ['sʌfəkeɪt] *vi* ahogarse, asfixiarse.

suffrage ['sʌfrɪdʒ] *n* sufragio.

suffused [sə'fjuːzd] *a*: ~ **with** bañado de.

sugar ['ʃugə*] *n* azúcar *m* // *vt* echar azúcar a, azucarar; ~ **beet** *n* remolacha; ~ **cane** *n* caña de azúcar; ~**y** *a* azucarado.

suggest [sə'dʒɛst] *vt* sugerir; (*recommend*) aconsejar; ~**ion** [-'dʒɛstʃən] *n* sugerencia.

suicide ['suɪsaɪd] *n* suicidio; (*person*) suicida *m/f*.

suit [suːt] *n* (*man's*) traje *m*; (*woman's*) conjunto; (*LAW*) pleito; (*CARDS*) palo // *vt* convenir; (*clothes*) sentar a, ir bien a; (*adapt*): **to** ~ **sth to** adaptar *or* ajustar algo a; **well** ~**ed** (*well matched*: *couple*) hechos el uno para el otro; ~**able** *a* conveniente; (*apt*) indicado; ~**ably** *ad* convenientemente, en forma debida.

suitcase ['suːtkeɪs] *n* maleta, valija (*LAm*).

suite [swiːt] *n* (*of rooms*, *MUS*) suite *f*; (*furniture*): **bedroom/dining room** ~ (juego de) dormitorio/comedor *m*.

suitor ['suːtə*] *n* pretendiente *m*.

sulfur ['sʌlfə*] *n* (*US*) = **sulphur**.

sulk [sʌlk] *vi* estar de mal humor; ~**y** *a* malhumorado.

sullen ['sʌlən] *a* hosco, malhumorado.

sulphur, (*US*) **sulfur** ['sʌlfə*] *n* azufre *m*.

sultana [sʌl'tɑːnə] *n* (*fruit*) pasa de Esmirna.

sultry ['sʌltrɪ] a (*weather*) bochornoso.

sum [sʌm] n suma; (*total*) total m; **to ~ up** vt resumir // vi hacer un resumen.

summarize ['sʌmǝraɪz] vt resumir.

summary ['sʌmǝrɪ] n resumen m // a (*justice*) sumario.

summer ['sʌmǝ*] n verano // cpd de verano; **~house** n (*in garden*) cenador m, glorieta; **~time** n (*season*) verano; **~ time** n (*Brit: by clock*) hora de verano.

summit ['sʌmɪt] n cima, cumbre f; **~ (conference)** n (conferencia) cumbre f.

summon ['sʌmǝn] vt (*person*) llamar; (*meeting*) convocar; (*LAW*) citar; **to ~ up** vt (*courage*) armarse de...; **~s** n llamamiento, llamada // vt citar, emplazar.

sump [sʌmp] n (*Brit AUT*) cárter m.

sumptuous ['sʌmptjuǝs] a suntuoso.

sun [sʌn] n sol m.

sunbathe ['sʌnbeɪð] vi tomar el sol.

sunburn ['sʌnbǝːn] n (*painful*) quemadura; (*tan*) bronceado.

Sunday ['sʌndɪ] n domingo; **~ school** n catequesis f dominical.

sundial ['sʌndaɪǝl] n reloj m de sol.

sundown ['sʌndaun] n anochecer m.

sundry ['sʌndrɪ] a varios/as, diversos/as; **all and ~** todos sin excepción; **sundries** npl géneros mpl diversos.

sunflower ['sʌnflauǝ*] n girasol m.

sung [sʌŋ] pp of **sing**.

sunglasses ['sʌnglɑːsɪz] npl gafas fpl or anteojos mpl (*LAm*) de sol.

sunk [sʌŋk] pp of **sink**.

sun: ~light n luz f del sol; **~lit** a iluminado por el sol; **~ny** a soleado; (*day*) de sol; (*fig*) alegre; **~rise** n salida del sol; **~ roof** n (*AUT*) techo corredizo; **~set** n puesta del sol; **~shade** n (*over table*) sombrilla; **~shine** n sol m; **~stroke** n insolación f; **~tan** n bronceado; **~tan oil** n aceite m bronceador.

super ['suːpǝ*] a (*col*) bárbaro.

superannuation [suːpǝrænjuˈeɪʃǝn] n cuota de jubilación.

superb [suːˈpǝːb] a magnífico, espléndido.

supercilious [suːpǝˈsɪlɪǝs] a altanero.

superfluous [suˈpǝːfluǝs] a superfluo, de sobra.

superhuman [suːpǝˈhjuːmǝn] a sobrehumano.

superimpose ['suːpǝrɪmˈpǝuz] vt sobreponer.

superintendent [suːpǝrɪnˈtɛndǝnt] n director(a) m/f; (*police ~*) subjefe/a m/f.

superior [suˈpɪǝrɪǝ*] a superior; (*smug*) desdeñoso // n superior m; **~ity** [-ˈɔrɪtɪ] n superioridad f; desdén m.

superlative [suˈpǝːlǝtɪv] a, n superlativo m.

superman ['suːpǝmæn] n superhombre m.

supermarket ['suːpǝmɑːkɪt] n supermercado.

supernatural [suːpǝˈnætʃǝrǝl] a sobrena-

tural.

superpower ['suːpǝpauǝ*] n (*POL*) superpotencia.

supersede [suːpǝˈsiːd] vt suplantar.

supersonic ['suːpǝˈsɔnɪk] a supersónico.

superstitious [suːpǝˈstɪʃǝs] a supersticioso.

supertanker ['suːpǝtæŋkǝ*] n superpetrolero.

supervise ['suːpǝvaɪz] vt supervisar; **supervision** [-ˈvɪʒǝn] n supervisión f; **supervisor** n supervisor(a) m/f.

supper ['sʌpǝ*] n cena; **to have ~** cenar.

supplant [sǝˈplɑːnt] vt suplantar.

supple ['sʌpl] a flexible.

supplement ['sʌplɪmǝnt] n suplemento // vt [sʌplɪˈmɛnt] suplir; **~ary** [-ˈmɛntǝrɪ] a suplementario.

supplier [sǝˈplaɪǝ*] n suministrador(a) m/f; (*COMM*) distribuidor(a) m/f.

supply [sǝˈplaɪ] vt (*provide*) suministrar; (*information*) facilitar; (*equip*): **to ~ (with)** proveer (de) // n provisión f; (*gas, water etc*) suministro // cpd (*Brit: teacher etc*) suplente; **supplies** npl (*food*) víveres mpl; (*MIL*) pertrechos mpl.

support [sǝˈpɔːt] n (*moral, financial etc*) apoyo; (*TECH*) soporte m // vt apoyar; (*financially*) mantener; (*uphold*) sostener; **~er** n (*POL etc*) partidario/a; (*SPORT*) aficionado/a.

suppose [sǝˈpǝuz] vt, vi suponer; (*imagine*) imaginarse; **to be ~d to do sth** deber hacer algo; **~dly** [sǝˈpǝuzɪdlɪ] ad según cabe suponer; **supposing** conj en caso de que.

suppress [sǝˈprɛs] vt suprimir; (*yawn*) ahogar.

supreme [suˈpriːm] a supremo.

surcharge ['sǝːtʃɑːdʒ] n sobretasa, recargo.

sure [ʃuǝ*] a seguro; (*definite, convinced*) cierto; **to make ~ of sth/that** asegurarse de algo/asegurar que; **~!** (*of course*) ¡claro!, ¡por supuesto!; **~ enough** efectivamente; **~ly** ad (*certainly*) seguramente.

surety ['ʃuǝrǝtɪ] n fianza; (*person*) fiador(a) m/f.

surf [sǝːf] n olas fpl.

surface ['sǝːfɪs] n superficie f // vt (*road*) revestir // vi salir a la superficie; **~ mail** n vía terrestre.

surfboard ['sǝːfbɔːd] n plancha (de surf).

surfeit ['sǝːfɪt] n: **a ~ of** un exceso de.

surfing ['sǝːfɪŋ] n surf m.

surge [sǝːdʒ] n oleada, oleaje m // vi avanzar a tropel.

surgeon ['sǝːdʒǝn] n cirujano/a.

surgery ['sǝːdʒǝrɪ] n cirugía; (*Brit: room*) consultorio; **to undergo ~** operarse; **~ hours** npl (*Brit*) horas fpl de consulta.

surgical ['sǝːdʒɪkl] a quirúrgico; **~ spir-**

it *n* (*Brit*) alcohol *m* de 90°.

surly ['sɜːli] *a* hosco, malhumorado.

surmount [sɜː'maunt] *vt* superar, vencer.

surname ['sɜːneɪm] *n* apellido.

surpass [sɜː'pɑːs] *vt* superar, exceder.

surplus ['sɜːpləs] *n* excedente *m*; (*COMM*) superávit *m* // *a* excedente, sobrante.

surprise [sə'praɪz] *n* sorpresa // *vt* sorprender; **surprising** *a* sorprendente; **surprisingly** *ad* (*easy, helpful*) de modo sorprendente.

surrender [sə'rɛndə*] *n* rendición *f*, entrega // *vi* rendirse, entregarse.

surreptitious [sʌrəp'tɪʃəs] *a* subrepticio.

surrogate ['sʌrəgɪt] *n* sucedáneo; ~ **mother** *n* madre *f* portadora.

surround [sə'raund] *vt* rodear, circundar; (*MIL etc*) cercar; ~**ing** *a* circundante; ~**ings** *npl* alrededores *mpl*, cercanías *fpl*.

surveillance [sɜː'veɪləns] *n* vigilancia.

survey ['sɜːveɪ] *n* inspección *f*, reconocimiento; (*inquiry*) encuesta // *vt* [sɜː'veɪ] examinar, inspeccionar; (*look at*) mirar, contemplar; (*make inquiries about*) hacer una encuesta de; ~**or** *n* (*Brit*) agrimensor(a) *m/f*.

survival [sə'vaɪvl] *n* supervivencia.

survive [sə'vaɪv] *vi* sobrevivir; (*custom etc*) perdurar // *vt* sobrevivir a; **survivor** *n* superviviente *m/f*.

susceptible [sə'sɛptəbl] *a*: ~ (**to**) (*disease*) susceptible (a); (*flattery*) sensible (a).

suspect ['sʌspɛkt] *a, n* sospechoso/a *m/f* // *vt* [səs'pɛkt] sospechar.

suspend [səs'pɛnd] *vt* suspender; ~**ed sentence** *n* (*LAW*) libertad *f* condicional; ~**er belt** *n* portaligas *m inv*; ~**ers** *npl* (*Brit*) ligas *fpl*; (*US*) tirantes *mpl*.

suspense [səs'pɛns] *n* incertidumbre *f*, duda; (*in film etc*) suspense *m*.

suspension [səs'pɛnʃən] *n* (*gen, AUT*) suspensión *f*; (*of driving licence*) privación *f*; ~ **bridge** *n* puente *m* colgante.

suspicion [səs'pɪʃən] *n* sospecha; (*distrust*) recelo; (*trace*) traza; **suspicious** [-ʃəs] *a* (*suspecting*) receloso; (*causing* ~) sospechoso.

sustain [səs'teɪn] *vt* sostener, apoyar; (*suffer*) sufrir, padecer; ~**ed** *a* (*effort*) sostenido.

sustenance ['sʌstɪnəns] *n* sustento.

swab [swɔb] *n* (*MED*) algodón *m*; (*for specimen*) frotis *m inv*.

swagger ['swægə*] *vi* pavonearse.

swallow ['swɔləu] *n* (*bird*) golondrina // *vt* tragar; **to** ~ **up** *vt* (*savings etc*) consumir.

swam [swæm] *pt of* **swim**.

swamp [swɔmp] *n* pantano, ciénaga // *vt*: **to** ~ (**with**) abrumar (de), agobiar (de); ~**y** *a* pantanoso.

swan [swɔn] *n* cisne *m*.

swap [swɔp] *vt*: **to** ~ (**for**) canjear (por).

swarm [swɔːm] *n* (*of bees*) enjambre *m*; (*fig*) multitud *f* // *vi*: **to** ~ (**with**) pulular (de).

swarthy ['swɔːðɪ] *a* moreno.

swastika ['swɔstɪkə] *n* esvástica, cruz *f* gamada.

swat [swɔt] *vt* aplastar.

sway [sweɪ] *vi* mecerse, balancearse // *vt* (*influence*) mover, influir en.

swear [swɛə*], *pt* **swore**, *pp* **sworn** *vi* jurar; **to** ~ **to sth** declarar algo bajo juramento; ~**word** *n* taco, palabrota.

sweat [swɛt] *n* sudor *m* // *vi* sudar.

sweater ['swɛtə*], **sweatshirt** ['swɛtʃɜːt] *n* suéter *m*.

sweaty ['swɛtɪ] *a* sudoroso.

Swede [swiːd] *n* sueco/a.

swede [swiːd] *n* (*Brit*) nabo.

Sweden ['swiːdn] *n* Suecia.

Swedish ['swiːdɪʃ] *a* sueco // *n* (*LING*) sueco.

sweep [swiːp] *n* (*act*) barrido; (*of arm*) manotazo; (*curve*) curva, alcance *m*; (*also*: **chimney** ~) deshollinador(a) *m/f* // *vb* (*pt, pp* **swept**) *vt, vi* barrer; **to** ~ **away** *vt* barrer; (*rub out*) borrar; **to** ~ **past** *vi* pasar majestuosamente; **to** ~ **up** *vi* barrer; ~**ing** *a* (*gesture*) dramático; (*generalized*) generalizado.

sweet [swiːt] *n* (*candy*) dulce *m*, caramelo; (*Brit*: *pudding*) postre *m* // *a* dulce; (*sugary*) azucarado; (*fig*) dulce, amable; ~**corn** *n* maíz *m*; ~**en** *vt* (*person*) endulzar; (*add sugar to*) poner azúcar a; ~**heart** *n* novio/a; ~**ness** *n* (*gen*) dulzura; ~ **pea** *n* guisante *m* de olor.

swell [swɛl] *n* (*of sea*) marejada, oleaje *m* // *a* (*US*: *col*: *excellent*) estupendo, fenomenal // *vb* (*pt* **swelled**, *pp* **swollen** *or* **swelled**) *vt* hinchar, inflar // *vi* hincharse, inflarse; ~**ing** *n* (*MED*) hinchazón *f*.

sweltering ['swɛltərɪŋ] *a* sofocante, de mucho calor.

swept [swɛpt] *pt, pp of* **sweep**.

swerve [swɜːv] *vi* desviarse bruscamente.

swift [swɪft] *n* (*bird*) vencejo // *a* rápido, veloz; ~**ly** *ad* rápidamente.

swig [swɪg] *n* (*col*: *drink*) trago.

swill [swɪl] *n* bazofia // *vt* (*also*: ~ **out**, ~ **down**) lavar, limpiar con agua.

swim [swɪm] *n*: to go for a ~ ir a nadar *or* a bañarse // *vb* (*pt* **swam**, *pp* **swum**) *vi* nadar; (*head, room*) dar vueltas // *vt* pasar *or* cruzar a nado; ~**mer** *n* nadador(a) *m/f*; ~**ming** *n* natación *f*; ~**ming cap** *n* gorro de baño; ~**ming costume** *n* bañador *m*, traje *m* de baño; ~**ming pool** *n* piscina, alberca (*LAm*); ~**suit** *n* = ~**ming costume**.

swindle ['swɪndl] *n* estafa // *vt* estafar.

swine [swaɪn] *n, pl inv* cerdos *mpl*, puercos *mpl*; (*col!*) canalla *sg* (!).

swing [swɪŋ] n (in playground) columpio; (movement) balanceo, vaivén m; (change of direction) viraje m; (rhythm) ritmo // vb (pt, pp swung) vt balancear; (on a ~) columpiar; (also: ~ round) voltear, girar // vi balancearse, columpiarse; (also: ~ round) dar media vuelta; to be in full ~ estar en plena marcha; ~ bridge n puente m giratorio; ~ door, (US) ~ing door n puerta giratoria.

swingeing ['swɪndʒɪŋ] a (Brit) abrumador(a).

swipe [swaɪp] vt (hit) golpear fuerte; (col: steal) guindar.

swirl [swɜːl] vi arremolinarse.

swish [swɪʃ] a (col: smart) elegante // vi chasquear.

Swiss [swɪs] a, n, pl inv suizo/a m/f.

switch [swɪtʃ] n (for light, radio etc) interruptor m; (change) cambio // vt (change) cambiar de; to ~ off vt apagar; (engine) parar; to ~ on vt encender, prender (LAm); (engine, machine) arrancar; ~board n (TEL) centralita (de teléfonos), conmutador m (LAm).

Switzerland ['swɪtsələnd] n Suiza.

swivel ['swɪvl] vi (also: ~ round) girar.

swollen ['swəulən] pp of swell.

swoon [swuːn] vi desmayarse.

swoop [swuːp] n (by police etc) redada // vi (also: ~ down) calarse.

swop [swɒp] = swap.

sword [sɔːd] n espada; ~fish n pez m espada.

swore [swɔː*] pt of swear.

sworn [swɔːn] pp of swear.

swot [swɒt] (Brit) vt, vi empollar.

swum [swʌm] pp of swim.

swung [swʌŋ] pt, pp of swing.

sycamore ['sɪkəmɔː*] n sicomoro.

syllable ['sɪləbl] n sílaba.

syllabus ['sɪləbəs] n programa m de estudios.

symbol ['sɪmbl] n símbolo.

symmetry ['sɪmɪtrɪ] n simetría.

sympathetic [sɪmpə'θetɪk] a compasivo; (understanding) comprensivo.

sympathize ['sɪmpəθaɪz] vi: to ~ with sb compadecerse de uno; ~r n (POL) simpatizante m/f.

sympathy ['sɪmpəθɪ] n (pity) compasión f; (understanding) comprensión f; with our deepest ~ nuestro más sentido pésame.

symphony ['sɪmfənɪ] n sinfonía.

symposium [sɪm'pəuzɪəm] n simposio.

symptom ['sɪmptəm] n síntoma m, indicio.

synagogue ['sɪnəgɒg] n sinagoga.

syndicate ['sɪndɪkɪt] n (gen) sindicato; (of newspapers) agencia (de noticias).

syndrome ['sɪndrəum] n síndrome m.

synonym ['sɪnənɪm] n sinónimo.

synopsis [sɪ'nɒpsɪs], pl -ses [-siːz] n sinopsis f inv.

syntax ['sɪntæks] n sintaxis f inv.

synthesis ['sɪnθəsɪs], pl -ses [-siːz] n síntesis f inv.

synthetic [sɪn'θetɪk] a sintético.

syphilis ['sɪfɪlɪs] n sífilis f.

syphon ['saɪfən] = siphon.

Syria ['sɪrɪə] n Siria; ~n a, n sirio/a m/f.

syringe [sɪ'rɪndʒ] n jeringa.

syrup ['sɪrəp] n jarabe m, almíbar m.

system ['sɪstəm] n sistema m; (ANAT) organismo; ~atic [-'mætɪk] a sistemático; metódico; ~ disk n (COMPUT) disco del sistema; ~s analyst n analista m/f de sistemas.

T

ta [tɑː] excl (Brit col) ¡gracias!

tab [tæb] n lengüeta; (label) etiqueta; to keep ~s on (fig) vigilar.

tabby ['tæbɪ] n (also: ~ cat) gato atigrado.

table ['teɪbl] n mesa; (of statistics etc) cuadro, tabla // vt (Brit: motion etc) presentar; to lay or set the ~ poner la mesa; ~cloth n mantel m; ~ of contents n índice m de materias; ~ d'hôte [tɑːbl'dəut] n menú m; ~ lamp n lámpara de mesa; ~mat n salvamantel m; ~spoon n cuchara grande; (also: ~spoonful: as measurement) cucharada.

tablet ['tæblɪt] n (MED) pastilla, comprimido; (for writing) bloc m; (of stone) lápida.

table tennis n ping-pong m, tenis m de mesa.

table wine n vino de mesa.

tabloid ['tæblɔɪd] n periódico popular sensacionalista; the ~s la prensa amarilla.

tabulate ['tæbjuleɪt] vt disponer en tablas.

tacit ['tæsɪt] a tácito.

tack [tæk] n (nail) tachuela; (stitch) hilván m; (NAUT) bordada // vt (nail) clavar con tachuelas; (stitch) hilvanar // vi virar.

tackle ['tækl] n (gear) equipo; (fishing ~, for lifting) aparejo; (RUGBY) placaje m // vt (difficulty) enfrentar; (grapple with) agarrar; (RUGBY) placar.

tacky ['tækɪ] a pegajoso.

tact [tækt] n tacto, discreción f; ~ful a discreto, diplomático.

tactical ['tæktɪkl] a táctico.

tactics ['tæktɪks] n, npl táctica sg.

tactless ['tæktlɪs] a indiscreto.

tadpole ['tædpəul] n renacuajo.

taffy ['tæfɪ] n (US) melcocha.

tag [tæg] n (label) etiqueta; to ~ along with sb acompañar a uno.

tail [teɪl] n cola; (of shirt, coat) faldón m

// vt (follow) vigilar a; **to ~ away**, **~ off** vi (in size, quality etc) ir disminuyendo; **~back** n (Brit AUT) cola; **~ coat** n frac m; **~ end** n cola, parte f final; **~gate** n (AUT) puerta trasera.

tailor ['teɪlə*] n sastre m; **~ing** n (cut) corte m; **~-made** a (also fig) hecho a la medida.

tailwind ['teɪlwɪnd] n viento de cola.

tainted ['teɪntɪd] a (water, air) contaminado; (fig) manchado.

take [teɪk], pt **took**, pp **taken** vt tomar; (grab) coger (Sp), agarrar (LAm); (gain: prize) ganar; (require: effort, courage) exigir; (support weight of) aguantar; (hold: passengers etc) tener cabida para; (accompany, bring, carry) llevar; (exam) presentarse a; **to ~ sth from** (drawer etc) sacar algo de; (person) coger (Sp) or tomar (LAm) algo a; I ~ it that... supongo que...; **to ~ after** vt fus parecerse a; **to ~ apart** vt desmontar; **to ~ away** vt (remove) quitar; (carry off) llevar; **to ~ back** vt (return) devolver; (one's words) retractar; **to ~ down** vt (building) derribar; (letter etc) apuntar; **to ~ in** vt (Brit: deceive) engañar; (understand) entender; (include) abarcar; (lodger) acoger, recibir; **to ~ off** vi (AVIAT) despegar // vt (remove) quitar; (imitate) imitar; **to ~ on** vt (work) aceptar; (employee) contratar; (opponent) desafiar; **to ~ out** vt sacar; (remove) quitar; **to ~ over** vt (business) tomar posesión de // vi: **to ~ over from sb** reemplazar a uno; **to ~ to** vt fus (person) coger cariño a (Sp), encariñarse con (LAm); (activity) aficionarse a; **to ~ up** vt (a dress) acortar; (occupy: time, space) ocupar; (engage in: hobby etc) dedicarse a; **~away** a (Brit: food) para llevar; **~home pay** n salario neto; **~off** n (AVIAT) despegue m; **~over** n (COMM) absorción f.

takings ['teɪkɪŋz] npl (COMM) ingresos mpl.

talc [tælk] n (also: **~um powder**) talco.

tale [teɪl] n (story) cuento; (account) relación f; **to tell ~s** (fig) chismear.

talent ['tælnt] n talento; **~ed** a talentoso.

talk [tɔːk] n charla; (gossip) habladurías fpl, chismes mpl; (conversation) conversación f // vi (speak) hablar; (chatter) charlar; **~s** npl (POL etc) conversaciones fpl; **to ~ about** hablar de; **to ~ sb into doing sth** convencer a uno para que haga algo; **to ~ sb out of doing sth** disuadir a uno de que haga algo; **to ~ shop** hablar del trabajo; **to ~ over** vt discutir; **~ative** a hablador(a); **~ show** n programa m magazine.

tall [tɔːl] a alto; (tree) grande; **to be 6 feet ~** ≈ medir 1 metro 80, tener 1 metro 80 de alto; **~boy** n (Brit) cómoda alta;

~ story n cuento chino.

tally ['tælɪ] n cuenta // vi: **to ~ (with)** corresponder (con).

talon ['tælən] n garra.

tambourine [tæmbə'riːn] n pandereta.

tame [teɪm] a (mild) manso; (tamed) domesticado; (fig: story, style) mediocre.

tamper ['tæmpə*] vi: **to ~ with** tocar, andar con.

tampon ['tæmpən] n tampón m.

tan [tæn] n (also: **sun~**) bronceado // vt broncear // vi ponerse moreno // a (colour) marrón.

tang [tæŋ] n sabor m fuerte.

tangent ['tændʒənt] n (MATH) tangente f; **to go off at a ~** (fig) salirse por la tangente.

tangerine [tændʒə'riːn] n mandarina.

tangle ['tæŋgl] n enredo; **to get in(to) a ~** enredarse.

tank [tæŋk] n (water ~) depósito, tanque m; (for fish) acuario; (MIL) tanque m.

tanker ['tæŋkə*] n (ship) buque m cisterna; (truck) camión m cisterna.

tanned [tænd] a (skin) moreno, bronceado.

tantalizing ['tæntəlaɪzɪŋ] a tentador(a).

tantamount ['tæntəmaunt] a: **~ to** equivalente a.

tantrum ['tæntrəm] n rabieta.

tap [tæp] n (Brit: on sink etc) grifo, canilla (LAm); (gentle blow) golpecito; (gas ~) llave f // vt (table etc) tamborilear; (shoulder etc) palmear; (resources) utilizar, explotar; (telephone) intervenir; **on ~** (fig: resources) a mano; **~-dancing** n zapateado.

tape [teɪp] n cinta; (also: **magnetic ~**) cinta magnética; (sticky ~) cinta adhesiva // vt (record) grabar (en cinta); **~ measure** n cinta métrica, metro.

taper ['teɪpə*] n cirio // vi afilarse.

tape recorder n grabadora.

tapestry ['tæpɪstrɪ] n (object) tapiz m; (art) tapicería.

tar [tɑː] n alquitrán m, brea.

target ['tɑːgɪt] n (gen) blanco; **~ practice** n tiro al blanco.

tariff ['tærɪf] n tarifa.

tarmac ['tɑːmæk] n (Brit: on road) alquitranado; (AVIAT) pista (de aterrizaje).

tarnish ['tɑːnɪʃ] vt deslustrar.

tarpaulin [tɑː'pɔːlɪn] n alquitranado.

tart [tɑːt] n (CULIN) tarta; (Brit col: pej: woman) puta // a (flavour) agrio, ácido; **to ~ up** vt (room, building) dar tono a.

tartan ['tɑːtn] n tartán m, escocés m // a de tartán.

tartar ['tɑːtə*] n (on teeth) sarro; **~(e) sauce** n salsa tártara.

task [tɑːsk] n tarea; **to take to ~** reprender; **~ force** n (MIL, POLICE) grupo de operaciones.

tassel ['tæsl] n borla.

taste [teɪst] n sabor m, gusto; (also:

after~) dejo; (*sip*) sorbo; (*fig*: *glimpse*, *idea*) muestra, idea // *vt* probar // *vi*: to ~ of *or* like (*fish etc*) saber a; you can ~ the garlic (in it) se nota el sabor a ajo; can I have a ~ of this wine? ¿puedo probar este vino?; to have a ~ for sth ser aficionado a algo; in good/bad ~ de buen/mal gusto; ~ful *a* de buen gusto; ~less *a* (*food*) soso; (*remark*) de mal gusto; tasty *a* sabroso, rico.

tatters ['tætəz] *npl*: in ~ (*also*: tattered) hecho jirones.

tattoo [tə'tu:] *n* tatuaje *m*; (*spectacle*) espectáculo militar // *vt* tatuar.

tatty ['tætɪ] *a* (*Brit col*) raído.

taught [tɔːt] *pt*, *pp of* teach.

taunt [tɔːnt] *n* burla // *vt* burlarse de.

Taurus ['tɔːrəs] *n* Tauro.

taut [tɔːt] *a* tirante, tenso.

tawdry ['tɔːdrɪ] *a* de mal gusto.

tax [tæks] *n* impuesto // *vt* gravar (con un impuesto); (*fig*: *test*) poner a prueba (: *patience*) agotar; ~able (*income*) imponible; ~ation [-'seɪʃən] *n* impuestos *mpl*; ~ avoidance *n* evasión *f* de impuestos; ~ collector *n* recaudador(a) *m/f*; ~ disc *n* (*Brit AUT*) pegatina del impuesto de circulación; ~ evasion *n* evasión *f* fiscal; ~-free *a* libre de impuestos.

taxi ['tæksɪ] *n* taxi *m* // *vi* (*AVIAT*) rodar por la pista; ~ driver *n* taxista *m/f*; (*Brit*) ~ rank, ~ stand *n* parada de taxis.

tax: ~ payer *n* contribuyente *m/f*; ~ relief *n* desgravación *f* fiscal; ~ return *n* declaración *f* de ingresos.

TB *n abbr* = tuberculosis.

tea [tiː] *n* té *m*; (*Brit*: *snack*) merienda; high ~ (*Brit*) merienda-cena; ~ bag *n* bolsita de té; ~ break *n* (*Brit*) descanso para el té.

teach [tiːtʃ], *pt*, *pp* taught *vt*: to ~ sb sth, ~ sth to sb enseñar algo a uno // *vi* enseñar; (*be a teacher*) ser profesor(a); ~er *n* (*in secondary school*) profesor/a *m/f*; (*in primary school*) maestro/a; ~ing *n* enseñanza.

tea cosy *n* cubretetera *m*.

teacup ['tiːkʌp] *n* taza para el té.

teak [tiːk] *n* (madera de) teca.

team [tiːm] *n* equipo; (*of animals*) pareja; ~work *n* trabajo en equipo.

teapot ['tiːpɒt] *n* tetera.

tear [tɛə*] *n* rasgón *m*, desgarrón *m* // *n* [tɪə*] lágrima // *vb* (*pt* tore, *pp* torn) *vt* romper, rasgar // *vi* rasgarse; in ~s llorando; to ~ along *vi* (*rush*) precipitarse; to ~ up *vt* (*sheet of paper etc*) romper; ~ful *a* lloroso; ~ gas *n* gas *m* lacrimógeno.

tearoom ['tiːruːm] *n* salón *m* de té, cafetería.

tease [tiːz] *n* bromista *m/f* // *vt* tomar el pelo a.

tea: ~ set *n* servicio de té; ~spoon *n* cucharita; (*also*: ~spoonful: *as measurement*) cucharadita.

teat [tiːt] *n* (*of bottle*) tetina.

teatime ['tiːtaɪm] *n* hora del té.

tea towel *n* (*Brit*) paño de cocina.

technical ['tɛknɪkl] *a* técnico; ~ity [-'kælɪtɪ] *n* detalle *m* técnico.

technician [tɛk'nɪʃn] *n* técnico/a.

technique [tɛk'niːk] *n* técnica.

technological [tɛknə'lɒdʒɪkl] *a* tecnológico.

technology [tɛk'nɒlədʒɪ] *n* tecnología.

teddy (bear) ['tɛdɪ-] *n* osito de felpa.

tedious ['tiːdɪəs] *a* pesado, aburrido.

tee [tiː] *n* (*GOLF*) tee *m*.

teem [tiːm] *vi*: to ~ with rebosar de; it is ~ing (with rain) llueve a mares.

teenage ['tiːneɪdʒ] *a* (*fashions etc*) juvenil; ~r *n* adolescente *m/f*.

teens [tiːnz] *npl*: to be in one's ~ ser adolescente.

tee-shirt ['tiːʃəːt] *n* = T-shirt.

teeter ['tiːtə*] *vi* balancearse.

teeth [tiːθ] *npl of* tooth.

teethe [tiːð] *vi* echar los dientes.

teething ['tiːðɪŋ]: ~ ring *n* mordedor *m*; ~ troubles *npl* (*fig*) dificultades *fpl* iniciales.

teetotal ['tiː'təutl] *a* (*person*) abstemio.

telegram ['tɛlɪgræm] *n* telegrama *m*.

telegraph ['tɛlɪgrɑːf] *n* telégrafo.

telepathy [tə'lɛpəθɪ] *n* telepatía.

telephone ['tɛlɪfəun] *n* teléfono // *vt* llamar por teléfono, telefonear; ~ booth, (*Brit*) ~ box *n* cabina telefónica; ~ call *n* llamada (telefónica); ~ directory *n* guía (telefónica); ~ number *n* número de teléfono; telephonist [tə'lɛfənɪst] *n* (*Brit*) telefonista *m/f*.

telephoto ['tɛlɪ'fəutəu] *a*: ~ lens teleobjetivo.

telescope ['tɛlɪskəup] *n* telescopio.

televise ['tɛlɪvaɪz] *vt* televisar.

television ['tɛlɪvɪʒən] *n* televisión *f*; ~ set *n* televisor *m*.

telex ['tɛlɛks] *n* télex *m* // *vt*, *vi* enviar un télex (a).

tell [tɛl], *pt*, *pp* told *vt* decir; (*relate*: *story*) contar; (*distinguish*): to ~ sth from distinguir algo de // *vi* (*talk*): to ~ (of) contar; (*have effect*) tener efecto; to ~ sb to do sth mandar a uno hacer algo; to ~ off *vt*: to ~ sb off regañar a uno; ~er *n* (*in bank*) cajero/a; ~ing *a* (*remark*, *detail*) revelador(a); ~tale *a* (*sign*) indicador/a.

telly ['tɛlɪ] *n* (*Brit col*) tele *f*.

temp [tɛmp] *n abbr* (*Brit*: = temporary) temporero/a // *vi* trabajar de interino/a.

temper ['tɛmpə*] *n* (*mood*) humor *m*; (*bad*~) (mal) genio; (*fit of anger*) ira; (*of child*) rabieta // *vt* (*moderate*) moderar; to be in a ~ estar furioso; to lose one's ~ enfadarse, enojarse (*LAm*).

temperament ['tɛmprəmənt] n (nature) temperamento.

temperate ['tɛmprət] a moderado; (climate) templado.

temperature ['tɛmprətʃə*] n temperatura; **to have** or **run a ~** tener fiebre.

tempest ['tɛmpɪst] n tempestad f.

template ['tɛmplɪt] n plantilla.

temple ['tɛmpl] n (building) templo; (ANAT) sien f.

temporarily ['tɛmpərərɪlɪ] ad temporalmente.

temporary ['tɛmpərərɪ] a provisional, temporal; (passing) transitorio; (worker) temporero.

tempt [tɛmpt] vt tentar; **to ~ sb into doing sth** tentar or inducir a uno a hacer algo; **~ation** [-'teɪʃən] n tentación f; **~ing** a tentador(a).

ten [tɛn] num diez.

tenable ['tɛnəbl] a sostenible.

tenacity [tə'næsɪtɪ] n tenacidad f.

tenancy ['tɛnənsɪ] n alquiler m; (of house) inquilinato.

tenant ['tɛnənt] n (rent-payer) inquilino/a; (occupant) habitante m/f.

tend [tɛnd] vt cuidar // vi: **to ~ to do sth** tener tendencia a hacer algo.

tendency ['tɛndənsɪ] n tendencia.

tender ['tɛndə*] a (meat) tierno; (sore) sensible; (affectionate) tierno, cariñoso // n (COMM: offer) oferta; (money): **legal ~** moneda de curso legal // vt ofrecer; **~ness** n ternura; (of meat) blandura.

tenement ['tɛnəmənt] n casa de pisos or vecinos (Sp).

tenet ['tɛnət] n principio.

tennis ['tɛnɪs] n tenis m; **~ ball** n pelota de tenis; **~ court** n cancha de tenis; **~ player** n tenista m/f; **~ racket** n raqueta de tenis; **~ shoes** npl zapatillas fpl de tenis.

te ior ['tɛnə*] n (MUS) tenor m.

tense [tɛns] a (moment, atmosphere) tenso; (stretched) tirante; (stiff) rígido, tieso; (person) nervioso // n (LING) tiempo.

tension ['tɛnʃən] n tensión f.

tent [tɛnt] n tienda (de campaña), carpa (LAm).

tentacle ['tɛntəkl] n tentáculo.

tenterhooks ['tɛntəhʊks] npl: **on ~** sobre ascuas.

tenth [tɛnθ] a décimo.

tent peg n clavija, estaca.

tent pole n mástil m.

tenuous ['tɛnjʊəs] a tenue.

tenure ['tɛnjʊə*] n (of land) tenencia; (of job: period) ejercicio.

tepid ['tɛpɪd] a tibio.

term [tə:m] n (COMM: time limit) plazo; (word) término; (period) período; (SCOL) trimestre m // vt llamar; **~s** npl (conditions) condiciones fpl; **in the short/long ~** a corto/largo plazo; **to be on good ~s with sb** llevarse bien con uno; **to**

come to **~s with** (problem) adaptarse a.

terminal ['tə:mɪnl] a (disease) mortal // n (ELEC) borne m; (COMPUT) terminal m; (also: **air ~**) terminal f; (Brit: also: **coach ~**) (estación f) terminal f.

terminate ['tə:mɪneɪt] vt terminar // vi: **to ~** in acabar por.

terminus ['tə:mɪnəs], pl **-mini** [-mɪnaɪ] n término, (estación f) terminal f.

terrace ['tɛrəs] n terraza; (Brit: row of houses) hilera de casas adosadas; **the ~s** (Brit SPORT) las gradas fpl; **~d** a (garden) colgante; (house) adosado.

terrain [tɛ'reɪn] n terreno.

terrible ['tɛrɪbl] a terrible, horrible; (fam) atroz; **terribly** ad terriblemente; (very badly) malísimamente.

terrier ['tɛrɪə*] n terrier m.

terrific [tə'rɪfɪk] a fantástico, fenomenal; (wonderful) maravilloso.

terrify ['tɛrɪfaɪ] vt aterrorizar.

territory ['tɛrɪtərɪ] n territorio.

terror ['tɛrə*] n terror m; **~ism** n terrorismo; **~ist** n terrorista m/f; **~ize** vt aterrorizar.

terse [tə:s] a (style) conciso; (reply) brusco.

Terylene ['tɛrɪli:n] n ® (Brit) terylene m ®.

test [tɛst] n (trial, check) prueba, ensayo; (: of goods in factory) control m; (of courage etc, CHEM) prueba; (MED) examen m; (exam) examen m, test m; (also: **driving ~**) examen m de conducir // vt probar, poner a prueba; (MED) examinar.

testament ['tɛstəmənt] n testamento; **the Old/New T~** el Antiguo/Nuevo Testamento.

testicle ['tɛstɪkl] n testículo.

testify ['tɛstɪfaɪ] vi (LAW) prestar declaración; **to ~ to sth** atestiguar algo.

testimony ['tɛstɪmənɪ] n (LAW) testimonio, declaración f.

test: ~ match n (CRICKET, RUGBY) partido internacional; **~ pilot** n piloto/mujer piloto m/f de pruebas; **~ tube** n probeta; **~ tube baby** n niño/a probeta.

tetanus ['tɛtənəs] n tétano.

tether ['tɛðə*] vt atar (con una cuerda) // n: **to be at the end of one's ~** no aguantar más.

text [tɛkst] n texto; **~book** n libro de texto.

textiles ['tɛkstaɪlz] npl textiles mpl, tejidos mpl.

texture ['tɛkstʃə*] n textura.

Thai [taɪ] a, n tailandés/esa m/f; **~land** n Tailandia.

Thames [tɛmz] n: **the ~** el (río) Támesis.

than [ðæn] conj (in comparisons): **more ~ 10/once** más de 10/una vez; **I have more/less ~ you/Paul** tengo más/menos que tú/Paul; **she is older ~ you think** es mayor de lo que piensas.

thank [θæŋk] *vt* dar las gracias a, agradecer; ~ **you (very much)** muchas gracias; ~**s** *npl* gracias *fpl* // *excl* ¡gracias!; ~**s to** *prep* gracias a; ~**ful** *a*: ~**ful (for)** agradecido (por); ~**less** *a* ingrato; **T~sgiving (Day)** *n* día *m* de Acción de Gracias.

that [ðæt] *a* (*demonstrative*: *pl* those) ese/a, *pl* esos/as; (*more remote*) aquel/ aquella, *pl* aquellos/as; **leave those books on the table** deja esos libros sobre la mesa; ~ **one** ése/ésa; (*more remote*) aquél/aquélla, ~ **one over there** ése/ésa de ahí; aquél/aquélla de allí

♦ *pron* **1** (*demonstrative*: *pl* those) ése/a, *pl* ésos/as; (*neuter*) eso; (*more remote*) aquél/aquélla, *pl* aquéllos/as; (*neuter*) aquello; **what's** ~? ¿qué es eso (*or* aquello)?; **who's** ~? ¿quién es ése/a (*or* aquél/aquélla)?; **is** ~ **you?** ¿eres tú?; **will you eat all** ~? ¿vas a comer todo eso?; ~'**s my house** ésa es mi casa; ~'**s what he said** eso es lo que dijo; ~ **is** (*to say*) es decir

2 (*relative*: *subject, object*) que; (*with preposition*) (el/la) que *etc*, el/la cual *etc*; **the book** (~) **I read** el libro que leí; **the books** ~ **are in the library** los libros que están en la biblioteca; **all** (~) **I have** todo lo que tengo; **the box** (~) **I put it in** la caja en la que *or* donde lo puse; **the people** (~) **I spoke to** la gente con la que hablé

3 (*relative*: *of time*) que; **the day** (~) **he came** el día (en) que vino

♦ *conj* que; **he thought** ~ **I was ill** creyó que estaba enfermo

♦ *ad* (*demonstrative*): **I can't work** ~ **much** no puedo trabajar tanto; **I didn't realise it was** ~ **bad** no creí que fuera tan malo; ~ **high** así de alto.

thatched [θætʃt] *a* (*roof*) de paja; ~ **cottage** casita con tejado de paja.

thaw [θɔː] *n* deshielo // *vi* (*ice*) derretirse; (*food*) descongelarse // *vt* (*food*) descongelar.

the [ðiː, ðə] *definite article* **1** (*gen*) el, *f* la, *pl* los, *fpl* las (*NB* = *el immediately before f noun beginning with stressed* (*h*)*a*; *a* + *el* = **al**; *de* + *el* = **del**); ~ **boy/girl** el chico/la chica; ~ **books/ flowers** los libros/las flores; **to** ~ **postman/from** ~ **drawer** al cartero/del cajón; **I haven't** ~ **time/money** no tengo tiempo/dinero

2 (+ *adjective to form noun*) los; lo; ~ **rich and** ~ **poor** los ricos y los pobres; **to attempt** ~ **impossible** intentar lo imposible

3 (*in titles*): **Elizabeth** ~ **First** Isabel primera; **Peter** ~ **Great** Pedro el Grande **4** (*in comparisons*): ~ **more he works** ~ **more he earns** cuanto más trabaja más gana.

theatre, (*US*) **theater** [ˈθɪətə*] *n* teatro; ~-**goer** *n* aficionado/a al teatro.

theatrical [θɪˈætrɪkl] *a* teatral.

theft [θeft] *n* robo.

their [ðeə*] *a* su; ~**s** *pron* (el) suyo/(la) suya *etc*; *see also* **my, mine.**

them [ðɛm, ðəm] *pron* (*direct*) los/las; (*indirect*) les; (*stressed, after prep*) ellos/ellas; *see also* **me.**

theme [θiːm] *n* tema *m*; ~ **song** *n* tema *m* (musical).

themselves [ðəmˈsɛlvz] *pl pron* (*subject*) ellos mismos/ellas mismas; (*complement*) se; (*after prep*) sí (mismos/as); *see also* **oneself.**

then [ðɛn] *ad* (*at that time*) entonces; (*next*) pues; (*later*) luego, después; (*and also*) además // *conj* (*therefore*) en ese caso, entonces // *a*: **the** ~ **president** el entonces presidente; **from** ~ **on** desde entonces.

theology [θɪˈɔlədʒɪ] *n* teología.

theoretical [θɪəˈrɛtɪkl] *a* teórico.

theory [ˈθɪərɪ] *n* teoría.

therapist [ˈθɛrəpɪst] *n* terapeuta *m/f*.

therapy [ˈθɛrəpɪ] *n* terapia.

there [ˈðeə*] *ad* **1**: ~ **is,** ~ **are** hay; ~ **is no-one here/no bread left** no hay nadie aquí/no queda pan; ~ **has been an accident** ha habido un accidente

2 (*referring to place*) ahí; (*distant*) allí; **it's** ~ está ahí; **put it in/on/up/down** ~ ponlo ahí dentro/encima/arriba/abajo; **I want that book** ~ quiero ese libro de ahí; ~ **he is!** ¡ahí está!

3: ~, ~ (*esp to child*) ea, ea.

there: ~**abouts** *ad* por ahí; ~**after** *ad* después; ~**by** *ad* así, de ese modo; ~**fore** *ad* por lo tanto; ~'**s** = ~ **is;** ~ **has.**

thermal [ˈθəːml] *a* termal; (*paper*) térmico; ~ **printer** *n* termoimpresora.

thermometer [θəˈmɔmɪtə*] *n* termómetro.

Thermos [ˈθəːməs] *n* ® (*also:* ~ **flask**) termo.

thermostat [ˈθəːməustæt] *n* termostato.

thesaurus [θɪˈsɔːrəs] *n* tesoro.

these [ðiːz] *pl a* estos/as // *pl pron* éstos/ as.

thesis [ˈθiːsɪs], *pl* -**ses** [-siːz] *n* tesis *f inv*.

they [ðeɪ] *pl pron* ellos/ellas; (*stressed*) ellos (mismos)/ellas (mismas); ~ **say that...** (*it is said that*) se dice que...; ~'**d** = **they had, they would;** ~'**ll** = **they shall, they will;** ~'**re** = **they are;** ~'**ve** = **they have.**

thick [θɪk] *a* (*liquid, smoke*) espeso; (*wall, slice*) grueso; (*vegetation, beard*) tupido; (*stupid*) torpe // *n*: **in the** ~ **of the battle** en lo más reñido de la batalla; **it's 20 cm** ~ tiene 20 cm de espesor; ~**en** *vi* espesarse // *vt* (*sauce etc*) espesar; ~**ness** *n* espesor *m*, grueso; ~**set** *a* fornido; ~**skinned** *a* (*fig*) insensible.

thief [θiːf], pl **thieves** [θiːvz] n ladrón/ona m/f.

thigh [θaɪ] n muslo.

thimble ['θɪmbl] n dedal m.

thin [θɪn] a (person, animal) flaco; (material) delgado; (liquid) poco denso; (soup) aguado; (fog) ligero; (crowd) escaso // vt: to ~ (down) (sauce, paint) diluir.

thing [θɪŋ] n cosa; (object) objeto, artículo; (contraption) chisme m; ~s npl (belongings) efectos mpl (personales); the best ~ would be to... lo mejor sería...; how are ~s? ¿qué tal?

think [θɪŋk], pt, pp **thought** vi pensar // vt pensar, creer; what did you ~ of them? ¿qué te parecieron?; to ~ about sth/sb pensar en algo/uno; I'll ~ about it lo pensaré; to ~ of doing sth pensar en hacer algo; I ~ so/not creo que sí/no; to ~ well of sb tener buen concepto de uno; to ~ over vt reflexionar sobre, meditar; to ~ up vt imaginar; ~ tank n gabinete m de estrategia.

third [θəːd] a tercer(a) // n tercero/a; (fraction) tercio; (Brit SCOL: degree) de tercera clase; ~ly ad en tercer lugar; ~ party insurance n (Brit) seguro contra terceros; ~-rate a (de calidad) mediocre; the T~ World el Tercer Mundo.

thirst [θəːst] n sed f; ~y a: to be ~y tener sed.

thirteen ['θəː'tiːn] num trece.

thirty ['θəːtɪ] num treinta.

this [ðɪs] ♦ a (demonstrative: pl these) este/a; pl estos/as; (neuter) esto; ~ man/woman este hombre/esta mujer; these children/flowers estos chicos/estas flores; ~ one (here) éste/a, esto (de aquí)
♦ pron (demonstrative: pl these) éste/a; pl éstos/as; (neuter) esto; who is ~? ¿quién es éste/ésta?; what is ~? ¿qué es esto?; ~ is where I live aquí vivo; ~ is what he said esto es lo que dijo; ~ is Mr Brown (in introductions) le presento al Sr. Brown; (photo) éste es el Sr. Brown; (on telephone) habla el Sr. Brown
♦ ad (demonstrative): ~ high/long etc así de alto/largo etc; ~ far hasta aquí.

thistle ['θɪsl] n cardo.

thong [θɒŋ] n correa.

thorn [θɔːn] n espina.

thorough ['θʌrə] a (search) minucioso; (knowledge, research) profundo; ~bred a (horse) de pura sangre; ~fare n calle f; 'no ~fare' 'prohibido el paso'; ~ly ad minuciosamente; profundamente, a fondo.

those [ðəʊz] pl pron ésos/ésas; (more remote) aquéllos/as // pl a esos/esas; aquellos/as.

though [ðəʊ] conj aunque // ad sin embargo.

thought [θɔːt] pt, pp of think // n pensamiento; (opinion) opinión f; (intention) intención f; ~ful a pensativo; (considerate) atento; ~less a desconsiderado.

thousand ['θaʊzənd] num mil; two ~ dos mil; ~s of miles de; ~th a milésimo.

thrash [θræʃ] vt apalear; (defeat) derrotar; to ~ about vi revolcarse; to ~ out vt discutir a fondo.

thread [θrɛd] n hilo; (of screw) rosca // vt (needle) enhebrar; ~bare a raído.

threat [θrɛt] n amenaza; ~en vi amenazar // vt: to ~en sb with sth/to do amenazar a uno con algo/con hacer.

three [θriː] num tres; ~-dimensional a tridimensional; ~-piece suit n traje m de tres piezas; ~-piece suite n tresillo; ~-ply a (wool) triple; ~-wheeler n (car) coche m cabina.

thresh [θrɛʃ] vt (AGR) trillar.

threshold ['θrɛʃhəʊld] n umbral m.

threw [θruː] pt of throw.

thrifty ['θrɪftɪ] a económico.

thrill [θrɪl] n (excitement) emoción f // vt emocionar; to be ~ed (with gift etc) estar encantado; ~er n película/novela de suspense.

thrilling ['θrɪlɪŋ] a emocionante.

thrive [θraɪv], pt **thrived** or **throve** [θrəʊv], pp **thrived** or **thriven** ['θrɪvn] vi (grow) crecer; (do well) prosperar; **thriving** a próspero.

throat [θrəʊt] n garganta; to have a sore ~ tener dolor de garganta.

throb [θrɒb] n (heart) latir; (engine) vibrar; (with pain) dar punzadas.

throes [θrəʊz] npl: in the ~ of en medio de.

throne [θrəʊn] n trono.

throng [θrɒŋ] n multitud f, muchedumbre f // vt agolparse en.

throttle ['θrɒtl] n (AUT) acelerador m // vt estrangular.

through [θruː] prep por, a través de; (time) durante; (by means of) por medio de, mediante; (owing to) gracias a // a (ticket, train) directo // ad completamente, de parte a parte; de principio a fin; to put sb ~ to sb (TEL) poner or pasar a uno con uno; to be ~ (TEL) tener comunicación; (have finished) haber terminado; 'no ~ road' (Brit) 'calle sin salida'; ~out prep (place) por todas partes de, por todo; (time) durante todo // ad por or en todas partes.

throve [θrəʊv] pt of thrive.

throw [θrəʊ] n tiro; (SPORT) lanzamiento // vt (pt threw, pp thrown) tirar, echar; (SPORT) lanzar; (rider) derribar; (fig) desconcertar; to ~ a party dar una fiesta; to ~ away vt tirar; to ~ off vt deshacerse de; to ~ out vt tirar; to ~ up vi vomitar; ~away a para tirar, desechable; ~-in n (SPORT) saque m.

thru [θruː] (US) = through.

thrush [θrʌʃ] n zorzal m, tordo.

thrust [θrʌst] n (TECH) empuje m // vt (pt, pp thrust) empujar; (push in) introducir.

thud [θʌd] n golpe m sordo.

thug [θʌg] n gamberro/a.

thumb [θʌm] n (ANAT) pulgar m // vt: to ~ a lift hacer autostop; **to ~ through** vt fus (book) hojear; **~tack** n (US) chincheta, chinche m (LAm).

thump [θʌmp] n golpe m; (sound) ruido seco or sordo // vt, vi golpear.

thunder ['θʌndə*] n trueno; (of applause etc) estruendo // vi tronar; (train etc): **to ~ past** pasar como un trueno; **~bolt** n rayo; **~clap** n trueno; **~storm** n tormenta; **~y** a tormentoso.

Thursday ['θə:zdɪ] n jueves m inv.

thus [ðʌs] ad así, de este modo.

thwart [θwɔ:t] vt frustrar.

thyme [taɪm] n tomillo.

thyroid ['θaɪrɔɪd] n tiroides m inv.

tiara [tɪ'ɑ:rə] n tiara, diadema.

tic [tɪk] n tic m.

tick [tɪk] n (sound: of clock) tictac m; (mark) palomita; (ZOOL) garrapata; (Brit col): **in a ~** en un instante // vi hacer tictac // vt marcar; **to ~ off** vt marcar; (person) reñir; **to ~ over** vi (engine) girar en marcha lenta; (fig) ir tirando.

ticket ['tɪkɪt] n billete m, tíquet m, boleto (LAm); (for cinema etc) entrada, boleto (LAm); (in shop: on goods) etiqueta; (for library) tarjeta; **~ collector** n revisor(a) m/f; **~ office** n (THEATRE) taquilla, boletería (LAm); (RAIL) despacho de billetes or boletos (LAm).

tickle ['tɪkl] n: to give sb a ~ hacer cosquillas a uno // vt hacer cosquillas a; **ticklish** a (person) cosquilloso.

tidal ['taɪdl] a de marea; **~ wave** n maremoto.

tidbit ['tɪdbɪt] (US) = titbit.

tiddlywinks ['tɪdlɪwɪŋks] n juego infantil de habilidad con fichas de plástico.

tide [taɪd] n marea; (fig: of events) curso, marcha; **high/low ~** marea alta/baja.

tidy ['taɪdɪ] a (room) ordenado; (drawing, work) limpio; (person) (bien) arreglado // vt (also: ~ up) poner en orden.

tie [taɪ] n (string etc) atadura; (Brit: neck~) corbata; (fig: link) vínculo, lazo; (SPORT: draw) empate m // vt atar // vi (SPORT) empatar; **to ~ in a bow star** con un lazo; **to ~ a knot in sth** hacer un nudo en algo; **to ~ down** vt atar; (fig): **to ~ sb down to** obligar a uno a; **to ~ up** vt (parcel) envolver; (dog) atar; (boat) amarrar; (arrangements) concluir; **to be ~d up** (busy) estar ocupado.

tier [tɪə*] n grada; (of cake) piso.

tiger ['taɪgə*] n tigre m.

tight [taɪt] a (rope) tirante; (clothes, budget) ajustado; (programme) apreta-do; (bend) cerrado; (col: drunk) borracho // ad (squeeze) muy fuerte; (shut) herméticamente; **~s** npl (Brit) pantimedias fpl; **~en** vt (rope) estirar; (screw) apretar // vi apretarse; estirarse; **~-fisted** a tacaño; **~ly** ad (grasp) muy fuerte; **~rope** n cuerda floja.

tile [taɪl] n (on roof) teja; (on floor) baldosa; (on wall) azulejo; **~d** a embaldosado.

till [tɪl] n caja (registradora) // vt (land) cultivar // prep, conj = until.

tiller ['tɪlə*] n (NAUT) caña del timón.

tilt [tɪlt] vt inclinar // vi inclinarse.

timber ['tɪmbə*] n (material) madera; (trees) árboles mpl.

time [taɪm] n tiempo; (epoch: often pl) época; (by clock) hora; (moment) momento; (occasion) vez f; (MUS) compás m // vt calcular or medir el tiempo de; (race) cronometrar; (remark etc) elegir el momento para; **a long ~** mucho tiempo; **4 at a ~** 4 a la vez; **for the ~ being** de momento, por ahora; **from ~ to ~** de vez en cuando; **in ~** (soon enough) a tiempo; (after some time) con el tiempo; (MUS) al compás; **in a week's ~** dentro de una semana; **in no ~** en un abrir y cerrar de ojos; **any ~** cuando sea; **on ~** a la hora; **5 ~s 5** 5 por 5; **what ~ is it?** ¿qué hora es?; **to have a good ~** pasarlo bien, divertirse; **~ bomb** n bomba de efecto retardado; **~ lag** n desfase m; **~less** a eterno; **~ly** a oportuno; **~ off** n tiempo libre; **~r** n (~ switch) interruptor m; (in kitchen etc) programador m horario; **~ scale** n escala de tiempo; **~ switch** n (Brit) interruptor m (horario); **~table** n horario; **~ zone** n huso horario.

timid ['tɪmɪd] a tímido.

timing ['taɪmɪŋ] n (SPORT) cronometraje m; **the ~ of his resignation** el momento que eligió para dimitir.

timpani ['tɪmpənɪ] npl tímpanos mpl.

tin [tɪn] n estaño; (also: ~ plate) hojalata; (Brit: can) lata; **~foil** n papel m de estaño.

tinge [tɪndʒ] n matiz m // vt: **~d with** teñido de.

tingle ['tɪŋgl] vi sentir hormigueo.

tinker ['tɪŋkə*] n calderero/a; (gipsy) gitano/a; **to ~ with** vt fus jugar con, tocar.

tinkle ['tɪŋkl] vi tintinear.

tinned [tɪnd] a (Brit: food) en lata, en conserva.

tin opener [-əupnə*] n (Brit) abrelatas m inv.

tinsel ['tɪnsl] n oropel m.

tint [tɪnt] n matiz m; (for hair) tinte m; **~ed** a (hair) teñido; (glass, spectacles) ahumado.

tiny ['taɪnɪ] a minúsculo, pequeñito.

tip [tɪp] n (end) punta; (gratuity) propina; (*Brit: for rubbish*) vertedero; (*advice*) consejo // vt (*waiter*) dar una propina a; (*tilt*) inclinar; (*empty: also* ~ **out**) vaciar, echar; **to ~ over** vt volcar // vi volcarse; **~off** n (*hint*) advertencia; **~ped** a (*Brit: cigarette*) con filtro.

tipsy ['tɪpsɪ] a alegre, mareado.

tiptoe ['tɪptəu] n (*Brit*): **on ~** de puntillas.

tiptop ['tɪp'tɔp] a: **in ~ condition** en perfectas condiciones.

tire ['taɪə*] n (*US*) = **tyre** // vt cansar // vi (*gen*) cansarse; (*become bored*) aburrirse; **~d** a cansado; **to be ~d of sth** estar harto de algo; **~less** a incansable; **~some** a aburrido; **tiring** a cansado.

tissue ['tɪʃuː] n tejido; (*paper handkerchief*) pañuelo de papel, kleenex m ®; **~ paper** n papel m de seda.

tit [tɪt] n (*bird*) herrerillo común; **to give ~ for tat** dar ojo por ojo.

titbit ['tɪtbɪt], (*US*) **tidbit** n (*food*) golosina; (*news*) pedazo.

titillate ['tɪtɪleɪt] vt estimular, excitar.

titivate ['tɪtɪveɪt] vt emperejilar.

title ['taɪtl] n título; **~ deed** n (*LAW*) título de propiedad; **~ role** n papel m principal.

titter ['tɪtə*] vi reírse entre dientes.

titular ['tɪtjulə*] a (*in name only*) nominal.

TM abbr (= *trademark*) marca de fábrica.

to [tuː, tə] ♦ prep **1** (*direction*) a; **to go ~ France/London/school/the station** ir a Francia/Londres/al colegio/a la estación; **to go ~ Claude's/the doctor's** ir a casa de Claude/al médico; **the road ~ Edinburgh** la carretera de Edimburgo
2 (*as far as*) hasta, a; **from here ~ London** de aquí a or hasta Londres; **to count ~ 10** contar hasta 10; **from 40 ~ 50 people** entre 40 y 50 personas
3 (*with expressions of time*): **a quarter/twenty ~ 5** las 5 menos cuarto/veinte
4 (*for, of*): **the key ~ the front door** la llave de la puerta principal; **she is secretary ~ the director** es la secretaria del director; **a letter ~ his wife** una carta a or para su mujer
5 (*expressing indirect object*) a; **to give sth ~ sb** darle algo a alguien; **to talk ~ sb** hablar con alguien; **to be a danger ~ sb** ser un peligro para alguien; **to carry out repairs ~ sth** hacer reparaciones en algo
6 (*in relation to*): **3 goals ~ 2** 3 goles a 2; **30 miles ~ the gallon** ≈ 9,4 litros a los cien (kms)
7 (*purpose, result*): **to come ~ sb's aid** venir en auxilio or ayuda de alguien; **to sentence sb ~ death** condenar a uno a muerte; **~ my great surprise** con gran sorpresa mía
♦ *with vb* **1** (*simple infinitive*): **~ go/eat**

ir/comer
2 (*following another vb*): **to want/try/start ~ do** querer/intentar/empezar a hacer; *see also relevant verb*
3 (*with vb omitted*): **I don't want ~** no quiero
4 (*purpose, result*) para; **I did it ~ help you** lo hice para ayudarte; **he came ~ see you** vino a verte
5 (*equivalent to relative clause*): **I have things ~ do** tengo cosas que hacer; **the main thing is ~ try** lo principal es intentarlo
6 (*after adjective etc*): **ready ~ go** listo para irse; **too old ~ ...** demasiado viejo (como) para ...
♦ ad: **pull/push the door ~** tirar de/empujar la puerta

toad [təud] n sapo; **~stool** n hongo venenoso.

toast [təust] n (*CULIN: also*: **piece of ~**) tostada; (*drink, speech*) brindis m // vt (*CULIN*) tostar; (*drink to*) brindar; **~er** n tostador m.

tobacco [tə'bækəu] n tabaco; **~nist** n estanquero/a, tabaquero/a (*LAm*); **~nist's (shop)** n (*Brit*) estanco, tabaquería (*LAm*); **~ shop** n (*US*) = **~nist's (shop)**.

toboggan [tə'bɔgən] n tobogán m.

today [tə'deɪ] ad, n (*also: fig*) hoy m.

toddler ['tɔdlə*] n niño/a (que empieza a andar).

toddy ['tɔdɪ] n ponche m.

to-do [tə'duː] n (*fuss*) lío.

toe [təu] n dedo (del pie); (*of shoe*) punta; **to ~ the line** (*fig*) conformarse; **~nail** n uña del pie.

toffee ['tɔfɪ] n caramelo.

together [tə'geðə*] ad juntos; (*at same time*) al mismo tiempo, a la vez; **~ with** prep junto con.

toil [tɔɪl] n trabajo duro, labor f.

toilet ['tɔɪlət] n (*Brit: lavatory*) servicios mpl, wáter m, sanitario (*LAm*) // cpd (*soap etc*) de aseo; **~ bag** n esponjera; **~ bowl** n taza (de retrete); **~ paper** n papel m higiénico; **~ries** npl artículos mpl de aseo; (*make-up etc*) artículos mpl de tocador; **~ roll** n rollo de papel higiénico; **~ water** n (agua de) colonia.

token ['təukən] n (*sign*) señal f, muestra; (*souvenir*) recuerdo; (*voucher*) vale m; (*disc*) ficha; **book/record ~** (*Brit*) vale m para comprar libros/discos.

Tokyo ['təukjəu] n Tokio, Tókio.

told [təuld] pt, pp of **tell**.

tolerable ['tɔlərəbl] a (*bearable*) soportable; (*fairly good*) pasable.

tolerance ['tɔlərns] n (*also: TECH*) tolerancia.

tolerant ['tɔlərnt] a: **~ of** tolerante con.

tolerate ['tɔləreɪt] vt tolerar.

toll [təul] n (*of casualties*) número de víctimas; (*tax, charge*) peaje m // vi (*bell*) doblar.

tomato [təˈmɑːtəu], pl ~es n tomate m.

tomb [tuːm] n tumba.

tomboy [ˈtɔmbɔɪ] n marimacho.

tombstone [ˈtuːmstəun] n lápida.

tomcat [ˈtɔmkæt] n gato.

tomorrow [təˈmɔrəu] ad, n (also: fig) mañana; **the day after ~** pasado mañana; **~ morning** mañana por la mañana; **a week ~** de mañana en ocho (días).

ton [tʌn] n tonelada (Brit = 1016 kg; US = 907 kg); (metric ~) tonelada métrica; **~s of** (col) montones de.

tone [təun] n tono // vi armonizar; **to ~ down** vt (criticism) suavizar; (colour) atenuar; **to ~ up** vt (muscles) tonificar; **~-deaf** a que no tiene oído musical.

tongs [tɔŋz] npl (for coal) tenazas fpl; (for hair) tenacillas fpl.

tongue [tʌŋ] n lengua; **~ in cheek** ad irónicamente; **~-tied** a (fig) mudo; **~-twister** n trabalenguas m inv.

tonic [ˈtɔnɪk] n (MED) tónico; (MUS) tónica; (also: **~ water**) (agua) tónica.

tonight [təˈnaɪt] ad, n esta noche.

tonnage [ˈtʌnɪdʒ] n (NAUT) tonelaje m.

tonsil [ˈtɔnsl] n amígdala; **~litis** [-ˈlaɪtɪs] n amigdalitis f.

too [tuː] ad (excessively) demasiado; (also) también; **~ much** ad, a demasiado; **~ many** a demasiados/as; **~ bad!** ¡mala suerte!

took [tuk] pt of **take**.

tool [tuːl] n herramienta; **~ box** n caja de herramientas.

toot [tuːt] vi (with car horn) tocar la bocina.

tooth [tuːθ], pl **teeth** n (ANAT, TECH) diente m; (molar) muela; **~ache** n dolor m de muelas; **~brush** n cepillo de dientes; **~paste** n pasta de dientes; **~pick** n palillo.

top [tɔp] n (of mountain) cumbre f, cima; (of head) coronilla; (of ladder) lo alto; (of cupboard, table) superficie f; (lid: of box, jar) tapa; (: of bottle) tapón m; (of list etc) cabeza; (toy) peonza // a de arriba; (in rank) principal, primero; (best) mejor // vt (exceed) exceder; (be first in) encabezar; on ~ of sobre, encima de; from ~ to bottom de pies a cabeza; **to ~ up**, (US) **to ~ off** vt llenar; **~ floor** n último piso; **~ hat** n sombrero de copa; **~-heavy** a (object) descompensado en la parte superior.

topic [ˈtɔpɪk] n tema m; **~al** a actual.

top: ~less a (bather etc) topless; **~-level** a (talks) al más alto nivel; **~most** a más alto.

topple [ˈtɔpl] vt volcar, derribar // vi caerse.

top-secret [ˈtɔpˈsiːkrɪt] a de alto secreto.

topsy-turvy [ˈtɔpsɪˈtɜːvɪ] a, ad patas arriba.

torch [tɔːtʃ] n antorcha; (Brit: electric) linterna.

tore [tɔː*] pt of **tear**.

torment [ˈtɔːmɛnt] n tormento // vt [tɔːˈmɛnt] atormentar; (fig: annoy) fastidiar.

torn [tɔːn] pp of **tear**.

torrent [ˈtɔrnt] n torrente m.

torrid [ˈtɔrɪd] a (fig) apasionado.

tortoise [ˈtɔːtəs] n tortuga; **~shell** [ˈtɔːtəʃɛl] a de carey.

torture [ˈtɔːtʃə*] n tortura // vt torturar; (fig) atormentar.

Tory [ˈtɔːrɪ] a, n (Brit POL) conservador(a) m/f.

toss [tɔs] vt tirar, echar; (head) sacudir; **to ~ a coin** echar a cara o cruz; **to ~ up for sth** jugar a cara o cruz algo; **to ~ and turn** (in bed) dar vueltas.

tot [tɔt] n (Brit: drink) copita; (child) nene/a m/f.

total [ˈtəutl] a total, entero // n total m, suma // vt (add up) sumar; (amount to) ascender a.

totalitarian [təutælɪˈtɛərɪən] a totalitario.

totally [ˈtəutəlɪ] ad totalmente.

totter [ˈtɔtə*] vi tambalearse.

touch [tʌtʃ] n tacto; (contact) contacto; (FOOTBALL): **to be in ~** estar fuera de juego // vt tocar; (emotionally) conmover; **a ~ of** (fig) una pizca or un poquito de; **to get in ~ with sb** ponerse en contacto con uno; **to lose ~** (friends) perder contacto; **to ~ on** vt fus (topic) aludir (brevemente) a; **to ~ up** vt (paint) retocar; **~-and-go** a arriesgado; **~down** n aterrizaje m; (on sea) amerizaje m; (US FOOTBALL) ensayo; **~ed** a conmovido; (col) chiflado; **~ing** a conmovedor(a); **~line** n (SPORT) línea de banda; **~y** a (person) quisquilloso.

tough [tʌf] a (meat) duro; (difficult) difícil; (resistant) resistente; (person) fuerte // n (gangster etc) gorila m; **~en** vt endurecer.

toupée [ˈtuːpeɪ] n peluca.

tour [ˈtuə*] n viaje m, vuelta; (also: package ~) viaje m todo comprendido; (of town, museum) visita // vt viajar por; **~ing** n viajes mpl turísticos, turismo.

tourism [ˈtuərɪzm] n turismo.

tourist [ˈtuərɪst] n turista m/f // cpd turístico; **~ office** n oficina de turismo.

tournament [ˈtuənəmənt] n torneo.

tousled [ˈtauzld] a (hair) despeinado.

tout [taut] vi: **to ~ for business** solicitar clientes // n (also: **ticket ~**) revendedor(a) m/f.

tow [təu] vt remolcar; **'on or (US) in ~'** (AUT) 'a remolque'.

toward(s) [təˈwɔːd(z)] prep hacia; (of attitude) respecto a, con; (of purpose), para.

towel [ˈtauəl] n toalla; **~ling** n (fabric)

felpa; ~ **rail**, (*US*) ~ **rack** n toallero.
tower ['tauə*] n torre f; ~ **block** n (*Brit*) torre f (de pisos); ~**ing** a muy alto, imponente.
town [taun] n ciudad f; **to go to** ~ ir a la ciudad; (*fig*) echar los bofes por; ~ **centre** n centro de la ciudad; ~ **clerk** n secretario/a del ayuntamiento; ~ **council** n ayuntamiento, consejo municipal; ~ **hall** n ayuntamiento; ~ **plan** n plano de la ciudad; ~ **planning** n urbanismo.
towrope ['təurəup] n cable m de remolque.
tow truck n (*US*) camión m grúa.
toy [tɔɪ] n juguete m; **to** ~ **with** vt fus jugar con; (*idea*) acariciar; ~**shop** n juguetería.
trace [treɪs] n rastro // vt (*draw*) trazar, delinear; (*locate*) encontrar; **tracing paper** n papel m de calco.
track [træk] n (*mark*) huella, pista; (*path: gen*) camino, senda; (: *of bullet etc*) trayectoria; (: *of suspect, animal*) pista, rastro; (*RAIL*) vía; (*SPORT*) pista; (*on record*) canción f // vt seguir la pista de; **to keep** ~ **of** mantenerse al tanto de, seguir; **to** ~ **down** vt (*person*) localizar; (*sth lost*) encontrar; ~**suit** n chandal m.
tract [trækt] n (*GEO*) región f; (*pamphlet*) folleto.
traction ['trækʃən] n (*AUT, power*) tracción f; **in** ~ (*MED*) en tracción.
tractor ['træktə*] n tractor m.
trade [treɪd] n comercio; (*skill, job*) oficio // vi negociar, comerciar; **to** ~ **in** sth comerciar en algo; **to** ~ **in** vt (*old car etc*) ofrecer como parte del pago; ~ **fair** n feria comercial; ~-**in price** n valor de un objeto usado que se descuenta del precio de otro nuevo; ~**mark** n marca de fábrica; ~ **name** n marca registrada; ~**r** n comerciante m/f; ~**sman** n (*shopkeeper*) tendero; ~ **union** n sindicato; ~ **unionist** n sindicalista m/f; **trading** n comercio; **trading estate** n (*Brit*) zona comercial.
tradition [trə'dɪʃən] n tradición f; ~**al** a tradicional.
traffic ['træfɪk] n (*gen, AUT*) tráfico, circulación f, tránsito (*LAm*); **air** ~ tránsito aéreo // vi: **to** ~ **in** (*pej: liquor, drugs*) traficar en; ~ **circle** n (*US*) glorieta de tráfico; ~ **jam** n embotellamiento; ~ **lights** npl semáforo sg; ~ **warden** n guardia m/f de tráfico.
tragedy ['trædʒədɪ] n tragedia.
tragic ['trædʒɪk] a trágico.
trail [treɪl] n (*tracks*) rastro, pista; (*path*) camino, sendero; (*dust, smoke*) estela // vt (*drag*) arrastrar; (*follow*) seguir la pista de; (*follow closely*) vigilar // vi arrastrarse; **to** ~ **behind** vi quedar a la zaga; ~**er** n (*AUT*) remolque m; (*caravan*) caravana; (*CINEMA*) trai-

ler m, avance m; ~ **truck** n (*US*) trailer m.
train [treɪn] n tren m; (*of dress*) cola; (*series*) serie f // vt (*educate*) formar; (*teach skills to*) adiestrar; (*sportsman*) entrenar; (*dog*) amaestrar; (*point: gun etc*): **to** ~ **on** apuntar a // vi (*SPORT*) entrenarse; (*be educated*) formarse; **one's** ~ **of thought** razonamiento de uno; ~**ed** a (*worker*) cualificado; (*animal*) amaestrado; ~**ee** [treɪ'niː] n aprendiz/a m/f; ~**er** n (*SPORT*) entrenador(a) m/f; (*of animals*) domador(a) m/f; ~**ing** n formación f; entrenamiento; **to be in** ~**ing** (*SPORT*) estar entrenando; (: *fit*) estar en forma; ~**ing college** n (*gen*) colegio de formación profesional; (*for teachers*) escuela normal; ~**ing shoes** npl zapatillas fpl (de deporte).
traipse [treɪps] vi andar penosamente.
trait [treɪt] n rasgo.
traitor ['treɪtə*] n traidor(a) m/f.
tram [træm] n (*Brit: also:* ~**car**) tranvía m.
tramp [træmp] n (*person*) vagabundo/a; (*col: offensive: woman*) puta // vi andar con pasos pesados.
trample ['træmpl] vt: **to** ~ (**underfoot**) pisotear.
trampoline ['træmpəliːn] n trampolín m.
tranquil ['træŋkwɪl] a tranquilo; ~**lizer** n (*MED*) tranquilizante m.
transact [træn'zækt] vt (*business*) tramitar; ~**ion** [-'zækʃən] n transacción f, operación f.
transcend [træn'send] vt rebasar.
transcript ['trænskrɪpt] n copia; ~**ion** [-'skrɪpʃən] n transcripción f.
transfer ['trænsfə*] n transferencia; (*SPORT*) traspaso; (*picture, design*) calcomanía // vt ['trænsfə:*] trasladar, pasar; **to** ~ **the charges** (*Brit TEL*) llamar a cobro revertido.
transform [træns'fɔ:m] vt transformar.
transfusion [træns'fju:ʒən] n transfusión f.
transient ['trænzɪənt] a transitorio.
transistor [træn'zɪstə*] n (*ELEC*) transistor m; ~ **radio** n transistor m.
transit ['trænzɪt] n: **in** ~ en tránsito.
transitive ['trænzɪtɪv] a (*LING*) transitivo.
translate [trænz'leɪt] vt traducir; **translation** [-'leɪʃən] n traducción f; **translator** n traductor(a) m/f.
transmission [trænz'mɪʃən] n transmisión f.
transmit [trænz'mɪt] vt transmitir; ~**ter** n transmisor m; (*station*) emisora.
transparency [træns'pɛərnsɪ] n (*Brit PHOT*) diapositiva.
transparent [træns'pærnt] a transparente.
transpire [træns'paɪə*] vi (*turn out*) resultar; (*happen*) ocurrir, suceder; **it** ~**d**

that ... se supo que ...

transplant [træns'plɑ:nt] vt transplantar // n ['trænsplɑ:nt] (MED) transplante m.

transport ['trænspɔ:t] n transporte m // vt [-'pɔ:t] transportar; **~ation** [-'teɪʃən] n transporte m; (of prisoners) deportación f; ~ **café** n (Brit) bar-restaurant m de carretera.

trap [træp] n (snare, trick) trampa; (carriage) cabriolé m // vt coger (Sp) or agarrar (LAm) en una trampa; (immobilize) bloquear; (jam) atascar; ~ **door** n escotilla.

trapeze [trə'pi:z] n trapecio.

trappings ['træpɪŋz] npl adornos mpl.

trash [træʃ] n (pej: goods) pacotilla; (: nonsense) tonterías fpl; ~ **can** n (US) cubo or balde m (LAm) de la basura.

travel ['trævl] n viaje m // vi viajar // vt (distance) recorrer; ~ **agency** n agencia de viajes; ~ **agent** n agente m/f de viajes; **~ler**, (US) **~er** n viajero/a; **~ler's cheque**, (US) **~er's check** n cheque m de viajero; **~ling**, (US) **~ing** n los viajes mpl, el viajar; ~ **sickness** n mareo.

travesty ['trævəstɪ] n parodia.

trawler ['trɔ:lə*] n pesquero de arrastre.

tray [treɪ] n (for carrying) bandeja; (on desk) cajón m.

treachery ['tretʃərɪ] n traición f.

treacle ['tri:kl] n (Brit) melaza.

tread [trɛd] n (step) paso, pisada; (sound) ruido de pasos; (of tyre) banda de rodadura // vi (pt trod, pp trodden) pisar; **to ~ on** vt fus pisar.

treason ['tri:zn] n traición f.

treasure ['trɛʒə*] n tesoro // vt (value) apreciar, valorar.

treasurer ['trɛʒərə*] n tesorero/a.

treasury ['trɛʒərɪ] n: the **T~**, (US) the **T~ Department** el Ministerio de Hacienda.

treat [tri:t] n (present) regalo; (pleasure) placer m // vt tratar; **to ~ sb to sth** invitar a uno a algo.

treatise ['tri:tɪz] n tratado.

treatment ['tri:tmənt] n tratamiento.

treaty ['tri:tɪ] n tratado.

treble ['trɛbl] a triple // vt triplicar // vi triplicarse; ~ **clef** n (MUS) clave f de sol.

tree [tri:] n árbol m.

trek [trɛk] n (long journey) expedición f; (tiring walk) caminata.

trellis ['trɛlɪs] n enrejado.

tremble ['trɛmbl] vi temblar.

tremendous [trɪ'mɛndəs] a tremendo; (enormous) enorme; (excellent) estupendo.

tremor ['trɛmə*] n temblor m; (also: earth ~) temblor m de tierra.

trench [trɛntʃ] n zanja; (MIL) trinchera.

trend [trɛnd] n (tendency) tendencia; (of events) curso; (fashion) moda; **~y** a de

moda.

trepidation [trɛpɪ'deɪʃən] n inquietud f.

trespass ['trɛspəs] vi: **to ~ on** entrar sin permiso en; 'no **~ing**' 'prohibido el paso'.

tress [trɛs] n trenza.

trestle ['trɛsl] n caballete m; ~ **table** n mesa de caballete.

trial ['traɪəl] n (LAW) juicio, proceso; (test: of machine etc) prueba; (hardship) desgracia; **by ~ and error** a fuerza de probar.

triangle ['traɪæŋgl] n (MATH, MUS) triángulo.

tribe [traɪb] n tribu f.

tribunal [traɪ'bju:nl] n tribunal m.

tributary ['trɪbju:tərɪ] n (river) afluente m.

tribute ['trɪbju:t] n homenaje m, tributo; **to pay ~ to** rendir homenaje a.

trice [traɪs] n: **in a ~** en un santiamén.

trick [trɪk] n trampa; (conjuring ~, deceit) truco; (joke) broma; (CARDS) baza // vt engañar; **to play a ~ on sb** gastar una broma a uno; **that should do the ~** a ver si funciona así; **~ery** n engaño.

trickle ['trɪkl] n (of water etc) chorrito // vi gotear.

tricky ['trɪkɪ] a difícil; delicado.

tricycle ['traɪsɪkl] n triciclo.

trifle ['traɪfl] n bagatela; (CULIN) dulce de bizcocho borracho, gelatina, fruta y natillas // ad: **a ~ long** un poquito largo; **trifling** a insignificante.

trigger ['trɪgə*] n (of gun) gatillo; **to ~ off** vt desencadenar.

trill [trɪl] n (of bird) gorjeo.

trim [trɪm] a (elegant) aseado; (house, garden) en buen estado; (figure) de talle esbelto // n (haircut etc) recorte m // vt (neaten) arreglar; (cut) recortar; (decorate) adornar; (NAUT: a sail) orientar; **~mings** npl (extras) accesorios mpl; (cuttings) recortes mpl.

trinket ['trɪŋkɪt] n chuchería, baratija.

trip [trɪp] n viaje m; (excursion) excursión f; (stumble) traspié m // vi (stumble) tropezar; (go lightly) andar a paso ligero; **on a ~** de viaje; **to ~ up** vi tropezar, caerse // vt hacer tropezar or caer.

tripe [traɪp] n (CULIN) callos mpl; (pej: rubbish) bobadas fpl.

triple ['trɪpl] a triple.

triplets ['trɪplɪts] npl trillizos/as m/fpl.

triplicate ['trɪplɪkət] n: **in ~** por triplicado.

tripod ['traɪpɔd] n trípode m.

trite [traɪt] a trillado.

triumph ['traɪʌmf] n triunfo // vi: **to ~ (over)** vencer.

trivia ['trɪvɪə] npl trivialidades fpl.

trivial ['trɪvɪəl] a insignificante, trivial.

trod [trɔd], **trodden** ['trɔdn] pt, pp of **tread**.

trolley ['trɒlɪ] n carrito.
trombone [trɔm'bəʊn] n trombón m.
troop [truːp] n grupo, banda; ~s npl (MIL) tropas fpl; **to ~ in/out** vi entrar/salir en tropel; ~**er** n (MIL) soldado (de caballería); ~**ing the colour** n (ceremony) presentación f de la bandera.
trophy ['trəʊfɪ] n trofeo.
tropic ['trɒpɪk] n trópico; ~**al** a tropical.
trot [trɔt] n trote m // vi trotar; **on the ~** (Brit fig) seguidos/as.
trouble ['trʌbl] n problema m, dificultad f; (worry) preocupación f; (bother, effort) molestia, esfuerzo; (unrest) inquietud f; (MED): **stomach ~** problemas mpl gástricos // vt molestar; (worry) preocupar, inquietar // vi: **to ~ to do sth** molestarse en hacer algo; ~**s** npl (POL etc) conflictos mpl; **to be in ~** estar en un apuro; **to go to the ~ of doing sth** tomarse la molestia de hacer algo; **what's the ~?** ¿qué pasa?; ~**d** a (person) preocupado; (epoch, life) agitado; ~**maker** n agitador(a) m/f; ~**shooter** n (in conflict) conciliador(a) m/f; ~**some** a molesto, inoportuno.
trough [trɔf] n (also: **drinking ~**) abrevadero; (also: **feeding ~**) comedero; (channel) canal m.
troupe [truːp] n grupo.
trousers ['traʊzəz] npl pantalones mpl; **short ~** pantalones mpl cortos.
trousseau ['truːsəʊ], pl ~**x** or ~**s** [-z] n ajuar m.
trout [traʊt] n, pl inv trucha.
trowel ['traʊəl] n paleta.
truant ['truːənt] n: **to play ~** (Brit) hacer novillos.
truce [truːs] n tregua.
truck [trʌk] n (US) camión m; (RAIL) vagón m; ~ **driver** n camionero; ~ **farm** n (US) huerto de hortalizas.
truculent ['trʌkjʊlənt] a agresivo.
trudge [trʌdʒ] vi caminar penosamente.
true [truː] a verdadero; (accurate) exacto; (genuine) auténtico; (faithful) fiel.
truffle ['trʌfl] n trufa.
truly ['truːlɪ] ad (genuinely, emphatic: very) realmente; (faithfully) fielmente.
trump [trʌmp] n triunfo; ~**ed-up** a inventado.
trumpet ['trʌmpɪt] n trompeta.
truncheon ['trʌntʃən] n (Brit) porra.
trundle ['trʌndl] vt, vi: **to ~ along** rodar haciendo ruido.
trunk [trʌŋk] n (of tree, person) tronco; (of elephant) trompa; (case) baúl m; (US AUT) maletero; ~**s** npl (also: **swimming ~s**) bañador m; ~ **call** n (Brit TEL) llamada interurbana.
truss [trʌs] n (MED) braguero; **to ~ (up)** vt atar; (CULIN) espetar.
trust [trʌst] n confianza; (COMM) trust m; (LAW) fideicomiso // vt (rely on) tener confianza en; (entrust): **to ~ sth to sb** confiar algo a uno; ~**ed** a de confianza; ~**ee** [trʌs'tiː] n (LAW) fideicomisario; ~**ful**, ~**ing** a confiado; ~**worthy** a digno de confianza.
truth [truːθ], pl ~**s** [truːðz] n verdad f; ~**ful** a (person) veraz.
try [traɪ] n tentativa, intento; (RUGBY) ensayo // vt (LAW) juzgar, procesar; (test: sth new) probar, someter a prueba; (attempt) intentar; (strain: patience) hacer perder // vi probar; **to ~ to do sth** intentar hacer algo; **to ~ on** vt (clothes) probarse; **to ~ out** vt probar, poner a prueba; ~**ing** a cansado; (person) pesado.
T-shirt ['tiːʃəːt] n camiseta.
T-square ['tiːskwɛə*] n regla en T.
tub [tʌb] n cubo (Sp), balde m (LAm); (bath) tina, bañera.
tuba ['tjuːbə] n tuba.
tubby ['tʌbɪ] a regordete.
tube [tjuːb] n tubo; (Brit: underground) metro.
tuberculosis [tjubəːkju'ləʊsɪs] n tuberculosis f inv.
tubing ['tjuːbɪŋ] n tubería (Sp), cañería; **a piece of ~** un trozo de tubo.
tubular ['tjuːbjʊlə*] a tubular.
TUC n abbr (Brit: = Trades Union Congress) federación nacional de sindicatos.
tuck [tʌk] n (SEWING) pliegue m // vt (put) poner; **to ~ away** vt esconder; **to ~ in** vt meter dentro; (child) arropar // vi (eat) comer con apetito; **to ~ up** vt (child) arropar; ~ **shop** n (SCOL) tienda de golosinas.
Tuesday ['tjuːzdɪ] n martes m inv.
tuft [tʌft] n mechón m; (of grass etc) manojo.
tug [tʌg] n (ship) remolcador m // vt remolcar; ~**-of-war** n lucha de tiro de cuerda.
tuition [tjuːˈɪʃən] n (Brit) enseñanza; (private ~) clases fpl particulares; (US: school fees) matrícula.
tulip ['tjuːlɪp] n tulipán m.
tumble ['tʌmbl] n (fall) caída // vi caerse, tropezar; **to ~ to sth** (col) caer en la cuenta de algo; ~**down** a destartalado; ~ **dryer** n (Brit) secadora.
tumbler ['tʌmblə*] n vaso.
tummy ['tʌmɪ] n (col) barriga, vientre m.
tumour, (US) **tumor** ['tjuːmə*] n tumor m.
tuna ['tjuːnə] n, pl inv (also: ~ **fish**) atún m.
tune [tjuːn] n (melody) melodía // vt (MUS) afinar; (RADIO. TV. AUT) sintonizar; **to be in/out of ~** (instrument) estar afinado/desafinado; (singer) cantar afinadamente/desafinar; **to ~ in (to)** (RADIO, TV) sintonizar (con); **to ~ up** vi (musician) afinar (su instrumento);

~ful a melodioso; **~r** n (radio set) sintonizador m; **piano ~r** afinador(a) m/f de pianos.

tunic ['tju:nɪk] n túnica.

tuning ['tju:nɪŋ] n sintonización f; (MUS) afinación f; **~ fork** n diapasón m.

Tunisia [tju:'nɪzɪə] n Túnez m.

tunnel ['tʌnl] n túnel m; (in mine) galería // vi construir un túnel/una galería.

turban ['tə:bən] n turbante m.

turbine ['tə:baɪn] n turbina.

turbulence ['tə:bjuləns] n (AVIAT) turbulencia.

tureen [tə'ri:n] n sopera.

turf [tə:f] n césped m; (clod) tepe m // vt cubrir con césped; **to ~ out** vt (col) echar a la calle.

turgid ['tə:dʒɪd] a (prose) pesado.

Turk [tə:k] n turco/a.

Turkey ['tə:kɪ] n Turquía.

turkey ['tə:kɪ] n pavo.

Turkish ['tə:kɪʃ] a turco.

turmoil ['tə:mɔɪl] n desorden m, alboroto.

turn [tə:n] n turno; (in road) curva; (THEATRE) número; (MED) ataque m // vt girar, volver; (collar, steak) dar la vuelta a; (change): **to ~ sth into** convertir algo en // vi volver; (person: look back) volverse; (reverse direction) dar la vuelta; (milk) cortarse; (change) cambiar; (become) convertirse en; **a good ~** un favor; **it gave me quite a ~** me dio un susto; **'no left ~'** (AUT) 'prohibido girar a la izquierda'; **it's your ~** te toca a ti; **in ~** por turnos; **to take ~s** turnarse; **to ~ away** vi apartar la vista; **to ~ back** vi volverse atrás; **to ~ down** vt (refuse) rechazar; (reduce) bajar; (fold) doblar; **to ~ in** vi (col: go to bed) acostarse // vt (fold) doblar hacia dentro; **to ~ off** vi (from road) desviarse // vt (light, radio etc) apagar; (engine) parar; **to ~ on** vt (light, radio etc) encender, prender (LAm); (engine) poner en marcha; **to ~ out** vt (light, gas) apagar // vi: **to ~ out to be...** resultar ser...; **to ~ over** vi (person) volverse // vt (object) dar la vuelta a; (page) volver; **to ~ round** vi volverse; (rotate) girar; **to ~ up** vi (person) llegar, presentarse; (lost object) aparecer // vt (gen) subir; **~ing** n (in road) vuelta; **~ing point** n (fig) momento decisivo.

turnip ['tə:nɪp] n nabo.

turnout ['tə:naut] n concurrencia.

turnover ['tə:nəuvə*] n (COMM: amount of money) facturación f; (: of goods) movimiento.

turnpike ['tə:npaɪk] n (US) autopista de peaje.

turnstile ['tə:nstaɪl] n torniquete m.

turntable ['tə:nteɪbl] n plato.

turn-up ['tə:nʌp] n (Brit: on trousers) vuelta.

turpentine ['tə:pəntaɪn] n (also: **turps**) trementina.

turquoise ['tə:kwɔɪz] n (stone) turquesa // a color turquesa.

turret ['tʌrɪt] n torreón m.

turtle ['tə:tl] n galápago; **~neck (sweater)** n (jersey m de) cuello cisne.

tusk [tʌsk] n colmillo.

tussle ['tʌsl] n lucha, pelea.

tutor ['tju:tə*] n profesor(a) m/f; **~ial** [-'tɔ:rɪəl] n (SCOL) seminario.

tuxedo [tʌk'si:dəu] n (US) smóking m, esmoquin m.

TV [ti:'vi:] n abbr (= television) tele f.

twang [twæŋ] n (of instrument) punteado; (of voice) timbre m nasal.

tweezers ['twi:zəz] npl pinzas fpl (de depilar).

twelfth [twɛlfθ] a duodécimo.

twelve [twɛlv] num doce; **at ~ o'clock** (midday) a mediodía; (midnight) a medianoche.

twentieth ['twɛntɪɪθ] a vigésimo.

twenty ['twɛntɪ] num veinte.

twice [twaɪs] ad dos veces; **~ as much** dos veces más.

twiddle ['twɪdl] vt, vi: **to ~ (with) sth** dar vueltas a algo; **to ~ one's thumbs** (fig) estar mano sobre mano.

twig [twɪg] n ramita // vi (col) caer en la cuenta.

twilight ['twaɪlaɪt] n crepúsculo.

twin [twɪn] a, n gemelo/a m/f // vt hermanar; **~-bedded room** n habitación f con camas gemelas.

twine [twaɪn] n bramante m // vi (plant) enroscarse.

twinge [twɪndʒ] n (of pain) punzada; (of conscience) remordimiento.

twinkle ['twɪŋkl] vi centellear; (eyes) parpadear.

twirl [twə:l] n giro // vt dar vueltas a // vi piruetear.

twist [twɪst] n (action) torsión f; (in road, coil) vuelta; (in wire, flex) doblez f; (in story) giro // vt torcer, retorcer; (roll around) enrollar; (fig) deformar // vi serpentear.

twit [twɪt] n (col) tonto.

twitch [twɪtʃ] // vi moverse nerviosamente.

two [tu:] num dos; **to put ~ and ~ together** (fig) atar cabos; **~-door** a (AUT) de dos puertas; **~-faced** a (pej: person) falso; **~-fold** ad: **to increase ~fold** doblarse; **~-piece (suit)** n traje m de dos piezas; **~-piece (swimsuit)** n dos piezas m inv, bikini m; **~-seater plane/car** n avión m/coche m de dos plazas; **~some** n (people) pareja; **~-way** a: **~-way traffic** circulación f de dos sentidos.

tycoon [taɪ'ku:n] n: **(business) ~** magnate m/f.

type [taɪp] n (category) tipo, género; (model) modelo; (TYP) tipo, letra // vt (*letter etc*) escribir a máquina; **~cast** *a* (*actor*) encasillado; **~face** *n* tipo; **~script** *n* texto mecanografiado; **~writer** *n* máquina de escribir; **~written** *a* mecanografiada.

typhoid ['taɪfɔɪd] *n* tifoidea.

typical ['tɪpɪkl] *a* típico.

typing ['taɪpɪŋ] *n* mecanografía.

typist ['taɪpɪst] *n* mecanógrafo/a.

tyranny ['tɪrənɪ] *n* tiranía.

tyrant ['taɪərnt] *n* tirano/a.

tyre, (*US*) **tire** ['taɪə*] *n* neumático, llanta (*LAm*); **~ pressure** *n* presión *f* de los neumáticos.

U

U-bend ['juː'bend] *n* (*AUT, in pipe*) recodo.

udder ['ʌdə*] *n* ubre *f*.

UFO ['juːfəu] *n abbr* = (*unidentified flying object*) OVNI *m*.

ugh [ə:h] *excl* ¡uf!

ugly ['ʌglɪ] *a* feo; (*dangerous*) peligroso.

UK *n abbr* = **United Kingdom.**

ulcer ['ʌlsə*] *n* úlcera.

Ulster ['ʌlstə*] *n* Ulster *m*.

ulterior [ʌl'tɪərɪə*] *a* ulterior; **~ motive** segundas intenciones *fpl*.

ultimate ['ʌltɪmət] *a* último, final; (*authority*) más alto; **~ly** *ad* (*in the end*) por último, al final; (*fundamentally*) *a* or en fin de cuentas.

ultrasound [ʌltrə'saund] *n* (*MED*) ultrasonido.

umbilical cord [ʌm'bɪlɪkl-] *n* cordón *m* umbilical.

umbrella [ʌm'brɛlə] *n* paraguas *m inv*.

umpire ['ʌmpaɪə*] *n* árbitro.

umpteen [ʌmp'tiːn] *a* enésimos/as; **for the ~th time** por enésima vez.

UN *n abbr* = **United Nations (Organization).**

unable [ʌn'eɪbl] *a*: **to be ~ to do sth** no poder hacer algo.

unaccompanied [ʌnə'kʌmpənɪd] *a* no acompañado.

unaccountably [ʌnə'kauntəblɪ] *ad* inexplicablemente.

unaccustomed [ʌnə'kʌstəmd] *a*: **to be ~ to** no estar acostumbrado a.

unanimous [juː'nænɪməs] *a* unánime; **~ly** *ad* unánimemente.

unarmed [ʌn'ɑːmd] *a* desarmado.

unassuming [ʌnə'sjuːmɪŋ] *a* modesto, sin pretensiones.

unattached [ʌnə'tætʃt] *a* (*person*) sin pareja, (*part etc*) suelto.

unattended [ʌnə'tendɪd] *a* (*car, luggage*) sin atender.

unauthorized [ʌn'ɔːθəraɪzd] *a* no autorizado.

unavoidable [ʌnə'vɔɪdəbl] *a* inevitable.

unaware [ʌnə'wɛə*] *a*: **to be ~ of** igno-

rar; **~s** *ad* de improviso.

unbalanced [ʌn'bælənst] *a* desequilibrado; (*mentally*) trastornado.

unbearable [ʌn'bɛərəbl] *a* insoportable.

unbeknown(st) [ʌnbɪ'nəun(st)] *ad*: **~ to me** sin saberlo yo.

unbelievable [ʌnbɪ'liːvəbl] *a* increíble.

unbend [ʌn'bend] (*irg: like* **bend**) *vi* (*fig: person*) relajarse // *vt* (*wire*) enderezar.

unbiased [ʌn'baɪəst] *a* imparcial.

unborn [ʌn'bɔːn] *a* que va a nacer.

unbreakable [ʌn'breɪkəbl] *a* irrompible.

unbroken [ʌn'brəukən] *a* (*seal*) intacto; (*series*) continuo; (*record*) no batido; (*spirit*) indómito.

unbutton [ʌn'bʌtn] *vt* desabrochar.

uncalled-for [ʌn'kɔːldfɔ:*] *a* gratuito, inmerecido.

uncanny [ʌn'kænɪ] *a* extraño, extraordinario.

unceasing [ʌn'siːsɪŋ] *a* incesante.

unceremonious ['ʌnserɪ'məunɪəs] *a* (*abrupt, rude*) brusco, hosco.

uncertain [ʌn'sɜːtn] *a* incierto; (*indecisive*) indeciso; **~ty** *n* incertidumbre *f*.

unchecked [ʌn'tʃekt] *a* desenfrenado.

uncivilized [ʌn'sɪvɪlaɪzd] *a* (*gen*) inculto; (*fig: behaviour etc*) bárbaro.

uncle ['ʌŋkl] *n* tío.

uncomfortable [ʌn'kʌmfətəbl] *a* incómodo; (*uneasy*) inquieto.

uncommon [ʌn'kɔmən] *a* poco común, raro.

uncompromising [ʌn'kɔmprəmaɪzɪŋ] *a* intransigente.

unconcerned [ʌnkən'sɜːnd] *a* indiferente, despreocupado.

unconditional [ʌnkən'dɪʃənl] *a* incondicional.

unconscious [ʌn'kɔnʃəs] *a* sin sentido; (*unaware*) inconsciente // *n*: **the ~** el inconsciente; **~ly** *ad* inconscientemente.

uncontrollable [ʌnkən'trəuləbl] *a* (*temper*) indomable; (*laughter*) incontenible.

unconventional [ʌnkən'venʃənl] *a* poco convencional.

uncouth [ʌn'kuːθ] *a* grosero, inculto.

uncover [ʌn'kʌvə*] *vt* (*gen*) descubrir; (*take lid off*) destapar.

undecided [ʌndɪ'saɪdɪd] *a* (*character*) indeciso; (*question*) no resuelto, pendiente.

under ['ʌndə*] *prep* debajo de; (*less than*) menos de; (*according to*) según, de acuerdo con // *ad* debajo, abajo; **~ there** allí abajo; **~ construction** bajo construcción.

under... ['ʌndə*] *pref* sub; **~-age** *a* menor de edad; **~carriage** *n* (*Brit AVIAT*) tren *m* de aterrizaje; **~charge** *vt* cobrar menos de la cuenta; **~clothes** *npl* ropa *sg* interior *or* íntima (*LAm*); **~coat** *n* (*paint*) primera mano; **~cover** *a* clandestino; **~current** *n* corriente *f* submarina; (*fig*) tendencia oculta; **~cut**

vt irg vender más barato que; **~developed** *a* subdesarrollado; **~dog** *n* desvalido/a; **~done** *a* (*CULIN*) poco hecho; **~estimate** *vt* subestimar; **~exposed** *a* (*PHOT*) subexpuesto; **~fed** *a* subalimentado; **~foot** *ad*: it's wet ~foot el suelo está mojado; **~go** *vt irg* sufrir; (*treatment*) recibir; **~graduate** *n* estudiante *m/f*; **~ground** *n* (*Brit: railway*) metro; (*POL*) movimiento clandestino // *a* subterráneo; **~growth** *n* maleza; **~hand(ed)** *a* (*fig*) socarrón; **~lie** *vt irg* (*fig*) ser la razón fundamental de; **~line** *vt* subrayar; **~ling** ['ʌndəlɪŋ] *n* (*pej*) subalterno/a; **~mine** *vt* socavar, minar; **~neath** [ʌndə'ni:θ] *ad* debajo // *prep* debajo de, bajo; **~paid** *a* mal pagado; **~pants** *npl* calzoncillos *mpl*; **~pass** *n* (*Brit*) paso subterráneo; **~privileged** *a* desvalido; **~rate** *vt* menospreciar, subestimar; **~shirt** *n* (*US*) camiseta; **~shorts** *npl* (*US*) calzoncillos *mpl*; **~side** *n* parte *f* inferior, revés *m*; **~skirt** *n* (*Brit*) enaguas *fpl*.

understand [ʌndə'stænd] (*irg: like stand*) *vt, vi* entender, comprender; (*assume*) tener entendido; **~able** *a* comprensible; **~ing** *a* comprensivo // *n* comprensión *f*, entendimiento; (*agreement*) acuerdo.

understatement ['ʌndəsteitmənt] *n* subestimación *f*; (*modesty*) modestia (excesiva).

understood [ʌndə'stud] *pt, pp of* understand // *a* entendido; (*implied*): it is ~ that se sobreentiende que.

understudy ['ʌndəstʌdɪ] *n* suplente *m/f*.

undertake [ʌndə'teik] *vt* (*irg: like take*) emprender; **to ~ to do sth** comprometerse a hacer algo.

undertaker ['ʌndəteikə*] *n* director(a) *m/f* de pompas fúnebres.

undertaking ['ʌndəteikɪŋ] *n* empresa; (*promise*) promesa.

undertone ['ʌndətəun] *n*: in an ~ en voz baja.

underwater [ʌndə'wɔ:tə*] *ad* bajo el agua // *a* submarino.

underwear ['ʌndəweə*] *n* ropa interior *or* íntima (*LAm*).

underworld ['ʌndəwə:ld] *n* (*of crime*) hampa, inframundo.

underwriter ['ʌndəraitə*] *n* (*INSURANCE*) asegurador/a *m/f*.

undies ['ʌndɪz] *npl* (*col*) ropa interior *or* íntima (*LAm*).

undo [ʌn'du:] (*irg: like do*) *vt* deshacer; **~ing** *n* ruina, perdición *f*.

undoubted [ʌn'dautid] *a* indudable; **~ly** *ad* indudablemente, sin duda.

undress [ʌn'dres] *vi* desnudarse.

undue [ʌn'dju:] *a* indebido, excesivo.

undulating ['ʌndjuleitiŋ] *a* ondulante.

unduly [ʌn'dju:lɪ] *ad* excesivamente, demasiado.

unearth [ʌn'ə:θ] *vt* desenterrar.

unearthly [ʌn'ə:θlɪ] *a* (*hour*) inverosímil.

uneasy [ʌn'i:zɪ] *a* intranquilo; (*worried*) preocupado.

uneducated [ʌn'edjukeitid] *a* ignorante, inculto.

unemployed [ʌnim'plɔid] *a* parado, sin trabajo // *n*: the ~ los parados.

unemployment [ʌnim'plɔimənt] *n* paro, desempleo.

unending [ʌn'endɪŋ] *a* interminable.

unerring [ʌn'ə:rɪŋ] *a* infalible.

uneven [ʌn'i:vn] *a* desigual; (*road etc*) quebrado.

unexpected [ʌnik'spektid] *a* inesperado; **~ly** *ad* inesperadamente.

unfailing [ʌn'feiliŋ] *a* (*support*) indefectible; (*energy*) inagotable.

unfair [ʌn'feə*] *a*: ~ (to sb) injusto (con uno).

unfaithful [ʌn'feiθful] *a* infiel.

unfamiliar [ʌnfə'miliə*] *a* extraño, desconocido.

unfashionable [ʌn'fæʃnəbl] *a* pasado *or* fuera de moda.

unfasten [ʌn'fɑ:sn] *vt* desatar.

unfavourable, (*US*) **unfavorable** [ʌn'feivərəbl] *a* desfavorable.

unfeeling [ʌn'fi:liŋ] *a* insensible.

unfinished [ʌn'finiʃt] *a* inacabado, sin terminar.

unfit [ʌn'fit] *a* indispuesto, enfermo; (*incompetent*) incapaz; ~ for work no apto para trabajar.

unfold [ʌn'fəuld] *vt* desdoblar; (*fig*) revelar // *vi* abrirse; revelarse.

unforeseen ['ʌnfɔ:'si:n] *a* imprevisto.

unforgettable [ʌnfə'getəbl] *a* inolvidable.

unforgivable [ʌnfə'givəbl] *a* imperdonable.

unfortunate [ʌn'fɔ:tʃnət] *a* desgraciado; (*event, remark*) inoportuno; **~ly** *ad* desgraciadamente.

unfounded [ʌn'faundid] *a* infundado.

unfriendly [ʌn'frendli] *a* antipático.

ungainly [ʌn'geinli] *a* (*walk*) desgarbado.

ungodly [ʌn'gɔdli] *a*: at an ~ hour a una hora inverosímil.

ungrateful [ʌn'greitful] *a* ingrato.

unhappiness [ʌn'hæpinis] *n* tristeza.

unhappy [ʌn'hæpi] *a* (*sad*) triste; (*unfortunate*) desgraciado; (*childhood*) infeliz; ~ with (*arrangements etc*) poco contento con, descontento de.

unharmed [ʌn'hɑ:md] *a* (*person*) ileso.

unhealthy [ʌn'helθi] *a* (*gen*) malsano; (*person*) enfermizo.

unheard-of [ʌn'hə:dɔv] *a* inaudito, sin precedente.

unhook [ʌn'huk] *vt* desenganchar; (*from wall*) descolgar; (*undo*) desabrochar.

unhurt [ʌn'hə:t] *a* ileso.

uniform [ˈjuːnɪfɔːm] n uniforme m // a uniforme; **~ity** [-ˈfɔːmɪtɪ] n uniformidad f.

unify [ˈjuːnɪfaɪ] vt unificar, unir.

uninhabited [ʌnɪnˈhæbɪtɪd] a desierto.

unintentional [ʌnɪnˈtɛnʃənəl] a involuntario.

union [ˈjuːnjən] n unión f; (also: trade ~) sindicato // cpd sindical; **U~ Jack** n bandera del Reino Unido.

unique [juːˈniːk] a único.

unison [ˈjuːnɪsn] n: in ~ (speak, reply) al unísono; in ~ with junto con.

unit [ˈjuːnɪt] n unidad f; (team, squad) grupo; **kitchen ~** módulo de cocina.

unite [juːˈnaɪt] vt unir // vi unirse; **~d** a unido; **U~d Kingdom (UK)** n Reino Unido; **U~d Nations (Organization) (UN, UNO)** n Naciones fpl Unidas (ONU f); **U~d States (of America) (US, USA)** n Estados mpl Unidos (EE.UU.).

unit trust n (Brit) bono fiduciario.

unity [ˈjuːnɪtɪ] n unidad f.

universal [juːnɪˈvɜːsl] a universal.

universe [ˈjuːnɪvɜːs] n universo.

university [juːnɪˈvɜːsɪtɪ] n universidad f.

unjust [ʌnˈdʒʌst] a injusto.

unkempt [ʌnˈkɛmpt] a descuidado; (hair) despeinado.

unkind [ʌnˈkaɪnd] a poco amable; (comment etc) cruel.

unknown [ʌnˈnəun] a desconocido.

unlawful [ʌnˈlɔːful] a ilegal, ilícito.

unleash [ʌnˈliːʃ] vt desatar.

unless [ʌnˈlɛs] conj a menos que; **~ he comes** a menos que venga; **~ otherwise stated** salvo indicación contraria.

unlike [ʌnˈlaɪk] a distinto // prep a diferencia de.

unlikely [ʌnˈlaɪklɪ] a improbable.

unlisted [ʌnˈlɪstɪd] a (US TEL) que no consta en la guía.

unload [ʌnˈləud] vt descargar.

unlock [ʌnˈlɔk] vt abrir (con llave).

unlucky [ʌnˈlʌkɪ] a desgraciado; (object, number) que da mala suerte; **to be ~** tener mala suerte.

unmarried [ʌnˈmærɪd] a soltero.

unmistakable [ʌnmɪsˈteɪkəbl] a inconfundible.

unmitigated [ʌnˈmɪtɪgeɪtɪd] a rematado, absoluto.

unnatural [ʌnˈnætʃrəl] a (gen) antinatural; (manner) afectado; (habit) perverso.

unnecessary [ʌnˈnɛsəsərɪ] a innecesario, inútil.

unnoticed [ʌnˈnəutɪst] a: to go ~ pasar desapercibido.

UNO [ˈjuːnəu] n abbr = **United Nations Organization**.

unobtainable [ʌnəbˈteɪnəbl] a inconseguible; (TEL) inexistente.

unobtrusive [ʌnəbˈtruːsɪv] a discreto.

unofficial [ʌnəˈfɪʃl] a no oficial.

unpack [ʌnˈpæk] vi deshacer las maletas, desempacar (LAm).

unpalatable [ʌnˈpælətəbl] a (truth) desagradable.

unparalleled [ʌnˈpærəlɛld] a (unequalled) sin par; (unique) sin precedentes.

unpleasant [ʌnˈplɛznt] a (disagreeable) desagradable; (person, manner) antipático.

unplug [ʌnˈplʌg] vt desenchufar, desconectar.

unpopular [ʌnˈpɔpjulə*] a poco popular.

unprecedented [ʌnˈprɛsɪdəntɪd] a sin precedentes.

unpredictable [ʌnprɪˈdɪktəbl] a imprevisible.

unprofessional [ʌnprəˈfɛʃənl] a: ~ conduct negligencia.

unqualified [ʌnˈkwɔlɪfaɪd] a sin título, no cualificado; (success) total, incondicional.

unquestionably [ʌnˈkwɛstʃənəblɪ] ad indiscutiblemente.

unravel [ʌnˈrævl] vt desenmarañar.

unreal [ʌnˈrɪəl] a irreal.

unrealistic [ʌnrɪəˈlɪstɪk] a poco realista.

unreasonable [ʌnˈriːznəbl] a irrazonable; (demand) excesivo.

unrelated [ʌnrɪˈleɪtɪd] a sin relación; (family) no emparentado.

unreliable [ʌnrɪˈlaɪəbl] a (person) informal; (machine) poco fiable.

unremitting [ʌnrɪˈmɪtɪŋ] a constante.

unreservedly [ʌnrɪˈzɜːvɪdlɪ] ad sin reserva.

unrest [ʌnˈrɛst] n inquietud f, malestar m; (POL) disturbios mpl.

unroll [ʌnˈrəul] vt desenrollar.

unruly [ʌnˈruːlɪ] a indisciplinado.

unsafe [ʌnˈseɪf] a peligroso.

unsaid [ʌnˈsɛd] a: to leave sth ~ dejar algo sin decir.

unsatisfactory [ˈʌnsætɪsˈfæktərɪ] a poco satisfactorio.

unsavoury, (US) **unsavory** [ʌnˈseɪvərɪ] a (fig) repugnante.

unscathed [ʌnˈskeɪðd] a ileso.

unscrew [ʌnˈskruː] vt destornillar.

unscrupulous [ʌnˈskruːpjuləs] a sin escrúpulos.

unsettled [ʌnˈsɛtld] a inquieto; (situation) inestable; (weather) variable.

unshaven [ʌnˈʃeɪvn] a sin afeitar.

unsightly [ʌnˈsaɪtlɪ] a feo.

unskilled [ʌnˈskɪld] a: ~ workers mano fsg de obra no cualificada.

unspeakable [ʌnˈspiːkəbl] a indecible; (awful) incalificable.

unstable [ʌnˈsteɪbl] a inestable.

unsteady [ʌnˈstɛdɪ] a inestable.

unstuck [ʌnˈstʌk] a: to come ~ despegarse; (fig) fracasar.

unsuccessful [ʌnsəkˈsɛsful] a (attempt) infructuoso; (writer, proposal) sin éxito.

to be ~ (*in attempting sth*) no tener éxito, fracasar; **~ly** *ad* en vano, sin éxito.

unsuitable [ʌn'suːtəbl] *a* inapropiado; (*time*) inoportuno.

unsure [ʌn'ʃuə*] *a* inseguro, poco seguro.

unsympathetic [ʌnsɪmpə'θetɪk] *a* poco comprensivo.

untapped [ʌn'tæpt] *a* (*resources*) sin explotar.

unthinkable [ʌn'θɪŋkəbl] *a* inconcebible, impensable.

untidy [ʌn'taɪdɪ] *a* (*room*) desordenado, en desorden; (*appearance*) desaliñado.

untie [ʌn'taɪ] *vt* desatar.

until [ən'tɪl] *prep* hasta // *conj* hasta que; ~ **he comes** hasta que venga; ~ **now** hasta ahora; ~ **then** hasta entonces.

untimely [ʌn'taɪmlɪ] *a* inoportuno; (*death*) prematuro.

untold [ʌn'təuld] *a* (*story*) nunca contado; (*suffering*) indecible; (*wealth*) incalculable.

untoward [ʌntə'wɔːd] *a* (*behaviour*) impropio; (*event*) adverso.

unused [ʌn'juːzd] *a* sin usar.

unusual [ʌn'juːʒuəl] *a* insólito, poco común.

unveil [ʌn'veɪl] *vt* (*statue*) descubrir.

unwavering [ʌn'weɪvərɪŋ] *a* inquebrantable.

unwelcome [ʌn'welkəm] *a* (*at a bad time*) inoportuno.

unwell [ʌn'wel] *a*: **to feel ~** estar indispuesto.

unwieldy [ʌn'wiːldɪ] *a* difícil de manejar.

unwilling [ʌn'wɪlɪŋ] *a*: **to be ~ to do sth** estar poco dispuesto a hacer algo; **~ly** *ad* de mala gana.

unwind [ʌn'waɪnd] (*irg: like wind*) *vt* desenvolver // *vi* (*relax*) relajarse.

unwise [ʌn'waɪz] *a* imprudente.

unwitting [ʌn'wɪtɪŋ] *a* inconsciente.

unworkable [ʌn'wɔːkəbl] *a* (*plan*) impráctico.

unworthy [ʌn'wɔːðɪ] *a* indigno.

unwrap [ʌn'ræp] *vt* deshacer.

unwritten [ʌn'rɪtn] *a* (*agreement*) tácito; (*rules, law*) no escrito.

up [ʌp] ♦ *prep*: **to go/be ~ sth** subir/estar subido en algo; **he went ~ the stairs/the hill** subió las escaleras/la colina; **we walked/climbed ~ the hill** subimos la colina; **they live further ~ the street** viven más arriba en la calle; **go ~ that road and turn left** sigue por esa calle y gira a la izquierda

♦ *ad* **1** (*upwards, higher*) más arriba; ~ **in the mountains** en lo alto (de la montaña); **put it a bit higher ~** ponlo un poco más arriba *or* alto; ~ **there** ahí *or* allí arriba; ~ **above** en lo alto, por encima, arriba

2: **to be ~** (*out of bed*) estar levantado;

(*prices, level*) haber subido

3: ~ **to** (*as far as*) hasta; ~ **now** hasta ahora *or* la fecha

4: **to be ~ to** (*depending on*): **it's ~ to you** depende de ti; **he's not ~ to it** (*job, task etc*) no es capaz de hacerlo; **his work is not ~ to the required standard** su trabajo no da la talla; (*col: be doing*): **what is he ~ to?** ¿que estará tramando?

♦ *n*: **~s and downs** altibajos *mpl*.

up-and-coming [ʌpənd'kʌmɪŋ] *a* prometedor(a).

upbringing ['ʌpbrɪŋɪŋ] *n* educación *f*.

update [ʌp'deɪt] *vt* poner al día.

upheaval [ʌp'hiːvl] *n* trastornos *mpl*; (*POL*) agitación *f*.

uphill [ʌp'hɪl] *a* cuesta arriba; (*fig: task*) penoso, difícil // *ad*: **to go ~** ir cuesta arriba.

uphold [ʌp'həuld] (*irg: like hold*) *vt* sostener.

upholstery [ʌp'həulstərɪ] *n* tapicería.

upkeep ['ʌpkiːp] *n* mantenimiento.

upon [ə'pɔn] *prep* sobre.

upper ['ʌpə*] *a* superior, de arriba // *n* (*of shoe: also:* ~**s**) pala; **~-class** *a* de clase alta; ~ **hand** *n*: **to have the ~ hand** tener la sartén por el mango; **~most** *a* el más alto; **what was ~most in my mind** lo que me preocupaba más.

upright ['ʌpraɪt] *a* vertical; (*fig*) honrado.

uprising ['ʌpraɪzɪŋ] *n* sublevación *f*.

uproar ['ʌprɔː*] *n* tumulto, escándalo.

uproot [ʌp'ruːt] *vt* desarraigar.

upset ['ʌpset] *n* (*to plan etc*) revés *m*, contratiempo; (*MED*) trastorno // *vt* [ʌp'set] (*irg: like set*) (*glass etc*) volcar; (*spill*) derramar; (*plan*) alterar; (*person*) molestar, perturbar // *a* [ʌp'set] molesto, perturbado; (*stomach*) revuelto.

upshot ['ʌpʃɔt] *n* resultado.

upside-down ['ʌpsaɪd'daun] *ad* al revés.

upstairs [ʌp'steəz] *ad* arriba // *a* (*room*) de arriba // *n* el piso superior.

upstart ['ʌpstɑːt] *n* advenedizo/a.

upstream [ʌp'striːm] *ad* río arriba.

uptake ['ʌptek] *n*: **he is quick/slow on the ~** es muy listo/torpe.

uptight [ʌp'taɪt] *a* tenso, nervioso.

up-to-date ['ʌptə'deɪt] *a* moderno, actual.

upturn ['ʌptəːn] *n* (*in luck*) mejora; (*COMM: in market*) resurgimiento económico.

upward ['ʌpwəd] *a* ascendente; **~(s)** *ad* hacia arriba.

urban ['əːbən] *a* urbano.

urbane [əː'beɪn] *a* cortés, urbano.

urchin ['əːtʃɪn] *n* pilluelo, golfillo.

urge [əːdʒ] *n* (*force*) impulso; (*desire*) deseo // *vt*: **to ~ sb to do sth** animar a uno a hacer algo.

urgency ['əːdʒənsɪ] *n* urgencia.

urgent ['ɔːdʒənt] *a* urgente.
urinate ['juərineit] *vi* orinar.
urine ['juərin] *n* orina, orines *mpl*.
urn [əːn] *n* urna; *(also:* tea ~) cacharro metálico grande para hacer té.
Uruguay ['juerəgwaɪ] *n* el Uruguay; **~an** *a, n* uruguayo/a *m/f*.
us [ʌs] *pron* nos; *(after prep)* nosotros/as; *see also* me.
US, USA *n abbr* = **United States (of America)**.
usage ['juːzɪdʒ] *n* (LING) uso; *(utilization)* utilización *f*.
use [juːs] *n* uso, empleo; *(usefulness)* utilidad *f* // *vt* [juːz] usar, emplear; she ~d to do it (ella) solía or acostumbraba hacerlo; in ~ en uso; out of ~ en desuso; to be of ~ servir; it's no ~ *(pointless)* es inútil; *(not useful)* no sirve; to be ~d to estar acostumbrado a, acostumbrar; to ~ up *vt* agotar; ~d *a (car)* usado; ~ful *a* útil; ~fulness *n* utilidad; ~less *a* inútil; ~r *n* usuario/a; ~r-friendly *a (computer)* amistoso.
usher ['ʌʃə*] *n (at wedding)* ujier *m*; *(in cinema etc)* acomodador *m*; ~ette [-'ret] *n (in cinema)* acomodadora.
USSR *n abbr*: the ~ la URSS.
usual ['juːʒuəl] *a* normal, corriente; as ~ como de costumbre; ~ly *ad* normalmente.
utensil [juː'tɛnsl] *n* utensilio; kitchen ~s batería *sg* de cocina.
uterus ['juːtərəs] *n* útero.
utilitarian [juːtɪlɪ'tɛərɪən] *a* utilitario.
utility [juː'tɪlɪtɪ] *n* utilidad *f*; ~ room *n* trascocina.
utilize ['juːtɪlaɪz] *vt* utilizar.
utmost ['ʌtməust] *a* mayor // *n*: to do one's ~ hacer todo lo posible.
utter ['ʌtə*] *a* total, completo // *vt* pronunciar, proferir; ~ance *n* palabras *fpl*, declaración *f*; ~ly *ad* completamente, totalmente.
U-turn ['juː'təːn] *n* viraje *m* en U.

V

v. *abbr* = **verse; versus; volt;** (= *vide*) véase.
vacancy ['veɪkənsɪ] *n (Brit: job)* vacante *f*; *(room)* cuarto libro.
vacant ['veɪkənt] *a* desocupado, libre; *(expression)* distraído; ~ lot *n (US)* solar *m*.
vacate [və'keɪt] *vt (house, room)* desocupar; *(job)* dejar (vacante).
vacation [və'keɪʃən] *n* vacaciones *fpl*; ~er *n (US)* turista *m/f*.
vaccinate ['væksineɪt] *vt* vacunar.
vaccine ['væksiːn] *n* vacuna.
vacuum ['vækjum] *n* vacío; ~ bottle *n (US)* = ~ flask; ~ cleaner *n* aspiradora; ~ flask *(Brit)* *n* termo; ~-packed

a empaquetado al vacío.
vagina [və'dʒaɪnə] *n* vagina.
vagrant ['veɪgrnt] *n* vagabundo/a.
vague [veɪg] *a* vago; *(blurred: memory)* borroso; *(ambiguous)* impreciso; *(person)* distraído; ~ly *ad* vagamente.
vain [veɪn] *a (conceited)* presumido; *(useless)* vano, inútil; in ~ en vano.
valentine ['væləntaɪn] *n (also:* ~ card) tarjeta del Día de los Enamorados.
valet ['vælɛɪ] *n* ayuda *m* de cámara.
valiant ['vælɪənt] *a* valiente.
valid ['vælɪd] *a* válido; *(ticket)* valedero; *(law)* vigente.
valley ['vælɪ] *n* valle *m*.
valour, *(US)* **valor** ['vælə*] *n* valor *m*, valentía.
valuable ['væljuəbl] *a (jewel)* de valor; *(time)* valioso; ~s *npl* objetos *mpl* de valor.
valuation [vælju'eɪʃən] *n* tasación *f*, valuación *f*.
value ['vælju:] *n* valor *m*; *(importance)* importancia // *vt (fix price of)* tasar, valorar; *(esteem)* estimar, apreciar; ~ added tax (VAT) *n (Brit)* impuesto sobre el valor añadido (IVA *m*); ~d *a (appreciated)* apreciado.
valve [vælv] *n (ANAT, TECH)* válvula.
van [væn] *n (AUT)* furgoneta, camioneta *(LAm)*; *(Brit RAIL)* furgón *m* (de equipajes).
vandal ['vændl] *n* vándalo/a; ~ism *n* vandalismo; ~ize *vt* dañar, destruir.
vanilla [və'nɪlə] *n* vainilla.
vanish ['vænɪʃ] *vi* desaparecer, esfumarse.
vanity ['vænɪtɪ] *n* vanidad *f*; ~ case *n* neceser *m*.
vantage point ['vɑːntɪdʒ-] *n (for views)* punto panorámico.
vapour, *(US)* **vapor** ['veɪpə*] *n* vapor *m*; *(on breath, window)* vaho.
variable ['vɛərɪəbl] *a* variable; *(person)* voluble.
variance ['vɛərɪəns] *n*: to be at ~ (with) estar en desacuerdo (con).
variation [vɛərɪ'eɪʃən] *n* variación *f*.
varicose ['værɪkəus] *a*: ~ veins varices *fpl*.
varied ['vɛərɪd] *a* variado.
variety [və'raɪətɪ] *n* variedad *f*; ~ show *n* espectáculo de variedades.
various ['vɛərɪəs] *a* varios/as, diversos/as.
varnish ['vɑːnɪʃ] *n* barniz *m* // *vt* barnizar; *(nails)* pintar (con esmalte).
vary ['vɛərɪ] *vt* variar; *(change)* cambiar // *vi* variar.
vase [vɑːz] *n* florero.
Vaseline ['væsɪliːn] *n* ® Vaselina ®.
vast [vɑːst] *a* enorme; *(success)* abrumador(a).
VAT [væt] *n (Brit) abbr* = **value added tax.**

vat [væt] n tina, tinaja.
Vatican ['vætɪkən] n: the ~ el Vaticano.
vault [vɔːlt] n (of roof) bóveda; (tomb) panteón m; (in bank) cámara acorazada // vt (also: ~ over) saltar (por encima de).
vaunted ['vɔːntɪd] a: much ~ cacareado, alardeada.
VCR n abbr = **video cassette recorder**.
VD n abbr = **venereal disease**.
VDU n abbr = **visual display unit**.
veal [viːl] n ternera.
veer [vɪə*] vi (ship) virar.
vegetable ['vedʒtəbl] n (BOT) vegetal m; (edible plant) legumbre f, hortaliza // a vegetal; ~s npl (cooked) verduras fpl.
vegetarian [vedʒɪ'teərɪən] a, n vegetariano/a m/f.
vehement ['viːɪmənt] a vehemente, apasionado.
vehicle ['viːɪkl] n vehículo.
veil [veɪl] n velo // vt velar.
vein [veɪn] n vena; (of ore etc) veta.
velocity [vɪ'lɒsɪtɪ] n velocidad f.
velvet ['velvɪt] n terciopelo.
vending machine ['vendɪŋ-] n distribuidor m automático.
vendor ['vendə*] n vendedor(a) m/f.
veneer [və'nɪə*] n chapa, enchapado; (fig) barniz m.
venereal [vɪ'nɪərɪəl] a: ~ disease (VD) enfermedad f venérea.
Venetian blind [vɪ'niːʃən] n persiana.
Venezuela [venɪ'zweɪlə] n Venezuela; ~n a, n venezolano/a m/f.
vengeance ['vendʒəns] n venganza; with a ~ (fig) con creces.
venison ['venɪsn] n carne f de venado.
venom ['venəm] n veneno.
vent [vent] n (opening) abertura; (airhole) respiradero; (in wall) rejilla (de ventilación) // vt (fig: feelings) desahogar.
ventilate ['ventɪleɪt] vt ventilar; **ventilator** n ventilador m.
ventriloquist [ven'trɪləkwɪst] n ventrílocuo/a.
venture ['ventʃə*] n empresa // vt arriesgar; (opinion) ofrecer // vi arriesgarse, lanzarse.
venue ['venjuː] n lugar m de reunión.
veranda(h) [və'rændə] n terraza; (with glass) galería.
verb [vɜːb] n verbo; ~al a verbal.
verbatim [vɜː'beɪtɪm] a, ad palabra por palabra.
verbose [vɜː'bəus] a prolijo.
verdict ['vɜːdɪkt] n veredicto, fallo; (fig) opinión f, juicio.
verge [vɜːdʒ] n (Brit) borde m; to be on the ~ of doing sth estar a punto de hacer algo; to ~ on vt fus rayar en.
verify ['verɪfaɪ] vt comprobar, verificar.
veritable ['verɪtəbl] a verdadero, auténtico.

vermin ['vɜːmɪn] npl (animals) bichos mpl; (insects, fig) sabandijas fpl.
vermouth ['vɜːməθ] n vermut m.
versatile ['vɜːsətaɪl] a (person) polifacético; (machine, tool etc) versátil.
verse [vɜːs] n versos mpl, poesía; (stanza) estrofa; (in bible) versículo.
versed [vɜːst] a: (well-)~ in versado en.
version ['vɜːʃən] n versión f.
versus ['vɜːsəs] prep contra.
vertebra ['vɜːtɪbrə], pl ~e [-briː] n vértebra.
vertical ['vɜːtɪkl] a vertical.
vertigo ['vɜːtɪgəu] n vértigo.
verve [vɜːv] n brío.
very ['verɪ] ad muy // a: the ~ book which el mismo libro que; the ~ last el último de todos; at the ~ least al menos; ~ much muchísimo.
vessel ['vesl] n (ANAT) vaso; (ship) barco; (container) vasija.
vest [vest] n (Brit) camiseta; (US: waistcoat) chaleco; ~ed interests npl (COMM) intereses mpl creados.
vestibule ['vestɪbjuːl] n vestíbulo.
vestige ['vestɪdʒ] n vestigio, rastro.
vestry ['vestrɪ] n sacristía.
vet [vet] n abbr = **veterinary surgeon** // vt repasar, revisar.
veteran ['vetərn] n veterano.
veterinary ['vetrɪnərɪ] a veterinario; ~ surgeon, (US) **veterinarian** n veterinario/a m/f.
veto ['viːtəu], pl ~es n veto // vt prohibir, vedar.
vex [veks] vt fastidiar; ~ed a (question) controvertido.
VHF abbr (= very high frequency) muy alta frecuencia.
via ['vaɪə] prep por, por vía de.
vibrate [vaɪ'breɪt] vi vibrar.
vicar ['vɪkə*] n párroco (de la Iglesia Anglicana); ~age n parroquia.
vicarious [vɪ'keərɪəs] a indirecto.
vice [vaɪs] n (evil) vicio; (TECH) torno de banco.
vice- [vaɪs] pref vice-; ~-**chairman** n vicepresidente m.
vice versa ['vaɪsɪ'vɜːsə] ad viceversa.
vicinity [vɪ'sɪnɪtɪ] n vecindad f; in the ~ (of) cercano (a).
vicious ['vɪʃəs] a (remark) malicioso; (blow) fuerte; ~ circle n círculo vicioso.
victim ['vɪktɪm] n víctima; ~ize vt (strikers etc) tomar represalias contra.
victor ['vɪktə*] n vencedor(a) m/f.
victory ['vɪktərɪ] n victoria.
video ['vɪdɪəu] cpd video // n (~ film) videofilm m; (also: ~ cassette) videocassette f; (also: ~ cassette recorder) videograbadora; ~ **tape** n cinta de vídeo.
vie [vaɪ] vi: to ~ with competir con.
Vienna [vɪ'enə] n Viena.
Vietnam [vjet'næm] n Vietnam m.
view [vjuː] n vista, perspectiva; (land-

scape) paisaje m; (opinion) opinión f,
criterio // vt (look at) mirar; (examine)
examinar; **on ~** (in museum etc)
expuesto; **in full ~** (of) en plena vista
(de); **in ~ of the fact that** en vista del
hecho de que; **~er** n (small projector)
visionadora; (TV) televidente m/f;
~finder n visor m de imagen; **~point**
n punto de vista.

vigil ['vɪdʒɪl] n vigilia.

vigorous ['vɪgərəs] a enérgico, vigoroso.

vigour, (US) vigor ['vɪgə*] n energía, vigor m.

vile [vaɪl] a (action) vil, infame; (smell)
asqueroso.

vilify ['vɪlɪfaɪ] vt vilipendiar.

villa ['vɪlə] n (country house) casa de
campo; (suburban house) chalet m.

village ['vɪlɪdʒ] n aldea; **~r** n aldeano/a.

villain ['vɪlən] n (scoundrel) malvado/a;
(criminal) maleante m/f.

vindicate ['vɪndɪkeɪt] vt vindicar, justificar.

vindictive [vɪn'dɪktɪv] a vengativo.

vine [vaɪn] n vid f.

vinegar ['vɪnɪgə*] n vinagre m.

vineyard ['vɪnjɑːd] n viña, viñedo.

vintage ['vɪntɪdʒ] n (year) vendimia, cosecha; **~ wine** n vino añejo.

vinyl ['vaɪnl] n vinilo.

viola [vɪ'əulə] n (MUS) viola.

violate ['vaɪəleɪt] vt violar.

violence ['vaɪələns] n violencia.

violent ['vaɪələnt] a (gen) violento;
(pain) intenso.

violet ['vaɪələt] a violado, violeta // n
(plant) violeta.

violin [vaɪə'lɪn] n violín m; **~ist** n violinista m/f.

VIP n abbr (= very important person)
VIP m.

viper ['vaɪpə*] n víbora.

virgin ['vɜːdʒɪn] n virgen f // a virgen.

Virgo ['vɜːgəu] n Virgo.

virile ['vɪraɪl] a viril.

virtually ['vɜːtjuəlɪ] ad prácticamente.

virtue ['vɜːtjuː] n virtud f; **by ~ of** en virtud de.

virtuous ['vɜːtjuəs] a virtuoso.

virus ['vaɪərəs] n virus m.

visa ['viːzə] n visado, visa (LAm).

vis-à-vis [viːzə'viː] prep con respecto a.

visibility [vɪzɪ'bɪlɪtɪ] n visibilidad f.

visible ['vɪzəbl] a visible.

vision ['vɪʒən] n (sight) vista; (foresight,
in dream) visión f.

visit ['vɪzɪt] n visita // vt (person) visitar,
hacer una visita a; (place) ir a, (ir a)
conocer; **~ing hours** npl (in hospital
etc) horas de visita; **~or** n (in museum)
visitante m/f; (tourist) turista m/f; **to
have ~ors** (at home) tener visita; **~ors'
book** n libro de visitas.

visor ['vaɪzə*] n visera.

vista ['vɪstə] n vista, panorama.

visual ['vɪzjuəl] a visual; **~ aid** n medio
visual; **~ display unit (VDU)** n unidad
f de presentación visual (UPV); **~ize** vt
imaginarse; (foresee) prever.

vital ['vaɪtl] a (essential) esencial, imprescindible; (dynamic) dinámico **~ly
ad**: **~ly important** de primera importancia; **~ statistics** npl (fig) medidas fpl
vitales.

vitamin ['vɪtəmɪn] n vitamina.

vivacious [vɪ'veɪʃəs] a vivaz, alegre.

vivid ['vɪvɪd] a (account) gráfico; (light)
intenso; (imagination) vivo; **~ly** ad
(describe) gráficamente; (remember)
como si fuera hoy.

V-neck ['viːnɛk] n cuello de pico.

vocabulary [vəu'kæbjulərɪ] n vocabulario.

vocal ['vəukl] a vocal; (articulate) elocuente; **~ chords** npl cuerdas fpl vocales.

vocation [vəu'keɪʃən] n vocación f; **~al**
a profesional.

vociferous [və'sɪfərəs] a vociferante.

vodka ['vɔdkə] n vodka m.

vogue [vəug] n boga, moda.

voice [vɔɪs] n voz f // vt (opinion) expresar.

void [vɔɪd] n vacío; (hole) hueco // a (invalid) nulo, inválido; (empty): **~ of** carente or desprovisto de.

volatile ['vɔlətaɪl] a volátil.

volcano [vɔl'keɪnəu], pl **-es** n volcán m.

volition [və'lɪʃən] n: **of one's own ~** de
su propia voluntad.

volley ['vɔlɪ] n (of gunfire) descarga; (of
stones etc) lluvia; (TENNIS etc) volea;
~ball n vol(e)ibol m.

volt [vəult] n voltio; **~age** n voltaje m.

voluble ['vɔljubl] a locuaz, hablador(a).

volume ['vɔljuːm] n (gen) volumen m;
(book) tomo.

voluntarily ['vɔləntrɪlɪ] ad libremente,
voluntariamente.

voluntary ['vɔləntərɪ] a voluntario;
(statement) espontáneo.

volunteer [vɔlən'tɪə*] n voluntario/a // vi
ofrecerse (de voluntario); **to ~ to do**
ofrecerse a hacer.

vomit ['vɔmɪt] n vómito // vt, vi vomitar.

vote [vəut] n voto; (votes cast) votación
f; (right to ~) derecho de votar; (franchise) sufragio // vt (chairman) elegir //
vi votar, ir a votar; **~ of thanks** voto de
gracias; **~r** n votante m/f; **voting** n votación f.

vouch [vautʃ]: **to ~ for** vt fus garantizar,
responder por.

voucher ['vautʃə*] n (for meal, petrol)
vale m.

vow [vau] n voto // vi jurar.

vowel ['vauəl] n vocal f.

voyage ['vɔɪdʒ] n (journey) viaje m;
(crossing) travesía.

vulgar ['vʌlgə*] a (rude) ordinario, gro-

sero; (*in bad taste*) de mal gusto; ~ity
[-ˈgærɪtɪ] n grosería; mal gusto.
vulnerable [ˈvʌlnərəbl] a vulnerable.
vulture [ˈvʌltʃə*] n buitre m.

W

wad [wɔd] n (*of cotton wool, paper*) bolita; (*of banknotes etc*) fajo.
waddle [ˈwɔdl] vi anadear.
wade [weɪd] vi: to ~ through (*water*) caminar por; (*fig: a book*) leer con dificultad; **wading pool** n (*US*) piscina para
niños.
wafer [ˈweɪfə*] n (*biscuit*) galleta, barquillo; (*COMPUT, REL*) oblea.
waffle [ˈwɔfl] n (*CULIN*) gofre m // vi dar
el rollo.
waft [wɔft] vt llevar por el aire // vi flotar.
wag [wæg] vt menear, agitar // vi moverse, menearse.
wage [weɪdʒ] n (*also:* ~s) sueldo, salario
// vt: to ~ **war** hacer la guerra; ~ **earner** n asalariado/a; ~ **packet** n sobre m
de paga.
wager [ˈweɪdʒə*] n apuesta // vt apostar.
waggle [ˈwægl] vt menear, mover.
wag(g)on [ˈwægən] n (*horse-drawn*) carro; (*Brit RAIL*) vagón m.
wail [weɪl] n gemido // vi gemir.
waist [weɪst] n cintura, talle m; ~**coat** n
(*Brit*) chaleco; ~**line** n talle m.
wait [weɪt] n espera; (*interval*) pausa //
vi esperar; to lie in ~ **for** acechar a; I
can't ~ to (*fig*) estoy deseando; to ~ **for**
esperar (a); **to ~ behind** vi quedarse;
to ~ on vt fus servir a; ~**er** n camarero; ~**ing** n: 'no ~**ing**' (*Brit AUT*) 'prohibido estacionarse'; ~**ing list** n lista de
espera; ~**ing room** n sala de espera;
~**ress** n camarera.
waive [weɪv] vt suspender.
wake [weɪk] vb (*pt* woke *or* waked, *pp*
woken *or* waked) vt (*also:* ~ **up**) despertar // vi (*also:* ~ **up**) despertarse // n (*for
dead person*) vela, velatorio; (*NAUT*) estela; ~n vt, vi = wake.
Wales [weɪlz] n País m de Gales.
walk [wɔːk] n (*stroll*) paseo; (*hike*) excursión f a pie, caminata; (*gait*) paso,
andar m; (*in park etc*) paseo, alameda //
vi andar, caminar; (*for pleasure, exercise*) pasearse // vt (*distance*) recorrer a
pie, andar; (*dog*) pasear; **10 minutes'** ~
from here a 10 minutos de aquí andando;
people from all ~**s of life** gente de todas
las esferas; **to walk out on** vt fus
(*col*) abandonar; ~**er** n (*person*) pa-
seante m/f, caminante m/f; ~**ie-talkie**
[ˈwɔːkɪˈtɔːkɪ] n walkie-talkie m; ~**ing** n
el andar; ~**ing shoes** npl zapatos mpl
para andar; ~**ing stick** n bastón m;
~**out** n (*of workers*) huelga; ~**over** n

(*col*) pan m comido; ~**way** n paseo.
wall [wɔːl] n pared f; (*exterior*) muro;
(*city* ~ *etc*) muralla; ~**ed** a (*city*)
amurallado; (*garden*) con tapia.
wallet [ˈwɔlɪt] n cartera, billetera
(*LAm*).
wallflower [ˈwɔːlflauə*] n alhelí m; **to be
a** ~ (*fig*) comer pavo.
wallop [ˈwɔləp] vt (*col*) zurrar.
wallow [ˈwɔləu] vi revolcarse.
wallpaper [ˈwɔːlpeɪpə*] n papel m pintado.
wally [ˈwɔlɪ] n (*Brit: col*) palurdo/a.
walnut [ˈwɔːlnʌt] n nuez f; (*tree*) nogal
m.
walrus [ˈwɔːlrəs], *pl* ~ *or* ~**es** n morsa.
waltz [wɔːlts] n vals m // vi bailar el
vals.
wan [wɔn] a pálido.
wand [wɔnd] n (*also:* **magic** ~) varita
(mágica).
wander [ˈwɔndə*] vi (*person*) vagar;
deambular; (*thoughts*) divagar; (*get
lost*) extraviarse // vt recorrer, vagar
por.
wane [weɪn] vi menguar.
wangle [ˈwæŋgl] vt (*Brit col*): to ~ **sth**
agenciarse algo.
want [wɔnt] vt (*wish for*) querer, desear;
(*need*) necesitar; (*lack*) carecer de // n:
for ~ **of** por falta de; ~**s** npl (*needs*) necesidades fpl; to ~ to **do** querer hacer;
to ~ **sb to do sth** querer que uno haga
algo; ~**ing**: **to be found** ~**ing** no estar a
la altura de las circunstancias.
wanton [ˈwɔntn] a (*playful*) juguetón/
ona; (*licentious*) lascivo.
war [wɔː*] n guerra; **to make** ~ hacer la
guerra.
ward [wɔːd] n (*in hospital*) sala; (*POL*)
distrito electoral; (*LAW: child*) pupilo/a.
to ~ off vt (*blow*) desviar, parar; (*attack*) rechazar.
warden [ˈwɔːdn] n (*Brit: of institution*)
director(a) m/f; (*of park, game reserve*)
guardián/ana m/f; (*Brit: also:* **traffic** ~)
guardia m/f.
warder [ˈwɔːdə*] n (*Brit*) guardián/ana
m/f, carcelero/a.
wardrobe [ˈwɔːdrəub] n armario, guardarropa, ropero (*esp LAm*).
warehouse [ˈwɛəhaus] n almacén m, depósito.
wares [wɛəz] npl mercancías fpl.
warfare [ˈwɔːfɛə*] n guerra.
warhead [ˈwɔːhed] n cabeza armada.
warily [ˈwɛərɪlɪ] ad con cautela, cautelo-
samente.
warm [wɔːm] a caliente; (*thanks*) efusivo; (*clothes etc*) abrigado; (*welcome,
day*) caluroso; **it's** ~ hace calor; **I'm** ~
tengo calor; **to ~ up** vi (*room*) calentarse; (*person*) entrar en calor; (*athlete*) hacer ejercicios de calentamiento;
(*discussion*) acalorarse // vt calentar;

~-**hearted** a afectuoso; ~**ly** ad afectuosamente; ~**th** n calor m.

warn [wɔːn] vt avisar, advertir; ~**ing** n aviso, advertencia; ~**ing light** n luz f de advertencia; ~**ing triangle** n (AUT) triángulo señalizador.

warp [wɔːp] vi (wood) combarse // vt combar; (mind) pervertir.

warrant ['wɔrnt] n (LAW: to arrest) orden f de detención; (: to search) mandamiento de registro.

warranty ['wɔrəntɪ] n garantía.

warren ['wɔrən] n (of rabbits) madriguera; (fig) laberinto.

warrior ['wɔrɪə*] n guerrero/a.

Warsaw ['wɔːsɔː] n Varsovia.

warship ['wɔːʃɪp] n buque m o barco de guerra.

wart [wɔːt] n verruga.

wartime ['wɔːtaɪm] n: in ~ en tiempos de guerra, en la guerra.

wary ['wɛərɪ] a cauteloso.

was [wɔz] pt of **be**.

wash [wɔʃ] vt lavar // vi lavarse // n (clothes etc) lavado; (bath) baño; (of ship) estela; to have a ~ lavarse; to ~ **away** vt (stain) quitar lavando; (subj: river etc) llevarse; (fig) limpiar; to ~ **off** vt quitar lavando; to ~ **up** vi (Brit) fregar los platos; (US) lavarse; ~**able** a lavable; ~**basin**, (US) ~**bowl** n lavabo; ~**cloth** n (US) manopla; ~**er** n (TECH) arandela; ~**ing** n (dirty) ropa sucia; (clean) colada; ~**ing machine** n lavadora; ~**ing powder** n (Brit) detergente m (en polvo); ~**ing-up** n fregado, platos mpl (para fregar); ~**ing-up liquid** n líquido lavavajillas; ~**out** n (col) fracaso; ~**room** n servicios mpl.

wasn't ['wɔznt] = **was not**.

wasp [wɔsp] n avispa.

wastage ['weɪstɪdʒ] n desgaste m; (loss) pérdida; **natural** ~ desgaste natural.

waste [weɪst] n derroche m, despilfarro; (misuse) desgaste m; (of time) pérdida; (food) sobras fpl; (rubbish) basura, desperdicios mpl // a (material) de desecho; (left over) sobrante // vt (squander) malgastar, derrochar; (time) perder; (opportunity) desperdiciar; ~**s** npl (area of land) tierras fpl baldías; **to lay** ~ devastar, arrasar; **to** ~ **away** vi consumirse; ~ **disposal unit** n (Brit) triturador m de basura; ~**ful** a derrochador(a); (process) antieconómico; ~ **ground** n (Brit) terreno baldío; ~**paper basket** n papelera; ~ **pipe** n tubo de desagüe.

watch [wɔtʃ] n reloj m; (MIL: guard) centinela m; (: spell of duty) guardia // vt (look at) mirar, observar; (: match, programme) ver; (spy on, guard) vigilar; (be careful of) cuidarse de, tener cuidado de // vi ver, mirar; (keep guard) montar guardia; **to keep** ~ **on sb** mantener a uno bajo vigilancia; **to** ~

out vi cuidarse, tener cuidado; ~**dog** n perro guardián; ~**ful** a vigilante, sobre aviso; ~**maker** n relojero/a; ~**man** n guardián m; (also: **night** ~**man**) sereno, vigilante m (LAm); (in factory) vigilante m nocturno; ~ **strap** n pulsera (de reloj).

water ['wɔːtə*] n agua // vt (plant) regar // vi (eyes) hacerse agua; **in British** ~**s** en aguas británicas; **to** ~ **down** vt (milk etc) aguar; ~**closet** n wáter m; ~**colour** n acuarela; ~**cress** n berro; ~**fall** n cascada, salto de agua; ~**heater** n calentador m de agua; ~**ing can** n regadera; ~ **level** n nivel m del agua; ~ **lily** n nenúfar m; ~**line** n (NAUT) línea de flotación; ~**logged** a (boat) anegado; (ground) inundado; ~**main** n cañería de agua; ~**mark** n (on paper) filigrana; ~**melon** n sandía; ~**polo** n polo acuático; ~**proof** a impermeable; ~**shed** n (GEO) cuenca; (fig) momento crítico; ~**skiing** n esquí m acuático; ~ **tank** n depósito de agua; ~**tight** a hermético; ~**way** n vía fluvial or navegable; ~**works** npl central f depuradora; ~**y** a (colour) desvaído; (eyes) lloroso.

watt [wɔt] n vatio.

wave [weɪv] n ola; (of hand) señal f con la mano; (RADIO, in hair) onda; (fig) oleada // vi agitar la mano; (flag) ondear // vt (handkerchief, gun) agitar; ~**length** n longitud f de onda.

waver ['weɪvə*] vi (flame etc) oscilar; (confidence) disminuir; (faith) flaquear.

wavy ['weɪvɪ] a ondulado.

wax [wæks] n cera // vt encerar // vi (moon) crecer; ~ **paper** n (US) papel apergaminado; ~**works** npl museo de cera.

way [weɪ] n camino; (distance) trayecto, recorrido; (direction) dirección f, sentido; (manner) modo, manera; (habit) costumbre f; **which** ~? — **this** ~ ¿por dónde?, ¿en qué dirección? — por aquí; **on the** ~ (en route) en (el) camino; **to be on one's** ~ estar en camino; **to be in the** ~ bloquear el camino; (fig) estorbar; **to go out of one's** ~ **to do sth** desvivirse por hacer algo; **to lose one's** ~ extraviarse; **in a** ~ en cierto modo or sentido; **by the** ~ a propósito; '~ **in**' (Brit) 'entrada'; '~ **out**' (Brit) 'salida'; **the** ~ **back** el camino de vuelta; 'give ~' (Brit AUT) 'ceda el paso'; **no** ~! (col) ¡ni pensarlo!

waylay [weɪ'leɪ] (irg: like **lay**) vt: **I was waylaid (by) me** entretuve (con).

wayward ['weɪwəd] a díscolo; caprichoso.

W.C. ['dʌblju'siː] n (Brit) wáter m.

we [wiː] pl pron nosotros/as.

weak [wiːk] a débil, flojo; (tea) claro; ~**en** vi debilitarse; (give way) ceder //

vt debilitar;   **~ling** *n* debilucho/a;
~ness *n* debilidad *f*; (*fault*) punto débil.
wealth [wɛlθ] *n* (*money, resources*) riqueza; (*of details*) abundancia; **~y** *a* rico.
wean [wiːn] *vt* destetar.
weapon ['wɛpən] *n* arma.
wear [wɛə*] *n* (*use*) uso; (*deterioration through use*) desgaste *m*; (*clothing*): sports/baby~ ropa de deportes/de niños // *vb* (*pt* wore, *pp* worn) *vt* (*clothes*) llevar; (*shoes*) calzar; (*damage: through use*) gastar, usar // *vi* (*last*) durar; (*rub through etc*) desgastarse; **evening ~** (*man's*) traje *m* de etiqueta; (*woman's*) traje *m* de noche; **to ~ away** *vt* gastar // *vi* desgastarse; **to ~ down** *vt* gastar; (*strength*) agotar; **to ~ off** *vi* (*pain etc*) pasar, desaparecer; **to ~ out** *vt* desgastar; (*person, strength*) agotar; **~ and tear** *n* desgaste *m*.
weary ['wɪərɪ] *a* (*tired*) cansado; (*dispirited*) abatido.
weasel ['wiːzl] *n* (ZOOL) comadreja.
weather ['wɛðə*] *n* tiempo // *vt* (*storm, crisis*) hacer frente a; **under the ~** (*fig: ill*) indispuesto, pachucho; **~-beaten** *a* curtido; **~cock** *n* veleta; **~ forecast** *n* boletín *m* meteorológico; **~ vane** *n* = **~cock.**
weave [wiːv], *pt* wove, *pp* woven *vt* (*cloth*) tejer; (*fig*) entretejer; **~r** *n* tejedor(a) *m/f*.
web [wɛb] *n* (*of spider*) telaraña; (*on foot*) membrana; (*network*) red *f*.
wed [wɛd], *pt*, *pp* wedded *vt* casar // *vi* casarse.
we'd [wiːd] = we had; we would.
wedding ['wɛdɪŋ] *n* boda, casamiento; silver/golden ~ anniversary bodas *fpl* de plata/de oro; **~ day** *n* día *m* de la boda; **~ dress** *n* traje *m* de novia; **~ present** *n* regalo de boda; **~ ring** *n* alianza.
wedge [wɛdʒ] *n* (*of wood etc*) cuña; (*of cake*) trozo // *vt* acuñar; (*push*) apretar.
wedlock ['wɛdlɒk] *n* matrimonio.
Wednesday ['wɛdnzdɪ] *n* miércoles *m* inv.
wee [wiː] *a* (*Scottish*) pequeñito.
weed [wiːd] *n* mala hierba, maleza // *vt* escardar, desherbar; **~killer** *n* herbicida *m*; **~y** *a* (*person*) debilucho.
week [wiːk] *n* semana; **a ~ today/on Friday** de hoy/del viernes en ocho días; **~day** *n* día *m* laborable; **~end** *n* fin *m* de semana; **~ly** *ad* semanalmente, cada semana // *a* semanal // *n* semanario.
weep [wiːp], *pt*, *pp* wept *vi*, *vt* llorar; **~ing willow** *n* sauce *m* llorón.
weigh [weɪ] *vt*, *vi* pesar; **to ~ anchor** levar anclas; **to ~ down** *vt* sobrecargar; (*fig: with worry*) agobiar; **to ~ up** *vt* pesar.
weight [weɪt] *n* peso; (*metal ~*) pesa; **to lose/put on ~** adelgazar/engordar; **~ing**

n (*allowance*): (**London**)~ing dietas *fpl* (*por residir en Londres*); **~ lifter** *n* levantador(a) *m/f* de pesas; **~y** *a* pesado.
weir [wɪə*] *n* presa.
weird [wɪəd] *a* raro, extraño.
welcome ['wɛlkəm] *a* bienvenido // *n* bienvenida // *vt* dar la bienvenida a; (*be glad of*) alegrarse de; **thank you — you're ~** gracias — de nada.
weld [wɛld] *n* soldadura // *vt* soldar.
welfare ['wɛlfɛə*] *n* bienestar *m*; (*social aid*) asistencia social; **W~** *n* (US) subsidio de paro; **~ state** *n* estado del bienestar; **~ work** *n* asistencia social.
well [wɛl] *n* fuente *f*, pozo // *ad* bien // *a*: **to be ~** estar bien (de salud) // *excl* ¡vaya!, ¡bueno!; **as ~** también; **as ~ as** además de; **~ done!** ¡bien hecho!; **get ~ soon!** ¡que te mejores pronto!; **to do ~** (*business*) ir bien; (*in exam*) salir bien; **to ~ up** *vi* brotar.
we'll [wiːl] = we will; we shall.
well: ~-behaved *a* modoso; **~-being** *n* bienestar *m*; **~-built** *a* (*person*) fornido; **~-deserved** *a* merecido; **~-dressed** *a* bien vestido; **~-heeled** *a* (*col: wealthy*) rico.
wellingtons ['wɛlɪŋtənz] *npl* (*also:* wellington boots) botas *fpl* de goma.
well: ~-known *a* (*person*) conocido; **~-mannered** *a* educado; **~-meaning** *a* bienintencionado; **~-off** *a* acomodado; **~-read** *a* leído; **~-to-do** *a* acomodado; **~-wisher** *n* admirador(a) *m/f*.
Welsh [wɛlʃ] *a* galés/esa // *n* (LING) galés *m*; **the ~** *npl* los galeses; **~man/woman** *n* galés/esa *m/f*; **~ rarebit** *n* pan *m* con queso tostado.
went [wɛnt] *pt* of go.
wept [wɛpt] *pt*, *pp* of weep.
were [wɜː*] *pt* of be.
we're [wɪə*] = we are.
weren't [wɜːnt] = were not.
west [wɛst] *n* oeste *m* // *a* occidental, del oeste // *ad* al o hacia el oeste; **the W~** *n* el Oeste, el Occidente; **the W~ Country** *n* (*Brit*) el suroeste de Inglaterra; **~erly** *a* (*wind*) del oeste; **~ern** *a* occidental // *n* (CINEMA) película del oeste; **W~ Germany** *n* Alemania Occidental; **W~ Indian** *a*, *n* antillano/a *m/f*; **W~ Indies** *npl* Antillas *fpl*; **~ward(s)** *ad* hacia el oeste.
wet [wɛt] *a* (*damp*) húmedo; (**~ through**) mojado; (*rainy*) lluvioso; **to get ~** mojarse; '**~ paint**' 'recién pintado'; **~ blanket** *n*: **to be a ~ blanket** (*fig*) ser un/una aguafiestas; **~ suit** *n* traje *m* de buzo.
we've [wiːv] = we have.
whack [wæk] *vt* dar un buen golpe a.
whale [weɪl] *n* (ZOOL) ballena.
wharf [wɔːf], *pl* wharves [wɔːvz] *n* muelle *m*.
what [wɒt] ♦ *a* **1** (*in direct/indirect ques-*

tions) qué; ~ **size is he?** ¿qué talla usa?; ~ **colour/shape is it?** ¿de qué color/forma es?
2 (*in exclamations*): ~ **a mess!** ¡qué desastre!; ~ **a fool I am!** ¡qué tonto soy!
♦ *pron* **1** (*interrogative*) qué; ~ **are you doing?** ¿qué haces *or* estás haciendo?; ~ **is happening?** ¿qué pasa *or* está pasando?; ~ **is it called?** ¿cómo se llama?; ~ **about me?** ¿y yo qué?; ~ **about doing ...?** ¿qué tal si hacemos ...?
2 (*relative*) lo que; **I saw ~ you did/was on the table** vi lo que hiciste/había en la mesa
♦ *excl* (*disbelieving*) ¡cómo!; ~, **no coffee!** ¡que no hay café!
whatever [wɔt'ɛvə*] *a*: ~ **book you choose** cualquier libro que elijas // *pron*: **do ~ is necessary** haga lo que sea necesario; **no reason ~** *or* **whatsoever** ninguna razón sea la que sea; **nothing ~** nada en absoluto.
wheat [wi:t] *n* trigo.
wheedle ['wi:dl] *vt*: **to ~ sb into doing sth** engatusar a uno para que haga algo; **to ~ sth out of sb** sonsacar algo a uno.
wheel [wi:l] *n* rueda; (*AUT: also:* **steering ~**) volante *m*; (*NAUT*) timón *m* // *vt* (*pram etc*) empujar // *vi* (*also:* ~ **round**) dar la vuelta, girar; ~**barrow** *n* carretilla; ~**chair** *n* silla de ruedas; ~ **clamp** *n* (*AUT*) cepo.
wheeze [wi:z] *vi* resollar.
when [wɛn] ♦ *ad* cuando; ~ **did it happen?** ¿cuándo ocurrió?; **I know ~ it happened** sé cuándo ocurrió
♦ *conj* **1** (*at, during, after the time that*) cuando; **be careful ~ you cross the road** ten cuidado al cruzar la calle; **that was ~ I needed you** fue entonces que te necesité
2 (*on, at which*): **on the day ~ I met him** el día en qué le conocí
3 (*whereas*) cuando.
whenever [wɛn'ɛvə*] *conj* cuando; (*every time*) cada vez que.
where [wɛə*] *ad* dónde // *conj* donde; **this is ~** aquí es donde; ~**abouts** *ad* dónde // *n*: **nobody knows his ~abouts** nadie conoce su paradero; ~**as** *conj* visto que, mientras; ~**by** *pron* por lo cual; ~**upon** *conj* con lo cual, después de lo cual; ~**ver** [-'ɛvə*] *ad* dondequiera que; (*interrogative*) dónde; ~**withal** *n* recursos *mpl*.
whet [wɛt] *vt* estimular.
whether ['wɛðə*] *conj* si; **I don't know ~ to accept** or not no sé si aceptar o no; ~ **you go or not** vayas o no vayas.
which [wɪtʃ] ♦ *a* **1** (*interrogative: direct, indirect*) qué; ~ **picture(s) do you want?** ¿qué cuadro(s) quieres?; ~ **one?** ¿cuál?
2: **in ~ case** en cuyo caso; **we got there at 8 pm, by ~ time the cinema was full** llegamos allí a las 8, cuando el cine esta-

ba lleno
♦ *pron* **1** (*interrogative*) cual; **I don't mind ~** el/la que sea
2 (*relative: replacing noun*) que; (: *replacing clause*) lo que; (: *after preposition*) (el/la) que *etc*, el/la cual *etc*; **the apple ~ you ate/~ is on the table** la manzana que comiste/que está en la mesa; **the chair on ~ you are sitting** la silla en la que estás sentado; **he said he knew, ~ is true/I feared** dijo que lo sabía, lo cual *or* lo que es cierto/me temía.
whichever [wɪtʃ'ɛvə*] *a*: **take ~ book you prefer** coja el libro que prefiera; ~ **book you take** cualquier libro que coja.
whiff [wɪf] *n* bocanada.
while [waɪl] *n* rato, momento // *conj* durante; (*whereas*) mientras; (*although*) aunque; **for a ~** durante algún tiempo; **to ~ away the time** pasar el rato.
whim [wɪm] *n* capricho.
whimper ['wɪmpə*] *vi* (*weep*) lloriquear; (*moan*) quejarse.
whimsical ['wɪmzɪkl] *a* (*person*) caprichoso.
whine [waɪn] *vi* (*with pain*) gemir; (*engine*) zumbar.
whip [wɪp] *n* látigo; (*POL: person*) encargado/a de la disciplina partidaria en el parlamento // *vt* azotar; (*snatch*) arrebatar; (*US: CULIN*) batir; ~**ped cream** *n* nata *or* crema montada; ~**round** *n* (*Brit*) colecta.
whirl [wə:l] *vt* hacer girar, dar vueltas a // *vi* girar, dar vueltas; (*leaves, water etc*) arremolinarse; ~**pool** *n* remolino; ~**wind** *n* torbellino.
whirr [wə:*] *vi* zumbar.
whisk [wɪsk] *n* (*Brit: CULIN*) batidor *m* // *vt* (*Brit: CULIN*) batir; **to ~ sb away** *or* **off** llevar volando a uno.
whisker [wɪskə*] *n*: ~**s** (*of animal*) bigotes *mpl*; (*of man: side ~s*) patillas *fpl*.
whisky, (*US, Ireland*) **whiskey** ['wɪskɪ] *n* whisky *m*.
whisper ['wɪspə*] *vi* cuchichear, hablar bajo // *vt* decir en voz muy baja.
whistle ['wɪsl] *n* (*sound*) silbido; (*object*) silbato // *vi* silbar.
white [waɪt] *a* blanco; (*pale*) pálido // *n* blanco; (*of egg*) clara; ~ **coffee** *n* (*Brit*) café *m* con leche; ~**collar worker** *n* oficinista *m/f*; ~ **elephant** *n* (*fig*) maula; ~ **lie** *n* mentirilla; ~**ness** *n* blancura; ~ **noise** *n* sonido blanco; ~ **paper** *n* (*POL*) libro rojo; ~**wash** *n* (*paint*) jalbegue *m*, cal *f* // *vt* (*also fig*) encubrir.
whiting ['waɪtɪŋ] *n*, *pl inv* (*fish*) pescadilla.
Whitsun ['wɪtsn] *n* (*Brit*) pentecostés *m*.
whittle ['wɪtl] *vt*: **to ~ away**, ~ **down** ir reduciendo.
whizz [wɪz] *vi*: **to ~ past** *or* **by** pasar a toda velocidad; ~ **kid** *n* (*col*) prodigio.

who [huː] *pron* **1** *(interrogative)* quién; ~ is it?, ~'s there? ¿quién es?; ~ are you looking for? ¿a quién buscas?; I told her ~ I was le dije quién era yo **2** *(relative)* que; the man/woman ~ spoke to me el hombre/la mujer que habló conmigo; those ~ can swim los que saben *or* sepan nadar.

whodun(n)it [huːˈdʌnɪt] *n (col)* novela policíaca.

whoever [huːˈɛvə*] *pron*: ~ finds it cualquiera *or* quienquiera que lo encuentre; ask ~ you like pregunta a quien quieras; ~ he marries no importa con quién se case.

whole [həul] *a (not broken)* intacto; *(all)*: the ~ of the town toda la ciudad, la ciudad entera // *n (total)* total *m*; *(sum)* conjunto; on the ~, as a ~ en general; ~**hearted** *a* sincero, cordial; ~**meal** *a* integral; ~**sale** *n* venta al por mayor // *a* al por mayor; *(destruction)* sistemático; ~**saler** *n* mayorista *m/f*; ~**some** *a* sano; ~**wheat** *a* = ~**meal**; **wholly** *ad* totalmente, enteramente.

whom [huːm] *pron* **1** *(interrogative)*: ~ did you see? ¿a quién viste?; to ~ did you give it? ¿a quién se lo diste?; tell me from ~ you received it dígame de quién lo recibió **2** *(relative): direct object)* que; to ~ a quien(es); of ~ de quien(es), del/de la que *etc*; the man ~ I saw/to ~ I wrote el hombre que vi/a quien escribí; the lady about/with ~ I was talking la señora de/ con quien *or* (la) que hablaba.

whooping cough [ˈhuːpɪŋ-] *n* tos *f* ferina.

whore [hɔː*] *n (col: pej)* puta.

whose [huːz] ♦ *a* **1** *(possessive: interrogative)*: ~ book is this?, ~ is this book? ¿de quién es este libro?; ~ pencil have you taken? ¿de quién es el lápiz que has cogida?; ~ daughter are you? ¿de quién eres hija? **2** *(possessive: relative)* cuyo/a, *pl* cuyos/as; the man ~ son you rescued el hombre cuyo hijo rescataste; those ~ passports I have aquellas personas cuyos pasaportes tengo; the woman ~ car was stolen la mujer a quien le robaron el coche ♦ *pron* de quién; ~ is this? ¿de quién es esto?; I know ~ it is sé de quién es.

why [waɪ] ♦ *ad* por qué; ~ not? ¿por qué no?; ~ not do it now? ¿por qué no lo haces *(or* hacemos *etc)* ahora? ♦ *conj*: I wonder ~ he said that me pregunto por qué dijo eso; that's not ~ I'm here no es por eso (por lo) que estoy aquí; the reason ~ la razón por la que ♦ *excl (expressing surprise, shock, annoyance)* ¡hombre!, ¡vaya! *(explaining)*: ~, it's you! ¡hombre, eres tú!; ~, that's impossible ¡pero sí eso es imposible!

wick [wɪk] *n* mecha.

wicked [ˈwɪkɪd] *a* malvado, cruel.

wicker [ˈwɪkə*] *n (also:* ~**work)** artículos *mpl* de mimbre // *cpd* de mimbre.

wicket [ˈwɪkɪt] *n (CRICKET)* palos *mpl.*

wide [waɪd] *a* ancho; *(area, knowledge)* vasto, grande; *(choice)* grande // *ad*: to open ~ abrir de par en par; to shoot ~ errar el tiro; ~**-angle lens** *n* objetivo granangular; ~**-awake** *a* bien despierto; ~**ly** *ad (differing)* muy; it is ~**ly** believed that... hay una convicción general de que...; ~**n** *vt* ensanchar; ~ **open** *a* abierto de par en par; ~**spread** *a (belief etc)* extendido, general.

widow [ˈwɪdəu] *n* viuda; ~**ed** *a* viudo; ~**er** *n* viudo.

width [wɪdθ] *n* anchura; *(of cloth)* ancho.

wield [wiːld] *vt (sword)* manejar; *(power etc)* ejercer.

wife [waɪf], *pl* **wives** [waɪvz] *n* mujer *f*, esposa.

wig [wɪg] *n* peluca.

wiggle [ˈwɪgl] *vt* menear // *vi* menearse.

wild [waɪld] *a (animal)* salvaje; *(plant)* silvestre; *(rough)* furioso, violento; *(idea)* descabellado; ~**s** *npl* regiones *fpl* salvajes, tierras *fpl* vírgenes; ~**erness** [ˈwɪldənɪs] *n* desierto; ~**-goose chase** *n (fig)* búsqueda inútil; ~**life** *n* fauna; ~**ly** *ad (roughly)* violentamente; *(foolishly)* locamente; *(rashly)* descabelladamente.

wilful [ˈwɪlful] *a (action)* deliberado; *(obstinate)* testarudo.

will [wɪl] ♦ *auxiliary vb* **1** *(forming future tense)*: I ~ finish it tomorrow lo terminaré *or* voy a terminar mañana; I ~ have finished it by tomorrow lo habré terminado para mañana; ~ you do it? — yes I ~/no I won't ¿lo harás? — sí/no **2** *(in conjectures, predictions)*: he ~ *or* he'll be there by now ya habrá *or* debe (de) haber llegado; that ~ be the postman será *or* debe ser el cartero **3** *(in commands, requests, offers)*: ~ you be quiet! ¡quieres callarte?; ~ you help me? ¿quieres ayudarme?; ~ you have a cup of tea? ¿te apetece un te?; I won't put up with it! ¡no lo soporto! ♦ *vt (pt, pp willed)*: to ~ sb to do sth desear que alguien haga algo; he ~ed himself to go on con gran fuerza de voluntad, continuó ♦ *n* voluntad *f*; *(testament)* testamento.

willing [ˈwɪlɪŋ] *a (with goodwill)* de buena voluntad; complaciente; he's ~ to do it está dispuesto a hacerlo; ~**ly** *ad* con mucho gusto; ~**ness** *n* buena voluntad.

willow [ˈwɪləu] *n* sauce *m.*

will power *n* fuerza de voluntad.

willy-nilly [ˈwɪliˈnɪli] *ad* quiérase o no.

wilt [wɪlt] *vi* marchitarse.

wily [ˈwaɪli] *a* astuto.

win [wɪn] *n (in sports etc)* victoria, triun-

fo // vb (pt, pp **won**) vt ganar; (obtain) conseguir, lograr // vi ganar; **to ~ over**, (Brit) ~ **round** vt convencer a.
wince [wɪns] vi encogerse.
winch [wɪntʃ] n torno.
wind [wɪnd] n viento; (MED) gases mpl // vb (wind) (pt, pp **wound**) vt enrollar; (wrap) envolver; (clock, toy) dar cuerda a // vi (road, river) serpentear // vt [wɪnd] (take breath away from) dejar sin aliento a; **to ~ up** vt (clock) dar cuerda a; (debate) concluir, terminar; ~**fall** n golpe m de suerte; ~**ing** a (road) tortuoso; ~ **instrument** n (MUS) instrumento de viento; ~**mill** n molino de viento.
window ['wɪndəu] n ventana; (in car, train) ventanilla; (in shop etc) escaparate m, vitrina (LAm), vidriera (LAm); ~ **box** n jardinera de ventana; ~ **cleaner** n (person) limpiacristales m inv; ~ **ledge** n alféizar m, repisa (LAm); ~ **pane** n cristal m; ~**sill** n alféizar m, repisa (LAm).
windpipe ['wɪndpaɪp] n tráquea.
windscreen ['wɪndskriːn], (US) **windshield** ['wɪndʃiːld] n parabrisas m inv; ~ **washer** n lavaparabrisas m inv; ~ **wiper** n limpiaparabrisas m inv.
windswept ['wɪndswept] a azotado por el viento.
windy ['wɪndɪ] a de mucho viento; it's ~ hace viento.
wine [waɪn] n vino; ~ **cellar** n bodega; ~ **glass** n copa (para vino); ~ **list** n lista de vinos; ~ **merchant** n vinatero; ~ **tasting** n degustación f de vinos; ~ **waiter** n escanciador m.
wing [wɪŋ] n ala; (Brit AUT) aleta; ~**s** npl (THEATRE) bastidores mpl; ~**er** n (SPORT) extremo.
wink [wɪŋk] n guiño, pestañeo // vi guiñar, pestañear; (light etc) parpadear.
winner ['wɪnə*] n ganador(a) m/f.
winning ['wɪnɪŋ] a (team) ganador(a); (goal) decisivo; ~**s** npl ganancias fpl; ~ **post** n meta.
winter ['wɪntə*] n invierno // vi invernar; ~ **sports** npl deportes mpl de invierno.
wintry ['wɪntrɪ] a invernal.
wipe [waɪp] n: to give sth a ~ pasar un trapo sobre algo // vt limpiar; **to ~ off** vt limpiar con un trapo; **to ~ out** vt (debt) liquidar; (memory) borrar; (destroy) destruir; **to ~ up** vt limpiar.
wire ['waɪə*] n alambre m; (ELEC) cable m (eléctrico); (TEL) telegrama m // vt (house) instalar el alambrado en; (also: ~ up) conectar.
wireless ['waɪəlɪs] n (Brit) radio f.
wiring ['waɪərɪŋ] n alambrado.
wiry ['waɪərɪ] a enjuto y fuerte.
wisdom ['wɪzdəm] n sabiduría, saber m; (good sense) cordura; ~ **tooth** n muela del juicio.

wise [waɪz] a sabio; (sensible) juicioso.
...wise [waɪz] suffix: time~ en cuanto a or respecto al tiempo.
wisecrack ['waɪzkræk] n broma.
wish [wɪʃ] n (desire) deseo // vt desear; (want) querer; best ~es (on birthday etc) felicidades fpl; with best ~es (in letter) saludos mpl, recuerdos mpl; **to ~ sb goodbye** despedirse de uno; he ~ed me well me deseó mucha suerte; **to ~ to do/ sb to do sth** querer hacer/que alguien haga algo; **to ~ for** desear; ~**ful** n: it's ~ful thinking eso sería soñar
wishy-washy ['wɪʃɪwɔʃɪ] a (col: colour, ideas) desvaído.
wisp [wɪsp] n mechón m; (of smoke) voluta.
wistful ['wɪstful] a pensativo.
wit [wɪt] n (wittiness) ingenio, gracia; (intelligence: also: ~s) inteligencia; (person) chistoso/a.
witch [wɪtʃ] n bruja.
with [wɪð, wɪθ] prep 1 (accompanying, in the company of) con (con + mí, ti, sí = conmigo, contigo, consigo); I was ~ him estaba con él; we stayed ~ friends nos hospedamos en casa de unos amigos; I'm (not) ~ you (understand) (no) te entiendo; **to be ~ it** (col: person: up-to-date) estar al tanto; (: alert) ser despabilado
2 (descriptive, indicating manner etc) con; de; a room ~ a view una habitación con vistas; the man ~ the grey hat/blue eyes el hombre del sombrero gris/de los ojos azules; red ~ anger rojo/a de ira; **to shake ~ fear** temblar de miedo; **to fill sth ~ water** llenar algo de agua.
withdraw [wɪð'drɔː] (irg: like draw) vt retirar, sacar // vi retirarse; (go back on promise) retractarse; **to ~ money (from the bank)** retirar fondos (del banco); ~**al** n retirada; ~**n** a (person) reservado, introvertido.
wither ['wɪðə*] vi marchitarse.
withhold [wɪð'həuld] (irg: like hold) vt (money) retener; (decision) aplazar; (permission) negar; (information) ocultar.
within [wɪð'ɪn] prep dentro de // ad dentro; ~ **reach** al alcance de la mano; ~ **sight of** a la vista de; ~ **the week** antes de acabar la semana.
without [wɪð'aut] prep sin.
withstand [wɪð'stænd] (irg: like stand) vt resistir a.
witness ['wɪtnɪs] n (person) testigo m/f; (evidence) testimonio // vt (event) presenciar; (document) atestiguar la veracidad de; ~ **box**, (US) ~ **stand** n tribuna de los testigos.
witticism ['wɪtɪsɪzm] n ocurrencia.
witty ['wɪtɪ] a ingenioso.
wives [waɪvz] npl of **wife**.
wizard ['wɪzəd] n hechicero.

wk *abbr* = **week**.

wobble ['wɔbl] *vi* tambalearse; (*chair*) ser poco firme.

woe [wəu] *n* desgracia.

woke [wəuk], **woken** ['wəukən] *pt, pp of* **wake**.

wolf [wulf], *pl* **wolves** [wulvz] *n* lobo.

woman ['wumən], *pl* **women** *n* mujer *f*; ~ **doctor** *n* médica; **women's lib** *n* (*pej*) la liberación de la mujer; ~**ly** *a* femenino.

womb [wu:m] *n* (*ANAT*) matriz *f*, útero.

women ['wimin] *npl of* **woman**.

won [wʌn] *pt, pp of* **win**.

wonder ['wʌndə*] *n* maravilla, prodigio; (*feeling*) asombro // *vi*: to ~ **whether** preguntarse si; to ~ **at** asombrarse de; to ~ **about** pensar sobre *or* en; it's no ~ that no es de extrañarse que + *subjun*; ~**ful** *a* maravilloso; ~**fully** *ad* maravillosamente, estupendamente.

won't [wəunt] = **will not**.

woo [wu:] *vt* (*woman*) cortejar.

wood [wud] *n* (*timber*) madera; (*forest*) bosque *m*; ~ **alcohol** *n* (*US*) alcohol *m* desnaturalizado; ~ **carving** *n* tallado en madera; ~**ed** *a* arbolado; ~**en** *a* de madera; (*fig*) inexpresivo; ~**pecker** *n* pájaro carpintero; ~**wind** *n* (*MUS*) instrumentos *mpl* de viento de madera; ~**work** *n* carpintería; ~**worm** *n* carcoma.

wool [wul] *n* lana; to pull the ~ over sb's eyes (*fig*) dar a uno gato por liebre; ~**len**, (*US*) ~**en** *a* de lana; ~**lens** *npl* géneros *mpl* de lana; ~**ly**, (*US*) ~**y** *a* lanudo, de lana; (*fig: ideas*) confuso.

word [wə:d] *n* palabra; (*news*) noticia; (*promise*) palabra (de honor) // *vt* redactar; in other ~s en otras palabras; to break/keep one's ~ faltar a la palabra/cumplir la promesa; ~**ing** *n* redacción *f*; ~ **processing** *n* proceso de textos; ~ **processor** *n* procesador *m* de palabras.

wore [wɔ:*] *pt of* **wear**.

work [wə:k] *n* trabajo; (*job*) empleo, trabajo; (*ART, LITERATURE*) obra // *vi* trabajar; (*mechanism*) funcionar, marchar; (*medicine*) ser eficaz, surtir efecto // *vt* (*shape*) trabajar; (*stone etc*) tallar; (*mine etc*) explotar; (*machine*) manejar, hacer funcionar; to be out of ~ estar parado, no tener trabajo; ~**s** *n* (*Brit: factory*) fábrica // *npl* (*of clock, machine*) mecanismo *sg*; to ~ **loose** *vi* (*part*) desprenderse; (*knot*) aflojarse; to ~ **on** *vt fus* trabajar en, dedicarse a; (*principle*) basarse en; to ~ **out** *vi* (*plans etc*) salir bien, funcionar // *vt* (*problem*) resolver; (*plan*) elaborar; it ~s out at £100 suma 100 libras; to ~ **up** *vt*: to get ~ed up excitarse; ~**able** *a* (*solution*) práctico, factible; **workaholic** *n* trabajador(a) obsesivo/a *m/f*; ~**er** *n* trabajador(a) *m/f*, obrero/a; ~**force** *n*

mano *f* de obra; ~**ing class** *n* clase *f* obrera; ~**ing-class** *a* obrero; ~**ing order** *n*: in ~**ing order** en funcionamiento; ~**man** *n* obrero; ~**manship** *n* (*art*) hechura, arte *m*; (*skill*) habilidad *f*, trabajo; ~**mate** *n* compañero/a de trabajo; ~**sheet** *n* hoja de trabajo; ~**shop** *n* taller *m*; ~ **station** *n* puesto *or* estación *f* de trabajo; ~**-to-rule** *n* (*Brit*) huelga de brazos caídos.

world [wə:ld] *n* mundo // *cpd* (*champion*) del mundo; (*power, war*) mundial; to think the ~ of sb (*fig*) tener un concepto muy alto de uno; ~**ly** *a* mundano; ~**wide** *a* mundial, universal.

worm [wə:m] *n* gusano; (*earth* ~) lombriz *f*.

worn [wɔ:n] *pp of* **wear** // *a* usado; ~**out** *a* (*object*) gastado; (*person*) rendido, agotado.

worried ['wʌrid] *a* preocupado.

worry ['wʌri] *n* preocupación *f* // *vt* preocupar, inquietar // *vi* preocuparse; ~**ing** *a* inquietante.

worse [wə:s] *a, ad* peor // *n* lo peor; a change for the ~ un empeoramiento; ~**n** *vt, vi* empeorar; ~ **off** *a* (*fig*): you'll be ~ off this way de esta forma estarás peor que nunca.

worship ['wə:ʃip] *n* (*organized* ~) culto; (*act*) adoración *f* // *vt* adorar; **Your W**~ (*Brit: to mayor*) señor alcalde; (: *to judge*) señor juez.

worst [wə:st] *a* el/la peor // *ad* peor // *n* lo peor; at ~ en lo peor de los casos.

worsted ['wustid] *n*: (**wool**) ~ estambre *m*.

worth [wə:θ] *n* valor *m* // *a*: to be ~ valer; it's ~ it vale *or* merece la pena; to be ~ one's while (to do) merecer la pena (hacer); ~**less** *a* sin valor; (*useless*) inútil; ~**while** *a* (*activity*) que merece la pena; (*cause*) loable.

worthy ['wə:ðɪ] *a* (*person*) respetable; (*motive*) honesto; ~ of digno de.

would [wud] *auxiliary vb* 1 (*conditional tense*): if you asked him he ~ do it si se lo pidieras, lo haría; if you had asked him he ~ have done it si se lo hubieras pedido, lo habría *or* hubiera hecho 2 (*in offers, invitations, requests*): ~ you like a biscuit? ¿quiere(s) una galleta?; (*formal*) ¿querría una galleta?; ~ you ask him to come in? ¿quiere(s) hacerle pasar?; ~ you open the window please? ¿quiere *or* podría abrir la ventana, por favor? 3 (*in indirect speech*): I said I ~ do it dije que lo haría 4 (*emphatic*): it **would** have to snow today! ¡tenía que nevar precisamente hoy! 5 (*insistence*): she ~n't behave no quiso comportarse bien 6 (*conjecture*): it ~ have been midnight sería medianoche; it ~ seem so parece

ser que sí
7 (*indicating habit*): he ~ **go there on Mondays** iba allí los lunes.
would-be ['wudbiː] *a* (*pej*) presunto.
wouldn't ['wudnt] = **would not**.
wound [waund] *pt, pp* of **wind** // *n* [wuːnd] herida // *vt* herir.
wove [wəuv], **woven** ['wəuvən] *pt, pp* of **weave**.
wrangle ['ræŋgl] *n* riña // *vi* reñir.
wrap [ræp] *n* (*stole*) chal *m* // *vt* (*also*: ~ **up**) envolver; **~per** *n* (*Brit: of book*) sobrecubierta; **~ping paper** *n* papel *m* de envolver.
wrath [rɔθ] *n* cólera.
wreak [riːk] *vt*: to ~ **havoc** (**on**) hacer estragos (en); **to ~ vengeance** (**on**) vengarse (de).
wreath [riːθ], *pl* **~s** [riːðz] *n* (*funeral* ~) corona; (*of flowers*) guirnalda.
wreck [rɛk] *n* (*ship: destruction*) naufragio; (: *remains*) restos *mpl* del barco; (*pej: person*) ruina // *vt* (*ship*) hundir; (*fig*) arruinar; **~age** *n* (*remains*) restos *mpl*; (*of building*) escombros *mpl*.
wren [rɛn] *n* (*ZOOL*) reyezuelo.
wrench [rɛntʃ] *n* (*TECH*) llave *f* inglesa; (*tug*) tirón *m* // *vt* arrancar; **to ~ sth from sb** arrebatar algo violentamente a uno.
wrestle ['rɛsl] *vi*: to ~ (**with sb**) luchar (con *or* contra uno); **~r** *n* luchador(a) *m/f* (de lucha libre); **wrestling** *n* lucha libre.
wretched ['rɛtʃɪd] *a* miserable.
wriggle ['rɪgl] *vi* serpentear.
wring [rɪŋ], *pt, pp* **wrung** *vt* torcer, retorcer; (*wet clothes*) escurrir; (*fig*): to ~ **sth out of sb** sacar algo por la fuerza a uno.
wrinkle ['rɪŋkl] *n* arruga // *vt* arrugar // *vi* arrugarse.
wrist [rɪst] *n* muñeca; ~ **watch** *n* reloj *m* de pulsera.
writ [rɪt] *n* mandato judicial.
write [raɪt], *pt* **wrote**, *pp* **written** *vt, vi* escribir; **to ~ down** *vt* escribir; (*note*) apuntar; **to ~ off** *vt* (*debt*) borrar (como incobrable); (*fig*) desechar por inútil; **to ~ out** *vt* escribir; **to ~ up** *vt* redactar; **~-off** *n* pérdida total; **the car is a ~-off** el coche quedó para chatarra; **~r** *n* escritor(a) *m/f*.
writhe [raɪð] *vi* retorcerse.
writing ['raɪtɪŋ] *n* escritura; (*hand-*~) letra; (*of author*) obras *fpl*; **in** ~ por escrito; ~ **paper** *n* papel *m* de escribir.
written ['rɪtn] *pp* of **write**.
wrong [rɔŋ] *a* (*wicked*) malo; (*unfair*) injusto; (*incorrect*) equivocado, incorrecto; (*not suitable*) inoportuno, inconveniente // *ad* mal; equivocadamente // *n* mal *m*; (*injustice*) injusticia // *vt* ser injusto con; (*hurt*) agraviar; **you are ~ to do it** haces mal en hacerlo; **you are ~**

about that, you've got it ~ en eso estás equivocado; **to be in the ~** no tener razón, tener la culpa; **what's ~?** ¿qué pasa?; **to go ~** (*person*) equivocarse; (*plan*) salir mal; (*machine*) estropearse; **~ful** *a* injusto; **~ly** *ad* injustamente.
wrote [rəut] *pt* of **write**.
wrought [rɔːt] *a*: ~ **iron** hierro forjado.
wrung [rʌŋ] *pt, pp* of **wring**.
wry [raɪ] *a* irónico.
wt. *abbr* = **weight**.

X

Xmas ['ɛksməs] *n abbr* = **Christmas**.
X-ray [ɛks'reɪ] *n* radiografía; **~s** *npl* rayos *mpl* X.
xylophone ['zaɪləfəun] *n* xilófono.

Y

yacht [jɔt] *n* yate *m*; **~ing** *n* (*sport*) balandrismo; **~sman/woman** *n* balandrista *m/f*.
Yank [jæŋk], **Yankee** ['jæŋkɪ] *n* (*pej*) yanqui *m/f*.
yap [jæp] *vi* (*dog*) aullar.
yard [jaːd] *n* patio; (*measure*) yarda; **~stick** *n* (*fig*) criterio, norma.
yarn [jaːn] *n* hilo; (*tale*) cuento, historia.
yawn [jɔːn] *n* bostezo // *vi* bostezar; **~ing** *a* (*gap*) muy abierto.
yd(s). *abbr* = **yard(s)**.
yeah [jɛə] *ad* (*col*) sí.
year [jɪə*] *n* año; **to be 8 ~s old** tener 8 años; **an eight-~-old child** un niño de ocho años (de edad); **~ly** *a* anual // *ad* anualmente, cada año.
yearn [jəːn] *vi*: to ~ **for sth** añorar algo, suspirar por algo; **~ing** *n* ansia, añoranza.
yeast [jiːst] *n* levadura.
yell [jɛl] *n* grito, alarido // *vi* gritar.
yellow ['jɛləu] *a, n* amarillo.
yelp [jɛlp] *n* aullido // *vi* aullar.
yeoman ['jəumən] *n*: **Y~ of the Guard** alabardero de la Casa Real.
yes [jɛs] *ad, n* sí *m*; **to say/answer ~** decir/contestar que sí.
yesterday ['jɛstədɪ] *ad, n* ayer *m*; ~ **morning/evening** ayer por la mañana/tarde; **all day** ~ todo el día de ayer.
yet [jɛt] *ad* todavía // *conj* sin embargo, a pesar de todo; **it is not finished** ~ todavía no está acabado; **the best** ~ el/la mejor hasta ahora; **as** ~ hasta ahora, todavía.
yew [juː] *n* tejo.
yield [jiːld] *n* producción *f*; (*AGR*) cosecha; (*COMM*) rendimiento // *vt* producir, dar; (*profit*) rendir // *vi* rendirse, ceder; (*US AUT*) ceder el paso.
YMCA *n abbr* (= *Young Men's Christian*

Association) Asociación *f* de Jóvenes Cristianos.

yoga ['jəugə] *n* yoga *m*.

yog(h)ourt, yog(h)urt ['jəugət] *n* yogur *m*.

yoke [jəuk] *n* yugo.

yolk [jəuk] *n* yema (de huevo).

yonder ['jɔndə*] *ad* allá (a lo lejos).

you [ju:] *pron* 1 (*subject: familiar*) tú, *pl* vosotros/as (*Sp*), ustedes (*LAm*); (*polite*) usted, *pl* ustedes; ~ **are very kind** eres/es *etc* muy amable; ~ **French enjoy your food** a vosotros (*or* ustedes) los franceses os (*or* les) gusta la comida; ~ **and I will go** iremos tú y yo

2 (*object: direct: familiar*) te, *pl* os (*Sp*), les (*LAm*); (*polite*) le, *pl* les, *f* la, *pl* las; **I know ~** te/le *etc* conozco

3 (*object: indirect: familiar*) te, *pl* os (*Sp*), les (*LAm*); (*polite*) le, *pl* les; **I gave the letter to ~ yesterday** te/os *etc* di la carta ayer

4 (*stressed*): **I told you to do it** te dije a ti que lo hicieras, es a ti a quien dije que lo hicieras; *see also* **3, 5**

5 (*after prep: NB: con + ti* = contigo: *familiar*) ti, *pl* vosotros/as (*Sp*), ustedes (*LAm*); (*: polite*) usted, *pl* ustedes; **it's for ~** es para ti/vosotros *etc*.

6 (*comparisons: familiar*) tú, *pl* vosotros/as (*Sp*), ustedes (*LAm*); (*: polite*) usted, *pl* ustedes; **she's younger than ~** es más joven que tú/vosotros *etc*

7 (*impersonal: one*): **fresh air does ~ good** el aire puro (te) hace bien; ~ **never know** nunca se sabe; ~ **can't do that!** ¡eso no se hace!

you'd [ju:d] = **you had, you would**.

you'll [ju:l] = **you will, you shall**.

young [jʌŋ] *a* joven // *npl* (*of animal*) cría *sg*; (*people*): **the ~** los jóvenes, la juventud *sg*; ~**er** *a* (*brother etc*) menor; ~**ster** *n* joven *m/f*.

your [jɔ:*] *a* tu; (*pl*) vuestro; (*formal*) su; *see also* **my**.

you're [juə*] = **you are**.

yours [jɔ:z] *pron* tuyo; (*: pl*) vuestro; (*formal*) suyo; *see also* **faithfully, mine, sincerely**.

yourself [jɔ:'sɛlf] *pron* (*reflexive*) tú

mismo; (*complement*) te; (*after prep*) tí (mismo); (*formal*) usted mismo; (*: complement*) se; (*: after prep*) sí (mismo); **yourselves** *pl pron* vosotros mismos; (*after prep*) vosotros (mismos); (*formal*) ustedes (mismos); (*: complement*) se; (*: after prep*) sí mismos; *see also* **oneself**.

youth [ju:θ] *n* juventud *f*; (*young man: pl* ~**s** [ju:ðz]) joven *m*; ~ **club** *n* club *m* juvenil; ~**ful** *a* juvenil; ~ **hostel** *n* albergue *m* de juventud.

you've [ju:v] = **you have**.

YTS *n abbr* (*Brit*: = *Youth Training Scheme*) plan de inserción profesional juvenil.

Yugoslav ['ju:gəuslɑ:v] *a*, *n* yugo(e)slavo/a *m/f*.

Yugoslavia [ju:gəu'slɑ:vɪə] *n* Yugoslavia.

yuppie ['jʌpɪ] (*col*) *a*, *n* yuppie *m/f*.

YWCA *n abbr* (= *Young Women's Christian Association*) Asociación *f* de Jóvenes Cristianas.

Z

zany ['zeɪnɪ] *a* estrafalario.

zap [zæp] *vt* (*COMPUT*) borrar.

zeal [zi:l] *n* celo, entusiasmo.

zebra ['zi:brə] *n* cebra; ~ **crossing** *n* (*Brit*) paso de peatones.

zenith ['zɛnɪθ] *n* cénit *m*.

zero ['zɪərəu] *n* cero.

zest [zɛst] *n* ánimo, vivacidad *f*.

zigzag ['zɪgzæg] *n* zigzag *m*.

zinc [zɪŋk] *n* cinc *m*, zinc *m*.

zip [zɪp] *n* (*also*: ~ **fastener**, (*US*) ~**per**) cremallera, cierre *m* (*LAm*) // *vt* (*also*: ~ **up**) cerrar la cremallera de; ~ **code** *n* (*US*) código postal.

zodiac ['zəudɪæk] *n* zodíaco.

zone [zəun] *n* zona.

zoo [zu:] *n* (jardín *m*) zoológico.

zoologist [zu:'ɔlədʒɪst] *n* zoólogo/a.

zoology [zu:'ɔlədʒɪ] *n* zoología.

zoom [zu:m] *vi*: **to ~ past** pasar zumbando; ~ **lens** *n* zoom *m*.

zucchini [zu:'ki:nɪ] *n*(*pl*) (*US*) calabacín(ines) *m*(*pl*).

SPANISH VERBS

1 Gerund *2* Imperative *3* Present *4* Preterite *5* Future *6* Present subjunctive *7* Imperfect subjunctive *8* Past participle *9* Imperfect. *Etc* indicates that the irregular root is used for all persons of the tense, e.g. **oír** *6* oiga *etc* = oigas, oigamos, oigáis, oigan. Forms which consist of the unmodified verb root + verb ending are not shown, e.g. acertamos, acertáis.

acertar *2* acierta *3* acierto, aciertas, acierta, aciertan *6* acierte, aciertes, acierte, acierten

acordar *2* acuerda *3* acuerdo, acuerdas, acuerda, acuerdan *6* acuerde, acuerdes, acuerde, acuerden

advertir *1* advirtiendo *2* advierte *3* advierto, adviertes, advierte, advierten *4* advirtió, advirtieron *6* advierta, adviertas, advierta, advirtamos, advirtáis, adviertan *7* advirtiera *etc*

agradecer *3* agradezco *6* agradezca *etc*

aparecer *3* aparezco *6* aparezca *etc*

aprobar *2* aprueba *3* apruebo, apruebas, aprueba, aprueban *6* apruebe, apruebes, apruebe, aprueben

atravesar *2* atraviesa *3* atravieso, atraviesas, atraviesa, atraviesan *6* atraviese, atravieses, atraviese, atraviesen

caber *3* quepo *4* cupe, cupiste, cupo, cupimos, cupisteis, cupieron *5* cabré *6* quepa *etc* *7* cupiera *etc*

caer *1* cayendo *3* caigo *4* cayó, cayeron *6* caiga *etc* *7* cayera *etc*

calentar *2* calienta *3* caliento, calientas, calienta, calientan *6* caliente, calientes, caliente, calienten

cerrar *2* cierra *3* cierro, cierras, cierra, cierran *6* cierre, cierres, cierre, cierren

COMER *1* comiendo *2* come, comed *3* como, comes, come comemos, coméis, comen *4* comí, comiste, comió, comimos, comisteis, comieron *5* comeré, comerás, comerá, comeremos, comeréis, comerán *6* coma, comas, coma, comamos, comáis, coman *7* comiera, comieras, comiera, comiéramos, comierais, comieran *8* comido *9* comía, comías, comía, comíamos comíais, comían

conocer *3* conozco *6* conozca *etc*

contar *2* cuenta *3* cuento, cuentas, cuenta, cuentan *6* cuente, cuentes, cuente, cuenten

costar *2* cuesta *3* cuesto, cuestas, cuesta, cuestan *6* cueste, cuestes, cueste, cuesten

dar *3* doy *4* di, diste, dio, dimos, disteis, dieron *7* diera *etc*

decir *3* di *3* digo *4* dije, dijiste, dijo, dijimos, dijisteis, dijeron *5* diré *etc* *6* diga *etc* *7* dijera *etc* *8* dicho

despertar *2* despierta *3* despierto, despiertas, despiertan *6* despierte, despiertes, despierte, despierten

divertir *1* divirtiendo *2* divierte *3* divierto, diviertes, divierte, divierten *4* divirtió, divirtieron *6* divierta, diviertas, divierta, divirtamos, divirtáis, diviertan *7* divirtiera *etc*

dormir *1* durmiendo *2* duerme *3* duermo,

duermes, duerme, duermen *4* durmió, durmieron *6* duerma, duermas, duerma, durmamos, durmáis, duerman *7* durmiera *etc*

empezar *2* empieza *3* empiezo, empiezas, empieza, empiezan *4* empecé *6* empiece, empieces, empiece, empecemos, empecéis, empiecen

entender *2* entiende *3* entiendo, entiendes, entiende, entienden *6* entienda, entiendas, entienda, entiendan

ESTAR *2* está *3* estoy, estás, está, están *4* estuve, estuviste, estuvo, estuvimos, estuvisteis, estuvieron *6* esté, estés, esté, estén *7* estuviera *etc*

HABER *3* he, has, ha, hemos, han *4* hube, hubiste, hubo, hubimos, hubisteis, hubieron *5* habré *6* haya *etc* *7* hubiera *etc*

HABLAR *1* hablando *2* habla, hablad *3* hablo, hablas, habla, hablamos, habláis, hablan *4* hablé, hablaste, habló, hablamos, hablasteis, hablaron *5* hablaré, hablarás, hablará, hablaremos, hablaréis, hablarán *6* hable, hables, hable, hablemos, habléis, hablen *7* hablara, hablaras, hablara, habláramos, hablarais, hablaran *8* hablado *9* hablaba, hablabas, hablaba, hablábamos, hablaban

hacer *2* haz *3* hago *4* hice, hiciste, hizo, hicimos, hicisteis, hicieron *5* haré *etc* *6* haga *etc* *7* hiciera *etc* *8* hecho

instruir *1* instruyendo *2* instruye *3* instruyo, instruyes, instruye, instruyen *4* instruyó, instruyeron *6* instruya *etc* *7* instruyera *etc*

ir *1* yendo *2* ve *3* voy, vas, va, vamos, vais, van *4* fui, fuiste, fue, fuimos, fuisteis, fueron *6* vaya, vayas, vaya, vayamos, vayáis, vayan *7* fuera *etc* *8* iba, ibas, iba, íbamos, ibais, iban

jugar *2* juega *3* juego, juegas, juega, juegan *4* jugué *6* juegue *etc*

leer *1* leyendo *4* leyó, leyeron *7* leyera *etc*

morir *1* muriendo *2* muere *3* muero, mueres, muere, mueren *4* murió, murieron *6* muera, mueras, muera, muramos, muráis, mueran *7* muriera *etc* *8* muerto

mostrar *2* muestra *3* muestro, muestras, muestra, muestran *6* muestre, muestres, muestre, muestren

mover *2* mueve *3* muevo, mueves, mueve, mueven *6* mueva, muevas, mueva, muevan

negar *2* niega *3* niego, niegas, niega, niegan *4* negué *6* niegue, niegues, niegue, neguemos, neguéis, nieguen

ofrecer *3* ofrezco *6* ofrezca *etc*

oír *1* oyendo *3* oye *3* oigo, oyes, oye, oyen *4* oyó, oyeron *6* oiga *etc* *7* oyera *etc*

oler *2* huele *3* huelo, hueles, huele, huelen *6*

huela, huelas, huela, huelan

parecer *3* parezco *6* parezca *etc*

pedir *1* pidiendo *2* pide *3* pido, pides, pide, piden *4* pidió, pidieron *6* pida *etc 7* pidiera *etc*

pensar *2* piensa *3* pienso, piensas, piensa, piensan *6* piense, pienses, piense, piensen

perder *2* pierde *3* pierdo, pierdes, pierde, pierden *6* pierda, pierdas, pierda, pierdan

poder *1* pudiendo *2* puede *3* puedo, puedes, puede, pueden *4* pude, pudiste, pudo, pudimos, pudisteis, pudieron *5* podré *etc 6* pueda, puedas, pueda, puedan *7* pudiera *etc*

poner *2* pon *3* pongo *4* puse, pusiste, puso, pusimos, pusisteis, pusieron *5* pondré *etc 6* ponga *etc 7* pusiera *etc 8* puesto

preferir *1* prefiriendo *2* prefiere *3* prefiero, prefieres, prefiere, prefieren *4* prefirió, prefirieron *6* prefiera, prefieras, prefiera, prefiramos, prefiráis, prefieran *7* prefiriera *etc*

querer *2* quiere *3* quiero, quieres, quiere, quieren *4* quise, quisiste, quiso, quisimos, quisisteis, quisieron *5* querré *etc 6* quiera, quieras, quiera, quieran *7* quisiera *etc*

reír *2* ríe *3* río, ríes, ríe, ríen *4* rio, rieron *6* ría, rías, ría, riamos, riáis, rían *7* riera *etc*

repetir *1* repitiendo *2* repite *3* repito, repites, repite, repiten *4* repitió, repitieron *6* repita *etc 7* repitiera *etc*

rogar *2* ruega *3* ruego, ruegas, ruega, ruegan *4* rogué *6* ruegue, ruegues, ruegue, roguemos, roguéis, rueguen

saber *3* sé *4* supe, supiste, supo, supimos, supisteis, supieron *5* sabré *etc 6* sepa *etc 7* supiera *etc*

salir *2* sal *3* salgo *5* saldré *etc 6* salga *etc*

seguir *1* siguiendo *2* sigue *3* sigo, sigues, sigue, siguen *4* siguió, siguieron *6* siga *etc 7* siguiera *etc*

sentar *2* sienta *3* siento, sientas, sienta, sien-tan *6* siente, sientes, siente, sienten

sentir *1* sintiendo *2* siente *3* siento, sientes, siente, sienten *4* sintió, sintieron *6* sienta, sientas, sienta, sintamos, sintáis, sientan *7* sintiera *etc*

SER *2* sé *3* soy, eres, es, somos, sois, son *4* fui, fuiste, fue, fuimos, fuisteis, fueron *6* sea *etc 7* fuera *etc 9* era, eras, era, éramos, erais, eran

servir *1* sirviendo *2* sirve *3* sirvo, sirves, sirve, sirven *4* sirvió, sirvieron *6* sirva *etc 7* sirviera *etc*

soñar *2* sueña *3* sueño, sueñas, sueña, sueñan *6* sueñe, sueñes, sueñe, sueñen

tener *2* ten *3* tengo, tienes, tiene, tienen *4* tuve, tuviste, tuvo, tuvimos, tuvisteis, tuvieron *5* tendré *etc 6* tenga *etc 7* tuviera *etc*

traer *1* trayendo *3* traigo *4* traje, trajiste, trajo, trajimos, trajisteis, trajeron *6* traiga *etc 7* trajera *etc*

valer *2* val *3* valgo *5* valdré *etc 6* valga *etc*

venir *2* ven *3* vengo, vienes, viene, vienen *4* vine, viniste, vino, vinimos, vinisteis, vinieron *5* vendré *etc 6* venga *etc 7* viniera *etc*

ver *3* veo *6* vea *etc 8* visto *9* veía *etc*

vestir *1* vistiendo *2* viste *3* visto, vistes, viste, visten *4* vistió, vistieron *6* vista *etc 7* vistiera *etc*

VIVIR *1* viviendo *2* vive, vivid *3* vivo, vives, vive, vivimos, vivís, viven *4* viví, viviste, vivió, vivimos, vivisteis, vivieron *5* viviré, vivirás, vivirá, viviremos, viviréis, vivirán *6* viva, vivas, viva, vivamos, viváis, vivan *7* viviera, vivieras, viviera, viviéramos, vivierais, vivieran *8* vivido *9* vivía, vivías, vivía, vivíamos, vivíais, vivían

volver *2* vuelve *3* vuelvo, vuelves, vuelve, vuelven *6* vuelva, vuelvas, vuelva, vuelvan *8* vuelto

VERBOS IRREGULARES EN INGLÉS

present	pt	pp	present	pt	pp
arise	arose	arisen	fly (flies)	flew	flown
awake	awoke	awaked	forbid	forbade	forbidden
be (am, is, are; being)	was, were	been	forecast	forecast	forecast
			forego	forewent	foregone
			foresee	foresaw	foreseen
bear	bore	born(e)	foretell	foretold	foretold
beat	beat	beaten	forget	forgot	forgotten
become	became	become	forgive	forgave	forgiven
begin	began	begun	forsake	forsook	forsaken
behold	beheld	beheld	freeze	froze	frozen
bend	bent	bent	get	got	got, (US) gotten
beset	beset	beset			
bet	bet, betted	bet, betted	give	gave	given
bid	bid, bade	bid, bidden	go (goes)	went	gone
bind	bound	bound	grind	ground	ground
bite	bit	bitten	grow	grew	grown
bleed	bled	bled	hang	hung, hanged	hung, hanged
blow	blew	blown			
break	broke	broken	have (has; having)	had	had
breed	bred	bred			
bring	brought	brought	hear	heard	heard
build	built	built	hide	hid	hidden
burn	burnt, burned	burnt, burned	hit	hit	hit
			hold	held	held
burst	burst	burst	hurt	hurt	hurt
buy	bought	bought	keep	kept	kept
can	could	(been able)	kneel	knelt, kneeled	knelt, kneeled
cast	cast	cast			
catch	caught	caught	know	knew	known
choose	chose	chosen	lay	laid	laid
cling	clung	clung	lead	led	led
come	came	come	lean	leant, leaned	leant, leaned
cost	cost	cost	leap	leapt, leaped	leapt, leaped
creep	crept	crept	learn	learnt, learned	learnt, learned
cut	cut	cut			
deal	dealt	dealt	leave	left	left
dig	dug	dug	lend	lent	lent
do (3rd person; he/she/it does)	did	done	let	let	let
			lie (lying)	lay	lain
			light	lit, lighted	lit, lighted
			lose	lost	lost
draw	drew	drawn	make	made	made
dream	dreamed, dreamt	dreamed, dreamt	may	might	—
			mean	meant	meant
drink	drank	drunk	meet	met	met
drive	drove	driven	mistake	mistook	mistaken
dwell	dwelt	dwelt	mow	mowed	mown, mowed
eat	ate	eaten			
fall	fell	fallen	must	(had to)	(had to)
feed	fed	fed	pay	paid	paid
feel	felt	felt	put	put	put
fight	fought	fought	quit	quit, quitted	quit, quitted
find	found	found	read	read	read
flee	fled	fled	rid	rid	rid
fling	flung	flung	ride	rode	ridden

223

present	pt	pp	present	pt	pp
ring	rang	rung	spoil	spoiled, spoilt	spoiled, spoilt
rise	rose	risen			
run	ran	run	spread	spread	spread
saw	sawed	sawn	spring	sprang	sprung
say	said	said	stand	stood	stood
see	saw	seen	steal	stole	stolen
seek	sought	sought	stick	stuck	stuck
sell	sold	sold	sting	stung	stung
send	sent	sent	stink	stank	stunk
set	set	set	stride	strode	stridden
shake	shook	shaken	strike	struck	struck, stricken
shall	should	—			
shear	sheared	shorn, sheared	strive	strove	striven
			swear	swore	sworn
shed	shed	shed	sweep	swept	swept
shine	shone	shone	swell	swelled	swollen, swelled
shoot	shot	shot			
show	showed	shown	swim	swam	swum
shrink	shrank	shrunk	swing	swung	swung
shut	shut	shut	take	took	taken
sing	sang	sung	teach	taught	taught
sink	sank	sunk	tear	tore	torn
sit	sat	sat	tell	told	told
slay	slew	slain	think	thought	thought
sleep	slept	slept	throw	threw	thrown
slide	slid	slid	thrust	thrust	thrust
sling	slung	slung	tread	trod	trodden
slit	slit	slit	wake	woke, waked	woken, waked
smell	smelt, smelled	smelt, smelled	waylay	waylaid	waylaid
			wear	wore	worn
sow	sowed	sown, sowed	weave	wove, weaved	woven, weaved
speak	spoke	spoken			
speed	sped, speeded	sped, speeded	wed	wedded, wed	wedded, wed
			weep	wept	wept
spell	spelt, spelled	spelt, spelled	win	won	won
			wind	wound	wound
spend	spent	spent	withdraw	withdrew	withdrawn
spill	spilt, spilled	spilt, spilled	withhold	withheld	withheld
spin	spun	spun	withstand	withstood	withstood
spit	spat	spat	wring	wrung	wrung
split	split	split	write	wrote	written

LOS NÚMEROS

NUMBERS

un, uno(a)	1	one
dos	2	two
tres	3	three
cuatro	4	four
cinco	5	five
seis	6	six
siete	7	seven
ocho	8	eight
nueve	9	nine
diez	10	ten
once	11	eleven
doce	12	twelve
trece	13	thirteen
catorce	14	fourteen
quince	15	fifteen
dieciséis	16	sixteen
diecisiete	17	seventeen
dieciocho	18	eighteen
diecinueve	19	nineteen
veinte	20	twenty
veintiuno	21	twenty-one
veintidós	22	twenty-two
treinta	30	thirty
treinta y uno(a)	31	thirty-one
treinta y dos	32	thirty-two
cuarenta	40	forty
cuarenta y uno(a)	41	forty-one
cincuenta	50	fifty
sesenta	60	sixty
setenta	70	seventy
ochenta	80	eighty
noventa	90	ninety
cien, ciento	100	a hundred, one hundred
ciento uno(a)	101	a hundred and one
doscientos(as)	200	two hundred
doscientos(as) uno(a)	201	two hundred and one
trescientos(as)	300	three hundred
trescientos(as) unc(a)	301	three hundred and one
cuatrocientos(as)	400	four hundred
quinientos(as)	500	five hundred
seiscientos(as)	600	six hundred
setecientos(as)	700	seven hundred
ochocientos(as)	800	eight hundred
novecientos(as)	900	nine hundred
mil	1 000	a thousand
mil dos	1 002	a thousand and two
cinco mil	5 000	five thousand
un millón	1 000 000	a million

LOS NÚMEROS

NUMBERS

primer, primero(a), 1º, 1ᵉʳ (1ª, 1ᵉʳᵃ) first, 1st
segundo(a) 2º (2ª) second, 2nd
tercer, tercero(a), 3º (3ª) third, 3rd
cuarto(a), 4º (4ª) fourth, 4th
quinto(a), 5º (5ª) fifth, 5th
sexto(a), 6º (6ª) sixth, 6th
séptimo(a) seventh
octavo(a) eighth
noveno(a) ninth
décimo(a) tenth
undécimo(a) eleventh
duodécimo(a) twelfth
decimotercio(a) thirteenth
decimocuarto(a) fourteenth
decimoquinto(a) fifteenth
decimosexto(a) sixteenth
decimoséptimo(a) seventeenth
decimoctavo(a) eighteenth
decimonoveno(a) nineteenth
vigésimo(a) twentieth
vigésimo(a) primero(a) twenty-first
vigésimo(a) segundo(a) twenty-second
trigésimo(a) thirtieth
centésimo(a) hundredth
centésimo(a) primero(a) hundred-and-first
milésimo(a) thousandth

Números Quebrados etc

Fractions etc

un medio a half
un tercio a third
dos tercios two thirds
un cuarto a quarter
un quinto a fifth
cero coma cinco, 0,5 (nought) point five, 0.5
tres coma cuatro, 3,4 three point four, 3.4
diez por cien(to) ten per cent
c en por cien a hundred per cent

Ejemplos

Examples

va a llegar el 7 (de mayo) he's arriving on the 7th (of May)
vive en el número 7 he lives at number 7
el capítulo/la página 7 chapter/page 7
llegó séptimo he came in 7th

N.B. In Spanish the ordinal numbers from 1 to 10 are commonly used; from 11 to 20 rather less; above 21 they are rarely written and almost never heard in speech. The custom is to replace the forms for 21 and above by the cardinal number.

LA HORA

THE TIME

¿qué hora es?

what time is it?

es/son

it's o it is

medianoche, las doce (de la noche)	midnight, twelve p.m.
la una (de la madrugada)	one o'clock (in the morning), one (a.m.)
la una y cinco	five past one
la una y diez	ten past one
la una y cuarto *or* quince	a quarter past one, one fifteen
la una y veinticinco	twenty-five past one, one twenty-five
la una y media *or* treinta	half-past one, one thirty
las dos menos veinticinco, la una treinta y cinco	twenty-five to two, one thirty-five
las dos menos veinte, la una cuarenta	twenty to two, one forty
las dos menos cuarto, la una cuarenta y cinco	a quarter to two, one forty-five
las dos menos diez, la una cincuenta	ten to two, one fifty
mediodía, las doce (de la tarde)	twelve o'clock, midday, noon
la una (de la tarde)	one o'clock (in the afternoon), one (p.m.)
las siete (de la tarde)	seven o'clock (in the evening), seven (p.m.)

¿a qué hora?

(at) what time?

a medianoche	at midnight
a las siete	at seven o'clock
en veinte minutos	in twenty minutes
hace quince minutos	fifteen minutes ago